湖北省地方金融监督管理局
湖北省金融领导小组办公室　编

湖北金融年鉴

HUBEI FINANCE YEARBOOK 2024年卷

武 汉 出 版 社

（鄂）新登字08号

图书在版编目（CIP）数据

湖北金融年鉴．2024年卷 / 中共湖北省委金融委员会办公室，湖北省地方金融管理局编．-- 武汉：武汉出版社，2024．8．-- ISBN 978-7-5582-7090-1

Ⅰ．F832.763-54

中国国家版本馆CIP数据核字第20245NQ897号

湖北金融年鉴（2024年卷）

HUBEI JINRONG NIANJIAN（2024 NIAN JUAN）

编　　者：中共湖北省委金融委员会办公室
　　　　　湖北省地方金融管理局

责任编辑：陈艾利

特约编辑：管妮娜　林　晨

装帧设计：孙　辉

出　　版：武汉出版社

社　　址：武汉市江岸区兴业路136号　　邮　　编：430014

电　　话：（027）85606403　　85600625

http://www.whcbs.com　　E-mail:whcbszbs@163.com

印　　刷：武汉科源印刷设计有限公司　　经　　销：新华书店

开　　本：889 mm×1194 mm　　1/16

印　　张：48.5　　字　　数：1800千字　　插　　页：10

版　　次：2024年8月第1版　　2024年8月第1次印刷

定　　价：380.00元

编纂委员会

组稿和编纂人员

（按姓名笔划排序）

丁 鑫	万俊峰	马晓鹏	马翔宇	丰 琳	王丽静	王 园	王 佳	王晓东
王 峰	王 康	王紫琳	王程育	王婷婷	王 颖	王慧颖	王黎丽	王馨仪
云弘钰	方 赢	尹 君	尹晓艳	孔令成	孔艳霞	邓天歌	邓文杰	邓晚晴
甘冬冬	甘 艳	艾 斌	厉 柯	卢 笙	叶 轲	叶 俊	叶程程	田文斌
田明洺	田 莉	付建国	付 勇	代支祥	白新祥	寺冈裕之郎	吕 力	吕青青
吕秋雯	朱刚勇	朱亦凡	朱红艳	朱 丽	朱 利	朱 妙	朱 泽	朱思捷
朱 鹏	向敬轩	危 倩	刘子谊	刘子豪	刘文硕	刘汉波	刘百灵	刘 旭
刘江文	刘妍婕	刘 明	刘晓平	刘爱迪	刘 梦	刘雪娇	刘婷婷	刘 煜
刘 蔚	米 娜	祁羽惠	许思晗	孙芸芸	孙 浩	孙 琴	孙 辉	严 琦
苏 蓓	杜之卿	杜 杏	杜 磊	李 川	李广宇	李少伟	李巧容	李吟风
李启原	李 玥	李国良	李凯琳	李 欣	李欣玥	李 庚	李 炜	李炎林
李怡萱	李宜霖	李点点	李钟华	李秋慧	李美涛	李 娇	李 盈	李 悦
李 朗	李 珺	李寅松	李敬文	李 晶	李新祥	李 蔚	杨玉雪	杨全虎
杨吾谛	杨言茜	杨 君	杨 尚	杨 畅	杨思阳	杨 超	杨 瑒	杨瑜娴
杨 璐	肖 东	吴正焕	吴兴刚	吴佳妮	吴欣萤	吴 俊	吴 莹	吴晓菁
吴海峰	吴梦妮	吴雅迪	吴楚杰	吴 鹏	吴 静	何佳俊	何 剑	何 亮
何 晓	但慧芳	佘 倩	余 驰	邹进杰	邹梦媛	邹 渊	邹 骞	闵 松
汪玉辉	汪 陈	汪程雷	汪 瑾	宋 贺	张丹丹	张叶琳	张讯讯	张冰利
张冰洁	张 杉	张 青	张 苗	张怡雯	张诗琪	张贵海	张 剑	张 艳
张 珣	张晓红	张 彬	张 晗	张逸驰	张 超	张雄胜	张慧琳	张 磊
陆 燕	陈 月	陈 进	陈园园	陈妍霖	陈思洋	陈彦杰	陈 晟	陈晓珞
陈晗晗	陈 樱	陈薇安	陈 攀	陈 曦	武 梦	林玉珍	林 丽	林 晨
易华清	易张亮	罗云菲	周 权	周 全	周 松	周 凯	周建军	周思源
周思聪	周思璐	周 娟	周 喆	周 强	庞路婷	郑寰奇	郑 巍	孟 苹
赵开笔	赵 芹	赵 园	赵雨蒙	赵 波	赵浏红	赵 晗	赵 焕	胡云飞
胡文娅	胡亮亮	胡 棒	胡瑞建	南 卿	柯丽雅	柯 玮	姜雨奇	姚 琨
秦浩亮	袁 阳	袁 欣	袁 琼	袁 婷	袁勤慧	聂晓宇	桂黎霈	贾丽武
夏 勇	原廷会	钱心陶	倪 磊	徐叶子	徐光宇	徐向阳	徐志远	徐 珊
徐 浩	徐 超	徐 晶	徐裕琦	高星忠	高晓晨	郭文佩	郭晓璐	郭 楠
唐 娜	唐 雯	陶嘉鹏	黄兰雅	黄自月	黄 阳	黄志兵	黄 青	黄 怡
黄细果	黄彩治	梅 艳	曹兴义	章 胜	章 琰	梁婷婷	谌怡婷	彭文迪
彭志浩	彭树娟	彭菲菲	葛玉俊	董伟晨	董馨雨	蒋巡南	韩玉国	韩振兴
韩 媛	韩鹤松	覃 伟	粟雅婷	喻秀萍	喻 磊	程云飞	鲁孟熙	游迦迪
谢卓路	谢 雪	雷 珺	詹古月	窦冰林	蔡长兴	蔡玉洁	蔚 婷	裴 越
管妮娜	廖 倩	翟 婷	熊亚然	熊艳春	熊 敏	镇 策	颜 飞	薛 峰
戴晓琦	鞠战鹏							

编 纂 说 明

一、《湖北金融年鉴(2024年卷)》(总第22卷)坚持“存史、镜鉴”的编纂思想,全面客观载录2023年全省金融运行发展情况,重点载录金融支持实体经济高质量发展、持续防范和化解金融风险、深化金融改革创新的大事及要事。

二、本卷年鉴由“要闻”以及第一部分“全省金融发展情况”、第二部分“各地金融发展情况”、第三部分“机构运行情况”、第四部分“金融政策性文件”、第五部分“金融统计”、第六部分“机构名录”、第七部分“行业协会、学会”、第八部分“金融大事记”、第九部分“附录”组成。

三、本卷年鉴中各金融机构的排列顺序依照金融监管部门对金融机构的排序,各市(州)、县(市、区)顺序依照湖北省行政区划排序。

四、本卷年鉴“金融统计”部分中的“金融机构(含地方金融组织)统计”“全省金融业务统计”“各市(州)金融业务统计”为金融监管(工作)部门统计口径,“金融从业人员统计”“金融机构业务统计”为各金融机构统计口径。

五、本卷年鉴“金融政策性文件”部分有选择地收录了湖北省人民政府、湖北省地方金融管理局、中国人民银行湖北省分行、国家金融监督管理总局湖北监管局、中国证券监督管理委员会湖北监管局以及相关职能部门2023年发布的政策文件。

六、本卷年鉴编纂过程中,严格遵守信息公开与信息保密规定。按照“放保有度、利弊权衡、时效性”三原则,采取分类取舍法、不相关法、语言模糊法对信息公开与保密进行处理。

七、本卷年鉴的所有来稿(含文字、图片、统计表)均经过各相关单位审核同意。

八、在编纂过程中,各参编单位组稿和编纂人员不辞辛苦,在此表示衷心感谢,并希望继续给予关心和支持。

扩大深化交流合作

2月15日，省委副书记、省长王忠林在武汉与中国农业发展银行党委书记、董事长钱文挥座谈交流

2023年，湖北省持续扩大深化金融交流合作，不断增强金融集聚效应，促进金融创新，优化资源配置，提升金融服务实体经济质效。

1月29日，省委副书记、省长王忠林在武汉与泰康保险集团董事长兼首席执行官陈东升座谈交流

9月15日，省委副书记、省长王忠林在武汉会见新开发银行行长迪尔玛·罗塞夫

11月8日，由上海市人民政府、湖北省人民政府、生态环境部共同主办的2023中国碳市场大会在上海举行。省委副书记、省长王忠林应邀出席致辞并启动大会

10月16日，省委副书记、省长王忠林与来汉出席第十三届中国·武汉金融博览会的嘉宾座谈

5月5日，省委副书记、省长王忠林在武汉与兴业银行董事长吕家进座谈交流。副省长陈平代表省政府与兴业银行签署战略合作协议

5月21日，副省长陈平在武汉会见洪泰基金董事长盛希泰及参加“洪泰Family武汉行”的行业领军企业家代表

省委副书记、省长王忠林讲话并宣布大会开幕

第十三届中国·武汉金融博览会

10月17日，以“提升科创金融新动能，助力湖北建设全国构建新发展格局先行区”为主题的第十三届中国·武汉金融博览会开幕式暨主论坛在武汉东湖国际会议中心举行。来自中国人民银行、国家金融监督管理总局、中国证监会以及国内重点投资机构、银行、证券、保险、企业界的嘉宾共约2000人参加大会。

开幕式现场

第十三届中国·武汉金融博览会暨长江·基金投资高峰论坛

第十三届中国·武汉金融博览会融资担保高峰论坛

副省长陈平代表省政府与中国农业银行签署战略合作协议

副省长陈平参加北交所华中服务基地揭牌仪式

第十三届中国·武汉金融博览会暨科创金融赋能“专精特新”平行论坛

东湖科创金融暨东湖保险高峰论坛

服务重大战略、重点领域和薄弱环节

全省金融机构围绕服务重大战略、重点领域和薄弱环节持续发力。年末本外币各项贷款余额81368.01亿元，比年初增加7195.01亿元。

2月3日，金融“早春行”助力湖北建设全国构建新发展格局先行区武汉新城现场推进会活动在葛店经济开发区举行，副省长陈平率省金融监管部门和20余家省级金融机构出席

2月16日，金融“早春行”助力湖北建设全国构建新发展格局先行区襄阳现场推进会举行，副省长陈平率省有关部门及20余家省级金融机构出席

7月21日，2023年“全球建行助力湖北双循环发展”对接会在汉召开，副省长陈平出席活动并致辞

全省金融机构积极服务科创企业融资需求，已累计发放科技金融贷款近1.5万亿元。

3月31日，湖北省楚天凤鸣科创天使基金发布暨签约仪式在武汉隆重举行，会上宣布总规模100亿元的湖北省楚天凤鸣科创天使基金正式落地

5月24日，湖北省企业创新积分制工作推进会暨金融助力科创企业发展路演对接活动在汉举行

2月9日，武汉市2023科技金融“早春行”活动在硚口区汉江湾创新街区举行，现场授牌第三批科技金融工作站及线下首贷服务站

2月1日 武汉东湖高新区正式发布进一步推动科创金融高质量发展的若干措施，即“光谷科创金融新十条”，并发布了金融产业发展规划（2023—2035年）以及金融工作三年行动方案（2023—2025年）

8月2日，省委副书记、省长王忠林在汉调研全国碳排放权注册登记系统（中碳登）建设工作

湖北省推出了中碳登备案的碳排放权质押贷款、“绿色贷”、“绿保贷”等全国首创新品，出台了首个省级绿色融资企业和项目评价指南、绿色建筑产业贷款实施规程等。

11月4日，招商银行武汉长江绿色支行正式挂牌。招商银行武汉分行与长江产业投资集团现场签署战略合作协议，副省长陈平、招商银行副行长钟德胜出席

10月17日，以“金融赋能‘双碳’战略”为主题的中国碳金融高峰论坛在汉举行

全省金融系统积极构建小微企业金融服务体系，提升服务质量；深入实施普惠金融工作站“千百工程”，助力乡村振兴。年末普惠小微贷款新增1905亿元，余额同比增长25.5%；“整村授信”在全省2万多个行政村实现全覆盖。

5月11日，省委副书记、省长王忠林在汉调研金融服务中小微企业发展情况

6月25日，省政府召开“全省民营企业金融服务质量提升年”活动动员大会，副省长陈平出席会议并讲话

1月11日，湖北银保监局召开全省新市民金融服务工作推进（电视电话）会议

2月2日，十堰市举行2023年金融“早春行”政银企对接活动

10月12日，国家金融监督管理总局湖北监管局在襄阳市召开全省金融服务乡村振兴创新示范区建设现场推进会

7月31日，湖北省农业农村厅，湖北省地方金融监督管理局举办湖北省新型农业经济主体信贷直通车平台与湖北省中小企业融资信用平台“鄂融通”合作签约仪式

国家金融监督管理总局湖北监管局组织实施“百家示范、千家精品”普惠金融工作站提效工程。图为荆州农商行金融村官下沉服务

国家金融监督管理总局湖北监管局赴枣阳乡村实地走访调研普惠金融工作

改革创新

全省金融系统紧跟党中央、国务院战略部署，持续深化金融改革创新，提升金融服务水平，为促进经济增长和产业升级、促进湖北可持续高质量发展提供有力支持。

4月26日，长江汽车产业供应链有限公司和湖北长江车百产业基金在汉成立，省委副书记、省长王忠林出席成立活动

7月25日，副省长陈平到湖北宏泰集团、省再担保集团调研全省融资担保体系建设情况

2023年下半年，国家金融监督管理总局湖北监管局和中国人民银行湖北省分行相继挂牌，图为8月18日中国人民银行湖北省分行挂牌仪式

7月26日，湖北省政府投资引导基金发布会在汉举行，基金由省级财政出资设立，首期规模200亿元

资本市场建设

5月6日，全省资本市场发展暨推动企业上市工作电视电话会议召开，副省长陈平出席会议并讲话

2023年，全省企业上市成果丰硕、上市后备企业丰富、直接融资规模提升、风投创投机构集聚，多层次资本市场与实体经济更进一步融合。

6月8日—9日，湖北证监局、湖北省地方金融监督管理局、武汉东湖高新区管委会联合举办“资本市场服务荆楚行”武汉光谷站活动

2023年，全省境内外上市及过审企业21家。图为湖北江瀚新材料股份有限公司（简称“江瀚新材”）在上海证券交易所主板上市

8月4日，湖北区域性股权市场“专精特新”专板开板，副省长陈平出席

4月14日，省地方金融监督管理局组织举办全省北交所上市和“新三板”挂牌培训会

4月6日，省地方金融监督管理局赴咸宁市调研企业上市工作

3月22日，深圳证券交易所湖北基地襄阳都市圈培育中心揭牌仪式暨资本市场高质量发展论坛在襄阳举行

防范金融风险、优化营商环境

全省持续加强防范金融风险、优化营商环境力度，有效维护了金融体系和金融市场稳定，保障了金融业加快创新发展、高质量服务实体经济。

7月27日，2023年湖北省防范化解金融风险工作现场会暨风险预警监测业务培训会在荆州召开

6月15日，2023年度湖北省暨咸宁市防范非法集资宣传月启动仪式在咸宁市咸安区张公庙村举行

6月26日，省地方金融监督管理局组织召开金融领域突出问题专项整治工作推进会议

3月，湖北银保监局、湖北省高级人民法院联合召开全省“法院+金融”纠纷多元化解机制建设推进会

3月24日，2023年湖北保险业诚信建设大会在武汉召开，会议聚焦“胸怀家国保险为民，诚信服务以人为本”主题

9月15日，2023年湖北“金融消费者权益保护教育宣传月”活动在汉启动，主题为“汇聚金融力量 共创美好生活”

3月，湖北银保监局组织全省银行业保险业开展“3·15”消费者权益保护教育宣传周活动

4月13日，湖北银保监局、中南财经政法大学联合主办清廉金融文化“进校园”暨湖北金融系统“以清为美，以廉为荣”清廉金融文化建设主题竞赛活动

规范发展地方金融组织

全省地方金融组织运行更加规范，一批经营稳健的地方金融组织与实体经济的联系更加紧密，发挥了对传统金融机构“拾遗补缺”的作用，在一定程度上缓解了中小企业融资难题。

11月9日—10日，全省小额贷款公司、典当行、融资租赁公司和商业保理公司四类地方金融组织监管培训班在汉举办

5月11日至12日，湖北省典当行业协会在汉举办2023年第一期新进从业人员培训班

9月18日—21日，省地方金融监督管理局举办融资担保暨资产管理业务培训

2023年度全省融资担保行业财务专题培训班在武汉举办

目　　录

第一部分　全省金融发展情况

第二部分　各地金融发展情况

第三部分　机构运行情况

第四部分　金融政策性文件

第五部分　金融统计

第六部分　机构名录

第七部分　行业协会、学会

第八部分　金融大事记

第九部分　附录

第一部分

全省金融发展情况

2023年湖北省金融发展情况

中共湖北省委金融委员会办公室
湖北省地方金融管理局

2023年,全省金融系统坚持和加强党的全面领导,以习近平新时代中国特色社会主义思想为指导,全面贯彻党的二十大和中央金融工作会议精神,完整、准确、全面贯彻新发展理念,深刻把握金融工作的政治性、人民性,以服务民生、服务实体经济、服务湖北建设全国构建新发展格局先行区为着力点,聚焦经济结构转型和高质量发展的关键领域,深化金融改革创新,促进加快发展新质生产力,着力做好金融"五篇大文章",有效防范化解金融风险,统筹推进经济和金融高质量发展。

一、金融运行基本情况

2023年,全省金融市场体系不断完善,金融业规模和实力稳固,金融支持重大发展战略、重点领域、薄弱环节的能力、强度和水平持续提升,全年社会融资规模增量达到12321亿元,高于全国平均水平,较上年增加1272亿元,增长11.51%。融资结构不断优化,制造业中长期贷款、普惠小微贷款、涉农贷款、民营企业贷款、绿色贷款等增速均显著高于整体贷款增速。金融改革创新步伐加快,金融机构竞争力和服务实体经济质效进一步提升。金融风险防控力度持续增强,金融系统运行稳健,韧性与潜力凸显。全省金融运行呈现总量增长、结构优化、质效提升、成本下降的良好态势。

(一)银行业

1.机构体系健全

全省银行业机构体系涵盖了传统与新兴金融业态,中资、外资、国有、民营等不同性质的银行业机构共同发展。2023年末,全省共有银行业金融机构200家。其中,开发性金融机构和政策性银行3家,国有大型商业银行6家;12家股份制商业银行齐聚;城市商业银行、农村信用社、农村商业银行、民营银行、村镇银行等地方法人银行机构共计147家;新引进华侨银行有限公司武汉分行,全省外资银行数量达到11家,在中部地区位列第一。全省共有包括金融资产管理公司、信托公司、金融租赁公司、企业集团财务公司、消费金融公司等新业态银行业机构21家。

2.运行总体稳健

2023年末,全省银行业金融机构资产总额达到11.2万亿元,同比增长8.8%;负债总额10.8万亿元,同比增长8.9%,与上年持平。金融机构本外币各项存款余额87127.22亿元,比年初增加7563.55亿元;各项贷款余额81368.01亿元,比年初增加7195.01亿元。

3.资产质量稳定

2023年末,全省银行业金融机构不良贷款率为1.34%,与上年基本持平,低于全国平均水平0.28个百分点。其中,法人银行不良贷款率比上年同期下降0.03个百分点,城商行和农商行不良贷款率分别下降0.01个和0.05个百分点。商业银行风险抵补能力较充足,2023年商业银行净利润同比增长、贷款损失准备金余额增加、拨备覆盖率持续保持较高水平,商业银行整体资本充足率、核心一般资本充足率等处于合理范围,为应对潜在风险提供了保障。

4.风险管理加强

一是加强信用风险管理。银行机构通过优化升级风险评估体系、强化贷前审查和贷后管理、创新不良资产处置方式等措施,提高了风险防控能力,有效防控了信用风险。

二是加强市场风险管理。通过建立市场风险监测体系,完善风险管理制度,有效防范利率风险和汇率风险。

三是加强操作风险管理。通过完善内部控制体系、提升员工风险管理意识、强化信息系统安全管理等措施,有效降低银行机构操作风险,保障业务稳健开展。

四是加强流动性风险管理。通过建立完善的流动性监测体系、优化资产负债结构、制定应急预案，提升资金调拨和预算管理能力，保障流动性安全。

（二）保险业

1.机构体系稳步扩大

2023 年，全省共有保险公司、分公司 87 家。其中保险总公司 4 家，省级分公司 83 家（财产险分公司 37 家、人身险分公司 46 家）。

2.保费收入增长

全省保险业机构全年实现保费收入 2118.06 亿元，比上年增长 8.5%。其中，财产险保费收入 462.97 亿元，同比增长 9.4%；人身险保费收入 1655.09 亿元，同比增长 8.2%。

3.风险保障金额提高

全省保险业机构全年提供风险保障金额 542.2 万亿元，同比增长 16.7%。其中，财产险公司提供风险保障 509.9 万亿元，同比增长 17.3%；人身险公司提供风险保障 32.3 万亿元，同比增长 7.4%。

4.经济补偿功能增强

全省保险业机构全年各项赔款及给付 761.09 亿元，同比增长 26.4%。其中，财产险赔付支出 310.60 亿元，同比增长 18.9%；人身险赔付支出 450.49 亿元，同比增长 32.2%。

5.小微企业保险服务优化

保险机构积极构建服务小微企业机制，明确专门部门统筹小微企业保险工作，积极与政府、银行等开展多元化合作，参与面向小微企业的保险风险分担。针对各类小微市场主体丰富产品种类，设计专属保险方案，推出灵活缴费服务方式，探索简易化定损理赔模式，不断优化保险服务供给。

（三）资本市场

1.证券期货基金业机构发展稳健

截至 2023 年末，全省有证券公司法人机构 2 家、证券分公司 67 家、证券营业部 369 家。证券机构交易总额、营业收入、净利润等各项指标均明显提升。2 家上市法人证券公司总资产 2506 亿元，净资产合计 552 亿元，营业收入和净利润合计达到 103.23 亿元和 18.55 亿元。全省共有期货公司法人机构 2 家、期货分公司 31 家、期货营业部 46 家。2 家期货公司法人机构全年累计期货代理交易量 11832.2 万手，同比增长 1.96%；累计代理交易额 76509.5 亿元。全省有投资基金分公司 5 家，独立基金销售机构 2 家。共有登记备案的私募基金管理人 393 家，全国排名第 9 位；共计管理私募投资基金 1291 只，管理基金净值总规模 2479.80 亿元。

2.企业上市挂牌取得新进展

全年新增上市、过审企业 21 家，其中 A 股市场新增 8 家 IPO 企业，全省 A 股上市公司达到 146 家，数量居全国第 10 位、中部第 2 位。截至 2023 年末，湖北省 A 股上市公司总市值累计达到 13934.21 亿元，其中，省属国有控股上市公司市值 892 亿元，较 2022 年增长近 1.5 倍。全省共有“新三板”挂牌企业 233 家，全国排名第 7 位；区域性股权市场挂牌企业 6603 家，居全国“四板”市场前列。

3.直接融资规模较大幅度增长

2023 年末，全省直接融资总额 7593.4 亿元，其中资本市场实现直接融资 2708.01 亿元，同比增长 32.33%。资本市场股权融资 236.89 亿元、债券融资（含政府债）2471.12 亿元。债券融资中，非上市公司通过交易所发行各类债券实现融资 1463.71 亿元，同比增长 9.98%。

（四）外汇市场

1.货物贸易进出口增速高于全国

2023 年，全省进出口总额 916.4 亿美元，与上年持平。其中，出口 616 亿美元，进口 300.4 亿美元，进出口顺差 315.6 亿美元，进出口、出口、进口增速分别高出全国平均水平 5 个、3.7 个和 7.3 个百分点。全年货物贸易涉外收支总额 746.9 亿美元。其中，收入 413.2 亿美元、支出 333.7 亿美元，货物贸易涉外收支顺差 79.5 亿美元。全年货物贸易结售汇总额 414.4 亿美元；结售汇顺差 14.6 亿美元。

2.服务贸易逆差增长

全年全省服务贸易涉外收支合计 63 亿美元。其中，收入 22.1 亿美元、支出 40.9 亿美元，服务贸易涉外收支逆差 18.9 亿美元，同比增长 35.1%。全年服务贸易结售汇总额 59.5 亿美元，同比增长 8%。其中，结汇 14.6 亿美元、售汇 44.9 亿美元。

3.跨境直接投资流入下降、汇出增长

全年外商直接投资（FDI）流入 16.7 亿美元，同比下降 32.7%。全年境外直接投资（ODI）汇出 3.3 亿美元，同比增长 15.1%。

4.跨境债权债务出现新变化

外债由净流入转为净流出。全年全省登记外债余额为 74.8 亿美元，同比下降 10.3%。从流量看，全年新借外债流入 21.6 亿美元，同比下降 30.2%；外债还本流出 32.7 亿美元，同比增长 14.1%；外债项下净流出 11.1 亿美元。境外放款增长。全年全省境外放款汇出金额 11.4 亿美元，同比增长 83.6%；从境外借款人收回贷款额 6.5 亿美元，同比增长 23%。

（五）地方金融组织

1.组织体系“减量提质”

截至 2023 年末，全省共有 7 类地方金融组织 857 家，较上年减少 70 家。其中，融资担保公司 204

家、小额贷款公司292家、区域性股权市场1家、典当行182家、融资租赁公司159家、商业保理公司17家、地方资产管理公司2家。7类地方金融组织注册资本总额1353.94亿元。

通过优化地方金融组织准入和退出机制,依法依规清退"空壳""失联"或经营风险较大、持续经营能力差的地方金融组织,地方金融组织体系"减量提质"效果明显,市场环境得到进一步净化。融资担保公司户均注册资本、在保余额、放大倍数、拨备覆盖率等指标持续增长,资本实力、抗风险能力和服务能力明显增强;融资租赁公司资产结构持续优化;商业保理行业规模实现倍增。

2.服务功能有效发挥

各类地方金融组织积极响应监管引导,聚焦主业,发挥各自独特功能优势,做深做细普惠金融服务。除区域性股权市场和地方资产管理公司外,2023年末,5类地方金融组织服务实体经济提供融资或增信余额为3090.82亿元。融资担保机构积极参与新型政、银、担贷款模式,创新融资担保产品和服务,实现"扩面、增量、提质"。省再担保集团在保项目13.6万笔、在保余额745.8亿元,累计担保户数和在保金额分别居全国第1和第8位;省担保集团新增债券规模排名全国第1;省农信担净资产放大倍数、客户平均综合融资成本低位、业务规模增速分别居全国第1、第2、第3位。

二、主要工作进展及成效

(一)促进信贷投放,支持经济稳增长

认真落实省委、省政府重大决策部署,强化金融要素保障。深化金融供给侧改革,引导金融机构加大信贷投放力度。截至2023年末,全省金融机构人民币贷款余额80281亿元,同比增长10.2%;全年新增7435亿元,同比多增243亿元。信贷增速与经济增速相匹配,信贷资源更多流向了经济高质量发展重点领域。

1.科学制定信贷增长目标任务

围绕省政府制定的信贷增长目标,结合货币政策宽松导向,深入金融机构和市(州)调查研究,深挖潜力,制定全年贷款投放指导性目标。会同人民银行湖北省分行按地区、分机构拟定信贷建议目标,压实各方责任。指导金融机构抢抓货币政策窗口期,狠抓任务落实。充分发挥政策的引导和推动作用,加大激励和扶持力度,鼓励金融机构扩大信贷投放。加强部门间协作配合,形成政策合力,共同推动信贷总量增长。建立有效的政策执行和督导机制,确保应贷尽贷,推动信贷目标任务有效落实。

2.推动重点领域、重大项目融资

围绕全省重大发展战略,引导金融机构积极开展融资服务。夯实政银企对接机制,搭建对接平台,定期组织金融机构与重点项目、重点领域企业对接会,引导金融"活水"流向产业"高地"。年初省政府先后在武汉新城和襄阳市举办金融"早春行"助力湖北建设全国构建新发展格局先行区现场推进会,副省长陈平率省直有关部门及20余家省级金融机构出席,共签订政银合作协议、融资合作协议、授信协议5856.16亿元。

3.争取金融机构总部支持

推进省部(行)共建合作。加强与金融机构总部的沟通协调,不断完善沟通协调机制,加强与金融机构总部高层的互动交流,积极展示湖北经济发展成效、优势和潜力,有效传达资源倾斜的意愿,为湖北经济高质量发展争取更多金融资源。年内省政府先后与中国农业发展银行、兴业银行、中国农业银行签署战略合作协议,三家金融机构在湖北农业现代化、强县工程和实施乡村振兴战略的重点项目,在科技创新、绿色经济、普惠金融等重点领域,以及在支持湖北建设科技创新高地、建设现代产业体系等方面加大金融资源投入,扩大信贷供给总量。2023年,兴业银行武汉分行累计投放信贷资金超1300亿元,各项贷款余额1350亿元,同比增长10.2%。

(二)做好金融"五篇大文章",提高金融服务质量和水平

深入贯彻落实中央金融工作会议关于做好科技金融、绿色金融、普惠金融、养老金融、数字金融"五篇大文章"的决策部署,强化监管引领、政策协同,充分发挥银行保险业机构服务"五篇大文章"的职能优势,立足自身定位,积极创新产品和服务,提供"质优价廉"的金融服务。

1.提升科技金融质效

聚焦科技金融重点,着力解决卡点、堵点,助力科技创新促进新质生产力发展。截至2023年末,全省科技型中小企业贷款余额同比增长24.8%。

一是提升银行机构科技金融服务能力。支持银行机构单列科技型企业贷款规模,联动风投创投、保险担保和企业融资服务平台,打造湖北科技金融服务联盟,合作开发拥有利益共享和风险共担机制的产品。鼓励银行机构发展科技金融专营机构,争取总行级或省行直属的科创金融服务中心、科技支行落地湖北,下放授信审批和利率定价权限。

二是强化科技成果转化信贷支持。全面推广"科创企业创新积分信用贷款"模式,支持金融机构

参考创新积分为科技型企业发放信用贷款;鼓励金融机构开发推广知识产权质押相关的融资产品,扩大知识产权质押贷款规模。完善风险补偿机制,用好省级中小微企业贷款风险补偿奖补资金,鼓励各地优先将符合"鄂创融"专项工具条件的贷款和创新积分信用贷、人才贷、知识产权质押贷等科技金融专属信贷产品纳入风险补偿范围。

三是扩大科技型中小企业融资担保覆盖面。支持政府性科技融资担保机构发展,鼓励省科技融资担保机构与市、县融资担保机构开展业务合作,推动科技担保业务全覆盖。建立健全科技融资担保绩效评价体系,将科技型中小企业担保数、担保规模等指标纳入评价范围,加强对科技型中小企业的增信支持。鼓励银行与政府性融资担保机构加强合作,大力推广"科担快贷""科担人才贷"等"科担贷"系列产品。截至2023年末,全省科技担保业务在保笔数9826笔,覆盖全省31%的科技型小微企业;在保余额334.2亿元,同比增加168.5亿元,增幅达到101.6%。

四是创新科技保险产品和服务。高质量建设东湖科技保险示范区,做强东湖科技保险发展促进中心,鼓励保险机构研发符合科创企业特点的专项保险产品。大力发展贷款保证保险、首台(套)重大技术装备保险、新材料首批次应用保险、产品研发责任保险、知识产权保险和出口信用保证保险产品。加强与保险总部机构战略合作,引导保险资金投向重大基础设施和重大产业项目。

五是打造支持科技创新千亿基金群。省政府印发加快"世界光谷"建设行动计划,按照"一集群一基金"思路,以市场化方式,组建总规模达千亿级的产业基金群。湖北省政府投资引导基金、湖北楚天凤鸣科创天使基金、湖北长江车百产业基金正式落地,首期规模共计310亿元。积极推动引导社会资本与财政资金联合支持重大前沿科研项目,鼓励非政府引导基金出资的社会私募基金投资光谷科技创新项目。发挥省集成电路基金和国家集成电路产业投资基金协同功能,支持企业对接国家新兴产业创业投资引导基金、制造业转型升级基金、中小企业发展基金进行股权融资。

2.加快发展绿色金融

聚焦"双碳"目标健全绿色金融体系,引导金融机构丰富绿色金融产品和服务。2023年末,全省绿色贷款新增2987亿元,绿色贷款余额12732亿元,同比增长30.0%。

一是完善绿色政策框架。人民银行武汉分行出台了《关于金融支持湖北省绿色低碳转型发展的实施意见》《湖北省绿色项目贷款提升行动方案》《湖北省碳排放权质押贷款操作指引》等政策文件,明确绿色金融服务实体经济转型发展的目标任务,引导金融机构加大绿色贷款投放力度,拓宽绿色信贷抵质押担保范围和服务模式。

二是大力推进碳金融发展。加大政策支持力度。2023年12月,《湖北省碳排放权交易管理暂行办法》正式出台,旨在推进湖北碳市场扩容,进一步激发市场活力。加快建设特色碳金融生态系统。湖北宏泰集团发挥国家级平台集聚资源优势,大力推进碳机构聚集,打造覆盖全过程、全口径、全要素的碳市场创新业务链条和机构集群,依托中国碳排放权注册登记结算有限责任公司(简称"中碳登")、湖北碳排放权交易中心(简称"湖北碳交中心")、武汉碳普惠管理有限公司三大碳要素机构,构建国家、省、市三级碳市场协同发展的立体网络,建设具有湖北特色的碳金融生态系统。

三是推进碳金融创新。指导金融机构与湖北碳交中心、"中碳登"合作,围绕企业碳排放权、碳汇预期收益权等开展绿色金融创新,科学评估碳资产价值与风险。发放全国首笔在"中碳登"备案的碳排放权质押贷款、全国首笔新能源汽车积分收益权质押贷款等,全省首笔超亿元的碳排放权质押贷款在宜昌落地。

3.加快普惠金融服务

坚持普惠金融雪中送炭、服务民生,促进全体人民共同富裕的初心,聚焦痛点难点,着力提升重点领域金融服务可得性,推进基础金融服务更加普及、经营主体融资更加便利、金融支持乡村振兴更加有力。截至2023年末,全省民营企业(含个体工商户)贷款余额1.6万亿元,较年初增加2194亿元,余额同比增长15.5%,比各项贷款增速高5.8个百分点;普惠小微贷款新增1905亿元,余额同比增长25.5%;县域贷款新增2770亿元,余额同比增长16.9%。

一是加强政策引导,进一步优化普惠金融政策体系。2023年,省政府办公厅密集出台了《关于更好服务市场主体推动经济稳健发展若干政策措施的通知》《关于更好服务市场主体推动经济稳健发展接续政策的通知》《关于湖北省促进个体工商户发展若干措施的通知》《关于促进专精特新中小企业高质量发展若干措施的通知》《关于进一步降低企业成本若干措施的通知》《关于优化调整稳就业政策惠企利民促发展若干措施的通知》《关于进一步改善全省民营企业金融服务的十条措施》等文件,明确提出2023年全省普惠小微贷款新增1500亿元以上的目标任务,进一步完善和强化了对个体工商户、“专精特新”中小企业、民营企业融资服务以及帮扶中小微企业纾困解难、降低市场主体融资成本的各项措施，为全省普惠金融再上新台阶提供了更加全面、系统、明确的政策指引。

二是优化普惠金融重点领域产品和服务，支持小微经营主体可持续发展。鼓励金融机构开发符合小微企业、个体工商户生产经营特点和发展需求的产品和服务，加大首贷、续贷、信用贷、中长期贷款投放；规范发展小微企业供应链票据、应收账款、存货、仓单和订单融资等业务；拓展小微企业知识产权质押融资服务；鼓励开展贸易融资、出口信用保险业务，加大对小微外贸企业的支持力度。助力乡村振兴战略有效实施；提升民生领域金融服务质量，落实好创业担保贷款政策，提升贷款便利度。支持金融机构在依法合规、风险可控前提下，丰富大学生助学、创业等金融产品。完善适老、友好的金融产品和服务，加强对养老服务、医疗卫生服务产业和项目的金融支持。

三是健全多层次普惠金融服务体系，推动各类银行机构建立健全敢贷、愿贷、能贷、会贷的长效机制。引导大型银行、股份制银行进一步做深做实支持小微经营主体和乡村振兴的考核激励、资源倾斜等内部机制，完善分支机构普惠金融服务机制；推动地方法人银行坚持服务当地定位，聚焦支农支小、完善专业化的普惠金融经营机制，提升治理能力，改进服务方式。发挥其他各类机构补充作用。发挥小额贷款公司灵活、便捷、小额、分散的优势，突出消费金融公司专业化、特色化服务功能，提升普惠金融服务效能；引导融资担保机构扩大支农支小业务规模，规范收费，降低门槛；支持金融租赁、融资租赁公司助力小微企业、涉农企业盘活设备资产，推动实现创新升级；引导商业保理公司、典当行等地方金融组织专注主业，更好服务普惠金融重点领域。

四是提升普惠保险质量。推动农业保险“扩面、增品、提标”。扩大稻谷、小麦、玉米三大粮食作物完全成本保险和种植收入保险实施范围。落实财政奖补政策，鼓励因地制宜发展地方优势特色农产品保险。探索发展收入保险、气象指数保险等新型险种。推进农业保险承保理赔电子化试点，优化农业保险承保理赔业务制度，进一步提高承保理赔服务效率。发挥农业保险在防灾减灾、灾后理赔中的作用。积极发展面向老年人、农民、新市民、低收入人口、残疾人等群体的普惠型人身保险业务，扩大覆盖面。支持商业保险公司因地制宜发展面向农户的意外险、定期寿险业务，提高农户抵御风险能力。

4.加快养老金融发展

积极适应老龄化社会发展要求，着力健全养老金融体系。发展第三支柱养老保险，支持具有养老属性的储蓄、理财、保险等产品发展。支持丰富税优健康保险产品供给，探索包含长期护理服务、健康管理服务的商业健康保险产品。持续推进人寿保险与长期护理保险责任转换业务试点。加大对健康产业、养老产业、银发经济的金融支持。在风险有效隔离的基础上，支持保险机构以适当方式参与养老服务体系建设，探索实现长期护理、风险保障与机构养老、社区养老等服务有效衔接。推动金融适老化改造，提升老年人金融服务体验。

5.促进数字金融发展

聚焦效能和安全，把握机遇，重点推进数字金融赋能普惠金融高质量发展。

一是提升普惠金融科技水平。强化科技赋能普惠金融，支持金融机构深化运用互联网、大数据、人工智能、区块链等科技手段，优化普惠金融服务模式，改进授信审批和风险管理模型，提升小微企业、个体工商户、涉农主体等金融服务可得性和质量。推动互联网保险规范发展，增强线上承保理赔能力，通过数字化、智能化经营提升保险服务水平。稳妥有序探索区域性股权市场区块链建设试点，提升服务效能和安全管理水平。

二是打造健康的数字普惠金融生态。支持金融机构依托数字化渠道对接线上场景，紧贴小微企业和“三农”、民生等领域提供高质量普惠金融服务。在确保数据安全的前提下，鼓励金融机构探索与小微企业、核心企业、物流仓储等供应链各方规范开展信息协同，提高供应链金融服务普惠金融重点群体效率。鼓励将数字政务、智慧政务与数字普惠金融有机结合，促进与日常生活密切相关的金融服务更加便利。

三是健全数字普惠金融监管体系。将数字普惠金融全面纳入监管，坚持数字化业务发展在审慎监管前提下进行。提升数字普惠金融监管能力，建立健全风险监测、防范和处置机制。严肃查处非法处理公民信息等违法犯罪活动。积极发挥金融科技监管试点机制作用，提升智慧监管水平。

（三）推进资本市场建设，服务新质生产力

把握发展新质生产力机遇，强化资本市场服务新质生产力责任，有效促进科技、产业、金融的深度融合，引导要素资源加速向科技创新等新质生产力领域聚集。

1.大力推进企业上市挂牌

一是强化上市工作统筹调度。积极应对IPO审核节奏放缓等因素叠加挑战，加强工作调度，狠抓工作落实。加强与证监会、证券交易所协调沟通。建立拟上市重点企业清单，分解目标任务并全程跟踪，定期向省政府报告，向市（州）通报。省政府召开全省资本市场发展暨企业上市工作电视电话会议、拟上市重点企业专题推进会，着力强化推进企业上市调度工作。抢抓北交所扩容机遇，制定出台北交所上市和“新三板”挂牌方案，编印北交所上市指引，举办系统性专题培训，引导推动“专精特新”企业登陆北交所。全年全省境内外上市及过审企业共21家。

二是不断完善上市服务。全面落实新修订的上市奖励无申请兑付办法，制定完善支持企业上市若干措施。依托沪、深、北交易所资本市场服务基地，组织举办全省上市培训，实现省级上市后备企业全覆盖。赴8个市（州）实地走访37家企业，针对企业关切问题加强指导。致函证监会、证券交易所和相关职能部门为企业上市商请支持。加强上市后备企业培育，开展省级上市后备“金种子”“银种子”企业评审，持续加强上市后备梯队建设。全省共有在审企业18家、在辅导企业57家，省级上市后备“金种子”“银种子”企业达到1150家。

三是支持企业挂牌“新三板”。建立企业挂牌“新三板”辅导机制。为企业提供一对一的辅导服务，帮助企业解决挂牌过程中的难点、堵点，提高企业挂牌成功率。推动资源整合。整合政府部门、金融机构、中介机构等各方资源，形成工作合力。搭建企业与证券公司等中介机构的对接平台，促进交流与合作，为企业挂牌提供便利。落实激励政策。对成功挂牌“新三板”的企业给予财政资金奖励，降低企业挂牌成本，提高企业挂牌积极性。

四是推进区域性股权市场创新发展。支持武汉股权托管交易中心开展制度和业务创新。2023年8月，中国证监会正式批复同意湖北省开展区域性股权市场制度和业务创新试点，支持探索开展私募股权和创业投资份额转让业务，武汉股权托管交易中心成为中部首家、全国第四家试点单位。支持武汉股权托管交易中心制定完善私募股权和创业投资份额转让业务制度体系、建立涵盖为各类基金提供份额登记托管、质押、交易转让、退出等多项服务的流程和系统。推动建立湖北省私募股权和创业投资份额转让平台，加快形成私募股权投融资“募投管退”的完整闭环。

2.促进投资基金高质量发展

一是培育更多股权投资市场主体。大力招引股权投资机构。加大对境内外头部投资机构的招引力度，鼓励其在湖北省设立各类基金及管理机构；对新设或迁入的投资机构，有实际投资项目的，鼓励所在地政府给予一定奖励。发挥省级引导基金引领示范作用。设立首期规模200亿元的省政府投资引导基金，发挥联动效应，支持市、县设立区域投资基金，服务地方优势产业发展；鼓励有条件的地方运用参股基金、投贷联动、融资担保等多种方式，引导社会资本加大投入。引导银行、券商、保险等金融投资机构与湖北省投资机构合作，开展金融服务模式创新；招引外部产业型基金，培育壮大本土投资人，拓宽湖北省基金募资渠道；积极推动QFLP（合格境外有限合伙人）试点工作开展。支持龙头企业进军股权投资行业。在不新增政府隐性债务前提下，鼓励在鄂央企、上市公司、省属企业及民营龙头企业设立产业投资基金，整合上下游产业链。

二是推动投资基金业态集聚发展。打造区域股权投资高地，立足三大都市圈建设，支持武汉依托经济金融发展优势和资源禀赋特点，发挥股权投资功能作用，尽快建成具有全国影响力的科技创新中心；支持襄阳、宜昌建设省内区域创新中心，推动形成全省协同互动的基金高地。培育股权投资集聚区，强化各类创新创业载体的汇聚能力和融资服务水平，吸引聚集国内外优秀投资机构及其投资企业，以及专业服务机构入驻，按规定给予政府优先参股扶持等优惠政策。搭建高能级资本对接平台，加大与国家级基金合作互动，争取国家基金资源在湖北设立专项基金或投资产业项目。支持举办全球资本大会、长江资本大会等，链接全球创新要素资源，吸引国内外创新创业主体落户。

三是畅通股权投资“募投管退”环节。提升政府投资基金市场化水平。加强制度设计，优化组织架构，减少管理层级。引入市场竞争机制，综合考虑募（配）资能力、产业投资经验、招引项目能力、运营管理能力等条件，择优选聘基金管理机构；健全基金投资决策机制，投资项目交由专业团队自主决策。加大优质项目供给。鼓励行业主管部门建立备投项目库，定期向投资机构推送优质项目资源。建立高等院校、科研院所与投资机构合作机制，以及上市后备资源库与投资机构名单双向推送对接机制，引导资本投向科技成果转化项目和上市后备企业。拓宽股权投资退出渠道。支持武汉股权托管交易中心开展股权投资份额转让试点；鼓励国内优秀投资机构在湖北设立并购基金、股权转受让基金（S基金）。

四是形成投资基金发展政策合力。构建基金投资矩阵。发挥政府投资基金政策导向作用，重点投向天使投资、科技成果转化、绿色低碳、军民融合等省政府鼓励发展的产业和领域；突出国资母基金招大引强功能，重点支持新兴产业发展和重大项目建设；推动各类基金协同有序发展，以投带引构建覆盖全行业、全周期的基金投资矩阵。建立省、市、县联动机制。鼓励上下级政府按照市场化原则互相参股基金，形成财政出资合力。强化政策资源统筹衔接。发挥行业主管部门职能作用，统筹基金、专项、国资预算等资金资源，探索建立奖补、贴息、资本金注入等多元化投入机制。

（四）加强金融监管，防范化解金融风险

1.防范化解系统性风险，维护地区金融稳定

切实履行加强金融监管、维护地区金融稳定的职责，积极探索创新金融监管模式，不断强化风险防范机制，筑牢金融安全防线。

一是加强金融机构监管。严格审核金融机构的设立、变更和终止等事项，监督其完善组织架构、治理结构、内部控制等；规范金融机构市场行为，打击违法违规行为，保护金融消费者合法权益；按金融业务功能属性统一监管标准，避免监管套利；深入分析金融产品底层资产和资金流向，防止风险隐匿和传递；对金融机构进行常态化、动态化监管，跟踪监测其风险管理和内部控制变化情况。

二是推进金融市场监管改革。加强对支付清算系统、证券登记结算系统、金融资产交易平台等的监管和建设，提高其安全性、稳定性和高效性，保障金融交易顺利进行和资金安全流转。加强金融产品创新监管，在鼓励创新的同时，要求金融机构充分披露创新金融产品的结构、风险特征、收益情况等关键信息，让投资者准确了解产品本质和风险。

三是强化宏观审慎管理。完善宏观审慎政策框架，根据湖北省经济金融形势变化和特点，适时调整宏观审慎政策的重点关注领域和调控力度，运用逆周期调节工具，增强金融体系抵御系统性风险的能力。加强系统性风险监测与评估，从宏观整体视角出发，关注宏观经济政策、金融市场波动、大型金融机构经营状况等因素对系统性风险的影响，建立系统性风险评估模型和指标体系，定期开展评估，及时发现潜在隐患和变化趋势，为制定政策措施提供依据。推进跨市场、跨行业监管协调，加强不同金融市场之间以及不同金融行业之间的监管协调，建立健全监管协调机制，加强信息共享，形成监管合力，防范风险在不同市场和行业之间传递和扩散。

四是防范重点领域风险。扎实做好融资平台债务风险化解工作，密切监测融资平台债务状况，引导金融机构合理合规提供融资支持，同时督促融资平台加强自身风险管理，规范债务融资行为，逐步化解债务风险。继续执行房地产金融宏观审慎政策，加强对房地产市场的监测分析，严格执行房地产贷款相关政策要求，促进房地产市场平稳健康发展。推动保障性住房再贷款在辖区落实落地，支持保障性住房建设，满足居民合理住房需求。

五是强化风险监测预警和早期纠正。建立健全风险监测预警体系，运用信息技术和大数据分析手段，对金融机构、金融市场和金融业务进行全方位、实时性监测，及时发现潜在风险点和异常情况。针对监测发现的早期风险迹象，及时启动具有硬约束的早期纠正机制，要求相关金融机构在规定时间内采取整改措施，如补充资本、调整业务结构、加强风险管理等，防止风险进一步扩大和蔓延。

2.加强银行业保险业监管，防范重点领域风险

一是聚焦防范风险主责主业。全力推进重点中小金融机构风险化解，健全金融风险处置常态化机制，积极稳妥防控重点领域风险，强化信用风险管理，多措并举加大不良资产处置力度，促进金融与房地产良性循环，支持保障性住房等“三大工程”建设。落实“五大监管”，即突出精准抓好机构监管，强化分类施策；突出守正抓好行为监管规范金融行为；突出协同抓好功能监管，实现监管贯通；突出求实抓好穿透式监管，提高监管质效；突出“四早”（早识别、早预警、早暴露、早处置）抓好持续监管。有效防范风险，维护市场秩序。

二是防范化解重点领域金融风险。加快中小银行改革化险。坚持早识别、早预警、早发现、早处置，建立健全风险预警响应机制，强化城商行、农商行、农信社、村镇银行等风险监测。制定中小银行改革化险方案；按照市场化、法治化原则，稳步推动村镇银行结构性重组；加大力度处置不良资产，推动不良贷款处置支持政策尽快落地见效，多渠道补充中小银行资本；构建高风险机构常态化风险处置机制，探索分级分类处置模式，有效发挥存款保险基金、金融稳定保障基金作用。完善中小银行治理机制。推动党的领导和公司治理深度融合，构建符合中小银行实际、简明实用的公司治理架构，建立健全审慎合规经营、严格资本管理和激励约束机制；强化股权管理，加强穿透审查，严肃查处虚假出资、循环注资等违法违规行为；严格约束大股东行为，严禁违规关联交易；健全中小银行违法违规的市场惩戒机制；压实村镇银行主发起行责任，提高持股比例，强化履职意愿，做好支持、服务和监督，建立主发起行主导的职责清晰的治理结构。完善涉及中小银行行政监管与刑事司法双向衔接工作机制。加强对保险公司的日常监管，推进保险行业诚信建设，加大对违法违规行

为的处罚力度。

三是坚决打击非法金融活动。依法将各类金融活动全部纳入监管，严肃查处非法金融业务。严厉打击以普惠金融名义开展的违法犯罪活动，切实维护金融市场秩序和社会大局稳定。健全非法金融活动监测预警体系，提高早防早治、精准处置能力。强化事前防范、事中监管、事后处置的全链条工作机制，加快形成防打结合、综合施策、齐抓共管、标本兼治的系统治理格局。

四是加强金融消费者权益保护。提升社会公众金融素养和金融能力。健全金融知识普及多部门协作机制，广泛开展金融知识普及活动；建设金融教育基地、投资者教育基地，推进将金融知识纳入国民教育体系。健全金融消费者权益保护体系。督促金融机构加强消费者权益保护体制机制建设，强化消费者权益保护全流程管控，切实履行信息披露义务；畅通金融消费者投诉渠道，建立健全金融纠纷多元化解机制；组织开展金融机构金融消费者权益保护评估和评价工作，加大监管披露和通报力度，推进金融消费者权益保护监管执法合作机制建设。加强金融广告治理，强化行业自律。

3.加强资本市场监管，守牢风险底线

2023 年，湖北省持续强化资本市场监管，进一步完善风险识别、预警、发现、处置机制。紧盯资本市场重点领域风险，优化常态化长效风险防范机制，强化上市公司、证券期货经营机构以及私募基金等领域的风险防范处置工作。

一是着力提升监管效能。强化机构监管、行为监管、功能监管、穿透式监管、持续监管。以落实独立董事改革为契机推动上市公司完善公司治理，提升上市公司质量。强化机构日常监管，压实中介机构责任，提高规范发展水平。持续巩固打非清整成果，持续净化市场生态，从严打击资本市场违法违规行为，精准追责，快查快办。

二是不断降低上市公司风险。建立上市公司风险处置工作专班机制，坚持市场化、法治化原则，推动相关上市公司平稳退市、变更控股股东，实质性化解风险；督促高比例质押公司进一步压降风险。

三是及时出清债券违约风险。实行债券风险监测分析制度，加强对 203 只到期或回售债券违约风险的兑付跟踪，制定湖北省城投债券风险防范工作方案，向省政府及重点市(州)通报城投债券、地方国企公司债券风险情况，配合做好防范化解地方债务风险工作。

四是持续压减私募基金风险。通过督促变更名称或经营范围、双注销、在国家企业信用信息公示系统进行公开提示等方式，有效推动管理人登记、工商注册“双出清”。

4.加强地方金融监管，防范化解金融风险

一是完善风险防控体制机制。全面构建党政同责、属地负责、部门担责、企业主责的防范化解金融风险工作责任体系，推动市(州)、县党委和政府建立党政主要领导负责的重大金融风险处置协调机制，夯实省、市(州)、县、乡、村五级工作运行机制。持续优化“四位一体”监测预警体系，省金融风险预警平台归集政务、第三方机构等方面的 4.4 亿条数据，对省内 250 余万家企业实施监测。组织开展金融风险隐患大排查等专项行动，落实风险线索化解措施。推动常态化宣传与集中宣传深度融合，举办全省防范化解金融风险专题研讨班，组织防非短视频征集大赛、集中宣传教育月活动，全年累计开展“七进”宣传活动 27669 次，现场参与群众 903.1 万人次。全省金融安全防线持续巩固。

二是做好防范处置非法集资工作。认真落实《防范和处置非法集资条例》，起草报审《湖北省〈防范和处置非法集资条例〉实施细则》。统筹行政执法力量开展现场核查，有效运用警示约谈、责令整改、清退等行政手段，果断采取限制涉案人员出境等措施压降风险。严格开展行政执法、强化案件处置，建立全省非法集资案件处置台账，盯紧央批部督案件及亿元以上、5 年以上案件处置。超额完成陈案化解 20%的年度工作目标。

三是推进重点领域和企业金融风险化解。建立上市公司风险处置工作专班，定期梳理汇总上市公司和债券风险动态，及时向属地政府和相关部门通报，加强预警分析和提示。报请省政府召开重点上市公司风险防范化解工作专题会，印发各类风险提示函、向省直部门发函通报相关信息，督促压实属地政府和部门责任。联合上交所召开提高上市公司质量座谈会，交流推介化险经验和典型案例。协调推动相关地方法人金融机构问题整改，推进相关企业金融风险处置，推动化解相关上市公司金融风险。积极参与防范化解房地产领域风险防控工作。

四是加强和完善地方金融监管。加强风险监测与预警，构建金融风险监测指标体系和监测平台，对地方金融组织和地方金融市场进行实时监测和风险预警。上线运行全省地方交易场所监管信息系统，完成融资租赁和商业保理公司监管信息系统首期建设，重新搭建小额贷款公司监管平台，优化完善典当行、融资担保行业监管系统功能。综合运用分类评级、行业年审、“双随机、一公开”抽查、专项检查等方式,对 160 余家地方金融组织开展现场检查,督促相关机构立整立改。强化非现场监管,分行业每月对非现场监管数据进行统计和分析研判,加强对资本金、资产质量、杠杆水平、关联交易、业务集中度和关联度等重点指标的监测力度。及时采取有效措施,处置风险。

(五)优化金融营商环境,构建良好金融生态

1.优化金融营商环境

起草《以控制成本为核心优化营商环境行动方案》,明确成本事项、工作目标、创新举措、细化措施及责任单位。开展优化营商环境先行区试点创建,将“首贷担助力小微企业信用培植”“新型政银担改革”“打造科技型企业融资担保服务新模式”等纳入优化营商环境先行区试点创建工作,引导融资担保机构持续加强产品创新、流程优化,加大对实体企业增信力度。认真落实省优化营商环境办各项工作要求,不断提高服务水平和治理能力。

2.举办第十三届中国・武汉金融博览会

以“提升科创金融新动能,助力湖北建设全国构建新发展格局先行区”为主题,举办第十三届中国・武汉金融博览会开幕式及主论坛和六个平行论坛,政商学界 2000 余人参加盛会,人数为历年之最。活动期间签署了一揽子重大战略合作协议,发布了一批重大发展成果,为全面推进经济转型升级,助力湖北建设全国构建新发展格局先行区注入了强大动力。

3.完善金融法治环境

推进形成地方金融监管行政处罚自由裁量标准和适用规则,严格落实行政执法公示、全过程记录和重大行政执法决定法制审核制度,年度行政执法事项零复议、零诉讼。及时清理行政规范性文件,确保法治统一,提高行政效率。制定普法责任清单,开展法治专题集中学习,组织全省性业务法律法规培训。

4.高质量建设“鄂融通”平台

不断完善湖北省中小企业融资信用平台(鄂融通)功能、丰富产品、加强数据赋能;推动平台与省工行、省建行、省邮储行等金融机构联合开发信贷产品,与省农业信贷直通车、省供应链物流公共信息系统、武汉股权交易系统、省碳排放权交易系统等 12 个平台实现信用信息共享。截至年末,“鄂融通”已归集发改、公安、税务等 40 多个单位的 7.10 亿条数据,入驻金融机构 3413 家,汇集 2608 个金融产品,融资总金额 6754.88 亿元。

三、2024 年工作思路

(一)坚持和加强党对金融工作的领导

充分认识加强党对金融工作的领导是做好金融工作的根本保证的重要意义,把党的领导落实到金融工作各领域、各方面、各环节,从根本上解决金融服务实体经济中的各种矛盾,提升金融服务实体经济质效。

(二)引导金融机构持续加大信贷投放

持续引导金融机构聚焦全省重大发展战略、重要项目、重点领域和薄弱环节,积极对接新的有效信贷需求,做好金融“五篇大文章”,加大信贷投放,保持信贷总量增长的稳定性。

(三)大力发展多层次资本市场

深入实施资本市场建设“楚天行动”,大力引导和推动企业上市挂牌,从加强企业上市挂牌统筹调度、强化企业上市挂牌培育、优化企业上市挂牌服务环境、健全企业上市挂牌推动机制、落实企业上市挂牌激励措施等五个方面加大工作力度,加快企业上市挂牌步伐,扩大直接融资。

(四)加强金融监管

加强与中央金融管理部门监管协同,落实好机构监管、行为监管、功能监管、穿透式监管和持续监管。全面加强地方金融监管,消除监管空白和盲区,健全监管制度与问责机制。

(五)有力防范化解金融风险

积极稳妥化解中小金融机构、资本市场和重点企业等领域金融风险,配合防范化解地方政府债务、房地产等领域金融风险,清理整顿地方交易场所,严厉打击非法集资等非法金融活动,守牢不发生系统性、区域性金融风险底线。

(六)深化金融改革创新

认真贯彻落实党中央、国务院批准的湖北省机构改革总体方案要求,以高度的政治责任感稳妥有序完成机构改革相关任务。深刻把握机构改革带来的新任务、新机遇和新挑战,扎实稳妥推进金融改革创新,增强金融机构竞争力和金融市场活力,提高金融服务实体经济的能力和水平,促进金融生态环境不断优化。

2023 年湖北省贯彻执行货币政策情况

中国人民银行湖北省分行

2023 年,中国人民银行湖北省分行坚决贯彻党中央、国务院重大决策部署,有力有效实施稳健的货币政策,扎实落实推动经济运行整体好转一揽子金融政策,以金融支持实体经济“力度够、节奏稳、结构优、价格可持续”为着力点,不断提升金融服务能力和质效,为全省经济回升向好和经济社会高质量发展贡献了金融力量。

一、引导金融机构信贷总量适度平稳增长

贯彻落实好稳健的货币政策,加强逆周期调节和窗口指导力度,完善法人金融机构信贷调控“双线”管理机制,着力督导金融机构按照“总量适度、节奏平稳”要求,努力保持信贷增长的持续性和平稳性,推动信贷增速保持与经济增速相匹配,稳固对实体经济的支持力度。截至 2023 年末,全省金融机构人民币贷款余额 80281 亿元,同比增长 10.2%;全年新增 7435 亿元,同比多增 243 亿元。其中,地方法人金融机构人民币贷款余额 20219 亿元,同比增长 10.1%;全年新增 1847 亿元,同比基本持平。

二、充分发挥货币政策工具精准滴灌作用

推动人民银行总行创设的 15 项结构性货币政策工具在湖北规范高效落地使用,累计提供政策性资金支持 1897.8 亿元(含过审金额),撬动更多的信贷资源流向重点领域和薄弱环节。其中,煤炭清洁高效利用、设备更新改造等专项再贷款工具的落地金额位居全国前列。持续加大支农支小再贷款、再贴现支持力度。截至 2023 年末,全省再贷款再贴现余额达到 780.4 亿元,同比增加 81 亿元;累计发放 1030 亿元,同比增加 133 亿元。

三、引导企业融资成本和居民贷款利率稳中有降

推动金融机构认真落实利率市场化改革要求,充分发挥 LPR 改革效能,2023 年全省金融机构新发放企业贷款加权平均利率 3.85%,同比下降 24 个 BP;继续发挥新发放首套房贷利率政策动态调整机制作用,引导新发放房贷利率下行,新发放个人住房贷款加权平均利率 3.92%,较上年下降 94 个 BP;按照市场化、法治化原则推动降低存量首套住房贷款利率政策有序实施,全省存量首套住房贷款利率下调已基本完成,共有 223.7 万笔、8604.8 亿元存量房贷利率下降,平均降幅 91 个 BP,超 223 万户家庭受益,户均每年减少利息支出 3500 元左右。

四、加大重点领域和薄弱环节支持力度

一是持续深化民营小微企业金融服务。牵头制定出台《进一步改善全省民营企业金融服务的十条措施》,全面开展民营企业金融服务质量提升年活动,“点线面”综合施策缓解民营小微企业融资难题。截至 2023 年末,全省民营企业贷款和普惠小微贷款同比增长 15.9%和 26.2%。

二是持续推进科创及制造业金融服务。联合省科技厅等部门建立包括 3 万余家重点科创企业“白名单”,引导金融机构加大对“专精特新”、先进制造业等重点领域的金融支持,督导银行及时开展融资对接。积极推动科创金融产品服务创新,指导银行开发“创新积分贷”等专属信贷产品,累计发放“创新积分”信用贷款 30 亿元、抵质押贷款近 300 亿元。截至 2023 年末,全省科技中小企业贷款余额同比增长 24.8%;制造业中长期贷款余额同比增长 32.2%。

三是提升绿色低碳转型金融服务质效。推动开展排污权、碳排放权质押贷款产品创新,对 36 家排污企业办理排污权抵质押贷款 4.1 亿元,累计完成 12 笔碳质押贷款和碳回购交易,融资总额近 7 亿元。引导金融机构根据评价等级构建差异化绿色融资服务体系,联合印发的全国首个省级《绿色融资企业(项目)评价指南》在北京举办的“全球碳市场发展论坛”上发布,深入开展绿色项目贷款提升行动,支持金融

机构精准发放绿色贷款。截至2023年末，全省绿色贷款余额12732亿元，同比增长30.0%。

四是全面推进金融支持乡村振兴。牵头印发《关于做好2023年湖北省金融支持全面推进乡村振兴建设重点工作的意见》，指导金融机构进一步提升粮食稳产保供、乡村产业发展、农民增收致富等乡村振兴重点领域金融服务质效。推动农业重点产业链“金融链长制”、动产抵押融资等金融产品和服务创新。截至2023年末，全省涉农贷款余额21283亿元，同比增长13.5%。

五是创新推动供应链金融发展。联合印发《湖北省商贸物流及大宗商品供应链金融创新试点方案》，牵头制定《湖北省供应链金融体系建设三年行动方案（2023—2025年）》。推进湖北交投、湖北联投、宏泰集团、武汉华纺、黄石上达电子、宜昌奥美医疗等企业开展供应链金融创新试点，并取得积极成效。

五、持续推动房地产金融市场平稳健康发展

引导金融机构加大房地产贷款投放力度，推动满足房地产企业合理融资需求。因城施策实施差别化住房信贷政策，指导辖内金融机构落实好“认房不认贷”、首套房和二套房最低首付比例下调、二套房贷款利率下限下调等政策。持续做好“保交楼”金融支持服务，督导相关银行运用“保交楼”专项借款和“保交楼”贷款支持计划，推动金融机构为“保交楼”项目提供按揭贷款、开发贷款展期、并购贷款、施工方流动资金贷款支持。制定《湖北省金融支持加快解决从事基本公共服务人员住房困难问题实施意见》，支持“租购并举、先租后售”的住房租赁模式，积极开展住房租赁金融支持工作。

2023 年湖北省银行业保险业发展情况

国家金融监督管理总局湖北监管局

一、机构体系保持稳定

截至 2023 年末，全省共有银行业机构 200 家。其中，开发性金融机构和政策性银行 3 家，国有大型商业银行 6 家，股份制商业银行 12 家，城市商业银行 2 家，民营银行 1 家，农村商业银行 77 家，农村信用社 1 家，村镇银行 66 家，外资银行 11 家，金融资产管理公司 4 家，信托公司 2 家，金融租赁公司 3 家，企业集团财务公司 11 家，消费金融公司 1 家。银行业机构体系总体保持稳定，股份制商业银行、外资银行、非银机构数量均居中部前列。

2023 年，全省共有保险公司、分公司 87 家。其中，保险总公司 4 家，省级分公司 83 家(财产险分公司 37 家、人身险分公司 46 家)。

二、运行态势稳中有进

(一)银行业主要指标稳中有进

截至 2023 年末，全省银行业资产总额 11.2 万亿元，较年初增加 9061.2 亿元，同比增长 8.8%；负债总额 10.8 万亿元，较年初增加 8863.4 亿元，同比增长 8.9%。各项贷款余额 8.1 万亿元，同比增长 9.9%，全年新增贷款 7195.0 亿元，同比多增 161.1 亿元；各项存款余额 8.7 万亿元，同比增长 9.5%，全年新增存款 7563.6 亿元，同比多增 477.7 亿元。

(二)保险业运行持续稳中向好

一是保费收入稳中有进。2023 年，全省保险业累计实现原保险保费收入(以下简称“保费收入”) 2118.06 亿元，同比增长 8.48%。其中，财产险公司实现保费收入 579.45 亿元，同比增长 10.95%；人身险公司实现保费收入 1538.61 亿元，同比增长 7.58%。

二是重点领域发展稳健。2023 年，全省车险保费收入 298.01 亿元，同比增长 5.47%；企财险保费收入 15.3 亿元，同比增长 6.86%；责任险保费收入 39.12 亿元，同比增长 6.42%；保证险保费收入 8.8 亿元，同比下降 58.44%；农业险保费收入 49.43 亿元，同比增长 24.71%；意外伤害险保费收入 35.36 亿元，同比下降 8.45%；健康险保费收入 426.27 亿元，同比增长 7.98%。

三是保障功能持续增强。商业保险已深度融入社会民生的各个方面，丰富了社会安全保障网的层次，保险补偿功能有效发挥，全年累计赔付支出 761.09 亿元，同比增长 26.44%。其中，财产险公司赔款支出 400.58 亿元，同比增长 22.78%；人身险公司赔付支出 360.51 亿元，同比增长 30.78%。从重点险种看，车险赔款支出 206.76 亿元，同比增长 12.2%；工程险赔款支出 3.13 亿元，同比下降 3.11%；责任险赔款支出 20.16 亿元，同比增长 23.78%；农业险赔款支出 33.39 亿元，同比增长 29.75%；健康险赔款支出 135.39 亿元，同比增长 23.07%；意外伤害险赔付支出 14.22 亿元，同比增长 9.31%。

三、服务实体经济质效不断提升

(一)着力保障重点领域金融需求

围绕构建新发展格局，加大信贷投放和保险保障力度，支持重点项目和重大工程建设，加大对先进制造业、战略性新兴产业等领域的支持力度。截至 2023 年末，全省基础设施建设贷款余额突破 2 万亿元，比年初增加 2398.06 亿元；制造业贷款余额 8791.89 亿元，比年初增加 1381.97 亿元。

(二)大力支持小微企业发展

坚持总量增长与结构优化相结合，推进小微企业金融服务提质增效。开展“走万企、树信心、优服务”、小微企业金融服务质量建设年等活动，推动落实“专精特新”金融服务 11 条措施。截至 2023 年末，全省小微企业贷款余额 2.48 万亿元，同比增长 17.86%，其中普惠型小微企业贷款余额 9245.29 亿元，同比增长 26.41%；普惠型小微贷款利率较年初降低 0.31 个百分点。

(三)深入推进金融服务乡村振兴

成功打造19个金融服务乡村振兴创新示范区,提前一年实现行政村建档评级100%全覆盖。创新建立银保融合的“普惠金融工作站”,选派“金融村官”。聚焦乡村振兴重点领域,保障粮食和重要农产品供给,积极支持新型农业经营主体发展。充分发挥保险保障功能,创新地方特色农产品保险,2023年全省农业保险累计赔款支出33.39亿元,同比增长29.75%。

四、风险防控力度进一步加强

一是全力防控信用风险。始终把防范化解信用风险放在突出位置。加强信用风险前瞻性防控,加大拨备计提力度,增强风险抵补能力。大力推动不良资产处置。

二是促进金融与房地产良性循环。积极推动房地产金融支持政策落地。在地方政府“一楼一策”总体框架下做好“保交楼”工作,加强对“保交楼”项目融资支持,积极落实对受困房企和个人购房者的纾困政策。积极支持保障性租赁住房建设,支持解决从事基本公共服务人员住房困难问题,鼓励开展老旧小区改造融资试点新模式。

三是有序化解重点企业债务风险。督促和引导企业通过债务重组,盘活资产、引入战略投资者以及加强自身管理等举措,着力化解债务风险。

四是推动法人机构风险防控。强化风险监测预警,强化法人机构内部治理,提升资产质量。

五、改革创新稳步推进

(一)推动法人机构改革发展

从加强党的建设、强化法人治理理念、股东股权管理等方面进一步加强公司治理建设。完善“三会一层”组织架构,落实管理责任。推动省农信联社改革,推动城商行完善战略管理,稳步推进重点机构改革化险,引导非银机构探索差异化、专业化高质量发展道路。

(二)推动保险领域改革创新

进一步推动东湖科技保险创新示范区建设,成立东湖科技风险管理和保险创新实验室,发布银行业和保险业科创金融业务及服务标准指引。深化车险改革,加快城市定制型商业健康保险发展,强化保险保障功能。

2023年湖北省资本市场发展情况

中国证券监督管理委员会湖北监管局

2023年，湖北证监局坚持以习近平新时代中国特色社会主义思想为指导，深刻领会党的二十大精神，深入学习中央金融工作会议、中央经济工作会议精神，以服务实体经济为根本出发点，积极防范化解风险，持续提升监管效能，切实发挥好资本市场功能作用，助力湖北经济高质量发展。

一、资本市场运行基本情况

（一）多层次资本市场推进情况

截至2023年末，全省共有境内上市公司146家，上市公司数量居全国第10位。其中，在上海证券交易所主板上市的有43家，科创板上市的有14家；在深圳证券交易所主板上市的有42家，创业板上市的有38家；在北交所上市的有9家。截至2023年末，全省共有"新三板"挂牌企业233家，排名全国第7位。截至2023年末，全省共有区域性股权市场挂牌企业6603家，居全国前列。

（二）上市公司直接融资情况

2023年，全省上市公司通过资本市场共计融资499.79亿元，其中股权融资215.26亿元，债券融资284.53亿元。截至2023年末，全省上市公司总市值达13810.52亿元。

（三）证券期货机构发展情况

截至2023年末，全省共有证券经营机构452家，其中，证券公司2家、证券营业部369家、证券分公司67家；证券投资咨询公司1家、分公司6家；投资基金分公司5家，独立基金销售机构2家。2家证券公司全年累计证券交易额为15.06万亿元。截至2023年末，全省共有期货经营机构79家，其中2家期货公司、46家期货营业部、31家期货分公司。2家期货公司全年累计期货代理交易量11832.2万手，同比增长1.96%；累计代理交易额76509.5亿元。

（四）私募机构情况

截至2023年末，湖北省共有登记备案的私募基金管理人393家，排名全国第9位；共计管理私募投资基金1291只，管理基金净值总规模2479.80亿元。

二、资本市场服务实体经济情况

（一）企业上市取得新成绩

举办"资本市场服务荆楚行"光谷站和襄阳站活动，联合沪、深、北交易所宣讲资本市场最新改革政策。精准传导北交所高质量扩容相关精神，"点对点"引导更多符合条件的中小企业申报北交所，建立联动机制，配合完善北交所后备企业资源库。落实湖北省企业上市工作专项机制，积极协调推动优质企业上市。2023年，完成全省新增上市公司年度目标任务；全年新增报辅企业26家，完成验收13家。

（二）直接融资收获新成果

支持各类符合条件的市场主体通过资本市场开展直接融资。2023年，实现资本市场直接融资2708.01亿元，同比增长32.33%，其中股权融资236.89亿元，债券融资2471.12亿元（含政府债）。债券融资中，非上市公司通过发行债券（含5—12月企业债、ABS）实现融资1463.71亿元，同比增长9.98%。

（三）要素市场开启新篇章

发挥期货专业优势，助力湖北乡村振兴。2023年，湖北省"保险+期货"项目涉及菜油、生猪、玉米、棉花、鸡蛋5个品种，推动省农业农村厅与郑商所合作，启动全国首单棉花"收入险"项目，保费全部由地方财政和交易所资金支持，实现了从"保价格"到"保收入"的跨越。全年共开展棉花、生猪等项目18个，总保费5700万余元、总保障金额约10.72亿元，覆盖全省26个县（市），有力保障了农户收益。指导湖北区域性股权市场成功获批制度和业务创新试点，建设好"专精特新"专板，做好"新三板""四板"对接工作。督促武汉股权托管交易中心加强自身建设，更好服务中小微企业。

（四）服务发展战略迈上新台阶

服务国家和湖北省重大发展战略，全年支持湖北省企业发行“一带一路”、科技创新、绿色发展等国家战略特色债券品种达 381.2 亿元;以湖北省内底层资产或部分底层资产新发行 3 只基础设施 REITs,折算融资 25.41 亿元。指导省基金业协会组织投融资对接活动 15 次、线上线下培训 94 场。

三、资本市场风险防控情况

(一)上市公司风险降低

推动全省上市公司风险处置工作专班健全工作机制,多次向省政府专题报告风险情况,通过市场化方式推动相关上市公司平稳退市、变更控股股东实质性化解风险,高比例质押公司进一步下降。

(二)债券违约风险及时出清

完成 203 只到期或回售债券违约风险的兑付跟踪,制定湖北省城投债券风险防范工作方案,向省政府及重点市(州)通报城投债券、地方国企公司债券风险情况,配合做好防范化解地方债务风险工作。

(三)私募基金风险持续压减

通过督促变更名称或经营范围、双注销、在国家企业信用信息公示系统进行公开提示等方式,有效推动管理人登记、工商注册“双出清”。

四、资本市场改革创新情况

健全多层次资本市场体系,指导湖北省区域性股权市场成功获批制度和业务创新试点,建设好“专精特新”专板,做好“新三板”“四板”对接工作;切实提高上市公司质量,向省政府专题报告新一轮提高上市公司质量三年行动方案,省政府将行动方案有关落实措施纳入到全省金融工作要点。积极引导全省上市公司提升治理水平,2 家公司获评中国上市公司协会“公司治理最佳实践案例”。

五、2024 年重点工作

(一)坚持全面从严治党

以政治建设为统领,坚持和加强党对资本市场工作的全面领导,切实做到“两个维护”。深入学习贯彻中央金融工作会议和中央经济工作会议精神,坚持用党的创新理论武装头脑、指导实践。落实新时代好干部标准,加强领导班子和干部队伍建设。坚持以严的基调强化正风肃纪,一体推进“三不腐”。

(二)坚持提供高质量服务

加强沟通协作,创新方式开展资本市场改革政策宣讲,主动服务高水平科技自立自强。支持符合条件的企业开展股债融资,进一步提高湖北省直接融资比重。加快推进多层次资本市场互联互通。努力推动私募基金“投早、投小、投科技”落地见效。

(三)坚持守牢风险底线

进一步完善风险识别、预警、发现、处置机制。紧盯资本市场重点领域风险,优化常态化长效风险防范机制,强化上市公司、证券期货经营机构、债券违约、私募基金等领域的风险防范处置工作。

(四)坚持提升监管效能

强化机构监管、行为监管、功能监管、穿透式监管、持续监管。以落实独立董事改革为契机推动上市公司完善公司治理,提升上市公司质量。强化机构日常监管,压实中介机构责任,提高规范发展水平。持续巩固打非清整成果,持续净化市场生态,从严打击资本市场违法违规行为,精准追责,快查快办。

2023 年湖北省外汇市场发展情况

国家外汇管理局湖北省分局

一、外汇市场运行基本情况

(一)货物贸易

2023 年,湖北省进出口总额 916.4 亿美元,与上年基本持平。其中,出口 616 亿美元、同比下降 0.9%,进口 300.4 亿美元、同比增长 1.8%,进出口顺差 315.6 亿美元、同比下降 6.4%,进出口、出口、进口增速分别高出全国平均水平 5 个、3.7 个和 7.3 个百分点。从贸易方式看,一般贸易进出口同比增长 1.8%,在贸易总额中占比 77.1%;加工贸易同比下降 6%,在贸易总额中占比 10.5%。

2023 年,货物贸易涉外收支总额 746.9 亿美元。其中,收入 413.2 亿美元,支出 333.7 亿美元。货物贸易涉外收支顺差 79.5 亿美元。出口收汇率(货贸收汇/出口)为 67.1%,与上年基本持平;进口付汇率(货贸付汇/进口)为 111.1%,较上年上升 5.3 个百分点。

2023 年,货物贸易结售汇总额 414.4 亿美元;结售汇顺差 14.6 亿美元。剔除跨境人民币影响,货物贸易结汇率(货贸结汇/货贸外币收汇)为 67.6%、较上年同期下降 2.4 个百分点;售汇率(货贸售汇/货贸外币支出)为 74.3%、较上年同期上升 2.5 个百分点。

(二)服务贸易

2023 年,全省服务贸易涉外收支合计 63 亿美元,其中收入 22.1 亿美元,支出 40.9 亿美元,服务贸易涉外收支逆差 18.9 亿美元。

2023 年,全省服务贸易结售汇总额 59.5 亿美元,其中结汇 14.6 亿美元,售汇 44.9 亿美元。

(三)跨境直接投资

2023 年,全省外商直接投资(FDI)流入 16.7 亿美元。FDI 流入前五大行业是:软件和信息技术服务业 4 亿美元,电力、热力生产和供应业 2.4 亿美元,科技推广和应用服务业 1.2 亿美元,计算机、通信和其他电子设备制造业 1.2 亿美元,房地产业 0.9 亿美元,合计占比达 58%。前三大 FDI 来源国(地区)分别是:中国香港 13.5 亿美元、新加坡 1.4 亿美元、韩国 0.4 亿美元,合计占比达 91.6%。同期,FDI 项下撤资流出 4.1 亿美元,同比增长 2.7%。

2023 年,全省境外直接投资(ODI)汇出 3.3 亿美元、同比增长 15.1%,ODI 流出前五大行业是:商务服务业 0.61 亿美元,计算机、通信和其他电子设备制造业 0.58 亿美元,电气机械和器材制造业 0.47 亿美元,电力、热力生产和供应业 0.45 亿美元,化学原料和化学制品制造业 0.4 亿美元。前五大 ODI 目的国(地区)是:中国香港 1.2 亿美元、新加坡 0.8 亿美元、美国 0.4 亿美元、澳大利亚 0.4 亿美元、比利时 0.2 亿美元。

(四)跨境债权债务

2023 年,全省登记外债余额为 74.8 亿美元、同比下降 10.3%,其中中长期登记外债余额 62.9 亿美元、同比下降 9%,短期登记外债余额 11.9 亿美元、同比下降 16.6%。从流量看,2023 年全省新借外债流入 21.6 亿美元、同比下降 30.2%,外债还本流出 32.7 亿美元、同比增长 14.1%,外债项下净流出 11.1 亿美元、上年为净流入 2.3 亿美元。

2023 年,全省境外放款汇出金额 11.4 亿美元、同比增长 83.6%,从境外借款人收回贷款额 6.5 亿美元、同比增长 23%。

二、外汇市场服务实体经济情况

(一)促进新业态、新模式及重点区域规范创新发展

一是引导银行机构对接市场采购贸易联网平台。截至 12 月底,辖内 10 家银行通过平台办理联网自助收结汇累计达 4.36 亿美元。

二是鼓励银行通过“单一窗口”获取跨境电商数据,便利企业资金结算。全省跨境电商项下收支 16.7 亿美元,增长 67.5%。

三是支持银行办理新型离岸贸易业务,助力辖

内企业“走出去”。全辖24家企业办理新型离岸国际贸易收支3.1亿美元。

四是支持保税区发展和做好鄂州花湖机场金融服务工作。梳理花湖机场金融服务需求，支持其申报保税物流中心（B型）。对5家综保区进行发展绩效评估、验收。辅导3家综保区争取提档进位。

（二）做好服务贸易对外支付税务备案信息网上核验工作

构建“汇、税、银、企”四方应急互通机制，全力保障服务贸易对外支付税务备案信息网上核验有效运转。2023年，5751家企业通过网上核验便利化办理对外支付业务3055笔，金额累计49.45亿美元。指导银行创新电子化和线上化审核方式，提升真实性审核的时效性、适配性与安全性，支持企业降本提效，业务办理时间由2天缩短至几十分钟。

（三）提升个人外汇业务便利化水平

通过政策宣传周、银行微信公众号、宣传简报等多种形式和渠道，提升个人外汇政策知晓面，引导个人真实合规用汇；指导银行提升外汇服务，满足多元化真实合理用汇需求。

（四）积极参与湖北先行区建设

一是认真做好共建“一带一路”倡议提出十周年工作总结，积极参与省“一带一路”办相关政策研讨、总结评估，为湖北内陆开放新高地建设建言献策。

二是推动共建“一带一路”高质量、高标准、高水平发展。全面落实境外直接投资、跨境担保、境外放款、跨国公司跨境资金集中运营等外汇管理政策，不断优化业务办理流程，拓宽企业融资渠道，创新融资方式。

（五）持续推进湖北自贸区建设

一是贯彻落实湖北省委关于更大力度推动湖北自贸区高质量发展的要求以及商务部制定的湖北自贸区重点工作清单，以“金融促进实体经济发展”为核心，围绕促进跨境贸易投融资、推进科创金融和绿色金融发展等方面研究制定支持举措并做好督导反馈。

二是认真做好自贸区第七批改革试点经验复制推广及第八批制度创新成果总结评估，筛选实践案例和创新事项宣传素材推送至省自贸办。

三是充分发挥自贸区先行先试优势，促进湖北涉外经济发展，在省自贸办专题会议上交流在释放新型贸易方式潜力、拓宽跨境融资渠道等方面的创新举措。

（六）助力优化外商投资环境

一是持续深化对外贸易和投资领域“放管服”改革，持续提升跨境贸易和投融资便利化水平，助力湖北利用外资扩规模、优结构、提质效。

二是全面实行行政许可事项清单管理，更新完善外汇局湖北省分局资本项目行政许可办理指南及相关表格，便利市场主体查询业务办理流程及所需材料。

三是持续提升数字化服务水平。推进行政许可业务“网上办”“远程办”，企业通过政务服务网上办理系统办理业务笔数明显增加。支持银行机构探索在线化、无纸化办理资本项目业务，支持多家银行通过数字化服务试点办理业务，有效降低企业“脚底成本”。

三、外汇市场风险防控情况

（一）强化外汇形势监测研判

建立人民银行湖北省分行经济金融形势分析季度例会制度，以形势分析指引工作方向，强化本外币协同监测。修订《湖北省跨境资金流动监测预警工作实施办法》，建立外汇局湖北省分局跨境资金流动风险评估月度会商机制，以“研判风险为导向、形势分析为指引、业务监测为线索、检查核查为验证”发挥监测预警工作合力。建立外汇局湖北省分局宏观审慎研判响应机制，密切关注发达经济体货币政策调整、欧美银行业危机、外需萎缩、汇率波动等内外部环境变化对我国产业链供应链和实体经济的溢出影响，紧盯辖内跨境资金流动新渠道、新动向、新特点，制作《跨境资金流动主要渠道风险状况一览表》，常态化开展风险评估会商，强化异常资金跟踪监测和形势研判。

（二）强化重点领域风险防控

保持高频次、全覆盖监测力度，挖掘重点企业库异常信息，累计对2000余家次企业开展非现场监测；对进出口收付汇规模较大、收付汇比率较低、未进行贸易信贷报告的89家异常企业开展现场核查，对62家违规企业采取降级、注销名录、约谈以及与海关、商务、税务部门联合惩戒等行政监管手段。加强对大额预付、大额延收、离岸转手买卖等高风险业务的监测核查，指导多家延收企业加快收汇进度。深挖大额和异常外币现钞业务线索57笔，查实54笔，将相关个人列入关注名单或开展约谈告诫，督促银行完善个人外币现钞业务内控制度。关注银行卡境外提现异常交易，对众邦银行武汉分行开展现场核查。全面排查城投企业、房地产企业外债登记情况和中资美元债违约风险，梳理重点主体业务违规点、潜在风险点及管理难点，妥善处置可疑线索。落实资本项下资金使用负面清单管理，关注重点渠道资金流向，关注 VIE、跨境换股等新模式。

（三）加强非现场能力建设

推进“数字央行”外管平台建设，探索外汇局湖北省分局各处室之间、与人民银行湖北省分行相关处室之间以及与外单位之间的数据共享机制，提升联合监管效率。牵头全国资本系统指标建设工作，持续优化系统存量指标，对110个指标进行删减、合并、优化、更新及现场测试，提高指标监测预警精度，现已上线并在全国推广。协助总局推进信息化项目开展，撰写立项申请书和资本系统相关需求书。完善资本项下指标体系，借助跨境资金监测分析平台引入多元化指标，并设计基于违规行为特征的指标，提高指标的风险导向性。设计全流程监测反馈机制，进一步丰富监测指标框架，相关工作在全国培训会上作经验交流。

四、外汇市场改革创新情况

（一）加快优质企业贸易外汇收支便利化政策扩容提质增效

2023年，全辖新增2家银行、46家企业参与政策执行，业务金额78.9亿美元，3.1万笔，同比均实现翻番。截至12月末，全省9家银行累计为103家优质企业办理便利化业务4.5万笔，合计108.9亿美元。扩大中小微企业覆盖面，新增优质企业覆盖光通信、集成电路、显示科技、汽车制造、生物医药、化工新材料等重点领域，其中，中小微优质企业30家，占比超65%，中小微企业在全省优质企业的占比达59.2%。

（二）助力外贸新业态、新模式规范创新发展

规范市场采购贸易出口收汇流程，指导辖内有条件的银行与市场采购联网平台实现对接，截至12月末，辖内10家银行通过平台实现了系统直连，银行通过平台办理联网自助收结汇累计达4.36亿美元。

五、2024年重点工作

（一）推动优质企业便利化政策走深走实

深度挖掘潜力，加速推进扩面。着力加大对重大战略、重点领域和薄弱环节的政策支持力度，将科技创新、乡村振兴、绿色低碳等领域符合当前高质量发展要求、高水平开放导向的优质企业纳入政策范畴。

（二）强化政策传导与银行督导

常态化收集银企业务疑难问题与政策诉求，强化靶向宣传；充分发挥银行基层网点辐射效应，做好对客户的常态化政策解读与辅导；对银行便利化政策落实情况开展常态化督导，提升银行展业能力和展业水平。

（三）强化监测分析，筑牢风险防线

聚焦重点热点开展形势分析，常态化开展重点企业监测，从重点国别、重点行业、重点企业等维度加强经常项目外汇收支异常变动的原因分析和趋势研判。持续关注国际经济金融形势及热点，为跨境资金流动形势研判和管理决策提供参考。

（四）进一步增强数字化服务能力

结合履职实际探索县域外汇管理服务方式方法。加强行政许可业务“网上办”“远程办”的宣传引导，指导企业更多地在网上办理业务，提升市场主体办事便利度。落实好总行、总局出台的关于提升银行办理资本项目业务数字化服务水平的通知要求，进一步便利经营主体合规高效办理资本项目业务。

（五）继续推动便利化政策落地

加大资本项目各项便利化政策宣传推广力度，多渠道、多方式扩大政策知悉面。加强对银行机构执行便利化政策情况的督导，坚持开展常态化查访，了解政策执行过程中存在的梗阻及市场主体需求，有效打通政策落实“最后一公里”，确保便利化政策惠及更多市场主体。

（六）严厉打击非法跨境金融活动，着力提升外汇监管质效

深化非现场能力建设，依托湖北研判中心，运用大数据、人工智能技术，完善外汇违规行为特征与指标模型，及时发现异常线索，不断提升外汇检查精准打击能力；加强行刑衔接，持续推动跨部门协同监管执法，保持对跨境赌博、出口骗税等违法犯罪“资金链”的高压打击态势，严厉惩处地下钱庄及其交易对手，提升案件查处成效，以实际行动维护湖北省外汇市场健康秩序。

2023 年湖北省地方金融组织规范发展情况

中共湖北省委金融委员会办公室
湖北省地方金融管理局

2023 年，全省地方金融系统认真贯彻落实中央金融工作会议精神和省委、省政府工作部署，督促引导地方金融组织不断提升服务中小微企业质效，支持地方经济发展。同时，加大监管力度，建立健全监管体系，防范金融风险，促进地方金融组织规范健康发展。

一、行业基本情况

截至 2023 年末，全省共有 7 类地方金融组织 857 家，注册资本总额 1353.94 亿元。除区域性股权市场和地方资产管理公司外，另 5 类地方金融组织服务实体经济提供融资或增信余额为 3090.82 亿元，其中，融资担保公司占比 85.6%，小额贷款公司占比 8.9%，典当行占比 0.9%，融资租赁公司占比 3.2%，商业保理公司占比 1.4%。

（一）融资担保公司

全省共有融资担保公司 204 家，其中政府性融资担保公司 91 家，注册资本 620.9 亿元，资产总额 942.5 亿元，净资产 746.6 亿元；在保余额 2645.2 亿元，同比增长 16.1%；新型政银担业务在保余额 822.2 亿元，同比增长 27.4%；支农支小业务在保余额 1724.6 亿元，同比增长 21.5%，占全部在保余额的 65.2%。政府性融资担保机构平均担保费率均降至 0.6%。

（二）小额贷款公司

全省共有小额贷款公司法人机构 290 家，其中经营网络小额贷款业务的机构 2 家。注册资本 481.17 亿元，净资产 303.66 亿元，同比下降 1.1%。贷款余额 233.28 亿元，同比下降 14.84%。

（三）区域性股权市场

2023 年，武汉股权托管交易中心（以下简称“武交中心”）新增托管登记企业 247 家，新增托管总股本 42.86 亿股；新增挂牌企业 233 家；新增交易 37.22 亿股，新增成交金额 50.03 亿元；新增融资总金额 41.86 亿元，其中，股权直接融资 17.43 亿元，股权质押融资 24.43 亿元。截至年末，武交中心累计托管登记企业 7389 家，托管总股本 2136.51 亿股；累计挂牌企业 6603 家，共成交 243.54 亿股，成交总额 402.92 亿元；累计融资总额 1733.35 亿元，其中，股权直接融资 619.76 亿元，股权质押融资 1113.59 亿元。在全国已经设立和运营的 35 个区域性股权市场运营机构中，武交中心托管企业家数、托管总股本、挂牌企业总数、融资总额等主要指标排名全国前列。

（四）典当行

全省共有典当行法人机构 175 家。注册资本 55.12 亿元，同比增长 3%；户均注册资本 0.25 亿元，同比增长 0.8%。典当总额为 54.55 亿元，同比增长 15.3%；典当余额为 28.6 亿元，同比下降 3.8%。营业收入 1.49 亿元，比上年同期上升 3.47%。

（五）融资租赁公司

全省共有融资租赁公司 159 家，资产总额 243.79 亿元，同比下降 12.9%；实缴资本金 116.1 亿元，同比增长 23.4%。全行业对外融资余额 99.11 亿元，新增融资租赁资产 71.25 亿元，同比增长 6.3%。不良租赁资产余额 18.65 亿元，同比减少 7.97 亿元，不良资产率由 12.9%降至 11.2%。

（六）商业保理公司

全省共有商业保理公司 17 家，注册资本 22.45 亿元，实缴资本 22.43 亿元，总资产 55.46 亿元。发放保理融资款本金余额 43.98 亿元，同比增长 89.9%；实现净利润 8635.18 万元，同比增长 38.2%；对外融资余额 24.02 亿元，同比增长 128.5%。

（七）地方资产管理公司

全省共有地方资管公司 2 家，注册资本 57.2 亿元，资产总额 233.63 亿元。全年累计收购不良资产账面值 47.38 亿元，同比增长 39.87%；累计处置不良资产账面值 63.55 亿元，同比增长 15.1%。实现营业收入 8.56 亿元，同比下降 24.5%；净利润 1.96 亿元，同比下降 52.2%。

二、促进行业规范发展情况

（一）持续完善制度体系

加强《湖北省地方金融条例》配套制度建设，在深入调研、广泛征求意见的基础上，制定地方金融监管行政处罚自由裁量标准和适用规则，出台《湖北省政府性融资担保机构代偿损失核销工作指引》《关于完善湖北省融资担保机构公司治理的指导意见》《湖北省典当行监督管理实施细则（试行）》等规范性文件，持续补齐地方金融组织监管制度短板，加强支持政策供给。

（二）切实履行监管职能

一是开展现场检查。运用分类评级、行业年审、“双随机、一公开”等方式，组织各地对地方金融组织分行业开展检查评级工作，省局本级对160余家地方金融组织实施现场检查。根据检查评级结果提出分类处置措施，逐户下发整改通知书，督导限期整改。

二是强化非现场监管。大力推进监管信息化建设，融资担保监管和业务系统新增工信部业务奖补数据报送、人行统计数据、政府性绩效评价等功能，启动与国担基金 SaaS 系统对接工作；重新搭建小额贷款公司监管平台，完成融资租赁公司监管信息系统首期建设，实现数据逐级统计汇总、监管指标预警监测、业务信息报送审核等功能；在典当行监管系统中丰富了风险监测预警指标体系；实现2家地方资管公司业务管理系统与省局监控系统正式对接。加强数据分析研判，每月对非现场监管数据进行梳理、汇总、分析和研判，按要求做好月度、季度、半年度统计分析及数据上报工作。

三是加强协同监管。会同人行湖北省分行、金融监管总局湖北监管局、省财政厅、省市场监管局等相关部门，强化信息共享，开展联合专项检查，凝聚监管合力。

四是开展行业培训。组织举办各类地方金融组织业务培训，邀请相关监管部门、研究机构及行业领先公司解读政策，讲解公司治理、业务创新和案例实操，着力提升各市（县）监管部门、地方金融相关负责人的专业素养。

（三）着力推动“减量提质”

进一步优化地方金融组织准入和退出机制，推行非核心材料容缺办理、限期补齐等绿色通道，提升审批效率和服务水平。严把准入关，对股东资信水平、入股资金来源、风险管控能力等加强审查。全年办理地方金融组织设立、变更及退出事项254件，依法依规清退“空壳”“失联”或经营风险较大、持续经营能力差的地方金融组织70余家，稳妥有序净化市场环境。融资担保机构户均注册资本、在保余额、放大倍数、拨备覆盖率等指标持续增长，资本实力、抗风险能力和服务能力明显增强，融资租赁公司资产结构持续优化，商业保理行业规模实现倍增。

（四）引导发挥普惠金融功能

引导地方金融组织聚焦主业，发挥独特功能优势，做深做细普惠金融服务，助力全省实体经济高质量发展。各类地方金融组织全年新增各类业务2535.61亿元。

一是加强融资担保体系建设。举办全省融资担保体系建设调研座谈会，省政府分管副省长出席会议并讲话，高位推进融资担保高质量发展。会同金融监管总局湖北监管局召集新型政银担业务相对滞后的银行座谈调研。推广“荆楚融担码”及“301”贷款模式，实现担保贷款申请、审核、放款全线上化操作。省再担保集团在保项目13.6万笔、在保余额745.8亿元，累计担保户数和在保金额分别居全国第1位和第8位；省担保集团新增债券规模全国排名第1位；省农信担净资产放大倍数、客户平均综合融资成本低位、业务规模增速分别居全国第1位、第2位、第3位。在全国领先构建了覆盖全省、上下联动的专业化科技融资担保体系，科技担保业务在保笔数9826笔，覆盖全省31%的科技型小微企业，在保余额334.2亿元，同比增长101.6%。

二是创新产品服务。引导全省融资担保机构累计推出“惠农E贷”“产业升级贷”“助企纾困贷”等创新产品270余款；引导全省科技担保机构推出“科担园区贷”“科技人才贷”“科创火炬贷”等专项科技担保产品近30个，形成以信用担保为主的科技担保业务模式；武汉融资租赁公司作为原始权益人，发行了华中四省首单知识产权证券化产品——“首创—武汉租赁知识产权1期资产支持专项计划（专精特新）”，为“专精特新”企业进行定制化融资。

三是优化发展环境。调整优化金融信用市（州）、县考评等相关指标，充分发挥考核指挥棒作用，推动各地落实融资担保“四补机制”等支持政策。将“首贷担助力小微企业信用培植”“新型政银担改革”“打造科技型企业融资担保服务新模式”等纳入优化营商环境先行区试点创建工作，引导各类地方金融组织持续优化业务流程，加强产品和服务创新，加大对实体经济的服务力度。

（五）支持区域性股权市场创新发展

一是协调指导武交中心获批全国首批“专精特新”专板建设试点。2023年6月30日，湖北区域性股权市场“专精特新”专板建设方案正式通过中国证监会备案，获批试点。这将有利于"四板"市场进一步整合政府和市场各方面资源，完善综合金融服务和上市规范培育功能，持续激发优质中小企业科创活力，提高产业链、供应链现代化水平。武交中心已储备拟入板企业近 600 家，同时搭建了"专精特新专板服务数字化平台"，该平台具有"入板易""服务优""数据全""匹配精"等四大特点。

二是协调指导武交中心获批制度和业务创新试点。2023 年 8 月，中国证监会正式批复同意湖北开展区域性股权市场制度和业务创新试点，武交中心成为中部首家、全国第 4 家试点单位。同年 10 月，武交中心与全国股转公司签署绿色通道、公示审核监管合作备忘录，为"四板"企业利用"新三板"和北交所融资发展打通便捷通道。

三是鼓励和支持数字化转型。支持武交中心以数字化技术触发市场创新发展引擎，推动数字金融更好地为中小微企业服务。持续推进区块链建设。按照证监会区块链试点建设要求，圆满完成区块链上报监管数据格式调整与数据内容补充工作，重新制定并发布了区块链工作清单。布局建设数字化平台。打造从申报到入板的全套"专精特新"企业数字化服务平台。搭建数据资产管理平台。汇集"鄂融通"等多方数据，完善企业基本信息库，对武交中心服务提速增效的同时为业务赋能。优化业务场景。自主研发绘制"企业画像"系统，初步形成实际业务场景的数字化重构方案，为企业适配金融产品和服务。

(六)加快化解行业风险

一是推动政府性融资担保机构加强历史代偿风险化解。向相关市、县政府下发工作提示函，压实属地监管职责，将部分融资担保机构应偿未偿问题作为金融领域突出问题专项治理重点内容，采取财政资金补充、平台公司承接、分批代偿等方式积极履行代偿责任，有效维护金融生态。

二是协调化解地方资管公司债务违约风险。积极与武汉市某集团风险化解工作领导小组办公室、天乾资管大股东、债权人进行协调，支持天乾资管落实债务展期条件，顺利实现债券和信贷展期，同时督促指导其强化资产处置，实现资金回笼，缓解流动性压力。

三、行业发展面临的挑战

(一)行业整体发展质量有待提高

除了部分省级融资担保机构在重要指标上进入全国第一方阵外，其他几类地方金融组织中实力强、品牌响的较少。县级融资担保机构存在"小、散、弱"问题，主要表现在内部治理不规范、专业人才缺乏、经营独立性不够、历史代偿包袱较重等；小额贷款公司在人才储备、获客渠道、融资渠道、税收优惠、涉法涉诉追偿、创新业务模式等方面遇到较大挑战；融资租赁行业机构数量、资产总额、融资租赁资产总额在全国占比偏小，市场渗透率低于全国平均水平；商业保理公司机构数量较少，仅 17 家法人机构；地方资管公司注册资本、资产规模两项指标均低于全国平均水平。

(二)部分地方金融组织经济效益不理想

部分地方金融组织受市场环境、经营管理、业务转型等因素影响，经营效益欠佳，发展后劲不足。部分机构出现亏损严重、资不抵债、年经营收入极低、长期未经营、不再具备经营资质等情况。持续的低效益使地方金融组织面临资金链断裂、不良资产增加等风险。

(三)行业风险防控面临压力

一是合规经营意识不足。部分地方金融组织擅自变更登记事项、息费超规定、超比例放贷、跨区域经营、抽逃注册资本、高管兼职、未严格执行内部管理和风控制度、未足额计提减值准备等违规行为依然存在。

二是经济下行压力累积业务风险。小额贷款公司不良贷款余额、典当行逾期业务笔数、逾期当金余额、绝当金额均同比增长；融资租赁公司资产总额和租赁资产总额持续下降；地方资管公司流动性困难问题有待解决，存量风险项目处置缓慢。

四、2024 年工作要点

(一)全面加强地方金融监管

一是狠抓日常监管。强化现场检查、分类评级、年审、"双随机、一公开"抽查、名单制管理等手段，规范地方金融组织经营行为，提升风险监测、预警及处置能力。

二是加强协同监管。持续推动跨部门信息共享，探索开展"双随机、一公开"部门联合抽查或多部门联合专项整治行动，在证照监管、风险处置及消费者保护等方面形成联动响应。

三是深化信息化监管。不断优化完善相关监管平台功能，逐步实现全流程、全方位穿透式监管和风险预警。

(二)持续深化融资担保体系建设

一是实施融资担保品牌创建计划。推动省级龙头机构品牌化发展、推动市级机构集团化发展、推动县域机构规范化发展，全面提升融资增信服务功能和风险防控能力。

二是推动科技融资担保提速增量。鼓励市、县加大科技担保风险补偿和业务奖补，引导各地推出本地化科技担保适配产品，开展股权质押和知识产权质押担保业务，探索开展投担贷联动。

三是强化重点领域支持力度。引导融资担保机构结合各地优势产业和重点产业链，探索供应链担保，研发链上融资担保产品，为供应链企业融资提供增信支持。

四是提高信息化支撑能力。推广“楚天贷款码”“荆楚融担码”，引导有条件的融资担保机构接入“鄂融通”，强化大数据应用，加快推进符合条件的融资担保机构数字化转型，推动业务线上化、批量化、场景化。

（三）推动地方金融组织提质增效

一是坚持分类监管，开展“四个一批”专项行动。支持经营规范、配合监管的企业增资扩股，培育一批综合实力较强的领军企业；按照清理规范工作要求，依法退出一批丧失经营能力以及“空壳”“失联”机构；根据现场检查发现问题，督促一批有问题的机构加大整改力度；清理整顿一批非持牌机构。

二是引导行业回归本源，增强服务实体经济能力。鼓励小额贷款公司、典当行聚焦小微、“三农”、个体户等领域，发挥“小额、分散”功能，探索差异化、特殊化发展模式；引导融资租赁公司和商业保理公司紧跟设备更新、供应链金融等政策导向，创新金融产品，助力中小微企业盘活资产、用活资源、融得资金；推动地方资管公司增强资本实力，进一步聚焦不良资产收购处置主业，提升不良资产盘活能力，助力地方化解区域性金融和债务风险。

（四）进一步增强和发挥区域性股权市场服务中小微企业功能

督促和引导区域性股权市场秉持服务地方经济、服务中小微企业的初心，突出私募股权市场基本定位，充分发挥多层次资本市场“塔基”功能，为中小企业提供基础的资本市场服务和支持。

一是完善和增强企业培育功能。为中小微企业提供优质的早期资本市场服务，提升经营管理水平。

二是不断增强融资支持功能。不断拓宽融资渠道，为中小企业提供股权融资、债权融资等多种融资方式。

三是提升资源整合功能。促进企业之间包括技术人才、市场等方面的整合，帮助企业实现优势互补，提高竞争力。

四是发挥政策扶持功能。发挥好政府支持中小微企业发展的重要平台功能，承接和落实好政府的各项支持政策，使政策资源更精准地惠及中小微企业。

2023 年湖北省金融组织体系发展情况

中共湖北省委金融委员会办公室
湖北省地方金融管理局

“十四五”期间,湖北省致力于进一步完善现代金融组织体系,采取了更大力度集聚金融机构资源、做强地方法人机构、规范发展地方金融组织、丰富金融业态的措施,不断提升金融组织体系能级,打造全牌照、全业态金融组织体系集群,为实体经济提供更加优质高效的金融服务。

一、金融组织体系发展现状

截至 2023 年末,全省共有银行、保险、证券、期货、基金业等金融机构和地方金融组织共计 1666 家,其中,银行、保险、证券、期货、基金业机构共计 809 家,地方金融组织 857 家(含分公司)。湖北省金融机构数量在中部地区位居前列。全省共有地方法人金融机构 172 家,其中,银行业法人机构 164 家,保险业法人机构 4 家,证券业法人机构 2 家,期货业法人机构 2 家。

(一)银行业机构

截至 2023 年末,全省共有银行业金融机构 200 家。其中,开发性金融机构和政策性银行 3 家,国有大型商业银行 6 家,股份制商业银行 12 家,城市商业银行 2 家,民营银行 1 家,农村商业银行 77 家,农村信用社 1 家,村镇银行 66 家,外资银行 11 家,金融资产管理公司 4 家,信托公司 2 家,金融租赁公司 3 家,企业集团财务公司 11 家,消费金融公司 1 家。湖北省银行业机构数量位居中部第一。

全省 164 家银行业地方法人机构中,有城市商业银行 2 家、农村信用社 1 家、农村商业银行 77 家、民营银行 1 家、村镇银行 66 家、信托公司 2 家、金融租赁公司 3 家、企业集团财务公司 11 家,消费金融公司 1 家。

(二)保险业机构

2023 年,全省共有保险公司、分公司 87 家。其中,保险总公司 4 家(财产险 2 家、人身险 2 家),省级分公司 83 家(财产险 37 家、人身险 46 家)。

(三)证券、期货、基金业机构

截至 2023 年末,全省共有证券业机构 438 家,其中,法人证券公司 2 家、证券分公司 67 家、证券营业部 369 家。共有期货业机构 79 家,其中,法人期货公司 2 家、期货分公司 31 家、期货营业部 46 家。共有基金管理分公司 5 家。证券、期货、基金业机构数量在中部地区排名前列。

(四)地方金融组织

截至 2023 年末,全省共有地方金融组织 857 家(含分公司)。其中,融资担保公司 204 家、小额贷款公司 292 家、区域性股权市场 1 家、典当行 182 家、融资租赁公司 159 家、商业保理公司 17 家、地方资产管理公司 2 家。

二、湖北省金融组织体系发展的主要特征

(一)规模和实力不断增强

一是金融机构数量持续平稳增长。截至 2023 年末,全省共有金融业省级法人和省级分支机构共计 257 家,与“十三五”期末的 2020 年的 224 家相比,增加 33 家。其中,银行业法人和分支机构 58 家,增加 1 家;保险公司和分公司 92 家,增加 13 家;证券公司和分公司 69 家,增加 8 家;期货公司和分公司 33 家,增加 10 家;投资基金分公司 5 家,增加 1 家。湖北省金融业省级法人和省级分支机构数量位居中部第一。

二是金融机构资产规模平稳较快增长。以银行业为例,2023 年末,全省银行业金融机构资产总额为 11.2 万亿元,同比增长 8.8%。与“十三五”期末的 2020 年末相比,增长 29.03%。

三是社会融资规模增量不断扩大。2023 年,全省社会融资规模增量 12321 亿元,是 7 个超过全国平均水平的省份之一,较上年增加 1272 亿元,增长 11.51%。

(二)机构类型丰富多元

全省共有金融机构 20 类,其中银行业 15 类、保

险公司2类、证券、期货、基金机构各1类；有地方金融组织7类，形成了以银行业、保险业、证券期货基金业为主体，地方金融组织为补充，传统与新兴金融业态并举，区域总部与地方法人，中资与外资，国有与民营共同发展的现代金融组织体系。金融组织体系的多元化，为湖北省的经济发展提供了多样化的金融服务和支持，促进了金融市场的竞争和创新，有利于满足不同层次和类型的金融需求。

（三）创新驱动特色显著

2015年，武汉城市圈获批成为国内首个科技金融改革创新试验区，湖北省在全国率先构建科技金融组织体系，并取得显著成效。近年来，湖北省金融支持创新驱动的特色日益突显，已成为科技金融改革创新高地。

一是发展科技银行和科技信贷专营机构。积极探索设立专注服务于科技创新和科技成果转化的科技专业银行，推动商业银行科技分支行、科技金融事业部、科技信贷中心等专营机构增量扩容、提质增效。武汉市充分发挥科技金融创新的区域引领和示范作用，设立了25家科技金融专营机构，对科技贷款采取单项考核，并适当提高不良贷款容忍度，推进科技金融服务创新。截至2023年末，全省科技型中小企业贷款、高技术制造业中长期贷款以及“专精特新”贷款余额分别增长24.8%、35.4%和56.9%。

二是发展科技保险组织机构。2020年9月，原中国银保监会、湖北省人民政府联合印发《东湖科技保险创新示范区总体方案》，将东湖高新区设立为我国首个科技保险创新示范区。近两年，辖内保险机构与金融机构和专业科技金融机构衔接联动，形成了全方位全周期的金融服务生态圈。有7家保险公司设立科技保险中心，有多家保险机构在东湖高新区探索服务科创企业的机构专营化、业务差别化和服务标准化路径，被授牌“科创金融服务机构”。

三是大力发展科技担保机构。2022年4月，湖北省人民政府办公厅印发《湖北省科技融资担保体系建设实施方案》，通过组建省级科技融资担保专营机构，设立市（州）、县科技融资担保业务机构，大力推进科技融资担保体系建设，助力解决科技型中小微企业的融资难题。2022年5月，湖北省科技融资担保有限公司成立，注册资本5亿元。截至2023年末，全省共有科技担保专营机构4家，91家政府性融资担保机构均设立了科技担保业务部；共有各类科技金融中介服务机构200多家，科技金融组织体系进一步完善。

三、需要关注的问题

（一）金融机构总部偏少

湖北省金融机构总部不多，且多是一些区域性总部，辐射力、集聚力有限，服务能力、创新能力和品牌影响力受限，无法集聚和释放出更多的金融资源、更新的产品和模式服务实体经济。

（二）地方法人金融机构规模较小、实力薄弱

一是资产规模有限。地方法人机构普遍资金实力相对较弱，不具备对大规模项目的融资能力和较强的风险抵御能力。

二是业务范围狭窄。提供的金融产品和服务有限，在投资银行、金融衍生品等高附加值业务领域涉足较少。

三是分支机构布局有限。在省内的网点覆盖不足，尤其在县域和农村地区的服务触角不够深入，难以满足普惠性、多样化的金融需求。

四是技术投入不足。在金融科技方面的投入相对较少，数字化服务水平较低，难以与大型金融机构在金融创新方面竞争。

五是人才吸引力较弱。难以吸引和留住高素质的金融专业人才，影响业务创新和管理水平提升。

（三）高端金融人才缺乏

因不具备发达地区具有的丰富的职业机构、高薪和优厚福利、优质的教育和培训资源、良好的生活品质、强有力的政策支持和法律保障等优势，使湖北省在吸引和留住高端金融人才方面面临一定的压力和挑战。

（四）国际化程度不高

外资金融机构数量有限，规模较小。本地金融机构开展的跨境金融服务在总体业务中的占比较低。国际化金融产品创新不足，不能满足企业和个人全球化资产配置和风险管理需求。金融人才国际化水平有限，熟悉国际金融规则和业务的专业人才相对匮乏。与国际市场对接不畅，难以有效利用国际金融资源。跨境金融合作项目较少，在国际金融合作领域的影响力较小。

四、下一步工作重点及建议

（一）持续加强政策引导与扶持

制定并落实更具针对性的金融产业发展政策，对新设立或迁入的金融机构给予必要的政策支持。设立金融专项资金，用于支持金融机构的创新业务、网点拓展和人才培养。

（二）培育地方法人金融机构

加大对地方法人金融机构的支持力度，推动其加快上市进程，通过上市融资、并购重组等方式扩大规模，增强实力。鼓励地方法人金融机构不断改革创新，提升服务质量，提高市场竞争力。

（三）吸引外部金融资源

加强与国内外大型金融机构的合作，吸引其在湖北设立区域总部、分支机构或后台服务中心。举办金融招商活动，宣传湖北的金融发展优势和潜力，引入不同类型和特色的金融机构，丰富金融服务的种类和层次，促进金融产业的多元化和优化升级。规划建设金融产业园区，形成金融机构集聚效应，促进金融集聚。

（四）加强农村金融体系建设

完善农村金融布局，支持商业银行在农村地区增设分支机构和服务网点，加大对农村信用社、农村商业银行等农村金融机构的改革和支持力度，增强其服务能力。创新金融产品和服务，支持开发适应农村特点的信贷产品，提供包括储蓄、支付结算、保险、理财等多元化的金融服务。发展农村数字金融，利用互联网、大数据等技术，推广线上金融服务，提高金融服务的便利性和覆盖面。

（五）培养和引进金融人才

加强与高校和金融培训机构的合作，培养适应本地金融发展需求的专业人才。制定优惠政策吸引金融高端人才和团队来湖北发展。

（六）支持金融创新试点

继续大力支持科技金融创新、科技保险创新、供应链金融创新等试点，促进金融体制机制不断完善、金融服务质量不断提升、金融行业竞争力不断增强，并提高金融体系的抗风险能力。

（七）优化金融生态环境

加强金融监管，强化对各类金融机构和金融活动的监管，有效防范和化解金融风险；加强监管科技应用，提高监管的及时性和准确性。推进信用体系建设，推进整合企业和个人的信用信息，实现共享和应用；加强信用教育，对守信者予以激励，对失信者进行惩戒。

（八）加强金融基础设施建设和金融科技应用

完善支付结算体系、信用评级体系、融资担保体系等金融基础设施，提高金融运行效率。鼓励金融机构运用金融科技手段，提升金融服务的便捷性、安全性和智能化水平。

第二部分

各地金融发展情况

武　汉　市

金融发展概况

2023 年末,全市金融机构(含外资)本外币存款余额为 38483.85 亿元,比上年增长 7.6%。其中,非金融企业存款 13754.51 亿元,住户存款 16344.52 亿元。年末全市金融机构(含外资)本外币贷款余额为 47517.12 亿元,增长 7.1%。其中,消费贷款 9884.75 亿元。金融机构本外币企业贷款 30962.07 亿元,增长 10.4%。年末全市存贷款余额超过 8.6 万亿元,同比增长 7.7%,居全国 15 个副省级城市第 6 位。全年实现保险保费收入 968.44 亿元,比上年增长 12.0%。其中,财产险保费收入 203.13 亿元,增长 8.2%,人身险保费收入 765.31 亿元,增长 13.0%。全年各类保险赔付支出 330.05 亿元,增长 31.9%。其中,财产险赔付 137.89 亿元,增长 21.1%;人身险赔付 192.16 亿元,增长 40.9%。

全年全市实现资本市场直接融资 5731.94 亿元,比上年增长 8.99%。全年全市社会融资规模 66091.88 亿元,比上年增长 8.44%。全年全市金融业增加值 2011 亿元,占全市 GDP 的 10%,贡献税收 249 亿元,占全市税收总额的 9.2%,均位居各行业第四。

年末总部设在武汉的金融机构 35 家,比上年增加 4 家。在汉设立或筹建后台服务中心的金融机构 42 家,比上年增加 9 家。上市公司 102 家,比上年增加 5 家,其中境外上市公司 23 家,境内上市公司 79 家。

全市共有地方金融组织 7 类 268 家,较上年增加 5 家。其中,小额贷款公司 97 家,融资担保公司 66 家,区域性股权市场 1 家,典当公司 75 家,融资租赁公司 19 家(增加 5 家),商业保理公司 8 家,地方资产管理公司 2 家。

地方金融工作

一、引导金融机构服务经济社会发展

(一)服务实体经济力度持续加大

聚焦新旧动能转化,持续加大对高端装备制造、科技创新、绿色发展、小微企业等重点领域和薄弱环节的金融支持。全年市、区累计开展各类政银企对接活动 366 场,年末全市制造业贷款、科学研究与技术服务贷款、绿色贷款、普惠型小微企业贷款分别增长 24%、36%、22%、24%,高于整体贷款增速。截至 2023 年末,制造业贷款占比为 9.2%,较上年提高 1.3 个百分点;房地产贷款占比为 26.5%,较上年下降 4.2 个百分点。

(二)服务实体经济质效不断提升

大力推广"银税互动"、政府采购贷、"301"等创新型信贷产品,鼓励银行开展"无还本续贷"等创新型贷款模式。武汉综合金融服务平台(汉融通)升级发布,新增 4.5 万户注册市场主体,总量超过 18 万户;上线 135 项金融产品,累计撮合融资 12.9 万笔、3536 亿元。落地华中首单知识产权海外纠纷法律费用保险、全省首单商业秘密被侵权损失保险,发行华中首单"专精特新"知识产权资产支持专项计划,落地全国首批"绿保贷"业务。

二、推进金融改革创新

(一)大力发展科技金融

金融支持科技创新发展取得积极成效,截至 2023 年末,武汉市科技型企业贷款余额 5110.94 亿元。

一是鼓励银行设立科技专营机构。绝大多数银行已建立科技分支行或科技特色支行。东湖高新区集聚银行机构 119 家,其中科技支行 28 家,是全国科技支行最密集的区域之一。

二是引导银行机构持续创新丰富科技信贷产品和服务供给体系。工行推出"科创云数智贷",服务 5G 网络、数据中心等新基建领域,推出"云闪贷"服务数据计算企业;兴业、民生、交通等银行为专精特新"小巨人"优质科技型企业提供专属产品或专属服务;浦发银行推出孵化贷、科技快速贷、科技含权贷、投贷宝、科技上市贷等产品和服务。

三是发布首批 404 家知识产权质押融资企业"白名单",鼓励金融机构加大知识产权质押贷款力度。

(二)大力发展绿色金融

引导支持金融机构创新开发绿色信贷、绿色债券、绿色保险等绿色金融工具,有力支持新旧动

能转换和产业升级。截至2023年末，全市绿色贷款余额6439亿元，同比增长21.67%；占全部贷款的13.55%，占比高于全国水平。2023年12月，市委金融办会同人行湖北省分行营管部牵头组织开展武汉市首届“绿色金融先锋银行”暨“绿色金融创新实践案例”评选活动，挖掘选树全市30家“绿色金融先锋银行”和18个“绿色金融创新实践案例”，18个案例中大多数为全国首发、全省首个，具有行业影响力和示范推广价值。

三、大力发展多层次资本市场

（一）持续加大企业上市推进力度

一是持续优化支持政策。出台《武汉市加快区域金融中心建设若干支持政策》《武汉市加快推进企业上市工作实施方案》等支持企业上市的一揽子政策措施和工作方案，围绕企业上市流程、节点给予精准滴灌，形成政策支持闭环；出台《武汉市加快发展股权投资工作方案》等文件，并配套形成“一方案、一清单、一政策、一细则”的支持体系，吸引股权投资机构在汉聚集发展。

二是夯实上市后备企业基础。围绕“965”产业集群发展体系，组织行业主管部门和各区政府全面摸排、分类分层建立上市后备企业库，遴选上市后备“金种子”“银种子”企业。2023年评选出“种子”企业共508家。

三是强化企业辅导培训。充分发挥沪、深、北交易所上市服务基地作用，邀请中介机构、监管部门专家，联合行业主管部门、中介服务机构举办企业上市政策培训、上市沙龙等辅导培训等活动60余场，分板块专题解读科创企业上市要求，引导企业制定科学上市规划。

四是加强协同服务。发挥市、区协调联动作用，实地走访调研上市后备企业，实施企业上市服务“绿色通道”，“一企一策”协调解决企业上市过程中存在的历史沿革、合规证明等问题。

（二）推动企业挂牌“新三板”和“四板”

全年新增4家“新三板”挂牌企业，8家企业由“新三板”基础层调升到创新层。支持武汉股权托管交易中心服务本地企业发展，持续为小微企业提供挂牌融资服务，全年全市新增托管登记企业20家，新增托管总股本13.68亿股；新增挂牌企业1家（为“科技板”）；新增转让总股本18.99亿股，转让总金额25.54亿元；为31家托管挂牌企业完成股权融资79笔，实现融资总金额25.41亿元，其中股权直接融资13.28亿元，股权质押融资12.13亿元。

（三）大力发展股权投资

积极推动社会资本在武汉设立基金并加大投资力度，全市存续管理私募基金净值呈正增长。持续优化创投产业布局，引导东湖高新区、武昌区、洪山区、汉阳区打造股权投资机构聚集、股权投资氛围突出、股权投资业务活跃的特色发展区。

四、防范化解金融风险

坚持“稳定大局、压实责任、分类施策、守住底线”的原则，坚持强监管、严监管的主基调，平衡好防范风险与促进发展之间的关系，做好全市金融风险防范化解工作，守住不发生系统性、区域性金融风险底线，维护地方金融安全和社会稳定，为全市经济发展营造良好的金融环境。

一是配合省委金融办、湖北证监局加强证券、期货、私募机构和上市公司等主体的风险防范化解工作，强化风险监测、预警、处置，督导相关市场主体按照监管要求落实风险防范化解措施。

二是加强防非宣传教育，制订全年防非宣传教育方案，组织协调各区、各有关部门通过多渠道持续加强防范非法集资宣传教育。6月15日，举办2023年武汉市防范非法集资宣传教育月集中宣传日活动，现场自发参与观看演出活动的群众约400余名；开展“七进”宣传教育活动936场，参与人数达33万

2023年12月13日，武汉市举办首届“绿色金融先锋银行”暨“绿色金融创新实践案例”发布活动

余人次；通过“武汉处非”微信公众号、微信朋友圈公益广告、抖音客户端、学习强国APP、《长江日报》、武汉广播电台、街道社区网格员等渠道，以元旦、春节、“五一”、中秋、国庆、“国家宪法日”等重要时间节点为契机，采用法治讲座、文艺演出、知识专栏、风险提示、以案说法、视频作品等方式推进防范非法集资宣传教育工作，防非宣教工作覆盖全市约150个街道、2400个社区、1.1万个小区、7000个微信群，接受宣传教育居民群众累计约368万人次。

五、促进地方金融组织规范健康发展

（一）进一步强化和完善监督管理

一是进一步建立健全监管制度。制定相关监管工作指引、实施细则等，明确分类监管的具体要求和标准，补齐制度短板。

二是开展监管评级。根据评级高低对地方金融组织进行分类，实施差异化监管。

三是强化结果运用。将评级结果作为衡量地方金融组织合规情况、配置监管资源的重要依据。

四是加强执法检查。制定年度“双随机、一公开”抽查计划，对重点机构开展专项审计，对高风险机构进行重点抽查；加强非现场检查力度，提高监管信息数据质量。

（二）督促引导融资担保机构提质增效

一是进一步完善武汉市“新型政银合作体系”。2023年，共有26家银行、8家融资担保机构纳入武汉市“新型政银担合作体系”，实现行政区划、银行类型全覆盖。全年全市“新型政银担合作体系”融资担保机构聚焦“支小支农支科技”主责主业，充分发挥政策性融资担保增信分险功能，办理小微企业、“三农”等市场主体融资担保业务2.6万余笔，合计金额184.13亿元，同比增长24.92%，业务规模居全省第一。

二是加快开发普惠金融产品。5家政府性融资担保机构设立专营科技担保事业部，安排专门人员制订专项方案，实现科技担保专业化发展。引导政府性融资担保机构积极开发特色金融产品，针对科技型小微企业融资特点，推出“专精特新担”“创新积分贷”，精准支持科技型企业发展。依托于武汉市“科担贷”政策以及“科易担”“联营担”“孵化担”等各类产品，通过知识产权质押等信用担保手段，为科技类企业在银行获取的经营性贷款提供政策性融资担保，助力解决科技型中小微企业信用贷款“难慢贵”的融资痛点。全年全市“新型政银担合作体系”服务科技型企业1700余家，科技担保贷款金额58.15亿元，科技担保业务规模居全省第一。

三是有效落实政策性融资担保业务奖补政策。对以小微企业、“三农”和创新创业以及符合条件的战略性新兴产业为服务对象，且年化担保费率不高于1%的政府性融资担保机构，落实风险补偿、保费补助、业务奖补等机制，在一定程度上弥补担保机构因承担风险而产生的损失，增强其风险抵御能力，并鼓励担保机构更多地为实体经济中的薄弱环节提供服务。

六、推进金融生态环境建设

2023年，武汉市着力推进金融营商环境建设，促进武汉金融生态环境不断优化。

一是优化政务服务。提高企业政务服务“一网通办”率，开启线下“综合专窗”办理模式，打通业务壁垒，融合部门边界。持续推进区域营商环境创新改革试点，组织各种形式、针对不同市场主体的政银企对接活动，推进银企共赢发展。

二是强化信用环境建设。建立信用红黑名单，实施联合奖惩制度。开展“双随机、一公开”，加强事前、事中、事后全程监管。严厉打击各类非法金融活动，维护金融秩序，保障金融机构正常经营，切实保护金融机构的合法权益。

全市金融机构资产质量保持稳健，不良贷款率低于全省平均水平。2023年获评“湖北省金融信用示范市”称号，金融营商环境考核名次在全省名列前茅。

（中共武汉市委金融委员会办公室
武汉市地方金融管理局）

履行央行职能

一、贯彻执行稳健货币政策

（一）保持信贷规模稳步增长

出台武汉市年度货币信贷工作指导意见，强化武汉市经济金融形势分析及重点工作督办机制，疏通货币政策传导机制，通过政策靠前发力、持续发力、高频监测调度，引导金融机构全面加大信贷投入，支持地方实体经济发展。截至2023年12月末，武汉市本外币各项贷款余额47517.12亿元，同比增长7.06%，高于GDP增速1.36个百分点。

（二）完善重大项目融资服务

协调建立湖北省亿元以上重大项目等9个项目清单，积极运用省级“重大项目融资服务对接平台”，指定牵头银行进行精准对接。全年对武汉市重大项目授信 8805.66 亿元、放款 2432.27 亿元。

（三）用好用足货币政策工具

积极引导辖内银行机构运用好人民银行各项结构性货币政策工具，为相关经营主体提供普惠性、低成本的资金支持。年内累计发放支小再贷款 166.27 亿元、支农再贷款 15.59 亿元；运用小微贷款阶段性减息政策为 2.7 万户普惠小微市场主体节约财务成本 5206.63 万元；全市发放碳减排支持工具贷款 12.8 亿元，煤炭清洁高效利用再贷款 11.0 亿元，交通物流再贷款 11.99 亿元、占全省比重超过 70%，科创再贷款 288.51 亿元、占全省比重超过 50%；全年办理再贴现 236.01 亿元，较上年同期增加 43.63 亿元，进一步优化信贷结构，助力经济产业转型。

（四）引导市场利率水平稳中有降

2023 年，人民银行总行两次下调贷款市场报价利率，武汉市各金融机构积极申请各类低成本再贷款政策支持，向实体企业让利。12 月份，全市人民币企业贷款加权平均利率为 3.64%，比上年同期下降 45 个基点；人民币普惠小微贷款加权平均利率为 5.21%，比上年同期下降 66 个基点。

二、维护金融稳定

（一）进一步健全风险监测预警体系

联合武汉城市圈人民银行分支机构对 27 家法人村镇银行开展调研，开展负面舆情与监管处罚信息监测，加强信息共享。持续推进风险监测清单管理，开展金融机构突发事件应急演练，提高风险防范处置能力。开展武汉市法人银行机构同业业务风险和房地产信贷风险调研分析、法人银行机构信托理财产品风险隐患排查等，进一步摸清法人银行机构风险底数。

（二）加强金融机构风险防控

扎实做好地方法人金融机构月度监测及法人银行偿付能力敏感性压力测试和流动性压力测试，高度关注法人银行不良贷款风险暴露和资本充足承压等情况以及重要时点的流动性变化情况、重点指标异常波动的重点机构，指导银行做好应急管理工作。做好存款保险相关工作，开展央行金融机构评级，及时约谈问题机构，督促整改。加强重大事项报告，提升机构报告规范性。

（三）严厉打击和治理电信网络诈骗、洗钱犯罪

进一步完善反诈反赌信息共享平台功能，提高对涉诈涉赌犯罪打击的精准性，已保护近 20 万人次免遭资金损失。组织辖内银行机构持续深化账户源头治理，更好地发挥警银协作监管合力作用，持续在网点、地铁、网站、公众号、高校等多渠道开展反赌反诈主题宣传。开展武汉“资金安全银行”评比活动，多措并举，积极压降武汉市涉案银行账户数量，全市涉案账户同比下降 51.4%、年度新开涉案账户同比下降 31.2%，行业治理工作取得显著成效。推进打击治理洗钱违法犯罪三年行动，加强多方协作，增强地区打击洗钱犯罪合力。

三、加强金融管理和服务

（一）持续提升普惠领域金融服务能力

持续深入开展小微首贷拓展行动，举办“2023 科技金融早春行”，新建成 24 家线下首贷服务站，为每家首贷服务站搭建“首贷地图”，实现线上、线下服务无缝对接。深入推进缓解融资难、融资贵信用培植工程。扎实开展民营企业金融服务质量提升年活动。积极推广“楚天贷款码”，助力武汉市相关市场主体累计融资 947.39 亿元，位列全省第一。提升动产融资服务效能，线上“政采贷”业务融资金额达到 5.09 亿元，较上年增长 153.23%。推动创业担保贷款“线上”办理，进一步推动业务扩面增量，全年累计发放创业担保贷款 3851 笔、金额 33.23 亿元，分别同

2023 年 7 月 26 日，由武汉市人民政府主办、人民银行武汉分行营业管理部和武汉市地方金融工作局承办的武汉市民营企业金融服务质量提升年活动暨政银企融资对接会举行，市政府汪元程副市长出席并讲话

比增长5.1倍和9.6倍,增幅、增速位列全省第一。

(二)持续优化地区金融生态

推动涉企政务信息开放共享,优化金融服务"三农"信用信息环境。推进金融素养提升教育,联合推动金融机构与100家初中学校对接并开展教学,指导兴业银行武汉分行成功创建省级金融教育示范基地。广泛开展征信、防范非法集资、反假货币等金融知识宣传,提升金融知识普及程度。稳步推进信用城市创建,持续优化地区金融生态,武汉市连续21年获得"湖北省金融信用市"称号。

(三)促进农村金融工作提质增效

做好金融支持巩固脱贫攻坚同乡村振兴工作有效衔接,积极探索以生猪为代表的活体畜禽抵押贷款业务,出台《武汉市生猪活体抵押贷款试点工作操作指引(暂行)》,成功举办武汉市金融支持乡村振兴暨首批生猪活体抵押贷款发放仪式,促成武汉市首笔生猪活体抵押贷款成功落地。

(四)推动金融支持房地产市场平稳健康发展

及时防范化解房地产领域信贷风险,稳妥处置恒大项目相关舆情事件,有序化解"抱团停贷"等风险,积极配合市"保交楼"专班工作,做好"保交楼"专项借款项目拨付。密切关注按揭贷款置换问题,加强法人银行集中度指标变化和新发放个人住房贷款数据的监测,维护武汉市房地产金融市场秩序。抓好金融支持房地产发展模式转型,积极配合优化武汉市全域差别化住房信贷政策执行标准,切实支持武汉市居民刚性和改善性住房需求。

(五)持续提升支付服务水平

不断提升移动支付在弱势群体、公共服务、便民利民场景及城乡一体化领域的应用,进一步满足境外来华人员、老年人等多元化群体移动支付需求;持续开展新版永居证适配性改造工作,提升支付服务的便利度和满意度。配合政府职能部门推动扩大"一网通办"平台覆盖范围,优化企业银行账户服务流程,让企业开户好办事、少跑路。落实小微企业和个体工商户支付手续费减费让利政策,全年辖内银行共减免支付手续费3.06亿元,累计惠及客户68.98万户。

(六)持续提升征信服务水平

严守征信合规和信息安全底线,开展征信市场治理,巩固"征信修复"乱象整治成果。推进武汉综合金融服务平台建设,平台已顺利进入试运行阶段。持续优化征信查询网点布局,建设"线上+线下自助为主、人工柜面为辅"的查询服务体系,全市征信查询相关设备已达千台,全年提供征信查询超百万次,妥善处理异议申请900余笔。

(七)持续加强国库管理

加强下级国库现场检查和非现场监督,确保国库资金安全,服务好地方财税改革。落实减税退税政策,推动跨省及武汉城市圈异地电子缴税提质增效。组织做好国债发行和巡查工作,积极推进国债下乡,武汉辖内国债下乡金额位列全省第一。开展绿色国库试点实践,设立国家金库武汉长江新区支库,更好地服务地方绿色发展。

(八)持续完善现金管理

做好现金供应分析统计,保障旺季及全年现金供应总量充足、结构合理。严肃查处拒收现金、非法使用人民币图样等行为,持续做好小面额人民币兑换、特残币兑换等便民服务,群众对现金服务满意度持续提升。推动设立华中地区第一家省会级城市区域现金处理中心,有效提升武汉现金处理业务质量。

2023年7月14日,中国人民银行武汉分行营业管理部联合市农业农村局举办武汉市金融支持乡村振兴暨首批生猪活体抵押贷款发放仪式

四、推动金融创新

(一)深化科技金融服务创新

完善科技金融组织体系,推进科创金融改革创新示范区的申建,参与制定的《武汉市建设科创金融改革试验区总体方案》已上报国务院。协调推动东湖高新区设立"知识产权收储基金",解决知识产权质押物处置渠道不畅通的问题。创新金融产品,开发"市场化+政策性"政银企合作贴息新模式,持续推动"科担贷"、"科保贷"、知识产

权质押融资等创新信贷产品扩面增量，积极探索“创新积分信用贷款”在汉落地。武汉市全年累计办理科创再贴现 99.55 亿元、累计发放“科担贷”6.32 亿元、“科保贷”27.38 亿元；年末知识产权质押贷款余额 42.15 亿元，同比增长 12.88%。

（二）推动金融支持绿色发展

紧抓窗口期，积极推进国家绿色金融改革创新试验区申建工作，全力加大绿色贷款投放，一季度末武汉市绿色金融改革创新试验区申报标准已全部达标。积极引导金融机构加大绿色信贷投放，截至 12 月末，武汉市绿色贷款余额 6439 亿元，同比增长 21.67%，较年初新增 1193.44 亿元。加快绿色金融组织体系建设，年内新增 6 家绿色金融组织机构。推进绿色金融信息共享系统建设，引导金融机构用活数据资源，相关经验案例被评为武汉市 2023 年度绿色低碳典型案例和国家服务业扩大开放综合试点示范建设第二批最佳实践案例。

（三）推动产业链供应链金融发展

抓好供应链金融试点项目，推进光通信、集成电路、生物医药等 15 条重点产业链金融链长制。12 月末，武汉市银行机构支持重点产业链链上企业贷款余额 563.23 亿元，同比增长 118.87%。加大应收账款融资工作力度，全年中征平台武汉市应收账款融资成交金额 1518.31 亿元。积极推动供应链金融创新发展，成功举办武汉市重点产业链金融链长制推进会暨“华纺链”战略合作签约仪式，推动省中行等 5 家银行与“华纺链”签订了战略合作协议。

（中国人民银行湖北省分行营业管理部）

银行业保险业发展

一、机构体系保持稳定

截至 2023 年末，全市共有银行业机构 59 家。其中，开发性金融机构和政策性银行 3 家，国有大型商业银行 6 家，股份制商业银行 12 家，城市商业银行 2 家，民营银行 1 家，农村商业银行 2 家，农村信用社 1 家，村镇银行 2 家，外资银行 11 家，金融资产管理公司 4 家，信托公司 2 家，金融租赁公司 3 家，企业集团财务公司 9 家，消费金融公司 1 家。银行业机构体系总体保持稳定，股份制商业银行、外资银行、非银机构数量均居中部省会前列。

2023 年，全市共有保险公司、分公司 87 家。其中，保险总公司 4 家，省级分公司 83 家（财产险分公司 37 家、人身险分公司 46 家）。

二、运行态势保持稳健

（一）银行业主要运行指标稳中有进

截至 2023 年末，全市银行业资产总额 5.9 万亿元，较年初增加 4103.4 亿元，同比增长 7.5%；负债总额 5.7 万亿元，较年初增加 3980.4 亿元，同比增长 7.6%。各项贷款余额 4.8 万亿元，同比增长 7.1%，全年新增贷款 3022.8 亿元，同比少增 545.1 亿元；各项存款余额 3.8 万亿元，同比增长 7.6%，全年新增存款 2729.8 亿元，同比多增 752.8 亿元。

（二）保险业运行持续稳中向好

一是保费增速高于全省。2023 年，全市保险业累计实现原保险保费收入 968.44 亿元，同比增长 11.97%，高于全省平均水平 3.49 个百分点。其中，财产险公司实现保费收入 238.11 亿元，同比增长 7.18%，低于全省平均水平 3.77 个百分点；人身险公司实现保费收入 730.33 亿元，同比增长 13.62%，高于全省平均水平 6.04 个百分点。

二是重点领域发展稳健。2023 年，全市车险保费收入 122.13 亿元，同比增长 6.71%；企财险保费收入 11.7 亿元，同比增长 9.67%；家财险保费收入 3.38 亿元，同比增长 50.86%；保证险保费收入 7.25 亿元，同比下降 58.09%；货运险保费收入 15.41 亿元，同比增长 173.82%；农业险保费收入 7.59 亿元，同比增长 13.1%；意外伤害险保费收入 15.75 亿元，同比下降 8.57%；健康险保费收入 173.96 亿元，同比增长 10.61%。

三是保障功能持续增强。商业保险已深度融入社会民生的各个方面，丰富了社会安全保障网的层次，保险补偿功能有效发挥，全年累计赔付支出 326.71 亿元，同比增长 32.37%。其中，财产险公司赔款支出 157.45 亿元，同比增长 18.92%；人身险公司赔付支出 169.26 亿元，同比增长 47.93%。从重点险种看，车险赔款支出 81.7 亿元，同比增长 12.04%；工程险赔款支出 1.79 亿元，同比下降 18.71%；责任险赔款支出 10.57 亿元，同比增长 27.77%；农业险赔款支出 5.73 亿元，同比增长 31.6%；健康险赔款支出 32.4 亿元，同比增长 8.8%；意外伤害险赔款支出 6.32 亿元，同比增长 14.78%。

三、服务实体经济质效不断提升

（一）着力保障重点领域金融需求

围绕构建新发展格局，加大信贷投放和保险保障力度，支持重点项目和重大工程建设，加大对先进制造业、战略性新兴产业等领域的支持力度。截至2023年末，全市基础设施建设贷款余额1.13万亿元，比年初增加906.65亿元；制造业贷款余额4949.73亿元，比年初增加920.53亿元。

（二）大力支持小微企业发展

坚持总量增长与结构优化相结合，推进小微企业金融服务提质增效。开展“走万企、树信心、优服务”、小微企业金融服务质量建设年等活动，推动落实“专精特新”金融服务11条措施。截至2023年末，全市小微企业贷款余额突破1万亿元，同比增长17.42%。

（三）深入推进金融服务乡村振兴

打造金融服务乡村振兴创新示范区，提前一年实现行政村建档评级100%全覆盖。创新建立银保融合的“普惠金融工作站”，选派“金融村官”。聚焦乡村振兴重点领域，保障粮食和重要农产品供给，积极支持新型农业经营主体发展。充分发挥保险保障功能，创新地方特色农产品保险，2023年全市农业保险累计赔款支出5.73亿元，同比增长31.60%。

四、风险防控力度进一步加强

一是全力防控信用风险。始终把防范化解信用风险放在突出位置。加强信用风险前瞻性防控，加大拨备计提力度，增强风险抵补能力。大力推动不良资产处置。

二是促进金融与房地产良性循环。积极推动房地产金融支持政策落地。在地方政府“一楼一策”总体框架下做好“保交楼”工作，加强对“保交楼”项目融资支持，积极落实对受困房企和个人购房者的纾困政策。积极支持保障性租赁住房建设，支持解决从事基本公共服务人员住房困难问题，鼓励开展老旧小区改造融资试点新模式。

三是有序化解重点企业债务风险。

四是推动法人机构风险防控。

五、改革创新稳步推进

（一）推动法人机构改革发展

从加强党的建设、强化法人治理理念、股东股权管理等方面进一步加强公司治理建设。完善“三会一层”组织架构，落实管理责任。推动省农信联社改革，推动城商行完善战略管理，稳步推进重点机构改革化险，引导非银机构探索差异化、专业化高质量发展道路。

（二）推动保险领域改革创新

进一步推动东湖科技保险创新示范区建设，成立东湖科技风险管理和保险创新实验室，发布银行业和保险业科创金融业务及服务标准指引。深化车险改革，加快城市定制型商业健康保险发展，强化保险保障功能。

（国家金融监督管理总局湖北监管局）

黄 石 市

金融发展概况

2023年末，黄石市金融机构本外币各项存款余额2705.06亿元，比年初增长9.7%；其中，住户存款余额1849.33亿元，比年初增长14.9%。金融机构本外币各项贷款余额2347.13亿元，比年初增长14.1%。保费收入65.42亿元，增长2.2%；其中，财险收入18.2亿元，增长10.7%；寿险收入47.22亿元，下降0.8%；保险赔付支出22.81亿元，增长19.2%。

全市企业上市挂牌数量稳中有升。截至年末，共有A股上市公司7家、境外上市公司1家，与上年持平；共有"新三板"挂牌企业5家、区域性股权市场挂牌企业386家，较上年分别增加1家、9家。

全市共有金融机构70家，较上年减少1家。其中，银行业机构21家、保险机构38家，与上年持平；证券机构9家，减少1家；期货机构2家，与上年持平。

全市共有地方金融组织4类31家，较上年减少2家。其中，小额贷款公司16家(减少1家)、融资担保公司4家、典当公司10家(减少2家)、新增融资租赁公司1家。

地方金融工作

2023年，全市金融系统按照市委"体量不能小、增速不能慢、品质不能低、发展不能虚、底线不能破"的要求，围绕中心、服务大局，靠前发力、向难求成，取得了信贷增速全省领先、"东楚融通"撮合融资翻番、金融业增加值过百亿、引入市外资金过百亿、地方金融机构投放首次过百亿、协调金融机构或导入系统内外资源投债过百亿、新增1家主板报审企业、非法集资陈案全省率先销号、担保风险代偿存量当期清零、新获批3家地方金融牌照等突破性成绩，为黄石打造武汉都市圈重要增长极提供了十分重要的金融支撑和量大劲足的金融"活水"。

一、引导金融机构服务经济社会发展

一是扩总量。2023年，全市各项存、贷款余额合计达5052亿元，其中，各项贷款余额2347亿元，同比净增289亿元，增速14.1%。

二是强对接。开展金融"早春行、园区行、平台行、全年行"系列活动40余场，达成融资超400亿元。

三是促合作。解决落实"双千"活动、企业家"早餐会"反映的融资问题200多个。全市金融机构服务民营企业新增融资66.11亿元，增速12.3%。

四是助纾困。建立应急转贷纾困体系，市、县两级为企业增信资金达3.5亿元，发放信贷338笔、34.71亿元，排名全省第5；上达电子整链授信供应链融资模式纳入全省试点。

五是强"三争"。争取8家省级金融机构、5家全国性金融机构与市政府签订战略合作协议。引入市外资金超百亿元。

二、推进金融改革创新

一是搭平台。"东楚融通"平台注册用户5.4万户、撮合融资208.5亿元，相关经验做法被国务院办公厅电子政务办通报表扬。

二是办活动。举办人才金融服务、知识产权质押融资等银企对接活动13场，开展专题培训7场。

三是推系统。依托"东楚融通"平台，升级创业贷网办系统，上

2023年2月21日，黄石市召开全市普惠金融担保业务扩面增量支持小微企业、民营经济纾困解难会议

线科技贷、人才贷、知识产权贷等金融产品，累计注册用户53789户、融资208.46亿元，为8066名创业者、200家小微企业累计发放创业担保贷款20.03亿元。

四是强服务。选派6名“金融副总”到湖北优科、星光电子等产业链、供应链重点企业挂职；协调华纺链公司为顺富纺织公司提供全市首笔供应链融资支持500万元。

三、推进企业上市挂牌

一是推上市。上交所正式受理超颖电子主板上市申请，报审企业7年来实现“破零”，全市在辅企业3家。

二是抓挂牌。新增“新三板”挂牌企业1家，总量达5家；新增“四板”挂牌企业9家，总量达386家。

三是育“种子”。新增省级上市后备“金种子”“银种子”企业46家，总量接近100家，排名全省第3。

四是抓造势。组织“专精特新”企业走进北交所，邀请沪、深、北、港四大交易所专家到黄石调研辅导9次。先后在上海、深圳组织全市投融资环境推介会，提振市场投资人信心。

五是促直融。新设长江中科战新产业投资基金，国资公司产业基金累投7个项目共2.47亿元。协调本地银行或导入系统内外资源认购市级平台债105亿元。

四、防范化解金融风险

一是销存量。“三大攻坚战”推进以来省级挂牌督办的29起非法集资案件，剩余最后2起“硬骨头”案件在年内实现化解销号，在全省市(州)第一个完成清零。

二是控增量。持续开展金融风险摸底排查、监测预警、宣传教育、风险处置、信访稳定等工作，全年组织开展专项金融风险排查4次。联合黄石港区在摩尔城商圈举办全市防范非法集资集中宣教月活动，通过“东楚之窗”大屏每天轮播防范非法集资公益广告，发送防非短信22万余条，连续三年无新增案件。

五、促进地方金融组织规范健康发展

一是管牌照。全市地方金融日趋活跃，投放资金首次超百亿元，全年投放资金6389笔、103.33亿元；“4321”新型政银担业务新增972笔、18.26亿元，增幅65.25%，完成省定任务的122.55%，发挥了地方金融组织便捷、高效、差异化的融资补充作用。

二是清牌照。清退“空壳”地方金融组织5家，新获批3块地方金融牌照，设立信德小贷、城发融资租赁、大冶科担公司，填补了全市融资租赁和科担公司空白。

三是用牌照。3家融资担保公司在保规模48.97亿元，同比增加7.17亿元，增长17.15%。16家小贷公司投放贷款752笔、54.72亿元，同比增长128.21%，其中两家国有小贷公司投放小额贷款52.9亿元，占行业投放总额的96%。11家典当公司新增典当业务3228笔、4595.73万元，增长26.66%。城发融资租赁公司投放资金2.25亿元。

六、推进金融生态环境建设

一是建中心。推动金融机构布局大冶湖核心区，黄石农商行业务综合楼开工建设，推动汉口银行、建行加快布局。

二是保信用。化解全市3家担保公司涉14家银行5200万元应偿未偿款项，实现当期存量归零，连续20年获得全省金融信用市(州)称号。

三是增牌照。美尔雅期货完成大股东变更，更名为正信期货，黄石迎来首家全国性金融牌照，丰富全市金融业态。

(黄石市人民政府办公室)

2023年4月12日，黄石市召开全市金融支持高质量发展暨企业上市工作推进会

履行央行职能

一、贯彻执行稳健货币政策

(一)信贷投放平稳有序

强化逆周期调节和窗口指

导，积极落实全面降准等金融政策；开展“奋进新征程 建功新时代”金融支持地方经济高质量发展劳动竞赛，引导金融机构靠前发力。截至12月末，全市人民币贷款余额2347亿元，新增贷款289亿元，贷款增速14.1%。落实全面降准政策，共释放5.53亿元流动性资金。

（二）信贷结构更趋合理

强化政策指引和货币政策工具运用，全年累计发放再贷款12.22亿元、办理再贴现14.60亿元、发放普惠小微贷款奖励资金4577万元。加大重点项目、制造业企业、乡村振兴等重要领域信贷投放力度，全年贷款投放节奏基本回归正常，中长期贷款、制造业贷款、涉农贷款余额分别同比增长21.7%、14.2%、14.3%。

（三）信贷成本不断降低

完成市场利率定价自律机制换届，推动LPR改革、存款利率市场化调整机制、住房市场利率动态调整等政策落地，指导商业银行完成存量住房按揭贷款利率下调工作。2023年全市新发放贷款加权平均利率比年初下降0.3个百分点，其中新发放普惠小微企业贷款加权平均利率比年初下降0.5个百分点，住房按揭贷款利率下限首套下调至3.8%、二套下调至4.4%。

（四）民营小微企业融资质效提升

开展民营企业金融服务质量提升年活动。组建工作专班，全力推动金融支持民营企业25条措施落地。12月末，全市民营企业贷款余额占各项贷款比重25.78%、高于全省水平5个百分点，同比增长12.3%，其中277家重点民营企业实现对接率、尽调率、授信率三个“100%”。首贷拓展行动、信用培植工程帮助9688户民营小微企业首次获得贷款；通过“楚天贷款码”扫码方式发放民营企业贷款1.4万笔、20.58亿元。

（五）涉外服务更趋优化

认真落实外汇便利化政策，推动华中铜业等企业开展贸易外汇收支便利化试点，督导交行黄石分行办理全省首笔跨境金融服务平台出口信保融资业务130万元，推动大冶市建立汇率避险风险分摊机制。2023年全市跨境收支、结售汇总额分别增长10.72%、28.63%。大力推广跨境人民币业务，“一企一策”做好大冶有色等“头部企业”培育辅导，全年办理人民币跨境结算36.9亿元。

二、维护金融稳定

（一）防控地方法人金融机构风险

综合运用央行评级、宏观审慎管理、存保核查等手段，加强地方法人银行流动性风险监测。开展资产质量真实性评估、压力测试、现场核查、风险排查、应急演练，精准识别流动性异常、资产负债期限错配等问题，及时下发风险提示函、对高管进行约谈。督促完善应急处置预案、稳步压降过度承兑票据、提高资本充足率、加强公司治理，全市6家地方法人银行机构央行评级全部保持在五级以上，大冶农商行资本充足率、不良贷款率等多项监管指标大幅改善。

黄石市举行普惠金融发展优秀案例颁奖活动

（二）防控银行信贷风险

协调担保集团消化和化解银行应偿未偿贷款近9000万元。督导金融机构认真落实《商业银行金融资产风险分类办法》，密切关注延期还本付息政策影响。开展信贷风险大排查，做好平台公司债务置换工作，通过清收、核销、资产重组等方式灵活处置不良贷款。12月末，全市银行业金融机构不良贷款率0.88%，比年初下降0.12个百分点。

（三）防控房地产金融风险

认真落实房地产金融新政，与住建等部门建立部门协调机制，引导银行与优质房企加强战略合作，实施“认房不认贷”差别化住房信贷政策；加大城市更新、老旧小区和危旧房改造等领域金融支持力度，配合做好“保交楼”工作，全力维护房地产市场稳定。全市房地产开发贷款实现正增长，同比增长4.4%。

三、加强金融管理和服务

（一）强化日常监管

落实金融机构重大事项报告制度，完善金融机构综合评价机制，加强代理国库、信贷、金融统计、外汇、征信、账户、发行、金融稳定等业务日常管理。综合运用监测、明察暗访、巡察、调查、核查等手段,及时发现违规问题,督促落实监管制度,提高业务合规性。

(二)打击违法违规行为

扎实开展"断卡"行动,联合市公安局、反诈中心建立沟通协作、线索共享、涉卡人员移送惩戒、止付冻结等机制,成立全市首家"警银联合反诈中心",开展涉案账户源头治理。开展金融放贷领域整治工作。开发"金融广告随手拍"小程序,促成2例涉嫌违法发放贷款案件被起诉。打击洗钱犯罪行为,与金监、公安等部门建立联防联控机制,深挖可疑交易线索,推动5起案件以洗钱罪起诉,其中2起已判决。严厉打击外汇违规行为,加大对地下钱庄、出口骗税、虚拟货币等重点领域的监测力度,不断完善管理机制和加强执法力度,同时加强宣传教育,提高市场主体对外汇管理法规的认知和遵守意识,有效遏制外汇违规行为。

(三)加强金融知识宣传

建成黄石首家金融行业国家安全教育基地,打造"星火学堂""老年社区课"等特色教育品牌,推广"流动宣传车+"存保宣传模式,开展"诚信兴商宣传月"、"3·15消费者权益日"、网络安全宣传周等集中宣传活动,送金融知识进社区、进学校、进商场、进乡村,让群众了解、用好金融政策。

(四)强化服务流程再造

在圆满完成业务上收任务的基础上,加快区域现金中心等试点,加快大数据、线上服务等在金融统计、信贷、支付等领域的应用,适当再造信贷、开户、信用报告查询、金融统计、代理国库、现金供应等金融服务流程。积极推动金融机构业务下沉、权限下沉、服务下沉,实现县域金融服务"法定职责不缺位、服务质效不下降、金融管理不放松"。

(五)提升服务质量

推选兴业银行黄石分行"基于人工智能的绿色科创贷款服务"项目入选人民银行总行金融科技创新监管工具。完成二代征信系统切换,开展征信服务窗口标准化建设。完善硬币循环、现金网格化服务体系,建立"主办行+新型农业经营主体+自助机具"乡村金融服务模式。落实减税降费政策,建立国债提醒兑换服务机制。

四、推动金融创新

(一)做强绿色金融

加大碳减排支持工具等货币政策工具运用力度,建立绿色信贷月度统计、季度通报、年度考核机制,多措并举打造绿色金融新高地。12月末,全市绿色贷款余额同比增长39.4%,高于全省水平6个百分点,其中,超颖电子在全省率先实现电—碳—金融三级市场联通,全省首笔碳足迹、城市更新、矿山复绿可持续发展挂钩贷款和跨履约周期碳排放权质押贷款在黄石落地,可持续发展挂钩贷款笔数、金额占全省近八成;在全省率先实现银行碳核算机构、网点、业务"三个全覆盖";指导汉口银行、中国银行黄石分行作为全省首家城商行、首家国有银行分支机构发布《碳核算与环境信息披露报告》。

(二)做实科技金融

配合人民银行湖北省分行建立知识产权质押贷款团体标准,制定科技金融专项统计制度,完善科技企业信息库,引导银行精准对接。将支持供应链强链、补链、延链作为科技金融创新的重点,选定上达电子为首家试点核心企业,借助下游大型企业信用为上达电子融资,同时借助上达电子信用为上游供应商融资,该模式被省政府确定为全省试点。

(三)做大普惠金融

持续开展"四张清单""敢贷愿贷能贷会贷""首贷"专项行动,加大"东楚融通"平台对接力度;继续发挥应收账款融资服务平台功能,大力推广"政采贷"模式,持续满足普惠小微企业融资需求。12月末,全市普惠小微贷款同比增长23.5%,其中运用"东楚融通"平台融资202亿元、增长349%;办理"政采贷"业务212笔、金额6.3亿元,笔数居全省第3位。

(中国人民银行黄石市分行)

银行业保险业发展

2023年,黄石市银行业保险业发展稳中有进,服务质效稳步提升。截至2023年末,全市银行业资产总额3160.22亿元,比年初增加320.10亿元,增长11.27%;负债总额3089.18亿元,比年初增加309.01亿元,增长11.11%。银行业全年实现净利润23.87亿元,比上年增加2.24亿元,增长10.36%。全市保险业资产总额186.49亿元,比年初增长9.66%;保险业全年实现净利润-4.66亿元,同比减少1.32亿元。全市保险深度上升到3.1%,保险密度上升到2676元/人;在黄石险资投资余额6.38亿元。

一、服务实体经济

(一)大力支持实体经济转型发展

坚持"准精、便捷、高效"的原则,持续优化信贷结构,将金融资源更好更快地注入重点领域、急需环节,支持黄石经济发展的多元化融资需求。聚焦黄石绿色转型发展,绿色信贷余额较年初增长38.8%,年末绿色信贷占各项贷款比重17.48%,较上年提高3.42个百分点;全市绿色保险保障金额347.17亿元,同比增长4.38%,绿色保险产品48种。聚焦全市高新技术产业发展,推出科技信贷产品88个,为1072家科技企业发放贷款151.03亿元,比年初增长9.47%;推出知识产权质押信贷产品12个,贷款余额4.98亿元,同比增长152.0%。

(二)深入推进新市民金融服务

引导各机构实施“四单机制”,围绕“立业、安居、民生保障、基础金融”四大领域持续提升新市民金融服务质效。年末新市民就业创业、住房消费等贷款余额91.83亿元;为新市民提供健康医疗、意外保障、子女教育安全保障等保险产品167个,保障金额967.28亿元。全市金融机构共开设131个专属服务窗口、建设178个服务专区,为新市民提供金融服务。

(三)持续提升小微企业金融服务质效

坚持“稳服务、优结构、提质效、守底线”总体要求,深入开展“走万企 提信心 优服务”活动,强化差异化监管措施,指导银行加大资源倾斜,主动变“企业找政策、企业找服务”为“政策找企业、服务送上门”,全力提升小微企业金融服务质效。全市普惠型小微企业贷款“两增两控”持续达标,贷款余额353.16亿元,增长23.84%,比各项贷款增速高10.61个百分点;贷款户数68716户,增加14143户;为853户小微企业“首贷户”发放贷款26.4亿元,同比增长15.49%;普惠型小微企业当年累放贷款利率比年初下降0.45个百分点,为企业减免利费支出1.14亿元。

(四)全力推进金融服务乡村振兴示范区建设

积极推动形成政府主导、监管主抓、机构主办的协调工作机制,创新提出金融服务乡村振兴“3+5”黄石样本,助力大冶市金融服务乡村振兴示范区创新工作“创在点子上、创出好效果”。全市涉农贷款余额1051.11亿元,增长14.44%;县域存贷比110.47%,居全省前列。持续巩固筑牢脱贫攻坚成果,认真落实脱贫人口小额信贷“应贷尽贷”要求,全市脱贫人口小额信贷实现户数、余额双提升。

(五)不断提升保险保障水平

引导保险业回归保障本源,推动保险风险管理从等量管理向减量管理转型,全市保险深度、密度持续提升,保险的经济“减震器”和社会“稳定器”功能充分发挥。大力推动农业保险扩面增效,在主粮保险的基础上积极支持保险公司开办茶叶、小龙虾等地方特色农业保险,持续为农业生产经营保驾护航。扎实推进“石惠保”在黄石落地见效,印发《关于发展惠民型商业医疗保险的实施意见》,在全市遴选出10家保险公司组成共保体,已投保8.6万人。持续规范车险市场秩序,全市车险综合费用率降至26.1%,签单保费实现近5%的增长。

二、防控金融风险

坚持问题导向,制定《2023年黄石市银行保险领域防范化解金融风险工作方案》《银行风险预警工作细则》,督促银行保险机构前瞻性分析研判风险。

(一)全力防范化解信用风险

建立五级联动工作机制,选取四家企业开展联合授信试点,融资余额达282.55亿元;认真履行监督指导职责,推动债委会全部依规解散出清,累计处置风险资产16亿元。加大不良处置力度,有效处置化解不良贷款16.22亿元,全市不良贷款持续“双降”,不良率降至0.98%,持续低于全省平均水平。

(二)稳妥推进中小银行改革化险

指导法人银行开展股东股权和关联交易专项排查及“回头看”、内部人控制、外部人操纵和违法违规业务的风险排查等工作。开展法人银行资产质量核查,辖内法人银行不良贷款率持续低于全省平均水平。开展法人银行年度监管评级,2家银行晋升一级,其他银行评分均有所提高,整体评级情况好于上年,6家法人银行总体运行稳健、风险可控。

(三)全面加强房地产领域金融风险防控

印发进一步贯彻落实房地产金融政策的通知,督促银行落实“认房不认贷”政策,积极推进“带押过户”改革,持续推动落实“保交

2023年6月15日,2023年黄石市暨黄石港区防范非法集资宣教月集中宣传活动启动

楼”各项工作,助力辖内7个省级“保交楼”项目全部销号,全市“保交楼”交付率72.90%;引导银行机构有效满足房地产合理融资需求,支持住房租赁市场和保障性住房建设,12月末,全市房地产行业贷款余额482.94亿元,其中房地产企业贷款余额137.82亿元,增长4.42%,较好地维护了黄石购房群众合法权益和社会大局稳定。

(四)严防社会融资风险

聚焦金融放贷领域突出问题,健全扫黑除恶长效常治机制。组织银行保险机构常态化开展线索排查和整治,按季对非法集资、金融领域涉黑涉恶等风险隐患开展自查排查,实现重点整治、日常监管、监测预警相结合。组织全市银行业保险业金融机构开展防范非法集资集中宣传教育活动,积极开展《反有组织犯罪法》宣教和常态化扫黑除恶斗争宣传,不断提升金融消费者的知晓度、参与度、安全感和满意度。

三、加强和完善金融监管

(一)完善地方法人银行公司治理体系

开展农商行公司治理评估工作,加强股东资质和入股比例的穿透审查,推动完善公司治理机制,提升公司治理质效。引导法人银行制定中长期资本规划、多渠道补充资本,辖内6家法人银行机构资本充足率、核心一级资本充足率等指标持续达标。

(二)强化差异化监管

开展大型银行年度监管综合评价,推动大型银行发挥好服务实体经济“主力军”和维护金融稳定“压舱石”的作用。严格中小银行机构准入标准和监管要求,督导地方法人银行坚守支农支小定位,立足当地开展特色化经营,充分发挥支持普惠小微和乡村振兴“主力军”作用。

(三)引导保险业回归保障本源

督导保险机构加强精细化经营管理,不断丰富保险服务和险种,提升保险服务可得性和便利性,充分发挥经济“减震器”和社会“稳定器”功能。持续深入推进车险综合改革,开展车险市场专项整治,持续规范车险市场秩序,全市机动车辆保险手续费率11.6%、综合费用率26.1%,签单保费实现近5%的增长,车险综合改革以来的保险深度和广度持续增强。加强与市政府职能部门沟通联系,深入研究推动农业灾害预警、巨灾保险试点、“出租车”等高风险营运车辆的风险减量等工作,为持续降低社会层面风险总量贡献监管力量。

(国家金融监督管理总局黄石监管分局)

十　堰　市

金融发展概况

2023年末，十堰市金融机构本外币各项存款余额3613.71亿元，比年初增加369.59亿元。其中，住户存款2759.12亿元，比年初增加317.60亿元。金融机构本外币各项贷款余额2525.38亿元，比年初增加326.07亿元。其中，住户存款743.57亿元，比年初增加100.44亿元；非金融机构及机关团体贷款余额1781.76亿元，比年初增加226.95亿元。

年末全市保险公司原保险保费收入98.55亿元，比上年增长7.5%。其中，寿险业务原保险保费收入72.90亿元，健康险和意外伤害险业务原保险保费收入27.97亿元，财产险业务原保险保费收入25.65亿元。支付各类赔款及给付34.82亿元。其中，寿险业务给付14.15亿元，健康险和意外伤害险业务赔款及给付13.15亿元，财产险业务赔款20.67亿元。

全年全市实现资本市场直接融资146亿元，较上年增长7.52%。

全市共有金融机构73家，与上年持平。其中，银行业机构26家、保险机构37家、证券机构9家、期货机构1家。全市共有A股上市公司6家，较上年增加1家；"新三板"挂牌企业9家，增加2家；区域性股权市场挂牌企业480家，增加24家。

全市共有地方金融组织3类29家，较上减少2家。其中，小额贷款公司11家、融资担保公司9家、典当公司9家(减少2家)。

地方金融工作

2023年，十堰市以争创国家绿色金融改革创新试验区为抓手，统筹推进服务实体经济、深化金融改革、防范金融风险，加快构建与"一主四优多支撑"产业体系相适应的金融供给体系、与绿色低碳发展相协同的金融创新体系、与市域治理现代化相匹配的金融风险防控体系，为加快建设绿色低碳发展示范区提供强有力的金融支撑。

一、引导金融机构服务经济社会发展

(一)加大信贷投放力度

坚持以服务实体经济为根本，围绕"一主四优多支撑"产业体系，创新金融产品和服务方式，组织开展金融服务全市重大项目、县域经济、中小微企业等"早春行"政银企对接活动9次；组建市级101名"金融管家"为330家企业提供"一对一"个性化服务，加大信贷支持和投放力度。截至2023年末，全市本外币各项贷款余额2525.38亿元，比年初增加326.07亿元，同比增长14.83%，增速在全省市(州)排名第3位。余额贷存比69.88%，比上年同期上升2.09个百分点。全市再贷款余额70.19亿元，总量位居全省前列，重点支持涉农、民营和小微企业。支农再贷款余额50.27亿元，居全省第一；支小再贷款余额19.92亿元，带动地方法人机构投放普惠小微贷款70.54亿元。

(二)提升民营企业金融服务质量

深入开展全省民营企业金融服务质量提升年活动，综合运用财政贴息、银行降息、减免担保费用等手段，持续扩大"助企纾困贷""产业升级贷"等贴息贷款产品，创

2023年2月20日，2023年十堰市举办金融服务"早春行"暨金融支持重大项目政银企对接会，现场签约授信182.44亿元，涉及28个重大项目

新“科技创新贷”“科担联合贷”，推动担保费率下调，降低企业综合融资成本，不断优化营商环境。截至2023年末，办理“产业升级贷”74笔、金额3亿元，累计办理163户、248笔，金额11.24亿元；办理“助企纾困贷”95笔、金额3.08亿元，累计办理120户、133笔，金额4.39亿元；2023年2月新开通的“科技创新贷”累计办理39户、金额1.995亿元；2023年3月开通的“再担创业贷”累计服务创业人员512户，办理融资担保1.34亿元；2023年9月“绿色发展贷”服务绿色企业11户，办理融资担保0.56亿元。

二、推进金融改革创新

（一）深化融资模式创新

大力推行“301”贷款模式，开展供应链金融，引导金融机构创新推出“通信链式贷”“云店贷”等供应链金融产品，深化利用十堰市企业金融综合服务平台和“楚天贷款码”，提升民营小微企业融资获得感。截至年末，全市银行机构通过“301”模式累计发放贷款89.89亿元，惠及相关市场主体44052户；通过首贷拓展专项行动，拓展小微企业（含个体工商户）首贷户1985户，贷款金额24.32亿元；通过信用培植工程为企业提供贷款22.3亿元；全市普惠小微贷款498.92亿元，同比增长23.61%，高于全市平均贷款增长8.78个百分点。

（二）推进绿色金融创新

制定《十堰市绿色金融改革创新2023年工作计划》，深入开展试验区申报达标提升工程。出台《十堰市“科技创新贷”管理办法》《十堰市市级“绿色发展贷”管理办法（试行）》等政策文件，建立财政引导、风险补偿、考核激励、风险防范四项机制，大力支持绿色项目，降低融资成本。创新推出排污权质押、捕捞权质押贷款、取水权质押贷款、“电e金服”、森林碳汇遥感指数保险等一系列绿色金融产品。竹溪县发放了湖北首笔取水权质押贷款20万元、郧西县发放全市首笔“生态资产权益+项目”担保贷款4亿元。在全省率先上线“水权交易平台”，完成首单100万立方米水权交易；郧阳区发放矿区生态修复贷款3亿元、丹江口市发放“两山”系列贷3.7亿元。截至2023年12月末，全市绿色贷款余额484.73亿元，比年初新增146.76亿元，同比增长43.43%。

三、推进企业上市挂牌

印发《十堰市“金种子”“银种子”企业培育三年行动方案》《2023年全市资本市场建设工作要点》和《关于分解企业上市（挂牌）有关工作目标任务的通知》等一系列政策文件，强化上市后备企业培育与服务。采取“贴身式”服务、开展“企业沙龙”等专题培训、及时兑现上市挂牌奖励等措施，引导支持企业通过“新三板”挂牌到北交所上市，形成具有十堰特色的企业上市模式。全年新增3家上市挂牌企业，新增省级“金种子”企业20家、省级“银种子”企业41家。

四、防范化解金融风险

印发《关于在打击和处置非法集资工作中充分发挥基层党组织作用的实施方案》，充分发挥党建引领基层社会治理体系作用，进一步调动基层党组织参与防范和处置非法集资的积极性。持续开展涉众金融风险排查工作，排查金融风险线索43条，通过发送《金融风险线索交办函》，交办至属地及责任单位限期化解，将风险隐患遏制在萌芽状态，实现早发现、早预警、早处置。推进非法集资案件陈案化解工作，切实保护投资受损群体合法权益，全力维护经济和社会秩序稳定。全面精准加大防非宣教力度，突出重点领域、重点人群、重点地区，广泛开展形式多样的宣传活动，成立十堰市防范非法集资政策法规宣讲团，在高校、行政机关、社区开展宣讲活动；开展防范非法集资宣传进社区（村组）12场；编创防范非法集资节目，在全市开展演出13场；在抖音平台发布防非短视频16部，累计播放量达17万人次。

2023年5月15日，十堰市举办“与民同心 为您守护”全市打击和防范经济犯罪宣传日暨张湾区防范和处置非法集资集中宣传活动

五、促进地方金融组织规范健康发展

印发《关于开展小额贷款公司放贷整治工作的通知》《关于开展2022年度典当行年审工作的通知》《开展金融领域突出问题专项整治总体方案》和《关于开展地方金融组织收费自查自纠治理工作的通知》,进一步加强对全市地方金融组织的监督检查力度,强化地方金融组织守法经营和风险防范意识,推进地方金融组织健康发展。年初制定《2023年开展地方金融组织部门联合“双随机、一公开”抽查工作实施方案》,对抽取到的地方金融组织实施行政检查,将检查结果发布在国家企业信用信息公示系统“双随机、一公开”板块,检查结果公示率达到100%。针对检查过程中发现的问题,要求被检查单位及时进行整改,由市、县两级对整改情况进行检查验收。引导“空壳”“僵尸”地方金融组织退出行业,进一步规范地方金融组织市场秩序。截至2023年末,全市9家融资担保公司期末在保余额62.45亿元,同比增长16.6%;全市11家小额贷款公司期末贷款余额9.48亿元;全市9家典当行典当总额2.17亿元。

六、推进金融生态环境建设

深入贯彻落实中央、省关于优化营商环境工作部署,围绕“获得信贷”一件事,以控制成本为核心,着力拓宽企业融资渠道、降低企业融资成本、提升金融服务功能,营造良好的金融营商环境。扎实开展“金融信用市(州)、县”创建工作,组织全市圆满完成“金融信用市(州)、县”创建申报工作。十堰市连续19年荣获“湖北省金融信用市”称号,其中郧西县、丹江口市获评“湖北省金融信用示范县(市、区)”称号;郧阳区、竹溪县、房县和竹山县成功进入“湖北省金融信用县(市、区)”前20名。

(十堰市人民政府办公室)

履行央行职能

一、贯彻执行稳健货币政策

(一)聚焦支持实体经济,信贷投放创新高

围绕服务全市“一主四优多支撑”产业布局、2635个重点项目及县域经济发展,充分发挥货币政策工具调节总量和结构的双重功能,引导金融机构加大信贷投放。截至2023年12月末,各项贷款余额同比增长14.83%,远高于同期GDP增速;余额贷存比69.88%,同比提高2.09个百分点,增速在全省排名第3位。全市贷款增速、增加额均由过去长期徘徊在全省十名左右跃升至全省前列,创历史最高水平,信贷投放有力地发挥了稳经济作用。

(二)以财政金融协同为牵引,发挥政策撬动作用

用好各类货币政策工具,将落实总行结构性货币政策工具与财政贴息相结合,持续推进央行再贷款与财政贴息协同机制,支持企业发展。2023年12月末,全市再贷款余额70.19亿元,同比增加0.46亿元,撬动财政贴息累计2.46亿元,惠及市场主体约6.5万家。当年全市新发放企业贷款加权平均利率4.19%,同比下降32个BP。推进协同机制贴息后融资成本进一步降低,全市支农再贷款余额50.27亿元,位居全省第一。成功发放首笔信贷资产质押再贷款,探索出解决地方法人银行高等级债券质押品不足的新途径。

(三)聚焦关键领域,持续优化信贷结构

结合十堰市产业布局,指导并支持商业银行加大制造业中长期贷款投放力度,扎实推动金融支持制造业发展提质增效。截至12月末,全市制造业贷款余额211.30亿元,同比增长32.51%,高于全市平均贷款增速17.68个百分点。其中,制造业中长期贷款余额134.90亿元,同比增长56.70%,高于全市平均贷款增速41.87个百分点。大力推进民营企业金融服务质量

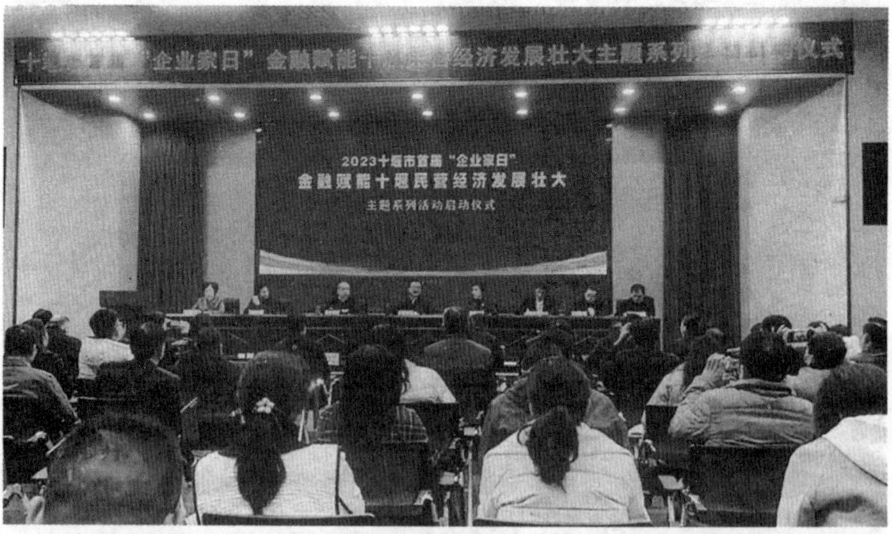

2023年12月1日,十堰市启动首届“企业家日”金融赋能十堰民营经济发展壮大主题系列活动

提升年活动，成功创建国家普惠金融示范区，全市普惠小微贷款余额498.92亿元，同比增长23.61%。引导金融机构积极对接全市320家入库省工商联重点民营企业，对接率100%，其中56家企业提出融资需求8.2亿元，银行尽调率100%，确定有效融资需求6.4亿元，已授信6.58亿元，授信率100%。

（四）持续引导金融机构降低企业融资成本

深入推进"首贷拓展""楚天贷款码"推广、"四张清单"金融服务机制和"信用培植"工程等专项行动，推广小微企业简易开户服务工作，贯彻落实支付手续费减费让利政策，持续引导金融机构降低企业融资成本。2023年全市新发放企业贷款加权平均利率4.19%，同比下降32个BP。发挥LPR改革在优化资源配置中的作用，三次下调LPR，一年期累计降低10个BP、五年期累计下降20个BP，支持信贷有效需求回升。持续督导辖内金融机构全面落实减费让利政策，累计为小微企业和个体工商户减免企业账户管理费、支付手续费等1766万余元。

（五）落实首套住房贷款利率政策动态调整机制，支持"保交楼""保租房"

降低房贷利率和首付比例，商业贷款首套房商贷利率3.8%、二套房首付比例4.44%；公积金首套房利率3.1%、二套房利率3.58%，创历史新低，有效支撑刚性和改善性住房需求。加大对"保交楼""保租房"项目的信贷支持，组织金融机构召开"保交楼"配套融资工作座谈会，推进落实房贷新政"金融16条"。累计为13个"保交楼"项目发放专项借款4.29亿元，为受困房企提供流动资金贷款3亿元，全市房地产贷款余额398.56亿元，同比增加3.6亿元，增长0.91%。

二、维护金融稳定

（一）配合地方政府做好融资平台债务风险化解工作

向市政府专题报告相关会议精神，配合市政府召开专题会、常务会、常委会研究化债工作。积极配合政府职能部门对辖内43家融资平台开展摸排，弄清债务底数；完善日常债项风险监测，确保实现融资平台金融债务规模下降、融资平台数量压降，防止债务风险集中"爆雷"的目标。截至2023年末，纳入重点监测的43家融资平台如期偿付到期债务。

（二）持续开展地方法人银行央行评级等级三年提升行动

12月末，十堰市八级、七级机构清零，四级机构6家、五级机构6家、六级机构2家，法人金融机构全部在风险安全边界内，实现了"清零少数、稳定一批、优化一批"的整体目标，为地方金融业高质量发展筑牢了根基。启动央行评级三级机构培植工作，郧西农商行作为被培植单位，不良贷款率较年初下降0.13个百分点，拨备覆盖率较年初提高31.92个百分点，资本利润率较年初提高2.49个百分点，各项经营和监管指标持续改善。

（三）严厉打击金融违法行为

推进电信网络诈骗和跨境赌博"资金链"治理，全市涉案银行账户数量较上年大幅下降。开展"反洗钱利刃"行动，配合反洗钱案件立案4起、起诉2起、判决6起，判决案件是上年的3倍。严格依法行政工作，认真做好整治拒收现金、反假币和非法使用人民币图样工作；推进全市"征信修复"乱象专项整治，加强部门间协同查处，持续保持对"征信修复"乱象的摸排打击力度，持续落实征信合规监管措施，完成了带"征信"字样机构清零的工作目标，成功拦截并配合侦破"征信修复"诈骗案件，有效净化了征信市场环境。

三、加强金融管理和服务

（一）提升金融服务获得感和满意度

增强县域金融服务有效供给，搭建"乡村吹哨、银行报到"工作机制，在全市建设标准化普惠金融工作站47个、助农取款点1820个，实现村村有站（普惠金融工作站）点

2023年5月6日，中国人民银行十堰市中心支行召开十堰市绿色金融支持乡村振兴工作专题会

(助农取款点)、乡乡(镇)有机构(金融机构)。持续开展国债下乡、人民币反假打假、“火烧币”兑付等活动,畅通农村金融服务“最后一公里”。全年银行机构通过简易程序为485家小微企业开户,累计为小微企业和个体工商户减免支付手续费1523万元,支付服务便利化程度进一步提高。依托金融教育基地持续开展“金融知识宣传·十堰行”活动,举办线上直播宣传12期,累计观看约50万人次,点赞35万人次。金融知识宣传实现常态化,社会公众金融素养进一步提升。

(二)深入推进跨境投融资便利化

采取“调研+培训”模式,分别在竹溪县、房县、丹江口市举办3场金融服务涉外经济发展政策培训宣讲会,覆盖县域外贸企业132家,以外汇政策宣讲服务外贸企业。十堰辖内10家银行已开通跨境金融服务平台,办理应收账款融资业务7笔,共计974.5万元;成功办理全省地市州首笔出口信保保单融资业务,金额100万元,跨境金融服务平台线上融资业务成功落地。在郧西县探索建立企业汇率避险保证基金,筹措100万元保证基金,成功办理首笔业务,在全省领先。

四、推动金融创新

始终把绿色金融改革创新试验区创建作为一项重要的政治任务,聚焦绿色发展,打造绿色金融“十堰模式”。截至2023年末,全市绿色贷款余额484.73亿元,同比增长43.43%,高于全市平均贷款增速30.57个百分点。

(一)完善绿色金融工作体系

成立十堰市绿色金融专业委员会,完善绿色金融专营机构,整合商业银行资源,构建了较为完善的绿色金融工作体系。出台《十堰市绿色金融改革创新2023年工作计划》《2023年绿色金融工作要点》《2023年绿色金融重点工作任务清单》《十堰市绿色项目贷款提升行动实施方案》《十堰市活体畜类抵押贷款操作指引(试行)》等文件,推动绿色金融工作快速发展。

(二)推动绿色金融产品创新

引入政府融资担保模式,创新“取水权质押+融资担保”,为企业获批郧西县农商银行1000万元贷款,利率低于市场利率55个BP。持续开展“碳林贷”业务,全市贷款余额达6.1亿元,实现县域全覆盖。持续推进排污权抵押贷款,新增排污权交易企业30家,贷款余额9190万元。新发放“光伏贷”1亿元,房县、竹山两地“光伏贷”余额达5.65亿元。打造“一县一特”特色品牌,推动金融支持县(市、区)食用菌、黄酒、柑橘等重点产业链“整链授信”,如郧西县围绕马头山羊、食用菌、茶叶、中药材、木本油料、生态渔业六大重点产业链,累计发放链式贷款3.56亿元,支持农产品加工龙头企业23家、农民合作社400家、家庭农场50家。截至12月末,全市涉农贷款余额1430.49亿元,同比增长18.41%,高于全市贷款同比增速3.58个百分点。

(中国人民银行十堰市分行)

银行业保险业发展

一、服务实体经济

督导银行机构不断优化信贷投放结构,加大对重点项目和企业支持力度,支持先进制造业发展,降低小微企业融资成本,助推乡村振兴战略。

(一)保持信贷规模平稳较快增长

年末全市银行机构贷款余额2549.39亿元,较年初增加335.92亿元,增长15.18%,高于全省平均水平5.35个百分点,其中投向小微企业贷款增长17.02%。辖内县域贷存比达70.61%,比年初增长4.52个百分点。

(二)以绿色金融赋能高质量发展

全市银行机构积极开发符合地域特点的“碳林贷”“碳汇贷”“漆树贷”“排污权贷”等绿色金融产品,部分产品为全省首创。截至2023年末,绿色贷款余额486.85亿元,同比增长57.3%,均高于全市贷款平均增速。

二、防控金融风险

按照“稳定大局、统筹协调、分类施策、精准拆弹”的基本方针,加大风险处置和监管联动力度,切实守住不发生系统性金融风险的底线,银行业保险业风险总体可控。

(一)聚焦重点机构,推动风险化解

对辖内法人银行开展信贷资产质量核查,制定入账(处置)规划,实施贴身监管,按月开展监测督导。深化央地协作,配合经开区、郧阳区等地政府通过收储资产、置换股权、债权转让等方式处置风险贷款。

(二)聚焦重点领域,防控房地产风险外溢

加强房地产贷款全口径风险监测,持续监测全市房地产融资,重点关注按揭及开发贷款投放及不良贷款水平,做好数据异动风险预警,对存在违规转贷问题的银行开展高管约谈,移交问题线索并督促整改。配合地方政府因城施策，签署四方监管协议，联合修订商品房预售资金监管细则，完善定期对账制度。因地制宜制定十堰版“金融 16 条”，引导金融机构保持房地产信贷融资稳定，“保交楼”专项贷款累放 4.29 亿元、“保租房”项目累放 36.59 亿元，为房地产业平稳健康发展提供金融支持。

（三）严防保险市场风险

推进“僵尸”机构清理，指导保险机构优化网点布局，梳理“三无”机构。规范车险承保业务，召开规范车险经营工作督导会，维护车险市场秩序；指导做好“二次综改”新费率调整，确保车险新旧系统顺利平稳过渡。以严处罚促合规，针对某财险机构许可证丢失问题开展行政处罚，促进机构依法持证经营。

（四）强化压力传导，保持案防高压态势

印发 2023 年案防安保工作意见，突出三大抓手，夯实七项基础。强化案防教育，邀请律师为银行高管和合规专员开展内控合规培训，解读案防形势，累计参训 500 余人次，取得良好效果。推动重点案件处置，督导辖内银行完成员工涉嫌违法放贷罪案件确认和存案的立案调查等工作。强化评估结果运用，开展年度案防评估，针对发现的 25 类问题印发监管通报，明确监管意见，压实机构主体责任。

2023 年 7 月 20 日，国家金融监督管理总局十堰监管分局正式挂牌

三、金融服务创新

（一）创新绿色金融服务

牢记十堰市“一库碧水永续北送”政治责任，引导辖内金融机构以建设绿色金融改革创新试验区为目标，着力推进绿色金融增品、扩面、提质，创新推动十堰首笔森林碳汇遥感指数保险落地；结合十堰本土资源禀赋，大力推动森林碳汇保险创新，为辖内林场 2.9 万亩林木提供 197 万元的风险保障。

（二）建设全国普惠金融发展示范区

深入推进“走万企 优服务 提信心”活动，用好“千部千企”信息平台，持续巩固减费让利成果，十堰成为全省三家全国普惠金融发展示范区之一。

（三）以金融服务助力新市民安居乐业

指导辖内金融机构充分满足新市民创业就业、购房安居、教育培训、医疗和养老保障等方面金融需求，优化账户开立、工资发放、社保和住房公积金缴纳及使用等服务，提高申贷便利度。围绕建筑工人等职业风险较为突出的新市民群体，推进建筑施工人员团体意外保险、建筑施工企业安全生产责任险、农民工工资履约保证保险等保险服务。

（国家金融监督管理总局十堰监管分局）

宜　昌　市

金融发展概况

2023年末，宜昌市金融机构本外币各项存款余额6127.46亿元，比上年增长8.5%。其中住户存款4051.90亿元，增长16.1%；非金融企业存款1464.77亿元，下降4.1%。金融机构本外币各项贷款余额5927.68亿元，比上年增长14.5%。其中住户贷款1165.82亿元，增长3.2%；非金融企业及机关团体贷款4756.67亿元，增长17.6%。

全市实现保费收入155.46亿元，比上年增长9.9%。其中财产险保费收入增长16.4%，健康险和意外伤害险保费收入下降1.2%，寿险保费收入增长7.6%。全年支付各类赔付额52.12亿元，比上年增长17.6%。其中财产险赔付额增长19.5%，健康险和意外伤害险赔付额增长6.8%，寿险赔付额增长15.8%。

全年全市实现资本市场直接融资209.03亿元。

全市共有金融机构128家，与上年持平。其中，银行业机构40家、保险机构52家、证券机构34家、期货机构2家。全市共有A股上市公司16家，较上年增加2家；共有境外上市公司3家；有“新三板”挂牌企业18家，增加1家；有区域性股权市场挂牌企业335家，增加33家。

全市共有地方金融组织5类61家，其中，小额贷款公司20家（含2家分支机构）；融资担保公司15家（含1家分支机构）；典当公司13家，增加1家；融资租赁公司10家（含3家分支机构）；商业保理公司3家，增加1家。

地方金融工作

一、引导金融机构服务经济社会发展

（一）持续强化重点领域信贷投放

完善常态化银企融资对接机制，建立中小企业贷款风险补偿、应急转贷机制，深入开展重大项目融资对接、民营企业金融服务等行动，引导金融机构加大重点领域和薄弱环节的支持力度，不断提升金融服务精准度和获得感。全市普惠小微贷款、民营贷款、制造业中长期贷款、涉农贷款、绿色贷款分别增长36.27%、18.84%、34.09%、14.51%、44%，均较上年同期、较其他领域多增、快增。引导金融机构主动让利实体经济，推动全市小微企业贷款“增量降价”。全市企业综合融资成本保持低位，全年全市新发放企业贷款加权平均利率3.34%，比上年下降0.45个百分点，小微企业贷款加权平均利率4.09%，比上年下降0.34个百分点。

（二）用活用足货币政策工具

累计发放支农支小再贷款70.07亿元、办理再贴现3.97亿元、落实普惠小微贷款激励资金1.7亿元，带动全市普惠小微贷款同比增长40.12%；推动碳减排支持工具、支持煤炭清洁高效利用、科技创新、交通物流等结构性政策工具落地见效，引导金融机构提供相关领域贷款支持6.8亿元。全年争取基础设施政策性开发性金融工具等资金超过30亿元，争取“保交楼”专项借款近3亿元。全市保障性租赁住房贷款获批授信近60亿元，投放资金超过30亿元，大部分资金利率在4%左右、期限25年以上。

二、推进金融改革创新

（一）深化金融服务创新

形成线上（网上金融服务大厅）+线下（企业金融服务中心）“双线”融合，推动银政系统直连、

2023年2月9日，宜昌市举行金融工作座谈会暨金融“早春行”（第二轮）融资对接活动

贷款一站直办“双直”服务，累计授信1318亿元、放款759亿元。在全省率先探索建立“统一设计、主体多元、分步实施、银团组合、政策叠加”的危旧房改造融资模式，有效破解项目收益难以自平衡、承贷主体信用不足等困难。已支持项目7个、授信金额23.65亿元、投放5.45亿元。

(二)深化绿色金融创新

建立绿色建筑、绿色工厂、绿色农业重点项目库，引导信贷资金向低碳和绿色项目聚集。截至年末，全市绿色贷款余额1763.49亿元，同比增长44.91%。

(三)深化科技金融创新

出台《深化科技型企业金融服务行动方案(2023—2025)》，创设“宜创融”政策性工具，设立“科技信用担保贷”。全年为“专精特新”企业授信185亿元，发放贷款122亿元。

(四)深化供应链金融服务创新

出台《促进供应链金融发展的实施意见》，创新推出“云信”“e信通”等一系列新型供应链金融产品，搭建并上线运营全市首个供应链金融服务平台——“三峡E链”，供应链融资规模超200亿元。

(五)深化政府性融资担保创新

推进新型“政银担”体系全覆盖，担保体系市县一体化建设有序推进。截至年末，全市政府性融资担保机构在保余额达140.06亿元，同比增长38.23%。政府性融资担保机构平均担保费率降至0.31%，同比下降0.26个百分点，共减免担保费1.18亿元。

(六)深化保险保障功能

加大对重点领域保险需求的政策扶持、财政奖补力度。实现保费收入155.8亿元，同比增长9.75%，规模及增速居全省同等市(州)第一。

三、推进企业上市挂牌

大力实施企业上市倍增行动，进一步完善企业上市考核激励制度，做实“政府+市场”服务机制，畅通“个转企、企升规、规改股、股上市”培育成长路径。年内新增2家上市公司，1家企业成功过会。截至年末，在审企业3家、省级“金种子”企业43家。“新三板”“四板”挂牌企业总数分别达到14家、372家。

四、防范化解金融风险

(一)精准化解重点企业风险

完善上市挂牌公司风险源头监测管控机制，落实“排雷工程、拆弹工程、强基工程”要求，“一企一策”精准拆弹。相关上市公司风险收敛，总体可控。

(二)源头治理非法金融活动

扎实推进金融领域专项整治，严厉打击非法集资，从严监管地方金融组织。P2P、“校园贷”等非法金融活动得到彻底根治。五年累计化解非法集资案件69起，刑事打击追赃挽损2亿元，行政处置清退资金3亿元。其中2023年化解陈案5起、新案8起。

(三)加强地方法人金融机构监管

持续开展整治涉企乱收费、打击违法金融活动、整治“代理退保”等系列专项整治行动。持续加强地方法人银行的风险监测，“一行一策”推进村镇银行改革，协调司法机关开展不良债权清收，确保中小金融机构健康发展。

五、推进金融生态环境建设

建立公平、透明、有效的监管体系，提高金融监管质效。进一步完善信用体系，为金融机构提供可靠的信用评估机构。建立金融纠纷解决机制，有效保护金融消费者和投资者的合法权益。有效落实金融招商引资的优惠政策，降低金融机构运营成本。在2023年全省营商环境测评中，金融营商环境指标测评排名全省第一。宜昌市自2003年起连续21年获评全省信用市(州)，金融生态环境考评排名全省第一。

(宜昌市人民政府办公室)

2023年9月7日，宜昌市举行全市民营企业金融服务质量提升年融资对接活动

履行央行职能

一、贯彻执行稳健货币政策

(一)引导信贷规模平稳增长

认真贯彻落实稳健货币政策，紧盯地方法人金融机构，做好信贷调控和督办，保持货币信贷总量平

稳增长，助力地方经济高质量发展。加强信贷投放监测，平滑信贷投放节奏，防止出现“大月过大，小月过小”现象。全年贷款净增749亿元，同比多增239亿元。全市信贷总量、增量位列全省同类市（州）第一，信贷增量创近五年新高。

（二）加大重点领域和薄弱环节的金融支持

积极运用支农支小再贷款、再贴现等货币政策工具，推动辖内碳减排支持工具以及支持煤炭清洁高效利用、科技创新、交通物流等结构性货币政策工具落地落实；加大对“平急两用”公共基础设施建设、城中村改造、保障性住房建设的金融支持力度，有力支持了辖内国民经济重点领域和薄弱环节。截至2023年末，全市普惠小微贷款、民营贷款、制造业中长期贷款、涉农贷款、绿色贷款分别增长36.27%、18.84%、34.09%、14.51%、44%，均高于各项贷款平均增速。

（三）降低融资成本

引导地方法人银行机构下调存量贷款利率，落实利率市场化改革举措，释放融资需求，降低企业和个人融资成本。全年落实小微企业贷款激励资金1.63亿元。2023年12月，全市新发放企业贷款加权平均利率为3.18%，同比下降0.59个百分点；小微企业贷款加权平均利率为4.16%，同比下降0.07个百分点。

二、维护金融稳定

（一）加强金融风险监测

定期监测辖内地方法人金融机构资本充足率、流动性状况、盈利能力等重点风险指标，研判金融机构经营状况和风险抵御能力，对中高风险金融机构进行调研督导，确保辖内法人金融机构稳健运行。做好融资平台债务监测；加大对拆借市场、债券市场、黄金市场等重点市场的金融监测，开展互联网金融风险专项排查。做好市场负面舆情监测，切实发挥防范挤兑风险的积极作用。

（二）做实央行评级和监管辅导等风险防范措施

积极探索和实践递进式监管，完成对辖内重点地方法人金融机构的监管辅导，指导其切实堵住金融风险漏洞，提升经营管理能力。认真开展地方法人金融机构央行评级工作，对评级靠后机构进行等级提升督导和风险提示，全年辖内未出现高风险机构（央行评级结果为8—10级和D级机构被列为高风险机构）。优化重大事项报告和应急管理机制，组织辖内金融机构开展突发事件应急演练工作，提升风险处置应对能力。

（三）严厉打击非法金融活动

对辖内反洗钱义务机构开展反洗钱评价工作，丰富监测手段和措施，加强对重点机构、重点行业的监管走访，提升义务机构的风险预警及风险处置水平。联合公安部门积极开展打击洗钱犯罪行动，及时向相关部门提供洗钱可疑交易线索，有效配合多起洗钱犯罪案件破获。联合多部门常态化开展金融放贷领域整治，营造良好金融生态环境。

三、加强金融管理和服务

（一）优化民营企业金融服务

会同市政府相关部门成立民营金融服务专班，深入开展“民营企业服务质量提升年”活动，加大金融惠企政策宣传力度。定期向金融机构推送重点民营企业融资需求清单，实现了辖内民营企业对接服务率、融资需求尽调率、有效融资需求授信率3个“100%”。持续开展企业信用培植工程和首贷拓展行动，累计帮扶177家民营中小微企业获得融资6.1亿元；大力推广“楚天贷款码”、“301”线上快贷，提升线上融资申请办理效率，便利民营中小微企业融资。

（二）做好惠企利民金融服务

推进小微企业简易开户服务，实现辖内银行网点小微简易开户服务全覆盖。全面落实小微企业和个体工商户支付减费让利政策，降低市场主体经营成本。提升国库业务电子化水平，提高退税审批办理效率；推广银行端缴税（费）业务，化解企业跨省异地缴税难题。推进开展适老化金融服务，加强暖

2023年8月18日，中国人民银行宜昌市分行挂牌

心金融服务示范点建设。优化征信服务查询网点布置,加强征信权益保护,妥善处理群众征信异议和投诉。常态化开展整治拒收现金和反假币工作,营造良好的现金支付流通氛围。

(三)加强外汇服务与管理

推动外汇便利化政策在宜昌市落地,大力促进涉外经济发展。优化外汇业务办理流程,严把外汇风险关口,增强外汇从业人员培训,创新外汇检查方式。推动建立宜昌市外汇和跨境人民币业务自律机制,促进跨境人民币业务增量扩面。出台《宜昌市外经贸发展专项资金管理办法》,解决企业汇率避险难题,全省自贸区首笔运用财政担保资金支持政策开展汇率套保业务在宜昌落地。进一步完善汇警联合协作打击外汇违法违规行为机制,推动破获多起外汇违法违规行为。大力推动宜昌跨境电商综合试验区等贸易新业态发展,全年全市跨境电商出口近1亿美元。

(四)守护居民"钱袋子"

通过线上线下多形式、多领域开展存款保险宣传,以及防范非法集资、洗钱犯罪、非法放贷和防范电信诈骗等金融常识和金融惠企利民政策宣传,督导辖内各银行网点落实落细金融知识普及和金融政策宣传职责,提升消费者金融知识和金融风险防范意识。开展"反电诈模范网点""反电诈工作先进个人"创建活动,搭建"警银"联动反诈信息交互平台,开展异常账户排查清理,压降涉诈账户风险。联合辖内金融机构、三峡大学开展金融标准化人才协调培养,推动金融标准化知识普及与应用。

四、推动金融创新

(一)推进科技金融创新

运用支小再贷款设立"宜创融"支持工具,对地方法人银行发放的科创贷款全额提供低成本资金支持。支持商业银行设立科创企业票据贴现中心,对科创企业票据按低于市场利率贴现放款。与相关部门联合创设知识产权质押贷、"科创担保贷"等科创企业专属信贷产品。联合多部门制定《宜昌市深化科技型企业金融服务行动方案》《宜昌市知识产权质押融资办法》《宜昌市科技信用担保贷款实施细则》等政策文件,加大对"专精特新"、高新技术以及"小巨人"企业的支持力度。截至2023年末,全市"专精特新"企业贷款余额122亿元,同比增长43.5%。

(二)发展绿色金融

实施绿色项目贷款提升专项行动,搭建常态化绿色金融对接平台,组织金融机构开展"一对一"主办对接。成立绿色金融综合评价领导小组,协调推动辖内绿色金融综合评价试点工作。印发金融支持绿色低碳转型发展的实施意见,建立金融机构绿色信贷情况通报制度。引导金融机构积极探索排污权、碳排放权、林权、国家能源补贴等抵押质押担保方式创新,丰富绿色金融信贷产品。成功指导三峡农商行发放首笔排污权质押贷款1500万元,实现辖内生态权益类信贷产品新突破。截至2023年末,全市绿色贷款同比增长44.1%,高于同期全市各项贷款增速27.7个百分点,有力支持了宜昌市加快打造长江大保护典范城市。

(三)推进供应链金融

在深入调研全辖重点行业的基础上,协调相关部门成立工作专班,印发实施方案,重点选取现代化工、建筑建材、生物医药等重点产业开展首批供应链金融试点,围绕核心企业搭建高效、数字化供应链融资服务平台。成功指导主办银行对接生物医药行业某重点企业创新"医易融"融资产品,为该企业及其链上企业办理数字信用凭据供应链融资近1亿元。

(中国人民银行宜昌市分行)

银行业保险业发展

一、服务实体经济

(一)强化重点,信贷投放持续扩面提质

强化科技金融支撑,会同多部门起草《宜昌市科技金融创新三年行动方案(2023—2025年)》。截至2023年末,全市高技术制造业贷款余额137.05亿元,较年初增长12.29%。助力发展绿色金融,引导信贷资金要素向低碳、环保、节能、降耗等领域聚集。全市环境污染责任险保费达105.29万元,提供风险保障金额1.62亿元。

(二)疏通堵点,支实扶小持续补短板

联合多部门推动银行机构与"宜信融"平台对接,为民营小微企业增信。持续开展"金融润商"暨"普惠金融面对面"行动,推动监管措施落实落地。截至2023年末,辖内银行业普惠型小微企业贷款余额635.02亿元,较年初增长33.71%,贷款增速高于各项贷款增速14.02个百分点;贷款户数较年初增加16038户,全面实现普惠型小微企业贷款"两增"目标;普惠型小微企业贷款平均利率4.57%,较年初下降0.26个百分点。与宜昌市税务局联合开展"银税互动优环境 惠企利民助发展"专项活动,截至2023年末,"银税互动"贷款余额46.68亿元,较年初增长41.14%。

（三）打造亮点，乡村振兴持续固根基

配合宜昌市政府出台《宜昌市金融服务乡村振兴创新示范区建设工作方案》，明确部门工作职责和具体措施。大力推广“村银共建+整村授信”模式，“整村建档评级授信”实现全辖行政村全覆盖，用信率达47.16%。选派“金融村官”1033名，建立示范和精品“普惠金融工作站”140个。加大涉农贷款、普惠型涉农贷款的投放力度，年末普惠型涉农贷款余额440.79亿元，较年初增长32.22%，信贷计划完成率234.65%。新增3家具有农业保险经营资质的公司，开办34种农业保险，为53.17万户参保农户提供风险保障160亿元，累计赔款1.59亿元。继续做好兴山县咸水村驻村帮扶工作，通过“慈善一日捐”筹集帮扶资金11.8万元。

二、防控金融风险

（一）全力推动重点企业债务风险化解

宜化集团债务风险化解取得决定性成效，历经5年艰苦努力，宜化集团债委会宣告解散，分局工作得到省政府高度肯定。积极沟通协调启迪环境贷款展期续贷，企业风险得到稳控，关键财务指标稳定向好。

（二）全力促进房地产与金融正常循环

会同相关部门修订印发《宜昌市新建商品房预售资金监管实施细则》，执行范围由宜昌城区扩大到全市，强化“事前干预”。派驻业务骨干参与市“保交楼”工作专班。保持房地产、建筑业融资稳定，全市银行业新投放房地产贷款合计106.5亿元，同比多投放6.64%；建筑业贷款余额616.5亿元，较年初增长18%。

（三）全面提升农商行抗风险能力

督促辖内农商行加大不良贷款处置力度，全市法人农商行提前一年完成隐性不良贷款处置任务，实际不良贷款率低于全省平均水平。支持7家农商行增资扩股，持续开展股东股权专项治理。

（四）全面强化合规建设和市场乱象整治

完善金融风险大排查台账，督促银行机构“一企一策”制定防范化解措施；开展年度案防评估，持续推进案件警示教育。对辖内15家银行保险机构进行现场检查，对9家机构、26名责任人进行行政处罚，处罚金额合计248万元。持续开展涉企乱收费、打击违法金融活动、“代理退保”等系列专项整治行动。持续推进中介机构“多散乱”问题整治工作，依法依规清退4家专业中介机构分支机构。

2023年7月20日，国家金融监督管理总局宜昌监管分局挂牌

三、金融服务创新

（一）强化“贴身”监管，推动法人机构提质升级

多措并举督促宜化财务公司落实监管新规。多方协调启动村镇银行改革，开展专题调研，召开多场座谈会，强化对上请示汇报，完善并上报全市村镇银行改革工作方案。

（二）强化保障功能，激活保险业增长新动能

配合市政府出台《宜昌市推动保险业高质量发展若干措施》，加大对重点领域保险需求的政策扶持及财政奖补力度。筹建友邦人寿保险有限公司湖北分公司宜昌中心支公司，金融组织体系进一步健全。全面启动2024年“宜昌市民保”新一轮参保工作，放宽参保条件、支持医保个账支付、拓宽保障范围，已为29.93万名市民提供保障。巩固车险综合改革成果，车险综合成本率92.21%，低于全省平均水平6.81个百分点。

（三）强化功能区建设，高质量打造纠纷调解中心

积极打造多元化金融纠纷调解平台，与7家法院开展“诉调对接”、与仲裁委开展“仲调对接”，实现辖内银行业保险业矛盾纠纷“四调合一”。2023年，累计调解各类金融纠纷777件，涉及金额8669万元，协助银行保险机构和消费者达成“调解协议+司法确认”232件，涉及金额3624万元。

（国家金融监督管理总局宜昌监管分局）

襄　阳　市

金融发展概况

2023年末，襄阳市金融机构本外币存款余额5759.68亿元，比上年增长11.8%，比年初增加606.49亿元。其中，住户存款4611.06亿元，增加593.38亿元。金融机构本外币贷款余额4029.42亿元，比上年增长12.7%，比年初增加452.91亿元。其中，住户贷款1385.72亿元，增加114.99亿元；企（事）业单位贷款2640.74亿元，增加336.10亿元。

全年实现保费收入152.42亿元，比上年增长9.8%。其中，财产险保费收入45.93亿元，增长21.0%；人身险保费收入106.49亿元，增长5.5%。支付各类赔款与给付55.23亿元，比上年增长30.7%。其中，财产险赔付支出31.14亿元，增长34.4%；人身险赔付支出24.08亿元，增长26.3%。

全市共有银行业机构31家、保险机构55家。共有地方金融组织5类48家。其中，小额贷款公司20家，融资担保公司14家，典当公司9家，融资租赁公司3家，商业保理公司2家。

地方金融工作

一、引导金融机构服务经济社会发展

（一）持续强化政银企对接

通过建立常态化沟通机制、搭建信息共享平台、组织精准对接活动等，持续深化政银企对接。2023年共举办金融“早春行”等各类政银企对接活动20场次，实现银企签约1081亿元、产业链签约95亿元；与省市银行签署战略合作协议金额达5525亿元。加强重点项目银企对接，梳理一季度观摩项目、全市重大项目及省市集中开工项目4635个，编发给各银行金融机构对接服务。持续优化“汉江金服网上大厅”线上平台对接服务，设立金融暨首贷服务中心，截至2023年末网上大厅已有注册用户310423个、入驻金融机构257家、上线金融产品250款，累计放款35662笔、金额321.53亿元。

2023年2月16日，金融“早春行”助力湖北建设全国构建新发展格局先行区襄阳现场推进会举行，副省长陈平率省有关部门及20余家金融机构出席活动

（二）大力开展市场主体培育行动

梳理、培育、引进各类金融市场主体，总数达1280家，实现金融业统计入库企业209家，较初始的184家企业增加了25家，投资与资产管理在库企业20家，较初始的6家企业增加了14家。

（三）抓实民营企业金融服务

开展“民营企业金融服务质量提升年”活动，设立襄阳市民营企业金融服务工作专班，为民营企业提供全方位金融服务。截至2023年12月末，全市民营企业贷款余额959.97亿元，较年初增长15.83%。1—12月，各银行机构累计发放民营企业贷款816.48亿元，同比增长21.29%。民营企业信用贷款余额327.09亿元，较年初增长43.8%。

（四）降低小微企业融资成本

引导政府性融资担保机构保持对小微企业支持力度不减，全市平均担保费率0.18%，远低于全省平均水平。截至2023年末，累计担保业务14517笔次，为企业减免担保费约6463万元。建立襄阳市中小微企业应急转贷纾困基金，积极推进应急转贷业务，累计为388余家中小微企业提供转贷服务，转贷规模达52.65亿元，为中小微企业节省转贷费用3000余万元。

二、推进金融改革创新

打造深交所襄阳都市圈培育中心，助力区域经济发展优化升级。3月22日，深圳证券交易所湖北基地襄阳都市圈培育中心揭牌。培育中心是深交所、省地方金融监管局、襄阳市人民政府联合发起设立的湖北省首家在非省会城市落户的证券交易所服务机构，是襄阳都市圈多层次资本市场高质量发展的重要里程碑。已依托培育中心举办资本市场高质量发展专题培训10余场，累计培训1000余人次，有力推动了襄阳都市圈优质企业高效利用资本市场做大做强，助力区域经济优化升级。

三、推进企业上市挂牌

(一)开展专精特新"小巨人"企业挂牌攻坚活动

成立"专精特新"攻坚小组，联合汉江控股、汉江产投、各大券商、会计师事务所等机构，深入辖区进行调研走访，确保一周一拜访、一月一汇总，为企业提供上门服务，现场进行上市分析与诊断，宣讲上市支持政策。建立重点拟挂牌企业跟踪台账，加快企业挂牌"新三板"进程，为企业在北交所上市夯实基础。

(二)加大上市后备企业培育力度

制定批次培育计划，培育一批具有上市潜力的优质企业，形成上市企业梯队。按照实际工作进展，推出三批次企业上市重点推进计划。第一批次：正大种业、嘉辐达、荆洪生物、赛恩斯等4家拟报审企业；第二批次：凌晟药业、华中药业、米朗科技、蓬达高科等4家拟报辅企业；第三批次：汉江检测、新金洋、隆盛四海、威能达、华海纤维等5家计划挂牌"新三板"企业。

(三)畅通企业上市"绿色通道"

弘扬"店小二"精神，开辟企业上市"绿色通道"，以发函、座谈、召开协调会等方式为上市后备企业协调解决困难问题30余次。

(四)及时落实奖励政策

为激励企业积极推进上市或挂牌工作，促进企业利用资本市场发展壮大，鼓励发展资本市场，2023年共兑现奖励资金320万元。其中，以无申请兑现方式拨付正大种业报辅奖励200万元、回天可转债财政资金奖励100万元、广发证券落户奖励20万元。

四、防范化解金融风险

(一)常态化开展宣传教育

以全市714个基层金融机构网点为基点，组建襄阳金融青年"防非处非"志愿服务队，全年开展各类进社区、农村、工厂等宣传讲座100余场次、举办大型防非文艺晚会8场、印发宣传品50余万份、轮播公益视频累计10万(份)次，互动宣传覆盖人数200余万人次。组织各地、各成员单位拍摄以"投资理财""养老服务""高息借贷"等为主题的防范非法集资系列抖音短视频60余部，以生动的演绎、严肃的法纪提醒人们远离非法集资陷阱，守好居民"钱袋子"。短视频作品《守住钱袋子 护好幸福家》荣获全省防范非法集资短视频大赛优秀奖。

(二)全方位进行监测预警

从市级到基层社区建立"四位一体"金融风险监测预警机制，实行全方位监测预警。会同人行襄阳市分行、国家金融监管总局襄阳监管分局开展金融机构资金异动监测；与公安部门情报信息预警系统对接，及时共享非法集资相关信息；与全省金融风险预警平台对接，建立健全金融风险大数据监测体系，及时对系统推送的非法集资、非法金融活动等线索进行核实和处理。充分发挥网格员"探头"作用，推进常态化社区网格监测预警。对全市8000余名网格员、村(社区)干部开展全覆盖培训，提高基层网格员监测、排查、识别非法集资风险能力。

(三)强化重点领域金融风险处置

梳理金融领域影响全市信访维稳的16起重点积案，制发《市委办公室 市政府办公室关于印发〈市领导包保全市涉集资传销重点风险责任清单〉的通知》，市级层面明确由8名市委常委、6名副市长包案督导；县级层面由县委、县政府主要领导包案推进。全市涉集资传销重点风险得到有效处置和化解。

2023年3月22日，深圳证券交易所湖北基地襄阳都市圈培育中心在襄阳市正式揭牌

五、促进地方金融组织规范健康发展

（一）强化日常监管

贯彻落实《湖北省地方金融条例》，通过年审、现场检查和分类评级等方式，对地方金融组织实施分类监管、动态监管、非现场监管，引导地方金融组织依法合规经营。

（二）加大政策扶持

鼓励支持有实力的企业发起设立地方金融组织，做大做强地方金融组织规模实力。对新设或新迁入的法人地方金融组织，实缴资本到达2000万元的，按照实缴资本的2%给予一次性补贴。

（三）推进行业提质增效

持续开展融资担保公司、典当公司、小额贷款公司等地方金融组织排查、整改规范和退出等工作，及时淘汰经营不善、风险较大的地方金融组织，优化地方金融组织体系质量。督促完善公司治理结构，提高决策的科学性和有效性。督促加强风险管理，提高防控风险能力。推动创新发展，提升服务质量和能力。

六、推进金融生态环境建设

（一）完善优化金融营商环境制度体系

出台《襄阳市金融支持科技创新若干措施》《关于进一步促进信贷投放支持襄阳都市圈建设的若干措施》《襄阳市本级政府性资金存放管理办法（暂行）》等系列文件，构建1+N金融服务实体经济政策体系，促进金融市场平稳健康发展，为全市经济社会发展提供有力支撑。

（二）全力打造优化金融营商环境先行区

推动金融营商环境持续优化，不断提高市场主体的获得感、满意度。抓实先行区试点创建，“深化金融暨首贷服务中心建设”“打造‘1133’融资模式”“打造科技型企业融资担保服务新模式”三项省级试点创建项目全部成功通过省级验收，襄阳市在全省营商环境评价中“获得信贷”指标连续多年位居全省前列。

（襄阳市人民政府办公室）

履行央行职能

一、贯彻执行稳健货币政策

（一）信贷投放稳步增长

认真贯彻落实稳健货币政策，结合全省信贷增长目标和襄阳实际，研究制定全市季度及全年贷款增量指导性目标，按机构细化目标任务，持续监测各金融机构、各县市信贷投放进度。截至12月末，全市各项贷款余额达到4029.42亿元，同比增长12.66%，比年初净增加453.43亿元，增量创历史新高。其中，住户贷款余额1385.72亿元，比年初增加114.99亿元，同比多增18.12亿元；企（事）业单位贷款余额2640.74亿元，比年初增加336.10亿元，同比多增19.70亿元。

（二）货币政策工具运用持续发力

截至12月末，降准释放资金1.56亿元，办理常备借贷便利12亿元；发放支农支小再贷款67.88亿元，发放再贴现3.17亿元；发放普惠小微贷款支持工具激励资金5326.72万元，激励法人银行向普惠小微企业扩大贷款发放28.51亿元；运用普惠小微贷款阶段性减息支持工具指导法人银行为普惠小微贷款主体减免利息1425.3万元；推动碳减排支持工具、煤炭清洁高效利用专项再贷款等工具快速落地见效，引导金融机构提供相关领域贷款支持50.45亿元。

（三）融资成本稳中有降

持续深化利率改革，发挥市场利率定价自律机制功能，引导机构根据市场利率变化合理调整存款利率，降低贷款成本，提高金融支持实体经济的可持续性。2023年，全市金融机构一般贷款加权平均利率4.15%，同比下降33个BP。落实存量首套住房贷款利率调整工作，辖内13家法人金融机构完成94.38亿元、3.4万笔存量首套房贷利率下调，平均降幅0.91个百分点，户均每年减少利息支出3500元左右。

（四）银企对接持续深化

积极配合市政府开展金融“早春行”活动，全市25家金融机构与企业签约金额434.57亿元，履约金

2023年9月21日，由襄阳市人民政府、湖北省地方金融监管局、湖北证监局联合主办的“资本市场服务荆楚行”襄阳站活动开幕式在襄阳东津新区举行

额 373.76 亿元，履约率 86%。组织召开全市民营企业金融服务对接会、科技型企业融资服务对接会、高新区银企对接会和金融支持房地产市场平稳健康发展对接会等，519 家重点民营企业获得银行一对一金融服务，205 家民营企业获得银行授信 52.79 亿元，11 个房地产项目签订融资合作协议 46.95 亿元。大力推广"楚天贷款码"，截至 12 月末，全市市场主体通过"楚天贷款码"提交融资申请 8102 笔，银行受理办结 6852 笔，办结率 84.57%。着力推广应收账款融资服务平台，全年办理应收账款融资业务 459 笔、226 亿元；推动"政采贷"业务增量扩面，全市共发放线上"政采贷"158 笔、4.57 亿元，分别同比增长 558%、1328%。

二、维护金融稳定

(一)引导法人银行稳健发展

定期开展央行金融机构评级、资产质量现场评估、存款保险风险评价和现场核查等工作，持续监测法人金融机构经营状况，及时给予提醒指导，引导法人机构稳健经营。探索建立法人银行稳健性监测机制，出台《襄阳市法人银行机构流动性风险防控方案》。"一行一策"督促 13 家法人银行建立不良贷款化解方案，推动辖内法人银行持续化解账面不良贷款。开展"存保鄂豫行"系列宣传，探索"存款保险+"宣传模式，相关工作在《金融时报》上宣传推介。

(二)做好房地产市场金融风险防控

引导金融机构认真落实"金融 16 条"，支持居民合理住房需求和房企合理融资需求。认真落实"保交楼"政策，加快专项借款资金使用，引导银行机构为"保交楼"项目提供配套融资支持，对全市 15 个房地产项目发放专项借款 8.69 亿元，当年拨付 8.09 亿元。联合相关部门探索推进襄阳市二手房"带押过户"新模式。

(三)提升金融风险防控合力

组织商业银行开展"市、县一体"防范挤兑风险应急演练，及时开展演练评估，逐步完善应急体系。有效处置 1 起商业银行网点异常取款情况，有效防范风险扩散。深化金融风险防控跨部门合作机制建设，推进信息共享、宣传合作、监管协同、打防并举，筑牢金融安全"防火墙"。持续推进第三方财富管理公司的清理规范，联合执法查处非法集资案件，积极参与大型问题企业债权风险化解。

2023 年 11 月 21 日，人民银行襄阳市分行组织召开全市金融生态建设工作推进会

(四)严厉打击金融违法犯罪活动

深入贯彻实施《反电信网络诈骗法》，纵深推进电信网络诈骗和跨境赌博"资金链"治理，有关涉案账户得到有效控制。2023 年，全市涉案银行账户同比下降 16%。加强重点可疑交易报告的分析研判，全年共收到金融机构报送的重点可疑交易报告 49 笔，涉及金额 7.96 亿元。深入推进打击治理洗钱违法犯罪"三年行动计划"，加强与公安部门的信息共享，建立协查协办机制，开展金融放贷行业领域整治，配合开展扫黑除恶等专项工作，年内推动洗钱案判决 11 起。联合南漳县警方打掉从湖南道县流窜至襄阳、钟祥、荆门等地作案的假币犯罪团伙。

三、加强金融管理和服务

(一)深入推进支付便民服务

督促辖内支付服务主体全面落实减费让利各项措施，进一步扩大降费领域、项目、幅度和受益主体。持续优化银行账户服务，积极做好日常账户管理工作。围绕金融支持乡村振兴战略部署，持续推进农村支付服务环境建设，持续优化老年人等特殊群体支付服务。

(二)充分保障现金供应

加强预测和监测，确保现金总量供应充足、结构合理。截至 12 月末，辖内发行库共办理发行基金投放 121.4 亿元，同比增长 2.43%。做好残损人民币回收，完善残损人民币缴库机制，协调商业银行为市公交公司兑换残币 151 万元。对辖内 18 家商业银行共 98 个营业网点的现金服务质量进行暗访，督促问题整改。定期组织开展查库和现场检查，杜绝各类风险事件。

(三)持续优化国库服务

全年全市国库部门共办理增值税留抵退税 361 户次，金额 14.03 亿元,其中惠及中小微企业301户次;办理跨省和跨境异地电子缴税业务241笔,金额1281万元。按照“四个统一”建设标准,探索开展县域“国债服务工作站”建设工作,确保县(市)支行业务上收后国债履职不断档。定期组织开展查库和业务检查,严防业务风险。

(四)不断加强征信管理

对辖内的征信查询网点进行布局优化,全年全市共办理个人信用报告查询21.57万人次,同比增长12.3%;受理征信异议41笔,回应12345市民服务热线近50笔。持续开展征信乱象治理工作,确保个人和企业的信用信息安全,防止信息被滥用、泄露;促进征信机构提供准确、完整、及时的信用信息,为金融决策提供可靠依据。

(五)强化基础外汇服务

全年办理210笔行政许可业务,同比增长41.6%;多渠道推广线上办理,网上办理行政许可业务同比增长352.94%。累计办理跨境电商收支业务3000余笔,金额近1.5亿元。持续推进优质企业贸易外汇收支便利化政策落地落实,层层筛选并向外汇管理局湖北省分局推送2家优质企业。

四、推动金融创新

(一)深化金融支持乡村振兴

加强与农业农村、发改、经信等部门的沟通协作,全力做好对全市高标准农田建设、种业振兴、乡村产业发展和乡村建设等重点领域的金融支持。开展金融支持乡村振兴评估工作,加大对定点帮扶和农业等重大项目工作推进力度,引导全市银行业金融机构通过“重点项目融资服务平台”对接乡村振兴重点项目融资。截至12月末,全市涉农贷款余额达到1807.68亿元,比年初净增加231.95亿元,同比增长14.72%。

(二)扎实推进绿色金融

用好碳减排支持工具、煤炭清洁高效利用再贷款以及“鄂绿融”专项政策工具,加强对绿色发展重点领域的金融支持。截至12月末,全市绿色贷款余额682.89亿元,比年初增加152.66亿元,同比增长28.81%。鼓励银行业金融机构积极探索开展排污权抵质押贷款、碳减排权质押贷款业务,发放排污权质押贷款500万元、碳排放权抵押贷款1000万元。

2023年1月11日,中国人民银行襄阳市中心支行联合襄阳市银保监局、襄阳市地方金融工作局、襄阳市住建局召开襄阳市金融支持房地产市场平稳健康发展对接会,本次银企对接会共有8家银行与11个项目主体签订融资合作协议46.95亿元

(三)做好供应链金融试点工作

深入相关核心企业、金融机构开展实地调查,调研报告《对襄阳市供应链金融发展情况的调查与思考》获得市政府领导批示;配合市金融领导小组印发《襄阳市供应链金融工作方案》。将供应链金融与金融链长制工作有机结合,引导金融机构围绕全市“144”现代产业集群、13条先进制造业产业链和10条重点农业产业链加大金融支持力度。2023年,全市金融机构发放表内供应链融资1983户、53.36亿元,分别同比增长39.26%、27.13%;供应链融资余额119.33亿元,同比增长5.1%。

(四)积极推动涉外金融发展

继续压实银行机构“银企对接、一企一策”工作责任,督导全市银行机构积极开展跨境人民币业务。截至12月末,全市累计跨境人民币业务结算量达150.49亿元,同比增长338.15%。围绕襄阳自贸片区金融改革任务和“三张清单”,协调推动金融机构强化产品创新,提高涉外金融服务能力。年内组织报送3个制度创新改革实践案例,均被省自贸办采用推介。

(中国人民银行襄阳市分行)

银行业保险业发展

截至2023年12月末,全市银行机构资产总额6783.15亿元,较年初增加726.27亿元,同比增长11.99%,增速较上年同期(11.91%)上升0.08个百分点;全市银行机构负债总额6666.79亿元,较年初增加722.95亿元,同比增长12.16%,增速较上年同期(12.1%)上升0.06个百分点;资产和负债规模在全省地市州均排名第二。全市银行机构全年实现净利润41.1亿元,同比增加1.87亿元,增幅4.77%。

一、服务实体经济

(一)聚焦协调发展支持构建现代产业体系

协调召开金融支持东津城市新中心建设座谈会,引导银行业保险业机构全力支持加快建设襄阳都市圈。做好襄阳市"十四五"规划重点领域和重大项目融资保障,引导银行保险机构对照项目清单密切对接,满足基础设施建设补短板和适度超前的资金需求。深化金融链长制,支持发展新能源汽车、航空航天等先进制造业和战略性新兴产业,扩大制造业中长期贷款投放。年末各项贷款较年初增长12.82%,高于全省平均水平2.99个百分点,其中制造业中长期贷款增长10.17%。

(二)聚焦薄弱环节加强普惠金融服务

持续提升普惠金融服务水平,完成普惠型小微企业贷款"两增一优一稳"考核。召开民营企业金融服务座谈会,督导金融机构一视同仁支持民营经济发展壮大。制定《襄阳市金融服务乡村振兴创新示范区建设工作方案》,全省金融服务乡村振兴创新示范区现场推进会在襄阳召开,宣传推介示范区建设"襄阳模式"。年末辖内普惠型涉农贷款较年初增长28.51%、县域存贷比上升2.81个百分点、特色农产品保险增至18个。健全绿色金融体系,年末绿色贷款余额682.89亿元,较年初增长28.81%。加强科技金融服务,年末辖内科学研究和技术服务业贷款余额4.78亿元,较年初增长8.8%。引导机构积极支持襄阳全国城市数字公共基础设施建设试点,促进数字金融发展。支持泰康人寿襄阳中支设立"健康财富体验中心",加快发展养老金融。加大新市民金融服务宣传力度,推动优惠政策"免申即享"。

(三)聚焦共同富裕助力乡村全面振兴

制发《襄阳市金融服务乡村振兴创新示范区建设工作方案》,促进政策、资金、人才等资源更多地向示范区聚集。实施普惠金融工作站"千百工程",高标准建成80个乡村振兴示范工作站;派驻"金融村官"840人,辐射2313个村;实现转账查询、小额取现、社保缴纳、水电气及话费充值等便民金融服务村级办理。巩固拓展脱贫攻坚成果同乡村振兴有效衔接,推动脱贫人口小额信贷对脱贫户和边缘户应贷尽贷。参与政策性农险遴选工作,加快农业保险发展步伐。指导保险机构创新地方特色农业保险产品,协调财政资金加大对特色农业保险发展的支持引导力度,支持构建多样化优势特色农产品体系,助力乡村振兴。

2023年7月20日,国家金融监督管理总局襄阳监管分局挂牌

二、防控金融风险

(一)防范化解法人机构风险

开展农村中小银行资产质量核查,摸清风险底数。指导制定隐性不良贷款入账处置计划,按月监测督导,推动隐性不良"暗翻明"。协调市、县政府加大对农商行改革化险的支持力度,推动地方政府以收储等方式处置农商行不良贷款,清理2家机构风险股权合计5368.85万股。加强利润分配监管,加快农村中小银行机构改革化险。印发《襄阳市中小银行集中取款事件应急处置预案》,提高中小机构改革过渡期应急处突能力。

(二)防范信用风险

依托财政金融风险处置机制,推动机构主体责任、地方政府属地责任、分局监管责任统筹发力、协同发力、综合发力,加大不良贷款处置力度。实行不良贷款化解台账式管理,建立5000万元以上大额不良和关注类贷款台账;召开不良贷款处置座谈会,加强监管调度指导,稳控襄阳市整体信用风险水平。

(三)防范处置重点领域风险

配合地方政府稳妥慎重化解平台公司债务风险。联合住建部门做好房地产市场事中监管,妥善处置相关项目风险。指导农发行投放2批共8.69亿元"保交楼"专项贷款，促进金融和房地产良性循环。跟踪“金融16条”落实情况，支持构建房地产发展新模式。年末辖内“保租房”贷款余额36.23亿元，增长418.4%。

三、金融服务创新

（一）服务科技创新

督导金融机构强化科技型和创新型小微企业信贷支持，为“专精特新”企业、参与“卡脖子”关键技术攻关的小微企业量身定制金融服务方案，满足企业技术研发、成果转化、装备购置、产能扩张等融资需求。指导深入对接全市200余家“专精特新”企业，保障企业资金需求。深化落实企业融资问题联席会议机制，建立政、银、保、企多方联动包保服务机制。引导优化“专精特新”企业服务流程，积极发展知识产权、专利权、商标权等权利融资模式，鼓励采取信用贷款模式，便利以“专精特新”为代表的科创型企业融资。

2023年11月8日，“襄阳惠民保”正式上线

（二）推动业务创新

上线“襄阳惠民保”，完善襄阳大病保险体系。联合有关部门出台《襄阳市工程建设领域推行第三方担保代替农民工工资保证金缴存暂行办法》，助力保障农民工合法权益。大力推广社会治安保险，为全市约20万户居民提供风险保额282.78亿元，助力平安襄阳建设。完善消保工作机制，实施消保监管评价，就投诉反映的突出问题对有关机构采取监管措施。完善“法院+金融”纠纷多元化解机制建设，实现诉调对接合作10个县（市）区法院全覆盖。

（国家金融监督管理总局襄阳监管分局）

鄂　州　市

金融发展概况

2023 年末，鄂州市金融机构本外币各项贷款余额 1084.55 亿元，比上年增长 14.8%；各项存款余额 1193.85 亿元，增长 10.5%。

全年实现保费收入 22.76 亿元，比上年增长 2.7%。其中，财产险保费收入 5.28 亿元，增长 10.7%；人寿险保费收入 17.47 亿元，增长 0.5%。支付各类赔款及给付 8.32 亿元，增长 25.0%。其中，财产险赔付支出 4.13 亿元，增长 39.0%；人寿险赔付支出 4.19 亿元，增长 13.7%。全市实现资本市场直接融资 19.68 亿元。

全市社会融资规模 1644.14 亿元，比上年增长 18.88%。

全市共有金融机构 37 家，较上年增加 1 家。其中，银行业机构 11 家，增加 1 家；保险机构 24 家；证券机构 2 家。全市有 A 股上市公司 1 家，"新三板"挂牌企业 4 家，区域性股权市场挂牌企业 116 家，较上年增加 10 家。

全市有地方金融组织 4 类 13 家。其中，小额贷款公司 4 家，融资担保公司 1 家，典当公司 6 家，融资租赁公司 2 家。

地方金融工作

一、引导金融机构服务经济社会发展

（一）加强政策引导和支持

印发《鄂州市优化金融营商环境提质增量五大行动》《金融服务人才政策指南》。设立鄂州楚商联合"金融服务驿站"，开展"走万企 提信心 优服务"活动，引导银行机构对接中小微企业 250 家，投放贷款 31.86 亿元。

（二）推进政银企合作

举办金融"早春行"助力湖北建设全国构建新发展格局先行区武汉新城现场推进会，其中鄂州市共签订融资合作协议 591.16 亿元，授信转化率达 97.21%；指导各区组织 6 场银企对接会。推进市中小企业融资平台优化升级，与国家、省级、市直相关平台完成数据对接，形成 22 个产品专区、259 项金融产品，产品丰富度居全省第一，有 1054 家企业通过平台获得贷款 287 亿元，为重点企业项目提供授信 400 亿余元。2 月，市政府与交通银行湖北省分行签订战略合作协议；9 月，市政府与汉口银行总行签订支持武汉新城发展合作备忘录。

（三）推进融资担保增信

支持市中小企业融资担保公司设立科技担保业务部，融资担保业务惠及全市 15%的科技型企业、49%的专精特新"小巨人"企业。2023 年，市中小企业融资担保公司担保融资 17.51 亿元，同比增长 35%；办理免实物抵质押信用担保融资 11.03 亿元。推行"见贷即保"业务新模式，办理"见贷即保"业务 4.37 亿元。开发"创业担保贷"专项产品，支持 2011 个市场主体新增创业担保贷款 7.39 亿元，带动就业 6321 人。综合平均担保费率 0.61%，累计减免担保费 2093 万元。

二、推进金融改革创新

（一）持续推进科技金融

聚焦武汉新城建设，重点推进科技金融，遴选形成全市首批 40 家知识产权质押融资授信"白名单"企业，对 13 家企业共 17 个项目给予专项奖补近百万元。支持市担保公司设立科技担保业务部，融资担保业务覆盖全市 15%的科技型企业、49%的专精特新"小巨

2023 年 2 月 3 日，金融"早春行"助力湖北建设全国构建新发展格局先行区武汉新城现场推进会在鄂州市举行

人”企业。

(二)不断深化普惠金融

在全省率先实现对全市所有行政村“整村授信”全覆盖。全市涉农贷款余额350.83亿元，较年初新增59.55亿元，占各项贷款比重51.31%。在农村地区建立标准化普惠金融工作站60家，打通金融服务“最后一公里”。华容区、鄂城区分别以全省第一和第五的成绩入选2022年度金融服务乡村振兴共建创新示范区。

(三)大力发展绿色金融

推动排污权、碳排放权质押融资等绿色金融产品落地，办理1家民营粮食加工企业排污权质押贷款500万元、1家民营水泥企业碳排放权质押贷款2000万元。

(四)推进担保增信和信用信息赋能融资

新型“政银担”改革、“探索信用信息赋能助力中小企业融资”列入省确定的鄂州市创建优化营商环境先行区36项试点改革事项，全年办理新型“政银担”业务1986笔、担保融资16.47亿元。制定《鄂州市探索信用信息赋能助力中小微企业融资工作实施方案》，建立“企业信用信息数据字典”，新增数据82万余条。建立完善企业融资需求反馈和评价机制。

三、推进企业上市挂牌

(一)优化辅导培育

制定《企业上市攻坚行动方案》《全市工业企业上市引领工程三年行动方案》，积极对接企业需求开展培训辅导。加强与证券监管部门、交易所、省上市指导中心、中介机构的沟通协调，抢抓武汉股权托管交易中心设立“专精特新”专板契机，邀请专家开展培训辅导，提高“专精特新”中小企业培育效果。对全市78家“专精特新”企业进行深度调研，开展3场企业上市培训活动。

(二)优化奖励政策

征求各地各部门意见，对《关于加快推进企业上市的若干意见》等奖励政策进行细化，明确在北交所上市企业可享受A股上市公司同等待遇。有效解决初创型科技企业引进难和投资机构投资动力不足等问题。

四、防范化解金融风险

(一)加强防范金融风险宣传教育

持续深入开展防范非法集资集中宣传活动，组织金融公益宣讲员进社区开展宣讲。6月，举办2023年鄂州市暨鄂城区防范非法集资宣传月启动仪式，各区同步举行；9月，联合鄂城区、人行鄂州市分行、国家金融监督管理总局鄂州监管分局举办全市防范非法集资文艺汇演。

(二)加强金融风险排查

组织开展民间投融资机构、私募基金、各行业各领域涉金融风险排查活动。修改完善《鄂州市非法集资举报奖励实施细则》。

(三)稳妥有序处置金融风险

持续推进陈案处置，推进非法集资陈案销号。推进养老领域涉非案件稳妥处置，追赃挽损1330万余元。推进地方法人银行处置不良资产，不良贷款率保持较低水平。

(四)打击非法金融活动

落实防范打击非法证券活动相关要求，开展私募基金风险防范处置、债券风险防范化解工作。引导上市公司聚焦主业、稳健发展，提升抵御风险能力。

五、促进地方金融组织规范健康发展

(一)完善工作机制

制定2023年地方金融组织监管工作要点及地方金融组织月走访、季抽查工作方案，强化部门协同，加大监管力度。持续开展“双随机、一公开”工作，进一步加强对地方金融组织事中、事后监管。

(二)强化监督管理

开展2023年度融资担保公司分类评级现场检查和初评工作；稳妥做好C类典当行的出清工作，对评为C类的1家典当行予以注销资格。走访调研全市地方金融组织13次，了解企业经营现状和困难。积极宣传《湖北省地方金融条例》，督促引导地方金融组织规范运营。联合市监部门协同开展“双随机”抽查，现场检查未发现违规

2023年6月15日，鄂州市地方金融工作局、鄂州银保监分局、鄂城区人民政府联合举行2023年鄂州市暨鄂城区防范非法集资宣传月集中宣传活动

经营行为。

六、推进金融生态环境建设

(一)推进民营企业金融服务

成立专班扎实推进“民营企业金融服务质量提升年”活动,对263户调查入库企业开展“一对一”对接服务;引导金融机构完善“敢贷、愿贷、能贷、会贷”机制,积极有效满足民营企业融资需求。组织开展“民营企业典型案例展评”活动,相关经验在全省通报并被《金融时报》《湖北日报》及全国工商联《工作动态》多次推介。

(二)优化信贷模式

持续扩大“楚天贷款码”的应用场景覆盖面和市场主体参与度,全年全市7580户市场主体通过“楚天贷款码”申请融资28.07亿元。推广“301”线上快贷模式,推动信用贷款快速增长,年末全市小微企业(含个体工商户和小微企业主)信用贷款余额66.77亿元,同比增长56.49%。

(三)推动融资成本稳中有降

充分发挥自律机制作用,重点加大对公共资源类存款竞价、存款产品定价宣传、存款利率超出规定上限等方面的约束,稳定负债端成本,维护辖内存贷款市场利率稳定。1至12月,全市银行业金融机构新发放企业贷款加权平均利率为3.86%,比上年同期下降7个BP,其中普惠小微企业贷款加权平均利率为4.29%,比上年同期下降29个BP。

(鄂州市人民政府办公室)

履行央行职能

一、贯彻执行稳健货币政策

(一)信贷总量平稳增长

加大稳健货币政策的实施力度,用足用好各项长期性和阶段性货币政策工具,引导金融机构信贷投放扩增量、稳存量。全年累计办理支农支小再贷款15.96亿元、再贴现2228.87万元,支持地方法人金融机构为4813户市场主体办理优惠利率贷款。累计为地方法人银行提供普惠小微贷款激励资金3614万元,直接撬动18.07亿元的普惠小微贷款增量。截至2023年末,全市各项贷款余额1084.55亿元,同比增长14.75%,增速居全省第四,全年新增113.08亿元,创历史新高。

(二)信贷结构持续优化

发挥结构性货币政策工具精准导向作用,引导金融资源更多流向重点领域和薄弱环节,多个重点行业信贷增速高于平均增速。用好“重大项目融资服务对接平台”,与市发改委建立协作机制,及时将全市亿元以上项目及制造业中长期项目推送至平台,组织银行机构全面对接,确保对接全覆盖。截至2023年末,全市制造业中长期贷款余额、涉农贷款余额、普惠小微企业贷款余额、绿色贷款余额同比分别增长89.41%、20.45%、34.69%、38.10%,分别高于各项贷款增速74.66个、5.7个、19.94个、23.35个百分点。

(三)融资成本稳中有降

积极推动释放LPR改革效能,发挥市场利率定价自律机制作用,加大对非理性竞争行为的约束,推动企业融资利率下降。全年全市银行业金融机构新发放企业贷款加权平均利率3.86%,比上年同期下降7个BP。其中普惠小微企业贷款加权平均利率为4.29%,比上年同期下降29个BP。

二、维护金融稳定

(一)促进地方法人银行健康发展

以推动地方法人机构风险防范化解和高质量发展双目标维度为主线,完成对地方法人银行的央行评级和资产质量现场评估;按月开展风险监测和流动性监测,指导其开展股东清理和不良贷款清收处置行动,不断提高对各类风险管理的能力和水平。

(二)强化金融风险防范及应急处置

印发《关于开展相关行业领域

2023年9月27日,鄂州市政府与汉口银行签署支持武汉新城发展合作备忘录,全面落实省级战略、加强政银合作

金融风险排查工作方案》，全面摸排辖内金融机构风险情况，持续做好风险监测评估、数据分析挖掘和监测结果运用。截至2023年末，全市贷款不良率1.37%，处于全省低位。组织专班开展存款保险风险评价与费率审核，全面开展存款保险宣传现场巡查，覆盖辖内5个行政区、10家银行业金融机构共计38个营业网点。用好用足“保交楼”政策性资金，引导农发行向出险房产项目发放专项借款11.85亿元，全年完成交付12208套；推动辖内二手房交易“带押过户”顺利落地，化解二手房交易融资难、交易时间长等难题。细化完善突发事件应急预案，修订完善银行机构挤兑风险事件应急预案，制定应急预案演练方案。

（三）严厉打击整治非法金融活动

深入开展涉赌涉诈“资金链”治理，加强银警协作、联防联治；扎实推进反洗钱与扫黑除恶、打虚打骗和打击治理电信网络诈骗等专项工作。全力压降涉案账户数量，全年全市涉案银行卡同比下降55.4%，全市无一家银行网点被列为全省负面榜单。严厉打击外汇领域违法违规行为，协助公安机关成功破获涉赌地下钱庄案，持续监测预警跨境资金异常流动风险。

三、加强金融管理和服务

（一）持续营造良好营商环境

巩固和完善“敢贷、愿贷、能贷、会贷”金融服务机制，不断畅通市场获贷渠道。成立专班扎实推进“民营企业金融服务质量提升年”活动，对263户调查入库企业开展“一对一”对接服务；组织开展“民营企业典型案例展评”活动，获省民企金融专班高度肯定。截至年末，全市民营企业相关贷款较年初增长19.46%，增速居全省前列。持续扩大“楚天贷款码”的应用场景覆盖面和市场主体参与度，全年全市7580户市场主体通过“楚天贷款码”申请融资的金额达28.07亿元。推广“301”线上快贷模式，推动信用贷款快速增长，年末全市小微企业（含个体工商户和小微企业主）信用贷款余额66.77亿元，同比增长56.49%。组织金融“早春行”、民营企业、知识产权质押等多类型银企对接会，促成金融机构与企业签订合作协议总金额超600亿元。强化征信助企赋能，全年累计完成应收账款平台融资352笔、122.5亿元；累计完成“政采贷”业务130笔、2.86亿元；累计运用鄂州市中小企业融资平台放款1956笔、287.04亿元。

（二）持续提升金融监管效能

深化现金服务网格化管理，加大现金清分质量检查力度和暗访频率，督导3家涉农金融机构完善农村网点现金设施配备。持续加大整治拒收现金现场巡查力度和举报投诉现场调查力度，对拒收现金易发场景开展现场巡查6次，受理核实拒收现金举报电话和线索6起。扎实做好金融消费者权益保护教育宣传和投诉处理工作，全年共处理消费者投诉51笔。定期监测清理辖内名称和经营范围带“征信”字样的企业，完成1家违规企业清理整顿工作，不断净化征信市场环境。

（三）持续推进外汇便利服务

积极推进融资便利化试点工作，指导市建行成功为企业办理300万元跨境融资便利化试点业务，企业贷款利率由原境内的4.5%下降至境外的3.1%，率先在全省实现跨境融资便利化业务的落地和突破。深度推进中小微进出口企业汇率避险服务，优化考核评估和激励机制，2家银行实现汇率避险业务零的突破，为4家企业成功办理远期结售汇和汇率避险服务，衍生品累计交易金额1438万美元，套保率达到6.94%。全面落实外汇便利化政策，实现辖内B类企业“清零”，为鄂州申报保税物流中心（B型）提供有力支撑。

（四）持续提升金融服务质效

建立常态化个人住房贷款利率动态调整工作机制，督促落实存量首套房贷利率调整政策，全市180亿元存量首套房利率下调，平均降幅1个百分点，超7万户家庭受益，户均年减少利息支出2600元。优化企业银行账户服务，大力推行银行预约开户“一网通办”，全市简易开户服务网点覆盖率达100%。切实落实支付手续费减费让利政策，全年银行机构累计向实体经济减费让利约507.5万元，同比增长60.05%，惠及市场主体约3.5万户。全面推广自缴核销方式处理纸质缴款书工作，快速落实各

2023年8月10日，中国人民银行鄂州市中心支行联合市地方金融工作局、国家金融监督管理总局鄂州监管分局、市经信局、市工商联举行“金融服务民营企业典型案例”现场展评活动

项减税降费政策，全年已办理自缴核销业务1637笔、22.86亿元。督促辖内国债承销机构优化服务，提升群众购债满意度，全年全市国债销售总量1.26亿元，同比增长77.13%，其中农村地区销售总量及占比实现“双提升”。督导银行网点适老化服务升级改造，建立“可听”“可视”“可触”的金融助老服务中心，全市已有139家适老化支付服务示范网点。深入推进征信系统便捷服务，指导市公积金中心完成7轮测试，推动公积金系统成功接入征信系统。

四、推动金融创新

（一）推动科技金融扩面增量

全面提升科技创新金融服务能力，联合相关部门指导中行、农行、农商行等推出“专利+商标”“科担联合贷”等信贷产品，开辟科技企业融资新途径。全年全市银行机构向22家企业发放知识产权质押类贷款1.15亿元，融资量同比增长191.48%。截至12月末，全市科技企业贷款余额59.36亿元，同比增长26.19%。

（二）推动绿色金融高位增长

建立两项绿色工具跟踪监测制度，全年推动碳减排支持工具、支持煤炭清洁高效利用再贷款资金落地鄂州22.1亿元。大力推进绿色金融产品创新，持续推动排污权、碳排放权质押等创新绿色金融产品落地推广。截至12月末，全市绿色贷款余额144.29亿元，同比增长38.10%。

（三）推动普惠金融提质增效

以金融支持乡村振兴为着力点，引导金融机构创新农村市场主体信贷融资产品，加大“整村授信”工作力度。截至12月末，涉农贷款余额350.83亿元，同比增长20.45%。

（四）推动跨境金融加速发展

深入实施“一企一策”专项行动和“首办户”拓展行动，鼓励银行机构创新境外人民币贷款、境外放款等产品和服务，推动跨境贸易、投融资结算便利化，成功办理辖内首笔跨境人民币境外放款汇出业务。全年全市跨境人民币结算量3.34亿元，同比增长56.21%。

（中国人民银行鄂州市分行）

银行业保险业发展

2023年末，辖内银行业总资产1420.75亿元，比年初增加140.35亿元，同比增长10.96%。信贷主业地位突出，各项贷款占总资产76.41%，比年初提高2.59个百分点；负债结构稳定，2023年末，辖内银行业总负债1393.14亿元，同比增长11.16%，各项存款占总负债84.73%。全市银行业着力支持重点领域发展。加强民营经济和小微企业金融服务：全辖民营经济贷款278.52亿元，比年初增加2.92亿元，同比增长1.06%；单户1000万元以下普惠型小微企业贷款（不含票据融资）138.26亿元，比年初增加36.96亿元，同比增长36.49%。支持支柱产业发展：辖内制造业贷款余额106.83亿元，同比增长7%；辖内银行业基础设施建设贷款198.28亿元，同比增长26.68%。持续促进科技创新：辖内信息传输、软件和信息技术服务业贷款同比增长60.33%，银行业科学研究和技术服务业贷款同比增长17.28%。引导贷款利率持续下降：2023年，辖内银行业新投放单户1000万元以下普惠型小微企业贷款（不含票据融资）平均利率4.29%，低于2022年0.36个百分点。

全市保险业平稳发展，保险保障功能持续提升。业务结构优化，服务质效提升：财产险非车业务占比持续提升，人身险新单期交业务份额扩大，赔付水平大幅提升。机构经营稳健，行业风险可控：财产险持续盈利，人身险风险指标平稳，投诉举报数量基本持平。保险保障持续提升：辖内保险业大力助推普惠保险，持续发挥保险保障功能。

一、服务实体经济

紧紧围绕鄂州“武鄂同城、空港新城”的发展定位，研究制定加强金融服务稳住经济大盘一揽子政策具体落实措施，千方百计助企纾困，信贷政策的普惠性、精准性、

2023年11月22日，鄂州市外汇和跨境人民币业务自律机制正式成立

直达性、有效性持续增强。

(一)以服务大局推动机构提高站位

联合市金融局、人民银行等部门组织开展2场银企对接会,推动辖内银行保险机构为鄂州重大项目建设和企业经济发展提供资金支持651.01亿元,较年初增长16.47%。为"专精特新"企业、制造业重点企业、生化科技企业、中小微企业提供资金支持465.10亿元,较年初增长26.03%。精准帮扶暂时遇到困难的企业渡过难关,接续实施延期还本付息51.20亿元,无还本续贷余额6.34亿元。2023年,鄂州市普惠型小微企业贷款余额141.19亿元,较年初增长40.28%,增速在全省地市中排名第一。

(二)以补齐短板提升金融服务可得性

在全市乡村地区建成60余家精品示范普惠金融工作站,落实"十有"标准,以银保融合工作站为支撑,引导金融机构进一步加大对农业、农村、农民的金融滴灌和综合服务力度,加快推进金融服务乡村振兴发展。协调推动交通银行进驻鄂州,实现国有大行在鄂州全面布局。批筹保险机构新开网点6家,为鄂州地方经济社会发展夯实金融支撑,提供更多资金支持和金融服务。聚焦新市民、花湖机场建设人员等重点人群,新增金融产品18个,提供信贷支持30.71亿元,提供健康、医疗等各类保险保障269.72亿元。

(三)以协调联动汇聚多方合力惠民生

联合医保部门推动建立共保体,指导保险公司完善保障计划,于2023年10月17日正式上线发布"鄂州惠民保"。联合地方教育部门推动扩责调费合法合规顺利落地,学平险扩责调费保额由4万元提高到最高10万元。持续与市财政局、市场监管局、医保局、农业农村局、乡村振兴局等部门开展会商联动,推动特色水产品保险、政策性农险等业务提标扩面。

二、防控金融风险

(一)重点防控涉房领域金融风险

建立EAST筛查模型和重点房企贷款风险周报制度,密切跟踪监测"金融16条"在辖内落实情况,加强"六个台账"数据监测。引导督促金融机构配合地方政府及相关部门做好"保交楼"工作;协同住建局等部门召开通气会,推动恒大、融创、花样年等问题楼盘"保交楼"工作,稳妥有序做好5批次业主集中维权工作,维护属地稳定,实现"鄂州事鄂州毕"。引导政策性机构做好房地产政策性金融服务,鼓励商业性银行提升房地产配套融资,加大保障性租赁住房金融供给,协调推动房地产行业向新发展模式平稳过渡。

(二)持续督导法人机构改革化险

在前期鄂州市城控集团、鄂州市昌达集团等国企入股鄂州农商行的基础上,协调推动鄂城区城市建投、鄂州临空集团等地方国有资本继续入股鄂州农商行,稳妥解决地方法人机构公司治理历史遗留问题。对鄂州农商行2022年末的信贷资产质量进行全面核查,督促加快隐性不良贷款入账力度,足额计提拨备,确保资本长期稳定达标。

(三)紧盯信用风险化解处置

2023年,全辖银行业合计处置不良贷款5.77亿元,同比多处置1.82亿元,不良贷款稳定在较低水平。截至2023年末,辖内银行业关注类贷款率2.45%,比年初下降0.6个百分点。

(四)牢牢守住关键领域风险底线

协同公安、市场监管等部门深入推进"代理退保"整治,净化保险行业生态。督促银行机构加强对延期还本付息贷款质量的跟踪监测,建立工作台账,加强风险预警。

三、金融服务创新

(一)大力推进金融服务乡村振兴创新示范区建设

完善辖内金融服务乡村振兴创新示范区建设工作运行机制,推进乡村振兴金融产品更加匹配、农村信用体系建设更加完善、涉农保险保障更加有力,对全辖290个行政村进行"整村授信"全覆盖,已实现"整村建档评级授信"100%覆盖,授信金额达36.7亿元,为1570余家农业经营主体发放贷款,金额达21.2亿元。

(二)全面推进银保融合普惠金融工作站建设

以鄂州市长港镇峒山村普惠金融工作站为示范,全力推进银保融合普惠金融工作站"百千工程"建设,对照"十有"标准,充分发挥各银行保险机构普惠金融产品特色优势,不断提升银保金融服务融合度;因地制宜探索新的建站模式,持续提升农村地区基础金融服务的可得性、获得感和满意度,加快推进鄂州市金融支持乡村振兴创新示范区建设。截至2023年末,成功打造5家银保融合普惠金融示范工作站、建成55家精品工作站,为农民群众提供了转账取款、金融咨询、助农贷款、惠农保险等多样化金融服务。

(三)推动特色农险高质量发展

通过实地调研督导、联系政府部门、走访养殖农户等方式,协调督导各方摸清底数、找准短板、剖析根源、寻求对策、完善措施,形成问题清单,丰富任务措施清单,政策性特色农险"提标、扩面、增品"取得新突破、新发展,创新特色农险品种4个。截至年末,全市承保养鱼保险、小龙虾保险、螃蟹保险25.65万亩,提供风险保障8.14亿元。

(国家金融监督管理总局鄂州监管分局)

荆 门 市

金融发展概况

2023年末,荆门市金融机构本外币各项存款余额3318.76亿元,比年初增加327.78亿元。其中,住户存款2573.35亿元,比年初增加322.20亿元;非金融企业存款417.52亿元,比年初增加12.67亿元;机关团体存款295.50亿元,比年初减少7.59亿元。年末金融机构本外币各项贷款余额1956.04亿元,比年初增加221.95亿元。其中,短期贷款512.53亿元,比年初增加86.25亿元;中长期贷款1334.05亿元,比年初增加157.62亿元。

全年保险业原保费收入81.77亿元,比上年增长10.0%,其中,财产险公司实现原保费收入24.90亿元,增长10.0%;人身险公司原保费收入56.88亿元,增长10.0%。保险赔款及给付28.31亿元,增长21.2%,其中,财产险公司赔付支出16.28亿元,增长23.2%;人身险公司赔付支出12.02亿元,增长18.7%。

全市实现资本市场直接融资196.2亿元,较上年增长27.11%。全市社会融资规模450亿元,较上年增长13.5%。

全市共有金融机构68家,与上年持平。其中,银行业机构19家,保险机构42家;证券机构7家。年末有A股上市公司6家,"新三板"挂牌企业11家,增加2家,区域性股权市场挂牌企业786家,增加19家。

全市共有地方金融组织4类33家。其中,小额贷款公司19家,融资担保公司6家,典当公司7家,融资租赁公司1家。

地方金融工作

一、引导金融机构服务经济社会发展

(一)积极扩大信贷投放

以优化营商环境为抓手,统筹做好扩普惠、降成本、促改革等工作。变"背靠背"调度为"面对面"沟通,推动保持政银、银企高频精准对接。通过媒体对金融机构主要负责人进行访谈,公开晾晒工作进度,赛成效、传压力、聚合力,全力推动年度目标完成。2023年,全市金融机构贷款余额1956亿元,同比增长12.81%。其中,新增涉农贷款126亿元、工业贷款25亿元、服务业贷款115亿元、民营企业贷款108亿元。

(二)不断深化银企对接

推动"早春行"活动扩面提质。2023年金融"早春行"政银企对接活动中,16家银行业金融机构与1570家企业签订531亿元意向支持协议,同比增加121亿元,签约户数和金额创近年之最。全年履约481.76亿元,履约率为90.72%。

深化七大平台融资对接。坚持"管行业、管融资",2023年发改、经信、科技、农业农村、商务、住建、文旅等七部门累计协调银企对接活动123次,银行对接支持555家、金额115.39亿元,年内投放104.22亿元,资金满足率超过90%。

(三)促进实体经济融资"降成本"

以控制成本为核心的优化营商环境的若干措施为抓手,以全省营商环境先行区创建试点为契机,聚焦普惠小微、减费让利、担保增信、银企对接等重点工作,持续推进主要金融指标改进提升,创新担保服务,做深做实银企对接。推动金融系统为实体经济融资降费降成本。全市普惠型小微企业贷款平均利率4.69%,较年初下降0.36个百分点。全市银行机构为小微企业、个体工商户等减免各类手续费2797万元。全市4家政府性融资担保费率均控制在1%以内,为80家企业提供应急纾困资金5.3亿元。

二、推进金融改革创新

(一)推广京山"整村授信"改革经验

印发《荆门市2023年优化营商环境典型经验复制推广工作方案》,在荆门全域推广"整村授信"改革;印发《关于复制推广京山"整村授信"试点经验的通知》,全域复制推广"整村授信"试点经验,推动金融支持乡村振兴、巩固脱贫攻坚成果。2023年完成全市1342个村的整村建档评级授信,覆盖率100%;选派683名"金融村官"进驻1342个行政村,覆盖率达100%。

(二)建立金融首贷服务中心

印发《关于设立荆门市银行业

金融机构首贷服务中心的通知》，全市45家首贷服务中心（分中心）已全部挂牌并投入运营，提供一站式金融服务培育首贷户3397户，累计投放贷款39.52亿元。

（三）加快金融产品创新

全市银行机构共创新金融产品18个，累计支持市场主体36870家（含个体工商户），贷款余额115亿元，创新产品数量及支持金额较上年均实现翻番。全市9家银行推出了“301”纯信用贷款模式，贷款余额76.99亿元，惠及相关市场主体8.7万户（家）。

（四）推进融资担保创新

以纳入省级试点的打造科技型企业融资担保服务新模式和新型“政银担”改革为契机，扎实推进担保增信工作，通过在沙洋县、钟祥市、荆门市东宝区开展新型“政银担”“科创担”改革试点工作，进一步做大做优政府性融资担保业务。2023年度全市新型“政银担”在保项目1125笔、余额18.72亿元，全年新增新型“政银担”172笔、金额2.5亿元；新增“科创担”5笔、金额0.15亿元。2023年省优化营商环境领导小组发布《关于2023年全省优化营商环境改革先行区的通报》，钟祥市、荆门市东宝区新型“政银担”改革获批全省优化营商环境改革先行区。

（五）推广试点生猪“保险+期货”项目

创新保险公司金融支农支小普惠模式，2023年，太平财险荆门中心支公司共为35家生猪养殖户提供风险保障2.62亿元，理赔金额达1020万元。钟祥市2023年继续扩大县域内试点，改政府直接补贴为间接扶持，充分调动期货与保险企业的积极性与专业能力，打造可持续运行的风险保障机制与体系。随着试点的推广，生猪“保险+期货”项目不仅服务地方经济发展，也为构建农业生产风险保障体系、促进生猪产业高质量发展、探索通过金融市场力量分散养殖户风险进而稳定生猪生产找到了一条新的途径。

（六）加强“荆E融”推广应用

2023年末，“荆E融”平台累计注册企业3132家，实现融资896亿元，支持企业（项目）7167家，发布金融产品264款，合作银行机构网点182家，企业信用报告查询1.8万（家）次，全年成功撮合融资177.34亿元。引导银行机构创新推广金融产品14个，支持企业（个人）36870家，金额50.78亿元。

2023年6月14日，2023年荆门市举行防范非法集资宣传月启动仪式，副市长刘国芳出席并讲话

三、推进企业上市挂牌

（一）强化政策支持

落实落细鼓励企业上市挂牌的各项优惠政策，如税收减免、财政补贴、项目优先审批等，对成功上市挂牌的企业及时给予表彰和奖励，提高企业的积极性。设立企业上市专项扶持资金，用于补贴企业上市过程中的费用。

（二）优化梯队培育

坚持打基础、利长远的工作思路，把储备优质后备企业作为基础工程，把强化金融思维培训作为先导计划，年内组织专家团队走访调研后备企业40余家次，通过现场把脉、持续引导，让资本思维在实体企业开花结果。组织重点上市后备企业参加省、市两级培训，增强企业上市信心和对资本市场的认知，提高企业管理水平，促进企业规范发展，提高上市成功率。夯实上市云平台基础工作，梳理“专精特新”后备企业150余家，新梳理申报“金种子”企业37家，“银种子”企业41家。全市上市后备梯队基本形成。

（三）优化政务服务

建立企业上市挂牌绿色通道，简化相关行政审批流程，提高办事效率。加强主动服务，政府相关部门主动对接上市后备企业，了解其生产经营以及上市进程中的需求和困难，提供个性化的服务解决方案。建立跟踪服务机制，对重点上市后备企业进行全程跟踪服务，及时掌握企业上市进展情况，动态调整服务措施。

四、促进地方金融组织规范健康发展

（一）强化日常管理

会同第三方机构对4家融资担保公司、7家典当行进行现场检查,对发现的问题下发整改通知书。2023年,全市6家融资担保公司担保余额33.11亿元,比年初增加2.1亿元,担保户数比年初增加446户。7家典当行典当余额0.70亿元,1家融资租赁公司的融资租赁资产总额1.50亿元,18家小贷公司贷款余额13.47元。

(二)聚焦支小支农提高"首担"规模

聚焦支小支农主责主业,全市政府性融资担保机构重点支持单户担保金额500万元及以下的小微企业和"三农"主体。2023年,全市支小支农在保1541笔、13.1亿元,余额占比88.75%;"首担"业务2130笔、金额8.32亿元,"信用担"业务1705笔、金额9.85亿元。

(三)切实降低担保费率

严控政策性担保平均费率,免收创业担保贷款担保费,2023年末全市政府性融资担保综合费率0.72%。

五、推进金融生态环境建设

(一)坚持问题导向靶向整改

强化责任落实,对市优化办交办的2023年度4个涉金融生态环境问题,依据职责分工分解到相关县(市、区)和金融监管部门,具体问题限期办结销号,共性问题跟踪推进,举一反三优化金融生态环境。

(二)推进典型案例资源库建设

印发《关于报送金融营商环境典型案例等工作材料的通知》《关于报送金融营商环境应用案例的通知》,对特色产品、专项服务、典型案例、专题宣传等进行系统整理,已汇集县(市、区)和金融机构案例71个,形成了较丰富的典型案例资源库。

(三)推行"四张清单""楚天贷款码"服务机制

全面推广"四张清单"服务机制,推动银行机构对外公示授权授信清单242个,受理普惠小微申请贷款5159笔,向企业发布贷款回告5019笔,占全部申请贷款的97.29%。全面推广"楚天贷款码",全市12380户市场主体通过"楚天贷款码"提交融资申请12443笔,其中办结融资7762笔,办结率82.38%,融资66.74亿元。

(荆门市人民政府办公室)

履行央行职能

一、贯彻执行稳健货币政策

(一)保持信贷投放总量平稳增长

以"七大行动、五大支撑"推动落实稳健货币政策,促进结构性货币政策落地荆门;推动"早春行"活动拓面提质,全年各项贷款余额1956.04亿元,同比增长12.8%,新增贷款创历史新高,信贷增速与经济发展相匹配,有力支持了全市实体经济高质量发展。

(二)推动金融支持民营经济发展

扎实开展"民营企业金融服务质量提升年"活动,成立市民企工作领导小组、设立工作专班、制定工作方案、开通服务热线、组织银企对接,民企金融服务工作实现"三个100%"目标。全市民营企业贷款同比增长20.63%,高于各项贷款增幅7.83个百分点,占新增贷款的52.08%。

(三)持续优化金融营商环境

深入实施减费让利,推动贷款利率进一步下降,全市企业贷款加权平均利率同比下降19个基点。大力推广运用"楚天贷款码",全面落实线上"301"、线下"1351"服务模式,提升融资效率。持续打造金融信用高地,以第二名的历史最好成绩获"湖北省金融信用示范市"荣誉称号,连续21年获得"湖北省金融信用市"。

二、维护金融稳定

(一)不断健全完善风险监测预警体系

完善地方法人机构监测预警平台、宏观审慎评估、央行金融机构评级、银行业压力测试、资产质量真实性核查、重大事项报告等制度机制,全面掌握风险底数。继续执行法人银行风险监测员制度,切实做好风险监测评估和压力测试工作,不断提高风险监测评估的前瞻性和科学性,做好压力测试结果反馈和应用工作。

2023年10月10日,荆门市举行民营企业金融服务质量提升年银企"面对面"恳谈及融资对接会

（二）全面做好金融机构央行评级工作

按照“清零少数、整体优化、全面提升”的思路和“保六进五挺进四”的目标，全面开展“风险防控巩固提升年”活动。制定工作方案，设定清单任务，召开会议部署，按季进行考核，开展现场督办，推动了重点机构重点监管指标回归正常水平。持续加强对房地产金融、重点企业等风险的监测研判，推动做实做细应对方案，防止对金融行业产生冲击。配合地方政府开展防范非法集资和互联网金融、第三方财富公司等清理规范工作。

（三）深入开展存款保险工作

深入开展存款保险宣传工作，重点抓好集中宣传月活动和“剪纸画艺术助力存保宣传”等特色宣传活动，有效提高存款保险公众认知水平。深入开展存款保险核查工作，对辖内法人投保机构开展存款保险现场核查，加强对数据失真且偏离度较大等问题的专项核查。

三、加强金融管理和服务

（一）切实加强金融管理

持续推进打击洗钱违法犯罪，荣膺湖北省“打击治理洗钱违法犯罪三年行动”先进集体。深化法治央行建设，深入开展普法宣传教育，严防履职法律风险。深入推进电信网络诈骗和跨境赌博“资金链”治理，2023年全市涉案账户同比下降18.25%。持续推进整治拒收现金工作，开展巡查暗访，处置拒收现金投诉。规范做好开业管理工作，依法合规做好新设支行、网点加入人民银行金融管理与服务体系工作。

（二）改善提升金融服务

持续提升统计数据质量，全年实现“零差错”。持续推进反电诈和跨境赌博“资金链”治理，涉案账户数量大幅压降。持续推进整治拒收现金工作，构建整治拒收现金网格化治理模式。持续推进国债惠民服务，全年储蓄国债销售额同比增长23.6%，其中农村地区销售同比提升13个百分点。提升征信服务水平，优化应收账款融资服务，有效提高中小微企业信贷可获得性。持续推动贸易投资便利化试点，开展中小微外贸企业融资难融资贵专项行动。强化金融消费权益保护工作，探索金融纠纷多元化解机制，成立市金融消费纠纷人民调解委员会，调解金融纠纷，维护金融消费者合法权益。

2023年11月3日，荆门市开展金融支持民营企业高质量发展“沙洋行”活动

四、推动金融创新

（一）推进“一行一品”信贷创新

制定印发“一行一品”创建活动方案，推动全市银行机构重点聚焦绿色金融、普惠金融、科技金融、金融服务民营企业、产业链供应链金融、金融服务乡村振兴、房地产业金融和退役军人金融扶持等重点领域和薄弱环节，围绕本地实体经济需求创新金融产品和服务模式，推出本行1至2个可复制、可推广的信贷创新品牌，扩大品牌效应。全年共引导各银行机构创新推出18个信贷品牌，发放锂电产业链整链授信贷款91亿元。

（二）开展首贷服务中心专项行动

引导银行机构设立首贷服务专柜，配备专门的客户经理对接首贷服务。截至2023年末，全市挂牌运行45家首贷服务中心（分中心），首贷客户达2275户，累计投放30.81亿元，同比增长42.52%。

（三）推动跨境人民币业务增量扩面

联合市商务局制定印发荆门市跨境人民币业务“六个一”专项行动方案，举办“六个一”专项启动仪式，邀请省分行领导和省级金融机构专家授课，采取主办银行的方式，全面对接30家外贸重点企业开展“一对一”辅导和培育。深入格林美、亿纬动力等企业开展调研，了解企业经营结算特点和跨境人民币使用过程中存在的问题，协调相关部门和银行及时打通跨境人民币业务工作中的“堵点”，引导银行机构和外贸企业加大人民币跨境使用。截至2023年末，实现银行、县域和重点外贸企业全覆盖。

（中国人民银行荆门市分行）

银行业保险业发展

一、服务实体经济

（一）着力提升小微信贷投放

督导银行机构单列普惠型小微企业信贷计划，通过“百行进万企”、首贷户提升工程、“专精特新”、“4321”新型政银担合作、“银税互动”等途径，不断增强信贷投放的积极性和精准度。截至2023年末，全市银行机构普惠型小微企业贷款余额431.73亿元，较年初增长21.27%，比各项贷款增速高5.96个百分点；普惠型小微企业贷款户数57013户，较年初增加11341户。全市银行机构普惠型小微企业完成信贷单列计划50.31亿元，信贷计划完成率150.53%。持续压降贷款利率，规范服务收费；精简申贷材料与环节，提高服务效率。截至2023年末，全市普惠型小微企业综合融资成本（不含票据融资）4.69%，较年初下降0.37个百分点；平均办理时间6.42天，比年初减少0.21天。

（二）全力支持乡村振兴

持续加大涉农贷款投放，提升县域存贷比，深化村银共建，持续开展脱贫人口小额信贷，推进农险扩面提质。截至2023年末，全市普惠型涉农贷款余额308.16亿元，较年初增长20.63%，比各项贷款增速高5.32个百分点；县域存贷比52.2%，比年初上升1.59个百分点；共选派“金融村官”541名，建成普惠金融工作站665个，将金融服务触角延伸至1342个村，覆盖率100%；全市脱贫人口小额信贷贷款余额3.75亿元、7695户，累计投放21.27亿元、40678户。试点玉米完全成本保险，实现了水稻、小麦、玉米三大主粮完全成本保险全覆盖；进一步扩大“生猪+期货”、小龙虾保险等特色农险覆盖面。2023年，辖内农险原保费收入58647万元，同比增长26.23%。

（三）做好重点领域金融服务

督导银行机构结合供给侧结构性改革和扩大内需，围绕教育、文化、体育、娱乐等重点服务消费领域，丰富产品供给，合理增加消费信贷投放，用好金融科技手段，营造便利消费的金融环境，提升住房、汽车等大宗商品消费需求的金融服务质效。截至年末，银行机构累计发放汽车消费贷款3.24亿元、装修贷款3.44亿元，开展二手房“带押过户”业务39笔，金额1532.78万元。

二、防控金融风险

（一）稳步推进法人机构改革化险

印发《荆门市4家风险银行机构处置化解工作方案》，一行一策制定钟祥、京山、沙洋农商行及东宝惠民村镇帮扶化险措施。截至2023年末，已补充资本5000万元，代偿不良贷款1.60亿元。稳步推进村镇银行改革重组，开展辖内村镇银行结构性重组调研和村镇银行可持续发展调研。推进落实《掇刀楚农商村镇银行风险处置化解方案》，助力掇刀楚农商村镇银行提升自我修复和“造血”能力。截至2023年末，掇刀楚农商村镇银行不良贷款率、拨备覆盖率、资本充足率等主要监管指标均达到监管要求，并首次实现扭亏转盈。

（二）防范化解不良贷款风险

严控新增不良贷款。督导银行机构实行“清单制”管理，动态监测风险变化，做到早发现、早防范、早处置，严防不良贷款反弹。

压降存量不良贷款。积极拓宽不良资产处置渠道，提升不良资产处置能力。动态监测企业风险变化，加强大额风险企业贷款风险预警。前置处置关口，进一步加强风险管控，分类施策。

截至2023年末，辖内银行业共处置不良贷款22.68亿元，同比多处置2.53亿元，不良贷款率压降至1.01%，比年初下降0.43个百分点。

（三）有序推进房地产风险平稳化解

根据《关于降低存量首套住房贷款利率有关事项的通知》要求，有序调整存量房贷利率，确保调整措施平稳实施。截至2023年末，辖内银行机构下调存量首套房贷利率9.1万笔，调整涉及的按揭贷款余额197.15亿元，平均下调0.96个百分点。指导银行机构主

2023年9月19日，荆门市“惠荆保”正式上线

动参与问题楼盘项目资金缺口解决方案的制定实施，积极推进楼盘正常建设、早日交付，稳定购房者还款意愿和市场预期，防止房地产风险向金融领域传导。截至2023年末，各银行机构对到期房地产开发贷款展期39笔、金额8.34亿元；投放“保交楼”项目贷款1亿元。

三、金融服务创新

（一）做好“新市民”金融服务

联合人行荆门中支、荆门市地方金融工作局印发《荆门市银行业保险业新市民金融服务工作方案》，整合辖内26家银行保险机构的新市民金融服务产品信息，以“金融超市”形式向新市民群体集中推介38项产品；印发宣传手册超过5万份，覆盖主城区金融机构网点超500个。督导银行保险机构建立政策宣传推介、联动协调、风险保障、民生服务、权益保护等“五项机制”，为新市民金融服务“保驾护航”，推动新市民金融服务工作向纵深发展，不断提升新市民金融服务的获得感。

（二）推进惠民保险增品扩面

持续做好“长护险”推广，截至2023年末，全市共有243.62万人参保，累计赔付1.51亿元。推动“惠荆保”产品于9月落地，丰富完善多层次医疗保障体系，不断满足人民群众多元化的医疗保障需求，助力“健康荆门”建设。截至2023年末，“惠荆保”累计参保逾19.49万人，保费收入1734余万元。

（三）深化信贷合作机制

引导银行机构积极参与对大型央企国企、头部企业、上市公司、重点工程项目等的银团贷款。2023年，辖内银行机构新组建银团贷款6个，新增授信42.35亿元，新增投放13.11亿元。

（四）探索实施车险“市场观察员”机制

常态化开展车险返利返现市场暗访，对保险机构开展车险业务快速稽核调查，定向督导重点机构规范市场行为，避免无序恶性竞争。

（五）开展人身险专项治理

印发《关于持续做好存量业务消保隐患排查治理工作的通知》，持续查漏补缺，指导机构进一步化解存量业务风险。截至2023年末，辖内寿险业已完成排查40.03万笔，发现并完成整改1.3万笔。

（国家金融监督管理总局荆门监管分局）

孝　感　市

金融发展概况

2023年末，孝感市金融机构本外币各项存款余额3897.05亿元，比年初增加390.89亿元。其中，住户存款3170.83亿元，比年初增加397.22亿元。金融机构本外币各项贷款余额2422.27亿元，比年初增加331.74亿元。

全年全市保险行业实现保费收入86.58亿元，比上年增长2.6%。其中，产险保费收入22.62亿元，增长8.0%；寿险保费收入63.96亿元，增长0.8%；赔款及综合给付金额31.37亿元，增长11.4%；赔付率及综合给付率36.2%，提高2.6个百分点。

全市共有金融机构75家，其中，银行业机构25家、保险机构38家、证券机构12家。有A股上市公司5家、"新三板"挂牌企业2家、区域性股权市场挂牌企业422家。

全市共有地方金融组织3类42家。其中，小额贷款公司26家、融资担保公司10家、典当公司6家。

地方金融工作

一、引导金融机构服务经济社会发展

(一)促进信贷投放稳步增长

一是做好信贷投放调度工作。实施政金发展同步行动，先后6次召开全市信贷投放调度会，印发工作通报4次，引导各地、各机构发扬"敢、快、干"精神，加大信贷投放。召开全市金融服务城市和产业集中高质量发展暨信贷投放"百日攻坚"行动动员会，营造"比、学、赶、超"氛围。

二是推动信贷创新高。加大政策引导和监管，推动金融机构不断优化信贷审批流程，提高服务效率，降低融资成本，确保信贷资金流向实体经济的重点领域和薄弱环节，全市信贷投放创新高。

(二)深化政银企对接

一是搭建对接平台。坚持分行业、分区域、分层次举办政银企对接活动，市本级举办促进重大项目、"专精特新"企业、科技型企业、外资外贸商贸流通企业等融资的政银企对接活动13场，429家企业参加。全市共举办159场政银企对接活动，签约金额1144亿元，形成了"月月有专场、周周有对接"的政银企常态对接。实施"四上"企业全覆盖行动，即对规模以上工业企业、资质等级建筑业企业、限额以上批零住餐企业、国家重点服务业企业等四类规模以上企业提供"一对一"金融服务，全年银行机构为全市3535家"四上"企业提供"一对一"金融服务。

二是解决融资难题。扎实开展金融助企纾困，积极对接闽商、浙商、孝商等5场政企恳谈会、市领导政企早餐会、"双千"活动等反映的企业融资难、融资慢、融资贵问题，协调银行机构抓落实，共解决30家以上企业融资难题。

二、推进金融改革创新

深化改革创新。积极探索政府性融资担保体系建设新路径，推进建立孝感市融资担保集团，推进新型政银担合作机制，提升政府性融资担保工作效率。积极创建优化营商环境先行区，孝感市"首贷担"助力中小微企业信用培植试点、安陆市打造科技型企业融资担保服务新模式均通过省级验收。

三、推进企业上市挂牌

(一)加强上市后备企业培育

实施资本市场拓展行动，举办全市上市工作推进会、全市资本市

2023年10月26日，孝感市举办全市"专精特新"企业专场政银企对接暨北交所上市培训活动

场建设工作会、北交所上市专题培训等活动，提升企业运用资本市场的能力。组织沪、深、北交易所、省上市指导中心、专业中介机构专家到20余家重点上市后备企业开展深度调研，规划和完善企业上市工作。组织全市67家优质企业申报省级上市后备“金种子”“银种子”企业。

(二)促进企业上市挂牌

通过强化政策引导与支持、促进企业规范治理、优化金融服务和政务服务以及建立考核机制等措施，推进企业加快上市挂牌步伐。全年新增报辅企业2家，新增“新三板”挂牌企业1家，新增“四板”挂牌企业33家。

(三)促进直接融资

推动符合条件的企业发行债券，鼓励上市公司拓宽再融资渠道。全年2家上市公司实现再融资，6家国有平台公司、2家民营企业发行企业债券融资，全市直接融资总额达108.7亿元。

四、防范化解金融风险

(一)强化风险预防

制发中小银行流动性风险预案，建立挤兑风险联防联控机制。常态化开展防范非法集资宣传，全市开展“七进”活动4531次，参与群众51万余人次；发送短信45万条，发放传单、手册等33万余份。

(二)全力排查风险

开展“解债类”和涉“金融”字样专项排查行动，对发现的涉“金融”字样的5家企业责令整改。组织各成员单位开展风险大排查活动，发现风险隐患4处。

(三)加快风险处置

召开全市金融风险隐患防范化解工作专题会，制定风险处置责任清单，推动化解工作落地落实。积极推动陈案化解，超额完成省定目标。

五、促进地方金融组织规范健康发展

(一)加强日常监管

综合运用现场检查、非现场检查、年审、“双随机、一公开”抽查、名单制管理、分类评级等方式，规范地方金融组织运营。加强分类监管，按照《湖北省融资担保公司分类监管办法(试行)》《2023年度融资担保公司分类评级工作方案》要求，对全市融资担保机构开展分类评级工作检查。根据县(市、区)政府金融办初评意见、第三方评级结果和现场检查综合情况，形成市级分类评级意见上报省金融监督管理局。

(二)提升融资担保增信质效

推广新型政银担合作模式，积极推进落实调整后的“4321”新型政银担分担机制。12月末，全市11家融资担保机构融资担保业务金额合计18.14亿元，同比增长30.04%；全年新增13.82亿元，同比增长5.34%，超额完成年度新增融资担保工作目标。

2023年11月23日，孝感市开展交通货运企业专场银企对接活动

六、推进金融生态环境建设

积极开展金融信用市县创建。对照创建金融信用市(州)、县(市、区)目标任务分解表，压实责任，提高创建得分。2021年至2023年，孝感市连续三年获评“湖北省金融信用市(州)”，其中，2023年排名全省市(州)第4名。应城市、孝感市孝南区、云梦县、汉川市获评“湖北省金融信用示范县(市、区)”；孝昌县、安陆市、大悟县获评“湖北省金融信用县(市、区)”。

(孝感市人民政府办公室)

履行央行职能

一、贯彻执行稳健货币政策

认真贯彻落实稳健货币政策，着力营造良好的货币金融环境，实现信贷总量持续平稳增长。综合运用多种货币政策工具，充分发挥长期性政策工具牵引带动作用和阶段性政策工具精准滴灌作用，推动碳减排支持工具、支持煤炭清洁高效利用专项再贷款、科技创新再贷款、交通物流再贷款、设备更新改造专项再贷款等工具快速落地见效。截至12月末，累计办理支农支小再贷款33.64亿元，支持市场主体8683户。全年办理再贴现业务 2.67 亿元。运用普惠小微贷款支持工具向汉川农商行、大悟楚农商发放激励资金 1067.89 万元。贯彻落实利率市场化改革措施，持续发挥贷款市场报价利率效能，引导贷款利率下行。三次下调 LPR，1 年期、5 年期 LPR 分别下调至 3.45%、4.2%，较年初分别下降 20 个 BP、10 个 BP。全辖新发放贷款利率为 4.43%，较年初下降 60 个百分点。督促银行机构认真落实关于调整协定存款、通知存款利率自律上限的要求，并按规定开办通知存款业务。全市 13 家地方法人银行机构全部将通知存款、协定存款利率下调，调整幅度在 10—20 个 BP 之间。

二、维护金融稳定

（一）推进实施央行评级等级提升“壮腰”工程

继续落实“三台账两报告”制度。按月对地方法人银行开展流动性、稳健性监测，每半年开展央行评级工作，按年对地方法人机构开展资产质量评估和压力测试工作，全方位深层次地摸实摸清机构真实风险状况。制定 2023 年辖内法人机构央行评级等级提升工作目标，督导辖内 10 家 6 级法人机构“一行一策”制定风险化解和央行评级提升行动方案，加强风险化解任务督办。最新评级结果显示，辖内无中高风险机构。

（二）不断夯实存款保险制度基础

按月做好存款保险数据申报审核工作，确保保费基数准确；严格保费归集流程，确保保费归集无误。顺利完成 2022 年下半年和 2023 年上半年的存款保险保费归集工作。2023 年上半年，孝感辖内 13 家地方法人投保机构应交保费 1645.81 万元，实交保费 1645.81 万元，比上期增加 159.95 万元，增幅 10.76%。

（三）加强地方金融风险监测

规范指导金融机构开业管理，收集整理辖内各金融机构 2023 年发展规划，优化开业管理流程，提高办事效率，进一步优化金融管理与服务，指导中国银行孝昌支行机构新设和 4 家银行网点开业。加强完善重大事项报告工作，严格执行重大事项报告制度。

（四）加强房地产金融管理

一是做好金融支持“保交楼”工作。加强与住建局、金融机构的联系，完善“保交楼”四方会商机制。引导农发行做好 3690 万元“保交楼”专项借款资金的投放；指导金融机构对符合条件的受困项目新增配套融资 3 亿元，准确掌握“保交楼”工作进展情况。妥善处理辖内个人住房贷款提前还款问题，对农商行等部分银行违规使用经营贷、消费贷提前还款的情况加大管理力度。

二是因城施策实施好差别化住房信贷政策。孝感市是“差别化住房信贷政策试点城市”，为推进试点工作，年内两次下调个人住房贷款利率下限，首套房、二套房利率下限分别为 LPR－40BP、LPR＋20BP。2023 年 10 月，新发放房贷加权平均利率 4.07%，同比下降 19 个 BP。

三是推动下调存量首套房贷款利率。根据总分行工作要求，按照市场化、法治化原则，与住建部门联合出台优化孝感市个人住房贷款中住房套数认定标准的通知，引导金融机构对符合条件的存量首套房贷降低利率。初步统计，全市有 17.67 万笔、380 亿元的存量房贷利率下调，平均降幅 1.07 个百分点。

三、加强金融管理和服务

（一）推进提升金融服务质量

一是开展“民营企业金融服务质量提升年”活动。联合八个部门出台《孝感市民营企业金融服务质量提升年活动实施方案》，对 283 家省工商联入库企业、43 家市工商联推荐企业进行融资对接。

二是落实推进金融服务“十大行动”。牵头推进“金融链长配齐行动”“特色产品服务行动”“重点企业推荐行动”。

三是推动贴息奖补政策落实落地。组织 13 家银行机构开展“首贷户”贷款、困难行业纾困基金贷款、科技创新和碳减排支持工具等三项贷款贴息申请共计 110 笔，涉及贷款金额 20.35 亿元，市场主体获得财政贴息资金 1079 万元。开展普惠小微贷款阶段性减息工作。引导地方法人银行累计为 64.11 亿元普惠小微贷款减息，减息金额 778.50 万元，惠及企业

中国人民银行孝感市分行联合市工商联、市中院开展中小微企业融资问题专题调研座谈会

3049家。

四是持续推动“楚天贷款码”扩面增量。截至12月末，孝感市场主体通过“楚天贷款码”提交融资申请3万笔；累计办结2.6万笔，办结率86%；本年实现融资金额17.18亿元。

(二)持续优化货币金融生态

一是完善融资风险分担机制。推动市本级、应城市政府性融资担保机构加入全省应急转贷基金体系，全市纾困基金注册规模为6000万元。

二是强化财政、金融政策联动。协同财政部门落实创业担保贷款、省级财政五项贴息等政策，协同知识产权局开展知识产权质押融资贴息，强化财政、金融政策联动。

三是推动政府性融资担保业务发展。设立专项基金，用于补充政府性融资担保机构的资本金，增强其担保能力和抗风险能力。建立风险补偿机制，对政府性融资担保机构的实际代偿损失进行分担补偿。督促政府性融资担保机构开发适合小微企业和“三农”特点的担保产品和服务模式。推进银担合作，强化风险管理。

四、推动金融创新

(一)发展普惠金融

继续发挥支农支小再贷款的引导作用，补充地方法人金融机构流动性，引导信贷资金向普惠小微领域倾斜。持续推进首贷拓展专项行动，指导辖内金融机构合理制定全年新增首贷户计划，并加强监测调度和考核督办，按季进行通报。持续巩固脱贫攻坚成果，运用支农、支小再贷款引导地方法人金融机构加大对大悟和孝昌两个省级乡村振兴重点帮扶县的信贷资源倾斜。配合相关部门落实好脱贫人口小额信贷政策，支持就业创业，增强可持续发展的内生动力。配齐十条重点农业产业链金融链长，促进金融资源与重点产业链高效对接，保障链上企业融资需求，促进乡村产业发展。

(二)发展科创金融

联合市知识产权局、地方金融工作局等单位举办孝感市2023年度知识产权质押融资银企对接会，发布孝感市第二批74家知识产权质押融资授信白名单企业。积极指导各银行机构加强产品创新，推广知识产权质押融资模式，扩大抵质押物范围，加大对科创型企业的信贷支持力度。

(三)发展绿色金融

认真做好碳减排支持工具和煤炭清洁高效利用专项再贷款延续工作。引导和鼓励金融机构加大两项绿色政策工具的使用，创新绿色信贷产品，支持大型风电和光伏项目基地建设等重点项目。

（中国人民银行孝感市分行）

中国人民银行孝感市分行组织召开2023年应收账款融资服务平台推广应用工作约谈会

银行业保险业发展

2023年末，全市银行业各项贷款余额为2422.27亿元，较年初增加331.74亿元。全市县域贷款余额1785.80亿元，较年初增加256.76亿元，增速为16.79%，高于贷款平均增速0.81个百分点；涉农贷款余额1369.94亿元，较年初增加188.93亿元，增速为16.00%，高于贷款平均增速0.02个百分点；全市银行业用于小微企业贷款余额1120.01亿元，较年初增加176.10亿元，增速为18.66%，高于贷款平均增速2.68个百分点。

一、服务实体经济

(一)服务重大项目建设

搭建四方对接平台，会同地方政府组织召开房地产业、建筑业、外资外贸等6个专场政银保企对接会，引导银行保险机构对接全市重点项目146个，提供融资216.50亿元。建立健全金融服务招商引资企业工作机制，向73家企业授信106.22亿元，提供保险保障72.66亿元。

(二)推进小微金融服务

开展“走万企 提信心 优服务”活动，明确五大类1162户重点企业名单，对接1017户、发放贷款49.62亿元。开展“个体工商户服务月”活动，召开座谈会36次，走访5000余户，全市个体工商户贷款余额、户数较年初分别增加37.65亿元、1576户。开展“专精特新”企业对接活动，全年共向130家“专精特新”企业发放贷款35.19

亿元，提供保险保障21.51亿元。普惠型小微企业贷款较年初增长27.28%，超额完成普惠型小微企业贷款“两增”目标。

（三）支持乡村振兴

指导建成“普惠金融工作站”108个，较年初增加83个，实现了“普惠金融工作站”乡镇全覆盖。依托14个共建站点，探索开展“银保兴农”合作，破解农户融资缺担保、缺抵押难题。截至12月末，全辖已签约80笔，授信金额912万元，提供保险保障5050.79万元。指导银行机构将“整村授信”融入乡村治理工作，已建档评级农户45.84万户，授信农户29.63万户，实现了“整村授信建档评级”全覆盖。

2023年7月20日，国家金融监督管理总局孝感监管分局挂牌

二、防控金融风险

（一）加强法人机构风险防控

建立农商行风险处置月度会商制度，定期分析风险状况，督办处置进展，全年共召开农商行风险处置督办工作会议11次，累计处置不良贷款11.73亿元。协调地方政府在资产收储、招商引资过程中优先利用农商行抵债的商铺、工业厂房及土地。督导农商行全力充实资本，推动市、县两级国资背景企业入股农商行1.38亿元。

（二）加强重点领域风险防控

配合地方政府做好“保交楼”工作。督导湖北银行加大“润达壹号”项目信贷支持力度，新增授信3亿元。加强碧桂园项目预售资金账户监管，保障资金安全。妥善处置集团客户风险，推动佳兆业集团项目股东变更为国资背景公司。

（三）整治市场乱象

组织开展保险互联网营销宣传合规性自查，共删除违规信息477条，处理责任人282人。持续开展“代理退保”黑产整治，发现并移交公安机关黑产线索3条。推进保险机构“清虚”行动，全年共清退人身险公司“弱体机构”5家。

三、金融服务创新

（一）强化消费者权益保护

深入开展“睡眠保单”清理，累计清理“睡眠保单”3.36万件，涉及保险金额0.71亿元。大力推动“以案释法”，组织召开“保险代理人教育警示大会”8次，编发警示教育手册5000余本，代理人覆盖率超过90%，人身险信访举报量下降52.47%。集中开展消保宣传教育，组织线上线下教育活动668次，发布原创消费风险提示213条，点击数量超过32万人次。

（二）增强保险保障功能

做好专属商业养老保险试点工作。全市5家试点公司专属商业养老保险保费收入626.45万元，客户数量472人。“梦泽惠民保”项目运行稳健，参保人数6.1万人，累计提供风险保障1830.48万元。深入推进车险市场综改，全市商业车险件均保费较改革前下降38.03%，商业三责险平均保额较改革前提升3倍。

（三）优化新市民金融服务

大力支持新市民就业创业，推出创业就业信贷产品48个，累计发放贷款126.64亿元。积极满足新市民消费需求，共为近2000名新市民发放住房及消费信贷6.28亿元。积极推广新市民专属意外险，为建筑工人、快递骑手等灵活就业群体提供风险保障1.5亿元。

（国家金融监督管理总局孝感监管分局）

荆　州　市

金融发展概况

2023年末,荆州市金融机构本外币各项存款余额5064.78亿元,比上年增长12.1%,比年初增加548.52亿元。其中,住户存款4066.95亿元,比年初增加503.50亿元。金融机构本外币各项贷款余额3177.30亿元,比上年增长14.4%,比年初增加399.92亿元。其中,住户贷款1187.73亿元,比年初增加90.15亿元;非金融企业及机关团体贷款1989.50亿元,比年初增加309.78亿元。

全年全市实现保费收入188.57亿元,比上年增长3.3%。其中,财产险保费收入57.75亿元,增长12.5%;人身险保费收入130.82亿元,下降0.4%。支付各类赔款和给付77.89亿元,增长21.3%。其中,财产险赔款支出41.22亿元,增长17.3%;人身险赔款支出36.67亿元,增长26.1%。

全市共有金融机构92家。其中,银行业机构28家,保险机构51家,证券机构13家。有A股上市公司10家,增加3家;境外上市公司2家;"新三板"挂牌企业6家;区域性股权市场挂牌企业819家,增加7家。有地方金融组织4类46家。其中,小额贷款公司22家,融资担保公司13家,典当公司10家,融资租赁公司1家。

地方金融工作

一、引导金融机构服务经济社会发展

(一)推动贷款规模平稳增长

通过强化政策引导、改善金融监管、增强金融机构服务能力、推进银企对接等措施,保障全市信贷规模平稳增长。截至2023年末,全市各项贷款余额3177.3亿元,同比增长14.4%,较年初增加400亿元,贷款余额、增量、增幅分别排名全省第4位、第4位、第6位,超额完成了省金融领导小组下达的贷款增量指导性目标340亿元的117.6%。

(二)推动贷款结构持续优化

通过一系列政策、措施和市场机制,促进信贷资金在不同行业、企业之间的分配更加合理、高效。截至2023年末,全市制造业贷款余额332.5亿元,比年初增加51.6亿元,较年初目标完成率122.9%;科技贷款余额188.47亿元,比年初增加36.76亿元,较年初目标完成率131.29%;绿色贷款余额430亿元,比年初增加118亿元,较年初目标完成率118%;小微企业贷款余额1483.25亿元,比年初增加206.41亿元,较年初目标完成率152.90%;普惠型小微企业贷款余额599.4亿元,比年初增加112.8亿元,较年初目标完成率117.5%;乡村振兴及涉农贷款余额1608.1亿元,比年初增加238亿元,较年初目标完成率108.7%,较好地实现了全年各项贷款指标。

(三)常态化开展政银企对接

2023年,全市金融系统围绕荆州市"4611"现代产业体系和农产品加工、纺织服装、现代化工、智能装备、特色文旅等五大主导优势产业精准投放信贷资源,助力主导优势产业"强筋壮骨"。开展了2023年金融"早春行"以及重大基础设施、高新技术企业、预制菜、纺织服装、现代化工、特色文旅、先进制造业等多场次专题政银企对接活动。截至2023年末,全市共举办404场

2023年3月1日,荆州市举行2023年金融支持实体经济发展加快建设江汉平原高质量发展示范区春季政银企对接会

次银企对接活动，参与企业9727家次，其中授信企业6550家次，授信金额2489.08亿元；已放款1963.45亿元，总体授信履约率为78.88%。2023年11月，市地方金融工作局、市经信局、市产投集团共同举办2023先进制造业发展大会，16家银行机构与18家企业现场签约授信141.87亿元；设立4只基金规模86.9亿元，签约总金额228.77亿元；荆州6家“金种子”企业与证券机构签订保荐协议。

（四）持续降低综合融资成本

围绕持续降低金融成本，引导更多资金、更低利率服务市场主体，进一步降低综合融资成本。用好货币政策工具，做实利率传导机制。截至2023年末，全市新发放企业贷款加权平均利率为4.37%；新发放普惠口径小微贷款加权平均利率为4.69%，较上年末降幅分别达到45个BP、42个BP。引导政府性融资担保公司下调担保费率，新发生融资担保综合费率在0.5%以内。鼓励银行机构深化专业化、特色化机制建设，推动贷款办理环节、办理时间、申请材料“三减少”。开展高频支付领域减费让利，截至2023年末，累计减免支付服务手续费3200万余元，惠及7.3万户小微企业和个体工商户。严格执行“七不准”“四公开”要求，强化落实“两禁两限”、信贷融资收费和服务价格管理等规定，全市银行机构累计取消涉及小微企业服务收费项目4个，调整收费标准项目42个，累计减免费用达7012万元。设立线下首贷服务中心，加大首贷奖补力度，为97家企业发放首贷贴息789.84万元，带动贷款规模达5.34亿元。设立5亿元应急转贷纾困基金，修订完善基金使用操作指引，将转贷服务对象延伸至个体工商户，取消对企业上年纳税额超过10万元的限制条件。

（五）持续深化政银合作

2023年，建设银行省分行、农业银行省分行、工商银行省分行、中国银行省分行、湖北银行、省农信联社、光大银行武汉分行等多家省级银行机构主要负责人来荆调研、共商合作。荆州市人民政府与中国农业银行湖北省分行签署战略合作协议，未来五年，中国农业银行湖北省分行全力支持荆州市建设江汉平原高质量发展示范区，将累计向荆州市提供1200亿元意向性信用额度，用于支持荆州江汉平原先进制造业中心、生态宜居城市、乡村振兴、扩大内需、“五个示范区”等领域发展。

2023年3月30日，荆州市人民政府与中国农业银行湖北省分行签署战略合作协议

二、推进金融改革创新

2023年，市地方金融监管部门牵头创建的市本级“‘首贷担’助力小微企业信用培植”、松滋市“‘新型政银担’改革”和荆州区“探索信用信息赋能，助力中小微企业融资”等3项试点成功入选2023年全省优化营商环境改革先行区。

（一）推进“首贷担”改革试点

市地方金融工作局联合市政府国资委、市财政局下发《关于印发〈荆州市营商环境“首贷担”〉先行试点创建实施方案的通知》，建立组织领导、部门联动、联席会议、工作调度机制，将“首贷担”工作纳入各县（市、区）、融资担保公司和合作银行机构绩效考核。积极引导9家政府性融资担保机构制定11项“首贷担”特色化专项产品，积极探索“票据+担保”等创新反担保方式，充分考虑小微客户资金需求“小、频、急”的特点，有效破解小微企业“融资难”“担保难”问题。截至2023年末，全市“首贷担”累计惠及3109家企业主体及个人，提供融资担保金额达到19.91亿元。

（二）推进“新型政银担”改革试点

松滋市金融领导小组办公室下发《关于印发松滋市“新型政银担”改革实施方案的通知》，将“新型政银担”改革纳入政府重点工作，建立分管市领导总抓、市金融办统筹抓的多部门协同推进的联动工作机制；建立健全重点支持企业“白名单”制度，拓宽合作业务范围；创新“见贷即担”“首贷担”“科担联合贷”等产品，通过强化大数据赋能，创新担保产品，降低融资成本。在“松企通”企业服务平台开设“网上金融超市”应用场景，开辟“金融惠企政策宣传、线上融资渠道、金融产品宣传”等金融服务专区，积极引导担保公司、证券机构、保险公司等入驻。“新型政银担”业务实现快速增长，年末松滋市“新型政银担”余额7.86亿元，同比增长23.2%。

(三)推进“信用信息赋能”改革试点

荆州区发展和改革局制发《荆州区“粮食信保贷”平台建设方案》，通过在市级“信易贷”平台新设“粮食信用担保贷款”专区，合作银行与市级“信易贷”平台建立预授信模型，提供政府政策和第三方机构服务展示渠道，实现了粮食企业网上申请、担保公司网上快审批、贷款银行网上快授信，助力粮食企业融资；支持抵押、质押、保证、无担保等多种方式，方便用户自主搜索、筛选、排序，实现“全景画像”，“一键授信、一键放款”，贷款企业可在24小时内获得审批授信。2023年末，全市有3家粮食企业通过“荆州市网上金融服务平台”申请了秋粮收购贷款，累计授信1550万元。

三、推进企业上市挂牌

2023年，全市2家企业上市发行、1家上市公司注册地迁回荆州，全市上市公司数量达到12家，排名全省第4。2023年末，全市上市公司市值达到1793.61亿元，全省排名第2。

(一)进一步夯实上市后备企业工作

截至2023年末，全市启动上市工作的企业有12家，其中与中介机构签订上市保荐协议的有8家，在湖北证监局报辅导的企业有2家。2023年，全市入选省级“金种子”企业29家，“银种子”企业48家，数量居全省第4。2023年10月组织33家企业申请评定省级“金种子”。全市上市后备企业在数量、规模、质量和基础条件等方面得到更大的发展。

(二)大力推进企业挂牌“四板”

全力做好“四板”市场挂牌工作，不断夯实和发挥“四板”市场“塔基”作用。全年共有7家企业在武汉股权托管交易中心挂牌，全市“四板”市场挂牌企业总数达到819家，居全省第2位。

(三)促进直接融资增量提质

通过开展直接融资培训和讲座，出台鼓励企业直接融资的优惠政策，督促企业完善治理结构、规范财务管理等举措，促进企业直接融资增量提质。2023年全市通过多层次资本市场实现直接融资124.89亿元。其中，IPO首发融资41.58亿元，定向增发融资82亿元。

(四)积极开展企业上市培育

制定市本级企业上市培育工作计划，向各县(市、区)下达培育任务。积极发挥上交所中部基地作用，邀请基地的专家开展精准化培训和调研。开展“走进证券交易所”活动，安排交易所专业人士举办讲座，介绍证券交易市场基本知识、交易流程、风险管理等，让参与者直接感受交易氛围和运作方式。市、县两级共组织各类培训活动20余场次。

(五)深入开展上市后备企业调研

一是开展春季重点上市后备企业走访调研。对全市28家“金种子”上市后备企业进行走访，了解企业上市进展情况，与企业负责人面对面交流，了解企业生产经营以及上市过程中存在的问题和困难。

二是开展上市后备企业融资需求调研。从2023年5月开始，组织市产投集团对全市100家上市后备企业开展企业上市前融资调研服务活动，编制完成《荆州市中小企业金融保障调研成果汇编暨荆州市上市后备(基金)备选企业库》。

四、防范化解金融风险

(一)加快非法集资陈案销号

2023年，7件非法集资存量案件化解4件，销号率57%，立案5年以上案件全部清零。全市未新发非法集资案件。

(二)持续开展金融风险隐患排查

按照全省统一部署，组织开展了各行业各领域金融风险大排查、民间投融资机构涉非涉稳风险排查、“解债类”非法集资打击整治行动、“伪金交所”专项整治行动等多项排查清理工作，做到底数清、情况明。推动行政处置，立足打早、打小，及时移交非法集资线索。

(三)常态化开展防范金融风险宣传教育活动

一是元旦、春节期间发布《再

2023年8月1日，荆州市召开全市高新技术企业政银企对接会，银行与16家企业签约授信21.3亿元

致广大市民的一封信——远离非法集资 共度幸福春节》,在荆州电视台和广播电台轮播防范非法集资宣传片,持续6个月在荆州电视台新闻频道轮播防范非法集资公益宣传片。

二是在“3·15消费者权益保护日”“4·15全民国家安全教育日”“5·15打击和防范经济犯罪宣传日”组织开展全市防范非法集资等金融风险宣传教育活动。

三是在全市开展防范非法集资宣传教育月活动,于6月15日举行宣传教育月活动启动仪式。

五、促进地方金融组织规范健康发展

(一)督促引导小额贷款公司规范健康发展

引导小额贷款公司在积极催收化解风险的同时,在银行机构覆盖不到的领域和环节,积极发挥自身优势发展业务。

一是用稳、用好、用足现有的资金,减少资本金和营运资金低效闲置,最大限度地发挥资金创效作用。

二是争取一批符合国家产业支持政策、信用良好、偿贷能力较强的客户,充分发挥小额贷款公司的小额、分散、便利、快捷的优势,为小微、“三农”发展提供扶持。

三是逐步调整贷款结构,加大小额、多笔的贷款比例,更好地服务小微和个体经济发展。

(二)促进融资担保公司规范健康发展

截至2023年末,全市共有融资担保公司13家,其中纳入政府性融资担保公司名单管理的有9家、政府资金参股的有2家、民营融资担保公司有2家,注册资本金总计28.07亿元。全市融资担保在保业务11657笔、在保余额81.53亿元,余额同比增长12.64%;新型政银担业务在保3017笔、在保余额46.95亿元,同比新增30%,在保余额全省市(州)排名第3。

一是引导融资担保机构聚焦科技金融创新,进一步提升服务精准度。推动对知识产权质押融资贷款实施贴息贴费和风险补偿,加速政府惠企助企政策落地。截至2023年末,全市“科担贷”新增业务425笔、17.12亿元,在全省市(州)排名第2;在保余额16.89亿元,在全省市(州)排名第4。知识产权融资担保新增37笔,共计2亿元。

二是支持政府性融资担保机构制定11项特色化“首贷担”专项产品,创新“预制菜首贷担”“家电链式首贷担”,有效破解小微企业“融资难”“担保难”问题。截至2023年末,全市“首贷担”累计覆盖3338家企业主及个人,提供融资担保金额25.63亿元。

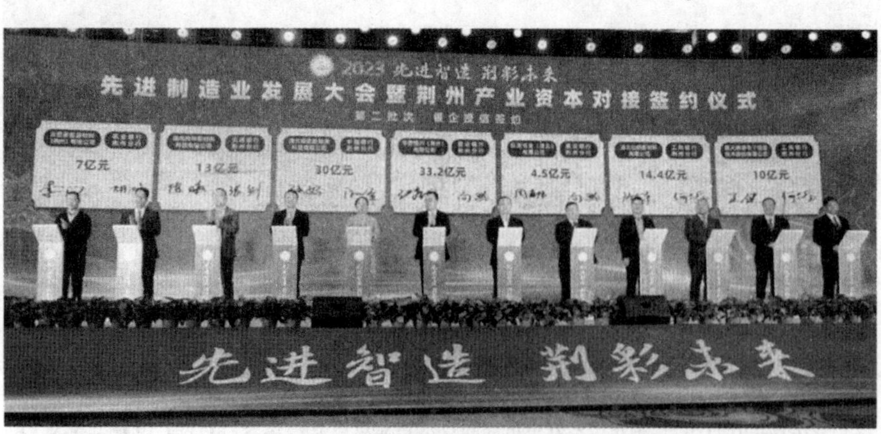

2023年11月24日,荆州市举行先进制造业发展大会暨荆州产业资本对接签约仪式

(三)促进典当企业规范健康发展

2023年,全市共有典当企业10家(含3家分支机构),注册资本金2.16亿元。截至年末,典当余额2.2亿元,与2022年基本持平。

一是强化监管,定期对典当行进行合规性审查。

二是引导典当行建立完善的风险评估体系,提升业务质量。

三是规范典当资金使用和流向,防止资金违规运作。

四是鼓励典当行贴近市场需求,创新业务类型和服务方式。

六、推进金融生态环境建设

2023年,荆州市营商环境获得信贷指标在全省排名第3,连续两年实现大幅进位,进入了全省第一方阵。全市金融系统牢固树立“视营商环境为生命”的共识,坚持把服务实体经济作为根本宗旨,以控制成本为核心持续优化营商环境,主要金融指标位居全省前列,实现了量的合理增长和质的有效提升,为全市经济社会高质量发展作出积极贡献。

(一)加强统筹协调

召开全市金融“双优化”暨营商环境获得信贷推进会、营商环境中期评估工作推进会、“首贷担”创建工作推进会、降低融资成本座谈会等专项工作会议,通过全周期指导、全过程督办、全方位服务,对优化营商环境重点任务、问题整改、先行试点、信息宣传、专项整治等工作进行安排部署、跟踪落实、协调督办,促进金融生态环境持续优化。

(二)加强政策引导

出台全市金融工作要点,明确全年的金融工作目标和重点任务,引导银行机构推进科创金融、绿色金融、普惠金融、供应链金融,加大对相关领域的金融支持。出台《2023年银行机构信贷考核奖励实施方案》和《县市区金融工作考核方案》，充分发挥考核评价的"指挥棒"作用，不断优化考核指标，突出信贷投放、降成本和优化营商环境工作考核，强化营商环境考核评价。制定下发2023年优化营商环境获得信贷指标工作方案，对标对表省级要求和先进地区，细化持续扩大信贷规模等六个方面40条具体措施，全面开展营商环境提升行动。出台建立健全政银企常态化对接工作机制的通知，引导各地各部门和各银行机构围绕全市"4611"产业、重点领域和薄弱环节开展多元化、多层次的政银企对接活动，畅通企业融资渠道，提升融资质效。

（三）加强部门联动

积极配合人民银行荆州市分行印发金融支持预制菜十条措施、扩大人民币跨境使用、金融服务民营企业等文件，引导银行机构加大对预制菜、外贸企业和民营企业金融支持力度；联合市国资委、市农业农村局、市科技局、市发改委等职能部门举办重大基础设施项目、预制菜产业、纺织服装产业、智能家电、中心城区领跑、现代化工、特色文旅等多场专题政银企对接活动。强化金融与财政联动，在省级奖补基础上，加大对"首贷户"、创业担保贷款、"政采贷"、知识产权质押融资等贴息奖补力度。

（四）强化督导和工作调度

坚持按周监测信贷投放、按月开展金融形势分析、按季召开金融工作会，常态化组织开展专题政银企对接活动，加强重大项目的金融服务，引导银行机构加大新增信贷投放。一体推进营商环境问题整改，完成市委巡察办优化营商环境机动式巡察（第一阶段）反馈6个问题和省第三方评价反馈市、县两级37个问题整改销号；认真办理市营商办等反馈涉企融资问题，积极协调金融机构定点帮扶，为企业办实事、解难题、优环境。建立营商环境信息宣传报送机制，利用"荆州金融"微信公众号平台发布金融政策、工作动态、重要新闻等信息，定期统计各金融机构报送宣传稿件。开展"十大新闻"和"十大通讯员"评选，营造良好的营商环境宣传氛围。

（荆州市人民政府办公室）

履行央行职能

一、贯彻执行稳健货币政策

（一）保持信贷总量平稳增长

坚持稳字当头、稳中求进的工作总基调，精准有力实施稳健的货币政策，合理引导金融机构把握信贷投放力度和结构，保持信贷总量稳定、可持续增长，融资成本稳中有降。

2023年末，全市金融机构各项贷款余额为3177亿元，同比增长14.4%，比年初增加400亿元，同比多增88亿元，余额、增量均居全省市州（除武汉市外）第4位；2023年12月，全市新发放企业、普惠小微贷款加权平均利率分别为3.84%、4.50%，同比分别下降80个BP、44个BP。

（二）加大重点领域金融支持

充分发挥货币政策工具总量调节与结构调节双重功能，引导加大对重点领域、薄弱环节的金融支持力度。全年共发放支农、支小再贷款36.1亿元，同比增长5%；办理再贴现4.29亿元，同比增长188%；落实煤炭清洁高效利用再贷款、碳减排支持政策工具资金分别为33.4亿元、27.5亿元，两项绿色政策工具合计落地金额居全省市州第2位；为地方法人金融机构兑现普惠小微贷款支持工具激励资金累计突破1亿元。

（三）助力民营经济恢复发展

深入开展"民营企业金融服务质量提升年"活动，印发金融服务民营企业发展十二条措施，抓细抓实"大宣讲、大调研、大对接"专项行动，实现银企对接率、企业融资需求尽调率、符合条件有效融资需求授信率"三个100%"目标，年末民营市场主体贷款余额937亿元，

2023年3月15日，中国人民银行荆州市中心支行在湖北省金融教育基地（荆州）组织开展"3·15金融消费者权益日"暨金融知识宣教活动

同比增长 14.7%，高于全市各项贷款增速。协同推进融资便利化改革创新试点，联合沙市区政府、市地方金融工作局、国家金融监督管理总局荆州监管分局出台《荆州市沙市区融资便利化改革创新试验区建设方案》，着力打造融资便捷、服务高效、创新活跃、惠及民生的融资服务体系，年末沙市区各项贷款余额 638 亿元，较年初增加 84 亿元，同比增长 15.1%。制定出台金融支持预制菜产业发展十条措施，协调农业银行湖北省分行创新开发“预制菜产业经营贷款”，年末预制菜产业贷款余额为 88 亿元，同比增长 29.4%，相关工作经验入选金融时报社“2023 金融支持乡村振兴优秀案例”。

二、维护金融稳定

（一）加强风险监测

开展地方法人银行机构流动性日监测、运行状况月监测，完成法人银行偿付能力敏感性和流动性风险压力测试；对银证保及重点企业的重大风险进行分类梳理和统计分析，及时形成分析报告；以央行评级为依托，开展法人机构“培优”工程。

（二）严厉打击非法金融活动

一是推进防诈反诈工作。加强银警协作，召开联合工作会议，联合开展反诈宣传 10 余次；定期开展有责账户台账认定和涉案账户倒查工作，深度排查存量账户。

二是打击治理洗钱犯罪。督导法人金融机构开展洗钱风险评估并及时开展情况核查；成功创建省级反洗钱宣教示范基地，全年组织开展宣传活动 10 余次，发放宣传折页 4700 余份。

三是持续开展打击非法跨境金融工作。全年提供政策咨询 8 次；组织承办国家外汇管理局虚拟货币地下钱庄打击治理研究座谈会，现场分享荆州市经验做法。

四是开展专项整治。组织召开金融放贷领域整治工作领导小组成员单位工作会议和荆州市银行机构金融放贷领域整治工作推进会，建立“涉黑、涉毒、涉赌、涉诈”等高危账户监测预警机制；开展扫黑除恶主题宣传月活动，圆满完成各项扫黑除恶年度任务。

三、加强金融管理和服务

（一）加强外汇管理服务

积极践行外汇为民理念，指导荆州 10 家外贸企业成功纳入湖北省优质企业贸易外汇收支便利化试点，办理便利化业务 1460 笔，金额 2.5 亿美元；深入推广“政务服务网上办系统”和“出口信保保单融资”等平台，不断提升外汇管理与服务质效。大力推广汇率避险管理，支持建立外贸企业“白名单”制度，提供即期、远期结售汇报价让点优惠，全年新增外汇衍生品首办户 5 家、外汇衍生品交易 1.76 亿美元、套保率 7.7%，帮助白名单企业直接减少汇兑损失约 520 万元。

（二）加强人民币管理服务

创新硬币回笼和投放兑换服务，指导建成湖北省首家专业化硬币服务中心，有效解决市面硬币循环不畅问题。截至年末，共办理业务 984 笔、投放硬币 190.3 万元、回笼硬币 18.6 万元，相关工作经验被人民银行湖北省分行微信公众号宣传推介；持续加强反假货币工作，组织线下反假币宣传活动 316 次；坚持自主暗访和群众举报相结合，扎实开展拒收人民币现金专项整治工作。

（三）加强国库管理服务

加强国库内控制度建设，督办提高税款入库效率，确保资金拨付高准确率；持续推进国债下乡，全年实现国债销售 4.35 亿元，其中乡镇占比 86.5%，销售总额、乡镇销售额继续稳居全省市（州）首位；组织设立湖北省首家红色国库陈列室，扎实开展红色国库品牌创建工作。

（四）加强征信管理服务

持续做好征信监管与服务，切实保护信息主体合法权益；推介中征融资服务平台，深化应收账款融资服务；协力推广“荆融通”网上金融服务平台，有效发挥平台信用信息应用价值；联合荆州市地方金融工作局推出“1133”融资模式，提升

2023 年 2 月 22 日，荆州市在监利举行“助力经济高质量发展”金融“早春行”政银企对接会

授信审批效率；积极组织做好住房公积金中心接入征信系统相关工作，荆州住房公积金中心在全省率先进入报数阶段。

（五）加强支付管理服务

督促银行网点完善"适老""适弱"硬件设施，辖内628家银行网点全部完成适老化改造。为物业、学校、税务等搭建智慧缴费平台，指导荆州农商行充分运用"利农购"购销平台，在公安县正式运营"金融超市"，不断丰富支付应用场景。印发进一步深化农村支付环境建设的通知，提升惠民惠农财政补贴资金"一卡通"服务便利性，优化农村支付服务。降低市场支付成本，为73000余家市场主体，减免支付服务手续费3200余万元。推行简易开户，辖内开通简易开户服务的网点覆盖率达100%，8家银行机构积极接入"一网通办"平台。

（六）加强金融知识宣传教育

充分发挥省级金融教育基地金融宣教阵地作用，以"3·15金融消费者权益日""普及金融知识 守住'钱袋子'"等活动为契机，深入开展"中小学生金融知识普及教育""星海计划——金融宣教进百县"系列宣传活动，提升公众金融素养。加强金融消费投诉管理，全年投诉办结率100%。联合荆州市金融消费保护与纠纷调解中心积极开展金融纠纷多元化解工作，切实维护金融消费者合法权益。

四、推动金融创新

（一）大力发展"绿色金融"

启动"千千百"绿色信贷工程，支持绿色转型企业和项目。截至2023年末，全市绿色贷款余额458.16亿元，同比增长46.84%。

（二）创新发展"科技金融"

依据《湖北省科创企业创新积分信用贷款业务实施办法（试行）》，深入推进荆州市企业创新积分制应用，引导金融机构加大科创企业有效信贷供给。指导建行、中信银行发放两笔科创积分贷，金额580万元；推动中行利用专利权、商标权发放纯知识产权质押贷款6800万元。

（三）高效发展"跨境金融"

制定《扩大荆州市跨境人民币使用助力建设江汉平原高质量发展示范区实施方案》，一体推进百行千企、头部辅导、首办拓展、政策宣传、便利服务五大行动，全年全市累计实现跨境人民币收付40.9亿元，同比增长34%，本币结算率25.6%。

（四）积极发展"供应链金融"

深入华纺链、铁水联运等重点产业链走访调研，形成《荆州市金融支持大宗商品铁水联运枢纽项目调研报告》《荆州市纺织服装产业调研报告》，鼓励银行机构开发动产、预付款融资等创新金融产品，合理满足链上企业融资需求。截至年末，全市883家重点产业链企业贷款余额139.2亿元。

（中国人民银行荆州市分行）

银行业保险业发展

一、服务实体经济

（一）加大重点领域信贷支持

继续组织开展"行长经理下基层——县（市）行"系列活动。督导银行机构全面落实金融助企助农各项政策，加大重点领域信贷支持力度。

（二）降低小微企业融资成本

推动银行机构落实减费让利政策。截至12月末，银行机构当年累放普惠型小微企业贷款年化利率4.98%，较年初下降0.46个百分点。取消涉及小微企业服务收费项目4个、调整收费标准项目42个，累计减免费用0.7亿元。

（三）推动金融服务乡村振兴

以"五大工程"为统领，大力推动金融服务乡村振兴。创新商标权质押贷款、"野生动物（麋鹿）致害政府救助保险"等产品；有序推进普惠金融工作站"百千工程"，推动全市8个示范工作站、106个精品工作站建设；持续实施县域存贷比提升工程，截至12月末，全市县域存贷比57.3%，比年初提升3.01个百分点，松滋、监利成功退出全省资金适配性较差县重点监测名单；积极推动"整村授信"提质工程，截至12月末，全市银行机构派驻"金融村官"848名，建档评级农户数106.55万户、新型农业经营主体2.3万个，累计授信50.03万户、114.9亿元。

（四）加大重点领域保险保障

督导辖内保险机构积极服务地方发展战略，主动对接风险保障和管理需求，不断提升保险深度和密度。持续推进农业保险扩面增品，2023年辖内具有农险资质的保险公司共开办中央政策补贴性农业保险险种21个，提供风险保障78.87亿元，同比增长20.76%，赔付支出4287.86万元；开办指数型、收入类等新型农业保险险种3个，提供风险保障5008.86万元，赔付支出497.99万元；开办地方特色农业保险险种9个，提供风险保障23.92亿元，同比增长75.76%，赔付支出2009.21万元；开办其他涉农保险险种8个，提供风险保障8.79亿元，赔付支出1275.71万元。积极服务民生保障，推动"荆州惠民保"上线运行。推动普惠保险发展，按照"2+X"（形式+产品+特色）标准打造普惠金融工作示范站，推动"银保融合"型普惠金融工作站提档升级。

二、防控金融风险

(一)防控化解不良贷款风险

有序推进不良贷款化解处置,扎实开展风险隐患排查。截至2023年12月末,市辖银行机构不良贷款余额为40.61亿元,不良贷款占比1.28%。积极发挥债委会化解不良资产作用,全市3家债权人委员会累计处置和缓释风险5.55亿元。

(二)强化保险市场乱象整治

清理涉农财险公司未经许可设立的"三农"保险服务站155个,稳妥有序处置非法设立的服务网点。制定《荆州保险业保险欺诈线索信息报送、排查和预警管理办法》《荆州市保险行业协会反保险欺诈工作专业委员会工作规程》,开展全市保险业反保险欺诈专题培训,收集涉嫌欺诈线索和风险信息9条。开展打击"代理退保"黑产宣传,做好"代理退保"黑产调研,收集移送涉嫌线索13条。巩固保险中介机构"多、散、乱"治理成果,有序清退"僵尸机构";规范中介机构报备事项,对5家中介机构开展业务合规性、真实性全面检查和中介渠道专项检查。

(三)加强金融消费者权益保护

组织开展2023年银行业保险业"3·15"消费者权益保护教育宣传周、"金融消费者权益保护教育宣传月"、防范打击非法集资宣传教育活动月及打击治理电信网络诈骗犯罪宣传教育活动月等集中宣传教育活动,扎实开展消保监管综合评价。全年共受理各类金融消费纠纷诉求件(含咨询件)4989件,较2022年增长92.6%;处理金融消费纠纷调解460件,调解成功423件,成功率92%;诉求金额1.1亿元,协议金额1.01亿元。

2023年10月30日,"荆州惠民保"正式上线

三、金融服务创新

持续督导辖内保险机构回归主业,向精细化管理过渡,向效益和价值为中心转型,发挥好经济"减震器"和社会"稳定器"功能。

(一)持续深化车险综合改革

强化车险费率回溯监管,完善车险市场非现场监测机制,有针对性地进行窗口指导,采取有效监管措施。

(二)深化保险服务和产品创新

加大对小微企业纾困保险支持力度,扩大出口信用保险覆盖范围,稳妥开展贷款保证保险、保单融资业务,有效发挥保单增信作用;对新市民较为集中行业以及老年人和儿童等特定人群开发适销对路的医疗保险、意外险、教育年金保险、残障儿童保险、儿童特定疾病保险等产品;推进绿色保险、新型家财险、房屋质量保险、地方特色保险等的创新,鼓励研发新能源汽车充换电设施等保险产品;拓宽农险服务领域,稳妥开展"农业保险+期货"、一揽子综合险、防返贫类普惠型保险,从保障重置成本向保障经济价值延伸。

(三)推动科技赋能保险服务

推进大数据、AI技术等保险科技应用和数字化转型,实现线上与线下互动、服务与产品结合,打造以"客户为中心"的全景服务体系,优化客户体验,实现降本增效。

(国家金融监督管理总局荆州监管分局)

黄 冈 市

金融发展概况

2023年末，黄冈市银行业金融机构本外币各项存款余额5488.11亿元，增长10.9%，比年初增加541.23亿元。本外币各项贷款余额3409.17亿元，增长15.4%，比年初增加454.80亿元。金融机构人民币各项存款余额5479.70亿元，增长10.9%。金融机构人民币各项贷款余额3407.30亿元，增长15.4%。全市银行业金融机构实现账面盈利41.18亿元，比上年同期多盈利5.63亿元，增幅达到15.8%。

全年商业保险机构实现保费收入127.65亿元，比上年增长7.8%；各项赔付和给付支出50.14亿元，增长28.3%。

全市银行业机构34家，网点668个，银行业机构数和网点数位居全省前列；全市共有保险机构44家。全市有A股上市公司2家，较上年增加1家；境外上市公司1家，与上年持平。全市“新三板”“四板”挂牌企业分别为16家和572家，挂牌企业总数达到588家。

全市共有地方金融组织3类37家，其中，小额贷款公司12家，融资担保公司14家，典当公司11家。

2023年3月20日，宏源药业在深交所创业板上市

地方金融工作

一、引导金融机构服务经济社会发展

（一）加大重点领域金融对接

以金融“早春行”、金融支持农业转型升级、金融支持“专精特新”企业融资等活动为载体，全面对接农业、制造业、商贸流通、文旅、科创等八大重点领域融资需求。全面落实《黄冈市重点产业链金融链长制服务方案》，建立行业企业融资需求信息共享机制，督促金融机构应贷尽贷。年末，全市贷款余额同比增速15.39%，贷款增量、增速均位于全省第2。

（二）有效保障重点企业融资需求

组建晨鸣二期、智慧农博城、三利谱等重大项目融资服务专班，开展“双千”融资服务专项行动，专人跟踪调度服务。深入实施《黄冈市信贷风险补偿金支持重点企业融资实施办法》，全年为21批、741家企业家产业链企业融资提供风险补偿，授信29.5亿元，实现财政资金12.3倍放大。

（三）多措并举降低企业融资成本

推动全市11家政府性融资担保机构均纳入省级名单制管理，各县（市）均设立省农担办事机构。新增新型政银担业务2203笔、28.66亿元，为上年的1.6倍。落实《黄冈市融资纾困“白名单”管理办法》贴息规定，核算、贴息困难企业397家共807万元。落实担保费让利政策，督促全市政府性融资担保机构担保费率降到1%以下，对新“进规”企业3年内免收担保费。

二、推进金融改革创新

（一）创新金融支持乡村振兴路径

创新出台涉农主体“白名单”，将信贷风险补偿金业务支持范围向涉农主体延伸，全年共授信支持5批共128家企业、3.79亿元，为农业种植养殖、采购、物流、加工、仓储、销售全链条提供融资增信支持。出台农村资源要素融资“1+

14”政策体系，为农村资源变资产、资产变资金提供政策支持，全年共授信支持5批128家涉农企业、金额3.79亿元，为农业种植养殖、采购、物流、加工、仓储、销售全链条提供融资增信支持。农村资源要素融资改革被列为全市年度I类改革项目，获得改革促进资金支持。

（二）创新政府助推保险发展模式

建立保险创新发展联动工作机制，形成齐抓共管的工作局面，有力推进涉农保险、普惠小额保险、医疗保险、安全责任险等领域保险增量扩面。开展政保合作，导入增量资源。与阳光财险总部签订互联网业务保险项目合作协议，通过优化存量政策性保险业务配置，吸引保险机构总部业务到黄冈，带动保费收入增长5.2亿元。

（三）深入打造金融创新产品矩阵

针对科技型中小企业轻资产特征，先后开发“知识产权贷”“科创E信用贷”“科创含权贷”“专精特新贷”“科创积分贷”等产品，形成科技金融产品矩阵。进一步规范引导已设立的产业投资基金市场化运营，对接省级平台引导基金和社会资本，引导更多资源投向科技创新领域。

三、推进企业上市挂牌

（一）突出政策引导，健全上市工作机制

修订完善企业上市工作目标考核评比细则，推动将企业上市纳入高质量考核，健全企业上市绿色通道制度，压实各县（市、区）属地责任。及时研究修订企业上市奖励政策，提高上市奖励标准，全年兑付省、市、县三级上市奖励资金2520万元，有效提升了企业上市积极性。

（二）加强协调联动，推动企业上市攻坚

积极对接证监会、湖北证监局、沪深北证券交易所等部门和机构，建立有效沟通渠道，争取对企业上市工作的支持。推动市级相关部门转变观念、勇于担当，对未办过、无先例事项，借鉴其他省、市经验做法。全力解决相关在审企业负面舆情、诉讼纠纷等疑难问题。

（三）加大培训力度，精心培育后备企业

举办资本市场高质量发展专题培训班、沪深北证券交易所专题培训，全年培训企业150余家，培育省级上市后备“金种子”企业23家、“银种子”企业25家。组织各县（市、区）与海通证券等10余家知名证券机构开展“一县一司”战略合作，鼓励证券机构驻地辅导，为后备企业提供更精准、更有竞争优势的上市辅导服务。

（四）拓展融资渠道，壮大产业基金规模

积极推进场外市场挂牌融资，全市共有“新三板”企业15家（创新层10家、基础层5家），居全省第2位。与招商局集团、长江产业基金合作新设10亿元大健康产业基金，助力产业结构优化升级。

2023年4月24日，黄冈市举行金融支持农业转型升级暨银企签约及培训辅导活动

四、防范化解金融风险

（一）开展普法活动，推进金融法治建设

健全完善“市—县—乡—社区（村组）”四级宣传教育工作机制，形成全市各地处非办统筹推进、宣传主管部门协调推动、行业主（监）管部门指导、相关机构落实的工作格局。印发《2023年黄冈市防范非法集资等金融风险宣传月活动方案》，引导市直金融机构普及金融基础知识，帮助金融消费者理性选择、正确使用金融产品和服务。

（二）紧盯关键环节，加快存量案件处置

充分发挥市处非办统筹协调作用，压实案件处置责任，实现非法集资案件快侦、快诉、快审、快执。2023年全市非法集资11件陈案销案7件，销案率64%，超额完成了省定20%的目标任务。

（三）开展风险排查，健全风险防控机制

开展养老、房地产等领域金融风险大排查，实施扫黑除恶和地方金融组织反腐败监测，落实行业主管部门、银行网点、社区、群众四位一体的监测预警机制。多措并举压降地方法人银行不良贷款，推动红安长江村镇银行及辖内其他法人银行机构风险基本出清。黄冈市和各县（市、区）均成功创建“2023年金融信用市（县）”，其中浠水、黄梅、武穴被评为“湖北省金融信用示范县（市）”。

（四）全力追赃挽损，维护金融信访稳定

推动“金苏财富”“嘉融财富”责任方多措并举筹集资金积极兑付，从省资产管理公司回购涉案债权，为“中阳财富”投资受损群体挽回损失 1500 万元，切实维护了投资受损群体利益。

五、促进地方金融组织规范健康发展

（一）落实属地责任，依法加强现场监管

严把地方金融组织准入关口，规范审核各类地方金融组织设立及变更事项。依托省级监管平台，完成 12 家地方金融组织“双随机、一公开”现场执法检查，指导小额贷款公司、融资担保公司、典当行等规范运行，确保地方金融组织平安稳定。

（二）强化信息报送，大力推进非现场监管

依托小额贷款公司、融资担保公司、典当行等信息化平台，严格执行地方金融组织业务信息月报、季报、年报报送制度，加强三类公司经营业务网上留痕、监管信息网上归集公示、风险隐患网上预警等非现场监管。

（三）加强分类监管，加大清理退出力度

推进地方金融组织清理，全力支持经营状况良好的主体做大做强，督促“失联”“空壳”机构及不符合监管要求的机构依法依规退出行业。

六、推进金融生态环境建设

（一）召开企业问需会，切实助企纾困解难

组织企业和银行机构面对面交流，听取企业发展情况、反馈问题和意见，回应企业建议和诉求。督导各县（市、区）问需于企、问计于企、问效于企；针对企业提出的融资问题，函请相关银行机构开展融资辅导。

（二）推进信息共享，完善智慧金融平台

持续推进“黄冈智慧金融服务平台”信用信息归集共享，通过政务信息数据赋分模型打通企业“贷不到”、银行“看不清”梗阻，年内新增线上贷款 6 亿余元。全面统筹推进“i 黄冈”平台金融板块建设、推广、运营等工作，不断优化模块设计，持续完善平台功能。

（三）优化信贷结构，精准对接融资需求

出台金融支持科技创新、绿色金融、乡村振兴、民营企业“百行助千企”等行动方案，建立定期会商机制，协同开展金融机构信贷投放调研督导行动，有效解决企业融资重点、难点和堵点问题，进一步优化金融营商环境。

（黄冈市人民政府办公室）

2023 年 10 月 19 日，黄冈市举办资本市场高质量发展第二期专题培训活动

履行央行职能

一、贯彻执行稳健货币政策

（一）保持信贷总量持续平稳增长

引导辖内金融机构稳步落实各项货币政策，把握好信贷投放的总量和节奏，确保信贷投放持续、稳定增长，优化重点领域信贷投放结构。督促法人机构把握好信贷投放的力度、节奏和结构，加大风险化解力度，提升风险控制水平。年初制定下发各项信贷重点领域目标任务，并建立信贷政策落实情况通报制度；按月下发《黄冈辖内各金融机构落实信贷政策情况通报》，对辖内 16 家市直金融机构的信贷投放总量、普惠小微贷款、房地产贷款、涉农贷款、制造业中长期贷款、科创贷款、绿色贷款、“楚天贷款码”、跨境人民币等工作进展进行通报督办，进一步强化对金融机构信贷政策执行情况管理，实现信贷工作明细化和精细化。组织召开地方法人机构座谈会，积极引导法人机构加大对科技创新、绿色发展、普惠小微、乡村振兴等重点领域的信贷支持力度。

（二）强化重点领域资金保障

贯彻落实稳健的货币政策、逆周期的信贷政策、审慎的宏观管理政策，发挥货币政策工具总量和结构双重功能，引导金融机构有力支持实体经济。制定印发金融支持科技创新、乡村振兴、绿色金融创新发展等实施方案，要求金融机构做好金融支持工作。充分发挥货币政策工具的导向作用，用好用足再贷款、再贴现政策，多措并举推动政策落实落地。年末全市涉农贷款余额 2301.46 亿元，较年初增长 18.12%；全市普惠小微贷款余额 604.71 亿元，较年初增长 22.78%。

（三）引导信贷投放量增价降

坚持稳健的货币政策要灵活适度，注重充分发力、精准发力、靠前发力，实现信贷投放量增价降。一方面，明确贷款净增目标，科学制定方案，强化督导落实，顺利实现预期目标；另一方面，继续推动存款利率市场化调整机制的贯彻落实，鼓励银行按照市场化和法治化原则，在自律上限不变的前提下合理调整存款利率水平，着力稳定银行负债成本。

（四）管好用好结构性货币政策工具

一是合理安排再贷款投放进度，逐步提高再贷款使用率和质押率。年末支农支小再贷款累放额达 69.76 亿元，较上年同期多增 16.68 亿元；余额 64.33 亿元，较上年同期多增 14.60 亿元，再贷款额度使用率达 99%。

二是加强普惠小微贷款激励。引导地方法人金融机构加大对涉农领域、小微企业及普惠小微主体等的资金投入。2023 年，累计给符合条件的地方法人金融机构投入普惠小微贷款激励资金 41 批次、金额 6879.60 万元，撬动全年 19 家地方法人金融机构普惠小微贷款余额季度净增 53.76 亿元。19 家地方法人金融机构涉农贷款余额 772.87 亿元，同比增加 65.03 亿元；普惠小微贷款余额 368.56 亿元，同比增加 53.76 亿元。

三是用好阶段性减息支持工具。引导辖内地方法人金融机构对符合条件的普惠小微贷款“应降尽降、应降快降”，共引导全市 17 家地方法人金融机构主动对 2.1 万笔、106.19 亿元普惠小微贷款实施阶段性减息，实现阶段性让利 1073.14 万元。

四是做好金融支持交通物流工作。发挥结构性货币政策工具引导支持作用，用好用足交通物流专项再贷款，积极协调交通物流主管部门健全完善“白名单”，推动加强政银企对接和政策宣传解读，引导和鼓励金融机构创新丰富符合交通物流行业需求特点的信贷产品，切实加大信贷支持力度。交通物流再贷款申报 7599.2 万元，有力支持了“两企两个”纾困和发展。

五是落地“双碳”工具推动能源清洁利用。指导合格银行业金融机构黄冈分支机构申报使用碳减排支持工具和煤炭清洁高效利用专项再贷款等两项绿色货币政策工具全覆盖，持续推动两项绿色货币政策工具在黄冈落地。2023 年，全市绿色贷款余额 619.22 亿元，较年初增长 46.54%，同比增速 46.55%。

六是持续落实差别化住房信贷政策。根据《建立新发放首套住房个人住房贷款利率政策动态调整长效机制的通知》要求以及全市房地产销售价格同比环比变化情况，继续维持黄冈市新发放首套住房贷款利率下限为相应期限 LPR 减 40 个基点，同时下调二套房贷款利率下限为相应期限 LPR 加 20 个基点。积极做好存量房贷款利率下调工作，平均降幅 0.91 个百分点，户均每年减少利息支出 3500 元左右。督促银行机构继续做好利率相关政策的宣传，提振居民购房信心。全年全市各银行机构审批个人住房按揭贷款 13493 笔，合计金额 51.54 亿元。

二、维护金融稳定

（一）持续加强金融风险监测预警

按日开展地方法人机构流动性监测工作；按月开展风险监测，做好金融稳定评估系统维护；按季对辖内银行机构进行非现场监测，做好地方法人银行风险预警监测工作；按月监测辖内保险业风险事件。

（二）有效开展地方法人银行机构压力测试和资产质量评估

根据总分行工作要求，组织 19 家地方法人银行开展了 2023 年度压力测试工作，重点对流动性和偿付能力敏感性进行性测试，并将测试结果反馈各参试银行，逐一整改测试反映的问题。对 19 家地方法人银行开展 2022 年末资产质量评估，动态掌握真实风险底数。

黄冈市开展“3·15”消费者权益保护宣传活动

（三）如期完成存款保险核查全覆盖工作

对5家地方法人投保机构开展存款保险现场核查，完成辖内存款保险核查三年全年全覆盖任务；根据核查结果，对1家地方法人投保机构启动了费率调整程序，增强对地方法人投保机构风险约束力。

（四）加强存款准备金管理，防范流动性风险

严格落实总分行工作要求，认真贯彻落实存款准备金制度，做好对黄冈辖内法人金融机构存款准备金管理，及时准确调整存款准备金率，严格按照“双平均”法做好日常考核，落实准备金双周监测制度。辖内19家法人金融机构均按时完成准备金率调整、落实普惠金融定向降准等各项政策，未出现金融机构欠交准备金的情况。密切关注辖内法人机构的流动性状况，积极做好流动性监测工作。

（五）完善挤兑风险区域联防联控机制

一是深化信息交流机制，就黄冈辖内金融风险化解形成共同目标和路径，强化监管信息共享。

二是建立信息共享机制，横向推进人行黄冈市分行与金监局黄冈分局、市地方金融工作局的数据整合、信息沟通，纵向加强人民银行对外履职部门的数据整合，实现内、外部数据共享，加强风险预警，强化负面舆情监测。

三是建立“人行+地方金融工作局+监管部门”的金融稳定协调机制，建立挤兑风险区域联防联控机制，监测应对负面舆情，应急处置金融突发风险事件。

三、加强金融管理和服务

（一）做好金融机构年度综合评价工作

科学、规范做好对辖内16家市直银行业金融机构2022年度综合评价工作，“一对一”向被评价对象及其上级单位通报评价结果，引导银行业金融机构更好地执行人民银行政策规定。

（二）加强金融机构开业管理

严格落实《中国人民银行分支机构办理银行业金融机构开业相关事项工作指引（试行）》（银办发〔2021〕92号），切实做好新设机构年度规划、资料审核及复函相关工作，办理3家银行分支机构开业管理事项。

（三）深入推进反电诈和跨境赌博“资金链”治理

完善账户开立和存续期间风险监测模型和拦截机制，落实银行账户全生命周期管理。制作涉案账户倒查模型，组织银行机构落实落细存量账户清理、涉案账户倒查和关联账户排查等工作，要求将排查清理中发现的可疑线索及时移送至当地反诈中心。强化责任追究，督促银行机构进一步完善内部考核机制。

2023年3月28日，中国人民银行黄冈市中心支行召开全市银行机构涉诈涉赌“资金链”治理工作推进会

（四）优化现金流通服务

科学预测、精准调拨，保证现金充足供应。在保证现金供应总量的同时，通过“小面额现金区域调剂中心”和“零币直供”服务模式，合理调剂券别结构，保证零辅币有序分布，方便群众用现。加强新版不宜流通人民币纸币标准管理，提高流通中现金票面整洁度，保证群众用上“干净钱”。严肃开展拒收人民币现金专项整治，营造良好的现金支付环境，有效维护人民币法定地位。

（五）提高经理国库水平

不断推进国库信息化建设，加强管理制度学习，提高会计分析质量。全年各项预算收支出入库业务办理实现“零差错”。高效落实各项减税降费政策，快速、准确办理个人所得税汇算清缴退税及代扣缴手续费退库。顺利完成县（市）支行国库业务移交，实现了国库业务处理依法合规、有序衔接和平稳过渡。

（六）强化征信管理与服务

及时处置非法征信业务，确保涉“征信”字样企业存量清零。防控扰乱征信市场行为，广泛开展警示教育，增强社会公众“征信修复”防骗意识和防诈能力。完善征信系统接入机构常态化监管机制，督导接入机构加强业务合规和征信信息安全管理，完善自查自纠和内部追责机制，共同夯实征信信息安全防线。

四、推动金融创新

（一）创新信贷产品和服务模式

一是针对科技型企业推出信

用贷。根据省科技厅评价的科创积分，对鲁班药业、鸣利莱钻具等一批高新技术企业发放了纯信用贷款。

二是推进知识产权质押融资。联合市市场监督管理局发布《黄冈市知识产权质押融资授信企业白名单》，推出首批82户拥有知识产权且达到金融机构融资授信准入门槛的“白名单”企业，指导金融机构全面对接。2023年共登记知识产权质押融资项目融资额6亿元，位居全省第四。

三是创新绿色信贷产品。基于节能环保特许经营权、排污权、碳排放权等生态价值权益，指导银行机构创新开发绿色金融产品。农商行在武穴完成全省首笔地方法人银行基于垃圾处理指标发放的可持续发展挂钩贷款1000万元。农商行、农行、兴业银行对接生态环境局反馈的排污权企业融资需求逾1亿元。其中，直接通过排污权抵质押实现融资7820万元。

四是多措并举推广“楚天贷款码”。全市有15029户市场主体通过“楚天贷款码”扫码与辖内金融机构对接，其中办结12496笔，办结率达83.15%。

五是推进二手房“带押过户”业务，实现了辖内该项业务破零。

（二）推进金融机构碳核算工作

在上年发布全国首个中小银行《碳核算信息披露报告规范》的基础上，5月10日，举办湖北省首份金融机构碳核算报告发布暨黄冈市绿色金融发展推进会，指导蕲春中银富登村镇银行对外发布《2021—2022年碳核算信息披露报告》，在全省金融机构碳核算试点工作中率先破零。在此基础上，进一步选取市工行、中行等6家金融机构开展碳核算工作，推动金融机构碳核算增量扩面。

（三）增强征信赋能效应

一是全力推进应收账款融资，助力企业盘活存量资金、资产、资源。全市实现应收账款融资559笔、金额173.84亿元，超额完成分行工作任务。

二是积极推进“政采贷”业务。12月末，全市发放线上“政采贷”226笔、金额11.4亿元，金额同比增长738%，排名全省第一。

三是深入推进农村信用体系建设。全市对农户评级86.41万户、新型农业经营主体评级2.61万户，“整村授信”行政村3075个、授信466亿元、用信208亿元。

（四）建立小面额现金区域调剂中心

分别依托红安县、英山县、蕲春县农村商业银行业务库，在全市建立三个小面额现金区域调剂中心。调剂中心承担小面额现金应急储备、农商行机构内部系统调剂、其他金融机构横向间现金券别调剂、大客户预约调剂的功能。业务规模从县农商银行逐步向其他银行机构代理扩展，辐射范围从县域内向周边县域扩展。通过建立跨县（市）行政区域的小面额现金供应回收机制，有效解决了基层县域小面额现金供应不足、券别结构不合理的堵点、难点问题。

（中国人民银行黄冈市分行）

2023年5月10日，黄冈市举行湖北省首份金融机构碳核算报告发布暨全市绿色金融发展推进会

银行业保险业发展

2023年，全市银行业资产总额6445.45亿元，比年初增加697.24亿元；负债总额6305.88亿元，比年初增加682.18亿元。各项存款余额5436.83亿元，比年初增加549.36亿元，增速11.24%；各项贷款余额3415.42亿元，比年初增加461.08亿元，增速15.61%；存贷比62.82%，比年初提升2.37个百分点。保险业资产总额328.26亿元，增长9.59%；原保险保费收入127.65亿元，增长7.82%；赔款及给付50.14亿元，增长27.88%。

一、服务实体经济

（一）落实金融助企纾困政策

开展“走万企 提信心 优服务”活动，督促银行机构加大对市场主体走访和对接力度，持续优化金融领域营商环境，落实好一揽子政策和接续措施。截至12月末，全市银行业机构小微企业贷款余额1645.16亿元；小微企业无还本续贷60.4亿元，同比增长23.02%。

（二）推动信贷供给扩总量优结构

深化存贷比提升工程，督促银行机构围绕黄冈市重大发展战略，聚焦产业发展需要，支持工业倍增计划落地，实现了贷款总量快速增长。全市银行业机构贷款余额增幅高于全省平均水平5.78个百分点。

（三）优化乡村振兴金融服务

坚持“涉农信贷+农业保险”双管齐下，推动巩固脱贫攻坚成果同乡村振兴有效衔接。截至12月末，涉农贷款余额2297.91亿元，同比增长17.99%；“整村授信”农户和新型农业经营主体建档覆盖率提高至90%以上，用信金额达206亿元。全市农业保险保费收入4.29亿元，赔付支出2.75亿元。

（四）推动保险保障扩面提质

支持保险机构积极开展农业保险、重点领域责任险，深化车险综合改革，加大普惠民生保险保障力度，保险业发展环境显著改善。全市保费收入增速居全省第4位，较上年同期上升9位；其中财产保险同比增长22.85%，全省增速排名上升10位至第1位。

二、防控金融风险

制定不良贷款目标控制及处置计划，推动银行机构做好信用风险防范和化解处置工作，全年累计处置不良贷款44.13亿元，不良贷款率较年初下降0.2个百分点。推动19家法人机构对241名董事监事开展履职评价，对213名主要股东进行年度评估。推动辖内2家边缘性高风险农商行机构核心监管指标明显改善，2家村镇银行主要监管指标已恢复达标。组织各机构开展“安全生产月”活动，开展春节、元旦期间安全大检查、第八轮安全评估和辖内中小银行机构专项安全检查，督促各机构认真扎实开展风险隐患排查整改工作，全年未发生安全生产事故。深化市场乱象整治，开展打击“代理退保”黑产、规范保险中介、打击保险“黄牛”等专项行动，规范保险市场秩序。

2023年4月27日，黄冈银保监分局召开黄冈市新市民金融服务工作推进会

三、金融服务创新

深化“放管服”改革，精简行政许可委员会审议事项，实现市场准入一网通办、全程网办。健全完善矛盾纠纷多元化解机制，推动新时代“枫桥经验”在黄冈落地见效。积极响应“保租房”政策，加快解决公共服务人员住房困难问题，全年对34个“保租房”项目发放贷款金额42.30亿元，办理二手房“带押过户”业务66笔。加大新市民金融服务产品研发和推广，扩大金融供给。截至12月末，辖内共推出新市民信贷产品88个，授信总额188.5亿元，贷款余额155.67亿元。大力发展农业保险。开办地方特色险种和创新型农业保险产品35个，比年初增加14个；实现保费收入4879.98万元，提供风险保障58.59亿元。

（国家金融监督管理总局黄冈监管分局）

咸 宁 市

金融发展概况

2023年末，咸宁市金融机构本外币存款余额2337.52亿元，比年初增加199.97亿元。其中，住户存款1722.52亿元，增加228.23亿元。本外币贷款余额1893.07亿元，比年初增加229.96亿元。其中，住户贷款681.32亿元，增加50.75亿元；非金融企业及机关团体贷款1211.63亿元，增加179.19亿元。

全年实现保费收入55.94亿元，比上年增长5.3%。其中，财产保险保费收入16.86亿元，增长9.3%；人身保险保费收入39.08亿元，增长3.6%。各项赔款和给付金额23.18亿元，赔付率41.4%。其中，财产保险赔付12.88亿元，赔付率76.4%；人身保险赔付10.30亿元，赔付率26.4%。保险深度3.1%。

全市共有金融机构56家，与上年持平。其中，银行业机构24家，保险机构29家，证券机构3家。共有A股上市公司1家，境外上市公司2家，“新三板”挂牌企业2家，区域性股权市场挂牌企业382家。共有地方金融组织4类30家。其中小额贷款公司10家，融资担保公司12家，典当公司7家，融资租赁公司1家。

地方金融工作

一、引导金融机构服务经济社会发展

坚持按月调度、靠前发力、加强督办，积极督促引导银行机构强化信贷投放。2023年全市银行机构各项贷款余额1893.07亿元，比年初增加229.96亿元，超200亿元目标任务29.96亿元，同比增长13.83%，在全省13个市（州）排名前8；余额存贷比80.99%，在全省13个市（州）排名前6；新增存贷比115%，在全省13个市（州）排名前4。

2023年6月15日，湖北省暨咸宁市防范非法集资宣传月启动仪式在咸宁市咸安区张公庙村举行

二、推进金融改革创新

（一）进一步完善“咸融通”平台功能

进一步提升和完善平台服务功能，有效提高企业融资便利度。继续推广“301”贷款（3分钟申贷、0人工干预、1秒钟放款或授信）快速便捷融资模式，9家商业银行推出了17款产品，累计发放贷款11.82万笔、101亿元，较2022年增长32.7%。“咸融通”平台服务企业融资覆盖面进一步拓宽，平台已入驻金融机构32家，上线金融产品151款，注册企业用户31484户，发放贷款172.39亿元。

（二）全力推进“首贷担”省级试点创建工作

制定《咸宁市“首贷担”助力小微企业信用培植创建工作方案》，将小微企业首笔经营性贷款纳入新型政银担“4321”合作模式，并建立“授信类”“培植类”“关注类”三张清单，实行分类办理，实现清单内企业“有专管、有对接、有反馈、有落实”，切实提升对接工作的覆盖面和精准度。全市政府性融资担保机构为3619家小微企业及个体户办理“首贷担”26.997亿元。

三、推进企业上市挂牌

（一）明确工作目标

印发《关于分解2023年度企业上市工作目标任务的通知》，明确各县（市、区）年度工作目标任务，强化资源、要素、力量统筹，全力帮助企业早日实现上市目标。

（二）强化上市服务

积极协调市场监管、应急管

理、生态环境等部门为平安电工、维达力等上市后备企业解决项目用地、税收缓缴、出具证明、工商变更等事项48件。

（三）加强调研培育

全年走访企业60家、开展业务培训6场、印发业务资料300余份，推荐申报53家后备企业参与省级重点后备企业评选，新增省级“金种子”企业10家。截至年末，全市有省“金种子”企业16家、省“银种子”企业29家，纳入省上市云平台实施跟踪培育优质企业84家。

四、防范化解金融风险

（一）压实属地责任

印发《2023年咸宁市防范化解金融风险工作要点》，明确全年防范化解金融风险工作任务。压实属地责任，明确责任主体与职责范围，建立健全责任追究机制，确保责任落实到人。

（二）推进非法集资案件及风险点处置销号

按照“一个案件、一名县级包保领导、一套处置方案、一个工作专班、一个化解时限、一抓到底”的要求，督促各县（市、区）及公检法机关全力推进涉非法集资案件及风险点处置化解工作。4起省级陈案已全部司法宣判。

（三）强化风险排查

印发专项工作通知，组织各地、各行业、各部门开展4轮非法集资等金融风险排查，排查机构3526家，摸排风险隐患8个并建立风险台账，明确专人负责化解处置。

（四）深化宣传教育

以6月份防范非法集资宣传月活动为抓手，组织开展防范非法集资等金融风险宣传教育活动。全年共组织开展“七进”宣传活动1818场次、参与群众99.5万人次；发布原创作品381个，点击量、转发量共计252.6万次，互动宣传覆盖人数超250万人；发送风险提示短信129.5万条；发送各类手册37.4万份，赠品5.6万份；被《湖北日报》等媒体报道364次。

（五）抓实属地维稳

加强与市委政法委、市委网信办、市信访局、市公安局等部门沟通对接，加强线上线下监测，及时掌握投资参与人群体动态，发现风险苗头及时介入处置。落实重大活动、重要节日等敏感时间节点日报告机制，每日搜集并分析研判风险情况，确保不发生重大风险事件。

五、促进地方金融组织规范健康发展

（一）严格开展日常监管

充分发挥政府性融资担保机构对中小微企业和“三农”企业融资的增信作用，每月整理汇总全辖各地政府性融资担保业务开展情况，作为对当地金融工作的考核要素。借助融资担保、典当、融资租赁等行业监管信息系统大数据平台对地方金融组织的业务经营数据进行审核，对企业运行情况进行非现场检查，全年累计对30家地方金融组织开展非现场检查4329次，通过系统分析、预测、监测报表和数据信息，客观评价企业的经营状况。

（二）强化现场检查

开展包括分类评级在内的各类现场检查，通过现场检查发挥查错纠弊、校验核实、评价指导等作用，督促地方金融组织增强诚信守法意识，提升经营管理水平和风险控制能力，依法合规经营。

（三）严把准入关口

严格按照有关法律法规、行业标准及省地方金融监管局制定的关于地方金融组织登记的文件要求，对地方金融组织的设立进行可行性评估，开展初审；对于地方金融组织变更、退出等申请提出审核意见，认真履行对持证地方金融组织的监管审核责任。

六、推进金融生态环境建设

积极营造良好金融生态环境，推动政银企三方合作制度化、规范化、常态化。强化金融监管，加强风险防范处置体系建设，持续优化金融营商环境，促进经济金融良性循环健康发展。咸宁市在2023年度全省金融信用市（州）、县创建工作再次获评“湖北省金融信用市（州）”称号，连续22年获得此项殊荣。通城县在评比中排名第2，再次获得“湖北省金融信用示范县”称号，崇阳县、赤壁市、嘉鱼县、咸安区、通山县获评“湖北省金融信用县”称号。

（咸宁市人民政府办公室）

2023年7月12至13日，咸宁市举行2023年上市后备企业培训会及“走进上市公司”活动

履行央行职能

一、贯彻执行稳健货币政策

深入贯彻落实党中央、国务院关于经济金融工作决策部署和上级行党委工作要求，积极传导稳健货币政策，引导金融机构持续加大信贷投放力度，优化信贷投放结构。2023年末，全市各项贷款余额1893.07亿元，同比增长13.83%；比年初增加229.96亿元，完成全年200亿元新增目标任务。

（一）做实信贷供需对接

组织开展金融"早春行""县市行""园区行"等7次专场银企对接活动，达成银企签约项目2157个、金额486.26亿元，全年履约率100%。建立咸宁市政银企对接大平台工作机制，累计向银行机构推荐10批次重大项目、重点企业融资需求"白名单"，包括制造业中长期、工业技改、基础设施及科创积分等贷款项目和企业2192个。

（二）做实民营企业金融服务

开展民营企业金融服务质量提升年活动，联合市工商联等单位联合印发《咸宁市贯彻〈进一步改善全省民营企业金融服务十条措施〉实施方案》，开通专班投诉电话和金融机构服务热线，编印《咸宁市民营小微企业（个体工商户）信贷产品推荐手册》，组织银行机构与全市232家重点民营企业对接，新挖掘60户民营企业贷款需求25.4亿元、新增授信23.06亿元，需求满足率90.8%。金融服务对接率、有融资需求的企业尽调率、尽调后符合条件的融资需求授信率、回访企业满意率均为100%。

（三）做实稳健货币政策传导

向辖内地方法人金融机构累计发放再贷款49笔、23亿元。其中发放支小再贷款39笔、18亿元，带动支持普惠小微企业经营主体3481户；发放支农再贷款10笔、5亿元，带动支持涉农主体676户。全市再贷款余额23亿元。继续实施好信贷调控"双线"管理，建立健全法人机构常态化管理机制、开展地方法人金融机构宏观审慎评估，强化评估结果运用，引导法人金融机构把握好信贷投放力度、节奏和结构。

二、维护金融稳定

（一）加强金融稳定管理

严格落实重大事项报告制度，全年收到并处理辖内银行机构报送的重大事项报告54件。严格落实机构开业事项工作指引，依规办理开业事项2件。建立县域银行机构重大事项报告工作机制，对银行县域分支机构发生的突发性、重大风险类事项实行"一对一"报送。

（二）强化金融风险监测预警

对央行评级结果7级及以下的法人银行进行重点监测，对3家村镇银行开展专项调研，约谈3家法人银行，对8家法人银行下发风险提示函，对辖内12家法人机构进行压力测试，实现8级机构清零，1家7级金融机构升为6级。建立咸宁市银行金融风险舆情监测轮值制度，组织辖内13家银行机构按月对全辖金融风险舆情进行轮值监测。创新建立地方法人银行机构"挂点联系人"制度，指派专人挂点辖区内法人银行机构，建立金融风险监测专项档案，动态开展监测工作。

（三）充分发挥存款保险作用

对辖内12家地方法人银行机构开展存款保险风险评价，对定性指标中"公司治理"和"风险管理水平"进行量化评分，现场核实投保机构经营管理状况和风险防控能力。通过"现场+非现场"的方式对3家投保机构进行存款保险定向核查。对1家法人银行进行投保机构早纠工作，如期完成并到期终止早纠程序。举办咸宁市存款保险宣传线上短视频竞赛暨PPT展评活动，访问量近2万人。针对高考后新开电话卡的学生群体及60岁以上老年客户开展存款保险知识短信群发活动。

三、加强金融管理和服务

（一）加强金融消费者权益保护

完成县（市）支行金融消保业务移交，实现县域投诉转办流程再造。在省分行金融消保业务劳动竞赛中获评优秀集体业务成果二等奖、优秀金融消保典型案例三等奖。持续推进金融消费纠纷多元化解，全年累计调解完成488件、调解成功116件，办理12363移交

2023年2月15日，咸宁市召开金融服务实体经济"早春行"现场推进会

投诉21笔、办结19笔。

(二)加强支付管理与服务

印发《关于做好2023年咸宁辖内支付结算领域常态化暗访工作的通知》,组织开展9次暗访督查,发现问题网点46个;组织开展4次“回头看”专项督查。在全省首家应用事业单位法人电子证书办理银行账户业务,优化了账户材料报送路径。指导银行业金融机构开通农民工工资跨行代发快速通道,农民工工资代发平均用时由以前的5个工作日压缩至12个小时。优化343个助农取款服务点设置,保障全市1758个助农取款服务点对农村地区覆盖率达到100%。

(三)加强现金管理与服务

强化首兑问责制,推行“临时封包存兑协议”模式,缩短客户办理业务的等待时间。成功处置19起疑似拒收现金投诉事件。强化残损币兑换和投诉处理,全年共接待客户85人次,鉴定兑换特残币16.28万元,挽回群众经济损失11.37万元。联合咸宁市公安局出台《关于完善银警联动 加大假币违法犯罪打击力度的通知》,加大假币违法犯罪打击力度。严格落实发行库管理五项制度,组织开展2次发行库常规安全大检查,对7类、14个公用保管箱柜开展专项排查清理,及时发现安全隐患并进行整改,确保发行基金绝对安全。

(四)提升国库服务质效

制定《咸宁市县(市)国库业务移交后相关业务处理规范(试行)》《咸宁市国库资金支出审批管理办法》等,全面推广应用数据交换共享平台。加强对商业银行代理国库业务柜面监督,开展延压税款专项整治。增强国库调研分析能力。重点推进国债下乡,全市储蓄国债共销售9004.59万元,国债下乡占比为76.39%,占比排名全省第二。

(五)提高征信管理服务水平

指导全省首家退出征信系统机构实现依法合规退出,推进咸宁市公积金系统成功接入二代征信系统。增设征信查询机3台,向全市提供征信自助查询11.6万次、柜面查询3768次、处理异议129笔。深化应收账款融资服务平台应用,全市应收账款融资服务平台成交243笔、金额92.58亿元,其中线上“政采贷”98笔、金额6.26亿元。出台《咸宁市央行内部(企业)评级操作规程(试行)》,组织辖内68家企业参与评级,其中51户评级结果在可接受级别以上。完成市农村信用信息平台升级工作,成功归集全市四大类共8851户新型农业经营主体的生产经营信息和4000余条农业项目、涉农补贴保险等信息,被荆楚网、长江云等多家媒体报道。

(六)加强外汇管理与服务

综合运用监管措施注销1家非法经营企业,向跨境办移交1家企业涉嫌为跨境赌博集团提供技术服务支持的线索、联合相关部门研判外汇领域违规违法案情10余次。推动服务贸易付汇税务备案信息电子核验,取消外债账户开户数量限制。大力推行外汇行政许可业务“线上办、一次办、微笑办”,贸易外汇收支企业名录登记线上办理比例超过70%。联合银行、市商务局等部门举办2场外汇专场培训会和4期“外汇云课堂”,累计300余家企业参加。推动咸宁市出台地方财政资金支持外贸企业规避汇率风险的奖补政策,全市新增外汇套保首办户11家,签约金额995万美元,为企业节约成本约6万元人民币。推动咸宁市首笔跨境金融服务平台出口信保保单融资、出口应收账款融资落地,进一步拓宽外贸企业融资渠道。举办市、县两级“两稳一保”政银企恳谈会6场次,现场解决企业融资、特殊退汇、外汇结算等诉求50余个。

(七)加强反洗钱和涉赌涉诈“资金链”治理

完成市直10家银行的反洗钱工作评价和辖内12家法人机构的反洗钱风险评估。联合相关部门印发《咸宁市打击治理洗钱违法犯罪三年专项工作实施方案(2022—2024年)》,积极与公安司法机关会商,对接重要信息,接收金融机构可疑交易报告。积极推动涉赌涉诈“资金链”治理,协助公安机关管控重点人员名下风险账户、督导全市银行拦截异常取现、向公安部门移送可疑线索,配合公安部门对全市高危受害人名下账户实施紧急止付,挽回群众被骗资金2.67亿元。推动涉案账户压降,2023年末,全市银行涉案账户同比下降54.06%。

2023年5月29日,中国人民银行咸宁市中心支行召开工业贷款提升行动专题部署会

四、推动金融创新

(一)推动绿色金融创新

持续推进咸宁市金融机构环境

信息披露，与行业主管部门联合成立绿色项目贷款提升行动工作专班，向“鄂绿通”报送绿色项目32个，入库5个。累计审核通过碳减排支持工具10.06亿元，发放符合条件的贷款16.77亿元，发放煤炭清洁高效利用贷款1亿元。2023年末，全市绿色贷款余额345.03亿元，同比增加87.07亿元、增长33.75%。

（二）推进科创金融创新

落实“专精特新”企业金融辅导员机制，全市“专精特新”企业贷款余额37.63亿元，同比增长49.47%；“专精特新”企业贷款加权平均利率4.35%，同比下降0.53个百分点。推动科创企业创新积分信用贷款投放，指导市建行发放科创企业“创新积分贷”106笔、2.91亿元；推动金融机构探索发放知识产权质押贷款13笔、1.52亿元。督促金融机构组织符合条件的科创企业申报贴息，累计为28笔、3.8亿元科创贷款贴息352万元。

（三）发展供应链金融

指导民生银行和“简单汇”平台为南玻节能玻璃公司成功签发咸宁首笔供应链票据，金额30万元，并成功办理再贴现，实现了货币政策工具对供应链金融的直达功能。配合省分行开展茶产业链金融服务模式宣传，制作“金融链茶万里遥”特色宣传小视频，相关宣传报道被《人民日报》《金融时报》《湖北日报》推介。

（四）推进小微企业金融服务

通过普惠小微贷款支持工具为法人金融机构发放激励金5079.55万元，通过普惠小微贷款阶段性减息工具为法人金融机构减免利息1099.58万元，引导金融机构加大小微企业贷款支持力度。推动金融机构发放“301”纯信用贷款103亿元，同比增长37.3%。

（五）加大对房地产市场“保”与“转”的支持

有序推进“保交楼”工作，引导农发行在合规合法前提下加快专项借款发放，截至12月末，5个“保交楼”项目申请到3.809亿元专项借款资金，助力交付住宅3242套。督促两家银行做好房地产开发不良贷款处置工作；实地调研绿地城际空间站项目情况，形成书面报告上报市政府；多次召开专题协调会，开创释放按揭贷款保证金模式。

（六）推动跨境人民币业务发展

出台《2023年咸宁市跨境人民币业务发展指导意见》，推动维达力实业（赤壁）有限公司2亿元人民币外债业务在咸宁成功落地。2023年累计跨境人民币结算量18.79亿元，其中当年累计收入14.36亿元，当年累计支出4.43亿元。

五、优化金融生态环境

持续加强信用环境建设，扎实推进金融信用市（州）、县创建工作，按照《2022年度湖北金融信用市州县创建实施方案》要求，明确工作职责和工作任务。咸宁市连续21年被评为金融信用市（州），排名全省第四；辖内县（市、区）全部通过金融信用县（市、区）认定，其中，嘉鱼、咸安、通山、赤壁进入全省前20强。

（中国人民银行咸宁市分行）

2023年8月16日，中国人民银行咸宁市分行举行民营企业融资对接服务调研座谈会

银行业保险业发展

一、服务实体经济

（一）服务地方金融供给见“高度”

积极谋划部署金融支持实体经济发展的政策措施，引导银行保险机构切实加强金融供给。12月末，全市银行机构总量贷存比81.88%，增量贷存比114.77%。督导银行机构紧紧围绕市委、市政府中心工作，支持了中广核光伏发电项目、盐城东方建设韩国动力电池项目等一批重点项目和基础设施工程。

（二）服务金融供需匹配见“力度”

引导全市银行机构深入开展“走万企　提信心　优服务”、金融支持“专精特新”春风行动等活动，督促银行机构进一步深化“银税互动”合作，积极入驻“信易贷”“咸融通”等融资平台，拓宽中小微企业融资渠道。12月末，全市银行机构已摸排155家专精特新“小巨人”企业，“专精特新”贷款余额37.65亿元、“银税互动”贷款余额26.34亿元，通过国家“信易贷”“咸融通”等平台投放的贷款余额99.62亿元。全市财产险公司为市重点工程建设项目提供完工履约保证保险、农民工工资支付保证保险金额8358.76万元,为全市153家企业提供出口信用保证保险,保费收入21.9万美元、保额8917万美元。

(三)服务市场主体纾困解难见“温度”

印发《咸宁市银行业保险业普惠金融工作要点》,引导银行保险机构持续降低融资成本、提高融资效率。12月末,全市普惠型小微企业贷款余额337.08亿元,较年初增长28.15%,比各项贷款较年初增速高13.92个百分点;有贷款余额的户数72587户,比年初增加12449户。

普惠型小微企业平均办贷环节、申报材料数、办贷时间分别较年初减少0.01个、0.04个、0.5天。普惠型小微企业当年新发放贷款平均利率4.95%,较年初下降0.19个百分点。全市新增小型微型企业“首贷户”1295家、首贷金额52.88亿元。小微企业“无还本续贷”余额33.91亿元,增幅56.12%。

(四)服务全面乡村振兴见“广度”

引导金融机构持续强化金融支持乡村振兴资金供给,积极支持嘉鱼县、通城县打造全省高质量金融服务乡村振兴示范区。金融机构共向嘉鱼县、通城县选派“金融村官”112名,建立普惠金融工作站49个,创新地方特色农产品保险10个,实现农业保险保费收入5216.6万元,赔款2641.78万元。全市已实现“整村建档评级授信”的行政村883个,“整村授信”覆盖率达100%;累计授信217.8亿元、31.04万户。扎实做好过渡期脱贫人口小额信贷业务发展和风险防控工作。12月末,全市脱贫人口小额信贷余额2.83亿元,逾期率0.13%。

二、防控金融风险

(一)防范信用风险

全面掌握信贷资产风险底数,同步推进存量盘活与增量管控,督促机构做实资产质量,加大不良贷款处置、清收力度。12月末,全市银行机构不良贷款率比年初下降0.23个百分点;全市累计处置不良贷款10.77亿元,较上年同期增加4.5亿元。

(二)防控重点领域风险

坚持“房住不炒”政策定位,严格落实“金融16条”,指导各银行机构开展问题楼盘清理,派员参与地方房地产风险防控工作专班,配合政府做好“保交楼”工作。督导农发行投放“保交楼”专项资金3.62亿元,建行、工行投放住房租赁贷款4.69亿元。

(三)整治市场乱象

印发《关于开展不法贷款中介专项治理行动的通知》,督导全市银行机构主动开展自查排查,挖掘并报告不法贷款中介线索,深挖背后线索和违法违规行为,对部分机构不法贷款中介进行现场督查,有效净化地方金融环境。开展“7·8全国保险公众宣传日”活动,组织辖内保险机构赴通山县洪港镇开展打击非法“代理退保”行为等活动,维护正常金融秩序。印发《关于开展互联网保险风险排查工作的通知》,对互联网保险营销宣传、承保理赔、客户服务和投诉处理等开展风险排查,强化对互联网保险监管力度。

2023年7月19日,国家金融监督管理总局咸宁监管分局举行金融服务乡村振兴示范区建设工作座谈会

三、金融服务创新

(一)大力推进新市民金融服务

督导银行保险机构积极响应新市民在创业、就业、住房、教育、医疗、养老等重点领域的金融需求。12月末,辖内银行机构累计发放创业担保贷款1.9万笔、金额52.3亿元。

(二)推进商业补充医疗保险

联合市医保局等七部门组织相关保险公司推出咸宁惠民型商业补充医疗保险——“咸惠保”,参保人数39.96万人,参保率15.67%。实时跟进“咸惠保”运营状态,督促经营主体做好理赔工作,确保惠民政策落到实处。12月末,“咸惠保”已理赔1873人次,赔付1790.55万元。

(三)创新发展绿色金融服务

围绕“依托咸宁自然禀赋 做大做强绿色金融”主题开展专项调查研究,深入分析咸宁市银行保险机构支持绿色金融企业发展现状,提出发展对策。12月末,全市绿色金融贷款余额340.24亿元,同比增长81.38%,高于各项贷款增速67.42个百分点。大力发展绿色保险,创新推出“古树名木保护+保险”保障机制,指导国寿财险创新推出全省首例古树名木保护救治综合保险,为崇阳县170株古树名木提供风险保障221万元。

(国家金融监督管理总局咸宁监管分局)

随　州　市

金融发展概况

2023年末，随州市金融机构各项存款余额2272.45亿元，比上年末增长10.2%。其中：住户存款余额1857.10亿元，增长14.8%。金融机构各项贷款余额1217.54亿元，增长11.4%。其中：住户贷款余额467.69亿元，增长11.1%；非金融企业及机关团体贷款749.83亿元，增长11.6%。年末全市实现保险费收入38.09亿元，增长3.39%；保险赔付支出15.86亿元，增长21.38%。

全市共有金融机构41家，其中银行业机构13家，保险机构26家，证券机构2家。全市有A股上市公司1家，"新三板"挂牌企业4家，区域性股权市场挂牌企业174家。

全市有地方金融组织4类40家。其中，小额贷款公司9家，融资担保公司5家，典当公司12家，融资租赁公司4家。

地方金融工作

一、引导金融机构服务经济社会发展

（一）促进信贷总量稳步增长

进一步完善信贷监测机制和手段，引导金融机构精准把握形势政策要求做好信贷投放工作；通过月调度、季督办、定期通报等形式，激励银行业金融机构贷款投放的积极性，全年全市贷款新增投放124.86亿元，较上年增长11.43%。

（二）发挥融资担保增信作用

充分发挥融资担保增信、降险和拓宽融资渠道作用，有效促进中小企业和"三农"融资。2023年，随州市中小企业融资担保有限公司在保1191笔，金额17.51亿元。其中新型政银担在保余额15.98亿元，占年度目标任务14亿元的114.14%；担保费收入1180.9万元，占年度目标任务1120万元的105.44%。"科技担保贷"累计在保28笔，金额10165万元。与工行合作"国担快贷"、汇丰银行合作"园区贷"、农商行合作"融合贷"，担保费率0.7%，均为见保即贷。截至2023年末，"国担快贷"在保72笔，金额324550万元；"园区贷"在保353笔，金额14700万元；"融合贷"在保449笔，金额41383万元。

二、推进金融改革创新

（一）首贷中心提升金融服务质效

在全市各银行普惠金融部均设置"首贷分中心"，向首贷户提供金融服务咨询、金融知识宣传、贷款需求对接、资料收集录入、征信查询服务、担保服务对接及其他服务，形成"1+N"金融暨首贷服务体系。在市政务服务中心设置启用了集信贷融资、融资担保、资本市场融资等政策咨询、业务指导功能于一体的"随州市（曾都区）金融综合服务暨首贷中心"窗口。

（二）数字赋能打通信贷"高速公路"

着力推动随州市金融综合服务平台数据归集和推广运用，定期对各银行机构推广运用情况进行通报。深度对接省中小企业融资服务平台，充分运用企业信用信息为企业提供融资服务。平台归集14个部门共75项数据，10家市级商业银行和1家政府性融资担保机构全部入驻，并发布130款信贷产品和8款融资担保产品，服务企业1617家、授信899笔、放款892笔，贷款投放金额37.47亿元。

（三）金融"活水"精准滴灌创新创业

联合市委人才办拓展人才创新创业融资渠道，出台《"炎帝人才贷"金融服务工作方案》，针对人才和人才创办的企业的不同发展阶段，分别在创新创业期、成果转化期、成长壮大期建立了分级融资服务体系，配套推出了"炎帝人才智享贷""孵化贷""成长贷""融贸贷"等融资产品，创新建立人才资本对接机制，积极构建系统化金融支持体系，打造金融赋能人才创新创业良好生态。

（四）普惠金融助力重点领域和薄弱环节

引导金融部门持续加大对制造业、科技创新、小微企业、乡村振兴、绿色发展等领域的支持力度，促进金融资源向重点领域和薄弱环节倾斜。建行随州分行针对村集体经济组织，以未承包到户的耕地、林地、草地等集体土地应收租金作为额度测算依据，创新农村土地经营权抵质押方式，推出了"裕农快贷"。工行随州分行联合市中

小企业融资担保公司推出"国担快贷"为农业经营主体提供线上担保4000万元。农行随州分行成功投放全市首笔农村集体经济组织"和美乡村贷",授信200万元,发放全省首笔贷款100万元。

三、推进企业上市挂牌

进一步健全齐抓共管上市工作机制。组织引导企业参加上交所资本市场服务湖北周、深交所一对一辅导服务、全省"新三板"挂牌和北交所上市培训等活动,先后近30次邀请券商、证券交易所、律师事务所、会计师事务所等中介机构来随考察资本市场,开展"点对点"送政策、送服务活动,为企业提供咨询指导,及时协调解决"金种子""银种子"企业以及重点上市后备企业上市堵点和难点问题。鼓励科技型、成长型企业制定启动"新三板"挂牌计划,以专精特新"小巨人""隐形冠军"等企业为重点,加强跟踪对接和储备,引导企业抢抓北交所扩容和注册制实施窗口期,积极争取上市。积极申报省级上市后备"金种子""银种子"企业,企业存量均达12家,超额完成省下达目标任务。2023年,随州报证券交易所审核企业1家;报湖北证监局辅导企业3家;"新三板"企业4家,其中2家由基础层成功升至创新层。全市重点上市后备企业、省级上市"金种子""银种子"企业和其他重点上市后备企业的梯队上市格局业已形成。

四、防范化解金融风险

(一)加强宣传教育

持续加强"源头防范"不放松,办好用好"随州金融"微信服务号,常态化推送防范金融风险知识文章。通过微信朋友圈推送防范非法集资公益短视频37万条、电话短视频彩铃展播超5万次。开展金融安全宣传进乡村、进社区、进校园、进企业、进商圈教育宣传活动,到东兴社区等基层一线开展防范非法集资宣讲3场次,向县、市、区中心城区及重点社区全覆盖发放防范非法集资公益海报2000份,在人流量大的商超、医院等重点部位置放宣传展板、张贴公益海报100余块(张)。市民群众风险识别能力和防范意识以及对打击处置非法集资工作的理解支持显著提升,为重点风险妥善处置营造良好的社会舆论氛围。

(二)开展风险排查

部署开展全市各行业和各领域金融风险隐患大排查,切实提高排查频次和密度,全覆盖排查各类市场主体1032户,对风险早识别、早预警、早发现、早处置。建立风险台账,定期跟踪督促排查出的2条关注类风险隐患整改,把金融风险隐患消除在萌芽状态。

(三)全力化解风险

全力化解中央巡视反馈案件、亿元以上大案、2023年初陈案三类重点非法集资案件。2023年,3件纳入省定责任目标考核指标的非法集资陈案实现100%销号。根据跨区域非法集资处置"三统两分"原则,配合做好"蛙宝""蜀桑源""团贷网"等案件本辖区集资参与人信息登记工作,严格落实属地维稳责任。同时,畅通信访反映渠道,及时就集资参与人关心的问题作出解答,竭尽全力做好追赃挽损工作,最大限度降低集资参与人损失,维护社会大局稳定。

五、促进地方金融组织规范健康发展

一是严把准入关口。在从严审查审核基础上,向省地方金融监督管理局提交3家典当公司和1家商业保理公司的设立申报资料。湖北永金典当有限公司、湖北金顺典当有限公司、湖北铂丰典当有限公司已取得《典当经营许可证》。

二是实施分类监管。聘请第三方机构湖北金银评有限公司开展了全市融资担保2023年分类评级工作,对全市6家融资担保公司进行分类评级。依据分类监管评级结果,对融资担保公司有针对性地采取不同的监管政策和监管措施,切实增强监管效能。

三是强化执法检查。组织对

2023年2月22日,随州市举行2023年金融"早春行"之重大项目融资对接活动

全市7家典当行开展全覆盖检查；开展小额贷款和融资租赁公司“双随机、一公开”检查，督促被检单位对发现的问题在规定的时间内整改完成。

六、推进金融生态环境建设

持续改善融资环境。举办金融“早春行”暨重大项目融资对接活动、“政银企”面对面直通车服务活动，搭建政银企“点对点”洽谈平台，全市银行业金融机构与52个重点项目共达成74笔贷款意向协议，授信金额181.33亿元。开展金融服务助企纾困专项行动，召开缓解企业融资难融资贵座谈会，引导银行机构主动上门对接服务，实行一户一策精准服务，银行机构对商务、农业农村、文旅、科技等部门推送的85家小微企业实现融资58笔，新增贷款2.18亿元。

（随州市人民政府办公室）

履行央行职能

一、贯彻执行稳健货币政策

（一）充分发挥政策工具效能

一是认真落实稳健的货币政策。召开全市货币信贷联席会、专题调研座谈会、经济金融形势分析会，多形式多途径向政府部门和金融机构传达最新的货币信贷政策精神，部署信贷工作目标和任务，引导和督促金融机构精准有力落实好稳健的货币信贷政策。加强法人机构信贷调控，全市存款准备金率下调2次，释放资金2.15亿元，全部用于支持涉农、小微企业。

二是强化政策工具运用。使用支农、支小再贷款和再贴现为银行提供低成本央行资金。全年全市累计投放再贷款10.5亿元，有效支持5112户涉农小微企业及个人；办理再贴现2261万元。引导地方法人金融机构进一步扩大普惠小微贷款投放，全年累计向符合条件的法人银行机构提供激励资金5787.42万元，为6.08万笔普惠小微贷款提供阶段性减息支持，累计减免利息2203.02万元。指导金融机构抢抓科技创新、绿色低碳、交通物流、设备更新改造等领域专项货币政策工具时间窗口，加大对特定领域的金融支持。

（二）聚焦重点领域和薄弱环节

一是切实做好房地产金融工作。大力推进金融支持“保交楼”，组织全市银行机构开展银企对接活动，配合地方政府有序实施首套房贷款“认房不认贷”、降低存量首套住房贷款利率等政策，推动落实好“金融支持房地产16条”。

二是优化普惠小微企业金融服务。积极推动普惠金融发展示范区建设，举办随州金融“早春行”之重大项目融资对接活动，持续优化政银企多方对接平台。截至12月末，全市普惠小微贷款余额238.82亿元，较年初增加51.75亿元，增幅27.66%。联合市财政局召开随州市政府采购合同融资工作推进会、接入机构征信管理工作会，实现“政采贷”业务县（市、区）全覆盖。全年成交“政采贷”业务56笔、金额1.47亿元。提交符合条件的贴息申请共152笔、贷款金额11.96亿元。

三是支持民营企业做大做强。联合政府职能部门组织开展“随州市民营企业金融服务质量提升年”活动，成立民营企业金融服务专班，对252家入库重点民营企业集中开展融资对接，2023年入库企业金融服务“三个100%”工作目标圆满完成，民营企业贷款余额315.25亿元，较年初增长17.2%；创业担保贷款余额6.62亿元，增长84.08%。持续推广运用“楚天贷款码”，积极开展信用培植工程，经过培植、辅导，向49家企业贷款10.17亿元。全年随州应收账款融资服务平台融资成交笔数273笔，融资成交金额66.38亿元；新增注册企业10家。

四是精准支持农业高质量发展。组织银行机构做好对乡村振兴重点领域主体和项目的对接服务。针对农业农村实际和涉农市场主体融资需求特点，创新了“致富贷”“菇农贷”“外贸贷”等特色区域信贷产品，有效支持龙头企业、专业大户、专业合作社、家庭农场等新型农业经营主体的发展。为421户新型农业经营主体和农业项目提供融资

2023年3月15日，中国人民银行随州市中心支行联合随州市市场监督管理局、市消协等部门开展“3·15”金融消费者权益日集中宣传活动

43.54亿元；全市涉农贷款余额696.43亿元，比年初增加101.33亿元，同比增长17.03%，占全市贷款增量的82.32%，有效满足了乡村振兴信贷资金需求。

二、维护金融稳定

（一）推动地方法人银行风险有序压降

持续做好央行评级等级提升工作，巩固7级机构清零成果，开展地方法人银行风险监测、资产质量真实性核查、压力测试、存款保险风险评价等工作，摸清地方法人银行公司治理、资产质量、盈利能力和流动性、关联交易等风险底数，两家法人银行机构央行评级由7级分别上迁至5级和6级，金融风险进一步压降收敛。制定中小银行突发事件应急预案，开展金融稳定突发风险事件联防联控应急演练，提升应急处置能力。

（二）全面摸排辖区金融风险

持续做好不良贷款监测，建立健全风险隐患台账、风险清单，统筹协调地方债务风险化解工作；指导金融机构稳妥化解融资平台存量债务风险，严格控制新增债务。深入开展“护航新征程 存保伴您行”存款保险宣传活动，不断提高存款保险公众认知水平。开展重大事项报告专项核查和综合评价，加强对金融机构的监督管理。

（三）严厉打击非法金融活动

持续推进“汇警检法”协作机制，查处“8·18”专案中非法买卖外汇案件5起，处罚100.46万元。开展外汇业务专项检查、大额高频预付交易专项核查、重点异常出口企业非现场核查等工作，维护辖区涉外市场秩序。开展征信系统接入机构考核评级、安全巡查、异常核查等工作，保障征信信息安全。积极推动县域打击治理洗钱犯罪工作，组织召开反洗钱工作联席会、专题培训会，开展扫黑除恶、打击地下钱庄、打虚打骗等专项行动；对辖内5家法人义务机构开展反洗钱风险评估。拍摄的反洗钱宣传微电影得到《人民日报》、人民视频和中国网客户端等媒体转发。有效实施银行业“断卡”行动，配合公安机关遏制辖内电信网络诈骗犯罪，全年冻结账户3795个、冻结资金1.83亿元、返还资金1223.67万元。警银联动开展以“反诈拒赌、安全支付”为主题的“四进四护”宣传活动，相关工作经验被《人民日报》《湖北日报》等媒体宣传推介。

三、加强金融管理和服务

（一）持续提升支付服务质量

推广助农助老助弱“安居工程”和“一网通办”应用，采取现场查访、电话回访、交叉暗访等多种形式，督促进一步提升银行账户服务便利度，全市银行网点基本完成适老化改造。

（二）提供优质国库服务

积极推进跨省异地电子缴税业务，梳理和优化各类退税业务流程，确保业务“即来、即审、即办”，切实提升退税资金到账速度，全辖共办理退库业务13.78亿元。积极构建“市、区、县、镇、村”五级国债宣传服务体系，全年国债乡镇销售1.62亿元，占比为81.6%，较上年上升24.92%。

（三）保障社会公众用现需求

编制发行基金月度调拨计划，累计投放56.2亿元，以更合理的券别结构、更多的原封新券投放市场；加大力度推进现金服务网格化管理，推广金融网点通APP，开展拒收现金专项整治、人民币图样违规使用监测、现金清分质量检查等工作，进一步深化货币流通环境治理。

（四）推进征信服务窗口标准化

升级信用报告自助查询机，稳妥做好支行征信人工服务窗口调整工作，保持县域征信服务供给稳定。全年查询个人信用报告41419笔、企业信用报告1979笔；处理个人异议30笔。

（五）深化外汇便利化改革

以数字外管建设为抓手，通过专题培训、制作海报、明查暗访、辅导调研、建立白名单等多项措施推进贸易投资便利化政策全面落地。优化企业汇率避险服务，积极推进“单一窗口”融资，加大跨境金融区块链服务平台推广，提高企业贸易收支便利化和投融资便利化水平。全年全市进出口总额15.86亿美元，贸易融资累计发放1475万美元、企业借用外债200万美元，指导企业办理远期和期

2023年6月3日，中国人民银行随州市中心支行联合随州市公安局、中国银行随州分行举办“反诈拒赌 安全支付”四进四护宣传活动启动仪式暨“进校园护成长”活动

权业务1.06亿美元。

（六）降低企业融资成本

推动银行机构完善内部资金转移定价（FTP）机制，持续释放LPR改革效能，个体工商户综合融资成本保持稳中有降。全年为51015家小微企业、个体工商户减免支付手续费1760.27万元，切实为市场主体纾困解难、减压降负。

四、推动金融创新

（一）推进跨境人民币业务

印发《关于推动2023年随州市跨境人民币业务发展的意见》，与商务部门建立协同机制，开展跨境人民币首办户拓展行动；实行按月通报、上门督办、辅导培训，扩大跨境人民币结算覆盖面。截至12月末，全市跨境人民币结算量合计8.47亿元，同比增速为83.52%。

（二）助力绿色产业发展

印发《随州市金融支持绿色产业发展工作方案》，对入库绿色项目实施分类监测管理，引导银行重点支持风电、光伏、绿色建筑等领域和项目，加大绿色信贷产品创新，助推长江经济带绿色发展。年末全市绿色贷款余额243.64亿元，增长29.11%。

（三）提升科技金融服务质效

联合市市场监督管理局开展专利技术供需对接暨知识产权质押融资入园惠企行动，引导和支持金融机构探索开展排污权抵质押贷款、科创企业创新积分信用贷款、知识产权质押贷款等科创信贷产品创新，组织引导交行科创产品“普惠E贷（科创版）”标准立项工作。

（四）推动供应链金融创新

印发《金融支持随州香菇产业链发展工作方案》，围绕香菇产业链7个环节，推动金融机构与产业链核心企业对接，提升产业链核心企业综合金融服务水平，支持随州香菇产业建成国家优势特色产业集群。

（中国人民银行随州市分行）

银行业保险业发展

一、服务实体经济

（一）推进小微企业金融服务

通过出台相关优惠政策，鼓励金融机构加大信贷投放、开发适合小微企业特点的金融产品、降低融资成本。通过建立信用担保体系、搭建金融服务平台、优化金融监管等举措，有效推动金融服务小微企业。2023年末，全市普惠型小微企业贷款余额236.48亿元，比年初增长27.39%。

（二）推进金融服务乡村振兴

持续推进县域存贷比提升攻坚行动，随县、广水市存贷比分别比年初增加1.95个和4.16个百分点，超额完成1个百分点的目标。大力推进金融服务乡村振兴创新示范区建设，科学制定第一批示范站计划3个、精品站计划55个；“整村评级授信”实现“量变”到“质变”，用信金额超过100亿元。大力推动农业保险“提标、扩面、增品”，实现水稻、小麦完全成本保险县域全覆盖。

（三）充分发挥保险保障功能

开展保费收入提升攻坚行动，推动保费收入从6月开始“由负转正”，2023年末保费收入同比增长3.39%。督促保险机构扎实做好灾情应对，做到应赔尽赔、早赔快赔。2023年末，农业保险赔付同比增长15.85%、财产险赔付同比增长24.62%。推动“2023惠随保”提档上线，累计投保3.94万人。

（四）开展降本减负优环境行动

出台优化营商环境工作方案，大力推行减费让利，普惠型小微企业贷款利率4.61%，比年初下降0.34个百分点。扎实推进存量房贷利率下调，累计为5.6万户客户办理下调业务，新发放首套房贷利率降至3.8%，为购房者减负。

（五）开展楼市保稳促转型行动

扎实做好“保交楼”工作，督导农发行发放“保交楼”专项借款3.2亿元。联合住建局印发《商品房预售资金监管实施细则》，召开房地产健康发展专题会，组织各银行签署《支持房地产平稳健康发展承诺书》，开展预售资金合规排查。全市

2023年11月30日，中国人民银行随州市分行召开全市金融信用市州县创建推进会

房地产融资总体企稳回升，房地产开发贷款余额比年初增长9.61%。

二、防控金融风险

（一）严守中小银行“防火墙”

推动农商行完成隐性不良入账，累计处置不良7.21亿元。推动广水农商行、汇丰村镇银行分别补充资本0.48亿元、0.3亿元。稳妥应对广水楚农商村镇银行存款异常波动风险。

（二）织密信用风险“防护网”

及时有效处置不良贷款，通过采取加大清收力度、推动债务重组和不良资产转让、加强与司法部门合作加快涉不良贷款案件的审理和执行速度等措施，降低不良贷款风险。2023年末，全市不良贷款实现“双降”，余额比年初下降4.23%；不良贷款率比年初下降0.22个百分点。

（三）严把重点领域“安全关”

发挥债委会助企纾困职能，用好“降、免、延”组合拳，推动裕国菇业公司破茧重生。推动舜天集团债权行通过司法诉讼、清收化解等方式将风险贷款由1.87亿元降为0.42亿元。稳妥应对个人住房贷款“提前还贷潮”，开展不法贷款中介专项整治，配合地方政府开展隐性债务风险监测分析和处置工作。

（四）筑牢非法金融“隔离带”

组织开展防范非法集资、打击电信网络诈骗等系列宣教活动，保持辖内网贷机构零运营、非法“校园贷”零发案。保持案防高压态势，推动中行、随州农商行2起存量案件“清零”。

（五）巩固安全生产“高压线”

联合市公安局开展元旦和春节期间安全大检查、农村中小银行专项安全检查、第八轮安全评估等系列检查，印发专项通报，对发现的问题责令相关金融机构限期整改。

（六）加强金融监管

一是强化现场检查。围绕风险点确定现场检查的重点领域；完善检查计划和流程；加强数据分析和利用，提高检查的针对性；不定期开展突击检查，掌握真实运营状况；加强部门协作，提高现场检查效率。

二是提升非现场监管能力。印发《非现场监管委员会工作规则》，按季召开联席会议。创新出台监管统计数据“负面清单”制度，集中开展数据质量专项排查。

三是强化消保信访处置。深入践行新时代“枫桥经验”，有序推进消保中心发挥功能，大力构建“法院+金融”纠纷多元化解机制。开展信访积案化解攻坚行动，化解积案5件，挽回群众损失55万元。全年累计受理各类来电来访2719件，群众满意率92.32%。

三、金融服务创新

（一）支持“专精特新”中小企业发展

建立工作推动机制、主办银行制、“金融服务专员制”、定期走访机制以及常态化银企对接机制，推动金融服务精准对接“专精特新”企业需求。支持和引导大型银行和城商行利用多元牌照和多样产品为企业提供立体化金融服务；支持地方法人银行创新服务模式；支持政策性银行充分发挥政策性贷款优势。各银行业金融机构优先保障“专精特新”企业信贷规模，构建专门服务体系、设立专营机制和支行、引进专业人才、组建科技金融团队，不断完善信贷审批风控机制，提高无抵押贷款授信额度，简化续贷流程。各保险机构强化保险保障和增信分险服务，对于“专精特新”企业的理赔申请做到快理快赔、优先赔付。

（二）助力文旅产业发展

引导银行机构结合文旅产业特点，探索“信贷+文旅”融合发展新路径。支持银行机构签订金融支持文旅发展战略合作协议，鼓励信贷支持文旅项目，创新支持文旅经营主体信贷模式，并将信贷作业链向文旅产业服务终端延伸。引导银行保险机构用足用好惠企纾困政策，做好对有发展前景但暂时困难的文旅企业的融资接续安排。

（国家金融监督管理总局随州监管分局）

2023年9月8日，国家金融监督管理总局随州监管分局联合市经信局召开“‘走万企 提信心 优服务’政企‘直通车’2022—2023年度进规企业专场金融对接会”

恩　施　州

金融发展概况

2023年末，恩施州金融机构本外币存款余额2170.99亿元，比上年末增长9.0%，其中住户存款1744.27亿元，人均储蓄存款余额51447元。金融机构本外币贷款余额1813.54亿元，增长12.8%。

全年保险市场实现保费收入64.72亿元，比上年下降1.1%。其中，人身险市场实现保费收入40.07亿元，下降7.7%；财产险市场实现保费收入24.65亿元，增长11.9%。全年支付各类赔款及给付金额26.45亿元，增长19.1%。其中，人身险业务赔款及给付9.37亿元，增长5.8%；财产险业务赔款17.08亿元，增长28.0%。

全州6家证券公司开设的股票基金账户10.31万个，比上年下降10.7%。交易额907.90亿元，增长50.0%。全年全州实现资本市场直接融资658.01亿元，较上年增长16.87%。

全州社会融资规模（间接）1877亿元，较上年增长13%。

全州共有金融机构54家，与上年持平。其中，银行业机构17家，保险机构35家，证券机构2家。全州共有地方金融组织3类13家，与上年持平。其中，小额贷款公司1家、融资担保公司11家、典当公司1家。

地方金融工作

一、引导金融机构服务经济社会发展

（一）促进金融资源与实体经济有效对接

召开2023年全州金融工作暨金融“早春行”政银企对接会，农行湖北省分行与州政府签署战略合作协议。举办服务高新技术企业“春晓行动”暨银企创新融资对接活动和产融结合赋能中小企业高质量发展“专精特新”企业投融资恩施州专场对接会；举办金融服务高层次人才交流对接会，引导更多金融资源投向实体经济重要领域和薄弱环节。

2023年10月24日，湖北省反洗钱宣传教育基地揭牌暨《反洗钱理论与案例分析》课程开班仪式在湖北恩施学院举行

（二）引导金融机构落实落细稳增长政策措施

出台《2023年度金融服务茶产业发展工作方案》《恩施州金融支持实体经济发展九条接续措施》等金融服务和支持措施，确保各项金融支持稳增长政策措施有效贯彻落实。积极推进重点项目授信用信转化，全州115个重点项目用信率达到51.22%，较上年同期提升13.3个百分点。坚持“一行一策”考核，月分析、季通报银行机构信贷投放情况。2023年全州各项贷款余额1813.54亿元，较年初增长206.34亿元，增幅12.84%，比上年同期增长1.64%，高于全省平均水平3.01%，超额完成省定新增180亿元信贷目标任务。

二、推进金融改革创新

深入推广农村土地经营权抵押贷款，制定《恩施州林权抵押贷款指导意见》《恩施州公益林补偿收益权质押贷款指导意见》，探索发展林权抵质押贷款，进一步拓宽农村融资渠道。全州农村土地经营权抵押贷款投放1.85亿元、林权抵押贷款投放9772万元。农村土地经营权抵押贷款改革不仅写入省委、省政府2023年8号文件，还荣获第四届湖北改革奖（个人奖）；林权抵质押贷款“两山”实践创新示范区建设案例在国家发改委《改革内参》杂志刊发。积极推动县（市）发展农业保险，推动涉农相关市场主体利用农业保单开展贷款质押。2023年，全州农业保险实现保费收入6055.9万元，保险金额15.28亿元，农业保单质押贷款投放1.55亿元。

三、推进企业上市挂牌

组建推进3家重点企业上市工作专班,州领导分别包保3家重点企业,高位推进企业上市。邀请上交所、北交所专家开展企业上市培训和业务辅导,举办全州企业上市培训2场、召开重点企业上市专题会7次,协调解决重点企业上市过程中面临的问题和困难。出台《恩施州加强资本市场建设推进企业上市十条措施》《落实省加快推进企业到北京证券交易所上市和新三板挂牌工作方案》,加强对拟上市企业在税收、土地、人才引进、金融保障等方面的支持,引导符合条件的企业尽早在"新三板"挂牌。进一步完善支持企业上市奖补政策,及时兑现2022年省级"金种子"企业奖补资金80万元。截至2023年末,全州培育省级上市后备"金种子"企业7家、"银种子"企业13家、"四板"挂牌企业306家,累计实现融资16.98亿元。

四、防范化解金融风险

(一)常态化开展金融风险防范宣传

印发《关于做好岁末年初防范非法集资等金融风险宣传教育工作的通知》《关于开展2023年防范非法集资宣传教育月活动的通知》,大力推进防范非法集资风险宣传工作。编排非遗快板《非法集资大家访》、三棒鼓《非法集资害处多》、《远离非法集资三句半》等具有本地特色的防非节目,精编本地非法集资典型案例下沉宣传。全州共开展宣传活动2462余次,印制户外广告、宣传品80万余份,发送短信70万余条,辐射人数百万余人,进一步提升人民群众风险防范意识和风险识别能力。

(二)深入开展金融风险隐患排查

制发《关于开展全州各行业领域金融风险大排查工作的通知》《关于进一步做好金融风险监测预警的通知》等文件,进一步健全完善金融风险早期纠正机制,对涉法人机构风险、非法集资风险、重点企业风险、涉"金融"字样重点企业风险、地方金融组织风险等开展全面排查,建立健全省、州两级金融风险台账。截至年末,下发风险提示12余次,交办风险隐患、举报线索21条,已销号处置17条。

(三)强化重点领域专项整治

组织开展"解债类"非法集资、民间投融资机构涉非涉稳、第三方财富管理公司违规经营、"非法校园贷"、地方金融涉黑涉恶等重点领域专项整治,加强非法集资陈案化解攻坚,超额完成省定非法集资陈案下降目标任务。全力做好岁末年初、"两会"、"州庆"、"国庆"、"亚运会"等重要时间节点金融领域风险监测、预警和信访维稳工作。全州金融风险总体可控,金融形势继续保持稳定。

五、促进地方金融组织规范健康发展

加强地方金融组织监管,规范地方金融行业秩序,实行地方金融从业承诺、从业负面行为公示、客户告知三项制度,压实股东、高管及从业人员的主体责任,保护金融消费者合法权益。采用非现场监管与"双随机、一公开""互联网+监管"现场检查等措施,规范地方金融组织经营行为,强化对地方金融组织的风险管控。

六、推进金融生态环境建设

积极指导县(市)改革先行区创建工作,其中恩施市、鹤峰县探索信用信息赋能,助力中小微企业融资改革;利川市深化首贷金融服务中心改革;利川市、建始县探索在建工程建设项目预付工程款授信;建始县打造科技型企业融资担保服务新模式;来凤县"首贷担"助力小微企业信用培植等5个县(市)的7项改革成功通过省级验收,被确定为全省营商环境改革先行区。在省对县(市)营商环境考评中,建始、利川、鹤峰3个县(市)获得信贷指标分别位列全省第1名、第4名、第5名。

(恩施州人民政府办公室)

履行央行职能

一、贯彻执行稳健货币政策

(一)促进信贷投放量质双升

以"信贷稳增长行动"为抓手,多措并举加大信贷投放力度。组织政银企精准对接,开展金融"早春行"、高新技术企业对接会等活动,为166家企业提供授信109.11亿元,为64家企业现场放款15.58亿元;举行城镇老旧小区改造融资签约会,签约额度达107亿元。加大对地方法人银行的资金支持,年末再贷款再贴现余额38.36亿元,撬动法人银行新增贷款52亿元。运用普惠小微贷款支持工具1716万元,带动新增普惠贷款9亿元。全年银行机构累计发放大额贷款(1000万元以上)383笔、142.81亿元。支持扩大有效投资,建立政银协调机制,推送重点融资需求项目167个,累计授信95亿元,115个未全额用信项目授信转化率由35.86%提升至49.18%。

(二)支持重点领域发展

一是支持民营小微企业可持续发展。组织开展民营企业金融服务质量提升年活动,印发落实方案、制定“恩施民企融资十条”。年末民企贷款余额457.33亿元，较年初增幅18.44%，其中信用贷款增幅51.19%。

二是支持茶产业链优先发展。2023年，全州金融机构对935家茶企新发放贷款995笔、金额4.51亿元；996家茶企享受贷款展期、延期等信贷支持1067笔、金额5.68亿元；6个县（市）组织茶产业现场银企签约，签约茶企88家，签约金额1.38亿元。

三是提升民生领域金融服务质量。落实创业担保贷款政策，创业担保贷款余额41亿元、同比增幅41.7%，累计投放16亿元。

四是推进金融支持“保交楼”“保租房”。金融机构提供配套融资1.99亿元，银行个贷余额14.4亿元；保障性租赁住房项目授信26.92亿元。

五是支持绿色低碳发展。绿色贷款余额205亿元、同比增幅28.7%，年内新增38.5亿元。协调开展绿色项目合作推荐机制，26个项目共授信10.08亿元。

（三）有效落实普惠金融政策

普惠小微贷款平均利率较年初下降0.49个百分点，银行机构累计减费让利9940万元。为332家民贸民品企业落实贴息资金4288.83万元，涉及贷款1308笔、40.8亿元，居全省首位。稳增长三项贴息资金287.07万元。“湖北消费贷”落地，个人消费信贷成本降低。调整优化住房信贷政策，推进法人银行存量住房贷款调整，平均首付比、平均利率均较上年末有所下降。银行机构对11.19万笔、339.64亿元存量首套房贷款利率进行调整，调整后加权平均利率4.24%。优化融资服务。“301”线上信用贷款发放34.72万笔、210.9亿元，是2022年的近1.5倍，利率下降0.23个百分点。小微企业“银税互动”贷款、“循环贷”增幅分别达到21.8%、45%。

二、维护金融稳定

（一）持续开展央行评级等级提升行动

推动解决辖内农商行资产质量不优、资本水平不足的突出问题，指导农商行进一步加强风险管控和风险抵补能力建设，防止评级等级下降劣变。2023年在继续保持辖内高风险机构阶段性清零的基础上，评级结果较上年末实现评分和等级“双提升”。

（二）加强金融风险监测与防控

通过压力测试、资产质量现场评估、央行评级现场评价、存款保险风险核查等措施，动态掌握地方法人银行重点领域风险，及时将地方法人银行反映的需要协助的事项提请州政府解决。

（三）指导地方法人银行积极处置化解风险

牵头制定《恩施州辖内地方法人银行风险化解方案》，配合恩施州委、州政府两次召开全州银行业机构稳增长防风险专题会议，研究部署法人银行不良处置和资本补充工作。推动辖内地方法人银行“真金白银”化解风险，各项风险指标明显好转。

三、加强金融管理和服务

一是推动减费让利政策落实落地。2023年，恩施辖内银行机构累计减免支付手续费1.7亿元，惠及小微企业和个体工商户55411户。

二是着力解决现金工作突出问题。设立“火烧币”鉴定工作室，全年为群众鉴定兑换“火烧币”12起，兑换金额57万余元，兑换率达到90%以上。

三是践行国库为民理念。高效办理个人所得税汇算清缴退税业务。全年全州各级国库办理个税退税业务金额达6774.09万元。建立国债发行销售奖惩机制，全年储蓄国债共发售18期共7990.78万元。

四是推动征信工作全面开展。持续整治征信市场，实现涉“征信”字样企业零新增。

五是提升外汇服务质效。联合辖内银行拓展汇率套保业务，积极解决“汇率避险拓客瓶颈”问题。全年辖内银行共为4家企业办理汇率套保业务，实现了恩施州汇率套保业务“零突破”；成功办理了非法买卖外汇案件1起，实现外汇案件办理“零”的突破。

六是妥善处理金融消费者投诉。全年累计受理消费者投诉49件，办结49件，办结率100%，较好维护了金融消费者的合法权益。

四、推动金融创新

（一）优化金融营商环境

促进银企精准对接，有效提升金融服务实体经济的可获得性。全州金融营商环境的获得信贷指标在全省排名第7位；指导利川市、建始县积极探索推进在建工程建设项目预付工程款授信工作，利川市、建始县为19户企业开展预付工程款授信1.25亿元，放款1.15亿元。利川市、建始县被纳入2023年全省优化营商环境改革先行区，并获湖北省优化营商环境领导小组发文通报表扬。

（二）健全反洗钱宣教长效机制

积极探索反洗钱宣教高校合作新模式，与湖北恩施学院联合开设反洗钱专业选修课程，成功申请建立湖北省反洗钱宣传教育基地，相关工作经验被《金融时报》、“中国教育在线”等10余家媒体刊发。

（三）探索茶产业供应链预授信模式

将宣恩昌臣茶叶、利川红集团纳入中征应收账款融资服务平台。通过探索茶产业供应链预授信模式，使整个供应链的资金流更加顺畅、资源配置效率更高、供应链更加稳定。

（中国人民银行恩施州分行）

银行业保险业发展

一、服务实体经济

（一）持续加大信贷投放

聚焦支持实体经济融资需求，引导信贷投放稳步增长，超额完成全年信贷目标。2023年末，全州银行业各项贷款余额较年初增长12.84%，高于全省平均水平3.01个百分点，完成州委、州政府确定的全年信贷目标的108.6%；银行机构存贷比83.54%，居全省第5位。

（二）推动金融惠企政策直达

开展"走万企 提信心 优服务"、民营企业金融服务质量提升年等活动，联合相关部门建立惠企政策咨询办理联络机制；制定《营商环境获得信贷指标责任清单》，推动小微企业信贷结构持续优化、融资成本逐步降低。全州普惠型小微企业贷款较年初增幅连续12个月高于各项贷款平均增速。

（三）探索金融支持乡村振兴新模式

深入实施普惠金融工作站"提档升级"计划和"百千工程"，在全州建立银保融合普惠金融工作站"示范站"8个、精品站80个。召开政策性农险推进会，推动茶叶、蔬菜、肉牛等地方特色农险"提标、扩面、增品"，为5.4万户次农业生产主体提供风险保障9.1亿元。地方特色农业保险工作经验在《中国银行保险报》头版以及《湖北日报》经济专栏刊载。围绕脱贫人口和脱贫地区，加大金融资源倾斜，"防贫保"综合保险为20余万户脱贫人口提供风险保障。持续推广农村土地经营权、林权抵押贷款，发放"两权"抵押贷款265笔共2.78亿元；在全省率先开展"农保贷"业务试点，全年累计发放"农保贷"1.55亿元。

（四）持续扩大金融机构服务半径

截至2023年末，全州银行业机构共设立物理网点389个，同比净增1个（新设1个网点）。其中8个县（市）城区网点193个，占机构总数的49.61%；农村乡（镇）网点196个，占全州机构总数的50.39%，物理网点覆盖全州88个乡（镇）、街道办事处。全州共有保险物理网点317个。

二、防控金融风险

（一）加强信用风险防控

2023年末，通过完善信用评估体系、严格审查贷款、加强贷后管理等举措，有效防范信用风险。全州银行业不良率1.62%，处于历史低位；全年共处置不良贷款24.75亿元，同比多处置0.84亿元。

（二）稳妥化解重点领域风险

督导银行积极配合做好"保交楼"金融服务，推动农发行发放第二批"保交楼"专项借款0.929亿元，辖内4家银行累计为4个"保交楼"项目提供配套融资0.79亿元。

（三）持续开展保险行业乱象整治

打击销售误导，整治不当竞争；规范保险中介机构的经营行为，打击非法中介活动。全年共清退"三无"中介机构和兼业代理机构5家。

（四）全力支持地方法人银行改革化险

对法人银行开展利润、不良处置和资产质量真实性核查；指导咸丰和鹤峰2家农商行募集资本金1.13亿股，中小法人银行资本补充取得实质进展。

三、金融服务创新

（一）推动金融服务不断优化

探索新市民金融服务恩施路径，在全省率先建立新市民金融服务示范点30个，共推出惠及新市民信贷产品147个、保险产品104个。银行累计代发农民工工资22.94亿元，覆盖25.54万人。开展优化营商环境先行区试点创建，在建始县探索开展在建工程建设项目预付工程款授信，发放贷款15笔共8687.7万元。

（二）推动惠企惠民政策落实落细

督导银行有序落实存量房贷利率调整政策，调整后利率区间为3.25%-4.3%。会同州医保局、州财政局遴选出5家保险公司共同承担"惠民保"运营，印发"惠民保"实施方案，"惠民保"业务取得实质性进展。

（三）提高消保工作质效

运用好新时代"枫桥经验"和"浦江经验"，构建金融纠纷多元化解工作的"恩施模式"，成功调解纠纷102件。在建始县探索与法院共建"法院+金融"诉调对接工作室，相关经验被《人民法治》报道。

（国家金融监督管理总局恩施监管分局）

2023年10月26日，国家金融监督管理总局恩施监管分局召开恩施州金融机构支持恩施市高质量发展现场调研交流会暨"走万企 提信心 优服务"金企对接会

仙　桃　市

金融发展概况

2023年末，仙桃市金融机构各项存款余额1237.8亿元，比上年增长8.0%，比年初增加91.83亿元；其中住户存款1003.16亿元，增长12.3%，比年初增加109.64亿元。各项贷款余额655.07亿元，增长12.5%，比年初增加72.73亿元；其中住户贷款333.71亿元，增长7.3%，比年初增加22.6亿元。全年全市实现保险费收入20.51亿元，比上年下降0.67%；全年保险赔付支出4.63亿元，比上年增长39.95%。

全市多层次资本市场平稳发展，直接融资取得明显成效。截至年末，有A股上市公司1家，“新三板”挂牌企业2家，区域性股权市场挂牌企业74家。全年实现资本市场直接融资20.6亿元，同比增长41.29%。

2023年，全市社会融资规模102.62亿元。

年末全市共有金融机构37家，较上年增加1家。其中，银行业机构10家，保险机构23家（增加1家），证券机构4家。

全市共有地方金融组织3类10家。其中，小额贷款公司5家，融资担保公司3家，典当公司2家。

地方金融工作

一、引导金融机构服务经济社会发展

（一）推进金融服务提质增效

深化政银合作联动，组织开展金融服务“早春行”银企对接活动以及银企“早餐会”，为296家企业提供授信83.84亿元，履约率达106%。持续开展首贷户拓展行动，为339户企业提供首次贷款3.14亿元。加大产业链支持力度，为“7+1”重点工业产业链和“1+4”重点农业产业链上下游各类市场主体提供融资25.22亿元。配合人社部门出台创业担保贷款实施方案，进一步规范创贷业务和激发就业创业活力。联合自然资源和规划局全面推行二手房交易“带押过户”业务，进一步提升金融便利化服务水平，降低交易成本和风险。

2023年2月21日，仙桃市举行2023年金融服务“早春行”活动暨政银企对接会

（二）推进信贷结构持续优化

引导各银行机构抢抓政策机遇，持续加大对制造业、科技创新、绿色低碳、普惠小微、乡村振兴等重点领域和薄弱环节的支持力度，及时跟进对接重点企业和重点项目。全年全市银行机构投向绿色领域的贷款余额较年初增长33.5%、普惠小微企业贷款余额同比增长41%、制造业中长期贷款余额较年初增长22%、科创企业贷款余额较年初增长29.3%。

（三）推动融资成本稳中有降

通过货币政策工具定向支持、精准滴灌、叠加财政贴息，以及实施差别化住房信贷政策，推动企业贷款和个人消费贷款成本持续下降。国有银行机构累计争取科技创新、碳减排、煤炭清洁高效利用等货币政策工具资金20.72亿元，市农商行和村镇银行2家地方法人银行机构累计获得普惠小微贷款支持工具激励资金0.35亿元；10家银行机构对全市1.54万户符合条件的普惠小微贷款阶段性减息金额超过1500万元。

二、推进金融改革创新

引导和支持银行业金融机构坚持需求导向，把创新信贷产品作为金融优化营商环境以及缓解企业融资难的重点项目来抓，充分利用企业知识产权、“未来价值”和“创新积分”，开展商标专用权质押贷款、“科创贷”、“科担贷”，加大对科技型企业支持力度。金融机构

运用大数据方式，推出“随心贷-黄鳝贷”“荆楚小康贷”“农易贷”等线上产品，充分满足“三农”融资需求。截至12月末，全市企业短期贷款新增9.1亿元，较上年同期多增2.09亿元。

三、推进企业上市挂牌

（一）梯次推进重点企业上市挂牌

对有上市意愿的企业进行帮助和引导，调查了解企业在上市挂牌各阶段中存在的问题和困难。针对重点上市后备企业在上市过程中存在的相关问题，按照相关规定进行先期规范和辅导，确保企业在保证质量的基础上加快上市步伐。推动企业与中介辅导机构签约，规范企业治理结构、完善财务制度，提升运营管理水平，有7家重点企业与中介机构签订上市辅导协议。督促建立现代企业制度，引导中小企业通过在“四板”市场挂牌健全公司治理、规范运作。2023年2月9日，武汉股权托管交易中心“仙桃纺织服装板块”启动，15家企业集体挂牌开市。市金融办和市财政局按文件规定及时对挂牌企业兑现奖励资金。

（二）加强上市后备企业培训

把上市政策宣讲与培训作为一项重要的基础性工作来抓。一方面是“请进来”。全年举办多场上市培训会议，先后邀请长江证券、省上市指导中心、武汉股交中心等机构专家对拟上市挂牌企业进行培训辅导，邀请上交所、深交所市场发展部专家到重点企业开展实地调研走访，讲解交易所上市规则，听取企业意见并建言献策。另一方面是“走出去”。组织具备条件的企业参加湖北省地方金融监督管理局、湖北省上市工作指导中心举办的各类企业上市辅导培训，聆听实战型专家的指导、分享实战经验。

（三）积极培育“种子”企业

与各辅导机构及湖北省企业上市工作领导小组办公室、湖北证监局等部门加强沟通联系，对企业在上市过程中遇到的相关问题“一企一策”予以解决。督促17家企业在上市云平台上及时填报或更新企业注册信息、财务业绩、签约中介信息等资料，申请纳入省级上市后备“金种子”或“银种子”企业名单，享受省上市“绿色通道”政策，加快上市进程。

2023年2月9日，湖北区域性股权市场“仙桃纺织服装板块”启动

四、防范化解金融风险

（一）开展金融风险大排查

制发《仙桃市关于开展各行业领域金融风险大排查工作的通知》，督促辖区领导小组各成员单位认真落实。明确领导小组各成员单位职责分工，确定专项工作联络员、细化工作内容、明确时限要求，推动金融风险大排查工作不断深入，全力做好各行业领域金融风险大排查工作。全市未发现金融风险隐患线索。

（二）开展涉非涉稳风险排查

市处非办制定《仙桃市民间投融资机构涉非涉稳风险排查工作方案》，由市场监管部门对全市注册的经营实体名称或经营范围中含有“投资”“融资”等字样的企业进行全面摸排，清理专班对名单进行重点筛查后确定现场排查对象，并根据实地排查结果进行分类处置。对不涉及相关投融资业务但是经营范围中包含相关字样的企业，要求其规范经营行为，签订依法合规经营承诺书；对处于失联状态的企业，由市场监管部门列入企业经营异常名录。

（三）开展防范非法集资宣传教育

组织各金融机构重点针对养老、“三农”、区块链、私募基金、股权投资等重点领域进行宣传，有效提高群众知晓度和参与度，做实做细防范非法集资宣传教育工作。6月和11月，市处非办举办“守住钱袋子 护好幸福家”防范非法集资集中宣传月活动以及“金融知识进校园”活动，通过布置金融知识宣传展板、播放宣传视频、分发宣传手册、现场解答金融投融资问题等方式，聚焦《防范和处置非法集资条例》普法宣传，提升群众金融风险意识。

（仙桃市人民政府办公室）

履行央行职能

一、贯彻执行稳健货币政策

（一）助力实体经济加快恢复向好

一是支持经济“稳增长”。认真落实全省推动经济稳健发展政策措施“16 条”和接续政策“30 条”，全市银行机构各项贷款全年增加 72.71 亿元、增幅 12.48%，其中，普惠小微贷款、绿色贷款、制造业中长期贷款、涉农贷款分别增长 38.1%、38.0%、20.6%、12.8%，信贷资源进一步投向重点领域和薄弱环节。

二是用活用好货币政策工具。创新第三方质押模式，发放支小再贷款 3446 万元；向 2 家法人银行发放普惠小微贷款激励资金 4481.21 万元；引导辖内国有银行机构累计争取碳减排、煤炭清洁高效利用再贷款资金 19.2 亿元；存款准备金率维持历史低位，进一步提升地方法人银行金融供给能力。

三是支持扩投资和促消费。全市固定资产贷款增长 22.3%，个人消费贷款（不含住房贷款）增长 22.2%，个人住房贷款增长 4.2%，金融支持扩投资和促消费作用明显。

四是推进银担合作。完善创业担保基金管理机制，全年累放创业担保贷款 5.57 亿元，金融助力创业就业持续增强。

五是扎实开展金融助企纾困。对 61 家企业发放应急转贷纾困资金 4.81 亿元。

六是降低融资成本。全市新发放企业贷款、普惠小微贷款加权平均利率分别较上年下降 27 个 BP、23 个 BP；对全市 5.72 万笔存量首套房房贷利率平均下调 0.78 个百分点，企业和居民融资成本进一步降低。

七是大力推动跨境人民币结算业务。2023 年全市 5 家跨境人民币业务经办行开展跨境人民币业务结算 20.36 亿元、同比增长 78.13%，本币结算率 12.42%。

（二）持续优化金融营商环境

积极开展金融服务“早春行”银企对接、“民营企业金融服务质量提升年”、“楚天贷款码”推广、“首贷户”拓展等活动，全市金融服务“早春行”银企对接授信履约率 99.1%，民营经济贷款增长 22.5%，“楚天贷款码”办结率达 97.9%，首贷户数增长 6.3%。持续推动金融生态建设，召开全市金融信用市创建工作推进会，制发《仙桃市创建“2023 年度湖北省金融信用市”实施方案及责任清单》，加强政府部门与金融部门联动配合，充分发挥金融生态建设工作机制作用，2023 年获评湖北省金融信用示范市。

2023 年 10 月 9 日，仙桃市举办专利转化暨知识产权质押融资政银企对接活动

（三）支持外向型经济稳步发展

协助召开港澳台地区外资企业金融服务银企对接会，引导银行机构进一步加大金融服务力度，加强银企互惠互信合作，提升金融服务质效，助力港澳台地区外资企业发展。举办外资外贸政策解读及实务操作培训，宣讲外资外债、货物贸易、汇率风险、高新技术企业和“专精特新”企业跨境融资便利化、出口信保等政策，鼓励企业用好各项外汇政策。督导外汇指定银行严格落实“展业三原则”，严把跨境资金流动风险防范关口，定期开展日常监测核查和协查工作，督促立行立改和违规处理。开展资本项目一线查访和个人外汇业务明查暗访，查访覆盖率达 100%。就个人外汇业务中发现的违规线索开展约见调查，通过非现场监测研判和现场调查，协助仙桃经侦部门开展线索核查。截至 2023 年末，全市跨境收支总额 23.27 亿美元，跨境收支顺差 7.57 亿美元；全市银行代客结售汇总额 8.29 亿美元，结售汇顺差 7.08 亿美元。

二、维护金融稳定

（一）着力防范化解金融风险

完成 2 家投保机构存款保险费率和缴费基数核定工作，摸清投保机构风险底数，针对性提出风险化解处置措施建议。加强地方法人银行流动性监测管理，组织 2 家法人银行开展偿付压力测试和流动性压力测试，对 2 家法人银行开展资产质量真实性核查。全面梳理辖内金融机构重大事项报告制度执行情况，对制度执行不严的机构进行现场督导，切实防范重大事项漏报、迟报风险。按季度对辖内农商银行和村镇银行开展央行金融机构评级，评级结果稳定在低风险水平。

(二)开展电信网络诈骗和跨境赌博"资金链"专项治理

成立反诈工作领导小组,全年累计召开专题会6次、编印《反诈月报》12期、开展专项督查发现并整改问题10余项、督促追责问责60人次、协助公安机关破获涉诈案件3起。开展反电诈宣传进学校、进农村、进社区、进家庭、进企业活动。银行机构成功堵截电诈资金划转,帮助群众避免经济损失120万余元。

(三)加大打击洗钱犯罪力度

全年共接收金融机构报送的重点可疑交易报告5份,打击洗钱犯罪案件4起,侦办中案件1起。全年累计组织开展4场大型集中宣传活动,发放宣传资料5000余份,受众近万人次。

三、加强金融管理和服务

(一)加强发行基金管理

健全管理制度,提升管理质效。全年累计办理现金出入库业务393笔、累计58.49亿元,完成发行基金调运12次、累计14.42亿元,保障了机构改革期间银行机构现金需求。

(二)配合财税改革落地见效

全力配合落实财税改革政策,高效完成个人所得税退税、增值税留抵退税等工作,确保政策红利惠企利民。截至2023年末,办理个人所得税年度汇算退税35997笔、金额1953万元;出口退税1357笔、金额63884万元;免抵调库908笔、金额83000万元。

(三)优化银行账户服务

组织辖内银行机构全面推广小微企业简易开户服务,全市银行网点简易开户覆盖率100%。指导银行机构依托"湖北政务服务网"平台,实现开户预约"同步申请,一网办理"。截至年末,银行受理预约开户303户。紧紧围绕个人异地开户难、企业开户"三公开"、联网核查等问题开展监督检查和服务暗访,督促银行提升管理质效。

(四)巩固支付降费成果

进一步推动实体经济融资降成本。截至2023年末,辖内银行机构累计减免开户手续费、对公跨行转账汇款手续费、支票工本费等各项手续费470.03万元,惠及16881户小微企业和个体工商户。

(五)加强征信服务管理

全年共受理个人征信报告查询40395笔、企业信用报告查询838笔、征信异议处理27笔。组织开展防范"征信修复"诈骗宣传和征信信息安全知识宣传,提高社会公众信用安全意识,维护征信市场秩序。

(六)加强调研统计监测

围绕货币政策执行效果和经济金融领域前沿热点问题,深入开展调查研究。常态化开展金融数据统计、专项调查和评估检查工作,动态跟踪监测经济指标变化情况,为上级行决策当好参谋。

2023年11月23日,中国人民银行仙桃市支行组织召开金融信用市创建工作推进会

四、推动金融创新

(一)发展供应链金融

指导市农业银行依托核心企业为其供应商提供供应链融资1000万元;出台进一步强化金融支持黄鳝产业链的指导性意见,引导银行机构主动下沉黄鳝产业链市场主体,积极创新专属信贷产品,全年发放黄鳝产业链贷款7.36亿元。

(二)推进科技金融

充分利用"未来价值"打造科技型企业融资担保服务新模式,积极开展碳排放权、知识产权、"创新积分"、应收账款等权利质押融资,推动科创企业贷款余额和户数分别增长29.5%、10.0%。

(三)推进信用信息赋能

建立数据共享机制,持续完善企业金融信用信息服务平台,平台全年实现融资50.33亿元、增长38.9%,户数1595户、增长5.6倍。

(四)推进房地产金融

全面推行二手房"带押过户"便民服务,通过加强部门协同、建立信息共享机制、优化办理流程、推行线上办理、保障资金安全等措施,提升服务质效。该项服务被纳入国家试点改革事项。

(中国人民银行湖北省分行仙桃营业管理部)

银行业保险业发展

一、服务实体经济

（一）大力支持构建新发展格局

引导辖内银行保险机构大力支持建设四化同步产业体系，积极探索科技创新金融服务，重点推动非织造布、纺织服装、食品加工、智能装备制造等优势产业提质增效，推动电子信息技术、新能源新材料、生物医药等战略性新兴产业加强金融服务；坚持服务民生，推动绿色等领域的信贷支持。对仙桃市城图实业发展有限公司进行联合授信试点，积极探索联合授信机制在有效遏制多头融资和过度融资、优化金融资源配置、提高资金使用效率等方面的重要作用。全年新增贷款投放65.06亿元，完成市政府信贷投放计划的122%。

（二）着力提升普惠金融服务质效

一是强化金融服务制度保障。督导各银行机构加强政策传导，畅通申诉渠道，增强可操作性，建立“敢贷、愿贷、能贷、会贷”的长效机制。与相关部门联合出台《仙桃市中小微企业应急转贷纾困业务实施意见》，力争续贷无缝对接。

二是加强银企对接。督促各银行机构主动对接小微企业，在2023年1月市政府组织的金融服务“早春行”银企对接活动中，为296家企业现场授信79亿元，履约率达106%；在省局开展的“走万企 提信心 优服务”活动中，银行对接企业户数为385户，对接率102.39%；新发放贷款企业23户，发放贷款金额15459.7万元。

三是提升小微企业金融服务水平。指导银行机构开展小微企业金融服务质量建设年活动，指导辖内各银行机构将信贷资源向小微企业倾斜，将政策红利传导给小微企业。截至2023年12月末，全市普惠型小微企业贷款余额97.55亿元，比年初增加29.3亿元，增幅42.94%，比各项贷款增速高31.44个百分点，贷款户数为17996户，比年初增加5965户，完成“两增”目标。其中，全市“银税互动”小微企业贷款余额15.92亿元，较年初增加3.43亿元，增幅27.48%；“无还本续贷”贷款余额8.93亿元，户数389户，较年初增加5.04亿元，增幅129.58%。

（三）全面推进金融支持乡村振兴

一是推进“应贷尽贷”。持续督导银行机构对建档立卡脱贫户和边缘户的合理信贷需求做到“应贷尽贷”。年末辖内三家主办行脱贫小额信贷余额超6000万元。

二是推进银企对接。督促各银行机构积极获取各级地方政府部门数据信息，主动开展“进村入户”、“百行进万企”和面对面的银企对接，有效满足辖区内各类“三农”经济主体的合理融资需求。

三是推进“整村建档评级授信”三年全覆盖。年末全市全部行政村均实现建档评级，整村建档覆盖率100%；辖内银行业金融机构建立普惠金融工作站50个，授信金额超40亿元。

四是充分发挥保险保障作用，推动农业保险“扩面、增品、提标”。中华联合、平安财险、太平洋财险已成功开办黄鳝特色保险，为农业合作社和养殖户提供风险保障近2亿元。

二、防控金融风险

（一）加强重点机构公司治理监管

重点督导全市2家农村中小法人机构健全内控制度，完善公司治理，坚守市场定位，加强风险管理，提升盈利能力。促进法人机构不断优化和完善公司治理架构，健全“三会一层”及其运作机制，健全利益相关者权益保护机制。压实法人机构公司治理主体责任，常态化推进股权和关联交易专项整治工作，落实股东承诺制，推动股东依法履行义务、规范行使权利。加强股东穿透审查，依法规范大股东行为。

（二）防范化解房地产领域金融风险

督导各银行业金融机构认真落实央行和银保监会出台的金融支持房地产16条措施，落实银保监会、省委省政府、市委市政府相关精神，监测分析风险形势，引导

2023年9月20日，仙桃市召开港澳台外资企业金融服务银企对接会

银行机构积极支持“保交楼”，为优质房企提供并购资金支持。督导银行机构开展违规贷款中介排查清理，积极上报相关线索，合力打击违规中介行为，防控提前还贷诈骗风险。

（三）不断强化信用风险防控

督促银行机构做实资产分类，严厉打击隐匿不良、虚假转让等行为。有序推进农村中小法人机构隐性不良入账行动计划，逐步实现隐性不良资产“暗翻明”。对于前期多轮延期还本付息积累的实质风险，要求充分反映，及时计提拨备，增强损失消化能力。要求各机构加强贷款全流程监管，做好贷款“三查”；加强对新发放贷款情况的动态监测，防止新增不良贷款快速反弹。督促加快对存量不良贷款处置速度，综合运用现金清收、贷款核销、市场化批量处置等手段有效处置不良资产。

（四）防范遏制案件风险

一是督导各机构加强内控制度与内部管理流程有机结合，按照现代企业制度和行业管理要求，在组织机构、规章制度、信息技术等方面进一步加强内控建设，形成治理结构、机构设置、业务流程等方面相互制约、相互监督的内控管理机制。

二是督导各机构组织开展案件风险排查专项行动，加大案件风险处置工作力度。积极开展案件警示教育活动，营造案防合规氛围，运用大数据系统深化反欺诈工作。积极构建案防长效机制，扎实细致做好安保工作，着力提升案防安保管理水平，坚决守住不发生系统性风险底线。

（五）防范外部风险

一是持续做好反诈禁毒、打击非法集资等宣传工作，加大对非法集资活动监测预警的工作力度。

二是严肃整治“代理退保”黑产乱象，更好地维护保险市场秩序。

三是依法积极配合司法机关做好涉众型经济犯罪案件涉案资产查封、资金账户查询、冻结和划扣工作。

四是做好扫黑除恶相关工作，加强与地方政府相关部门、公安司法机关沟通联系，防范相关风险向银行保险业传导。

三、加强消费者权益保护

一是督导各银行业保险业机构夯实消保工作基础，建立健全消费者权益保护体制机制，切实履行主体责任，规范业务经营行为，保护消费者合法权益，践行以人民为中心的发展思想。截至2023年12月末，共办理辖内银行保险机构消费者投诉事项420件，其中直接受理354件，12345市长热线转办59件，省局12378投诉热线转办7件，办结率100%。

二是继续与市法院建立联席办公制度，完善纠纷多元化解机制，持续发挥银行业保险业纠纷调解中心的协调作用，调解保险业务纠纷，挽回经济损失。

（国家金融监督管理总局仙桃监管支局）

潜　江　市

金融发展概况

2023年末,潜江市金融机构本外币各项存款余额1085.70亿元,比年初增加125.07亿元。其中,住户存款847.87亿元,增加113.73亿元。金融机构本外币各项贷款余额605.93亿元,比年初增加97.23亿元。其中,住户贷款199.39亿元,增加29.93亿元;非金融企业及机关团体贷款406.53亿元,增加67.29亿元。

全年实现保费收入24.29亿元,比上年下降5.53%。其中,财产险保费收入7.38亿元,增长6.11%;人身险保费收入16.91亿元,下降9.85%。支付各类赔款及给付8.32亿元,下降0.66%,其中,财产险赔付支出4.62亿元,增长6.51%;人身险赔付支出3.70亿元,下降8.35%。

全市全年实现资本市场直接融资8亿元。全市社会融资规模613.93亿元,较上年增长18.11%。

全市共有金融机构46家,与上年持平。其中,银行业机构10家,保险机构34家,证券机构2家。A股上市公司2家,区域性股权市场挂牌企业63家,较上年增加8家。

全市共有地方金融组织3类7家。其中,小额贷款公司3家,融资担保公司2家,典当公司2家。

地方金融工作

一、引导金融机构服务经济社会发展

(一)努力实现信贷增长目标

围绕全年信贷投放增长目标,按月调度督办,引导银行机构聚焦实体经济“重点区域、重点领域、重点行业、重大项目”和薄弱环节,开展进园区、进企业等行动,主动上门对接企业。年末全市银行机构贷款余额605.93亿元,比年初增加97.23亿元,增长19.11%,完成年度工作目标100亿元的97.23%。

(二)搭建银企对接平台

召开2023年金融工作会议暨金融“早春行”银企对接会,10家金融机构与20家企业签订合作协议,授信总额近107亿元。全年银行机构对实体企业授信总额153.85亿元。

2023年6月15日,潜江市召开2023年上半年全市金融工作座谈会

(三)持续深化政银企合作

大力推进政银企合作、促进产融结合,精准支持实体经济融资需求。截至年末,政银合作产品累计发放贷款27.37亿元、贷款户数7291户;贷款余额2.92亿元、贷款户数828户。

二、推进金融改革创新

(一)推广智慧金融服务平台

大力推广使用潜江市智慧金融服务平台,积极对接“鄂融通”平台,做好线上产品推广普及,稳步推进与全国中小企业融资综合信用服务平台(信易贷平台)对接,进一步畅通银企信息对接渠道。年末平台合作金融机构11家、上线金融产品26个、注册企业206家,完成融资投放19.75亿元,比年初增加10.85亿元,增幅121.9%。

(二)促进知识产权质押融资

制发《关于发布潜江市首批知识产权质押融资授信企业白名单的通知》,引导银行机构主动对接相关企业。截至12月末,全市银行机构共为20家企业授信1.62亿元,贷款21笔、余额1.58亿元。

(三)推进政策性农业保险

健全农业保险工作机制,出台《潜江市政策性农业保险工作联席会议制度》《潜江市政策性农业保险市场准入与退出管理办法(试行)》《潜江市政策性农业保险考核实施方案》等文件,为规范政策性农业保险开展奠定良好基础。根

据省级政策文件要求及市委、市政府工作部署，完成2024—2026年政策性农业保险承保机构遴选及承包份额划分工作。

三、推进企业上市挂牌

（一）加大企业上市奖励支持力度

出台《潜江市企业上市挂牌奖励实施办法》，进一步加大对企业上市挂牌奖励力度，对在国内A股市场上市的企业最高奖励由400万元提高到1000万元；对2022年在“四板”挂牌的3家企业分别奖励20万元。截至年末，累计拨付挂牌奖励资金1074万元。

（二）加快重点企业上市进程

帮助企业梳理上市规划及进度，加快重点企业上市步伐。新硅科技拟于2024年申报科创板，已委托中信建投证券指导上市前期准备工作；方圆钛白拟于2025年申报创业板，已完成各项财务规范工作，正在对接证券公司；中伦纺织拟于2025年申报北交所，已启动股改工作，同时着手战略股东引进、优先推进本土混改方案。

（三）充实上市后备资源库

全面筛选择优并向上推荐优质上市后备企业。2023年有3家企业入选省上市“金种子”后备企业库、4家企业入选省上市“银种子”后备企业库。年末共有省“金种子”企业8家、省“银种子”企业6家。

四、防范化解金融风险

（一）加强防范非法集资宣传

举行2023年潜江市防范非法集资暨普及金融知识万里行宣传月活动，10家银行机构及8家保险机构设置展台，向群众宣讲金融风险防范知识，累计发放各类宣传产品1500余份，参与群众1000余人。配合市委宣传部开展2023年国家网络安全宣传周活动，进一步提升全民网络安全意识和技能，筑牢网络安全防线。通过上线小视频推送金融小知识、组织参加“防范非法集资知识答题团队争霸赛”、在潜江市市场监督管理局官网上发布《关于防范非法集资广告的提示》，以及联合市公安局、市广播电台在潜江电台“FM100潜江之声”上开展以案说法等，进一步营造风清气正的打非拒非氛围。

（二）全面摸排非法集资风险隐患

组织各区、镇、街道加强P2P风险涉债及交易所、合作社及“先锋系”涉潜、中颐养老及“权行普惠”涉潜风险隐患的梳理摸排工作，联合属地公安派出所、市场监管、银行等单位，各尽其责、密切配合，形成整体作战的合力，利用线下排查、信件举报、电话投诉等多种手段，对从事所谓“债事服务”“债务化解”“解债咨询”等业务的企业、组织或个人进行全面摸排，及时掌握辖区内金融风险形势，定期分析研判，未发现相关问题线索。

（三）推进存量案件审结执行

强化政策协同，形成工作合力。建立非法集资案件涉案资产的多元化处置工作机制，综合运用民事、经济、行政等多元手段，最大限度追赃挽损，减少集资参与人损失。对照年度目标，强化攻坚，确保赶上时序进度。通过加大非法集资存量案件审结执行力度，对潜在的非法集资活动起到威慑作用，维护金融市场稳定和健康发展。

五、促进地方金融组织规范健康发展

（一）支持融资担保公司增强担保服务能力

一是引导和支持融资担保公司以中小微企业和“三农”为主，积极做好融资担保服务。市汇桥担保全年累计为域内企业提供担保总额4.53亿元，在保余额4.39亿元，在保企业1072家，其中：“4321”新型政银担发生额6663万元、在保余额6960.5万元；“4222”科技融资担保业务发生额600万元、在保余额600万元。

二是落实减费让利政策。市汇桥担保公司将担保费率统一调减至1%以下，综合平均担保费率为0.35%，共为企业降费让利302.3万元。

三是鼓励开展服务创新。市汇桥担保创新推出针对市域内纺织服装客户的“纺织服装贷”、针对招商盘活闲置资产客户的“重组融资贷”、针对缓解“融资难”难题的单笔首担客户的“首贷担”以及针对缓解“融资贵”难题的“创业贴息贷”等具有地方特色的专项金融服务产品，积极打造区域担保特色品牌。

2023年6月15日，潜江市金融领导小组办公室、中国人民银行潜江市支行、湖北银保监局潜江监管组联合举办防范非法集资暨普及金融知识万里行宣传活动

（二）督促典当公司规范运营

一是强化日常监管。充分应用信息化技术加强非现场监管。要求典当公司按规定报送经营报告、财务报告以及年度审计报告等资料。通过定期审核分析财务报表、现场检查、约谈主要负责人和高管人员、引入中介机构参与核查等方式，加强和提高监管质效。

二是规范经营行为。严禁典当公司从事非法集资等非法金融活动，督促其依法合规经营，回归民品典当业务本源。督促其合理确定息费，依法处置绝当等。域内2家典当行全年典当额2858万元，在当笔数168笔、在当余额2774万元，经营总体保持平稳。

六、推进金融生态环境建设

（一）健全完善工作制度和机制

出台《关于印发潜江市金融领导小组工作运行机制等四项制度的通知》《关于建立潜江市防范和处置非法集资部门综合行政执法协调联动机制的通知》《关于建立政银企对接交流机制的通知》等文件，就金融工作运行情况建立会商、通报、督办、考核等四项机制，通过构建政府、银行、企业良好协作关系，增强金融要素有效供给，提升金融资源配置效率。

（二）积极争取金融服务改革试点

为进一步优化地方金融营商环境，提升企业融资便利度和获得感，积极争取省级改革事项在潜江市试点，争取“政策性担保引入科技型中小微企业知识产权质押融资试点”“农村资产抵押融资试点”落地潜江，促进金融更好地支持潜江实体经济重点领域和薄弱环节，优化营商环境。

（潜江市人民政府办公室）

履行央行职能

一、贯彻执行稳健货币政策

（一）有效用好货币政策工具

贯彻落实总行出台的一系列金融支持政策，继续实施普惠小微信用贷款支持政策工具，缓解小微企业的资金紧张，为辖内两家法人金融机构合计提供激励资金5484万元，有效激励地方法人金融机构加大普惠小微贷款投放。合理使用再贷款、再贴现等货币政策工具，全年发放支农支小再贷款3.37亿元，较好地将政策红利释放至实体经济重点领域。

（二）推进民营和中小微企业金融服务

一是将银企常态化对接活动纳入日常基础管理工作。指导银行机构开展金融“早春行”活动，引导金融资源流向实体经济。组织“早春行”银企现场对接签约，支持民营企业621户，授信总额56.25亿元，履约率达97.75%。

二是开展“民营企业金融服务质量提升年”活动。召开潜江市民营企业金融服务质量提升年活动部署会，持续为民营企业提供安全快捷的金融服务和信贷支持。全年全市民营企业信贷余额147.72亿元，较年初增加31.22亿元；同比增速26.8%，高于各项贷款增幅7.69个百分点。

三是继续加大小微企业和个体工商户资金支持。按照《潜江市小微企业和个体工商户首贷拓展专项行动方案》，指导金融机构创新线上小额信用贷款产品，年末小微企业贷款余额238.29亿元，同比增速32.74%，高于各项贷款增幅13.63个百分点。普惠小微企业贷款104.89亿元，比年初增加32.02亿元，同比增速43.94%。

（三）聚焦重点领域金融支持

一是支持房地产市场平稳发展。鼓励引导房地产贷款平稳有序投放，满足商品房市场购房者合理住房资金需求。年末全市房地产开发贷款余额21.49亿元；个人住房贷款余额79.62亿元，同比增长4.28%。

二是支持小龙虾特色产业发展。组织实施金融服务链长制，制订《潜江市小龙虾产业链金融链长制实施方案》，指导金融机构与小龙虾产业链高效对接，采取“增信+平台+创新”措施、创新金融产品，有效满足小龙虾产业链各类客户资金需求。年末小龙虾产业链贷

2023年5月31日，中国人民银行潜江市支行与市公安局组织辖内银行机构召开金融治理反诈联席会

款余额 48.56 亿元，比年初增加 13.12 亿元，增速 37.26%，小龙虾产业金融服务覆盖面超过 90%。

三是推动绿色信贷投放。鼓励辖内银行机构通过设立绿色金融专营机构、建立绿色贷款授信审批绿色通道以及实行内部资金转移定价优惠、经济资本占用下调等方式，完善绿色金融内部激励约束机制，持续加大绿色信贷投放。全市绿色金融信贷余额 73.35 亿元，同比增速 27.37%。

（四）推进跨境人民币业务增量扩面

深入企业开展调研座谈，制定"一企一策"产品和服务方案，扩大企业跨境人民币结算量在跨境结算总量中的占比。2023 年，潜江市跨境人民币结算量 49.75 亿元，在全省业务通报中同比增速和本币结算率全省排名均名列前茅。

（五）促进应收账款和动产融资

持续开展应收账款融资专项行动，帮助更多小微企业实现应收账款融资。全年全市金融机构通过应收账款融资平台实现线上融资 35.23 亿元。积极推进"政采贷"业务，全年线上办理"政采贷"业务 1.45 亿元，为小微企业获得政府采购合同融资提供了便利。开展动产融资统一登记，全年办理动产融资登记 5 家，中小和涉农企业的融资可得性进一步提升。

（六）加强利率管理

强化利率监测报备，及时了解辖内市场利率波动的趋势和原因。开展合格审慎评估，促进金融机构强化财务约束、提高自主定价能力。有效落实利率调控和利率市场化改革政策措施。维护存款市场竞争秩序，保持负债成本的基本稳定。调整新发放首套住房个人住房贷款利率下限为 LPR－40BP，为辖内居民降低首套房个人住房贷款成本提供政策保障。

二、维护金融稳定

（一）加强监测评估

一是做好法人银行机构央行评级及评级等级提升工作。通过现场检查和非现场检查，及时发现风险；召开推进法人机构风险化解座谈会，做好风险预警，确保辖内不出现高风险金融机构。

二是开展压力测试。从偿付能力敏感性、流动性风险两个方面对辖内两家法人银行机构开展压力测试，并根据压力测试结果向相关机构进行风险提示。

三是压实金融机构主体责任，严格落实银行业金融机构重大事项"零报告"制度。

四是加强新设机构开业管理。对新设机构进行现场核查，并对其进行开业辅导，确保其规范运营。

（二）强化重点领域风险排查处置

一是切实做好主动防控、分类化解金融风险工作。对辖内金融风险开展定期摸排，及时发现问题线索，提出工作建议和化解处置措施。

二是参与金融风险处置地方协调机制。配合地方政府开展非法集资、非法金融放贷、金融领域涉黑涉恶、互联网金融等各类行业、领域的风险摸排。

三是开展法人机构经营情况和风险状况、地方政府债务对法人机构的影响等多项调研。通过风险摸排和实地调研，确保重点领域风险早知道、早处置。

四是开展金融放贷领域整治工作。鼓励群众积极举报违法犯罪行为，为行业整治创造良好的社会舆论环境。

（三）扎实做好反洗钱工作

持续做好反洗钱监测分析，开展年度反洗钱综合评价，扎实推进打击治理洗钱违法犯罪三年行动。贯彻落实《潜江市打击治理洗钱违法犯罪三年行动实施方案》，督促落实"一案双查"工作机制，召开打击治理洗钱违法犯罪三年行动推进工作会。2023 年，潜江市共宣判 3 起洗钱罪，实现辖内洗钱罪宣判"零突破"。

三、加强金融管理和服务

（一）推进国库管理高质量发展

着力提升国库管理水平、运行效率、服务质量，强化风险防控。全年办理各项预算收入 46 万笔、金额 153 亿元；办理退税业务 3.9 万笔、退税金额 4.7 亿元，办理时限均不超过一个工作日，为急需资金的企业和纳税人解决燃眉之急。

2023 年 9 月 8 日，中国人民银行潜江市支行组织辖内各承销银行开展国债下乡宣传活动

（二）扎实做好货币发行工作

对内强化人员管理、库房管理，加大发行库检查力度，全年开展发行库检查6次。对外加强现金投放回笼管理，加大拒收现金整治力度。全年共投放发行基金26.77亿元，回笼22.61亿元，有效提升了全市人民币流通率和整洁度。强化流通纪念币预约兑换管理，积极开展反假货币宣传，有效增强人民群众假币识别和防范金融诈骗的能力。

（三）强化支付清算服务和管理

持续做好小微企业简易开户和推广工作，辖内银行网点实现简易开户全覆盖。组织银行机构开展支付手续费清理自查，全力推进各项降费政策落地见效。联合市公安局、银行机构开展打击跨境赌博和电信网络新型违法犯罪活动，及时对涉案账户予以冻结，协助破获买卖银行或支付账户案件。

（四）深入开展金融统计监测分析和调查研究

开展小微、民营、涉农、普惠、绿色等贷款专项统计分析，重点对表外融资变动情况、财政金融支持科技型初创企业发展和绿色低碳领域技术研发应用情况等进行监测分析和调研，为上级行管理决策提供基层数据支持。

（五）持续深化征信管理和信用体系建设

加强征信系统接入机构征信合规与信息安全管理，组织接入机构参加征信合规与信息安全培训，对两家法人金融机构和新接入的市住房公积金中心开展征信安全巡查。持续推进金融生态环境建设，建立健全联动机制，把金融生态环境建设工作纳入强县工程考核指标和优化营商环境工作范围进行考核。制定《关于2023年金融信用市考评指标涉及工作任务分解的通知》，明确成员单位的主体责任和目标任务，指导和推动全市金融生态建设工作。完成2022年度潜江市金融信用市申报工作，潜江市被省政府授予“金融信用市”称号。

（六）持续提升外汇管理与服务水平

一是持续推动贸易投资便利化，助力潜江市涉外经济稳步发展。做好优质企业贸易收支便利化政策推广，全面落实各项便利化政策，保障跨境结算各项业务正常进行。全年全市跨境收支总额15.72亿美元、结售汇总额6.9亿美元、进出口总额16.86亿美元。

二是加强现场和非现场监测检查工作，确保外汇业务统计数据真实合规。有针对性地开展个人外汇业务核查和明察暗访，提高数据报送质量。

三是强化内控管理，确保各项外汇管理与服务工作合规高效。进一步修订、完善内控制度，确保机构改革期间各项外汇管理服务工作不断档。

（中国人民银行湖北省分行潜江营业管理部）

银行业保险业发展

一、服务实体经济

（一）加大信贷投放力度

紧盯全市信贷新增计划100亿元目标，引导银行机构持续加大金融支持实体经济的力度。紧紧围绕潜江市“4+1”现代产业体系，聚焦实体经济重点区域、重点领域、重点行业、重大项目和薄弱环节，优化资源供给，用好用足政策工具。从扩增量、稳存量两方面发力，以适度的信贷增长支持潜江市经济高质量发展。督促政策性银行发挥补短板、跨周期调节作用；督促五家大型银行主动发力、多作贡献；督促两家城商行发挥区位优势；督促两家法人银行充分挖掘潜力。

（二）支持小微企业减负纾困

前瞻性做好延期还本付息政策到期后的接续转换，进一步强化金融支持小微企业减负纾困、恢复发展有关政策。进一步推广“随借随还”模式，加大续贷政策落实力度，主动跟进小微企业融资需求，对符合续贷条件的正常类小微企业贷款积极给予支持。对确有还款意愿和吸纳就业能力、存在临时性经营困难的小微企业，统筹考虑展期、重组等手段，按照市场化原则自主协商贷款还本付息方式。

（三）降低企业融资成本

紧扣减费让利，在收费管理上发力。督促银行机构合理确定小微企业贷款利率，充分将税收减免、财政奖励等政策红利向贷款利率有效传导，严禁银行保险机构违规向小微企业收取服务费用或变相转嫁服务成本。

（四）助力稳经济、稳增长

主动认领《潜江市贯彻落实中央扎实稳住经济一揽子政策措施工作清单》任务，督导辖内银行机构加大对市内需求和供给体系的金融支持力度，助力做好稳增长、稳就业、稳物价的工作。引导辖内银行业保险业金融机构全力稳住经济大盘，进一步加大金融助企纾困和帮扶受困群体力度，帮助更多市场主体增信心、防风险、稳增长、推改革。

（五）大力服务乡村振兴

一是积极打造“普惠金融工作站”样板点。在打造运粮湖管理区南湖农场“普惠金融工作站”样板点基础上，以点带面、积极推广，打造出积玉口镇古城村、浩口镇凡场村等10个精品工作站，示范工作站和精品工作站基本达到了“十有”标准，并开始发挥作用。

二是强化乡村振兴信贷投放。督导银行机构强化乡村振兴中长期信贷投入，加大乡村道路交通、物流通信、供水供电、教育卫生、清洁能源、人居环境改造等领域金融支持，助力提高农村公共服务供给水平。在依法合规、风险可控前提下，探索创新金融支持乡村振兴的服务模式，构建乡村建设领域综合平衡融资模式，破解农村基础设施项目缺乏有效还款来源难题。鼓励推广农村承包土地经营权、集体经营性建设用地使用权、宅基地使用权、林权抵押贷款，探索开展禽畜活体、圈舍大棚、农机具等涉农资产抵押贷款，为乡村振兴提供多样化的信贷服务方式，增加乡村振兴金融供给量。

三是助力保险保障进村入户。鼓励辖内保险公司积极参与普惠金融工作站建设。通过典型案例、政策解读等方式向农村群众宣传保险知识，强化农村群众的保险意识。加强助农强农惠农保险产品宣介，使农户了解基本医疗保险、补充医疗保险、意外保险、大病保险、种植业完全成本保险、养殖业价格指数保险、社会治安综合治理保险等产品的保障功能。在重大疾病、重大灾害发生时，通过普惠金融工作站及时为农村群众宣传理赔政策和理赔方式，做好沟通衔接工作，帮助农村群众提高保险理赔获得感。

二、防控金融风险

（一）推动优化农商行股权结构

积极向市委市政府建言献策，推动国资入股农商行，增强农商行资本实力和风险抵御能力。潜江农商行资本实力和抗风险能力不断提升，由市国资委出资 1 亿元入股潜江农商行已经潜江市人民政府常务会议正式通过，正在稳步推进。增资扩股后，潜江农商行资本实力和风险抵御能力将得到进一步增强。

（二）做好金融支持“保交楼”工作

推动出台《潜江市政府“保交楼”专项借款资金使用管理办法》，引导潜江农发行严格落实“金融 16 条”措施和潜江市委市政府相关精神，用好“保交楼”专项借款。2023 年 3 月，潜江农发行分别向潜江市高新技术产业投资开发有限公司发放已售逾期难交付住宅项目建设交付专项借款 32430 万元，并严格按照相关管理办法和“一楼一策”“保交楼”工作方案规定支付专项借款。

（三）加强重点风险监测管控

组织专人对潜江农商行和潜江中银富登村镇银行 2022 年末资产质量进行现场核查，通过核查督促两家银行机构做实资产分类。推动潜江农商行本着“应纳尽纳”原则，将该次最终核查认定的风险贷款 7064 万元按计划全部纳入不良贷款，逐步实现隐性不良资产“暗翻明”。指导其对于前期多轮延期还本付息积累的实质风险，进行充分反映，及时计提拨备，增强损失消化能力。

（四）推动金融市场持续净化

坚决整治激进经营、恶性竞争等行为，引导银行保险机构理性经营，特别是在“开门红”期间，组织开展全辖银行机构的督查检查，严格禁止和严厉打击高息揽存、利用不正当手段吸收存款行为。引导车险市场开展合规竞争，坚持露头就打、打早打小的原则，重点打击带头扰乱市场秩序、以高手续费抢收车险业务、虚假宣传改革政策的行为。持续推进“代理退保”黑产乱象治理，加大线索排查和移交协调工作。

三、促进改革发展

（一）促进完善公司治理架构

督导辖内两家法人银行机构推动党的领导与公司治理深度融合，进一步完善公司章程，明确党组织职责权限、机构设置运行机制、基础保障等重要事项；进一步完善党的领导与公司治理融合的相关评估指标，严格实行民主集中制。组织专人开展潜江农商行公司治理现场评估。下发《湖北银保监局潜江监管组关于开展潜江农商行公司治理现场评估的通知》，围绕潜江农商行 2020—2022 年党的领导、股东治理、董事会治理、监事会和管理层治理、监事会和高管层治理、风险内控、市场约束、利益相关者治理等公司治理情况，采取现场抽查档案资料和与“三会一层”、职工座谈等形式进行现场评估，以评估促进了农商行公司治理水平改善和提高。

（二）引导行业回归本源

引导农发行坚守政策性金融职能定位，扛稳扛牢主责主业，继续在保障国家粮食安全、乡村振兴、高标准农田建设等重点领域和关键薄弱环节发挥作用。督促五家大型银行以制造业中长期贷款增速不低于各项贷款平均增速为目标导向，持续履行大行担当。督促两家城商行坚守服务城乡居民、中小企业和地方经济的定位，持续回归本源、专注主业、深耕本地、守好本土，错位竞争、特色化经营、差异化发展，更好满足现代化产业体系和人民群众多层次、多样化的金融服务需求。督促两家法人银行机构按照回归主业、回归本源要求，明确经营导向，扎根服务本地。督促其稳步提高信贷业务占比，加快微贷业务转型，坚持“做小、做散”原则，坚持支农支小，有效满足全市小微企业和居民金融服务需求。推动保险机构回归主业。积极跟进“惠民保”业务上线，扩大“惠民保”覆盖面。

（国家金融监督管理总局潜江监管支局）

天　门　市

金融发展概况

2023 年末，天门市金融机构存款余额共计 1097.24 亿元，较年初新增 147.00 亿元。其中，住户存款余额 954.02 亿元，较年初新增 129.62 亿元；各项贷款余额 513.18 亿元，较年初新增 78.37 亿元，同比增幅 18.02%。全年全市保险费收入 16.2 亿元，比上年增长 7%；全年保险赔付支出 7.6 亿元，比上年增长 22%。全年全市实现资本市场直接融资 29.12 亿元，比上年增长 12%。全年全市社会融资规模为 570.56 亿元，比上年增长 21.34%。

全市有金融机构 39 家，与上年持平。其中，银行业机构 10 家，保险机构 26 家，证券机构 3 家。全市有“新三板”挂牌企业 4 家，区域性股权市场挂牌企业 112 家。

全市有地方金融组织 4 类 11 家，与上年持平。其中，小额贷款公司 4 家，融资担保公司 1 家，典当公司 5 家，融资租赁公司 1 家。

地方金融工作

一、引导金融机构服务经济社会发展

（一）推动信贷投放稳步增长

建立健全考核机制，印发全市银行业金融机构信贷投放考核办法，加大贷款净增、余额贷存比等指标考核权重；督促各银行业金融机构制定内部考核办法，鼓励“愿贷”“敢贷”“善贷”。年末全市各项贷款余额同比增幅 18.02%，超出全省平均增幅 8.32 个百分点，在全省排名第 2 位。

（二）持续开展银企对接

采取年初由市政府组织开展银企对接现场办公活动、月末由市政府组织专班实行银企对接分片专题督导以及不定期组织开展银行业金融机构“行长下基层”活动、各银行业金融机构自主组织小型银企对接签约活动等形式，逐月逐季落实银企对接目标计划。全年全市银行业金融机构落实银企对接 179.49 亿元，实现全年目标任务（170 亿元）的 105.58%。

（三）支持重点领域发展

引导全市金融机构进一步加大对普惠金融、制造业、民营企业等重点领域贷款支持力度。截至 2023 年 12 月末，全市银行业普惠型小微企业贷款余额 87.72 亿元，增速高出各项贷款增速 14.73 个百分点；小微企业户数 12256 户，同比增加 3720 户；小微企业综合利率 4.42%，同比下降 0.27 个百分点。

二、推进金融改革创新

（一）创新金融产品和服务

积极推广“云税贷”“银税贷”“纳税 e 贷”等纯信用线上产品；鼓励支持中小企业以应收账款、知识产权等动产和权利进行融资；大力发展供应链金融，创新推出适合本地产业特色的专属信贷产品。截至年末，全市 8 家银行金融机构提供“纯信用+线上”产品 52 个，累计投放贷款 57153 笔、金额 30.3 亿元；应收账款质押贷款累计放款 95 笔、金额 62.498 亿元；知识产权质押贷款累计放款 1.23 亿元；通过供应链金融产品累计放款 7150 万元；产业链金融产品累计放款 38 笔、金额 550.28 万元；市农商行“天服贷”累计投放 295 笔、金额 2.3 亿元；市中行“惠服贷”累计投放 28 户、金额 1310 万元。

（二）助力企业纾困解难

助推平台公司设立规模 1 亿元

2023 年 6 月 15 日，天门市举行银行保险业“防范非法集资”“打击电信网络诈骗”暨“普及金融知识万里行 金融知识进社区”宣传活动

的天门市中小微企业应急转贷纾困基金，为企业提供短期资金周转服务，减轻企业负担。2023年5月，成立天门市兴通应急转贷资金管理有限公司，分别与市农行、市中行等6家银行签订业务合作协议，有效解决企业还贷资金不足的问题。截至2023年12月末，累计为27家企业提供应急转贷资金14745万元。

(三)深化“天融通”平台推广运用

充分利用大数据资源，积极推动“天融通”平台迭代升级。新增“特色产品”“政策产品”“快贷产品”3个快捷服务板块，精准识别企业重点关注产品，实现企业与产品的高效匹配。实现“天融通”与公共资源交易中心电子交易平台中标信息共享，通过网上中标通知书完成贷款33笔，贷款金额32.80亿元。新增2家机构入驻，做到应入尽入，促进平台运用。截至2023年末，平台共有16家合作机构，已对接14个单位和部门的67项涉企信用信息，接入企业和新型农业经营主体72115家；发布金融产品87个、融资需求527笔、对接项目资金75.49亿元。

三、推进企业上市挂牌

持续加大资本市场建设力度。以培育上市后备“金种子”“银种子”企业为抓手，建立健全分行业、分类别、分层次、分阶段的培育机制；坚持重点跟踪和动态管理，分年度选择条件相对成熟的企业重点扶持、强化指导，多策并举推进改制，促进上市。2023年，纳入省上市办“金种子”企业3家、“银种子”企业4家，遴选出市级优质后备库企业10家、后期后备库企业20家。

四、防范化解金融风险

持续提高金融风险防范意识。建立常态化防范非法集资等金融风险宣传机制；会同有关部门联合开展打击违法金融活动、金融领域扫黑除恶、涉金融矛盾纠纷化解等宣传工作。制作的《理财“幻梦”》短视频在2023年全国防范非法集资短视频征集大赛中获得优秀作品奖(创新类)。全年无涉非涉稳涉舆等金融安全及风险事件发生。

五、促进地方金融组织规范健康发展

持续强化地方金融组织日常监管。依据《湖北省地方金融条例》，严格落实融资担保、小额贷款、典当、融资租赁等行业监管实施细则和操作指引，加强对地方金融组织核查力度，综合运用现场检查、非现场监管、年审、“双随机、一公开”抽查、名单制管理、分类评级等方式，推动地方金融组织规范发展。全市地方金融组织均依法依规开展经营活动，市兴茂融资租赁公司被列入省“白名单”企业。

六、推进金融生态环境建设

持续加强金融生态环境建设。督促各银行业金融机构通过降低贷款利率，实施阶段性延期还本、阶段性减息，减免资产评估费和抵押登记费等措施为企业减费让利，做到利费应降尽降、期限应延尽延；督导融资担保公司执行担保费率1%以下，切实降低小微企业融资成本。截至12月末，全市10家银行业金融机构共为7232户企业和个体工商户让利3188.71万元。引导市农商行强化自主清收、提高盘活资产能力，提升资产处置成效，大力化解不良贷款风险。金融生态环境持续优化改善，连续16年被省政府评定为“金融信用市”。

(天门市人民政府办公室)

履行央行职能

一、贯彻执行稳健货币政策

(一)强化指导督办，信贷总量平稳增长

扎实落实稳经济一揽子政策安排和接续措施，出台《2023年天门市货币信贷工作要点》，通过调研、督办、约谈、信贷政策效果评估等形式，引导金融机构加大支持实体经济力度。

(二)用好政策工具，精准滴灌实体经济

充分发挥再贷款、再贴现等货

2023年7月14日，天门市举行“金融赋能·助企发展”政银企对接会

币政策工具总量和结构双重功能，撬动信贷资金向重点领域和薄弱环节倾斜。用好普惠小微贷款支持工具，实施普惠小微贷款阶段性减息政策，做实中小微企业金融支持。全年累计发放支农再贷款4.77亿元、支小再贷款7.9亿元。向符合条件的地方法人金融机构提供激励资金1248.92万元，带动新增普惠小微贷款12.5亿元。全市金融机构通过降息、减免资产评估费、抵押登记费等措施共为6324户企业和个体工商户让利3083.21万元。

(三)开展专项行动，提升民营企业金融服务质效

出台《关于全面推进全市民营企业金融服务质量提升年活动相关工作的通知》，积极运用重点企业融资平台搭建银企对接桥梁，进一步畅通银企对接渠道。截至12月末，天门市民营市场主体贷款余额126.46亿元，同比增长25.78%。落实牵头行服务机制，实现银行与企业金融服务100%对接。已审批授信企业38家，金额8.25亿元。

二、维护金融稳定

(一)防范化解金融风险

一是加强防范化解金融风险跨部门联动，配合国安部门开展风险防控，修订完善相关突发事件应急预案。

二是按照央行金融机构评级等级提升有关要求，督促化解和处置风险。全年组织开展了3次央行金融机构评级和2次存款保险评价，督促银行机构化解不良资产。

三是持续做好地方法人金融机构日常监测，按月对其经营状况进行监测分析，对2家法人银行的偿付能力敏感性和流动性风险开展压力测试，对未通过测试的机构予以风险提示，督促整改落实。

(二)打击治理跨境赌博和电信网络诈骗

参加市级打击治理跨境赌博和电信网络诈骗犯罪专项工作领导小组会，加强与公安、银保监等部门联防联控。组织金融机构开展“打击电信网络诈骗”集中宣传活动，对9家银行业金融机构的24个网点开展涉案账户现场排查。

(三)加大反洗钱工作力度

坚持以贪污受贿、非法集资和毒品犯罪“一案双查”作为突破口，紧盯重点案源，协调检察机关推动查办洗钱案件，成功实现辖内首例“毒品自洗钱案”审判定罪。积极配合司法部门对金融机构报送的11份可疑交易报告进行研判甄别，向公安机关移送可疑线索。

三、加强金融管理和服务

(一)提升支付服务质效

对全市银行业金融机构支付服务适老化工作进行督导和指导，实现辖内26个乡镇的133个银行网点适老化服务全覆盖。持续提升支付手续费减费让利工作质效，切实减轻小微企业和个体工商户经营成本。广泛推行小微企业简易开户服务工作，全年累计简易开户190户。

(二)提升国库服务水平

高效提供年度汇算清缴退税服务，截至12月末，个税汇算清缴共退税19527笔、金额1039.51万元。推动财税部门扩大电子税款缴税范围，稳步推进“国债下乡”。截至12月末，共销售国债3277.41万元，其中乡镇销售国债1352.69万元，占比41.27%。夯实国库会计核算基础，持续开展延压税款“清零”行动，提升国库工作水平。

(三)强化征信管理与服务

持续做好征信窗口标准化建设，增加查询窗口硬件配置，有效满足社会征信查询需求。1至12月，为信息主体提供个人信用报告查询18583笔、企业信用报告查询433笔、司法查询129笔。大力推动应收账款融资和“政采贷”业务，全年通过中征平台实现融资93笔、金额62.47亿元。拓展“政采贷”对接范围，通过线上办理“政采贷”业务19笔、2645.8万元。

(四)加强外汇管理服务

一是主动服务企业，为企业排忧解难。为2家外资企业提供政策咨询和业务指导，助其破解政策瓶颈和申请退回60余万元关税。

二是加强业务监测。依托非现场监测系统，全年共开展100余次重点企业监测，提醒企业补充贸易信贷报告，规范企业外汇业务。

三是优化办事流程，指导企业网上申请、办理业务，为市场主体提供“一站式”服务。

(五)强化金融知识宣传

聚焦人民群众金融素养提升，持续开展金融知识宣传。组织金融机构开展“3·15金融消费者权益日”“金融知识宣传月”“打击非法集资和社会信用宣传月”等金融宣教活动20余次，受众达7万人次。

(中国人民银行湖北省分行天门营业管理部)

银行业保险业发展

一、服务实体经济

全面贯彻落实湖北银保监局2023年工作会议精神，着力优化营商环境，推动中小微企业金融服务“增量、扩面、降价”。继续开展续贷纾困行动，做好延期还本付息政策退出后的过渡安排，完善续贷方式，认真落实“不断贷、不抽贷、不压贷”政策要求，保障供给不断档。引导银行业金融机构转变观念，切实解决“唯抵押”

和“过度担保”问题,加大信用贷款投放力度,在风险可控的前提下尽量满足企业正常资金需求。

(一)大力促进银企对接

组织开展“金融知识进万家”和“百行进万企”融资对接活动、召开天门市银行业“走万企 提信心 优服务”活动推进会;督导辖内10家银行业机构综合运用线上银企对接平台、线下“行长下基层”平台和银企座谈会形式积极开展银企对接。成立分片、分行业、分产业链工作专班,常态化下乡镇、进园区、访企业,推动银企无缝对接、良性互动。截至年末,全市银行业普惠型小微企业贷款余额87.72亿元,增速32.88%,高于各项贷款增速14.73个百分点;完成单列计划的167%,贷款户数达12256户,较年初增加3720户,实现“两增”。普惠型小微企业贷款平均利率4.42%,较年初下降0.06个百分点。

(二)创新信贷产品和服务

鼓励辖内银行业机构积极创新小微企业金融服务和产品;引导银行业金融机构开展错位竞争,积极开展金融支持“专精特新”中小微企业春风行动,加大对创新型中小企业、专精特新“小巨人”、“单项冠军”等优质企业的信贷支持力度。

(三)打造乡村振兴金融服务示范区

一是创新设立普惠金融工作站。建立了银行业金融机构及相关保险公司共同参与的工作体系,建成20个标准化普惠金融工作站。

二是全面选派“金融村官”。明确“金融村官”运行机制和工作职责,遴选出101名骨干员工担任“金融村官”,派驻到行政村开展综合金融服务。

三是创新授信模式,推动“整村授信”。

(四)推进新市民金融服务

引导银行业机构以进城农民工、大学毕业生、退役军人创业就业为重点,做好金融服务。开办新市民创业担保贷款业务,积极为新市民提供经营消费贷款和个人住房贷款等。

二、防控金融风险

(一)治乱象、促合规

会同市市场监管局对辖内不法贷款中介开展专项治理;组织辖内银行机构开展了规范“银行”字样使用摸排整改工作;召开全辖保险监管工作会议,强化车辆保险承保理赔、人身保险销售宣传、保险中介业务等方面监管,组织辖内相关保险公司和保险中介机构签订自律承诺书,加强行业自律。加强非车险业务培训,大力发展非车险,深化产、寿险融合、协同发展;加强业务技能和合规经营培训,提升保险销售合规意识。

(二)抓重点、强监管

会同相关职能部门召开房地产风险处置工作会议和“保交楼”工作专题会议;配合市住建、自然资源和规划等部门研究出台《关于实施积极房地产支持政策进一步促进房地产市场恢复发展的若干措施》,要求银行业机构保持房地产开发贷款平稳有序投放,对优质房地产项目满足合理融资需求,对有存量贷款的项目不盲目抽贷、断贷、压贷。加大对城镇老旧小区改造、长租房市场、保障性住房建设的支持力度,促进房地产市场平稳健康发展。

(三)保安全,守底线

一是坚持季度风险排查和通报制度。开展案件风险和非法集资、电信诈骗风险及安全消防隐患大排查;会同公安局、检察院等部门建立打击信用卡、电信网络诈骗和涉黑涉恶犯罪联席会议,形成工作合力;会同应急管理部门落实安全生产责任保险制度,充分发挥事故预防服务保障功能等。

二是做好金融消费者权益保护工作。组织银行保险机构开展金融消费者权益保护教育宣传月活动。对信访投诉事项做到“三有”,即有登记备案、有专人督办、有涉事机构处理结果文字回复。督促金融机构借鉴“枫桥经验”,对信访事项做到“马上就办、办就办好”,将矛盾及时化解在萌芽状态,维护社会稳定。

三、金融服务创新

(一)深化普惠金融服务

配合市政府做好出资8000万元设立中小微企业应急转贷纾困基金公司工作,截至12月末,累计为27家企业提供应急转贷资金14745万元。督促银行业机构对生产经营正常、信用较好的民营和小微企业适当提高办理展期、无还本续贷、信用贷款比例;对生产经营稳定、信用良好但暂时性困难企业,做到“不断贷、不抽贷、不压贷”。

(二)推动小微企业金融产品创新

建行天门分行完善“惠懂你”APP功能,实现贷款全流程在线申请、审批、支用、还款功能,真正实现贷款秒申、秒批、秒贷,为全市29家科技型企业发放贷款1.54亿元,年利率3.82%;农行天门分行推出了“流量贷”“政采贷”等无抵押贷款产品;中行天门分行推出“农机贷”“种业贷”“农田贷”等产品。

(三)开展保险服务创新

人保财险、中华联合财险、太平洋财险等公司依托天门特色农业产业,先后推出了半夏商业保险、芋环商业保险、棉花价格指数期货保险、小龙虾养殖保险、大豆商业保险等特色保险产品,开通保险产品手机端进入千家万户。

(国家金融监督管理总局天门监管支局)

神农架林区

金融发展概况

2023年末，神农架林区金融机构人民币各项存款余额789402万元，比年初增加74351万元，比上年增长10.4%。其中，住户存款余额543258万元，比年初增加80393万元，增长17.4%。金融机构人民币各项贷款余额541468万元，比年初增加69814万元，增长14.8%。其中，住户贷款余额219259万元，比年初增加33155万元，增长17.8%。

2023年，全区保费收入5228万元，比上年下降4.2%。已决赔款金额3728万元，下降30.6%。

全区共有银行业机构8家，保险机构6家，融资担保公司1家。

地方金融工作

一、引导金融机构服务经济社会发展

（一）推进金融服务实体经济

一是贯彻落实好金融支持实体经济决策部署和货币政策。积极落实金融支持实体经济发展的决策部署和两项直达货币政策工具要求，聚焦普惠小微企业延期还本付息、信用贷款服务，定期对辖区金融机构落实普惠小微贷款延期还本付息、普惠信用贷款发放率及再贷款使用情况进行通报，确保普惠小微贷款“应延尽延”，切实提高普惠小微信用贷款发放比例。

二是加大小微企业信用培植力度。选出20家企业作为培植对象，根据企业具体情况将企业划分为授信类企业、培植类企业和关注类企业等三类，通过入企走访、集中培训、一对一辅导、帮助企业完善相关制度等措施，培植企业达到银行授信融资条件。全年办结20家，贷款6825万元。

三是着力解决实体经济融资难点、痛点、堵点问题，提升货币政策执行力。针对辖区企业普遍缺乏抵押物造成的贷款难问题，引导金融机构多措并举加大信用贷款投放力度。大力推广“楚天贷款码”，帮助企业线上办理融资申请，已扫码131家企业，通过扫码向56家企业发放贷款2.16亿元。

（二）推进金融支持乡村振兴

保持金融扶贫政策、工作和责任落实的延续性，全面推进普惠金融体系建设，有效满足乡村金融服务需求，加大金融服务乡村振兴支持力度。

一是加强与上级金融机构对接，积极争取各金融机构加大服务乡村振兴力度。林区政府积极与十堰农行、十堰建行、十堰中行、省邮储银行、十堰农发行等多家金融机构对接，争取在相关政策、资金、服务等方面给予倾斜和支持。农发行、农担公司在林区没有分支机构的情况下，纷纷成立工作专班，服务林区项目建设和乡村振兴工作。

二是细化工作任务，落实工作责任，确保金融服务乡村振兴的能力得到提升。为推动各项工作的落实落地，林区在金融机构中推出了点题作业、重点工作、任务清单等工作方式，成立工作督导专班，引导和督促各项工作任务的完成。全年全区涉农贷款余额34.47亿元，较年初增加3.23亿元，增长率为10.57%；涉农贷款占比达到65.72%。

2023年7月4日，神农架林区召开2023年上半年金融形势分析暨民营企业金融服务质量提升年活动推进会

二、推进金融改革创新

(一)完善金融组织体系

针对林区金融机构主体不全、金融资源有限、相关金融政策难以落实落地的现实,积极协调、鼓励金融机构落户林区。针对林区无政策性银行、各项惠农政策难以落实的现状,加强与国开行、农发行对接,积极争取农发行在林区设立分支机构。积极与中、农、工、建、邮储等上级行协调对接,争取信贷支持力度,缓解林区融资难、融资贵问题,为林区高质量发展提供金融支持。

(二)优化金融营商环境

积极推进新型“政银担”合作、政府采购合同融资,推动金融机构落实内部尽职免责机制,进一步落实小微企业“四张清单”金融服务机制,培育形成“敢贷、愿贷、会贷、能贷”的良好氛围。落实“放管服”要求,优化业务流程实现退税秒办;推动网上征信查询,让群众少跑路;对各乡镇普遍设立的惠农服务站进行全面升级,便民利民。金融营商环境进一步优化改善。

(三)推进绿色金融发展

紧跟国家层面、省级层面绿色金融发展步伐,积极推动构建神农架林区特色的绿色金融体系,指导金融机构加大金融创新力度,通过绿色信贷、绿色债券、绿色保险、碳金融等绿色金融产品和服务,支持林区绿色经济发展。探讨符合神农架的绿色信贷模式,编印绿色金融服务手册,通过线上线下向社会进行推广。2023 年,农行神农架支行以 2540 亩茶园产生的碳汇收入作为抵押,向某茶业企业发放 1800 万元“碳林贷”,标志着绿色信贷模式在林区得到较好推广和运用。

三、防范化解金融风险

制定《2023 年神农架林区防范化解金融风险攻坚战工作要点》《神农架林区金融风险隐患大排查工作方案》《2023 年防范化解非法集资等金融风险宣传教育月暨年度宣传工作方案》等文件,强化防风险工作安排和部署,对工作任务、目标进行分解,压实工作责任。全年全区处非的行政案件和刑事案件都为零,无涉金融领域的进京赴省上访人员,全区金融运行平稳,整体可控。

一是加强宣传教育。举行 6 月非法集资等金融风险宣传月启动仪式,扩大效果,增强社会影响力。引导各成员单位自主开展宣传日活动,组成宣传小分队在各自领域进行上门宣传。通过电视、报刊、网络等媒体进行防范非法集资法律知识宣传,提高群众对非法集资违法行为的识别能力。

二是加强风险防控。强化各乡镇、处非各成员单位对辖内的非法集资、P2P 网贷工作实行条块网格化管理,在每个社区、行政村、企业建立信息员制度,及时掌握风险信息,对苗头性、倾向性问题早发现、早预警、早处置,牢牢守住风险底线。

四、推进金融生态环境建设

坚持金融发展与金融生态建设并重,大力推进金融生态环境建设。通过统一思想,科学研判,加强金融服务经济实体能力;多渠道点对点对接,强化信贷有效支持;加强督导,促进金融服务重点项目建设;集聚合力,开展“A 级企业”培植工程;主动作为,积极开展金融风险管理与防控;加强宣传,深入推动金融知识在辖区的认知度;打造良好营商环境,激发市场活力,林区金融生态环境进一步优化。2023 年,神农架林区获得“湖北省金融信用市(州)”称号。

(神农架林区人民政府办公室)

履行央行职能

一、贯彻执行稳健货币政策

(一)聚焦“三个重点”金融需求

紧紧围绕“确保全年贷款总量增加 7 亿元,蝉联湖北省金融信用市州”的目标任务,聚焦神农架“重点项目、重大工程、重点领域”的金融需求,积极传导信贷政策,配合政府出台“大力发展绿色金融支持绿色经济高质量发展”“信贷支持旅游产业发展”实施意见,拟定“排

2023 年 1 月 29 日,中国人民银行神农架林区支行召开金融放贷领域整治工作推进会

污权质押融资”“碳资产质押融资”实施办法；配合政府设立2000万元的绿色担保基金，积极支持神农架旅游经济、绿色经济、乡村振兴等重点领域资金需求。组织召开政银企担对接暨金融一季度“开门红”动员会，各商业银行与25家企业达成了共计7.73亿元的贷款协议。

（二）落实货币政策工具

落实两项直达货币政策工具，推动普惠小微贷款快速增长。12月末，普惠小微贷款余额23.52亿元，比年初增加4.18亿元，增长21.64%。同时，按照央行两项直达工具接续转换的文件要求，发放1.61亿元的支农支小再贷款，持续引导地方机构加大对普惠小微企业的支持力度。

（三）提升民营企业金融服务质量

大力开展民营企业金融服务质量提升年活动。金融机构对22家省返名单企业进行对接，实现了对接率、融资需求尽调率、有效融资需求授信率三个100%。21家企业对信贷满意度进行了评价，信贷满意度达100%。同时，金融部门积极对接林区工商联提供的72家民营企业。民营企业金融服务质量提升年活动开展以来，金融机构向对辖内97家民营企业发放贷款3.77亿元，累计向3091家小微企业主和个体工商户发放贷款近5.2亿元。积极开展“首贷拓户”行动，为45户首贷户发放贷款1.16亿元。持续推动金融机构减费让利2400万元，切实为实体经济减负蓄力。

二、维护金融稳定

不断强化风险防控观念，持续加强金融系统内不良贷款风险、挤兑风险防范。持续开展“央行评级等级提升行动”，对两家法人机构资产质量进行评估，有力督导机构加强不良贷款清收，坚决守住不发生系统性金融风险及挤兑事件的底线，全区不良贷款占比1.39%，总体风险可控。强化与特定非行业主管部门沟通协作机制，积极运用好“九方合作平台”，配合公安司法机关对洗钱案件的侦查、审理工作，形成合力，筑牢、筑实“防护网”。推进反洗钱和反恐怖融资监管有效性控制体系试点工作，组织系统内2家地方法人金融机构开展了2023年度非法人义务机构反洗钱及恐怖融资风险工作评价。积极推动落实打击治理洗钱违法犯罪三年行动；做好常态化扫黑除恶和打击虚开骗税违法犯罪等专项行动。加强统筹，压实各银行落实金融放贷领域整治工作相关责任；开展银行机构专项业务培训；运用各类宣传阵地组织开展存款保险、反洗钱、防范非法集资宣传活动。

2023年6月12日，中国人民银行神农架林区支行和房县支行开展ACS系统跨网点应急演练

三、加强金融管理和服务

全面开展“3·15”金融消费者权益保护日系列宣传、“6·14”征信知识宣传、“进街道、进社区、进村组、进商铺、进农贸市场”等系列宣传活动，深入开展金融知识普及，不断促进金融消费者素养提升，开展2023年神农架林区普惠金融问卷调查，维护金融消费者权益。落实网格化管理，不断提升现金服务工作质效，建立银行与社区联系人制度，确立“人民银行—银行业金融机构—网格责任区—责任网点—网格员”的分层管理体系，形成有效联动的现金服务网络，通过开展“现金服务乡村振兴万里行”活动，整治拒收现金工作等，畅通现金服务“最后一公里”。强化国库基础业务，提升国库服务的现代化水平，通过开展“国债下乡万里行”活动，普及国债知识，引导社会公众关心支持国家建设，积极购买国债，确保国家政策红利直达市场主体，减轻了企业负担，激活了微观经济活力，促进了地方经济增长。围绕“支付为民、开户不难”“反诈拒赌、安全支付”“支付降费、让利于民”等工作要求，营造安全、高效、有序的支付服务环境，促进金融营商环境持续改善。加强外汇政策宣讲，加强相关部门的联动合作，加大企业辅导力度，积极为外贸企业纾困解难，推进辖区企

业出口创汇能力的提升。进一步推进征信网上查询,打击“征信修复”金融乱象等,使征信服务更安全、更便捷。进一步加强金融服务平台建设,加强应收账款抵押融资、“楚天贷款码”的推进力度,拓展信贷服务的广度和深度。不断提升科技服务保障水平。

四、推动金融创新

推动金融机构进园区、进企业开展一对多、一对一对接,全年履约率达99.1%。积极推动信贷产品创新,“酒店+民宿贷”“旅游贷”等8项新型产品针对性强,满足了不同经济主体的融资需求,减少了抵押和审批环节,有效缓解了小微企业、个体工商户“融资难”等问题。

(中国人民银行湖北省分行神农架林区营业管理部)

银行业保险业发展

一、服务实体经济

(一)加大小微企业信贷供给

一是完成小微企业信贷单列计划。截至12月末,法人银行机构普惠型小微企业贷款较年初增加2.89亿元,完成信贷计划的253.51%;银行分支机构普惠型小微企业贷款较年初增加1.05亿元,完成信贷计划的115.38%。

二是完成“两增”考核目标。截至12月末,辖内法人银行机构普惠型小微企业贷款余额15.38亿元,较年初增加2.89亿元,增幅23.14%;普惠型小微企业贷款户数2675户,较年初增加559户。辖内法人银行机构本期各项贷款合计24.03亿元,较年初增加2.39亿元,增幅11.04%。本期普惠型小微企业贷款增速高于同期各项贷款增速12.09个百分点,有贷款余额的户数较年初有所增加,完成“两增”考核目标。

(二)推动小微企业融资成本下降

推动各项降低小微企业融资成本的优惠政策落实落细,鼓励金融机构向小微企业提供低息贷款。对金融机构在小微企业融资服务中的不合理收费进行严格监管和整治。截至12月末,全辖普惠型小微企业贷款平均年化利率4.49%,较年初下降0.17个百分点。

(三)提升小微企业信贷服务质量

一是推进小微企业信用贷款、中长期贷款。截至12月末,辖内小微企业信用贷款余额5.26亿元,占普惠型小微企业贷款总额的22.14%,占比较年初上升6.15个百分点,较3季度上升1.18个百分点。12月末,辖内小微企业中长期贷款余额15.05亿元,占普惠型小微企业贷款总额的63.32%,占比较年初上升3.31个百分点,较3季度上升0.97个百分点。

二是推进“无还本续贷”。12月末,辖内小微企业贷款中“无还本续贷”余额0.39亿元、16户,较年初增加0.32亿元、8户;较3季度增加0.02亿元、1户。“无还本续贷”本期余额占普惠型小微企业贷款余额的1.64%,较年初上升1.29个百分点,较3季度上升0.13个百分点。

三是推进“银税互动”。12月末,辖内“银税互动”小微企业贷款34户,金额0.38亿元,户数与年初持平,金额增加0.08亿元;较3季度增加6户,金额增加0.11亿元。年末“银税互动”贷款余额占普惠型小微企业贷款余额的1.59%,较年初上升0.07个百分点。

四是推进小微企业“首贷”。12月末,全辖新增普惠型小微企业首贷1741户,金额6.27亿元,同比增加678户,金额增加1.02亿元。

五是提升小微企业融资服务效率。12月末,辖内小微企业业务办理环节平均3.33个,较年初减少0.17个;平均申报材料7.16个,较年初减少0.84个;贷款办理时间平均5.88天,较年初减少0.37天。

2023年6月15日,神农架林区举办2023年防范非法集资集中宣传日活动

二、防控金融风险

(一)强化金融机构监管

完成两家法人机构的监管评级、案防评估、信息科技评估、消费者权益评价、董事监事履职评价、公司治理监管评价等专项工作。

一是开展资产质量排查。督促两家法人机构对 2022 年 12 月末、2023 年 6 月和 12 月末的资产质量真实性进行核查，敦促制定入账规划，严格真实反映资产质量。

二是加强流动性风险监测。对辖内村镇银行流动性风险实施动态每周监测，密切关注流动性指标发展趋势，及时预防风险苗头。

三是增强监管有效性。加强事前指导，规范法人机构年度利润分配，不断积蓄可持续发展后劲，确保利润分配方案符合监管导向；列席法人机构股东大会、董事会、监事会，全程监督和指导，提升流程的合规化和规范化。

四是抓好银行风险早期预警。高度重视法人银行机构风险预警工作，根据岗位分工，及时开展预警响应，推动预警响应与日常监管流程有机融合，做到按月监测、按季通报。

五是发挥非现场监管有效性。抓好日常监管，做到数据准确、真实、有效，利用“银行风险早期预警”系统，提升辖内法人银行机构风险预警的及时性、规范化、数字化水平，充分发挥非现场监管基础性和指导性作用，将风险消解于未然。

(二)防控金融市场风险

建立健全金融风险监测机制，运用科技手段对金融市场进行实时监测。督促金融机构建立完善的风险管理制度和内部控制体系。推动提高金融机构的资本充足率和风险抵御能力。做好互联网风险摸排，开展“两会”安全检查。开展全民国家安全教育日活动和互联网系统渗透测试。

(三)促进保险市场规范运行

不断完善和加强监管措施，确保保险市场在法律法规、行业准则和道德规范的框架内，有序、公平、透明地运作，维护市场稳定和可持续发展。抓好“孤儿保单”清理工作，大力推动“惠民保”。开展机动车风险排查，做好防汛救灾保险保障。督促保险机构认真落实主体责任，加强对保险销售人员的日常管理，对可能引发风险的可疑业务、可疑人员、重点环节开展风险排查，抓早打小，有效防范保险市场风险。

三、金融服务创新

(一)提升普惠金融服务质量

开展小微企业金融服务监管评价，按照要求申报免税名单。加强指标考核，合理制定 2023 年信贷计划和普惠型小微企业信贷计划。强化监管监测，加强小微企业金融服务监测力度，实行季度通报制度，实现信息共享、互通。

(二)推动金融服务乡村振兴

科学制定涉农信贷计划、县域存贷比提升计划。稳步推进“整村授信”覆盖率，将工作重点由提高行政村建档评级覆盖率转向提高农户和新型农业经营主体建档评级覆盖率，注重“整村授信”的实质性服务，加强客户维护，优化产品供给，提高用信水平和融资效率。深入推进脱贫人口小额信贷，聚焦农业建设重点，拓宽农村抵质押品范围，丰富增信方式，优化保险承保理赔服务，全面提升脱贫人口金融服务力度。以“扩面、增品、提标”为重点，督促辖内保险机构持续推进农业保险转型升级。开展“消费者权益保护”宣传，开展进农村、进企业、进社区、进学校、进商圈的“五进入”集中宣传活动。推进普惠金融工作站建设，力争 2024 年底前，打造 1 家示范工作站、10 家精品工作站，以改善金融基础设施薄弱的乡村金融服务，持续提升农村地区基础金融服务的可得性、获得感和满意度。

(三)优化营商环境

积极对接辖内城建部门、不动产登记中心等相关部门，形成合力，降低二手房交易成本和风险，保障抵押不动产依法转让，推动辖内房地产市场平稳健康发展。开展“走万企 提信心 优服务”活动，积极对接地方经信和商务部门，确定涉银机构和对接企业名单，做到按周跟踪、按月总结。

(国家金融监督管理总局神农架林区监管支局)

第三部分

机构运行情况

一、金融监管(工作)部门

中共湖北省委金融委员会办公室 湖北省地方金融管理局

2023年,中共湖北省委金融委员会办公室、湖北省地方金融管理局坚决贯彻落实党中央决策部署和省委、省政府工作要求,坚守不发生区域性系统性金融风险的安全底线,奋力推进全省金融高质量发展,为加快推动我省先行区建设成势见效积极贡献金融力量。

一、全面加强党的建设

以习近平新时代中国特色社会主义思想为指导,以党的政治建设为统领,以高质量党建引领金融助力加快建设全国构建新发展格局先行区。局党建工作成效被学习强国APP、《湖北日报》、湖北机关党建网等省级及以上平台宣传报道。

(一)着力加强党的政治建设

聚焦习近平总书记关于金融工作重要讲话和重要指示批示精神、党的二十大战略部署,开展贯彻落实情况自查和监督,坚决贯彻党中央决策部署。认真落实党建工作责任,全年召开29次党组会、专题会和4次机关党委会,研究党建工作。制定全局年度党建工作要点和责任清单,加强党支部标准化、规范化建设,组织党务培训,深入开展第五届省直机关"红旗党支部"创建。深入推进政治生态分析研判,制定工作方案,精心组织实施。加强党建责任清单管理,完成问题清单自查整改并报送情况。深化党员干部"一下三民"实践活动,落实"四下基层"工作制度,定期会商研究下基层情况,梳理制定"三张清单",推动解决群众急难愁盼问题。严格落实意识形态工作责任制,推动党建、业务融合发展。

(二)扎实有效开展主题教育

紧紧围绕学习贯彻习近平新时代中国特色社会主义思想这条主线,精心部署安排,制定主题教育实施方案。成立局主题教育领导小组及办公室,召开专题会议传达学习习近平总书记关于主题教育的重要讲话精神,专题研究局主题教育、大调研、专项整治等工作方案。组织开展专题读书班和研讨交流、现场教学等活动,邀请专家教授做辅导报告。推进省委主题教育办部署的专项整治,组织全局党员干部签订承诺书、开展自查自纠。认真开展提升上市公司质量等13个课题调研,形成调研报告并建立调研和转化运用清单,着力破解金融工作中难点堵点问题。主题教育各项工作有效落实,在以学铸魂、以学增智、以学正风、以学促干方面取得了实效。

(三)强力推进党风廉政建设

精心组织党风廉政建设宣传教育月活动,深入开展清廉金融文化建设活动。严格监督执纪,将廉政要求嵌入地方金融工作全过程;建立健全党员干部廉政档案,发送廉洁自律提醒信息,监督建设项目验收,开展优化营商环境、防范化解金融风险、乡村振兴定点帮扶等工作调研督办工作。牵头组织4家省属金融企业开展金融领域突出问题专项整治。

(四)精准精细保障机关高效运转

分别建立中央、省委省政府领导批示台账、省委专题会议议定事项台账、省政府主要领导同志会议强调事项台账,并定期督办落实。全年共处理来文近4960件,审核发文900余件;编发《金融信息》24期,《金融专报》43期;制发工作秘密清单,召开保密领导小组会议,加强保密学习教育,开展保密自查自评,全局未发生泄密事件;收集整理文书档案4000余份,办理信访件269件,办理建议提案93件。加强财务管理工作,严格财务报销审核审批。全面落实平安建设工作目标管理,开展"4·15"国家安全教育日活动,支持平安建设联系点狮子村项目建设;助力乡村振兴帮扶村野猫水村建设,圆满完成5个帮扶项目。

二、大力提升金融服务实体经济质效

紧紧围绕金融服务实体经济的宗旨,持续完善金融政策,推动更多资源流向实体经济、流向经济发展重点领域和薄弱环节,助力我省经济高质量发展。

(一)细化金融支持政策

联合相关部门印发科创、绿色发展、乡村振兴等领域7项金融扶持政策措施,积极参与研究制定支持高端装备、生命健康、新材料、人工智能、北斗、农业和文化等产业链建设政策举措,金融支持我省现代化产业体系和实体经济的政策不断夯实。联合人民银行湖北省分行等部门印发《进一步改善全省民营企业金融服务的十条措施》,在全省开展民营企业金融服务质量提升年专项活动,民营企业金融服务质效明显提升。

(二)有效推进信贷投放

制定全年信贷投放指导性目标,组织召开信贷投放工作调度会;推广、复制、优化营商环境先行区经验,指导各地完善、健全首贷暨金融综合服务中心,加强线上、线下模式结合,推动信贷投放增量扩面提质。组织开展2023年金融"早春行"助力湖北建设全国构建新发展格局先行区活动,全年全省各金融机构与7万余家企业签订融资意向协议1.11万亿元,同比增长81%;履约金额1.08万亿元(含授信),履约率97.91%,同比提升0.51个百分点。协调指导各省级金融机构深入开展"金融支持农产品出口春风行动"。全力推进省政府与中国农业发展银行、兴业银行、中国农业银行签订合作协议,争取金融总部在信贷规模、资源配置等方面对湖北省倾斜,加大对湖北建设全国构建新发展格局先行区和高质量发展的金融支持。

(三)不断完善融资担保体系

引导政府性融资担保机构聚焦主业,扩大信用担保、首贷担保、中长期担保占比,加强产品、模式和服务创新,累计推出创新产品270余款。指导光谷科担与创投基金、产业基金开展"投担贷"联动;指导湖北省再担保集团推出"荆楚融担码"。强化科技担保增信,构建覆盖全省、上下联动的专业化科技融资担保体系。举办全省融资担保体系建设调研座谈会,调整优化湖北省金融信用市(州)、县考评内容中有关融资担保相关指标。全省融资担保体系不断完善,有效发挥了其促进普惠金融发展的积极作用。截至年末,全省融资担保行业在保余额2645.2亿元,同比增加366亿元,增长16.1%;全省新型政银担业务在保项目17.6万笔,在保余额934.5亿元,同比增加289.2亿元,增长44.8%。

三、加快推进资本市场建设

紧盯"新增上市公司20家"目标任务,积极应对IPO审核节奏放缓等因素

叠加挑战，全力以赴加强工作调度，狠抓工作落实，全年全省境内外上市及过审企业共21家。全省境内上市公司八成实现盈利，净利润490亿元。全省直接融资7593.43亿元，同比增长8.96%；债券融资7335.05亿元，同比增长12.62%。

（一）强化统筹调度

加强与证监会、证券交易所协调沟通，争取支持。建立拟上市重点企业清单，分解目标任务并全程跟踪，定期向省政府报告，向市（州）通报。报请省政府召开全省资本市场发展暨企业上市工作电视电话会议、拟上市重点企业专题推进会，持续不断强化调度。抢抓北交所扩容机遇，制定出台北交所上市和"新三板"挂牌方案，编印北交所上市指引，举办系统性专题培训，引导推动"专精特新"企业登陆北交所。

（二）不断完善上市服务

全面落实新修订的上市奖励无申请兑付办法，制定完善支持企业上市若干措施拟报省政府。依托沪、深、北交易所资本市场服务基地，组织举办全省企业上市培训，实现省级上市后备企业全覆盖。局领导带队赴8个市（州）实地走访37家企业，针对企业关切问题加强指导。致函证监会、证券交易所和相关部门为企业上市商请支持。加强上市后备企业培育，开展省级上市后备"金种子""银种子"企业评审，持续加强上市后备梯队建设。全省共有在审企业18家、在辅导企业57家，省级上市后备"金种子""银种子"企业达到1150家。

（三）大力发展直接融资

发展债券融资，召开债券发行专题培训会、座谈会，推动建立重点产业企业债券融资担保增信机制；支持湖北科投成功发行首只原始权益人注册地在湖北省的公募REITs。指导武汉股权托管交易中心获批开展"专精特新"专板建设试点、区域性股权市场制度和业务创新试点，并与全国股转公司签署绿色通道、公示审核监管合作备忘录，为"四板"企业利用"新三板"和北交所融资发展打通便捷渠道。助力加速构建基金体系，参与推动省政府引导基金、"楚天凤鸣"科创天使基金、科创供应链产业发展基金等的设立工作；会同相关部门建立私募基金准入综合研判会商机制；印发《自贸区外商投资股权投资企业试点暂行办法》，在自贸区开展QFLP试点。全省多层次资本市场持续发展，直接融资渠道更加多元畅通。

四、全力防范化解金融风险

统筹防范化解重点领域金融风险，严厉打击非法金融活动，守住了不发生系统性区域性金融风险的底线。

（一）完善风险防控体制机制

全面构建党政同责、属地负责、部门担责、企业主责的防范化解金融风险工作责任体系，推动市（州）、县党委政府建立党政主要领导负责的重大金融风险处置协调机制，夯实省、市（州）、县、乡、村五级工作运行机制。持续优化"四位一体"监测预警体系，省金融风险预警平台对全省注册登记的235万家企业从75个维度实施全时段、全方位监测。组织开展金融风险隐患排查等专项行动，风险线索已全部落实化解措施。推动常态化宣传与集中宣传深度融合，举办全省防范化解金融风险专题研讨班，组织防非短视频征集大赛、集中宣传教育月活动，全年累计开展"七进"宣传活动27669次，现场参与群众903.1万人次。全省金融安全防线持续巩固。

（二）做好防范处置非法集资工作

认真落实《防范和处置非法集资条例》，起草报审《湖北省〈防范和处置非法集资条例〉实施细则》。统筹行政执法力量开展现场核查，有效运用警示约谈、责令整改、清退等行政手段，果断采取限制涉案人员出境等措施，压降风险规模。严格开展行政执法、强化案件处置，建立全省非法集资案件处置台账，盯紧央批部督案件及亿元以上、5年以上案件处置。超额完成陈案化解20%工作目标。

（三）推进重点领域和企业金融风险化解

建立上市公司风险处置工作专班工作机制，定期梳理汇总上市公司和债券风险动态，及时通报属地政府和相关部门，加强预警分析和提示。报请省政府召开重点上市公司风险防范化解工作专题会，印发各类风险提示函，向省直部门发函通报相关信息，督促压实属地和部门责任。联合上交所召开提高上市公司质量座谈会，交流推介化险经验和典型案例。协调推动相关地方法人金融机构问题整改，协调推进相关企业金融风险处置，推动成功化解相关上市公司金融风险。积极参与防范化解房地产领域风险防控工作。全省金融风险防控有力有效，守住了金融安全底线。

五、加强和完善地方金融监管

聚焦主责主业，强化地方金融组织监管，引导地方金融组织健康发展。截至年末，全省共有七类地方金融组织857家，新增各类业务2535.61亿元。

（一）夯实监管基础

进一步推进《湖北省地方金融条例》配套制度建设，先后出台或起草《湖北省典当行监督管理实施细则（试行）》《湖北省商业保理公司监督管理实施细则（试行）》《湖北省政府性融资担保机构代偿损失核销工作指引》《关于完善湖北省融资担保机构公司治理的意见》《关于推动建立全省融资担保行业敢担愿担能担会担长效机制的通知》等文件，地方金融监管制度逐渐完善，监管工作基础不断夯实。

（二）提升监管能力

持续加强监管信息系统建设，完善系统功能。上线运行全省地方交易场所监管信息系统，完成融资租赁和商业保理公司监管信息系统首期建设，重新搭建小额贷款公司监管平台，优化完善典当行、融资担保行业监管系统功能。推动国担基金SaaS系统对接，协调省再担保集团做好"荆楚融担码"与监管系统对接及推广工作。地方金融监管信息化、智能化水平不断提升。

2023年10月17日，以"提升科创金融新动能　助力湖北建设全国构建新发展格局先行区"为主题的第十三届中国·武汉金融博览会开幕式暨主论坛在武汉东湖国际会议中心举行

(三)促进合规经营

全年办理地方金融组织设立19件,变更事项162件,退出73件。综合运用分类评级、行业年审、“双随机、一公开”抽查、专项检查等方式,对160余家地方金融组织开展现场检查,对发现的问题督促企业立即整改,促进地方金融组织规范发展。强化非现场监管,分行业每月对非现场监管数据进行统计和分析研判,加强对资本金、资产质量、杠杆水平、关联交易、业务集中度和关联度等重点指标的监测力度。地方金融组织实现减量提质,发展环境进一步优化。

六、持续优化金融生态

(一)高标准优化金融营商环境

起草《以控制成本为核心优化营商环境行动方案》,编制流程操作图,明确成本事项、工作目标、创新举措、细化措施及责任单位。开展优化营商环境先行试点创建,将“首贷担助力小微企业信用培植”“新型政银担改革”“打造科技型企业融资担保服务新模式”等纳入优化营商环境先行区试点创建工作,引导各融资担保机构持续加强产品创新、流程优化,加大对实体企业增信力度。认真落实省优化营商环境办各项工作要求,不断提高服务水平和治理能力。

(二)高水平举办第十三届中国·武汉金融博览会

以“提升科创金融新动能,助力湖北建设全国构建新发展格局先行区”为主题,举办第十三届中国·武汉金融博览会开幕式及主论坛和六个平行论坛,政商学界2000余人参加盛会,为历年最高。活动期间,签署了一揽子重大战略合作协议,发布了一批重大发展成果,为全面推进经济金融转型升级,助力湖北建设全国构建新发展格局先行区注入了强大动力。

(三)高要求完善金融法治环境

起草形成地方金融监管行政处罚自由裁量标准和适用规则,严格落实行政执法公示、全过程记录和重大行政执法决定法制审核制度,年度行政执法事项零复议、零诉讼。对制发和负责牵头实施的行政规范性文件进行集中清理,提出废改立意见建议。制定普法责任清单,开展法治专题集中学习,建立领导干部应知应会党内法规和国家法律清单,组织全省性业务法律法规培训。

(四)高质量建设“鄂融通”平台

不断完善功能、丰富产品、数据赋能,与省工行、省建行、省邮储行等金融机构联合开发信贷产品,与省农业信贷直通车、省供应链物流公共信息系统、武汉股权交易系统、省碳排放权交易系统等12个平台实现信用信息共享,获2023年全国信用成果“信易贷”平台省级节点特色单位,《信用信息共享应用赋能中小微企业发展》被评为2023年湖北省社会信用体系建设优秀案例。截至年末,“鄂融通”已归集发改、公安、税务等40多个单位的7.10亿条数据,入驻金融机构3413余家,汇集2608个金融产品,融资总金额超6754.88亿元。

(中共湖北省委金融委员会办公室
湖北省地方金融管理局)

中国人民银行湖北省分行

2023年,中国人民银行湖北省分行坚持以习近平新时代中国特色社会主义思想为指导,深入学习贯彻党的二十大精神,坚决贯彻落实党中央、国务院决策部署和稳健的货币政策要精准有力的要求,努力保持信贷增长的持续性和平稳性,有力支持全省经济高质量发展。

一、加强党建引领

着力发挥党建和全面从严治党的引领保障作用,坚守金融工作的政治性、人民性,提高站位,拓宽视野,把坚持党的领导与坚持为民服务相统一,更加注重以政治眼光和人民立场谋划、推动和评价工作。

扎实推动主题教育各项工作任务落到实处,探索建立“三位一体”主题教育工作机制;高质量举办主题教育读书班和理论学习中心组(扩大)学习辅导讲座;持续推动学习和调研成果向破难题促发展、办实事解民忧转化。以开展主题教育为契机,持续加强干部队伍建设和基层党组织建设,进一步提升履职能力和水平。

二、统筹稳增长和稳金融

认真执行稳健的货币政策,用好货币政策工具,保持信贷投放水平与经济发展需要相适应。2023年,湖北省信贷增速继续保持与经济增速相匹配。截至2023年末,全省金融机构人民币各项贷款余额80281亿元,同比增长10.2%。人民币各项存款余额86546亿元,同比增长9.6%。

引导信贷资源更多流向经济高质量发展重点领域。截至2023年末,全省制造业中长期贷款新增1220亿元,余额同比增长32.2%;民营市场主体贷款新增2194亿元,余额同比增长15.5%;普惠小微贷款新增1905亿元,余额同比增长25.5%;县域贷款新增2770亿元,余额同比增长16.9%;绿色贷款新增2987亿元,余额同比增长30.0%。

把稳字当头、稳中求进贯穿于工作始终。认真做好重点领域风险防控工作,维护了金融运行总体平稳。

三、提升金融服务实体经济质效

在全省组织开展“民营企业金融服务质量提升年”活动。牵头制定出台《进一步改善全省民营企业金融服务的十条措施》,引导金融机构强化对民营小微企业的金融支持。主动对接点上具体企

2023年1月18日,中国人民银行武汉分行、湖北银保监局联合召开湖北省全国性银行分支机构货币信贷工作座谈会

业、线上重点行业和面上各类市场主体，运用四方会商机制支持企业解决融资困难。全省民营市场主体和普惠小微贷款增长15.5%和25.5%，明显高于各项贷款增速。据全国工商联2023年“万家民营企业评营商环境”调查情况显示，包含融资支持等三个方面指标在内的“要素环境”湖北在全国排名第六位，上升较多。

促进银企高效精准对接。2023年，全省金融机构积极运用“301”线上快贷模式，全年共发放贷款389万笔，贷款金额4402亿元；借助“楚天贷款码”为13.24万户市场主体发放贷款997亿元；人民银行湖北辖内分支机构会同企业主管部门采取逐一对接方式，依托信用培植工程服务平台帮助1614家融资困难比较大的中小微企业获得融资221亿元。截至2023年末，全省市场主体贷款户数144.4万户，同比增长14.0%。

推动市场主体利息负担稳中有降。2023年，全省新发放企业贷款加权平均利率3.85%，同比下降24个BP。其中新发放普惠小微企业贷款加权平均利率同比下降26个BP。居民房贷利息负担减轻，超过8600亿元存量首套房贷款利率下降，平均降幅0.91个百分点；超223万户家庭受益，户均每年减少利息支出3500元左右。

四、深化金融改革创新

坚持围绕促进金融转型、增强金融功能，因地制宜推进科技金融和绿色金融发展。推出创新积分信用贷，推广知识产权质押贷款，着力解决对科技型企业“看不懂”“看不准”和“不敢贷”的问题，截至2023年末，湖北省国家级、省级“专精特新”中小企业贷款余额较上年同期分别增长77.4%、56.9%。牵头出台首个省级绿色融资企业和项目评价指南、绿色建筑产业贷款实施规程。

推进湖北交投、湖北联投、武汉华纺、黄石上达电子等企业开展供应链金融创新试点，并取得积极成效。推广数字化应收账款融资服务和线上“政采贷”产品，2023年全省金融机构依托“中征应收账款融资服务平台”办理的应收账款融资金额和线上“政采贷”金额，在全国同类业务中均位居第一。

发展跨境金融，促进跨境贸易和投融资便利化。推动优质企业贸易外汇收支便利化政策在湖北扩面增效，2023年全省办理试点业务3万笔、金额80亿美元，同比均翻番。2023年，湖北省跨境人民币收付总额2772.7亿元，居中部六省第一位，同比增加34%，较全国增幅高10.2个百分点。

五、持续优化金融服务管理

坚持寓服务于管理，提升履职的严肃性和实效性。持续推行监管措施前置、递进式的监管模式。治理涉诈涉赌“资金链”、整治拒收现金和“征信修复”乱象等工作成效明显。全面推广跨省电子缴税，试点跨境税费缴库退库电子化，大幅缩减了办税时间。打击治理洗钱违法犯罪和地下钱庄取得新突破。

全面提升支付适老化服务质效，切实增强老年人支付服务的获得感和满意度。持续推动优化小微企业账户服务，截至2023年末，全省各银行机构办理小微企业简易开户超1万笔，20余家银行机构实现跨行代发工资功能。推动湖北省内18家全国性银行和5家省级地方性银行在执行原有支付手续费减费让利政策的基础上，实行小微企业开户手续费全额减免。

健全“自助为主、人工为辅”的高效征信服务体系，组织金融机构大力宣传推广手机银行、征信中心官方网站、银联云闪付APP等线上自助查询服务渠道，建立健全以自助查询服务代理网点为枢纽、多类网点征信服务功能互补的线下标准化服务网络。

（中国人民银行湖北省分行）

国家金融监督管理总局湖北监管局

一、2023年工作情况

2023年，国家金融监督管理总局湖北监管局认真贯彻落实总局党委和省委、省政府决策部署，恪守监管主责，主动担当作为，高质量高标准开展主题教育，以金融安全保障经济社会高质量发展，以改革化险提高金融服务实体经济能力，各项工作取得良好成效。

（一）扎实推动主题教育见行见效

紧扣“学思想、强党性、重实践、建新功”总要求，高标准开展主题教育。积极践行“四下基层”优良传统，深入基层走访调研。着力办好“关键小事”，为民办实事解难题。坚持真查实改，建立长效制度。

（二）金融风险处置化解稳妥有序

持续有效防范化解辖内重点领域风险，稳步推进地方法人机构改革化险。联合人民银行湖北省分行推动“金融16条”等政策落地。构建整治“代理退保”黑产“四位一体”工作格局取得积极成效。

（三）金融服务经济社会效能不断提升

加大对基础设施、制造业、民营企业、绿色产业等重点领域资金投入。全省普惠型涉农贷款余额较年初增长27.7%，普惠型小微企业贷款连续多年保持25%以上增速。8个地方特色农产品保险实现全省覆盖，9地城市定制型商业健康保险落地。推动全省13个市（州）金融纠纷调解组织全覆盖。

（四）行业改革发展动能加快激活

推进法人机构高质量发展。在全国首批推广“企业创新积分贷”。建立东湖科技风险管理和保险创新实验室，联合制定科创金融和科技保险业务服务标准指引。引导各类银行保险机构回归本源、专注主业。强化保险保障功能，开展消除“孤儿保单”行动。

（五）强监管严监管要求深入落实

坚决落实监管“长牙带刺”要求，优化行政处罚流程，建立行业运行及风险监测分析机制。稳妥有序做好机构改革工作，顺利完成省市派出机构挂牌，周密推进县域机构改革。

（六）系统党的建设持续深化

制定完善党规党纪制度文件，推动全面从严治党四责协同落实。建立青年干部全链条成长成才机制，成立16支“新时代青年突击队”。坚持纠“四风”树新风，扎实做好常态化长效化巡视整改，持之以恒正风肃纪反腐。

二、2024年工作思路

2024年，湖北金融监管局系统将坚持以习近平新时代中国特色社会主义思想为指导，全面贯彻落实党的二十大和二十届二中全会精神，认真落实中央金融工作会议部署和金融监管总局工作会议要求，坚持稳中求进工作总基调，坚决做到监管“长牙带刺”，纵深推进全面从严治党，跨前一步、迎难而上，唯实惟先、善作善成，以金融高质量发展助力湖北省加快建设全国构建新发展格局先行区，为建成中部地区崛起重要战略支点贡献力量。

（一）聚焦防范风险主责主业，牢牢守住不发生系统性金融风险底线

统筹把握好权与责、快与稳的关系，全力推进重点中小金融机构风险化解，健全金融风险处置常态化机制。积极稳妥防控重点领域风险，强化信用风险管理，多措并举加大不良资产处置力度。促进金融与房地产良性循环，支持保障性住房等“三大工程”建设，为构建房地产发展新模式贡献“湖北智慧”。

（二）落实“五大监管”，不断提高监管前瞻性、精准性、有效性和协同性

突出精准抓好机构监管，强化分类施策；突出守正抓好行为监管，规范金融行为；突出协同抓好功能监管，实现监管贯通；突出求实抓好穿透式监管，提高监管质效；突出“四早”抓好持续监管，加强风险监测。

（三）落实强监管严监管要求，真正做到“长牙带刺”、有棱有角

坚持“监管姓监”，严肃惩处违法违规行为，打准、打痛“关键事”“关键人”“关键行为”，做到一贯到底、一严到底、一查到底。强化央地监管协同，加强信息交流共享和重点任务协同，实现同责共担、同题共答、同向发力。坚持抓早抓小，着力防范打击非法金融活动。强化“对监管的监管”，做到“打铁自身硬”。

（四）围绕高质量发展目标，引导金融机构改革转型

切实提升行业发展可持续性，着力推动各类机构回归本源坚守定位。大力弘扬中国特色金融文化，引导金融业厚植“金融报国”情怀，树立正确的经营观、业绩观和风险观。推动实现“机构不做假、股东守规矩、高管知敬畏、员工有操守、公众识风险”。

（五）围绕重要战略部署，切实做好“五篇大文章”

紧紧围绕湖北建设全国构建新发展格局先行区，加快建成中部地区崛起重要战略支点部署，持续深化金融供给侧结构性改革，建设完善科技金融服务体系，健全全链条、全生命周期的科技金融服务机制，深化东湖科技保险创新示范区建设。围绕长江经济带绿色发展，健全绿色金融体系，共同推进长江经济带降碳、减污、扩绿、增长。健全普惠信贷体系，推动普惠金融提质增效。丰富养老金融产品供给，持续助力多层次养老保障体系建设。加快数字化转型，深化数字金融发展，更好满足湖北高质量发展的金融需求。

（六）旗帜鲜明加强政治建设，不断提高党建工作质量

常态长效抓好巡视巡察整改，加强整改评估，严把整改质量。坚持不懈正风肃纪反腐，持续加固中央八项规定堤坝，大力开展监管作风专项整治。平稳有序完成机构改革任务，做实做细“三定”实施准备，稳步推进县域机构改革。深入实施“四新”工程，担使命、控风险、强协同、严作风、见实效，奋力开启湖北金融监管事业新篇章。

（国家金融监督管理总局湖北监管局）

中国证券监督管理委员会湖北监管局

一、加强日常监管

（一）强化上市挂牌公司监管

落实新一轮提高上市公司质量三年行动方案，在日常监管中坚持“抓两头带中间”的原则，对于优质上市公司，引导和推动利用资本市场开展直接融资，做优做强，实现高质量发展；对于头部上市公司，建立月度监管台账、开展现场调研，做好监管与服务工作；对于一般类上市公司，保持持续关注，建立“早发现”工作机制，对风险苗头抓早、抓小；对于风险上市公司，坚持“对症下药”，能救早救、应退尽退。因层施策开展“新三板”挂牌公司分类监管，引导创新层挂牌公司提升规范水平，加强对基础层挂牌公司的分析和研判。全年对上市挂牌公司监管下发风险提示函26家次、出具监管措施51份。

（二）强化证券期货机构监管

紧盯重点机构、重点业务、重点人员，持续加大日常监管督导力度，防范化解风险。“一司一策”完善公司治理，防范资本无序扩张，督促保荐机构归位尽责。开展分支机构新任负责人“监管第一课”，前移监管关口。全年开展现场检查59次、出具行政监管措施6份、作出行政处罚1起。

（三）强化私募机构监管

综合运用会内舆情监测系统、外部搜索引擎、信访举报等渠道，对私募基金舆情开展日常排查，对风险苗头抓早、抓小。紧盯重点领域，组织对辖区114家证券私募基金涉城投债、房地产债情况开展全口径自查，对21家私募机构开展现场检查，对5家私募机构、1名相关责任人采取行政监管措施。

（四）强化证券服务机构监管

扎实开展年报审计监管，全省12家上市公司被出具非标审计意见，9家换所上市公司均未出现换所后审计意见转优的情形。对辖区8个项目开展现场检查，出具行政监管措施2份。强化审计评估机构备案管理。持续探索提升辖区律所执业能力。

二、防范处置市场风险

推动全省上市公司风险处置工作专班健全工作机制，多次向省政府专题报告风险情况，通过市场化方式推动相关上市公司平稳退市，通过变更控股股东实质性化解风险，高比例质押公司进一步下降。完成203只到期或回售债券违约风险的兑付跟踪，制定湖北省城投债券风险防范工作方案，向省政府及重点市（州）通报城投债券、地方国企公司债券风险情况，配合做好防范化解地方债务风险工作。积极防范化解证券期货机构风险。通过督促变更名称或经营范围、双注销、在国家企业信用信息公示系统进行公开提示等方式，有效推动管理人登记、工商注册“双出清”。

三、严格开展执法

内强基础，修订完善相关制度，运用科技手段提升办案效率；外聚合力，与公安部门密切合作，联合打击证券期货领域违法犯罪。全年查办各类案件17起、办结6起，重点打击信息披露违法违规行为，案件成案率100%。把好日常法制审核关，全年审理案件11起，作出行政处罚5起；执行罚款349万余元。

2023年6月8日至9日，湖北证监局、湖北省地方金融管理局、武汉东湖高新区管委会联合举办资本市场服务荆楚行·光谷站活动

四、依法依规整治非法证券期货活动

组织召开打非协调小组联席会议，进一步加大涉非线索监测力度。构建以日常监测、自主收集、市场报送、举报核查等多渠道的风险监测机制，对涉非信息及时发现、及时处置。及时向省委网信办、市场监督管理部门移送涉非信息。进一步加大对涉非案件的打击力度。积极核查涉非线索，向公安机关移交有效涉非线索。落实清整联办关于武金所风险处置的工作部署，督促相关方按照清整联办的最新要求，做好存量规模的压降和出清工作，同时配合地方政府持续做好伪金交所、变种伪金交所的整治工作。

五、加强投资者教育与保护

（一）投资者教育和保护工作持续发力

积极践行"以人民为中心"的发展思想，结合辖区特色开展"樱你而来""投教新汉潮"等活动，以宣传造势、教育保障、严打震慑、全员参与等方式，将投教宣传活动做深做实。持续加强投教基地监管，我省2家法人机构国家级投教基地考核优秀，投教作品、工作成效受到多方肯定。持续推进投资者教育纳入国民教育体系，以财商教育为重点，提升学生群体金融素养。

（二）多元纠纷化解路径进一步拓展

加强与法院的沟通联系，指导辖区调解组织与武汉市洪山区人民法院共同成立辖区证券期货行业诉调对接调解工作室，与武汉市中级人民法院成立证券期货纠纷调解工作室，辖区证券期货纠纷委派委托调解合作平台进一步扩大。增聘律师作为与法院共建诉调对接工作室调解员，提升诉调对接工作专业性。全年共受理调解申请359件，结案率91.64%，和解金额600余万元。辖区调解组织荣获中证资本市场法律服务中心颁发的"投资者最满意工作站"，并被中共武汉市委平安武汉建设领导小组办公室选为100个"品牌调解室"之一。

（三）投资者教育纳入国民教育体系工作持续深化

会同人民银行湖北省分行、武汉市教育局召开武汉市金融素养提升教育工作会议，将国民教育进中学的试点范围扩大到100所中学。与多所大学、中学、小学保持密切合作，连续多年开设课程，激发青少年学金融、用金融的兴趣。

（中国证券监督管理委员会湖北监管局）

国家外汇管理局湖北省分局

2023年，国家外汇管理局湖北省分局坚决贯彻落实党中央、国务院决策部署，按照国家外汇管理局的工作要求，秉持服务实体经济、防控金融风险、深化外汇领域改革的宗旨，积极主动作为，扎实推进各项工作，为湖北省涉外经济的稳健发展发挥了重要作用。

一、加强党的建设

一是树牢政治机关意识，推动党建与业务深度融合。坚持党建和业务同部署、同落实、同检查、同考核工作机制。印发2023年度全省党建工作要点，坚持外汇为民，紧扣服务实体经济根本宗旨；坚持底线思维，防范化解外汇市场风险。二是压实党员领导干部"一岗双责"。省市州各分局主要负责人切实履行抓基层党建和全面从严治党第一责任人职责，党总支和各支部书记履行"一岗双责"。三是完善组织领导，锻造坚强有力的党组织。落实分局党总支工作制度，统筹强化各级党组织建设。发挥机关带系统、系统带基层作用。积极创建"五好党支部"，各支部深化"让党中央放心、让人民群众满意的模范机关"创建工作，着力推动工作作风转变和工作成果转化。四是发挥青年党员的生力军作用。扩充"青年党员工作小组"和"青年突击队"，持续引导青年党员积极参加"青年理论讲师"宣讲、"经济金融形势分析师"汇报和"青年文明号""党员先锋示范岗"创建等活动，提升青年党员落实急难险重任务的政治、思想和行动自觉。

二、加强统计监测与分析

（一）夯实湖北省国际收支统计申报制度基础

做好湖北省辖内国际收支、外汇收支、结售汇统计制度的建立和实施工作。2023年按照总局新修订的《通过银行进行国际收支统计申报业务指引》（2023年版）《国际收支统计核查制度》，落实开展国际收支统计申报数据报送和核查工作，切实保障国际收支统计申报数据质量。

（二）加强监测和分析

一是做好数据收集和审核工作。要求辖内金融机构、企业等按时报送外汇业务数据；对数据进行严格审核，及时发现和纠正错误或异常数据。二是加强监测和风险评估。利用先进的外汇业务监测系统，对各类外汇数据进行实时或定期监测；通过数据分析，评估外汇市场风险状况。三是撰写定期报告和开展专题研究。撰写外汇收支形势分析报告，向上级部门和相关决策机构汇报外汇业务运行情况及存在的问题。针对特定的外汇业务领域或热点问题，开展深入的专题研究，为政策制定和调整提供依据。

三、加强外汇业务管理

（一）加强银行结售汇业务及银行自身结售汇业务监督管理

持续提升行政许可事项和各类结售汇业务办理的工作效率。规范行政许可事项管理，进一步整合管理辖内银行结

2023年1月11日，中国人民银行武汉分行召开2023年工作会议暨全省外汇管理工作会议

售汇机构信息,提高数字化和电子化水平。积极落实总局新政,主动对接辅导湖北银行准备申请资料,批准其合作办理人民币对外汇衍生品业务资格,指导其在现有法规框架下,因地制宜,利用合作远期结售汇服务于中小微企业的避险需求。加强法人金融机构结售汇综合头寸日常监测和管理,年初重新核定7家法人金融机构共23亿美元结售汇综合头寸额度规模。

(二)加强经常项目外汇管理

一是完善服务贸易对外支付便利化。加强对银企的政策解答和业务指导,强化与省税务局的横向联系,持续保持汇、税、银、企四方沟通渠道的通畅,保障企业合理用汇需求。二是完善常态化月度重点监测机制。建立重点监测企业库。筛选122家有代表性企业,覆盖芯片半导体、光通信、新能源汽车、化工新材料、钢铁有色等重点领域和特色产业。密切关注重大外部事件、政策及市场变化对重点企业的影响,为前瞻性研判外汇形势、针对性实施微观监管提供一手参考。三是扎实开展事中事后监测核查。将大额延收、大额预付、离岸转手买卖等高风险业务纳入重点监测,逐一跟踪指导。督导多家企业加速收汇;对重点企业库月度监测实现"全覆盖",全年累计对2820家次企业开展非现场监测,对106家企业采取约谈告诫、督促整改、降级、注销等监管举措。

(三)加强资本项目外汇管理

加强制度制定、执行、督导全链条管理,修订并印发内控制度实施细则、信息系统使用管理操作细则和事中事后监管工作实施细则3项制度,补充完善内控制度体系。组织辖内资本条线开展系统用户管理、行政许可档案等5项自查,均严格执行相关内控制度。组织开展资本条线内控制度和业务政策培训班,内容涵盖规范行政许可业务办理、内控和事中事后监管制度解读、监测分析工作重点等,以培训促规范、以培训促提升。

四、完善外汇账户管理

严格贯彻落实《国家外汇管理局关于进一步深化改革促进跨境贸易投资便利化的通知》要求。将资本项目资产变现账户调整为资本项目结算账户。境内股权出让方(含机构和个人)接收境内主体以外币支付的股权转让对价资金,以及境内企业境外上市募集的外汇资金,可直接汇入资本项目结算账户。资本项目结算账户内资金可自主结汇使用。

五、加强监管执法

(一)着力推进打击地下钱庄工作

在前期省、市两级汇警合作的基础上,组织辖内外汇局积极走访县(区)公安局、派出所等基层公安机关,通过公布办案热线、派发办案联络卡等方式,拓宽地下钱庄案件线索来源。联合各级公安机关从上游电诈、贪污、洗钱、非法入境、赌博、毒品案中摸排发现涉嫌非法换汇案件线索、出境赌博换汇案件线索。2023年,联合公安机关破获全国首例涉几内亚地下钱庄案件宜昌"11·9非法经营案"、鄂州"3·27非法经营案"。全年查办非法买卖外汇案件36起,罚款金额2618万元。

(二)强化对非法跨境金融活动"资金链"的打击和治理力度

一是拓宽汇税合作渠道,加大对骗税案件查处力度。创新联合税务部门,通过CRS(全球税务信息交换系统)调取辖内涉嫌出口骗税企业境外进口方报关、付汇及经营情况,锁定出口骗税违法事实,先后破获咸宁"9·20骗取出口退税案"、十堰"黄金票虚开骗税案"等2起出口骗税案件。二是推动对涉赌、涉诈"资金链"跨部门联合惩戒。不断加强与国安、刑侦、治安等部门的交流合作,积极参与数据分析研判及定性,汇警联合先后破获孝感"4·26网络赌博案""3·24帮助信息网络犯罪活动案"。联合公安机关密切追踪咸宁、恩施2起电诈案资金流水,从赃款去向中挖掘线索,成功查处2起非法买卖外汇转移电诈赃款交易对手案件。三是稳妥有序推进互联网外汇交易平台清理整治。在有效控制增量、防范"处置风险的风险"前提下,对辖内网络炒汇平台实施集中整治。湖北省互联网外汇交易平台风险名单库及举报平台均已清理完毕,暂未发现其他异常情况。

(三)加强外汇业务监管

一是严格开展银行外汇业务专项检查。开展"以案倒查"银行专项检查。查实相关银行机构违规办理经常项目收结汇业务等违规行为;对相关银行违规办理个人购付汇业务、违规办理境外直接投资资本金付汇业务等行为进行查实。对查实的违规外汇业务予以收缴罚没款处罚。二是强化对企业及个人外汇业务监管。查实企业改变外汇资金用途案件。以货物作为突破口,通过核查货物流转轨迹、核验货场实物、核实货物去向的三步工作法,甄别进口背景真实性,成功查实湖北LH国际商贸有限公司虚构预付货款违规实施ODI行为,收缴罚款金额75.5万元。对1起个人案件开展查处,通过持续沟通交流与政策宣讲,成功查办1起个人分拆逃汇案件,收缴罚款金额23.53万元。

2023年4月25日,湖北省外汇和跨境人民币业务自律机制在武汉召开2023年全体成员大会

六、加强外汇系统信息化管理及技术支持

落实人民银行机构改革要求,做好县市支行业务上收科技保障任务;完成骨干网升级改造工程,保障网络和业务系统安全运行,保障全省外汇局网络安全、各业务系统正常运行;不断提高科技管理、调研、应用、开发能力,加强全省信息系统安全教育和业务培训;加强科技创新,通过科技赋能服务市场主体,积极推进跨境金融服务平台在辖内推广应用;积极承担总局系统开发、运维管理和科技调研等工作。

(国家外汇管理局湖北省分局)

二、银行业机构

（一）开发性金融机构

国家开发银行湖北省分行

【概况】

2023年，国开行湖北省分行（简称）以金融助力湖北建设全国构建新发展格局先行区为主线，积极发挥开发性金融在重点领域、薄弱环节、关键时期的作用，立足基础设施银行职能定位，加大信贷投放、加快结构调整、加强风险防控，全力提升金融服务质效。截至年末，表内贷款余额6959亿元，较年初增长1.9%。其中，人民币贷款余额6143亿元，较年初增长5.4%；外汇贷款余额115亿美元，较年初下降19.7%。除助学贷款外，表内贷款保持零不良。实现拨备后利润112.2亿元，同比增长67.0%。

【党建工作】

深入学习贯彻党的二十大、中央金融工作会议、中央经济工作会议精神，通过党委中心组开展专题研讨，将相关精神落实到分行各项经营工作中。贯通理论学习、调查研究、推动发展、检视整改等环节，全年开展理论学习57次，班子成员深入一线开展调研57次，形成问题清单39项，提出解决措施62项，带动各党支部形成42份调研成果。围绕经营重点和党建重点制定涵盖8个方面共计28项措施的重点任务清单，通过每半年召开全面从严治党专题党委会、每月召开党建联席会谋划部署各项工作，全力推动业务发展。

【业务发展】

一、深化银政企合作

一是探索建立多层级走访工作机制。行领导带队拜访政府部门及重点客户，就共同推进基础设施建设、产业提质升级、普惠小微金融发展等工作开展交流和合作。二是做好项目储备工作。配合总行开展现场调研，加大服务长江经济带建设、推动中部地区崛起、乡村振兴等重大战略的工作力度。与省委军民融合办、省住建厅、十堰市政府等政府部门以及中信环境投资集团、有色矿业集团财务公司等重点客户签订战略合作协议，为业务发展奠定基础。

二、服务重大项目

一是服务基础设施建设。为引江补汉工程、沿江高铁武汉至宜昌段项目提供449亿元大额授信；全力支持西十高铁、武天高速、轨道交通11号线三期等一批重大项目落地。全年完成基础设施中长期授信1260.9亿元，同比增长37.7%；发放贷款441.4亿元，同比增长70.0%。基础设施贷款余额占比53.0%，较年初增加2.1个百分点。二是全力服务“三大工程”。参与制定《武汉市城中村改造专项借款资金管理办法》。储备武汉市城中村改造项目授信587亿元，于12月实现汉阳区、东湖高新区2个城中村改造项目共计66.6亿元授信。储备“平急两用”公共基础设施项目授信95.7亿元，实现分行首个“平急两用”汉欧国际物流园项目6.78亿元授信，发放贷款2.9亿元。密切跟踪武汉市保障性住房工作方案实施进展，对接光谷区域等保障性住房项目融资需求，储备项目3个、金额15.2亿元。

三、助力重点产业发展

一是助力科技金融发展。全年发放制造业贷款344.6亿元，同比多放110.1亿元。为武汉新芯等重点产业客户提供专项贷款，支持“卡脖子”关键核心技术攻关。二是助力绿色金融发展。全年为长江经济带发展战略下项目发放贷款517.4亿元，同比多放111.4亿元；向其他绿色领域发放贷款166.4亿元，同比多放24.5亿元，重点支持生态保护和环境修复类产业、清洁能源产业发展。

四、履行社会责任

一是加大对普通高校贫困家庭学生资助力度。积极发挥助学贷款主力承办银行作用，全年发放助学贷款14.6亿元、同比增长25.2%，帮助贫困学生12.8万人。二是降低小微企业融资成本。全年发放转贷款133.4亿元，加权平均利率2.14%。三是做好驻村帮扶工作。压茬派驻驻村“第一书记”和工作队员，持续推进县域银政合作。全年发放贷款4000万元，推动郧西县定点帮扶首个中长期项目农光互补光伏电站建成投产。省科技厅对分行2023年定点帮扶工作成效考评结果为最高等次“好”。

【风险管控】

一是加强内控合规管理。开展“内控合规文化建设年”活动，通过内控合规专题宣讲落实合规文化宣传等4个方面共计30项举措，厚植内控合规文化。全

国开行湖北省分行积极承办国家助学贷款

年开展24次自查自纠，确保经营活动合法合规。二是抓好重点领域风险防控。做好主要业务领域和重点管理环节的日常风险排查。按季度开展政府合作类业务风险排查，持续完善分行配合地方政府化债工作机制。跟踪重点关注客户、国际油价变动情况，按照“四早”原则做好多情景本息回收预案。加强境外项目信贷管理，到安哥拉、赤道几内亚实地考察项目现场，履行好项目监管职责。三是做好机要保密和安全生产工作。加强网络安全、信息保密等重点工作管理，妥善应对和处置各类突发事件，保障分行安全运行。开展重大事故隐患排查整治专项行动，召开安全生产警示教育大会，开展全员消防知识培训演练，消除安全生产风险隐患，确保安全生产“零事故”。在湖北省银行业金融机构第八轮安全评估活动中排名首位，获评“优秀单位”。

（国家开发银行湖北省分行）

（二）政策性银行

中国进出口银行湖北省分行

【概况】

2023年，进出口银行湖北省分行（简称）认真落实省委、省政府以流域综合治理为基础推进四化同步发展的工作部署，深入把握“湖北所需”和“口行所能”，充分发挥政策性金融当先导、稳增长、优结构、补短板职能作用，全力支持湖北加快全国构建新发展格局先行区建设。截至年末，本外币贷款余额1605亿元，较年初新增141亿元。其中，人民币贷款余额1562亿元，较年初增加150亿元。年末不良贷款及不良率实现“双下降”。荣获国家外汇总局湖北省分局、人民银行武汉分行、人民银行武汉分行营管部等监管部门多项表彰。

【党建工作】

一是推进主题教育走深走实。对标“学思想、强党性、重实践、建新功”总要求，将理论学习、调查研究、推动发展、检视整改贯通起来，推动主题教育成果转化。通过强化组织领导、强化理论学习、强化调查研究、强化检视整改、强化成果运用，以经营发展中出现的问题为导向，结合工作实际深刻检视、剖析，层层传导压力，通过推进作风建设补齐经营工作短板。二是加强干部队伍建设。突出政治标准，打造忠诚、干净、有担当的干部队伍。坚持“选、育、管、用”相结合，抓好干部队伍建设全周期，通过员工思想动态调研、重点人员约谈访等方式，为每个员工精准画像，做好干部日常监督。

【业务发展】

一、推动外贸稳规模优结构

一是加强重点外贸产业服务。加大对核心外贸产业研发创新、外贸产业链上企业锻长补短的资金投放力度，进一步拓展外贸高质量发展空间。全年累计投放外贸产业贷款近800亿元，跨境人民币业务结算量同比增长超200%，向省内外贸百强客户累计投放贷款近300亿元。二是促进进出口贸易结构优化。加大对光电子信息产品、新能源汽车等高附加值产品出口的信贷支持力度；扩大资源能源、先进技术和关键零部件进口金融服务范围；优化海外仓、跨境电商等外贸新业态金融服务模式，助力外贸集聚区和贸促平台提升对自贸区、保税物流中心的服务效能，推动湖北自贸区升级版建设。

二、推动共建“一带一路”高质量发展

持续加大对战略性、标志性和“小而美”项目的金融支持。为企业在乌兹别克斯坦建设水泥项目提供美元境外投资贷款；为水泥企业首次在阿拉伯国家开展并购及收购南非夸纳省第一水泥厂等战略性、标志性项目提供贷款超20亿元；为企业建设赤道几内亚马拉博第一座污水处理厂安哥拉卡古路卡巴萨水电站以及澳门轻轨等“小而美”民生项目提供保函、贷款等综合金融服务，全年“一带一路”贷款投放量和贷款余额实现双提升。撰写《为湖北融入共建“一带一路”贡献金融力量》专题研究报告，展示分行十年成果，推动银政共建“一带一路”高质量发展再上新台阶。

三、促进现代产业体系发展

一是培育新兴产业。认真贯彻落实湖北推进新型工业化、突破性发展五大优势产业的战略部署，为光电子信息产业提供贷款超70亿元，支持“中国光谷”加速升级为“世界光谷”；为智能网联新能源汽车等项目提供贷款近40亿元，助力湖北新能源汽车跻身全国第一方阵；为生物医药企业提供贷款7亿元，助力打造全国领先的生命健康产业发展集聚区；为高端装备产业提供贷款近31亿元，助力打造全国领先的高端装备制造业集群；为省内重点算力智能平台建设提供贷款超7亿元，助力打造数字经济发展高地。二是推动传统产业转型升级。支持拥有产业链核心技术“专精特新”中小企业，为环保技改升级、绿色材料升级改造等项目提供贷款16亿元，助力湖北实施“技改提能、制造焕新”工程，推动传统制造业向高端化、绿色化、智能化转型升级。全年累计投放制造业贷款近400亿元，累计投放战略性新兴产业贷款超200亿元。

四、推动新型基础设施建设

通过投贷联动、投贷结合等方式为新型基础设施建设提供多样化金融服务，进一步提升服务效能。为中欧班列（武汉）提供贷款，推动中欧班列开行量实现快速增长，保障国际供应链稳定畅通；为燕矶长江大桥提供基础设施基金以及配套贷款，加快集疏运体系建设，助力花湖国际机场打造国际航空货运枢纽；为沿江高铁、呼南高铁、武汉轨道交

进出口银行湖北省分行支持的武汉新港高速公路双柳长江大桥及接线工程项目

通信息化云平台及线网中心等重大轨道交通项目审批贷款170亿余元，助力加快打造“轨道上的湖北”；为武汉市、荆州市、潜江市等市（州）码头项目提供基础设施基金以及配套贷款，助力湖北打造港口型国家物流枢纽。

五、发展绿色金融

积极申报碳减排和煤炭清洁利用等专项再贷款，运用煤炭再贷款低成本资金累计投放贷款超30亿元；采用“融资+融智”模式，发挥总分行联动及评审提前介入等优势，为湖北省“十一五”以来首个抽水蓄能项目发放基金配套贷款20亿元；发放6亿元碳排放质押贷款，是湖北省开展预分配配额以来首笔金额超亿元的碳排放质押贷款。截至年末，累计投放绿色贷款53亿元，绿色贷款余额近130亿元。在武汉市首届“绿色金融先锋银行”暨“绿色金融创新实践案例”发布活动中被评为“绿色金融先锋银行”，3个项目入选“绿色金融创新实践案例”。

【金融创新】

坚持“以管理促经营、以创新促发展”的理念，把握金融需求核心，针对不同类型市场创新产品与服务。一是创新“转贷+直贷”普惠小微双轮服务。以传统小微转贷款业务为基础，建立风险共担约定以及相关风险控制机制，分摊小微外贸企业与转贷行风险。全年累计投放小微企业转贷款近30亿元。二是创新合作模式。首次与政府性融资担保公司合作，推动“保赢贷”业务落地，持续加大对普惠金融的信贷投放力度；与保理公司合作，探索创新供应链融资及再保理业务，深挖外贸产业链供应链，为民营小微供应商提供再保理金融服务，将政策性金融“活水”灌溉到小微企业。全年投放供应链再保理业务近400笔、“保理E贷”业务近120笔，为近900家供应链上下游小微企业提供金融服务。

【风险管控】

一、严控资产质量风险

认真落实省政府关于防范化解融资平台债务风险的部署要求，学习、解读相关政策。在摸清底数、动态监测基础上，按照“实质重于形式”原则强化融资平台客户全流程信贷管理，提升贷款“三查”水平，统筹管理贷款存量和增量。提高风险识别能力，提高对风险客户和债项风险识别的主动性和前瞻性。按照新出台的金融资产风险分类办法开展资产再评估，确保资产分类的准确性。制定《2023年度贷后管理质量提升专项治理方案》和重点项目贷后检查清单，扎实做好贷后管理。

二、强化内控合规管理

制定《2023年内控合规管理规划》，不断提升内控管理质效。以反洗钱检查为契机，强化各环节洗钱风险管控；制定全年合规检查计划，进一步完善关联交易等方面管理机制，将管理要求嵌入业务流程，强化重点节点刚性约束。制定《分行2023年“合规文化提升年”活动方案》，推动合规文化与分行“家”的文化建设深度融合。认真整改在外部监管、常规审计以及专项审计中出现的问题，连续八年在外汇业务合规与审慎经营情况评估中获评“A类银行”。

【金融消费者权益保护】

持续完善金融消费者权益保护组织架构与消保工作机制，落实事前审核、事中管控、事后监督全流程管理要求，规范经营行为，形成“高层重视、中层担当、基层落实”的有效机制和良好氛围。一是完善消保工作机制。通过预警非法集资易感人群、解读法规条例、普及防非技巧等方式，持续推进消保工作体制机制建设，切实做好银行业消费者权益保护工作。二是加强消保宣传教育。在营业大厅以及前台开展宣教活动，向公众发放防范金融诈骗陷阱宣传折页，普及常见非法金融活动的表现形式和识别方法，增强公众识别非法金融活动的能力，全年累计发放宣传折页五百余份。构筑“线上+线下”金融教育宣传全网络，将张贴宣传海报、播放电子宣传标语等形式的线下宣教手段和“第三届全国防范非法集资知识竞赛”等线上宣教渠道相结合，建立“线上+线下”联动协调机制，进一步提升阵地化宣传质效。

（中国进出口银行湖北省分行）

中国农业发展银行湖北省分行

【概况】

2023年，农发行湖北省分行（简称）坚持“服务乡村振兴的银行”战略定位，专注主责主业，主动作为、靠前发力，围绕支农“六大领域”“四个银行”品牌建设、做好“五篇大文章”提供高质量金融服务，各项工作得到省委、省政府主要领导肯定性批示。全年累计审批贷款2022亿元，投放贷款1455亿元。年末各项贷款余额5821亿元，居农发行系统第3位；较年初净增819亿元，超额完成总行和省政府下达的贷款净增任务。连续多年荣获“金融支持湖北经济发展突出单位”称号。

【党建工作】

深入学习贯彻党的二十大精神和中央金融工作会议精神，扎实开展“全面从严治党深化年”活动，推动党的建设与业务工作深度融合、同频共振。一是开展主题教育。统筹推进两批次主题教育前后衔接、上下贯通、高效落实。党委班子带头，采取“四不两直”方式开展蹲点调研，形成调研成果101篇；从严从实加强检视整改，坚持“当下改”与“长久立”相结合，完成建章立制17项。主题教育工作得到中央第19巡回指导组、总行党委及总行巡回督导组充分肯定，在总行工作会议上作经验交流发言。二是夯实基层党建基础。围绕“全面从严治党深化年”活动确定的10项重点工作、54项具体任务，实行清单管理、销号落实；完善党建和高质量发展联系行、乡村振兴重点帮扶行及后进党支部帮扶制度；开展“强支部管理、严法纪行风”专项治理，不断夯实党建基础。三是推进正风肃纪反腐。扎实开展中央八项规定专项检查和亿元以上不良贷款廉洁风险排查，做好纪检干部队伍教育整顿工作；组织全辖开展常态化警示教育819次，案件查办工作获得驻行纪检监察组认可。四是加强队伍建设。坚持正确的选人用人导向，推动年轻干部到基层任职、交流挂职和干部轮岗“三个常态化”，公开选调、交流一批优秀干部到机关工作，选派副处级干部到省直部门及重点地区挂职，稳步推进行员等级管理改革，打通干部晋升和人才成长通道。

【业务发展】

一、服务乡村振兴战略

（一）保障国家粮食安全

全年累放粮棉油贷款163亿元，同比多投放27亿元，粮棉油贷款余额突破500亿元，投放额、贷款余额均创近3年新高，足额保障粮食收储资金供应。

（二）服务脱贫攻坚同乡村振兴有效衔接

一是加大资金投放力度。累放精准帮扶贷款396亿元；强化“8+2”乡村振兴实验示范区金融服务，年末示范区所在行各项贷款余额1004亿元，较年初增加151亿元，增幅18%，高于全省农发行分行贷款平均增速 1.4 个百分点。二是开展乡村振兴定点帮扶。全年累计购买脱贫地区农产品 255 万元,帮助脱贫地区销售农产品 8640 万元;为定点村引进无偿帮扶资金 120 万元,投入无偿帮扶资金 20 万元,超额完成省政府下达的定点帮扶任务,在省直单位定点帮扶年度考评中被评为"好"的等次。

(三)支持产业发展

围绕全省产业发展规划、十大重点农业产业链、八大区域特色产业发展,累放贷款 286 亿元,支持产业类项目 72 个,有力促进"一县一品"农业特色产业培植和乡村产业振兴。投放农地类贷款 130 亿元,支持 92 万亩高标准农田建设;投放农村流通体系建设贷款 101 亿元,助力构建全省农产品大流通发展格局;投放冷链物流贷款 59 亿元,贷款余额及投放额均居农发行系统第 1 位。

(四)支持农业农村建设

以服务湖北"强县工程"为抓手,累放基础设施贷款 791 亿元,年末基础设施贷款余额 3277 亿元,累放金额和贷款余额分别居农发行系统第 4 位和第 2 位。围绕农村人居环境整治五年行动重点领域,累放贷款 206 亿元。通过投贷联动累放配套贷款 100 亿元,居农发行系统第 3 位。支农成效和经验做法获《湖北日报》《湖北乡村振兴简报》等报纸报道近百次。

二、服务生态文明建设

围绕长江大保护十大标志性战役和长江保护修复攻坚战,累放长江大保护贷款 715 亿元、水利建设贷款 206 亿元,分别居农发行系统第 4 位和第 3 位。持续加大清洁能源、生态环境等绿色产业信贷支持力度,年末绿色信贷余额 2088 亿元,居农发行系统第 2 位;累放绿色贷款 647 亿元,支持绿色信贷项目 760 个,其中通过投贷联动支持的南水北调中线引江补汉工程等 3 个案例入选《农发行服务国家重大战略典型案例》。积极做好碳减排资金领用工作,全年累放碳减排贷款 2.2 亿元,推动碳减排贷款投放和资金申领实现突破。

三、全力服务区域协调发展

认真落实总行《关于做好武汉都市圈金融服务工作的通知》,制定武汉都市圈发展实施方案和 13 条具体落实意见。累计为武汉都市圈内 9 个城市提供贷款 813 亿元,贷款净增 444 亿元,分别占全省农发行分行投放总额、净增总额的 57%和 54%。累放贷款 505 亿元,支持襄阳都市圈和宜荆荆都市圈建设、支持基础设施互联互通和公共服务共建共享,推动湖北构建多级支撑的区域发展格局。

四、支持小微企业发展

一是加强银政企联动。下发《关于推动涉农普惠小微信贷业务高质量发展的通知》,加强与政府部门沟通对接,通过参加"走万企、提信心、优服务"等活动,建立统一推荐企业名录,实现银企联动精准帮扶。全年累放普惠小微贷款 13.7 亿元,支持普惠小微企业 206 户,年末线下普惠小微贷款余额 13 亿元。二是助力稳企纾困。认真贯彻总行普惠小微利率优惠政策,有效降低小微企业融资成本;支持符合条件的涉农普惠小微客户通过无还本续贷等方式进行延期,帮扶企业解难纾困;运用现代金融科技手段,积极探索小微智贷业务项下多种业务模式,持续加大对涉农企业支持力度,推进科技赋能助力普惠小微实体经济发展。

五、加大重点项目支持力度

以开展"大调研、大宣传、大对接"专项行动为契机,围绕"十四五"规划,支持 37 项重大工程项目和重大水利工程,审批贷款 585 亿元,投放 82 亿元。落实国家"保交楼"专项借款政策,积极做好超大特大城市"平急两用"公共基础设施建设、城中村改造和保障房建设"三大工程"信贷服务。"保交楼"及城中村改造等专项任务分别实现农发行系统首笔、首批投放,投放额及余额均居农发行系统前列,有力推动一批重点项目落地实施。

【金融创新】

一、创新服务模式

创新"平台+"模式,积极扩展粮食线上"竞拍贷"业务,向荆州小微企业投放全国第二笔、省内首笔粮油"竞拍贷"260 万元,有效解决企业竞拍政策性粮食资金短缺问题。在全国开展首个"地方储备粮+小微智贷"线上场景应用试点,推动参与武汉国家粮食交易中心竞拍的会员单位实现凭借交易合同通过手机一键申请,快速便捷获取融资额度。

二、优化服务机制

深入推进重点客户工程,成立农发行系统首个"大客户服务中心",组建营销服务团队,建立"六个一"服务机制,全覆盖、多轮次营销推动一批国家级、省级重点建设项目落地,着力提升客户层级,拓展客户数量,优化客户结构。开展"送最新金融政策下县市"活动,持续向地方政府、相关职能部门、企业等宣讲政策性金融政策,提供面对面贴近服务,增强送服务上门实效。

三、提升服务质效

以总行在湖北分行开展"三化"试点契机,选取 3 家支行作为试点行,稳步推进运营设施数智化、基础工作标准化、对客服务一体化建设,全力改造网点硬件设施、对客服务模式、安全防范措施等,在全国试点行率先实现业务场景上线运用和客户"一站式、自助化、智能化"全新体验,做到服务零距离、操作自动化,客户服务能力和水平得到明显提升。

【风险管控】

一、强化内部基础管理

开展"内部基础管理提升年"活动,逐月推进 16 项具体措施,通过按月有序销号,按季考核,加强问题整改;开展"3+1+1"风控检查整治,通过深化"四不"问题专项治理,加强内控合规垂直管理;选优配强"三合一"专员,全力推动制度落实和问题整改。加大"合规重于扩张""信贷风险致病、合规风险致命"理念传导,通过开展制度大讲堂活动,筑牢干部员工合规意识和正确展业理念,强化信贷边界意识,对客户、项目做到优中选优,坚决不碰

2023 年 3 月 29 日,农发行湖北省分行与仙桃市政府签订合作协议,为仙桃市建设四化同步发展示范区提供金融支持

"红线"，夯实合规展业基础。

二、健全全面风险管理体系

建立全面风险管理工作定期汇报机制，按季召开专题风控会，分析研判全面风险管理情况，压实"三道防线"职责；建立以全面风险管理报告、类别风险管理报告、前台业务部门风险报告、风险事件报告为载体，矩阵式传递为路径的风险报告管理机制，实现信息共享互通。

三、强化重点领域信用风险防控

加强信用风险事件跟踪管理和监测；严格落实资产风险分类管理要求，真实反映资产质量；建立重大风险企业、逾期欠息企业周报告制度；加强对各类风险企业的风险监测，及时制定风险化解预案，定期跟踪工作进展，做到风险早发现、早预警、早处置，守住不发生系统性风险底线。

四、抓好不良贷款控新降旧

持续强化信贷全流程标准化管理，做实贷前调查、贷中审查和贷后管理，严防新增不良风险。党委通过部署开展专项风险排查、制定化解预案，全力化解存量不良贷款风险。全年现金清收不良贷款 1.13 亿元，10 家不良贷款企业实现不良"清零"，年末不良率低于农发行系统平均水平 0.13 个百分点，处于全省同业较高水平。

【金融消费者权益保护】

一、坚持合规展业

将诚信文化和消费者权益保护理念融入对客服务全过程，严格按照监管要求、规定标准、规范流程与客户建立业务关系，为客户匹配相应的信贷产品，严禁误导性宣传；加大客户服务违规行为排查整治力度，严防侵害消费者权益行为发生。

二、强化政策宣讲

树立以客户为中心服务理念，利用客户营销、客户回访、对接座谈等时机，宣讲农发行最新信贷政策和息费减免、提高服务效率等方面的举措，切实保障金融消费者知情权。

三、畅通投诉渠道

公开投诉渠道、投诉电话、受理部门，及时妥善应对投诉事项，将矛盾化解在萌芽状态；针对业务办理过程中反映的问题，第一时间向涉及处室(部门)和人员反馈，及时答疑解惑，消除客户顾虑，提高客户服务质量。

四、加大金融知识宣教力度

一是以"3·15"消费者权益保护日、"守住钱袋子"金融知识普及月等为契机，持续加大金融知识宣教力度，全年累计组织辖内机构开展各类宣传、咨询等活动 200 余次，线下发放宣传资料 2 万多份。二是拓展线上宣传渠道，宣传各类金融法律法规及相关知识，引导公众学金融、懂金融、用金融，构建和谐的金融消费环境。

（中国农业发展银行湖北省分行）

(三)国有大型商业银行

中国工商银行
湖北省分行

【概况】

截至 2023 年末，工行湖北省分行(简称)全口径投融资余额 12577.9 亿元，较年初增加 1315.8 亿元；累计投放各类融资 5452.9 亿元，同比多投 620.9 亿元。各项贷款余额 8211.8 亿元，净增 763.3 亿元，圆满完成省政府下达的贷款目标任务。本外币全部存款余额 9219.9 亿元，各项存款余额 8912.4 亿元，分别较年初增加 318.1 亿元和 383.5 亿元。不良率 1.34%，较年初上升 0.47 个百分点，保持工行系统平均水平。

【党建工作】

坚持以习近平新时代中国特色社会主义思想为指导，紧紧围绕全面从严治党主题主线，以党的政治建设为统领，认真践行新时代党的建设总要求和新时代党的组织路线。深入学习贯彻党的二十大精神和全国组织工作会议、中央金融工作会议精神，全面从严治党从严治行，推动党建与业务深度融合，促进各项工作高质量发展。

【业务发展】

一、助力实体经济发展

(一)服务重点领域和重大项目

围绕交通基础设施、农林水利、能源、先进制造业、城市更新、新基建、新型城镇化等重点领域融资需求，主动靠前服务。"一把手"带头拜访、主动对接相关政府部门和重点客户 122 次，组织开展大中型客户"壮腰工程"、公司基础客群建设工程，全力做好重大基础设施基金配套融资服务，完成两批次"3000 亿+5000 亿国家重大基础设施基金"项目对接，为"三大都市圈"、"51020"现代产业集群等重大项目建设提供有力支撑。全年向总行累计申请调增信贷规模 312 亿元，支持了引江补汉、燕矶长江大桥、十巫北高速、荆州煤炭铁水联运储配基地等一批重大工程，助力全省经济运行回升向好、进中提质。截至年末，制造业贷款、科创贷款、绿色贷款、普惠贷款、民营企业贷款同比分别增加 126 亿元、201.3 亿元、452.9 亿元、200.8 亿元、123.54 亿元，增幅分别为 13.38%、28.88%、25.25%、55.72%、13.35%，均高于各项贷款平均增速。

(二)深化普惠金融服务

一是实施普惠金融竞争力提升工程。组织开展"工银普惠行"活动、"走万企 提信心 优服务"活动，与省供销社、省再担集团、中企云链等重点单位合作，持续加大普惠信贷投放力度，拓展普惠金融服务范围。二是优化服务流程。全面推广线上贷款"301"模式，运用"1351"模

工行武汉硚口支行开展金融进校园活动，鼓励青少年学金融、懂金融、用金融，帮助在校学生树立正确的金融消费观，提升金融知识素养

式(1日内受理、3日内尽调、5日内初步授信审批、1日内反馈结果)受理需要线下人工尽调核实的业务,提升工作效率和客户体验。三是完善业务推进机制。坚持"专业+网点+团队"普惠业务推进机制,加强普惠下沉网点建设,形成全员知普惠、全员做普惠的工作合力。全年通过"楚天贷款码"为16483家市场主体发放贷款208亿元,居同业前列。年末普惠贷款余额达500亿元,同比增速达55.70%;普惠有贷户总量突破4.6万户,同比增速达47.70%;网点普惠营销发起率97.05%,较年初提高20个百分点。

(三)加大助企纾困力度

贯彻落实降低小微企业和个体工商户支付手续费工作部署,规范小微企业融资各环节收费与管理,杜绝违规收费行为,将降低小微企业综合融资成本的政策落到实处,全年累计为30万小微企业和个体工商户减免手续费3000万元。不盲目限贷、抽贷、断贷,为受疫情影响出现暂时还款困难的企业客户提供中长期贷款、展期、续贷等服务,缓解客户短期资金压力,自疫情发生以来累计为各类市场主体减费让利59.73亿元,累计办理延期还本889.64亿元。通过优化贷款定价持续加大对企业的纾困力度,全年新发放各项贷款加权平均利率3.22%,较上年下降32个BP,为市场主体提供高质低价融资服务。

(四)服务民生保障

一是做好"保交楼"金融服务。落实好房地产"金融16条",支持全省加快推进"保交楼"各项工作。成功投放全省单笔金额最大的非国有平台类"保交楼"贷款,助力房地产市场平稳运行,获得省政府相关领导肯定。二是做好新市民金融服务。充分发挥新市民工作专班作用,完善"1+3+X"新市民金融服务方案,打造"衣食住行、娱教医养"全方位、多元化的新市民金融服务生态圈,不断增强新市民获得感、幸福感、安全感。截至年末,为新市民和吸纳新市民就业较多的小微企业授信207.22亿元;向吸纳新市民就业较多的小微企业发放贷款65.46亿元。三是促进消费回暖。满足居民多元化消费需求,针对重点商圈、重点客群、重点节日、大型项目投入促销费用4000万元,围绕民生消费领域和刚需高频场景开展常态化促销,实现信用卡贷款净增20亿元,消费额720亿元,均居同业前列。

(五)推进金融服务乡村振兴战略

以强县工程为抓手,围绕全省十大农业产业链核心企业深化"三农"服务;持续丰富产品体系,创新特色融资场景与服务模式,推出"兴农茶叶贷""柑橘快贷""香菇贷""黄鳝养殖贷"等30多个创新场景,满足不同客群融资需求。实现涉农贷款余额突破千亿大关,达到1056.7亿元,较年初增加296.7亿元,增幅39%;县域贷款较年初增加247.93亿元,增幅16.48%,高于各项贷款平均增速。

二、发展基础业务

一是发展国际业务。依托行内本币业务和境外平台优势,加快推进外汇业务线上化发展。年末外汇存款余额排名同业第2位,外汇贷款余额和增量保持同业"双第一";国际收支、结售汇、跨境人民币结算量三类指标保持同业第2位。二是发展投行业务。强化行司联动、内外沟通,融资租赁、并购贷款、债券投资等业务取得积极成效;加强股权投资基金业务营销与推进,实现债转股基金首次在分行落地,总规模50亿元,首期规模10亿元。全年实现投行业务流量128亿元,推荐债券投资31亿元。三是发展托管业务。深耕保险、年金、信托市场,加强与券商客户合作,全力发展产业基金营销、GDR业务、理财委外业务。年末资产托管规模1856亿元,较年初增加276亿元;实现托管业务收入13019万元,同比增加2386万元。四是发展票据业务。强化市场预判,实施票据资产集中规模化经营,推动基层行抓先、抓早贴入高利率票据,实现票据贴现量935亿元,同比增加129亿元,排名同业第1位。五是发展养老金业务。抓住建设多层次、多支柱养老保险体系的机遇,推动鄂州烟草、武钢兴达、油田总医院企业年金业务转入分行受托。实现受托规模117.33亿元,净增36.74亿元,总行计划完成率122.22%。养老金业务受托、账管、收入等关键指标持续保持同业第1位。

【风险管控】

一是提升风险管理能力。坚决守住风险底线,提升风险识别、风险治理能力,打好防、化、治"组合拳"。落实好风险早识别、早预警、早处置各项要求,持续完善全面风险管理体系。以资产质量攻坚战为抓手,着力推进潜在风险化解和不良贷款清收处置工作,确保资产质量稳定、各类风险可控。二是加强内控案防与合规经营。持续推进深化案件专项整治工作,坚决守牢依法合规底线,为分行战略落地提供依法合规保障。

【金融消费者权益保护】

聚焦新市民、农村居民、"一老一小"等重点群体,深入开展各类接地气、惠民生的金融知识宣传和普及活动,全年组织开展形式多样的教育宣传活动2217场,受众1870万余人次,助力和谐金融消费环境建设。

(中国工商银行湖北省分行)

中国农业银行湖北省分行

【概况】

2023年,农行湖北省分行(简称)严格落实省委、省政府金融工作部署和总行各项工作要求,以打造"区域内一流商业银行"为目标,主动靠前服务实体经济,全力推动各项业务发展。截至年末,各项贷款余额7316亿元,净增1005亿元,贷款投放量创历史新高,增量居同业第1位;各项存款余额10467亿元,净增1206亿元,各项存款时点及日均总量、增量在同业中实现"四个第一"。全年实现营业收入254.6亿元,同比增加13.4亿元,增幅5.6%,保持同业第1位。实现净利润100.8亿元,同比增加7亿元,增幅7.4%;人均净利润56.6万元,同比增加4.2万元。资产质量指标持续向好,不良率较年初下降0.07个百分点。分行下辖17个二级分行、134个一级支行、938个网点,拥有员工1.78万人。荣获2023年度"金融支持湖北经济发展突出贡献单位"称号。

【党建工作】

一是充分发挥党建引领作用。出台《关于进一步加强和改进党建工作的若干意见》,通过制定36条要求举措,细化各级党委从严治党责任清单,明确各级党委"六大职能"及"六个领先"工作目标,将"党建+市场竞争力、价值创造力、风险控制力"作为各级党委考核评价的重要标准,层层压实党建工作主体责任。二是纵深推进全面从严治党。构建以党委、基层党组织和党委班子成员、支部书记、纪检委员为主体的全链条、全方位党风廉政建设评价责任体系,推动责任主体履职尽责。把党风廉政建设作为党建引领中心工作的重要抓手,深入推进党风廉政建设与业务工作深融互促、同频共振,持续筑牢党风廉政建设防线。深入推进"鄂农清风"廉洁文化品牌建设,创新开展"三廉三促""我爱廉"等专题活动87次,编发《不可触碰的纪法红线》

供全行党员干部学习，构建“警钟长鸣”常态化廉政教育机制。

【业务发展】

一、做好乡村振兴金融服务工作

积极服务湖北“强县工程”，大力开展县域阵地攻坚战，实施“项目兴农、产业兴农、富民兴农”策略，加大粮食安全、农业产业现代化、乡村基础设施升级等重点领域的信贷支持力度，推动服务乡村振兴工作走深走实。全年县域贷款增加467亿元，高于全行贷款增速2.86个百分点。涉农贷款、乡村产业贷款、农业贷款、乡村建设贷款分别较年初净增385亿元、224亿元、116亿元、225亿元，同比分别多增83亿元、137亿元、73亿元、85亿元。在乡村振兴考核评估中，连续3年获得“优秀”等级。

二、服务地方经济建设

紧密对接湖北省“十四五”发展规划，与省政府以及武汉、襄阳、荆州、恩施、孝感等市（州）政府签订战略合作协议，持续做好重大项目、重点领域、薄弱环节金融服务，工作成效多次获省委、省政府主要领导批示肯定。全年法人实体贷款净增726亿元，增长72.8%，增量稳居四大行第1位。一是支持基础设施建设。加大对新基建、能源电网、水利等重点领域的信贷支持力度，助力湖北省“两中心两枢纽一基地”建设，基础设施类贷款同比增加427亿元，占法人贷款增量55.5%。二是支持重点产业发展。聚焦先进制造业、传统产业升级，制造业贷款、战略性新兴产业贷款、绿色贷款分别增加129亿元、255亿元、526亿元，高于全行贷款增速3.67、67.95、43.64个百分点。三是增加科创金融有效供给。升级科创金融服务，在分行以及4个试点二级分行设立科创金融中心，构建科创企业全生命周期服务体系，为全省1.2万家科技型企业提供金融服务，其中“专精特新”企业2155家，助力湖北为加快打造全国科技创新高地提供强劲动力。科创企业贷款同比增加47亿元，增速达10.7%。

三、落实促消费稳投资政策

一是加大信贷投放力度。以个体经济集中复苏以及居民消费常态化为契机，优化信贷流程，提高办贷效率，全力满足私营企业主以及消费客群个贷需求，全年个人贷款增加236亿元，同比多增153亿元，增量份额达74%，稳居同业第一。二是做好普惠金融服务。持续优化普惠小微产品设计，加强服务对接，强化普惠“五专机制”建设。设立17个普惠金融事业部和28个专营支行，有序推进普惠业务下沉。全年普惠贷款增加225亿元，近三年来首次排名同业第1位。

四、提升客户体验

推进对公开户资料印章电子化改造，向人行报送的对公开户、销户、变更业务相关资料不再使用印控仪实物用印，业务申请表由系统自动生成电子印章，大幅缩减每笔交易用时。持续优化特殊业务事项审批流程，梳理营业网点柜面业务中需上报审批的事项，将29项业务审批权限授权下放，在风险可控前提下，剔除营业网点特殊业务事项审批冗余环节，有效提升特殊业务办理效率。

【金融创新】

一、创新线上服务模式

大力推进业务模式数字化转型，成立研发项目组，结合客户及市场需求，创新线上信贷作业模式，优化“统一申请入口、采集模块格式化、客群分类建模、自动审批放款、智能风险预警、精准营销弹屏”六大流程，实现办贷流程更优、客户体验更优、管理手段更优的成效。自产品上线以来累计申请客户突破30万户，有效推动业务高质量发展。

二、强化科技手段支撑

依托掌银系统和天翊反欺诈平台，创新研发不动户止付掌银解控特色业务，实现不动户解控业务由传统的网点办理转由客户通过掌银自主登录、验证、查询、解控一体化操作，解控耗时由线下平均20分钟缩短至3分钟以内，系统上线后日均解锁500笔以上。

【风险管控】

一、加强信用风险防控

坚持主动管控、有进有退、优进劣退的信贷策略，及时预警处置风险线索，监测信贷资金流向和账户资金往来情况。开展贷后管理交叉大检查，强化客户用信管理和到期管理。制定《信用风险防控工作要点》等多项风险防控和化解方案，制定重点行业、客户及薄弱环节针对性防控措施。开展处置攻坚“三大行动”，制定大额不良客户“一户一策”管控方案，实施分支行行长分级审核机制，加大表内外现金清收力度，通过应诉尽诉、多元化解等方式，强化不良贷款压降管控。

二、加强内控合规管理

组织修订《案防风险点及防控措施》，明确284个风险点、626条防控措施，推动全行有效开展案防工作。把好问题易发、多发关键环节关口，全方位开展网点代销监测排查和集中治理，针对性开展飞行检查、突击检查，常态化开展“三化三铁”创建活动。组织“风控为先”巡回宣讲，为基层行“送经验、送方法、送警示”，引导全员“明制度、明流程、明底线”，强化合规意识。推动各级党委中心组开展学法活动70次、领导人员参与庭审旁听94次，开展普法培训14次，引导干部员工遵法、学法、守法、用法，营造良好法治氛围。31个下辖机构获总行首批“合规标杆单位”称号，内控评价保持A级行水平，全年未发生安全生产以及重大案件、重大风险事件。

三、筑牢安全生产防线

常态化开展重大安全隐患、火灾安全隐患排查整治，金库安全、防汛等专项检查，电动车、施工场所、电焊施工、电气燃气等专项整治。编发暴雨洪涝、火灾预防、防灾减灾等应对手册，有效提升全员安全意识和应急处置能力。加快推进机房设备升级改造，抓好网络与数据安

2023年7月26日，农行湖北省分行与武汉市人民政府签订《金融支持城市更新战略合作协议》

全，确保业务运转的连续性。

【金融消费者权益保护】

一、健全消保工作机制

制定分行消费者权益保护工作要点、考核评价方案、个人信息保护重点领域深入治理活动方案以及消费者权益保护工作手册等文件，细化消保相关重要规定和要求。定期通报分析网点服务检查情况以及投诉典型案例，对投诉较多的机构下发专门提示函，不断强化基层行服务意识。全年消保工作在监管、总行考核均是历史最优。

二、加强消保宣教工作

组织开展"3·15"金融消费者权益日、"金融知识万里行"、金融知识普及月等主题宣教活动，提升公众风险防范意识，积极构建和谐金融生态环境。

三、抓实反电诈工作

通过强化客户和员工反诈意识，提升反诈技能，以营业网点为宣传阵地，提高公众对反赌反诈工作认知，共同参与打击电信诈骗等违法行为。强化电诈治理数据赋能，推出智能反欺诈一体化风控平台，兼顾时效性和精准性，提高预警管控效能。将机器学习模型嵌入系统平台，对电诈高风险账户实行限额管控，切实保障客户资金安全。

（中国农业银行湖北省分行）

中国银行湖北省分行

【概况】

2023年，中行湖北省分行（简称）紧密围绕湖北加快建设全国构建新发展格局先行区战略部署，坚持"服务于地方经济、依托于地方经济，在支持地方经济发展中实现自身高质量发展"的工作思路，加大有效金融供给，提升金融服务质效，严守风险合规底线，全力服务国家战略，支持区域经济社会发展。截至年末，本外币资产余额5705.9亿元，同比增长13.26%；本外币负债规模5653.72亿元，同比增长12.96%。连续多年荣获"金融支持湖北经济社会发展突出贡献单位""金融支持武汉经济社会发展突出贡献单位"等称号。

【党建工作】

一是坚持党建引领业务发展。聚焦主责主业，深入推进"三三四八"战略执行，不断夯实发展基础、优化业务结构、打造特色优势、提升党政能力，当好服务地方实体经济"主力军"和维护金融稳定"压舱石"。二是推动党建与经营发展融合互促。开展党建"四融入四促进"工作，把党建工作嵌入全行中心工作和经营管理全领域、全过程，推进党建融入业务促发展、融入基层促活力、融入人心促和谐、融入市场促品牌。三是压紧压实管党治党政治责任。开展"组织效率提升工程"，加强和改进工作作风，持续深化政治巡视巡察，整治形式主义、官僚主义，将严的基调、严的措施、严的氛围落到实处。

【业务发展】

一、服务实体经济发展

（一）加大重点领域信贷投放力度

深入实施《中国银行湖北省分行关于助力市场主体纾困解难的行动方案》，聚焦"交通强省""光芯屏端网""51020"等重点战略、重点领域，满足重点战略、重点领域资金需求。截至年末，制造业贷款新增157亿元，增速33.04%，其中制造业中长期贷款新增107.35亿元，增速53.15%。

（二）降低企业融资成本

全年新增公司贷款利率下降32个BP，累计让利5.37亿元；为14.85万小微企业、个体工商户减免手续费9555万元；落实优化营商环境政策要求，调整分行公司授信押品评估费支付政策，进一步降低企业融资综合成本。

（三）助力地方经济发展

以服务三大都市圈建设为重点，全力支持《湖北省流域综合治理和统筹发展规划纲要》落地实施。一是建立与地方党委政府对接机制。制发《中国银行湖北省分行关于全面建立与地方党委政府对接机制的通知》，加强与地方党委政府和部委办局联系，推动政银合作。年内成功争揽多个重点客户业务合作资格，市级、县级重点资格账户覆盖率达63.93%和58.57%。二是完善武汉地区经营管理机制。以武汉管理总部为核心，成立一批柔性工作小组，搭建武汉地区经营管理平台，更好地协调调度全行资源支持武汉地区科技型企业、绿色企业、民营企业发展以及重大项目建设。

（四）促进对外贸易发展

一是建立跨境服务机制。出台《中国银行湖北省分行助力湖北省贸易和进出口做强若干措施》，制定四个方面14条举措，依托跨境金融服务品牌和全面的产品体系，助力外贸企业高质量发展。二是打造"中银自贸区金融"服务品牌。制定《中国银行湖北省分行自贸区金融品牌发展工作行动方案》，从机制优化、"融智"结合、"品牌+场景"融合、产品带动等方面入手，为外贸企业提供专业化、综合化、特色化服务，全力支持湖北外向型经济发展，助力湖北打造内陆开放"新沿海"。三是加强对外交流。作为主要合作银行积极参加世界500强对话湖北活动、鄂港经贸合作推介会、进博会湖北专场等系列招商引资活动；承办或协办全省各类招商引资活动20余次。截至年末，湖北省已启动的71个重点招商引资项目中，在分行开户27个，开户率38%；获批授信项目14个，金额128.08亿元。

二、推进重点业务发展

一是发展科技金融业务。制定《中国银行湖北省分行科技金融行动方案》

中行湖北省分行实施"一县一品"的帮扶策略，全力做好建设宜居宜业和美乡村配套金融服务工作

等支持科技金融一揽子行动方案，通过优化组织架构、聚焦重点客群、打造科创产品、优化授信流程、做实行司联动、提升服务效率，打通科技金融服务链条堵点，打造科技金融特色发展路径。2022年以来科技金融贷款累计新增343.16亿元，增幅100.28%；战略性新兴产业贷款累计新增334.64亿元，增幅171.58%。二是发展绿色金融业务。实施《中国银行湖北省分行2023年绿色金融实施方案》，优先调配资金支持绿色产业和环境友好企业，打造绿色金融服务首选银行。截至年末，绿色信贷余额突破1100亿元，两年内余额翻番；同比新增410亿元，增幅55.86%，在四大行中份额提升2.84个百分点。三是发展普惠金融业务。加快实施《中国银行湖北省分行普惠金融行动方案》，推动普惠贷款快速增长。截至年末，普惠贷款新增140.63亿元，同比多增34.22亿元，增幅46.28%，在四大行中份额16.07%，提升0.86个百分点。四是发展养老金融业务。叙做湖北机场集团年金项目；拓展个人养老金资金账户14.64万户，缴费客户8.89万户，排名中行系统第2位，缴费金额排名中行系统全国第5位。养老金账管人数11.9万人，托管规模309.26亿元，排名中行系统第1位。五是发展数字金融业务。建成湖北地区行业首家数字人民币创新应用实验室，落地11个数字人民币项目，数字人民币业务试点工作走在同业前列。将数字化思维融入客户服务全周期，建立120个个性化外呼场景，投放16个人民银行结算账户管理系统久悬账户打标、无头资金挂销账等RPA项目，有效提升业务处理质效。六是发展绿色金融业务。依托绿色产业集群和绿色场景以及“中碳登”“鄂绿通”等平台，助力风、光、水等重点项目建设；抓住绿色低碳技术突破带来的新机遇，打造融资、交易、结算、清算全方位绿色金融服务样板。

三、支持乡村振兴

贯彻落实省委、省政府“强县工程”战略，持续推动《中国银行湖北省分行关于支持县域机构做大做强若干措施》16条措施落地实施，制定2批县域机构公司授信“一县一策”方案，指导县域机构加大有效投入。2022年以来，县域地区贷款累计新增213.12亿元，增幅21.03%。

【金融创新】

一、创新绿色金融产品和服务

一是创新碳金融产品。创新推出碳金融产品“碳易融”，制定《中国银行湖北省分行碳易融产品推广方案》，以碳排放权抵质押授信为抵押基础，依托“中银E商通”碳权交易平台，为客户提供“融资+结算”便利化服务，推动绿色金融业务增量扩面。二是打造“绿色+”系列品牌。通过明确发展目标和业务标准、加强客群建设和项目储备、挖掘业务潜力，推动绿色金融特色网点建设，发挥特色机构在绿色金融在业务拓展、低碳运营、品牌建设等方面的带动作用。

二、创新“三农”服务模式

一是加大新型农业经营主体支持力度。制定、实施《中国银行湖北省分行金融服务新型农业经营主体行动方案》，有效满足农民专业合作社、家庭农场等新型农业经营主体多层次、多样化信贷需求。推出“新农通—信用贷”贷款产品并实现首笔投放，年末新型农业经营主体贷款余额60.29亿元，较年初新增5.69亿元，增速10.42%。二是优化惠农信贷服务。推进实施与省农业农村厅签订的《全面战略合作协议》，创新中银正大“四位一体”兴农惠农金融服务新模式，做好金融支农、助农服务，截至年末，涉农贷款新增185.27亿元，同比多增82亿元，增速33.53%。

【风险管控】

一、加强全面风险管理

制定《中型企业授信审查要点》《科技金融授信审查要点》《2023年行业信贷投向指引》，重检修订48项授信政策，确保政策更加贴近市场、贴近客户、贴近基层。一是加强信用风险防控。定期绘制“一行一策信用风险管理视图”，对10个重点领域和业务开展风险排查，横向协作、纵向联动加强潜在风险管控。二是压紧压实安全生产责任。开展安全生产大起底大排查大整治行动，年末电信诈骗涉案账户新增户数同比下降49.57%，占比同比下降1.69个百分点；堵截风险案件事件27起，金额167.64万元，未发生业外案件和重大责任事故。

二、加强合规案防管理

（一）夯实合规案防基础

一是充分发挥内部三道防线监督协同效能。按照监管要求深入开展不法贷款中介专项治理，提示相关部门加强合作机构管理及消费者权益保护，进一步强化合规经营意识。制定《中国银行湖北省分行2022年度业务风险大排查工作方案》，围绕业绩真实性、授信质量、安全运营、财务合规和员工行为五个方面开展业务风险大排查，认真做好问题整改“后半篇文章”，确保发现的问题全部完成整改，整改率达到100%。二是压实反洗钱及制裁合规管理责任。开发反洗钱管理系统，为基层机构提供穿透指导，高风险客户下降18.9%。

（二）推进合规警示教育

推动2023年主题合规教育活动方案实施，组织各级负责人签订《案件防控目标责任书》，组织全员签订《合规承诺书》，按季度梳理并通报员工异常行为典型案例。通过编写《中国银行湖北省分行员工违规行为处理典型案例汇编》、开设“法律知识课堂”等方式加强员工警示教育。召开全行警示教育大会，通过正面引导和警示震慑厚植主动合规、实质合规、全员合规文化。

【金融消费者权益保护】

一、丰富纠纷化解渠道

建立省内银行业首个“法院+金融”纠纷多元化解工作站，充分发挥金融机构在纠纷化解中的主体作用，积极履行纠纷多元化解主体责任，推动“法院+金融”调解工作前移，打造“法院+金融”纠纷多元化解“湖北模式”。全年调解各类纠纷800笔，金额超2.1亿元，多元纠纷化解工作取得明显成效。

二、提高服务质效

一是加强服务“硬支撑”。完善手机银行、个人网银、智能柜台等渠道的产品功能，推动网点智能化、无障碍化改造，强化科技对场景建设的支撑作用，立足社会民生实现科技赋能场景。二是增强服务“软实力”。推广中银协“百佳”和“千佳”示范网点创建成果，常态化加强一线员工业务及服务技能培训，做好网点文明服务管理制度及理念的末端传导，畅通客户评价渠道，建立诉求反馈平台。实现全年监管投诉量下降25.23%；电信诈骗涉案账户压降16.8%，压降绝对额排名同业第1位。

三、加强金融教育宣传

一是强化触达客群的针对性。针对新市民、老年人、年轻人、残疾人等特殊群体分层次、有侧重地开展差异化教育宣传和服务。二是创新教育宣传模式。通过“线上+线下”的方式，扩大教育宣传范围。强化宣传资源配置，通过制作视频短片、微电影、课件、教育读物、漫画、长图、游戏等人民群众喜闻乐见、易于理解的形式，让宣教形式和内容更接地气，让消费者听得懂、记得住、用得上。

（中国银行湖北省分行）

中国建设银行湖北省分行

【概况】

2023年，建行湖北省分行（简称）全力服务湖北建设全国构建新发展格局先行区的目标任务，支持经济社会发展。稳步推进各项工作，全年各项业务指标总体保持稳中有进、稳中向好态势。截至年末，各项贷款余额8034亿元，较上年新增841亿元，同比多增85亿元，增幅11.69%；非贴息贷款居四大行第1位。一般性时点存款余额9076亿元，新增847亿元，增幅10.29%。

【党建工作】

将中央巡视整改与总行巡视整改"一体谋划"，深化落实460项中央巡视整改措施、246项总行巡视整改措施。检视查摆二十届中央第1轮巡视指出的金融企业共性问题，深化整改成效。坚持风腐同查，查处系统内多起严重违纪违法案件，通过从严执纪形成震慑力。严选优配干部队伍，全年提拔重用干部30人，调整优化43个领导班子。加大年轻干部培养使用，1980年左右出生的正副职占比均较上年有所提升。

【业务发展】

一、支持重点领域发展

一是拓展贷款规模。全力服务湖北"十四五"建设，有效提升金融服务实体经济质效，各项贷款创历史新高。在普惠金融、绿色金融、制造业、基础设施、战略新兴、高新技术、乡村振兴、民营企业、供应链、幸福产业等重点领域实现"十个超百亿"。二是服务基础设施建设。与三峡集团、国铁集团等央企在鄂企业、省市级重点国企联系，积极对接业务主管部门，加快项目储备及转化落地。年末基础设施领域贷款余额2548.3亿元，新增365.9亿元，增速16.8%。为中信集团并购南钢股份项目提供融资服务，是年内全国钢铁行业金额最大的一笔并购交易。三是支持"保交楼、保民生、保稳定"工作。为湖北省96个"保租房"项目投放住房租赁贷款92亿元，助力解决基本公共服务人员住房困难问题。在省住建厅举办的房地产签约仪式上与房地产融资协调机制名单内企业武汉复智房地产开发有限公司签约，精准对接企业合理融资需求，助力房地产市场平稳健康发展。四是推动普惠金融发展。加大"301"模式贷款推广力度，推进线上产品运用，通过数据交叉验证，大幅提升小微企业和个体工商户融资可得性和便利性。年末普惠金融贷款余额1011亿元，新增218亿元，贷款余额居四大行第1位，占比37%；普惠金融贷款余额在全省金融机构中率先超千亿，5年间增长5倍。授信客户数量翻一番，达28.6万户，年内新增14万户。五是加快绿色金融提能增效。落实"长江大保护"战略部署，支持省内生态农业、生态保护及修复项目，助力打造"三江四屏千湖一平原"的生态安全屏障。大力支持轨道交通、绿色建筑等基础设施绿色升级项目。年末绿色贷款余额1426.3亿元，较年初增加388.2亿元，增速达37.4%。

二、推动社会消费回暖升温

加强小额高频消费场景建设，拓展消费贷客群规模。全年消费贷款余额突破130亿元，新增39.7亿元，同比多增14亿元。信用卡贷款、客户数、消费金额等指标保持四大行第1位。承接2023"惠购湖北"首轮消费券发放工作，全年承接6000万元消费券，拉动商户交易额2.51亿元，有效提振市场信心。

建行湖北省分行牵头承办"2023建行全球撮合节"首场活动——"荆品出海"湖北农产品及优势产业主题活动

三、落实减费让利工作

为小微企业减免或优惠超30项服务收费项目，助力企业降本增效，切实将降费让利、纾困解困等服务民营企业的政策落到实处，全年共减费让利近5亿元。

四、提升客户服务效能

一是积极推进"网点办政务"。全年新增智慧政务政融支付交易笔数2357.5万笔，交易金额26.6亿元，在建行系统排名第1位。在全省各网点安装智慧政务柜员机，实现社保、医保、应急等227项高频事项"就近办"，是全省首家也是唯一一家将政务服务事项体系化引入银行网点的金融机构。二是优化升级网点服务。全省70%的网点完成无障碍服务基础配置，27个网点通过适老国标认证。8个二级分支行及网点获评"全国文明单位"。丰富"劳动者港湾"服务内容，开展全年公益活动超过4500次，公众参与量265万人次，累计为特殊客群提供上门服务3420次。

【金融创新】

一是优化高新技术企业服务。在东湖高新区设立1个科创企业服务中心和12个科技特色支行，提升科创服务质效。与省科技厅联合打造"科创智慧大脑"平台，推广科技企业创新能力评价体系。累计向4590家国家高新技术企业提供626.3亿元贷款支持，较年初新增185亿元，增速41%。"创业者港湾"累计服务入湾企业2333家，为192家企业提供5.79亿元信贷支持。二是探索长期可持续的乡村振兴服务模式。创新打造"5+N"产业链经营管理模式，搭建"裕农通"乡村振兴综合服务平台，设立1.5万个"裕农通"服务点。全年涉农贷款余额1178.7亿元，新增194.9亿元，增幅19.8%，荣获2023年度极目金融榜"最佳'三农'服务银行"称号。

【风险管控】

一是提升资产质量。实施资产质量"一号工程"，加强资产质量管理，不良率和逾期率较年初实现双降。二是做好合规案防工作。与审计分部召开"共享共商共防"整改沟通会，组织重检制度13项、改进流程12项；严厉打击治理电信网络诈骗，成功堵截资金诈骗事件203笔、金额1481万元。监管评级、综合评价、反洗钱评价均保持行业较高等级。

三是筑牢安全生产管理防线。开展安保及消防安全隐患专项排查整治行动，保持“三无三安全”。突出信访问题源头化解，有效维护金融安全稳定。

【金融消费者权益保护】

组建27支青年志愿服务队，到100多个社区（村镇）开展“金智惠民·智慧助老”志愿服务活动，惠及近3000人次。与中南财经政法大学共建省级金融教育示范基地，开展“公众开放日”“金融第一课”等活动，全年服务到校学习人员达1万人次，扎实推动金融知识教育宣传普及工作。连续四年消保考核评价保持一级，居四大行第1位。

（中国建设银行湖北省分行）

交通银行湖北省分行

【概况】

2023年，交通银行湖北省分行（简称）认真贯彻落实湖北省委、省政府金融工作部署，统筹推进业务发展和风险防控，努力建设服务构建新发展格局先进行。截至年末，人民币各项存款时点余额3129.1亿元，较年初增加205.8亿元；人民币各项贷款日均余额2893.5亿元，较年初增加296.2亿元。截至年末，在武汉市、黄石市、宜昌市、襄阳市、孝感市、咸宁市、荆门市、十堰市、荆州市、黄冈市、随州市等11个地市共设有182个营业机构，其中，人工网点95个（含2个普惠型网点）、离行式自助网点87个。积极配合外汇局开展外汇管理工作，推动各项便利化政策落地实施，连续七年获得“执行外汇管理规定A类行”称号。

【党建工作】

一、开展主题教育

坚持把学习贯彻习近平新时代中国特色社会主义思想和党的二十大精神作为首要政治任务，认真组织学习中央金融工作会议精神。实施“第一议题”制度，全年组织“第一议题”学习26次，召开中心组学习10次，结合分行经营现状研究发展思路。

二、强化机制保障

一是完善责任机制。成立分行党的建设工作领导小组，形成“分行党委统一领导、党口部门齐抓共管”大党建工作格局；开展基层党建工作现场辅导，分行党委书记及班子成员带队，辅导全辖基层党组织党建和经营工作，督导基层党组织书记严格履行第一责任人职责，班子其他成员履行“一岗双责”。二是完善联系机制。健全党委班子成员分片联系机制，进一步细化明确联系点工作要求。党委班子成员积极“走出去、沉下去”，带领相关条线部门多次到分片联系单位、基层联系点深入开展调查研究，关心了解基层业务发展实际，帮助基层解决发展难点痛点。三是完善考核机制。发挥党建考核“指挥棒”作用，强化党建考核结果运用，将党建考核结果作为班子考核评价前置条件。差异化考核省辖分行党委、本部支行党支部、机关党支部，做到党建与生产经营工作同布置、同检查、同考核，全方位推动责任落实。全年组织对全辖58个基层党组织开展基层党建调研督导，推动形成发现问题-解决问题-整改提高工作闭环。

三、发挥党员先锋模范作用

开展“双百佳”推荐工作，共有3个基层党组织和3名优秀个人获评“双百佳”称号；承办总行“双百佳”先进事迹华中片区宣讲报告会，提炼总结获评总行“双百佳”以及其他基层党组织在党建和业务融合方面的创新做法、特色经验，孝感分行党委《聚焦零售转型打造经营特色助力高质量发展再上新台阶》、太平洋支行党支部《打造“碳中和”绿色网点让绿色金融为高质量发展赋能》在《交通银行报》刊发。通过明确创建要求、规范创建流程、加强跟踪问效，进一步完善党员先锋队、攻坚队、示范岗管理机制，分行现有近500个先锋队、攻坚队、示范岗，均做到“一队一档、一岗一档”。

四、坚持党建引领

围绕推动重点工作落实，强化条线协调联动机制，制定10余个专项行动方案，在提升基层党组织政治功能和组织功能中彰显基层党建工作成效。促进党建与业务深度融合，准确把握国有大型金融机构定位，将经营发展重心和金融服务重点校准到做好“五篇大文章”上来，将金融资源向科技创新、先进制造、绿色发展和中小微企业倾斜，提升金融供给质效，推动实现服务实体经济总量增、信贷投向结构优、经营发展质量好的经营实效。

【业务发展】

一、服务实体经济发展

（一）加大有效金融供给

一是加大对重大项目的资产投放力度，提升服务全省重大战略的能级。新增融资规模超900亿元，其中，人民币贷款日均余额新增296.2亿元，落地投行业务（含地方债）192笔、645.5亿元。全年累计承销地方债227.9亿元、份额8.5%，创历史新高，提前超额完成省财政厅下达的承销任务。二是优化资金供给结构，提升金融服务质效。将金融资源向科技创新、先进制造业、绿色金融和中小微企业倾斜，大力支持实施创新驱动发展战略、区域协调发展战略等。普惠贷款、制造业贷款、绿色信贷、涉农贷款较年初增幅分别为30%、23%、36%、22%，对公实质性贷款实际增量165亿元（剔除福费廷），为三年来最高。

（二）打造业务特色

一是发展科技金融。聚焦“51020”现代产业集群，用足总行专项授权政策，成立科创金融中心。年末科技型企业贷款余额为315.0亿元；授信户数1734户。二是发展绿色金融。深化与湖北碳交所的合作，在碳排放权质押贷款和“碳中和”网点建设上取得突破。年末绿色信贷余额512.6亿元。发行全国首单绿色电池资产支持票据，累计投放绿色投行产品30.3亿元，引导低成本资金流向绿色能源基础设施等领域。三是发展普惠金融。开发和推广“301”模式信用贷款产品，相关普惠贷款余额77.6亿元。立足场景，丰富产品货架，创新开发上线“外贸贷”“医商贷”“国药贷”“物业贷”等一批属地化场景化普惠产品。年末普惠小微贷款余额211.8亿元，普惠小微客户1.4万户。与某信贷融资担保有限公司合作落地分行首笔省农担合作贷款。年末全口径涉农贷款309.7亿元，较年初净增55.1亿元。四是发展养老金融。积极推进个人养老金账户试点和养老理财产品试点，累计实现个人养老金资金账户开户12.8万户，累计缴费金额1.2亿元。五是发展数字金融。主动对接省、市、区政务平台，与湖北数产集团在“金融+政务”方面达成35项合作；与“健康武汉”达成合作意向，为“I武汉”“I宜昌”“I荆门”等智慧城市平台提供数字化解决方案。深入对接数字经济、平台经济项目，与“货车之家”平台联合开发全国首个货车ETC融资产品“交通宝”，累计发放近16万笔、金额5146.9万元。

（三）服务对外贸易发展

一是发展供应链金融。依托相关企业平台、供应链系统，批量为核心企业上下游客户提供信贷支持。年底落地省内首笔“金关保”模式下分离式海关税费多用途保函,有效提升通关效率。链金融业务量发生额 363.9 亿元,在交行系统内排名前三,同比提升 197.8%。二是服务跨境外贸企业。打造融资一站式服务,精准提升贸易便利化,支持优势企业"引进来""走出去"。实现国际收支总额 91.9 亿美元,环比增长 24.1%,排名交行系统第 1 位;"外贸贷"户数及规模排名交行系统第 1 位。布局跨境人民币集中收付场景,CIPS 跨境结算规模约 320 亿元。积极联动香港子行,落地分行首单 CIBM 境外机构投债业务。

(四)服务民营企业发展

认真落实各项支持民营企业的政策要求,运用专业能力为客户解难题、添动力、优服务。在咸宁分行成功落地某经销商快贷项目,以数字化手段有效破解区域经销商群体融资倾向不高、融资规模有限的难题。截至年末,民营企业贷款余额 495.1 亿元。积极引入集团内外租赁机构资金,创新"股贷租"联动模式,为中小企业投放租赁融资 17.6 亿元,落地交行系统内首笔小微企业订单保理融资。

(五)助力区域市场消费复苏

线上创新推出"荆楚有礼'交'换美好"客户增值服务平台,线下持续开展"一分钱""最嗨星期六"等特色活动,全面提升金融消费者获得感。聚焦出行服务、餐饮娱乐等生产生活高频场景,推出华润业主装修贷、新航道留学贷等定制化产品,提升消费热度,年末个人消费贷余额 66.4 亿元。在新能源汽车场景累计投放 7296 万元,满足客户绿色消费需求,逐步提升新能源汽车场景消费贷产能。积极推进房贷业务,累计投放个人按揭贷款 105.6 亿元,满足购房者刚性及改善性住房需求。

二、扩大金融服务覆盖面

一是做强网点综合化服务。着力提高网点综合化服务能力,满足人民群众日益增长的金融需求。制定形成省分行网点综合化转型实施方案,在武汉选取 10 个网点开展试点工作,促进网点从单一服务向综合服务以及政务、民生、支持实体经济等生态服务转化,逐步建成以网点为中心的个人客户"15 分钟生活圈"和对公客户"3 公里服务圈"。持续优化手机银行、云上交行、开放银行等多服务模式,延伸网点服务时间与空间,进一步丰富综合化服务内涵。二是服务民生保障。在取得湖北地区国家助学贷款代理结算业务独家代理资格后,克服网点渠道不足的困难,深入全省各县(市)资助中心开展驻点服务,已发放超 41000 笔助学贷款,为超过 28500 名家庭经济困难学生办理助学银行卡。上门为快递小哥、建筑工人、新上岗大学生、网约车司机等新市民群体以及残障人士、老年人等群体提供账户开立激活、信用卡开办等便捷金融服务;为符合条件的群体减免借记卡工本费、年费等费用,提高金融服务便利性和可得性。

【风险管控】

一是加强账户管理。遵守金融监管要求,强化日常有效对接,通过开展"套路贷""非法放贷"账户风险排查、防范非法集资宣传活动,增强防范非法集资风险意识。建立反电诈 AI 排序模型,提高账户管控精准度,充分调动基层员工主动拦截风险事件积极性。核实和清理存量账户 569 万户;发现异常并管控个人账户 11762 户;拦截涉诈涉赌风险案件 298 起,个人涉案账户同比下降 59%。二是开展专项治理。以防范违法放贷和不法贷款中介、支付结算、网络安全(数据安全)、财经纪律和消费者权益保护、员工异常行为、反洗钱等八个方面为重点,制定专项治理工作方案。督促下辖机构开展自查自纠,同时对 10 个下辖机构开展为期两周的专项治理现场检查,进一步查找问题和薄弱环节,堵塞风险漏洞,强化风控长效机制。通过召开警示教育大会、开展"剖析内控问题提升合规意识"集中教育、"行长讲合规"等活动,进一步厚植合规审慎经营文化,着力构建"经营服从监管、流程服从合规、操作服从内控"的管理文化,夯实内控管理根基。

(交通银行湖北省分行)

中国邮政储蓄银行湖北省分行

【概况】

2023 年,邮储银行湖北省分行(简称)各项贷款余额 2793 亿元,累计净增 332 亿元,同比多增 41.3 亿元;各项存款增速 1.8%,市场占有率 2.65%。全年实现自营收入 95.1 亿元,增速 10.2%;实现利润 45.9 亿元,增速 18%。经济增加值(EVA)12.3 亿元,经济资本回报率(RAROC)13.1%。各项贷款不良额 25.66 亿元,同比减少 1.46 亿元;不良率 0.89%,同比下降 0.18 个百分点。连续多年获得省政府"金融支持湖北经济发展贡献突出单位"称号。

【党建工作】

一是推进党建引领基层治理。召开 2023 年党的建设暨党风廉政建设和反腐败工作会议,制定从严治党"两个清单"。逐级开展党组织书记抓党建述职考核工作,形成清单管理明责、加强督导履责、优化标准考责的责任落实格局。将"四下基层"作为高质量推动经营发展的重要抓手,省、市州分(支)行党委(党总支)带头学好用好"四下基层"工作方法,制定调研课题 97 个,开展调研 164 次,着力解决基层问题。二是探索打造"党建+"互融模式。制定党建工作任务分解表,推动党建引领重大任务落实。将党建工作与生产经营深度融合,把党的政治优势转化为分行的竞争优势,为推进业务创新发展提供坚强有力的政治保障和动力支持。

【业务发展】

一、服务区域协调发展

一是加大重点项目和领域信贷投放力度,服务湖北加快建设全国构建新发展格局先行区。支持武汉都市圈、襄阳都市圈、宜荆荆都市圈发展和湖北"51020"现代产业集群建设;全年向交通运输领域投放金额净增 68.92 亿元,向房地产行业投放金额净增 30.75 亿元。二是优化信贷投放结构。新增公司金融活跃客户 1.47 万户,主体信用评级 AA+及以上地方优质国企授信覆盖率 60.9%;投放城市更新、高标准农田等多个公贷项目;交易银行资产净增额超百亿元,落地 10 个新产品、新模式。

二、发展绿色金融

一是加强组织保障。坚持分行党委统一领导,印发《中国邮政储蓄银行湖北省分行 2023 年碳达峰碳中和暨绿色金融工作要点》,明确各部门工作职责,督促各市(州)分(支)行制定落实方案;召开碳达峰碳中和暨绿色金融领导小组会议和工作组会议,部署下一步工作计划,将绿色金融工作落实落细。武汉分行被评为武汉市首批"绿色金融先锋银行"。二是落实授信政策。印发《中国邮政储蓄银行湖北省分行 2023 年区域授信政策指引》《湖北省分行 2023 年清洁能源及其他绿色产业重点客户营销指引》,认真贯彻落实中央长江流域不搞大开发、抢抓长江大保护等要求,用好碳减排支持工具,做大绿色信贷规模。支持重点行业和领域节能、减污、降碳、增绿、防灾,加快构建清洁低碳能源体系;禁止向境外煤炭、煤电等高碳化石能源项目投放资金，促进绿色低碳技术推广应用。三是优化资源配置。将绿色金融纳入市（州）行经济资本管理评价体系，对绿色信贷给予内部资金转移定价支持，对符合人民银行碳减排支持工具条件的低利率贷款免加收低价贷款资金成本费用。四是优化审批流程。开通审查审批绿色通道，优先审查审批绿色金融授信业务。全年批复绿色金融授信业务48笔，批复金额104.3亿元，支持了一批光伏发电、风电、生物质能发电及电化学储能等项目。五是做好产品推广。推广气候友好型产品、绿色消费产品，全年绿色消费业务净增4.44亿元，同比增长396.28%。六是开展企业客户碳核算。运用信用风险监控系统或外部合作机构系统，稳步推进企业客户碳核算工作，累计新增70户企业客户、完成49户老客户报告更新。

截至年末，绿色贷款余额244.3亿元，净增50.7亿元，增幅26.19%，占比较年初提高0.88个百分点，完成总行计划174.63%；清洁能源产业贷款余额63.3亿元，净增12.45亿元，增幅24.48%，占比较年初提升0.20个百分点；绿色融资余额331.7亿元，净增57.8亿元，增幅21.12%。绿色贷款、绿色融资增速均高于各项贷款增速，关键指标均超额完成年度目标任务。

三、加大普惠小微金融支持力度

（一）提升小微金融服务质效

一是实施普惠业务代表方案。制定普惠业务代表推广方案，设置333名普惠业务代表，营造全员做普惠的良好氛围。二是加强线上化、标准化产品推广。通过优化“小微易贷”、零售信贷工厂模式，助力“快捷贷”发展，产品规模达到123亿元，净增43亿元。三是制定小微金融服务工作方案和激励考核办法，实施专项工资总额激励和增量计划“一票否决”办法，实行任务到人、精准到户，充分调动员工积极性。

（二）建立常态化主办行服务机制

一是制定2023年主办行建设行动方案。按照主办行建设标准、建设措施、激励政策等，制定中小企业综合金融服务产品和主办行服务手册。开展42期“周四主办行服务日”主题活动和主办行服务专题分析，协同公司、零售金融板块举办综合金融系列培训，针对9个重点行开展“一对一”现场辅导培训。二是建立“1+N”服务团组。制定普惠金融“1+N”服务团组管理实施方案，成立184个紧密型服务团组，为客户提供优质的综合金融服务。

截至年末，小企业主办行客户新开户数1388户，主办行客户占比达到38.87%。普惠小微贷款余额529亿元、净增81亿元，居省内大行第3位；科创企业贷款余额107亿元、净增39.6亿元，均居邮储银行系统第6位。其中，“专精特新”企业贷款余额62.5亿元、净增37.96亿元，授信覆盖率达到20%，居邮储银行系统第4位。

四、发展基础业务

（一）发展数字金融

做好场景服务，拓展“邮e链商户通”“百城千校”智慧校园项目，累计服务26个智慧食堂、智慧校园、智慧医疗、智慧酒店项目；探索业技融合新模式，上线65个信息化项目，其中自主研发项目24个，输出数据模型16个。

（二）发展养老金融

一是做好老年客户便民服务。在网点配备无障碍通道、上楼电梯、休息区爱心座椅等设施，打造暖心适老化金融服务，切实满足老年人金融服务。二是优化适老化服务模式。向中老年客户普及个人养老金制度、政策优势、参与方式，引导客户办理个人养老金资金账户的开户、缴存、查询等业务。为不会用智能手机、智慧柜员机的老年客户提供大堂经理“一对一”指导服务，帮助老年人体验、适应金融科技。

五、支持乡村振兴

（一）加强队伍建设

安排209名干部参与服务乡村振兴专项行动，持续推动人员向一线流动，建设一支1000人的“三农”客户经理队伍。加强客户经理分等分级管理，按照层级匹配不同的培训模式、培养机制，注重骨干队伍培养，提升队伍产能。截至年末，乡村振兴工作小组共建成1806个深度开发信用村、146个用信千万村、5个亿元镇。

（二）提升服务质效

加强政银平台合作，推动“创业贷”“鄂工贷”“青创贷”“楚农信贷直通车”“新型政银担”等重点产品、项目落地。融入襄阳、宜昌、黄冈、孝感、荆州、荆门等市（州）农业发展布局，通过“产业+能人+信用村”等特色模式，提升金融服务农业产业发展的灵活性。围绕湖北“强县工程”出台分行县域信贷发展指导意见，加大涉农龙头企业、农村基础设施建设贷款投放力度，加快政策资源、信贷资源向县域倾斜。

（三）加强协同合作

与省邮政分公司、中邮保险湖北分公司、中邮证券湖北分公司合作，打造省级合作平台，充分发挥邮政系统商流、物流、资金流、信息流一体化资源优势，将金融、销售、寄递等一揽子综合服务精准嵌入农业生产全流程。依托邮政三级物流体系，畅通农村经营主体服务渠道，打造邮政惠农协同生态。开展三级干部“挂村包抓”行动，建成392个授信1000万元以上示范信用村。截至年末，“三农”贷款净增102.5亿元，同比多增14.3亿元，结余规模476亿元；涉农贷款净增90.1亿元，完成总行计划124%。产业贷净增48亿元，规模较上年翻番。

邮储银行武汉市分行客户经理走访服装加工企业，开展贷后回访工作

【金融创新】

聚焦支农支小主责主业，围绕“村、社、户、企、店”，搭建“产业+金融”生态圈，支持粮食安全、重要农产品保供和乡

村特色产业。创新推出“水产贷”“粮食贷”“蛋禽贷”“茶叶贷”“柑橘贷”实现“一县一品”全覆盖。针对重点农业产业匹配专项产品，持续推进“一市一业”“一县一品”建设。围绕湖北十大重点产业链，创新推出快消、粮食、水产等10个产业贷产品，产业贷累计投放超100亿元。通过开发银担线上平台、推进银保合作产品开发，全面服务农业经营主体。根据区域特点制定差异化服务策略，创新推出科技贷，助力涉农科技企业发展，有力促进现代农业产业转型。

【风险管控】

一、加强内控合规管理

一是压实内控案防管理主体责任。印发《关于做好2023年案件防控工作实施意见》，细化69项具体工作要求，督促下辖机构落实；强化领导牢固树立案防第一责任人的述职评价管理。推进合规文化下基层，督促全员开展合规宣誓、签订合规承诺书。二是开展两道防线检查。制定尽职检查和案件风险排查计划，开展条线检查和网点接管检查、自营网点合规风险等级评价工作，提升基层网点内控案防管理水平；与中国邮政集团湖北省分公司联合开展“节日飞行检查”“雷霆行动”等现场检查和柜面大额现金交易、员工涉诉风险、关键岗位员工风险数据等非现场数据排查。自主编制30余个风险模型，专项整治风险隐患。三是加强反洗钱工作。建立健全反洗钱内控制度体系，明确各部门、各岗位的反洗钱职责，电诈涉案账户数量及同业排名实现双降。

二、提升资产质量

严把新增业务入口关，加大不良贷款处置力度。全年处置不良贷款23.7亿元，创历史新高，其中清收不良贷款10.8亿元，排名邮储系统第6位。行领导牵头指导大额风险处置工作，确保“三单”重点项目平稳缓释，推动资产质量持续优化。贷款不良率降至0.89%，较上年下降0.18个百分点，其中小企业不良率下降0.46个百分点。

三、强化安全生产

扎实推进“平安邮储”建设，开展第八轮安全评估及检查，以消防安全为重点深化安全隐患排查整治，推进安全设施达标建设。实施网点安全用电监测项目，进一步提升人防能力和技防水平。

四、加强清廉文化建设

开展经常性纪律教育，高度重视年轻干部和新任干部纪律教育和规矩培养。开展“送规送纪下基层”活动，持续筑牢“不想腐”的思想防线。创新清廉文化学习途径和载体，落实总行“清廉金融文化巩固深化年”的各项工作要求，强化党员干部廉洁从业和合规守法经营意识。

【金融消费者权益保护】

一、加强消保体制机制建设

召开消保委员会会议、行办会、年中会、季度会等一系列全行性重点会议和湖北邮银内控合规案防专题联席会议，全面剖析问题，部署推进消费者权益保护工作。定期召开消费者权益保护委员会会议，制定会议落实跟踪清单，实现闭环管理。逐步完善金融消费者权益保护事前协调、事中管控和事后监督机制，建立健全涵盖产品投诉管理、考核评价、金融营销宣传、金融知识宣传教育等方面的消保机制。

二、提升投诉管理水平

一是完善横纵投诉监测工作机制。下发《关于建立湖北省分行消费者权益保护纵横工作机制的通知》，将投诉监测提示工作纳入消费者权益保护纵横工作机制管理范畴。组织运营管理部、网络金融部、信用卡部、个人金融部、三农金融事业部、消费信贷部、邮政金融业务部以及分支机构相关人员开展投诉文本分析模型应用推广培训，依托总行金融消费者投诉管理系统的投诉文本分析模型及投诉系统检测功能，提升投诉检测提示工作质效。将通过平台举报的案件纳入投诉监测管理范畴，通过风险提示或问题线索等形式反馈至相关责任部门，跟踪解决措施及工作进度。二是完善纠纷多元化解机制。落实“法院+金融”纠纷多元化解机制建设推进会的会议精神，与纠纷调解组织开展金融领域矛盾纠纷源头预防和多元化解工作。到襄阳市金融消费保护与调解中心调研，学习高效调解经验做法，梳理调解工作中的难点、堵点，促进金融纠纷调解工作有序开展。

三、加强金融知识宣传教育

聚焦“一老一少一新”，开展“3·15”消费者权益保护教育宣传周活动，活动成果得到主流媒体刊登报道。组织各级机构开展“普及金融知识万里行”活动，通过“邮储银行+”微信公众号推送活动相关内容，点击量超万次。制作防范非法集资主题短视频《高息背后》，获得2023年度湖北省防范金融风险短视频大赛优秀奖。2023年，分行消保等重点监管评价显著改善，客户满意度达到85分以上。

（中国邮政储蓄银行湖北省分行）

（四）股份制商业银行

中信银行武汉分行

【概况】

2023年，中信银行武汉分行（简称）认真落实监管部门、集团和总行的各项决策部署，取得稳健经营与创新发展的良好局面。截至年末，一般性贷款余额1698.3亿元，同比增加109.4亿元。综合融资规模3726.4亿元，同比增加687.3亿元。对公存款余额1296.5亿元，同比增加64.1亿元；个人存款余额434.9亿元，同比增加40.3亿元。全年实现营业净收入43.6亿元，其中利息净收入40.3亿元；净利润5.6亿元。不良贷款余额20.3亿元，不良贷款率1.12%，不良率低于湖北省金融机构平均水平。荣获“执行信贷政策优秀单位”等称号；制作的征信宣传视频《信守一生，幸福一生》在征信宣传短视频大赛中获奖；王家墩支行被评为“优秀绿色金融先锋支行”。年内新建网点1个、迁址网点2个、已批待迁网点3个、筹建中网点3个，进一步延伸服务网络。

【党建工作】

一是抓实主题教育。扎实推进理论学习、调查研究、推动发展、检视整改、建章立制，推进党建与业务工作双融合、双促进。成立主题教育领导小组，组建6个联络保障组，累计开展860余次“点对点”指导；党委到基层调研28次，形成6份调查研究报告，推动解决40个各类问题。二是坚持从严治党。落实全面从严治党主体责任，全年召开9次党建工作领导小组会议，坚持党建与业务发展工作同部署、同落实。

【业务发展】

一是服务重点领域。聚焦先进制造业、战略性新兴产业以及科创金融、绿色金融等领域，召开党委会专题研究服务实体经济、防范化解金融风险议题，通过制作台账、跟踪督办，推进上级决策部署在分行落地生根。制造业中长期贷款、民营企业贷款、绿色信贷、战略性新兴产业贷款余额较年初分别增加28.5亿元、27.5亿元、60.8亿元和52.4亿元。着力支持科创企业发展。二是发展普惠金融。推进新市民金融服务工作，满足新市民多样化金融需求。全年普惠小微贷款新增27.2亿元、普惠法人贷款新增10亿元、涉农贷款新增21.1亿元,发展普惠金融先进做法被省级主流媒体报道。三是支持乡村振兴。通过产业帮扶、消费帮扶等方式支持乡村振兴。在宜昌市远安县真金村等5个乡村派驻村干部开展定点帮扶,制定特色产业扶植计划,助力乡村产业发展。采购150.2万元助农帮扶物资,其中在黄石、鄂州、宜昌等地的定点帮扶村采购38.16万元。

【金融创新】

一、创新司库业务

创新研发司库业务产品,落地首个“境内+境外”司库系统,落地省内中信银行系统首笔司库业务。组织专人驻场,为客户定制覆盖流程制度、系统建设、产品合作的综合服务方案,帮助企业实现多个账户实时余额、历史余额、交易明细查询等功能。截至年末,共有36户客户签约司库业务。

二、创新小微企业服务

一是创新“订单e贷(中企云租)”服务。依托总行与中企云链进行系统对接的优势,在办理应收账款质押登记并锁定核心企业账款支付路径基础上,以核心企业应付供应商结算款项为主要还款来源,为中企云租平台上核心企业的上游小微供应商提供融资服务。依托中国人民银行征信中心的中征应收账款融资服务平台发票查验功能,核验业务背景资料合同和发票真实性和质押情况,实现发票状态和关联账款批量查验,提高业务处理时效性。二是优化科创企业服务。成立科创金融中心,推出科创小微企业打分卡,为30户科创小微企业授信,金额超亿元。截至年末,合作高成长企业1520户,合作国家级“专精特新”企业421户。

三、创新投行业务

总行投资银行部牵头建立公募REITs产品和营销体系,分行积极摸排资产情况,锁定项目机会,多次上门根据企业需求不断优化服务方案,落地湖北省首单公募REITs综合金融服务项目,进一步巩固中信银行在公募REITs领域的优势。

【风险管控】

一、健全风险管理体系

建立健全机构全覆盖、业务全覆盖、风险全覆盖的全面风险管理体系,筑牢风险管理“三道防线”。全年未发生可能引发系统性风险或区域性风险的风险事件。

二、优化资产质量

一是加强资产质量管控。贯彻执行风控政策,抓实抓细房地产等重点领域风险防控,严格管控新增资产质量;攻坚大额项目风险化解,取得积极成效,不良率呈现逐步下降趋势。二是加大问题资产处理力度。深耕问题资产经营,强化问题资产精细化管控,跟进问题资产处置化解进度,批转回收率创历史最佳。

三、加强突发事件管理

做好金融突发事件应急预案管理工作,检视、修订应急预案及各类风险专项预案。组织开展运营条线、金融同业托管、普惠金融、零售条线的连续性业务演练以及防抢防爆演练、湖北省银社直连平台双活切换演练及机房演练,进一步完善金融突发事件应急工作体系。

中信银行武汉分行领导带队赴中国信息通信科技集团有限公司对接金融服务

【金融消费者权益保护】

一是强化责任落实。修订《中信银行武汉分行消费者投诉管理实施细则》,持续加强投诉压降,通过签订《消保工作责任书》,设定压降目标,严格落实经营单位“一把手”负责制;成立投诉应急处置小组,对涉及投诉问题责任人进行经济处罚。二是加强投诉治理。成立投诉降压专班,指派专人处理个人贷款业务类客诉占比较高的问题,落实投诉压降要求。消保办公室按时分析、通报每日投诉数据,明确各机构、各部门投诉分级、分类;投诉管理岗根据本周问题趋势,制定预案提前介入,促进压降整改。三是加强事前预防。提前做好投诉急增的各类提前还款、账户管控问题应急预案,制定管控规则、解除方法,报备总行客户服务中心知识库,确保客诉问题解答口径一致。设置服务咨询总机,设立借记卡业务、信用卡业务、个贷业务、公司业务、运营业务等17条专岗专线,为客户提供专业咨询服务,安排专人负责抽查专线接通情况,切实做好事前预防工作。四是加强培训和考核。组织开展全员消保、投诉化解、纠纷调解专项培训,针对消保考核排名靠后网点开展“一对一”驻场跟岗培训。开展重大投诉与信息安全应急演练,促进厅堂服务和客诉压降能力有效提升。设置科学合理的客诉压降考核体系,发挥好考核指挥棒作用,进一步提高考核精准度,助力维护金融消费者合法权益。

(中信银行武汉分行)

中国光大银行武汉分行

【概况】

2023年,光大银行武汉分行(简称)妥善应对各种风险挑战,积极主动作为,持续加大服务实体经济力度,业务规模实现稳步增长。截至年末,一般性存款余额1042.41亿元,较年初增加25.17亿元,增幅2.47%;一般性存款日均余额1010.95亿元,较上年增加46.88亿元;

一般性贷款余额1072.62亿元,较年初增加84.1亿元,增幅8.51%。资产总额1093.28亿元,较年初增加30.63亿元,增幅2.88%。按会计报表口径,受市场间贷款利率持续下行影响,全年实现营业收入26.58亿元,较上年减少3.74亿元,其中净利息收入较上年减少3.61亿元。实现净利润19.26亿元,较上年增加2.66亿元;拨备支出减少6.47亿元。年末不良贷款8.57亿元,较年初增加0.83亿元;不良率0.80%,较年初增加0.016个百分点。全年处置不良资产17.8亿元,其中现金清收10.4亿,完成全年计划129%。关注类贷款和逾期欠息贷款均在总行年度管控目标内。

【党建工作】

一是做实调查研究。成立主题教育领导小组,两批主题教育共开展263次基层调研,形成52份调研报告,涵盖党建、业务、财务等方面。召开多场调研成果交流会,做好调研发现问题台账,确保"一张清单改到底"。二是发挥党员模范带头作用。组织开展"立足岗位做贡献"活动,设立"党员示范岗"94个,选树"身边榜样"4人,引导全体党员强化党员意识,立足本职岗位发挥先锋模范作用。

【业务发展】

一、加大有效金融供给

一是支持绿色金融发展。落实"双碳"任务部署,密切联系湖北碳交中心,为碳减排支持工具提供金融支持。二是支持普惠金融发展。截至年末,普惠贷款余额120亿元,较年初增加20.3亿元,银监单列信贷计划完成率254%;涉农贷款余额83.5亿元,较年初增加13.8亿元,涉农贷款单列计划完成率261%。三是服务民营企业发展。成立民营企业服务先锋队,启动"客户陪伴成长计划",建立分层分类营销机制,由行长任"专精特新"主办行工作组组长,认真践行"浦江经验",带队到多家民营企业开展调查研究。对接国家级专精特新"小巨人"企业武汉某智能技术股份有限公司金融需求,为企业提供5000万元流贷,支持互感器计量性能智能监测装置的研发和生产,为武汉某科技有限公司定制授信方案,提供中长期流贷4000万元,支持汽车电子产品研发和生产。民营企业贷款增速18.7%,服务实体经济重点指标高于各项贷款增速。全年为113户国家级和省级"专精特新"企业新增近20亿元信贷投放,授信余额及服务客户数增幅均超30%;"专精特新企业贷"余额4.1亿元,排名光大银行系统第4位。四是做好债券承销工作。落地地方政府债资金51亿元;债券承销规模和只数均创历史新高,发债规模居湖北区域市场排名第2位。

二、服务医疗保障

开立湖北省医保局移动支付资金清算专户,实现系统省级专户突破,推动医保移动支付项目在武汉市全面展开,年内新开两定机构账户110户。

三、拓展客户规模

全年新增零售有效户2.4万户,目标完成率104%;新增零售基础客户2825户,目标完成率128%。年末对公客户总量3.8万户,同比增加582户;新增授信客户164户。

【风险管控】

认真贯彻落实总行区域发展战略要求以及各类贷款投向政策,把好授信准入关口,加强三道防线之间协同联动,强化统一授信管理,优化完善区域信贷和投资政策。通过现金清收、重组化解、核销打包、资产处置等多种方式,全力压降对公零售逾欠资产、打好年末资产质量攻坚战,确保整体资产质量平稳、新增风险得到有效管控、存量风险逐步出清。一是统筹化解存量风险、严控新增不良。召开36次预警会,压退74户预警客户风险敞口,金额28.3亿元;办理14户共计24亿元房地产开发贷款展期,压降风险房地产贷款11.2亿元。加强区域经济分析,优化完善区域信贷政策,逐步压缩零售信贷隐患资产总额;信用卡2022年以来新增发卡客户质量优于光大银行系统均值。二是提升风险管控能力。重检区域信贷和投资政策,加强三道防线联动协同;认证6名行业分析师,加强队伍储备;开展授信后全面检查,加强授信用途检查管理,提升授信后履职能力。

【金融消费者权益保护】

认真落实消保全流程管控要求,通过柜面堵截风险帮助客户挽回240万元损失。参加"3·15"行长话消保宣传活动,行长带头担任"阳光消保宣传大使",与5个二级分行、34个支行负责人走进社区、工地现场开展宣教活动。全年共组织开展金融知识宣传活动600余场,参与员工1000余人次,网点覆盖率达100%,受众210万余人次;共组织开展各类消费者权益培训56场,其中集中开展消保专项培训4场、营业网点厅堂协同专项培训10场、营业网点服务质效提升及投诉管理上门培训29场;条线组织开展投诉处置专项培训15场。黄石分行在黄石市武汉路小学以"防诈反诈,安全相伴"为主题开展防范电信网络诈骗知识宣讲活动,对诈骗案例进行讲解分析,通过现场互动形式引导学生树立正确的价值观与消费观,时刻保持警惕,保护好自身以及他人财产安全。消保工作连续多年获得人民银行武汉分行、省金融局等监管部门授予的光荣称号。

(中国光大银行武汉分行)

招商银行武汉分行

【概况】

2023年,招行武汉分行(简称)扎实推进价值银行基础能力建设,持续深化经营管理转型,着力打造"金融科技驱动、财富管理领先、客户体验至上、开放融合共进"的特色服务品牌。截至年末,各项贷款余额2114.5亿元,较年初净增145.2亿元,增幅7.4%。其中,一般性对公贷款余额751.6亿元,较年初净增80.5亿元,增幅12.0%;零售贷款余额1082.1亿元,较年初净增85.7亿元,增幅8.6%。各项存款余额3179.5亿元,较年初净增293.7亿元,增幅10.2%。其中,储蓄存款余额1447.3亿元,较年初净增215.8亿元,增幅17.5%;对公存款余额1658.3亿元,较年初净增82.8亿元,增幅5.3%。各项资产规模3297.4亿元,较年初净增300.1亿元,增幅10.0%。截至年末,共服务743万名居民和11万家企业,连续多年被授予"A类银行业金融机构""金融支持湖北经济发展突出贡献单位""金融支持武汉经济社会发展突出贡献单位"等称号。分行在宜昌市、襄阳市、黄石市、黄冈市、荆州市、十堰市、孝感市共设有7个二级分行、75个支行和24个社区支行。

【党建工作】

一是深化理论学习。结合日常经营实际制定主题教育学习计划,强化个人自学、班子研学、干部领学、支部促学、专家辅学,确保全行党员在政治立场、经营路线上保持高度一致。二是做实调查研究。制定15个调研选题,到基层一线深入调研,形成调研报告15份,为经营发展提供解决思路与可执行方案。三是强化廉洁从业意识。紧盯"关键少数",将

招商银行武汉分行与长江产业投资集团签署战略合作协议

基层"一把手"和领导班子作为监督重点，将党风廉政建设考核内容纳入党建考核体系。按业务条线、违规违纪类型编写16类案例巡讲材料，提升警示教育针对性；通过党委书记讲党课、各级纪委书记（纪检委员）讲廉政课、参观廉政基地、举办清廉金融文化大赛等活动，着力打造立体化宣传矩阵，持续强化党员干部员工廉洁从业意识。

【业务发展】

一、加大有效金融供给

一是围绕"光芯屏端网"产业集群，强化对科技金融、绿色金融、制造业金融的资金支持。截至年末，科技贷款余额132亿元，较年初增加19亿元，增幅17%；绿色贷款余额167亿元，较年初增加35亿元，增幅26%；制造业贷款余额196亿元，较年初增加55亿元，增幅39%。二是优化中小微企业服务模式，推动普惠金融发展。通过"保函闪电开"等线上化产品以及"科担贷""政采贷""招企贷"等融资产品，强化数字化服务效能。与国开行合作开展转贷款业务，办理股份制银行首笔转贷款业务。引导资金投向制造业、科技型中小微企业，激活中小微企业发展动能。截至年末，普惠金融贷款余额354亿元，较年初增加74亿元，增幅27%。

二、支持乡村振兴

与湖北省农业农村厅签署战略合作协议，全力支持省内特色农业企业发展，近两年来涉农贷款规模增长71%；定点帮扶省内6个乡村，投入超650万元帮扶资金；推出"蕲艾贷"系列金融产品，提升种植农户、加工企业融资便利性，支持蕲艾产业发展，激活乡村振兴新动能。

三、服务民生保障

一是推广"银医通"业务，服务范围覆盖省内85%以上三甲医院。二是强化就学支持。落地华中师范大学等12个校园联名卡项目；联合国开行累计向9.2万名困难大学生提供助学贷款服务；与武汉大学、华中科技大学等重点高校开展战略合作，完善校园金融服务体系，满足大学生金融需求。三是联合湖北省慈善总会、武汉市儿童医院，共同发起"朝朝爱微慈善基金"，累计帮助家庭困难患儿5400人次。

四、做好新市民金融服务

设立新市民"惠民小站"，满足新市民就业创业、安居乐业、健康养老以及基础金融服务需求。全年为新市民群体提供小微、住房、消费类贷款77亿元，为21万名新市民提供政务、出行、生活缴费服务，持续提升新市民金融服务可得性与获得感。

【金融创新】

深入践行创新理念，持续推动服务及产品创新，依托总分行金融科技能力，大力推进"数字招行"建设，助力智慧城市建设及企业数字化转型。

一、推进"数字招行"建设

（一）深入政务便民场景，助力数字城市建设

开发手机银行武汉专区板块，累计为700万人次居民提供投资理财、社保公积金提取、地铁公交出行、水电物业费缴纳、美食观影娱乐等服务。开发"智慧医疗"系统，创新线上医疗全流程服务，全年服务近千万人次。

（二）深入企业经营场景，助力加快数字化转型

一是助力企业司库体系建设。迭代"财资管理云"产品，为企业客户提供资金"统一看""统一管""统一调""统一联"一站式服务，累计服务1400余家集团企业，覆盖1.4万家成员单位。二是提升企业"人、财、事"管理质效。通过创新"薪福通"解决企业人事管理、薪税代发、财务费控、差旅服务等难题，累计服务超2万家企业。三是聚焦企业食堂数字化改造。创新企业食堂系统刷脸收银终端、线上点餐平台、餐补福利管理、智能报表对账等功能，为160家大型政企单位提供"智慧食堂"解决方案，累计服务职工14万人次。

二、推进绿色金融发展

一是创新绿色金融产品和服务。创新推出碳挂钩类贷款产品，落地湖北省首笔银证企三方合作的碳配额回购业务；联合武汉碳普惠管理有限公司推出"低碳绿卡"，开发"低碳有招"小程序，启动"碳启未来"计划，探索更多低碳场景服务模式。二是优化组织架构。成立武汉长江绿色支行，是招行湖北省首家"碳中和"持证网点；设置绿色金融发展办公室，统筹全行绿色金融发展工作。获得"金融支持绿色发展突出贡献单位""绿色金融先锋银行"等荣誉。

三、升级服务体系

创新"星服务体系"，明确"用心服务、首问负责、契约精神"的服务要求，打造"全岗位、全流程、全天候"的三全服务模式，全面重构服务规范标准，重塑服务荣誉体系。

【风险管控】

一是强化风险管理机制。通过开展风险防控课题研究、完善风险评审制度，制定"大额、新建、存疑"三大类客户集中评审及专案排查工作方案，实现预警客户动态调整与敞口压降，着力打造覆盖全风险、全机构、全客户、全资产、全流程、全要素的"六全"风险管理体系。二是防控重点领域风险。加强重点领域分层、分类精细化管理，强化重点领域风险监管、处置机制；履行好重点领域监管责任，落实对借款主体和资金封闭运行的监管要求。全力做好"保交楼"工作，适度提高房地产领域不良容忍度，防范房地产领域信用风险。建立防范化解地方债务风险长效机制，助力化解地方政府债务风险。三是强化内控合规管理。压实风险管理职责，做实三道防线联防联控工作；加强金融科技创新，推动内控合规管理数字化转型；厚植“稳健审慎”的风险文化与“遵纪守法”的合规文化，强化合规经营意识，全年未发生重大违规风险事件。四是优化资产质量。不断提升数字化风控能力，加强贷前、贷中、贷后全流程风险把控，资产质量长期保持稳健。截至年末，不良贷款率0.76%，资产业务风险总体可控。

【金融消费者权益保护】

一是优化消保及投诉管理工作机制。建立消费者权益保护工作推进会机制，围绕消费者投诉集中性问题，统一调度管理，推动重点问题防范化解及根源治理。客户投诉1小时快速响应、跨部门协调、消保审查预防、各级沟通汇报等七项工作机制，全面提升消保质效。二是开展金融知识宣教工作。创作12篇金融知识宣传作品，获中国人民银行总行、中国银行业协会及招商银行总行采稿刊发29次；聚焦“一老一少一新”重点人群，全年开展710余次金融知识教育宣传活动；参与湖北省金融消费者权益保护教育宣传月活动，进一步拓展宣传渠道；通过凤凰网、湖北日报、人民数字联播网、今日头条、抖音等媒体开展57次金融知识教育宣传，受众达903万人次。

（招商银行武汉分行）

上海浦东发展银行武汉分行

【概况】

2023年，浦发银行武汉分行（简称）坚持“一行一策”架构改革，持续推动业务转型，妥善应对各种风险挑战，努力提升专业化能力水平，较好地完成了全年各项经营目标任务。截至年末，各项贷款余额829.35亿元，较年初增加62.80亿元、增幅8.19%。其中，公司贷款余额599.25亿元，较年初增加54.87亿元、增幅10.08%；零售贷款余额230.10亿元，较年初增加7.93亿元，增幅3.57%。负债总额913.96亿元，较年初增加130.19亿元、增幅16.61%。各项存款余额765.38亿元，较年初增加53.12亿元、增幅7.46%。本外币一般性存款时点余额765.38亿元，较年初增加53.12亿元、增幅7.46%，其中，公司一般性存款余额539.98亿元，较年初增加26.24亿元、增幅5.11%；零售一般性存款余额225.5亿元，较年初增加26.88亿元、增幅13.54%。资产总额924.96亿元，较年初增加132.40亿元、增幅16.71%；不良贷款余额5.96亿元，较年初减少2.31亿元。其中，公司不良贷款余额3.04亿元、零售不良贷款余额2.57亿元。不良贷款率0.72%，较年初下降0.36个百分点。实现营业收入17.37亿元，同比减少0.28亿元；净利润9.04亿元，同比增加2.31亿元。

【党建工作】

坚决贯彻落实党中央和总行党委各项决策部署，通过狠抓主题教育活动，深入学习中央金融工作会议精神、中央经济工作会议精神，全力推进百日攻坚活动，将党建工作与分行中心工作紧密结合，持续推动分行高质量发展。

一、加强队伍建设

践行民主集中制，落实“四责协同”机制，全面推进中层干部“执行力、组织力、执行力”三力建设和支委成员“一人一卡”机制，提升党员干部履职能力。全年提拔12名干部进入中层，聘任见习干部7人。制定下发《营销人员职务职级晋降办法》，直观量化效益、规模和战略指标。

二、推进党建工作与中心工作“双融双促”

在党员主题教育中，坚持问题导向，调研干部能力、运营支撑、公司均衡发展、零售补齐短板、风险前瞻等核心问题，立足区域产业特点，优化业务模式和经营管理模式，制定多项操作指引和营销方案，稳步推进中心工作。在全年经营活动中，各党支部以“抓项目、争进位、提产能、扬事迹”为重点，培育了一批业绩优秀的先进集体和先进个人；各党支部积极构建行内外“红色朋友圈”，开展党建联建活动20余场，通过党建联建促进业务发展。

三、推进全面从严治党

一是压实主体责任。召开全面从严治党警示教育会议，组织各党支部签订《党风廉政建设责任书》，组织全体中层干部签署《廉洁自律承诺书》，全面落实总、分行巡察问题整改工作，推动责任主体履职尽责。二是加强清廉文化建设。紧盯“关键少数”，开展中层干部廉洁任前谈话43人次，强化新任中层干部廉洁自律意识。

【业务发展】

一、服务重点领域

一是服务重大项目。坚持“项目+实体”的发展模式，提升金融服务实体经济质效。优化信贷资源配置，全力服务重点客群、重点产业中的新建、扩产和设备更新改造等重大项目。二是支持先进制造业发展。围绕生物医药生态链、锂电池生态链和信息技术生态链，拓展武汉生物制品研究所、鼎康生物、小鹏汽车等一批先进制造业客户，实现制造业中长期贷款净增20.5亿元、增幅43%。三是支持重点产业链发展。加大对实体经济重点领域和薄弱环节的信贷支持力度，引导信贷资源投向光芯屏端网、汽车制造、高端装备、生物医药等16条重点产业链，强化金融服务实体经济效能。年末实体经济贷款余额较年初净增84.76亿元，客户贷款占比较年初提升8.39个百分点。

二、发展普惠金融

通过“圈链+科技”拓客模式，不断完善线上化、场景化、标准化产品和拓客策略体系。重点围绕创新型中小企业、重点产业集群中小企业等六类客户开展服务对接，实现六类客户新开户232户、新增授信户168户，其中大多数是省级以上“专精特新”企业。截至年末，小微普惠贷款余额45.16亿元。

三、深化政银担合作

调研走访省再担保集团、省科担公司、光谷科担公司、武汉融担公司，密切银担合作。通过梳理政策性担保公司名单、邀请担保公司培训交流，了解政银担业务最新政策和发展方向。出台政银担业务管理办法，实现武汉融担公司和光谷科担公司合作破冰、新型政银担业务破零。

四、支持乡村振兴

一是加强乡村振兴业务营销。制发《武汉分行乡村振兴业务营销指引》，围绕重点行业、重点龙头企业、重点区域精准施策，打造具有浦发特色的乡村振兴经营策略。二是强化机构人员支撑。单设乡村振兴部门和乡村振兴岗，专项负责乡村振兴工作。三是优化信贷结构。加大市场化经营类企业信贷投放力度；将符合条件的农业龙头企业和农林牧渔类企业纳入市场化经营类企业名单中，帮助企业扩大生产规模、提升经济效益。跟进农业农村基础设施融资项目库湖北地区项目，深化和推进乡村振兴工作。

【金融创新】

一、创新科技金融服务

一是优化科技金融服务方案。不断提升科技型企业服务能力，创新“投行+商行+生态”一体化服务模式，打造差异化竞争优势，构建“股、债、贷、保、孵、撮、联”科技金融服务体系。落地分行首笔排污权质押贷款和首笔碳排放质押融资业务。二是创新科技金融产品。结合政府部门出台的各项风险补偿和贴息政策，设计开发“创新积分贷”“上市苗圃贷”“科担贷”等区域特色产品。三是提升“浦发科创”品牌影响力。在全省科技型企业融资推进工作会议上，作为唯一股份制银行代表介绍科技金融优秀做法；在湖北省医工交叉创新大会暨首届医疗器械科技成果展示交易会上，作为唯一银行代表参与发布医工交叉创新发展金融赋能计划。截至年末，为超1700家科技型企业提供科技金融贷款，贷款余额超150亿元，较年初增加31.21亿元，增速23.85%，高于各项贷款增速。

二、创新绿色金融服务

一是提升绿色金融服务水平。成立绿色金融业务推进委员会，增设绿色金融部和绿色金融服务中心，负责省内大型绿色企业服务工作和碳要素市场机构日常对接工作。通过专班化运作、项目化推进、差异化补贴的方式，运用绿色信贷、绿色债券、绿色金融顾问、绿色投资等全方位产品体系，为绿色企业提供专业服务。年内落地三峡集团首单垃圾发电银团贷款、首笔分布式光伏发电站项目贷款、湖北能源首单大额可再生能源补贴确权贷款等多笔绿色创新业务。沿江支行荣获“绿色金融先锋银行”称号。二是深化公私两端双向联动模式。发布“共生”主题信用卡，鼓励客户在信用卡“浦大喜奔”APP绿色低碳专区开通碳账户，通过在6种绿色场景消费获得碳减排量。发起“与长江共生”主题公益活动，向湖北省长江生态保护基金会捐款十万元，支持“长江有鱼”项目。截至年末，绿色信贷余额141.18亿元，较年初净增35.19亿元，增幅33.21%；绿色信贷占对公贷款余额比重24.71%。

三、创新小微金融服务

一是创新拓客模式。制定“圈链+科技”拓客新模式，不断完善线上化、场景化、标准化的产品推广和拓客策略。通过创新“浦银快贷”“惠闪贷”等“301”模式贷款产品，拓展金融服务覆盖面和可获得性。二是创新数字化服务。依托N+1+N供应链模式，上线在线保理、在线福费廷、1+N核心增信、场景贷等线上业务，对接中企云链、金网络、简单汇等总行准入的平台或场景，实现分行首笔小企业在线保理业务落地。迭代优化“银税贷”“银信贷”等批量测额功能，推动迈瑞医疗、申通快递场景贷业务测额，实现分行首笔场景贷业务落地。三是组织完善“汉融通”“楚天贷款码”等系统专线搭建、系统对接工作。做好纾困贴息、企业培育入库工作。

四、创新财资金融服务

运用数智化手段，布局财资金融新赛道，通过专业化投研生态圈赋能、数字化财富规划、智能投研系统建设、多元化产品优选、风控系统集群建设、有温度的投资陪伴，打造普惠化、智能化、专业化三位一体的资产配置核心竞争力。全年实现新增金融资产21亿元、保险销量3.8亿元、新增双托业务规模4.13亿元。

五、创新养老金融服务

依托总行丰富的养老金管理经验和强大的人才优势，推出养老储蓄、养老基金、养老保险等投资品种，助力客户养老资金保值增值。截至年末，已开立个人养老金账户14593户，累计缴存资金达1135.85万元。与太平洋人寿、泰康人寿等头部保险公司合作，共同推广居民养老社区业务，围绕养老理财、康养、旅居、护理等综合化需求，累计开展12场养老社区主题沙龙活动，邀约老年客户实地参访体验养老社区。

【风险管控】

一、加强内控合规管理

一是加强制度体系建设。通过开展内外部检查、日常监测，评估制度执行情况，根据经营实际开展制度废、改、立工作。制定《公司授信业务贷后管理作业指导书》《2023年武汉分行评级质量提升工作方案》等制度指导文件，确保内控制度的完整性、严密性、协调性、可操作性和合法性。二是强化整改问责机制。成立整改监督工作专班，压实三道防线整改监督责任，从提升内控管控基础和业务运营效率两个方面督促责任单位深入分析违规问题产生原因，对屡查屡犯问题责任人及部门进行追责。三是开展基础管理能力提升活动。立足提升经营管理效能、筑牢内控合规防线两个方面，制订活动方案和重大项目清单，通过开展基础管理能力“提升年”“深化年”“巩固年”活动，持续提升优内部管理水平。四是开展合规培训。充分发挥领导班子成员模范带头作用，开展“一把手”讲合规、分管行长讲合规等活动，强化员工合规意识；开展“合规从业，职业生涯安全启航”主题教育和覆盖合规销售、票据业务、反洗钱等重点领域的系列专题培训，形成“人人讲合规、事事重合规”的工作氛围。

二、加强业务风险管控

一是前移业务风险管控关口。严格落实授信业务“双尽调”管理要求，授信管理部对特定授信客群开展平行调查，在准入端瞄准优质客户，从源头降低业务风险。二是建立“常态化+专项+实时”预警监测机制。用好“三函一书”工具，防控重点客户及重点领域潜在风险。通过加强贷后管理、内外部抽检问题复盘和整改，一户一策制定业务风险化解方案，确保新增资产零风险。

【金融消费者权益保护】

一、完善消保工作机制

聚焦消保重点领域，全面优化工作机制，建立健全事前、事中、事后全流程管控机制，在各业务环节嵌入并落实监测平台等方式，监督管理员工以及第三方营销宣传、消费者金融信息使用等行为。定期召开投诉处理联席会议，剖析投诉升级和典型案例，做好风险提示；不定期约谈投诉集中的机构，多管齐下严抓投诉压降工作；完善投诉纠纷多元调解实施细则，充分运用多元化解方式解决客户纠纷，引导客户通过调解方式达成和解，投诉量得到明显降压。

二、打造特色消保品牌

通过“新媒体宣传+线上‘浦楚楚’专题作品输出+线下活动开展”的组合宣传形式，加强消保宣传教育，多个消保文案被监管部门采纳，原创消保作品被国家级和省级媒体报道。一是做好线上宣教工作。发布“浦楚楚”原创专题宣教作品近50篇，向金融消费者普及金融知识、宣讲金融政策、剖析典型案例。二是做好线下宣教工作。将消保工作与“新市民”服务、“邻里家园”便民服务、适老化服务等工作相结合，打造“守护银发金融”“金融知识伴成长”“新市民话消保”“温暖消保暖心助残”主题宣教特色，累计受众近1364万余人次。

（上海浦东发展银行武汉分行）

中国民生银行武汉分行

【概况】

2023年，民生银行武汉分行（简称）聚焦“民营企业的银行、敏捷开放的银行、用心服务的银行”三大战略定位，持续加大对实体经济重点领域和薄弱环节的支持力度，引导金融资源向支持科技创新、先进制造、绿色发展和中小微企业发展等领域倾斜，不断提升金融服务实体经济质效。截至年末，各项贷款余额940.69亿元，较年初增加40.24亿元、增幅4.47%。各项存款余额（含非银同业）914.46亿元，较年初增加58.72亿元、增幅6.86%，其中一般存款余额900.27亿元，较年初增加59亿元、增幅7.01%。资产总额976.85亿元，较年初增加56.31亿元、增幅6.12%；负债总额961.93亿元，较年初增加63.91亿元、增幅7.12%。不良贷款余额4.31亿元，较年初减少1.8亿元；不良贷款率0.46%，较年初下降0.22%。

【党建工作】

坚持以党的政治建设为统领，持续深化思想建设和组织建设，坚决落实全面从严治党主体责任，以高质量党建引领推动分行业务高质量发展。组织带动全体党员开展主题教育培训；开展7项课题调研并形成调研报告，密切跟进发现问题的整改进度，切实将调研成果转化为解决问题、改进工作的具体举措。围绕群众反映强烈突出问题，查摆梳理形成14项问题清单，完成问题销号。建立完善12项制度办法，补齐制度短板、堵塞工作漏洞、防止问题反弹。组织开展"建言献策""立足岗位作贡献""学习身边榜样"等系列活动，引导干部员工主动作为、担当有为，立足本职岗位发挥先锋模范作用。

【业务发展】

一、支持重点项目

对接平台企业转型改革并购贷款需求和"三大工程"、债务置换/化债、城市更新等重点项目银团贷款需求以及基础交通建设、绿色金融等重点领域资金需求。全年审批10笔重点项目贷款、金额51.7亿元，投放5笔、金额13.7亿元。

二、优化信贷结构

引导信贷资源向绿色产业、农业产业、制造业以及中小企业、科创企业倾斜，助力地方经济高质量发展。自2021至2023年，绿色贷款累增61亿元，增幅315%；涉农贷款累增40亿元，增幅167%；制造业贷款累增25亿元，增幅72%。2023年，中小企业及"专精特新"企业贷款实现突破。

三、发展科技金融

启动"专精特新"企业专项服务方案，支持"专精特新"企业的融资需求。总、分、支行三级协力打造高效科技金融服务团队，通过成立科技金融专项工作组、打造特色科技支行、制定"专精特新"专项考核及激励政策，支持"专精特新"企业高质量发展。截至年末，为近百户"专精特新"企业提供信贷支持，授信余额近20亿元。

四、发展绿色金融

通过制定绿色金融营销指引、组建绿色金融专业人才队伍、给予价格优惠和额度保障，完善绿色金融体系。为绿色企业开通绿色审批通道，扩大绿色贷款审批授权范围，建立绿金项目敏捷协同和问题反馈机制，高效办理审批、担保、投放相关手续。在中碳登大厦设立总行级碳金融创新实验室，加强与中碳登、湖北碳排放权交易中心以及双碳产业链服务机构合作，助力碳金融领域相关业务创新研发与市场培育。

五、发展普惠金融

深入推进小微模式改革转型，持续加大普惠小微领域资源投入，实现小微贷款、首贷户和信用贷款明显增长。截至年末，普惠型小微企业贷款余额145.14亿元，较年初增加21.85亿元，增速17.72%，高于各项贷款增速13.76个百分点。其中普惠型小微企业信用贷款余额18.33亿元，信用贷款余额占普惠型小微企业贷款余额12.63%。普惠型小微企业贷款平均利率4.00%，较年初下降58个BP。贷款户数8699户，较年初增加1799户，其中首贷户709户，较上年同期多增542户。

【金融创新】

一、创新科创金融产品和服务

一是创新推出"专精特新"专属线下产品易创贷，纯信用类贷款最高额度达5000万元。二是创新推出"专精特新"专属线上产品易创E贷。分析"专精特新"企业融资特点，打造纯信用、线上自动审批、线上便捷提款、可随借随还、额度循环使用的"专精特新"企业专属线上融资产品，为企业提供最长期限2年、最高金额1000万元纯信用流动资金贷款，实现当日申请当日审结，高效解决企业用款需求。易创E贷上线三个月为43家"专精特新"企业提供贷款过亿元。

二、创新绿色金融产品和服务

加强金融产品创新，强化"双碳"绿色项目支持保障。参与湖北碳排放权和排污权抵质押贷款操作指引、绿色融资评价指南、气候投融资等"双碳"金融标准研讨，获得发展绿色金融业务经验。在武汉市首届"绿色金融先锋银行"暨"绿色金融创新实践案例"发布活动中，武汉滨江支行获得"绿色金融先锋银行"称号，黄石支行碳排放权担保贷款、武汉发展支行排污权和保证组合担保贷款入选"绿色金融创新实践案例"。

三、创新数字金融产品和服务

创新货车ETC业务，开放银行系统接口服务，突破传统ETC服务渠道边界，围绕主机厂核心企业，打通汽车供应链市场，实现全流程线上开户、账户激活。提升数字金融服务能力，助力汽车产业经济发展。

四、优化线上服务模式

一是升级手机银行。围绕手机银行客户需求，不断完善服务模式，持续优化用户体验。推出全新长辈版手机银行系统，针对老年人金融需求，开发屏幕大字版、智能客服、养老金以及年金查询、安全提示等特色功能，优化客户端应用界面和便捷功能，为老年客户提供更智能、更实用的金融服务。二是创新本地化生活服务平台。开发"民生楚惠Life"小程序，为本地用户提供楚惠商城、优惠买单、趣味问答、签到领好礼等功能，打造全新互动体验。

民生银行武汉分行设立总行级碳金融创新实验室

【风险管控】

一、强化内控建设

一是开展操作风险全面自查工作。围绕历年审计、监管检查发现的问题开展内控回溯排查，充分评估以往年度审计问题、监管检查发现的问题整改情况，从流程、机制、制度、系统等方面推进问题根源性整改。二是加强案防履职台账督导。按月督导网点做好案防“十必做”履职台账登记，督促网点反馈督导发现的问题，做到即查即改，进一步加强网点案防履职台账登记规范化管理。三是强化员工合规意识。梳理账户违规交易专项整治及日常检查中发现的员工异常行为，通过工作联系单以及分行通知通告发布《关于加强员工行为管理的工作提示》，持续规范员工行为。

二、严控经营风险

一是加强资产质量管控。对内强化督促，对外紧密联系，持续跟进落实展期方案设计、上报审批、终审条件落实等各环节，防止新增不良和逾期贷款。二是关注延期贷款质量。通过建立专项台账、加强贷后管理，密切监测延期贷款质量变化，提前制定风险预案，保障资产安全。三是推动各项风险管理改革措施落地。年内完成小微授信审批体制改革、对公放款审查改革、对公贷后管理改革等工作。四是全面推进数字化风险管理。依托智能授信系统、图β风控平台、全景视图系统、线上征信查询系统、反洗钱线上尽调平台，推进风险管理数字化转型，构建数字化风控体系。

【金融消费者权益保护】

修订消保工作实施细则，切实履行“消保一把手责任制”，初步形成纵向到底、横向到边的立体式消费者权益保护管理体系。修订消保审查实施细则，围绕《民法典》《九民纪要》《消费者权益保护实施办法》等法律法规，确保消费者知情权、公平交易权等八项基本权利，进一步前移消费者权益保护关口。修订消保工作考核评价实施细则，持续优化消保考核指标，加强过程评价与督导，提升消保工作管理水平。发布个人信息保护实施细则，完善个人信息保护工作机制，规范处理个人信息，加强信息访问与授权管理，有效管控三方数据交互风险，提升个人信息保护管理水平。建立疑难投诉处置专班会机制，针对性分析处理疑难投诉，定期复盘及动态监测处置过程，加快处置进度，提升投诉处理质效。

（中国民生银行武汉分行）

华夏银行武汉分行

【概况】

2023年，华夏银行武汉分行（简称）认真落总行工作会议精神和各项重大决策部署，全力推动各项重点工作落地见效，经营业绩稳中向好。截至年末，表内外资产总额1264.22亿元，同比增加39.31亿元。还原重管资产化解后，各项贷款余额765.88亿元，同比增加21.58亿元；表外业务余额156.75亿元，较年初增加10.3亿元。负债总额1120.95亿元，同比增加23.55亿元。一般性存款余额815.41亿元，同比增加20.32亿元；一般性存款日均782.16亿元，同比增加19.67亿元；存贷比92.74%，同比压降0.49个百分点。获得人民银行湖北省分行授予的多个光荣称号。

【党建工作】

大力推进党业融合，是华夏银行系统内首家落地数字党建对客服务项目试点行。一是强化党建引领，把稳政治方向。以深化理论学习为基础，以抓实调查研究为载体，以深入检视整改为契机，以推动业务高质量发展为驱动，结合中心工作扎实开展主题教育。二是深化全面从严治党。严格执行党委工作规则、重大事项请示报告制度、“三重一大”决策制度、党委前置研究讨论重大事项清单及程序，全年召开51次党委会，审议533项议题，将党组织的政治核心作用贯穿于经营决策、执行、监督全过程。三是推进作风建设。及时调整季度作风测评维度和方式，将部室经理纳入被测评对象，扩大覆盖面；引入客户监督机制，在合同文本推送廉洁从业监督二维码，强化全行廉洁从业意识。

【业务发展】

一、服务实体经济发展

一是优化信贷结构。认真落实各项金融支持政策，主动融入新发展格局。持续优化调整信贷结构，引导信贷资源更多投入实体经济。贷款业务总体呈现房地产类贷款平稳下降，政信类业务不断优化，制造业贷款、科创贷款和战略性新兴产业贷款占比不断提高的发展态势。二是支持主流经济产业发展。畅通银政沟通渠道，制定专项营销方案，推动省级重点项目落地，全年获批省级重大项目3个、金额27.8亿元；针对区域主流经济、主流行业、主流客户特点，制定《湖北省重点产业生态圈营销图谱》《武汉分行融入区域主流营销工作方案》。截至年末，主流行业融资余额90.38亿元，占比10.84%，较年初提升1.69个百分点。主流行业融资客户342户，较年初增加78户；主流融资客户数占比22.38%，较年初提升2.28个百分点。三是推进客户生态化转型。结合分行实际，制定《武汉分行政信类主流企业营销开发策略》，全年签署战略合作协议3份，与多家公司达成战略合作意向。围绕四类生态核心客户，运用新发展理念、新发展思路实施客户生态化转型，全年新增生态客户966户，实现196户主流客户转化为核心生态客户。四是服务乡村振兴。积极响应监管部门和总行金融支持乡村振兴的工作要求，制定《华夏银行武汉分行2023年乡村振兴驻村定点帮扶工作计划》，签订《省直单位定点帮扶责任书》，落实第二期定点帮扶驻村工作队人员选派工作，进一步强化乡村振兴主体责任。大力推进乡村振兴信贷投放，完成监管部门2023年涉农贷款新增计划及普惠型涉农贷款新增计划，履行好金融支持乡村振兴主体责任。

二、助力社会消费回暖

一是提振安居消费信心。探索消费金融新模式，精准支持合理住房需求，推动个人房贷业务稳定增长。聚焦房贷客户关键需求，加大住房信贷投放力度，解决居民购房痛点；落实好首套住房商业贷款和公积金贷款利率下调、换房免税、差别化住房信贷等政策，支持刚性和改善性住房需求。开发二手房渠道管理系统，全年准入29家合作渠道，累计投放二手房按揭贷款12.55亿元，序时投放金额较上年同期增加1.49亿元、增幅13.47%。二是拓展线上活跃用户规模。针对八大客群制定个性化营销方案，激发消费，活跃线上渠道客户群体。紧贴市场趋势和客户需求，拓展线上预付费支付、各类缴费、资金监管、法院涉案资金返还、金融推介、积分权益等“金融+场景”综合服务，为手机银行用户提供多重生态场景移动服务。梳理整合公众号栏目，开设“金融为民”专栏，加大日常宣传力度，畅通客户服务沟通渠道，发布推文数量、总阅读量、点赞量同比分别增长33.04%、29.58%、75.41%，粉丝数达到8.2万人次。

三、做好金融“五篇大文章”

一是发展科技金融。落地华夏银行系统内首单投联贷业务，科创类贷款较年初提升1.02%。二是发展绿色金融。

排污权抵押案例入选武汉市首批“绿色金融创新实践案例”，被《长江日报》等媒体报道；联合武汉市生态环境局举办武汉市排污企业银企对接会，宣传绿色金融产品优势。以武昌区打造气候投融资综合服务平台为契机，与中碳科技湖北有限公司合作，获得平台首批入选合作银行资格，平台建成后将优先获取绿色项目信息。认真落实绿色评价实施方案，为全省绿色企业（项目）评价工作建言献策。三是发展普惠金融。通过升级信贷作业中心、优化业务结构，支持信息技术、汽车制造、现代化工及能源等重点行业，普惠贷款投放超额完成总行及监管计划。四是发展养老金融。全行动员、全辖行动、全力以赴，助力做大养老金蓄水池。实现个人养老金开户“破万”，成功落地全国首笔批量开立个人养老金资金账户业务。加大养老事业信贷支持力度，全年拓展养老金融融资客户数18户，融资金额11.91亿元。五是发展数字金融。践行数字化转型发展战略，全力推进数字金融模式创新上量，推广产业数字金融“数翼通”品牌及其项下融资产品。实现数字保理2.5、货押数贷通、95306铁路运费贷、清算通等4项产数业务模式落地；全年成功落地湖北首笔境外债券承销、省内首个钢材货押数贷通项目；平台通宝系统年结算量突破700亿元，业务量、商户数及日均存款居华夏银行系统第1位。

四、发展基础业务

（一）发展贸金业务

落地多项首单业务，全年监管考核口径经常和直接投资项下跨境人民币结算量超10亿元，同比增长154%，创历史新高。

（二）发展投行业务

一是加大债券承揽力度。完善“商行+投行”服务体系，加强高评级优质央企、国企营销，积极开展SCP等短债、权益型永续债等承揽承销工作。引导AA、弱AA+的非城投企业客户发行包含CRMW的债券，通过提升债券资质、加强投资者信心、提供多种投资策略、增加非息收入，提升客户黏性。二是优先置换到期债券。梳理到期债券名单，协同经营单位积极营销承揽2年以内到期兑付的债券置换业务。三是推广资产证券化产品。营销与各类基础资产相匹的产品，针对产业园区、写字楼等商业资产营销CMBN/CMBS产品；针对水、电、热等城市运营、公共服务和基础设施类资产营销收费权类ABS；针对保理类营销应收账款ABS等。年末投行业务规模达280.15亿元，计划完成率133.4%；累计吸收同业存款205.7亿元，较上年增加41.7亿元，实现同业存单销售15.5亿元。

（三）发展公司业务

妥善应对内外部不利影响，缩小对公存款和各项存款差距，稳住经营底盘。下辖机构参与国库现金管理招标，中标率100%。执行客户拜访“一号工程”，党委班子、专业管理部室、经营机构班子、全体营销人员分层级开展稳客拓客营销，全年拜访客户71072户，“华夏财资云”结算与现金管理平台推广期签约数居华夏系统第1位。

（四）发展零售业务

一是发展个人存款业务。个人日均存款、基础型日均存款增速突破17%；个人存款余额在一般性存款余额占比突破30%，个人日均存款在一般性日均存款占比突破30%；个人基础型日均存款增量在个人全口径日均存款增量中占比突破50%，基础型日均存款在个人全口径日均存款中占比突破50%。年末个人存款余额、日均增量排名较年初有所提升。二是发展财私业务。持续巩固非保理财、信托、基金、代理保险、储蓄国债等产品销售优势，妥善应对股债市场波动带来的影响，收单业务商户新增计划完成率242%，较上年同期增长441%，是近五年来最高水平。三是发展信用卡业务。通过优上增量、细盘存量、智对变量、严控质量，实现新增发卡13.3万张，同比增长18%。

五、加强资产质量管理

全年通过转让、清收、核销等方式累计处置重管资产39亿元，剩余重管资产均采取担保措施。逾欠贷款余额、不良贷款余额同比分别压降14.18亿元和8.65亿元，逾欠贷款率、不良贷款率同比分别压降1.85个百分点和1.11个百分点；拨备覆盖率221.51%，较上年提升80.18个百分点，资产质量得到显著改善。

【金融创新】

大力推广创新产品，实现多个领域业务零的突破。以上报承销业务立项为准则，突破客户信贷业务授信所属行限制。通过上报行与授信行合作的方式，承销23鄂联投MTN004和23武汉旅游MTN001债券9.5亿元；协助武汉旅游体育集团发行5亿元永续中票，是分行首笔永续债券承销业务；落地23中建三局MTN001（科创票据）6亿元、23中建三局SCP005（科创票据）20亿元以及23湖北路桥MTN001（科创票据）2亿元科创票据；落地武汉地铁12亿元保债项目；与武汉融资租赁有限公司合作，落地华中地区首单“二次许可”模式知识产权证券化产品1.05亿元等多笔业务；联合香港分行落地华夏银行系统内首单境内外联动银团贷款。

【风险管控】

一是强化案防长效机制。常态化开展案件防控“三测一查”、员工经商办企排查等10多项案防专项排查；走访调查授信客户，逐户签订廉洁承诺；开展员工家访，覆盖率100%。成功堵截4笔涉案资金；7名员工获总行堵截案件和风险事件单项奖励，在华夏银行系统排名第3位。二是完善内控机制。修订完善51项业务制度，统筹开展45项合规和专业检查，累计自查自纠320余个问题，实现内外部检查问题整改率93%，较上年增

华夏银行武汉分行与中国碳排放权注册登记结算有限责任公司（中碳登）签署资金结算业务合作协议

加7.66个百分点,审计问题差错重犯率9.87%,较上年下降8.41个百分点。三是提升反洗钱工作质效。自主开发客户洗钱风险等级评定线上审批程序。初次识别3.9万名客户身份,二次识别155万名客户身份,调整1683户客户风险等级;完成2.3万份高风险客户尽职调查;上报132份可疑交易报告。

【金融消费者权益保护】

一是加强消保宣传。行长督导、主管行长亲自部署,全年开展363次"3·15"消费者权益保护日和9月金融宣传月启动会等金融消费者权益保护宣传活动,触达金融消费者约13万人,营业网点参与度100%,员工参与度100%。消保宣传工作经验被省银协采纳刊载。二是加强内部培训。通过知识竞赛等形式开展消保培训。全年参加2次外部培训和6次总行消保培训;消保中心组织开展8次培训,各部门组织开展60次培训;各机构组织开展810次培训,受训员工达16000余人次。三是开展消保监督审查。加强跨部门协同配合,全年消保中心开展4次内部消保服务检查,法律合规部及业务部门开展多次联合检查,对各业务条线制度、合同范本提出537条审查意见。四是加强投诉管理。全年受理自收渠道投诉774笔,较上年增长71%;监管转办投诉147笔,较上年增长77%;受理市民热线投诉577笔,监管引流227笔;7笔通过湖北省纠纷调解中心调解成功,应调率、调解执行率均为100%。

（华夏银行武汉分行）

平安银行武汉分行

【概况】

2023年,平安银行武汉分行(简称)围绕总行"零售做强、对公做精、同业做专"的十二字经营方针,抢抓机遇,主动作为,整体经营呈现稳中有进良好态势,服务实体经济成效得到省政府肯定。截至年末,各项贷款余额982.71亿元,同比增加26.04亿元,增幅2.72%;各项存款余额645.8亿元,同比增加163.59亿元,增幅33.93%。资产规模985.74亿元。整体不良率0.64%,保持较低水平;逾期60天以上不良贷款偏离度73.56%,达到监管标准。分行下辖41个分支机构。其中,1个分行营业部、8个异地支行、22个同城支行、6个社区支行;在荆州市、襄阳市、宜昌市、黄冈市共设有4个二级分行。被平安集团评为"2021-2023年乡村振兴'三村工程'先进机构";连续多年获得"湖北省A类银行业金融机构""金融支持武汉经济社会发展突出贡献单位"等称号。

【党建工作】

一是落实党建"六个贯通"。秉持"党建就是生产力"的总体工作思路,贯彻执行总行关于党建工作"六个贯通"实施方案,在政治、思想、组织、队伍、廉洁、党业融合六个建设方面强化党建引领。强化党建考核结果运用,以党建促业务,以业务强党建。二是加强组织建设。强化党组织政治把关作用,以懂业务、能闯关、带队伍三种能力、廉洁从业一个底线为标准,选拔专业人才,推进党员骨干化和骨干党员化。三是推动全面从严治党。在全行启动"号角"行动、"砺剑"行动、2023年度巡检监督工作,推进各项存量问题整改和顽疾问题治理,助力分行高质量发展。

【业务发展】

一是发展零售业务。依托平安集团综合金融和科技赋能优势,实施以开放银行、AI银行、远程银行、线下银行、综合化银行相互衔接并有机融合的零售转型新模式,打造"智能化银行3.0",为零售客户提供优质的产品和服务。二是发展公司业务。紧跟湖北省域战略规划,围绕服务实体经济,持续加大对先进制造业、专精特新、民营企业、中小微企业、乡村振兴、绿色金融、基础设施等重点领域的融资支持力度,做好金融"五篇大文章"。

【风险管控】

一是强化风险联防联控机制。开展"合规、风险、消保+"行动,在合规宣传、警示教育、业务风险排查、员工行为管理、保障机制建设等方面建立联防联控机制,做实做精做细廉洁合规和消费者权益保护工作。二是加强全面风险管控。紧盯重要领域、重要岗位、重要人员、重点业务,对发现的问题及时整改、严肃问责,堵塞关键环节风险漏洞。分行各项业务发展稳健,全年未发生重大案件和重大风险事件。三是加强清廉文化建设。创设"楚大夫"清廉合规形象IP,搭建"楚地烽火台"平台,推出"楚小廉""楚小纪""楚小规"3个宣教模块,将IP形象运用于多个清廉文化主题活动场景中,构建"1+3+N"常态化、立体式、多层次、全覆盖的宣教体系,打造清廉合规文化特色品牌。

【金融消费者权益保护】

一是完善消保体制机制。通过修订完善5项消保制度、组织开展49场各类消保培训、固化消保审查流程、加大资源投入等举措,推动消保工作顺利开展。二是加强检查督导。全年组织开展4次常规监测、8次专项检查、4次业务部门自查自纠,加大违规问责力度,督促检查中发现的120个问题整改销号。三是开展特色宣教活动。与媒体合作开展"行长谈消保"系列活动,创新开展"小小金融家"主题实践、"慧眼识诈,乐在颐年"金融反诈公益课等特色活动;打造"汉保保"IP形象品牌,围绕"汉保保"特色品牌持续开展金融知识教育宣传活动。全年累计开展432场宣教活动,受众达1214.5万人次,取得较好宣教效果。四是加强投诉管理。通过加大投诉考核力度、加强投诉数据分析、"一把手"亲接亲处投诉、升级投诉检视频率、大力推进多元调解五大举措,实现投诉降幅46.20%、排名持续优化。

（平安银行武汉分行）

平安银行武汉分行与湖北供应链物流信息公司签署战略合作协议

兴业银行武汉分行

【概况】

2023年,兴业银行武汉分行(简称)充分发挥"商投行一体化"服务体系优势,做好"五篇大文章",助力湖北建设全国构建新发展格局先行区发展大局。截至年末,各项贷款(不含贴现)余额1350亿元,较年初增加125亿元,其中公司贷款规模969亿元,较年初增加163亿元;各项存款余额1232亿元,较年初增加94亿元。总资产3337亿元,较年初增加389亿元。

【党建工作】

坚决贯彻落实上级党组织部署,准确把握党建与业务、干净与担当"两组关系",有效落实党委主体责任、纪委监督责任"两个责任",切实做好制度建设、文化建设"两治结合"。严格执行民主集中制和"三重一大"决策制度,充分发挥党委在经营大局中"把方向、管大局、保落实"领导作用。严格贯彻落实中央八项规定精神,紧盯"四风"隐形变异问题,开展廉政教育活动,引导全员严格遵守廉洁从业各项规定,合规开展各项业务。

【业务发展】

一、支持重点项目

充分发挥金融控股集团多牌照优势,通过"商行+投行""债权+股权""融资+投资""融资+融智"的商投行一体化服务体系,为中国电子云、光谷科学岛、孝感首衡城、新洲循环经济园、车谷教育科技创新园以及路特斯、岚图、星纪魅族等新能源汽车系列重点项目提供金融服务。围绕"51020"现代产业体系,紧跟先进制造产业发展规划,加大对制造业企业的支持保障力度。截至年末,制造业贷款余额224.14亿元,较年初新增40.9亿元;全年累计投放726笔,金额152.97亿元。

二、优化信贷结构

引导资金投向重大战略并购、低效产业用地开发、省市重点项目建设等领域,新增房地产类授信近400亿元,新增新型政信类项目授信近250亿元。支持一批优质房产开发、工业厂房及园区开发、城市更新改造、经营性物业和保障性住房租赁项目,全力服务地方基础设施建设。

三、发展科技金融

全面加快推进科技金融工作举措,建立"投、贷、私"一体化服务体系,打造"三家合一"科技金融生态联盟,为科技型企业成长提供支持。组织科技金融骨干走进高科医械园、光谷生物城、新工厂产业园等高新产业园区开展调查研究,深入了解科创企业经营情况、发展规划和金融需求,聚焦科创企业发展难点、痛点、堵点,为企业破解难题出实招、见实效。联合湖北高投、光谷人才、联东集团开展50余场银企对接会,构建服务科技企业发展生态圈。

【金融创新】

一、创新绿色金融服务

围绕"双碳"战略,持续推进绿色贷款、绿色债券等产品创新,提升资源循环、新能源汽车链和清洁能源等领域绿色融资规模和占比,近2年落地省内首单碳中和债、省内首单绿色建筑保险贷款、省内首单可持续发展挂钩贷款等业务。用贷款利率绑定环保指标,将企业碳资产变现,利率在原基础之上下降10个BP(基点),同时将贷款期限由1年延伸至3年,助力振华化工智能化改造项目落地。

二、创新普惠金融服务

一是创新小微企业服务。通过推广信用类产品兴速贷(税贷专属)、兴速贷(优质科创企业专属)、兴速贷(黑金私行客户专属)、人才贷,加快小微企业信用贷款投放力度;依托税务、工商、人行等政府部门公开的大数据,创新小微企业及企业主数据分析模型,为符合贷款准入条件的小微企业线上自动核定授信额度和发放贷款。二是创新新型农业金融服务模式。针对湖北区域特色畜牧产业,打造"活体抵押贷款+生物资产监管"的业务体系,突破以往对担保物的硬性要求,创新以活体牛、种猪等活体生物资产为抵押的新型农业金融服务模式,成功落地省内首笔股份制银行种猪抵押贷款1963万元,帮助企业将生物资产转化为数字资产。

【风险管控】

围绕风险赋能的工作理念和抓大控小的工作思路,连续多年未发生新增不良贷款。一是做实重点客户风险防范工作。加强存续期预警监测,发现风险信号及时开展风险化解工作,防范高风险客户风险分类下迁至不良;通过诉讼清收风险分类下迁的资产,防范资产质量风险。二是压降房地产风险敞口。加快大额不良房地产项目诉讼程序,收回已触发提前还款条件的项目贷款。全年主动提前收回不符合审慎要求的房地产贷款4户、敞口合计19.59亿元。对部分因销售进度滞后、原分期还款计划与销售进度不匹配、资金封闭运作情况较好的项目采取展期、调整分期还款计划或付息方案等措施,提前化解项目风险。三是加快零售贷款风险化解。为有还款意愿的客户申请延期还本付息分类保护,落实好助企纾困政策;加强逾期非不良贷款催收,压实各经营机构催收责任;根据客户实际逾期天数,通过按周开展督导、制定存量个贷不良处置计划及处置沙盘,推进零售贷款风险化解进度。

【金融消费者权益保护】

认真贯彻落实监管机构关于金融消费权益保护工作的部署,聚焦新市民、老年客户、学生等重点人群,打造专属金融服务场景,持续优化消保举措,保障重点人群合法权益。将消费者权益保护要求融入经营管理各个环节,逐级强化消费者权益保护工作基础。通过加强消保内控合规建设,提升消费者权益保护工作质效。

(兴业银行武汉分行)

广发银行武汉分行

【概况】

2023年,广发银行武汉分行(简称)围绕长江经济带发展及中部地区崛起区域战略,加大对重点领域、重大战略和薄弱环节的支持力度,履行好金融机构职责,全力服务实体经济发展。截至年末,各项贷款余额354.13亿元,较年初增加15.3亿元,增幅4.52%;本外币各项存款余额358.59亿元,较年初增加27.6亿元,增幅8.34%。不良贷款余额1.95亿元,较年初减少1.52亿元;不良贷款率0.55%,较年初下降0.47个百分点,不良贷款实现"双降"。

【党建工作】

坚持以习近平新时代中国特色社会主义思想为指导,全面贯彻党的二十大精神,扎实开展主题教育,不断强化党建引领作用,为经营发展提供坚实的政治基础。一是推动主题教育走深走实。把握主题教育工作总要求,通过细化工作方案、完善组织架构、成立指导小组,上下贯通第一批、第二批主题教育工作。党支部通过“三会一课”、主题党日开展集中学习，组织多场情景教育、银企共建等活动，以党建促进业务发展。二是开展调查研究。制定28项调研计划，累计开展100余次调研活动，深入了解经营管理与业务发展痛点、难点；召开4次调研成果交流会，形成调研报告24篇，制定成果转化清单和“我为群众办实事”清单，坚持把检视整改和推动发展贯穿起来，巩固调查研究成果。

【业务发展】

一、加大重点领域重大项目信贷投放力度

成立对公业务市场营销策略委员会，定期研究重点客户、重大项目服务策略和推进方案。制定对公授信业务指导意见、重要项目绿色审批通道优先卡分配方案，进一步加大对重点产业、重点项目授信审批支持力度。截至年末，民营信贷、科技企业贷款、制造业贷款、绿色信贷、战略性新兴产业贷款等重点领域贷款完成率分别为113%、125%、117%、176%、126%，有效服务区域经济发展。

二、推动险资入鄂

依托中国人寿集团综合金融平台，深入推进资源整合。联合集团在鄂成员单位共同举办国寿投资资金湖北运用会，对接30家参会优质企业投融资需求，落地湖北交投债权投资计划15亿元、长存二期债权投资计划30亿元、武汉地铁永续信托项目30亿元、葛洲坝并表信托40亿元等项目。自国寿集团入主广发银行以来，分行累计落地近20笔综合投融资项目，累计引入险资超680亿元。

三、做好普惠金融服务

一是提升项目审查审批质效。成立独立的普惠金融营销中心，优化对公普惠金融业务流程，通过专人对接、优先受理、优先审查、优先审批，提高项目审查审批质效。二是丰富普惠金融产品。推动“绿保贷”业务落地，争取“担保E贷”开办资格，推出“专精特新E贷”，运用金融科技手段，实现贷款全流程线上化作业，增强普惠金融有效供给。截至年末，普惠型小微企业贷款余额31.93亿元，较年初净增3.83亿元；贷款户数3056户，较年初增加54户。

四、发展绿色金融

加大对绿色低碳行业信贷支持力度，全力支持武汉建设全国碳金融集聚示范区。截至年末，绿色信贷余额42.94亿元，较年初增加19.28亿元，增幅81.47%。武汉硚口支行和武汉自贸区支行获评首批“绿色金融先锋银行”，华新绿色建材项目入选2023年武汉市首批“绿色金融创新实践案例”。

五、提升乡村振兴服务质效

设立乡村振兴普惠金融工作站，精准对接农业产业金融需求。推出“防贫贷”产品，全年出账380万元；加快建设大棚蔬菜仓储中心和育苗棚，助力蔬菜产业发展；创新“农户+基地+电商”消费帮扶机制，帮助农户销售农副产品30余万元。年末涉农贷款余额32.22亿元，较年初净增8.09亿元，计划完成率2635%。普惠型涉农贷款余额2.89亿元，较年初净增1.09亿元，计划完成率355%；普惠型涉农贷款增速60.57%，高于各项贷款增速。

【风险管控】

一是狠抓信贷质量。健全风险监测机制，调整资产结构，严控新增逾期和不良，有效化解存量风险，年内累计化解风险1.87亿元，将新增逾期欠息客户控制在1户。二是加大不良资产清收力度。核销金凰集团大额不良贷款，年内实现不良资产现金清收4804万元，实现理财风险资产现金清收536万元。三是加强合规管理。开展“合规履职深化年”活动，强化合规履职质效。推动问责管理线上运行，发挥轻微违规积分教育引导作用，全年问责343人次，强化全员合规意识。

【金融消费者权益保护】

一是完善消保体系。成立消保中心，直接向行领导汇报消保工作事项，确保消保工作权威性和独立性。将消费者权益保护作为系统性、基础性和全行性工作，各层级、各条线齐抓共管、通力协作，不断强化消保审查、信息披露、营销宣传、适当性管理、可回溯管理、个人信息保护、纠纷化解、内部培训、教育宣传、内部考核、内部审计等机制建设，进一步完善消保体系。二是开展消保宣教活动。到北湖小学开展金融知识宣传暨“小围裙”大比拼活动；联合融泰金融服务有限责任公司到蔡家市场开展“兑换小硬币，彰显大温暖”活动；联合沌阳街道社区民警开展反诈骗知识宣传，通过“以案说险”帮助群众提升风险防范意识；打造“金融知识小摊”；开展“最美夕阳红，消保伴我行”系列宣教活动，邀约老年客户，强化场景式、互动式、体验式宣教。全年开展380余次金融知识普及教育宣传活动（含线上和线下），网点覆盖率100%，员工参与率超95%，活动触及消费者超过800万余人次。原创宣教内容点击量超过385万人次，在媒体刊发报道超过50余篇（含转载）。

（广发银行武汉分行）

渤海银行武汉分行

【概况】

2023年，渤海银行武汉分行（简称）坚持稳中求进的工作总基调，围绕湖北省社会经济发展战略，积极服务和融入新发展格局。通过稳健发展各项业务、持续优化业务结构，不断提升服务实体经济能力和质效。截至年末，各项贷款余额383亿元；各项存款余额293亿元。在湖北省内设有24个经营机构，其中，2个二级分行、5个综合支行、12个综合化轻型支行、5个小微支行。

【业务发展】

一、加大信贷投入力度

持续优化信贷结构，加大对省内重点产业、优势产业、新兴产业的信贷投入力度，助力实体经济发展。全年累计发放对公贷款197亿元，同比多投26亿元。新增绿色贷款1.9亿元、增幅15%，新增制造业贷款8.8亿元、增幅12%，均远高于各项贷款平均增长速度。

二、拓展客户规模

通过开展存量客户提质增效、央企和上市公司攻坚、“专精特新”企业名单制营销等系列活动，密切与省内各类企业交流和合作。全年对公客户新增768户，实现三峡集团、国电长源、长飞光纤等重点企业业务落地。聚焦代发业务、商圈客户、社区客户，拓展个人客户规模，全年个人客户新增5.35万户。

三、发展新型业务

满足客户多样化金融需求，为客户提供一站式综合金融解决方案。完成国内证及福费廷业务23.3亿元、保函业务6.8亿元、撮合业务25亿元；累计发行企业债券37.5亿元；新投放并购贷款22.8亿元、银团贷款18亿元。

四、推进金融生态场景建设

与23所学校建立合作关系，推进智慧校园生态场景建设；在渤海银行系统内首个开通手机银行地铁乘车码功能，上线分行首个“云E通”项目“智慧体育—畅游江城”，进一步完善居民生活场景布局。

五、发展普惠金融

严格按照规章制度和监管要求，提高普惠金融业务规范性；开拓普惠金融业务渠道，探索新型政银担合作科创贷业务模式，投放首批“科保贷”；设立普惠金融专营支行，推广“房闪贷”“商户贷”“烟草贷”等系列普惠金融产品；成功打造荆州两湖市场普惠金融样本项目。

六、提升客户服务能力

一是推进服务改革工作。改进网点营运工作机制，不断优化对公账户服务；围绕商品房资金监管、零售普惠业务发展、反诈反赌信息共享、司法查控等方面需求，上线9个特色科技业务系统，进一步提升服务效率。二是提升个贷客户服务水平。在个贷客户提前还款需求激增的情况下，及时制定服务方案，组织相关部门和经营机构明确分工、各负其责、通力协作，满足客户提前还款需求。

【风险管控】

一、优化资产质量

通过优化信贷结构、严格执行总行和监管单位信用风险管理要求，统筹管控重点领域、重点客户信用风险，防范新增问题资产；通过设立清收保全专岗、成立清收工作专班等举措，加大存量问题资产清收处置力度，实现全年整体资产质量保持稳定。

二、强化内控合规管理

开展业务连续性管理体系建设工作，是渤海银行系统内首批业务连续性管理体系建设达标分行。进一步完善内控合规自查检查和问责追究机制，加大处罚和警示教育力度，形成制度威慑和约束，强化合规意识。

三、强化安全生产管理

通过加强节假日安全检查、专项治理、宣传教育、应急演练和日常管理等措施，强化安全生产工作机制，在确保全年安全无事故的基础上，以98.3的高分通过湖北省第八轮银行业金融机构安全评估。

【金融消费者权益保护】

参与防范非法金融活动、反电信诈骗、反洗钱等活动。组织拍摄反诈宣传微电影《一念之间》，获得湖北省防范金融风险短视频大赛一等奖；撰写《关于抖音等自媒体平台广告代理行业的洗钱特征分析》，在人民银行湖北省分行组织的征文比赛中获得优秀奖。防范非法金融活动工作成绩被《长江日报》专题宣传报道；第十六届“新风杯”金融业文明建设竞赛活动中，武昌支行获得“金融业十佳文明服务示范窗口”称号。

（渤海银行武汉分行）

浙商银行武汉分行

【概况】

2023年，浙商银行武汉分行（简称）主动擎旗金融顾问制度，不断优化金融服务模式，着力做好金融“五篇大文章”，在支持科技金融、发展场景金融等方面开展创新实践，实现规模保持增长、结构不断优化、风险稳妥处置的稳健发展态势。截至年末，各项贷款余额307.22亿元，较年初增加30.49亿元，增幅11.02%；各项存款余额341.79亿元，较年初增加41.38亿元，增幅13.77%。总资产732.46亿元，较年初增加69.18亿元，增幅10.43%。

【党建工作】

一是深入开展主题教育。将主题教育与“大走访大调研”深度融合，以主题教育成果推动业务发展。全年组织主题教育集中学习13次、专题研讨交流5次；班子成员和部门负责人累计拜访地方各级党委和政府、监管部门128次；走访重点企业客户296户、先进同业61家，形成调研报告4篇。二是擎旗金融顾问机制。与江汉区、江夏区等政府部门和31家单位签订金融顾问战略合作协议，设立浙商银行武汉分行江夏金融顾问工作室，组建9支金融顾问党员先锋队，打造本地化金融顾问服务模式。三是加强“红动浙银，永葆楚心”党建子品牌建设。推动基层支部与党政机关、企事业单位、消防部队等联合开展反假币、反洗钱、反电诈等金融知识宣传活动，通过党建实质成效促进业务稳健发展。

【业务发展】

立足湖北区域市场特点，开展弱周期行业、科技金融、绿色金融、供应链金融和支柱产业等重点领域专项研究，加大授信方案对业务引导和支持力度。

一、支持制造业发展

加强与省内制造业核心企业合作，通过供应链供货通、应收通、订单通、销售通“四通”场景以及商票保证、数字信用凭证等授信介入，拓宽资产来源渠道，解决制造业供应链条长、利润薄、成本承受能力弱的难题。

二、服务科技型企业

推进湖北区域航空航天、高端装备制造、生物医药等领域技术改造项目融资工作，优化智能制造行业综合金融服务方案，打造扩大基础客群、提升经营效益的核心竞争力。

三、支持小微企业发展

坚持“场景化、数字化”的转型发展思路，制定普惠小微服务转型发展规划。设置小微业务审核专岗，加快小微贷款审批；实施考核激励政策，优化调整考核指标，提高小微业务关键指标在综合绩效考核中的权重，压实主体责任，激发经

浙商银行武汉分行在2023年武汉市防范非法集资宣传教育月集中宣传日活动中向公众普及金融知识

营团队主观能动性，提高业务产出。截至年末，普惠小微贷款余额 44.17 亿元，较年初增加 10.29 亿元，增速 30.37%。普惠小微贷款户数 3288 户，较年初增加 1011 户，其中，新增普惠小微首贷户 121 户，同比增加 25 户。

四、发展线上供应链金融

完善供应链业务发展推动机制，不断充实线上供应链金融服务场景、加强关键渠道建设。开展供应链核心企业及上下游客户营销，为供应链核心企业及上下游客户提供全方位金融服务，拓展中铁十一局集团、中核工业第二二建设有限公司、中铁七局集团、中国一冶集团等央国企和上市公司供应链业务。截至年末，线上供应链贷款余额 10.77 亿元，较年初增加 10.77 亿元，增速 100%。

五、发展绿色金融

通过搭建适应绿色金融发展的内部管理制度体系，推动各项创新产品和服务有效落地；通过设置绿色门槛、将绿色标准嵌入业务审查过程，重点支持绿色环保行业；通过开展信贷资产质量压力测试，定量评估环境高风险领域贷款和资产风险敞口。截至年末，绿色贷款余额 40.48 亿元，较年初增加 8.19 亿元，增速 25.36%。

六、发展投行业务

提升“商投行”一体化和“1+N”业务模式综合金融服务能力，重点围绕债券承销、资产构建、交易撮合、资产流转等四类业务，深入推进“投行突破、商行跟进、授信铺底、综合收益”的发展模式，落地全省首单民营应收账款 ABCP 业务、首单跨境平台信保保单融资业务、首笔亚式期权（组合产品）外汇衍生产品业务、首笔信保线上签约业务以及分行首单地产纾困并购贷款业务和首单股权收益权信托撮合业务。

七、服务“三农”

通过完善“三农”服务组织体系、聚焦重点农业产业、加强产品和服务创新，推动涉农贷款、普惠型涉农贷款稳步增长，不断提高“三农”服务质效以及金融服务乡村振兴工作质量。对接涉农经营主体金融需求，丰富涉农贷款品种，为发展前景好、信用记录良好的农业产业化龙头企业提供流动资金贷款、微型组织贷款、国内信用证议付等金融产品和服务；通过政府性融资担保公司增信方式，提高小农户和新型农业经营主体融资可得性。截至年末，涉农贷款余额 9.62 亿元，较年初增加 0.58 亿元，增速 6.42%；普惠型涉农贷款余额 1.18 亿元，较年初增加 0.43 亿元，增速 57.33%；农户贷款余额 1.03 亿元，较年初增加 0.79 亿元，增幅 336.28%。

八、推进新市民金融服务

一是丰富新市民金融服务供给。依托收费站、服务区和停车场，联合中石油、中国联通等公司每月开展“心系新市民 浙银伴你行”新市民专享福利日活动。二是支持新市民创业。聚焦新市民创业融资需求，推广“生意金 · 新市民创富贷”，解决新市民缺少有效抵押物的难题；将“新市民创富贷”与特色产品“余值贷”“随心贷”结合，进一步提升新市民基础金融服务便利性。截至年末，累计发放“新市民创富贷”122 笔，贷款余额 2.47 亿元。三是服务吸纳新市民就业较多的小微企业，为企业购置厂房、日常营运等方面提供资金支持，助力企业更好发挥就业带动作用。

【金融创新】

创新供应链金融产品，针对电费缴纳、燃气缴纳等场景推出“电费证”“燃气白条”等供应链金融产品。将供应链金融与特色产品相结合，创新产业链集群项目，扩大供应链金融服务范围，更好满足核心企业及其上下游企业多元化融资需求。

【风险管控】

一、加强风险监测

分行对不符合政策导向、存在负面信息或其他影响履约能力的潜在风险客户纳入重点监测范围，通过召开风险化解专题会，下发督办单等方式，一户一策紧盯收息、还本以及续授信等风控关键环节。加快推进诉讼流程，积极化解各类资产风险，全年通过“五个一批”等方式，实现资产风险有效化解。

二、加强客户管理

开展 KYC 专项行动，通过排查重点客户，掌握客户经营情况、股东背景、经理人素质、贷款真实用途等信息，把风险隐患消除在萌芽状态。强化贷后资金用途、资金归集和临期管理，通过全面排查，动态调整压缩类、退出类客户授信策略。

三、加强内控合规管理

加强违规行为整治与员工行为管理，认真落实案防“十必做”要求，强化员工合规意识。聚焦 21 项核心指标，逐项压责任、定措施、督进度。全年未发生重大操作风险事件，实现监管评级保持稳定。

【金融消费者权益保护】

一、健全消保工作机制

一是加强队伍建设。根据内设部门职能变化，调整消保领导小组成员，进一步明确岗位职责；发挥职能部门牵头作用，加快消保联络员队伍建设，加强条线管理部门、支行联动，发挥工作合力。二是加强全流程管控。修订《浙商银行武汉分行内控合规考核评价实施细则（2023 年版）》《浙商银行武汉分行消费者金融信息管理实施细则（2023 年版）》等制度，重点加强事前审查。通过开展营销宣传专项“回头看”、理财销售管理自查检查，对消保审查工作落实情况进行检查和问责。

二、加强金融知识宣传教育

一是加强外部联动。联合《长江日报》推出金融“3 · 15”系列之《警银联手详解“校园贷”避“坑”指南》《用银行承兑汇票当马甲，一公司非法集资 37 亿》等直播节目。认真落实武汉市金融素养提升教育试点工作，向常青第一初级中学、武汉恒大嘉园学校、武汉楚才中学共计 1500 名学生普及金融知识。二是强化消保长效机制。大力拓展“线上+线下”“集中性+阵地化”的金融教育宣传网络，推动金融教育常态化、阵地化建设；认真落实总行“三个 100%”（网点覆盖率、员工参与率、个人客户覆盖率）的要求，做实金融教育宣传工作。

三、推进纠纷多元化解

一是加强投诉管理。加强与湖北省银行业保险业纠纷调解中心联系，建立和完善金融纠纷诉调对接和多元化解机制，有效化解金融矛盾纠纷，压降投诉总量。二是加强协同配合。健全常态化联动工作模式，畅通诉调对接渠道，完善金融联防联控机制，构建共建共治共享的金融诉源治理工作格局。5 名员工被湖北省银行业保险业纠纷调解中心聘任为兼职调解员，成功推荐 1 名员工进入调解中心作为专职调解员挂职锻炼交流，进一步加强纠纷化解队伍建设。三是开展员工培训。邀请专家结合最新消保法律法规、调解工作机制、《民法典》等开展员工培训，提升员工投诉解纷能力，全力压降有责投诉案件。消保工作监管评价结果连续三年保持一级。

（浙商银行武汉分行）

恒丰银行武汉分行

【概况】

2023 年，恒丰银行武汉分行（简称）

坚持高质量党建引领,依法合规经营,全面提升业务规模、经营效益和发展质量。全年累计投放贷款134亿元,增幅37%。年末各项贷款余额200.23亿,较年初增加45.89亿元,增幅29.7%;各项存款余额172.03亿,较年初增加22.89亿元,增幅15.3%。资产规模197.92亿元,较年初增加38.3亿元,增幅24%;负债规模196.35亿元,较年初增加36.35亿元,增幅22.7%。不良贷款余额2.66亿,不良贷款率1.33%。拨备覆盖率151.84%,高于监管要求。全年实现营业收入5.55亿元,增幅17%;人均营收286万元,排名恒丰银行系统第4位。荣获"金融支持湖北经济发展突出贡献单位""金融支持普惠小微工作突出贡献单位""金融支持地方经济高质量发展突出贡献单位"等称号。

【党建工作】

一是开展主题教育。认真学习党的二十大精神,开展"十学联动",引导党员干部入脑入心学、联系实际思、真抓实干做,把学习成果转化为推动党建和业务高质量发展的实际成效。二是加强党风廉政建设。深化"楚廉恒清"清廉金融文化建设,创新推出"码上监督"数字监督平台,持续开展班子"领"廉、宣讲"释"廉、阵地"宣"廉、谈话"助"廉系列纪律教育,一体推进"三不腐",筑牢业务高质量发展根基。

【业务发展】

一是优化业务结构。持续调整业务结构,确保主要经营指标保持平稳。全年对公房地产贷款投放较年初增长13%;个贷按揭余额占贷款总量10%,增量占贷款增量15%。新增对公授信客户中项目贷款客户占比60%。短期流贷占比压降至15%。二是拓展客户规模。拓展对公客户,全年新增对公有效户182户,同比增长45%,机构客户增量完成率163%。发挥渠道区域优势,拓展零售客户,全年零售价值客户增量完成率182%;新增收单商户1041户,收单客户户均全量资金排名恒丰银行系统第1位。三是拓展产品应用规模。主动服务和融入地方新发展格局,落地恒丰银行系统内首单科创票据投资、首笔预售监管资金保函开立、首笔租赁住房贷款等业务。依托总行新产品"恒银E链"实现单日100余户供应链贷款审批和发放,缓解小微企业融资难、融资贵问题,推动普惠业务完成"两增两控"目标。

【风险管控】

一是加强内控合规管理。聚焦内外部检查重点领域和突出问题,建立"教育培训—条线检查—提示督导—整改问效—过程考核"闭环管控体系;推动检查督导与精准帮扶结合、合规宣教向解惑解困转变、文化阵地往基层延伸,强化员工合规意识。在确保内控有效性的前提下,整合、精简现行清单化基层案防、网格化行为管理、常态化反洗钱及消保管控等内控制度机制,优化流程、量化管控,构建经营机构雷达图工作模式,以制度促规范,以规范提效能。建立分行历年违规问题处置问题库,区别屡查屡犯、明知故犯、能力不足和操作不当问题,推动尽职免责、一般问题预问责、轻微问题积分处理、严重问题严肃问责"四位一体"问责机制见行见效。二是加强全面风险管理。通过政策讲解、业务培训、操作演练、大讲堂等多种形式开展风险防控宣导,统一风险偏好。梳理业务流程,制定业务办理、系统操作明白纸,堵塞风险漏洞。制定全流程环节、全岗位人员风险管控操作明白纸,持续加强关键环节风险管控,强化履职支撑。"一户一策"加强贷前、贷中、贷后全流程管控。三是高度重视保密工作。签订承诺书187份,着力提升学习培训、宣传教育、日常管理工作质效,推进保密工作普及到位、提醒到位、管理到位。

【金融消费者权益保护】

一是完善消保机制体制建设。建立21项包括消保考核评价、风险等级评估、消费者金融信息保护、信息披露查询、金融营销宣传、内部监督、小额纠纷调解、消费者投诉和消保突发事件应急处置等消保制度,树立全员消保意识。二是将消费者权益保护工作融入业务和服务各环节。审查对外营销宣传材料合规性,确保宣传信息真实、准确;定期开展信息安全隐患排查和信息泄露应急演练,做好消费者信息保护工作;遵循"风险匹配"原则,定期对产品销售行为进行回溯、检查,充分披露产品风险,加强消费者适当性管理。三是开展金融宣教活动。通过开展"行长接待日"活动,快捷处理消费者合理诉求、宣传各类金融知识。全年累计开展各类宣教活动103次,覆盖消费者12万余人次。制作的微电影《小手拉大手》获得湖北省防范金融风险短视频征集大赛三等奖,被人民银行总行"成方三十二"公众号刊发。

(恒丰银行武汉分行)

(五)城市商业银行

汉口银行

【概况】

2023年,汉口银行(简称)立足主责主业,不断深化金融创新服务举措,持续提升自主经营能力和品牌知名度,全力服务湖北建设全国构建新发展格局先行区。全年累计投入信贷资金4098亿元。截至年末,各项贷款余额3209.6亿元,较年初增加348.6亿元,增长12.19%;各项存款余额3665.6亿元,较年初增加218.9亿元,增长6.35%;表内资产5336亿元,较年初增加273亿元,增长5.39%。下辖210个分支机构,其中,武汉地区146个、省内其他市(州)55个、重庆地区9个,拥有员工5034人。获得"2023金融高质量发展优秀企业品牌""绿色金融先锋银行"等多个光荣称号,绿色金融业务入选"银行业ESG年度绿色金融典范案例"。

【党建工作】

一是开展主题教育。认真学习习近平总书记系列重要讲话精神、中央金融工作会议精神,全年开展23次党委理论学习中心组学习、举办2期集中轮训班,形成课题成果196个。把学习成果转化为高质量健康发展三年攻坚行动等工作实效,在"一下三民"实践活动中解决问题489个。二是打造"一体两翼"党建品牌。以"手拉手"系列活动为主体、"HKB健行""爱心驿站"为两翼,构建"一体两翼"党建工作格局。开展"手拉手·提质效"活动,在岗党员认领攻坚项目677个,组织实施"拓户强基"行动;依托"HKB健行"群团活动平台,激发干事创业内生动力;承办武汉市"爱心驿站"建设工作推进会暨金融系统首批"爱心驿站"授牌仪式,搭建"爱心驿站"社会服务平台,为新就业形态劳动者和户外工作者提供便利。"一体两翼"党建品牌成果获得2023年全国金融系统思想政治工作和文化建设优秀调研成果二等奖。

【业务发展】

一、服务区域协调发展

一是服务重大项目。围绕地方重大项目清单,向绿色能源、长江大保护、战略性新兴产业、基础设施建设、乡村振兴、文化旅游、现代服务等领域共计135个重大项目提供424亿元授信支持，投放金额208亿元。二是服务湖北“51020”现代产业集群。全年服务制造型企业近600户，投放贷款206亿元，同比增加38亿元；开展供应链项目108个，服务链属企业3226户，投放金额129亿元，同比分别增长71%、182%、135%。

二、发展绿色金融

一是拓展客户规模。“个人碳账户”用户数突破30万户，累计减少碳排放147吨。二是完成碳核算试点工作，是湖北首家发布碳核算报告的城商行。三是加强碳减排支持工具运用。开展绿色建筑认定，新增绿色建筑规模超10亿元；推出可持续发展挂钩贷款，年末绿色信贷规模205亿元，较年初增加81亿元，增长65%；发行全省首笔绿色金融债20亿元。

三、支持科创企业发展

出台专项服务方案，助力加快推进科技强省建设、武汉科创中心建设。作为支持单位参与举办“汉口银行杯”武汉科技创新大赛；对武创投直投的8家科创企业开展定向服务；加强“科企贷”“科担贷”“人才贷”等产品运用。全年服务科创企业超5800户，新增1219户；服务省级以上“专精特新”企业1765家，占比36%。

四、支持民营小微企业发展

用好普惠政策工具，使用支小再贷款资金发放贷款123亿元，支持小微企业4511户；拨付纾困贴息资金9740万元；累计申报“鄂创融”956笔、金额55.2亿元，居全省同业第1位。全年实现普惠小微贷款增速34.47%，圆满达成“两增两控”监管目标。

五、服务乡村振兴

一是打造“301惠农贷”产品体系。针对不同涉农场景，推出饲料贷、生猪贷、香菇贷、茶叶贷、渔业贷、龙虾贷等线上标准化产品，累计投放1.5亿元，惠及涉农主体275户。二是推进“国企联村”行动。向5个片区共建项目主体新增授信5900万元，投放贷款560万元；推动共建基地9个产业项目建成投产，完成率100%。三是加大对口帮扶力度。落实与十堰市郧县冻青沟村、武汉市黄陂区双河村结对帮扶责任，全年投入120万元帮扶资金，提供1500万余元贷款。

【金融创新】

一是推进小微产品体系标准化、线上化转型。上线“301助业贷”，为个体工商户及小微企业主提供全线上信用贷款融资支持，全年累计投放11.78亿元，惠及小微主体7846户。二是拓大“创e贷”规模。将展业规模从武汉市延伸至省内其他市（州），全年累计投放5.46亿元，惠及创业客户2941户。三是创新民生服务模式。进驻15家政务服务中心，3个网点获评武汉市公积金“明星旗舰店”“明星网点”；上线HKB手机银行“智慧医疗”专区，与10家医院实现场景对接。四是创新支付业务模式。在湖北省法人银行中，首家完成新电票系统建设并接入上海票交所系统、首家直联接入境内外币支付系统2.0。五是上线“启信慧眼”体验版，构建场景驱动式的客户商机挖掘体系。

【风险管控】

一是加强资产质量管理。优化考核机制，设置控新与降存并重的资产质量管控指标，提升新金融工具准则与预期信用损失法实施质量；抓好重点行、重点户，瞄准重点项目关键环节，加大存量潜在风险贷款化解，全年处置风险贷款39.4亿元。二是加强案件风险防控。明确11项案防重点，常态化开展员工异常行为排查，对异常行为员工“一人一策”整改帮扶；完成10类反洗钱数据问题整改，加强涉诈涉赌“资金链”治理。三是加强流动性风险防控。开展26场流动性应急演练，构建常态化应急处置机制。四是加强声誉风险防控。完善舆情联防联控组织体系，妥善处置声誉风险隐患。

【金融消费者权益保护】

认真贯彻落实金融消费权益保护相关法律法规和监管要求，持续优化服务咨询、产品营销、投诉处理等全流程服务管理。一是完善消保管理体系。根据监管新规和工作实践，修订完善消保投诉管理办法、事前审查流程规范、多元纠纷调解机制，将消费者权益保护工作融入公司治理、企业文化建设和经营发展战略中，持续落实全流程体系闭环管理要求。二是加强投诉管理。加快数字化客户投诉管理系统建设，投诉流转时间缩短至5分钟，全面提升投诉管理水平；强化纠纷多元化解机制，委派数10名调解员协助监管部门设立调解机构，建立完善纠纷多元化解快处快赔机制。三是开展消保宣教活动。组织开展884场“3·15”金融消费者权益日、“普及金融知识万里行”、“金融知识进万家”等金融知识宣传教育活动，线上宣教内容点击量达78万人次，受众91万人次，开展的消保宣教活动被中国银行业协会城商行工作委员会特别策划“金融消费者权益保护教育宣传月 城商行在行动”专题进行报道。

（汉口银行）

汉口银行参与举办“汉口银行杯”武汉科技创新大赛，助力科技创新和产业发展

湖北银行

【概况】

2023年，湖北银行（简称）围绕省委、省政府建设全国构建新发展格局先行区的战略部署，认真贯彻落实城商行“三个服务”市场定位要求，全力服务实体经济发展。截至年末，人行口径各项贷款余额2837亿元，较年初增加500亿元，增幅21%，完成全年信贷投放计划

119%；人行口径各项存款余额3754亿元，较年初增加497亿元，增幅15%。总资产4604亿元，较年初增加578亿元，增幅14%；不良贷款51.02亿元，较年初增加8.39亿元；不良贷款率1.96%，较年初下降0.01个百分点。全年实现营业收入96亿元，同比增加7.7亿元，增幅8.7%；净利润24.7亿元，同比增加3.2亿元，增幅14.7%。年末资本充足率12.35%，较上年提高0.01个百分点；资产利润率0.57%，较上年持平；资本利润率7.77%，较上年提高0.26个百分点；成本收入比28.74%，较上年下降0.31个百分点；拨备覆盖率216.77%，较上年提高1.63个百分点。

【党建工作】

一是强化党建统领作用。实行党建和业务发展"双百分"考核，推动党建与业务深度融合，充分发挥党委把方向、管大局、促落实的领导作用，确保各项决策部署落实落地。扎实开展学习贯彻党的二十大和省第十二次党代会精神，通过"九学并进"，以自学、集中研学、观看专题片、研讨发言等方式，推动党的二十大精神进基层、进支部、进网点。二是抓实主题教育。聚焦金融主责主业和服务全省先行区的重要目标任务，召开13次会议，制定4个方案，建立6项机制，一体推进理论学习、调查研究、推动发展、检视整改各项措施。总行领导带头举办为期7天的读书班、5期培训班，组织30次"第一议题"学习、7次中心组研讨学习、12场专题党课，带头深入基层、深入群众调研81次，带头推进问题整改和专项整治，解决了一批急难愁盼问题，形成50余项制度性成果。推动完成"大调研大走访大服务大宣传"专项行动，调研成果转化运用取得明显成效。三是加强党风廉政建设和反腐败工作。开展为期6个月的以案为鉴促改促治专项工作，编印《湖北银行违纪违法典型案例警示录》供全员学习。开展金融领域突出问题专项整治、不担当不作为突出问题专项整治、违规吃喝问题专项整治等活动，对新案件严查重处，发挥警示教育作用。开展"以身边事教育身边人"警示教育活动、家庭助廉活动以及党风廉政宣教月活动，提高全员合规意识。纵深推进党风廉政建设不断向基层延伸，增强党员干部和员工纪律意识，树立"勤情专清"的企业文化。

【业务发展】

一、服务先行区建设

一是加大名单内客户信贷投放力度。加大对"三高地、两基地"建设、26条重点产业链等重点领域信贷投放力度，围绕"专精特新"企业、上市及上市后备企业、一般性国企等主体，开展"每月一特色"专项营销活动、"千企千亿工程"专项行动。二是加大重点领域信贷投放力度。截至年末，绿色贷款余额346亿元，较年初增加80亿元，增幅30%，高于贷款平均增速9.8个百分点；涉农贷款余额630.3亿元，较年初新增118.44亿元，增幅23.14%；科技型企业贷款余额135.04亿元，较年初新增13.42亿元，增幅11.03%。积极落实"保交楼"政策要求，年末房地产贷款余额480.23亿元，较年初新增18.68亿元，增幅4.05%。

二、发展普惠金融

设立普惠金融部，启动普惠小微业务推广试点，推动小企业中心与分支行融合发展，实现普惠业务从"单打独斗"转向"多点开花"和"抱团发展"。推出"税易贷""房易贷""房联贷""小微企业厂房按揭贷""惠农易贷"等5款普惠产品，加快推进产品标准化、线上化进程。截至年末，普惠贷款余额393亿元，较年初净增69亿元，增幅21%，高于各项贷款平均增速，普惠贷款投放提速明显，实现"两增两控"目标。

三、发展零售业务

一是丰富新市民金融产品供给。针对新市民推出"臻薪惠农卡""新市民卡"等特色卡种，减免用卡及交易费用，为新市民提供便利、快捷的金融服务。二是丰富个人客户服务场景。搭建和拓展个人金融服务场景，开展VIP客户增值服务、微信线上主题服务、信用卡专项营销服务等活动；上线交通场景功能，为个人客户提供更丰富的场景化金融服务。

四、提升金融服务效能

与襄阳市、黄石市、荆门市人民政府以及省自然资源厅、省体彩中心、省机场集团、进出口银行湖北省分行、省军民融合办等重点客户签署战略合作协议，增强政府及行政事业单位服务能力。实现全省慈善系统客户合作全覆盖，荣获全省首届"湖北慈善奖"。设立科创金融服务中心及专营支行，取得合作办理远期结售汇资质牌照，积极申报成立理财子公司、基金托管资格、B类主承资格等资质。成功办理省内法人银行首笔备用信用证担保离岸债券，助力企业跨境融资。拓展线上业务渠道，持续跟进抖音旗下企业、马上消费金融服务公司等第三方合作机构准入工作，增强线上金融服务能力。

五、优化管理机制

一是优化顶层战略设计。行领导带队到江苏银行、宁波银行、成都银行、长沙银行等头部城商行学习交流，学习头部城商行在战略规划、组织管理、业务发展、产品研发、科技支撑等方面的先进经验。聘请普华永道配合开展五年战略规划编制工作，加快推进转型发展。二是优化组织架构。设立科创金融服务中心、产品创新管理办公室、普惠金融部，分设信贷管理部和授信审查部，加快大零售业务发展，将网络银行部、信用卡中心并入零售金融部，进一步优化调整组织架构。三是优化信贷业务运行机制。推行审贷分离制度，将原授信审查部的贷前调查、贷中审查、贷后管理等监督管理职责调整至信贷管理部，强化信贷体制机制。分条线审批公司、普惠、零售授信业务，明确"来件全收、限时审结、退件有理"的要求，加强授信政策公示，增加基层机构授权，提高授信审批效率。制定综合回报政策标准，优化授信差异化定价审批程序。四是优化产品创新机制。设立产品创新管理办公室，对全行产品实行统一管理，按照"人无我有，人有我优"的原则，加快新产品研发进度，消除产品研发管理各自为战、效率低下的弊端。建立产品需求定期沟通反馈机制，为基层机构及时反映产品需求和市场信息搭建快速通道；成立产品工作专班，快速完成制度修订、流程调整、模型优化、授权调整等工作。

【风险管控】

一、完善制度体系

成立制度建设委员会，明确制度管理组织架构、工作职责及流程，优化制度制定流程和评价机制，提高决策效率。全年新增和修订完善各类制度130项。

二、加强全面风险管理

建立健全覆盖所有条线、分支机构、岗位和人员的全面风险管理体系，进一步筑牢"三道防线"。一是加强信用风险管控。建立重点项目"周会商、半月谈"工作机制，探索"银政合作""银院合作"清收机制。开展"大员上阵"重点项目攻坚，由总行领导带头对重点项目包户清收，压降一批长期跟踪的重点风险项目不良资产30亿元。加强延期还本付息贷款管理，强化风险排查和跟踪，加强信贷全流程管理，有效控制潜在风险。设立武汉城区不良资产集中经营机构，建立集中清收体系，集中清收武汉城区大额不良资产。二是加强流动性风险管控。制定完善的流动性风险应急预案，全年开展2次流动性风险演练、4次流动性压力测试。三是加强金融市场风险管控。组织开展大金市业务全面体检、债券综合业务系统同城灾备切换演练和全行信托类业务排查，开发大金融市场统一风险管理平台，提升金融市场风险防范能力。四是加强信息科技风险管控。组织开展业务连续性演练，完成监管部门关于重要信息系统和重要业务系统三年演练全覆盖的要求。五是加强洗钱风险管控。量化洗钱风险偏好，全年共评定出7014户高风险客户，较上年末减少4988户，降幅达42%。优化可疑交易监测模型，甄别系统预警的53555份可疑案例，报送可疑交易报告1488份。

三、开展重点风险排查

一是组织开展员工异常行为风险专项排查。与武汉反诈中心、外部大数据平台等渠道进行信息匹配，与公安机关联动提升排查效果，实现全行5800多名干部员工排查全覆盖。二是首次组织开展大金市业务全面风险排查，推动大金市业务稳健发展。三是开展2023年信贷综合大检查。组织开展“四合一”信贷综合大检查，覆盖全行信贷领域腐败治理、重点授信客户专项排查、分类新规摸底检查、信贷执行及贷后管理检查等四大板块。全年无案件、无事故、无重大信访维稳案件发生，保持安全运行。

四、加强安全生产管理

制定平安建设工作规划和目标，明确责任主体。组织开展2次现场全覆盖安全大检查、消防安全知识培训，委托具有专业资质的第三方检测机构对总行大楼、光谷金融港培训中心等工作场所开展消防检测，强化消防安全管理。

【金融消费者权益保护】

一、开展消费者权益保护宣教活动

将消费者权益保护工作纳入战略规划，持续完善消费者权益保护机制，组织网点开展“3·15”金融消费者权益日、“存款保险”、“守住‘钱袋子’”、“普及金融知识万里行”等各类线上线下宣传活动共计1100余次，原创宣教信息数量120余条，被媒体报道30余次。连续六年获得消保工作A级评定，在省内法人银行中排名第一。

二、提升服务消费者能力水平

开展风采竞赛活动，引导激励全行持续提升服务质量和效能。持续加强涉诈涉赌“资金链”治理，保障消费者资金安全，反电诈工作获武汉市联席办通报表扬。

（湖北银行）

（六）民营银行

武汉众邦银行

【概况】

2023年，武汉众邦银行（简称）坚持“稳中求进”的总基调，围绕“二次创业高质发展”主线，聚焦供应链金融、数字普惠等领域，持续走特色化、差异化、标准化、系统化、数智化“五化”发展路子，经营效益稳定向好，管理效能稳步提升。截至年末，各项贷款余额474.44亿元，增幅6.45%；各项存款余额834.30亿元，增幅16.41%。客户总数突破6200万户，实现营业收入19.32亿元，净利润4.05亿元。资产总额1144.84亿元，增幅6.21%；负债总额1090.75亿元，增幅6.13%。不良贷款率1.73%，资本充足率10.67%，流动性比率67.10%，主要监管指标符合监管要求。共获得软件著作权145项、申请国家发明专利205项，科技能力居同业领先水平。获得人民银行“湖北银行业科技奖”一、三等奖，获评“金融统计先进单位”“2023中国数字供应链金融生态优秀金融机构”“金融支持民营企业突出贡献单位”等称号。

【党建工作】

坚持以习近平新时代中国特色社会主义思想和党的二十大精神为指导，坚持党建统领全局，持续提升党建质量，切实将党的领导、党的建设贯穿发展全过程，以高质量党建引领高质量发展。

一、强化党建引领

坚守党委定位，落实党建入章程要求，坚持把党的领导融入公司治理各环节，严格落实“双向进入、交叉任职”制度，坚持重大事项党委前置讨论，发挥党组织在决策、执行、监督各个环节作用。

二、推进党业融合

创新开展“党建聚魂工程”，根据业务逻辑调整党支部架构，进一步推动党建与业务共融共促。开展“党建红+普惠金”行动，重点支持普惠小微、科技创新、绿色发展等领域，独创“左手放款，右手带货”助农增收模式，以线上直播等形式帮助农业企业解决销售难题。

三、加强组织建设

选优配强支部班子，推动组织建设标准化、组织生活规范化。按季度评定“红旗党组织”“先锋党员”；开展岗位练兵、技术比武、劳动竞赛、头脑风暴等活动，以党建引领全员争先；充分发挥党建带群建、工建作用，规范开展职代会、工代会换届工作。

四、抓严作风建设

开展作风效能建设，持续强化党性、党风、党纪，通过抓督办考核闭环管理、抓重点专项小组工作、抓会议执行力等，保障和落实作风建设要求。加强廉洁文化建设，严格落实党的各项廉政建设规章制度，遵守职业操守和行业规范，定期开展员工异常行为风险排查和合规意识教育，营造风清气正的文化氛围。

【业务发展】

一、深化普惠金融服务

坚持专注主业、服务当地，认真做好金融“五篇大文章”，聚焦深耕小微金融、

武汉众邦银行通过“左手放款、右手带货”模式直播带货，帮助农民增收

供应链金融，全力支持民营小微企业发展。积极参加“民营企业金融服务质量提升年”“小微企业金融服务质量建设年”等活动，精准支持实体经济重点领域和薄弱环节。截至年末，民营市场主体（含个体工商户、小微企业主）贷款余额258.32亿元，占比54.45%。运用金融科技落实减费让利政策；运用支小再贷款工具投放符合支小再贷款政策贷款13.17亿元。

二、深耕供应链金融

抓住服务社会经济发展关键环节，支持稳链保供，畅通经济循环，助力产业链供应链发展。聚焦大商贸、大健康、大旅游、大建材四大战略行业，重点打造数字化供应链金融业务模式，面向优质批发、零售、生产企业，推出一系列产品和服务，打造泛供应链金融模式，实现综合金融服务全覆盖，解决供应链金融依赖核心企业信用和缺乏抵押物等难题，拓宽供应链上下游小微融资渠道，助力产业链稳链、固链、强链。截至年末，全年累计投放普惠小微贷款298.95亿元，通过供应链和泛供应链金融模式开展的业务占比达90%以上。

三、优化科创金融服务

加快探索服务科技创新型企业的新模式、新方法，面向科创企业、“专精特新”企业推出具有众邦银行特色的投贷联动服务，更好地满足科技型企业需求。制定银政担线上化、批量化服务方案，推出“邦企贷”产品，降低科创型企业融资成本。触达优质“双创”小微群体，全力支持“专精特新”企业发展。截至年末，“专精特新”贷款余额较年初增加7007.09万元，实现大幅增长。

四、发展绿色金融

积极落实国家有关绿色信贷的各项要求，加大对绿色经济的支持力度，将ESG理念融入自身业务，将“推动绿色金融特色业务”作为战略重点。一是提高组织保障。成立绿色金融管理委员会，履行绿色金融管理职责，推动绿色金融业务纵深开展。二是优化信贷投放结构。加大对低碳经济、循环经济、节能环保等领域的绿色信贷支持，优先扶持低碳环保类小微企业。截至年末，为绿色产业指导目录中9个绿色大类行业82家企业提供定向支持和服务。绿色贷款余额2.12亿元，较上年增长572.03%，增速在湖北银行业金融机构中位居前列。

五、履行社会责任

一是支持产业扶贫和乡村振兴。加大农业产业信贷投放力度，截至年末，涉农贷款44.03亿元，较年初增加13.42亿元，增幅43.84%。对口帮扶黄冈市大河岸镇凉亭村，统筹推进村医务室、村部、村委广场和村级通组公路建设；成立反诈乡村宣传队，通过发放防范网络诈骗知识宣传折页、讲解新型诈骗手段，帮助村民提高防骗意识。二是捐赠100万元支持武汉市光彩事业促进会培育中小微企业创业者，助力民营经济发展。

【金融创新】

将大数据、人工智能、云计算等技术深度融入金融场景，持续开展金融产品与服务创新，赋能实体经济高质量发展。

一、推进供应链金融创新

深耕数字供应链金融，突破单一核心企业限制，打造覆盖全场景、全链条的供应链金融服务体系，满足供应链1—N层级市场主体融资需求。创新“众链贷”产品体系，为企业提供五大子类产品定制化解决方案；创新“众商贷”产品体系，采用“去核心、纯信用”方式，打造“订货贷”“供货贷”“科创贷（政银担模式）”等产品矩阵，服务小微客户超40万户；投产“同舟”供应链金融平台，实现产业链供应链上下游企业一站式、零基础入驻、管理和融资、结算。

二、丰富线上普惠金融供给

根据特定客群和场景需要定制产品，持续推进“农链贷”“扫码贷”发展，创新“新市民贷”，丰富线上普惠金融供给，推进数字普惠转型。截至年末，普惠小微企业贷款余额145.09亿元，增幅16.30%，高于同期各项贷款平均增幅（不含票据）6.27个百分点，占各项贷款净增额的比例达70.66%。

三、创新自营模式

强化自营渠道建设和自营模式转型创新，构建存贷自营、BC自营、自营商城和数智运营支撑等全方位自营体系。一是提升直销银行自营存款占比。通过创新产品、活动运营，加快渠道转型。二是调优自营业务结构。加大自营贷款比重，引导资源向普惠小微、涉农、自营贷款等领域倾斜。

四、探索数字金融服务创新

创新全流程、全线上的自主数智化经营闭环生态体系和线上金融服务工具等，提升精准化、差异化服务水平。运用线上金融服务工具，提升开户效率，实现开户成本下降90%。

【风险管控】

一、加强全面风险管理

强化全面风险管理，加快推进数字风控建设，增强信用风险、操作风险、流动性风险、市场风险、声誉风险等风险的识别、计量和控制能力，切实打造风控先行、授信前置、法规护航的“大风险”防控格局。建立经营风险预警自纠机制，将重点监管指标、主要经营指标、监管问题整改进度等方面纳入全面风险预警体系。制定金融资产分类自检、监管数据报送交叉检验规则，形成系统自动识别、监测、反馈、处置的风险管控闭环。

二、强化风险前置管控

一是健全“三道防线”风控机制。按照“集中运营、职责清晰、疏通堵点、务实高效”的原则，推动各类资产投后、贷后业务全流程集中管理。构建风险政策前置、风险监测前置、风险预警前置、贷后预防前置、清收手段前置的风险防控体系，提高风险管理前瞻性。二是做深做实贷后管理。加大对客户贷款资金流向、贷款用途的监测力度，加强资产质量管控，打造透明化的金融资产分类机制。

三、加大不良资产清收化解力度

成立化解不良资产“三级联动”管理工作机制，运用清收、核销、证券化等多种处置方式，保证资产质量稳定和持续优化。探索“催调诉一体化”的智慧清收模式，强化不良清收和化解效果。

四、提升大数据风控能力

自主研发建成“司南”“天衍”“倚天”“洞见”“众目”五位一体的大数据风控系统，搭建模型实验平台、数据管理平台、风险预测平台、反欺诈管理平台，加强贷前审核、贷中管理、贷后监控、逾期催收等全流程智能化、自动化管控。

五、筑牢内控合规防线

加强合规管理工作全流程闭环管控，筑牢内控合规基础。按照“三个对标”原则，全面梳理内控制度，形成全量内控制度清单。将不良出清、风险管控和合规建设等工作纳入绩效考核范围，形成内控监管闭环。开展内控合规风险排查，强化违规问责管理。多形式开展内控合规教育，营造“不能违、不敢违、不愿违”的合规文化氛围。

【金融消费者权益保护】

一、完善消费者权益保护体系

一是加强消保制度管理。完善产品管理、营销宣传管理、个人信息安全保护、消费者投诉管理、消保审查等方面制度，根据监管要求和业务实际不断修订优化制度，进一步强化制度执行。二是压实消保工作责任。将消保考核目标纳入绩效考核，设置月均投诉考核目标，按周跟踪通报。成立服务质量监测小组，开展服务与消保工作综合检查。全年组织开展8次消保培训，提升员工消保知识水平，为客户提供更优质的金融服务，保障客户合法权益。

二、推进客户服务体验升级

一是提升网点整体服务质量与水平。优化物理网点内外部环境，建设智慧厅堂，做优特殊群体、老年人等客群服务。二是提升线上运营、客服平台服务水平。推动智能客服与人工客服实现有效人机结合，为客户提供7×24小时不间断服务，客服热线接通率达到97.05%，全面提升客服一站式服务能力和处理效率。三是建立客户体验吹哨机制。通过异常客户体验处置模式，不断提升客户服务能力。全年客户服务满意度98.30%，高于行业平均水平。

三、提高投诉处理解决能力

探索建立纠纷多元调解机制，创新"调解+司法确认"模式，推动投诉纠纷矛盾更好调解和化解。一是扩容升级消保专线。提升消保专线接听量，加快消保投诉疏导、协调、沟通和解决。二是建设数字化投诉服务平台。推进各渠道投诉信息统一线上管理，全流程管控投诉信息收集和受理。三是定期召开消保专项会议。提取投诉数据，为投诉用户精准画像；分析投诉类型、原因，分类解决投诉案件，推动溯源治理和服务提升。

四、加强消保宣传教育

一是开展消保活动。围绕"3·15消费者权益日""守住钱袋子 护好幸福家""金融消费者权益保护教育宣传月"等主题，积极开展消费者权益保护主题宣传教育活动，帮助金融消费者提高金融知识素养。结合本行特点，通过线上线下、内外部相结合方式，全年开展10场专项活动。二是制作宣教作品。充分发挥网络宣传渠道优势，打造丰富多样、形式新颖的线上宣教作品，累计发布40余个原创作品，打造众邦银行消保品牌形象。获得2023年度湖北省防范金融风险短视频征集大赛二等奖、"年度最佳金融消费者权益保护机构"等荣誉。

（武汉众邦银行）

（七）外资银行

东亚银行（中国）有限公司武汉分行

【概况】

2023年，东亚银行武汉分行（简称）积极创新金融产品，依托境外优势资源开展跨境业务，为本地客户提供优质的金融服务。截至年末，资产总额20.58亿元，负债总额14.00亿元。

【业务发展】

一是加大信贷支持力度。着力服务"一带一路"倡议，通过银团贷款、跨境贸易融资等金融产品为企业跨境项目建设提供资金支持，助力企业拓展海外市场；加强同业协同联动，为企业拓宽融资渠道。二是完善配套服务。为企业合理评估境外投资风险、提供外汇产品，提高企业对冲汇率、利率风险的能力；为跨境贸易提供更优惠更快捷的结算、清算、汇兑等便利性支持。三是服务"三农"。为农业产业重点龙头企业提供贸易融资服务，缓解企业产业链上游融资难问题，支持百姓"菜篮子"保供稳价，助力乡村振兴。四是发展绿色金融。通过加快绿色产品创新、优化服务流程，支持清洁能源、生态保护等绿色项目发展，助力建设绿色、低碳、循环的经济体系。

【风险管控】

加强内控合规制度建设，厚植稳健审慎经营文化。按照总行"三道防线"风险管理模式、专项风险管理政策、风险管理机制，合规开展业务。严格按照贷款分类标准，认真开展贷款分类工作，进一步提高资产质量。全年未发生操作风险、案件风险、声誉风险、跨境风险、流动性风险、理财产品风险、内部控制风险、安全事故等各类风险事件。

【金融消费者权益保护】

贯彻落实监管部门消保工作要求，按季度召开消保小组会议，制定消保宣教活动方案。定期开展金融消费者权益保护宣传活动，通过进社区、进企业、进商圈、进校园，向公众普及金融知识，帮助公众提升金融风险防范能力。

［东亚银行（中国）有限公司武汉分行］

汇丰银行（中国）有限公司武汉分行

【概况】

截至2023年末，汇丰银行武汉分行（简称）各项贷款余额47.47亿元、各项存款余额33.28亿元。全年实现营业收入1.70亿元，净利润1.36亿元。

【业务发展】

一是发展绿色金融。为某企业提供绿色信贷支持，帮助企业申报纳入央行碳减排支持工具适用范畴，全年绿色贷款余额增幅达14%。二是服务外贸企业。为外贸企业提供一站式金融服务，支持企业客户在印尼、西班牙、马来西亚、美国、德国、阿曼、毛里求斯、阿联酋等地开展生产经营活动。成功打通与墨西哥金融机构的汇款路径，实现墨西哥比索跨境跨行汇款业务"零突破"。

【金融创新】

一、创新金融产品

深耕本地中小微企业客户，推出"小微信贷专项基金""汇享·专精特新益企贷"等有竞争力的新产品，通过无抵押的形式进一步降低企业融资成本，帮助"专精特新"企业补充流动性资金。创新绿色信贷基金、新经济信贷基金，通过开通专属信贷审批通道、给予利率优惠等举措，服务科技、医疗、环保技术、先进制造业和新消费领域。

二、创新服务模式

开通数字人民币APP线上绑卡、解绑功能和数字人民币钱包充值、兑回、消费等交易功能，为客户提供安全、便捷的零售支付服务。创新数字签约平台"汇丰e签"，企业客户通过电子平台签署金融衍生品交易、银行询证函、电子缴税业务申请表等各项文件，节省纸质文件传递所需的时间和人力，进一步提升交易安全性和效率。创新财富管理服务模式，为环球私人银行客户提供跨城市投资理财销售及开户服务。

【风险管控】

以"行稳致远"为主题，开展"风险合规文化月"活动，覆盖监管合规、风险管理、防范金融犯罪三大板块。全年制作20篇期刊、发布《遵纪护法防范电诈 尽心尽责守卫你我他》《践行员工行为操守 谨守合规风险底线》2期合规分享及风险提示专刊、组织3场有奖问答活动、举办11场知识分享会，进一步强化员工合规意识。

【金融消费者权益保护】

制作"行长开讲了之警惕杀猪盘"、"全民反诈宝鉴"方言RAP、"反诈骗相声之'我要游戏'"、"反诈骗短视频之'做大做强'"等原创消保宣教作品，组织客户和社区群众观看反诈电影，增强公众账户安全支付意识和非法金融活动陷阱甄别能力。联合武汉市大龙社区开展“学财商,防诈骗”儿童财商教育公益活动,提升儿童及家长防诈骗能力,强化金融安全意识。

[汇丰银行(中国)有限公司武汉分行]

渣打银行(中国)有限公司武汉分行

【概况】

2023年,渣打银行武汉分行(简称)坚持稳中求进的工作总基调,积极发挥外资银行境内外联动和产品创新优势,为本地重点客户提供优质的金融服务。业务规模保持稳中有进的良好态势,实现存款规模和利润双增长。

【业务发展】

一是依托集团全球网络资源,利用外资银行跨境业务优势,支持央企、国企及子公司海外业务发展。为企业提供国际信用证开立及押汇、托收保付、外汇收汇和汇率管理、跨境一站式保函服,加快应收账款回流,助力企业稳健发展境外业务。为某企业开立伊拉克跨境投标保函,以投标保函替代现金保证金,减少企业资金压力。二是拓宽中小企业融资渠道。为本地中小企业提供贸易融资类贷款和中小企业无抵押小额贷款等服务。丰富信用证项下融资产品,缓解中小企业融资难题。三是优化外汇服务。为企业提供品种丰富的外汇套期保值方案,加大外汇知识宣传和企业汇率风险管理力度,中小企业银行部走访多家企业,向企业宣传汇率中性理念,引导和协助企业建立汇率风险管理制度、加强企业汇率风险管理。

【风险管控】

开展各类合规培训,内容涵盖案件防控、反洗钱、征信安全等方面。健全重点领域风险防控制度流程,加强业务及产品合规审查和风险监测,强化合规管理长效机制。

【金融消费者权益保护】

通过在营业网点播放消保宣传片和摆放宣传折页、业务部门入户走访、银企对接互动,向客户普及汇率风险中性管理、反洗钱、反诈拒赌等金融知识。

[渣打银行(中国)有限公司武汉分行]

企业银行(中国)有限公司武汉分行

【概况】

2023年,企业银行武汉分行(简称)通过提供贷款、票据等一揽子金融服务,支持本土中小企业和来华投资的韩资企业发展。截至年末,各项贷款余额9.16亿元,较年初增加0.88亿元,增幅10.61%;各项存款余额4.48亿元,较年初减少0.30亿元,降幅6.31%。总资产9.16亿元,较年初减少0.90亿元,降幅8.98%;总负债8.05亿元,较年初减少0.93亿元,降幅10.33%。表外业务余额1.19亿元,较年初增加0.09亿元,增幅8.62%。全年实现净利润1072.18万元,较年初增加240.34万元,增幅28.89%。所有者权益总计1.11亿元,较年初增加0.02亿元,增幅2.22%。

【业务发展】

一、加大中小微企业有效金融供给

培养优质中小微企业客户群,加大对中小微企业的授信力度。在为中小微企业提供流动性资金周转的流贷产品基础上,推出个人经营性贷款、奥齿泰种植牙贷款等个性化子产品,为不同生命周期中小微企业提供金融支持,缓解融资难、融资贵问题。将64%的信贷资金投向制造业,小微企业贷款累计发放额是2022年的1.52倍;累计发放企业户数是2022年的1.41倍。在表内外授信企业客户(含个体工商户和小微企业主)中,小微企业客户占比达73%;在贷款类客户中,小微企业客户占比达72%。小微企业贷款余额占各项贷款余额的49%,较年初增长30%。

二、服务进出口企业和外商投资企业

一是服务进出口企业。充分发挥跨境结算优势,通过为企业提供假远期信用证、出口押汇、出口信用保险项下贸易融资、打包贷款、远期结售汇等国际结算贸易融资服务,助力进出口企业规避汇率风险。二是服务外商投资企业。依托母行国际结算网络、支付结算系统,为来汉投资的外商投资企业及其员工提供外商投资企业境内FDI投资、CMS现金管理、代发工资、境内支付结算、外汇国际结算、跨境人民币结算等一揽子金融服务;配备熟悉中、韩、英三种语言的员工,帮助客户与境外机构沟通金融咨询和支付结算等事项,满足客户高端金融需求。

三、发展基础业务

一是发展科创金融。推广高新技术企业贷款产品,截至年末,向17户高新企业累计发放35笔贷款,金额52039.96万元;贷款余额43593.23万元。二是发展绿色金融。加强绿色金融贷款产品营销,持续拓展绿色客户。全年累计发放绿色贷款2500万元;绿色贷款余额3075万元,同比增长11.8%。

四、开展适老化服务

在营业网点增设适老化服务设施,保留纸质存折、存单等传统服务方式,增强老年客户体验感。上线投产移动金融APP适老化项目,开发专业的手机银行(老年版)业务系统,让老年版手机银行操作界面更简洁,嵌入字体放大、语音交互等功能,让老年客户享受便捷的数字化金融服务。

五、加强"三农"服务

加大对涉农领域信贷投放力度,推出流动资金贷款,满足畜牧业和农副食品加工业企业扩产融资需求,帮助涉农企业提高销售收入,增加利润。截至年末,涉农贷款余额12941.00万元,占比14%;余额较上年增加10941.00万元、增速547%。

六、加强科技赋能

以稳定的IT运营为基础,搭建数据治理体系,推进数字成果转化,通过便捷登录、回单分享、APP推荐等线上功能,向客户提供更加便捷的手机银行服务。开展培训,提升职员数字化技能。

【风险管控】

一、加强信贷风险管理

一是加强中小企业信贷审批管理。优化中小企业信贷审批流程,开发针对中小企业的信用评级模型,运用早期预警系统,每天监测多个信用风险指标。打造拥有中小企业信贷经验和信用评级领域工作经验的信贷审查专业团队,筑牢信贷审批第一道防线。二是加强存量贷款风险管理。在总行风险管理部门和信贷审批中心设置的Total Exposure额度范围内,按照信贷流程办理各项贷款业务。三是落实贷后信贷资产的分类标准和操作流程,真实、准确和动态地反映资产风险状况。四是加强增量风险管理。分析企业财务数据,依托人民银行征信系统、企业信用信息公示系统等信息平台,掌握企业经营情况以及资产负债状态,综合评估企业整体负债率,审慎开展授信决策,防止多头授信、过度授信。

二、加强声誉风险管理

将声誉风险事件按照性质、严重程度、可控制性、影响范围和紧急程度等划分为三级。做好员工培训工作,提高员工的合规意识,按照各项内控规章制度和业务操作流程,准确、快速、高效地为客户办理各项业务。加强业务(产品、服务、渠道)全流程管控,规范格式合同文本以及金融营销推介行为和广告宣传行为;按照监管要求进行信息披露,全年未发生重大客户投诉事件和三级声誉风险事件。

三、优化资产质量

按照五级分类标准划分不良资产,严格执行不良资产管理制度,完善不良贷款清收处置机制,通过法律诉讼途径处理不良资产,持续优化资产质量。截至年末,不良类贷款余额 0.11 亿元,不良率 1.18%。

四、加强内控合规建设

一是强化内控管理机制。通过开展潜在合规风险提示、业务合规性审核、合规教育和培训等工作,及时发现内控管理中的薄弱环节和存在风险隐患的环节。二是开展检查与自查。多轮次多层次开展内控制度和业务事后合规检查,提示相关部门及时整改检查中发现的问题,对相应责任人进行严肃问责处理并上报总行相关部门,在全行形成合规监管震慑力,引导员工树立合规意识。全年合规开展各项业务,未发生重大风险事件和重大案件。

【金融消费者权益保护】

一是加强消保宣传教育。设立消保牵头部门,建立消保培训档案和宣传档案,制定年度员工培训计划和对外宣传方案。定期开展金融消费者权益保护专题教育和培训,强化员工消保意识;开展金融知识普及与金融消费者教育活动,帮助客户培养安全的金融消费习惯。二是加强个人金融信息保护。建立健全个人金融信息保护机制,落实个人金融信息保护制度要求,遵循合法、合理、必要原则收集个人金融信息。严格按照授权范围、权限、程序使用个人金融信息;采取适当措施,妥善保管所收集的个人信息。全年未发生侵犯金融消费者合法权益的重大事项或群体性投诉事件。

[企业银行(中国)有限公司武汉分行]

富邦华一银行有限公司武汉分行

【概况】

2023 年,富邦华一银行武汉分行(简称)继续深化本土化经营,精耕台商台胞市场,积极服务实体经济,扎实防控金融风险,全年实现稳健经营。截至年末,本外币各项贷款余额 51.34 亿元;本外币各项存款余额 28.30 亿元。全年实现净利润 0.95 亿元。截至年末,无不良贷款。

【业务发展】

一是服务实体经济发展。依托湖北区域经济优势资源,优化本土化经营模式和信贷投放结构,引导信贷资源向供应链金融、绿色金融、普惠金融等领域倾斜,推进轻资产结构化转型,助力实体经济发展。二是服务来鄂台商、台胞。通过推广台胞信用卡、推进移动支付便利化,为在鄂台商、台胞提供信贷支持和全方位结售汇综合服务,满足在鄂台商、台胞的金融服务需求。

【风险管控】

一是加强重点领域风险管控。全年开展 10 余次房地产开发贷款风险排查、住房按揭贷款风险排查、授信合规风险排查等各项排查工作,防范授信风险。二是强化科技支撑,提升风险管理效率。通过风险管理系统集成信息整合功能,实现全业务流程系统化覆盖,严控信用风险和操作风险。三是加强内控合规管理。定期开展案件防控培训,加大内控合规政策宣导力度,加强案件警示教育,强化全员内控合规意识和案防意识,及时消除风险隐患,全年未发生风险事件。

(富邦华一银行有限公司武汉分行)

华侨银行有限公司武汉分行

【概况】

2023 年,华侨永亨银行(中国)有限公司更名为华侨银行有限公司。华侨银行武汉分行(简称)秉承"永恒价值、诚信、前瞻、尊重、责任"的核心价值观,通过企业银行业务、金融机构业务、环球金融市场业务以及私人银行业务,全力为本地企业提供便捷高效的人民币跨境金融服务。

【业务发展】

以武汉为华中地区总部,依托总行在东南亚地区的服务网络优势,协同总行在京津冀、长三角、成渝地区和粤港澳大湾区的网点,支持大中华区与东盟贸易投资双向流动。认真贯彻落实总行业务发展和风险防控的各项工作部署,着力为华中地区的优质中资企业和外商投资企业"走出去""引进来"提供多元化创新金融服务,支持实体经济发展。

(华侨银行有限公司武汉分行)

南洋商业银行(中国)有限公司武汉分行

【概况】

2023 年,南洋商业银行武汉分行(简称)认真贯彻落实"优资产、控负债、提中收、防风险"的发展要求,持续提升金融服务水平,全力支持实体经济发展。截至年末,各项贷款余额 401433.76 万元,同比增加 126747.54 万元,增幅 46.14%;各项存款余额(含非银存款)287909.96 万元,同比增加 1710.90 万元,增幅 0.6%。全年实现营业收入 7910.30 万元,同比增加 2.61 万元,增幅 0.03%。其中,利息净收入 6816.39 万元、非息净收入 1093.91 万元。累计实现净利润 5756.19 万元,同比减少 131.47 万元,降幅 2.23%。

【党建工作】

一是创新党建形式。切实履行"第一责任人"责任,将党建工作和业务工作同研究、同部署、同落实、同检查。组织 9 场线下读书会,提升员工党性修养和专业水平;开展先锋引领行动,推动业务发展。二是严格监督管理。到湖北省党风廉政警示教育基地开展反腐倡廉警示教育,引导党员守牢底线、不碰高压线。紧盯重要时间节点、重要风险环节,通过发布提示提醒,加强日常教育;开展费用报销检查,强化财经纪律要求。

【业务发展】

一、加大信贷投放力度

一是支持基础设施建设。加大对省市级涉及基础建设、产业投资为主的大型国有企业授信支持力度,通过流动资金贷款、固定资产贷款等产品对基础设施领域提供共超 20 亿元的信贷支持。二是落实小微普惠金融政策。加快小微企业贷款审批及投放,通过精准画像为小微企业提供综合金融服务,全年向小微企业投放 1500 万元贷款,同比增长 116.92%。三是推动绿色金融发展。投放首笔绿色贷款,金额 3000 万元,实现环保领域贷款"零突破"。

二、发展跨境人民币业务

拓展人民币在跨境贸易投资中的应用场景，实现跨境人民币业务全覆盖，建立以人民币跨境使用为基础的新型合作关系，为各类市场主体提供期权、远期锁汇、结售汇、国际信用证等高质量外汇服务。成功拓展3户业务经常项下跨境贸易融资客户，叙做国际信用证及项下押汇业务、出口贴现业务、代客远期外汇业务；拓展3户资本项下客户，叙做FDI、减资业务等；拓展3户外汇交易基础客户，通过即期结售汇、即期外币兑换和纯避险衍生外币兑换等业务，实现全年累计外汇交易总量7046.42万美元。

三、加强协同联动

加强协同联动项目营销管理，与信达集团等多家机构合作，为客户提供全方位综合金融服务。对接某企业融资需求，与信达金租为其制定综合金融服务方案，投放6亿元3年期融资租赁资金，实现分行与信达金租首次协同业务落地，是分行成立至今在集团内部协同落地的单笔金额最大的项目。

【风险管控】

严格执行总行各项风险管控制度，全年未出现风险事件，无不良贷款率，所有贷款均为正常类贷款。

一、加强全面风险管理

（一）加强信用风险管理

一是加强授信业务贷前尽职调查。分析客户贷款需求及贷款用途的真实性，客观评价客户的还款来源、还款能力及还款意愿。充分发挥内控合规的独立性，通过非现场及现场调查等方式做好风险信息识别，协同相关部门完善前端风险管控方案。二是在贷中按照授信审批条款推进先决条件落实。通过信贷全流程系统执行所有客户的授信审批及投放，由总行运营部负责先决条件落实情况审核及放款。三是在贷后监测预警客户风险变化。设立贷后监控专岗，根据总行相关政策及单个批复中相应管理要求，对一线人员贷后管理工作质量、内容、频次等进行监督、检查及上报，对项目进行独立盘存和风险评价。

（二）加强流动风险管理

制定分行流动性资金管理内控办法，明确资金头寸报送流程，将资金头寸管理落实到人。建立头寸监测机制，每日监测头寸变动，及时掌握客户资金变动情况。

（三）加强操作风险管理

进行新员工背景调查，根据岗位职责分工、从业经历，审慎配置各岗位员工。接入信贷全流程系统、征信系统、反洗钱系统、黑名单系统、防电信诈骗系统、操作风险管理系统、国际结算系统、票据系统、代客资金系统、报表平台等监管系统，配置1名专业信息科技工作人员负责日常系统运维和管理，保障系统正常运行。

二、加强科技赋能

接入总行研发的风险管理系统，运用负面舆情推送系统，在贷后监控阶段每日获取全部信贷客户各类负面信息。及时甄别负面信息，采取相应措施，有效提升贷后管理质效。

【金融消费者权益保护】

按照人行"普及金融知识 守住'钱袋子'""金融知识普及月 金融知识进万家 争做理性投资者 争做金融好网民"等活动和反洗钱宣传培训工作要求，通过营业网点宣传、新媒介宣传、线上知识问答等形式对征信信息安全、支付安全、打击洗钱行为以及防范校园贷、现金贷、套路贷等金融知识进行广泛宣传。

一、开展线下宣传

一是利用电子屏和液晶电视滚动播出"打击洗钱活动、维护金融秩序""反洗钱工作人人有责"等宣传标语以及人民银行武汉分行拍摄的反洗钱宣传视频，营造全民参与、合力预防、协同打击洗钱的氛围。二是在营业网点宣传架摆放反洗钱宣传海报、折页，增强公众法制观念，提示公众远离洗钱等非法金融活动。

二、开展线上宣传

在官方网站和微信公众号上发布反洗钱标语，向社会公众普及反洗钱知识。到武汉科技大学青山校区开展反洗钱、防诈骗宣传，在校园内发放宣传单、宣讲反洗钱知识和反洗钱法规政策，通过面对面的形式，结合社会热点和现实生活中在校学生容易遇到的校园贷、套路贷、网络刷单返利、网络赌博、诈骗短信、冒充亲朋诈骗等诈骗情况进行详细讲解，主动提醒在校学生不随意泄露个人信息，防止成为电信网络诈骗的"工具人"，引导大学生树立正确的消费观念，提高风险防范意识。

［南洋商业银行（中国）有限公司武汉分行］

瑞穗银行（中国）有限公司武汉分行

【概况】

截至2023年末，瑞穗银行武汉分行（简称）各项贷款余额145684万元，同比减少112292万元，下降44%；各项存款余额225922万元，同比减少138218万元，下降38%。全年实现各项业务收入13352万元，同比减少2935万元；净利润2919万元，同比增加896万元。资产总额258426万元，同比减少135331万元，下降34%；不良率为零。

【业务发展】

将信贷资产全部投入实体经济领域，进一步提升小微企业及重点领域贷款占比。一是评估新成立或经营暂时面临困难的企业关键经营指标，在合法合规的前提下加大信贷资金支持，助力企业发展。截至年末，小微企业贷款客户共16户，贷款余额5.24亿元，占各项贷款35.96%，占比较年初增长12.98%。全年小微企业新发放贷款加权平均利率约3.25%，低于最新公布的1年期LPR0.2个百分点；普惠型小微企业贷款客户共2户，贷款余额561万元。全年向高新技术企业、科技型中小企业、"专精特新"中小企业累计发放表内贷款0.51亿元，办理表外融资0.14亿元。二是发展绿色金融。探索尝试环境权益融资业务，努力挖掘客户需求，扩大碳金融服务覆盖面。为某家汽车零部件制造企业编制温室气体排放清单，提供碳盘查支援服务，协助企业完善温室气体排放综合管理体系。全年累计发放绿色贷款2.28亿元，年末贷款余额0.53亿元，同比增速达30.45%。三是发展无还本续贷业务。全年无还本续贷累放金额36.69亿元，向制造业客户数字化、智能化转型提供资金支持。

【风险管控】

不断完善授信相关管理制度，强化制度执行监督，提升信贷业务人员专业水平。加强授信监控指标管理，强化重点领域贷款资产质量管理和余额控制。关注客户财务指标及海外集团公司业绩情况，动态调整企业信用评级及贷款风险分类。截至年末，不良资产为零，资产质量保持稳定。

【金融消费者权益保护】

开展金融知识普及月、金融消费者权益保护教育宣传月等活动，到武汉大学、华中科技大学、武汉理工大学等院校开展金融普及教育讲座，线上线下多渠道向企业客户及社会公众普及金融知识。

［瑞穗银行（中国）有限公司武汉分行］

三菱日联银行(中国)有限公司武汉分行

【概况】

2023年,三菱日联银行武汉分行(简称)持续优化信贷结构,加大对汽车零部件制造业、批发及零售业、软件和信息技术服务业、运输业等实体产业和重点领域支持力度,不断提升金融服务实体经济水平。截至年末,本外币资产规模32.6亿元;法人客户117户。

【业务发展】

一是服务重点产业。为外商投资的重点产业企业配备专属客户经理,提供"一对一"、业务一次性办结的高效服务。合理调整信贷结构,将资金全部投向制造业、批发和零售业。加大东风本田、东风日产的零部件供应商信贷支持力度,助力武汉打造"大车都"板块。二是服务招商引资工作。坚持促进中日经贸交流、服务湖北地方经济发展的发展方向,加强与各级政府部门沟通联系,了解外商企业设立政策和投资环境,依托母行优质客户资源,深入挖掘有来鄂投资意向的日资企业,及时向相关部门反馈企业投资需求,搭建政企沟通桥梁,为来鄂投资外企提供金融服务。

【风险管控】

持续推进合规经营,加强金融风险防控和内控合规管理,努力提高风险管理水平和抵御能力。全年无风险事件和违法违规行为发生,保持了良好的风险控制态势。

【金融创新】

严格遵守总行绿色信贷相关业务要求,开发契合监管政策和产业政策的绿色产品、创新绿色金融服务举措。设立总额为50亿元人民币的绿色信贷基金,为符合绿色条件的客户提供优惠利率。将绿色金融纳入员工"挑战变革评价"激励计划中,鼓励员工重点发力绿色金融领域。截至年末,累计发放15319万元绿色信贷资金,新增7210万元,增速高于全市金融机构平均水平25.42%(数据来源于《关于表彰2023年度金融支持武汉经济发展突出贡献单位的通报》)。

【金融消费者权益保护】

严格遵守总行《市场营销对外文件审核》《顾客说明管理流程》《金融衍生产品销售规则》等规章制度,努力做好消费者权益保护工作。明确消费者权益保护工作管理部门职责,将消保工作要求融入业务各个环节,压实全员消保工作责任。

[三菱日联银行(中国)有限公司武汉分行]

台湾土地银行股份有限公司武汉分行

【概况】

2023年,台湾土地银行武汉分行(简称)稳健发展各项业务。截至年末,本外币各项贷款余额14.67亿元,较年初下降16%,无不良贷款;本外币各项存款余额0.64亿元,较年初增长24.99%。全年实现营业收入0.52亿元,同比增加0.65亿元;净利润0.3亿元,同比增加0.47亿元。

【业务发展】

一是支持小微企业发展。加大对小微企业的信贷支持力度,缓解小微企业融资难题。截至年末,小微企业贷款2.5亿元,占企业贷款18.77%。二是夯实传统信贷业务基础,积极探索外汇交易等新的利润增长点。三是支持绿色金融发展。积极对接绿色产业客户金融需求,助力绿色产业发展。年末绿色贷款余额26208万元。

【风险管控】

一是建立内部审核机制。由副行长负责、合规部门牵头执行内部自行查核,管控业务合规性风险。二是加强信贷风险管理。严格执行贷款"三查",关注宏观经济环境对各个不同行业企业的影响。加强案件风险防范,完善制度建设;加强培训,强化员工风险意识;完善业务监督机制,确保相关政策和业务流程有效执行。三是加强内部控制管理。遵循职责分离、相互控制和监督的原则。在资金交易方面,由交易部门负责前台资金交易,交割部门负责后台资金结算;在财务报销和划款方面,由经办人员受理、主管审批后进行报销和划款操作;由会计部门进行中台风险控制和监督。

(台湾土地银行股份有限公司武汉分行)

台湾中小企业银行股份有限公司武汉分行

【概况】

2023年,台湾中小企业银行武汉分行(简称)认真贯彻落实总行的战略部署和管理要求,坚守合规经营底线,各项业务实现稳健发展。截至年末,本外币各项贷款余额43815.33万元,无不良贷款;各项存款余额6360.38万元。资产总额111483.41万元。

【业务发展】

一是支持小微企业发展。加大对小微企业的信贷支持力度。截至年末,小微企业贷款余额占各项贷款21.60%,平

三菱日联银行武汉分行参加中国湖北-日本汽车产业交流会,助力汽车零部件制造业发展

均利率同比下降 0.44%。二是发展绿色金融。为长江经济带区域一家木竹制品、纸类及印刷制造业客户提供信贷支持,绿色信贷余额同比增长 64.23%。三是服务进出口企业。为进出口企业提供开立信用证、购汇及跨境付汇等金融商品和服务,整合多方资源,支持跨境资金流通。

【风险管控】

一、构建风险管理体系

一是按照监管要求,制定和完善存贷款、资金交易、反洗钱、公司治理等覆盖各类业务和管理环节的内控制度。二是建立由行长、副行长、风险管理部门、各业务条线为主体的风险管理组织架构。行长和副行长统筹管理风险防控工作,风险管理部门管理流动性风险、市场风险及信用风险,合规部门管理业务和运作中产生的合规风险,各条线业务主管管理操作风险。采取自评与自查相结合的方式开展风险管控工作。

二、加强内控合规建设

积极开展合规教育宣导,宣导内容涵盖最新监管法令、手册修订、典型案例分析等方面;按计划开展各项自查,主动发现内控漏洞,督促相关部门落实整改;多形式加强员工异常行为管理,防范员工操作风险和道德风险。

【金融消费者权益保护】

建立消费者权益保护机制,通过加强教育培训提高员工的消费者权益保护工作水平;通过营业厅展示、入企和入社区等方式宣传普及金融知识。

(台湾中小企业银行股份有限公司武汉分行)

(八)农村信用社

湖北省农村信用社联合社

【概况】

2023 年,湖北省农信联社(简称)认真落实省委、省政府加快先行区建设的决策部署,加大对重大战略和重点项目产业链上下游企业的金融支持。截至年末,贷款余额 7945 亿元,净增 953.7 亿元,增幅 13.6%,同比多增 92.6 亿元,超额完成省政府下达的 890 亿元投放任务;各项存款余额 11467 亿元,净增 1113 亿元,增幅 10.8%。全省农商行总资产 13828 亿元,净增 1318 亿元,增幅 10.5%。全年实现净利润 53.66 亿元。缴纳税金 25.88 亿元,同比多增 4.08 亿元。

【党建工作】

一是发挥党建引领作用。开展“创示范、当先锋”活动,打造特色党建工作品牌;深化“村银共建”,将农信机构基层支行党支部与行政村党支部工作相结合,推动实现双方优势互补、工作互动、资源共享、双向共赢。截至年末,全省农商行各党支部共与 3360 个村(社区)结对共建,向 1.4 万个行政村派驻 5500 多名“金融村官”。二是扎实开展主题教育。有机融合理论学习、调查研究、推动发展和检视整改,推动解决问题 1437 个。三是深入推进清廉农商行建设。通过开展廉洁座谈会、清廉读书会、员工家访、四轮巡察,把清廉金融文化建设贯穿融入日常经营管理全过程、各方面。

【业务发展】

一、服务乡村振兴

一是加大涉农贷款投放力度。全力支持湖北“强县工程”,进一步加大“三农”金融供给。开展“万名金融村官进万村访万户”活动,通过“村银共建+金融村官+整村授信”模式,融入“共同缔造”美丽乡村建设,推进信用农户和新型农业经营主体建档评级授信实现三年全覆盖。截至年末,全省农商行涉农贷款 5405 亿元,净增 596 亿元。累计建档 452 万户,向 356 万农户预授信 1178 亿元,签约用信自助循环贷款 35 万户,贷款余额达到 267 亿元。二是推进金融服务乡村振兴示范区建设。通过加强政银协同、提升金融服务水平、加快金融创新等方式,满足乡村振兴全领域融资需求。截至年末,升级打造普惠金融工作站 8636 个,进一步提升农村基础金融服务水平,完善农村金融服务基础设施。三是加大产业链支持力度。聚焦十大农业主导产业链,落实金融链长制,探索推出“整链授信”模式,支持粮食和重要农产品产业链发展。四是加大脱贫人口小额信贷投放。严格落实“四个不摘”要求,立足脱贫地区资源禀赋和产业特点,开展定点帮扶工作,满足脱贫人口 5 万元以内小额贷款需求。截至年末,脱贫人口小额信贷余额 69.5 亿元,占全省银行业小额信贷总余额的 90%以上。

二、支持民营小微企业发展

出台《全省农商行 2023 年普惠金融工作通知》,围绕“两增、一优、一稳”目标任务,单列普惠型小微企业信贷计划,引导全省农商行坚持支农支小服务定位,当好服务小微金融“店小二”。截至年末,全省农商行普惠小微企业贷款余额 2831.4 亿元,较年初净增 563 亿元,增速 24.8%,高于各项贷款增速 11.2 个百分点;普惠小微企业贷款客户 55.4 万户,较年初净增 10.1 万户。

三、支持恢复和扩大消费

一是积极推广消费信贷产品。深入贯彻稳增长、促消费政策,满足广大群众消费支付金融需求,通过线上“福 e 贷”平台,推广“白领 e 贷”等纯线上纯信用消费信贷产品,满足客户衣、食、住、行、用等领域小额支付消费贷款需求。截至年末,全省农商行“白领 e 贷”余额 121.7 亿元,较年初净增 16 亿元。二是落实房地产金融政策。召开全省农商行金融政策会议,部署满足民营房企合理融资需求、增强居民住房消费信贷支持、加大保障性住房信贷支持等工作。截至年末,全省农商行房地产贷款余额 1151.11 亿元,其中房地产开发贷款余额 127.48 亿元,较年初增加 6.18 亿元,增幅 5.09%。

【金融创新】

一、提升科技支撑能力

一是加强外部平台合作与自身平台创新。与省农业农村厅对接“楚农直通车”、与省地方金融局对接“鄂融通”,拓宽获客渠道;与人行征信中心对接“征信系统住房公积金缴存信息应用”“第二代央行内部(企业)评级系统”,实现关键数据共享。全年创新推出 7 个满足基层和一线需求的系统;上线“新一代电子票据”“电子保函”“关联交易”等系统,搭建“楚农三资智慧平台”,为基层一线经营机构提供后台支撑。二是推广“301”贷款模式和“楚天贷款码”。开发“楚天农商云”系统,创新推出新一代“人码合一”和智慧微贷平台,将贷款审批时限由三天缩短为 15 分钟。截至年末,全省农商行“楚天贷款码”布设率达 100%,客户申请达 101208 笔,办结率 95%。“301”模式贷款余额 655.2 亿元,较年初净增 183.4 亿元,增幅 38.9%。

二、创新金融产品和服务模式

一是支持重点领域金融产品创新。针对不同场景创新研发多个产品。推出支持中小微企业经营发展的应急转贷业务、支持公共服务人员保障性租赁住房的“租购助力贷”“租房安居贷”、支持小微企业参加政府采购活动的线上“政采贷”等产品。指导市县行创新动产和权利融资模式，帮助中小微企业、个体工商户解决融资难题。截至年末，全省农商行累计发放“政采贷”706笔，金额17.7亿元。其中线上为600多家中标企业发放“政采贷”9.8亿元。为1951户小微客户提供应急转贷服务，金额147亿元。全年新增“首贷户”43356户，金额271.3亿元，首贷增速和户数实现“双增”。二是支持科创企业金融产品创新。针对“专精特新”中小企业及科创企业在基础设施建设、设备采购、节能减排等方面的资金需求，创新开发多个信贷产品。除原有厂房抵押、担保公担保等传统信贷方式外，结合企业自身情况，量身定制“科创贷”“远区贷”“小巨人信用贷”等多个特色信贷产品，满足不同“专精特新”企业融资需求。截至年末，全省农商行“专精特新”中小企业贷款超62亿元。三是创新新市民金融服务。出台《全省农商行金融服务新市民工作方案》，深入挖掘新市民创业、就业、住房、教育、医疗养老等领域需求，搭建新市民服务快速“绿色通道”，实现“一行通办”。依托丰富的支付结算渠道，通过手机银行、微信银行、网上银行、电子社保卡、“扫码e支付”等线上平台和系统，为新市民提供集存贷款、支付结算、民生缴费和日常运管等一体的金融服务。截至年末，全省农商行为新市民创业者提供贷款授信250.92亿元；全年累计发放新市民创业贷款8.37万笔，金额163.94亿元；新市民创业贷款余额226.85亿元。全年累计发放新市民就业贷款202笔，金额1.68亿元；“青创贷”余额22.6亿元，较年初增加6.8亿元；创业担保贴息贷款余额157.5亿元。

三、创新绿色金融产品

在风险可控前提下，积极研发专业化、个性化的绿色信贷产品，满足绿色环保企业各阶段融资需求。加快传统信贷业务向绿色业务转型，通过创新应收账款抵押、新能源发展机制预期收益抵押、股权质押、票据贴现等方式，扩大节能减排企业融资渠道。创新推广知识产权质押贷款、排污权质押贷款、取水权质押贷款、节能收益质押贷款、绿色设备抵押、绿色融资租赁、新能源发展机制融资综合解决方案等产品，解决民营和小微企业轻资产、缺少抵押担保物的难题。截至年末，全省农商行绿色信贷余额221.34亿元，较年初净增55.88亿元，增幅33.77%，高于各项贷款增速20.12个百分点。

【风险管控】

以开展“良好银行巩固年”活动为载体，推进存量大额贷款质量提升攻坚专项行动，着力抓好贷款风险化解，确保核心监管指标稳中向好，坚决守住不发生区域性、系统性风险的底线。截至年末，全省农商行不良贷款率2.24%，资本充足率12.48%，拨备覆盖率199.42%，76个市县行三项核心监管指标均达到监管要求。一是推进全面风险管理体系建设。健全组织架构，按照“主要风险管理有分工、全面风险管理有统筹”的基本要求，明确各主要风险牵头部门及职能职责，实现主要风险全覆盖。做好业务监测与控制，推进各项风险管理工作有效落实。组织召开重点风险机构提档升级、跨市州大额银团贷款督办会，出台《关于进一步做好全省农商行风险化解工作的通知》，拓宽风险化解思路、强化处置措施。二是完善风险管理制度体系。制定《全面风险管理指引》《风险偏好和风险限额管理办法》《声誉风险管理办法》《合规风险管理办法》《流动性风险管理办法》等制度办法，进一步健全风控制度体系。三是加强风险监测。按月监测各项主要监管指标，及时下发风险提示，督促经营机构及时做好业务调整和问题整改，确保各项指标达到监管要求。四是推进制订风险管理偏好。督促各市县农商行结合资本实力和风险管理现状，制订与省农信联社发展战略和经营理念一致的风险偏好陈述书，加强对风险偏好和限额的监测与控制。五是加大培训力度。针对风险防控薄弱环节和重点工作开展包括全面风险管理、监管评级、信贷合规等方面的培训，实现从领导到员工、从机关到基层培训对象全覆盖，全面提升干部员工风险防控能力水平。

【金融消费者权益保护】

开展“3·15”消费者权益保护教育宣传周、金融消费者权益保护教育宣传月、“普及金融知识万里行”“普及金融知识 守住钱袋子”等主题宣教活动。采取“集中+常态”“线上+线下”“重点领域+重要群体”的方式，针对不同年龄、不同消费群体和不同消费场景，通过进农村、进社区、进校园、进企业、进商圈开展个人金融信息保护、防范金融诈骗、安全用卡等重点领域金融知识宣教活动。全年累计开展7690场次各类主题金融知识宣教活动，触及消费者有效人数348.86万人次。

（湖北省农村信用社联合社）

（九）农村商业银行

武汉农村商业银行

【概况】

2023年，武汉农商行（简称）坚持“质量第一、效益优先”的经营指导思想，认真落实省委、省政府金融工作要求，发挥金融服务实体经济、服务地方发展的核心功能，聚焦科技金融、绿色金融、普惠金融、养老金融、数字金融“五篇大文章”，不断提升金融服务实体经济质效。截至年末，贷款余额2636.26亿元，净增242.55亿元，增幅10.13%；存款余额3397.80亿元，净增307.45亿元，增幅9.95%。其中储蓄存款净增首次超过300亿元。表内资产规模4290.13亿元，净增341.64亿元，增幅8.65%。全年实现中间业务收入2.02亿元，增幅21.21%。实现利润总额15.23亿元，同比增加1.06亿元，增幅7.45%；净利润14.25亿元，同比增加1.01亿元，增幅7.66%。全年纳税13.21亿元，同比增加5.41亿元，增幅69.27%。被授予“金融支持地方经济发展突出贡献单位”“金融支持绿色发展突出贡献单位”“融资难融资贵信用培植工作表现突出单位”“‘楚天贷款码’推广工作表现突出单位”等称号；在全市40个窗口行业群众满意度测评中排名第3位，获评武汉市双评议“十优满意单位”；获评“银行业营业网点文明规范服务百佳示范单位”，是全省唯一获得此称号的地方银行。

【党建工作】

一是突出政治引领。把坚持和加强党的全面领导融入现代公司治理，建立健全以党委会和“三会一层”议事规则及相关授权为主体的决策制度体系，充分发挥党委把方向、管大局、促落实的作用。自上而下压紧压实全面从严治党主体责任，践行金融工作的政治性、人民性，推进高质量发展。二是突出思想引领。围绕“学思想、强党性、重实践、建新功”的总要求，坚持理论学习与具体实践相结合，全行各级领导班子成员共下基层调研破解各类问题169项。三是突出组织引领。深化“国企联村”行动，选派150名村官参与乡村振兴定点帮扶工作，结对共建的赤壁市、咸宁市咸安区入选湖北省20个金融服务乡村振兴共建创新示范区。四是突出作风引领。将清廉金融文化建设融入全面从严治党和经营管理全过程，推动“清廉武农商”建设，强化监督执纪问责，一体推进不敢腐、不能腐、不想腐，不断推进全面从严治党向纵深发展。

【业务发展】

一、服务区域协调发展

一是服务重大项目。围绕省、市战略规划和产业地图，助力武汉新城、长江新区、临空港新区高质量建设发展。全年支持总投资亿元以上省内重大项目165个，贷款余额390.39亿元。二是服务产业升级。投放201.66亿元制造业贷款、30亿元节能环保产业链贷款、48.6亿元光电子信息产业链贷款、13.2亿元生物医药产业链贷款、29.5亿元高端装备制造业贷款。三是助力“保交楼、稳民生”。成功落地公积金“公转商”10亿元项目，完成3.73万笔首批存量首套住房贷款利率调整工作。

二、做好金融“五篇大文章”

（一）发展科技金融

持续优化完善科技金融“九专”服务模式，加快科技金融特色支行建设，加大对重点领域和薄弱环节的金融支持力度，助力推进武汉具有全国影响力的科技创新中心建设。发放全省首笔线上知识产权质押贷款、首单知识产权并购融资、首单科技创新债、首笔合同能源管理未来收益权质押贷款及“科保贷”，全年科创金融贷款净增64.04亿元，增幅23.1%，科技金融市场份额居全市银行业前列。

（二）发展绿色金融

认真落实“双碳”战略部署，发挥碳核算首批试点银行作用，推广“绿保贷”“排污权质押贷”，联合中碳登批量化加大绿色金融供给，被人民银行湖北省分行营管部授予“金融支持绿色发展突出贡献单位”称号。

（三）发展普惠金融

一是加大农业重点领域信贷支持力度。开展“国企联村”行动，乡村振兴工作参与面、服务面、投放度、客户数保持全市银行业第1位。首创生猪活体抵押贷款，年末生猪产业链贷款余额22.45亿元。支持乡村产业领域贷款163.66亿元、美丽乡村建设贷款122.37亿元。二是加大涉农、小微、民营企业及个体工商户信贷支持力度。用好用足各项政策性资金和融资平台，惠及涉农、小微、民营企业及个体工商户近2000余户，应急资金业务办理量在湖北省金融机构排名第4位。全年普惠小微贷款净增51.76亿元，增幅23.1%，完成“两增”目标。

（四）发展养老金融

探索布局养老金融，通过打造老年客群专属产品、开展网点适老化改造、推出手机银行“关怀模式”、打造“爱心驿站”“长者驿站”，为老年客群提供多元化金融服务和生活便利。

（五）发展数字金融

把科技创新作为第一动力，聚焦客户体验提升、金融产品创新和智慧风险管控，研究制定数字化转型战略三年规划。运用科技人才库和模型管理队伍；开展新一代信用风险管理系统、操作风险管理系统等重点系统建设。

三、服务民生保障

入驻武汉市13家政务服务中心，在全省银行机构中首批上线医保智慧柜员机系统，搭建便民利民的生活服务圈。

四、推进改革转型

深入开展资产负债结构调整、定价管理、降本增效工作，推动业务转型、拓户强基、中收拓展、组织架构优化、低效网点治理、股权转让等一批重点改革工作取得实质性成效，不断为高质量发展注入动力。

【风险管控】

一、加强全面风险管理

一是加大考核力度。制定《全面风险管理三年行动方案（2023—2025）》，首次开展大风险条线“千分制”考核，持续优化完善风险条线业绩评价考核机制。二是压紧压实全面风险管理职责。梳理、调整信贷管理部、授信审查部职责，落实信贷规模投向指引和审贷分离管理要求，开展风险评价及提示，强化风险经理履职责任。三是加强信贷全流程风险管控。严把贷款准入关，线上审议授信业务，严格执行“五真实”“三禁止”及专项产品准入要求，严控新增授信风险。四是强化风险监测预警机制。通过调整经营层授权，加强关联交易与大额风险重点管控，有效防范重点领域风险。五是启动新一代信用风险管理系统、合规操作系统和全面风险管理系统项目，加快推动全面风险系统建设，增强智慧风控能力。

二、加强资产质量管理

一是严控不良新增。按照监管要求，分类排查全行贷款风险情况，摸清风险底数，进一步做实资产质量。二是加强贷后管理。扎实做好到期贷款管理预警提示和逾期贷款清收处置工作，加强重点客户和股东关联客户风险分析研判和动态跟踪管理。三是紧抓存量压降。总行领导班子带头包户清收，督导“一户一策”清收压降处置方案落实推进，实行销号管理。加强与资产管理公司沟通协调，拓展资产处置渠道，通过司法执行、市场化批量转让以及营销推介等方式，推动不良贷款清收处置。

三、加强内控合规管理

深入开展“内控合规管理建设年”的“四个一”活动，强化案防警示教育，将“全员合规、主动合规、全程合规、合规创造价值”的理念贯穿经营管理全过程。严格落实集中作业管理、现金与档案管理、账户服务管理、突发事件应急管理、柜面和网点管理等各项制度要求，对190余项制度开展合规性审查，持续加强征信、国库、数据、反洗钱、金融消保等各项基础管理工作。上线新一代反洗钱系统，不断提升内控管理水平。

四、加强安全管理

领导带头下基层开展安全生产大检查，切实把安全理念贯彻到业务发展各方面、各环节。围绕重点领域，扎实推进人防、物防、技防、消防“四防”建设，持续抓好安全隐患排查及整改。实现全年安全经营，无事故发生。

【金融创新】

一、加快客户结构优化

研究制定公司、零售条线“拓户强基”行动方案，成立“拓户强基”营销领导

武汉农商行以“汇知成鑫 农商同行”为主题，开展知识产权质押融资入园惠企专项活动

小组,创新"3+X"工作机制,自上而下构建多级组织推动和分层营销责任体系。开展"春耕行动""百行拓新""鑫知惠园"等系列主题营销活动,创新"鑫云医管"品牌,不断优化客户结构。全年新拓对公客户14342户,同比增长6%;新拓机构客户642户;新增小微"首贷户"817户。创新零售客户分类分层分级管理模式,综合运用产品、权益服务、网络直播等方式,开展客户综合营销。零售有效客户净增7.30万户;存量客户提升5.49万户;社保卡新增客户数12.99万户。

二、加快业务转型

坚持质量、效益、规模协同发展,强化部门协同、上下联动,全力推动公司业务向武汉发展规划重点转型、向现代产业体系和民生保障行业等领域转型,零售业务由存款导向型向收益导向型转型。创新"结算+贸融"一站式服务,挖掘"国内证+福费廷+供应链白名单融资"等特色产品综合创利潜力,推动交易金融服务转型升级。坚持稳健运营净值型理财产品,推动理财代销业务上线,实现自营和代销"两条腿"走路、两方面发力。强化市场研判和同业合作,加快金融市场业务向"持有+交易"转变,获得全国非金融企业债务融资工具承销商会员资质,是中部地区首家获此承销资质的农商行。

三、加快数字化转型

一是打造移动端服务矩阵。通过上线新一代微信银行和企业微信、开通"武汉农商行"官方视频号,创新直播营销模式,实现网络渠道交易笔数同比增长19.14%、新增手机银行签约户数19.66万户、手机银行月活客户同比增长20.35%。二是深化与第三方平台合作。创新推出"马上消金""微业贷""微粒贷"及"抖音资产"等产品,全年网贷规模较年初净增70.42亿元。三是推进数字化办公。完成智能办公系统一期、新一代HR系统、非零售信用风险内部评级系统、电子印章上线运行,加强智能反欺诈、理财代销、资产管理评级等系统建设,获得办公智能化、业务移动化、风控数字化的良好效果。信息科技监管评级继续保持在2C级,在全国48家有独立核心业务系统的省联社及农商行中排名第5位,获得"银商杯"网络安全大赛一等奖。

【金融消费者权益保护】

一是健全消保工作机制,细化和完善消保宣教、消保审查、投诉处理等工作流程、制度和办法。二是加强投诉管理,有效落实主体责任,妥善化解矛盾。全年共受理第三方平台转办的各类投诉1270件,回访率和处理率均为100%。三是开展消保审查。加强消保审查机制建设,加大消保审查力度,做到事前审查、及时纠错、预防先行,前移消费者权益保护关口,在金融产品和服务入市前做好审查工作。四是开展消保宣教活动。积极组织开展"3·15"金融消费者权益日、金融消费者权益保护教育宣传月、"普及金融知识,守住'钱袋子'"、"普及金融知识万里行"等主题宣传活动,向社会公众宣传金融消费者权益保护知识,提升金融消费者风险防范意识。

(武汉农村商业银行)

(十)信托公司

交银国际信托有限公司

【概况】

2023年,交银国际信托(简称)积极落实信托业务新分类等监管政策,稳步推进业务转型、风险防控、集团协同、深化改革等重点工作,认真做好审计、巡视、监管现场检查迎检工作,不断提高综合经营管理水平和风险防范能力。截至年末,总资产(AUM)5636亿元,较年初增长9.70%。其中,信托资产5461亿元,较年初增长10.28%;固有净资产161亿元,较年初增长4.72%。全年实现营业收入16.89亿元;实现净利润7.71亿元。连续多年在信托业协会评级中获评A级;荣获《上海证券报》"诚信托·卓越公司奖";在第二届武汉社会责任企业评选活动中荣获"2023年度社会责任优秀企业奖"。

【党建工作】

深入学习贯彻党的二十大、中央金融工作会议、中央经济工作会议精神,全面落实党中央和交通银行总行党委各项决策部署,以高质量党建引领高质量发展,切实发挥信托功能优势,大力支持实体经济发展。一是强化政治引领。全年召开"第一议题"学习23次,理论学习中心组学习11次,全力做好"五篇大文章",服务交银集团"上海主场"建设和湖北省、武汉市经济社会发展。二是扎实开展主题教育。累计开展各类调研交流50余次、调研成果交流会2次,完成全部调研课题,其中"聚焦绿色金融,发挥信托优势,服务双碳战略"调研案例入选交通银行典型案例,公司党委在主题教育评估工作中被总行评为"好"。三是强化责任落实。健全从严治党责任体系,完善从严治党主体责任清单,推动"四责协同"。强化监督合力,党委书记带头落实"第一责任人"责任,党委班子成员切实履行"一岗双责",逐级压实管党治党责任。四是强化党风廉政建设。持续纠"四风"树新风,一体推进"三不腐"。召开警示教育大会2次,推动以案示警。开展"忠诚守信、敬业崇廉、不忘初心——信廉心"廉洁文化主题活动,推进清廉金融文化融入基层。

【业务发展】

一、服务地方经济发展

在武汉市设立由私募子公司首支担任GP的私募股权基金"交盈汇芯",全年投向湖北的资金规模37.6亿元,支持湖北构建现代产业集群。聚焦战略性新兴产业,落地毅达资本国家中小一期基金、元禾重元叁号基金、上海引领接力基金、长江交盈科创基金等项目。全年投向上海的资金规模103.6亿元,支持上海现代化产业体系建设。

二、强化基础业务

一是发展证券投资信托。不断丰富标品资管产品线。截至年末,自主管理固收类标品业务规模较年初增长74%,"风云68号"TOF产品获《中国证券报》"一年期信托TOF/FOF类产品金牛奖"。二是探索慈善信托。探索慈善信托发展新模式,拓宽慈善信托服务范围。报告期内,与中国残联等慈善组织合作落地13单慈善信托。三是发展风险处置服务信托。设置转股、抵债、留债等差异化功能信托,最大限度保障债权人利益。中标江苏金盛置业、武汉当代明诚、宁夏如意集团等3单风险处置服务信托。四是拓展绿色信托规模。树立绿色发展理念,助力实现"双碳"目标。年末绿色信贷、绿色资产证券化、绿色债券投资等绿色金融业务规模89.1亿元,较年初翻番。"交银国信·新加坡金鹰集团厦门电厂CCER碳资产服务信托"入选武汉首批"绿色金融创新实践案例"。

三、支持乡村振兴战略

推动上海企业与交通银行总行对口帮扶点甘肃省天祝藏族自治县签订长期农产品销售合同,通过消费帮扶助力乡村振兴。捐赠25万元设立"交银国信·瑞禾金堂饮水工程慈善信托",参与簿记并投资1.5亿元淮安市国有联合投资发展集团乡村振兴专项公司债券，助力美丽乡村建设。

【金融创新】

创新财富管理服务信托业务模式，以客户需求为中心，发挥信托在风险隔离、跨市场资产配置、代际传承等方面的独特优势，为客户提供一站式、定制化财富管理服务。落地首单非上市股权不动产家族信托，入选“2023 年银行家年度家族信托管理创新优秀案例”；创新推出“万家灯火”系列家庭服务信托，实现年末家族财富业务规模较年初增长 70%。

【风险管控】

一是构建全面风险管理体系。按照“纵到底、横到边、全覆盖”的要求，充分发挥董事会、风险与合规管理委员会管理责任，完善风险偏好管理机制，建立健全全面风险管理、并表管理、关联交易管理制度，构建符合业务发展需求的全面风险管理体系。二是强化重点领域风险管控。严格按照法律法规和监管部门风险防控要求开展业务，采取有针对性的举措有效防范信用风险、市场风险、操作风险。扎实开展“不良清收攻坚年”行动，紧盯房地产和政府平台等重点领域，全力压降风险敞口。三是加强内控案防管理。开展“强内控合规、守清廉底线”活动，强化关联交易、并表管理、反洗钱和消保工作，守住不发生案件和案件风险事件底线。

【金融消费者权益保护】

认真贯彻落实监管机构对消费者权益保护工作的各项要求，持续优化消费者权益保护体制机制建设，将消保理念融入业务管理全流程中。创新宣教模式，形成有公司特色的宣传亮点。针对老年人、青少年、新市民等群体差异化需求，形成以“有匠心”“有温度”“有乐趣”为主题的系列教育宣传常态化机制。通过短视频、小游戏、剧本杀等创新形式开展各项主题宣教活动，引导公众树立正确的消费观。

（交银国际信托有限公司）

国通信托有限责任公司

【概况】

2023 年，国通信托（简称）立足主责主业，依托股东协同优势资源，实现重点领域业务突破。通过加强清收和自有资金运用，实现收入总体稳步增长、行业地位进一步提升。截至年末，总资产 110.09 亿元、净资产 83.26 亿元。全年实现营业收入 11.47 亿元、利润总额 7.00 亿元。

【党建工作】

认真贯彻落实中央金融工作会议精神、中央经济工作会议精神，全面加强党的集中统一领导，提高党建质量，深化全面从严治党，推进党建与业务深度融合。

一、开展主题教育活动

一是丰富活动内容。强化“思想引领、学习在先”工作机制，严格落实党委会“第一议题”制度，全年共组织开展中心组理论学习 16 次。邀请专家讲授《加快构建新发展格局 着力推动高质量发展》专题党课，将党课中的理论性成果转化为经营发展的动力。二是强化主题宣传。在内网和微信公众号设置宣传专栏，报道学习教育情况和重大经营成果，发布相关宣传新闻稿件 130 余篇，编发党建工作简报 72 期。

二、强化基层组织建设

一是制定党建工作制度。制定《党委 2023 年工作要点》《党委理论学习中心组 2023 年专题学习重点内容安排》等工作制度，增强党组织政治功能和组织功能。二是坚持民主集中决策。完善“三重一大”决策机制，发挥党委把方向、管大局、促落实的领导作用，优化党委前置研究讨论重大经营管理事项清单。全年开展党委会议 21 次，研究议题 180 余项。三是坚持党管干部原则。研究制定《国通信托有限责任公司 2023 版考核评价管理办法（试行）》《关于印发〈国通信托有限责任公司中层管理人员选拔任用管理办法〉的通知》等文件，完成中层干部选任工作，进一步强化党组织领导和把关作用，全面履行选人用人主体责任。四是推进共建项目落实落地。与共建社区开展“汇聚金融力量，共创美好生活”金融宣传活动、金融网络电信反诈宣传专题党课，有效普及金融安全知识，增强社区居民金融素养。

三、加强党风廉政建设和反腐败工作

一是制订清廉国企建设工作要点、违规吃喝专项整治工作方案，严格将廉政建设工作要求落到实处。二是签订责任书。领导班子成员、各部门负责人签订责任书 62 份，全体员工签订《廉洁从业承诺书》363 份，签订率 100%，进一步强化廉洁从业意识。三是落实执纪问责。严格把好员工提拔、入党、推优党风廉政意见关，落实纪检监督职责。全年共出具评优廉洁意见 90 余人次、问责 43 人次。四是开展特色清廉工作。将清廉国企建设与监管部门“强内控合规 守清廉底线”活动有机融合，推动公司内控合规管理和清廉金融文化建设工作走深走实。

【业务发展】

一是服务实体经济发展。在项目准入等方面出台重点倾斜政策，全力服务“一带一路”、长三角一体化发展战略和京津冀、长江经济带、粤港澳大湾区等重点区域。截至年末，存续的服务实体经济信托项目共 283 个，规模 1465.60 亿元，较年初增加 298.57 亿元；规模占存续信托总规模 85%。其中投向湖北的存续信托规模 586.29 亿元，占总规模 33.84%。二是提升客户体验。推进 APP

国通信托开展“资产配置万里行”活动，帮助客户提升投资理念和金融知识水平

及CRM系统升级,上线智能双录系统,实现24小时客户自助双录功能;推进线上销售产品升级换代,丰富客户投资理财产品选择。三是优化组织架构。结合业务转型规划,新设资产管理部、家族信托部、基础设施投资部、产品研发部等专业部门,通过外部引进、内部调配等方式快速完成队伍搭建,为加快转型业务发展提供人才保障。

【金融创新】

一、创新金融产品

一是创新“国通信托·凯迪生态重整服务信托”。积极参与凯迪生态重整工作,助力本土风险化解。设立“国通信托·凯迪生态重整服务信托”,由凯迪生态等21家企业交付信托财产,通过财产处置变现、分配信托利益的方式对债权人进行清偿,化解重整中的痛点难点,提升企业破产重整效率和清偿率,实现资产管理运营与价值最大化,是公司设立的首单重整服务信托,也是湖北首单重整服务信托。二是创新“大生·富享个人财富管理信托”。对接客户财富管理与传承需求,落地首单个人财富管理信托——“大生·富享个人财富管理信托”项目,为客户设立具有风险隔离和财富管理两大功能的服务信托账户,在帮助客户保障资产独立性的基础上,实现守住财产安全、创造更好回报的目标。

二、创新金融服务

(一)创新家族信托金融服务

1.创新定制化服务。针对不同家族特定需求和目标,设计符合家族特色的信托结构。开发创业系列家族信托,为某委托人的3个子女打造互不相同的定制化家族信托框架,针对3个受益人子女个性和年龄,分别设立“创业英”“创业国”“创业麦”三只家族信托,实现家族财富传承、引导受益人培养正确的生活观和消费观。

2.创新服务模式。一是创新数字化管理模式。将家族信托管理系统和客户移动端建设作为重点创新工作,依托数字化管理平台和大数据分析技术,提高家族信托资产的管理效率和透明度。通过创新线上服务模式,降低运营成本,提升客户操作体验。二是创新联动合作机制。加入湖北省遗产管理人库,与湖北省武汉市尚信公证处共同研发遗嘱信托、特殊需要信托等创新品种。通过与慈善基金会、公证处、法律事务所等合作,实现家族财富社会责任投资。

(二)创新增值服务

1.创新线下增值服务。一是自主策划资产配置主题活动。举办8场以“资产配置万里行”为主题的全国巡回投资策略会,分享最新楼市、债市、股市动态,为客户提供专业资产配置建议,帮助客户实现财富增值,提升高净值客户黏性。二是与异业合作伙伴联合开展活动。与高端购物中心、教育机构等异业合作伙伴联合开展名表名酒品鉴会、家庭信托宣传等活动,为客户提供与高端品牌、行业专家面对面交流机会,进一步提升客户体验。

2.创新线上增值服务。上线新版APP,通过开展8场线上活动,为客户提供更加便捷、高效的增值体验。一是创新节日与庆典增值服务。结合传统节日和重大庆典,举办“节日特惠”“积分兑换”等系列线上活动。二是创新老带新激励与产品推荐服务。推出老带新活动,为新用户提供“锦鳞”“月月宝”等专属产品。三是创新旅游主题线上活动。利用集团内部资源,与国交中心等合作伙伴开展深度合作,推出旅游专题线上活动,在APP及微信小程序设置专属广告位,为客户提供多元化选择。

【风险管控】

一、加强信用风险管理

一是调整授信结构。拓展高层级主体项目,加强业务准入标准的制订发布和更新工作,针对重点区域制定集中度管控措施。二是密切跟踪交易对手的信用状况、抵(质)押物价值及保证人担保能力的变化,并根据具体情况采取有效的应对措施。三是建立风险限额及风险偏好体系,覆盖项目立项、审批、放款审核及后续管理环节,确保信用风险管理的独立性和客观性。

二、加强操作风险管理

一是加强履约风险管理。将履约风险作为重大操作风险实施专项管理,按照信托合同和相关法律文件规定和要求,履行好受托人管理义务。二是明确各业务部门和管理部门操作风险管理职责,确保各部门依法依规履行职责。三是加强风险评估。根据业务特点、管理流程和复杂程度,通过运用操作风险因素清单、关键风险指标、风险与控制自我评估等工具,定期监测并报告操作风险状况和重大损失情况。四是建立早期操作风险预警机制,降低损失事件的发生频率及损失程度。

三、加强市场风险管理

建立市场风险识别、计量、监测和控制程序,确保市场风险管理工作与业务性质、规模、复杂程度和风险特征相适应。一是建立业务实施细则。分级授权审批债券买卖集中度、买卖偏离度,构建多维度内部评价模型,形成债券交易可投库和回购拓展库,定期和不定期动态跟踪、及时调整;根据产品类别、标的品种等因素制定产品集中度控制指标;针对回购业务设立单一交易对手和单产品质押率限额和集中度限额。二是加强投资过程管理。评估资产流动性和变现能力,通过分析市场利率走势和不同期限收益率曲线变化趋势,制定合理的久期匹配策略。每日根据市场动态,合理评估在极端不利情况下的亏损承受能力,实时调整债券仓位和久期。

四、加强流动性风险管理

建立与业务性质、规模、复杂程度和风险特征相匹配的流动性风险管理体系,将固有业务、信托业务纳入流动性风险监测范围,不断完善流动性风险管理体系。通过拓展稳定资金来源、加大资金回笼力度、降低融资成本、密切关注资产负债期限匹配情况和市场流动性水平等方式,加强流动性风险指标监测,保障充足的准备金比率,维护流动性合理稳定。

五、加强声誉风险管理

由办公室、财富中心管理部牵头建立舆情监测汇报机制,加强舆情监测,第一时间开展舆情分析及危机预警,及时采取危机公关等措施,防控负面舆情。制定分级响应方案,根据突发事件严重程度,由团队负责人、城市财富中心负责人或部门负责人、公司领导直接参与舆情化解工作,及时回应投资者诉求,防范声誉风险。截至年末,63笔监管及政府平台转办投诉均在规定时效内处理结案。

六、加强合规风险管理

出台《合规管理体系建设方案》,设置56项具体任务,涵盖合规组织体系、重点领域重点环节和重点人员合规管理、合规管理运行机制、合规管理保障机制等4个方面,形成组织体系健全、制度较为完备、流程相对规范的合规管理体系。

七、加强信息科技风险管理

定期检查设备,了解设备运行状况,及时更换网络安全关键链路和关键防护部位的老旧设备;更新升级网络安全辅助链路和重点防护部位相关软硬件设备特征库,确保信息系统安全运行。

八、推动风险压降化解

实施一户一策清收方案,进一步压实风险化解责任,抢抓房地产风险化解政策及市场窗口期,全力推进风险处置攻坚。

【金融消费者权益保护】

一是完善消保工作机制。通过做好

外部监管和审计问题整改、开展制度“废改立”工作、加强新增产品和服务消保审查,推动消保工作纵深发展。制定《国通信托2023版考核评价管理办法》,将消保工作考核指标融入各项工作中。二是加强培训宣导。开展合规营销主题培训,提升相关岗位员工合规意识和消保意识。三是开展金融宣教活动。全年开展“资产配置万里行”等宣教活动,活动成果被媒体及行业协会报道转发6次,消保工作水平持续提升。四是开展客户信息安全全方位自查自检工作,妥善保管客户信息,防止客户信息外泄。

(国通信托有限责任公司)

(十一)金融资产管理公司

中国长城资产管理股份有限公司湖北省分公司

【概况】

2023年,长城资产湖北省分公司(简称)认真贯彻落实监管部门指导意见与公司党委决策部署,进一步巩固不良资产经营主业,防控和化解市场风险,一体化推进内控管理改革,全年实现稳健经营。截至年末,资产规模62亿元,实现不良债权资产经营处置回现14亿元。

【党建工作】

充分发挥党委“把方向、管大局、促落实”的核心作用,扎实开展主题教育,推动党建与业务深度融合,制定“一岗三责”10大项责任清单与全面从严治党主体责任清单,层层压实党建责任。深入推进清廉金融文化建设,打造高素质、专业化人才队伍。

【业务发展】

一是聚焦主责主业。对接金融机构资产处置需求,参与50多个金融资产包尽调、估值、报价工作,不断加大资产包收购力度,助力金融机构化解资产风险。着力盘活存量资产,全年处置金融不良资产回收现金5.51亿元。二是助力企业纾困。充分发挥不良资产经营优势,通过开展非金收购重组、实质性重组和还款计划调整等方式,助力实体企业纾困。全力推进南湖停工项目诉讼和解、总分包清理、调规等工作,与绿城管理集团通过“带资代建”模式,推动项目复工。三是助力中小金融机构改革化险。对接城商行、农商行等多家中小金融机构,通过降低银行低效资产规模,化解不良资产风险,释放信贷空间,助力中小金融机构轻装上阵、稳健运营。

【风险管控】

一是加强全面风险管理。做好项目全流程风险管理,强化风险识别监测、计量报告、风险化解机制,促进业务稳健发展。突出攻坚重点,进一步加强资产质量管理,风险化解取得有效突破。二是加强内部管理。强化追责问责机制,常态化开展追责问责;拓展内部审计覆盖面,强化审计成果运用,厚植合规经营文化。强化“业财险”协同管理机制,促进业务收益、财务成本、风险控制有机统一。

(中国长城资产管理股份有限公司湖北省分公司)

中国信达资产管理股份有限公司湖北省分公司

【概况】

2023年,信达资产湖北省分公司(简称)实现资金投放24.83亿元,其中,收购经营类投放6.29亿元、市场化业务投放18.54亿元。全年实现考核利润7.92亿元、计划完成率158%。全口径回现49.2亿元、计划完成率142%,其中金融不良资产回现13.4亿元、计划完成率149%。

【党建工作】

一、加强政治建设

一是认真落实“第一议题”制度。深入学习党的二十大精神和中央金融工作会议精神,通过党委会开展学习11次,结合实际制定落实党中央和上级党委要求的具体举措。二是持续推进巡视审计整改。召开12次巡视整改领导小组会议,加快内生不良风险化解,不断深化整改成效。三是践行“四下基层”制度,学习运用“浦江经验”。班子成员围绕服务湖北高质量发展、中小银行及非银行金融机构风险化解等4个课题开展领题调研,形成4篇调研报告,切实将习近平总书记的重要指示批示精神转化为工作思路和举措。

二、加强组织建设

一是深入开展“先锋引领行动”。签订揭榜挂帅承诺书15份,推动各党支部在业务开拓、风险化解、支撑服务等方面发挥堡垒作用。二是围绕重点单位开展走访工作。与客户单位开展党建经营座谈交流,组织7名青年党员骨干成立党员讲师团,宣导信达服务地方发展、支持实体企业的业务模式。作为资产管理公司唯一代表,参加湖北省与中央企业项目对接洽谈会。

三、深化党风廉政建设

一是开展党风廉政“警示教育周”活动。组织员工观看廉洁教育片《八小时之外》《穿透Ⅳ》;开展多层次履职廉洁谈话和干部任前谈话,强化警示教育。二是开展2023年穿透式监督工作,对排查出的问题提出防控措施并跟踪整改。三是深化业务经营领域廉洁风险排查防控工作。针对13个廉洁风险点制定22条整改措施,持续提高廉洁风险防范意识和能力。四是严格执行“四风”问题“零报告”制度。紧盯重要时间节点,通过邮箱、微信等渠道向全体员工转发上级纪检部门通报案例和廉洁微刊,强化廉洁意识。

【业务发展】

一、做好收购经营类业务

(一)做好资产收购工作

一是密切与对口银行联系,坚持“逢包必看”。全年投放6.29亿元,收购6个资产包,其中收购武汉农商行4.89亿元债权资产包,助力地方中小银行化解金融风险。二是召开“学思想 强担当 抓落实”长龄重大项目推进会,明确资产处置思路,完成一批重大项目资产处置工作。

(二)加大资产处置回现力度

一是拓展资产回现渠道。联合京东互联网拍卖平台举办“2023年精选资产线上招商推介会”,约7万人次在线观看,全年收购经营类业务回现资产包7.35亿元。二是丰富资产回现手段。通过转让剩余合伙权益的方式,回收合伙项目现金9.15亿元,该项目累计回现65.6亿元,实现净利润9.79亿元。在2022年回收2.5亿元的基础上,以超值抵押资产置换项目监管资金的方式提前收回某项目全部剩余债权本金4000万元及相应补偿金,实现项目颗粒归仓、顺利结项。

二、助力企业纾困化险、提质增效

一是支持房地产企业风险化解。通过实质性重组方式投放4.2亿元,联合信达地产对某地产项目进行纾困代建，盘活武汉核心城区烂尾楼盘。二是推动巡视反馈重点项目化险。针对巡视反馈的某信托项目，通过债权转让、查找财产线索等方式，推动项目破产重整、诉讼执行，同时积极对外招商，加快项目风险化解。三是推进市场化业务转型升级。联合产业投资人实质性重组航空公司老龄飞机资产，支持央企加快出清低效、无效老龄飞机资产，促进老龄飞机资产循环利用及价值再生。四是帮助企业提质增效。通过持续跟踪、逐日盯市，扎实做好某上市公司市场化债转股项目投后管理，减持全部股票，帮助公司获得可观收益。联合产投人设立合伙企业，投资9.57亿元参与上市公司股票司法拍卖工作，支持上市公司稳健发展。投放4.77亿元，联合湖北联投集团收购东湖高新集团剥离的湖北路桥公司66%股权，助力联投集团整合工程建设业务资源、东湖高新集团剥离非优势业务。

三、强化战略客户群和生态圈建设

一是提升营销能力。邀请外部专家开展客户经营专题培训，全年召开3期客户开发分析动员会和重点营销市场研讨会、2期客户开发沙龙，分析地方优势产业和细分市场，树立有目标、有准备、整合式的客户营销理念。二是开展常态化客户营销活动。完善客户开发体系，按周统计和通报客户走访情况，按月分析客户营销活动。全年累计走访客户504家，储备央企、国企、上市公司等重点客户。

【风险管控】

认真落实总部内生风险项目三年处置化解计划，全年共组织召开9次风险化解专题会议；认真做好日常风险管理工作，严格落实风险监测预警和投后管理等各类管控要求；召开主题教育正反面典型案例剖析会，对风险项目开展复盘分析，通过实施多种化险措施，消除抵押权悬空隐患，进一步夯实资产质量。

【金融消费者权益保护】

结合自身业务特点和工作实际，加强消费者权益保护工作。“3·15”金融消费者权益日期间，通过线上答题、电子屏宣传等方式，对客户和员工开展反电信诈骗、反洗钱和征信安全宣传，取得良好效果。

（中国信达资产管理股份有限公司湖北省分公司）

中国中信金融资产管理股份有限公司湖北省分公司

【概况】

中国华融资产管理股份有限公司湖北省分公司于2024年更名为中国中信金融资产管理股份有限公司湖北省分公司。2023年，中国中信金融资产湖北省分公司（简称）认真贯彻落实湖北省委、省政府关于金融工作的战略部署和监管部门的监管要求，在集团党委和公司党委的领导下，各项工作取得积极成效。全年实现净利润2.55亿元，同比增长39%。

【党建工作】

一是扎实开展主题教育，严格落实“第一议题”制度。围绕战略规划、不良包管理、主业转型、投后管理等4个方面开展主题教育和调查研究，推动学习调研成果转化为高质量发展的有效举措。分公司党委全年共组织开展中心组学习20次、专题研讨17次，讲授党课7次，举办培训班及读书班2次。各支部以“三会一课”为载体，通过集中学习、个人自学、交流研讨等方式，构建常态化、全覆盖的学习机制。二是强化“一次巡视、五年整改”思想，推动巡视整改问题落实到位。制定包含19个巡视问题的整改清单，制定27项整改措施，督促相关部门全部整改并完成验收。三是落实全面从严治党责任。制定年度主体责任任务计划，定期召开专题党委会议研究部署全面从严治党工作。持续加强党风廉政建设，常态化开展警示教育、先进典型教育、职业道德教育和廉政家风建设。

【业务发展】

一、拓展不良资产收购规模

研判本地不良资产市场供给变化和竞争环境，充分挖掘银行客户降低不良率、释放存量规模等业务需求，扎实做好尽调和定价工作，全年共收购11个不良包，收购债权规模38亿元，市场占有率接近一半。

二、助力民企纾困

探索和实践“业务八做”机制，在盘活国企低效资产、支持“保交楼”项目和帮助民企纾困等方面取得良好成效，有力支持实体经济发展。

三、发挥集团协同优势

坚持市场化、法治化、合规化的原则，充分发挥集团协同优势，推进一批重点项目落地，与集团成员单位联合打造中信综合金融服务品牌。

四、加强队伍建设

一是完善考核机制。加强考核政策学习宣贯，精准谋划重点工作，强化督办落实。开展劳动竞赛，将绩效与重点任务完成情况挂钩，实现以督考抓落实促实效的目标。二是分层级加强梯队建设。开展员工职务晋升和人才库建设工作，进一步优化队伍结构。三是强化作风建设。以“作风建设年”活动为契机，践行新企业文化和“三办”责任文化精神，督促员工强化自我约束，提升工作效率。

【风险管控】

一、加强合规内控管理

一是完善制度体系。系统推进制度规定“立改废”工作，修订和完善19项内部管理制度，提高制度科学性和规范性。二是加强合规宣教。开展“强内控合规守清廉底线”“合规文化深化年”“法治合规文化宣传月”等活动，加大合规宣教力度，营造良好合规清廉文化氛围；组织员工学习合规规章制度，强化员工合规意识。三是加强员工行为管理。严格落实案防管理主体责任，加强从业人员异常行为常态化监测排查，规范员工执业行为，持续巩固深化整改成效，提升依法合规经营能力。

二、加强全面风险管理

扎实开展投后管理自查整改、涉房项目投后巡访专项整治等，全面提升投后管理质效。加强政策传导，通过会议解读、审查提示等方式，统一前中后台风险偏好，完善全面风险管理体系，筑牢风险防线。

（中国中信金融资产管理股份有限公司湖北省分公司）

中国东方资产管理股份有限公司湖北省分公司

【概况】

2023年，东方资产湖北省分公司（简称）坚持强合规、促转型、化风险、去存量的经营路线，推动业务回归主责主业。全年实现现金回收31亿余元，较上年增长26.78%。实现预算利润2亿余元。

【党建工作】

一、开展主题教育

一是围绕经营发展和党建工作，积

极部署开展主题教育。结合实际制定主题教育实施方案,成立组织领导机构,夯实责任、明确分工、细化安排。二是立足实际,开展调查研究。班子成员结合经营发展实际,深入业务一线开展调查研究,共形成调查研究报告 4 篇,归纳、总结、推广先进做法,反思、剖析问题原因,制定整改措施,进一步推动分公司党建和业务高质量发展。

二、加强警示教育

一是开展警示教育活动。召开全体员工警示教育大会,通报学习系统内外典型违法违纪案件,引导全体干部员工从"身边案"对照检查、吸取教训、反思自省。二是开展廉洁风险排查。定期开展廉洁风险排查,进一步强化作风建设警惕性;倡导清廉文化价值观,党员带头发扬求真务实的工作作风,防止形式主义、官僚主义蔓延。三是围绕"强内控合规守清廉底线"主题,开展合规辅导、廉洁提醒、查摆自纠、剖析根源、整改落实等工作,切实提升员工合规清廉从业意识。

【业务发展】

一是助力房地产市场平稳运行。妥善处理房地产风险项目,向某项目追加投入专项借款资金,帮助企业盘活项目,被住建部作为典型经验纳入工作简报。深入分析研判某项目痛点,与项目公司、政府部门、施工方多次协商座谈,保障该项目一批房屋顺利交付、债权本金顺利回收,实现经济效益和社会效益双提升。二是深耕重难点项目。牵头开展某集团债务风险化解工作,通过"股权+债权+资产"混合并购模式,盘活资产,提升处置金融不良资产的市场参与度。三是助力金融机构风险化解。持续关注武汉某银行风险化解工作,通过前端介入,做好尽调以及交易结构设计,为其量身定制交易模式和处置方式。对接中小金融机构资产处置需求,为中小金融机构风险资产化解出谋划策,加大不良资产处置力度,助力中小金融机构可持续发展。四是推动存量资产提质增效。丰富处置手段,提升金融不良资产包处置能力;抓紧抓实投后管理,加快存量资产资金回笼。

【风险管控】

一是强化合规意识。全年共开展 10 次合规主题培训和测试、5 次征信和反洗钱等方面合规文化宣贯活动,厚植合规审慎文化。二是开展合规检查和自查。围绕存量风险资产投后管理以及重大金融资产处置工作开展合规检查,对部分长龄资产处置工作、固收类项目投后管理工作进行风险提示,严控风险集聚态势,实现全年无新增内生不良项目。

【金融消费者权益保护】

一是加大线上宣教力度。深入学习消保相关政策,制作微信电子宣传资料,通过微信群、微信朋友圈向客户经理、客户以及服务商广泛宣传消保知识,形成人人讲消保的宣传氛围。二是做好线下宣教工作。制作宣传海报、易拉宝等宣传物料在办公区进行展示;制作消费者权益保护知识宣传 PPT,利用办公区多媒体屏幕循环播放,扩大受众覆盖范围。

(中国东方资产管理股份有限公司湖北省分公司)

(十二)金融租赁公司

光大金融租赁股份有限公司

【概况】

2023 年,光大金融租赁公司(简称)坚持稳中求进的工作总基调,不断推动业务转型,提升服务实体经济能力。全年实现营业净收入 39.7 亿元,持续保持正增长;净利润 19.7 亿元,同比增长 11.6%;净资产收益率(ROE)13.98%,高于同业均值 4 个百分点。年末总资产 1376 亿元,其中租赁资产 1140 亿元。不良租赁资产余额、不良率较年初实现"双降"。年内完成股东现金分红 2 亿元。入选"2023 湖北省服务业企业 100 强""2023 武汉企业双百强";获得"中国海事金融牵星奖·创新奖"、全球租赁业竞争力论坛 2023 年度"腾飞奖·绿色租赁领军企业"、人民银行湖北省分行 2023 年度"金融支持绿色发展突出贡献单位"等奖项。

【党建工作】

一、突出政治引领,坚定夯实党建基础

一是发挥党委把方向、管大局、促落实作用。深入学习中央金融工作会议、中央经济工作会议精神,全力做好金融"五篇大文章",深化落实"九项重点任务",推动公司改革发展。二是开展专项督办工作。建立健全学习贯彻落实习近平总书记重要指示批示精神情况专项督办、光大集团全面贯彻落实党的二十大精神专项督办、光大银行主题教育"破难题、促发展"专项督办等 5 项督办机制,组织召开租赁业务沟通会 16 次、审查审批沟通协调会 2 次、开展行业课题研究 8 项,以党建带动业务转型发展。

二、开展调查研究,破解改革发展难题

完成 6 项调研课题并形成调研成果,针对 24 个具体问题提出 21 条整改举措,解决群众反映的"急难愁盼"问题,在全面从严治党、服务实体经济、风险化解实践等方面开展积极探索。

【业务发展】

制定《公司 2023-2025 年战略实施规划》,准确把握金融租赁功能定位,通过拓展客户基础、提升风控能力、优化业务结构,推进业务专业化、区域化、数字化创新转型。

一、加大重点区域和重点领域资金支持力度

一是加大重点区域资金支持力度。全年京津冀地区、粤港澳大湾区、长江经济带等重点区域新增投放 197 亿元。二是加大重点领域资金支持力度。制定《公司落实中央金融工作会议精神 做好五篇大文章工作方案》,结合自身实际,以发展绿色金融作为重点工作,不断拓展绿色租赁规模。探索布局绿色产业上下游产业链,加大绿色航空、绿色航运、新能源汽车、新能源电站及乡村振兴等领域金融服务力度。战略性新兴产业新增投放 30.4 亿元、高新技术企业新增投放 65 亿元;民营企业新增投放 201 亿元、小微企业新增投放 140 亿元;年末畜牧养殖领域租赁业务规模 26 亿元。

二、推动业务专业化发展

发展航空、航运、车辆、新能源设备租赁业务,打造专业化优势。车辆、航空设备租赁部、航运、新能源等专业领域新增投放 163 亿元,占比达到 45%。其中,新增机队规模 50 架、船队 27 艘、运营车辆 12000 辆以上。全年实体业务新增投放 323 亿元,占比 90%。其中制造业新增投放 107 亿元,占比近 30%。

【金融创新】

一是探索绿色租赁产品和绿色租赁服务模式。创新直接设备租赁业务,重点支持清洁能源、节能环保、碳减排技术、煤炭清洁高效利用等领域发展。积极寻找行业内具有成熟经销商网络和新能源行业经验的户用光伏平台作为承租人,为农户提供光伏设备并负责建设运营维护。全年实现户用光伏领域融资 4.3 亿元,累计为 7216 户客户提供融资服务，预计每年使用电力16.69万千瓦时，节约汽油消耗5.41万吨，减排二氧化碳15.73万吨。全年绿色租赁新增投放85.68亿元。二是加大科技创新力度。强化信息科技应用，推进数字化转型“1+N”工程，创新线上租赁方式，通过拓展大批量、小品种、普惠型租赁业务规模，扩大业务覆盖面。

【风险管控】

一、提升风险防控质效

一是重点关注关键指标。制定《防范化解风险专项治理工作方案》，修订《公司风险偏好、容忍度及风险限额》，将行业集中度、客户集中度、政府隐债压降指标、构筑物压降指标列入年度风险限额指标库，实行定期监控。二是加强租后管理。改进预警制度，强化“一户一策”客户风险化解、不良资产处置、隐患资产监测、退出客户管理等措施。全年结清2户、核销1户、压降本金17户，超额完成压降目标。

二、提升内控合规水平

实施《合规风险管理政策》，扩大内控合规管理考核覆盖面，提高内控合规指标权重，建立法律合规与风险防控、内部审查等工作相互衔接的管理体系。全年制定制度20项、修订制度41项、废止制度42项；开展案件风险排查13次；完成14个专项审计和公司年度内部控制评价工作。年内未发生涉刑案件和监管处罚。洗钱自评估工作获得监管部门表彰。

【金融消费者权益保护】

设立董事会社会责任及消费者权益保护委员会。修订《公司消费者权益保护工作管理办法（2023年版）》《公司消费投诉管理办法（2023年版）》，持续健全消保制度体系。完善投诉处理机制及回访流程，不断改善客户服务体验；完善零售合同消保条款，不断加强零售业务合作机构管理；开展客户满意度调查，进一步强化客户服务效能。开展金融消保教育及培训，履行好消保主体责任。

（光大金融租赁股份有限公司）

湖北金融租赁股份有限公司

【概况】

2023年，湖北金融租赁公司（简称）全年实现业务投放335.87亿元，同比增加84.89亿元。年末资产总额625.82亿元，较上年增加101.91亿元，增长19.45%。租赁资产余额591.29亿元，较上年增加106.07亿元，增长21.86%；融资租赁资产余额净增77.41亿元（不含经营性租赁28.66亿元），完成省政府年度贷款新增计划193%，新增业务投放居全省非银金融机构首位。全年实现利润总额5.72亿元，净利润4.28亿元。截至年末，公司共获得171家机构授信额度885.40亿元。

【党建工作】

一是开展主题教育。深入学习党的二十大精神和习近平总书记最新重要讲话、重要指示精神，推动党的创新理论武装“入脑、入心、入行”。强化问题整改，切实将主题教育成果转化为推动业务发展的强大动力。累计组织调研20余次，取得“以学促干”较好效果。二是强化党建引领。制定公司全面从严治党主体责任清单和党建工作项目清单，进一步厘清工作重点、压实工作责任。落实战略规划、风险政策、人事任免、绩效考核等重大事项党委前置讨论程序，充分发挥党委“把方向、管大局、促落实”作用，推动公司专注主业、立足本土、回归本源，业务经营实现量的合理增长和质的有效提升。三是加强组织建设。实施党员队伍建设“双培养”工程，打造政治素养、职业素养“双硬核”的党员队伍。开展“两优一先”“国企先锋”选树和“党建攻关促改革”等活动，激励党员践承诺、当先锋、促发展。进一步规范干部选拔任用程序、畅通员工晋升通道，大力选拔任用青年干部。制定年度绩效考核方案，坚持差异化考核，进一步实现平等竞争、优胜劣汰。依托“员工大讲堂”“线上学习平台”，加大分层分类员工培训力度，持续提升干部员工金融素养和专业技能。四是推进全面从严治党。逐层签订党风廉政建设责任书，压紧压实“一岗双责”，纵深推进全面从严治党。强化廉洁办租告知机制，主动接受外部监督。持续深化清廉金融、清廉国企建设，开展“爱廉说”“荐廉书”“开放日”系列活动，营造廉洁从业氛围。

【业务发展】

一是助力长江经济带发展。引导资金资源投向长江经济带，积极服务长江经济带重大项目建设和重点企业发展。全年累计投放280亿元，重点支持旅游、医疗、环保、交通等重要板块，赋能打造最美长江岸线。二是支持本土经济发展。围绕湖北省“一主引领、两翼驱动、全域协同”的区域发展布局，充分发挥武汉金控集团产融协同优势，持续加大湖北区域资金投放力度。全年累计向湖北区域投放158.74亿元，区域投放占比47.26%，连续九年被评为“金融支持湖北经济发展突出贡献单位”。三是服务绿色领域发展。将绿色租赁作为重要战略方向，研究绿色租赁细分领域，全力服务绿色转型。全年通过绿色租赁累计投放47.83亿元，涵盖清洁能源、绿色交通、节能减排、环境治理等多个领域。四是服务高端装备制造业。布局先进制造、战略性新兴产业、传统产业转型升级等领域，全年在矿山机械、新能源电池生产等产业投放22.22亿元，支持制造业高端化、智能化、绿色化和数字化发展。五是支持乡村振兴。对接涉农企业扩大产能、设备改造、技术升级等融资融物需求，丰富涉农金融产品供给，全年累计投放涉农租赁项目39.55亿元，加快农业农村现代化发展。

【金融创新】

制定《公司2024-2028年五年战略规划》，深耕实体产业发展，确立能源环保、交通物流、高端装备三大转型方向。通过创新金融产品和服务，推动业务转型发展。一是创新能源环保领域服务模式。瞄准发电、交付、运维、质量等市场痛点，联合光伏头部厂商，为客户提供多元化、多品种的设计、建造、安装、运维整体解决方案，创新打造“一站式”光伏服务体系。全年投建户用光伏电站4.2万座，装机规模1GW，预计每年生产清洁电力9.2亿度，减少91万吨二氧化碳排放。与工商业储能设备商合作，创新“合同能源管理+金融租赁”模式，以直租方式支持企业储能电站建设，通过用电“削峰填谷”，有效提升电能自主管理和利用水平，助力企业低碳发展。二是创新交通物流领域服务模式。创新资产直租模式，聚焦湖北某市航空产业发展规划，与某航空公司签署首单通用飞机直租合同，助力该市融入全省“双枢纽多支线通用航空广覆盖”机场布局体系、建设综合性航空产业园、完善城市服务体系、增强经济辐射效应。

【风险管控】

一是健全风险管理体系，抓实全面风险防控。结合经营实际，采用风险均衡策略实现风险平衡。明确客户、行业、区域、产品等方面风险偏好、限额，定期开展压力测试、资本和流动性充足情况评估,加强各类风险识别、监测预警和管控。二是优化评审机制,强化租赁物管理。推进单一客户评估转变为细分领域的区域性、行业性等系统性风险评估。采取批量化、标准化评估方式,通过"专家法"评估大额对公业务风险,通过"模型法"评估渠道业务、小微零售业务风险。配备专职审查人员,做细、做优创新业务风险管理。建立细分领域租赁物价格跟踪、评估体系,明确估值程序和方法,强化租赁物管理。三是完善内控体系,保障合规运营。通过理念转变、行为落实、技术支撑,完善合规管理体系,夯实公司合规经营基础。学习监管最新政策精神,全面梳理制度流程,查漏补缺,确保各项制度依法合规、贴合实际、行之有效。深化反洗钱管理,提高洗钱风险防范能力。四是强化审计监督,提升审计质量。开展租赁业务全流程审计、风险管理专项审计、资产管理专项审计、呆账核销专项审计、重要岗位人员离任审计,及时整改在审计中发现的问题,充分发挥审计监督作用。

【金融消费者权益保护】

开展"3·15"消费者权益保护教育宣传周、防范非法集资宣传月、"金融知普及守住'钱袋子'"等活动,通过"线上+线下"全方位、宽领域、多渠道的宣传矩阵,扩大宣传覆盖面,帮助金融消费者提高风险防范意识和能力。

(湖北金融租赁股份有限公司)

航天科工金融租赁有限公司

【概况】

2023年,航天金融租赁公司(简称)加强有息负债管控,推动资产规模稳定增长。全年租赁业务投放98.21亿元,同比多投3.73亿元。截至年末,资产余额191.41亿元,较上年增加4.08亿元,增幅2.18%。其中融资租赁资产余额181.09亿元,较上年增加4.53亿元,增幅2.57%。全年实现净利润3.43亿元,较上年增加0.27亿元,增幅8.6%;资产利润率1.81%;资本利润率8.48%,同比均略有增长。不良贷款余额1.94亿元,较上年减少0.43亿元;不良贷款率1.07%,较上年下降0.27个百分点。

【党建工作】

一是坚持党对金融工作的集中统一领导。切实发挥党组织把方向、管大局、保落实的作用,将推进金融高质量发展要求落实到经营管理实际,持续推进产业化转型。组织开展中层干部党的二十大精神轮训班,签订党建责任令,全年按月开展12次中心组学习、4次专题研讨,系统学习党的二十大报告和党中央、国资委、监管机构、上级单位的重要会议及文件精神。二是强化党建引领公司治理机制。建立"党委领导、董事会战略决策、管理层执行落实"的治理机制,将党的领导融入公司治理各个环节,持续完善董事会、党总支会、总经理办公会议事规则和"三重一大"决策制度。制定《金租公司学习习近平总书记重要讲话和指示批示精神情况台账》,全年共组织召开43次党总支会议,审议230余项重大经营管理事项,确保党的领导深度融入公司治理各个环节。三是加强基层党组织建设。优化调整基层党支部,增立普惠金融党支部,撤销科技金融党支部。全年召开4次组工干部会议,开展1次支部书记轮训,现场沟通和解决党支部工作难点,提升支部工作质效。坚持党管干部的原则,及时整改上级单位选人用人检查中发现的问题,进一步完善和规范选人用人流程。

【业务发展】

围绕"1+3+N"战略,坚持专业化、特色化业务发展路线,根据2023年度上半年地区经济指标运行情况,动态调整白名单,推动基础项目平稳落地。全年航天、绿色、先进制造以及现代交通等产业投放占比82%。绿色租赁投放增幅30%;先进制造业投放增幅620%;普惠小微租赁投放增幅219%。

一、服务重大项目

加大重大项目资金投放力度,支持最新一代自升式海上风电安装平台——华西1600交付投产,是国内作业水深最大、海上施工能力最强、功能最全、效率最高的桁架式桩腿风电安装平台。投放远方公司测井仪项目,该项目租赁物广泛应用于中石油、中石化等油企,打破国外技术垄断。

二、服务航天产业发展

一是成立专项领导小组和专班,制定服务集团航天产业方案,推出"航企租"产品。为2家航天产业上游供应商和1家下游客户提供"航企租"产品,全力服务航天产业供应链企业。二是举办助力集团产业交流会。通过案例发布、客户交流的形式,宣传公司产业转型、业务创新成果,促进与航天产业企业合作,持续探索产融结合路径。全年向航天产业及上下游企业投放6.55亿元。三是开展航运、通用航空等领域经营租赁和直租业务。全年经营性租赁投放3.69亿元、直租投放15.91亿元,经营性租赁和直租业务投放较上年增加3.74亿元,增幅23.6%;经营性租赁和直租业务投放占比19.96%,较上年提升3.17个百分点,领先于同类金融租赁公司。

三、服务绿色发展

拓展清洁能源领域业务,加强与三峡电能合作,积极拓展华电、湖北能源、粤电集团业务。投放海南屯昌农光互补、屈家岭生物质发电、鄂州集中式光伏以及长征公司、深圳工研院欧科空调光储充一体化项目。

四、服务车辆产业发展

优化车辆产业业务结构,实现城配市场龙头企业、出行市场龙头企业全覆盖。与神州租车、一嗨租车、地上铁等头部企业合作,投放3637辆车共4.3亿元对公业务、268辆车共0.7亿元零售业务,其中新能源车1376辆,占总资产台数37.8%。

五、开展普惠金融业务

一是建立普惠金融工作机制。围绕

航天金融租赁公司举办金融助力集团产业业务交流会

城市基础建设金融需求，制定业务产品、操作规程、业务流程。通过市场化招聘普惠事业部人员，强化试用期考核，打造专业人才队伍。通过上线普惠业务系统、开展市场调研，修订发布标品、非标品的产品政策和制度。二是加强普惠业务全流程管理。审计稽核和法务合规部门定期对普惠业务开展现场检查、审计和督导，督促改进发现的问题，将租前调查、租中评价、租后巡视管理和租赁物管理要求落到实处。全年普惠业务投放 213 笔、4. 16 亿元，单户平均金额 195 万元。

【金融创新】

一是创新通用航空领域业务模式。通过创新通用航空领域经营性租赁业务模式，投放某通用航空应急救援直升机，是公司拥有所有权的第一架直升机。二是创新新能源电池业务。总结新能源业务经验，创新可复制的新能源电池业务，全年累计投放 6 笔、共 579 台新能源公交车新能源电池直租业务。三是开展分布式光伏行业研究。通过制定准入标准、创新服务模式、灵活配置租金方案，平衡风险与业务发展。

【风险管控】

一是加强全面风险管理。制定全面风险管理工作规划，评估经营过程中的重大风险。完善风险偏好书，制定年度各类风险限额指标。按季度监测各项指标运行情况，及时调整风险管理措施，提升全面风险管理水平。二是加强合规和内控管理。开展“强内控合规、守清廉底线”活动，查堵风险隐患和漏洞，遏制各类违法违规违纪行为。设立法治与合规委员会，制定工作规则，稳健开展法治建设与合规管理工作。全年审查 190 个租赁项目，及时整改审查中发现的问题。加强租赁物的合法合规性审查，全年未新增权属不清晰、权属瑕疵的不合规租赁物。三是加强案防工作。通过签订廉洁承诺书、开展案防警示教育、做好全员家访工作，排查员工异常行为，强化员工案防意识。公司全年合规开展各项业务，未发生重大风险事件和重大案件。四是开展风险防范专题培训，聘请行业专家讲授航运、新能源汽车市场发展动态和趋势，提升中台产业客户尽调、财务分析、报告撰写等方面专业能力。

（航天科工金融租赁有限公司）

（十三）企业集团财务公司

有色矿业集团财务有限公司

【概况】

2023 年，有色矿业财务公司（简称）坚持党建引领，推动党支部、董事会、经理层协调运转。深入开展“四个平台”建设，强化“两个体系”支撑作用，全力推进经营创收，收入实现稳步增长。全年累计实现营业收入 2. 97 亿元；利润总额 1. 78 亿元；净利润 1. 37 亿元；净资产收益率 4. 15%。持续推进“六个增效”专项行动，实现增利 3596 万元，完成全年增利目标 230%。利润指标创历史同期最好水平。

【党建工作】

以压实管党治党政治责任为核心，推动党建与业务深度融合。党支部连续两年获评集团公司党委“先进基层党组织”、连续三年获评集团公司直属机关党委“先进党支部”，2023 年首次获得“集团公司基层示范党支部单位”荣誉称号。一是开展主题教育活动。贯彻落实集团公司党委“12345”目标要求，扎实开展学习贯彻习近平新时代中国特色社会主义思想主题教育，高质量完成理论学习、调查研究、推动发展、整改整治等任务，推动公司重大经营任务落实落地。二是开展“抓党建 · 促作风”专项活动，做好员工工作风建设和督导督办工作。三是开展员工能力提升行动。研究制定专项实施方案，开展员工能力素质评估。针对员工工作能力短板和弱项，差异化制定五大方面提升措施，通过完善支持政策、多维度开展学习培训，持续提升全员综合素质和专业能力。

【业务发展】

一、加大信贷支持力度

针对不同企业分类施策，为客户提供高性价比金融服务，全年累计投放信贷资金 130 亿元，日均贷款余额 69. 54 亿元。一是加大科技金融信贷支持力度。制定《科技创新贷款准入指引》，向天津新材投放订单式流动资金贷款 13 笔共 8810 万元；向阳新弘盛投放循环额度贷款 3 笔共 1. 5 亿元；向中色正锐投放流贷 1 亿元；向中色东方投放流贷 5000 万元。二是加大绿色金融信贷支持力度。制定《绿色环保贷款准入指引》，向中色桂林院投放绿色贷款 6000 万元；向富邦铜业续接中央环保督察整改项目投放贷款 7 亿元。

二、发展重点业务

一是发展票据业务。升级新一代票据业务系统，实现信息化平台统一管理，动态监控票据资产，打造全流程票据服务体系。公司重组以来累计办理票据贴现业务 12. 31 亿元、票据再贴现业务 9. 4 亿元、票据转贴现业务 14. 12 亿元；年末集团公司票据余额 6. 74 亿元，票据集中度持续保持 100%。为中色十五冶、中色桂林院开具带有保贴属性的财务公司承兑汇票共 483 万元，全口径综合费率下降到 1. 5%，有效缓解集团内中小企业融资难融资贵问题，降低企业资金占用率。二是发展国际业务。依托跨境资金集中运营业务资质，拓展跨境业务场景，打通境内外资金流通渠道。重组以来累计开展 22 笔外债、境外放款业务，金额 43 亿元；30 笔集中收付汇业务，金额 10 亿元。针对集团公司国际化程度高、境外存量资金风

有色矿业财务公司为中色正元年产 6 万吨锂电池正极材料前驱体项目（一期工程）筹组 13. 15 亿元银团贷款

险大的特点,通过吸收存款的方式归集集团境外资金,累计吸收境外资金 1.05 亿元,保障集团境外资金安全。三是发展结售汇业务。摸排成员单位结售汇业务开展情况,通过优化办理流程、提升价格优势,实现代客结售汇业务多币种、全性质覆盖,全年累计代理成员单位办理结售汇业务 146 笔,折合人民币 37.24 亿元。

三、强化合作协同机制

一是加强银企财合作。主动承担企业财务顾问职责,整合外部金融资源,引导中长期资金投向集团产业。压降集团公司 8.52 亿元担保额度,扩大集团自有资金辐射范围,有效降低企业融资成本。为中色正元年产 6 万吨锂电池正极材料前驱体项目筹组 13.15 亿元银团贷款;推动新材料企业中色东方 2.35 亿元银团贷款、科创企业金航钛业 2000 万元银团贷款落地。二是加强同业合作。优化同业授信结构,提升资源配置效率。截至年末,与 23 家金融机构开展合作,获得同业授信共计 154 亿元。全年开展同业拆借、票据转贴现等各类流动性补充业务,金额 27.9 亿元。

四、优化投资组合

实施多期限多品种错配投资策略,在满足投资资质范围及公司流动性管理要求前提下,有效运用闲置资金,构建投资组合,实现闲置资金保值增值。全年累计投资金额 61.30 亿元,累计实现收益 1245 万元,投资收益率 2.41%,高于市场平均收益率 27.5%。

五、提升客户服务水平

充分发挥专业优势,持续完善"四位一体"研究体系,密切跟踪与集团公司主业相关的宏观经济指标、大宗商品价格走势及热点问题。全年累计发布 12 篇月度研究报告及《2023 年利率、汇率市场走势展望》等专项研究报告,制定《授信融资定价指引》和融资指导价格,助力集团公司管控利率汇率风险。围绕集团公司主业,全年累计开展 12 次现场调研,形成 9 份专项调研报告及"一企一策"金融服务方案,解决客户 16 项"急难愁盼"问题,推动集团内部大中小企业协调发展。

【风险管控】

一、完善全面风险管理体系

实施稳健的风险管理策略,以"定性+量化"相结合的方式制定风险防控措施,动态开展风险监测和风险评估。截至年末,各项风险指标均处于合理区间。

二、提升内控管理水平

一是开展制度"立改废"。全年新增 12 项制度、修订 53 项制度、废止 3 项制度,提升制度科学性、针对性和可操作性。二是完善授权管理体系。修订《董事会授权管理办法》,定期向董事会汇报授权事项执行情况,建立分工合理、职责明确、报告关系清晰的管理机制,筑牢前、中、后台风险防控三道防线。三是加强合规管理。开展法律合规审查,全年共审查 216 项合同条款、71 项制度、21 项重要决策事项,实现经济合同、规章制度和重大决策三项法律事项审核覆盖率 100%。开展 12 期法治合规、监管政策宣传培训,提升法治建设和合规管理水平。

(有色矿业集团财务有限公司)

湖北宜化集团财务有限责任公司

【概况】

2023 年,湖北宜化财务公司(简称)整体运行良好。截至年末,资产总额 41.9 亿元,较年初增长 0.34%,其中贷款 30.08 亿元,较年初增长 19.7%。负债总额 29.92 亿元,较年初下降 14.93%,其中存款 29.78 亿元,较年初下降 12.49%。净资产 11.97 亿元,较年初增加 5.39 亿元,增长 81.91%。全年实现利润 0.4 亿元。资本充足率 40.67%;流动性比例 51.01%;贷款比例 75.62%;贷款拨备率 1.54%;不良贷款为零;半年度全口径资金集中度 49.18%。主要监管指标全部达标。

【党建工作】

持续加强党建引领,明确党组织研究讨论是董事会、经理层决策重大问题的前置程序。严格落实"三重一大"决策机制,全面梳理董监高选举、股东调整、信息披露等 38 项重大决策事项,提高决策的科学性、民主性和法制性。全年召开 12 次支委会议、6 次党员大会、1 次组织生活会,开展 12 次主题党日活动、4 次支部书记讲党课活动。认真落实《财务公司行业从业人员廉洁行为准则》规定,开展清廉金融文化建设自评工作,强化全员廉洁自律意识。

【业务发展】

一、推动实现降本增效

全年累计创效 5524 万元。其中,通过争取财政优惠政策减少财务费用 1788 万元;通过争取低于同期 LPR 利率的贷款置换高息贷款,减少财务费用 287 万元;通过调整贷款还款方式,减少财务费用 2597 万元;通过提高同业存款利率,增加收入 738 万元;通过开展再贴现业务,降低融资成本 13 万元。

二、调整信贷结构

一是提升制造业、涉农企业贷款比重。截至年末,制造业贷款、涉农贷款分别达到 24.08 亿元、17.24 亿元,占比较年初分别增长 41.39%和 54.64%。二是合理匹配资产负债结构。综合考虑长期资金来源、流动性、收益性等因素,适度提升长期贷款占比。年末长期贷款余额 3.84 亿元,较年初增加 1.24 亿元,长期贷款占总贷款比重由 10.34%提升至 12.77%。压降单一客户贷款余额,压缩海利外贸贷款 1 亿元和宜化集团贷款 0.55 亿元。储备楚星生态搬迁、宜化新能源烧碱等项目,引导资金投向重点领域。

三、服务绿色发展

精准对接绿色领域重大项目,满足成员单位融资需求。有序推进氨醇项目 1.9 亿元银团贷款,利率降至 3.2%,项目每年形成节能量约 11139.9 吨标准煤。支持磷肥行业稳产保供,分批次向楚星化工发放贷款 2.45 亿元。

四、服务集团成员单位发展

召开第十八次债委会议,成立支持宜化高质量发展金融指导小组。支持金沙酒业重组,配合 4 个成员单位完成资金转出及销户。向新疆宜化发放 5 亿元贷款用于置换宜昌高投的高息借款,推动新疆宜化回表。

【金融创新】

借鉴同业先进经验,不断创新信贷产品,开发循环额度贷款、订单融资和项目前期贷款等创新产品,全年发放订单融资贷款 0.44 亿元。创新循环贷款,实现"一次审批、循环使用、余额控制、随贷随还",全年发放 13 笔循环额度贷款、金额 6.5 亿元。

【风险管控】

一、强化评估和考核机制

一是开展公司治理评估。全年召开 6 次股东会会议、6 次董事会会议、2 次监事会会议。二是开展薪酬考评和履职评价。建立考评细则,按季监督绩效考评兑现及薪酬制度执行情况;开展上年度董监高履职评价,评价结果均为"称职"。

二、加强内控合规管理

一是完善内控制度。开展制度"立改废"工作,将制度分为 10 大类,进一步完善制度体系。二是邀请集团合规运营部对公司2大类17种合同文本进行集中评审并定稿，确保合同内容合法合规、明确具体。三是强化内部审计和问责机制。全年累计完成33个审计项目，发布2期管理通报、3期考核通报，加大员工行为管控力度，督促全员遵章守纪。四是加强问题整改。制定落实监管评级提升20条整改措施，配合监管部门做好重点业务合规性检查工作，督促整改检查中发现的问题。五是开展“强内控合规守清廉底线”活动。成立以董事长为组长的领导小组，制定活动方案，召开部署动员会。通过开展政策法规培训、合规考试、廉政教育基地参观、合理化建议征集、制度集中评审、历年监管检查及审计发现问题“回头看”、专题分析会等活动，形成问题、责任、整改三个清单。

三、加强全面风险防控

一是加强信用风险防控。强化贷款“三查”机制，全年开展尽职调查54次、实地走访成员单位35次。召开风委会会议21次，审议发放贷款24.19亿元、签发保函3笔4638万元。按季划分资产质量，按月进行拨备计提。二是加强流动性风险防控。通过信息管理系统监测每日流动性指标。按季开展流动性风险压力测试，结合集团资金计划、流动性与资本充足压力测试结果，实施流动性风险防控措施。三是加强信息科技风险防控。投产上线新一代信贷和票据系统、二代征信、管理信息系统，获得公安部门颁发的信息系统安全等级保护三级备案证明，进一步提升信息化管理水平。四是强化案件专项治理工作。开展反洗钱、征信安全等方面宣传活动，完成涉非涉稳风险排查、反洗钱数据报送情况自查自纠。按季开展员工行为排查，组织员工签订2023年度案防责任书、员工合规从业承诺书，不断提升案防管理水平。

（湖北宜化集团财务有限责任公司）

东风汽车财务有限公司

【概况】

2023年，东风汽车财务公司（简称）深化集团司库体系建设，圆满完成司库三期建设任务，实现境内企业银行账户和资金流动的信息动态归集和穿透监测，确保集团金融资源全局可视可管可控，赋能业务转型升级。全年各项信贷业务累计投放467.47亿元，较上年下降35.67%。其中，公司金融业务投放125.76亿元，较上年下降34.55%；汽车零售金融放款25.92万辆，综合渗透率21.95%，较上年下降10.91个百分点。各项存款规模993.95亿元。全年实现利润总额11.09亿元，较上年下降33.20%。截至年末，表内外资产规模1596.35亿元，较上年下降4.55%。全年新增38家授信成员单位，累计向成员单位投放表内外信贷资金918.81亿元，助力东风公司高质量发展。

【党建工作】

压紧压实党风廉政建设责任，强化政治监督和作风建设，从严落实“一把手”和班子监督职责，推进“三不腐”。配合东风公司党委第五巡视组做好巡视检查工作，聚焦“再检视”反馈意见，制定整改方案，实行销号管理。开展“凝聚合力促转型、奋勇争先保目标”“百日冲刺 攻坚有我”主题劳动竞赛，组织团支部参加东风公司团委营销大V培养计划，助力主机厂稳健开展营销工作。

【业务发展】

一、推动集团司库三期项目建设

推广司库掌上APP和结算模块应用，建立司库运营报告管理体系，建成“智能友好、穿透可视、功能强大、安全可靠”司库信息系统。在国资委司库体系建设中期验收中获评“优秀”，在97家中央企业中排名第23位。截至年末，已上线782家会计核算主体，资金可视率达到100%；结算功能覆盖424家单位，基本实现直属控股单位全覆盖。

二、加强资金集中管理

一是强化资金归集基础业务。深化“四个平台”建设，全年新开户46户，本外币存款日均余额889.47亿元。为客户提供5×12小时结算服务，全年本外币结算6468亿元；办理收付汇51笔、金额3.75亿元。二是深化跨境资金集中资金池、跨境双向人民币资金池“双池”运营。上线CIPS增值服务——支付透镜升级功能，18个成员单位加入跨境双向人民币资金池，池内资金达166.3亿元人民币，再创新高。年末成员单位存款规模933.16亿元，监管口径资金集中度75.54%。

三、优化汽车金融业务布局

聚焦集团主责主业，分两批次启动汽车金融业务布局优化和结构调整。完成柳汽风行、东风风神、岚图、东创紫联、东风股份5个品牌的汽车零售金融业务切换；完成东风、柳汽、特商及子公司中重型商用车汽车金融业务切换，共划转人员183人，专注服务东风本田品牌汽车金融业务。

四、开展财务顾问业务

按照集团资金使用计划以及投资项目进度，设计公司债额度注册方案，与第三方机构定期开展发行窗口期预测。为1个成员单位提供组织架构设计财务顾问服务，与国新咨询合作开展1家上市公司ESG顾问服务。

五、加强科技赋能

推进东风金融云建设。开发上线数据中台、新一代票据、合同、采购等系统，持续推进汽车金融、资金管理、催收、统一身份认证、统一授信等系统迭代升级；推进OA系统与数字人才平台、催收系统、统一身份认证系统、资金管理系统对接，实现数据治理修复。

【金融创新】

一、创新东风跃链金融服务平台

搭建东风跃链金融服务平台，创新“东信”电子债权凭证分润模式，推进“东信”电子债权凭证全流程业务场景功能优化及验证，实现与司库系统对接、凭证到期在资金管理系统自动清分、为核心企业签发凭证确权。截至年末，共3家银行作为资方接入系统，集团下属3家核心企业及191家供应商入驻平台，为2家核心企业办理“东信”电子债权凭证。全年“东信”电子债权凭证累计开单71笔、金额1.29亿元；累计融资75笔、金额1.08亿元。电子债权凭证服务穿透至三级供应商，化解核心企业上下游供应链企业融资难融资贵问题，打通产业链金融生态环节堵点。

二、创新新能源汽车金融服务

服务集团新能源转型发展战略，根据新能源汽车销售特点和场景，创新新能源金融产品，制定差异化营销措施和信审政策，满足客户个性化需求。开展经销商分类管理，实施精准营销，通过批零联动、主机厂协同营销，增强营销一线和经销商人员营销服务能力和风险识别能力。商用车对标竞争对手下调终端利率，制定燃气车专项拓展方案，创新多种担保方式并存的新型渠道合作模式，评选出127家核心经销商，制定一揽子支持方案。乘用车联合东风本田在一线城市试点对店贴息折现促销，在微信公众号开展保客营销工作，实现新能源汽车金融渗透率突破13%。

【风险管控】

一、完善合规内控和风险防范化解机制

梳理分级授权221项、OA系统审批流程237项，累计输出505项风险识别条目，覆盖513个流程管控点、167条岗位合规职责。开展制度"立改废"工作，全年新增制度32项、修订制度102项、废止制度140项。

二、加强业务管理

建立完善多层级、常态化风险监测机制；优化信贷政策及风险策略，制订渠道风险管理措施，严控新增业务信用风险，化解存量业务风险。总体不良贷款率自7月开始逐月下降，截至年末，不良贷款率从2.2%下降至1.72%。

三、加强审计质量控制

建立"横向到边、纵向到底"审计监督矩阵，上线审计管理系统，推进审计数字化，全年开发6套审计监测模型、3套审计预警模型、1个审计数据查询平台。开展审计"整改年"活动，督促审计问题整改，强化整改长效机制。

【金融消费者权益保护】

一是加强投诉管理。在客服系统设置投诉专线，在官网及公众号公示投诉专线和服务价格目录。拓展多元解纷渠道，建立诉讼调解对接机制，强化诉源治理，遏制闹诉、缠诉及无理投诉等行为，推动实现金融消费纠纷100%化解。全年有责投诉结案率100%。二是开展消保宣教活动。开展"'3·15'共筑诚信消费环境、提振金融消费信心"主题活动，线上线下受众3000人次。

（东风汽车财务有限公司）

湖北交投集团财务有限公司

【概况】

2023年，湖北交投财务公司（简称）秉持"立足集团主业、服务产业发展"的经营理念，做强资金归集、资金结算、资金监控和金融服务等四个平台，助力集团实现降本增效。全年实现营业收入5.21亿元；净利润1.27亿元。获评"年度最具创新力财务公司""金融统计工作先进集体"等称号；在年度监管评级中保持2A级。

【党建工作】

公司党委全深入开展学习贯彻习近平新时代中国特色社会主义思想主题教育，建立7项调研问题清单、6项民生项目清单，形成8个调研成果。与浙江交投财务公司、交通银行等行业头部企业结对建立党建联盟，分享行业经验，实现业务联动，打造党建引领新样板。

【业务发展】

一、加强资金集中管理

通过健全管理机制、完善归集策略、创新存放产品，提升集团整体资金运作协同效率和效益。实现银企直联实时查询授权1667户，账户可视率95.69%，进一步提升金融资源配置效率和资金监控管理质效。全年结算笔数20万笔，结算金额超1.4万亿元；吸收存款日均达159.48亿元，同比增加19.40亿元，增幅13.85%。

二、开展信贷业务

一是优化信贷结构。短期贷款比例由年初72%下降至16%；投向成员单位贷款较年初净增12.43亿元，增幅44.42%。二是下调已发放贷款利率，全年累计让利220万元。三是服务重点项目。为各类重点项目开通绿色通道，高效完成授信项目发起、决策、审批等流程。全年累计投放贷款117笔、金额90.39亿元。

三、开展投资业务

一是提高资产配置效率，打造新利润增长点。通过借鉴同业经验、研判市场走势、关注政策形势，落地24笔二级市场政金债和同业存单等投资业务，金额31.48亿元。全年投资营收4709万元，同比增长169%，创历史新高。二是开展全国首笔非银金融机构境外人民币拆出、全省首笔境外人民币拆入业务，打通"利率债+质押式回购""同业存单+质押式回购"交易模式，丰富公司投资业务和流动性管理"复合工具包"。

四、加强信息化建设

一是完成司库体系一期、二期系统建设。上线10个功能模块，5张可视化大屏辅助决策，基本实现全集团资金账户全局可视、债务担保全量可测、支付结算全盘可控、授信借款全面可管。二是推进信息系统建设工作。出台信息科技三年规划方案，系统规划多项重点工作，不断提升数据效能。三是建成灾备中心，增强业务连续性保障能力及安全管控能力。

【金融创新】

一、创新数字仓单融资业务

联合物流集团"楚道云仓"系统，成功落地全省首笔钢材数字仓单现货质押融资业务，实现从货物采购、运输、入库到仓单申请、质押、放款全流程线上闭环管控，有效解决货权和控货难题，助力企业盘活库存、补充流动性。

二、创新数字订单融资业务

根据上下游企业历史交易数据，锁定合同回款，为客户提供数字订单短期信用贷款，解决采购备货环节的资金短缺难题，服务链上企业加快周转，助力企业达产增产。全年为企业融资7.58亿元。

三、创新项目前期贷款业务

推广项目前期贷款业务，将集团贷款由期限1年的过桥贷款调整为限期3年的项目前期贷款，有效降低集团未来2年融资成本。同时，通过调整贷款期限，缓解集团还款高峰。

【风险管控】

一是持续完善风险治理架构。聚焦风险治理盲点，加强数据治理领导小组、业务连续性委员会建设。完善风险防控制度，明确职责划分，推动落实风险防控要求。二是强化合规检查机制。对标金融企业合规管理要求，严格执行"查制度、听过程、找差距、定责任"的排查步骤，按季开展10类风险常规排查，实现制度"带电长牙"。三是开展合规主题活动。通过微信公众号、电子显示屏，开展民法典、反洗钱法、宪法等法律知识培训，营造法治文化氛围。

【金融消费者权益保护】

一是畅通金融消费者投诉渠道。在公司官网、微信公众号、营业场所醒目位置公布投诉电话、设立投诉意见箱，及时回应成员单位投诉和问题咨询。深入推行首问责任制，工作群里第一时间解疑、电话中一次性回复、柜面上一次性办结，让成员单位的"首问"成为"最后一问"，提升成员单位金融服务获得感。二是加强金融消费者教育宣传工作。开展"青春践行二十大、学习雷锋树新风"主题系列活动，志愿者服务队通过扫码答题、发放折页等宣传方式，向公众普及防范金融诈骗、反洗钱等金融知识，提示公众理性投资、谨防受骗。将消保宣教活动与党员干部"下基层、察民情、解民忧、暖民心"实践活动相结合，进社区向居民普及金融知识，进一步强化教育宣传针对性。

（湖北交投集团财务有限公司）

三环集团财务有限公司

【概况】

2023年,三环集团财务公司(简称)将党建工作与业务经营相融合,实现业绩稳中有进,关键经营指标创历史新高。截至年末,贷款规模19.64亿元。资产规模27.72亿元;净资产11.43亿元。全年实现利息净收入0.60亿元;净利润0.33亿元。

【党建工作】

坚决落实新时代党的建设总要求,把加强党的建设作为重要政治任务,把党的领导融入公司治理各环节,为公司优质高效发展提供有力引领和坚强保障。全年开展多层级、全方位党建活动;制订和落实党员专题学习计划,组织开展8期党支部专题学习,提升党员党性修养和政治觉悟;组织党员对公司发展建言献策,强化党建对业务的引领作用;将重点难点业务纳入党支部跟踪督办项目、列入党员任务清单,推进党建与经营双向促进提升。

【业务发展】

一、提高成员企业资金归集效率

通过优化资金集中管理模式、扩大资金归集覆盖范围,提升成员企业资金归集效率。2023年,公司存款、资金归集率均创历史新高,日均资金归集率(可归集口径)达到79.40%,归集率最高增幅50%。全年新开户23家成员企业,与6家银行实现系统直连。

二、加大信贷投放力度

截至年末,成员企业授信金额共计38.90亿元。在保障资信贷资金安全、合法合规的前提下,优化信贷投放处窗口,向成员企业全年发放各项贷款合计34.92亿元、贴现合计3.64亿元。

【金融创新】

围绕客户需求,精准施策,为成员企业提供个性化金融服务。创新新能源汽车合格证质押贷款产品,首次采用循环贷模式发放贷款,助力绿色产业发展;创新单位定期存单质押贷款,满足成员企业存款质押贷款需求;创新汽车零部件铸造生产线优化更新改造项目贷款,获得较好生态效益与社会经济效益。

【风险管控】

一是完善公司治理。董事会下设战略管理委员会、薪酬管理委员会、风险管理委员会和审计委员会;经营管理层下设信贷审查委员会、预算管理委员会,审查公司日常信贷业务,防范业务风险。二是加强制度建设。重视内控合规要求,对现行的116项制度进行有效性评估,优化执行效率不高的制度,提升制度管理效能,强化制度管理长效机制。三是加强信贷风险审查。严格落实贷款"三查"制度,严格遵守监管部门风险防控要求,实现核心监管指标全部达标。

(三环集团财务有限公司)

中国石化财务有限责任公司武汉分公司

【概况】

2023年,中国石化财务武汉分公司(简称)严格落实"学思想、强党性、重实践、建新功"的总要求,把主题教育贯穿经营工作全过程,以"基础工作强化年"专项行动为抓手,全力推动分公司高质量发展,圆满完成全年目标任务。截至年末,资产总额48.50亿元。

【党建工作】

一是强化理论武装。认真贯彻落实习近平总书记重要讲话和重要指示批示精神,把第二批主题教育和公司巡察整改三年"回头看"紧密结合,以"三会一课"、主题党日为载体,推动主题教育深入开展。二是提升组织能力。推进党支部工作标准化规范化建设,充分发挥党建引领保障作用,打造深度服务集团主业发展典范,助力公司高质量发展。三是探索党建和业务融合新思路。与成员单位开展党建共建活动,通过主题研讨、现场学习、微党课等形式,深化党建共建,推进党建工作与中心工作相融共促。

【业务发展】

一、发展基础业务

一是发展信贷业务。深化"一企一策"精准服务,以"两个清单"为抓手,按照"四个一"要求,为20余家企业建立"一企一策"精准服务档案;强化财企小分队机制,挖掘买方信贷潜在客户,精准服务企业项目资金需求。二是拓展票据业务。跟踪合作企业资金变化情况,积极开展票据上门服务,助力企业降本减费。三是开展资金结算业务。加强与成员企业、合作银行沟通协调,关注、监控资金收付情况,保持"录入零差错、收付零损失、服务零投诉",为企业提供更加高效的资金结算服务;推进网上金融服务平台2.0版上线运行,实现结算服务智能化;成立重点项目运行保障小组,进一步提升精准服务质效,在湖南石化重组期间,主动上门服务,保障企业资金结算不间断。

二、提升盈利能力

做精做细结算服务,围绕资金结算用途和收付规律,争取结算资金留存;持续挖掘合作企业存款潜力,对接江西天然气、湖南石化等企业存款需求,进一步夯实存款规模;妥善应对表外资金移交的不利影响,加大吸存力度,争取存款份额。

【风险管控】

一是强化安全生产管理。认真贯彻落实"安全管理强化年""国家安全和保密宣传教育月""安全生产月"等活动要求,每日巡查、定期巡检公场所重点部位;开展4次安全隐患排查、2次消防安全知识培训、2次应急演练,提升员工安

中国石化财务公司武汉分公司到企业开展调研

全意识和应急处置能力，夯实安全管理基础。二是加强工作质量分析。严格落实“基础工作强化年”要求，按季度召开工作质量分析会、建立非日常事项清单，增强突发案件处理能力。三是加强合规管理。落实监管部门合规工作要求，加强合规文化建设，筑牢合规底线。组织开展“两高一重”、履职回避自查、交易对手信用风险排查、金融资产风险专项排查；做好反洗钱工作。

（中国石化财务有限责任公司武汉分公司）

中国电力财务有限公司华中分公司

【概况】

2023年，中国电财华中分公司（简称）依托服务品种齐全、结算系统高效、风险体系健全、经营管理规范的优势，为电网客户提供优质、高效的金融服务，各项业务稳健发展，超额度完成目标任务，新增贷款位居武汉非银金融机构首位。连续四年获得“金融支持武汉经济社会发展突出贡献单位”称号；获评“武汉市文明单位”。

【党建工作】

一是加强党的领导。深入开展主题教育，强化政治担当，围绕分公司规范化建设等中心工作开展20余次深度调研，形成5份高质量调研报告，化解制约分公司高质量发展的难题。二是推进从严治党。制定41项落实主体责任重点任务清单、50项纪检工作重点任务清单；加强“四进八廉”文化建设，扎实开展违规吃喝问题专项整治，紧盯重要领域和关键节点纠治“四风”；逐级开展廉政谈话，持续营造风清气正、干事创业的氛围。

【业务发展】

一、加强财务资金管理

落实集团资金管理要求，严守资金“三性”，强化资金调度管理，提升资金效益。细化内部利润偏差分析指标，加强预算计划执行过程管控。落实提质增效专项工作要求，稳定存款规模，全年息差率高于计划0.09个百分点，成本控制成效显著。总结资金管理先进经验，通过内外媒体做好宣传，形成5项年度工作亮点、1期经营看板、27篇典型案例，与同业单位开展交流。

二、做好融资服务

加强客户沟通，引导客户有序还款，全力做好服务保障。加大贷款投放力度，做优循环贷款期限配置，贷款规模时点数超额完成地方政府下达的投放目标，获得客户和监管部门肯定。

三、提升金融服务水平

一是开展“奋进亮蚁——倾情服务满格担当”“抓对标、强攻坚、争进位”主题活动。强化“5443”亮蚁客服工作法运用，落实国网公司及属地政府金融服务管理要求。二是加强备付资金管理。围绕“一体化管理、全方面融合”任务清单，做细“日排程”数据分析，做好收支拟合工作，为财务决策提供依据。二是服务省管产业单位改革。成立4支共产党员突击队，系统性制定方案，高效对接省管单位财务需求。全年累计开立账户1000余个，获得属地电力公司等省管产业单位肯定。四是加强客户资金安全管控，客户满意度100%。五是按期完成代表处结算业务上收工作，总结形成“1353”特色工作法和实践成果，实现业务有序衔接、客户无感过渡。

【金融创新】

一是创新“成员单位在财务公司开立票据+上游电厂持票在商业银行办理贴现”信贷业务模式。与工行、农行、招行、邮储银行等银行业金融机构开展业务研讨，建立商业银行朋友圈。全年票据规模在中国电财系统中排名靠前。二是创新“科技+”服务体系。鼓励一线员工立足工作实际创新增效。自主研发电子影像收集辅助工具，解决跨机构客户账户资料协同管理难题；攻坚RPA账户开立功能，实现客户信息创建办理效率提高近90%；开发“信贷报表一键通”功能，提升统计工作效率。三是集成创建“亮蚁”手边书，实现风险、信贷相关政策实时查询。

【风险管控】

一、全面落实监管要求

高质量完成数据报送工作。年内共报送非现场监管报表498张、报告110份，全年未发生错报、漏报情况，持续保持监管通报“全绿榜”。

二、加强合规管理

一是开展“强内控合规、守清廉底线”活动。成立专项工作领导小组，制定实施方案，采取规定动作和自选动作相结合的形式，形成覆盖5个方面的问题责任、整改上报清单。二是推进“合规管理提升年”活动。设置移动文化墙，广泛宣传安全合规理念；组织开展《财务公司监管制度汇编》专题学习和多轮内控合规培训，参与员工超600人次；选聘24名合规管理员，专职负责合规管理工作。

三、加强安全生产管理

一是扎实开展“百日攻坚”“安全生产月”等活动。做好各类现场安全检查迎检工作；认真开展后勤管理、消防安全、信息系统的安全排查工作。二是强化安全隐患综合治理。组建工作专班，排查办公大楼安全隐患，形成待治理问题清单26项；科学制定三年整治工作方案，有序推进综合治理工作。

【金融消费者权益保护】

以党员社区下沉服务为窗口，强化民情联系服务机制。开展“3·15”消费者权益保护日、反洗钱、征信等金融知识进社区活动，帮助大众建立正确的金融消费观念，进一步提高大众金融安全意识和自我保护能力。

（中国电力财务有限公司华中分公司）

三峡财务有限责任公司宜昌分公司

【概况】

2023年，三峡财务宜昌分公司（简称）全力服务集团战略，统筹推进业务发展和风险防控。认真落实关于流动性比例、贷款余额等指标的监管要求，主动调控贷款规模和结构，确保经营指标符合监管要求。截至年末，贷款余额291.98亿元（包含贴现余额0.50亿元），较年初减少114.30亿元；存款余额463.29亿元，较年初增加39.21亿元。全年实现收入12.06亿元，同比减少3.54亿元，下降22.69%。其中，信贷利息收入11.67亿元、手续费收入0.39亿元。利润总额8.06亿元，同比减少2.72亿元，下降25.23%。上缴税收1.95亿元。

【业务发展】

一、发展信贷业务

（一）发展自营贷款业务

一是推广循环额度贷款和流动资金贷款。与长江电力等5家成员单位签订循环额度贷款合同，合同总金额169亿元，全年累计投放金额168.03亿元。满足成员单位临时资金需求，助力成员单位降低资金备付水平，节省财务成本。二是推广项目前期贷款。满足集团公司新能源、环保、抽蓄等重点项目建设初期资金需求，支持项目建设早投产、早见效。为集团长江大保护项目提供5笔共24.48亿元项目前期贷款，年内投放6.19亿元；为新能源项目提供20亿元项目前期贷款，年内投放14.27亿元。三是推广固定资产贷款。支持集团重点海上风电项目和大型风电光伏基地项目，向漳浦二期海上风电项目和金沙江下游风光水储一体化国家级示范基地云南侧25个新能源项目等累计投放金额30亿元。四是推广银团贷款。撬动社会资金支持集团公司项目建设。全年为成员单位组建17个银团，合同总金额358.77亿元。其中，为集团长江大保护项目新组建15个银团，合同金额225.77亿元；为抽水蓄能项目新组建2个银团，合同金额133亿元。存续长江大保护项目银团累计达到51个，合同金额814.28亿元，年内累计放款358笔，放款金额143.75亿元。加大集团抽蓄项目金融支持力度，已组建和管理浙江长龙山等4个抽蓄项目银团，合同总金额298亿元，年内累计放款25.43亿元。

(二)发展委托贷款业务

依托内源融资平台资源，与长江电力等成员单位签订1043.8亿元委托贷款合同，实现集团内资金高效循环利用，降低集团整体融资成本。

(三)发展票据业务

通过业务宣传、协调推动项目公司与施工单位在工程承包合同里约定票据支付比例、寻找票据替代现金支付场景等方式，妥善应对停止办理"一头在外"票据贴现业务带来的影响。全年为成员单位办理票据贴现1.1亿元。

二、发展结算业务

(一)发挥集团资金结算平台功能

一是满足成员单位各类支付结算业务需求，保质保量完成资金结算工作。全年共办理成员单位支付结算业务20959.13亿元，同比增长22.47%；支付结算业务笔数50.46万笔，同比增长36.69%。实现成员单位电子支付业务比率接近100%。二是满足成员单位商业票据使用需求，全年办理商业票据业务笔数3702笔；票据结算金额64.89亿元。三是提供延时结算服务。全年提供663小时延时结算服务，同比增加101小时，日均2.55小时，持续保持资金结算零在途、零差错。

(二)保障集团资金安全

充分发挥集团资金监控平台功能，推进G6系统应用与维护，全面加强集团银行账户管理。通过做好银行账户监控工作、落实反洗钱管理要求、加强资金结算监控，保障集团资金安全。

(三)推进新一代司库系统项目建设

将司库系统建设作为重点工作，全力配合集团开展司库系统项目建设，推动集团新一代司库系统顺利上线投产，实现对资金等金融资源看得见、管得住、调得动、用得好。

三、推进代理电费回收业务

为溪洛渡和乌东德电站办理24亿元买方付息票据；争取到南网超高压公司和云南省电网公司提前十天预付乌东德电站电费资金，电费回收现金率99.29%。全年代理集团大水电电费应收809.42亿元，实际回收817.82亿元，电费回收率101.04%。电费回收进度较购售电合同约定提前7天左右。

【风险管控】

以信贷、结算等业务风险防控为重点，落实各项风险管理措施，稳步推进内控制度评估、信贷评审、监管合规、数据治理、反洗钱等各项管理工作。全年未发生风险事件，总体风险可控。

一、夯实制度管理基础

落实国家法律法规、监管政策、集团管控要求和总分公司协同管理要求，制定《2023年制度及业务流程修编计划》。组织各部门开展风险识别与评估、内控评价、制度评估及修编工作，全年发布30项新制度、修编29项制度。

二、做好日常监管信息报送以及汇报工作

一是做好重大事项报送工作。向监管部门提交《分公司关于报送成员单位名册的报告》《分公司关于业务范围备案的报告》，申请变更金融许可证业务范围。全年向监管部门报送重大事项月报表12份、重大事项确认报告4份，报备高管及班子成员信息等5项重大事项。二是做好监管数据报送工作。全年按照监管部门要求提交"1104"报表、经营情况分析报告等非现场监管材料158份。三是做好汇报工作。主动向监管部门汇报分公司在业务发展、合规经营、提升专业服务能力等方面所做的工作，争取强化党建引领作用、坚守财务公司功能定位、防控重要领域风险和加强合规文化培育等方面的专业指导。全年向监管部门报送企业集团财务公司管理办法实施情况报告、清廉金融文化建设工作自评报告、扫黑除恶工作报告、服务小微企业情况调研等监管材料109份。

三、加强合规管理

一是开展"强内控合规 守清廉底线"系列活动。制定《分公司"强内控合规 守清廉底线"活动方案》，组织分公司全体员工参加"强内控合规 守清廉底线"合规测试，参考率和优秀率均达到100%。二是做好案防工作自评估工作。按照分公司各部门职责开展2022年分公司案防工作自评估工作，逐项整改自评估中发现的问题。三是开展员工履职回避情况摸排清理工作，向监管部门提交《分公司关于员工履职回避摸排情况的报告》。

四、防范信贷业务风险

优化信贷评审流程，确保信贷业务合规开展，全年共评审134笔业务。落实信贷风险管理要求，完成评级授信及信贷资产五级分类等工作。

五、推进反洗钱工作

一是强化反洗钱意识。组织员工参加反洗钱客户尽职调查实务、可疑交易分析实务在线培训班；组织员工和客户参加反洗钱知识有奖答题活动；在工作群推送反洗钱相关信息；在营业场所摆放反洗钱宣传资料。二是做好客户身份识别和账户可疑排查。全年识别客户身份353笔、大额交易133628笔、可疑交易28056笔，未发现异常交易、一般可疑交易、重点可疑交易，客户洗钱风险等级均为低风险。全年未发生洗钱风险事件。

（三峡财务有限责任公司宜昌分公司）

航天科工财务有限责任公司武汉分公司

【概况】

2023年，航天科工财务武汉分公司(简称)认真落实集团公司和公司年度工作决策部署，坚持稳中求进的工作总基调，聚焦主责主业，发挥金融服务主平台作用，助力产业发展。截至年末，自营贷款余额35.76亿元；累计发放贷款35.02亿元；信贷业务日均规模39.23亿元，同比增长35.60%。吸收存款余额115.03亿元；日均存款规模143.30亿元。

【党建工作】

深入学习贯彻党的二十大、中央金融工作会议和中央经济工作会议精神，坚决贯彻集团党组和公司党委的决策部署，落实全面从严治党，聚焦主责主业，充分发挥"两个作用"，不断推动党建与业务相融并进、同向发力，为分公司圆满完成年度经营任务目标提供坚实的政治保障。把党建目标和工作任务结合起来,发挥党员表率作用,让党员在各项工作中讲政治、勇担当、善作为、走在前。2023年,支部共有5名党员参加“金融助企 服务先锋”党员突击队,1名党员参与集团“急难险重新”项目论证工作。鼓励党员主动破解经营工作中的各种难题,强化党员先锋模范作用。开展“强内控合规 守清廉底线”活动,覆盖所有部门、岗位和人员,全面摸清内控合规和廉洁风险点,消除、堵塞风险隐患和漏洞,遏制违法违纪行为发生。通过开展支部共建活动,与共建结对单位在党建资源、工作经验、理论学习等方面同研共享,激发支部建设活力。

【业务发展】

一、服务单位融资需求

(一)加大对集团重点产业、优势产业的授信支持力度

发挥财务公司作为集团内金融服务平台和融资主渠道的作用,向承担型号科研生产任务的企业和新材料、激光、芯片、5G等高科技领域产业企业及集团民用领域重点企业倾斜信贷资源,在风险可控前提下给予成员企业充足授信支持。加大技术创新产业、集团主责主业、优势产业信贷投放力度,满足辖内集团成员单位经营发展资金需求。全年共对51户客户授信236.25亿元。

(二)发挥融资管理监控职能

认真做好成员单位内外部融资需求初审,判断成员单位融资需求合理性和合规性,防止成员单位任意扩大有息负债规模、推高债务风险。在核实成员单位实际需求后,在风险可控前提下积极创造条件为成员单位推荐合适的信贷产品。配合集团压降外部有息负债,提高内部贷款集中度,降低集团整体财务成本。协助成员单位做好融资规划和各项有息负债到期管理,为成员单位提供可行的融资解决方案和融资建议。

二、提升金融服务质效

(一)开展金融助力产业发展调查研究

开展12次金融助力产业发展调研活动,全面了解成员单位融资难点,检视分公司服务中的弱项短板,按照“一企一策”开展上门服务、就近服务、贴心服务,通过对成员单位经营状况精准“画像”,不断拓展金融服务的深度和广度。

(二)助力成员单位降本增效

认真落实减费让利政策,引导成员单位用好、用足信贷优惠政策。按照公司统一定价政策,以LPR为基准下调贷款利率,鼓励成员单位循环使用授信额度、按需分次提款、在资金充裕时提前归还贷款本金,实现客户贷款名义利率水平和实际利息负担“双降低”。全年为成员企业让利超过2200万元。

(三)加强结算服务能力建设

建立成员单位结算需求台账,及时办理成员单位新增银行账户的直联业务。协助公司开展新一代票交系统需求调研,为提升成员单位资金结算效率提供技术保障。

(四)加强资金管理

为成员单位提供结算数据、存款结构、信贷业务等方面数据分析服务,结合成员单位实际情况和资金运行状况提供管理建议。

三、助力集团公司司库系统建设

围绕集团公司司库系统“三步走”的建设目标,将人力资源、固定资产、社保信息、合同管理等相关信息录入集团主数据库,助力打造“数智财司”。

【风险管控】

一、加强合规管理

一是推进数据治理工作。学习2023年度监管报表制度,梳理最新的监管统计报表逻辑。二是落实监管要求。将2023年审慎监管会议相关精神整理成文,组织全员学习研究。根据审慎监管意见,举一反三,建立问题台账、措施台账、责任台账、时效台账,狠抓整改落实。对照《企业集团财务公司管理办法》,完成业务范围清理、成员单位名册核定、金融许可证更换等工作。三是开展反洗钱工作。开展客户身份识别、客户身份资料和交易记录保存、大额交易可疑报告、培训等常态化工作。组织反洗钱岗位相关从业人员参加反洗钱账户检查专项培训和中国金融培训中心2023年第二期金融业反洗钱线上培训,共11人顺利通过测试,进一步提升反洗钱工作能力和工作质量。四是加强制度建设。开展制度自评估和“立改废”工作,提升制度建设的科学性、规范性、有效性,提高制度的执行力。

二、加强安全保卫保密工作

逐级签订安全责任书和保密责任书。开展“安全生产月”、消防安全重大风险隐患专项排查、安全保卫重大事故隐患专项排查等专项行动。通过线上培训、安全宣教、网络竞赛答题、专项检查、每日巡查、应急演练等多项措施,提高员工安全意识和事故防范能力,夯实安全管理基础。全年未发生安全事故和泄密事件。

(航天科工财务有限责任公司武汉分公司)

中国能源建设集团财务有限公司武汉分公司

【概况】

2023年,中能建财务武汉分公司(简称)践行“服务、创新、稳健”的核心价值观,全力为客户提供优质的金融服务。全年实现营业收入3.13亿元,净利润3.01亿元。年末表内外资产总额299.66亿元,负债总额299.66亿元。

【党建工作】

认真学习贯彻党的二十大精神,以习近平新时代中国特色社会主义思想为行动指南,有序开展党建和经营工作。持续推进清廉金融文化建设,增强干部职工拒腐防变能力。通过党风廉政、纪律教育等专题学习以及廉洁谈话、家庭助廉等活动,强化干部职工廉洁从业意识。

【业务发展】

一、服务重点领域

持续加大对绿色、低碳、循环能源行业信贷支持力度,全年绿色行业领域自营贷款存量1800万元;平均利率2.64%,保持较低水平。

二、让利成员单位

发挥内源性融资作用,采用信用贷款方式发放自营贷款,委托贷款按照每笔1000元手续费标准收取,全面让利成员单位。截至年末,发放自营贷款110.93亿元,较上年增加22.84亿元;平均利率2.62%,较上年下降0.26个百分点,降低成员单位融资成本,解决成员单位融资贵问题,助力集团成员单位降本增效。

三、加强资金管理

一是提升资金结算总量。发挥结算平台功能,通过优化结算方式、创新结算服务手段、延长结算服务时间,为集团各成员单位及时划转资金,稳步提升资金结算总量。二是加强资金归集管理。发挥资金归集平台功能,关注集团发展战略、组织改革、企业新设等重要动态,确保资金集中工作的高效性、全覆盖性。发挥资金监控平台功能,严格管理专项资金账户及共管账户,为监管账户提供便利、快捷金融服务。

【风险管控】

持续完善内部控制管理,落实监管各项要求,提升风险防控水平。一是高质量完成各类监管报表及材料报送工作。二是严格落实贷款三查工作。遵循审贷分离、分级审批原则,动态跟踪信贷资金流向;按季开展信贷资产风险分类,全年风险分类审慎真实,各项贷款使用及归还情况正常,无不良贷款。三是定期开展信贷档案检查,确保档案的完整性和真实性,堵塞信用风险漏洞。四是开展反洗钱、征信等培训,强化员工合规意识。五是做好案件防控工作。通过定期查看监控录像、开展案防教育培训和案件风险排查,严防案件风险隐患。

(中国能源建设集团财务有限公司武汉分公司)

宝武集团财务有限责任公司武汉分公司

【概况】

2023年,宝武财务武汉分公司(简称)坚持稳定发展的主基调,积极开展业务转型,全力支持成员企业业务创新和机构改革。截至年末,资产总额98.3亿元;负债总额96.37亿元。全年实现营业收入3.7亿元;利润0.7亿元。

【党建工作】

扎实开展主题教育活动,以"三会一课"为载体,组织全体党员学习党的政治理论知识。认真落实集团、总部的业务发展要求,督促党员完成登高计划,实现党建和业务相促相融。与集团内兄弟单位党组织开展支部联学共建活动,助力实现业务联动。

【业务发展】

一是优化信贷结构。立足钢铁主业(含加工贸易)、矿山资源等传统项目,将信贷资源向绿色领域倾斜,加大新能源领域和下游业务板块信贷支持力度。二是降低企业融资成本。全年融资利率降幅高于国家LPR降幅,解决企业融资难融资贵问题。全年信贷投放146.8亿元,较上年增长38.5%。

【金融创新】

一是创新成员企业服务模式。开展集团新成员企业驻厂服务工作,宣贯集团资金管理相关政策要求,促成与新成员企业签约。全年累计36人驻厂服务84天。二是创新金融产品。对接下游企业业务转型发展需求,了解成员企业融资需求和业务特点,协同总部完成"宝财易贷"产品的开发试单和推广工作。

【风险管控】

一是加强内部管理。按照新《企业集团财务公司管理办法》,开展业务清理、成员单位梳理、制度检视工作,前置风险防控关口。落实总公司新授权文件要求,及时完成金融许可证更换和信息披露工作。二是做好风险自查排查工作。配合监管部门开展现场检查,认真整改检查发现的问题;完成网络、硬件等设施安全隐患排查和安全防护演练,防范信息泄露风险。三是加强反洗钱、"强内控合规 守清廉底线"等主题宣传,强化全员合规经营意识。

(宝武集团财务有限责任公司武汉分公司)

(十四)消费金融公司

湖北消费金融股份有限公司

【概况】

2023年,湖北消费金融公司(简称)聚焦规模、质量、效益、客户、队伍、文化"六位一体"的高质量发展目标,取得较好的经营成效。截至2023年末,贷款余额120.64亿元,增幅9.12%;不良贷款率2.2%,较年初下降0.21%。全年投放客户数107.17万人次,增幅155.11%。总资产139.90亿元,增幅13.26%;负债总额123.04亿元,增幅14.01%。全年实现净利润1.25亿元,增幅5.51%;累计创利6.07亿元。累计纳税9.08亿元。资本充足率、核心一级资本充足率、贷款拨备率、拨备覆盖率、资产损失准备充足率等监管指标持续达标。

【党建工作】

坚持高质量党建引领高质量发展,着力把党建优势转化为发展优势。一是强化党委领导核心。充分发挥党委"把方向、管大局、保落实"的领导核心和政治核心作用。落实"双向进入、交叉任职"领导体制。将党建引领专章写入公司章程,明确党委在公司决策、执行、监督各环节的权责。各党支部在"三会一课"中融入"党建+消保"工作内容,将消保、投诉、金融宣教等内容纳入支部研讨学习,通过党建与消保深度融合,提升金融消保工作质效。二是夯实文化根基。坚持以习近平新时代中国特色社会主义思想为引领,把党的建设融入公司战略和文化建设中。开展公司战略规划和企业文化建设编制工作,为公司高质量发展提供支撑。三是加强法纪建设。开展全覆盖式飞行检查,把全面从严治党、从严治司落到实处。通过制定党风廉政建设警示教育活动方案、开展"五个一"警示教育活动、开展廉政谈话和员工行为排查,筑牢"不敢腐、不能腐、不想腐"法纪底线。

【业务发展】

一、发展普惠金融

聚焦居民消费信贷需求,通过小额分散、灵活快捷的消费金融服务模式,构建多层次消费金融产品体系。一是深耕消费场景。依托"菁英贷""循环贷"等产品,不断挖掘消费新场景,着力满足城市乡村居民家装、家居、旅游、教育、日常消费等多样化消费需求。二是优化服务方式。依托"湖北消费金融""小鱼儿"APP,运用远程面核、面签等自有技术,为客户提供线上申请、自动审批、实时放款、问题咨询一站式智能服务,提升客户体验。截至年末,累计发放贷款826.13亿元,服务用户超过1400万名。通过服务热线、微信公众号、企业微信、官网、手机APP等渠道为15万人次客户提供咨询服务。

二、做好新市民金融服务工作

聚焦快递员、外卖员、网约车司机、产业工人等新市民客群,加快省内消费场景布局。以新市民消费需求为导向,开展市场调研,着力完善新市民消费场景,提升新市民金融服务获得感。

【风险管控】

深化"六大升级",打造和完善"三大体系",不断推动风险管理工作规范化、制度化、智能化。

一、完善全流程信贷管理体系

一是完善全流程业务标准。结合各产品特点,制定业务管理标准,规范产品设定、风控建设、业务进件、贷前调查、审查审批、贷中监测、贷后管理等全生命周期流程。二是加强渠道准入管理。制定合作渠道准入评级标准,风险官协助项目经理开展现场尽职调查,对合作渠道经营状况、风险趋势、消保记录等方面进行独立审查,确保合作渠道具备合法经营资质。三是加强贷后检查。建立产品-区域-客户经理多维度监控体系,强化日常数据监测机制。对风险系数较高的产品、区域、客户经理,开展"回头看"风险排查,严肃处理操作不规范、制度执行不到位的客户经理和管理人员。建立异常案件反馈机制，及时发现异常案件、行为异常人员，做好异常名单上报工作，严控信用风险。

二、做好风险防控基础工作

一是加强制度建设。修订完善各项内控制度，细化岗位职责、业务流程和员工行为制度要求，提升制度管理效能，强化制度管理长效机制。二是围绕审批质检、法律合规、征信管理、科技风险等方面，开展专项培训，强化全员合规意识。全年未发生重大安全事故和重大风险事件。

【金融消费者权益保护】

一是夯实消保工作基础。修订《湖北消费金融公司消费者权益保护管理办法》等8项工作指引文件，持续完善消保机制、制度、流程，推动消保工作与业务发展深度融合。董事会定期研究审议消保重要事项和工作计划，督促消保责任主体落实消保工作要求。二是加强投诉管理。在移动APP、微信公众号、小程序首页醒目位置增设投诉入口浮标，向客户公示投诉渠道、投诉流程，及时回应客户投诉。制定《湖北消费金融公司客户诉讼及投诉纠纷调解工作制度》，积极与湖北省银调中心联系，探索纠纷多元化解途径。全年监管转诉实现同比下降5%、48小时首联率100%、有效办结率100%。三是强化消保理念。开展消保专题培训，组织员工学习经典案例，进一步强化员工消保意识，全年培训人数同比提升126%；督促经营机构和合作机构将消保要求融入业务各环节，履行好消保责任。四是开展消保宣教活动。积极参与监管部门发起的“3·15”消费者权益保护日、“金融知识进万家”等活动，全年通过公司自有渠道累计触达客户5万余人次。积极拓展内外部宣传渠道，扩大消保宣传覆盖范围。通过主流媒体和中银协官网开展线上消保宣传，受众165万人次，整体阅读量402.82万余人次。

（湖北消费金融股份有限公司）

三、保险业机构

（一）财产险公司

长江财产保险股份有限公司

【概况】

2023年，长江财险（简称）稳步推进市场化改革，实现险种结构优化、理赔管控成效显著。全年实现保费收入95402万元，增幅16.63%，保费收入创十二年来新高；为社会提供风险保障保额3.12万亿元，同比增长15.63%。全年赔付净支出50342万元；上缴税款9794万元，同比增长17.16%。保险业务综合成本率同比优化2.32个百分点。年末资产总额367814万元。公司共有89个分支机构，其中，5个省级分公司、28个中心支公司（含武汉分公司）、54个支公司、2个营销服务部。

【党建工作】

一是丰富党建活动。开展争创"国有企业示范基层党组织"活动，黄冈中心支公司党支部《相融相促"党建+"》文章被《党员生活》杂志刊发。组织开展"十面红旗"先进中心支公司提名奖评选活动，进一步推动党建与生产经营深度融合、双轮驱动。二是夯实基层基础。持续深化党员干部下基层、察民情、解民忧、暖民心实践活动，领导干部深入基层60余次，梳理公司生产经营、高质量发展等方面共20项问题，逐个完成整改销号。制定《长江财产保险党支部标准化规范化指导手册》，进一步加强支部标准化规范化建设。选优配强二级机构专职党务工作人员和专职纪检监察工作人员，明确各二级机构专职党务工作者职责，充实壮大党务工作者队伍，夯实基层党建基础。

【业务发展】

一、服务乡村振兴

全年为18个县（市、区）共14.1万户农民提供风险保障38.41亿元；全年赔款2027.64万元，结案率100%，灾后补偿6744户次。在湖北省2024—2026年农业保险遴选中，中标23个县区农险项目。一是丰富保险产品供给。开办远安县育肥猪养殖保险、枣阳市育肥猪养殖保险、枣阳市仔猪养殖保险、咸安区生猪期货价格保险、郧阳区生猪期货价格保险等5个地方财政补贴性农险产品，支持特色农业产业发展。二是强化农险制度支撑。新增《农业保险服务网点建设管理办法》等5项制度办法；编制607页农险制度手册，涉及中央、地方政府和保险监管单位各项管理文件。农险承保、理赔、防灾、合规、回访、档案等方面实现制度全覆盖。三是通过聘请农业专家授课、宣传中央支农惠农和财政补贴政策，助力农户做好风险减量工作。

二、服务重大项目和重点领域

一是服务重大交通枢纽建设项目。承保武汉地铁11号线、3号线、8号线以及十巫高速、十宜高速、当枝松高速等重点轨道交通项目。二是服务工程建设。优化工程质量缺陷保险服务模式，为重点项目提供6亿元保险保障，助力地方打造一流营商环境示范区。三是服务"一带一路"倡议。为450列汉欧班列提供70亿元进出口货运险保险保障。四是服务科创企业。积极参与东湖高新区科技保险示范区建设，是东湖高新区首批科技保险服务机构之一，为科创企业在融资、研发、产品责任、知识产权等方面提供风险保障。五是服务民生保障。探索"医保经办+补充医疗+医疗救助+重疾"的社保健康险业务发展模式，全年承办9个医疗救助、门诊慢病和意外伤害项目，为湖北居民提供短期健康险、社保健康险等风险保障689亿元。

三、夯实业务基础

加强车险精细化管理，实现车险保费增长和品质优化"双提升"，全年保费收入同比增长54.34%，满期赔付率同比下降4个百分点；非车险基础保费同比增长292%，较2021年增长约4倍；大项目、团体客户数量同比增长293%。

四、做好理赔服务

通过开通"长江e家"五免一快理赔绿色通道、开发非车理赔"云轻舟"一站式服务平台，为客户提供移动查勘、视频查勘、微信自助、自动核损、自动理算、自动核赔等快速理赔服务。

【金融创新】

创新长江财产保险股份有限公司专利被侵权损失保险、长江财产保险股份有限公司售后服务代用品费用赔偿责任保险、长江财险湖北省枣阳市地方财政补贴性仔猪养殖保险等特色产品，打造特色产品体系。全年开发155款新产品，其中，主险产品27款、附加险产品128款。涵盖责任保险、家财险、保证保险、企财险、医疗保险、农业保险等12个险种。

【风险管控】

一是加强风控制度建设。认真落实监管部门偿二代风险管理工作要求，开展规章制度全面清理工作，进一步完善

长江财险与长江产业投资集团有限公司签署战略合作协议

风险管理制度体系。全年共新增、修订各项内控制度 85 项;更新《财产保险法律法规制度选编》,进一步强化制度保障机制。二是增强合规意识。修订《合规风险控制清册》,明确公司经营中的 11 个模块、351 个风险点。通过开展合规宣传、通报行业处罚情况、解读合规政策、编制《风险合规简讯》等方式,强化全员合规意识。三是加强科技运用。升级反洗钱系统,新建风险管理系统,推动风险管理数字化、智能化建设。

【金融消费者权益保护】

坚持以客户为中心,推动消费者权益保护体系化建设。通过优化服务流程、公示产品信息、引导理性维权、加强信息保护、开展消保宣教、科技赋能消保等方式,提升消保工作质效。将消保工作要求嵌入经营全流程,将消保工作情况纳入整体考核中,提升员工投诉处理能力与服务意识。完善消保审查机制,围绕产品责任配置、风险提示等方面,审查产品和服务设计的各个环节。

(长江财产保险股份有限公司)

泰康在线财产保险股份有限公司

【概况】

2023 年,泰康在线(简称)持续优化业务结构,深耕健康险、车险、创新型财险三大险种。将续保率、毛利润率、赔付率等核心指标纳入考核体系,进一步提升经营效益,连续三年实现盈利,发展规模跨入中型财险公司行列。全年为 6000 万名互联网消费者提供优质保险保障和服务,承保保单超 24 亿件,为超过 150 万客户提供理赔超 50 亿元。全年实现保费收入 115.9 亿元、同比增长 16%。其中,健康险业务全年保费规模 44.8 亿元,占比 38.7%;车险业务全年保费规模 23.9 亿元,占比 20.6%;非车非健康险全年保费规模 47.2 亿元,占比 40.8%。实现净利润 0.81 亿元;综合成本率 100.8%,较 2022 年提升 1 个百分点。综合赔付率 53.1%,较 2022 年提升 5 个百分点。

【党建工作】

坚持把党的建设与内控合规、业务发展相结合,加强合规廉政教育,筑牢思想防线,坚持党建引领合规、风控等重点工作的落实。

【业务发展】

一、服务健康中国战略

通过推出带病体健康险产品、优化"保险+医疗+药品"模式,为罹患乳腺癌、肺癌、甲状腺癌、糖尿病、心脑疾病等人群提供保险保障,全年服务客户超 40 万人次,做到"小病随时问,大病有人管"。

二、发展普惠保险

一是满足新市民保险需求。持续推进新市民、灵活用工等普惠金融项目。全年为 60 万人次新市民提供工伤、医疗、失业保障,理赔超 2 亿元。二是助力小微企业减负纾困。全年为 13.2 万家小微企业减负纾困,当好企业经营和实体经济增长的"弹性保护伞"。全年实现退货运费险保费收入近 17 亿元,让新电商模式下消费者买得放心、卖家退得安心。三是优化服务模式。通过短视频、直播等方式与客户互动;通过"保险+服务"模式,服务中小微企业和新市民群体,提升其获得感和幸福感。

三、发展绿色保险

紧跟绿色低碳发展趋势,依托自身数字技术优势,战略性推进新能源汽车、绿色建筑、清洁能源等绿色保险相关产品和服务创新,助力经济社会绿色转型。全年实现绿色保险业务原保险保费收入达 4.3 亿元,保障金额达 200 亿元;赔款支出 2.6 亿元。社会治理风险类保险保费收入超 2.5 亿元;绿色产业保险保费收入约 0.4 亿元;新能源汽车保险保费收入突破亿元大关,达 1.4 亿元。

四、加强科技赋能

一是加强集约式管理。践行全链化、数字化、智能化的科技驱动战略,通过"科技+市场、科技+服务、科技+风控、科技+管理"模式,实现 3 天完成新渠道对接、5 天完成新产品上线、1 秒服务 8000 名用户以及秒级快速赔付。运用新一代核心系统"磐石"、新一代理赔核心系统"北斗"、统一风控平台"天机"等,支持千亿元保费线上交易。通过算费引擎、自核引擎、智能问卷等通用技术组件,实现财险出单线上化率超 99%,平台保费超 4 亿元、同比增长 267%。二是推动风控模型和自核规则相融合。建立覆盖雇主、建工安责等 20 个财险常见险种的三级风控体系,通过"OCR+NLP+RPA"技术实现近 90%案件全流程免人工服务。三是加强引导式理赔 C 端建设。累计服务客户超 9000 人次,其中二次使用客户占比超 50%。实现小额当日结案率接达 99.8%,平均每天赔付金额超 1400 万元。

【金融创新】

一、创新健康险服务

一是提升"好效健康"产品影响力。通过创新服务模式、优化投保体验、升级"百万医疗"等产品、创新单病种产品,扩大承保范围;依托泰康保险集团大健康优势资源,打造具有泰康特色的健康服务闭环。二是创新院外健康管理服务。推出国内保险行业首个以管理人群疾病风险为目标的疾病管理体系,通过全数字化的方式,从支付端精准实现医疗控费,为投保客户提供主动、长期、规范的院外健康管理服务和医疗资源支持。

二、创新车险服务

在已开办车险地区新设专门的服务中心,通过与当地公估机构、泰康人寿等公司合作,为客户提供高效、便捷服务。探索新能源车险领域,开展创新产品市场调研,提前做好产品研发准备工作。

【风险管控】

一是加强全面风险防控。建立完备的销售管理系统和管理体系,运用数字化手段严格管控渠道准入、分级分类、费用管理、销售行为回溯、信息披露等环节风险,在 SARMRA 现场评估检查中得分 82.85 分,较上次评估的 69.87 分增加 12.98 分,在参加评估的 15 家财险公司中排名第 1 位。通过持续完善管理偿付能力风险组织架构和风险偏好体系、加强风险管理三道防线、健全风险管理制度,实现安全、健康运行。二是加强内控合规管理。每半年开展内部控制自评估,持续优化完善内控合规管理的制度、机制、流程、系统,深入自查检视,认真整改提升。

【金融消费者权益保护】

一、提升消保工作质效

一是制发《泰康在线财产保险股份有限公司消费者权益保护工作管理办法(2023 版)》,全面修订消保基本制度。二是向合作伙伴发起"加强互联网消费者权益保护,提升消费者获得感、幸福感、安全感"倡议。发布《"消保共建,众行致远":关于共同加强互联网保险消费者权益保护的倡议书》,得到 30 余家合作机构积极响应,共建消费者权益保护新生态。三是加强消保宣教。通过互联网平台发布宣教内容 280 条;在"3·15"国际消费者权益日宣传周输出宣教内容 100 条/次;宣传月活动内容获得 17 家主流媒体报道近 90 次。四是加强问题整改。高级管理人员积极参与集中宣教活动,累计触达金融消费者近 6700 万人次;深入一、二线客户服务、理赔及投诉协谈各环节,针对流程设计不合理、规则落地不到位、服务态度不佳、话术技巧欠缺等方面开展问题整改,按期召开讨论会,制定整改方案,跟进销号进度。全年发现并推动问题整改 174 个。

二、加强投诉管理

通过畅通内外部投诉受理通道、定期开展消费投诉内部自查、完善管理机制、压实溯源整改与责任追究、扩宽多元纠纷化解渠道,做好投诉管理工作。全年全口径消费投诉同比下降 10%,通报口径监管投诉行业排名第 13 位,投诉量和投诉市场排名连续 3 年实现下降。2023 年,公司不断扩大合作调解组织范围,与北京、上海、重庆等市 10 家调解机构建立调解合作机制,贯彻非诉挺前、司法断后要求,协同司法机关、仲裁机构创新解纷路径。全年通过调解组织、仲裁机构、司法机构调解案件 1277 件,同比翻番,其中调解成功 1232 件。

(泰康在线财产保险股份有限公司)

中国人民财产保险股份有限公司湖北省分公司

【概况】

2023 年,人保财险湖北省分公司(简称)围绕高质量发展转型需求,不断提升服务大局能力、价值创造能力和创新发展能力,各项业务稳中有进、发展态势持续向好。全年累计承担保险责任 353.6 万亿元,同比增长 9.1%。累计服务个人客户 458.6 万人次,同比增长 3.1%;服务法人客户 12.3 万户,同比增长 22.5%。支付赔款 164.7 亿元,同比增长 23.2%。实现保费收入 229.3 亿元、增速 11.1%,保费规模居人保财险系统第 7 位、增速居人保财险系统第 4 位。实现报表利润总额 7.5 亿元,利润率 3.7%;上缴各类税收 21.4 亿元,同比增长 4.5%。荣获"2023 中国·武汉极目金融榜"年度科技金融创新创优大奖等 4 个奖项。

【党建工作】

一是扎实开展主题教育。按照"学思想、强党性、重实践、建新功"的总要求,开展理论学习、调查研究、检视整改,统筹推进第一批和第二批主题教育,通过察实情、解实困,着力破解公司改革发展中的难题和堵点。二是推动巡视巡察整改。建立巡视巡察整改常态化机制,巩固深化整改成效。对照巡视"回头看"反馈问题,压实政治责任,主动认领问题,扎实开展整改,推动党建和业务高质量发展。

【业务发展】

聚焦"八项战略服务",充分发挥保险经济"减震器"和社会"稳定器"作用。一是服务现代化产业体系建设。为汽车及零部件、光电子信息、生物医药等领域标志性工程和重点企业提供超 50 万亿元风险保障。二是服务乡村振兴。建成覆盖"米袋子""菜篮子"等领域的农业风险保障体系,通过 200 个农险产品为 233 万户农户提供 595 亿元风险保障。三是服务科技自立自强。为中国信科、长江存储等 2000 余家科技企业提供超 8000 亿元风险保障。四是服务增进民生福祉。完善大病和医疗救助体系,承办各类社保项目 190 个,服务超 6700 万人次,提供风险保障超 27 万亿元。"惠民保"项目在随州、宜昌、咸宁、黄冈、荆门、鄂州、襄阳、荆州、黄石等市(州)落地,为地方群众提供多层次医疗保障。五是推动绿色发展。大力发展绿色产业保险,为 1565 万亩森林、近 130 家化工企业和三峡集团等清洁能源企业提供超 5000 亿元风险保障;服务保障全省近 40% 新能源车辆。六是服务安全生产。推广安责险,为 1.1 万余家企业提供超 770 亿元风险保障。治安保险县域覆盖率达 100%,承保户数覆盖率超 25%。七是服务区域协调发展。提升武汉、宜昌、襄阳 3 个中心城市分公司服务能力,做大做强县域机构,全力服务三大都市圈建设和"强县工程",助力湖北加快构建新型区域发展格局。八是服务"一带一路"建设。持续做好外贸经济发展、外贸货运通畅和境外工程项目的服务保障工作,为 590 家出口企业提供风险保障 90 亿元。

【金融创新】

一是创新保险产品。开展"安康季"主题营销活动,探索开展"学幼险+学龄安康"模式。创新开发农村个人建房小险种和 3 个商业团体产品。在全国率先出单乡村振兴产品—乡村公共服务设施财产保险;在恩施州咸丰县试点"农保贷"项目。12 个分公司实现"专精特新"保险破零目标。二是创新服务模式。开展双节"心服务"活动,新设 14 个线下服务驿站,服务客户 1.96 万人次。

【风险管控】

一是严格落实风控责任。健全风险管理制度体系,通过履行三道防线责任、强化授权管理、加强警示教育,强化底线意识、忧患意识,督促责任人落实风险防控责任。二是强化合规管理体系。完善合规考核机制,将合规重点指标纳入"一把手"绩效考核体系,自上而下引导合规经营。加强合规队伍建设,加强兼职合规人员管理。深入开展合规文化宣导培训,累计覆盖 5 万余人次。三是开展风险排查。组织开展"农险合规建设年"活动以及社保理赔风险案件排查、农险理赔案件质量自查、理赔稽查、单证印章风

人保财险湖北省分公司查勘专员到交通事故现场开展勘察和定损工作

险排查等风险排查项目，强化违规问责工作机制，降低经营风险。

【金融消费者权益保护】

立足客户权益，不断完善消保工作管理体系和组织架构，建立投诉提级督办制度，推动各级分支机构积极落实消费者权益保护主体责任。一是加强监管投诉数据日常管理。提升多元纠纷调解能力，通过银调中心调解的案件数在财险公司排名前列。二是开展消费者权益保护教育宣传活动。在“3·15”宣传周及金融消费者权益保护教育宣传月期间，配合行业监管部门开展消费者知识宣传，发布“以案说险”等原创宣传图文、视频，助力提升老年人、青少年、新市民等特殊群体风险防范意识和能力。2023年消保监管评价等级达到行业第一方阵标准。

（中国人民财产保险股份有限公司湖北省分公司）

中国大地财产保险股份有限公司湖北分公司

【概况】

2023年，大地财险湖北分公司（简称）通过调优业务结构、压降运管费用、扩大业务规模，实现承保盈利。全年实现保费收入74015.3万元，增速17.8%，保费规模（不含保证险）在大地财险系统排名第25位、增速排名第7位。全年实现净利润1575.9万元。综合费用率（不含资产减值损失）28.6%，同比下降9.4个百分点；综合赔付率69.4%，同比上升2.1个百分点；总成本率98.0%，同比下降7.3个百分点。综合费用率高于行业2.9个百分点，综合赔付率低于行业3.7个百分点，综合成本率低于行业0.8个百分点。在武汉市、黄冈市等16个市（州）设立了11个中心支公司、28个支公司、25个营销服务部。

【业务发展】

一是发展农险业务。充分发挥保险功能作用，积极构建丰富的农险产品形态与服务模式，推动农险保费增量达到755万元、增速达到257%，农险创新产品保费增量达到175万元、增速达到175%，努力为农险客户提供全方位、多层次、立体化的风险保障。恩施中心支公司利川支公司在2022年首次中标利川肉牛保险，为224个养殖户共2200余头肉牛提供保险保障，截至年末，接到128个养殖户244次报案，共赔付365万元。二是服务医疗保障。截至年末，宜昌市、咸宁市、黄冈市、荆州市共4个下辖机构开办政府健康险，业务类型包括惠民保、职工大额医疗、零星报销和无责意外险，全年实现保费7681万元，承保金额超31亿元，承保人数近300万人。三是加强理赔管理。开展打假降责减损工作，全年打假增效金额2624万元，超额完成全年目标，其中车物打假、意外险打假、追偿、专票打假增效均达成目标。按照设定的降损指标，抓住重点环节、关键岗位，从配件、工时费用等方面着力减损，进一步提升降赔效能，控制赔付率。全年已决案均4223元，低于全国平均水平386元；出险年度赔付率34.6%，同比下降1.4个PT。

【风险管控】

一是完善风险防控组织架构。成立风险管理委员会、核保核赔委员会、责任追究委员会。全年召开4次风险管理委员会会议，针对信保、财产险、应收保费等方面风险情况进行专题研究和工作部署；召开22次核保核赔委员会会议，检视重大案件承保、理赔环节的风险漏洞；召开3次责任追究委员会会议，审查违反监管、公司风险管理规定的案件，对相关人员实施追责问责。二是开展审计检查。全年开展8次全面审计，督促各部门、各机构制定整改方案、完善工作流程，跟踪承保、理赔、财务、中介及综合管理等方面存在问题的整改进度，确保按时完成整改工作，堵塞风险漏洞。

【金融消费者权益保护】

一是完善消保工作管理体系和组织架构。成立消保工作委员会，建立投诉提级督办制度，加强监管投诉数据日常管理，推动各级分支机构落实消费者权益保护主体责任，提升多元纠纷调解能力。二是开展消费者权益保护教育宣传活动。在“3·15”消费者权益保护宣传周、金融消费者权益保护教育宣传月期间，通过开展消费者知识宣传活动、“总经理接待日”活动，进农村、进社区、进校园、进企业、进商圈向公众普及防范养老诈骗、防范非法集资、打击“代理退保”等方面金融知识。

（中国大地财产保险股份有限公司湖北分公司）

中国出口信用保险公司湖北分公司

【概况】

2023年，中国信保湖北分公司（简称）认真贯彻落实国家对出口信用保险工作的最新要求，立足政策性职能定位，聚焦主责主业，帮助出口企业防风险、拓市场、补损失、促融资，推动共建“一带一路”走深走实。业务稳中向好，风险总体可控，财务稳健可持续，各项工作取得明显成效。全年支持全省贸易和对外投资规模107亿美元；服务支持企业3800余家，同比增长约30%；向企业支付赔款3107万美元，同比增长136%。

【党建工作】

以党建促发展，通过严肃党内政治生活，推动党员干部发挥先锋模范带头作用，扎实推进分公司各项工作有序开展。一是推动主题教育与中心工作融合。领导班子围绕核心政策性业务可持续发展、普惠金融提质增效、提高内控合规水平等主题开展调研，完成3篇高质量调研报告，制定23条整改措施，建立10余项专项制度，切实推动解决业务发展中的难点、痛点问题。二是坚持正风肃纪，营造风清气正政治生态。通过开展警示教育、典型案件反思研讨、员工行为排查等方式，以案示警、以案促改、以案促治；完善因私出国（境）、日常采购、承保、理赔等领域制度机制，进一步营造“严管厚爱、风清气正”的良好氛围。

【业务发展】

一、加大外贸企业保障力度

发挥跨周期、逆周期调节作用，加快保险市场开发，助力外贸保稳提质。全年短期出口信用保险承保金额实现101亿美元，为省内更多出口企业提供政策性出口信用保险保障。

二、服务共建“一带一路”高质量发展

通过完善工作机制、优化服务流程、开展业务培训，不断夯实项目险核心政策性业务发展基础。年内首次举办鄂企“走出去”项目险风险论坛及政策发布会和湖北省重点外经企业高层座谈会，积蓄项目险发展内生动力。聚焦汽车、新材料、新基建等特色行业，做好重大项目和“小而美”项目保险服务，打好核心政策性业务产品“组合拳”，全力支持湖北企业“走出去”。全年承保24个“一带一路”倡议项目，承保金额达5亿美元。

三、发展普惠金融

建立覆盖全省、专门服务小微企业的普惠金融服务团队举办首届数字金融服务节暨第4届小微客户服务节系列活动。发挥好信贸协作机制作用，拓展“税保联盟”合作内涵。通过优化平台准入规则、优化承保理赔服务，巩固提升普惠金融工作质效。全年服务小微客户3700户；承保金额28亿美元，同比增长28.2%。

四、助力保障重点产业链稳定畅通

打造具有信保特色的产业链服务支持体系，通过多产品联动，为电子信息、整车工程机械、现代农业、生物医药等重点产业链企业提供优质保险服务，助力打造湖北先进制造业集群。

五、强化资信服务

依托公司数据库优势，为企业提供海外买方资信调查服务，助力企业提升市场风控意识、提高市场开拓能力。通过“信步天下”APP、“买家资信红绿灯”“资信导航仪”等数字化产品，为出口企业提供国别行业数据、风险预警信息、海外买家风险咨询等各类服务，实现风险信息即时查询和动态推送。通过风险动态监测系统累计提示风险15810条，帮助企业提升海外市场风险管控水平，防范化解系统性风险。

【金融创新】

一是发展外贸新业态新模式。抓住跨境电商海外仓保单试点放开的契机，创新跨境电商承保模式，实现湖北跨境电商首张保单落地，助力企业抢占北美等海外市场份额。二是创新营销服务模式。通过搭建数字化营销服务平台，推进小微数字化客户服务体系创新升级。在微信视频号推出在线直播品牌，丰富微信公众号服务内涵，提升集约化服务水平。通过“单一窗口”联调测试环境系统实现所有小微平台“信保易”客户签单线上化。

【风险管控】

一是加强内部管理。开展内控制度查漏补缺和优化工作，组织全员学习法律法规、监管规定和内部制度，强化制度刚性约束。二是加强合规管理。强化风控合规考核机制，形成涵盖内外部检查、案防、反洗钱反欺诈、承保理赔、数据质量、操作风险等多项考核指标的风控合规考核体系，压实风控合规责任。三是加强日常风险监测，做好反洗钱、反欺诈等违规行为排查工作。四是加强案防培训和廉政教育，引导员工知敬畏、存戒惧、守底线。

【金融消费者权益保护】

将消费者权益保护工作融入日常经营管理和发展中，通过完善制度建设、强化消费者投诉管理机制，切实做好金融消费者权益保护工作。以“3·15”消费者权益保护教育宣传周、“7·8”保险宣传日、防范非法集资宣传月等活动为契机，强化金融消费风险提示，帮助出口企业远离非法金融活动。

（中国出口信用保险公司湖北分公司）

中华联合财产保险股份有限公司湖北分公司

【概况】

2023年，中华财险湖北分公司（简称）持续发挥保险职能作用，全力服务实体经济、支持科技创新、促进共同富裕、加强民生保障。全年提供风险保障26530亿元。实现保费收入21.23亿元，同比增长29.52%，创历史新高；实现利润5162万元，超额完成总公司下达的计划目标任务。赔付支出13.34亿元。截至年末，在全省设有221个机构和7900余个村级服务点，规模在省内财险市场中排名第6位，是省内财险市场机构网络第二齐全的公司。

【党建工作】

坚持以高质量党建引领带动公司高质量发展，以党的政治建设为统领，不断加强基层党组织建设。一是加强党员队伍建设。全年吸收发展党员13名，组织16名同志参加集团公司举办的系列党建工作能力提升培训班，推荐1个基层党组织、3名党员获得总公司“两优一先”表彰，充分激发党员队伍活力，不断提升下辖机构经营管理效能。二是推进党建与业务融合发展。聚焦主责主业，压紧压实党委书记“第一责任人”的责任和班子成员“一岗双责”，各级党委在发展转型、项目攻关、政保突破、机构治理、农险遴选等方面充分发挥先锋模范作用。三是持续巩固作风建设成效。开展廉洁风险排查、节假日廉洁提醒等一系列中央八项规定精神和作风建设自查自纠工作，不断巩固作风建设成效。严肃执纪问责，发挥巡察利剑作用。严查信访案件，对违规违纪人员严肃追责问责，坚持党内常规巡察与专项巡察相结合，提高党员干部遵纪守法、合规执业的自觉性。

【业务发展】

一是支持重大项目建设。参与承保432个工程项目，提供工程风险保障242亿元，实现保费收入0.41亿元，赔付支出0.1亿元。二是服务建设工程企业。开办工程机械设备险、建筑工程一切险、货物运输险、道路承运人责任险等工程险，累计承保8.3万笔，提供保障4185亿元；实现保费收入2.36亿元，赔付支出0.89亿元。三是支持乡村振兴。开办水稻完全成本保险、小麦完全成本保险、生猪保险、保险+期货等农业保险，累计承保1.5万笔，提供保障199亿元；实现保费收入6.18亿元，赔付支出3.76亿元，有效支持农业稳定高产。在黄冈、黄石、咸宁等地市开办政府防贫救助责任险、村级卫生室医疗责任保险等险种，保障金额20亿元，进一步完善农村保障体系。四是发展绿色金融。立足主责主业，

中国信保湖北分公司举办2023年鄂企“走出去”项目风险论坛及政策发布会

积极推广环境污染保险、食品安全保险、森林保险、林下经济作物种植保险、淡水养殖保险，助力环境减污、绿色低碳转型，为绿色金融可持续发展提供保险保障。累计承保绿色保险类业务 21.2 万笔，提供保险保障 3216 亿元；实现保费收入 3.99 亿元，累计赔付支出 1.4 亿元。持续推进自身低碳减排管理工作，为客户提供实时电子保单、理赔线上化服务，践行“无纸化”办公，加强日常用水、用电管理，减少运营过程中的能源消耗。

【风险管控】

一是开展风险减量。制定了湖北分公司风险减量服务方案，全面梳理客户风险状况，清单式开展风险查勘，实现社会效益、经济效益双赢。二是加强第二道防线建设。推进以查促改、以改促建，合规检查、监管检查、内部审计发现问题整改完成率超 90%。修订完善《内控手册》，推动嵌入式管控全覆盖、无死角。

【金融创新】

创新农业保险产品，运用 3S、5G 等技术，采取“移动终端+卫星遥感+鸟瞰无人机+线下验证”四位一体验标模式，实现按图承保，提升农业保险的可获得性和便利性。成功落地全省首单黄鳝养殖保险，大力推进仙桃市黄鳝产业发展。

【金融消费者权益保护】

打造以客户为中心的经营管理体系，完善标准岗位体系及系统配置，健全投诉处理、问责、检视、应急等四大工作机制，快速响应客户投诉，推动投诉源头治理，压实机构、部门投诉处理责任，着力提升投诉处理水平，维护消费者合法权益。

（中华联合财产保险股份有限公司湖北分公司）

中国太平洋财产保险股份有限公司湖北分公司

【概况】

2023 年，太保财险湖北分公司（简称）通过完善服务、创新产品、提升效能，全力做好科技金融、绿色金融、普惠金融、养老金融、数字金融“五篇大文章”，全力服务经济发展和民生改善。截至年末，累计实现入账保费 68.5 亿元，保费规模在行业中排名第 3 位。

【党建工作】

一是开展主题教育活动。严格贯彻落实集团、总公司党委各项工作要求，有力、有序、有效组织推动党建主题教育和业务发展工作落地。全年各级领导开展 148 次调查研究，发现并整改 12 个问题；组织开展 17 期周述学会、8 期读书班。全年开展 55 次主题党日活动，发布主题教育新闻稿 275 篇。二是推动党建业务融合发展。通过政治领航、思想领航、组织领航、人才领航、清廉领航、文化领航六个板块，将党建与业务深度融合，着力打造党建工作“强引领、促发展、优队伍、固组织、树新风、聚合力”的局面，促进公司各项工作平稳较快发展。

【业务发展】

一、发展科技金融

加强科技型企业全生命周期金融服务。对接湖北三峡实验室、湖北光谷实验室，推进保险服务专精特新“小巨人”企业发展，助力技术成果转化。围绕“51020”现代产业集群，加大对首版次软件、集成电路、智能汽车芯片、生命健康、高端装备、北斗等科创重点领域的保险保障力度。

二、发展绿色金融

定期拜访相关职能部门，了解绿色金融政策，制定绿色保险布局规划，结合太保集团风险保障优势和风险管控思维，支持低碳项目落地，助力绿色产业培育和发展。

三、发展普惠金融

一是服务小微企业。参与湖北省商务厅小微企业出口信用险项目，为小微企业融资提供信用保证保险服务，帮助小微企业开拓境外市场，提升小微企业抗风险能力。二是服务“三农”。针对不同地区农业产业发展情况，因地制宜创新农业保险产品，构建多层次、多维度、多元化的农业保险产品体系。全年承办 26 个中央政策性保险，开发 91 个地方特色品种创新保险、56 个商业性保险、45 个指数类创新保险，助力农业产业发展、农民增收。

四、发展数字金融

建立网格化查勘管理体系，就近就快调度工作人员，为客户提供查勘可视、在线可评、轨迹可跟和现场可管的极速服务。运用天网平台查勘记录仪，监督监控理赔服务全过程。通过“线上引导+线下体验”的方式，为客户提供管赔又管修的“太好修”一体化服务。“e 农险”产品充分利用卫星遥感、物联网、无人机、大数据等科技手段，构建天空地一体化农业保险服务体系，赋能保险企业快速评估与灾害辨识，帮助农户、农企防灾减灾。

五、服务医疗保障

积极参与基本医疗保险、大病保险等政保健康险合作项目，推出“江城安心保”“普惠门诊保”等产品，充分挖掘慢病保险、长护险等创新项目，助力多层次医疗保障体系建设。

【金融创新】

建立行业领先的风险减量服务体系，开发风勘平台、风险地图、风险数据库三位一体的“风险雷达”数智化风险管理平台。通过红外热成像仪为客户排查电气火灾隐患；通过“水精灵”物联网水淹报警设备、智能视频监控报警技术、激光点云技术、卫星遥感技术、无人机航拍测绘等新型技防手段助力企业防灾减损。开发“校级安全管理平台”“防溺水平台”等综合智能管理系统，运用“保险+科技+服务”模式护航在校学生健康成长。

太保财险湖北分公司独家承保的普惠型医疗保险产品“湖北普惠门诊保”正式上线

【风险管控】

一是强化风险前置管控。总结分析内审外查、自查自纠、乱象整治等工作中发现的问题，梳理各业务领域重要风险点，将风控要求嵌入业务核心环节，加强风险提示，赋能风险前置管控。二是加大风险排查力度。通过线下现场检查与线上高风险数据监测相结合的方式，排查风险隐患，追溯问题成因，完善操作规程，落实风险防范举措，堵塞风险漏洞。三是防范操作风险。加强理赔人员警示教育和合规宣导，提升理赔人员风险识别意识和风险防控能力，严格执行层层审核、交叉复核的工作要求，规范理赔操作流程，防范操作风险。四是防范保险欺诈。深化警保联动合作，建立风险疑案调查长效机制，健全警保合作体系。通过排查高危风险案件、溯源风险案件，制定类案排查规则，严厉打击、震慑保险欺诈行为。五是严肃执纪追责问责。坚持"下重拳""狠打击"，严格落实"重内控、严管理、强警示"的风险管控举措，加大问责力度，对违规违纪行为"零容忍"。

【金融消费者权益保护】

一是强化消保工作机制。将消费者权益保护的要求融入经营全流程和各环节，通过规范销售行为、强化消保审查、夯实投诉治理、实施多元解纷，切实解决消费者"急难愁盼"问题。二是开展消保宣教活动。聚焦"老少新乡"群体，开展保险"五进入"教育宣传活动，向特殊群体普及金融保险知识，获得监管部门授予的多个荣誉称号。

（中国太平洋财产保险股份有限公司湖北分公司）

中国平安财产保险股份有限公司湖北分公司

【概况】

2023年，平安产险湖北分公司(简称)以客户为中心，强化创新驱动，着力为客户提供更优质、全面的产品及服务。截至年末，保费规模113.6亿元，增速11.3%。其中，车险保费83.5亿元，增速6.3%；非车险保费30.1亿元，增速28.0%。全年实现利润3.2亿元。

【业务发展】

一是助力特色农业产业做大做强。坚持党建引领，扎实推进党建共建、医疗下乡、"振兴保"项目、助农协销等乡村振兴工作落地。全年开展108场党建共建活动，与85个村签署战略合作协议，累计捐赠乡村振兴基金987万元。通过"医疗下乡"提供价值超百万元医疗服务；落地9个"振兴保"项目，累计捐赠707万元，助力洪湖市建立"莲藕+小龙虾"特色养殖体系、宜昌市柑橘种植产业多模式融合发展等多个农业产业项目，推动特色农业产业发展；依托集团综合金融优势及"平安好车主"APP，帮助农企拓宽销售渠道，惠及村民16万人次，撬动1.41亿元农业产业发展资金，带动农户增收1823万元。二是落实"健康中国"战略。在宜昌市开办长期护理保险，为6万人次市民提供医疗保障；承保武汉市东西湖区大病补充保险、武昌区"两元民生保险"、黄陂区残疾人意外保险等政府项目，累计提供风险保障超100亿元，助力构建多层次医疗保障体系。

【金融创新】

一是创新科技保险产品。积极推进东湖科技保险创新示范区建设，专项开发知识产权类、网络安全类、董责险类等共计40余款创新产品，累计服务741家先进制造业、战略性新兴产业的高新科技企业，提供风险保障1500亿元。二是推动数字化转型。丰富数字化服务供给，提高车险服务便利性和精准性，利用大数据和AI技术，实现商业车险"一车一价"。创新集卫星遥感监控"太乙"、精准灾害预警系统"相风"、数字化风险地图"河图"、风险数据服务系统"繁星"、巨灾概率计算系统"巨灾"五大功能模块于一体的鹰眼系统，形成"保险+科技+服务"的防灾防损新模式。联合重点央企搭建海风管理平台，丰富垂直领域风险减量科技手段。

【金融消费者权益保护】

履行好消费者权益保护主体责任，开展消保"一把手工程"，推进"两全三头"消保机制建设。一是深化纠纷多元化解。成立行业首家"法院+金融"纠纷多元化解工作站，建立"调解+司法确认"新模式。上半年监管亿元保费投诉量0.14，同比下降52.59%。二是开展消保宣教活动，向消费者普及保险知识。全年消保宣教活动触及消费者超600万人次。

（中国平安财产保险股份有限公司湖北分公司）

天安财产保险股份有限公司湖北省分公司

【概况】

2023年，天安财险湖北省分公司(简称)立足主责主业，切实发挥保险社会稳定器功能，全力服务经济社会发展。实现保费收入3.21亿元，同比下降13.41%；实现承保盈利2180.21万元，综合成本率93.19%。保费规模行业排名第13位，综合成本率行业排名第5位；保费规模在天安保险系统排名第14位，综合成本率在天安保险系统排名第4位。

【党建工作】

充分发挥党组织在各项事业发展过程中的政治领导核心作用，引领各项工作稳健发展。全年分公司及各中支党支部共组织开展红色主题活动7次、集中学习会及民主生活会3次、党委书记党史课2次，领导班子带队调查研究5次。一是加强主题教育。制定《湖北省分公司主题教育工作实施方案》，按照序时进度组织一系列主题教育活动。分公司班子带队深入下辖机构开展调查研究并形成调研报告；将习近平总书记重要讲话精神与公司高质量发展相结合，把主题教育成果转化为推动经营工作的强大动力。二是推进党建与业务融合发展。通过政治学习、思想鞭策、学习先进等多种方法，营造业务发展氛围，激发干部员工干事创业热情。开展"党员攻坚克难责任区"活动，统筹谋划党建工作和中心任务，按照总公司统一部署，结合湖北实际，开展以销售任务达成、经营成本挂牌考核、车险精细化经营、非车险抢抓市场等为主要内容的"党员攻坚克难责任区"活动，较好地促进机构业务达成，进一步推进党建与业务融合发展。三是加强清廉文化建设。将清廉文化理念贯穿到各条线员工行为管理中，加强教育引导，筑牢廉洁防线。将清廉金融文化建设同党史学习教育相结合，组织开展一系列廉洁教育专题活动。开展"学习党史、廉洁从业"专题培训，组织干部员工集中学习中国共产党廉洁自律准则、党员和党员领导干部廉洁自律规范，结合保险行业腐败案件释纪释法，督促各级干部员工筑牢合规廉洁防线，提高拒腐定力。

【业务发展】

一是服务实体经济发展。积极承保各类企事业单位保险，为企业正常生产提供保险保障；为辖内大型工程及项目提供保险保障，服务重点工程建设。二是扩大简易险覆盖面。结合天安财险产品特色，联合邮政网点营销学平险、个意险、老年保险以及全年龄段的重疾险和意外百万医疗险，产品覆盖学生、成人、老年人等多年龄段人群，单人保费低至100元起，提升保险服务的可及性和可负担性。全年为9000人次提供简易险风险保障，受理理赔案件642件，赔付金额20万元。三是延伸服务网络。通过发挥营业机构布局优势、完善网点业务办理服务流程，将服务网络进一步延伸至各个区域。

【风险管控】

一、加强案防管理

针对重大突发事件、重大案件、重大投诉制定《重大突发投诉事件应急预案》，优化重大上访和群体性事件处理流程，加强监测预警，明确责任主体，将重大投诉、群体上访、越级上访作为条线绩效考核重要内容，纳入分公司负责人和分管领导考核指标。

二、加强合规管理

一是建章立制，规范员工行为管理。制定出台《天安财产保险股份有限公司经营管理八项禁令》《天安财产保险股份有限公司销售人员销售行为管理办法》等文件，涵盖销售、承保、理赔、财务管理、人事行政各条线的员工行为规范实施细则；按季度开展员工异常行为排查，从严、从细做好排查工作，督促员工整改排查中发现的问题，从源头杜绝违法违规行为。二是精细监督，强化干部合规管理。加强公司干部队伍建设，对公司干部实行“四个一，一个六”合规管理，即干部任职前参加一次合规审查、一次合规考试、一次合规谈话、签订一纸合规经营承诺书，任中参加六次法律合规大讲堂，将干部任职前合规审查、合规考试及合规谈话结果作为公司聘用干部的参考依据，进一步增强干部合规风险意识。

【金融消费者权益保护】

一、压实消保主体责任

落实总公司《关于成立保险消费者事务工作委员会的通知》的要求，分公司总经理为消保工作第一责任人，负责制定和推动落实各项消保工作。

二、加强投诉管理

一是强化组织支撑。制定《湖北分公司关于下发全面整改消费者权益保护工作措施的通知》，形成以分公司运营部为投诉管理部门、各中支运营负责人为投诉管理第一责任人的投诉管理机制。在各中支设立投诉处理专员，负责客户投诉处理工作，确保各类投诉得到及时响应。严格执行投诉工作“一把手”负责制，强化投诉过程管理，确保每笔投诉有专人负责、有领导亲自督办，实现客户投诉案件“件件有回音，事事有着落”。二是加大投诉监管力度。升级优化投诉信息系统，强化监督转办投诉监督功能，实现投诉转办件系统自动催办；准确记录每个案件的处理环节、处理意见、处理时间，全方位监督监管转办件回复情况，及早发现迟报、瞒报、漏报和投诉处理不规范情况。

三、开展消保宣教活动

组织开展“3·15”消费权益保护日、“7·8”保险公众宣传日、安全生产责任月、“保险力量，为奋斗的你加把劲”“主推乡村振兴、服务老年群体”“保险五进入”等活动，宣讲金融保险知识，帮助大众树立正确金融消费观。开展老年群体专项宣教活动和消费风险提示，向老年人普及基础保险知识，帮助老年人识别保险陷阱、维护合法权益。

（天安财产保险股份有限公司湖北省分公司）

华安财产保险股份有限公司湖北分公司

【概况】

2023年，华安财险湖北分公司（简称）累计实现保险收入3.89亿元，同比增长3.51%。截至年末，在全省设有12个中心支公司、21个支公司、6个营销服务部。

【党建工作】

一是加强廉洁文化宣传。将8月定为分公司廉洁金融文化建设宣传月，将《廉洁从业规定》《员工行为守则》等廉洁从业相关文件和制度整理成册，组织员工开展集中学习，强化廉洁从业意识；运用内部网站、宣传栏、宣传海报等多种形式，构建廉洁文化宣传矩阵，营造清廉氛围；组织员工召开座谈会议，分享廉洁从业心得体会和工作经验，加强员工交流与合作。二是开展关键岗位职业道德教育。组织开展廉洁教育党课、理赔人员廉洁从业专题讲座、廉洁从业培训等活动，增强党员干部拒腐防变能力，预防职务犯罪。在“以清为美，以廉为荣”清廉金融文化建设主题竞赛中，客服消保部员工获得三等奖。

【业务发展】

一、发展车险业务

一是加强与湖北省保险行业协会联系，探索建立摩托车、营运车辆及特种车辆车险承保平台可行性，满足特定车辆车主的交强险投保需求。二是拓展新能源车险业务。研究新能源汽车技术特性和风险因素，了解新能源汽车发展特点和规律，通过优化承保流程、提升技术支持、优化产品结构等方式，为车主提供便捷、高效的保险服务，提高新能源车险承保效率。三是拓展摩托车交强险业务。加强业务培训，提高业务员对摩托车交

华安财险湖北分公司帮助企业防灾防损

强险业务熟悉度和重视程度；联合湖北省保险行业协会开展交强险宣传活动，提高车主对摩托车交强险的认识和投保意愿；通过媒体、网络等渠道向公众普及摩托车交强险的重要性和投保方式。

二、发展责任险业务

一是推广雇主责任险、人身意外伤害保险等险种。对接不同行业企业保险需求，灵活设置保障范围，确定保费金额和缴纳方式，助力企业实现安全生产和经营绩效双提升。二是推广房屋出租人责任保险，保障出租人、承租人、承租人雇佣人员及第三方的财产损失、人身伤亡损失，帮助出租人、承租人减少因事故导致的经济损失。三是优化建筑工程安全生产责任保险服务。聘请安全评价机构专业人员定期或者不定期对投保的建工企业开展安全生产检查，及时发现安全隐患，提出安全生产改进措施，跟踪落实企业安全隐患整改，将整改情况与次年安全生产责任保险费率挂钩，促进企业不断加强安全生产管理，提高安全管理水平。

三、发展家庭财产险和学平险业务

推广“满堂福”家庭财产保险，为房屋主体、附属设备、室内装潢及家电提供全面保障，增强家庭抵御财产损失风险能力。拓展学平险，为新市民子女提供意外伤害、疾病住院等医疗保障，提升新市民金融服务获得感。

四、提升客户服务体验

围绕“以爱相伴，共赴美好”主题，举办第四届客户服务节。组织下辖机构进社区、到高速路口为车主提供出行应急帮助，下工地、进厂房、入车间帮助企业防灾防损。

【风险管控】

一是加强合规内控管理。将风险管控、合规经营要求贯穿业务发展全过程，严格按照总、分公司承保规定和要求，认真审核保险项目，保优限劣，主动回避高风险项目，营造主动合规、自觉合规氛围。二是开展员工培训。建立风险管控、合规经营常态化培训机制，多层次、全方位开展差异化培训工作。重点加强中高级管理人员、承保理赔人员、销售人员培训，每年组织不少于2次警示教育和职业道德教育，强化干部员工法律意识和合规意识，规范执业行为。

【金融消费者权益保护】

一是建立健全消费者权益保护机制。设立消费者权益保护委员会，制定消保规章制度，将消费者权益保护工作要求融入公司治理、企业文化建设和经营发展战略中，明确各层级主体责任。二是优化产品设计和服务。简化投保、理赔等流程，提高客户服务质效。加强业务品质管控，充分披露产品关键信息，保障消费者知情权。三是强化投诉处理机制。畅通投诉渠道，规范投诉处理流程，建立客户投诉数据分析溯源整改机制。推出消保投诉防控系统，按照“前期预防、过程监督、结果反馈”的消保工作指引，通过投诉风险预判预警、全线上化任务流转、总分垂直快速响应、客户及时回访、全流程留痕、多端实施监控、投诉跟因分析及整改等措施，实现投诉全流程闭环管理，提升客户服务水平，更好地维护消费者合法权益。四是加强内部培训与考核。定期开展员工消费者权益保护培训，提升员工专业素养和服务意识。将消费者权益保护工作考核结果纳入综合绩效考核体系，强化激励约束机制。五是加强消费者教育与宣传。通过开设保险知识“公益讲堂”、开展金融教育活动、制作宣传视频和文章等方式，线上线下多渠道开展消费者教育工作，提升消费者金融素养和自我保护能力。消保工作监管评价结果连续三年保持二级A评级。

（华安财产保险股份有限公司湖北分公司）

永安财产保险股份有限公司湖北分公司

【概况】

2023年，永安财险湖北分公司（简称）以总公司“十四五”规划为指引，认真贯彻落实总公司“方向正确、速度合适、结构合理、效益优先、风险可控”的经营发展理念，进一步夯实发展基础，加强科技赋能，加快创新转型步伐，不断提升服务实体经济质效，推动公司高质量发展。全年实现保费收入30925万元，其中，车险保费收入22713万元、非车险保费收入8212万元。截至年末，在全省设有13个中心支公司、27个支公司、6个营销服务部和1个营业部。

【党建工作】

一是强化责任落实。按照党建工作重点，签订《党风廉政建设责任书》《廉洁从业承诺书》，明确责任主体，强化责任意识，促进各项业务提质增效。二是注重理论学习和成果转化。开展集中学习、专题培训、主题教育读书班活动，不断推动理论学习走深走实。将理论学习成果转化为业务发展和风险防控动力，纵横双向保障公司稳健开展各项工作。

【业务发展】

一、服务基础设施建设

共保承保武汉市轨道交通新港线西延线工程建安工程一切险和第三者责任险项目，拓展保险资金支持基础设施存量和增量空间，发挥保险资金对基础设施建设的支持作用。

二、支持构建多层次医疗保障体系

积极推动黄冈、襄阳、宜昌等地定制型商业医疗保险“惠民保”项目，为公众提供门槛低、价格低、保额高的医疗保障，减轻公众医疗负担，全力支持构建多层次医疗保障体系。

三、服务乡村振兴

一是拓展农险保障广度。以“小险种大突破”为业务拓展思路，助力“三农”特色化、专业化发展，打造“政策性+地方特色+商业”模式的系列产品体系。认真落实“五公开、三到户”要求，提升农户保险服务获得感和满意度，实现农险保费收入稳中有增、业务结构加快转型。二是支持农业产业发展。获得十堰郧西县政策性育肥猪养殖保险项目承保资格，是分公司首次尝试经营养殖险业务。下辖11个三级机构参加当地2024—2026年政策性农险项目承保机构遴选，其中，襄阳中支中标老河口市农险项目经营资质；随州中支中标大洪山风景区农险项目经营资质，3次参加老河口市地方特色梨、桃种植保险项目竞标，紧贴农户实际需求，为农户提供优质保险保障服务。

四、发展车险业务

坚持以客户为中心的服务宗旨，开展车险精细化、集约化管理，其次持续开展“车+人、车+财、车+健康”系列活动，加快车险调整转型步伐。

五、提升理赔服务质量

上线车险“极速赔”线上理赔系统、“永安通”掌上APP理赔系统、农业险“安农保”掌上APP系统，推动理赔作业线上化、集中化，缩短客户查勘等待时间，提高案件处理时效和质量，增加客户黏性与认同感。

【金融创新】

坚持以效益为中心，聚焦主责主业，加快业务调整，在夯实车险“压舱石”的基础上，创新“车+非车”叠加保险模式，“一户一策”为客户提供车与健康双重保险保障。针对有车家庭推出永安车主家庭健康保障计划,为车主客户以及家人提供全面的保险保障,保障范围涵盖社保内外住院医疗费用、高保额质子重离子责任、高发癌症特药费用以及提供第二诊疗意见、门诊预约、就医陪诊等健康增值服务。

【风险管控】

遵守行业自律,始终坚持"合规人人有责、主动合规、合规创造价值"的合规理念,把合规管理作为公司全面风险管理的一项核心内容。一是开展"规范发展与效率提升年"活动。强化与"巩固治乱象深化强监管"工作相衔接,量化压降目标,开展相关问题排查整改工作,坚持即查即改、立查立改。二是建立合规管理长效机制。通过完善保险业务风险控制体系、修订各类内控制度、加强日常合规培训,提升三道防线的独立性、协同性和有效性。开展多维度审计与巡察,确保在经营中不发生系统性违法违规事件。三是构建事前、事中、事后三位一体合规风险监控体系,对业务环节和经营管理进行持续性的全方位、全过程监控。

【金融消费者权益保护】

党委牵头,建立"党建+消保"模式,将金融消费者权益保护工作列入公司重点工作项,成立专项领导小组,推动金融消费者权益保护工作高质量发展。一是建立党委定期研究消保工作长效机制。强化党委对消费者权益保护工作的指导作用,主动破解金融消费者权益保护工作新课题、新难题。二是建立各级总经理接访制度,明确主体责任,切实解决金融消费者合理诉求。三是强化投诉问题治理。实行重大投诉专人包案机制,班子成员至少包办1件重信重访案件,全流程负责案件处理工作。四是开展消保宣教活动。开展"3·15"消费者权益保护教育宣传周、"7·8"全国保险公众宣传日、普惠金融月宣教活动,与消费者面对面进行金融知识普及宣导,强化公众依法维护金融权益的意识。

(永安财产保险股份有限公司湖北分公司)

太平财产保险有限公司湖北分公司

【概况】

2023年,太平财险湖北分公司(简称)深入贯彻执行总公司高质量发展战略,坚持稳中求进、效益为先的总基调,妥善应对市场竞争带来的影响,实现保费规模、综合成本率、承保利润三大指标超额完成目标任务。截至年末,保费规模在财险市场排名第7位。保费收入预算达成率102.5%,承保利润预算达成率161%。

【党建工作】

一是加强思想建设。深入学习习近平总书记系列重要论述和中央金融工作会议精神,制定《2023年全面从严治党工作要点》《贯彻落实习近平总书记重要指示批示和党中央决策部署工作实施细则》《2023年全面从严治党考核办法》《贯彻落实党的二十大精神重点任务》,把党的领导融入公司经营过程中,助力公司高质量发展。二是开展主题教育。抓好第一,第二批主题教育,党委班子深入基层调研,抓牢基层党建工作,坚持以党建促发展,实现党建工作与各项工作深度融合。三是推进正风肃纪。加强对"一把手"和领导班子监督管理,围绕重点领域违规违纪行为开展廉洁教育;开展理赔队伍"微腐败"专项治理,筑牢拒腐防变防火墙。

【业务发展】

一是助力企业纾难解困。制定支持经济持续恢复和高质量发展的具体措施,通过承保医责险、安责险、环责险、建工履约类保证险,为困难企业提供保险服务支持。积极开办农民工工资保证保险,全年农民工工资保证保险保障金额34亿元。二是助力中小微企业发展。为3266家小微企业提供1119亿元风险保障。三是助力农业企业风险防控。加强科技运用,5个水稻承保县承保验标及风险监测全流程使用卫星遥感操作。全年开展236次风险减量服务、11次防灾减损服务,出具83份改善意见书。四是开展驻村帮扶工作。向咸宁市崇阳河田村提供帮扶资金20万元,支持当地农业产业发展。五是举办第四届"吉象节·太平客户节"。客户节期间,举办"千店万客惠用车"活动,为客户提供安全检测、年检代办等多样化用车服务,全方位提升客户服务体验。

【风险管控】

压实风险防控责任,提升合规管理水平。开展合规文化建设,营造合规文化氛围。抓好内、外部检查发现问题的整改落实工作,通过各项问题整改回溯,查找内控漏洞;加大违规问责力度,进一步强化内控管理机制。强化反洗钱工作管理,提升反洗钱履职能力;强化法律审查和诉讼案件管理,提升法律预警能力;强化重大突发风险事件管理,提升全面风险防控能力。

【金融消费者权益保护】

积极开展"7·8"全国保险公众宣传日活动,在"太平通"APP上开展"保险力量,为奋斗的你加把劲"直播活动,向公众普及保险消费者定义、享有的八项权益以及保险购买注意事项等保险知识。

(太平财产保险有限公司湖北分公司)

亚太财产保险有限公司湖北分公司

【概况】

2023年,亚太财险湖北分公司(简称)实现整体保费收入24865万元、同比增长3.09%,保费收入市场占比0.44%,较上年下降0.03个百分点,在全省财险公司排名第16位。其中,车险保费收入18086万,同比增长16.62%,保费贡献度达到73%;财产险保费收入5385万元,同比下降24.01%,保费贡献度22%;意健险业务收入1394万元,同比下降8.57%,保费贡献度5%。综合成本率102.18%,综合赔付率62.39%,综合费用率39.79%。整体承保利润亏损530万元,其中,车险承保利润盈利276万元、财产险承保利润亏损968万元、意健险承保利润盈利162万元。

【党建工作】

开展廉洁警示教育专项党建活动,西南区域客户服务中心在武汉、襄阳等地理赔服务站点举办多场廉洁警示教育活动,通过线上线下学习《亚太财产保险有限公司车险理赔纪律"十条禁令"》《亚太财产保险有限公司"红线"违规行为管理规定》《亚太财产保险有限公司全员自律准则》等纪律文件、观看欺诈警示视频、签署《理赔勤勉廉洁承诺书》、联合第三方合作单位开展廉洁文化学习、举办专项活动宣导内容考试等方式,强化中心理赔队伍依法依规、廉洁从业意识,营造风清气正理赔工作氛围。

【业务发展】

一、服务实体经济发展

一是服务民生保障。与中燃集团合

作推出燃气保险项目,防范燃气使用风险,燃气保险全年实现保费收入1037万元,同比增长5.82%。襄阳中支入围襄阳市城市定制型商业医疗补充保险"襄惠保"承办机构,支持当地构建多层次医疗保障体系,该项目是襄阳市政府2023年十大惠民工程之一,具有覆盖面广、价格亲民、保障高和投保简单等特点。二是服务基础设施建设。精心布局,大力开拓工程基建领域,参与武汉市轨道交通3号线二期工程、11号线三期和四期工程、武松高速公路武汉段项目、十巫南高速公路等省内大型项目工程险承保业务,全年实现工程险保费收入550万元,同比增长298%。

二、发展基础业务

一是发展车险业务。执行"亚太分"的评分标准,拓展个人优质客户、主城区客户以及优质续保客户燃油车交强险业务,综合考量出险情况、区域、车况等方面,挖掘高分段优质客户,提升车险业务占比。襄阳中支依托公司全面的保险保障功能、专业的风险防范能力和优质的理赔服务标准,中标襄阳市襄州区政府公务车、特种车和新能源车保险项目。二是发展商业险和意外险业务。在保证经营利润的基础上,分险种制定保单成本率目标,通过加强销售团队建设、创新业务发展模式、拓展重点项目等方式,挖掘更多细分险种,打造业务优势,提升商业险和意外险优质业务占比。

三、提高理赔工作质效

加强车物条线监督,针对理赔联合大检查发现的突出管理问题,制定整改计划并督促整改落实。做好大案专项调解和降赔减损工作,明确死亡、涉残等重大案件100%介入和调解规范动作,强化跟踪时效与质量考核,提高降责减损力度和追偿工作重视程度;密切跟踪重大案件处理进度,加大监控力度,减少重大案件流入诉讼增量。在大广高速公路湖北黄州段重大追尾事故中,第一时间成立群死群伤专案工作小组,派理赔专员赶赴现场核实事故情况、安抚家属、配合公安交管部门处置事故。在事故第二天向案件经办部门先行垫付18万元,用于事故善后处置工作,安抚事故各方家属情绪,化解特殊时点社会舆情风险。

【金融创新】

坚持"以金融科技为驱动"的发展战略,为客户提供便捷、高效的智能服务。一是在业内首推自动出单机器人。启动智能外呼功能,由机器人取代人工客服呼出电话。运用人工智能录入、影像自动识别、车型和车价自动匹配等功能,实现车险理赔查定核一体化,小额案件结案实效较平均核保时效缩短2.7分钟,现场查勘响应率、服务满意率以及理赔流程满意率均达到95%以上。二是创新线上服务模式。通过微信视频开展查勘工作,最快8分钟完成理赔。通过微信扫码注册,零成本开设线上门店,拓展服务网络。

【风险管控】

持续完善全面风险防控体系,明确经营管理"红线",对触线主体予以严罚重处,强化全员合规经营意识。制定风险制度实施细则,认真落实过程管理。按照监管部门关于反洗钱工作要求,做好反洗钱工作,防范洗钱风险。加强重点领域风险管控,精准施策,提升重点领域风险管控有效性。开展审计工作,推动具体问题和责任落实整改。实现全年平稳运行,风险总体可控。

【金融消费者权益保护】

建立分公司消费者权益保护委员会,明确各条线消保主体责任,强化各条线协同合作、积极配合,针对消保工作中出现的问题进行全面溯源整改。通过加强消保审查、内部考核和加大信息披露、营销宣传、合作机构管理等重点领域管控力度,强化源头治理,提升纠纷处理质效,健全完善纠纷多元化解机制。以客户需求为导向,查找客户服务工作中薄弱环节,认真部署整改工作,确保责任到人、人人担责,实现全公司"大消保"工作格局。

(亚太财产保险有限公司湖北分公司)

中银保险有限公司湖北分公司

【概况】

2023年,中银保险湖北分公司(简称)围绕"扩客群,稳增长,控风险,提质效"的工作要求,全面贯彻落实总公司党建和经营管理工作会议精神,以服务客户为中心、以业务发展为重点、以能力建设为抓手,努力推进各项工作发展。全年实现保费收入13710.57万元;赔付支出10182.78万元。

【党建工作】

召开年度党风廉政建设会议,与各部门负责人签订党风廉政建设责任书,将廉洁文化建设与党建工作、合规工作有机结合,督促各部门履职尽责,廉洁从业。持续落实中央八项规定精神及总公司实施措施,开展管理层履职待遇审查4次、召开警示教育会议7次、党风廉政建设形势分析会2次、廉洁党课3次。履行好巡视整改主体责任,取得53项阶段性成果,整改工作达成率100%。

【业务发展】

一是支持外贸企业发展。发挥银行系保险资源优势,通过信用险、关税保证保险产品服务外贸企业发展。依托保险数据库帮助企业甄别新拓下游买家资质、测算放账额度,重点信用险业务实现突破,全年为外贸企业提供4400万元坏账风险保障,助力企业稳定和扩大营收;为外贸企业提供关税保证保险服务,累计保障额度4.36亿元,帮助外贸企业实现先通关后缴税,提高通关效率,缓解税款支付压力,降低资金成本。二是支持绿色企业发展。聚焦长江流域生态保护和修复,积极参与长江经济带绿色发展、长江岸线和重点湖泊整治项目工程保险、责任保险、意外保险承保工作。参与承保综合整治工程险,服务重点绿色项目,所承保保额近1.66亿元;参与承保一系列新能源、风电项目财产保险,承保保额近70亿元。三是支持科创企业发展。为企业制定切实有效的保险方案,覆盖企业全方位保险需求,积极推动传统保险产品向半导体、芯片制造等高端制造产业科技保险产品转型。全年提供6亿元保额,为省内科创企业经营发展提供充足的风险保障,缓解科创企业发展压力,助力科创企业成长。四是服务民生保障。积极响应湖北保险行业协会提升适老化服务水平的倡议,多措并举推进适老化建设,适老化服务工作被《中国银行保险报》评为年度典型案例。承保"惠医保"医疗保障项目,全年累计赔付149.76万元,助力构建多层次医疗保障体系。在湖北省保险行业协会举办的湖北省保险业诚信建设大会上,理赔服务部荣获"诚信服务管理团队"称号。

【风险管控】

一、完善风险管理体系

成立风险管控领导小组,明确各部门在全面风险管理中的职责分工,进一步强化管理职能。开展专题会议,通过完善各类风险管理制度和管理架构、开展重点单类风险抽查、丰富流程管理手段、加强专业队伍建设,扎实推进全面风险管理下沉基层机构。常态化开展风险数据监测,不断健全和完善承保、理赔、营销、集中采购等重点环节、重点领域制度，使各项工作、各个环节有规可依、有章可循。

二、加强合规管理

一是强化合规意识。加强员工合规教育，全年共开展合规管理培训13次；根据员工层级、岗位、能力差异开展差异化洗钱风险管理培训6次、防范非法集资答题活动1次、警示教育10次、风险提示5次。二是开展合规风险排查。密切关注监管新政策、新要求，开展重点部门、重点人群、重点险种、重点环节、重点领域合规风险排查，制定问题整改措施，筑牢风险防控底线。全年开展15次涉及员工异常行为管理、职场管理、财务核算管理、集中采购管理、业务管理以及洗钱风险、集资风险等方面的自查排查，全年未发生违法违规事件。三是防范操作风险。规范承保业务出单流程，开展重大项目、高风险标的、特殊风险标的、复杂风险标的等业务承保前风险查勘；安排专人定期跟进共保业务、重大项目理赔进度，建立赔案台账，严格管理承保业务单证，进一步加强承保操作风险管控。

（中银保险有限公司湖北分公司）

永诚财产保险股份有限公司湖北分公司

【概况】

截至2023年12月，永诚财险湖北分公司（简称）实现保费收入14203万元。在武汉市、黄石市、荆州市、荆门市、宜昌市、十堰市共设有8个中心支公司、1个营业部、2个营销服务部。

【业务发展】

一是发展个人险业务。通过拓展个险业务渠道、优化产品配置、培育核心机构，推动个人险业务经营品质明显改善、承保利润稳步提升、保费规模持续增长。二是加强队伍建设。搭建完善的技能培训和职业发展平台，关注员工在不同阶段的职业发展需求，通过开展技能培训、制定员工发展路线，不断提升员工自身专业技能和综合素质，为客户提供更加优质、专业的保险服务。

【风险管控】

一、加强反洗钱工作

一是强化反洗钱措施。修订反洗钱制度；每月检查与核实机构反洗钱客户身份；每日核实反洗钱系统抽取的客户风险等级；每日与被反洗钱系统抓取的可疑交易、大额交易的机构反洗钱联系人联系，在规定时间内核实交易真实性，并按要求上报监管部门。二是开展反洗钱宣传活动，帮助社会公众甄别洗钱行为。三是开展反洗钱培训。组织重要岗位、关键员工开展学习培训，强化反洗钱工作的规定和要求，压实重点岗位职责。

二、加强合规管理

运用事前审查、事中核查、事后追查等方式，将合规管理要求嵌入承保、理赔等业务流程和公司经营管理各个环节。建立常态化自查自纠机制，通过主动查找问题、发现问题、解决问题，做好合规管理工作。

【金融消费者权益保护】

不断强化宣教思维长效化、宣教运作精准化、宣教目标公益化的工作机制，激发教育宣传内生动力，提高消保工作质效。主动配合同业公会加大对消费者集中反映的热点问题的风险提示力度，帮助消费者提升金融素养和风险防范意识。聚焦“一老一小”开展消保宣教活动，帮助老年人和未成年人提高金融知识水平和自我保护能力。

（永诚财产保险股份有限公司湖北分公司）

安盛天平财产保险有限公司湖北分公司

【概况】

2023年，安盛天平财险湖北分公司（简称）实现保费收入合计12181.41万元，已赚保费11183.66万元，应收保费率0.53%。累计赔付支出7597.88万元，同比增长22.38%。整体综合成本率101.44%，同比下降0.46%；承保利润-161.53万元，承保利润率-1.44%。综合费用率34.06%，同比下降0.86%；综合赔付率67.38%，同比增长0.4%。手续费及佣金支出1635.31万元，手续费率13.42%。

【业务发展】

一、服务新市民保险需求

一是加大对新市民创业就业支持力度。设计多款适合新市民职业特点的雇主意外险、团体意外险、个人意外险产品，提高新市民创业就业的保险保障水平。截至年末，开发45个覆盖新市民创业的保险产品，546个参保单位、41925人次新市民参保，累计保费收入712.47万元、保障金额3980969万元。二是增强新市民抵御财产损失风险能力。积极开展家财险业务，创新推出家财险产品，助力新市民安居乐业。截至年末，推出3个家财险产品，保险保障金额8070万元。三是助力新市民子女教育。针对新市民家庭学龄前儿童，创新开发普惠保险学平险产品和意外险产品。截至年末，1711人次新市民参保学平险，保险保障金额64359万元；298人次新市民参保少儿意外险，保险保障金额15447万元。四是服务新市民医疗健康需求。推出安盛天平个人综合补充医疗保险、安盛天平个人百万住院医疗保险、“卓越馨选”医疗保险等11个产品，为新市民提供“价格低、保障全、保额高”的优质保险服务。截至年末，3694人次新市民参保，累计保费收入360.72万元，保险金额1662022.47万元。

二、推动车险、非车险业务发展

统筹开展传统燃油车保险业务和新能源车保险业务，制定新能源车承保方案，为不同类型车主提供差异化保险服务。通过升级健康险和意外险等产品、优化智能核保功能、创新营销活动、拓展合作渠道，实现客户数量大幅增加、业务占比显著提升。

三、支持小微企业发展

针对餐饮、住宿、教培等行业创新推出小微预核保产品，在移动端上传出单资料，承保快速便捷。保障企业员工基本权益，增强小微企业抵御风险的能力。

四、提升客户服务质效

（一）提高理赔服务质效

一是优化理赔服务时效。运用智能化技术，实现人工智能定损功能，缩短理赔周期。根据客户职业、兴趣爱好、家庭情况等，差异化匹配服务方案，为客户提供线上理赔、电话理赔、现场理赔等多种理赔渠道以及电子邮件、电话等沟通渠道，主动对接客户需求，实时反馈理赔进度。通过加强内部协作联动，减少重复劳动和交叉操作，优化理赔服务时效。二是优化车险理赔服务。为客户提供详细的报案指导，确保客户能够提供完整的事故信息，强调保护现场重要性，避免因现场破坏导致无法定损。提醒客户在出险后48小时内向保险公司报案，及时启动理赔流程。加强与客户联系，向客户推荐维修厂商名单，确保维修质量，协商确定维修价格和地点，避免后期纠纷。

（二）提升特殊人群客户服务水平

制定《安盛天平财产保险有限公司

湖北分公司特殊人群客户服务工作方案》,通过为老年人保留人工柜面、在营业网点设立爱心窗口和爱心专座、配备老花镜等适老化设施,进一步细化线下适老化工作。全年人工客服拨打量17227人次,平均等待时长17.09秒(包含10秒个人信息保护提示语),通过后台系统提示来电客户年龄信息,为60岁以上客户自动接入人工服务,提升老年客户体验感。在保单或客户档案信息等位置注明特殊人群 客户需求,为特殊人群客户提供相匹配的产品和服务。

(三)加强员工培训

定期组织理赔人员参加专业培训,增强法律意识和自我保护意识。鼓励理赔人员参加行业交流和研讨会,了解行业最新动态和趋势。定期举办典型案例分析会,邀请行业专家进行案例分析指导,总结经验教训,提高理赔人员专业素质,为客户提供更加优质、便捷的服务体验。

【风险管控】

一、加强内控管理

一是强化内控管理机制。制定反洗钱、案防年度计划,将内控工作要求贯穿到业务发展的各环节,压实第一道防线内控管理责任,确保公司合规经营。二是加强内控制度建设。认真落实总公司新发布的《安盛天平财产保险有限公司洗钱风险管理办法(2023年版)》《安盛集团反贿赂与反腐败政策(2023版)》《安盛天平财产保险有限公司反贿赂与反腐败管理办法》等文件,制发《安盛天平财产保险有限公司湖北分公司关于进一步明确内控管理组织架构及工作职责的通知》,明确反洗钱、建设清廉文化、落实岗位责任等方面工作要求。三是开展合规培训。全年开展15次合规培训,通过组织员工观看违规违纪违法典型案例,加强警示教育、规范员工行为、增强员工合规意识。四是开展合规风险排查。认真落实监管部门和总公司风险排查工作部署,通过排查辖内从业人员异常行为、重点领域风险隐患,强化合规风险排查机制,确保分公司合规开展业务。

二、加强财务管理

一是完善财务制度。明确财务管理手段和目标,规范操作程序。二是构建财务集中管理体系。采取税金、社保、公积金等极少数款项由机构账户支付、其他所有款项均采取总部集中支付的方式,降低资金管控风险和财务数据失真风险。截至年末,全部保费已实现集中收款,按时集中划入总公司账户。

【金融消费者权益保护】

紧紧围绕流通领域商品质量监管、12315消费者投诉举报处理、各类专项行动和消费教育引导等重点工作,通过提高消费者维权意识、解决消费权益纠纷、加强销售管理、打击消费侵权违法行为,提升消费者权益保护工作效能。

一、畅通投诉举报渠道

积极受理12378平台、市民热线、信访、信函、来电来访等渠道的投诉、举报,确保各类投诉举报信息受理有渠道、转办有目标、办结有时限。全年受理客户咨询件1836笔、投诉件502笔。

二、压实消保主体责任

一是强化组织支撑。印发《安盛天平财产保险有限公司湖北分公司消费者权益保护工作事务委员会工作指引》,明确分公司、中心支公司、直属支公司客户服务职能部门为本级机构的消保专职管理部门,负责牵头开展消保各项工作,组织、协调、督促、指导其他部门及下级机构开展消保工作,结合本机构业务规模、服务消费者数量、投诉数量等情况,设立专兼职消保岗,确保各部门之间信息畅通。督促三级机构成立消保委员会,根据分公司对应条线职责明确三级机构消保管理职责。二是强化消保内部专项考核机制。结合业务差异性特点设置考核指标,消保专员年度考核中,涉及《安盛天平财产保险有限公司消费者权益保护工作专员管理办法》的考核指标权重占比不低于15%,消保考核在其个人工作KPI中权重占比不低于15%。

三、强化消保审查机制

制发《安盛天平财产保险有限公司湖北分公司消费者权益保护审查管理办法23版》,明确审查主体、审查范围、审查要点、审查流程等操作性内容。开展地方性产品开发和维护工作,评估审查设计开发、定价管理、协议制定等环节出现的影响消费者权益的政策、制度、业务规则、收费定价、协议条款,并及时作出调整。

四、加强客户个人信息保护

明确个人信息保护工作管理职责和责任分工,收集信息遵循合法、正当、必要原则,不擅自使用和对外随意提供客户个人信息,着力保障客户个人信息安全,确保个人信息处理(收集、存储、使用、加工、传输、提供、公开、删除)均要符国家法律的各项规定,在收集时有授权、存储时有安全、使用时依法规。全年未发生侵害消费者信息安全事件。

五、进一步做好消保工作

一是加快消保体系建设。将消保审查、多元化解保险纠纷调处、宣传教育、溯源治理等制度要求融入各业务条线经营工作,落实到售前、售中、售后的全过程,做好过程跟踪和管控,进一步加快消保体系建设。二是加强内部培训。提高员工消保教育培训频次,强化维护消费者权益的服务意识,提高服务水平。三是丰富宣教活动形式内容。丰富保险知识宣传教育活动的形式和内容,通过开展多元化保险知识宣教,提升公众金融素养,提前预防和化解潜在矛盾。积极开展保险消费风险提示工作,丰富风险提示场景,多渠道、多平台向保险消费者发布风险提示,帮助保险消费者科学防范风险和应对风险。四是规范销售行为。加大销售行为跟踪和监控,规范业务端销售行为,主动向保险消费者告知产品和服务保障内容、免责条款、服务流程等事项。五是推进纠纷多元化解。充分运用行业调解中心调处联动职能,调动各方资源共同妥善化解纠纷,形成投诉闭环管理体系,有效遏制重复投诉、升级投诉。修订全年投诉考核方案,设置每季度监管投诉产生阈值,加大升级投诉、重复投诉的考核力度,递增式考核投诉高发机构,总经理室通过视频督导、现场督导、"一对一"辅导等督导措施,督促纠纷化解工作。六是加强团队建设。定岗定编消保专、兼职岗位人员;结合营销管理部和客服部员工培训需求,利用线上学习平台有针对性地开展产品、销售、服务和投诉处理等消保专项培训,打造专业化、知识型消保团队。七是完善消保审查与考核机制。以年度为考核周期,结合公司投诉、诉讼、舆情、满意度调查等情况,通过内部检查审计检视年度消保工作情况,更新消保审查要点,进一步提升消保工作水平。

(安盛天平财产保险有限公司湖北分公司)

阳光财产保险股份有限公司湖北省分公司

【概况】

2023年,阳光财险湖北省分公司(简称)统筹做好业务发展和风险防控工作,实现稳健经营。截至年末,在武汉、黄石、荆州、荆门、襄阳、潜江、宜昌、恩施、十堰、咸宁、黄冈、孝感、随州等13个市(州)设有13个中心支公司,56个支公司、38 个营销服务部。

【党建工作】

坚持发挥党建统领作用、党组织带领作用、党员引领作用,各党支部积极开展标准化建设,推进党建和业务深度融合互促。一是开展主题教育。在月度经营分析会、季度经营分析会中,坚持“第一议题”制度,认真学习领会习近平总书记重要讲话精神,增强“四个意识”,坚定“四个自信”,做到“两个维护”,为全年各项经营管理工作高质量发展奠定基础。二是加强清廉金融文化建设。组织员工观看湖北省银保监局开展的“清廉金融文化进校园”暨湖北金融系统清廉金融文化建设主题竞赛线上直播,组织各机构党员参加清廉金融文化“银保大讲堂”活动,培育正确价值观,提高履职能力。三是加强理赔廉洁专项教育。通过召开理赔条线视频会议和开展理赔服务中心半年工作现场培训,通报阳光保险系统内违规违纪行为处罚情况,学习2023 年理赔监察实施方案、理赔相关内部追责制度、阳光产险理赔铁军“二十字方针”以及《刑法》中职务侵占罪、非国家工作人员受贿罪、保险诈骗罪等涉及保险欺诈违法行为的量刑标准。党员带头签署《理赔廉政从业承诺书》,郑重承诺严格执行“理赔廉政从业十不准”“理赔行为九做九不做”的廉洁从业要求。在职场悬挂“理赔廉政从业十不准”“理赔行为九做九不做”宣传资料,公示理赔举报邮箱,强化廉洁从业意识。全年全体党员干部未出现任何违纪违规行为。

【业务发展】

一是服务重大项目。承保武汉光谷万象天地综合体项目、武汉光谷南大健康产业园“江夏之星”建设项目、黄冈市明珠大道综合提升工程、来凤县中医医院住院综合楼建设工程项目,共保承保武汉市轨道交通 11 号线三期和四期工程、武汉至重庆高速公路随岳高速至沙洋段(天门西段)TMXTJ-1 合同段一期工程、红安县 2023 年农村公路危桥改造及新增桥梁工程等重大基础设施和民生建设工程,份额内保额超过 95 亿元,全力服务湖北重大项目建设。二是做好理赔服务。在恩施州巴东县遭受极端暴雨灾害时,第一时间启动农险大灾应急方案、开通快速绿色理赔通道,成立专案小组赶赴现场开展现场查勘及施救工作,克服道路损毁、受损面积广等不利因素影响,仅用 22 天便完成查勘理赔支付工作,向农户和合作社支付首批赔款合计 24.1 万元,减少了受灾柑橘种植户的经济损失。在荆门市胡集镇平堰台区电网设备受损时,成立查勘小组到现场开展查勘工作,与变压器定点维修方商谈维修方案,在 90 天内完成案件全部查勘和赔付工作,赔付金额 78.8 万元,保障了辖区 5.8 万人口正常用电需求。

【风险管控】

一、加强内控管理

一是强化合规意识。通过按季度开展理赔廉洁专项教育和合规培训、在职场悬挂《理赔廉政从业十不准》《理赔行为九做九不做》宣传语、公示理赔举报邮箱,强化员工合规意识。二是强化风控管理机制。制定《阳光财产保险股份有限公司湖北省分公司风控工作指引》《阳光财产保险股份有限公司湖北省分公司风控工作评价指引》等内控制度,将内控工作与各机构、各部门绩效考核挂钩,压实各岗位责任。

二、防范重点领域风险

一是开展扫黑除恶专项工作。开展常态化扫黑除恶宣传及排查,确保不存在为涉黑组织或个人提供分红投资型保险产品、出具担保保函的情形;不录用涉黑涉恶人员;不与涉黑涉恶组织或个人开展信贷、保险等形式的业务合作。二是加强反洗钱工作。通过完善反洗钱管理体系、加大反洗钱宣传和培训力度、开展督导检查,形成反洗钱工作长效机制,提升反洗钱工作质效。三是防范非法集资。建立常态化防非宣传、风险排查机制。组织全员参加监管部门组织的“反欺诈、促合规”防范金融诈骗知识答题活动,开展宣传月系列活动,进一步强化员工防非意识。

【金融消费者权益保护】

一、加强消保宣教工作

一是参与监管部门组织发起的“3·15”消费者权益保护教育宣传周、金融消费者权益保护教育宣传月等金融知识宣传活动。发布《关于开展 2023 年“3·15”消费者权益保护教育宣传周活动的通知》《关于开展 2023 年“金融消费者权益保护教育宣传月”活动的通知》,按时上报教育宣传工作方案、简报、报告等材料。二是开展“五进入”集中教育宣传日活动。通过设立宣教点、金融服务站等形式,组织前后台全体员工开展“进农村、进社区、进校园、进企业、进商圈”宣传活动,向城乡居民、“一老一少”、企业职工、新市民等金融消费者普及金融知识。发布 23 条“以案说险”风险提示,被媒体报道 194 次,点击量约 270 万人次。

二、加强投诉管理

全年监管口径投诉案件同比减少 9 件,降幅 90%;监管亿元保费投诉量同比下降 92.09%。所有投诉均在规定时效内办结,全年未发生重大上访和群体性事件。截至年末,通过第三方机构(含法院)调解成功案件全部执行完毕,调解执行率 100%。

(阳光财产保险股份有限公司湖北省分公司)

都邦财产保险股份有限公司湖北分公司

【概况】

2023 年,都邦财险湖北分公司(简称)实现保费收入 2229.87 万元。其中,意健险保费收入 167.81 元,占总保费 7.53%,同比下降 5.6%;财产险保费收入 283.01 万元,占总保费 12.69%,同比下降 51.73%;车险保费收入 1779.05 万元,占总保费 79.78%,同比增长 16.83%。年度保费预算达成率 49.55%,财产险、意健险、车险预算达成率分别为 25.73%、83.9%、55.6%。累计综合赔款 1397.05 万元,累计已赚保费 1934.7 万元。综合赔付率 72.21%,其中,车险综合赔付率 80.77%,财产险综合赔付率 58.5%,意健险综合赔付率 16.21%。分公司在武汉市、襄阳市、荆州市设有 3 个中心支公司、2 个三级以下机构。

【党建工作】

压实党风廉政建设主体责任,党委书记为第一责任人,对党风廉政建设重要工作亲自部署、重大问题亲自过问。班子成员严格落实“一岗双责”,坚持两手抓、两促进、两不误,做到定期研究、布置、检查分管领域的党风廉政建设和合规展业工作,不断提升履责能力和质效。认真落实总公司关于廉政建设和反腐败工作部署要求,督促党员干部把廉洁文化与业务规范、合规管理紧密融合,助力打造清廉金融政治生态。

【业务发展】

一、开展精准营销

一是拓展小微企业客户。为小微企业提供雇主责任险、公众责任险、建筑安装工程一切险、安全生产责任险、财产险等业务以及“嘟嘟卫士”老板无忧系列线上服务，保障范围齐全、操作简便，帮助小微企业挽回财产损失。二是拓展个险客户。为个人客户提供“千万家财”“安燃无恙”“租事顺心”“意外不怕”“自驾畅游”等线上产品，保障范围广、保费低，满足个人客户多样化的生活需求。

二、加强理赔过程管控

运用“邦易赔”远程理赔系统补齐线上服务短板，提升理赔时效，降低公估使用率。运用精友2.5代系统进行案件管理，考核机构对于单项大额可修可换配件的管理质效，提高理赔服务质量。与德联易控合作开发CE反欺诈、反渗漏系统，通过指标考核有效降低CE触发率和执行率。依托车险欺诈风险行业数据共享平台、车辆电子设备风险AIC智能检测设备、新能源车辆使用风险检测平台、非车险大额人伤倒签单风险医疗调查平台等线上工具，提高风险案件排查数据的准确性、及时性。

三、丰富客户服务内涵

成立防灾防损小组，明确参与防灾防损活动的客户范围以及活动具体内容和相关要求，开展防灾减灾工作宣导，不断强化客户防灾减灾意识。及时向客户揭示被保险项目中存在的安全隐患，制作防灾防损建议书并提示客户整改。安排专人回访，确认整改落实情况，帮助客户消除风险隐患。及时收集和整理被保险项目所在地发生的自然灾害信息，通过网络、广播、电视等渠道向客户做好事前提示。

【金融创新】

创新“保险+服务”销售模式，开办“都安心”全民防癌医疗产品，为客户提供线上医疗咨询问诊、专家门诊预约、导医陪诊服务、检查快排、住院、手术绿通及日本代购药等健康服务。为高血压、高血糖等慢性病患者提供全年免费用药、同城闪送药服务，提升客户体验。

【风险管控】

一是加强案件管理。督促查勘员在大案群和系统内及时上报重大案件，重案岗对疑难案件给出明确处理意见和调查方向，动态跟踪各个处理环节，有效处置化解突出风险点。二是加强理赔风险防控。制定《高风险客户、车型、渠道统计表》，详细记录高风险客户、高风险车型、高风险渠道，汇总后上报理赔负责人，通过召开两核联动会议，分析风险数据，提示业务风险，堵塞风险漏洞。

【金融消费者权益保护】

将消费者权益保护和金融知识普及纳入到日常宣教工作中，开展“保险力量，为奋斗的你加把劲”“7·8”绿色环保健步走”活动，向社会公众普及保险知识、宣传保险政策，帮助社会公众增强金融风险防范意识。

（都邦财产保险股份有限公司湖北分公司）

渤海财产保险股份有限公司湖北分公司

【概况】

2023年，渤海财险湖北分公司（简称）实现保费收入14009.43万元，赔付支出7851.09万元，净利润574.37万元。年末资产总额15039.6万元。在全省设有7个中心支公司、6个营销服务部。

【业务发展】

认真贯彻执行总公司“服务为本、效益为先、精益管理、创新发展”的经营方针，加强非车险销售能力建设，充分调动和激发销售人员积极性、主动性和创造性。通过转变市场策略、深入调研，精准对接非车险客户需求，不断提升业务质量和效益，整体经营和管理呈现保费规模和利润快速增长、干部员工队伍精诚团结、内控管理不断完善的良好发展态势。

【风险管控】

一是强化底线思维，坚持依法合规经营。牢固树立主动合规理念，坚持规范经营。加强基层合规培训，顺应监管下沉、功能延伸、要求趋严的形势，提高三、四级机构合规管理能力。二是坚决守住不发生系统性风险底线。聚焦新业务风险、舆情风险、劳动用工风险等重点领域风险和承保、理赔、费用等关键环节风险，层层压实责任，落实好风险防控措施，确保不发生内控重大风险。

【金融消费者权益保护】

一是完善消费者权益保护体系。强化内部考核机制，将消费者权益保护考核纳入综合绩效考核体系、人力资源管理体系和问责体系，合理分配权重，强化全员消费者权益保护意识。完善消费者权益保护制度，对消费者个人信息实施全流程保密。建立健全投诉处理工作机制，畅通投诉渠道，规范投诉处理流程，积极主动与消费者协商解决矛盾纠纷。建立消费者权益保护内部培训机制，定期开展员工培训，提升客户服务能力。二是开展消保宣教活动。制定年度宣传计划，将宣教活动纳入常态化工作体系。通过微信公众号、网点渠道开展个人信息安全、安全生产、防范非法集资、打击网络诈骗等方面的金融知识普及和宣导，帮助金融消费者维护自身合法权益。

（渤海财产保险股份有限公司湖北分公司）

中国人寿财产保险股份有限公司湖北省分公司

【概况】

2023年，中国人寿财险湖北省分公司（简称）实现保费收入25.93亿元，同比增长3.64%，其中“专精特新”保费收入385万元。绿色保险保费收入、战略性新兴产业保险保费收入增速分别为14.33%、31.33%。综合成本率106.78%。保费规模市场份额4.6%。分公司下辖15个中心支公司、83个县区支公司、99个乡镇营销服务部。

【党建工作】

坚持围绕中心抓党建、抓好党建促业务，坚持党建工作和业务工作目标同向、部署同步、工作同力，以高质量党建引领高质量发展。一是扎实推进主题教育。统筹推进各批次主题教育，确定53项调研课题，开展166次调研，形成53份调研成果，落实149个整改举措，推动67个问题整改销号，不断提高党建和业务专业化水平。理论学习、调查研究、推动发展、检视整改各项规定动作均取得预期成效。二是夯实党建基础。开展党建工作监督专项检查，全面覆盖党支部标准化建设情况以及党建与业务融合情况，进一步传导压力、压实责任，提升基层党组织建设质量。

【业务发展】

一是服务重大项目。为三峡集团、华强化工、武汉地铁等重大项目领域提供风险保障超190亿元；为航天科工某型号火箭发射提供风险保障4600万元。二是服务社会治理。拓展农民工工资支付保证保险业务，累计为全省农民工提供风险保障1.79亿元；入围武汉江夏区巨灾保险共保体；在武汉、十堰、宜昌、咸宁、襄阳、荆州等市(州)为安责险客户提供事故预防服务。三是服务乡村振兴。在随州、咸宁、荆州、天门等市(州)开展地方特色水产养殖保险、森林保险、农机保险等险种试点工作,为农业生产提供风险保障0.88亿元,满足农业生产多样化风险保障需求。

【金融创新】

一是开办创新型地方特色农险,助力地方特色农业发展。因地制宜创新开展能繁母牛、螃蟹、蜜蜂、中药材等地方特色农产品保险;大力拓展生猪"保险+期货"业务。二是提升交叉销售产品供给。开发"驾乘家安心"湖北定制版组合产品、服务型家财险"鄂惠生活"、不限区域版家财险"壹保全家",通过提供高频次服务,提升客户对家财险的感知度和消费体验。

【风险管控】

一是强化合规意识。开展"一把手讲合规"暨"合规立司 风险为本"主题文化活动以及合规文化宣传、反电诈和反洗钱等系列活动,厚植合规文化,引导全员树立"合规人人有责,合规创造价值"的理念。二是加强重点领域集中整治。紧盯重点领域环节,开展"合规利剑行动"专项检查,督促内外部检查发现问题整改,落实违规问题内部问责机制。对3家中支涉及承保理赔、财务销管、人事行政等7个业务板块进行全面审计,落实常态化检查职能。三是防范化解各类风险。加强风险识别、预警、处置工作,抓实单证印章、信访投诉舆情、网络职场安全等工作。通过条线联动、上下协同,提升各类风险防范处置能力,守住不发生重大案件和系统性风险底线。

【金融消费者权益保护】

一是开展消保宣教活动。开展"3·15"消费者权益保护教育宣传周、"7·8"全国保险公众宣传日、金融联合教育宣传月等系列活动。聚焦"一老一少一新一乡"等重点人群特点,分类开展56场线下宣教活动,受众264万人次;在《湖北日报》刊登"厚植个人信息保护文化 提升保险消费者获得感"主题消保宣传;官微发布"以案说险"35篇,原创文案点击量达11.55万人次。二是开展消保培训。全年组织员工参加4次消保及投诉技巧专题培训、消保知识学习和测试,不断增强消保岗位人员工作意识和业务能力。

(中国人寿财产保险股份有限公司湖北省分公司)

现代财产保险(中国)有限公司湖北分公司

【概况】

2023年,现代财险湖北分公司(简称)妥善应对市场竞争激烈、客户需求变化、技术创新受限等因素带来的影响,全力开拓市场、优化客户服务、完善风险管理制度、建立风险防控体系,全年实现稳健经营。全年累计实现保费收入4058.68万元,同比增长22.5%;净利润-737.83万元,同比减少43.41万元。综合成本率130.52%,同比下降27.3%;综合费用率69.57%,同比下降29.2%;综合赔付率60.95%,同比上升1.8%。

【党建工作】

将党风廉政建设结合业务发展,做到一起部署、一起落实、一起检查、一起考核,切实把党风廉政建设和反腐败工作要求落到实处。在电子宣传屏幕滚动播放廉政影视作品,增强党员纪律意识,培养廉洁自律道德操守,推进全面从严治党纵深发展。

【业务发展】

一、发展基础业务

一是发展车险业务。深耕股东方团车、特色团车、网约车等市场效益车型车险业务,严格执行监管要求和产品报批的费率方案,坚持适度竞争原则,助力优化保险市场营商环境。二是发展非车险业务。创新责任险、意外险等产品,推动非车险扩面提质增效。通过主动介入、快速理赔、提供增值服务,提升客户体验感。2023年1月至8月,北龙建设集团有限公司连续发生12起建筑工人受伤事故,理赔人员第一时间到工地协调受伤农民工赔偿事项,及时赔付12笔赔案,赔偿金额20.7万元。为该公司提供为期2天的建筑企业安全事故演练和培训,助力企业安全生产。

二、加强新市民金融服务

一是助力新市民创业就业。通过新就业形态用工责任保险、电子商务经营者责任保险分担创业风险;通过建筑工程施工人员团体意外伤害保险为建筑施工等高危职业人群提供保险保障;通过传统的雇主责任险等产品增加新市民就业保障。二是服务新市民安居和消费。通过家庭财产综合险产品为新市民住房和家庭财产提供多方面风险保障。三是支持新市民健康医疗需求。将新市民纳入团体意外险、健康员福等保险保障范围,为新市民提供价格低、保障全、保额高的优质保险服务,满足新市民多层次的健康保障需求。

【金融消费者权益保护】

一是开展消保宣教活动。召开消保工作委员会会议,审议《现代财产保险(中国)有限公司湖北分公司关于2023年消费者教育宣传工作方案的报告》,开展"3·15"消费者权益保护日、金融知识普及月活动,向公众普及保险知识,帮助公众识别保险欺诈行为。二是加强员工培训。制定消保内部教育和培训工作计划,开展包含消费者权益保护政策、消费者权益保护制度和要求、投诉处理、反洗钱等方面的常规培训以及投诉集中问题和风险较高业务的专项培训。三是做好投诉处理工作。成立消费者权益保护小组,设立投诉处理专岗,快速响应客户投诉,完善金融消费者权益保护机制。

[现代财产保险(中国)有限公司湖北分公司]

长安责任保险股份有限公司湖北省分公司

【概况】

2023年,长安责任保险湖北省分公司(简称)秉持"价值发展、减损扭亏、转型升级、降本增效"的经营指导方针,不断探索和创新专业责任保险公司特色经营模式。截至年末,资产规模16639.97万元。全年累计实现保费收入20375.22万元,赔付支出14863.88万元,在全省财产保险公司排名第18位、在长安责任保险公司系统内排名第8位。在武汉、襄阳、宜昌等地共设有8个中心支公司、15个支公司、2个营销服务部、1个直属营业部。

【党建工作】

加强基层党组织建设。完善党组织设置,推进党建工作与业务工作深度融合,充分发挥党组织在公司高质量发展中的核心作用。严格执行"三会一课"制度,把党的工作贯穿经营工作全过程,推进党建工作与业务工作相互协调、互相促进。

【业务发展】

一是做好安全生产责任保险承保、理赔、风险预防一站式服务。建立安责险事故预防服务费用管理制度，每单按照企业实缴保费15%足额提取事故预防费用，独立核算，专款专用，进一步加强企业安全生产管理，强化事前风险防范，帮助企业及时消除事故隐患、预防和减少各类生产安全事故发生。全年为132家企业累计提供52128万元风险保障、实现464.26万元保费收入。其中，矿山、危化、烟花爆竹、金属冶炼等四大高危行业投保企业共54家，保费规模97.73万元。二是服务社会保障。与神农架公共资源交易中心、荆门公共资源交易中心签订合作协议，实现系统对接，为当地建设工程类投标保证业务提供保险服务；建立政府、保险机构、投保企业多方参与、互利共赢的风险控制机制，动员各三级机构集中力量，加强与当地人社局联系，争取工程建设领域农民工工资保证金业务经办机构资格，在武汉、襄阳、宜昌、黄石、恩施等市（州）实现业务突破，促进建筑施工企业诚信自律，保障农民工合法权益。

【风险管控】

一、加强重点领域风险防控

一是采取有效风险防控措施防范保险诈骗、非法集资、保险资金运用等保险重点业务以及反洗钱和反恐怖融资、关联交易等重点领域风险。二是完善重点领域内控制度。系统性梳理和完善各部门、条线相关制度，确保制度有效性。监测和分析承保出单、理赔案件、印章管理、单证管控等重点环节，关注重点环节中出现的异常情况。

二、加强内控合规管理

一是强化合规意识。通过充实合规管控架构、开展合规宣导、抓好专项宣教、开展合规检查等措施强化底线思维，营造依法合规经营氛围。二是开展各类风险排查和自查自纠。开展高管人员离任稽核年度检查。围绕风险审视情况、业务部门需求、各类专项排查要求开展专项检查，防范资金违规使用风险。三是强化问题整改。对检查发现的问题从根源上追究原因，对屡查屡犯的问题，从惩处措施、合规教育、内部管理等方面进行整改，推进合规自查自纠、违规问责工作制度化、常态化开展。四是强化责任落实。积极推动各级机构主动适应监管新形势新要求，压实每一道责任防线，将合规要求融入业务前端，严格控制业务环节风险，杜绝违法违规行为，持续提升合规管控水平，防范化解重大风险。

（长安责任保险股份有限公司湖北省分公司）

国元农业保险股份有限公司湖北分公司

【概况】

2023年，国元农险湖北分公司（简称）实现整体保收入10798.22万元。其中，农业险保费收入7400.04万元、商业险保费收入3398.18万元，超额完成全年保费任务。

【党建工作】

一是抓实调查研究。领导干部带头开展调查研究，制定4项整改清单，逐项制定整改措施，落实整改责任人，明确整改时限，做到即知即改、应改尽改，解决基层群众反映的问题和困难，保障各项经营工作稳健开展。二是推进党风廉政建设。签订《党风廉政建设责任书》，进一步压实各支部负责人党风廉政建设责任；组织学习《党政机关厉行节约反对浪费条例》《国有企业领导人员廉洁从业若干规定》等文件精神，提高党员思想认识。三是加强监督检查。加强重点部门和关键岗位监督检查，切实做好节日期间廉洁自律工作，营造清廉过节的良好氛围。通过节前开展教育提醒、节中强化监督检查、节后重点检查抽查，有效避免“四风”问题发生。全年未发生刑事处罚、纪律处分、组织处理、函询和批评教育等情况。

【业务发展】

一、保障粮食安全和重要农产品稳定供给

一是保障粮食安全。通过在产粮大县推广水稻完全成本保险、在部分县市开办中央政策性和地方特色保险，提高粮食安全保障能力。全年提供风险保障7.23亿元，促进粮食保障体系建设。二是保障重要农产品稳定供给。在发展地方优势特色农产品保险的基础上开办雇主责任险，满足不同农业经营主体差异化风险保障需求，减少雇主风险责任。全年为农业经营主体提供10892.5万元风险保障，支持地方主导产业和优势特色产业发展。

二、保障农民工工资支付

大力推广农民工工资履约保险，保障农民工工资按时足额发放。全年累计为农民工提供1226.5万元风险保障，助力社会民生保障体系建设。

三、助力重点行业领域安全预防

加强安责险投保宣传推广工作，引导高危行业领域企业主动参保，预防和减少生产安全事故。全年累计为企业提供13660万元风险保障，促进建立市场化平安风险防控机制。

【风险管控】

认真落实“管业务必须管合规”的要求，通过明确重点岗位合规管理职责、完善业务制度和管理流程，防范违规风险，筑牢风险防控第一道防线。组织开展强化内控合规专项行动和合规检查评估等工作，筑牢风险防控第二道防线。加强员工培训，不断提高合规及反洗钱工作水平。

【金融消费者权益保护】

在官方网站、微信公众号、营业场所设立公益性金融知识普及和教育专区，向公众宣传和讲解金融知识，提高金融消费者金融素养，强化风险防范意识。开展防骗反诈、防范非法集资等专题宣传教育，防控重点领域金融风险，增强公众金融反诈能力，保护消费者合法权益。

（国元农业保险股份有限公司湖北分公司）

鼎和财产保险股份有限公司湖北分公司

【概况】

2023年，鼎和财险湖北分公司（简称）扎实推进战略改革落地，全力服务新型电力系统建设、拓展新能源车险和互联网业务，市场竞争力和抗风险能力持续提升。全年实现保费收入2.4亿元，同比增长13.1%。其中，车险保费收入1.74亿元，同比增长20.2%；非车险保费收入0.66亿元，非股东非车险业务同比增长30.4%。综合成本率102.2%，利润总额225.9万元。分公司下设8个中心支公司、4个营销服务部。

【党建工作】

将党建工作嵌入治理、融入管理和经营，牢牢把握国资央企产业金融战略定位，锚定打造能源行业最专业保险公司目标，在转方式、调结构、提质量、增效益上持续发力，在做好金融“五篇大文章”上积极作为，加快建设具有“南网基因、能源特色”的湖北市场一流保险公司，助力总公司完成“十四五”规划目标任务。

【业务发展】

一是加快能源领域业务发展。坚持

"能源行业保险专家"战略定位。依托能源市场优势资源,助力能源行业转型发展。全年实现能源板块保费收入3783万元,非股东能源业务同比增长88.1%。提供各类风险保额2092亿元,赔付支出1.3亿元,积极服务新型电力系统建设和新型能源体系建设。二是加快企业改革。落实国企改革深化提升行动和鼎和保险公司"511"改革规划,围绕进展度、品质度、满意度3个维度压茬推进各项改革工作,推动实现精简、统一、专业、高产目标,人均产能同比增长12%。获评鼎和保险公司2023年度"改革先进集体"。

【风险管控】

持续完善治理主体权责清单、"三重一大"决策制度。统筹推进内控合规管理、反洗钱、消费者权益保护、法律风险和声誉风险防控等工作,顺利通过南方电网公司法治文化示范单位复核,获评南方电网"公司治理优秀企业"。消费者权益保护工作考核结果在鼎和保险公司系统排名第一,舆情形势总体平稳可控。

(鼎和财产保险股份有限公司湖北分公司)

中煤财产保险股份有限公司湖北分公司

【概况】

2023年,中煤财险湖北分公司(简称)坚持"优化结构、提质增效、提升服务、创新引领"的经营发展思路,补齐业务短板、提高算账经营能力、严格执行预算管理、强化风险防控,完成经营目标任务,推动分公司高质量发展。

【党建工作】

坚持党建引领,把牢发展方向,抓住关键环节,夯实基层基础,深入推进党建工作与生产经营深度融合,将党建工作实效转化为推进公司发展的竞争优势。一是开展主题教育,不断提升政治理论思维能力。全年共开展主题党日活动12次、党员大会12次、支部委员会5次、讲党课4次、组织生活会及民主评议党员活动1次、党建共建活动2次。二是发挥支部战斗堡垒作用。非车险部为全党员部门,全年组织开展10余次业务培训,提高员工业务水平。

【业务发展】

一是加强新市民金融服务。通过各业务渠道对接新市民保险需求,在为新市民提供雇主责任险、建筑施工行业安全生产责任险的基础上,实施积极的承保政策,加强意外死亡伤残和医疗保险与工伤保险衔接,扩大保险保障覆盖面,支持新市民就业。二是加强承保管理和理赔管理。通过每周例会跟进重点工作进度,加强部门沟通,不断调整工作思路,及时发现和整改承保、理赔各环节的问题,实现整体成本持续优化、车险阈值持续下降、赔付指标逐步改善。

【风险管控】

坚持合规经营,不断完善内控制度。加强反洗钱工作,重点围绕客户身份识别、客户洗钱风险等级划分和可疑交易开展检查排查,密切跟踪反洗钱工作落实情况,督促反洗钱问题整改。通过加大考核力度、加强培训,确保承保、理赔一线业务人员、反洗钱岗位相关人员熟悉反洗钱知识及工作要求,提升反洗钱工作质效。

【金融消费者权益保护】

采取线上线下相结合的方式开展涵盖个人信息安全、防范非法集资、打击网络诈骗等方面的金融知识普及和宣导活动;通过微信公众号和线下网点渠道,开展"3·15"消费者权益保护宣传周、"7·8"保险公众宣传日、金融消费者权益保护教育宣传月等宣教活动,助力提升消费者金融素养。

(中煤财产保险股份有限公司湖北分公司)

国泰财产保险有限责任公司湖北分公司

【概况】

2023年,国泰财险湖北分公司(简称)实现保费收入1491.67万元,同比增长201.4%。其中,非车险保费收入533万元,达成率85.01%。在充足提取车险未到期责任准备金及未决赔款准备金后,利润-494.18万元。

【业务发展】

重启车险业务,从市场竞争相对较小的小吨位货车和营业货车着手,推动车险个客业务有序、有效开展。发挥公司台商背景优势,积极拓宽业务渠道,持续拓展非车险客户数量和责任险、意外险等高净值业务,提升业务占比。

【风险管控】

一、完善风险防控体系

一是加强制度建设。按照总公司风险防控要求,制定年度内控制度建设计划,梳理反洗钱合规类、消保类、财务类、行政管理类制度,共新增2项、修订11项制度,确保制度覆盖所有业务流程和操作环节,将风险防控要求嵌入经营管理全过程。二是针对业务主要风险环节制定业务操作流程,依托信息系统,促进业务规范管理。全年合规开展各项业务,未发生重大风险事件和重大案件。

二、开展风险自查工作

配合总公司稽核部开展年度审计和风险自查工作,及时整改审计和自查中发现的问题,对屡查屡犯问题责任人及部门进行追责,推进风险自查、违规问责工作制度化、常态化,督促全体员工自觉严守规章制度,保障分公司稳健经营发展。

三、加强清廉金融文化建设

认真落实监管部门清廉金融文化建设相关要求,组织员工参加清廉文化教育培训,强化员工廉洁意识。

(国泰财产保险有限责任公司湖北分公司)

英大泰和财产保险股份有限公司湖北分公司

【概况】

2023年,英大财险湖北分公司(简称)坚持"稳增长、调结构、控成本、防风险、强管理"的经营方针,把握电网发展升级、监管压力升级、行业竞争升级"三大形势",聚焦重点领域,实现质效业务平稳增长、业务结构持续优化、风控管理日益完善、竞争能力逐渐增强的经营目标。截至年末,实现保费收入6.41亿元,同比负增长6.65%,分公司下辖10个中心支公司、12个支公司、3个营销服务部,服务网点基本覆盖全省主要地区。

【党建工作】

组建党员服务队,开展"学思想、强党性、重实践、建新功"与爱心帮扶等活动，号召领导干部下一线开展金融知识宣传活动，推动党建融入业务工作，实现党建推动生产发展、党建提升管理质效。深入开展主题教育学习、推进清廉金融文化建设等活动，教育引导党员干部牢记“三个务必”，强化廉洁从业意识。

【业务发展】

一、夯实业务基础

一是聚焦核心客户群。不断优化承保政策和核保规则，把好业务“入口关”，提高业务承保门槛，关停严重亏损业务。二是对重点业务、重点渠道、重点板块和重点单位进行“清单式”管理。优化业务结构，提升业务质量，将特色业务打造为核心竞争力。三是推进业务提质增效。围绕高质量发展目标，制定5类13项重点指标，强弱项补短板，实现重点指标达成情况良好。计划综合费用率同比下降超2%；质效创效业务同比增长超20%；质效业务占比提升17个百分点。

二、提高理赔工作质效

一是开展未决赔案清理工作。构建“日监控、周通报、月预警”机制，开展未决赔案集中攻坚活动，通过梳理清单、划分责任、倒排工期，持续优化理赔多项指标。二是推动高效理赔。积极应对恩施州利川市、鹤峰县、建始县等地山体滑坡、泥石流、洪涝灾害，启动应急预案，开通理赔绿色通道，三级联动开展理赔工作，为抢险救灾、灾后重建和安全保供提供有力支持。

三、服务乡村振兴

组织人员到宜昌市长阳土家族自治县开展扶贫项目调研，宜昌中心支公司连续四年承保长阳土家族自治县55座村级扶贫发电站财产保险，每年承保资产达到9845万元。

四、提升客户服务水平

督促下辖机构在职场内设立“爱心窗口”指示牌、桌签指引和座位贴，加强对员工服务意识和服务能力的培训，帮助老年人做好线上化、智能化操作，进一步提升客户服务体验。

【风险管控】

一是推进“合规管理强化年”工作。梳理近三年经营业务合规风险问题27项，制定发布5个合规管理规范性文件，编制风险合规清单，夯实合规管理“三道防线”，坚决守住不发生系统性风险的底线。通过举办合规风控劳动竞赛、开展“考制度”活动，明确应知应会的17个专业领域188项制度，确保全员通过考核，实现从“知道”到“能讲”再到“会做”的提升。二是开展自查自纠。开展车险、非车险、理赔全险种、重点领域自查自纠工作，累计发现问题5项，持续整改1项，立行立改4项。对检查发现的重点难点问题及时整改、严肃问责，不断提升风险管理能力。三是防范信息泄露风险。深入推进安全生产月、“4·15”全民国家安全教育日活动，全面开展重大隐患排查整治行动，做好计算机终端保密监测，提升安全保密管理水平，防止安全事故、失泄密事件发生。

【金融消费者权益保护】

一是开展消保宣教活动。召开3次消保专项会议，制定2项消保管理实施细则，保障消保宣教工作顺利开展。以25个营业网点为主阵地，多渠道、多形式开展“7·8”全国保险公众宣传日、消费者权益保护知识宣传月等金融教育宣传活动。走进校园、社区、商圈、主业单位，向消费者普及金融知识，帮助消费者增强风险识别能力和管控能力。全年共开展各类金融宣传活动近60场，向客户发送金融服务提示信息4.6万条，直接触达消费者近2万人次。二是开展员工培训。制定年度消保培训计划，共组织开展培训9场，累计参培600人次。通过“培训+消保答题”的形式，促进员工全面掌握消保知识。

（英大泰和财产保险股份有限公司湖北分公司）

紫金财产保险股份有限公司湖北分公司

【概况】

2023年，紫金财险湖北分公司（简称）通过优化服务流程、畅通消费者投诉渠道、拓展普惠金融服务覆盖面，推动多层次、多元化的保险服务体系建设，着力为客户提供优质的保险服务。截至年末，实现保费收入16498.12万元，同比增长19.32%；承保利润362.15万元，较上年同期减亏826.91万元。综合成本率97.14%，同比下降6.47%；综合赔付率51.61%，同比下降14.43%。

【业务发展】

落实车险大案和异地案件管理要求，压实案件管理责任，做好保险反欺诈工作，推动车险经营降本增效。积极应对承保车辆在无机构地区新疆塔城市因充电时电气线路发生故障引燃车辆内可燃物蔓延形成的火灾事故，第一时间委托当地公估机构开展现场查勘，并立即赶赴事故现场开展调查取证工作，固定证据。根据公估机构和消防部门现场勘测结果，认定公司无保险责任，向被保险人下达书面拒赔通知书后，被保险人不同意放弃索赔，向法院提起诉讼。通过多轮分析研判和论证，法院驳回被保险人索赔请求，成功拒赔减损50余万元。

【风险管控】

一是完善风险防控体系。建立健全各项规章制度，制定操作规程，进一步完善内部控制体系和全面风险防控体系。二是加强业务风险防控。通过开展内部审计和合规检查、加强风险评估和监测，对业务实行全流程监督，有效降低业务风险，确保分公司稳健运行。三是加强操作风险防控。加强员工培训和教育，强化员工合规意识，引导员工合规展业，防范操作风险。

【金融消费者权益保护】

在“3·15”消费者权益保护教育宣传活动期间，通过摆放展板、悬挂条幅、制作宣传手册等方式，向消费者普及保险保障功能和金融消费者权益保护相关知识，提示消费者在购买金融产品时认真阅读合同，审慎对待合同签署过程，提示消费者根据实际需求选择合适的产品，引导消费者理性消费。聚焦老年群体，向老年人普及反洗钱、防范非法集资、防范保险欺诈的方法，帮助老年人远离非法金融活动。

（紫金财产保险股份有限公司湖北分公司）

浙商财产保险股份有限公司湖北分公司

【概况】

2023年，浙商财险湖北分公司（简称）认真贯彻落实“学思想、强党性、重实践、建新功”的要求，用党的创新理论统揽公司改革转型和业务发展各项工作。全年实现保费收入5368.75万元。

【业务发展】

一是加强业务创新。坚持“稳健经营，

效益为先,依法合规,逐步发展”的发展路线,积极推进保险产品服务创新,培育和壮大业务新增长点。精准对接市场需求,成功落地燃气保险业务,帮助客户防范燃气使用风险。二是提升客户服务水平。通过梳理和完善服务制度、简化操作流程,提升承保理赔服务效率。扩大“浙理赔”科技赋能工具使用覆盖面,提升客户体验。

【风险管控】

一是加强内控合规管理。完善内控制度,明确岗位职责和工作流程;将合规管理纳入各级机构、各部门考核指标;严格执行内、外部审计制度,提高依法合规治企能力。二是加强反洗钱培训,强化员工反洗钱意识,营造依法合规的良好氛围。

【金融消费者权益保护】

一是加强投诉管理。建立健全消费者权益保护机制,设定每月第一周的周二为机构负责人接待日,快捷处理保险消费者合理诉求;实行投诉处理“一把手负责制”,由“一把手”负责督办所有投诉案件;建立重大案件应急预案,提前消除纠纷隐患。二是加强人员培训。加强各级机构窗口工作人员及业务人员教育培训,引导客户理性选择产品,帮助客户强化风险意识和维权意识。三是加大消费者权益保护宣传力度。通过开展宣传活动向消费者普及保险消费知识,提升消费者自我保护能力。

(浙商财产保险股份有限公司湖北分公司)

国任财产保险股份有限公司湖北分公司

【概况】

2023年,国任财险湖北分公司(简称)认真落实“夯基础、优结构、深改革、实创新、强赋能”的工作要求,结合本地市场特点,坚持开拓创新、价值发展,全力完成年度经营目标任务。全年实现保费收入26784.87万元。其中,车险保费收入22519.12万元,保费占比84.07%;财产险保费收入2580.29万元,保费占比9.63%;意健险保费收入1685.46万元保费占比6.30%。赔付支出19840.79万元,为超过24万人次客户提供保险保障服务。截至年末,分公司设有7个三级机构、5个四级机构。

【党建工作】

按照总公党委“党建引领促经营发展”的工作要求,常态化推进落实重点工作。一是加强队伍建设。开展党员示范岗升级创建工作,把各项工作任务以责任制的形式落实到每名党员身上,发挥党员的示范、带动、辐射作用,推进党建和经营工作相融合。二是加强党风廉政建设。通过开展自我批评、谈话警示等方式,定期查改党员干部工作、生活中的问题,严肃工作纪律,进一步强化党员干部廉洁自律意识,规范执业行为。

【业务发展】

紧盯客户满意度、客户投诉率等关键指标,按月检视和复盘客服理赔过程,持续优化理赔服务。推进机构、门店、合作修理厂等服务网点建设,为客户提供近距离服务。分析客户旅程,提升客户服务的时效性和服务水平,打造差异化竞争优势,推动承保结构持续优化。

【金融创新】

一是开展“科技+保险+服务”产品和服务模式创新。结合区域特点,针对恩施州农村公路路面和基础设施改造提升工程,创新保险产品和服务方案,助力保障恩施州农村公路安全,提升灾毁修复能力,是省内农村公路财产保险的创新实践。二是创新差异化服务。围绕金融“五篇大文章”,紧盯目标市场、目标客群,制定差异化承保政策,创新差异化产品定制服务,全力服务实体经济发展。

【风险管控】

建立“红黄蓝”风险评判标准,针对管理及经营过程中已经暴露或潜伏的各种风险因素,采用特定的方法进行识别、监测、分析、评估,提前采取针对性措施,守住风险底线。

(国任财产保险股份有限公司湖北分公司)

锦泰财产保险股份有限公司湖北分公司

【概况】

2023年,锦泰财险湖北分公司(简称)以提高经济效益为中心,紧盯各项任务目标,实现业务平稳发展。截至年末,资产规模270.10万元。全年实现保费收入8355.42万元;赔付支出为7466.94万元。缴纳税款763.74万元。

【业务发展】

一是服务重大发展战略。拓展重点业务领域,参与承保长江存储科技有限公司的财产一切险以及营业中断险,该业务是中小保险主体服务重大产业布局的尝试。二是支持科技企业发展。参与承保共享电动非机动车第三者责任险,全力支持共享电动非机动车企业发展新质生产力,助力新兴共享经济发展,提升人民群众出行便捷性。全年为292家共享电动非机动车科技企业超过1万台共享电动单车提供保险保障。

【风险管控】

梳理内控制度,完善风险管理体系,夯实风险防控基础。通过风险提示、警示教育、宣传培训、检查督导等措施,防范化解重点领域风险,不断增强风险防控水平。加强日常风险提示,强化全员合规经营和反洗钱意识,坚守合规底线。

【金融消费者权益保护】

围绕“3·15”消费者权益保护日、“金融知识进万家”等主题开展宣教活动。结合公司实际,制定消费者权益保护活动方案,在下辖营业场所设置专题宣教区,配备充足的教育宣传资料,线上线下同步开展反洗钱、防范非法集资等方面金融知识宣教活动。通过微信、短信平台等渠道向公众普及保险知识;到周边小区对新市民、老年人、在校学生等特定人群进行金融知识普及,提高特定人群维护自身合法权益的能力。

(锦泰财产保险股份有限公司湖北分公司)

众诚汽车保险股份有限公司湖北分公司

【概况】

2023年,众诚汽车保险湖北分公司(简称)围绕合规经营和提质增效两大主线,以客户服务为中心,以科技创新为抓手,推动业务高质量发展。全年实现保费收入1.123亿元,同比增速89.6%。

【党建工作】

严格执行“三会一课”制度,召开党史

学习教育“牢记党的精神,开始新的长征”工作专题党课,实现公司干部“谈心谈话”全覆盖,进一步强化党建引领作用,持续激发基层党组织战斗堡垒作用和党员先锋模范作用,推动党建和业务相互促进。

【业务发展】

一是服务汽车产业链。积极拓展与汽车相关的各险种业务,承保2000余名广汽宜昌主机厂员工意外险、健康险、医疗险等保险。推广网约车司机意外险和医疗险,全年为9266名网约车司机提供保险服务。二是服务绿色发展。全力拓展新能源车险业务,促进新能源汽车产业健康、稳定发展,助力构建绿色产业体系。新能源车险业务是车险业务的重要组成部分,全年承保新能源车险19119台,同比增长81%。

【风险管控】

一是加强内部管理。细化和完善各项制度文件,确保各项制度更加清晰、职责更加明确、流程更加精细、服务更加规范,督促全员严格执行规章制度,保障各项业务稳健发展。加强重要证照、印章使用的审批管理。二是开展客户身份识别等专项检查,建立健全客户信息保密机制与客户信息管理制度,有效发挥三道防线风险防控作用。三是加强员工培训。全年开展12次培训和实操演练,规范员工行为,强化员工风险防控意识。

【金融消费者权益保护】

一是开展消保宣教活动。积极参加监管部门组织发起的“3·15”消费者权益保护教育宣传周、金融知识普及月等各项集中式金融知识教育宣传活动。采取“线上+线下”的模式,针对老年人、残障人士、新市民、学生等特殊群体开展宣传活动,提升金融消费者素养和维权能力。二是强化员工消保意识。开展员工培训,培训内容覆盖产品和服务销售、消费者投诉处理、声誉风险管理、个人信息保护、营销行为规范等方面,增强全员消保意识。

(众诚汽车保险股份有限公司湖北分公司)

华泰财产保险有限公司湖北省分公司

【概况】

2023年,华泰财险湖北省分公司(简称)围绕依法合规经营和质量效益发展两大主线,以客户为中心,坚持EA(专属代理人)主渠道发展战略,打造差异化竞争优势,实现业务稳健发展。截至年末,实现保费收入7353.63万元,同比增长4.59%。其中EA渠道累计实现保费收入779.24万元,占总体保费收入10.6%。全年承保利润亏损265.62万元;综合成本率97.16%。分公司在全省开设31个线下EA门店,其中,武汉市18个、襄阳市7个、黄冈市6个。

【业务发展】

一是优化适老服务。在乡镇和社区周边开设EA门店,为老年人提供保险服务。为老年客户提供爱心专座和老花镜等物品,指定专人解答老年客户保险咨询问题;主动上门为不方便到门店的老年客户办理相关业务。二是推动产寿业务协同发展。全年实现产寿协同业务413.39万元,较上年同期增长24%。

【风险管控】

通过规范运营流程、明确风险管理责任、加强督促检查,夯实风险管理基础。将员工培训纳入日常管理工作,强化员工风险防控意识,筑牢风险防控第一道防线。全年开展10次制度“应知应会”专题线上线下培训,员工累计学习300次课程,课程涵盖销售管理、承保管理、理赔管理、财会管理、渠道管理、反洗钱管理、人员管理等方面,进一步规范员工执业行为和业务操作流程。

【金融消费者权益保护】

一是开展“3·15”消费者权益保护教育宣传周、“7·8”保险宣传周等活动。在社区、门店开展有奖问答和保险咨询活动,现场解答投保、理赔等客户最关注的问题。宣传维权常识,向社区居民普及保险知识,帮助居民树立理性消费观念,提高风险防范意识。二是加强网点宣传。在网点悬挂金融联合教育宣传活动横幅、设置公众教育宣传栏、张贴海报;在网点LED显示屏滚动播放消费者权益保护宣传标语,营造宣传氛围。

(华泰财产保险有限公司湖北省分公司)

长江财产保险股份有限公司湖北分公司

【概况】

截至2023年末,长江财险湖北分公司(简称)全辖累计实现保费收入39315万元。根据行业协会2023年12月数据通报,湖北分公司在湖北区域产险市场份额占比0.62%,保费收入排名第11位。

【党建工作】

坚持党建引领,深入贯彻落实党委各项决策部署,突出保险业防范化解风险、服务实体经济和民生保障的职能作用。以科学发展观为指导、以创先争优活动为抓手、以服务“三农”为着力点,持续推动党建工作与生产经营深度融合,提高基层党组织建设的科学化、规范化水平。

【业务发展】

一是服务“一带一路”倡议。承保417趟“一带一路”汉欧国际货运保险,累计提供151.68亿元风险保障。二是服务乡村振兴。为19个县(市、区)18万户农民提供35亿余元风险保障,在2023年全省2024—2026年度政策性农业保险承保机构遴选中,中标全省22个县(市、区)农险项目。三是服务社会治理。在黄冈、孝感、十堰等地试点开展政府救助保险、应急费用补偿保险,协助政府加强社会风险管理,降低管理成本,保障人民群众生命财产安全。全年累计提供34.6亿元风险保障。四是服务健康养老战略。承保十堰、黄冈、襄阳、荆州等地医疗救助、门诊慢病和意外伤害保险,填补公司医保健康险业务的空白。

【金融创新】

一、创新农险产品

一是创新水稻完全成本保险。在随州、十堰等地开办水稻完全成本保险,全年承保水稻5万余亩,为水稻种植户提供风险保障5500万余元。二是创新桃树种植保险、茶叶种植保险。结合当地农业产业发展特点,创新农业保险产品。在枣阳市开办桃树种植保险,全年承保10万亩桃树,为桃树种植户提供风险保障1亿元。在十堰市房县开办茶叶种植保险,助力茶叶种植户提质增收。

二、创新医疗服务模式

与十堰市郧阳区和郧西县建立医保联合基金监管团队,协助医保主管部门做好定点医药机构合理用药的日常巡查检查。在十堰市郧阳区等地偏远乡镇卫生院建立慢病服务站,配备慢病服务专员,通过慢病审核即审即报模式,为地方慢病服务搭建一站式慢病审核专项系统,打通地方慢病患者医保服务“最后一公里”。

【风险管控】

以合规文化为引领、以制度建设为基础、以合规检查为手段、以绩效考核为保障,扎实做好风险管理工作,建立起"事前有授权、事中有监测、事后有检查"的风险管理体系。一是强化内控机制。结合公司改革趋势,建立符合公司经营实际的内控机制。完善现有合规制度,梳理历年监管处罚案件,严格落实监管部门合规要求和各项合规制度,把控业务品种、操作流程的风险环节,防范因业务拓展导致合规处罚的风险。二是加强队伍建设。明确下辖机构班子成员合规工作职责,设立兼职或专职合规岗位。加强业务条线、重要人员、关键岗位的合规检查,压实各级主体责任,将合规工作落到实处。加强合规培训,提升员工专业素养和业务技能。在职场、合作网点展厅悬挂合规宣传条幅,摆放宣传折页,强化员工合规意识。

【金融消费者权益保护】

一是开展"共筑诚信消费环境 提振金融消费信心"金融消费者教育活动。设立服务宣传网点和户外咨询台,进企业、进社区、下乡村,向广大消费者普及金融保险知识和消费者权益保护相关知识,引导消费者依法、理性保护自身合法权益,助力提升公众金融素养。二是开展"非法集资宣传月""防范电信网络诈骗、跨境赌博"等宣传活动,引导公众远离非法集资等非法金融活动,增强风险防范意识。

(长江财产保险股份有限公司湖北分公司)

富德财产保险股份有限公司湖北分公司

【概况】

2023年,富德财险湖北分公司(简称)重启车险业务,全力推动业务规模持续增长、经营效益稳步提升、合规内控不断夯实、服务能力显著增强。截至年末,全年实现保费收入589.93万元,其中,车险保费收入260.95万元、非车险保费收入328.98万元。赔付支出885.97万元。

【业务发展】

一是发展基础业务。认真贯彻"创新、协调、绿色、开放、共享"的发展理念,依托丰富的产品资源,全年为省内企业提供公众责任险、雇主责任险、团体意外险等保险服务,降低企业在面临事故风险时的经济压力。二是重启车险业务。深入了解车险市场需求,通过加快车险产品创新、优化业务流程,为广大车主提供优质的车险服务。

【风险防控】

一是完善风险管理体系。建立覆盖所有业务流程和操作环节、能够对风险进行持续监控和定期评估的风险管理体系,根据公司实际,有针对性地实施重点风险管控措施,定期向监管机构及总公司报送各类风险分析报告。二是开展风险检查。不定期开展现场、非现场检查,及时向监管部门报告发现的风险并督促问题整改。通过及时发现、全程跟踪,确保将各项风险控制在源头。三是强化合规意识。定期分层级、分条线自上而下开展合规培训,不断强化全员合规意识,将合规管理要求融入日常经营工作的各个环节,实现合规经营。

【金融消费者权益保护】

将消费者权益保护工作作为"一把手工程",持续完善消费者权益保护长效机制和联动机制。不断细化客户投诉处理流程,推动专项服务标准化、规范化;优化销售、承保、保全、资诉、增值、理赔各个环节服务标准和时效,保障消费者合法权益。

(富德财产保险股份有限公司湖北分公司)

新疆前海联合财产保险股份有限公司湖北分公司

【概况】

2023年,新疆前海联合财险湖北分公司(简称)立足本土市场,积极探索业务创新路径,持续发挥风险管理和保险保障功能,着力为客户提供优质的保险服务。全年累计实现保费收入9249万元。其中,车险5459万元,占比59%;非车险3790万元,占比41%。

【业务发展】

坚持"主动、迅速、准确、合理"的服务原则,以客户为中心,制定更加高效、便捷、人性化的服务措施。优化理赔规则和流程,持续完善小额案件线上集中理赔机制;实行大案会商机制,缩短客户赔偿时效。健全应急管理体系,重点做好风险隐患预警、现场复勘回访、灾害救助等工作,为客户提供灾害风险提示服务,有效降低客户经济损失。加大老年人服务标准化建设,通过开设老年人专属服务窗口、配置老年人专用物品、上线"老年人专属服务"语音导航,进一步优化老年人金融服务供给。

【风险管控】

严格执行各监管部门及总公司有关风险防控的工作要求,建立健全规章制度,强化内控管理,全年未发生严重违法违规行为和重大风险案件。通过开展制度"立改废"工作,查找内控合规薄弱环节,做到摸清底线、防堵漏洞;加大问题整改力度,树立"内控优先、合规为本"的理念。

【金融消费者权益保护】

以"3·15"消费者权益保护日、"7·8"保险公众宣传日、新市民金融服务月、防范非法集资宣传月等活动为契机,开展形式多样的风险教育宣传及金融知识普及活动,通过进社区现场讲解、发放宣传册等方式宣传金融保险知识,帮助公众树立正确投资理财观念,强化风险防范意识,有效维护自身合法权益。

(新疆前海联合财产保险股份有限公司湖北分公司)

建信财产保险有限公司湖北分公司

【概况】

2023年,建信财险湖北分公司(简称)累计实现保费收入8350.22万元,同比增长18.05%;实现净利润671.82万元。

【业务发展】

一、服务基础设施建设

承保沪渝蓉高速铁路武汉至宜昌段汉川东至宜昌北(不含先开段)站前工程WYZQ-4标段的建工团意险及工程一切险,为项目提供9.15亿元的保险保障额度。

二、助力乡村振兴

积极参与建行湖北省分行组织的"乡村振兴 惠农安心"系列活动,承保涉农普惠贷款客户人身意外伤害保险、个人生活损失津贴保险，保障金额分别为1.5亿元和7800万元，防止借款人员因病和意外致贫返贫。加强与建行湖北省分行二级行联系，承保恩施分行、天门分行、仙桃分行借款人意外险，向农村小额借款人提供5613.65万元的保险保障。

三、助力绿色发展

承保污染治理、环境保护专用设备制造、绿色旅游等行业企业的财产保险，共计提供保障额度6.01亿元。参与绿色项目建筑施工人员团意险共保项目，份额内保额1.23亿元。全年累计提供绿色金融保险保障额度7.24亿元，推进绿色产业发展。

四、加强新市民保险服务

在省内建行营业网点设立新市民保险宣传点，向客户宣传新市民保险服务；加强与新市民群体集中的行业联系，围绕新市民就业，推介雇主责任险、团体意外险、驾乘人员意外险等新市民专项产品。

五、优化客户服务

一是优化承保服务。广泛收集客户意见，定期回溯承保工作。通过每周一课加强承保政策学习，不断完善承保服务流程。建立考核机制，加强核保队伍建设，提升承保工作质效。二是优化理赔服务。做好“同心计划”理赔服务，坚持“线上提效率，线下提质量”，全年累计提供线下理赔辅导180余次。简化理赔流程、缩短赔付周期，针对人伤及大案开展降赔减损。三是完善增值服务。做好道路救援等增值服务，加强增值服务考核评价。

【风险管控】

一是开展“强基合规控风险”（第二季）专项活动。全面梳理内控管理流程，加强风险排查和数据回溯，以承保精细化管控业务风险、以理赔回头看促进客户服务、以财务规范化约束营销行为，夯实风险防范基础。二是提升反洗钱工作水平。做好案件回溯和质检工作，落实客户身份识别精细化、常态化管理；加强可疑交易日常筛查、监测和审核工作；根据客户风险等级评定情况实施差异化风险管理措施。三是加强财务管理。学习总行、总公司下发的财务制度，通过定期开展培训、加强基础资料管理，规范开展财务工作。四是加强收付数据管理，降低承保端差错率。

【金融消费者权益保护】

一是加强投诉管理。建立分层级的纠纷化解机制，耐心做好客户解释工作，跟进投诉处理过程，及时化解纠纷。二是开展消保宣教活动。开展10次消保宣教活动，涵盖个人信息保护、消费者权益保护等方面内容，采取训后测评检验培训效果，增强员工消保意识。三是加大消保考核力度。督促消保专、兼职人员每日登录工单系统核对工单办理情况，将工单两小时回复及时率、按时办结率以及客户回访满意度等纳入绩效考核，增强消保工作质效。

（建信财产保险有限公司湖北分公司）

大家财产保险有限责任公司湖北分公司

【概况】

2023年，大家财险湖北分公司（简称）积极创新与健康、旅行、家居等相关的非车险产品，满足客户多样化保险需求。不断开发和升级旅游险、家庭财产保险等热销产品，拓展保险保障范围。全年实现保费收入19064万元，其中，车险保费收入12670万元、非车险保费收入6393万元。综合成本率为108.7%。

【党建工作】

2023年9月，分公司正式成立党支部。党委牢牢把握“学思想、强党性、重实践、建新功”总要求，推动党建工作与业务工作深度融合，开展“学习身边榜样·立足岗位作贡献”主题党日活动，进一步提升员工自身责任感，不断增强基层党组织的凝聚力。

【业务发展】

一、发展农险业务

承办地方财政补贴性大口黑鲈养殖保险，与专业水产防治机构合作，每月为养殖户提供水质检测、疫病防治、专业培训等服务，增强养殖户防灾防疫防病能力。全年共为50家养殖户提供525次检测服务，提出防治建议64条，减少养殖户经济损失。为枝江法进水产养殖专业合作社开通绿色理赔通道，快速查勘定损，一次性赔付34.67万元，及时帮助养殖户恢复生产。

二、发展车险业务

一是制定业务发展规划。做强做大家用车、特种车业务；建立大项目支持机制，探索发展新能源车和大吨位货车优质业务。二是加强机构差异化管理。执行自主定价策略，实施机构差异化管理，向业务品质好的机构倾斜资源，加快机构发展。三是强化续保过程管理。执行“孤儿单”外呼托底方案，为客户提供续保方案、处理客户异议、办理续保手续。四是优化业务结构。加大对优质业务的政策倾斜力度，提升优质业务占比。五是推广驾意险。推进“车+非”融合发展，实现驾意险联动率达到65%、保费目标达到750万元、单均保费达到180元。

三、发展非车险业务

一是拓展业务规模。深化与合作伙伴的战略合作关系，进一步拓宽分销渠道；加大产品推广力度，通过广告、宣传、促销等方式，提升品牌知名度，开发潜在客户，促进公司效益增长。截至年末，非车险占比达到34%。二是优化服务模式。加大信息系统运用，提升业务处理自动化程度；开通24小时客服热线，设置在线客服，提升客户服务质效和满意度。三是加强队伍建设。开展营销专题培训，提高销售人员的专业素质和销售技能，增强团队协作和沟通能力，提高团队执行力。

四、助力企业防灾减损

组建安全隐患排查小组，为嘉乐士科技（湖北）有限公司提供防灾减损、风险预防服务。安全隐患排查小组通过查阅相关资料、深入各个厂房车间、询问现场工作人员等形式，掌握企业实际生产情况，为企业员工提供安全生产、事故预防、行业风险隐患及预防措施等方面培训。排查建设项目生产现场风险隐患，对企业作出风险提示，减少事故发生率，形成较好的安全生产氛围。

五、提升客户服务水平

一是优化柜面服务。在营业网点配备老花镜和放大镜等物品、设置爱心服务窗口和老年人绿色通道，派服务专员全程陪同老年人办理业务。二是优化电话呼入设置，为致电的老年人优先接入专人服务座席。三是优化线上服务。推出适老化版本“大家保险”APP等线上系统，简化APP页面，增设语音功能，通过“一键拨打”直接接入人工客服，接入人工客服平均时长1.26秒，进一步提升老年客户办理业务的便捷度。四是与政府部门实现数据直连，通过“互联网+政务服务”助力推进“一事通办”改革。

【金融创新】

一是创新法律类保险产品。推出诉

讼(仲裁)保全责任保险、继续执行责任/保证保险、解除强制措施保证保险、海事请求保全保证保险、海事请求执行保证保险。二是创新法律类保险高效理赔服务。建立完善的理赔流程和标准,确保理赔工作公正、公平、高效。在客户发生诉讼风险时,迅速响应,为客户提供及时、有效的法律援助和理赔服务。三是打造专业团队。通过定期培训和考核,打造具备丰富保险知识和诉讼经验的法律类保险团队,为客户提供专业的保险咨询和风险评估服务。

【风险管控】

一是开展内部控制评估工作。按照监管部门和公司风险防控制度要求,制定内部环境、风险评估、控制活动、信息与沟通、内部监督等5个方面共62项评估点,通盘梳理、客观评估公司各项业务和管理活动的内部控制成效和基础管理水平,增强合规运营能力,筑牢风险防控第一道防线,促进分公司合规、稳健经营。评估合格56项、一般缺陷6项,整改完成率100%。二是加强合规风险监测。全年开展4次合规风险检测,从基础管理、承保管理、理赔管理、渠道管理、销售管理、投诉管理、反洗钱管理、财务管理、外报管理等8个方面70个风险点进行自查,共发现100项问题。其中,审计方面来源问题90个、风险监测来源问题5个、稽核监察来源问题3个、其他监管措施来源问题2个。督促相关部门开展问题整改,确保100项问题整改完成率100%。三是加强风险评估与防控。通过运用先进的风险评估技术和手段,提高风险评估准确性和科学性。为投保人提供专业的风险管理建议,降低投保人和公司的风险。全年未发生违规事件和被监管部门或公司处罚的情形。

【金融消费者权益保护】

成立消保活动小组,通过设置公众教育宣传栏、张贴海报、发放宣传页、“以案说险”等方式,向公众普及金融基础知识,帮助公众提升金融风险防范技能。走进社区、深入校园开展消保宣传工作,增强老年人、新市民、学生群体识别金融风险的能力。襄阳中支获得“7·8”保险公众宣日襄阳市保险规划师技能竞赛团体一等奖。

(大家财产保险有限责任公司湖北分公司)

(二)人身险公司

合众人寿保险股份有限公司

【概况】

2023年,合众人寿(简称)妥善应对保险市场变化,进一步深化业务转型、完善金融服务、防范金融风险,实现业务稳健发展。截至年末,总资产达1939亿元。全年实现规模保费收入273.70亿元;原保险保费收入193.49亿元,同比增长2.4%。其中,新单保费收入68.26亿元,同比增长12.6%;续期保费收入125.23亿元,同比下降2.5%。公司拥有600余个分支机构,服务客户总量超8000万人次。

【党建工作】

一是加强基层党支部建设,从党员干部中选拔分支公司“一把手”,推动党支部书记与高管交叉任职,突出党在日常经营中的核心领导地位。二是强化党建联建机制。湖北分公司与社区党委开展“1+1”支部共建,河北分公司与旅行社等单位开展异业共享,安徽分公司把支部建到中心支公司,通过党建联建的形式,畅通双方人才交流渠道,打造业务能力强、综合素质高、理想信念坚定的模范党员干部队伍,促进党建联建与中心工作“双丰收”。三是推进清廉金融文化建设。依托司法力量查处一起职务侵占案件,对全员起到警示教育作用,进一步强化廉洁自律意识。

【业务发展】

一、加强科技赋能

一是围绕个险“5321”战略,提升五项科技工具在业务中的利用率。保单整理系统为客户提供家庭保单检视服务,赋能代理人成为客户专业的保单管家;基于全金融保额销售逻辑的财富智能管家,赋能代理人从全金融视角为客户量身定制保险保障方案;“小交会”平台赋能业务团队提升自主经营能力;“医路通”平台赋能业务团队提升获客和客户服务能力;以科技平台为功能载体,支持养老规划师队伍在线学习、考试和认证。通过加强科技运用,丰富服务渠道,完善产品供给,降低服务成本,提升服务质量和风险管控水平。二是打造远程智慧客服。通过云计算、人工智能、5G技术的集成应用,搭建可视化的运营服务全链路;通过视频建立“一对一”私人助理服务。

二、提高理赔工作质效

加强与第三方公司合作,在信息录入环节便可核验事故者生存状态,缩短身故理赔案件审核时间,提高理赔效率。

三、履行社会责任

参加行业“7·8”全国保险公众宣传日活动,为乡村地区老年人群体捐赠总保额5050万元的意外伤害保险。开展“助学行”系列活动,联合中国青少年发展基金会在8所乡村小学捐建“希望操场”,为多所乡村小学完善教学设施。全年组织开展168场“合众助学行”线下公益活动,累计投入100余万元,丰富乡村地区教育资源。

【金融创新】

制定“保险+养老”战略,创新“养老+护理”产品体系,为客户养老规划提供丰富的产品支持。开发保额递增可抵御通胀型的养老年金产品,为客户提供养老资金规划。加快护理保险研发创新,推出保障18种疾病以及1—3级意外伤残的护理保险,破解“一人失能,全家失衡”困局。

【风险管控】

一是完善风控制度体系。开展制度梳理、修订工作,不断完善风险管理制度,提升制度的健全性、合理性和有效性,建立较为完善的风险管理制度体系。二是优化风险管理工具和流程。动态检视风险偏好体系,不断优化风险监测指标,定期开展风险监测与自评估,夯实风险管理基础工作,不断提升风险识别、风险预警、风险分析能力。开展风险管理信息系统二期建设工作,提高风险管理信息化水平。加强理赔风控模型应用,对高风险案件精准追踪,有效控制风险。

【金融消费者权益保护】

一是强化消保机制。认真落实监管部门消保工作要求,明确消保管理职责,将消保工作融入公司经营管理的各环节,进一步完善消保体系。二是加强消保宣教。通过定期召开消保会议学习保险知识、开展消保政策“学 & 考”活动,提升全员专业素养和消保意识;推进“常态化+集中化+自主化”消保宣教机制,加大消保宣教力度,通过“线上+线下”方式,引导消费者树立理性消费观念。

(合众人寿保险股份有限公司)

国华人寿保险股份有限公司

【概况】

2023年，国华人寿（简称）践行“坚定转型发展、突出价值成长、全面提升能力、迈向成熟险企、助力共同富裕”的总体思路，持续推进业务发展。截至年末，累计实现原保险保费收入400.26亿元，同比增长6.88%。实现总规模保费478.31亿元，同比增长4.99%。其中，新单规模保费275.40亿元，同比下降6.90%；续期规模保费202.91亿元，同比增长27.01%。有效保单件数414.99万件。全年赔款支出8.16亿元。截至年末，总资产2894.72亿元，净资产248.59亿元（母公司口径）。在华东、华南、华北、西南等地设立18个省级分公司、93个中心支公司。获得监管部门和行业内主流媒体颁发的多个奖项和荣誉称号。

【党建工作】

加强党风廉政建设，发挥党组织政治核心作用，开展“纪法铭于心·清廉伴我行”系列主题月活动，引导全体员工坚守职业道德底线，自觉抵制各种形式的贪污腐败和不正当利益输送，严格遵守廉洁从业各项规定，主动提高法纪意识，筑牢思想道德防线。

【业务发展】

一、支持绿色金融

参与推动建立保险资金绿色投资新体系，按照整体投资计划，严格遵守安全性、合规性原则和资产负债匹配原则，聚焦长期景气方向，适时投资优质资产，协助企业提升创新能力，完善现代化产业链。投资绿色金融相关股票、债券、公募基金及股权。其中，股票投资的投资标的主要业务涉及节能环保及清洁能源，债券投资的投资标的主要业务涉及生态环境和清洁能源，公募基金的投资标的主要业务涉及清洁能源，股权投资的投资标的主要业务涉及清洁能源和节能环保。全年涉及绿色发展投资产业的投资余额为14.64亿元。

二、履行社会责任

有序推进各项公益慈善工作，依托公司优势资源，树立国华公益品牌，延展基金会知名度。全年共开展22个公益项目，累计公益支出125万元。一是助力乡村振兴。国华人寿公益基金会到四川省甘孜州德格县为错阿敬老院捐赠一整年所需的粮食，全力支持藏区养老慈善事业，助力德格县乡村振兴。二是助力灾害救援。国华人寿公益基金会联合壹基金为河北省涿州市百尺竿镇大住驾村受灾村民捐赠300余份家庭救灾箱，帮助受灾村民预防疾病，满足村民应急生活保障和饮食安全等各类紧急需求。三是推进“积极老龄化”。国华人寿公益基金会联合公司旗下高端康养品牌国华合悦家发起“国华公益·合悦梦想”行动，为老年人提供资金、技术支持，帮助老人实现梦想。

【金融创新】

一是推进移动柜面服务平台建设工作。创新查询功能，支持实名认证通过的被保险人、受益人通过移动柜面服务平台一站式查询新型产品保单状态报告、红利通知以及保单基本信息。切实有效地保障客户的知情权，让客户能够更加清晰、透明地了解保单情况。二是创新服务体系。开通保险信托服务通道，通过通用保全服务流程，创新公司保险金信托客户在线服务体系，进一步提升高端客户服务体验。

国华人寿公益基金会联合公司旗下高端康养品牌国华合悦家发起“国华公益·合悦梦想”行动，成立“合悦梦想基金”

【风险管控】

一是强化风险监测及预警机制。检视、梳理潜在风险点，完善风险偏好体系，提升风险识别、评估、控制及应对能力，做到风险早识别、早预警、早发现、早处置。二是加强制度体系建设。完善覆盖业务、财务、产品、投资、运营、内控合规、风险管理等方面全流程制度，加强制度落实，充分发挥制度体系规范引导作用，为经营活动和内控管理提供制度保障。三是强化风险防控意识。排查财务管理、业务管理、内控管理中的风险隐患，形成问题清单并督促落实问题整改。开展风险防控专题培训，强化各级员工风险防控意识，不断提升风险防控技能。

【金融消费者权益保护】

认真贯彻落实监管部门关于消费者权益保护的各项要求，将消费者权益保护纳入公司治理、企业文化建设和经营发展战略，建立健全消费者权益保护工作体系与工作机制，在业务经营上全过程公平、公正、诚信对待消费者，充分尊重、保障保险消费者的各项基本权利，不断提升全公司员工消费者权益保护意识和能力，做到全流程消保、全员消保，切实维护保险消费者合法权益。一是开展消保审查。对各部门、各业务渠道积极开展消费者权益保护审查工作，对可能损害消费者合法权益的流程和环节提出实质性修改意见。通过出具消保审查意见书、制定消保白皮书标准化流程，确保产品和服务在设计开发、定价管理、协议制定等环节有效落实消费者权益保护的相关规定。二是开展消保宣教活动。在官网、官微及营业场所设立宣传教育专区，发布消费者权益相关的风险提示及案例；通过线上线下相结合的方式开展“3·15”保险消费者权益保护日、“7·8”保险公众宣传日、金融知识普及月等活动，提高社会公众金融知识水平和风险防范意识。

（国华人寿保险股份有限公司）

中国人寿保险股份有限公司湖北省分公司

【概况】

2023年,中国人寿湖北省分公司(简称)立足主责主业,围绕做好“五篇大文章”,积极发挥保险经济减震器和社会稳定器的功能,全力服务地方经济社会发展。截至年末,总保费收入达到218亿元,同比增长5.2%。湖北省保险行业协会统计数据显示,总保费市场份额为14.75%,位居行业第1位。全年累计为近4200万人次提供6万亿元风险保障,赔付金额超19亿元。

【党建工作】

一是开展调查研究。坚持“四下基层”,做到“三进三见”,进职场、进柜面、进社区,见伙伴、见员工、见客户,结合日常经营实际,摸实情、谋实策、办实事。严督实导下辖机构开展主题教育,黄冈分公司“三对三问三联”农村小额保险调查研究方法被中央第十九指导组选为首个金融基层单位先进经验。二是推进全面从严治党。紧盯“两个责任”,严格落实党委主体责任和班子成员“一岗双责”、纪委监督责任,推动从严治党落地见效。通过定期开展警示教育、廉政专项检查,将廉洁教育融入经营管理日常,做到一节点一提醒、一节日一警示。

【业务发展】

一是服务民生保障。参与多层次社会保障体系建设,实现大病保险项目覆盖超1300万人、城市定制型商业医疗保险承保30余万人、各类普惠保险累计承保超830万人次、个人养老金业务规模位居行业前列。二是服务实体经济发展。协同集团公司在鄂成员单位,积极推进险资入鄂,引导资金主要投向基础设施、绿色低碳、科技创新等重点领域。承保法人客户8000余户,承保战略性新兴产业、绿色产业企业近550家。三是服务乡村振兴。党委深入一线调查研究,主动问需问策,累计选派帮扶干部136人,创建普惠金融工作站21个。乡村振兴工作被省委农村工作领导小组授予最高等级“好”。

【金融创新】

一是创新服务举措。在柜面开设“爱心驿站”,供户外工作者、高考学子临时休息,免费提供冷热饮品、休息座椅、应急药箱、血压仪等服务设施。通过柜面周六服务“不打烊”,更好满足客户临柜服务需求。开展“睡眠保单”唤醒工作,累计激活“睡眠保单”12.65万件。二是提升服务效率。实现理赔直付覆盖全省,累计服务客户超5600万人次。创新移动调查和视频调查方式,大幅提升调查时效。加强科技赋能,推进客户服务、经营决策、内部管理智能化发展。

【风险管控】

一是加强合规教育。组建合规宣讲团,深入职场开展合规宣讲活动,受众超15万人次。二是加强风险治理。强化风险管理委员会职能,注重发挥风控三支队伍作用。开展职场风险排查、洗钱风险排查,强化大额和可疑交易管理。压紧压实安全生产、信息安全、声誉风险防范等工作责任,守住重点领域风险防控底线。

【金融消费者权益保护】

发挥各级公司消委会作用,面向社会公众开展反洗钱、防范非法集资宣传。挂牌成立94个消保教育宣传基地,开展线上线下教育宣传活动470余次,发布原创教育宣传文案60余个,触达消费者290余万人次。

(中国人寿保险股份有限公司湖北省分公司)

中国太平洋人寿保险股份有限公司湖北分公司

【概况】

2023年,太保寿险湖北分公司(简称)全年实现保费收入90.18亿元,其中,新单保费收入28.35亿元、续期保费收入61.85亿元。个人业务渠道保费收入70.53亿元,占总保费的78.21%;团体业务渠道保费收入19.56亿元,占总保费的21.69%。

【业务发展】

一是探索属地化经营策略。认真落实总公司“赋能型总部,经营型机构”的转型要求,积极探索属地化经营策略,确定“路线图”、绘好“时间表”、制定“任务书”,督促各中支制定属地化目标,推动干部员工从总量化思维向结构化思维转变、从行政化思维向市场化思维转变、从管理型思维向服务型思维转变,进一步激发组织活力,提升经营效能。通过“聚力兴武汉”“突破欣城区”“重塑星赛道”三条路径推动业务发展。稳步推进武汉天河计划、楚才计划、荆楚俱乐部等项目。二是夯实业务基础。创造性打造BSC资金池,实现常规资源稳基盘、战略基金赢增量、优化结构提效能。加快基础设施升级与科技创新开发,提升业务处理效率,不断优化智慧服务模式。三是服务乡村振兴。认真贯彻湖北省委、省政府乡村振兴工作指示精神,加大乡村振兴支持力度。现有省级对口帮扶点1个、地市级对口帮扶点8个,涉及8个中支公司、9个支公司。共派驻13名工作人员,共有4人担任第一书记、工作队队长。全年向乡村振兴对口帮扶点捐助帮扶金共计47.4万元。

(中国太平洋人寿保险股份有限公司湖北分公司)

中国平安人寿保险股份有限公司湖北分公司

【概况】

2023年,平安人寿湖北分公司(简称)依托专业的保险保障优势、稳健的投资能力、完备的风险防控体系,促进业务持续、快速增长。截至年末,累计实现总保费收入1921973.85万元,同比增长4.61%。分公司在省内共设有15个中心支公司,35个支公司,57个营销服务部。多次荣获“优质服务金融单位”等称号。

【党建工作】

积极探索党建引领乡村振兴路径。驻村工作队认真落实“主动融入、虚心学习、贴近群众、创新工作、务求实效”的要求,围绕低保户、突发困难户、脱贫不稳定户、边缘易致贫户等重点人群开展入户走访工作,组织农户学习党的各项方针政策和乡村振兴相关政策,努力提升农户生产能力。协助村支两委班子加强对后备干部的选拔培养,促进村支两委班子结构更加合理,增强两委班子解决实际问题、化解矛盾以及带领农村群众脱贫致富的能力。通过结对培养、强化培训、选树典型等方式,发挥党员模范带头作用,带领村民因地制宜发展产业。

【业务发展】

一、强化基础业务

一是强化新单业务。全年实现新单保费收入 500167.28 万元，占比 26.02%。其中新单期缴保费 460767.27 万元，占比 92.12%。二是强化续期业务。加强续期服务队伍建设，为客户提供保单全生命周期续期提醒服务，优化交费体验。全年实现续期保费收入 1421806.57 万元，占总保费收入 73.98%。三是拓展个人代理业务渠道和银邮代理渠道。截至年末，内含价值较高的个人代理业务渠道保费收入占比 92.10%，同比增长 3.36%。个人业务 13 个月保费继续率 93.3%，同比增长 2.9%；25 个月保费继续率 95.9%，同比增长 1.8%。银邮代理渠道占比 4.62%，同比增长 43.04%。

二、打造养老保障体系

坚持集团“综合金融+医疗养老”战略，丰富养老产品供给，持续探索“保险+居家养老”“保险+高品质康养社区”模式，通过制定标准、集中采购、监督服务，构建养老服务生态。一是完善覆盖全养老周期的产品体系。推进养老产品进行适老化改造升级，有针对性地开发养老版年金产品，与社会人口结构变化趋势相适应。将高龄人群纳入被保人，部分财富、养老类保险产品的投保年龄最高可到 80 岁；灵活设置部分年金产品领取年龄和领取期限，为客户提供差异化养老资金解决方案。二是深耕居家养老领域。推出居家养老品牌“平安管家”，帮助老年人一站式对接“医、食、住、行、财，康、养、乐、护、安”10 大服务场景，并建立全方位的服务监督体系，为老年人提供“智能管家、生活管家、医生管家”于一体的养老管家服务。截至年末，“平安管家”覆盖全国 60 多个城市。全年湖北新增居家养老达标客户 1600 余人。三是打造高品质康养社区。对接客户高品质养老需求，借鉴海外养老经验，推出持续照料退休社区 CCRC 模式，项目布局核心城市的核心区域，围绕“三尊七维”服务体系，从老年人身体、认知、情绪、社交、职业、经济、精神七个健康维度，为入住客户提供专属定制化服务，更好地满足客户长周期、多层次康养需求。全年湖北新增康养达标客户 66 人。

三、提升客户服务水平

一是优化理赔服务。依托平安人寿 AI 技术，实现理赔自动化、标准化处理。升级推出“111 极速赔”服务，实现“1 句话语音报案、1 键上传材料、1 分钟审核”，降低客户理赔服务操作成本，提升理赔服务体验。全年累计赔付件数 37.2 万件、赔付金额 23.8 亿元，其中，全年闪赔 17.8 万件、总金额 4.07 亿元，最高单件赔付金额 4.9 万元，最快理赔时效 1.67 分钟；重疾先赔 2587 件、总金额 2.54 亿元，最高单件赔付金额 50 万元；医院直赔 1066 件、赔付金额 467 万元，最高案件赔付金额 12.54 万元。全年豁免保费 2.9 亿元；理赔获赔率 99.2%；理赔服务时效 1.37 天。二是简化业务办理流程。依托总公司“智慧客服”人工智能、人脸识别等创新服务技术，实时分流、高效处理业务。全年通过金管家 APP 办理业务约 15 万件，空中客服人工客服累计受理业务 2.3 万件，满意度高达 98.5%。三是开展平安守护者行动。通过进社区、进学校、进企业、进农村、进商圈，为广大市民开展各种突发情况急救知识培训；在客服柜面、公司职场开展急救知识讲座，向市民普及突发事件应急必备常识。全年共开展 125 场平安守护者线下活动，获得较好的活动成效。

四、支持乡村振兴

一是开展消费扶贫，促进乡村产业振兴。对口帮扶恩施州巴东县溪丘湾乡甘家坪村，投资 11.7 万元用于堰塘整治，保障产业用水，确保茶叶、水稻、油菜等农作物持续高产，带动农户增收。投资 30.6 万元开展消费帮扶，拓宽农副产品销售增添渠道。二是聚焦乡村教育资源，促进乡村文化振兴。截至年末，在多个地区捐资援建 7 所平安希望小学。2010 年至 2023 年，连续 14 年发起平安希望小学志愿者义务支教活动，近 200 名志愿者累计支教时长 7000 余小时。

平安人寿湖北分公司开展 2023 中国平安支教行动

【金融消费者权益保护】

严格落实监管部门关于消保工作的安排部署，强化销售过程管理，不断提升内外勤人员合规、消保意识，切实保护消费者合法权益。全年规划 8 项重点工作，嵌入开展 3 个专项行动。打造“1+15”实施模式，实现监管有效件同比下降 43%、亿元保费投诉量 1.35 件/亿元，排名寿险行业第 25 名。与金融纠纷调解机构开展三方合作，强化多元纠纷化解机制，开展诉前调解对接工作，获得较好成效。

【风险管控】

一、开展销售违规专项整治行动

法律合规部、消费者权益保护部、销售推动部、队伍发展部、培训管理部联合制定销售违规专项整治行动方案和巡检工作计划，形成营业单位自查、职能部门自查、风控联合督查三位一体的风险排查联动机制。成立联合巡检小组和执行小组，明确职责分工，现场监督检查全部下辖网点日常销售行为管控机制落实情况，强化常态化销售合规管控机制，最大程度暴露日常销售行为管理工作存在的不足。通过下发防范违规销售宣传资料、邮件宣导、案例警示等形式，强化合规文化建设，建立健全长效风险管控机制。

二、开展风险检查与自查

一是开展非法集资、非法放贷与金融诈骗风险排查。开展从业人员自查、营业单位检查、高风险人员排查和分公司督导检查。督促全员对照《从业人员自查表》开展自查，重点分析外勤人员综合退保率、失效率、投诉率、质押贷款率、出勤率、回访成功率等指标，加强员工异常行为监控。按照《防范和处置非法集资条例》的要求，检视防范非法集资、大额交易和可疑交易报告等方面制度，排查制度风险。全年未发现非法集资、非法放贷与金融诈骗风险线索。二是开展费用自查、采购管理自查、虚假理赔自查、培训管理自查，对自查发现的问题严格按照自查自纠工作机制进行整改和内部问责。三是每季度督促下辖营业机构围绕销售管理、“两非”管理等方面的问题开展自查，自查内容包括违规发布短信和微信朋友圈、印制和传播违规宣传资料、违规使用印章等。

三、开展扫黑除恶专项工作

认真落实监管部门关于扫黑除恶工作要求，密切关注黑恶势力向金融领域渗透的动向，增强扫黑除恶工作前瞻性、主动性和时效性。将扫黑除恶工作与整治金融市场乱象、防范化解金融风险紧密结合，紧盯人员管理、市场准入、第三方合作等关键环节，持续有效推动扫黑除恶工作走深走实。

（中国平安人寿保险股份有限公司湖北分公司）

新华人寿保险股份有限公司湖北分公司

【概况】

2023年，新华人寿湖北分公司（简称）坚持高质量党建引领高质量发展，推进营销专业化三线建设，呈现核心业务超额达成、关键经营指标同比增长、渠道均衡发展、组织绩效排名前列的良好发展态势。全年实现原保险保费收入797257.19万元。其中，续期保费收入628199.62万元，占比78.80%；新契约规模保费收入169057.57万元，占比21.2%。规模保费859408万元，市场份额4.9%，排名寿险市场排名第7位。整体13个月保费继续率93.4%、整体25个月保费继续率88.4%；续期最终月指标突破96%，创5年来新高；提前16天完成续期任务，达成率102%，超收1.2亿元。整体经营绩效排名新华保险系统第7位，新收展新增保费排名新华保险系统第1位。

【党建工作】

不断强化党建引领作用，从政治层面把方向、从机制层面管大局、从组织层面把落实，切实将党的领导贯穿到分公司经营管理的各个方面。落实中央八项规定精神，持续深化纠治“四风”，落实监督管理职责，纵深推进全面从严治党，提升领导队伍综合素质，推动业务高质量发展。对标对表监管部门和总公司出台的相关制度，全面梳理、检视制度建设情况，及时查缺补漏、废立改释。强化刚性执行，确保各项法规制度“落地生根”。

【业务发展】

一、加强渠道拓展

（一）拓展营销渠道

营销渠道三项业务指标实现提前达成、全面达成、超额达成，达成率创近五年新高。全年承保价值17516万元，实现年目标133.2%，同比增幅49.7%；长年期14727万元，实现年目标110.6%，同比增幅49.3%；期交48503万元，实现年目标103.4%，同比增幅7.2%。一是加强营销渠道队伍建设。夯实绩优架构，打造星级组荣誉体系，启动星组标部IDA。月均绩优847人，绩效目标达成率109%。通过分级分类精细化工作流程、加大培训力度，提升员工自主经营能力。二是开展客户活动。全年线上线下举办活动1.4万场，服务客户接近18万人次。三是优化产品结构。以长年期产品推动经济效益增长，十年期产品保费占比超30%。

（二）拓展银代渠道

一是聚焦渠道建设、队伍建设，实施三位一体网点推动模式和绩优引领措施，完善银代绩优体系，打造高素质人才队伍，为客户提供全方位服务。二是依托总公司康养、信托资源，高频召开客户服务活动，提升品牌竞争力。全年银代渠道期交保费4.42亿元、达成率130%；价值保费4153万元、年度达成150%。

（三）拓展团险渠道

推出小微企业专属团体新产品“新华企业宝”，开展“春天行动”和新老客户回访工作，开通线上保全与理赔服务，持续为企业提供产品销售和售后服务，提升企业体验感与满意度。全年服务2021户小微客户，保额95.03亿元。

（四）拓展收展渠道

压缩保单失效量，着力推动保单复效。搭建失效管理平台，细化失效保单管理。强化前中后台联动机制，开展专项复效行动，落实日检视、周分析、月兑现要求，聚焦两年内失效业务、二三次业务、大单多单业务，确保月度复效保费达到600万元，实现全年复效保费8187万元，同比增长8.2%。

二、发展重点业务

一是发展个人养老金业务。制定业务拓展方案，加强销过程管理，密切跟踪个人养老金业务进展，及时解决业务发展中出现的问题。全年个人养老金业务新开户868户，保费3364.6万元。二是对接中小微企业、科技型企业、绿色企业保险需求，全年为3641个中小微企业、科技型企业、绿色企业提供保险服务，保额1185.91亿元。三是持续推进新业态关爱保障计划。聚焦“新市民”保险需求，联合湖北省总工会对新市民就业群体相对集中的快递业、运输业等行业提供保险服务。开办新就业形态劳动者入会“集中攻坚行动”新会员专属意外保险，保险责任包括意外残疾、身故及意外医疗。通过开展“上门帮”活动、优化临柜服务和柜面视频服务，提升新市民金融服务获得感。截至年末，累计承保新业态从业者10万人次，风险保额达120亿元。

新华保险湖北分公司举行“新心相伴 · 救在身边”武汉市武昌区残疾人联合会AED急救设备接收仪式暨应急救护知识讲座活动

其中累计承保物流快递行业保单 37 份、承保人数 2176 人；保费规模 92.03 万元，理赔金额 19.31 万元。四是承保宜昌市“惠民保”医疗费用补充保险。截至年末，累计服务 1.35 万余人次，保额 405 亿元。

三、提升客户服务水平

一是推广“优客+”健康增值服务，满足客户对健康管理服务的需求。近 2 万名客户线上体验健康体检、洁牙、视频问诊等服务。二是优化适老化服务。在分公司柜面开展上门帮、临柜办、暖心助服务，帮助老年人解决智能化服务困难。全年提供上门帮服务 325 次、临柜办服务 2118 次。在 13 个中支柜面开通线上远程问诊服务功能、配置 PAD 设备，为临柜老年人等特殊群体提供健康咨询、应急指导服务，全年视频问诊 650 余次。三是举办客户服务节。全年共举办 400 余场客户服务活动，参与客户达到 5 万余人次，被各类新闻自媒体宣传近百次。

四、履行社会责任

一是做好定点帮扶工作。开展实地调研，召开专项工作会议，扎实做好宜昌市长阳县马鞍山村定点帮扶工作。帮助帮扶村申请县级重点项目，推动当地茶叶合作社投入运行。全年投入帮扶资金 30 万元、消费帮扶 10 万元。二是做好公益扶贫工作。全年开展公益活动 400 余场，向恩施州、大冶市环卫工人捐赠意外伤害险，持续推进武汉市、宜昌市、襄阳市等地环卫工人保险捐赠项目，涉及环卫工人 4.6 万余人。

【风险管控】

一、加强内控管理

一是完善风控考核体系。强化机构负责人绩效考核和风控绩效考核，完善风控专员考核体系、反洗钱专员考核体系，压实各级风控管理人员主体责任，夯实全面风险管理基础。二是强化制度建设。建立健全 18 项管理制度，完善 19 项流程体系。三是加强五虚问题治理。制定治理方案，从全面部署、宣导教育、制度建设、排查监督等方面稳步推进五虚问题治理工作。

二、加强风控队伍建设

在各三级机构设置风控专岗，在 4 个中支建立风控部门。每月召开风控系统会议，宣导最新政策、提示风险；每半年召开现场会议，部署风险防控重点工作；针对各层级风险防控职能，开展员工风控培训，增强全员风险防控能力。

三、加强案件管控

一是加强突发案件控制。制定突发案件演练三年工作计划，按季度督促下辖机构落实演练计划。全年开展 12 次非正常退保、档案安全、重大诉讼案件、重大洗钱案件、消防、火灾地震等方面风险演练。二是加强诉讼案件管理。通过细化流程、以案促改、惩戒违规等方式加强案件管理；通过细化案件合议细则、规范案件合议流程和层级、严肃问责，提升案件处理质效。三是防控涉刑案件。制定涉刑案件风险线索追踪管理事务流程，压实各岗位案防责任。拟定 2 类常见线索报告模板，规范各类涉刑案件风险线索报告报送模式，提升沟通效率。

四、落实问题整改

针对审计、检查中发现的问题，督促各责任主体即查即改、限期整改，压紧压实整改责任。开展阶段性整改反馈会议，检视整改质效。经理室根据各机构整改工作中的难点、堵点，与责任部门“一对一”研讨整改方案，提出整改意见。

【金融消费者权益保护】

一、加强消费者权益保护宣教

将消费者权益保护宣教工作纳入经营业务流程，编发《2023 年度消费者权益保护教育宣传工作方案》，制作宣教台账和简报，定期检验活动效果。全年开展“消保学堂进一线”活动 182 场，涉及全省内外、勤员工 27799 人次。开展“金融知识面对面”活动 47 场，参与客户 16801 人次；通过官微“新华保险湖北直通车”发布“以案说险”风险提示 24 篇。开展“3·15”消费者权益保护教育宣传周系列活动，向社会大众普及金融知识。开展 131 场金融消费者权益保护教育宣传月活动，其中，开展 32 场老年人、残障人士等特殊群体宣教活动、39 场新市民群体宣教活动、9 场青年群体宣教活动，受众 135.71 万人次。发布原创教育宣传信息 22 条、线上线下发送各类宣传资料 4200 份。

二、提高投诉处理水平

通过发布“2023 年客户服务十大承诺”、评选“诚信荣誉之星”，树立服务典范；开展总经理接待日活动，促进提高投诉处理水平和质效，有效化解矛盾纠纷。

（新华人寿保险股份有限公司湖北分公司）

泰康人寿保险有限责任公司湖北分公司

【概况】

2023 年，泰康人寿湖北分公司（简称）坚持以习近平新时代中国特色社会主义思想为指导，认真落实集团和总公司党委工作部署，圆满完成各项工作任务。截至年末，总规模保费 112.6 亿元、同比增长 13.8%，其中个险业务规模保费 92.6 亿元、同比增长 12.7%。累计完成理赔结案 13.75 万件，累计赔付 6.62 亿元。累计纳税 13.18 亿元。分公司在宜昌、襄阳等市（州）共设立 15 个中心支公司。

【业务发展】

一、拓展业务规模

全年实现个险业务规模保费 92.6 亿元，同比增长 12.7%。个险标准保费 7.1 亿元，同比增长 5.1%。大个险标准保费达成 9.2 亿元，同比增长 6.3%。其中，银保大个险标保达成 1.5 亿元、新业务标保达成 6232 万元。

二、支持乡村振兴

做好对口帮扶工作，向孝感市大悟县吕王镇刘院村派驻 3 名工作队员，全年共向刘院村投入帮扶资金 40.2 万元。其中，项目捐资 37.2 万元、采购农产品价值 3 万元。宜昌、咸宁、恩施、荆门、黄冈等 5 个中支公司向对口帮扶村共捐赠 16.9 万元的善款和物资。

三、服务民生保障

依托泰康“保险+医养康宁”商业模式和机构协同优势，充分发挥商业保险对多层次医疗保障服务体系的补充作用。

（一）助力增强医疗保障

承保天门市城乡居民大病保险，助力解决因病因意外返贫致贫问题。截至年末，大病医保覆盖 103.86 万人次，其中扶贫对象 8.18 万人。累计赔付 4953 人次，金额 739.54 万元。

（二）助力优化养老服务供给

一是承保荆门市长期护理保险。简化办理流程，让老年群众少等待、快办结。截至年末，共支付 69820.86 万元，缓解 19147 人次失能人群护理费用压力。二是开展泰康“溢彩千家”公益活动。向宜昌市猇亭区向日葵养老服务中心捐赠价值 7.6 万元的养老设备，增强养老机构护理服务能力。

四、提升客户服务水平

坚持“专业化、规范化、国际化”的发展战略和“稳健经营、开拓创新”的发展方针，不断拓宽服务渠道，创新服务形式，提升服务品质。

（一）优化特殊人群服务

一是优化线下特殊人群服务。通过在客服大厅配备引导员、开展柜面适老化改造、在网点增设无障碍设施等措施，为老年人和残障人士提供更贴心、更便捷的服务。二是优化线上适老化服务。通过在"泰生活"APP 增加大字版本和视频服务入口、在核保前置系统和易投系统新增字体调节功能、在电话座席系统设置 60 岁以上老年人优先进入人工服务，方便老年人使用电子设备。

(二)提升理赔服务水平

依托泰康大健康战略体系，不断创新理赔服务形式，推出"重疾先赔""康乃馨理赔服务""健保通直付式理赔服务"。全年"重疾先赔"服务惠及客户 866 人次，理赔金额 7052.51 万元；"健保通"签约医院 108 家，结案 21933 件，增幅 3.8%。

【风险管控】

一、加强内部管理

制定《泰康人寿保险有限责任公司湖北分公司保险营销宣传资料合规审核管理办法》等制度，加大对宣传资料、自媒体朋友圈及代理人营销宣传行为常态化风险识别与监测力度。落实《泰康人寿保险有限责任公司问责处罚管理规定》等文件关于内、外勤员工违规行为的处罚要求，严肃问责、督促整改。

二、强化合规意识

一是加强高管合规管理。定期开展高管人员合规专项培训，提高高管人员合规履职能力。对履新高管开展履新谈话，强化高管自我约束意识。二是开展合规培训和宣传。针对内外勤人员工作特点，设置常态化、多元化、效果化的培训课程。培训内容包括反洗钱、案件防控等方面。开展合规走基层活动，编发合规月刊，扩大合规宣传覆盖范围，强化全员合规意识。

三、强化内部风险识别和整改

梳理各环节风险点，开展覆盖全部下辖机构风险检查和排查，增强下辖机构风险识别能力和风险管控能力。法律合规与风险管理部出具专项排查报告，对排查出的问题下发整改通知并提出相应整改建议，督促机构立查立改，对相应责任人进行严肃问责处理。针对排查出的重大问题，联合多部门与机构"一对一"沟通，全面分析问题发生原因、找准有效整改措施。

【金融消费者权益保护】

推进消保要求贯穿全业务流程，完善消费者权益保护体系。探索多元化纠纷化解渠道和方式，提升投诉处理和纠纷化解工作质效。通过加强公司治理、健全消保组织架构、深化消保理念传导、完善纠纷化解机制、提升消保宣传效能等措施，履行好消费者权益保护主体责任，持续提升消费者权益保护工作水平。

一、强化消费者权益保护工作机制

出台、更新 31 项消费者权益保护相关规章制度，确保消费者权益保护工作有章可循。聚焦消费者八大权益，通过加强个人信息保护、销售行为可回溯管理、合作机构管理以及开展产品和服务审查等方式，不断加强业务全流程管控。

二、加强消保宣教工作

一是在营业场所设立独立的公益性金融知识宣传区，配备充足的宣传资源，为客户解答保险咨询。二是在营业场所和官方网站开展"以案说险"宣传，对消费者进行风险提示，提高消费者金融素养。三是开展金融知识宣传活动。进农村、进社区、进校园、进企业、进商圈开展"一老一少一新"重点人群专项宣传活动，全年累计开展近 300 场集中宣传活动，累计触及消费者 42 万人次。四是丰富宣传形式。通过广播电台、访谈直播和拍摄"金融素养大家谈""高管讲消保""保险大家谈"系列视频，拓展金融知识传播渠道，提高宣传效果，提升消费者金融素养和风险防范意识。

（泰康人寿保险有限责任公司湖北分公司）

太平人寿保险有限公司湖北分公司

【概况】

2023 年，太平人寿湖北分公司（简称）实现原保险保费收入 916360.13 万元。全年累计赔付支出 189806.18 万元；受理客户理赔数量 90.59 万件；服务客户 403.4 万人次。年末资产规模 418347.05 万元。分公司下辖 13 个中心支公司、66 个支公司和营销服务部，服务网络遍及全省。

【业务发展】

将支持乡村振兴作为重点工作，全年累计投入 56.8 万元。投入 16 万元支持黄冈市英山县竹坳亭村美丽乡村建设（四期）工程；购买 8.99 万元当地特色农产品，帮助村民销售 3 万斤冬瓜和南瓜等特色农产品，拓宽特色农产品销售渠道。投入 2.2 万元支持黄冈市蕲春县横车镇富冲村银杏基地平整及道路建设工程。购买 29.43 万元六安市特色农产品，帮助当地农户增加收益。

【风险管控】

一、完善合规内控体系

一是构建合规经营三道防线。推动三条防线各司其职、协调配合，有效参与内部管理，构建合规内控体系。二是完善内控制度。严格落实各项监管要求，定期检视和梳理内控制度，推动各项内控管理和业务经营行为依法合规。

二、加强重点领域风险管控

组织开展内控自评估、全面风险排查、人身保险市场乱象治理等工作，及时排查和处置潜在风险。

二、强化员工合规意识

各级机构领导干部带头重合规、讲合规，营造合规人人有责的良好氛围。召开内勤合规培训会、外勤常规会，做好合规提示、警示案例宣导，强化全员合规理念，进一步规范员工行为，推动各项业务平稳健康发展。

（太平人寿保险有限公司湖北分公司）

中宏人寿保险有限公司湖北分公司

【概况】

2023 年，中宏人寿湖北分公司（简称）坚持党建引领，充分发挥党员模范带头作用，推动党建与业务工作互融互促。全年实现保费收入 26172.48 万元，较上年增长 28.13%。其中，新单保费收入 9954.91 万元，占比 38.04%，同比增长 28.53%；续期保费收入 16217.57 万元，占比 61.96%，同比增长 27.87%。新单保费收入中，新单期缴保费 8858.71 万元，占总保费 33.85%。

【业务发展】

一是推出自有家庭会员制健康管理服务——"中宏家医服务"。通过"线上+线下""全科+专科"全场景覆盖的服务模式，打造优质的健康管理服务体系，通过为客户及家庭提供线上线下全渠道问诊、日常健康咨询、门诊和住院就医的标准化全流程健康服务，一站式服务客户健康管理需求。二是升级"宏宝"客服机器人。运用人工智能技术优化客服机器人底层逻辑与架构，更加准确理解客户提问意图，支持多种交互方式，提升客户体验和服务满意度。

【风险管控】

强化销售品质管理，规范保险销售行为，坚持合规经营。以客户为中心，保护消费者合法权益，防范舆情风险。通过加强内控管理、完善机制建设、开展风险排查和风险监测预警，守住不发生系统性风险的底线。全年未发生重大案件和风险事件，内部审计未发现重大问题，公司及个人未受到外部行政处罚，实现稳健经营。

（中宏人寿保险有限公司湖北分公司）

建信人寿保险股份有限公司湖北分公司

【概况】

2023年，建信人寿湖北分公司（简称）在总公司党委和管理层的正确领导下，统筹内部管理和业务发展，各项工作取得较好成效。截至年末，实现新单规模保费28.49亿元。新单期缴7.6亿元；全年目标达成率116.69%。

【业务发展】

一是加强协同联动。协同建行湖北省分行个金部、私人银行部、公司业务部制发百佳网点、首季营销、业务PK赛、季度竞赛、“守护传承，兔出贡献”保险金信托、2023年公司条线团险业务营销活动方案，通过资源倾斜、明确目标、细化措施，推动保险业务发展。二是开展培训。联合建行湖北省分行举办“代理保险业务高级研修班”，赋能二级行分管行长；联合建行湖北省分行举办“金牌保险规划师培训班”，赋能母行绩优客户经理。外请第三方优质讲师在10个建行二级分支行开展“财富极创·TIP”保险金信托培训，进一步增强高端客户营销能力。三是推广长期重疾险。组建4个专项功能组，制定专项推动方案和培训计划，开展新产品全员轮训通关考核，实现线销售人员100%通关。对8个机构进行约谈督导，实现长期重疾险业务同比提升42.6%。四是发展银保业务。与建行湖北省分行定期开展数据交流，汇报公司、同业及监管动态。通过线上线下高频次开展业务督导，促进银保业务提质增效。

【风险管控】

认真贯彻落实监管部门及总公司的各项政策和要求，不断规范销售行为，提升业务品质，深化客户服务。建立“售前预防、售中规范、售后治理”和以“风险为本”的合规经营体系。一是强化合规理念传导。加强合规文化建设，将合规管理要求融入各个工作流程。全年开展25期“固本强基·合规云课堂”专题培训和5期“固本强基·普法云课堂”。二是强化问题整改机制。建立覆盖审计、合规等检查渠道的全量问题库，厘清责任主体，明确整改路径；定期跟进整改进度，评估责任认定情况，健全整改长效机制，落实根源性整改要求。三是加强业务品质管理。以消费者权益保护为中心，强化销售前端治理，优化客户投诉处理程序，切实做到售前预防、售中规范、售后治理，防范操作风险，持续提升业务品质。

（建信人寿保险股份有限公司湖北分公司）

安联人寿保险有限公司湖北分公司

【概况】

2023年，安联人寿湖北分公司（简称）致力于为湖北客户提供专业和优质的保险保障服务。依托集团丰富的风险管理经验和品牌影响力，聚焦满足客户高品质生活需求，积极打造“有爱、有趣、有才、有为”的营销菁英团队，拓展多元化、数字化的营销网络，为客户提供涵盖生存、养老、疾病、医疗、身故、残疾、教育金等多种保障范围的人寿保险解决方案以及差异化、特色化、精细化的保险产品和增值服务。

【风险管控】

依托总公司运营管理部、反洗钱工作领导小组和分公司合规部门，切实做好各类日常风险、系统性风险和突发性风险的防范工作。运营部、客户中心部、合规部协助渠道做好销售人员行为管理工作，保障客户合法权益，确保合规开展各项业务。

（安联人寿保险有限公司湖北分公司）

工银安盛人寿保险有限公司湖北分公司

【概况】

2023年，工银安盛人寿湖北分公司（简称）依托股东雄厚的资本实力、卓著的品牌声誉及互补的专业优势，构建以客户需求为导向的“产品+服务”体系，满足客户多样化保障需求。全年累计实现总保费收入19.17亿元，在湖北寿险行业排名第23位。分公司在荆州、黄冈、襄阳、宜昌、孝感等市下设5个中心支公司。获得总公司“2023年度先进机构”称号、2023年中国·武汉极目金融榜“最具暖心服务保险公司”称号、第四届湖北财经风云榜“年度最受消费者信赖保险品牌”“年度新市民金融服务优秀机构”称号。

【党建工作】

积极探索“党建+消保”深度融合新模式。认真执行“三会一课”制度，组织广大党员深入学习习近平总书记重要讲话精神，引导员工做好消保工作。发挥党支部书记模范带头作用，开展“高管讲消保”系列活动，营造人人参与、人人尽责的消保氛围。

【业务发展】

制定业务发展计划，认真落实党建引领、集团融入、资负统筹、数字转型、风控固基、人才强司、文化凝聚七大工程，做好党建引领、行司融合、资负协调、数据赋能、风险防控五大重点工作，紧盯经营目标，推动强队伍、调结构、控成本、重价值、防风险五大重点经营策略落地执行。

【风险管控】

认真贯彻落实监管部门和总公司关于做好风险防范的各项工作要求，围绕“风控固基”工程，突出“六个聚焦”，紧盯重点风险领域，持续完善案防管理体系和合规管理体系，提升分公司风险管理水平和品牌形象。

一、加强合规管理

一是强化合规管理质效。明确各部门、各中心支公司合规管理责任，指导各中心支公司做好年度合规重点工作计划。通过重点监督关键领域、关键风险点，调整合规评价指标，实现合规管理指标与案件防控要求、外部监管重点、总分公司合规管理要求相契合，增强合规管理精准性、有效性。二是加强合规制度保障。梳理和完善现有的制度体系,定期开展制度重检评估,按照合规性、遵从性、健全性、适用性、一致性和规范性全面检视分公司制度;开展制度"立改废"工作,确保制度规范健全,确保各项工作有章可循。三是加强合规审核。将合规审核工作融入各经营环节,对照监管规定、公司制度审核各项工作合规性。规范审核流程,加强横向沟通,持续提升合规工作审核质效。四是强化全员合规意识。定期利用晨会、管理干部周例会、月度经营分析会进行案防风险提示,通过定期开展员工异常行为排查,及时纠正员工行为,杜绝案件和严重违规违纪事件发生。认真落实监管部门和总公司各项反洗钱和反恐怖融资工作要求,做好反洗钱检查和培训,进一步强化合规意识。

二、加强风险防控

聚焦重点战略、重要领域、关键环节、重要岗位,定期排查潜在风险隐患,通过细化预防措施、强化警示教育、前置风控防控措施,防止风险隐患恶化成实质性风险。

【金融消费者权益保护】

一是完善消保制度体系。通过修订投诉管理办法和消保考核管理办法,落实各项监管制度,形成全面的消费者权益保护制度管理体系,筑牢消保制度"防火墙"。二是加强溯源整改和根源治理。通过强化数据监测、深入溯源分析、加大督导力度等方式,督促消保职能部门靶向施策,落实问题整改,从源头维护好消费者合法权益。三是开展消保宣教活动。建立常态化宣教机制,提升常态化教育宣传的创新性、趣味性、可得性。在"3·15"消保教育宣传周、金融消保教育宣传月期间,高管带头全员开展消费者教育宣传,通过媒体发布多篇"以案说险";进社区、进学校、进养老院开展25场金融教育活动,向公众普及保险知识,助力提升公众金融素养。

(工银安盛人寿保险有限公司湖北分公司)

中信保诚人寿保险有限公司湖北省分公司

【概况】

2023年,中信保诚人寿湖北省分公司(简称)坚持以党的领导为核心,积极探索差异化业务模式,为客户提供覆盖疾病、医疗、意外、财富管理等多个领域、全生命周期的保险产品和服务,各项工作取得显著成效。全年实现保费收入13.6亿元,其中新单保费收入3.9亿元、期保费收入9.7亿元。普通寿险和健康险产品的保费收入占比分别较上年同期提高6.4个百分点和8.7个百分点,业务品质持续向好。在全省外资寿险公司中,分公司营销渠道及团险渠道年累计规模保费均排名第1位。截至年末,在武汉、宜昌、襄阳、荆州、荆门、黄石等市共开设12个经营机构(含省公司在内)。

【业务发展】

及时调整经营方向,聚焦人民群众健康和养老需求,提供多样化产品与服务,在保持业务稳定的同时寻求新突破。一是拓展营销渠道业务。稳定渠道核心队伍,强化渠道基础管理。通过维护好老客户、拓展新客户,保持营销渠道稳健发展态势。营销渠道13个月保费继续率96.20%,高于全国平均值和上年分公司同期值。二是巩固银保渠道业务。完善内部架构体系,多条线推进银保渠道建设,总体经营情况保持稳定。银保渠道13个月保费继续率94.90%,高于全国平均值和上年分公司同期值。三是推进团险渠道业务。加强团险渠道业务拓展、内部管理、客户服务等相关工作,实现团险渠道业务持续增长。四是优化客户服务。紧盯各项服务评价指标、保单品质关键指标,持续优化客户服务。通过官方微信号、官方网站及业务人员服务终端系统,为客户提供全业务环节电子化服务,提升客户体验。

【风险管控】

加强合规管理,通过完善内控管理机制、开展专项合规检查,增强合规经营内生动力。对合规检查中发现的问题认真整改,确保问题整改完成率继续保持100%。上线合规内控(5C)标准化管理平台,动态管理合规内控工作。截至年末,在合规内控标准化平台履职记录达到1200余条,稳居中信保诚保险系统前6位。全年4个季度风险综合评级均为"B类BBB级"。

【金融消费者权益保护】

全面落实监管部门和总公司消保工作要求,制定消费者权益保护年度工作计划。督促各部门完成阶段性消保自评工作,持续跟进问题整改进度。在监管部门公布的最新消保监管评级结果中,得分88.3分,获得二级A评级,排名湖北寿险行业第19位。

(中信保诚人寿保险有限公司湖北省分公司)

交银人寿保险有限公司湖北省分公司

【概况】

2023年,交银人寿湖北省分公司(简称)努力实现经营业绩最大化,全年实现银保保费2.04亿元、新业务价值4690万元。

【党建工作】

党支部围绕"服务实体经济、防控金融风险、深化金融改革"三项任务,坚持"围绕中心抓党建、抓好党建促发展"的原则,以全面从严治党为核心,聚焦高质量发展要求和公司经营目标,全力推进党建与业务发展相融合。一是加强思想教育。把深入开展学习贯彻习近平新时代中国特色社会主义思想主题教育作为首要政治任务,把主题教育与全面贯彻落实党的二十大和中央金融工作会议部署有机结合,认真落实上级党组织各项工作部署。二是全面从严治党。严格落实党建工作责任制,确保党建工作与业务发展同部署同落实。

【业务发展】

一是打造睿康服务品牌。推出"家庭服务包",为客户提供医陪诊、肠癌筛查、专病管理、居家适老化评估、心脑轻症管理等服务。帮助客户预定就诊车辆,陪同客户到指定医院并提供全程专业陪诊;5个工作日出具肠癌居家取样筛查检测报告,为客户"一对一"解读报告;根据客户自身情况,为客户匹配专业的康复医生或康复治疗师进行视频康复指导;根据客户提交的必要材料信息,评估老年人居家环境改造需求,增强老年人居家生活的安全性和便利性;为客户提供心脑监测设备领取、专属管家、心脑轻症专家管理、轻症康复咨询、营养管理、心理咨询、上门护理共计7项心脑轻症管理服务。二是提升客户体验。持续完善交银人寿APP服务功能,为保险消费者提供便捷的在线服务。开通保单红利、生存金、贷款和还款查询功能;支持客户证件、联系方式、缴费账号、投保人/受益人变更等多项自助操作；支持客户在线完成保单贷款、还款、复效、满期金/生存金/红利领取等操作。

【风险管控】

一是扎实开展合规风险排查。开展销售人员互联网营销宣传合规性自查整改、年度风险大排查、内控案防专项治理等工作，督促相关部门举一反三进行问题整改，杜绝类似问题重复出现，取得了较好的整治效果。二是加强关键岗位管理。通过落实重要人事任免事项集体审议原则、开展拟提任员工审查和廉政谈话，强化各级干部廉洁自律意识。三是强化合规经营意识。根据监管部门、总公司合规管理要求，全年开展20次合规培训和宣传活动；设立合规宣传栏，发布公司风险提示、反洗钱、法制宣传等宣传资料；组织员工参加监管机构、行业协会举办的合规风险培训。四是加强内控管理。持续优化内部管理机制，进一步提升分公司内控管理水平和工作质效，实现全年安全生产无事故。

【金融消费者权益保护】

一是加大对保险销售误导行为的治理力度，加强保险消费者风险提示。二是加强消保宣教工作。制作“以案说险”“普及保险知识”、防范“代理退保”等主题宣传折页，在社区和职场网点设置宣教区域，向公众发放宣传折页，讲解基础保险知识，通过解析真实投保、理赔案例向消费者普及保险常识及相关法律知识。重点对消费者八项基本权利进行知识普及，帮助消费者充分了解和维护自身各项合法权利。

（交银人寿保险有限公司湖北省分公司）

中意人寿保险有限公司湖北省分公司

【概况】

2023年，中意人寿湖北省分公司（简称）坚持“建一流企业，铸百年基业”的发展理念，高标准落实“四精”工作要求，稳健发展各类业务。截至年末，实现保费收入66129.30万元；赔付支出6592.25万元。资产规模达到135327.69万元。分公司在荆门市和襄阳市共设有2个中心支公司、1个营销服务部。

【业务发展】

一、发展基础业务

一是拓展个人营销业务渠道。全年实现新单标保867万元，同比增长40.7%，年度达成率96.3%。新业务价值311万元，同比增长44.3%，年度达成率77.9%。二是拓展银保业务渠道。认真落实2023年经营规划，把握重要业务节点，实现银保渠道业务年预算达成率129.6%，同比增长2.7%；期缴保费年预算达成率100.3%，同比下降12%。三是拓展经代业务渠道。新单标保突破亿元，连续五年保持正增长。武汉地区新增6家合作公司，产能渠道达到17家，带动武汉地区保费占比增长到58.62%，较上年同期提升45.71个百分点。四是发展产融业务。深挖上下游单位保险需求，实现新单保费1006万元，年度预算达成率167.6%。加强与个险渠道、经代公司合作，交叉销售业务整体保费规模同比增长97.5%。

二、优化适老服务

在客户服务大厅设置老年人专属爱心等候区，配备助听器、拐杖、老花镜、急救药品箱等物品；为老年人开通绿色通道，安排专人接待，协助老年人业务办理；为行动不便的老年人提供上门服务，通过智能移动设备办理保险业务；开通“老年人关怀专线”客服热线，上线“掌上中意”APP关怀模式，提供符合老年人使用习惯的专项服务。

【金融创新】

一是升级客户服务体系。落实“一个体系、一个窗口、一套流程”的客户服务要求，创新星级服务模式。将星级服务、高端客户服务、职域服务、意管家、悦养老5个服务项目优化整合为1至7星客户服务体系，通过细化客户分层，为客户提供4大分类28项品质服务和4项高端服务。二是提升客户体验。丰富“掌上中意”APP星级服务功能，通过“掌上中意”APP为客户提供服务权益集中展示、服务项目一键申请等线上服务。上线智能客服机器人回访功能，及时听取客户意见，形成服务闭环，促进提升星级服务水平。

【风险管控】

一是加强制度建设。全面梳理现有制度，新增和修订7项制度，确保内控制度的完整性、严密性、协调性、可操作性和合法性。二是加强业务风险管理。将风险防控要求融入经营全流程，全面检视业务各个环节。强化风险预警机制，制定风险隐患处置预案，及时堵塞风险漏洞。全年分公司未发生重大风险事件。三是落实问题整改。对自查检查发现的问题，及时制定问题整改方案，紧盯问题整改进度，推动存量问题整改清零。四是加强合规管理。通过开展合规培训、每月发布合规风控期刊，强化全员合规意识。

【金融消费者权益保护】

一是加强投诉管理。在官方网站、移动客户端、营业场所、保单公布客服电话、通讯地址、电子邮箱、网址等信息，快速、高效回应客户诉求。二是加强消保制度和机制建设。建立覆盖业务前端到后端各个环节的消保管理体系；梳理消保制度，制定和修订7个消保相关制度，推动消保工作顺利开展。三是开展员工培训。全年开展各类消保培训209场，参训人次1914人次，实现消保培训全覆盖。四是开展金融知识宣传教育活动。开展“3·15”消费者权益保护教育宣传周、金融知识普及月、客户大走访等金融知识宣传活动以及新市民专项金融知识宣教活动，促进实现新市民金融服务的便利化、均等化、透明化和人性化。在新闻媒体发布多篇活动报道，获得较好的宣传效果。在营业场所设置消保宣传专区、张贴风险提示海报；通过电子屏滚动播放防范非法集资、反洗钱、反欺诈等风险提示海报。通过公司微信公众号发布83篇消费者权益保护和金融知识普及推文和10条消保宣传教育短视频。进农村、进社区，进商圈，深入基层普及金融知识。

（中意人寿保险有限公司湖北省分公司）

光大永明人寿保险有限公司湖北分公司

【概况】

2023年，光大永明人寿湖北分公司（简称）全年实现保费收入47525.42万元；净利润-7405.75万元。赔付支出4403.99万元。年末资产总额4752.29万元。

【业务发展】

一是加快业务转型，持续优化业务流程，全力发展风险保障型和长期储蓄型产品。依托集团保养结合业务优势，大力推广安心养老计划，打造康养保险生态圈，为客户提供形式灵活、内容丰富的保险产品及养老社区服务，助力构建多层次社会保障体系。二是开展客户活动。按照总公司客服季活动要求，开展特色客户活动，提升品牌影响力和客户黏性，助力业务达成。

【风险管控】

一、完善合规管理体系

一是完善组织架构。设立法律合规部，负责执行和落实合规建设工作；各部门和机构设兼职合规人员，协助部门负责人及法律合规部开展各项合规工作。二是强化合规工作机制。定期召开合规例会、发布风险预警电子期刊，向全员传达监管新政和合规动态，分析警示案例。制作合规墙，内容包含反洗钱告知书、合规经营承诺书、销售行为十不得、三严禁等方面。三是开展制度“立改废”工作。落实“制度执行年”工作要求，优化各类业务及管理制度，建立长效机制。全年删减制度44项，新建和修订制度12项，有效制度压降至22项，进一步提升制度的可操作性。

二、加强合规学习培训

全年通过线上线下开展72次合规培训，内容涵盖行为合规、反保险欺诈等方面。编发“合规经营十金句”“内控管理三原则”“合规知识百问百答”和合规经营自律公约、诚信记录管理办法学习手册等学习资料，巩固全员理论基础。在培训中，全员签署《湖北省保险从业人员诚信承诺书》《2023年合规经营承诺书》，进一步强化合规意识。采取每会必讲、每训必考、案例警示等方式，规范一线员工销售行为。

三、加强合规监测

坚持事前审核、事中监控与检查、事后督促整改与提升的原则，定期监测业务达成异常、人员流动异常、25月综合继续率持续走低、新单回访异常等情况，组织开展异常经营行为专项风险排查，对发现的问题做到立查立改。

【金融消费者权益保护】

一是加强业务流程管理。将消保工作要求融入业务全流程，通过开展消保培训、加强销售过程管理，提升服务品质和服务质量，强化员工消保意识。二是加强理赔流程管理，确保案件审核质量和保单理赔效率，保障消费者合法权益。

（光大永明人寿保险有限公司湖北分公司）

友邦人寿保险有限公司湖北分公司

【概况】

2023年，友邦人寿湖北分公司（简称）秉承“以客户驱动”的经营理念，以专业丰富的保险产品和生态圈服务，满足客户多元化保险需求。截至年末，累计实现总保费收入30773.24万元，其中，分红险占比8.87%、普通险占91.13%。内含价值较高个人代理业务渠道占主导地位，渠道保费收入占比61.55%。全年各项赔款和给付累计支出724.25万元，其中，人身意外伤害险给付支出122.00万元、占比20.28%；健康险给付支出479.67万元、占比79.72%；死伤医疗给付支出122.58万元。

【业务发展】

一、持续提升营销员专业能力

推进实施“卓越营销员3.0”策略。围绕新人发展、产能提升和主管发展三大核心维度，为营销员提供全方位发展支持，持续增强营销员专业销售能力和客户经营能力，为客户提供高品质、专业、有温度的服务。

二、提升客户体验

依托总公司“人工+AI”服务模式，推进智能服务一体化，为客户提供全面、便捷、高效的服务体验。优化升级服务人员职业发展路径规划和职业评估体系，完成2023年度前线服务人员专业职称评聘，提升服务人员专业能力和职业素养。

三、履行社会责任

一是关注患病儿童。与北京新阳光慈善基金会达成公益合作意向，持续关注白血病患儿教育发展和生活。策划“友邦友爱 向阳而生”大型线下义卖系列活动，为新阳光病房学校项目筹集善款。联合营销员伙伴在自有平台上发起第二届百万公益红包行动，邀请客户共同助力公益发展。二是关注老年群体。开展“友邦友爱·乐龄计划”康养公益项目座谈会，制定“乐龄计划”实施方案。为武昌区部分居家环境较差、居家养老风险指数较高的困境老人群体，提供居家环境适老化改造、无障碍设施增设、居家风险排查等服务。

【风险管控】

一、规范销售行为

一是规范非保险金融产品销售。严令禁止营销员参与第三方理财产品等任何非保险金融产品的营销活动，暂停招募具有第三方理财公司从业背景的人员为保险营销员。二是治理销售误导行为。明确产品推动和宣传资料审核部门的职责，制定宣传资料制作标准、审核标准、审核流程，加强宣传资料使用、归档、销毁等方面的管理，确保宣传资料准确性。严格管理营销员执业资格，强化新产品培训测试机制，确保营销员充分了解产品。实施销售行为监测与评估，及时排查营销员异常行为，对销售误导行为责任人进行问责处置、对舞弊行为“零容忍”、对责任人处以“解除劳动/代理合同”等处分。

二、防范非法集资

在资金、舆情、投诉以及人员往来四个方面实施风险监测预警，规范风险初筛、判断等流程，建立常规排查与重大案件专项排查相结合的非法集资风险排查机制。

三、加强合规宣传与培训

在职场内设置防范非法集资、反洗钱的宣传展板，张贴海报，营造良好的合规氛围。强化合规培训机制，利用早会进行合规培训，对未按规定参加培训的营销员处以清退处理，进一步增强营销员合规意识。

【金融消费者权益保护】

一是拓展宣传渠道。线上、线下同步开展教育宣传活动，通过企业官方微信、官方微博、视频号等渠道开展宣传教育。利用自有大屏资源，在武汉天地巨幕大屏播放“3·15”主题宣传视频，扩大宣传辐射面。二是开展金融知识教育宣传活动。关注“一老一少一新”重点人群，通过开展“五进入”活动、在企业微信平台发布金融适老化大调研报告及消保日签图、制作“一老一少一新”系列金融知识主题海报，向重点人群普及金融知识，提升重点人群对金融产品和服务的认知，增强其风险识别和自我保护能力。

（友邦人寿保险有限公司湖北分公司）

北大方正人寿保险有限公司湖北分公司

【概况】

截至2023年末，北大方正人寿湖北分公司（简称）资产余额93386.61万元；年末有效保单件数161987件。全年实现新准则口径保费收入 45798.35 万元，同比增长 20.58%；赔付支出 25085.08 万元。全年新单标准保费 15416.06 万元，同比增长 13.18%。其中，个险渠道当年新单保费 3947.5 万元，同比增长 50.31%；电销渠道当年新单保费 2661.11 万元，同比增长 22.57%；银保渠道当年新单保费 8632.08 万元，同比增长 0.61%。分公司在荆门、宜昌、襄阳等市下设 3 个中心支公司、1 个营销服务部以及专属机构湖北电话销售中心。

【党建工作】

深入贯彻党的二十大精神及习近平总书记重要讲话，强化"四个意识"、坚定"四个自信"、做到"两个维护"，高质量推进党建工作。坚持党建引领，优化党委及基层支部建设，促进党建与公司发展深度融合。通过修订党建评议考核办法、组织专题学习及红色教育，提升党员思想素质。开展组织生活会及民主评议，强化队伍建设和理论学习。通过签订责任书、开展警示教育，强化全员廉洁自律意识，确保合规开展业务。

【业务发展】

一是加强科技赋能。发挥数字化转型赋能效应，推出智能双录平台，开通线上录制、质检和后台管理功能，高效、准确采集数据，为客户提供保单生命周期线上服务，通过微服务为 480 万人次提供保单服务。在官方微信推出长者版服务页面；开通服务热线自动识别功能，为老年人和残障人士提供更贴心、更有温度的服务。二是做好理赔工作。全年理赔受理案件 2333 件，同比增长 17.35%；理赔服务客户 1797 人次，同比增长 13.30%。三是做好保单复效工作。通过开展客户大走访活动，消除"孤儿保单"，清理"睡眠保单"，提升保单复效率。

【风险管控】

一是开展法治宣传教育。开展 17 场《保险法》等关键法规专题培训，覆盖 385 人次；通过"3・15"主题宣传活动开展 12 次法治宣传，受众 2000 人次。二是加强员工合规教育。全年开展 30 余场合规培训，累计参训 650 余人次。在培训中传递监管动态，进一步提升管理人员和销售骨干合规意识。三是开展"炒停售"等多个专项行动和反洗钱与反恐怖融资专项审计，深入排查业务环节风险点，及时提示各类风险隐患并督促制定化解风险的措施，及时整改。

【金融消费者权益保护】

一是强化消保工作机制。完善 11 项消保工作机制，压实高层领导消保工作职责，确保各项消保机制落地有效。二是开展消保自评与治理，强化员工消保意识，提升消保工作水平。三是加强投诉管理。不断完善投诉管理制度流程，推进纠纷多元化解，全年投诉指标持续向好。

（北大方正人寿保险有限公司湖北分公司）

中英人寿保险有限公司湖北分公司

【概况】

2023 年，中英人寿湖北分公司（简称）加强个险核心渠道建设，打造专业化代理人团队，构建立体化营销渠道。全力发展财富管理业务，为高净值客户提供全方位的风险保障和财富管理综合解决方案。布局康养领域，不断完善"保险+康养服务+营养健康"的服务模式，打造"保障+服务"整合型产品体系。

【金融消费者权益保护】

一是将客户服务工作与消费者权益保护工作相融合。围绕"消保+健康"主题，把金融教育宣传融入中英人寿"星星点灯・关爱儿童公益计划"中，在活动现场设置"金融知识加油站"专区，展示消费者权益保护和反诈防骗海报；通过"益起拼图吧""知识百保贴"消保游戏互动，现场向青少年及家长普及金融知识，内容涵盖金融消费者八大权益等方面。二是开展金融知识宣教活动。围绕日常生活场景和金融消费热点，线上与线下同步开展防范非法集资、校园贷、养老诈骗等主题宣传活动。推出"法律专家手把手教您读懂保险条款""步步为赢 X 权益守护达人""权益守护云接力""中英为您说消保"等特色宣教模式，帮助消费者增强对风险的认知和自我保护能力，远离非法金融活动。

（中英人寿保险有限公司湖北分公司）

同方全球人寿保险有限公司湖北分公司

【概况】

2023 年，同方全球人寿湖北分公司（简称）深耕本地市场，认真落实总公司战略要求，全力拓展业务渠道，推动实现规模和价值均衡发展。全年实现保费收入 6.75 亿元、同比增长 11.3%，其中新单保费收入 1.80 亿元、同比增长 37.8%。年末资产总额 22.20 亿元，同比增长 31.0%。分公司下辖宜昌中心支公司和襄阳营销服务部。

【党建工作】

高度重视党建工作在业务发展中的重要指导意义，向武昌区水果湖街道申请成立分公司党支部，在职场专门设立党建活动室。加强骨干和党员队伍建设，将党建工作融入经营全过程，引领分公司高质量发展。

北大方正人寿湖北分公司举办"北大学生公开课"公益讲座

【业务发展】

积极发展新质生产力，深化科技与金融融合发展，通过创新技术手段、升级业务模式，不断提升服务质量和效率。制订理赔应急预案，妥善处理重大突发事件和重大灾害带来的影响，为客户提供高效的理赔服务。理赔全年个人业务理赔件数3309件，赔付金额6673万元，理赔获赔率99.2%。小额理赔时效0.17天，自助理赔占比94.7%。

【风险管控】

遵循监管规定，建立较完善的全面风险管理体系，持续提升全面风险管理水平。全年未发生重大群访、群诉事件和涉黑涉恶等案件，实现"零"声誉风险。

（同方全球人寿保险有限公司湖北分公司）

民生人寿保险股份有限公司湖北分公司

【概况】

2023年，民生人寿湖北分公司（简称）实现保费收入18235.55万元，同比增长9.35%。全年赔付支出4265.85万元，同比下降10.93%，其中，满期给付1023.75万元、年金给付1774.49万元、赔款支出355.43万元、死亡给付336.67万元、医疗给付771.51万元。退保金支出1672.14万元，同比增长81.37%。分公司在全省共设有10个中心支公司、6个支公司，服务网络覆盖全省主要地区。

【党建工作】

高度重视党建工作，强调党员干部的先进性和模范带头作用，将党建工作与中心业务发展相融合。一是推进主题调研工作。深入学习宣传贯彻党的二十大精神，贯彻落实习近平总书记关于"大兴调查研究之风"的重要指示精神，成立以党委书记为组长、支部书记为副组长、各部门负责人为组员的调研工作小组，根据分公司实际现状及发展困难，确定调研主题，制订调研计划，到武穴、黄石、襄阳、十堰等地区开展10余次实地调研，充分听取机构建议，形成问题清单，对调研中确定的重点推进落实事项，总结提炼可复制、可推广的典型做法和实践经验，着力解决实际问题。二是发挥党群桥梁纽带作用。关注重点职工群体，深入一线走访慰问。把党建成效转化为改进工作的动力和实效，增强员工的获得感、幸福感、安全感。

【业务发展】

一是优化保全服务模式。推出代理人上门服务、视频保全等多种服务模式，通过人脸识别、电子签名、身份认证与智能化规则引擎等新技术，为客户提供线上保单查询、保全变更等多项在线服务。二是提升理赔服务水平。简化理赔材料，免除纸质单证，推广微信在线理赔，线上提交和受理理赔申请，实现客户足不出户办理理赔和理赔流程透明化。截至年末，申请支付时效1.2天，理赔出险支付时效35.64天，理赔获赔率100%。

【风险管控】

一、健全风险管理架构

建立风险排查领导小组和工作小组，制定风险事件快速报告制度和报送责任人制度，构建总经理室直接领导、相关职能部门密切配合、覆盖所有下辖机构的风险管理组织体系，确保风险管理工作常抓不懈，有效控制各类风险。坚持"谁主管、谁负责"原则，明确岗位责任，强化各级责任人风险管理意识。

二、加强内部管理

一是开展自查自纠。定期开展自查自纠工作，及时发现和分析内部管理存在的不足和漏洞，进一步完善内部控制建设。二是加强营销人员管理。重视业务人员素质和道德规范，加强诚信展业教育和业务人员道德行为规范，提高入职门槛，杜绝销售误导行为。三是充分发挥风险管理组织架构的作用，加强内部审计等工作，及时发现和化解各种风险隐患。

三、加强监督管理

一是检验评估风险管理流程及有效性。定期检查各部门及各下辖机构风险管理工作，重点检查销售误导风险管控工作，评估风险管理制度的执行情况，提出整改意见。将整改执行不到位的部门上报总经理室，督促整改达到标准要求。二是加强数据现场检查。督促各机构每月保质保量按时上报各类风险报表、报告，严格管控数据不严谨、不真实的现象。三是加强销售环节管理现场检查。明确重点检查范围，加大销售环节现场检查力度，畅通投诉和信访渠道，确保及时收到客户反馈信息。

四、加强学习培训

通过晨会、工作例会进行政策宣贯，加强新员工防范非法集资等方面的合规教育培训，防范因销售误导或不当承诺引发的风险。加强内外勤员工风险管理制度学习培训。不定期开展高级管理人员风险管理理念、流程以及控制方式等方面的培训，进一步增强高级管理人员风险管理意识。

【金融消费者权益保护】

一是完善消保工作机制。制定《民生保险湖北分公司消费者权益保护管理规定》《民生保险湖北分公司保险消费者权益保护工作委员会工作细则》《民生保险湖北分公司消费投诉纠纷多元化解实施细则》《民生保险湖北分公司2023年度消费者权益保护培训工作计划》等文件，将消费者权益保护纳入公司治理、企业文化建设和经营发展战略，严格按照总公司相关文件落实消保工作。设立保险消费者权益保护工作委员会，明确领导小组和执行小组架构和职责分工。二是完善投诉处理机制。健全消费投诉处理考核评价制度，提高投诉管理质量；畅通投诉处理渠道，为客户提供多元化解消费纠纷途径，妥善处理各类投诉案件，切实维护消费者合法权益。全年未发生重大投诉及群诉事件。三是开展消费者权益保护活动。开展"3·15"消费者权益保护教育宣传周、金融知识普及月等活动，通过微信公众号发布风险提示、以案说险、宣传教育等形式的短文或视频共73篇，其中发布的原创作品共50篇，助力社会大众提升金融素养、强化风险防控意识，引导消费者理性、正确选择金融产品和服务，切实履行消费者权益保护职责。

（民生人寿保险股份有限公司湖北分公司）

招商信诺人寿保险有限公司湖北分公司

【概况】

截至2023年末，招商信诺人寿湖北分公司（简称）累计实现保费收入134652.49万元。新单标准保费24494.76万元，其中，银邮代理渠道新单标准保费19397.60万元、其他兼业代理渠道新单标准保费1814.57万元、直销渠道标准保费1685.16万元、经纪代理渠道标准保费987.66万元、专业代理渠道标准保费609.77万元。意外险、健康险、寿险保费收入占总保费收入的比重分别为 0.94%、8.85%和 90.21%。

【党建工作】

党委深入学习贯彻习近平新时代中国特色社会主义思想，结合公司经营发展，认真履行职责，积极作为担当，充分发挥党建引领作用，扎实推进各项工作取得较好成效。定期开展教育学习，强化思想意识培训。学习内容涵盖重要法律法规、反洗钱、案件风险等方面。通过内部学习平台开展针对全体员工的道德规范及行为守则、反商业贿赂、销售行为规范、反洗钱等方面的法律法规培训。

【业务发展】

坚持“专业制胜、结果导向、以客为尊、快速行动、团队协作”的核心价值观，推进“1—2—3—4”整体战略，打造 1 条“大健康”差异化发展路径；融入 2 方股东——招商银行、信诺集团；优化 3 种业务模式——网电、银保和健康险；夯实 4 个基础——科技赋能、产品、客户体验、TRUST 文化及活力组织。

【风险管控】

一是加强员工培训。按照监管部门关于风险防控的要求，组织开展员工培训和考试，培训内容包括客户个人信息保护、合规反洗钱、信息安全等方面。二是加强合规宣传。合规及风险管理部通过公司邮箱向全体员工发送法律合规简报、反洗钱资讯周报、廉洁金融文化建设倡议书、工作提示等合规及反洗钱主题邮件。组织全员签署《2023 年道德与合规确认声明书》，进一步强化合规意识。

【金融消费者权益保护】

一、强化消保工作机制

定期召开消委会会议，检视消保工作落实情况、制定消保工作计划，消委会主任委员全程参会，对消保工作进行指示和部署。

二、开展金融知识宣传教育

一是开展集中宣教活动。开展“3·15”消费者权益保护教育宣传周活动、“7.8”保险公众宣传日、金融消费者权益保护教育宣传月活动。成立专项工作小组，制定统一工作方案，通过“线上+线下”相结合的方式向社会公众有针对性地开展主题宣教活动。全年开展 28 场常规教育宣传活动，触达 4.6 万人次（不含外媒报道），通过线上发布“以案说险”，向公众普及恶意“代理退保”识别、保护个人信息安全、网络诈骗防范等方面金融知识。二是开展特殊群体宣教活动。通过“五进入”方式，开展 10 场针对老年人、残障人士、学生的宣教活动，内容涵盖金融知识普及、风险提示、以案说险、防诈、识黑及反洗钱等方面。在江汉大学文理学院开展反欺诈及反洗钱进校园“金融宣教开学第一课讲座”，从反诈背景及概念、常见电诈类型（刷单、网贷、出借身份证等）、典型案例剖析、反诈法对生活的影响、识诈防诈技巧、反洗钱法及洗钱概念等 7 个方面进行知识普及。通过向学生发放《金融消费者的八项基本权利》《加强个人信息保护意识》等宣传单、增加有奖知识问答环节，取得了良好的宣传效果。

（招商信诺人寿保险有限公司湖北分公司）

瑞泰人寿保险有限公司湖北分公司

【概况】

2023 年，瑞泰人寿湖北分公司（简称）贯彻落实总公司整体发展规划，强化全员合规内控意识、完善合规制度体系，不断提升合规经营水平。截至年末，累计承保 APE 保费 252 万元。13 个月续期应收保费 1449.64 万元，实收保费 1236.28 元，13 个月继续率 85.28%；25 个月续期应收保费 588.12 万元，实收保费 129.75 万元，25 个月继续率 22.06%。

【业务发展】

推广重大疾病保险和定额终身寿两类保障型产品，通过优化渠道经营策略，持续优化业务结构，实现业务较快发展。全年实现长险新单保费收入 180.2 万元。团险渠道实现保费 1113.68 万元，经营平台超过百万元的渠道有 1 家、十万元平台渠道有 2 家。

【风险管控】

严格落实监管要求和总部各项规章制度，积极开展合规培训，培训对象覆盖全体内外勤员工，培训内容涵盖反保险欺诈、防范“代理退保”风险、《民法典》以及反洗钱等方面。

【金融消费者权益保护】

一是加强投诉管理。严格按照监管部门及总公司的相关要求开展消保工作，通过细化客户咨询流程、提高服务工作时效等措施不断提升客户满意度，成立至今未发生重大群体性投诉事件。二是开展消保宣教活动。通过“走出去，请进来”等方式，开展防范非法集资宣传月、“7·8”保险宣传月、金融知识普及月、反洗钱宣传月等专项宣传教育活动，提升员工及社会公众对洗钱、非法集资、非法金融产品的防范意识，取得良好的宣传效果。

（瑞泰人寿保险有限公司湖北分公司）

富德生命人寿保险股份有限公司湖北分公司

【概况】

2023 年，富德生命人寿湖北分公司（简称）立足主责主业，发挥保险在灾害救助、经济补偿、稳定社会的服务职能，积极参与地方经济建设。全年为客户提供 2293 亿元风险保障；赔付支出 6.9 亿元。连续多年获得“湖北民营企业 100 强”“武汉民营企业 100 强”“年度最受消费者信赖保险品牌”等荣誉。

【党建工作】

一是聚焦业务经营提升和党建发展同频共振。坚持把党建作为引领各项工作的总抓手，不断强化党组织的政治功能和服务功能。围绕发展抓党建，抓好党建促发展，找准党建工作与业务发展相结合的切入点，充分发挥党建工作在公司经营、业务推动、服务创新中的带头作用。二是加强党风廉政建设，落实全面从严治党。秉承“制度先行，教育为重”的理念，强化反腐制度建设，构建监督防控体系，切实提升党员干部的纪律意识、规矩意识、底线意识，推动分公司稳健发展。

【业务发展】

一、拓展业务规模

通过个人营销、银邮代理、公司直销、多元行销等多个渠道开展业务，围绕“教育、财富、健康、养老”四大体系丰富产品矩阵，为客户提供完备的风险保障解决方案。全年旧准则总规模保费达成 103 亿元，再次突破百亿平台，同比增长 12%，其中新单规模保费达成 50.3 亿元，同比增长 6%，排名富德生命保险系统第 3 位。期缴规模保费达成 15.5 亿元，同比增长 23%；续期实收规模保费（不含追加）达成 41.8 亿元。

二、落实康养战略

依托总公司康养战略下首个服务项目"鑫禧年年"产品配套的富德管家服务包,为客户提供主动健康回访、体检报告简历、私人医生资讯等全面的健康管理服务,满足老年人健康预防、就医用药以及康复照顾等需求。

三、做好客户服务工作

一是优化适老服务。升级建设标准化柜面2.0,设置老年人专柜、便民服务区,为老年人提供"一对一"人工服务。建立柜面管理系统,开发老年人业务优先等待功能;在柜面配置智慧屏,持续完善老年人服务绿色通道;推出智享柜面服务,以移动平板为载体为老年客户办理业务,防范业务代办、冒办风险。开通老年客户专属客服热线,通过视频保全服务,进一步扩展服务范围与服务方式。二是提升理赔服务时效,理赔出险支付时效提升同比15.6%,申请支付时效缩短至1.12天,位于行业前列。三是深入开展"小海豚计划"公益活动。全年举办98场现场活动,覆盖14个地区,涉及2566名儿童。

【金融创新】

一是创新金融产品。创新富德生命臻爱保长期护理保险、富德生命大富翁3.0年金保险、富德生命宝贝存钱罐年金保险等一系列具有普惠性质的保险产品,加大非标体慢病人群、老年人、儿童和新市民等群体的保障力度,满足相关群体护理、养老、教育等保障需求。创新富德生命臻享保重大疾病保险,实现"带病投保",为带病客户提供获得保障的机会。二是创新数字化服务。开发富德智能双录系统,提高了双录效率,为业务品质提升提供技术支持。开发新E动生命客户服务平台,为客户提供智能化全流程线上服务,自上线以来突破163万注册人数,日活跃超5万人。

【风险管控】

定期开展全面风险排查、非法集资风险排查以及涉黑涉恶、销售非保险金融产品、销售误导等方面风险隐患排查,查补风险防控薄弱环节和管理漏洞。针对销售误导检查发现的问题,按照销售误导责任追究办法、员工违规处罚办法等问责制度进行严肃追责,进一步强化全员合规意识。

【金融消费者权益保护】

一是强化消费者权益保护机制。设立消费者权益保护工作委员会,将消费者权益保护工作要求融入公司治理各环节。加强消保制度建设,完善消保制度体系。强化保险产品和服务全流程管理,规范销售行为,切实履行好消费者权益保护的职责。二是开展金融知识教育宣传活动。将消费者权益保护理念融入企业文化品牌建设,开展"'3·15'消保伴我行""高管说消保""向光而立 与美同行""点富德地图 绽消保光芒"等系列活动,帮助消费者提升风险防范意识和依法维权能力。

(富德生命人寿保险股份有限公司湖北分公司)

平安养老保险股份有限公司湖北分公司

【概况】

2023年,平安养老湖北分公司(简称)坚持"创新、协调、绿色、开放、共享"的发展理念,聚焦民生服务事业,全力促进业务计划达成。截至年末,资产规模达13.71亿元。全年实现保费收入3.37亿元,赔付支出2.02亿元,净利润-19.41万元。分公司在十堰、襄阳、宜昌、荆州等地下设5个中心支公司,拥有从业人员228人,服务网络覆盖全省主要地区。

【党建工作】

认真学习贯彻党的二十大精神和习近平总书记关于基层党建工作的重要指示批示精神,深入贯彻新时代党的建设总要求和新时代党的组织路线,不断增强基层党组织的政治功能和组织功能,充分发挥党支部战斗堡垒和党员先进模范作用,不断提高党的建设工作质量,以高质量党建引领经营工作取得新突破、展现新面貌。

【业务发展】

一、服务民生保障

一是推广中老年医疗险。依托"福孝人生"意外险保额高、覆盖范围广、门槛低、津贴多的优势,为老年人提供专属健康管理服务。截至年末,产品规模达到3567万元。通过开发"怡康宝"保险,帮助高龄老人建立意外和医疗的保障壁垒,降低因老人突发意外和疾病住院带来的经济负担。截至年末,中老年医保险整体保费规模3745万元,为62115位老人提供超1423亿元保险保障。二是推广职工安康保险。依托集团"保健+健康"模式,为职工提供免费线上问诊服务和免费健康管理服务,构筑大病救助防线。三是推广学平险。对接中小学学生保障需求,为学生提供保费低、覆盖广、门槛低、保障高的普惠保险,保障范围覆盖学生意外身故(含残疾)、意外医疗、住院医疗、重大疾病、住院医疗津贴等方面。

二、提升理赔质效

一是建立重大突发事件应急机制。开通绿色理赔通道,对重大保险事故导致的群体性意外救助需求和困难人群启动预付赔款机制。二是推广自助理赔服务。手机自助理赔覆盖全辖60%以上客户,理赔案件占比达88.10%。

【风险管控】

一是建立风险管控长效机制。强化合规、风控考核机制,在分支机构及"一把手"考核指标中,合规经营和风险管理指标权重达50%,高于经济效益等其他指标。建立多层次风险监测体系以及较为全面的员工违规行为问责体系,对违法违规行为持续保持高压管控。二是加强合规文化建设。认真贯彻落实监管政策要求,构建和巩固"党建引领、科技赋能、'三不腐'一体推进"的清廉金融文化建设模式。

【金融消费者权益保护】

将消保管理要求融入公司战略和经营管理的全流程,围绕体制建设、机制运行、操作服务、金融教育、纠纷化解五大模块深入开展消费权益保护工作,运用先进的科技手段优化客户体验,着力构建"大消保"工作格局。

(平安养老保险股份有限公司湖北分公司)

合众人寿保险股份有限公司湖北分公司

【概况】

2023年,合众人寿湖北分公司(简称)坚持"新时代、新合众、新发展"的发展战略,推进保险与养老深度融合,打造新时代保险生态圈。全年实现原保险保费收入9.90亿元;赔付支出2.27亿元,赔付率20.29%。在全省共设有11个中心支公司、5个支公司、17个营销服务部,网络覆盖全省主要地市州。获得2023年度湖北财经风云榜“年度最受消费者信赖保险品牌”“年度最具社会责任金融机构”“年度最佳养老金融服务机构”三重奖项。

【业务发展】

一、推进基础业务发展

一是加强队伍建设。开展核心人员带头干行动，推动团队健康、快速发展；持续开展增员引进和全员培训，夯实队伍基础，扩大绩优队伍，打造高绩优核心业务团队。二是发展个险业务。通过推广燃气险等特色赠险，巩固个险业务规模。三是发展团险业务。坚持多渠道开拓、多元化经营，通过开展联合营销、交叉销售、优化产品结构，推动中介渠道团险业务发展。做好参与政府、企业和单位员工福利保障计划的招投标工作，做大保费规模平台。

二、提升客户体验

一是创新金融保险服务模式。运用数智化技术开展线上特色服务，持续推进适老化、新市民金融服务体系建设，提高金融服务质量。二是加强保单服务。通过开展月度平台活动、客户大走访等方式，加强保单服务管理，提高保单服务效率。三是做好理赔服务。依托总公司“两项承诺，创新四赔，八大服务”理赔服务体系，快速准确地为客户提供全方位理赔服务。

三、履行社会责任

积极组织参与各类公益活动。近三年来，为武汉市、宜昌市、黄冈市、十堰市等市州50—70岁老人捐赠意外伤害保险，保险责任涵盖火车和运营汽车身故、意外身故伤残，共1800余位老人受益。

【风险管控】

一是开展防范和打击非法金融活动工作情况评估自查工作，进一步加强风险监测和预警，提高风险预判能力，落实风险防控主体责任，切实防范非法金融风险。二是加强合规文化建。倡导知法守法、合规经营的合规文化，将风险管控理念融入经营管理日常工作中，确保分公司实现合规经营。

（合众人寿保险股份有限公司湖北分公司）

华泰人寿保险股份有限公司湖北分公司

【概况】

2023年，华泰人寿湖北分公司（简称）认真贯彻落实总公司发展战略，积极推动个险主渠道业务发展，持续加强内控管理，依法合规开展各项工作。截至年末，累计实现保费收入11916.05万元，同比增长18.85%。分公司下辖4个中心支公司和4个支公司。

【党建工作】

党支部高度重视党建工作，积极开展“弘扬建党精神 谱写发展新篇”为主题的党史学习教育活动，推动贯彻党的二十大战略部署，强化党员把方向、管大局、促落实的作用，通过提升组织效能，改进分公司内部管理，推动党建工作与生产经营相融合。

【业务发展】

一是加强保全服务。为客户提供柜面办理、95509电话办理、微信保全平台办理以及空中柜面办理等线上线下保全服务方式。其中，微信保全平台提供7×24小时自助保全服务；空中柜面提供一站式、数字化可视服务，客户足不出户就能享受柜面人员“一对一”保全服务。二是依照《华泰人寿保险股份有限公司服务承诺》，优化销售服务、承保服务、理赔服务、保单服务、续期服务等方面的服务流程，进一步提升服务体验。

【风险管控】

严格贯彻落实监管部门和总公司关于加强风险防范、内控管理、反洗钱管控等各项工作要求，坚持依法合规经营，推动公司治理水平与业务平台双提升，有效防范各类经营风险。开展合规宣传和合规培训，通过“以案说险”、风险警示等方式，加强消费者权益保护、防范销售误导、防范非法集资、反洗钱、反保险欺诈、违规操作等重点风险领域风险管控，及时排查化解风险隐患。

【金融消费者权益保护】

充分发挥消费者权益保护事务委员会组织功能，制定年度消费者权益保护工作计划，有序开展“3·15”消费者权益保护教育宣传周、“7·8”保险公众宣传日、金融知识宣传月、“以案说险”宣传月等活动。针对“一老一少一新”特定人群，进街道、进小区、进公园开展“走出来，请进来”宣教活动，取得良好宣传效果。

（华泰人寿保险股份有限公司湖北分公司）

太平养老保险股份有限公司湖北分公司

【概况】

2023年，太平养老湖北分公司（简称）深入开展学习贯彻习近平新时代中国特色社会主义思想主题教育，聚焦养老主业，推动业务转型升级，着力稳年金、强团险、重管理、壮队伍，各项工作取得较好成效。截至年末，资产管理余额109.71亿元，企业年金新增缴费3.48亿元，职业年金新增缴费7.9亿元。全年实现保险保费收入1.34亿元，赔付支出0.62亿元。

【业务发展】

一是助力养老保障体系建设。依托总公司丰富的产品线，满足不同层次、不同需求老年人的养老保障需求，全力拓展养老业务规模。二是助力实体经济发展。灵活运用“全保通”等套餐产品，为中小企业提供风险保障，支持中小企业发展。三是推进消费扶贫工作。认真落实集团及总公司工会统一部署，通过采购集团定点帮扶地区助农产品，帮助农户提高经济收益。

【风险管控】

加强合规管理，不断提升反洗钱履职能力；加强合规建设，将合规建设贯穿所有业务流程，规范、审慎开展业务，防范经营风险。在2023年中国太平保险集团养老险公司风险合规专项职工职业技能竞赛中取得较好成绩。

【金融消费者权益保护】

以客户为中心，制定出台消保工作制度。不断强化运营专业性、时效性、准确性，规范投诉案件处理流程，加强适老化服务标准化建设，不断提升客户满意度。开展“3·15”消费者权益保护教育宣传周、“7·8”全国保险公众宣传日、金融消费者权益保护教育宣传月等活动，向公众宣传、普及金融知识，提升公众金融素养及风险防范意识。

（太平养老保险股份有限公司湖北分公司）

中美联泰大都会人寿保险有限公司湖北分公司

【概况】

2023年，中美联泰大都会人寿湖北

分公司(简称)坚持多元渠道协同发展,通过打造高质量、专业化队伍,持续提升经营效益,增强客户服务能力。全年实现保费收入 2.4 亿元,同比增长 26.85%。其中,新单保费收入 1.05 亿元,同比增长 66.41%;续期保费收入 1.35 亿元,同比增长 7.18%。

【业务发展】

一是加强队伍建设。深耕客户需求导向的销售和服务模式,加强顾问行销渠道队伍建设,通过"新纪元菁英计划",吸引和培养高端人才,打造菁英代理人,为每一位客户量身定制保障方案,推进寿险转型。二是优化服务模式。升级 360Health、360Future 等一站式解决方案和 EduCare 等增值服务,推出"养老+教育+健康"产品组合、"产品+增值服务+客户体验"一站式保障解决方案,满足客户多层次保险需求,不断提升客户的保险获得感、安全感和幸福感。三是推动保单复效。开展消除"睡眠保单"的客户服务大行动,成立专项工作小组,排查"睡眠保单",梳理保单信息,通过电话、短信、微信和上门等形式与客户重新建立联系,推动保单复效。四是履行社会责任。围绕"共创健康人生""共强责任治理""共建多元包容""共护绿水青山"四个行动方案,践行可持续发展战略,开展多样化公益项目。联合爱佑慈善基金会开展"守护未来"公益计划,为身患血液病和肿瘤疾病的经济困难儿童提供医疗手术及康复费用支持。

【风险管控】

充分发挥公司党委和"三会一层"的作用,树立事前预防、事中控制和事后处置相结合的理念。全年实际综合偿付能力充足率 451%,核心偿付能力充足率 265%,保持在监管标准之上,大幅领先行业平均水平。全年各季度"偿二代"风险综合评级结果均保持在 AA 级水平及以上。

【金融消费者权益保护】

在高管、党员干部和服务明星的带领下开展"客户大走访"活动,全体员工深入一线,面对面听取客户意见和想法,记录客户反映的问题并及时解决和反馈。活动期间向客户宣传保险知识,提示客户远离非法集资和电信诈骗等违法活动。

(中美联泰大都会人寿保险有限公司湖北分公司)

平安健康保险股份有限公司湖北分公司

【概况】

2023 年,平安健康湖北分公司(简称)深耕"大医疗健康"领域,全力满足人民群众多层次、多元化的健康保障需求。截至 2023 年 11 月,原保险保费收入 55731.04 万元,同比增长 44.4%;累计赔付金额 13355.22 万元,同比增长 77.6%。个人客户重投率 85.9%,同比提升 1.8pt。

【党建工作】

一是强化主题教育组织保障。将主题教育与党建引领经营发展深度融合,全力推动主题教育工作落实。成立以党支部书记为组长的主题教育领导小组,指导、学习贯彻工作规划;设立主题教育办公室,统筹开展执行督导、巡视巡察、宣传教育等工作。二是开展调查研究。制定《调查研究工作方案》,抽调各部门业务骨干组建调研小组,党支委及领导班子带头深入渠道、深入基层,多层次、全方位开展调研,确保调研效果。三是加强党风廉政建设和反腐败工作。组织召开组织生活(扩大)会议,围绕公司整体突出问题、分管条线突出问题、班子协同问题进行批评与自我批评。开展"三不腐"回头看专项自查工作,建立重点风险领域屡查屡犯问题风险管控长效机制。四是开展党建共建。与永清街道党委、东湖高新区智苑社区党委开展党建共建,组织党员下社区,向社区老年群体提供金融咨询、健康咨询、理赔服务介绍、防诈骗等金融惠民服务。

【业务发展】

一是深化"专属家医"尖刀服务。打造"专属家医"一站式医健服务,将健康咨询、线上问诊、处方开药等常规服务与陪诊、陪护等就医服务以及保险理赔服务有机整合,为出险客户提供专属家医疾病管理服务。二是深化"专属陪诊"尖刀服务。升级老人、儿童、孕妇三大客群专属陪诊 12 项服务标准,打造陪诊服务团队,为客户提供宝妈陪诊、适老陪诊、母婴室协调、代叫车、用药提醒等个性化服务,客户满意度达 100%,投诉率为零。三是深化"专属陪护"尖刀服务。围绕住院"6 类场景、8 个环节",按客户病情定制陪护服务标准,通过加强服务过程关键环节管理和服务回访,确保服务品质。

【金融创新】

一、创新理赔服务

创新"出院三日赔"服务模式。打造行业首创的"日常健康管理+院端服务+便捷理赔+主动管理"就医理赔一体化新模式,打通"家医+就医+理赔"的全流程,入选 2023 中国保险业年度服务创新案例及《2023 理赔数字化发展报告》高质量服务案例。由专业理赔服务人员向客户普及保险责任,指导客户就诊、办理理赔,有效减少理赔争议,为客户提供最长不超过三天赔付的服务体验。截至年末,三日赔服务累计结案 1561 件,占全部个险理赔案件量的 10%;赔付总金额 1178.17 万元,占个险赔款总额的 11%;平均赔付时效 4 小时。

二、创新数字工具

一是创新个人健康指数工具。依托长期健康数据收集和分类模型的运用,开发个人健康指数工具。通过新增客户健康属性标签映射功能、优化健康任务推送规则,将数据转换为能够代表和反映个人健康意识和生活习惯的健康指标,通过联动可穿戴设备的三方平台数据及体检报告中的关键健康检查指标,增强评估结果的科学性和客观性。二是创新企业健康指数工具。分析企业客户健康风险,估算预期产能损失,为近百家公司和员工免费量身定制企业健康评估报告。

【风险管控】

一、完善风险管理制度

向业务部门征集制度运行情况意见,按季度开展制度执行力检视和制度管理自查,持续强化内控制度执行力,确保各项内控制度符合监管规定和要求。编制《湖北分公司员工合规手册》,明确重要规章制度要求,明示"负面清单",减少违规行为发生。

二、加强合规管理

一是强化合规管理主体责任。印发《部门负责人合规考核管理办法》,引导高级管理人员带头学合规、讲合规,将风控合规重要指标纳入部门负责人年度考核,强化部门负责人合规意识,压实风险防控第一道防线。二是强化内部排查机制。制定 2023 年自查自纠工作计划,严格按照工作计划落实自查整改。全年开展虚假考勤专项自查、2022 年监管检查和稽核审计发现问题"回头看"专项自查、中介渠道管理专项自查、采购管理专项自查、费用管理专项自查等 10 项自查自纠工作,发现 15 个违规问题,累计问责14人次，相关问题已全部完成整改。三是加强合规培训和宣导。建立包括全员培训、高级管理人员培训、新人培训、代理人培训、关键岗位培训在内的全面合规培训体系，通过知鸟APP、内部邮件开展合规培训和宣导，组织全员认真学习监管部门下发的政策文件，进一步强化合规经营意识。

三、加强洗钱风险防控

落实《金融机构客户身份识别和客户身份资料及交易记录保存管理办法》要求，做好客户身份信息识别，留存理赔资料原件。开展获赔金额超过1万元的理赔案件自查，所有赔付案件均真实有效，全年未发生洗钱风险事件。

【金融消费者权益保护】

一、加强保险销售行为可回溯机制建设

制定《保险销售行为可回溯管理办法》，细化保险销售行为可回溯视听资料管理规则。持续优化系统功能，不断提升双录视频录制质量和客户使用体验，推动线下双录功能在各渠道有序落地。建立销售人员转线上销售可回溯机制，实现完整展现消费者投保全过程。

二、加强营销宣传自查

按季进行行销辅助品使用监测，抽查行销物料使用情况并形成报告。截至年末，未出现营销物料虚假宣传和违规使用行销物料的情形。

三、加强消费者权益保护教育

利用线上及线下宣导相结合的方式，通过开展社区义诊、反诈观影、金融反诈宣教等活动，增强金融消费者风险防范意识，引导金融消费者远离和抵制非法金融活动，进一步提升消费者参与度与满意度。在湖北日报移动客户端发布"3·15"走进社区老年群体义诊活动报道，阅读量约1万人次；在中央级媒体新华网和《长江商报》、荆楚网移动客户端发布教育宣传月反诈观影、教育宣传月老年消费者全体教育等活动报道，阅读量约82万人次。

（平安健康保险股份有限公司湖北分公司）

中国人民健康保险股份有限公司湖北分公司

【概况】

2023年，人保健康湖北分公司（简称）实现保费收入19.6亿元，同比增长14.6%。个人业务保费收入18.2亿元，同比增长12.42%，其中银保新单期缴保费3.4亿元，同比增长223.7%；银保新单趸缴保费129118.23万元。经办业务收入671.11万元，其中社保经办业务收入648.97万元，团险经办业务收入22.13万元。

【党建工作】

一是筑牢思想防线。坚持把严明党的政治纪律放在首位，加强政治纪律教育，确保分公司全体党员干部在思想上、政治上、行动上严守纪律。加强监督检查，确保各项重大决策部署贯彻落实。二是强化职责意识。落实中央八项规定和"两个责任"，增强党风廉政建设主体职责和监督职责重要性、紧迫性和自觉性的认识。

【业务发展】

一、拓展渠道业务

全年实现团险渠道保费收入9030万元，同比增长2.9%。其中，短期险保费收入8825.54万元，同比增长2.6%；长期险保费收入204.68万元，同比增长19.33%。全年实现业务协同渠道保费收入1800万元，同比增长35%，其中业务协同新单期缴保费收入913万元，同比增长107.3%。

二、服务社会保障

中标荆州2023-2025年大病保险和基本医疗意外伤害保险项目。中标2023年十堰、孝感工伤预防培训项目，完成工伤预防培训基地建设。入围荆州市、襄阳市、宜昌市以及孝感市惠民型商业医疗保险承办机构。推动孝感、荆州长护险项目落地，配合开展民政入户核查，完成8个县区服务协议分签工作。

三、提升客户服务水平

推广智慧双录与远程双录功能，对全辖分支机构开展双录操作培训，进一步提高服务效率。制定《湖北分公司团险中介渠道业务发展实施细则（2023年版）》，规范业务流程，提高出单时效；制定《湖北分公司2023年线上保全推广考核方案》，提高保全线上化使用率。

【风险管控】

一、做好监督执纪工作

高度重视风险合规工作，全方位做好监督执纪提醒。将党委研究讨论作为重大决策制定的前置程序。以党内监督带动纪律监督、合规监督、财务监督、审计监督，推动监督工作贯穿分公司经营管理各环节。全年开展各类风险排查9次、配合完成经济责任审计3项、综合性审计3项。建立领导班子与管理干部谈话提醒机制。开展任前廉洁谈话5人次，确保干部员工恪尽职守、廉洁从业。

二、加强合规管理

一是防范合规风险。加强各机构、分公司各部门违规事项管理，对存在的合规风险开展定期或不定期的现场或非现场检查，提出整改意见，督促责任人整改落实。二是常态化开展案例分析工作。及时通报保险合同纠纷、劳动争议纠纷等典型案例，加强对已发生案件总结和分析。三是开展警示教育活动。针对保险监管重点，开展监管形势教育培训宣导；对行业内发生的违规违纪行为进行案例分析，强化警示教育成效。四是加强员工学习培训。制定培训计划，通过现场和线上开展合同（制度）审核、销售人员监管红线、中介业务管理办法、诉讼案件经验分享等方面学习培训，强化培训考核机制和授课效果测评机制，固化培训成果。五是建立长效制度更新机制。梳理制度清单，结合工作实际，做好制度立、改、废工作。

【金融消费者权益保护】

通过健全消费者权益保护工作机制和完善消费者权益保护管理体系以及加大消费者金融知识宣教力度，全方面推进和落实消保工作，不断在经营管理中提升消费者权益保护工作水平。积极开展"3·15"消费者权益保护教育宣传周、客户节、"7·8"保险公众宣传日、"客户大走访"、金融知识普及宣传月等活动，全年累计开展消保宣教活动33次，触达客户3万余人次，取得了较好的宣传效果。

（中国人民健康保险股份有限公司湖北分公司）

信泰人寿保险股份有限公司湖北分公司

【概况】

2023年，信泰人寿湖北分公司（简称）坚持"党建引领、做专创优、价值提升、稳健发展"的发展思路，严控合规底线，持续推动公司高质量转型发展。

【业务发展】

一是发展普惠型保险。推广健康保险等产品，全力构建多元化普惠保险供给体系。持续强化科技赋能,推动网点、人员、资源和服务更加贴合农民、新市民、城镇低收入人群、老年人等普惠金融重点服务群体。加快技术升级,提升"线上+线下"金融服务能力,逐步打造体系化、规范化、智能化、效率化的服务体系。通过官方微信平台、官网、客服热线等为客户提供一揽子、一站式线上保险服务。围绕老年人、新市民等群体开展"主动访""临柜办""上门帮""暖心助""健康护"等多项专属柜面服务,提升民生领域金融服务质量。二是履行社会责任。开展"爱心敬老 如意长寿"慰问活动,为老年人提供金融服务的同时,提升老年客户安全感、幸福感、获得感。

【风险管控】

一是加强合规文化建设。将合规文化融入业务发展中,坚持合规从高管做起,带动员工自觉遵守各项制度。以总公司合规主题教育活动为抓手,开展合规教育,营造"不敢违规、不能违规、不想违规"的合规文化氛围。全年开展各类合规培训 142 场,累计受众 2334 人次。二是加强合规制度建设。全年修订完善 23 项合规管理制度,明确各岗位合规职责,提高制度的合理性和科学性,避免出现制度漏洞或模糊地带。加强对制度执行情况的监督和检查,确保各项制度得到有效落实,进一步规范员工行为。

【金融消费者权益保护】

一是完善消费者权益保护机制。围绕消保体制机制、机制与运行、操作与服务、教育宣传和纠纷化解五个大类,制定并优化 15 项消保工作机制,将消保工作融入经营管理全流程。二是设立客户关怀基金。制定《客户关怀基金管理办法》,专项用于信访投诉和客户增值服务等相关内容。三是开展消保教育活动。以"3·15"消费者权益保护、金融知识普及月、新市民宣传教育月等消保系列活动为契机,全年累计开展 60 余场"进农村""进社区""进校园""进企业""进商圈"等一系列金融知识普及活动,覆盖人数 1000 余人次。四是推动纠纷化解。制定《湖北分公司多元纠纷化解管理办法》,与武汉、襄阳、宜昌等地区调解中心签订服务协议,通过"调解中心+司法确认"的模式,解决了 14 件消费者投诉纠纷。

(信泰人寿保险股份有限公司湖北分公司)

农银人寿保险股份有限公司湖北分公司

【概况】

2023 年,农银人寿湖北分公司(简称)坚持稳中求进的总基调,以党建为统领,认真贯彻落实总公司各项工作要求,持续改进工作作风,稳步提升经营管理水平,各渠道业务均取得长足进步。截至年末,实现总保费收入 13.12 亿元,其中,新单保费收入 5.68 亿元、续期保费收入 7.44 亿元。

【党建工作】

一、抓政治强引领,持续强化责任担当

深入践行"思想引领、学习在先"机制和"第一议题"制度,常态化开展党建专项学习,扎实推进党委理论学习中心组学习和主题教育学习。层层压实党建主体责任,坚持"两手抓、两促进",定期开展公司制度评价工作,组织修订完善分公司相关制度,明确全年党建项目清单;组织 B 类干部签订了《意识形态责任》《党风廉政建设责任书》,推动"两个责任"落地生根,形成"横向到边、纵向到底"的责任体系。

二、抓共建促发展,持续推进行司联动

为深入贯彻落实总行党委"两个优先+市场化"的重要决策部署,通过党建引领行司联动高质量发展。召开党建工作启动会,建立良好的共建基础,重点围绕基层支部共建、发展思路共谋、业务推动共进等方面开展结对共建活动。分公司及各机构积极对接当地农行分行,在全省持续深入开展千网项目,结合行司精准营销,实现大单保费突破。分公司辖内 9 个机构提前完成银保全年期交保费计划目标,同期均有大幅提升。截至年末,行司期缴保费渗透率 19.9%,实现期交保费 51719 万元,同比增长 50.95%。

三、抓作风促转变,推动工作走深走实

常态化抓好学习,积极组织干部员工观看《永远吹冲锋号》警示教育片。深入开展"三讲两抓"活动,以及实施"1211"工作机制,不断增强员工干事创业的责任担当。紧盯重要时间节点,坚持经常抓、反复抓,在元旦、春节、"五一"、中秋、国庆等重大节假日前发送廉政提醒,持续深化作风建设。对干部选拔任用和职级晋升全程参与监督,严格落实考察、任前公示制度。严格落实中央八项规定和实施细则,突出抓早、防小,加强业务招待费、差旅费等重点费用管控,严肃财经纪律。

【业务发展】

一、拓展渠道业务

银保渠道新单保费收入 49765.46 万元,期交保费 33586.59 万元,同比增幅 49.5%,年度达成率 124.4%。个险渠道承保标准保费 2617.14 万元(规模保费 6203.74 万元),同比增长 11.1%,年度累计任务达成率 112.32%。团险渠道承保短险保费 842.33 万元;利润达成 304.22 万元,达成率 104.9%。其中,个金卡单保费达成 199.3 万元,较上年同期增长 194%;对公团单保费达成 129.11 万元,较上年同期增长 98%。

二、优化业务结构

落实总公司做大价值业务相关要求,做好价值业务引导,截至年末,5 年期及以上产品保费 16089.61 万元,占比 47.9%,同比提升 6.9%。加强重疾和意外险等重点产品培训和价值业务引导,为母行客户提供更全面的保险服务和保障。

三、提升业务品质

个险业务 13 月年累计继续率 89.9%,同比提升 7.8%。银保业务 13 月年累计继续率 94.6%,同比提升 0.87%;综合 25 月年累计继续率 97.4%。个险 13 月、银保 13 月、综合 25 月、保费任务等 4 项指标均达成考核目标且均高于系统值。累计实收保费 7.44 亿元,达成年度企划目标 104.1%。

【风险管控】

一是做好合规文化建设工作。开展"合规标杆建设年"活动,加大合规培训与合规宣传力度,巩固深化"合规教育年"活动成效,形成良好的合规经营氛围。全年线上线下同步开展培训 27 次,参训人员 3332 人次。二是夯实合规管理基础。定期开展制度梳理工作,废止制度 2 个,修订制度 3 个,新增制度 1 个。全年共审核各类合同(协议)合计 184 份。三是加强风险监测与预警提示。做好预判防范,前移风险防范关口,降低经营风险。线上线下同步开展反洗钱培训 161 次、反洗钱知识测试 18 次。

【金融消费者权益保护】

一是开展金融知识教育宣传活动。在"7·8"全国保险公众宣传日、金融知识普及月等活动期间,通过"走出去""请进来"的形式,帮助新市民了解金融保险知识。在"客户大走访"活动中,走访新市民 285 人,占走访总人数 35.62%,为新市民提供更加多元化和有温度的服务。二是做好投诉压降工作。打造“投诉受理—投诉处理—溯源整改—业务品质改善—投诉减少”的闭环工作体系，防范投诉处理工作中的隐性风险。全年消费投诉案件33件，同比压降25%；核保核赔KPI考核指标在农银寿险系统排名第1位，理赔出险支付时效、理赔申请支付时效、理赔获赔率在银行系保险公司中持续处于领先位置。

（农银人寿保险股份有限公司湖北分公司）

长城人寿保险股份有限公司湖北分公司

【概况】

2023年，长城人寿湖北分公司（简称）秉持“依法合规、客户至上、价值优增、合作共赢”的经营理念，坚决落实“保险姓保”的政策要求，整体经营稳健向好。全年实现原保险保费收入29.39亿元，其中，新单保费12.32亿元、续期保费17.07亿元。分公司在全省下设7个中心支公司、6个支公司、6个营销服务部，服务网络覆盖全省主要地区。

【业务发展】

一、发展基础业务

一是加强个险渠道建设。通过做好机构分级分类管理、做好客户分层分级经营服务，进一步提升机构组织效能。优化队伍结构，加强超绩优队伍建设，着力提升业务平台。全年累计达成新单标保2663万元，同比增长36%。二是巩固银保渠道和经代渠道。银保渠道7个机构均衡发展，全年达成新单标保34137.7万元，同比增长53.1%，超额完成总公司下达的任务目标，在长城人寿系统机构评级中，实现100%达标。经代渠道全年累计达成新单标保10693.67万元，同比增长111.48%。

二、做好理赔服务

依托“长城人寿”官方微信上线的39项保全服务功能，进一步提升理赔工作质效。全年理赔赔付总金额4585.89万元，同比增长38.57%；赔付总件数3133件，同比增长22.05%；理赔获赔率98.28%，同比增长0.31%；理赔E化率99.54%，同比提升5.22%；理赔申请时效1.37天，同比提速24.31%。

【风险管控】

一是开展制度“废、改、立”和内控流程测试，夯实内控管理基础。二是开展专项治理。从销售人员档案真实完整性、销售人员培训合规性、宣传培训资料合规性等屡查屡犯问题开展专项治理，防范经营风险。三是开展合规培训。针对不同层级、不同条线员工开展差异化培训，强化全体从业人员的合规意识，营造不敢违规、不能违规、不想违规的合规文化氛围。四是做好反洗钱工作。加强反洗钱宣传和培训，开展反洗钱工作考核，增强全员反洗钱工作能力，防范洗钱风险。五是开展打击非法金融活动普法宣传。常态化开展扫黑除恶、防范和打击非法集资、防范销售非保险金融产品等宣教活动；开展《民法典》等法律法规普及宣传，提高员工对法律法规的知晓率和运用率。

【金融消费者权益保护】

一是加强消费者权益保护宣传。在官方微信公众号、微信群、外勤朋友圈发布“以案说险”等风险提示和保险资讯。全年通过官方微信公众号共发布130篇文章，内容涵盖保险行业信息、保险理赔资讯、客户服务等方面。其中，发布7篇“3·15”专题软文、16篇原创“7·8全国保险公众宣传日”、金融消费者权益保护教育宣传月等专题活动宣报道。二是开展金融知识教育宣传活动。聚焦“一老一新一少”等重点人群，开展“五进入”宣传活动，通过发放“保护个人信息安全、促进金融消费公平”“防范金融诈骗、护航幸福晚年”“金融消费者八项权益”“理性消费不乱贷、美好青春不负债”宣传折页、拍摄“金融消费者八项权益”情景演练视频和“高管讲消保”视频，向公众普及金融知识，着力提升公众防范金融风险能力。

（长城人寿保险股份有限公司湖北分公司）

和谐健康保险股份有限公司湖北分公司

【概况】

2023年，和谐健康湖北分公司（简称）加强经营管理和业务开拓，坚守合规经营底线，稳健开展各项工作。全年实现保险业务收入32.84亿元。截至年末，在襄阳、荆州、孝感、十堰等市共设有4个中心支公司。

【业务发展】

一、巩固业务基础

一是发展高价值业务。全年实现长期健康险保费收入32.83亿元、意外险保费收入69.64万元、短期健康险保费收入40.17万元，其中长期健康险业务占比达99.97%，巩固了保费收入基础。二是深挖本土保险需求。全年实现武汉地区保费收入21.51亿元、十堰地区保费收入3.13亿元、荆州地区保费收入3.02亿元、襄阳地区保费收入2.7亿元、孝感地区保费收入2.48亿元，武汉是业务发展发力的主要地区。

二、丰富保险产品

开发“喜乐”系列互联网专属重疾产品、“喜爱”系列互联网专属医疗产品、“喜来”系列互联网综合意外产品，实现互联网保险产品多元化发展。

【风险管控】

一、开展风险检查自查工作

按照“边自查边整改”的原则，组织各机构深入查找业务渠道管理中存在的薄弱环节和违规问题，督促各机构、各部门落实整改。对难以在短期内彻底整改的问题及风险隐患，制订整改计划，明确责任人和时间进度，将问题整改要求落到实处。

二、加强合规管理

一是加强合规培训。依托腾讯会议等线上平台，通过专题培训、会议宣导等方式对内、外勤员工开展全方位的合规培训，强化全体员工合规意识，进一步提升全体员工合规工作水平。二是加强合规宣传教育。通过每月制发合规反洗钱工作简报、开展日常宣导、发布风险提示、制作短视频等方式，提高员工对法律法规、监管文件、公司制度等方面的知晓率。

【金融消费者权益保护】

一、强化消保工作机制

将消费者权益保护工作纳入经营战略和企业文化，定期召开消费者权益保护事务委员会工作会议，深化消费者权益保护经营理念；完善消保制度，确保合规开展消保工作；根据不同岗位职责开展差异化员工培训，培训内容覆盖投诉处理、消保政策学习贯彻等方面，进一步规范员工行为；在公司官方网站和APP醒目处公示投诉渠道及投诉流程，提升投诉处理效率。

二、开展消保宣教活动

开展“3·15”教育宣传周、“7·8”全国保险公众宣传日、金融知识普及月、客户大走访等金融知识宣传教育活动，通过搭设展台、粘贴海报、制作横幅、发放宣传折页等方式，向消费者普及金融知识，营造“学金融、懂金融、用金融”的良好氛围。

（和谐健康保险股份有限公司湖北分公司）

中国人民人寿保险股份有限公司湖北省分公司

【概况】

2023年，人保寿险湖北省分公司（简称）实现规模保费收入45.49亿元，同比增长9.9%。保费收入在人保寿险全国系统内排名第6位、较上年提升1个位次，在湖北保险市场排名第11位、较上年提升2个位次。分公司下辖13各地市公司、76各县区级机构。荣获“年度最受消费者信赖保险品牌”等称号。

【业务发展】

一、拓展业务规模

通过推动高年期期交业务发展、优化保障类主打产品组合，实现业务稳健发展。全年累计实现长险新业务价值保费1.33亿元，同比增长27.20%，在人保寿险全国系统排名第7位；累计实现首年期交保费8.86亿元，同比增长17.20%，在人保寿险全国系统排名第8位；累计实现短期险保费（剔除医健保）1.64亿元，在人保寿险全国系统排名第4位。

二、提升客户服务水平

一是完善服务网络。构建多渠道服务网络，为客户提供全方位、便捷、高效的服务。二是提升业务处理质量。全年各项业务平稳运营，在业务处理数量大幅增加的情况下，全省保单回执5日回销率99.17%，同比提升0.11%；保全时效持续保持在1.02天；理赔申请支付时效1.38天，位居行业前列。三是推行便捷服务举措。加强科技赋能，推动全省保全线上化率、理赔线上化率、回访线上化率分别达到95.54%、99.36%、99.36%，为客户提供更安全、更快捷的服务体验。四是落实减费让利政策。出台费率下调和免息复效优惠政策，下调现售的多款短期保险产品和主销团体短险产品的表定费率，下调比例超过30%；落实好免息复效政策，为失效两年内的个人保单进行免息复效，全年为1598人次免息80.40万元。

三、履行社会责任

一是依托女性安康项目助力乡村振兴。全年为103万人次女性同胞提供103亿余元的特定疾病风险保障，为2074名不幸罹患女性特定疾病的贫困妇女给付1316万元理赔金。二是依托团体保险项目助力疫后经济复苏和企业重振。全年共承保民营企业3720家，提供风险保障1478亿元，赔款4691笔，赔款金额合计3699万元，缓解民营企业经济压力。三是服务新市民群体。全年累计为网约车司机、快递员、自由职业者等新市民群体承保专属养老保险1110.55万元，承保人数1213人次。

【风险管控】

一是加强合规宣传教育。开展“合规宣导日”“3分钟小课堂”等活动，丰富警示教育形式，建立风险防范日常教育机制，营造“合规人人有责，合规从我做起”的合规氛围。二是开展自纠自查。开展“假保单”专项行动等各项风险检查，及时排查及化解风险隐患，加强风险隐患日常整治。三是完善责任追究和考核体系。通过考核和处罚警示，强化员工依法合规履职尽责意识，营造依法合规经营环境。四是推进内控体系建设。加强内控案防体系建设，强化基层治理；落实风险防控日常举措，加强合规风险事前、事中、事后管控，有效提升风险管理质效。五是妥善处置重大风险。加大打击非法集资、反洗钱工作力度，增强案件风险管控的有效性。全年未发生重大风险和群体性事件，整体经营状况平稳健康。

（中国人民人寿保险股份有限公司湖北省分公司）

国华人寿保险股份有限公司湖北分公司

【概况】

2023年，国华人寿湖北分公司（简称）认真落实总公司战略转型工作部署，持续优化业务结构，全力推动中长期储蓄型产品和风险保障型产品发展，经营工作获得较好成效。截至年末，实现规模保费272390万元，同比增长17%。其中，新单规模保费184873万元；续期保费87517万元，续期保费占比32%。原保险保费收入240980万元，其中新单保费收入153647万元，同比增长18%。

【业务发展】

依托总公司核心优势和客户资源，稳健开展各项业务。统筹党建、产业、保险、服务、生态各领域发展，积极探索创新推进消费帮扶的举措和途径，开展“进农村”等特色公益活动，推进脱贫地区特色产业提质增效和持续发展。

【风险管控】

依托完善的合规管理体系，扎实推进各项风险防控工作，加强各部门协同合作，落实监管部门和总公司风险防控部署要求，促进内控管理水平不断提升，筑牢风险防控底线。

【金融消费者权益保护】

将宣教活动与业务发展相融合，通过开展金融消费者权益保护教育宣传月等金融知识宣教活动，与客户面对面互动交流，向客户普及金融知识的同时，密切与客户的联系，提升了客户金融素养和黏性。

（国华人寿保险股份有限公司湖北分公司）

英大泰和人寿保险股份有限公司湖北分公司

【概况】

2023年，英大人寿湖北分公司（简称）围绕高质量发展的中心任务，着力改革创新、打造特色品牌、提升价值贡献、牢守风险底线，经营管理取得较好成效。全年实现原保费收入20.91亿元，同比增长25.65%。其中，新单原保费收入9.25亿元，占总原保费收入44.23%；续期原保费收入11.66亿元，占总原保费收入55.77%。

【党建工作】

联合洪山区妇联、区教委、社区、高校、医院、合作金融机构等单位党支部共同开展实地党性锤炼、公益志愿服务等活动。以红马甲驿站为阵地，围绕“用电客户之家”暖心服务主题开展思想文化建设，推动党建联建走深、走实、走基层。

在关键核心岗位增加党建力量，充分发挥共产党员服务队、专项工作党员攻坚小组先锋模范作用，不断强化运营服务意识、责任意识。

【业务发展】

积极参与普惠金融工作站提效工程，督促各机构因地制宜加强试点探索，加大物资和人力资源投入，协助当地监管部门推动普惠金融站建站扩面，提高客户对接率和覆盖率，释放金融宣教与保险综合服务功能。联合国家电网公司建设“爱心超市”平台，开展“乡村健康行”服务活动，获《人民日报》新媒体报道，获得多地镇政府、村委肯定。

【金融创新】

成立碳业务推进攻坚组，创新“碳评+金融”的电网投资降碳应用场景，不断优化碳信用评估业务模式。“省电呗”绿色金融推广全员行动报道被行业协会官网宣发。在“首义论碳·2023 年全国低碳日”活动中，荣获电力碳银行“优秀推广团队”称号。

【风险管控】

将合规管理要求融入经营管理各个环节，定期开展非法集资风险、消费者投诉率、保单 13 个月继续率、健康险赔付率、营销员留存率、佣金及手续费率等合规风险指标监测预警，定期排查重点领域、重点岗位员工异常行为。编制《保险销售人员合规手册》《合规季刊》《合规提示》《监管制度汇编》。通过开展多维度、多层次的宣导培训，不断强化内、外勤人员主动合规意识。

【金融消费者权益保护】

售前开展消保审查，落实产品及服务信息披露、合作机构管理要求。售中加强销售行为可回溯管理、营销宣传行为管理。售后加强消保内部培训，加快投诉及纠纷化解。开展“客户大走访”、“孤儿保单”清理和金融消费者宣传教育活动以及消保检查审计，确保消保工作无死角，打造消保工作精细化管理新生态。录制“金融消保八字口诀”“大家说保险”短视频，开展税优健康险、“代理退保”、清廉文化等主题直播活动，扩大消保宣传覆盖范围，在“7·8”全国保险公众宣传日活动中，荣获行业协会颁发的“优秀组织奖”。

（英大泰和人寿保险股份有限公司湖北分公司）

泰康养老保险股份有限公司湖北分公司

【概况】

2023 年，泰康养老湖北分公司（简称）全力服务国家医养保障三支柱建设，在经营管理、组织建设、业务开拓等方面保持稳健的发展态势，达成年度各项任务目标。截至年末，累计资产总额 1.54 亿元。全年实现保费收入 11.01 亿元；赔付支出 4.65 亿元。分公司在荆州市和宜昌市设有 2 个中心支公司。

【业务发展】

一、推进基础业务发展

（一）企业业务稳中有进

一是拓展年金受托管理规模，全年新增 10 户客户，企业年金受托管理规模 8.10 亿元，企业年金受托到账规模 11.28 亿元。二是发展团体长险。企业缴费的团体长险标保 1240.5 万元，同比增长 124.2%。企业缴费的员福保费 5.56 亿元，累计目标达成率 130.7%。三是开展健康保障委托管理业务。与合作银行做深做细健康管理长期服务。中标多个企业健康保障委托管理项目。

（二）个人业务稳中向好

推广面向企事业单位员工的 BBC 弹性福利保障解决方案通过创新职域行销模式、丰富产品供给、完善服务层次，帮助企事业单位搭建“医养保障第三支柱”，提升员工及其家庭的风险保障水平。全年个人 BBC 业务累计实现标保 1.02 亿元，排名泰康养老系统第 7 位。

二、提升服务水平

（一）强化基础服务

通过官方微信号、“泰生活”APP 为客户提供保单查询、保全变更等基础服务，提升基础金融服务的便利性和可得性。

（二）优化理赔服务

一是推出“重疾先赔”服务。为符合要求的重疾出险客户提供理赔人员提前介入、协助收集关键资料、优先审核提前赔付等服务。二是推出“特药寻购”服务。为已获得重疾赔付且有紧缺药品需求的客户提供寻购各类靶向药、罕见药等购药服务。

（三）推出个性化增值服务

为保费达到相应标准的客户提供专属就医、重疾绿通、齿科保健、问诊开药等增值服务。为本年标准保费达到相应标准的高端客户提供个性化体检套餐服务以及门诊就医协助、泰康家庭医生、重疾铝条、紧急救援等服务。

（四）加强适老化服务

持续完善适老化服务标准化建设，在门店设置公众教育宣传栏、配置老年人金融服务专区和老年人服务窗口，不断提升老年客户咨询和投诉服务、老年人群体金融知识普及宣传等方面的质效。

【风险管控】

一、加强内控合规管理

开展保险基层机构案件防控“三测一查”、规范“银行”字样使用情况摸排整改、销售人员互联网营销宣传合规性自查整改、内控合规梳理暨全面风险排查等工作。对下辖的荆州中心支公司、宜昌中心支公司及本部各业务大区开展合规专项检查、反洗钱专项检查，指出存在问题，明确整改要求并督导整改。配合集团稽核中心开展 2022 年度中介渠道业务专项稽核和 2023 年度常规稽核工作，对稽核检查中发现问题的责任人，严肃追责问责，将处罚情况通过 OA 风清气正专栏在全系统公示，对全员进行警示教育。

二、加强合规宣传

线上采取通过官方微信公众号、微信朋友圈转发的形式，线下采取职场常规宣传、户外集中宣传、进社区集中宣传（联合街道）、户外针对性宣传等形式，扩大合规宣传覆盖范围。全年开展违规案例警示、风险提示、诚信合规月、“3·15”消费者权益保护日等主题宣传活动，向员工和公众宣传常见保险诈骗类型、反洗钱、防范非法集资、扫黑除恶等金融知识，帮助员工和公众提升金融风险辨识能力和防范意识。

三、加强合规培训

针对新入职员工、业务人员、重点岗位人员、领导干部等不同层次人群开展专题培训，强化合规意识，提升专业技能，增强全员风险防控能力。

四、加强业务全流程风险管控

加强部门间合作，建立信息沟通机制。对异常销售行为、客户信息不真实不准确等风险隐患进行风险提示，强化金融风险防控。全年未出现重大违规和重大风险事件。

【金融消费者权益保护】

一、加强投诉管理

通过完善投诉管理制度、规范投诉处理流程、创新投诉处理措施、加强协同合作，提升消费投诉和纠纷化解质效。认真落实内部合议协商机制和保险纠纷调解机制，及时回应消费者诉求，将纠纷化解在初始阶段，实现结案率和回访率

100%。全年未出现重大突发、群体性投诉及负面舆情。

二、开展产品和服务消保审查

落实消保审查工作要求,设置专业消保审查岗位、建立和完善三条消保审查路径、固定审核节点,审查覆盖公司所有资料。严格开展消保审查和台账登记,落实主体责任,前置风险管理。全年累计审查39件宣传材料、告知函等文件等重要事项,实现消保工作闭环管理。

三、开展消费者权益保护宣传教育

在营业场所设立金融知识宣传教育区、公众教育宣传栏、老年人金融服务专区,配备充足宣传资源;在营业场所粘贴金融宣教海报和风险提示标语,在官方微信和公司APP发布"以案说险"、风险提示等内容。组织开展线上线下金融知识教育宣传活动。开展客户大走访、金融消保教育宣传月、"睡眠保单"清理、"孤儿保单"清理等活动,成立活动领导小组,明确牵头部门、联系人,制定活动方案,做好外宣工作。全年开展集中教育宣传活动场次30场,线下覆盖活动人数3000人次。消保宣教活动被行业协会登载,获得较好的宣传效果。

四、加强消费者个人信息保护

从信息采集、处理、传输、存储、共享、销毁等六个方面加强消费者信息管理。通过每月开展全量系统漏洞扫描并及时自查修复监管通报的最新漏洞、每年开展互联网系统渗透测试,提升系统安全强度。通过严控办公终端USB开通率、上线DLP数据防泄漏系统,加大敏感信息违规外发的监测力度,确保数据合规使用。

五、加强销售行为可回溯管理

修订《泰康养老保险股份有限公司湖北分公司保险销售行为可回溯管理办法(2023版)》,明确销售行为可回溯管理工作职责。开展销售人员"一对一"指导式培训,严格管控"双录"问题件时效。录制"双录"视听资料,系统做好视听资料留存工作。跟踪保险销售行为可回溯机制执行情况,压实管理责任,维护消费者合法权益。

(泰康养老保险股份有限公司湖北分公司)

幸福人寿保险股份有限公司湖北分公司

【概况】

2023年,幸福人寿湖北分公司(简称)认真贯彻落实总公司战略部署,推动经营业绩稳中向好。全年实现原保费收入147124.4万元,同比增长2.4%。其中新单保费收入57236.5万元,占比38.9%;续期保费收入89887.9万元,占比61.1%。实现新业务价值3449.2万元,在全国幸福保险系统内,新业务价值排名第5位。分公司下辖5个中心支公司、15个支公司。

【党建工作】

认真履行党建主体责任,围绕经营发展中心任务,为分公司高质量发展提供坚强政治保障和组织保障。坚持党建引领,加强干部管理。强化党风廉政建设和清廉文化建设,营造合规经营氛围。

【业务发展】

一是做好理赔服务。秉持"以客户为中心"的保险服务理念,为保险消费者提供专业、诚信、高效的理赔服务。全年共理赔5047件,赔付金额2395.23万元。其中,医疗赔付4851件,赔付金额793.95万元;重疾赔付65件,赔付金额714.7万元;身故赔付125件,赔付金额864.98万元;伤残赔付6件,赔付金额21.6万元。理赔关键指标持续优化,实现自助保全理赔使用率96.50%、微信回访成功率98.85%、理赔案均出险支付周期66.70天、理赔案均索赔支付周期0.47天、理赔案件获赔率99.98%。二是服务社会保障。襄阳中心支公司共保承保首个全市惠民型商业医疗保险,通过承保"襄阳惠民保",助力完善多层次社会保障体系,提高弱势群体的风险保障水平。

【风险管控】

围绕"金融+科技+生态"的发展战略,高度重视风险管理工作,严格落实三级责任制,筑牢合规三道防线。全年开展基层机构案件防控"三测一查"、"严治痛点"排查、销售人员互联网营销宣传合规性自查整改、年度风险排查等风险管控工作,坚持问题导向,及时堵塞漏洞。充分发挥合规风控部合规风险管理职能,不断加强内控合规管理和内控合规文化建设,增强防范、化解风险能力,确保分公司稳健发展。

【金融消费者权益保护】

一是完善消保机制建设。制定《关于调整消费者权益保护工作委员会成员的通知》,细化各部门、各机构消保工作职责;制定2023年消保工作计划和消保考核办法,督促各部门、各机构按照工作计划有序开展消保工作;加大消保考核力度,推动消保工作落地见效,实现全年亿元保费投诉量0.88件/亿元。二是开展宣教活动。线上线下同步开展常态化宣教和集中宣教活动。开展"3·15"消费者权益保护日、"7·8"保险公众宣传日、"客户大走访"等活动,通过"五进入"方式向保险消费者普及保险知识、推广保险理念,引导保险消费者树立正确的消费观念。在6个客服大厅设置独立的、公益性宣传教育专区,配备充足的教育宣传资源,加强日常柜面常态化金融知识宣传。

(幸福人寿保险股份有限公司湖北分公司)

阳光人寿保险股份有限公司湖北分公司

【概况】

2023年,阳光人寿湖北分公司(简称)坚持以价值管理为指引,创新经营与业务发展模式,全面夯实管理基础,加强组织能力建设,扎实推进各项工作落地见效。截至年末,实现总保费收入44.62亿员,同比增长3.4%。其中,新单保费收入21.12亿元;新单期交保费收入7.67亿元,同比增长20%。全年理赔服务客户2.35万人次,获赔率98.55%;支付赔款2.48亿元;支付时效1.56天。分公司下辖56个分支机构,经营服务网络基本覆盖全省。获得2023中国·武汉极目金融榜"最具社会责任保险公司"称号。

【业务发展】

一是助力构建多层次医疗保障体系。承保襄阳市城乡居民大病保险,全年赔付特困供养人员、孤儿、低保对象、返贫致贫人群11986人次、金额1479.3万元。二是履行社会责任。承保2023年武汉马拉松所有参赛选手和工作人员相关保险,是官方制定的唯一保险供应商。

【风险管控】

严格贯彻落实各项监管政策要求,持续完善风控合规管理组织体系,通过强化组织领导、加强制度建设、创新风险管控思路、优化风险管控工作方法、加强培训等措施,不断推进风险管理工作。

【金融消费者权益保护】

通过设立消费者权益保护委员会、修订消保管理办法、建立突发事件下服务保障机制、设置消保专项预算、建立长效金融宣教工作机制和内部考核机制，持续完善消保体制机制建设。组织开展“3·15”消费者权益保护日、“7·8”保险宣传日、金融知识普及月、客户大走访等宣教活动，向社会公众普及保险知识、推广保险理念。

（阳光人寿保险股份有限公司湖北分公司）

百年人寿保险股份有限公司湖北分公司

【概况】

2023年，百年人寿湖北分公司（简称）实现原保费收入（新会计准则口径）294443万元、同比增长3%。其中，人寿险保费收入250317万元、年金保险保费收入3286万、健康险保费收入40416万元、意外险保费收入425万元。总保费收入在寿险市场排名第14位，同比提升3个位次；新单保费收入寿险市场排名第18位，同比提升3个位次。全年赔付支出67018万元、同比增长178%。其中赔款支出331万元、死伤医疗给付11417万元、年金给付8461万元、满期给付46810万元。分公司下辖22个分支机构，其中，9个中心支公司、11个支公司和2个营销服务部。

【党建工作】

以党的政治建设为统领，增强“四个意识”、坚定“四个自信”、做到“两个维护”，捍卫“两个确立”，将业务推动与支部建设相结合，不断强化党支部各项工作。坚持党的领导，将党的领导融入公司经营管理全过程，完善双向进入、交叉任职领导体制，落实好“一岗双责”。分公司班子成员及中心支公司总经理共13名领导干部中，有9名正式党员、2名预备党员、2名发展对象，基本实现核心领导岗位党员全覆盖，确保各项制度和工作部署落地实施。持续运用党建“红色引擎”，引导广大党员干部在日常工作中转作风、提效能，聚焦目标、深化转型，不断提升党员干部先锋引领作用和模范带头作用。

【业务发展】

一是拓展渠道业务规模。全年实现个人代理渠道保费收入77192万元、银行邮政代理渠道保费收入191208万元、公司直销渠道保费收入1882万元、专业代理渠道保费收入14658万元、保险经纪渠道保费收入9503万元。二是做好保险续期工作。全年实现个险13个月年累计继续率94.8%、25个月年累计继续率95.3%；团险13个月年累计继续率100%、25个月年累计继续率99.1%。银保渠道13个月年累计继续率94.9%、25个月年累计继续率98.1%；经代渠道13个月年累计继续率70.8%、25个月年累计继续率93.3%。

【风险管控】

一、加强内控管理

一是细化合规机制和内控管理制度建设，进一步规范员工行为。二是开展检查自查。开展开门红期间自律检查、日常合规巡查、案防专项检查、合规专项检查、反洗钱专项检查，机构合规专项检查和反洗钱专项检查覆盖率达100%，帮助渠道和机构梳理经营管理中的薄弱环节以及风险点，强化全员合规经营意识；加大督导检查力度，全年督导检查九个中心支公司，评估中心支公司内控风险，制定管控措施。

二、开展主题宣传活动

线上线下同步开展“合规文化主题宣传月”“防范非法集资宣传月”“反保险欺诈宣传月”“反洗钱宣传月”“金融知识普及月”等宣传活动，利用新媒体宣传合规简报、学习园地展板、微信公众号推文、短视频、内网新闻稿，强化全员风险防控意识。

三、开展教育培训

通过现场培训、视频培训、直播培训、企业微信课程培训等方式，按每周、每月、每季度的频次开展不同岗位工作人员合规培训，学习《人身保险产品信息披露管理办法》《反电信诈骗法》《保险销售行为管理办法》等与保险业相关的政策法规。做好日常经营、销售行为中的风险提示工作，推动分公司实现合规经营。

【金融消费者权益保护】

围绕“以人为本”的经营理念，认真落实“重观念、强体系、优机制、提能力”的消保工作要求。一是完善消保体系。通过“强基础、抓重点、补短板、固优势”，对标消保监管评价标准，开展消保重要制度、规则、流程的制定和修订工作，堵住制度、规则、流程漏洞，从源头关注消保、从苗头加强消保，构建全流程融入消保要素、全员承担消保责任的工作格局。二是加强员工培训。通过早会解析消保案例；以“强党建、讲诚信、干实事、促消保”为主题，开展“党员讲消保”“高管讲消保”专题培训，从产法层面和司法层面，向员工普及消保知识，强化员工消保意识。三是做好消保宣教工作。在营业网点设置金融知识宣传专区，配备充足的宣传材料；在公司微信公众号首页设置金融宣教专区和风险提示专区，按月更新金融宣教内容；积极参与各类集中性消保宣教活动。

（百年人寿保险股份有限公司湖北分公司）

中邮人寿保险股份有限公司湖北分公司

【概况】

2023年，中邮人寿湖北分公司（简称）总保费规模73亿元，在全省人身险市场排名第8位，增速高于全省人身险市场均值18个百分点。续期保费41.11亿元，同比增长24%，完成计划104.13%；13月继续率91.93%，25月继续率97.58%，两项关键指标均达到公司优势库标准。期交、长期期交新单保费规模在全省银保市场均列第1位。

【党建工作】

一是发挥基层党组织战斗力。有序完成党支部设置调整，13名部门负责人担任支委，支委中部门负责人占比提升至72.2%，推动支部工作和重点工作同研究、同部署、同落实。坚持问题导向，持续推进领题破题。对照集团巡视要求开展自查自纠，抓好集团巡视问题整改落实，每半年组织开展落实全面从严治党责任检查，督促党组织发挥战斗堡垒作用。二是强化责任落实机制。完善党建责任清单机制，制定53项全面从严治党主体责任清单、16项党委班子“一岗双责”清单、112项年度党建重点工作事项清单，通过明责、履责、考责，全面推进党建工作落实落地。三是强化监督保障执行机制。制定34项年度重点监督工作，以贯通协同监督会议为平台、以联合监督为抓手，完善大监督体系，推动上级各项决策部署在分公司落实落地。

【业务发展】

一、发展渠道业务

一是发展邮银渠道业务。全年实现保费70.3亿元、同比增长19.6%、完成年计划104.8%。其中,新单保费29.2亿元、同比增长13.7%、完成年计划107.4%;长期期交新单保费24.3亿元、同比增长19.36%、完成年计划104.63%;5年交及以上终身寿新单保费23.6亿元、同比增长69.83%、完成年计划134.64%;健康险新单保费考核规模8901万元、同比增长31.40%。实现新业务价值5.5亿元,同比增长17.05%,预算完成率110.15%。二是发展团险渠道业务。全年实现团险保费5344万元,同比增长158%,完成年计划121.47%。三是发展外拓渠道业务。实现招行渠道新业务价值保费1100万元,完成进度157.28%。四是发展中介渠道业务。全年实现保费2340万元,目标达成率334.29%。

二、发展普惠保险业务

开展"逢九点爆"活动,营造浓厚业务发展氛围,拓展普惠保险规模;依托邮政客户资源优势,大力发展团单,拓展中小企业客户293户;开展送教上门活动,服务352个网点,覆盖全省各市(州)和50余个县区;创新发展策略,与平安财险共同推出湖北"邮惠保"。全年普惠保险业务跨越式发展,实现保费1816万元,经营任务完成进度140%;累计覆盖7.92万人次/户次客户,提供风险保额630.07亿元。

三、开展保险帮扶工作

持续为黄冈市梅山村、石门楼村、东庄畈村、孙家垸村、甲地河村,十堰市坝溪河村、甘家岭村、秦坪村、堰丰村,恩施州芦坪村共10个保险帮扶村4466名脱贫人口提供保险保障。开展"爱心帮扶邮你邮我"公益帮扶活动,与帮扶村驻村干部、村委会走访村烟叶种植户,向种植户普及普惠保险知识。

【风险管控】

一、筑牢风险底线

一是制定2023年风控合规工作要点,进一步明确风险管控措施和机制,安排专人跟进风险点监测工作,按季度发布联合管控提醒。二是创新合规管控手段。联合中国邮政湖北省分公司金融业务部制定业务合规应知应会手册,向市(州)代管人员、规划师、中介经纪人发放,明确中介管理、兼业代理管理、人员管理、销售行为管理等方面的基本要求,为"一主多辅"战略落地见效提供行为指引。三是开展全省2023年合规培训。邀请外部专家分析解读消费者权益保护、反洗钱等重点领域监管政策,增强风险预判预防能力。培训覆盖全省17个市(州),累计参训799人次。

二、提升风险管控质效

融入邮政银行全面风险管理体系,建立健全协同会商机制、联动风险管控机制、联合检查培训机制、联合问责整改机制,通过联建合规综合评价、联合开展合规检查、联动做好合规培训、联合办好知识竞赛,实现协同管理。全年参加4次案防协同会议,提交3项重点议题,统一研究部署合规经营工作;选派4人参加7次雷霆行动联合检查,提升合规经营管理质效。

三、加强满期风险管控

成立满期给付业务支撑组,按月分析研判满期给付情况;加强三方联动,协同做好满期给付工作。全年共处理满期给付58656件,给付金额24.14亿元,满期给付业务整体呈现平稳发展态势,未发生客户投诉及群体性事件。

【金融消费者权益保护】

一是创新消保教育宣传方式。上线AI智能在线问答机器人,吸引在校大学生点击了解消保知识,全年对话超过5万人次;创新开展"3·15"换个视角看保险主题广播节目和消保专家面对面访谈节目,受众70万人次;在邮政银行网点设置中邮保险展示宣传教育专区,开展惠民健康检测、爱心相伴宣传、金融知识宣教等活动。二是加强投诉管理。印发2023年投诉溯源整改工作方案,持续开展日分析、月通报、季研究,实现亿元保费投诉件数同比下降16.84%。消保审查案例入选中邮保险2023年全国消保审查案例汇编。三是加强消费者教育基地建设。全年建成100个消保教育示范基地,配备200余台健康设施设备,开展423场惠民健康检测、名医问诊活动、167场金融知识宣教活动、145场"感恩有你 温暖相伴"特色体验活动,累计覆盖客户约1.5万人次。金融消费者教育基地建设成果被总公司"心之守护 愿爱无忧"媒体采风行专题报道,在知名媒体登载宣传,取得较好的宣传效果。

(中邮人寿保险股份有限公司湖北分公司)

大家人寿保险股份有限公司湖北分公司

【概况】

2023年,大家人寿湖北分公司(简称)坚持"保险姓保、回归本源"的发展方向和"规模适速、价值增长、能力提升"的经营基调,统筹推进业务发展和转型,新单保费规模及市场份额稳居湖北人身险市场前列,实现经营、管理"双破局"。截至年末,资产规模2885220.14万元。全年实现保费收入514477.16万元;赔付支出2299.47万元。分公司在宜昌、黄冈、咸宁、荆州、襄阳、荆门等地设立6个中心支公司。

【业务发展】

一、加快业务拓展

一是发展银保业务。聚焦"渠道经营均衡化、国有行核心化、价值转型常态化、资源投入精细化、机构经营差异化、队伍建设精英化"六大目标,加快银保业务转型,拓展银保业务规模。二是发展个险业务。打造专业化、职业化、数字化的独立个人保险代理人队伍,夯实个险业务发展基础。三是完善养老服务体系。推进"大家的家"养老品牌落地分公司,为客户提供高品质、多层次的城心医养、旅居疗养、居家安养、海外养老等系列养老产品和服务。与所在地区相关政府部门达成合作意向,推动"保险+康养"服务模式赋能公司业务高质量发展。

二、提升客户服务水平

一是构建全生命周期保险生态圈。开展"五个一"客户服务工程,通过开展"倾听客户声音""处理投诉案件""现场接待客户""组织客户座谈""分析客户脸谱"等工作,深入了解客户需求,不断改进服务方式,努力为个人客户、家庭客户提供涵盖人身保险、养老保障、财富管理等全品类、一站式的保险保障解决方案。二是优化适老服务。将适老服务纳入日常经营管理中,在各级柜面设置老年人窗口和爱心座椅,配置老花镜、放大镜、紧急药箱等设施,进一步提升老年客户服务体验。

【风险管控】

坚持把党建工作和内控合规管理工作紧密结合,以加强党的组织建设、队伍建设、作风建设、纪律建设为引领,强化责任落实,严守合规管理底线。充分发挥党员先锋模范带头作用,引导全员树立正确的人生观、价值观、道德观和是非观，进一步推动内控合规管理工作走深走实。

【金融消费者权益保护】

积极开展"3·15"保险消费者权益保护周、"7·8"保险公众宣传日金融知识普及月、合规宣传月等活动，通过发放宣传册页、现场咨询、设置总经理接待日等方式，到街边社区普及保险知识，接待保险消费者咨询，提升消费者依法维权意识。面向老年客户群体，开展形式多样的金融知识教育宣传活动，不断提升老年客户识别和防范金融风险的能力。

（大家人寿保险股份有限公司湖北分公司）

前海人寿保险股份有限公司湖北分公司

【概况】

2023年，前海人寿湖北分公司（简称）遵循保险市场发展规律，坚持合规经营与风险防控底线，稳健推进公司业务发展。截至年末，总规模保费31.2亿元，在湖北寿险市场排名第15位、份额占比1.8%，在前海保险系统排名第7位。全年有效保单件数32.4万件。新单保费23.6亿元。其中，个险渠道新单规模保费5701万元（含经济代理公司业务）、银保渠道新单规模保费22.9亿元、团险渠道新单规模保费760万元。赔付率95.72%；赔款支出、死伤医疗给付9265.79万元，占本年保费收入2.9%。

【党建工作】

坚持党建引领，推进党建与业务深度融合。全年党支部贴近经营需求召开24次各类会议、5次党课，开展26次各类主题党日活动和志愿服务。聚焦员工需求，开展"党建引领，融合赋能"防范金融诈骗法律讲座、"OH牌"员工心理健康关爱活动，为员工办实事，帮助员工减轻生活压力，激发职场活力，推动公司高质量发展。

【业务发展】

一是深耕本地业务。紧跟总公司发展战略，推广长期保障型产品，推动医养保协同发展，为省内客户提供全方位、专业化保险保障。加大对长江经济带项目金融支持力度，助力湖北经济社会发展。二是提升客户服务水平。为特定人群提供亲属代办、服务人员上门代办以及柜面人工服务等业务办理方式，提升特定人群办理业务的便利性。通过升级无障碍设施、安排专人接待，保障残障人士无障碍通行。在职场柜面开设老年专属服务窗口、设置爱心等候座椅、增设适老化设备，在消保教育专区摆放风险提示、设置适老化服务意见收集箱，为老年客户提供更加细致和人性化的服务。三是开展2023年客户大走访活动和2023年消除"孤儿保单"大行动。深入一线向客户提供金融知识普及、保单复效等服务，提升人身险客户金融获得感和满意度。

【风险管控】

一、开展从业人员诚信教育培训

落实行业协会全年法治诚信教育培训不少于36小时的要求，通过面授、研讨、分享交流、演讲、观看视频、微课等多种形式组织外勤开展诚信学习。定期更新培训课件包，按月追踪培训工作开展情况，将外勤培训工作落到实处，从源头上防范销售误导风险，提升业务品质。

二、开展"机构总讲合规"活动

有效发挥"一把手"引领带头作用，带动机构负责人进一步加强合规管理。机构负责人结合实际经营情况制作合规培训课件，向员工普及合规知识，并现场运用自媒体进行立查立纠，持续强化内、外勤员工合规意识。

三、加强反洗钱管理

加强可疑交易甄别分析，通过多种途径核实客户身份信息、资金来源，梳理可疑交易判断逻辑，提升可疑交易分析质量，确保可疑交易报告有效性、准确性，避免防御型上报。全年审核456件可疑交易，其中8件被认定为可疑交易，1件被认定为重点可疑交易。

【金融消费者权益保护】

一、开展常态化宣传教育工作

一是加强线下教育宣传渠道建设。在营业场所设立独立的公益性金融知识教育宣传专区，动态更新宣传资料，通过电子屏等设备播放反洗钱宣传语、保险风险提示、保险知识等内容。二是丰富线上宣传方式。利用官方网站、官方微信公众号、前海人寿APP等自有渠道发布"以案说险"、风险提示、教育视频等宣传内容。

二、开展消保宣教活动

一是开展专题宣教活动。制定活动方案、活动计划，组织开展"3·15"消费者权益保护日、"7·8"保险公众宣传日、金融教育宣传月活动，进企业、进养老社区、进校园、进农村、进商圈，向"一老一小一新"重点人群普及保险知识，强化重点人群风险防范意识。通过媒体报道消保活动开展情况，获得较好的宣传效果。二是开展公益性金融知识教育活动。结合受众人群差异性，有针对性地开展消费者八项权益、老年人运用智能技术、金融政策、防诈防骗等主题宣传教育活动，采用图文并茂和互动式的宣传方式，提高宣传质效。

（前海人寿保险股份有限公司湖北分公司）

财信吉祥人寿保险股份有限公司湖北分公司

【概况】

2023年，财信吉祥人寿湖北分公司（简称）坚持党建引领与业务发展相融合，实现业务规模稳步提升、业务品质持续趋优、创新项目初显成效、员工队伍专业技能进一步提升，整体经营业绩稳中向好。全年实现原保费收入61920.93万元；赔付支出826.18万元。年末资产规模21.21亿元。分公司下辖7个分支机构，其中3个三级机构、4个四级机构。

【业务发展】

一、服务民生保障

襄阳中心支公司入选"城市定制型商业医疗补充保险（襄惠保）"共保项目承办机构，为襄阳人民提供承保、理赔、咨询等服务。

二、拓展业务规模

申请加入湖北省湖南商会，积极参与商会活动，拓展房地产、建筑、工程、餐饮、物流等多个行业和领域客户；对接商会会员保险需求，打造高效、创新、多元化业务模式。

三、提升客户服务水平

一是优化线上服务。上线关爱版本官方微信，优化官方微信保全、理赔、回访、保单信息查询等服务页面字体放大功能，实现老年客户常用服务项目大字版一键切换，提升老年客户体验。二是开展2023年第九届客户服务节。以"公益有温度、服务无止境"为主题，集服务提质、亲子互动、金融宣教等于一体，内嵌服务大回访、少儿财商探索营等系列活动，提升客户黏性。

【金融创新】

创新财信人寿爱医保(尊享版)百万医疗保险住院垫付服务,为客户提前垫付住院医疗费,帮助客户解决资金短缺和保险理赔难题。与第三方服务商合作,突破传统垫付服务在时间和区域的限制,实现通过商保支付码提供快捷垫付服务,覆盖所有支持支付宝缴费的二级及以上公立医院。

【风险管控】

贯彻落实监管部门和总公司各项合规管理要求,持续推动公司内控制度建设、完善风险管理机制,压实风险管理"三道防线",确保各类风险可识别、可计量、可评估、可检测、可报告、可控制、可缓释。一是强化风险检查排查机制。督促下辖机构开展风险大排查、非法集资风险线索排查、员工行为排查、内部控制自评估、反洗钱自评估等各类自查自纠和现场检查,分析检查排查中反映出来的问题,督促经营机构整改到位,并将整改结果纳入绩效考核。二是开展包括法律法规、诚信道德教育、员工行为管理、案件风险防控等内容的员工培训。三是建立业务品质监测体系。常态化监测机构继续率等7项指标和保单业务人员品质等6个因子,每月对新单品质进行风险识别与评价,及时处置高风险业务,实现个险、银保业务渠道监测全覆盖。四是建立分支机构风险评价体系。关注保险风险、操作风险、声誉风险等5类风险共12项指标,每季度进行风险评价,将评价结果纳入绩效考核。五是制定重大风险和突发事件应急机制。准确界定、细分重大突发风险事件,明确应急触发条件以及风险处置措施、方法、程序,妥善处理各类风险事件。全年未发生系统性风险事件,整体风险可控。

【金融消费者权益保护】

一、加强消保制度建设

完善消保审查、审计、信息披露、内部考核、投诉管理、突发事件应急处理、客户信息保护、教育宣传、营销宣传等方面制度,将消保工作要求融入各项制度中。

二、加强消保宣传教育工作

一是定期召开消保工作会议,学习消保知识和重要监管政策,部署宣教工作。二是开展消费者金融知识宣传教育活动。在官方网站设置金融知识教育专区,在官方微信设置金融宣教与普法专区,通过线上渠道发布"以案说险"、风险提示等内容,提示社会公众保险购买、理赔、投诉及争议解决等环节的注意事项,提高公众风险防范意识和维权能力;在客服中心设置金融知识教育宣传专区,摆放合规宣传手册、星宝理财记、"以案说险"易拉宝及各类金融知识宣传页,涵盖反洗钱、反电信诈骗、防范非法集资、个人信息保护等消费者权益保护金融知识,丰富机构金融知识教育宣传专区内容。

(财信吉祥人寿保险股份有限公司湖北分公司)

国联人寿保险股份有限公司湖北分公司

【概况】

2023年,国联人寿湖北分公司(简称)不断提升经营管理水平、加大风险管理力度,促进各项业务高质量发展。截至年末,实现保费收入79480.96万元。其中,人寿险保费收入79246.70万元,占比99.71%;健康险保费收入230.73万元,占比0.29%;意外险保费收入3.53万元,占比不足0.01%。截至11月30日,实现新单保费规模7.9亿元,创造新业务价值5588.5万元。

【党建工作】

一、加强党风廉政建设

一是加落实党风廉政建设责任制度。坚持党支部对党风廉政建设、反腐败工作的领导,将党风廉政建设纳入支部建设和公司业务工作的重要内容。党内廉政建设工作"一把手"总负责,班子成员和部门负责人履行"一岗双责",统筹抓好业务工作和党风廉政建设监管工作。二是加强警示教育。支部书记带头开展廉洁教育专题活动,组织全体干部职工开展"以案析理"廉政警示教育大会,签订《廉洁从业责任书》。

二、推动融合式党建项目

围绕驻汉机构共建、先锋驿站建设、监管部门共建三个阶段,推进共建项目落地。与共建单位探索共建新模式,促进党务工作与业务发展双向融合、共建资源向党建资源汇集、共建动态向党建动态聚焦。将党建与业务同部署、共推进,发挥集团全金融牌照资源优势,联合集团驻汉金融机构,以支部建设为契机,开展联学共建,将党建促经营落到实处。与国联证券湖北分公司完成共建签约,通过协同组织党员基层教育、举办客户沙龙活动、金融知识讲座、产品发布会、内外勤技能知识培训讲座等,提升员工专业技能,共同开发证券、期货客户资源,提升业绩产能。

三、夯实党建基础

打造"创业先锋"特色支部品牌,将"创业、创新、创造"三创精神和"相信、尊重、合作、向上"八字文化融入支部品牌,助力建设开拓进取、勇往直前的创业支部。设立党员示范岗、党员先锋岗,完善党建园地、党员活动室、党员示范区、先F驿站建设,进一步夯实党建基础。通过开展"学思践悟二十大"主题党日活动、党员挂证取薪专项治理、党员组织关系自查工作,强化党支部战斗堡垒和党员先锋模范作用。

【业务发展】

分公司坚持党建引领,妥善应对市场不利因素带来的影响,不断提升经济效益,是国联保险系统内渠道业务规模、新业务价值双达标机构。

一、发展基础业务

一是拓展个险渠道业务。加强产品运用,强化销售赋能。实现标准保费1684.5万元,保费目标达成率112.3%;创造新业务价值504.9万元,新业务价值达成率为106.3%。二是拓展银保渠道业务。实现期缴新单规模31429.3万元,创造新业务价值3828.9万元,新业务价值达成率382.9%。三是拓展经代渠道业务。实现新单规模17052.6万元,保费目标达成率224.4%;创造新业务价值1254.7万元,新业务价值达成率为179.3%。

二、提升客户服务水平

一是开展客户大走访活动。党员干部带头开展走访工作,了解客户需求、听取客户意见,持续优化客户服务,提升客户满意度。二是加强适老服务。在柜面设置老年人服务专区,配备应急物资。为老年客户提供100%人工回访服务及"一对一"双录指导、递保单服务。

【金融消费者权益保护】

一是加强消费者宣传教育。在柜面设置消保宣传展架,放置消保宣传资料、合规宣传资料,营造合规文化氛围。二是开展员工培训。开展全员消保培训、合规政策培训及业务技能培训,强化合规经营意识和消保意识。三是开展宣教活动。开展反洗钱、防范电信诈骗进社区宣传活动,通过张贴宣传海报、现场讲解等形式,向社区居民普及反洗钱、防范电信诈骗的基本知识和技巧,增强居民风险防范能力。开展"7·8"保险公众宣传活动,党支部提前规划,督促落实活动方案，通过多种宣传方式向公众普及保险知识和合理消费理念。

（国联人寿保险股份有限公司湖北分公司）

海港人寿保险股份有限公司湖北分公司

【概况】

2023年，海港人寿保险股份有限公司整体受让恒大人寿保险有限公司保险业务及相应资产、负债，为保持各项工作连续性、科学性，机构运行情况以海港人寿湖北分公司(简称)名义报送。分公司全年实现总规模保费44.8亿元，其中银保渠道总规模保费37.6亿元、经代渠道规模保费5.5亿元。新单保费23.4亿元，其中，银保渠道新单保费22亿元、经代渠道新单规模保费1.1亿元。全年实现新单期缴保费10.3亿元、同比增长2.1%。其中，银保渠道新单期缴保费9.7亿元、经代渠道新单期缴保费4937.4万元、个险渠道新单期缴保费1229.8万元。全年续期实收保费21.4亿元，同比增长49.5%；13个月继续率97.29%，同比提升1.16个百分点。截至年末，分公司设有荆州中心支公司、黄石中心支公司、黄冈中心支公司、孝感中心支公司、潜江支公司、仙桃支公司、天门支公司以及武昌营销服务部和松滋营销服务部。

【党建工作】

认真贯彻落实金融行业党建工作要求，开展学习贯彻习近平新时代中国特色社会主义思想主题教育活动。按季度召开党员大会，集中学习《中国共产党国有企业基层组织工作条例（试行）》《习近平著作选读》，不断提升员工党性修养、强化党员在业务发展中的先锋模范作用。开展党性党风党纪教育，组织员工学习三方联席会议精神。通报近年金融行业乱象以及违法违规案例，强化员工廉洁从业意识，确保稳健开展各项经营活动。

【业务发展】

一是提升客户体验。优化适老服务和新市民服务，积极解决老年人和新市民群体业务办理难题。优化线上保全、理赔服务，开发上线视频保全功能，为客户提供更加便捷的保险服务。二是开展消除“孤儿保单”客户服务大行动。制定清理方案和长效追踪机制，全年减少“孤儿保单”4209件、更新176条客户信息、完成366件保单退保处置和22件保单复效，为19位客户重新提供391万余元的保险保障。

【风险管控】

不断完善风险合规管理体系，建立顺序递进、权责统一、严密有效的“三道防线”，着力提升风险防范化解能力，守住不发生系统性风险的底线和合规红线。一是完善内控体系。设立合规专岗和合规联络人，压实合规工作责任。健全内控制度，制定业务流程、反洗钱、人员管理等方面制度。二是加强合规文化建设。利用营业网点、公司订阅号、媒体、培训平台，向全体员工普及法制知识，强化合规意识。三是建立健全风险防控机制。开展保险销售行为自查自纠、全面风险排查、内控评估、非法集资风险排查等多个专项检查，从资金管理、业务管理、人员管理、制度建设等方面全面检视制度和流程的合理性、合规性以及执行情况。常态化监测异常销售行为，向全体员工发布行政处罚案例、谨防诈骗等风险提示，通过警示教育，强化员工风险防控意识。

【金融消费者权益保护】

一是健全消保组织架构。成立消费者权益保护工作委员会，配备专业工作人员负责全公司消费者权益保护、客户投诉管理工作，确保消费者权益保护工作的独立性、权威性、专业性。二是畅通投诉渠道。在营业场所醒目位置公示投诉服务指南，及时、公正、合理地处理客户诉求，保障消费者合法权益。三是加强消保宣传。多层次、多渠道、多样式、多频次开展常态化保险消费者教育工作。在公司职场设置金融知识宣传教育专区；在官网、官方微信号发布风险提示、以案说险、保险常识等内容；组织开展“3·15”金融消费者权益日、“7·8”全国保险公众宣传日、防范非法集资宣传月、反保险欺诈宣传月等活动，通过职场LED显示屏宣传、短视频宣传、“五进入”宣传等多种形式，向消费者普及金融知识，提高消费者金融素养和风险意识。四是开展消保培训。结合员工岗位类别和日常工作需求，全年开展203场消保培训，覆盖消费者权益保护、保险全流程运营服务规则等方面内容。不断提升公司员工消保意识，营造良好的消保工作氛围。

（海港人寿保险股份有限公司湖北分公司）

四、证券期货业机构

（一）证券业机构

长江证券股份有限公司

【概况】

2023年，长江证券（简称）提升战略落地与协同效率，以专业能力建设为重心，不断夯实业务根基、优化业务结构，持续提升管理质效、提高合规风控，持续夯实人才队伍建设、做强文化品牌，实现资金配置效率稳步提升、科技赋能力度不断增强、整体经营保持稳健向前。全年实现营业总收入68.96亿元，同比增长8.23%；归属于上市公司股东的净利润15.48亿元，同比增长2.58%。截至年末，资产总额1707.29亿元，较年初增长7.39%；归属于上市公司股东的净资产346.62亿元，较年初增长12.79%。

【党建工作】

坚持"以党建引领业务，以业务检验党建"共识，强化党建与业务双向深度融合，以高质量党建引领保障高质量发展，助力加快建设金融强国。

一、持续深入学习

一是扎实推进主题教育。紧扣"学思想、强党性、重实践、建新功"总要求，聚焦主题主线，突出以学铸魂、以学增智、以学正风、以学促干，统筹推进各项重点工作，圆满完成主题教育各项目标任务。二是持续学习贯彻党的二十大精神。分期分批对党员干部组织各类宣传宣讲、研究阐释，推动学习宣传步步深入、全面覆盖，围绕金融服务实体经济的根本宗旨，全面把握和落实党的二十大精神。三是学习贯彻中央金融工作会议精神。公司党委结合公司经营管理工作实际全面准确理解习近平总书记对金融工作提出的一系列新思想、新观点、新论断，坚守金融服务实体经济的根本宗旨，不断提高高质量发展的政治自觉、思想自觉和行动自觉。

二、党建引领业务

坚持党建与经营管理有机融合。把党建和文化建设纳入公司治理重要内容，持续更新《党委前置研究讨论事项清单》，优化党委会议题征集和组织模式；将党建工作与经营管理同部署、同安排、同实施、同考核，深入贯彻"双向进入、交叉任职"的领导体制，引导党员管理干部成为党建和业务的双"带头人"。持续强化党支部政治功能和组织功能，推进党支部标准化、规范化建设。充分发挥支部委员会作用，严格按照党章及支部条例抓好基层党组织工作机制和组织生活。建设更加忠诚专业团结的干部人才队伍。持续对政治合格、素质过硬、作风优良、业务精通的非党员管理干部、业务骨干、优秀青年员工开展针对性的培养。结合"合规、诚信、专业、稳健"的行业文化，积极推进"忠诚"文化建设。加强纪律建设，促进"清廉长江"建设，保障业务发展行稳致远。

三、业务检验党建

党员领导干部带头深入基层了解实际情况、解决实际问题，综合运用座谈交流、实地走访等方式，持续提高调研的科学性和实效性，积极帮助群众、客户、员工解决高质量发展过程中的实际困难。党员干部示范攻坚发挥先锋模范作用，坚持在业务发展中当先锋、作表率。党委及各个党支部通过组织与政府机关、企业客户、金融同业的联学联建活动，共同学习党的创新理论，探讨金融服务实体经济、防范化解金融风险的路径和方法。弘扬"四下基层"精神，深入业务一线讲授微党课，持续关爱一线员工。

【业务发展】

一、财富管理业务

（一）经纪业务

坚持以客户需求为中心，基于客户精细化分层，构建买方投顾视角下的资产配置体系，围绕客户需求提供一站式深度服务，全方位提升客户投资体验。持续布局银行核心渠道，积极探索拓展非银渠道、新媒体赛道打造模式标杆，为财富管理业务转型发展奠定良好基础。持续丰富金融产品货架，完善产品评价精选体系，打造挖掘与引入的完备流程，优化覆盖"售前-售中-售后"全方位销售服务体系，在公募销售常态化的基础上，重点构建了一条"买方视角"优选量化私募产品线，提升私募产品的选择能力，着力提升高净值客户增长率及转化率。持续推进卖方投顾向买方投顾转型，通过建立投顾分级分类体系，加大投顾的挖掘与培养，总部投研能力精准辐射一线，顺应市场情况，丰富投顾产品类型，实现投顾个人禀赋与客户多样性需求的契合，落实"顾问式服务"，增强客户获得感。加强大资管、大投资、大投行业务协同，以对公业务带动经纪业务，通过密切联系企业、股东、企业家及高管，挖掘高净值客户资源，以长牛机构通平台为载体，以算法总线、资金支持、交易服务、研究服务为手段，覆盖多类客群，树立效率优势。响应数字化时代要求，强化科技赋能，继续优化财富管理平台，整合市场优秀策略，持续提升交易速度，实现客户全生命周期陪伴，注重品牌打造，增强客户黏性。2023年，代理买卖收入市占率（不含席位）为1.91%，创近年来新高。新增开户数量、有效户率不断提升，客户数量达到896万户，连续五年持续增长，资券总值达1.04万亿元；注册投顾人数2268名，行业排名第10位，生产型投顾队伍结构优化，投顾业务销售额逆势增长，投资咨询收入行业排名第6位；金融产品代销收入为2.7亿元，同比增长20.54%。

（二）资产托管业务

充分发挥牌照价值，推进提升公司私募综合服务能力，锚定托管业务"规模倍增计划"，私募业务继续保持增长态势，业务规模同比增长62%，托管业务全年新增私募基金备案数排名进入行业前12名，同比上升2名。整合资源搭建一体化综合服务体系，策划发布"金长江"私募综合金融服务品牌。举办"金长江"第二届私募实盘交易大赛颁奖典礼暨"金长江"私募综合金融服务品牌发布会，推出私募客户综合金融服务品牌"金长江"，打造资金服务生态圈。信用、托管、交易、研究业务的私募客户及产品数量增幅均超过25%，私募托管规模及场外衍生品私募名义本金增长迅速，增幅70%以上，代销保有量增幅超过11%。针对资金服务，整合信托、资管、FOF、第三方机构等多家战略合作方内外部资金设立"金航母"百亿资金平台。策划"金航母"百亿资金助飞计划系列沙龙活动以及"金航母百亿资金平台线上对接会"，重点协同信托、第三方代销及FOF服务机构等资方撬动外部的资产杠杆，搭建私募与资方合作桥梁。公司针对私募证券、公募基金及专户、券商及期货资管、信托计划、银行理财、私募股权六大客群设立业务主办人机制，建立主办人与区域经理联动机制，落地首只信托计划外包业务。各业务主办人根据对应客户类型需求和公司资源禀赋，牵头形成综合金融服务方案，建立周汇报机制，深挖分支机构和总部部门业务资源，持续提炼可复制、可推广的业务模式，抢抓业务机会，有效地保障了托管规模的持续增长。年内荣获 2023 年中国私募基金英华奖“优秀私募托管成长券商示范机构”、金鼎奖“创新突破托管券商”等称号。

（三）信用业务

坚持以客户为中心，通过深化金融科技赋能、创新客户服务形式、提升内部协同效率等措施满足各类客群的多样化需求。推进融资融券业务，持续优化担保物集中度管理体系，推进信用极速交易系统建设，有效整合内外部筹券资源，加强对高净值客户及机构客户的综合服务能力。推进股票质押业务，强化单一标的、单一融资人集中度控制，严控持股质押比例高、限售期长、减持受限融资人的融资规模。推进行权融资业务，助力上市企业员工通过参与股权激励共享发展成果，提升普惠金融供给质效。截至年末，境内融资融券业务规模 292.08 亿元，较上年末增长 5.41%；通过自有资金开展股票质押业务规模 8.47 亿元，较上年末下降 56.74%。

二、研究机构业务

持续提升在国家战略重点领域的研究能力与市场影响力，加大能源转型、高端制造和科技创新相关产业链研究的专业化程度。顺应机构客户市场发展趋势，积极响应机构客户需求，致力于为机构客户提供全方位一站式的金融解决方案。依托研究业务行业优势，通过金融科技持续赋能，不断探索公司研究业务优势与科技创新优势有机结合点，有效提升客户“研究+”模式的服务效率，在业内形成示范效应。积极推进内部协同，多业务条线共同为客户提供跨部门、全周期服务，不断夯实机构客户的综合服务能力。加强合规教育和执业培训，针对监管要求制订严格的内部合规风控流程，紧密监控机构业务展业过程中可能存在的风险行为，努力做到合规前置、文化建设优先。强化研究业务内部协同，深化落实“研究驱动”，与财富管理、资产托管、衍生品等协同拓展和服务客户，在合规前提下积极开展产业研究、专题委托、投价报告、投研交流等方面的协同服务，提升研究价值内部转化效率。截至年末，研究所配置具备全行业研究力量，囊括总量、周期行业、金融制造行业、消费行业、科技行业五大研究领域、34 个研究方向。把握客户机构化浪潮，研究业务头部地位继续夯实，公募佣金市占总体保持近年高位，持续加强私募基金等非公募业务拓展，研究品牌行业影响力不断增强。在“第二十一届新财富最佳分析师评选”“卖方分析师水晶球奖”“金麒麟最佳分析师”等多项外部评选中蝉联第一，市场评选中取得突出成绩。

三、资产管理业务

长江资管持续打磨投研团队，构建人才梯队，实现渠道布局全面打开，多家银行准入破冰，产品业绩进步明显。加强产品布局和渠道拓展，公募私募业务稳步发展，业务结构持续优化，发展基础持续得到夯实。渠道全面外拓，打造以银行、非银机构、互联网平台、长江证券四线业务团队，快速提升同类型客户的响应效率与服务质量，多类渠道推进重点产品持续营销，同时聚焦互联网思维，支撑产品放量。截至年末，长江资管总规模与上年相比基本持平，公募基金业务规模较上年同期增长 13%。改善产品布局，加速产品发行进度，有序推进新产品发行，不断丰富产品货架，满足客户多元化需求。年内专项产品新发 5 只，规模 30.89 亿元；公募基金新发 5 只，规模 23.56 亿元；私募产品新发 21 只，规模 11.82 亿元。

通过持股公司长信基金大力开展基金管理业务。近年来，长信基金总规模已连续五年保持正增长，2023 年首次总规模峰值突破 2000 亿元；非货规模突破 1000 亿元，大幅跑赢行业整体增幅。权益整体业绩相对稳定，核心产品长信金利和长信银利表现出色、排名靠前，其中基金产品“长信金利趋势混合”获得《中国证券报》2023 年度金牛奖——“五年期开放式混合型持续优胜金牛基金”奖项；固收整体业绩显著改善，根据海通证券排名，固收类基金近十年业绩行业排名第 2；量化类产品业绩和排名表现稳定，深受投资者认可。截至年末，长信基金管理产品总数为 124 只，净资产总规模 1740.32 亿元；公募基金 90 只，净资产规模 1682.58 亿元。专户理财产品 34 只，净资产规模 57.74 亿元。

四、投资银行业务

通过全资子公司长江保荐大力开展承销保荐业务，逐步转向符合高质量发展、产业结构转型升级等国家战略重点产业方向深耕，行业能力进一步取得突破。厚植央企、民营军工项目基础，积蓄增长动能；全面完善医药产业链客户布局，客户涵盖医药中间体、原料药、创新药等多个细分领域；服务半导体行业核心赛道关键客户，激发产业先进动能。年内，战略性新兴产业股权项目完成 6 单、获批文 3 单、过会 4 单、在审 5 单。各业务部门合力深耕“家门口”市场。全年在湖北地区合计完成项目 6 单，其中 IPO 项目 2 单，并列湖北市场第 1 位。同时，进一步加大江浙沪地区的深耕力度，开拓西南区域。全年在西南地区完成项目 3 单，其中 IPO 项目完成 2 单，并列川渝市场第 2 位。全年，长江保荐发行完成 IPO 项目 8 单，综合排名第 13 位，其中，

长江证券股份有限公司联合恩施州地方金融工作局举办资本市场推进恩施州高质量发展研讨会

创业板 IPO5 单,市场排名并列第 5 位,科创板 IPO2 单,市场排名第 12 位;全年新增 IPO 过会项目 6 单,市场排名并列第 14 位;IPO 在审项目 17 单,市场排名并列第 11 位。"新三板"业务方面,完成推荐挂牌 8 家,市场排名第 13 位;股票定向发行 18 次,募集金额达 10.73 亿元,位列市场第 3;持续督导"新三板"挂牌公司 209 家,位列市场第 6,业务指标居于行业前列。

积极探索和开拓债券创新品种,储备科技创新公司债、新型城镇化建设专项债、乡村振兴专项债、绿色债、碳中和债、可续期债及优质企业债等创新品种。2023 年,承销债券中主体评级 AA+及以上占比达 74%,优质客户占比不断提升。全年合计主承销债券 95 只,规模 297.2 亿元,其中企业债 7 只,规模 24.62 亿元;公司债 61 只,规模 204.55 亿元;非金融企业债务融资工具 27 只,规模 68.03 亿元。地方债分销只数合计 111 只,中标规模 71.62 亿元。主承销的债券中,23 宿控 V1 由公司独立主承销,发行规模 3.95 亿元,为江苏宿迁地区在交易所成功发行的首单乡村振兴公司债券;23 光控 K1 由公司牵头主承销,发行规模 20 亿元,是深交所首单也是中西部地区首单成功发行的集成电路专项科技创新公司债券;GC 三峡 YK 由公司牵头主承销,发行规模 15 亿元,契合了碳中和、绿色、科技创新等发展理念,有力地支持了清洁能源业务发展与科技自立自强。

五、一级市场投资业务

通过全资子公司长江创新开展另类投资业务。长江创新以股权投资业务为核心业务,以"产业聚焦、研究驱动"作为总揽性竞争策略,通过深度产业研究发掘投资机会。报告期内,长江创新投资项目数量和规模稳步增长,共完成 7 个股权投资项目及科创板跟投项目。项目主要聚焦信息技术、新能源、生物医药极具发展前景的细分领域,并对所投项目进行紧密、持续的跟踪和投后管理,项目情况良好。截至年末,已累计完成 50 余个股权投资项目及科创板跟投项目。全年实现营业收入 3.36 亿元,净利润 2.33 亿元,创历史新高。

长江资本作为公司募集并管理私募股权投资基金的平台,聚焦新能源与节能环保、新材料、人工智能与数字经济、军工与高端装备等领域开展股权投资业务,陪伴企业成长,助力企业发展壮大。年内长江资本新设 8 只基金,成功备案规模 120 亿元的安徽新能源和节能环保产业主题母基金,私募股权基金管理规模进一步提升,投资规模与质量实现稳步增长,资金回笼与资产轮动加速。获评清科研究中心 2023 年中国股权投资年度排名"2023 年中国私募股权投资机构 100 强";中国证券报第七届中国股权投资金牛奖评选"金牛最佳 IPO 案例";湖北省创业投资同业公会第七届湖北省创业投资行业评选"创业投资突出贡献奖""最活跃股权投资机构""最佳产融结合创新奖""最佳区域产业投资机构";湖北省证券投资基金业协会 2022 年度合规风控、社会责任与企业培育评选"合规风控体系建设示范机构""ESG 投资示范机构""湖北上市后备企业培育示范机构"。

【金融创新】

以服务国家战略为导向,紧跟创新业务发展趋势,在债券市场创新、债券新品种融资发行等领域取得一定进展。积极参与债券市场创新。2023 年,公司债券借贷匿名点击成交额超过 1800 亿元,在"X-LENDING 质押地方债合约创新机构"分项榜单中连续 6 个月位居前三。发挥投行功能,积极服务国家战略,持续推进科创债、乡村振兴债等创新债券融资品种。主承销的葛洲坝集团科创债(葛洲 YK01\葛洲 YK02),为全市场首单"科创转型+低碳挂钩"双贴标债券,入选中国证券业协会"证券公司服务科技自立自强典型案例";联席主承销的中交第一航务工程局有限公司乡村振兴可续期公司债券(一航 YV01),募集资金主要用于乡村振兴领域相关项目投资,对运用市场化手段巩固脱贫攻坚成果、加快乡村振兴战略实施具有积极意义。

【风险管控】

始终坚持"稳字当头",秉持"实质重于形式"的合规管理理念,倡导"每个人都是合规展业第一责任人",建立全面风险管理体系,有效覆盖公司各部门、子公司、分支机构和业务条线,贯穿决策、执行、监督、反馈等各个环节,确保各项主要风控指标均符合监管要求,具有较强的风险抵御能力。深化合规长效建设,持续完善合规制度,妥善化解风险隐患;增强业务支持力度,持续升级"研究政策动向、输出合规方案、协调监管沟通"快速响应支持机制;强化合规文化宣导,压实合规主体责任,加大合规检查监督力度,坚持"内部检查+历史梳理+长效建设"三维驱动,做到以查促改、以改促治;围绕战略布局,强化风控指标精细化管理;持续提升数字化风控水平,完善全面风险管理平台,获评行业"新锐君鼎奖"及"优秀践行者案例君鼎奖"。

【投资者权益保护】

秉持"公益、教育、服务"的投教理念,将保护投资者权益、宣传金融期货知识、增强投资者金融风险意识作为重中之重,通过多元化的展现形式、特色化的课程设计、趣味化的活动内容,深化投教工作的针对性和有效性,帮助投资者树立理性投资、价值投资、长期投资的理念。开展多渠道、多层次、多元化投教活动,年内开展常态化投教活动 877 场次,服务 54064 人次;开展专项投教活动 2694 场次,服务 1694 万余人次;完成上交所、深交所、北交所、中证协、投服中心、投保基金公司、中证研究院等各监管部门调查问卷不少于 18 次,调查 1.4 万余人次;组织各分支机构走进全国一百余所高校开展金融知识普及、防非防诈宣传等投教进百校活动 238 场次,惠及 17903 名大学生。与武汉大学、华中科技大学等高校合作完成选修课,全年累计 185 课时,课程覆盖 4326 人次。

(长江证券股份有限公司)

天风证券股份有限公司

【概况】

截至 2023 年末,天风证券(简称)总资产 995.48 亿元,较上年末增长 1.22%;归属于本公司股东的权益 236.42 亿元,同比增长 2.24%;全年实现营业收入 34.27 亿元,同比增长 99.10%;归属于本公司股东的净利润 3.07 亿元,实现扭亏为盈。

【党建工作】

聚焦中心工作,提升党建管理水平,激发基层党建活力,为完善企业治理、完成经营目标任务、管理提质增效发挥坚强的引领保障作用。

一、以政治建设为统领,全面加强党的领导

优化顶层设计,推进党的领导与公司治理有机融合,明确党委在公司治理中的法定地位,发挥党委把方向、管大局、保落实的作用。全面推进"党建人章”,把党的领导、党的建设总体要求写进公司章程,明确党组织在企业决策、执行、监督各环节的权力责任及工作方式。

二、以思想引领为先导,凝聚发展强大力量

通过天风证券党建公众号持续宣传党的二十大精神、全国两会精神、习近平新时代中国特色社会主义思想主题教育,推出相关微党课65篇;每月发布天风证券《党建学习月报》,全年共发布12期,内容包含习近平总书记重要讲话精神、重要指示批示精神、重要会议精神等。扎实开展党建阵地规范提升工作,着力做好“提升、管理、实用”文章,建立健全运行机制,在完善阵地“硬设施”的同时,进一步提升阵地“软实力”,开展各类来访活动、党建共建活动、党员教育活动、文明实践活动60余场。

三、以强基固本为关键,夯实党建基础

落实党员质量与数量双提升,基层组织建设“应建尽建,全面有效覆盖”工作要求。党委下设5个党总支、54个党支部,共59个基层党组织。常态化落实基层组织生活,坚持把组织生活制度落实作为帮助支部提高建设水平的切入点,组织各支部按照要求落实主题党日的固定动作,并鼓励各支部组织各种形式的自选动作,提高广大党员自觉参与学习的主动性和积极性,增强各项教育的有效性。

【业务发展】

一、着力推进稳健金融

通过提供多样化融资服务、运用投资手段提供资金支持、打造地方资本市场“智库”、打造“城市投行”等方式,精准服务实体经济,促进实体产业健康、高质量发展。聚焦助力东北全面振兴、粤港澳大湾区建设、海南自贸港建设、中部地区崛起、成渝地区双城经济圈建设、西部开发等区域发展,提供针对性金融服务支持,促进区域间的资源优化配置和协同效应的发挥,助力区域经济发展。积极落实ESG理念,通过加强金融业务ESG风险管理,开展责任投资实践,全面践行金融责任。

二、积极推进绿色金融

充分落实“双碳”战略目标,建立“治理、战略、风险管理、指标及目标”气候变化管理体系,积极应对气候相关风险和机遇;发挥综合金融服务及研究优势,持续开展绿色研究与交流,聚焦绿色债券等绿色证券业务,构建较为完整的绿色金融产业和服务体系,支持绿色企业业务发展及战略布局,引导资金流向绿色产业,推动经济社会绿色低碳发展。将绿色环保理念融入公司办公运营中,积极打造绿色健康办公环境,提高能源使用效率,推进资源节约管理,践行低碳运营。

三、持续推进普惠金融

通过专业的投资融资服务中小微企业发展。不断优化“公司总部-投资者教育基地-分支机构”三层级的投资者教育工作体系,广泛开展投资者教育活动;扎实助推乡村振兴,探索“慈善+金融”普惠金融与乡村振兴的融合形式,持续开展乡村振兴帮扶相关工作,持续推动公益慈善事业发展,引领行业志愿服务行动,传递公益慈善力量。

四、大力推进养老金融

重视投资者养老理财需求,聚焦养老服务,为居民提供适合的养老财富管理服务,积极丰富投教适老服务,聚焦养老金融产品介绍、老年群体“防非反诈”等主题,全方位推动养老金融相关知识的科普及宣传,提升投资者认知能力和老年人金融素养。积极助力养老助老类、大健康类企业发展,通过专业投融资服务,为养老产业探索发展提供持续支持。

五、创新推进科技与数字金融

支持科创产业发展,助力“科技—产业—金融”良性循环,助力实现高水平科技自立自强。积极做好数字金融大文章,提出“将金融科技基因植入公司管理流程中”的愿景,持续探索金融科技与业务发展的融合之路,强化金融科技创新管理,通过加强信息安全管理,优化金融服务管理,着力提升金融服务实体经济质效。

【投资者权益保护】

依托自身的国家级投教基地,围绕“全面注册制”“投教纳入国民教育体系”等重点工作,合作主流媒体、互联网平台等渠道,创新投教活动形式,先后开展“5·15投资者保护宣传日”、金融消费者权益保护宣传月、世界投资者周等多项专题投教活动,天风证券投教基地在中国证监会组织的2022—2023年度国家级投教基地考核连续两年荣获“优秀”评级(最高级),投教工作在由中证协、上交所、深交所及股转公司联合开展的105家具有证券经纪业务资格的证券公司参与的投资者教育评估中,连续两年获评A等(最高级)。

(天风证券股份有限公司)

爱建证券有限责任公司湖北分公司

【概况】

2023年,爱建证券湖北分公司(简称)不断加强团队及渠道建设,坚持严控合规风险,实现稳健经营,在湖北市场占有率稳步提升。截至年末,分公司期末托管客户资产合计约46371万元,累计交易量约786833万(含债券融券回购交易),累计完成金融产品销售约1022万元,实现营业收入约85万元。

【业务发展】

一是大力推进财富转型。持续开展中、低风险产品推介,建议客户关注不同行业的ETF基金,帮助客户解决选股困难,规避个股异常波动带来的风险,得到客户广泛认同。为客户构建合理的心理预期,有效提高认知风险,在服务与产品配置过程中,不断提升客户满意度。二是稳步发展机构业务。将风控放在首位,在机构业务立项前进行全方位风险评估,规避或有风险。与湖北省英山县开展乡村振兴合作,进一步拓宽业务范围,为后续各项业务的发展奠定了基础。

【投资者权益保护】

大力开展投资者教育活动,帮助投资者树立正确的投资理念。年内开展主题丰富的线上投教活动10余场。与上海证券交易所合作,在上海证券交易所中部基地开展主题为“高质量发展的上交所股票市场”“退市新规下的退市常态化”线下投教活动。

(爱建证券有限责任公司湖北分公司)

国投证券股份有限公司湖北分公司

【概况】

2023年12月,安信证券股份有限公司更名为国投证券股份有限公司。国投证券湖北分公司(简称)坚持稳健经营、合规运作,在不断提升专业能力的同时,重视履行社会责任。截至2023年末,分公司有效客户数1.8万户,托管资产总值138亿元。收入和利润持续增长,创下分公司成立以来的新高。

【党建工作】

坚持“抓基层、打基础、强基本”的工作思路，紧紧围绕“服务中心、建设队伍”两大任务，积极开展基层党建工作。严格落实“三会一课”制度，确保时间到位、人员到位、内容到位和效果到位。积极开展主题党日活动，包括参观红色教育基地、观看爱国主义电影、参加志愿服务活动、走进高校等形式多样的主题党日活动。严守廉洁底线，全员签署廉洁从业承诺书，时刻保持警醒意识；将廉洁从业管理纳入分公司内部控制体系，做好日常管理，持续开展廉洁学习。实抓先行工程，进一步发挥党员的先锋模范作用，实现党建与经营工作的深度融合。

【业务发展】

分公司大力开展财富管理业务，以私人财富中心业务为导向，以高净值客户拓展和服务为抓手，聚焦高净值客户的需求，通过丰富的、定制化、差异化的金融产品配置和个性化的综合服务推动财富管理业务的发展，不断夯实分公司业务基础。

【风险管控】

持续加强稳健合规经营管理，建立健全风险管理体系和内部控制制度，将风险管理工作渗透到公司的各项业务和经营管理的各个环节。定期组织全员开展合规培训，增强合规意识。坚持风险可控下追求合理收益的风险管理理念。实现风险合规管理与业务发展的统筹兼顾和动态平衡，树立“风控优先、全员风控”的风险管控理念，形成全员参与风险管理的良好氛围。

【投资者权益保护】

加强投资者权益保护，完善内部控制体系，确保各项业务活动合规运作。强化与投资者的沟通和互动，积极开展投资者教育和保护活动。通过线上线下的方式，向投资者普及金融知识、风险提示和投资技巧，提高投资者的风险意识和自我保护能力。组织各类投资者教育专项活动、“红色投教，党员先行——走进高校系列活动”、防非、反诈宣传活动等，为投资者提供全方位的投资者教育服务，保障投资者权益，共同推动资本市场的健康稳定发展。

（国投证券股份有限公司湖北分公司）

财信证券股份有限公司湖北分公司

【概况】

截至2023年末，财信证券湖北分公司(简称)客户数量4596户，较上年增长6.17%；期末指定与托管市值36612.83万元，同比增长94.96%；市场交易额675608.09万元，同比增长59.44%；营业收入182.16万元，同比增长69.61%。

【党建工作】

不断加强党的建设，提升党支部的凝聚力和战斗力，为业务的高质量发展提供坚强的政治保障。一是坚定政治方向，强化理论学习。定期组织党员学习党的最新理论成果，提高党员的政治素质和理论水平，为业务决策提供政治智慧。二是完善组织架构，实现党建与业务同步推进。建立党建与业务相互融合、相互促进的工作机制，确保党建工作与业务工作同步规划、同步部署、同步推进。三是加强党风廉政建设，确保业务合规发展。加强对党员的教育管理，确保党员在业务工作中严格遵守党的纪律和业务规范，避免出现违法违规行为。建立廉政风险排查和防控机制，对业务中的廉政风险进行定期排查和评估，确保业务合规发展。

【业务发展】

一、加快财富管理转型

推进财富管理业务发展，为客户提供多层次、多品种、风险收益匹配的金融产品，在满足居民多元化资产配置需求的同时，服务实体经济发展。提升金融产品供给服务及投资顾问服务力度，发挥权益类产品的专业优势。在金融科技赋能背景下，加速业务转型速度，提升服务效率，持续夯实财富管理的客户基础。

二、助力企业直接融资

承接区域内的各项经纪业务及投行项目，强化业务创新及部门协调，以更高层次的组织架构去提升机构业务承揽能力，打造具备经纪业务、固收业务、投资银行业务、资产管理业务、基金类业务的综合性业务平台。为企业拓宽融资渠道、优化融资结构，通过股债融资、并购重组等方式全方位满足实体经济融资需求，为企业提供可以贯穿企业生命周期、全产业链的金融服务。

【金融创新】

一是分析市场需求。在开发投资产品提供服务前，根据客户投资信息分析其风险偏好、投资习惯等行为特点，有针对性地推介投资产品，不断跟踪客户投资记录，把握客户投资动向；对于潜在客户通过其他相关信息或者市场分析调研，作为服务导向依据。二是深化服务创新。在客户接触投资产品前，针对客户的投资行为特点，以顾客导向为依据，为客户提供合理、周到的产品推介，力求推介最适合客户的产品。在与客户达成交易后，实时跟踪客户投资动态，为客户提供与产品相关的研报及资讯，主动地与客户定期沟通，把握客户投资心理，将相关数据整理记录，为全流程的客户服务提供数据支持。

【风险管控】

严格按照监管部门要求和总公司风险管理制度进行内部管理及业务开展，制定分公司反洗钱内部控制制度、客户投诉管理办法等制度。在风险管控中树立科学的风险管理理念，通过培训学习等方式在公司内部强化纪律和风险意识，自上而下地推动风险的警示教育，形成防范风险的第一道屏障，使风险管理策略具备灵活性，以适应市场不断变化的需要。分公司全年无违规及投诉情况，未发生风险管理重大事项。

【投资者权益保护】

切实做好投资者合法权益保护工作。围绕注册制、退市制度改革、公募REITs、设立北交所、防范非法证券期货活动等宣传重点，利用“3·15消费者权益保护日”、“5·15全国投资者保护宣传日”、防非宣传月、世界投资者周、金融知识普及月等重要时间节点，立足辖区市场实际和投资者基础，发挥辖区资源优势，自主组织开展投教活动。在分公司前台摆放资料及宣传单页，并设立咨询台，对来到分公司现场办理业务的客户重点宣传。在分公司附近活动广场摆放知识宣传展台，进一步增强宣传氛围，根据公司业务实际对开展风险测评、加强客户信息管理、投诉处理等一系列维护中小投资者合法权益工作进行逐一自查及整改工作。积极组织开展全国投资者保护宣传日、国际消费者权益日、金融知识普及月、世界投资者周等投教活动，“读懂上市公司报告”“牵手北交所、共迎新起点”以及其他投资者保护与教育专项活动，不断创新宣传形式。

（财信证券股份有限公司湖北分公司）

第一创业证券股份有限公司武汉分公司

【概况】

2023年,第一创业证券武汉分公司(简称)坚持"有固定收益特色、以资产管理业务为核心"战略目标,积极把握资本市场全面深化改革的历史机遇,在特色化和差异化发展上做好布局和资源配套,持续提升核心竞争力。

【业务发展】

一是始终秉持"以客户为中心"的经营理念,不断探求深度理解客户、精准服务客户,以成就客户为使命,砥砺前行。以客户为中心调整组织架构和业务流程,深入打造投研能力,建设销售能力,提升组织效率和协同效力,建设协同文化,开展综合金融新业务模式探索。二是大力发展券商资管业务。树立以固定收益为核心,多年深耕"固收+"资产管理体系,积淀较强的策略配置、内部联动及外部资源整合能力。持续加强产品创设,提升主动管理能力,构建特色化产品谱系,提供不同风险偏好及收益目标的金融产品,为机构和个人投资者创造稳定增值回报。三是以分布式买方投顾践行以投顾为支点的财富管理转型。通过总分关系的改变、业务模式的改变,最大程度发挥分支机构的优势及主观能动性,为客户提供有温度、有深度、差异化的服务,突破传统经纪业务的困境,实现财富管理转型。

【风险管控】

一是通过建立健全合规管理体系,制定和执行合规管理制度,培育合规文化,实现对合规风险的有效识别和管理,确保公司依法合规经营,实现外部监管与公司内部约束的有效统一,保障公司的诚信、稳健、规范发展。二是通过建立行之有效的风险管理架构、制度、指标体系、流程和系统,对风险进行事前积极防范、事中动态监控、事后及时评估与改进,将风险控制在可承受的范围内,保障公司可持续发展。三是建立并完善投资者教育工作机制和制度流程,对社会公众开展普及证券知识、宣传政策法规、揭示投资风险、介绍金融投资产品及服务、公示经营信息、接受投资者咨询、传导理性投资理念、引导依法维权等活动。

(第一创业证券股份有限公司武汉分公司)

东北证券股份有限公司湖北分公司

【概况】

2023年,东北证券湖北分公司(简称)在湖北省设立有4家分支机构,其中,武汉3家、襄阳1家,从业人员49人。截至2023年末,分公司托管资产规模32.2亿元,实现股基交易量544.54亿元,新增客户数8000户,经纪业务持续稳定发展。

【党建工作】

按照"学思想、强党性、重实践、建新功"总要求,坚持将主题教育融入日常经营管理,做到以党建引领业务,充分发挥支部战斗堡垒作用和党员先锋模范作用,让金融服务的优势得到最大发挥,做到"以服务改善金融环境、以金融环境推进服务提升"。党支部设置"党员示范岗",提高党员工作积极性,加强群众对党员的监督作用,增强客户的认同感。在日常工作中,党员起到带头模范作用,将狠抓制度、深入学习、廉洁从业融入日常工作。

【业务发展】

提升服务直接融资能力,助力企业通过股票质押、发行债券等方式实现融资,降低融资成本,提高融资效率。通过多元化的服务,针对性地满足中小企业融资需求,助力企业实现高质量发展。积极挖掘优秀企业,为其提供融资解决方案,推动相关产业发展。

【金融创新】

大力推广不同期限的固收类产品,满足稳健投资者投资需求,针对有一定风险承受能力且符合产品风险等级的投资者,推出了权益类量化产品和不同策略的私募产品。通过企业微信和直播为客户提供全方位和个性化服务,开展投资者教育,提高服务效率,增强客户体验。优化业务办理流程,减少不必要的环节,提高服务效率,提高客户满意度。

【风险管控】

建立包括公司端和网点端的较为完整立体的经纪业务合规检查体系。公司端通过营运支持部对营业网点合规体检、季度常规合规检查、高风险业务专项合规检查、飞检等方式强化对营业网点风险的进一步排查和对网点端合规管控工作有效性的验收。营业网点通过合规专员工作日志、营业网点季度内部合规检查、区域合规团队长对网点定向检查实现营业网点端合规风险防控。每季度定期和不定期通过线上或线下的培训方式,讲解行业典型案例和行业监控动态,结合合规检查、合规培训,提升全员合规意识。全年分公司未发生风险事件和违规事件。

【投资者权益保护】

根据监管部门、行业协会和公司的要求,进一步规范投资者教育服务工作,引导投资者树立正确的投资理念,增强风险防范意识,加强投资者权益保护,采取线上和线下结合的方式开展"全面注册制""3·15投资者保护专项宣传""5·15全国投资者保护宣传日"和"防范非法证券期货活动宣传月"等活动,走进社区和企业,为中小投资者普及金融常识,引导投资者树立正确投资理念,提升投资理财能力。促进投资者了解证券市场和各类投资产品的特点和风险,熟悉证券市场的法律法规,增强风险防范意识,依法维护自身合法权益。

(东北证券股份有限公司湖北分公司)

东莞证券股份有限公司湖北分公司

【概况】

2023年,东莞证券湖北分公司(简称)着力强化资本市场中介服务职能,为促进资本市场高效健康发展发挥积极作用。依托强有力的专家团队与服务团队,建立完备的实体展示与平台服务体系,为客户打造全新金融投资体验。业务范围涵盖证券经纪、投资咨询、证券投资基金代销、为期货公司提供中间介绍业务、融资融券、代销金融产品、财务顾问、承销与保荐、资产管理等领域。2023年,新增设营业部1家,截至年末,分公司在湖北共设有4家营业部,其中,武汉2家、襄阳1家、宜昌1家。

【党建工作】

湖北分公司以习近平新时代中国特色社会主义思想为指导,深入贯彻落实党的二十大精神,深化"1+3+N"理念及战略部署。积极发挥党员的先锋模范作用,将党建工作与证券业务积极融合,为业务发展提供有力保障。通过组织参加读书节、网络党支部每月主题党日等一系列活动,提升全体员工的学习热情以及政治觉悟。多举措促进党建工作的开展,营造了浓厚的党建工作氛围。

【业务发展】

以创新为导向,顺应金融改革之势,抓住时代机遇,整合各方资源,逐步扩大区域影响力。按照东莞证券“1+3+N”战略规划,紧跟经纪业务的财富管理转型和数字化转型的发展趋势,通过科技创新,为业务发展赋能。依托公司大数据中台,通过客户画像、用户行为分析等平台,从资产、交易、风险偏好等多维度深入了解客户,向客户提供更加个性化、智能化的服务,从而不断提升客户的服务体验。

【风险管控】

进一步加强合规管理,紧跟监管要求,按照公司总部各项业务管理制度开展业务,并严格按照规章落实执行。反洗钱内部控制制度覆盖法规和监管要求的义务,各项反洗钱内控措施符合法规要求。

【投资者权益保护】

为投资者提供全方位的投资者教育与服务,为投资者揭示风险并树立理性投资理念。举办多场投教专题活动,其中包括结合全面注册制实施开展“3·15投资者保护主题教育”及专项活动,开展“5·15全国投资者保护宣传日”活动、“2023年世界投资者周”活动,开展“投教进百校——走进武汉工商学院”活动、“金融消费者权益保护教育宣传月”活动、“踔厉奋发新征程,投教服务再出发”活动、“第四届防范非法证券期货宣传月”活动以及开展“廉洁从业宣传”等专题活动。充分利用内部培训、营业场所宣传、定期发送短信、微信公众号宣传、定期走进社区、走进校园等多渠道宣传,扩大投教宣传范围。通过一系列投资者教育专项活动,使投资者丰富证券知识,了解相关证券的投资风险,同时引导投资者多学习、多研究,不盲目、不投机、不炒作,以获取长期合理回报为目标,养成理性投资、长期投资的习惯,形成健康的投资文化。

(东莞证券股份有限公司湖北分公司)

光大证券股份有限公司武汉分公司

【概况】

2023年,光大证券武汉分公司(简称)充分发挥大型央企全牌照、全业务链的优势与光大集团综合金融平台优势,通过内外联动,持续与地方政府、上市公司以及金融同业开展广泛深入的合作,协同承揽、互利共赢,促进资源整合,挖掘价值为企业提供“全方位”“一站式”金融服务,为地方经济发展提供有力支持。全年实现营收1.1亿元,营业利润5035万元。分公司在湖北、湖南设有9家营业部,其中,湖北省7家(武汉4家、十堰1家、荆门1家、襄阳1家),湖北省辖区共有员工150余人。

【党建工作】

分公司党总支根据公司党委关于深入开展学习贯彻习近平新时代中国特色社会主义思想主题教育的工作实施方案和学习计划,督促辖区党支部按要求开展学习教育,落实“三会一课”制度,按要求召开专项组织生活会及民主评议,开展批评与自我批评。除常态化学习教育外,还运用红色教育资源及与对口帮扶对象的联学联建来开展学习教育,增强学习的延续性。结合主题教育检查、季度会议、“我为群众办实事”活动等,积极开展谈心交心,广泛听取干部、员工意见建议并形成主题教育问题清单,推动工作落实。走访辖区营业部现场,听取员工心声,帮助解决实际问题,做到了辖区营业部现场走访100%覆盖。通过走访和调研解决了一批群众所急、所忧、所盼事项。

【业务发展】

结合公司高质量发展、增强服务实体经济的部署,分公司从考核机制、团队设置等方面入手,充分践行“财富+战略”,在财富管理转型发展的同时,加强与4个投行团队及债券融资总部的合作,联合展业服务当地经济发展。与湖南、湖北6个市县合作城投债业务8笔,发行规模100多亿元。与荆门市、黄冈市政府签订战略合作协议,在十堰组织拟上市企业交流会,与潜力企业签订尽调保密协议,为地方实体经济发展贡献力量。

【风险管控】

贯彻“合规创造价值”理念,积极落实监管部门与公司的各项制度,积极探索合规管理的有效办法,在合规监控、合规检查、隔墙管理、员工执业行为与客户异常交易管理等工作方面持续完善。坚持风险为本,筑牢风险防线,对日常工作中发现的风险点,及时开展核查和处置,消除风险隐患。细化合规履职范围,对经营和业务流程中的风险主动进行识别、评估和控制、收集、报告风险点并及时整改,提高合规服务能力。强化培训宣导,提高全员合规意识。对新员工开展入司合规培训,对老员工和经纪人通过案例分析、警示教育、普法宣传、合规承诺等方式,通过系列举措将合规意识深入到每一个业务环节,将合规文化、合规理念根植于分公司每一个员工心中。2023年,分公司未发生重大业务损失、业务中断、群体性风险事件,整体风险可控。

【投资者权益保护】

一是大力开展投资者教育。安排投资者教育咨询台、人员、海报、宣传单、横幅等布设。营业部在柜面、门前宣传板等区域张贴投教活动资料,供投资者参考学习,为前来办业务的客户进行讲解。组织线上投资策略报告会,开展投资者教育宣导相关工作。在辖区开展证券期货知识推广普及,开展投资者走进交易所、走进上市公司等活动。与高等院校合作举办讲座交流等活动,推动投资者教育普及。二是妥善处理投资者诉求。依托健全的投资者纠纷处理机制,为投资者维权提供最大便利。分公司合规部负责督导所辖营业部的客户投诉处理工作,负责人为辖区客户投诉处理工作的第一责任人。营业部全面配合相关部门及投资者诉求,推动诉讼仲调对接。根据监管部门要求全面落实纠纷多元化调解机制。三是开展投资者调查评估。开展辖区投资者调查监测与行为分析,掌握了解投资者动态、观点看法和意见建议,对辖区投资者的结构特征、行为特点等进行分析。建立完善的投资者教育及调查评估相关制度,各营业部设置投资者教育联络,设立投资者咨询柜,开展投教课堂沙龙等活动,向投资者宣导投教相关政策知识。四是推进投教投保重点工作。组织开展“全国投资者保护宣传日”“国际消费者权益日”“金融知识普及月”“世界投资者周”等投教活动,以及“读懂上市公司报告”“牵手北交所、共迎新起点”等投资者保护与教育专项活动,利用“两微一端”、直播APP等新媒体平台进行宣传,积极开发高质量的投教产品，不断创新宣传形式，及时提炼特色做法。积极宣导投保机构代表人诉讼宣传教育、舆论引导等工作，健全投资者纠纷处理机制。定期向分支机构宣导投诉典型案例，达到警示教育功效。

（光大证券股份有限公司武汉分公司）

广发证券股份有限公司湖北分公司

【概况】

2023年，广发证券湖北分公司（简称）秉持“创业者”心态，践行“一个广发”经营模式，聚焦“高质量客群和高效率线上运营”重点发展方向，持续谋在新处，锤炼全业务链、全生命周期的综合金融服务能力，持续提升对个人投资者、机构客户、企业客户等不同客群的服务质效。截至2023年末，托管资产规模约1300亿元，累计股基成交量9000余亿元。全年实现营业收入2.84亿元，利润总额1.41亿元。湖北分公司在湖北省内共设立17家营业部，员工440余人。

【党建工作】

分公司党支部紧紧围绕经营业务实际，规范和创新支部工作，努力推动党建工作与经营工作深度融合；充分发挥基层党支部战斗堡垒作用，立足一线，聚焦工作重点，不断促进党建引领业务发展。全力抓好组织建设，夯实支部党建责任，带动群团组织工作开展。

【业务发展】

一、大力开展财富管理业务

立足自身专业优势，从“投”和“顾”两端发力，为客户提供优质的综合金融服务。利用自身的投顾团队等优势，打造“睿组合”“睿金股”等投顾特色品牌。利用母公司在深度投研、产品设计的独特优势，持续打造差异化产品和服务供给体系，满足客户财富保值、增值、传承等需求。

二、积极开展证金业务

提供全方位、一站式的证金服务，持续推进融资融券业务的精细化管理，依托客户分层服务体系，通过优化服务流程、提供个性化服务、加强风险管理、开展投资者教育、客户关怀与沟通等举措，为不同类型客户提供优质、高效、有价值的差异化融资融券服务，更好地满足客户多样化需求，提升客户满意度和信任度。

三、持续推进投资银行业务

发挥平台优势，强化管理赋能，以平台化、专业化、数字化为导向，专注于为机构客户提供全链条、专业化的投资银行金融服务。分公司协助总公司积极拓展IPO、债券、资产证券化、再融资、并购重组等业务，为湖北地区优质企业提供全生命周期的资本市场服务，助力企业稳健发展。

【金融创新】

一、数字赋能战略转型

全方位推进数字化转型，鼓励金融科技创新，提升科技赋能业务发展的能力。将科技金融纳入经营战略发展框架，在大数据、人工智能等金融科技支柱的基础上，构建覆盖财富管理、投行、机构与交易、投资管理四大业务板块的一体化架构平台，积极践行金融科技与数字化转型，打造一流的数字化券商。

二、推动财富管理业务转型

积极布局以资产配置服务为核心的买方投顾业务能力。通过加强投研能力，深化协同能力，打造研究驱动的财富管理能力体系，基于客户需求和风险偏好，为客户提供全面的金融产品服务和综合解决方案。

三、深入推进服务创新

深度挖掘机构客户“融资、投资、股份管理、股东服务、研究”等需求，依托专业能力和服务经验，整合董秘宝、激励通、广发研究等系统资源，研发推出机构客户综合服务平台“广发证券·智汇”。

【风险管控】

一是牢固树立合规理念。组织员工学习监管动态信息、合规动态通报，做好新业务、新政策学习解读，全方位、多角度宣导合规文化，培育员工合规理念，加强合规文化建设。二是强化风险管理工作。持续完善全面风险管理体系，积极推动健全、完善合规相关制度及流程梳理工作，将合规风险锁进制度的“笼子”。组织开展各类经营业务的风险排查工作，对发现的风险隐患进行风险提示，及时化解风险。

【投资者权益保护】

以促进证券市场健康发展，履行投资者教育主体职责为宗旨，持续开展形式多样的投教活动，加强与社会各方的交流合作，不断提高投教工作的质量和影响力。以湖北投教基地为据点，开展投教知识讲座，与荆州沙市区妇联、荆州市金融局、荆州沙市区金融局、高校等单位联合举办30余场投教知识宣传活动，打造广发证券投教品牌。

（广发证券股份有限公司湖北分公司）

湖北省证券期货业协会联合广发证券湖北投资者教育基地走进荆州职业技术学院开展“校园反诈我当先　孤注一掷不可行”主题讲座

国海证券股份有限公司武汉分公司

【概况】

2023年，国海证券武汉分公司（简称）秉承“合规诚信、专业创新、兼任担当、高效共赢”的核心价值观，始终以客户为中心，提供专业化的金融服务体系。截至年末，武汉分公司及营业部共有从业人员30人。

【党建工作】

分公司坚持党建工作与经营业务深度融合，不断推动党建工作向纵深发展。按照公司党委《基层党建“五基三化”提升年行动方案》要求开展重点工作，进一步提高公司党建工作质量。定期组织党员进行政治理论学习，深入学习习近平新时代中国特色社会主义思想，以及党的二十大精神。通过内树典型、外学先进，引导党员从百年党史中汲取智慧和力量，夯实思想根基。坚持把华中党支部建在业务线上，实现基层党组织“全覆盖”。持续开展党支部标准化规范化建设，引导华中党支部创先争优，基层党组织的组织力、战斗力进一步增强。

【业务发展】

一是大力开展证券经纪业务。加强立体化获客渠道建设，持续优化财富管理业务。截至年末，客户数量7294户，较上年有明显增长。二是积极开展证券投资顾问业务。投资顾问业务为不同类型投资理财需求的机构客户和个人投资者提供专业化、差异化、个性化的理财规划和资产配置服务。三是积极开展两融业务，为客户提供专业、高效、安全的融资融券服务。定期开展业务培训，不断优化服务质量和提高业务水平，积极加强投资者风险教育及投资专业知识培训，满足客户融资需求。四是着力开展综合金融服务。积极与上市公司、地方投资平台、银行等建立多渠道联动，持续强化债权融资、投资研究、财富管理等条线协同合作，积极发挥综合金融服务优势，为实体经济可持续高质量发展提供助力。

【金融创新】

紧跟市场趋势，结合客户需求，制定不同的产品服务方案，包含现金管理类产品、权益类产品、多期限不同风险等级产品，为客户提供“一站式”贴心服务。抓住改革扩容机遇，积极推广科创板、北交所业务，通过金融产品和服务创新提升市场竞争力，提高客户满意度。

【风险管控】

加强内部控制和合规管理，设立专职合规管理人员，完善风控制度体系，加强日常合规风控的管理，严格做好风险审查和全面风险检查，积极开展合规培训，并定期开展适当性管理自查工作。设立反洗钱工作小组，负责具体落实日常反洗钱工作持续开展，在与客户建立业务关系时，严格按照规定对客户身份进行核实和识别，确保客户身份的真实性和合法性；建立完善的客户风险等级划分及可疑交易报告，并配合监管部门进行调查工作，对于发现的可疑交易，及时上报监管部门。分公司全年未发生风控事件及上报可疑交易报告，有效保障客户权益，实现稳健运营。

【投资者权益保护】

切实保护投资者合法权益，组织开展“全面注册制投教活动”“5·15全国投资者保护宣传日”“2023年防范非法集资宣传月”“世界投资者周”“2023年宪法宣传周”等户外投资者教育宣传活动16次，以线上线下相结合的方式，开展投资者教育宣传工作，在开户柜台常设“金融消费者咨询台”，向临柜客户发放宣传折页，张贴投资者教育宣传标语横幅，在营业大厅屏幕滚动播放宣传视频。

（国海证券股份有限公司武汉分公司）

国开证券股份有限公司湖北省分公司

【概况】

2023年，国开证券湖北省分公司（简称）在国开行及总公司的领导下，充分发挥自身债券融资、资产管理、资产证券化、投行等产品优势，大力支持政府重大项目建设，帮助企业降杠杆，支持实体经济发展。截至2023年末，累计落地项目63个，为客户提供融资超900亿元。近年来，在湖北省地方政府债承销发行中位居承销团前列。

【党建工作】

分公司坚持党中央对金融工作的集中统一领导，认真贯彻中央金融工作会议精神，提高政治站位，强化使命担当，胸怀“国之大者”，立足岗位履职尽责。坚决执行总行和国开证券党委部署，在管好存量项目、推进风险化解的基础上，强化政策性金融机构职能定位，聚焦主责主业，积极推进协同开发，把更多金融资源用于促进科技创新、先进制造、绿色发展，大力支持国家的创新驱动发展战略在湖北落地生根，为服务高质量发展贡献力量。

【业务发展】

一、紧扣政府热点和开行战略

积极参与地方政府债承销发行工作，全年累计承销湖北省地方政府债18批次，总金额3156.05亿元，位居承销团前列。大力开展公司债券承销，完成湖北港口可续期债等6只债券的成功发行，发行规模共计60.5亿元。分公司与国开行湖北分行信贷主业紧密协同，在基础设施补短板、长江经济带高质量发展、乡村振兴、保障性住房建设和棚户区改造等领域积极提供支持，有力体现了开发性金融带动湖北经济社会发展的独特作用。

二、支持绿色低碳发展

积极支持绿色双碳战略，不断提升绿色金融服务能力，积极参与汉口银行绿色金融债承销发行，累计发行40亿元。

三、扎实服务乡村振兴

与蕲春县开展“一司一县”对口帮扶，助力乡村振兴，捐资共计115万元建设韦庄村光伏发电、八里湖农场农产品交易中心等项目，为当地乡村振兴工作打下了坚实基础。与蕲春茅山小学建立结对帮扶关系，每年组织员工赴茅山中心小学开展捐资助学和支教活动。与蕲春县八里湖农场开展联学共建活动，为支持乡村振兴积极贡献行业智慧。

【金融创新】

参与中部首单产业园区湖北科投光谷REITs项目，该项目的成功上市将带动区域存量资产与新增投资良性循环，促进资本与产业有效联动，更好地推动中部地区、长江中游城市群和长江经济带重点区域的高质量发展。

【风险管控】

坚持依法执业，注重事前、事中、事后风险防范和合规管理，严把项目准入关、立项及承做资料审核关、存续期项目管理及信息披露关，扎实抓好风险排查和风险化解等工作。一是坚持合规经营，加强底线思维，提高对风险的评估监测、系统防范、处置隔离和化解应对能力。二是坚持从服务国家战略的需要出发开展业务，在风险防控和政策合规方面守住底线，在发展过程中积极主动地有效防范风险。三是加强存量项目风险预判，确保每个项目零违规、零违约。所有项目全额兑付回收，实现零不良、零违规、零处罚。

【投资者权益保护】

推动投资者教育工作常态化。分公司围绕公募 REITs、设立北交所、防范非法证券期货活动等宣传重点，参与防非宣传月、世界投资者周、金融知识普及月等活动，开展“读懂上市公司报告”“牵手北交所、共迎新起点”等投资者保护与教育专项活动。

（国开证券股份有限公司湖北省分公司）

国联证券股份有限公司湖北分公司

【概况】

2023 年，国联证券湖北分公司（简称）秉承总公司“诚信、稳健、开放、创新”的经营理念，以客户需求为导向，整合优势业务资源，提供专业、高效、个性化的金融解决方案。截至年末，资产总额 4965.27 万元；全年实现营业收入 356.41 万元。

【党建工作】

2023 年，湖北分公司党支部成立。党支部积极落实公司党委指示，开展组织关系转移和党员档案清查工作。结合分公司实际情况，紧抓党建、经营融合。党课学习体现专业性，为业务发展注入活力。

【金融创新】

依托总部财富管理、投资交易、融资融券、股票质押融资、投资顾问、股票期权“六大服务”，助力客户资产保值增值。湖北分公司针对机构客户的定位，充分发挥公司总部产品研究和资产配置优势，创新经营模式，持续丰富产品线，借助渠道拓展实现证券经纪业务规模的稳步扩张。

【风险管控】

深入贯彻监管部门和公司总部关于防范化解风险、严守风险底线的要求，精心组织，周密安排，主动作为，认真开展全面风险排查。遵守证券行业自律公约，积极改进工作流程，规范管理制度，提升工作能力，维护好行业形象，促进分公司依法合规经营、健康稳定发展。

【投资者权益保护】

分公司组织“理性认识市场投资量力而行”“5·15 全国投资者保护宣传日”等投资者教育专项活动，组织员工参与“2023 股东来了”权益知识竞赛等活动，提升员工专业知识水平，增强投资者风险防范意识，切实做好投资者合法权益保护工作，积极培育成熟理性的投资文化。

（国联证券股份有限公司湖北分公司）

国融证券股份有限公司湖北分公司

【概况】

国融证券股份有限公司是经中国证监会核准的综合性证券公司，成立于 2002 年 4 月，秉承“合规经营、稳健发展”的经营理念，资产质量一直保持优良，经营业绩稳步提高，拥有较高的市场美誉度。

国融证券湖北分公司（简称）前身为国融证券武汉建设大道证券营业部，分公司的设立为国融证券立足武汉、辐射湖北开展各项业务奠定了坚实的基础。截至 2023 年末，湖北分公司在湖北共有 1 家分公司（武汉分公司）和 4 家证券营业部（武汉 3 家，襄阳 1 家）。

【业务发展】

分公司立足武汉，深耕湖北，建立包括投行承揽、资管、财富管理、经纪业务、公募基金和私募股权基金在内的业务布局，依托股票质押、代销金融产品、“新三板”等多项业务优势资源，持续扩大业务规模。秉承“诚信为本，客户至上”的经营理念，为广大投资者提供全方位综合性的金融服务。秉承“合规经营、稳健发展”的经营目标，积极开展包括金融市场业务、财富管理业务、投资银行业务、资产管理业务等业务。大力开展金融市场业务，凭借强大的营销网络和行业经验丰富的专业人才队伍，为客户提供优质的投资服务和咨询建议。着力推进财富管理业务，以客户需求为导向，为各类客户提供全方位综合金融解决方案，包括证券及期货经纪、资本中介、资产配置、投资顾问等业务，致力打造专业、高效的财富管理服务平台，以满足不同客户的投资需求和风险偏好。积极开展投资银行业务，兼顾 IPO 的同时差异化服务上市公司再融资、“新三板”推荐挂牌等股权类融资服务，以及公司债、企业债、金融债、资产证券化等债权类融资服务。持续开展资产管理业务，坚持以投资者需求为导向，提供集合资产管理、单一资产管理等专业化资产管理服务，投资类型涵盖固定收益类和混合类，通过灵活多样的产品形式和专业优秀的管理能力，为投资者提供全方位、个性化的理财服务，帮助投资者实现金融资产的保值增值。

【风险管控】

严格按照公司总部风控对各项业务的发展指引，多维度严格把控经营风险。一是加强风控制度建设。完善内控管理制度体系，及时根据监管规定及公司风控管理要求进一步提高内控管理水平。二是加强内控合规管理。定期组织员工合规培训学习，针对管理人员和关键岗位加强合规培训，提高岗位实操能力。定期开展各项专项检查，加强对员工和业务的合规监督及审查力度，主动发现和纠正风险，做到防微杜渐。三是持续做好加强投资者教育和权益保护。做好投资者教育工作计划及预算，根据监管部门和公司投教工作要求，积极号召员工开展专题投保活动，履行投资者保护工作义务。

（国融证券股份有限公司湖北分公司）

国盛证券有限责任公司湖北分公司

【概况】

2023 年，国盛证券湖北分公司（简称）坚持党建与业务“两手抓、两手都要硬”。以党建引领业务发展，用业务发展成果检验党建成果。积极践行“合规、诚信、专业、稳健”的行业文化，坚持以卓越服务立业、以改革创新驱动、以控制风险安身、以金融科技图强的经营理念，积极打造零售客户和财富管理服务体系。坚持以客户为中心、全业务链发展战略，在产品销售、私募销售等方面取得良好成效。分公司下设 4 家营业部，其中，武汉 2 家、宜昌 1 家、荆州 1 家。

【业务发展】

一、大力开展经纪业务

深耕银行、社区、商会等渠道，为高

端客户提供上市公司调研、定制产品等专项服务，持续拓展客户规模。瞄准“个人和机构交易型客群、配置型客群、企业客群”三大市场的开发，聚焦发展“交易型业务、资产配置业务、企业综合业务”，加快财富管理转型步伐。继续强化“以业绩论英雄”的导向，全面践行“以合规论成败”的理念，执行“全面增量战略”，加强业务督导，强化过程管理，加快客户池子壮大。

二、积极开展机构业务

及时跟踪机构业务政策变化，把握项目的发展，重视债券、“新三板”等业务的发展。深耕本地，加强与湖北各级政府、企业沟通，积极为地方经济社会发展作出贡献。增加机构业务、经纪业务与财富管理的协同，深度挖掘机构客户、高净值客户的需求，打造全方位的金融服务。

三、大力推进产品销售业务

坚持机构化、多元化、规范化的经营思路，认真分析公募、私募及权益类、混合类等产品属性，研究产品亮点，为客户提供风险匹配的产品。

四、推进业务转型

坚持区域聚焦，全面增强区域市场影响力，充分发挥在财富管理、机构业务等方面的优势，加强与金融机构的交流沟通，在机构业务、财富管理方面争做湖北地区业务转型的领头羊。在转型过程中，坚持以客户为中心，以客户需求为导向，构建“1+N”客户服务体系，为客户提供全生命周期服务，为客户创造更多的价值。

【风险管控】

始终把风险控制作为长治久安、持续发展的前提和保证，把全员合法合规经营贯彻到每项业务的每一个流程，使业务质量作为衡量业绩的第一要素，增强识别风险、有效规避风险和化解风险的能力，提升驾驭风险的水平。推行稳健的风险管理文化，践行“合规风控至上”的经营理念，强化全员、主动、全面风险管理意识，推动持续高质量发展。建立健全风险管理制度体系，根据监管要求和公司管理需要不断修订、完善。制定总体和分风险类型的风险偏好，建立分业务风险限额指标，通过回测评估不断优化调整。通过监测、汇集、分析各类风险信息，识别公司面临的风险，审慎评估公司面临的总体风险水平。持续推进全面风险管理系统建设，实现流动性风险、市场风险、信用风险、操作风险等各类风险管理功能的系统化，实现对净资本等风险控制指标、相关业务风险指标的有效预警和动态监控，积极探索利用金融科技提升全面风险管理工作的智能化、数字化水平，提高全面风险管理质量和效率。开展风险管理监督与考核评价，推动分支机构履行风险管理职责。坚持监管导向、问题导向，通过健全合规管理制度、优化业务流程、强化合规管控措施、加强合规宣导培训等措施，持续完善公司合规管理机制，提升合规管理效能，严格控制经营管理中的合规风险，保障公司经营依法合规开展。严格问责，强化责任意识，切实担负起加强业务管理、防范金融风险的主体责任。加强风险信息报送与数据采集工作，充分利用风险日报、月报等成熟渠道报送风险信息，对于新增风险事项及有重要进展的存续风险事项主动、及时报送。

【投资者权益保护】

积极参与“3·15国际消费者权益日”专项投教活动、“5·15全国打击和防范经济犯罪宣传日”专项投教活动、“全国金融知识普及月”宣传专项活动等，积极进行反洗钱宣传，引导投资者树立正确的投资理念，增强投资者的风险防范意识。优化服务流程，妥善处理投资者诉求。坚持合作共享，重视加强与辖区监管、自律等机构沟通协同。针对社区居民、学校师生、中老年、上班族等不同群体，采取线上线下相结合的方式开展投资者教育。线上通过微信公众号、微信朋友圈、短信等平台展示专题宣传产品、推广风险警示词条；线下通过进社区、进企业、进商圈等形式开展宣教活动。

（国盛证券有限责任公司湖北分公司）

国泰君安证券股份有限公司湖北分公司

【概况】

2023年，国泰君安证券湖北分公司（简称）秉持“以客户为中心”的发展理念，深入贯彻落实公司“三力”机制建设，扎实落实“第二个三年”财富管理转型分规划，重点关注有效客户数量和资产规模以及收入行业份额，落实财富管理和交易服务双轮驱动，体系性建设零售客户服务模式、财富管理和机构交易综合服务能力。深化客群经营，持续升级零售客户服务体系，分类经营、精准施策、强化赋能，持续做大客户规模，做优客户结构。加强协同发展，优化跨条线协同协作，强化组织力、协同力，汇聚各条线共同赋能开发客户、服务客户的合力。加快全面转型，加强体系化、全链条财富管理和交易服务能力建设及闭环管理，构筑资产配置、数字化经营、私客订制核心能力，体系化推进财富顾问队伍建设。

【党建工作】

分公司党委践行“高、融、新、严、实”的党建工作要求，坚定不移深入推进全面从严治党工作，发挥“把方向、管大局、保落实”重要作用，坚持党管干部、党管人才，锚定高质量发展，补短板强弱项，推动构建新发展格局。聚焦党建引领，推动主题宣教走深走实。聚焦守正创新，助推队伍建设提质增效。聚焦文化建设，强化公司品牌行稳致远。聚焦中心工作，推进党建与业务双融双促。聚焦底线思维，打好党风廉政建设“组合拳”。在理论学习、基层建设、业务融合及党风廉政建设等方面均取得显著成效，为推进全面从严治党和各项事业发展提供了坚强保障。

【业务发展】

依托资产管理、行业研究、托管服务、交易定价及数字化系统等方面的金融优势，积极为企业客户提供全方位、专业化的投资银行金融服务，充分发挥资源优势，帮助企业降低融资成本，为企业发展注入动能。为区域内机构客户提供市场研判和风险防范服务，扩大金融产品供给规模，丰富产品创设种类，持续打造具有竞争力的金融产品体系，提升跨境业务服务能力，致力于成为区域实体经济服务质效的排头兵。

【金融创新】

加快推进财富管理转型进程。一是构建“以客户为中心”的全链条服务体系，覆盖售前、售中、售后各个环节，全方位满足客户需求，确保服务体验的无缝衔接。二是针对私人客户业务，创新性引入买方投顾模式，通过一对一的定制化服务，深入分析客户的财务状况、风险偏好及投资目标，提供高度个性化的资产配置方案，涵盖股票、债券、基金等多种金融产品，实现资产的多元化配置与风险的有效分散。三是积极运用金融科技手段，优化投资决策过程，提高资产配置的效率和精准度，确保为客户量身定制的解决方案能够精准对接其财务目标，并灵活应对市场变化，助力客户实现财富的稳健增长与长期保值增值。

【风险管控】

建立完整的全面合规风控管理架构和完备的制度管理流程，全面筑牢高质量发展生命线。一是准确把握监管导向和行业创新发展态势，落实穿透式管理，组建专业合规风控人才队伍，不断增强专业性、提高前瞻性，进一步落实合规风控工作的主动性。二是严守合规底线，强化全员风险管理意识。持续开展培训宣导，筑牢稳健合规文化，风险管理全覆盖不留死角，坚持做好自查自纠，对发现的问题即知即改，及时排除漏洞，建立长效机制。三是完善风险管理工作制度，形成闭环管理。全面、逐一梳理各业务环节风险点，明确预防、监测、应对和控制措施，把控重点环节，规范操作流程，各环节、各条线严格执行，不留风险隐患。

【投资者权益保护】

湖北分公司以"投资者保护在身边，保障权益防风险"为主题，开展形式多样的专项活动，践行以投资者为本的理念，切实做好投资者教育宣传工作。持续引导投资者树立防非反诈意识以及权益保护意识，进一步强化金融机构"以投资者为本"的服务理念。打造"投教有心意，财富有温度"的公益投教，提升金融消费者的金融知识水平，增强金融安全意识，为投资者提供一流的投教服务，筑牢投资者权益保护防线。

（国泰君安证券股份有限公司湖北分公司）

国信证券股份有限公司湖北分公司

【概况】

2023年，国信证券湖北分公司（简称）持续为个人和机构客户提供证券经纪服务，代销金融产品，提供融资融券、股票质押式回购、约定购回、行权融资等资本中介服务，为期货公司提供中间介绍业务。

【党建工作】

分公司从严从实抓好党建工作，着力打造适应现代金融行业发展需要的人才队伍，把组织力量有效转化为发展动力、发展优势，以高质量党建引领保障高质量发展。一是扎实开展主题教育，强化理论武装，积极把调研成果转化为推进工作、战胜困难的实际效果。二是持续强化党风廉政建设，组织党员参观警示教育基地、观看警示教育片等，持续落实党员教育。三是积极与辖区内的银行等金融机构、社区、高校开展党建共建活动，促进党建与业务深度融合。

【业务发展】

坚持以客户为中心，推进财富管理高质量发展，聚焦经纪业务和零售客群，依托原创的"安全边际派"科学投资理念，为客户提供高水平、高质量、全方位的专业化金融服务。积极发挥公司品牌及专业优势，服务区域资本市场建设，助力资本市场更好地服务本地实体经济。

【风险管控】

分公司持续强化风控建设、坚守合规经营理念。倡导合规经营、全员合规、合规从管理层做起、合规创造价值、合规是公司生存基础等理念，推行诚信与正直的职业操守和价值观，倡导和推进合规文化建设，培育全员合规意识，提升合规管理人员职业荣誉感和专业化、职业化水平，将合规文化建设融入企业文化建设全过程，促进公司自律合规与外部监管的有效互动。在反洗钱工作方面，始终秉持"高度重视、人人参与、自身过硬、乐于沟通"十六字方针，多次获得"湖北省金融业反洗钱工作先进集体"和"湖北省金融业反洗钱工作先进个人"等荣誉。

【投资者权益保护】

持续深入开展投资者权益保护宣传教育工作。原创"安全边际派"投教体系并取得国家版权局颁发的作品登记证书。以投教基地为依托，全面开展线上线下主题投教活动，持续打造投教宣传阵地，在国信证券官网建立"荆楚投教园地"专栏，通过形式多样的投教活动及投教作品展示，持续不断引导广大投资者增强风险防范意识，提高自我保护能力，树立理性投资、价值投资、长线投资的观念，营造和谐的金融环境。

（国信证券股份有限公司湖北分公司）

国元证券股份有限公司湖北分公司

【概况】

2023年，国元证券湖北分公司（简称）持续开展证券经纪、证券投资咨询业务、证券投资基金代销、为期货公司提供中间介绍业务、融资融券业务、与证券交易和证券投资活动有关的财务顾问业务、代销金融产品业务、证券资产管理业务、证券承销与保荐业务。分公司下辖武汉、宜昌两家营业部，主要业务是围绕基础资产、基础客户的开发和维护工作。截至2023年末，资产总额17414.26万元，营业收入1180.99万元，客户总资产32.8亿元，累计经纪业务交易量358.1亿元；从业人员83人。

【党建工作】

一是加强党的领导力。深化理论学习，提高党员干部的政治素质和领导能力。通过定期的组织学习培训和支部主题党日活动，使党员干部更好地理解和贯彻党的方针政策，推动企业稳健发展。二是深化党的建设。推进党风廉政建设，强化党员干部的纪律意识，确保企业的健康发展。开展多样化的党组织活动，提高党员的参与度和满意度。三是党建推动企业发展。通过党建工作，引导企业遵守法律法规，积极履行社会责任，推动企业管理和创新，提高企业的经济效益。

【业务发展】

在做好传统业务的基础上，分公司积极开拓互联网业务，组织互联网营销专题交流，开展合规合法的互联网模式的探索。大力开展机构业务，为上市公司、地方城投平台以及中小企业提供金融服务。

【风险管控】

大力开展员工执业行为管理、合规培训、投资者教育宣传、合规检查、合规咨询、反洗钱工作等工作。合规岗建立并更新洗钱风险管理制度，督导落实各项业务的洗钱风险管理政策与流程的执行。落实开展客户身份识别和客户洗钱风险分类管理，采取针对性的风险应对措施；完整并妥善保存客户身份资料及交易记录；开展或督导落实交易监测和名单监控，并按照规定对相关资产和账户采取管控措施；做好分公司本级及辖区营业部的合规咨询和每年的合规检查工作。多渠道、多模式开展投资者教育工作，丰富宣传材料，提升宣导效果。每季度核查员工执业行为，做好相关的员工培训和督导工作。

（国元证券股份有限公司湖北分公司）

海通证券股份有限公司湖北分公司

【概况】

2023年，海通证券湖北分公司（简称）着力推动"科技—产业—金融"良性循环，向改革纵深处推进，在高质量发展关键领域攻坚，在"投、融、保、研"等领域持续服务实体经济。夯实各项业务基础建设，充分发挥核心业务优势，积极拓展新业务渠道范围，稳步推进高质量发展。截至2023年末，湖北分公司总资产约506亿元，融资类业务规模约18亿元，金融产品日均保有量约19亿元，主要经营指标均较上年有所增长。

【党建工作】

一、聚焦主题教育

坚持以学铸魂、以学增智、以学正风、以学促干，紧扣"实"的要求，扎实推进主题教育，实现"抓重点、能贯通、有特色、显成效"的工作目标。一是做到理论学习有氛围。开展中心组学习、党总支"第一议题"，严格落实"三会一课"。二是做到调查研究有聚焦。坚持问题导向，聚焦党建业务深度融合，优化一体化协同等课题，通过蹲点式、典型案例解剖等调研方式，形成"破难题、促发展"举措，推动解决瓶颈问题。三是做到检视整改有成效。统筹推进整改整治，结合高质量党建引领高质量发展要求，召开民主生活会，并开展营业部调研活动，全面巩固主题教育成果。

二、强化政治监督

坚持对标金融队伍纯洁性、专业性、战斗力的要求，认真落实全面从严治党任务要求。一是压实全面从严治党政治责任。签订全面从严治党责任约定书，有力落实从严治党主体责任。二是强化政治监督。根据《关于加强对"一把手"和领导班子监督的实施方案》要求，强化对"关键少数"的监督，督促其严于律己、严负其责、严管所辖，开展防止管理人员利益冲突的专项检查工作。开展廉洁从业专项检查和风险点排查工作，切实把廉洁从业融入经营管理、队伍建设和文化建设中。

三、加强文化建设

深入学习领会习近平文化思想，把做好宣传思想文化工作作为重大政治责任扛在肩上。一是有力落实意识形态工作责任制。践行"四有四创"党建工作法、参与"爱在海通"党建公益品牌活动。利用党建宣传栏、文化墙、公众号等宣传阵地，持续引领职工群众思想建设。二是有力推动"头雁工作法"党建品牌建设，以"头雁引领、群雁齐飞、新雁迭出、雁阵反哺"的品牌理念引领分公司高质量发展。"头雁工作法"党建品牌获得上海国企党建工作品牌荣誉。三是有力凝聚员工价值共识。与高校、社区合作举办多场金融知识普及、防范金融风险公益活动，参加公司首届职工运动会，全体干部员工展现风采、增进团结，为分公司长远发展凝聚力量。

【业务发展】

积极探索从"社区到园区"的转型路径，构建"产业金融"服务链，打造"园区金融"生态圈，提升"企业金融"价值链综合收入水平。抓住以企业客户为代表的股权价值链，以投融资为纽带，结合湖北省政策和产业特色，强化产业链布局；紧跟湖北产业规划布局，积极对接国有资本、产业资本，围绕"基金+基地"研究设立高质量股权投资基金。协同海通开元投资有限公司中标孝感市高新产业发展基金管理机构，基金总规模20亿元，首期规模5亿元，支持优质项目在孝感市落地并长期发展。助力中贝通信集团股份有限公司发行可转债融资项目，发行规模5.17亿元。为企业提供债券融资约520亿元，为上市公司股东提供股权融资约13亿元。

【金融创新】

坚持走"产品化"道路，提升产品服务能力。以做大产品规模为目标，紧跟产品配置向集中化、多元化、指数化、定制化转型趋势，提升市场竞争力。充分利用公司严选的各类优质产品，开展多层次产品销售，满足客户多样化的财富管理需求。通过保证金理财、固收产品和ETF产品，做大产品客群基础；利用定制化专户产品，做深超高净值客户服务。建立长效服务机制，通过定期市场分析、产品报告、大类资产策略建议等服务，为客户及时提供市场动态、产品信息和投资建议，提高客户产品持有收益。

【风险管控】

走"合规化"道路，筑牢风险防控屏障。树牢"合规创造价值"理念，坚持"看不清管不住则不展业"，落实全面风险管理与全员合规管理要求，覆盖各类业务、场景及人员。提升合规管理质效，将客户的合规管理与服务相结合，支持业务健康发展。压实一线合规人员履职责任，从根本上规范员工自身执业合规性；严格落实关于严厉打击证券从业人员违规炒股行为的有关要求，加大对违规行为的惩戒力度，提升个人违规成本和员工的敬畏心理，筑牢合规护城墙。定期进行内部自查和自评，开展行业违规处罚案例等警示教育，提升合规内控效能。

【投资者权益保护】

始终把保护投资者合法权益作为各项工作的出发点和落脚点，切实履行投保责任，持续推进投保工作。依托辖区营业部开展"3·15投资者保护主题教育活动"、"全面注册制，改革向未来"主题投教、防范非法集资宣传教育工作、"5·15主题投教"、防非宣传月主题投教等活动，邀请投资者参与《股东来了》2023投资者权益知识竞赛等21场次，线下受众人群1200余人次，线上9.58万人次。

（海通证券股份有限公司湖北分公司）

海通证券股份有限公司与武汉经开区管委会签署战略合作协议

宏信证券有限责任公司湖北分公司

【概况】

截至2023年末，宏信证券湖北分公司（简称）托管资产规模7.85亿元。全年累计经纪业务交易量超过39.78亿元，实现营业收入110万元。

【业务发展】

一是规范开展资产管理业务。事前做好项目的尽职调查，合理、合法、合规制定业务方案；事中做好材料的充分收集、核对真实性工作，做好相关合同原件的签署、归档和上报；事后做好与委托人、托管人及相关监管部门及时沟通，确保项目正常平稳运行。二是持续推进证券经纪业务。加强营销团队的培养及客户的联系及维护，针对不同的客户需求制定相应的服务方案，不断提升客户满意度及企业品牌影响力，在客户开发及产品销售的过程中，坚持以“适当性要求”为准则，坚守职业操守，保障投资者权益。三是稳步推进两融业务，严格落实适当性管理要求，充分揭示业务风险，做好仓位警戒提示工作。全年无强制平仓情况。

【风险管控】

一是制定并持续完善风险管理制度。通过评估、稽核、检查和绩效考核等手段确保风险管理制度的贯彻落实。严格依照风险管理制度及相关业务管理制度，落实风险管理责任，建立合理的组织架构，配备专业合规人员从事合规管理工作，确保各岗位人员权责明确、相互制衡。实施健全的授权管理体系，确保所有部门在被授予的权限范围内开展工作，严禁越权从事经营活动。二是加强风险管理，严格依据公司总部制定的业务管理制度及流程开展业务。针对业务主要风险环节制定业务操作流程，促进业务规范管理。加强反洗钱工作，采用“系统筛选+人工甄别”模式进行大额可疑交易分析。加强合规管理，采取逐日盯市机制，利用恒生电子合规管理系统，动态监控关键风险指标情况，及时处理预警信息，发现异常情况立刻上报合规风控部。加强应急管理，针对重点风险环节和风险隐患制定切实有效的应急应变措施，不定期进行应急演练。加强投诉处理，实行“首问负责制”，严格执行《宏信证券有限责任公司客户投诉处理实施细则》，按照“渠道畅通，妥善处理，及时反馈，落实改进”的原则，做好客户服务及投诉处理工作。三是强化考核管理。实行合理、公正、公平原则与风险合规结果挂钩的绩效考核管理制度，对重大合规事项，采取一票否决制度，有效控制合规风险。

【投资者权益保护】

提升员工专业性，提高客户服务质量。组织全员产品、业务适当性、反洗钱等培训，全方位提升员工专业水平。开展全民国家安全教育日、防非宣传、公平竞争政策宣传、反洗钱宣传、世界投资周宣传、国家网络安全宣传等投资者宣传教育工作，提升客户风险意识。做好信息公示，及时更新投资者园地内容，张贴交易所最新资讯与通知，设立从业人员公示牌、公司介绍公示牌、投资者投诉处理流程等各个方面的内容，加强信息公示的全面性，做好风险提示，增强客户风险意识。

（宏信证券有限责任公司湖北分公司）

华安证券股份有限公司湖北分公司

【概况】

2023年，华安证券湖北分公司（简称）积极探索财富管理转型，抓住基金代销和机构业务发展契机，大力开展金融产品销售及机构业务。全年实现营业收入1077.6万元，营业支出1195.70万元，利润总额-178.10万元，净利润-194.28万元。

【党建工作】

一、推进思想政治建设

围绕“四同”文化，立足双“P+S”党建品牌模型，以“集中学+自主学+特色学”相结合的形式开展各项主题教育学习交流活动。充分利用“思政大讲堂”、支部书记“微党课”、学习强国APP等多种平台深入开展党的二十大精神学习，习近平新时代中国特色社会主义思想主题教育学习，《习近平谈治国理政（第四卷）》《中国共产党宣传工作简史》等专著学习，以及省委十一届五中全会、考察安徽国企金融工作重要讲话、中央金融工作会议等重要会议精神的学习。

二、加强组织作风建设

紧扣党建工作“十八字”要求，创新方法，拓展载体，常态化落实“三会一课”制度，定期开展专题组织生活会，巩固主题教育学习成果，阶段性总结支部工作情况，广泛开展批评与自我批评，查摆问题，聚焦工作难点并形成“三查三问”、专项检查等整改清单，做到责任明确、措施具体、监督到位、保障有力。同时认真贯彻落实党中央及公司党委最新指示精神，开展学习《关于增强党务工作政治性、严肃性、规范性工作提示》《关于清查整治突出问题规范党务工作的方案》等文件精神，开展支部结对共建交流活动，吸收组织建设先进经验，进一步完善支部党建品牌模型，积极探索党建与业务融合的有效途径，不断提升党建工作质量和水平。

常态化落实“谈心谈话”机制，以及开展社区助老志愿服务活动、“毅行温党史 聚力向未来”关爱员工健康行活动、互联网营销“技术比武”活动、爱心服务驿站等“我为群众办实事”实践活动，特色化采取党员积分管理办法，加强党员管理，提升党性修养，发挥党员先锋模范作用。认真学习贯彻习总书记关于树立践行正确政绩观的重要论述、“六破六立”等重要内容。杜绝形式主义，深入整治不作为、不担当、不进取、不守信、不务实、不知止现象，对问题排查形成整改清单对照整改。

三、加强纪律制度建设

监督党员干部严守组织纪律，切实落实“一岗双责”制度。学习《中国共产党支部工作条例》《中国共产党统一战线工作条例》《信访工作条例》等制度文件，同时清查整治突出问题，规范党务工作，加强组织纪律建设。组织参观中国共产党纪律建设陈列馆，加强制度宣导，提高党员遵纪守正思想觉悟。定期排查支部统战成员情况、宣传阵地的意识形态问题、党建经费使用情况，规范日常运营。支部各项工作有章可循、有律可依、规范运行。

四、加强党风廉政建设

组织开展主题教育暨党风廉政建设会议、廉洁建设专题党课、廉洁从业培训等活动，紧扣主题主线，加强政治监督，深化标本兼治，落实“两个责任”。深入学习习近平总书记有关作风建设的重要论述以及中央八项规定等相关文件精神，全面加强纪律建设，坚持从严从实。同时，结合监管政策要求及金融廉洁从业相关规定，修订分公司《廉洁从业管理办法》及《党风廉政建设风险点及防控措施》,在《华安证券湖北分公司前台人员管理规定》中明确廉洁从业违规问责条款。在宣传教育上,强化营业场所的廉洁宣传,加强对职工廉洁法律法规的学习并签署《合规及廉洁从业承诺书》。通过回访、日常谈话等方式监督职工廉洁行为,督导分支机构完成廉洁从业问题排查。

【业务发展】

一、互联网赋能财富管理转型

积极布局互联网,以同花顺和微信公众号等自媒体平台为依托,打造自己的互联网IP,针对目标客户以优质有趣的传播内容实现产品认知、吸引、购买、忠诚的转换,引导客户理性投资的同时做好引流工作,做好员工合规培训、平台内容合规审查和客户服务留痕工作,以专业服务开发客户、引入资产,提高创收;客管部、市场部、投顾部三个部门针对线上业务重新整合,适时调整组织架构,尤其根据投顾在互联网中展业的特点,细化考核指标,制定合适的投顾考核制度。加强对理财顾问的业绩管理,建立考核档案,每季度根据业绩情况约谈,采取针对性的措施。

二、大力开展机构经纪业务

注重多元化经营,增强经营韧性,与基金公司拓展合作,引入量化券结产品,引进机构客户资产,提高佣金收入。

三、推进金融产品销售

加强投顾对金融产品的投研能力,根据客户的风险收益偏好,设计合理的理财产品配置方案;加强理财顾问专业能力,摸清客户基本盘,根据市场行情调整销售节奏及销售重点,做好客户反馈机制。

四、推进机构业务

继续推进与长江传媒的金融服务合作,以保本理财配置为切入口对接中文在线等14家武汉市上市公司,发掘新的优质项目拓宽产品线。定向资管方面,完成招商银行的准入,并定制销售产品,协助资管部,进一步增加资管规模。

【风险管控】

分公司由总经理、运营总监、营销总监及各部门主管构成分公司风险管理工作小组,构建全面风险管理的组织体系,各自履行全面风险管理的职责分工,建立多层次、相互衔接、有效制衡的运行机制。日常严格遵循《华安证券股份有限公司全面风险管理实施细则》《华安证券湖北分公司风险管理制度》等对分公司及下辖营业部的各个风险点进行风控管理。

一、加强洗钱风险防控

根据监管部门和总部要求制定分公司的反洗钱及规章制度,根据反洗钱法律法规和政策的变化及公司反洗钱实践,及时调整分公司制度。组织运营部门,尤其是柜台人员根据法律法规以及公司规定开展反洗钱工作。对营业部反洗钱工作的开展情况进行指导、监督、检查和培训。要求柜台人员在办理相关业务时,严格执行客户身份识别制度,为客户开立账户时,能够利用账户资料在业务系统中录入客户信息,建立客户信息档案,及时对反洗钱客户风险等级进行划分和分类管理。配合人行反洗钱监管部门对分公司及营业部的反洗钱工作检查。依法协助、配合国家有关执法机关对涉嫌洗钱活动所进行的调查工作。

二、严控操作风险

将操作风险管理体系覆盖各部门和全体员工,嵌入到业务流程和操作环节,贯穿决策、执行、监督全过程。在组织架构、岗位设置、权责分配、业务流程等方面,完善职责分工并适当分离;重要业务操作实行复核制,并对单人单岗业务加强监控;及时对信息部门和其余部门更新操作风险应急措施和预案。

三、防控信用风险

信用专员在开户环节之前对客户的资产情况进行沟通和尽调,在符合条件后,向总部发起流程。实时监测担保比例的情况并对快要到期的债务能够及时通知客户,对客户的信用风险进行评估,提前做好预防措施,确保资产资金的安全。

四、防范市场风险

与总部各部门保持良好的业务沟通,确保损失程度控制在公司可承受的范围内,不会因为市场风险造成矛盾的激化。

五、防范声誉风险

制定声誉情况应急预案,确保全员熟知,有效应对和化解因分公司的经营和管理、员工个人违法违规行为或外部事件导致利益相关方对公司负面评价的风险。分公司及营业部全年无重大风险事件发生。

【投资者权益保护】

重视投资者教育与保护工作,着重培育理性投资文化。联合下辖营业部,通过线上线下拓宽宣传渠道,积极组织开展各类投资者保护活动,深入推进证券知识普及教育,引导投资者树立理性投资理念,培育风险意识,提高维权意识和能力,全面提升投资者保护工作质量和水平。开通客服热线和投诉专线,建立客户投诉与纠纷处理流程和机制,积极处理应对客户诉求,保护投资者合法权益。

（华安证券股份有限公司湖北分公司）

华创证券有限责任公司湖北分公司

【概况】

2023年,华创证券湖北分公司(简称)以立足中部地区布局规划,深入挖掘以湖北省为中心的中部地区业务资源,以发展经纪业务为基础,大力拓展机构业务,提供多元化金融产品服务。

【业务发展】

一、大力发展经纪业务

通过资源整合,与多家银行开展合作,从外部引进成熟型业务人员,拓展业务渠道。充分利用客户服务系统进行客户画像及客户分级工作,实现精准定位客户群,提高客户服务的精准度,在客户服务模式和水平方面有了较大提升。

二、加速经纪业务向财富管理业务转型

持续推进财富管理转型,重点加快分公司及营业部财富管理的团队建设工作,推进财富管理条线和机构业务条线双线建设,进一步提高分公司财富管理部门人才储备,提升业务优势,秉承以客户为中心、帮助客户实现资产保值增值的经营宗旨,打造投资驱动的金融产品服务能力,有效引导财富管理业务从产品销售驱动向为客户进行资产管理和配置的方向转变。

三、积极挖掘创新业务潜在项目

积极把握市场机遇和区域特质,优化零售客户和企业机构客户两大服务体系,继续推进创新转型步伐,着力发展财富管理、个股期权、PB、资产管理和私募股权投资等业务,提升在创新业务领域的竞争优势,提高综合金融服务能力。

【风险管控】

严格按照公司总部风控对各项业务的发展指引,多维度严格把控经营风险。一是加强风控制度建设。完善内控管理制度体系,按照监管规定及公司风控管理要求,进一步提高内控管理水平。二是加强内控合规管理。结合分层培训工作要求，定期组织员工合规培训学习，加强管理人员和业务部门人员合规意识。定期开展各项专项检查，定期对下辖分支机构开展一线合规自查，加强对员工和业务的合规监督及审查力度，主动发现并纠正风险，做到防微杜渐。三是持续加强投资者教育和权益保护。积极组织开展各项投保宣传活动，履行投资者保护工作义务。

（华创证券有限责任公司湖北分公司）

华福证券有限责任公司华中分公司

【概况】

2023年，华福证券华中分公司（简称）围绕公司“变革、协同、创新、突破、合规”五个关键词，深入践行公司“1335”战略实施路径，大力弘扬“专业为先、真诚为本、图强求新、成人达己”企业价值观，各项业务持续稳健良性发展。截至年末，分公司资产规模18490万元，全年营业净收入为977.33万元。截至年末，在湖北省共有6家营业部（含1家财福中心），共有员工92人。

【业务发展】

坚持党建与业务“两手抓、两手都要硬”，坚持用党建引领业务发展，持续开展“深入学习贯彻党的二十大精神”系列活动，用业务发展成果检验党建成果。持续推进经纪业务、机构业务、投行业务等各项业务发展。截至年末，客户规模65051户，新增客户资产6.9亿元，A股基金交易量457亿元，理财产品保有规模2.7亿元，两融余额2.7亿元。

【风险管控】

坚持“合规风控和创新发展”的双轮驱动发展原则，践行“合规、诚信、专业、稳健”的行业文化理念，建立健全廉洁从业管理内控体系，不断加强风险管控能力和专业能力建设。一是加强内控检查。组织开展“福航程”合规风控内控提升系列活动，实行“一把手”负责制，加强投资者适当性管理、员工执业行为、廉洁从业自查、反洗钱工作、异常交易行为管理、代销金融产品等全面自查。二是加强合规文化教育，通过福航程知识竞赛和金融行业廉洁文化宣传月等特色活动组织员工学习执业相关合规知识和案例警示。三是加强合规风控管理队伍和内控管理建设，配备与业务规模相匹配的风控队伍8人，每家机构设置1名专职合规。四是推进风控系统升级，加强对客户异常交易行为监控、风险排查和教育警示工作。推进反洗钱系统优化和客户身份识别、可疑排查等功能操作和存档便捷性。推进员工执业行为监测等多维度功能完善和上线，保障合规风控持续数字化转型。

【投资者权益保护】

积极组织开展投资者教育、行业文化建设等专项活动。开展走进上市公司、投资者教育进百校等活动，引导客户树立正确投资理念，防范非法投资风险。全年共举办446场投教活动，制作790个原创投教产品，其中，特殊活动报道及原创产品共计16个，在湖北证券期货业协会、上交所投教等官方微信公众号转发。荣获2023年《股东来了》投资者权益知识竞赛初赛湖北赛区优秀团队奖。

（华福证券有限责任公司华中分公司）

华金证券股份有限公司湖北分公司

【概况】

2023年，华金证券湖北分公司（简称）以财富管理业务为核心，倾力打造服务于富裕客户的特色财富管理体系，持续深耕财富管理业务。通过“优+理财”APP的服务联动，助力打响“买ETF到华金”品牌。坚持以ETF为特色的财富管理服务，为客户提供全面、丰富、专业的产品，满足客户差异化、个性化、多样化理财需求。截至年末，分公司托管客户资产6.26亿元，共有员工20人。

【风险管控】

一是持续树立合规展业意识，加强廉洁从业培训。每月组织员工开展合规培训，每季度对证券经纪人开展至少一次合规培训，并通过测试检验培训效果。加强培训力度，树立员工合规展业意识，坚守合规展业底线。加强员工廉洁从业培训，监督员工遵守证券从业人员廉洁从业规定。二是加强营销人员合规监测。落实内部管控制度，根据监管部门要求与总部相关制度开展培训，落实投资者适当性管理规定，明确营销人员应该将合适的产品销售给适合的客户，不得违反金融产品销售中的禁止性行为。定期自查员工金融产品销售的合规性问题。三是积极开展反洗钱工作。根据人民银行和公司总部要求，持续化和常态化开展反洗钱宣传活动，通过张贴海报、公告、发放反洗钱宣传册、设立反洗钱专栏、摆放宣传展架、发送短信等方式持续对客户及其他投资者进行反洗钱知识教育。不断加深对洗钱活动的了解，提高防范洗钱风险意识。全年开展各类反洗钱宣传工作12次。

【投资者权益保护】

积极开展各类投资者教育工作，通过走进社区、走进商圈的形式开展投资者教育工作。年内开展“2023年全民国家安全教育日主题活动”“5·15全国投资者保护宣传日”“2023年防范非法证券期货宣传月活动”“金融知识普及月宣传教育活动”“上交所会员合作投教活动”“2023年世界投资者周宣传教育活动”等活动，积极履行投资者教育工作义务，加强金融消费者权益保护宣传力度，有效保护投资者合法权益。

（华金证券股份有限公司湖北分公司）

华林证券股份有限公司湖北分公司

【概况】

2023年，华林证券湖北分公司（简称）秉承“您财富的成长是我们的使命，守法合规严谨是我们的原则”的核心经营理念，各项业务均衡发展。截至年末，湖北分公司托管资产规模达39.87亿元，全年实现营业收入1305.31万元。

【业务发展】

坚持围绕“打造新一代年轻化的科技金融公司”的战略目标，继续深化科技金融转型，持续加大信息技术投入，优化产品及服务体验，不断增强核心能力，打造以科技、财富、交易为核心竞争力的差异化券商，探索轻资本运营的新商业模式，助力行业高质量发展。大力开展证券经纪业务，建立较为成熟的线上线下用户增长体系、多场景的客户服务体系、多策略多品种的产品服务体系，持续向互联网券商转型。营销团队积极探索新的展业模式，创造新的业务增长点。根据客户需求提供个性化产品与服务。以客户为中心原则，把客户服务放在首位。

【风险管控】

严格执行公司总部各项风险管理制度，在业务开展过程中始终坚持制度先行的原则，每季度开展一次合规管理工作会议。着力抓思想、抓管理、抓整改，守牢监管底线，筑牢合规防线。通过对既往工作的梳理，发现并指出合规管理的问题与风险点，针对性给出合规管理建议与措施，每季度至少召开一次全员合规培训，内容包含合规管理、反洗钱、适当性及廉洁从业，通过日常的培训，使员工深刻理解和把握国家法律法规、公司规章制度、业务流程、岗位职责，切实坚守各项业务合规展业底线思维，确保各项业务健康发展、风险可防可控。定期开展内部的检查和自查，分公司定期和不定期地组织对各项业务、员工展业行为等方面进行检查和抽查，主动避免违法违规事件的发生，主动发现和纠正风险，检查过程均留痕备查，做到防微杜渐。湖北分公司全年未发生风险事件。

【投资者权益保护】

全年开展投教宣传活动18次，包括"岁末年初防范非法集资宣传教育活动""全面注册制投资者教育专项活动""3·15投资者保护日""4·15全民国家安全教育日""5·15全国投资者保护宣传日""世界投资者周"，以及防范非法证券期货宣传月、走进上市公司、走进高校等多项宣传活动。利用各种线上方式对投资者进行宣传教育，把投教工作贯穿于日常工作中，形成常规化、模式化的长效机制。普及金融基础知识及法规政策，开展防范非法投资、打击场外配资、洗钱犯罪等相关主题投资者教育，引导投资者正确认识资本市场，增强风险防范意识，树立理性投资观念，警惕非法证券活动。依托华林证券投教基地开展四大投教主题活动，其中三大主题是在西藏开展。以"红色基地参观+座谈会"的形式开展"西藏红色投教金融之旅"和"投教基地云直播"活动，通过自有渠道和媒体渠道共同发力，两场活动覆盖人次达到10万多人。投教工作获得《证券时报》君鼎奖、《金融界》金智奖、《每日经济新闻》金鼎奖、《21世纪经济报道》金贝奖等多个投教类重要奖项。

（华林证券股份有限公司湖北分公司）

国新证券股份有限公司湖北分公司

【概况】

2023年，国新证券湖北分公司（简称）坚持以服务实体经济为使命，积极贯彻"以投研为先导，以投行为引领，资管、财富、自营协同驱动"的发展思路，构建了包括投行、资管、财富管理、自营投资、公募基金、期货和私募股权基金在内的业务布局。积极开展金融产品代销、"新三板"、股票期权等多项业务，并协同国新基金、国新资产、国新文化、国新健康、大公国际等中国国新集团各板块，服务湖北辖区投资者，为湖北资本市场健康发展贡献力量。

湖北分公司把学习宣传贯彻党的二十大精神作为首要政治任务，深刻领悟"两个确立"的决定性意义，增强"四个意识"，坚定"四个自信"，做到"两个维护"，切实加强基层党支部党的政治建设，坚定不移地贯彻落实公司党委的决策部署，在思想上、行动上同党中央、集团党委、公司党委保持高度一致。

（国新证券股份有限公司湖北分公司）

华泰证券股份有限公司湖北分公司

【概况】

2023年，华泰证券湖北分公司（简称）从"党建引领、经营观念、业务主线、区域布局、体制机制"五个维度全面践行公司转型发展战略。一是加强党建引领。以党建与经营双融合为工作导向，加强基层党组织"标准+示范"建设，充分发挥基层党组织战斗堡垒作用和党员先锋模范作用。二是在经营观念上，深入推进财富管理业务转型，鼓励并引导各经营单位明晰差异化定位，筑牢增量思维，深耕财管业务底层基础，探索全业务链系统化建设。三是大力发展三大业务。突出"党建引领、财管为基、机构为桥、私行为新、协同联动"的业务主线，设"财管、私行、机构"三大业务中心，各自明确"有特色、可持续、有压力、可实现"的工作目标和转型要求。四是推进区域布局。在垂直扁平管理框架下，因地制宜、实事求是，区分各经营单位资源禀赋、队伍特长与经营特色，深化"一主两翼"协同发展。五是推进体制机制优化。践行"总部驱动、总分联动"一体化运营机制，整章建制，落实集约化经营，凝聚转型动力，深化"财私机"业务联动和区域水平协同，以经营能力提升促进管理水平提高，推进转型发展落实见效。年内，分公司机构业务中心在"星光华泰 闪耀未来"荣誉表彰中获得"星耀Team"大奖。

（华泰证券股份有限公司湖北分公司）

华源证券股份有限公司湖北分公司

【概况】

截至2023年末，华源证券湖北分公司（简称）托管市值规模为43.26亿元，客户数量19426户，全年累计交易金额为217.23亿元。分公司共有正式员工19名，证券经纪人113名。

【业务发展】

华源证券设有财富管理、股权投行、固收投行、资产管理、自营投资、股权投资、期货业务、研究业务等业务模块和部门，构建了具有竞争力的全业务链体系，致力于为客户提供高度专业化的综合金融解决方案。按照"专注主业、立足本地、回归本源"的要求，以服务实体经济为导向，以满足客户需求为中心，以金融科技驱动财富管理转型作为战略突破口，致力于成为广受认可、具有竞争力、品牌影响力的数字化金融科技证券公司。

【风险管控】

通过制度管理、系统管理以及责任追究等加强业务合规管理。对证券经纪业务实施集中统一管理，建立健全证券经纪业务管理制度，内容涵盖执业资格、合同签署、行为规范、考核激励、信息公示、客户回访、异常交易监控、责任追究等各个方面。关注制度执行，避免实际执行与制度规定不一致情况的发生。对证券经纪业务系统实施统一管理，统一建立证券经纪业务客户账户管理、客户资金存管、代理交易、代理清算交收、证券托管、交易风险监控等信息系统。建立内部责任追究机制、外部责任追究机制。分公司全年合规风控成果显著，未出现重大事故与监管风险。

（华源证券股份有限公司湖北分公司）

粤开证券股份有限公司武汉分公司

【概况】

2023年，粤开证券武汉分公司（简称）持续开展代理客户买卖股票、债券、基金等证券业务，提供信用交易的金融服务，向财富管理客户提供个性化投资顾问服务，以满足其多样化的风险及收益偏好，整体运行情况良好。

【业务发展】

一是稳步发展传统通道业务。粤开证券财富管理提供深沪A股、债券、回购、基金、港股通等齐全的证券品种及投资交易服务。拥有多选择的网上交易软件：粤开金融APP、粤开同花顺（高端版）、粤开通达信至尊版、粤开独立下单软件等专业软件，满足多平台服务，提供超高附加值的用户体验。二是开展金融产品代销业务。金融产品部与各合作金融机构充分沟通，结合营销部门及客户需求，为各类客户提供适当的金融产品。金融产品部作为公司金融产品提供部门，通过与投资研究中心合作，结合市场情况，为分支机构及各级营销部门引进金融产品，协助组织金融产品知识培训和相关业务培训，逐步提高分支机构及营销人员的金融产品服务意识，为客户提供全面财富管理的金融服务。构建“四位一体”的营销服务模式，以适当性管理和客户分类分级为基础，以丰富的产品和标准化的服务为依托，搭建贯穿客户营销和服务全过程为一体的工作流程体系，以适应市场竞争，满足广大投资者的金融服务需求。三是推进财富管理业务。在客户分类基础上，整合公司资源为客户提供全方位的理财规划和资产配置服务，实现客户财富持续稳健增长。结合市场运行状况，综合考量客户财务状况、风险偏好等因素，为客户制定综合理财规划。设立专业的服务团队，搭建丰富、完善、多层次的产品及服务体系，以客户需求为导向，为客户提供财富咨询及资产配置建议。

【风险管控】

一是加强合规管理。设立合规风险管理人员，负责分公司的合规风险管理工作。在经营管理活动中，落实各项监管要求，执行总公司的合规风险管理制度和业务制度。合规岗及各部门负责人开展合规咨询、合规检查、合规培训、反洗钱监测、投资者异常行为分析、员工行为监测等专项合规风险管理工作，为公司稳健规范发展提供支持和保障。坚持合规、独立、合理、保密原则，本着客观严谨的工作态度，逐步落实各项合规风险管理职能，保证分公司合规风险管理机制的有序有效运行。对分公司所开展业务的合规性、健全性进行集中、持续监控，通过预警、报告、评估、处理等方法，及时规避与化解风险，利用信息技术手段，加强风险监控，建立信息沟通与处置机制，确保信息及时流通，培育风险文化，增强风险管理意识，积极有效地管理经营过程中面临的各类风险，确保各项业务整体风险可测、可控、可承受。强化合规风控建设，推进全面风险管理体系建设，实现业务全流程实时风险管控；加强资金流动性风险指标监测，提升资金管理水平；扩大合规管控的业务、流程覆盖范围，及时检视合规风险管控成效；夯实合规经营基础，紧抓分类评价目标，把握提升方向，为业务发展保驾护航。二是开展反洗钱工作。以提升反洗钱意识、重视反洗钱义务、防止非法集资、投资者保护等主题，开展多种形式的宣传活动，通过户外健康跑、横幅展架及海报、宣传手册派发等方式，充分向社会民众及广大投资者进行宣传教育，通过金融主题月等活动，为投资者普及金融合规知识，进一步增强从业人员合法合规意识，助力维护金融市场秩序。

【投资者权益保护】

切实做好投资者合法权益保护工作，帮助投资者树立阅读上市公司报告习惯，提升投资者解读上市公司报告能力，培育与市场注册制改革相适应的投资者队伍，开展“3·15投资者保护”“5·15全国投资者保护”等主题投教活动。通过走进社区、直播、内部培训、海报横幅悬挂、公众号主题推文等投教活动，普及金融知识，加强防范意识。

（粤开证券股份有限公司武汉分公司）

民生证券股份有限公司武汉分公司

【概况】

2023年，民生证券武汉分公司（简称）紧抓武汉新城发展契机，充分发挥公司中小企业投行业务优势和服务能力，为辖区企业提供全方位资本市场服务。分公司各项业务持续向好发展，截至年末，客户总资产94515.17万元，新增交易性资产31066.47万元，金融产品销售规模14333万元。

【业务发展】

一、拓宽经纪业务渠道

线下与多家银行进行驻点合作，线上同通达信合作进行线上业务引流，通过客户服务系统进行客户画像和客户分级提高客户服务精准度，进一步完善客户服务能力，提升客户服务水平。

二、深化财富管理转型

持续进行团队建设，加强人才培养和人才引进。利用日常晨会、业务培训会及分公司内部营销经验分享会议，不断提高人员专业素养，提升人员专业能力。进一步优化财富产品结构，帮助客户实现资产保值增值，完善投资驱动的金融产品服务能力，有效引导财富管理业务从营销驱动向为客户进行资产管理和配置的方向转变。

三、持续推进协同工作

坚持践行“投资+投行+投研”的三位一体战略，依托公司优势的投行业务为抓手，围绕大投行业务带来的衍生业务机会和优质客户，不断拓宽业务协同的深度和广度。承揽IPO项目2单，协同投行跟进优质IPO/并购项目6家，完成公司战略客户股份托管落地，并开展收益凭证等财富业务。

【风险管控】

一是加强内控检查。开展全面自查，涵盖投资者适当性管理、员工执业行为、反洗钱工作等内容，通过员工自查、合规主管抽查、区域合规主管现场检查、审计飞行检查等多种形式实现内控提升。二是贯彻合规管理。坚持贯彻“风险无小事，合规心中留”的理念，加强合规廉洁文化建设，通过组织员工定期或不定期开展合规培训，向员工传递监管动态信息、合规动态通报，做好新业务、新政策学习解读，全方位、多角度宣导合规文化，强化员工合规执业意识，规范员工行为。

【投资者权益保护】

开展"3·15投资者保护主题教育"、"5·15全国投资者保护宣传日"、防范非法证券期货宣传月等投资者保护宣传活动，帮助投资者了解资本市场法律法规，树立正确证券投资理念，强化风险防范意识，切实履行好投资者保护工作职责。

（民生证券股份有限公司武汉分公司）

平安证券股份有限公司湖北分公司

【概况】

2023年，平安证券湖北分公司（简称）致力于经纪互联网财富管理转型，科技赋能智能投顾、专业队伍支撑、移动APP承载、丰富产品供应的互联网财富管理服务。在武汉、襄阳、荆州设有3家营业部。截至年末，托管资产187亿元，全年实现营业收入4358.8万元。

【业务发展】

一、服务实体经济

紧跟国家战略布局，把握新经济背景下的产业升级逻辑，持续提升服务实体经济质效。年内通过股权、债权等累计为超过250家企业提供约3000亿元融资支持，其中，债券承销规模1399亿元，排名行业第六；资产证券化承销规模1595亿元，位居行业第一。全年累计为超250家企业提供约3000亿元融资支持。打造"远惠系列-2023远东小微企业高质量发展一期资产支持专项计划"等多个支持中小微企业发展的优秀案例；落地包括全国首单省级文旅国企点心债（陕旅点心债）在内的一批行业标杆性案例。

二、助力乡村振兴

响应中证协"一司一县"结对帮扶重大部署及平安集团"三村工程"号召，整合各方资源，创新帮扶举措，形成集消费帮扶、教育帮扶、公益帮扶于一体的综合立体帮扶体系。2023年荣获《投资时报》年度"星耀计划乡村振兴优秀案例"。定点结对帮扶湖北省团风县、河北省平泉市、广西壮族自治区田东县，不断巩固脱贫攻坚成果，2023年新增结对帮扶贵州省习水县、湖北省麻城市全力推进乡村振兴。

三、开展对口帮扶

为响应中国证券业协会"一司一县"帮扶和平安集团"三村工程"号召，平安证券党委经研究决定，2023年初与湖北省麻城市和贵州省习水县人民政府签订对口帮扶协议，紧紧围绕巩固拓展脱贫攻坚成果、全面推进乡村振兴目标，创新金融产品和服务，引导更多金融资源投入"三农"领域，助力麻城市、习水县农业高质高效发展、乡村宜居宜业、农民富裕富足，为加快构建以国内大循环为主体、国内国际双循环相互促进的新发展格局提供金融支撑。丰富教育帮扶内涵，围绕爱心球场、净水计划、爱心支教等行动，软硬件互补，打造平安证券特色教育公益品牌，形成公益闭环，传递温暖友善，展现社会责任。

四、践行绿色金融

投行业务紧跟国家战略布局，把握新经济背景下产业升级逻辑，持续提升服务实体经济能力。加强"以融强产"，引导金融资源流向实体经济的重点领域和薄弱环节，助力形成新质生产力，做好科技金融、绿色金融、普惠金融、养老金融和数字金融"五篇大文章"，助力实体经济高质量发展。

【金融创新】

依托综合金融服务优势，秉承"以客户为中心"的服务理念，提升客户全生命周期服务陪伴能力，为客户提供高质量的金融产品与全方位的综合服务体系，并针对投资者财富管理需求的日益精细化、复杂化和多样化，不断优化财富管理体系建设，在ETF生态建设、投顾服务等方面作出新的尝试。在ETF生态圈建设方面，举办ETF行业峰会，汇聚20家公募、多家私募以及研究所、同花顺、大智慧等生态圈重要成员共议ETF未来方向，加速ETF生态圈内沟通交流，促进各方发挥各自优势，合力形成驱动ETF市场继续快速发展的新动力。在打造"买方投顾"专业能力上，借助科技优势，从总部到分支机构，线下线上双线作战，不断加强投顾体系建设，提升服务质量。作为ETF业务的积极践行者和重要参与者，联合上下游服务机构，打造开放共赢的ETF生态圈，首创"ETF投顾服务"业务模式，通过策略化投研、沉浸式投教、产品化投顾，为投资者带来省心、省时、又省钱的投资体验。在推进基金投顾服务上，推出品牌"安心投顾"，提供智能全托的"投"及精准陪伴式的"顾"，助力投资者控制风险，为长期投资打下坚实基础。截至年末，基金投顾业务通过"投"与"顾"的服务构建，通过资产配置组合方案，累计服务近5万客户，提升客户投资获得感。基于客户长期盈利的投资诉求，启动"客户目标定制型财富管理解决方案"，打造"平安30"买方财富管理品牌，定位于目标定制型买方投顾模式，以投资者为中心，提供完整的资产配置解决方案和陪伴式投资服务，通过持续的"投资""顾问"组合服务，为投资者保驾护航。

【风险管控】

根据《证券公司和证券投资基金管理公司合规管理办法》《证券公司合规管理实施指引》及公司合规管理制度，有序开展各项合规管理工作，恪守合规底线，积极落实监管和公司总部的合规管理要求，宣导全员合规、合规从管理层做起、合规创造价值、合规是公司的生存基础的合规理念，开展合规宣导培训、合规检查，不断加强合规管理文化建设，助力业务健康、良性发展。全年未发生重大风险事件。

【投资者权益保护】

开展系列投资者教育工作，加强投资者教育和权益保护。一是推进常态化宣传和专题创新相互促进。全年共举办常态化投教活动31场，专项投教活动28场，覆盖投资者超1.5万人次。从职场临柜客户投教，到进高校、进社区、进企业、客户沙龙等与投资者面对面宣传，实现投教知识多样化普及，将投教工作融入投资者和社会公众生活。制作的防范非法证券原创投教产品参加2023年度湖北省防范金融风险短视频征集大赛，通过公司总部官网推广累计观看8853人次，宣推覆盖面效果明显。二是注重投资者分类投教。关注面向老年人、外来务工新市民的宣推，增强重要群体的投教效能，提高居民群体对防范非法集资、防范金融诈骗、防范非法证券、警惕洗钱陷阱、退市制度、全面注册制等金融知识的了解，树立正确的投资理念，切实保护投资者合法权益。扎实推动证券金融知识深入国民教育机构，结合校企合作思维，开展走进高校专题金融知识培训6场，面向在校学生开展非制式化证券金融知识多元普及的授课，包括开展《股东来了》知识竞赛活动等专题宣传内容。通过不断优化投资者权益保护宣传方式方法，切实保护投资者合法权益。

（平安证券股份有限公司湖北分公司）

申港证券股份有限公司湖北分公司

【概况】

2023年，申港证券湖北分公司（简称）践行“以人为本，融合创新”的企业文化，以“合规稳健、专业高效”为核心价值观，植根武汉、服务全省，全年实现营业收入456.34万元，客户数量8884户。共有员工31人，经纪人17人。

【业务发展】

在业务拓展上以市场份额为核心，紧跟总部步伐，实现经纪业务向财富管理业务的转型。坚持“迭代专业系统，拓展专业渠道，优化专业服务”的“三个专业”总体方针，深化服务体系，加快提升客户规模。着力打造投资顾问业务体系，形成了策略产品和投顾服务双轮驱动的管理模式，实现经纪业务向财富管理业务转型突破。

【风险管控】

通过建立健全风险管控制度和体系，实现对风险的有效识别和防范化解，培育全员主动风险管控文化，增强自我约束能力，确保经营管理和执业行为符合法律、法规和准则，形成内部约束到位、相互制衡有效、内部约束与外部监管有机联系的长效机制，为持续规范发展奠定坚实基础。在坚持合规优先、守住合规基本底线的基础上，全力推动和支持业务发展。通过人才多元化、业务专业化、制度规范化、工具系统化，建立健全覆盖各业务、各条线的全面风险管理体系，实现业务发展与风险管理的动态平衡。开展合规咨询、合规审查、合规检查，促进各项业务健康发展。

（申港证券股份有限公司湖北分公司）

申万宏源证券有限公司湖北分公司

【概况】

2023年，申万宏源证券湖北分公司（简称）依托申万宏源“投资控股集团+证券子公司”的双层架构优势，为企业集团、个人投资者、专业机构投资者、金融同业机构及政府客户提供以资本市场为核心的全生命周期、全方位覆盖、多业务层次的综合金融服务，在支持湖北省经济建设上发挥积极作用。

【党建工作】

2023年，湖北分公司党政班子成员带头，以财富管理转型和综合金融成片开发为方向，推进一系列结构性、制度性的重要举措，整体呈现良好的政治生态氛围。一是加强政治建设。党总支以深入学习领会习近平新时代中国特色社会主义思想和党的二十大精神为主线，开展中心组学习15次，召开党总支会议42次，审议重大事项109项。二是开展学习贯彻习近平新时代中国特色社会主义思想主题教育活动。制定主题教育工作计划，组织开展学习和调研，解决营业部提出的问题意见共计161项，为营业部提供支持服务保障。推动干事创业，深化与武汉市政府的战略合作，现场赴对口基层党支部参加专题组织生活会，推动全辖党支部进行检视分析并整改，以党建促进业务的发展。三是开展述责述廉工作。执行《中国共产党廉洁自律准则》，遵守“八项规定”，坚决反对“四风”，组织召开了两次党建和党风廉政建设工作会议，参观中国共产党纪律建设历史陈列馆，贯彻中央八项规定精神，落实公司警示教育大会精神，教育引导干部员工严守政治纪律和政治规矩。四是切实做好群团工作。做好“五必问、五必访”、劳动竞赛、换届选举、工团评优、主题教育学习等工作，积极推动开展“三八”“六一”“七一”知识竞赛、第二届湖北分公司职工运动会、工会读书班、春游等活动，以丰富多彩的活动增强广大干部员工的凝聚力和向心力。

【业务发展】

一、推进财富管理业务

2023年，分公司经营考核得分在公司排名前列，各项业绩指标完成情况较好。特色化、标准化投顾产品业务持续保持优势地位，“投顾创造营”产品签约数位于全公司第一。

二、发展综合金融业务

一是积极服务国家重大战略，加强服务实体经济力度，为各类企业提供上市、挂牌服务，围绕上市公司提供综合金融服务。在武汉东湖新技术开发区金融工作局的支持下，分公司首批对口服务近百家辖内企业，与多家企业拟开展业务合作。二是积极服务省属七大平台、武汉市属六大平台及其他平台公司，全力推动业务创新和发行销售力度，其中，具有代表性的项目有湖北科投合作债券和融券业务、武汉高科合作债券、Pre-REITs和公募REITs以及“专精特新”基金等业务、武汉葛化集团合作自贸债和PPN业务、光谷交通投合作碳中和绿色公司债业务、光谷金控合作公司债业务等。

三、推进综合金融服务

一是发展资产管理业务。分公司按照公司内部协同机制，主动管理业务规模较大，其中1只产品自2017年成立以来累计投资湖北省内企业发行债券超过百亿元，为湖北省内超过40家企业开展疫情防控、基础设施建设、生态治理等提供了强有力的资金支持。与建设银行、华夏银行合作推动普惠性理财产品代销，代销规模突超几亿元，助力居民财富保值增值，在市场大幅调整的情况下，代销渠道产品平稳运行，未出现兑付问题及客户纠纷。二是推进投资银行业务。2023年，申万宏源在湖北主承销公司债、银行间产品的承销金额及只数在湖北区域2023年排名均进入前10名。武汉地铁2022年公司债项目获得第十六届新财富“最佳投行业务精英团队-公司债项目”奖项；武汉光谷金控21年公司债项目获得“上海证券行业专项立功竞赛服务实体经济三等奖”“上海金融业助力科创中心建设优秀成果评选入围奖”等多个奖项。三是发展股权业务。服务国家重大战略，加强服务实体经济力度，完成光迅科技15.73亿元再融资，持续服务民族品牌做大做强，助力中国企业成为世界一流品牌。聚焦武汉东湖新技术开发区及武汉经济技术开发区，为各类企业提供上市、挂牌、再融资综合金融服务。

【金融创新】

积极推动债券业务创新，主承销发行的一家武汉本地国企公司2023年面向专业投资者非公开发行碳中和绿色公司债券（第一期），服务绿色发展战略；为省内一家国企公司面向专业投资者公开发行2023年科技创新可续期公司债券（第一期）（品种一），助力高水平科技自立自强战略，助力建设现代化产业体系战略。

【风险管控】

严格依据《证券公司和证券投资基金管理公司合规管理办法》、《证券公司合规管理实施指引》及公司合规管理制度开展合规管理工作。坚持系统思维，推进体制机制建设，从“横向全覆盖，纵向全流程”的体制机制上着手来解决基础管理工作中存在的问题，守住底线，不碰红线。践行主动合规、合规创造价值、合规从管理层做起、合规人人有责、合规是公司生存基础等合规文化理念，高度重视员工执业行为管理，加强廉洁从业、合规执业、诚信执业文化建设；强化从业人员合规执业的培训宣导，加强监督管理，培育全体工作人员的守法合规意识，将合规文化建设作为企业文化建设的一个重要组成部分。

【投资者权益保护】

年内湖北黄石投资者教育基地试营业。分公司在做好各分支机构日常投资者保护工作的同时，积极利用投教基地为载体，开展多项投资者教育及保护活动，不断扩大影响力，与属地监管部门、属地证券期货业协会、政府部门、媒体及学校开展多项并举的投教活动，在公募REITs、雪球产品、“专精特新”、衍生品、走进乡村、注册制、北交所等活动中积极发挥专业优势和特长，促进各类投资者业务知识的普及和风险防控意识，有效降低了因对新业务、新政策不理解不熟悉产生的纠纷、投诉、信访率等问题，有效提升品牌形象。

（申万宏源证券有限公司湖北分公司）

世纪证券有限责任公司湖北分公司

【概况】

2023年，世纪证券湖北分公司（简称）发扬“守正创新、知行合一”的企业精神，坚守诚信、务实、团结、创新的核心价值观，为客户提供全方位综合金融服务。

【业务发展】

通过规范业务流程和打造经验丰富、团结协作、业务扎实的专业团队，构建完善的经纪业务营销体系；以客户为中心，以证券经纪业务为基础，加快推动分公司业务转型，专业、高效、持久地为客户提供全方位、多元化的金融服务。

【风险管控】

分公司坚持“合规为先、风控为要、全面主动、审慎稳健”的合规风控理念，根据监管法律法规和总部相关要求和指导，合规开展各项业务，严格遵循客户适当性管理要求，做好投资者教育；在业务开展过程中做到及时识别、评估、应对、报告相关风险，并严格按照总公司相关制度要求进行风险管理。全年未出现任何重大风险事件。

【投资者权益保护】

积极推进投资者权益保护工作。年内开展了防范非法集资宣传活动、“3·15投资者保护”教育活动、防范非法证券期货宣传月活动、“5·15全国投资者保护宣传日”、《股东来了》2023知识竞赛主题投教活动、世界投资者周、“防范假冒证券公司名义实施诈骗活动”专题宣传、“投资者教育进百校”活动等。通过这一系列的活动将投资者教育及投资者权益保护工作落到实处。

（世纪证券有限责任公司湖北分公司）

太平洋证券股份有限公司武汉分公司

【概况】

2023年，太平洋证券武汉分公司（简称）践行“以合规经营为基础，追求长期可持续发展”的经营理念，以“守正、出奇”为行为准则，持续为客户提供全方位综合金融服务。截至2023年末，分公司托管资产4.13亿元，当年累计A股交易量69.46亿元，实现营业收入443.34万元，新增金融产品销售8106.65万元。

进一步加强内控合规管理，定期组织员工开展合规学习培训，提高合规展业意识，定期进行各项业务自查和回头看，坚守合规底线和风控生命线。同时加强客户异常交易行为管理，做好每日监测，对系统预警进行及时有效的处理。

全年积极参与防范非法集资、全面注册制投资者教育专项活动、“3·15投资者保护主题教育活动”、防范非法证券期货宣传月、世界投资者周等活动，引导投资者树立正确的投资理念，增强投资者风险防范意识。通过线上线下相结合的方式把投保和投教活动有机结合在一起，积极培育成熟理性的投资文化。

（太平洋证券股份有限公司武汉分公司）

万和证券股份有限公司湖北分公司

【概况】

2023年，万和证券湖北分公司（简称）启动全新业务模式的探索，持续推进经营模转型升级。截至2023年末，资产总额2270.58万元，总资产周转率为22.19%，总资产的周转速度较快，销售能力较强；持续保持盈利，销售毛利率为5%左右。

【党建工作】

湖北分公司开展学习贯彻习近平新时代中国特色社会主义思想主题教育工作，要求全体员工积极提高政治素养，坚决拥护党的领导，贯彻落实习近平总书记重要指示批示精神，与业务实践紧密结合，为公司高质量发展添砖加瓦。

【业务发展】

湖北分公司以“服务实体经济、推动资本市场发展，持续创造价值”为使命，致力于服务经济社会发展，重点关注中小企业，积极推进各项方便快捷的机构开户业务，助力中小企业提高资金利用率，为机构投资者提供专业的投研工具、多角度的卖方研究和券商多元化资源等综合金融服务；同时通过专业的投顾人员，为投资者提供专业的资产配置服务。

【金融创新】

湖北分公司具备多样化财富业务，定位于服务公司高净值的个人客户和机构客户，作为专业化的财富顾问（投资顾问），为其提供综合的理财服务。具体包括提供现金管理、公募基金、银行理财、信托、资管、私募基金等优质金融产品的代销、评估、研究、引进、理财、开发、投资银行、融资融券等服务，以及其他个性化的需求服务。积极探索业务新模式，积极发展互联网渠道，拓宽业务空间，致力于为投资者提供舒适的投资环境、便捷的交易方式、优质的咨询服务。

【风险管控】

湖北分公司修订内控制度4项，进一步完善机构内部控制体系；开展各项合规自查工作45次，并及时督促整改，提高内部管理水平；组织反洗钱宣传等各项投资者教育宣传活动11次，有效提升投资者金融素养；组织合规反洗钱培训26次，增强员工合规反洗钱意识，稳步提升本机构合规风控管理水平。

【投资者权益保护】

2023 年，湖北分公司围绕“防范非法集资宣传教育”“全面注册制投资者教育”“3·15投资者保护主题教育”“4·15全民国家安全教育日”“第五届‘5·15’全国投资者保护宣传日”“防范非法集资宣传教育月”“反电信网络诈骗法宣传”“金融消费者权益保护教育宣传月”“反洗钱宣传”“世界投资者周”“宪法宣传周”等主题开展投教宣传。通过官方微信公众号发布投教内容 37 次，通过微信朋友圈推送投教内容 11 次，通过短信形式推送投教内容 11 次。开展线下投教活动 3 场，坚持以适当性、专业性为原则，力图以寓教于乐的方式提升投资者对投教活动的参与度与获得感，促进投教工作取得实效。

（万和证券股份有限公司湖北分公司）

万联证券股份有限公司湖北分公司

【概况】

2023 年，万联证券湖北分公司（简称）制定坚持财富管理转型的主要发展方针，积极推进各项产品业务，利用公司品牌及自身资源优势成功储备多条产品线力求覆盖全辖区客户。湖北分公司下设营业部 3 家，分别位于黄石市、鄂州市、荆门市，全省共有员工 94 人。

【业务发展】

一是大力推进证券经纪业务。针对不同客户群体进行分析并建立全面的客户服务体系，积极探索服务转型路径，不断满足市场变化下的不同客户的需求，争取为客户创造最大价值。依托公司总部平台，积极与多家银行、基金公司开展合作，资源共享，优势互补。在产品销售过程中始终坚持以“客户需求为导向”的基本原则，优化客户体验。坚守职业操守，忠实、勤勉地履行资本中介的职责。二是积极推进融资融券业务。大力推进客户适当性管理和风险管理，做好客户的风险解读，全心全意为客户提供专业全面的服务。三是持续推进创新业务。稳步推进债券项目、发展金融市场业务、培育投行业务。积极抢占湖北市场，已储备多个债权、股权、产品设立等项目。发挥区域性平台优势，与湖北各县市地方政府及企业进行深入交流合作，密切把握地方企业和政府的需求，力求为客户提供定制化的融资服务。投顾产品“万山红”在产品绝对收益、风险控制以及线下推广等方面都取得了较好成绩，得到市场的认可和客户的充分肯定。

【风险管控】

一是加强内部管理。建立科学合理的组织架构、考核制度，注重员工的合规培训与业务培训，如每月开展合规培训、办公场地安全检查、定期邀请消防培训等；每周组织员工参与总部举办的业务培训。二是加强风险管理。建立全面风险管理系统，对各条业务线和风险点进行预防和监督管理。注重员工风险理念的培养，定期组织自查包括参与反洗钱客户身份、对外报送文件的合规审查等。三是实行“首问负责制”。严格执行公司制定的各项制度，做好客户服务及投诉处理工作。

（万联证券股份有限公司湖北分公司）

西部证券股份有限公司湖北分公司

【概况】

2023 年，西部证券湖北分公司（简称）深入学习贯彻党的精神，加强党组织建设，提高党员素质，为分公司发展提供坚强的政治保障。分公司依托总公司完善的业务体系和强大的运营支持平台，紧密围绕湖北省加快建设全国构建新发展格局先行区战略目标，已形成“武汉+宜昌”的营业网点支撑，为湖北区域客户提供全方位全生命周期的综合金融服务。全年分公司主要经营指标运行良好，营业收入实现了稳定增长。

【业务发展】

打造以客户为中心全生命周期金融服务体系和大力发展资本消耗型业务为发展路径，将金融科技作为新生动能，聚焦财富信用、投行、投资资产管理以及机构（研究）五大业务方向，推进转型发展，在服务区域经济社会发展取得了一系列成效。

【金融创新】

深化金融科技创新、赋能专业、高效数字化金融服务。积极布局、推进数字化转型与金融科技创新工作。不断加大数字化投入，积极与科技企业开展深度合作，着力深化大数据、云计算、人工智能等技术在不同业务场景的应用，依托技术和业务创新提升企业运营效能和服务水平，在应对数字化转型的数据治理、人才供给、系统安全三大挑战方面进行了有益探索和实践，金融科技新生动能与传统业务相结合形成发展合力。

【风险管控】

充分认识风险与合规管理对本单位运营管理的重要性，持续完善合规风控体系，牢固树立合规经营理念，不断提升业务风险的识别能力、管控能力，扎实做好合规审查和风险控制工作，提升风险防控水平。持续推进全面风险管理体系建设，从制度流程梳理、合规风控与反洗钱信息系统支持、队伍建设等方面加强内生合规管理机制建设，推动落实合规风控全覆盖与垂直穿透管理；稳步提升合规管理精细化水平，建立以净资本和流动性为核心的风控指标体系，加大合规风控信息系统建设，实现风险管理系统“全覆盖”，通过信息系统实现对风险的计量、监控、预警、限额管理、压力测试、汇总报告等功能；妥善处理客户投诉纠纷事项，从思想意识上高度重视投诉处理工作，发挥主观能动性，及时化解矛盾纠纷，有效防范监管处罚风险；树立担当意识，不断履职尽责，加强合规专业队伍建设，提升创新业务认识，把握关键风险点，把好合规管理关口。

【投资者权益保护】

持续加强投资者教育和权益保护，夯实金融消费者权益保护主体责任。聚焦主业，妥善处理投资者诉求，提升投资者保护工作实效；注重协同，重视加强与辖区监管部门、自律组织、媒体等各方的沟通协同，充分发挥投资者保护合力；建立投教工作长效机制，创新金融服务形式。采取线上线下相结合，传统媒体与新媒体相结合的方式组织开展宣传，扩大宣传辐射面，提升宣传精准度。

（西部证券股份有限公司湖北分公司）

东方财富证券股份有限公司湖北分公司

【概况】

2023 年，东方财富证券湖北分公司

（简称）紧紧围绕为用户提供全方面财富管理服务的战略要求，秉承“合规稳健，诚信专业，守正出奇，追求卓越”的经营理念，积极探索精细化、差异化、专业化发展之路，全力打造一支高素质专业团队，践行“链接人与财富，为用户创造更多价值”使命，为用户提供更优质服务。截至2023年末，分公司在湖北省内共设有5家分支机构。

【党建工作】

分公司党员群众深入学习贯彻习近平新时代中国特色社会主义思想，认真领会中央金融工作会议精神，通过党支部集中学习、小组轮值领学、专题党课等多种形式扎实开展学习活动，充分发挥了党建引领作用。深入践行新发展理念，坚持学以致用，强化业务培训，推动党建工作与业务发展深度融合，为推动公司高质量发展提供坚强支持。

【业务发展】

一是依托构建的互联网财富管理生态圈，不断提升用户体验和黏性，为用户提供稳定高效优质的服务。二是打造分公司财富管理服务特色和优势，通过线上线下相结合的方式，进一步扩展和延伸财富管理产品和服务，积极优化提升个性化、定制化、精细化服务，满足广大投资者日益增长的财富管理需求。三是不断延伸和完善服务链条，完善专业化的企业客户综合金融服务，深度匹配客户全生命周期需求，为客户提供定制化解决方案。

【风险管控】

一是强化内部合规管理。严格遵守公司合规、反洗钱等各类管理规定，不断完善分公司各项制度流程，定期开展专项检查和组织辖区分支机构开展交叉检查，确保依法合规开展业务。二是持续开展合规培训。树立合规经营观念，强化员工合规意识，积极开展合规培训、反洗钱培训及相关案例学习讨论，引导员工自觉、自发地遵守合规风控管理制度。

【投资者权益保护】

持续开展投资者教育进百校、投资者教育进社区等各类投教活动，向高校学生、社区居民及老年群众等特定人群普及金融知识和防非反诈等知识。落实开展以“防范非法集资”“3·15投资者保护”“5·15全国投资者保护宣传日”等为主题的专项投资者教育活动，增强投资者对非法证券期货活动的防范意识和能力，切实保护投资者合法权益。

（东方财富证券股份有限公司湖北分公司）

西南证券股份有限公司湖北分公司

【概况】

截至2023年末，西南证券湖北分公司（简称）客户总资产50.2亿元，信用业务两融余额6077万元；全年普通账户及信用账户股基交易成交金额218亿元；全年实现营业收入684.16万元，利润总额218.2万元。

【党建工作】

持续探索党建引领业务，分公司党支部推进落实党建工作与业务工作双向融合，解决分公司在发展过程中遇到的问题与难点，探索通过党建引领分公司企业文化建设，提倡专业化及主人翁精神，培养员工集体荣誉感及内驱力。分公司党支部多次组织探讨交流，鼓励党员和群众建言献策、剖析优劣、交流经验等，强化分公司党支部分公司内部的引领与示范作用。

【业务发展】

持续壮大分公司传统经纪业务规模，统筹规划，协调发展；推动分公司财富管理全面转型向纵深发展，从“以自我为中心的产品销售”向“以客户为中心的资产配置”转变，为客户做好财富管理规划，用“三种钱”满足客户不同的投资与理财需求；充分利用公司总部丰富的产品线，增强对机构客户的服务力度，利用场外业务等金融创新业务助力机构客户的投资需求；充分借力公司投行等部门，积极推进机构业务项目，助力实体经济发展。

【风险管控】

持续规范员工行为，强化合规意识，加强员工执业行为管理及廉洁从业教育，通过公司监控平台做好员工行为管控工作，定期开展合规检查，及时发现不足，切实防范风险。扎实开展反洗钱基础工作，全面有序履行反洗钱三大核心义务，着力提升自身的反洗钱工作专业水平与研究水平。积极组织投资者教育活动，利用新媒体结合传统宣传方式，形成多层次、多渠道的投资者教育与保护体系。

（西南证券股份有限公司湖北分公司）

兴业证券股份有限公司湖北分公司

【概况】

2023年，兴业证券湖北分公司（简称）紧密围绕湖北省“一主引领、两翼驱动、全域协同”的区域发展布局，金融服务辐射武汉“1+8”城市圈、宜昌、襄阳城市群，实现了“营业网点重点覆盖，金融服务全域辐射”的区域市场布局。

【党建工作】

湖北分公司始终坚持认真学习、深刻理解把握习近平总书记关于金融工作的重要论述，坚持党中央对金融工作的集中统一领导，推动提升分公司高质量发展质效，助力金融强国建设。强化党风廉政建设，落实全面从严治党，持续开展主题廉洁文化教育，涵养清正党风司风。

【业务发展】

积极落实“三争”行动要求，深入贯彻集团新发展理念，扎实推动集团双轮联动战略，以客户为中心，服务区域经济社会发展。一是持续筑牢财富管理业务压舱石。聚焦重点，逆势攻坚业务发展。在稳定财富市场份额基础上推进客群逆势增长；实现本地法人金融机构的突破和业务落地。强化机构引领，持续深化财管业务转型。实现高价值机构客户超额正增长，托管外包业务规模逆势上涨。二是持续增强机构业务发展动力。持续加强大投行项目梯队建设。在总部协同下，实现企业债等重点省级平台项目中标，推动了省、市级平台中标及在途项目，落地区域内首个境外点心债等。储备多单拟签署财顾协议项目。进一步聚焦重点产业，推动基金业务落地。协同兴证创新资本科技智能团队跟进与引导基金、上市公司等多方机构洽谈合作，全力推动基金业务发展。

【金融创新】

加大创新力度，挖掘新业务增长点。通过优化业务结构、提升服务质量，巩固市场地位，形成竞争优势。借助集团协同力量，聚焦行业优势，丰富金融产品和服务，推进科创金融改革建设，助力新质生产力发展与金融风险防范化解，为加快建设现代化产业体系提供有力金融支撑，始终坚持以客户为中心，推动服务平台化、集约化战略的实施，强化数字转型，提升科技赋能，在TOB、融资融券、基金投顾、ETF等业务领域不断创新和突破，为推动财富管理行业的持续健康发展贡献力量。

【风险管控】

一是自上而下深化合规文化建设，加强各分支机构合规宣导，使合规文化入脑入心，见行见效。二是动态完善合规机制体制，强化事前防范、事中监控和事后问责，让员工“不想违、不能违、不敢违”。三是打造“敢于履职、勇于履职、善于履职”的合规生力军，形成合力，攻坚克难。四是提升合规专业能力，充分发挥合规价值，助力分公司高质量转型发展。

【投资者权益保护】

建立健全投资者保护机制，积极进行投资者权益保护工作的优化和升级，通过走进校园、社区、企业，以及制作原创投教作品等各项活动多渠道引导投资者理性投资，加强投资者教育，保护投资者合法权益。

（兴业证券股份有限公司湖北分公司）

长城证券股份有限公司湖北分公司

【概况】

2023年，长城证券湖北分公司（简称）认真贯彻落实“安全、领先”战略理念，守正创新，以高效能管理全面推动辖区营业部各项业务高质量发展，年内各项业绩稳健增长，财富管理持续深化转型，经纪业务以线上线下融合、客户分层经营为抓手，实现利用平台化科技赋能加速财富管理转型，同时投顾线上服务持续强化创新，探索多元化投顾业务服务模式，提升经营实力。全年实现营业收入4340.30万元，利润总额1672.61万元。截至年末，客户数为198815户，托管总资产395.56亿元。湖北分公司恪守风控合规界线，把底线思维意识和风控合规要求贯穿于各项工作中，推动打造专业高效的风险防控体系，强化合规风控管理综合实力，在不断变化的证券市场中，准确识变、科学应变、主动求变，确保可持续发展。

（长城证券股份有限公司湖北分公司）

招商证券股份有限公司湖北分公司

【概况】

2023年，招商证券湖北分公司（简称）深耕湖北，持续规范经营。分公司在全省共有营业部8家，其中，武汉3家，宜昌、荆州、十堰、黄石、襄阳各1家，营业部在当地交易量、营业收入、利润排名领先。

【党建工作】

分公司党总支紧紧围绕集团和公司党委的党建工作目标，继续落实党员学习常态化、制度化，落实“三会一课”，督导辖区各支部按时保质开展第二批主题教育工作。为推进学习贯彻习近平新时代中国特色社会主义思想主题教育走深走实，湖北党总支第一党支部、第三党支部联合前往武汉抗战第一村——黄陂区姚家山村开展“追寻红色足迹，汇聚前行力量”主题党日活动，并联合银行、上市企业等开展多次党员共建活动，加强辖区组织建设，继续发挥好党员先锋突击队作用。

【业务发展】

积极服务实体经济，鼓励、培育中小企业通过股权融资实现发展，加大与湖北省内一些政府投融资平台、大型央企、国企合作力度，通过债券市场融资搞活经济，通过资本赋能，助力企业发展成效显著。面对复杂多变的国内外新形势，积极推进业务转型，通过投资者教育、主题论坛、产品知识普及，创新投资工具推介等活动，做好客户财富管理工作，发挥专业领域的优势。

【风险管控】

分公司持续开展规范经营，严格执行监管单位和公司总部各项法律法规和规章制度，持续加强合规风控管理、反洗钱工作，严控金融风险点，加强合规风险检查与培训，开展廉洁从业检查与教育，加强监管沟通，全年未发生重大风险事件。

【投资者权益保护】

积极开展专项投资者教育活动和常态化投教活动，全年举办各项投教活动70余场，获得投资者广泛好评。持续开展投资者适当性管理工作，帮助投资者识别风险，保护自身金融权益。

（招商证券股份有限公司湖北分公司）

中国银河证券股份有限公司湖北分公司

【概况】

20233年，中国银河证券湖北分公司（简称）践行“金融报国 客户至上”的使命，积极打造“五位一体”的业务模式、构建“三化一同”的体制机制，以打造受人尊敬的现代投资银行为战略目标，在稳健合规经营的前提下，以做老百姓身边的理财顾问为己任，全面推进和落实公司财富管理转型要求，积极践行服务国家战略，认真落实监管部门工作要求和公司部署，持续提升湖北分公司自主经营管理能力和竞争力。截至2023年末，客户总资产560亿元，实现考核收入3.3亿元，考核利润1.7亿元，分公司整体综合经营业绩在地区券商中排名前列。分公司在全省共设有营业部15家，其中武汉市9家、其他市县6家，全省员工总数为386人。

【业务发展】

一、打造湖北区域综合金融服务平台

积极发挥“金融国家队”的作用，聚焦主职主业，围绕服务国家战略、服务科技创新、服务“六稳六保”，借助公司投融资一体化发展契机，构建跨越式发展规划。围绕某一产业、地区或集团设立主题产业基金，深度服务于该产业、地区或集团。在全国范围内遴选地级市、全国百强县或产业园作为基地，多层级通力协作，为基地提供综合金融服务。该模式运作以来，在中山、运城、烟台、德清、昭通等全国多地开花结果，对区域经济具有良好的促进作用，形成了良好的带动效应。聚焦国企平台公司，及时、高质量响应债券融资、并购重组、产品配置等业务需求，以专业化、陪伴式服务促进业务增长。积极推进“基金+基地”服务，扎实推进当地资本市场健康发展，支持当地的优质企业发展，发挥对区域经济的促进作用。

二、提升金融服务水平

不断增强资本市场业务能力，积极服务实体经济，努力拓宽企业融资渠道，降低企业融资成本，加大股权投资、另类投资、私募股权投资基金等业务条线对优质创新企业的支持培育，助推科技创新和产业升级。积极贯彻“三新一高”重大战略部署，聚焦“专精特新”企业及其他优质企业、战略性新兴产业、前沿科技企业发展，引导资本要素向科创领域聚集。联合武汉股交中心，实现湖北省国家级“专精特新”企业全覆盖，为优质企业提供财务顾问、并购重组、上市辅导、产品配置等全生命周期的综合金融服务，重点做好北交所上市后备企业培育工作。支持制造业特别是先进制造业、产业链重要环节和核心节点企业发展，丰富供应链金融服务供给，助力稳链补链强链。

三、持续推进财富管理转型

秉承以客户为中心的经营理念，贯彻四大工程、四项计划工作要求，积极推进构建“客户分类、投顾分级、服务分层、产品多元、科技支撑”的财富管理体系，与居民财富共同成长，助力成就美好生活。认真践行金融工作政治性、人民性，以服务实体经济和助力投资者财富保值增值为目标，脚踏实地服务好机构和中小投资者。积极利用金融科技与数字化产品，拓展机构业务、深耕零售业务，以专业、敏捷、陪伴、勤奋为根本遵循，为各类投资者提供优质高效的综合金融服务，提升财富管理服务能力和智能化精准化水平，以公司财富星品牌投顾、专业策略交易等工具为支撑，持续提升财富管理综合能力，努力满足多层级投资者日益增长的多样化理财需求。落实监管要求，积极发挥银河湖北投教基地辐射带动作用，认真开展系列投资者教育和保护工作，践行央企券商社会责任。

【风险管控】

认真贯彻“审慎稳健经营”理念，以业务和管理合规为主线，建立健全辖区风险事项报告机制，做好重点业务、创新业务、员工执业行为、廉洁从业、客户投诉纠纷处理等风险管控工作，确保地区稳健经营。

（中国银河证券股份有限公司湖北分公司）

中国中金财富证券有限公司湖北分公司

【概况】

2023年，中国中金财富证券湖北分公司（简称）持续推进证券经纪、证券投资咨询、证券资产管理、融资融券等业务。全年新开信用账户201户，两融日均余额6.9亿元，产品存量57亿元，新开户1121户。截至年末，共有客户20.9万户，客户总资产402亿元。

【党建工作】

坚持“学”字当头、“实”字贯穿，开展学习贯彻习近平新时代中国特色社会主义思想主题教育专题学习会集中学习6次，组织开展集中学习和集中研讨活动67次，组织“中央金融工作会议解读”系列培训讲座6期，通过多种方式掀起理论学习热潮，不断推动第二批主题教育走深走实。坚持增强基层党组织“两个功能”，落实基层党建重点任务。常态化开展“基层需要、总部报到”主题活动，持续拓展“投顾需要，E-Space报到”“投顾需要，企划运营报到”“投顾需要、运营团队报到”等“报到”系列主题活动。坚持强化全面从严治党“严”的氛围。统筹推进述职评议考核问题整改、巡视巡察发现的典型共性问题整改、落实中央巡视“回头看”举一反三整改、审计整改，持续纠“四风”树新风，营造良好政治生态。

【风险管控】

推行全面风险管理策略，根据《证券公司治理准则》《证券公司内部控制指引》《证券公司风险控制指标管理办法》《证券公司全面风险管理规范》《证券公司信用风险管理指引》等相关法律法规的要求，制定《中国中金财富证券风险管理办法》，覆盖公司所有业务、产品、人员，贯彻全员性、全覆盖、穿透性、全程性、一致性、独立性、合规性管理原则，符合监管要求及集团风险偏好，综合平衡各种可能产生的业务机会与收入、损失与风险，确保业务发展与公司整体风险能力和资本实力相匹配。全年公司整体风险可控、可测、可防。

【投资者权益保护】

推动投资者教育工作深入开展，通过线下的“七进”以及线上的直播等形式开展活动，共计举办投资者教育活动255场，覆盖约6万余人。在湖北、湖南、江西三地同步开启“中金财富2023暑期财商训练营”，通过在日常课程基础上增设投教小课堂，将专业金融知识系统地带给青少年学员。通过邀请民众参与《股东来了》（2023）投资者权益保护知识竞赛活动提升投资者的金融素养，荣获湖北省证券期货业协会颁发的初赛湖北地区优秀团队奖项。

（中国中金财富证券有限公司湖北分公司）

中航证券有限公司湖北分公司

【概况】

2023年，中航证券湖北分公司（简称）高度重视党建工作，不断完善党建工作机制，丰富党建活动形式，将党建工作深度融入公司的运营管理和文化建设之中，以党建引领公司的创新发展。湖北分公司于2023年11月15日取得牌照，主要开展内部系统调试、权限申请等筹备工作。截至年末，总资产1997.40万元。

【业务发展】

湖北分公司立足湖北产业和客群，辐射全国，致力于服务实体经济，通过金融创新帮助本土企业解决投融资等需求，为居民提供财富管理服务。与湖北文旅集团、咸宁市政府、宁波相关高新技术企业沟通企业投资落户财务顾问业务。与长江投资集团沟通大额收益凭证及地方发展研究课题业务，帮助企业拓宽融资方式和渠道。与文旅资本、鄂旅投、汉口银行资产管理中心等机构，就股权质押、REITs、ABS、资管等业务进行了深入的交流，部分业务已达成初步合作意向。

【风险管控】

在业务开展过程中，严格执行风险管理制度，完善业务流程和机制，不定期培训员工，提高风险防范意识。积极开展投资者权益保护工作。对内加强员工合规培训，积极参加投资者教育宣传活动，自制“防范非法证券活动”的投教短视频，在官方新媒体账号播放。

（中航证券有限公司湖北分公司）

中山证券有限责任公司湖北分公司

【概况】

2023年，中山证券湖北分公司（简

称）重点加强存量客户经营管理，持续开展对存量核心客户的跟踪与服务，并以提高客户服务质量为切入点，提高存量客户的贡献率；同时，积极推动员工转变业务思路，改进工作方法，提高新增资产指标，推动各项业务稳健开展。全年分公司实现新增交易客户资产 11437.83 万元，实现营业收入 538.85 万元。

【风险管控】

一是加强合规管理。严格坚守“全员合规”“合规从管理层做起”等合规理念，规范从业人员执业行为，坚持规范经营。全年分公司未发生违规风险事件。二是开展反洗钱工作。严格按照各类反洗钱政策法规和制度要求，不断完善反洗钱管理工作，积极组织开展各类反洗钱宣传培训活动，努力适应反洗钱的新形势、新变化，逐步提升反洗钱工作水平，保障业务经营合规发展。三是积极开展投资者教育保护工作。采取多种方式进行宣传与培训，努力提高投资者保护自身合法权益的意识，切实落实投资者保护的责任。

（中山证券有限责任公司湖北分公司）

中泰证券股份有限公司湖北分公司

【概况】

2023 年，中泰证券湖北分公司（简称）持续遵循“1142”经营战略思路，始终围绕“深耕细作区域市场”工作要求，利用各项业务牌照优势，立足湖北、辐射全国，为促进各业务条线全面发展进行深化改革。通过优化人员结构、聚焦主业、增收创利，持续深化财富管理业务转型，推动分公司高质量发展再上新台阶，平稳完成全年经营工作目标。

【党建工作】

湖北分公司落实全面从严治党，夯实党建基础，持续推动党建与经营工作的深度融合。一是从严管党治党，进一步压实全面从严治党责任。坚持民主集中制，对于属于党支部会议讨论和决定的重大事项和重要人事任免，一律集体研究决定。坚持落实“一岗双责”，在推进党建工作的同时，履行经营管理职责，积极拓展市场，促进业绩提升。坚持落实监管责任，督促班子成员严格自我要求，不断提升政治能力，落实组织纪律规定，形成全面从严治党整体合力。二是重视思想教育，进一步打牢党建工作基础。制定 2023 年度党员学习计划，深入学习贯彻习近平总书记关于国企改革发展和党的建设的重要论述等内容。开展“统战工作理论学习、重温入党誓词”“不忘初心、牢记使命”主题党日活动，观看廉政警示教育片《零容忍》，开展党章专题学习交流。把学习习近平总书记重要讲话、重要指示批示精神作为“第一议题”，坚持逢会必学，着力在学懂弄通做实上下功夫。组织党外人士开展“凝心铸魂强根基、团结奋进新征程”主题教育。组织支部全体党员集中学习 20 次，开展红色教育活动，观看红色电影《宣誓！宣誓！》，确保党员每年完成不少于 32 学时集体学习。督促新转入党员参与学习强国 APP 自学，本支部党员参与率达 100%。三是加强组织建设，进一步发挥党支部战斗堡垒作用。认真履行“三会一课”制度，按时召开党员大会、支委会、党小组会、民主评议会、组织生活会。定期分析全面从严治党、党风廉政建设工作形势和任务，定期与支部委员、普通党员开展谈心谈话。

【业务发展】

2023 年，分公司为湖北、山东、安徽、天津、江苏、四川等省 15 家政府平台实现债券融资金额 50 余亿元。大力开展股权业务，完成股票质押 1 单，完成专项财务顾问 3 单，为企业提供多样化融资服务。深入发展机构业务，在湖北省内逐步建立起良好口碑。跟紧公司总部财富管理转型步伐，持续大力发展投资顾问业务，大力建设和培养优秀的投顾团队，上线多只全国、区域投顾产品，创新重点产品 2 只，已上线产品收益率在全国名列前茅，进一步提升了客户服务体验，线上投顾业务服务佣金收入规模不断扩大，投顾业务成为分公司金融产品和服务创新的重点发作方向。

【风险管控】

始终秉持“合规风控至上”的经营管理理念，深入贯彻”全员合规、合规从管理层做起、合规创造价值、全面风险管理”的合规与风险管理理念，持续完善与分公司发展相适应的合规与风险管理体系。加强内部控制机制建设，以多元化的方式加强对员工的培训和管理。依托专业的合规与风险管理队伍以及公司合规与风险管理系统，加强对各类业务、客户、产品或服务的风险评估和管理，推进各项业务恪守规则、规范运行，为高质量发展保驾护航。全年分公司有效控制合规管理风险，保障业务操作合规性和规范性，进一步提升员工的合规意识以及客户的满意度。

【投资者权益保护】

组织全体员工加强政策法规、公司制度以及业务知识的学习，提高全体员工的投资者保护服务意识和服务技能。通过线上与线下联动宣传、组织投资者参加知识竞赛、制作并发布宣传易企秀、走进社区和校园宣传、发布宣传短视频等多样化的宣传方式认真落实投资者权益保护责任，积极开展“3·15 金融消费者权益保护”等金融消费者权益保护相关宣传活动，进一步增强投资者权益保护意识。

（中泰证券股份有限公司湖北分公司）

中天国富证券有限公司湖北分公司

【概况】

2023 年，中天国富证券湖北分公司（简称）通过整合资源、拓展业务、加强风险管理和提升服务质量等措施，实现稳健发展，主要经营指标持续向好。截至年末，新增托管资产规模 1806.92 万元，实现营业收入 287.91 万元。

【党建工作】

深入开展学习贯彻习近平新时代中国特色社会主义思想主题教育，努力夯实党建工作基础，以党建引领业务发展。全年召开支委会 11 次；每季度召集全体支部党员开展党员大会，组织全体党员积极开展相关党课学习培训。制订深入开展学习贯彻习近平新时代中国特色社会主义思想主题教育学习计划，以抓实党支部主题教育为核心，实现理论学习、调查研究、推动发展、检视整改等有机融合、一体推进。

【业务发展】

积极适应国家经济社会发展需求，通过整合省内融资租赁资源，帮助平台公司融资。大力开展“新三板”业务，通过对省内优质中小企业提供各类综合性服务，为地方经济发展贡献力量。

【风险管控】

严格执行合规审查和检查，包括核

查在岗人员证券账户、完善员工档案信息、及时进行合规培训及风险提示等。通过风控合规管理系统监管、客户反馈等方式，有效管控员工执业行为，防范违规行为。加强反洗钱日常管理，认真完成包括年度报告、临时报告等，确保业务的合规性。

【投资者权益保护】

通过组织员工参与各项培训，增强员工的专业素养和合规意识；在办公场地张贴各类宣传海报、警示通知，确保投资者及时准确地获取各类信息。开展投资者教育工作，通过日常投教活动，增强投资者的风险意识和自我保护能力。

（中天国富证券有限公司湖北分公司）

中信建投证券股份有限公司湖北分公司

【概况】

2023年，中信建投证券湖北分公司（简称）严格按照各级监管部门的要求，确保安全、稳健、规范运行，根据“扬长补短、协同增效”的工作方针，加快推进均衡全面发展。全年实现A股基金交易量5033.6亿元，实现收入2.97亿元，主要经营数据稳居湖北前列。

【业务发展】

分公司在企业融资、收购兼并、证券经纪、证券金融、固定收益、资产管理、股票及衍生品交易领域形成了自身特色和核心业务优势，并搭建了研究咨询、信息技术、运营管理、风险管理、合规管理等专业高效的业务支持体系。加大人员招聘与培养、财富管理转型与发展、中信集团资源共享与协同、客户的线上与线下开发，注重传统与创新的均衡发展。持续在财富管理、上市公司服务方面发力，打造“好交易、好投顾、好产品”品牌。

【风险管控】

一是坚持合规经营。严格遵守外部监管规章制度和公司内控制度，合法合规开展业务，确保每一项业务的真实性、完整性、合理性；加强全面适当性管理，充分发挥中后台部门对前台一线业务部门展业的高效平稳支撑作用。依托完善的风险组织架构和风险管理制度，落实风险管理责任。在营业部层面设立独立的合规管理专岗，在分公司层面设立合规总监，在总公司层面每日下发营业部工作量表，分公司高频次进行专项检查及不定期合规抽查。二是加强日常风险管理。在完善业务管理制度的基础上，重点规范各业务环节操作流程，做好客户身份识别，采用“系统筛选、人工甄别”模式进行大额可疑交易分析，防范洗钱风险。同时采取逐日盯市机制，运用电子合规管理系统动态监控关键风险指标，及时处理预警信息。三是不定期开展重点风险环节和风险隐患的应急措施演练和检查，防范风险发生。四是加强考核监督和处罚力度，对于风险合规事件严肃查处，对于客户投诉快速响应处理，对于重大合规事项采取一票否决制度。

（中信建投证券股份有限公司湖北分公司）

中信证券股份有限公司湖北分公司

【概况】

2023年，中信证券湖北分公司（简称）服务客户36万余户，托管资产规模超1500亿元；共设有11家营业网点，分布在武汉、襄阳、宜昌等地，员工人数共327人。

【业务发展】

积极践行金融服务实体经济的国家战略，充分发挥证券公司作为资本中介和投融资的枢纽功能。2023年，为上市公司股东提供融资支持、做市、员工持股计划和股权激励等服务，完成江瀚新材、宏裕包材IPO发行以及航天电子再融资项目，累计融资金额66.71亿元；为辖区内发债主体提供持续服务，共承销债券193只，承销规模529亿元；发挥优势业务，积极与湖北碳交所合作，完成湖北省内首单碳回购交易。荣获湖北省人民政府“2023年度金融支持湖北经济发展突出贡献单位”、中信集团协同委员会湖北分会2023年“优秀协同项目奖”、中信证券2023年“综合金融服务优秀区域奖”。

【风险管控】

贯彻落实监管“两强两严”精神，持续加强合规及风险管理，按要求开展各类风险排查；积极开展反洗钱客户尽职调查、信息治理及宣传培训工作，落实监管机构规定和要求。

【投资者权益保护】

积极开展投资者权益保护活动。中信证券湖北投资者教育基地自2023年2月成立以来，服务线下公众近1万人次，线上微信公众号和视频号共发布投教产品约300个，点击量近5万次。基地荣获中证中小投资者服务中心颁发的“2023年度优秀投资者联络点”称号。

（中信证券股份有限公司湖北分公司）

中银国际证券股份有限公司湖北分公司

【概况】

2023年，中银证券湖北分公司（简称）秉持“严守风险合规底线”经营理念，在客户提升、业务创收、“专精特新”企业

中信证券股份有限公司湖北分公司举办企业ESG披露与治理优化主题论坛

营销等方面积极进取，不断提升服务能力，创新服务模式。截至2023年末，湖北分公司资产总额114284万元，净资产4700万元，营业收入6386万元。

【党建工作】

以主题教育为契机，深入学习贯彻习近平新时代中国特色社会主义思想和党的二十大精神，进一步加深了对于金融工作的“政治性、人民性”及“高质量党建引领高质量发展”的认识和理解。认真落实开展支部建设和一岗双责工作。认真落实做好“五篇大文章”的要求，积极开展“专精特新”企业服务工作。落实“三会一课”，认真学习党章、党的二十大报告、中央金融工作会议精神等，同时按上级党委要求深入学习本领域、本区域相关重要指示精神、公司重大战略部署、廉洁纪律与警示教育等内容。在红安革命教育基地开展主题党日活动，与中国银行湖北省分行在武汉革命博物馆等地开展党建共建活动，组织党员开展保护长江母亲河公益活动等，充分发挥基层党组织战斗堡垒作用。

【业务发展】

一是积极推进产品规模增长，基金投顾业务等新业务同步发展。稳定推进财富管理投顾一体化工作，推广投顾增值业务。以投顾增值服务提升专业性，实现客户服务价值最大化。二是持续加大对“专精特新”企业的服务力度，加强同相关企业沟通与合作，不断满足“专精特新”企业的金融需求，提供多元化的金融产品与服务。三是加强队伍建设，进一步打造高效营销团队，加强营销人员业务交流学习，提升营销人员的专业技能和拓客能力，夯实基础业务。

【风险管控】

一是加强制度建设，规范流程。密切关注监管政策的最新动态，结合公司最新制度要求及湖北地区的实际情况，不断完善分公司相关制度和内部管理机制，促进各项工作有序开展。二是加强合规培训，筑牢防线。积极开展内部合规培训与教育，全年共组织各营业部风险合规及反洗钱培训144场次，培训内容包括制度讲解和处罚案例学习等。通过培训，加深了员工对合规要求的理解，明确了合规底线，增强风险责任意识，为全员合规展业奠定了坚实的基础。三是严格开展自查，确保合规。全年共组织合规自查活动25次。自查活动涵盖常规业务合规、从业人员行为、违规任职、适当性管理、岗位不相容、营销人员管控、期权业务以及反洗钱信息排查等各个方面，有效提升了全员的合规意识。

【投资者权益保护】

高度重视投资者教育工作，全年共组织投教活动21次，覆盖人群达到7万余人。通过线上线下相结合的方式，各营业部在周边小区、商圈进行广泛宣传，有效提高了社会公众的金融知识水平，增强了投资者的风险意识。

（中银国际证券股份有限公司湖北分公司）

中邮证券有限责任公司湖北分公司

【概况】

2023年，中邮证券湖北分公司（简称）推进党建与业务发展深度融合，紧紧围绕“增活力、提绩效、促跨越”的主线，充分发挥集团板块协同优势，坚持协同发展与市场化拓展相结合，努力推动分公司业务转型。截至2023年末，分公司累计开立证券账户12.7万户，资产总额14.35亿元。

【党建工作】

湖北分公司始终将党的政治建设摆在首位，把学习贯彻习近平新时代中国特色社会主义思想和党的二十大精神作为全年工作的重中之重。党支部开展主题教育读书班11期；开展“以学增智、加快发展”为题的专题党课，引导党员结合岗位实际学思践悟，推动主题教育走深走实。认真落实“三会一课”、主题党日等党内规章制度，开展爱国主义教育基地现场学习，与所在地社区党委联合开展主题党日活动。召开意识形态工作专项会议研讨，布置意识形态工作，组织开展职工思想动态调研并形成思想动态分析报告。在春节、“五一”等关键节点组织开展违规违纪典型案例学习，做到以案释法、严明红线。认真组织开展警示教育月活动，促进全体党员进一步明确纪律底线、强化纪律意识。

【业务发展】

在财富管理转型的大趋势下，湖北分公司秉承“以客户需求为中心”的发展思路做好营销和服务转型。大力发展投顾业务、定制型金融产品销售及机构业务。积极推动新设营业部建设，在武昌中北路新设1家营业部。2023年，湖北分公司与黄石市地方金融工作局签订战略合作协议，搭建政企合作平台，合力推进地方经济实现稳定、均衡、创新的高质量发展，开拓合作共赢新局面。

【风险管控】

一是强化合规风险意识。定期开展合规监测及提醒工作；按月组织分公司工作人员定期开展学习与培训，通过合规培训提升分公司合规管理效果。二是落实监管工作要求。配合监管部门做好全民国家安全教育日宣传教育活动、统一大市场及安全生产等工作；积极开展2023年度反洗钱集中宣传活动，完成2023年证券保险非法人金融机构反洗钱监管评估工作。认真开展中高风险客户排查及整改工作、“身份不明客户”信息排查工作；积极开展员工证券投资行为管理自查、营销自查工作。三是加强现场检查整改。积极配合总部合规检查，并根据检查报告积极开展整改。

【投资者权益保护】

组织开展“3·15投教活动”“全面注册制”、北交所交易新规等专项投教活动26场，邀请1308名投资者参与；组织防非、退市警示等常规投教活动10余场，近600余名投资者参与；首次走进大学校园，组织开展“学知识、辨风险，让校园生活更美好”主题宣传进校园活动。通过各类投教活动，切实向广大投资者普及金融知识。

（中邮证券有限责任公司湖北分公司）

中原证券股份有限公司湖北分公司

【概况】

2023年，中原证券湖北分公司（简称）积极落实公司财富管理转型升级战略，各项业务稳健发展。截至年末，资产规模2.5亿元，实现营业收入178万元；共有员工10人，经纪人5人。

【风险管控】

加强合规风控管理。严守合规底线，将风险管控纳入常态化管理范围内，即“落实常态化、检查常态化、考核常态化”，严格落实国家法律法规、监管部门管理规定以及总公司相关管理制度，全力配合做好证券市场健康稳定工作。全年通过开展廉洁从业教育、强化日常稽核检查，增强员工合规展业意识，打造合规经营“防火墙”。积极开展投资者适当性管理、反洗钱培训和宣传，加强异常交易行为和人员执业行为监控管理，对监控系统中的预警信息进行及时核查、处理。对合规经营重点业务进行全面自查，落实督促整改，确保合规经营。

【投资者权益保护】

一是依法合规办理业务。严格按照监管部门和公司制度为投资者办理现场业务，将风险揭示等内容嵌入到业务办理环节，使投资者充分知晓各个投资品种的风险要素；在部分高风险业务办理过程中，全程进行录音录像；在客户购买金融产品时，严格为投资者进行风险评级或签署相应的风险承诺书，切实保护投资者权益。二是加强投资者权益保护宣传。通过开展“3·15 投资者保护宣传月”、反洗钱宣传、走进上市公司等活动，引导投资者理性参与投资，增强投资者识别非法证券期货活动的能力，切实保护投资者尤其是中小投资者的合法权益。

（中原证券股份有限公司湖北分公司）

华英证券有限责任公司华中分公司

【概况】

2023 年，华英证券华中分公司（简称）秉承“诚信、专业、卓越、责任”经营理念，致力打造“精品投行、特色投行”，以武汉为中心，辐射周边主要城市，为客户提供专业的股权和债券承销与保荐服务，在多个领域培育核心客户，为公司储备项目数百个，业务覆盖股权融资、债券融资、收购兼并、财务顾问等多种类型。响应国家发展地方政府债的号召，积极参与湖北省地方政府债的发行工作。客户数量不断累积，包括中创新航、达梦数据库、兴发集团、华康医疗、深兰科技、武汉控股、博奇科技、传神语联、豪能科技、内江投控、唐山控股等，并获得合作客户和资本市场的一致认可。华中分公司业务发展稳中向上，局面良好。

【党建工作】

坚持党建与业务双轮驱动，推动党建工作与生产经营深度融合，秉承“精品投行、特色投行”的路线方针，充分激发基层党建活力，切实发挥党支部战斗堡垒作用和党员先锋模范作用。以党的政治建设为统领，以思想建设为引领，以人才队伍建设为关键，深入建设学习型党组织，坚持通过“三会一课”、主题党日等活动，突出抓好党员思想政治工作，提升党支部党员理论素养。在学习中注重与中心工作相融合，将理论知识运用到实际工作中，不断破解业务发展中的难点，将“与客户同生共长”的理念贯穿于业务始终，实现党建和业务齐头并进的良好格局。

【业务发展】

2023 年，华英证券作为保荐机构助力华康医疗 7.5 亿元可转债项目申报，并通过深交所审核。完成“中国甲骨文”国产数据库领域龙头企业达梦数据库 IPO 项目（联席主承销商），在企业发展关键时期，协助企业完成战略投资者引进、员工持股平台搭建、股份制改造等一系列重大资本动作，并帮助企业完成 1.68 亿元的融资，帮助企业渡过难关。作为其联席主承销商，助力企业于 2024 年 6 月成功在科创板上市。完成语言人工智能龙头企业传神语联融资服务项目。作为企业的财务顾问方，为企业提供综合金融服务。由华英证券主导的第一轮企业融资于 2023 年 12 月完成，合计融资规模 5400 万元。在新旧动能转换的关键时期为企业取得生产发展的关键资源，助力企业发展新质生产力，开发出国内领先的完全自主知识产权的国产人工智能大模型。助力迅达药业完成“新三板”挂牌，开展武汉控股财务顾问和武汉中科财务顾问工作，积极推动和跟进省内精细化工产品龙头企业和医疗制药、基础化工、纺织、水务环保、工业器械等行业的多家企业，提供“投行+”综合金融项目服务。

【金融创新】

秉承“精品投行、特色投行”的路线方针，坚持以客户为中心服务理念，通过“投行+”创新综合金融业务服务模式为客户提供全生命周期、全业务品种的专业化、个性化综合资本运作服务。发挥“投行+”个性化综合金融服务优势，为企业客户提供跨市场、全产品、全周期的综合金融服务，进一步赋能企业发展。通过引荐符合新质生产力的龙头客户进行产业落地、整合和匹配省内项目资源，为配合政府推动区域实体经济高效发展注入金融力量。

【风险管控】

严守合规底线，认真落实监管部门各项要求，不断建立健全自身内部控制组织构架体系，形成清晰、合理的投行内控组织架构。公司各投资银行类业务部门是内部控制的第一道防线，业务管理部是内部控制的第二道防线，内核委员会、合规法务部、风险管理部共同构成第三道防线。对投资银行各项业务、各个环节和各个岗位进行全面、清晰、合理和有效的规范。投行内控三道防线、立项内核发行审议决策机制运行良好，各项投行内控制度及机制基本得到有效执行和运行。全年分公司未发生违法违规行为。

（华英证券有限责任公司华中分公司）

华英证券有限责任公司华中分公司助力达梦数据 IPO 上市

开源证券股份有限公司湖北分公司

【概况】

2023年,开源证券湖北分公司(简称)坚持稳中求进工作基调,深入践行"金融为民"理念,全力护航湖北经济高质量发展。截至年末,服务客户数量3643户,托管资产规模达11.26亿元,累计经纪业务交易量65.50亿元。

【业务发展】

一是打造"一流北交所特色券商"。以北交所保荐上市及"新三板"挂牌为支点,打通北交所和"新三板"市场综合金融服务产业链,为处于不同时期的企业提供全方位综合金融服务。二是践行金融为民,助力投资者财富保值增值。坚持以客户资产保值增值为目标,为客户提供财富管理服务。推进代销金融产品向专业化、特色化方向发展。以各类优质金融产品为桥梁,链接客户资产配置需求与全市场优质策略、优质资产,为投资者提供全方位、一站式高水准资产配置服务,满足投资者的不同投资目标。三是大力发展信用业务服务体系。为二级市场投资者提供融资融券业务及约定购回业务,为上市公司股东提供股票质押业务等融资工具,为基金、保险、机构投资者提供盘活资产、增厚收益的转融通证券出借交易服务,为理财型投资者提供低门槛、稳收益、保安全、零费用的收益凭证产品。

【风险管控】

一是加强风险意识培训,增强全员风险意识。全面倡导和践行合规文化,加强员工执业行为管理,发挥风险案例警示教育作用,通过全员合规培训,不断提高员工业务知识水平,增强员工风险识别能力。二是重点针对衍生品、融资融券业务等加强防范风险,加强投资者适当性管理。加强理财、代销金融产品、两融业务监测管理,认真执行公司总部针对性应急措施,防范风险。根据监管部门及公司总部通报的监管案例,开展合规性自查,发现风险及时处置并化解风险。三是定期对风险管理工作进行自查和评估,发现问题及时整改。在公司内部制度中明确合规问责具体措施,注重合规考核与问责结果的执行力,将合规考核、合规问责结果与部门和人员的薪酬体系挂钩,增加合规考核制度的有效性,进一步强化风险管控力度。

【投资者权益保护】

持续加强投资者教育保护,妥善处理投资者诉求,提升投资者保护工作实效。一是建立投教工作长效机制。通过电子屏播放宣传视频、宣传标语,在醒目位置放置防范电信诈骗、防范非法集资、防范洗钱风险、防范非法证券期货活动、金融维权宣传资料及宣传海报、金融知识宣传材料等供投资者取阅。二是走进社区、广场等开展专项户外宣传活动。全年开展"全面注册制 改革向未来""3·15投资者权益保护日""5·15全国投资者保护宣传日""防范非法证券期货宣传月""防范非法集资宣传月""世界投资者周"等活动,扎实做好投资者教育工作。三是通过微信朋友圈、短信平台等方式开展投教宣传活动,不断提高投教的覆盖面和影响力。

(开源证券股份有限公司湖北分公司)

东亚前海证券有限责任公司湖北分公司

【概况】

2023年,东亚前海证券湖北分公司(简称)积极践行"让追求财富增长的客户更幸福"的使命以及"稳健、创新、诚信、利他"的核心价值观,依托公司投融资优势,深耕本地,辐射周边,打造面向上市公司、机构客户和高净值人群的综合金融服务网络。积极为地方政府发债提供专业性融资建议,以降低当地政府融资成本。参与的荆门城建集团分销企业债及荆门高新小微企业增信集合债分销项目,涉及企业融资资金额近20亿元。截至年末,累计客户数1403户,客户托管资产10亿余元;全年营业收入356万元。

【风险管控】

按照监管部门及总部要求继续落实"风险为本"的合规管理理念,继续优化相关合规风控系统,加强全员合规意识,确保在合法合规的前提下稳健经营,全年无风险事件发生。

【投资者权益保护】

积极组织开展丰富的投资者保护教育宣传活动,将投教工作融入客户服务的各个环节和公司经营的常态化工作中,开展了"3·15投资者保护主题教育活动""5·15全国投资者保护宣传日""防非宣传月""防范非法集资教育宣传月""第四届全国投教动漫大赛""金融消费者权益保护教育宣传月""2023年世界投资者周""2023宪法宣传周"等活动,对投资者进行常态化、持续性的教育宣传。

(东亚前海证券有限责任公司湖北分公司)

渤海证券股份有限公司武汉分公司

【概况】

2023年,渤海证券武汉分公司(简称)积极发挥资本市场优化资源配置的作用,解决企业融资需求,为推动湖北区域实体经济高质量发展助力。截至2023年末,分公司实现客户数3270户,客户总资产8681.85万元;交易量736452.41万元;营业收入118.63万元。

【党建工作】

2023年,武汉分公司启动实施"创建学习型单位工程",按照创新思维、提高能力、提升素质、促进发展的目标要求,结合党支部和党员先进性教育活动,在群众中开展"三比三看"学习竞赛活动。全年共组织主题党日学习活动12次,召开党的政治学习会议15次,党课宣讲4次。在坚持理论学习的同时,开展了一系列的主题党建学习活动。在重要时间节点开展了党风廉政建设、案例警示教育、廉洁从业的主题学习活动等。将公司发展融入党和国家总体战略,按照"八个聚焦"的要求,采取主题宣讲、专题讲座、个人自学、交流研讨等方式,扎实做好强化、深化、转化思想,做到学有所思、学有所悟、学有所得、学有所行。

【业务发展】

一是拓宽业务渠道,多渠道开展证券业务。借助主流自媒体平台及公司营销服务平台,以专业化、多样化、多元化的投教作品打造渤海金牌服务形象,搭建素质良好的运营团队、客户服务团队,全方位做好客户服务工作,不断提升客户服务水平,搭建客户服务、投诉工作一体化服务框架。二是加速财富管理转型,做好金融服务工作。聚焦高质量发展目标，经纪业务加速向财富管理转型，以“客户为中心”，全方位搭建投顾业务体系，丰富产品种类，帮助投资者树立“长期投资、价值投资、理性投资”理念，不断提升金融服务实体经济能力。三是挖掘市场潜在机遇，拓宽创新业务渠道。积极落实走进高校、走进上市公司的投教工作，深度了解现阶段企业的困难与需求，在服务好现有个人客户的同时，挖掘潜在机构客户需求与合作机会，以服务好实体经济为导向，不断提升综合金融服务能力，提升渤海品牌效应。

【风险管控】

一是加强内部合规、风控文化建设。建立科学合理的组织架构、完善的考核制度、丰富的培训内容，搭建合规文化体系。建立投教小组及反洗钱工作小组，对员工及社会公众开展合规教育以及全方位的投教宣传活动。通过开展合规、风控现场培训、学术研讨会议、E-learning网络学习及测试等方式，向员工传递近期监管动态、业务技能培训、新政策新制度学习解读，多角度、全方位地宣导合规、风控文化，倡导全员合规理念，提升员工风险管理意识和投资者教育工作水平。严格执行公司各项管理制度和操作规程，以保证经营活动的合法合规及公司内部规章制度的贯彻执行，有效防范经营风险和道德风险，保障客户及公司资产的安全，确保日常经营管理工作顺利开展。二是优化检查方式，定期自查与检查，建立风险防范机制。采取非现场与现场相结合的方式，发现风险，及时处置。定期开展各项自查工作，参加公司总部组织的合规互检工作，接受公司总部现场检查。风险管理部门通过事前、事中、事后的风险管理手段，对分公司业务开展过程中存在的各类风险进行识别、评估、监测、报告和应对，制定细化的风险管控流程，根据不同风险的特征，明确其管控措施，做到对各类业务的全覆盖使风险可测、可控、可承受。风控专员负责协助公司总部及分公司总经理履行日常工作中的风险识别、分析、评估、报告、风险限额监控等职责。分公司全年未发生风险事件。

【投资者权益保护】

以投资者风险意识教育为主线，积极组织参与开展各类主题投教宣传活动，包括“岁末非法集资宣传活动”“防范非法证券期货宣传月”“全面注册制投资者教育专项活动”“宪法宣传周”“3·15投资者保护主题教育活动”“5·15全国投资者保护宣传日活动”“全民国家安全教育日反恐怖宣传教育活动”“金融消费者权益保护教育宣传月”活动等，依托投教基地生产的各种投教素材，以线上和线下相结合的方式开展宣传教育工作，贯彻“金融为民”的服务理念，普及金融产品认知、金融风险识别与防范等内容，提高投资者识别和防范非法集资能力，引导投资者树立正确投资观念，营造和谐的金融环境。

（渤海证券股份有限公司武汉分公司）

信达证券股份有限公司湖北分公司

【概况】

2023年，信达证券湖北分公司（简称）以经纪业务作为基础，以财富管理、资产配置作为经纪业务补充，持续稳定发展，以互联网渠道作为获客新的增长点，进一步扩大湖北区域市场份额。

【业务发展】

湖北分公司致力于协同集团为区域内上市公司及股东提供投资、融资等全方位的金融服务。积极助力上市公司纾困、定向增发、质押违约协转、上市公司破产重整、并购重组等。协助集团完成定增减持超过5亿元，完成法拍股票托管超过10亿元。为上市公司提供金融理财定制服务，通过券商发行的收益凭证，解决多家上市公司超募资金的投向问题。推出CRMW信用风险缓释工具集合产品，进一步服务公司客户的产品配置需求。全年共实现金融产品销售突破1亿元，累计服务金融产品客户超过700户。

【风险管控】

规范营销行为，明确合规管理责任，建立合规工作机制，有效识别并主动防范、化解合规风险。一是根据行业监管政策及公司总部指引，不断完善内部控制制度建设，规范业务流程，确保各项工作有章可循。二是按照监管部门及公司总部要求，定期开展检查及自查，主动发现风险隐患并及时整改。三是加强员工执业行为管理，对全体员工持续开展合规文化和风险意识教育，将合规与考核挂钩，重大合规事项采取一票否决制度。全年无合规风险事件。

【投资者权益保护】

积极开展投资者教育与服务工作，不断创新方式、方法，全方位、多渠道围绕特别代表人诉讼制度、注册制、退市制度改革、公募REITs、“新三板”改革和设立北交所、防范非法证券期货活动等开展宣导，通过“3·15消费者权益保护日”“5·15全国投资者保护宣传日”“防非宣传月”“世界投资者周”“金融知识普及月”等重要时间节点，采取走进社区等形式开展宣传讲解，引导投资者树立正确的投资理念，增强投资者的风险防范意识。建立并完善分公司《客户投诉细则》，对各业务组职责分工、投诉事件的受理督办、处理流程、留痕等均作详细规定，明确客户投诉受理、处理、督办、反馈、资料存档等工作流程，提高各相关业务对投诉受理工作的重视。在业务开展过程中不断完善客户适当性管理要求以保障投资者权益保护工作有效落实。

（信达证券股份有限公司湖北分公司）

首创证券股份有限公司湖北分公司

【概况】

2023年，首创证券湖北分公司（简称）本着“立足经纪业务，夯实业务基础，实现多元化业务发展新格局”的宗旨，致力于为客户搭建金融服务体系和金融服务平台。截至年末，分公司资产总额为1843万元，全年实现营业收入24.85万元。

【党建工作】

分公司成立理论学习小组，积极动员组织党员职工参加政治思想理论学习。每季度开展党的理论知识学习交流，以纸质书、有声书、提炼题库等多种形式供员工学习，季度末举行主题交流会，交流会以“随机抽点发言、随机抽点回答”的“双随机”学习交流机制开展，有效提升党建文化学习氛围。组织观影活动《志愿军：雄兵出击》，举办党史知识暨反洗钱风险知识竞赛，通过这些活动推动党史学习教育常态化、长效化，推动党建与业务深度融合。

【业务发展】

分公司主动发挥自身在金融领域的专业优势，为当地企业和个人投资者提供相应服务。依托总部资管优势,不断提升自身财富管理能力,为客户提供合适的财富管理服务,实现财富的多元化配置。10月,分公司在第十三届中国·武汉金博会上参与北交所华中服务基地揭牌活动,面向华中区域创新型中小企业开展培育工作。

【金融创新】

一是借助公司总部在资产管理、固定收益投资交易等领域的自身特色与品牌优势,创新经营模式,持续丰富产品线,为高净值个人客户及机构客户提供更优质的服务。二是构建前台客群服务、中台管理机制、后台支持保障的组织框架,明确各岗位职责,优化人员配置,提高组织运行效率。

【风险管控】

一是建立和执行有效健全的风险管理制度。严格执行公司总部风险管理相关制度,多维度严格控制各项经营风险。对各项管理及业务制度进行了修订和完善,对各项业务风险进行有效防范。二是运用信息技术,加强系统建设提升工作效率,使用相关信息系统,按照监管部门和公司总部相关要求对客户交易行为、员工执业行为等进行监测和管理。三是树立全员合规风险防控意识,通过岗前及日常的合规宣导培训及测试,使员工深刻理解和把握国家法律法规、公司规章制度、业务流程、岗位职责,切实坚守各项业务合规展业底线,确保各项业务健康发展、风险可防可控。四是定期开展内部检查,定期和不定期地组织对日常经营管理、员工执业行为等方面的检查,主动发现风险隐患,做到防微杜渐。分公司全年未发生风险事件。

【投资者权益保护】

成立金融消费者权益保护小组,合理配置岗位分工,确保金融消费者权益保护有专人、专岗执行和落实。规范金融消费者投诉管理工作,制定健全的客户投诉处理机制,明确处理投诉人员的职责与权限,确保投诉得到及时高效的处理。加强投资者权益保护宣传教育活动。在"金融消费者权益保护教育宣传月"期间充分利用营业场所阵地宣传优势,通过投教电视、投教园地和投教人员面对面讲解的方式,向前来咨询、办理业务的投资者普及基础金融知识、提示金融风险,倡导理性消费、价值投资观念。开展"防范非法证券活动,守护财富安全""反洗钱知识科普"等金融消费者权益保护活动。活动累计开展线上及线下宣传活动共 5 次,发放宣传折页 60 余份,分发投教礼品 17 份,受众人数达 100 余人。

(首创证券股份有限公司湖北分公司)

财达证券股份有限公司湖北分公司

【概况】

财达证券股份有限公司在全国共设有分公司 23 家、证券营业部 99 家,形成了对河北省内的深度覆盖和省外各中心城市的广泛布局。财达证券股份有限公司湖北分公司成立于 2023 年 4 月,位于湖北省武汉市江汉区精武路 1 号越秀国际金融汇 T3 写字楼。分公司于 2023 年 5 月 29 日正式开业,为 C 型非现场模式,以经纪业务为主,协同业务为辅,充分利用互联网,推进线上业务创新模式,形成线上网络、线下实体协同服务当地经济发展的市场定位。

【业务发展】

分公司采取以线上投顾业务为主、传统经纪业务为辅的业务并行的运营模式。营业收入主要为投资咨询服务收入和代理买卖证券业务收入,其中投资咨询服务收入本年累计新增 157.34 万元,代理买卖证券净收入本年累计新增 168.01 万元。

【金融创新】

作为公司首批线上投顾试点机构,利用新媒体平台开展多元化宣传,通过文字、图片、视频等多种形式,扩大内容的影响力。通过多样化的内容呈现方式,提高内容的传播效果,扩大品牌影响力。

【风险管控】

分公司下设运营管理部,由合规风控岗和综合事务岗 2 人组成,负责分公司风险管理及合规管理工作,公司总部风险管理部、合规管理部协助督导,由合规风控岗直接向负责人汇报。分公司全年未发生重大风险事件。

【投资者权益保护】

积极开展"拥抱注册制共享高质量"主题投教、金融消费者权益保护月、2023 年世界投资者周等投资者教育活动,帮助投资者树立价值投资观念,引导投资者树立理性投资、长期投资的理念,有效保障自身权益。

(财达证券股份有限公司湖北分公司)

(二)期货业机构

长江期货股份有限公司

【概况】

2023 年,长江期货(简称)坚持党建助力业务发展,稳步推进"一体两翼"战略,迎难而上稳健经营,着力服务实体经济,为高质量发展蓄力。深化集团协同,大力拓展机构经纪业务。实现资管规模突破 11 亿元、固收产品保持优势、首只私募 FOF 成功发行。优化产业服务体系,推进重点产业项目建设,打响"保险+期货"品牌。风险管理子公司各项业务

财达证券股份有限公司联合上交所在武汉开展"拥抱注册制 共享高质量"主题投教活动

稳健开展，场外业务做大规模，盈利能力维持行业靠前。提升总部引领效能，引导分支机构特色发展，打造高效协同、专业精进的人才队伍。中后台全力支持业务发展，综合运维效能不断提升；合规管理有效强化，推动全面风险管理系统上线。年内总部搬迁至集团新大楼。截至2023年末，长江期货在北京、上海、广州、深圳、武汉等地设立了5家分公司、16家营业部，拥有1家风险管理子公司——长江产业金融服务(武汉)有限公司。公司员工总数325人，年龄40岁以下占比76%，硕士及以上学历占比33%。公司注册资本5.88亿元，资产总额68.95亿元，净资产10.43亿元。全年实现营业收入9.13亿元，净利润0.80亿元。公司持续入选"新三板"创新层，是华中地区资格最全、经营范围最广的期货经营机构。2023年8月，在中国证监会公布的期货公司分类评价结果中，长江期货获评为A级期货公司。

【党建工作】

公司有序组织开展党建工作，在规范建设、引领业务、锻造队伍等方面持续发力、提质增效。每月组织开展主题党日活动，并通过主题教育活动、专题组织生活会、书记讲党课等形式持续提升党员党性修养和理论修养。将党的理论方针政策与公司经营战略、企业文化相结合，进一步推动党建和业务双融互促，抓牢员工思想与纪律建设。开展瞿家湾红色教育活动，观看《问道》红色电影，与多地乡镇签署党建帮扶协议，实现党建活动有创新、党建共建有突破。注重党员发展，优化党员队伍人员结构，新成立第三支部，创建"1231"特色党建品牌。落实行业三大任务，完成"五个一"专项党建活动，提高党组织的凝聚力和战斗力。

【业务发展】

一、重点发力，多维推进，提升服务实体经济质效

充分运用期货市场工具，依托交易所政策、政府支持，实施多项产业试点项目，持续服务经济社会发展。作为产品设计及风险对冲牵头方，承接湖北省首个由湖北省农业农村厅与郑商所共同统筹的棉花"保险+期货"收入险试点项目，参与省内多个县域的棉花"保险+期货"价格险试点。参与多个包括大商所企业风险管理计划、大商所"2+1"牵手工程、郑商所产业支持专项、中期协乡村振兴创新试点项目。其中，大商所项目方面，完成企业风险管理计划项目18个，服务产业企业18家。围绕3家产融基地申报的3个"2+1"工程项目均获批且保质保量全部验收通过；郑商所产业支持专项方面，完成达标结项26个。中期协项目方面，在十堰房县、恩施利川进行"订单+"的模式创新，其中房县项目入选中期协2023年度期货经营机构服务实体经济优秀案例。

二、党建引领，政企协同，以项目深耕助力特色产业发展

与河南宁陵、河北赞皇、河北灵寿、云南孟连、内蒙古兴和等地签订乡村振兴战略合作协议、党建结对共建协议书，以党建交流、产业调研、产业捐赠、消费帮扶等方式多措并举，开展帮扶工作，扩大帮扶区域。全年累计采购帮扶区域特色农产品近45万元。

公司积极联动地方政府、监管部门及交易所开展帮扶，多方协同开展培训和合作，助力帮扶本地客户强化金融知识学习，合理运用期货工具进行风险管理，服务市县经济高质量发展。

以风险管理项目深耕湖北、陕西帮扶区域，新增湖北利川市、黑龙江佳木斯市、内蒙古兴和县、重庆忠县、河北赞皇县、河北灵寿县、湖南澧县、河南正阳县等地，助力本地特色农业产业发展。在陕西延安，先后在延长县、黄陵县、黄龙县和宝塔区开展"保险+期货"项目；在湖北利川市、荆门市、蕲春县、公安县、武汉江夏区等地开展风险管理项目合作，涉及品种包括生猪、棉花、鸡蛋、玉米等，项目总保障货值超2.5亿元。全年以产业帮扶、项目帮扶、消费帮扶等帮扶模式，助力帮扶区域特色农业产业提质增效，全年乡村振兴帮扶工作涉及湖北、河南、安徽、陕西等十余省份，全年"保险+期货"项目累计承保货值达10亿元，公益性捐赠、项目资金捐赠金额超400万元。

【金融创新】

一、"保险+期货"业务助力农业产业稳产保收

2023年，公司在"保险+期货"项目上持续发力，与子公司长江产业金融协同合作，全年开展"保险+期货"项目36个，各项目运行情况良好，总体赔付率超行业平均水平。其中，陕西延安黄陵苹果"保险+期货"项目表现亮眼，运用场外衍生品专业知识助力延安地区巩固脱贫攻坚成果、推动延安苹果产业标准化和高质量发展先行区建设，秉承"全国首单苹果收入险"的创新精神，不断探索和优化，覆盖黄陵4个苹果主产乡镇共9122.81亩果园，涉及种植主体1140家，综合赔付效果显著。该项目荣获第四届"全球最佳减贫案例征集活动"最佳减贫案例，并收录到南南合作减贫知识分享网站。

公司与子公司长江产业金融不断探索金融助农模式，在延安市宝塔区开展郑商所"新农提升"苹果"保险+期货"项目，在黄龙县开展政策性苹果"保险+期货"价格保险创新试点项目，在延长县开展苹果"保险+期货"收入险创新试点项目。其中，延长项目参保农户全部为脱贫户，公司创新引进中华思源"定心丸"公益基金和中金所资金共计约70万元，大幅降低了参保农户的保费支出，有效保障了农户的苹果种植综合收入。

此外，湖北棉花"保险+期货"项目成效显著，公司与子公司长江产业金融积极配合政府调研和设计方案，将"保棉花价格"升级为"保棉花收入"，在公安县首次开展棉花收入保险试点工作，通过"保险+期货"项目，实现最终赔付率超90%，最大限度地保障棉农种植收益。同时，公司在湖北主要

长江期货股份有限公司举办"期货服务市县经济高质量发展"培训会

产棉区持续开展"保险+期货"价格险试点工作，项目累计保障面积超31万亩，为25个区市棉农提供风险保障货值超3亿元，通过连续两年棉花"保险+期货"试点项目的实施，有效促进湖北省内棉花种植增产，棉农种植收益得到保障，植棉意愿进一步提升。

二、场外期权助力企业应对价格风险

积极开展场外期权项目，帮助企业应对价格风险。加强与子公司长江产业金融协同，助力山东塑料企业应对价格风险。通过与客户长期、连续的互动合作，引导客户从尝试简单的香草期权结构逐步学习和了解较为复杂的期权结构，并根据客户动态的风险需求，为企业设计气囊结构、累计结构等适时的奇异期权管理方案，使客户在原有规避库存价格下跌风险的方案基础上，进一步降低了采购成本，提高了销售价格。该项目累计实现聚乙烯、聚丙烯等场外期权套保2000余吨，涉及货值2000多万元，通过长期、连续的期权套保，该企业共在期权端获得赔付40万余元，有效冲抵了塑料现货端的价值损失。其中，气囊期权套保最终获得赔付24万余元，权利金支出仅1万余元。使客户的期权知识储备和套保收益同步增长，充分发挥了期货服务实体经济的功能。

三、做市激发市场活力，服务实体高质量发展

子公司长江产业金融通过做市商提供合理报价，有效收窄做市合约之间的价差，活跃市场，为市场增加流动性；通过做市商自身资金对接相关的交易需求，给相对不够活跃的期货合约提供流动性，增强合约连续性，活跃对应的场内和场外定价相关业务，促进形成平稳高效的场内外市场。通过做市业务为客户提供更加精细化和多样化的成本收益管理服务，引导企业合理避险，提高对冲机构的风险管理能力，进一步提升期货市场有效服务实体经济的能力。截至年末，长江产业金融拥有做市牌照19个，在各大交易所多个做市品种已经形成多个月份合约活跃局面，品种的流动性、合约价差结构明显改善，品种交投规模进一步扩大，交易持仓规模和产业参与度逐步提升，有效提升了期货市场有效服务实体经济的能力。

四、强化数字赋能，加速数字化转型与自主研发进程。

公司深化数据在精准营销、风险防控、管理创新等方面的应用，为客户提供更多元、更便利、更智能的数字金融服务。公司业务与技术的双向融合步伐加快，业务部门对数字化的需求由模糊到清晰，技术部门对业务场景由陌生到熟悉，双方形成清晰的数字化转型目标，共同推进呼叫中心、APP等中台和前台项目的建设。

2023年12月，正式上线呼叫中心平台，该平台打破原有呼叫中心数据孤岛，联动CRM、CAP等数据平台实现T+0的客户信息、T+1交易信息展示，员工可以迅速查询到客户信息，更快捷地为客户提供服务及疑问解答。平台还能精准识别员工忙闲状态，根据实际需求智能分配任务给员工，并可通过电话转接功能，实现专业问题专人解决。

自研新版APP"长江期货"于年内正式发布上线，实现"行情、交易、资讯"等重要模块更快速、更准确、更稳定，还提供"保证金计算、交易日历、交易百科、长江期号"等陪伴式服务，增强了存量客户的黏性；APP创新性聚焦智能化投资辅助工具，推出"期海纵横"主题模拟交易大赛与特色行情指标，帮助投资者从多角度多维度感知市场的机会，提升客户交易体验。将APP打造为联动CRM、呼叫中心、企业微信的数据枢纽，以"客户为中心"，构建前中后台一揽子管理的全生命周期客户服务体系，提升客户维护效率。此外，逐步完善公司数据治理和系统建设，机构开户预录入、大屏驾驶舱、总经理数据终端、客户经理数据终端、期货全面风险管理、客户风险特征画像等数据服务产品持续上线。系统安全意识、应急处置能力、技术掌握能力有所提高，系统管理质量明显提升。

【风险管控】

公司严格执行相关政策法规和监管规定，积极落实集团公司垂管要求，持续推进全面风险管理系统建设工作；优化风险限额授权机制和专项风险管理机制，不断完善全面风险管理体系，夯实风控管理基础。通过对重点业务风险梳理和评估、完善业务风险指标管控流程、开展专项业务评估分析等措施，强化业务过程管控和动态监控，持续规范业务机制和提高业务精细化管理水平。通过加强团队建设，提升整体风险管理能力。在日常工作中，严格执行各项风险管理措施，有效监测各项风险指标，确保公司各项业务风险可测、可控和可承受。全年公司未发生重大风险事件以及风险指标超公司授权范围等情况。

【投资者权益保护】

切实履行投教主体责任，组织21家分支机构开展近10余场主题投教活动，通过开展活动讲座、印刷活动海报、制作宣传折页、发送客服短信提醒、发布有奖问答及问卷调查等形式强化投教活动宣传，帮助投资者增强风险防范意识。全年制作印刷活动宣传折页、宣传海报5000余份，发布转载投教文章和产品近300篇，并通过行情交易软件、客服短信等渠道发布活动内容近15万余条。上线投教专属微信公众号"长江期货投教园地"，让投教服务全面化、系统化，微信公众号设有投教活动、投教课程、投教作品、趣味问答、问卷调查等专区，为投资者打造"一站式投教学习平台"；加强内容运营板块的原创输出，原创投教视频作品《期馆风云之馅饼？陷阱！》《黄金期权——趣讲期权》《西游话经济》，漫画作品《果园三结义》《穿越时空的合约》等，在公司微信公众号、视频号、抖音号进行宣传，漫画长图获得郑商所"投教先锋团队"称号，并获中证网专题采访，投教工作提质创新。强化与监管、交易所、集团、高校的投教合作，参加由湖北证监局、湖北省证券期货业协会、中金所组织开展的各项投教活动，将投资者教育与党建、乡村振兴相结合，在陕西延安、河南桐柏、湖北红安等地区多次开展党建交流及投资者教育培训工作，推动投资者教育工作走进乡村振兴区域，充分发挥党建在投资者教育工作的引领作用。

（长江期货股份有限公司）

正信期货有限公司

【概况】

截至2023年末，正信期货（简称）实现期末权益37.09亿元，较上年下降12.33%；日均权益43.68亿元，同比下降3.04%。交易量5671.54万手，交易额35361.32亿元，同比分别下降3.04%和16.32%。公司客户结构持续优化，其中，特法客户日均权益占比26.43%，同比增长8.57%；一般法人客户占比16.92%，同比增长4.13%；自然人客户占比56.65%，同比下降4.64%。货币资金期末余额252127.03万元，同比下降14.00%。实现营业收入47645.16万元，较同期46162.12万元增长3.21%；实现营业利润6066.23.47万元，较同期7511.47万元下降19.24%；实现净利润4493.94万元，较同期 5845.79 万元下降 23.13%。

【党建工作】

一、“党建+业务”激活发展“驱动力”

推动党建与业务互促共进，坚持党建引领赋能公司高质量发展。一是充分发挥党建领航作用，明晰公司定位和战略方向。在公司党委的领导下确定了坚持“专业主义”和“长期主义”的基本定位，明确了公司“一主两翼”的战略发展方向。二是党建引领赋能业务发展，推动业务全面升级。在经纪业务方面，不断夯实基础，扎牢经纪业务底盘。持续加强产业客户服务，提高市场运营效能，创新机构业务模式，实现经纪业务稳中有进发展。在创新业务方面，稳步推进风险管理业务布局，持续优化交易咨询业务模式，提升资产管理业务水平。三是通过党建引领厚植行业合规文化，强化合规风控体系建设。深入落实“数字中国”建设要求，积极探索中后台数字化转型，强化标准流程建设和加强员工梯队建设，多措并举助推中后台协同提质增效。

二、“党建+产业”服务国家“大战略”

积极响应国家服务实体经济的战略，把党建引领作为助推乡村振兴的“红色引擎”，聚力产业帮扶、教育帮扶、消费帮扶，多措并举支持乡村振兴工作。2023 年，公司与新疆生产建设兵团第九师团结农场及 162—168 团签订结对帮扶协议、党建共建协议，以结对帮扶、党建共建的形式增强乡村集体“造血”功能。捐赠 10 万元用于团结农场甜菜种植补贴项目，有效促进当地 1000 余名农村人口就业，为乡村振兴添动力。教育帮扶方面，设立小美“优教优学”奖励基金，连续 6 年对黄冈市蕲春县桐梓中学优秀师生提供教育帮扶，累计捐赠 18 万元，累计奖励师生 180 人次，助力当地儿童和青少年教育成长，支持乡村地区教育发展；消费帮扶方面，积极响应行业号召，充分发挥组织优势，与“爱心援鄂消费扶贫”采购平台湖北省供销社合作，组织员工采购武当山香菇、十堰糙米、恩施糍粑等湖北省各县市特色农副产品，合计金额 33.31 万元，进一步促进低收入群众稳定增收，助力乡村振兴事业。

三、“党建+文化”构筑精神“向心力”

一是加强思想武装，凝聚奋进力量。通过企业微信党建应用程序持续输出党建宣传文章，组织全体党员学习党建相关知识，加强理论武装，夯实思想根基；内刊推出《正信周报》栏目，从公司活动、市场会议、部门动态中挖掘亮点，传递正能量，发挥对员工的文化浸润作用，增强员工凝聚力；持续开展文化巡讲，倾听业务一线声音，密切与基层员工联系，累计巡讲走访分支机构 19 家，收集意见建议 133 项。公司领导和各部门认真研讨，推动落实并及时反馈，切实解决好一线问题。二是筑牢纪律防线，护航公司行稳致远。党支部严格贯彻落实中央八项规定精神，坚持教育在先、警示在前的原则，完善廉洁从业制度，强化廉洁从业宣导，营造廉洁从业文化氛围。与全体员工签订廉洁从业承诺书，压紧压实廉洁从业“责任线”。三是开展专题宣导，凝心聚力促发展。以党建为引领，在党员干部中开展“领导干部应敢作为、能作为、善作为”的系列学习与自我批评工作，强化领导干部的责任担当意识；举办“不忘初心，艰苦奋斗”主题培训，提升公司全员党性修养；深入挖掘敢担当、善作为的实践事例，通过公司内部宣传和表彰，树立标杆典型，引导更多员工学习。

【业务发展】

一、运用“保险+期货”服务中小企业与农户

2023 年是“保险+期货”模式试点的第 9 年，公司与太保财险、中原农险等大型保险机构合作，继续通过“保险+期货”的项目模式来服务新型农业主体和中小农户，累计运行项目 3 个，为花生、玉米、豆粕等多个农业产业品种提供价格风险保障，累计承保货值 10007 万元，惠及农户数量 7100 户次，有效保障了当地农业产业的稳定发展和农民的收入稳定，为当地乡村巩固脱贫成果、助力乡村振兴提供了有力的支持和保障。

二、加大服务实体经济的创新探索

不断提升服务水平，创新工具使用，融合多业务渠道助力实体企业发展。提炼风险子公司在钢材、工业硅、菜粕、白糖品种方面的展业经验，形成服务实体经济案例供内部学习交流，提升整体服务水平，提升行业专业形象。整合内部专业资源滚动跟踪产业客户，增强服务黏性，及时提供策略报告等咨询服务产品，帮助客户实现资产增值。积极参与大商所“企风计划”、郑商所“产业服务专项计划”及上期所“期权走进企业”活动。全年实际运行 33 个项目，引导近 30 家企业合理利用商品期货及衍生品市场管理价格风险，稳定生产经营，涉及油脂油料、黑色金属、建材、化工等多条产业链。与多家上市公司开展业务合作，帮助上游原料厂纾解成本压力，帮助中游贸易商提升利润，帮助下游加工企业降低采购成本、保障原料供应稳定。

三、加强实体企业期货知识培训

持续推进产业链调研活动，为企业提供面对面培训交流服务，形成产业链的深度研究报告。开展以行业发展态势讲解、期货科普、产业链及品种知识、套期保值实操案例等内容为主题的培训活动，帮助企业了解期货和衍生品市场的风险管理功能，提升实体企业的风险管理意识和能力。全年开展期现实训活动 7 期，培育产业客户 83 家。开展“樱花论坛”“年度策略会”等品牌会议 40 余场，活动触达 7978 人次，辐射培育产业客户 300 余家。

【金融创新】

一、经纪业务持续优化客户结构

持续优化客户结构，创新产业客户服务。制定产业客户开发服务激励方案，围绕产业客户的拉新促活以及产业客户开发服务政策实施激励措施。积极申报交易所产业政策，全年申报郑商所产业专项 33 个，通过 17 个，已有 3 个项目达成；申报郑商所产业基地 4 个，已通

正信期货有限公司主办第七届樱花论坛

过1个;申报上期所项目3个,其中期权项目1个,产业客户持仓项目2个;申报大商所企风项目1个,成功立项"保险+期货"项目2个。围绕铜、油脂、鸡蛋、黑色、生猪等产业开展实训营8期,培育产业客户92家,实现新开法人户9个。围绕农产品、有色、碳酸锂等品种组织线下会议及培训10场,辐射培育产业客户300余家。

二、咨询业务全面优化升级

对交易咨询产品矩阵进行划分调整,设立大雅服务体系子品牌"大雅·投研"作为产业咨询服务入口,以服务客群为依据进行产品分类,面向个人交易者的产品覆盖期货市场全品种,交易风格多样,产品内容丰富,满足交易者不同需求;面向专业、产业交易者的产品则主要服务于产业上中下游客群及各研究机构。其中VIP尊享产品满足客户一对一定制化服务需求。通过开展营销活动、设置企微专栏和上线短期培训课程类产品等方式对产品和服务进行推广,对产品品牌的打造和产品服务的推广起到了积极的作用。

【风险管控】

一、厚植合规文化

重视合规文化建设,充分整合线上线下资源持续对员工开展合规宣传。利用OA系统、企业微信、网站、公众号等线上平台即时推送合规及反洗钱监管动态、处罚案例,定期发布合规简报,告知日常合规、反洗钱工作注意事项及相关问题的风险警示,增强全员合规意识。通过开展合规法制宣传、合规培训以及合规知识进高校等线下合规教育活动,强化合规宣传质效,使合规理念深入人心。2023年,累计开展法制宣传活动5次、针对子公司业务的合规培训6次,以及居间业务培训、综合岗合规检查培训、不合规行为界定培训、新入职综合岗现场合规培训等,并将各部门合规反洗钱履职情况纳入年度考核。

二、完善合规风险管理体系

全面贯彻强监管、防风险要求,通过持续完善合规风险管理体系,夯实风控合规基础。对风控制度开展全面自查工作,对各业务条线风控制度的健全性和执行层面的有效性进行系统性评估,并在此基础上及时改进、不断完善。同时,定期梳理风险漏洞,优化风险应急措施,持续开展有重点、分业务、全覆盖的风险排查,进一步增强全员风险控制意识,强化全员风险把控、防控能力。做好日常风险监控、防控工作和内部员工的培训、管理工作,进一步增强员工风险防范意识。此外,持续优化廉洁从业风险防范工作,通过将廉洁从业情况纳入离职考评程序等措施,进一步落实廉洁从业离职环节考察评估的工作机制,实现廉洁风险闭环管理。将合规风险管理嵌入公司经营治理全过程,高效、及时、精准防范公司风险。

三、筑牢反洗钱风险防线

扎实开展反洗钱工作,多措并举筑牢反洗钱风险防线。完成反洗钱系统7大板块的改造升级及验收工作,提高风险甄别的准确性,有效降低相关项目的剩余风险。不断完善风险管理机制,联合运营策划部、信息技术中心以及第三方德索系统供应商,建设全量客户ip、Mac风险排查机制,完成了对风险指标模型、可疑监测模型、高风险国家或地区以及名单库的评估及整改工作,提升了公司洗钱风险防控的技术监测能力。

四、强化信息安全管控

完善网络和信息安全管理相关要求,调整重要系统权限申请流程,对各项涉及网络、信息安全管理、个人金融信息保护的公司制度进行修订和完善。不断强化对公司全体员工的内部信息管理安全宣导,加强微信等工作群的管理,明确员工保密与案例警示培训的具体要求,在公司各部门、各条线得到深入贯彻和有效落实。定期组织信息技术中心和各部门负责人对核心系统的各部门人员权限、数据导出记录等进行定期排查、清理,确保各部门人员权限配置在满足工作需要的前提下更加合理,防范数据泄露风险,实现对客户信息安全的有效管控,切实履行客户信息安全保护的职责。

【投资者权益保护】

一、开展投资者教育活动

始终坚持用诚信服务和专业实力为客户创造价值,助力客户健康可持续成长。2023年,积极履行投资者保护责任,切实有效保护投资者合法权益,提升投资者自我保护意识,全年按监管要求高质量完成防范非法集资宣传、防范非法证券期货宣传、金融消费者保护教育宣传、世界投资者周等主题投教活动。此外,还将理性投资作为长期的宣传主题,助力广大投资者树立理性投资理念及风险防范意识。

二、加强投资者适当性管理

投资者适当性制度是投资者保护的基本制度,切实履行投资者适当性制度是期货公司义不容辞的责任。2023年,根据适当性管理的要求,开展两次重点客户适当性专项回访,针对休眠激活客户、申请特定品种交易权限的客户、新开户中低龄和高龄客户、适当性评估问卷中选择无收入来源依靠储蓄以及线下办理适当性业务的客户开展电话回访,针对其他客户则通过短信、交易软件弹窗等方式进行回访,提高投资者对其适当性匹配情况的知晓度,提示投资者增强其风险防范意识,保持理性投资的投资理念,引导投资者正确参与期货市场。

三、创新投教宣传形式

充分重视投教宣传与互联网的融合创新,充分发挥互联网优势,借助视频号、抖音、公众号等新媒体平台,发布多种形式的原创投教作品,通过制作投资者喜闻乐见的短视频、长图海报等形式普及期货知识,交流交易心得。2023年,各平台投放累计获得曝光超60万次。"期言巧语"栏目入选中期协优秀投教案例,12月获得郑商所"投教先锋"团队称号,4月及12月两次获得大商所"投教挚友"称号,并在行业内率先推出有声电台,扩展投资者权益保护工作阵地,进一步扩大投资者教育的范围,实现信息推送的及时性、业务办理的高效性。此外,正信期货APP掌上营业厅已实现个人投资者业务办理线上全覆盖,通过优化完善直播功能,实现线上实时交流,在投教宣传的同时解答投资者疑问,让投教工作更高效。

（正信期货有限公司）

华融融达期货股份有限公司华东分公司

【概况】

2023年,华融融达期货华东分公司(简称)秉持"稳健、务实、高效、规范"的经营理念,勇于开拓创新,凭借卓越的管理模式、稳健的经营发展、一流的研发实力,为客户提供品质一流的产品和服务,实现客户和公司的双赢,以专业创造财富,以服务提升价值。2023年,实现营业收入50.48万元,手续费收入49.85万元。为推进产业布局优化和夯实内控基础,公司于2024年3月将华东分公司更名为武汉营业部。

【业务发展】

分公司凭借油脂油料、棉花等区域

优势资源，发挥丰富的产业客户服务经验等优势，将分公司打造成为以“商品、金融”两大衍生品服务为主的综合服务平台。依托总部精通现货、批发市场及期货交易、交割业务的专业团队，为客户在套期保值、交割、融资、风险管理业务等方面提供一站式专业服务。分公司“私油会”是服务油脂油料客户的专业平台，粉丝数量6382人，全年累计发送原创报告142篇，阅览人次13023人次，以踏实、稳健、专业的理念服务实体经济。落实交易所投教政策，通过线上会议等平台开展投资教育宣传，联合中金所合作3场线上会议，每场会议平均点击量为200多人次。

【风险管控】

按照合规、审慎的经营原则，严格执行公司人员聘用及从业资格管理、“四统一”管理、适当性管理、开户与合同管理、客户投诉、反洗钱管理、印章管理等相关内控制度。工作人员严格遵守相关法律法规，按照规定开展业务，主动识别、防范合规风险。针对客户风控监测，认真配合总部对有资金风险的客户履行通知义务并实时监控客户期货交易风险，接受总部风控部门的垂直管理。在接受辖区监管机构管理的同时，做好客户反洗钱工作排查上报及日常管理工作。

【投资者权益保护】

重视投资者教育和保护工作，参与开展全民国家安全教育日、反洗钱宣传等多个投资者教育和保护主题宣传活动。通过引导客户查看和转发公司官网、APP、微信公众号等平台发布的期货基础知识、风险教育等内容，提高投资者专业知识水平和风险防范意识，切实保护投资者合法权益。

（华融融达期货股份有限公司华东分公司）

中信期货有限公司中南分公司

【概况】

2023年，中信期货中南分公司（简称）依托总部研究团队研究能力，通过提供金融期货及大宗商品研究报告、线上线下策略会、与企业及投资机构进行现场交流等形式，为大型国企、上市公司、重点龙头企业客户提供研究支持，积极引导辖区企业充分利用金融衍生品工具做好风险管理和价格发现功能。全年分公司手续费收入134.16万元，营业收入126.12万元。年末分公司从业人员数量为21人。

【党建工作】

持续开展主题教育及标准化党支部建设，落实党建工作责任制。坚持从严治党，落实好“三会一课”等组织建设、党员发展等队伍建设，落实标准化党建动作，确保各项工作规范化、制度化，发挥好党支部的战斗堡垒作用。严格按照“高质量、高标准”的要求持续做好党员发展工作。通过与行业协会、客户、协同单位等共同开展联合党建，促进党建与业务相结合。

【业务发展】

依托湖北、湖南辖区资源禀赋优势“广覆盖、深开发”，针对棉花、纯碱、玻璃、生猪、鸡蛋、黑色金属、有色金属等优势品种，积极争取湖北省上市公司协会、中国纯碱工业协会、湖北省畜禽业协会、湖南省饲料工业协会等行业资源支持，对辖区上市公司、龙头企业、产业链上中下游企业进行了全面梳理和对接。携手中信证券、中信银行等中信集团成员单位，借助多层次、全方位、知识化的集团内部服务系统，助力区域经济发展。依托总部研究团队的研究能力，为客户提供金融期货及大宗商品研究报告、线上线下投资策略会、企业与投资机构现场交流会等投资研究服务，积极引导辖区企业充分利用金融衍生品工具做好风险管理和价格发现功能。在湖北省内开展生猪“保险+期货”创新业务，该模式得到中小养殖户的高度认可，有力促进乡村振兴发展。

【风险管控】

在日常经营中，严格遵守公司合规管理制度与内控管理机制，严防合规风险，确保稳健经营；充分发挥日常合规督导职能，不定期进行合规自查、全员合规培训及提示，全年未发生涉及违规事件被监管单位或公司处罚的情形。严格遵守反洗钱内部控制制度，提高反洗钱工作有效性。协助引导客户合法合规交易，配合公司交易风控部及时对异常交易客户予以提醒、劝阻和制止，协助对客户进行风险教育、传达交易所相关监管信息和书面决定，将合规风控等要求贯彻到每一项具体工作中。

【投资者权益保护】

采取进社区、进企业、进校园、党建与业务相融合等方式开展常态化及专项投资者教育工作，落实适当性管理制度，积极引导投资者选择正规的金融机构，向投资者宣传防范非法期货相关理念，普及法律法规、揭示市场风险，自觉维护市场秩序，保护投资者合法权益。

（中信期货有限公司中南分公司）

海通期货股份有限公司湖北分公司

【概况】

2023年，海通期货湖北分公司（简称）在总部“一个海通”理念的指引下，凭借专业务实的人才梯队建设，积极展开团队建设与市场开拓工作。在期货经纪业务、基金销售业务等领域取得了长足的进步。截至2023年末，湖北分公司客户期末权益19643.73万元，其中机构客户期末权益10982.5万元，占比56%。

【业务发展】

以稳健发展传统经纪业务为“压舱石”，通过产业客户风险管理服务、期现结合业务、总部资产管理及基金销售业务、投资者宣传教育等，全面推动公司在湖北地区业务健康有序发展，为广大投资者提供稳定、快捷、高效的交易通道。湖北分公司拥有具备丰富期货从业经验且职业道德良好的客户服务团队，为相关产业客户提供优质的风险管理服务；依托海通证券雄厚的资本实力与金融背景，为投资者提供一站式的金融服务。

【风险管控】

湖北分公司遵照相关法律法规和公司风险管理制度，积极开展风险管控工作。从内部经营合规、客户交易风险控制以及反洗钱相关要求等各个方面进行风险管控；加强日常管理，始终把依法合规经营作为工作的重中之重，持续强化投资者教育工作，提升投资者风险意识，树立理性投资的理念。

（海通期货股份有限公司湖北分公司）

中国国际期货股份有限公司武汉分公司

【概况】

2023年，中国国际期货武汉分公司（简称）期货业务始终保持较高的增长速度，交易规模在华中地区和湖北省连续多年位居前列，占据较大的市场份额。业务辐射湖北、湖南、河南、安徽等省，全力打造华中地区的高端期货服务平台。

【党建工作】

一是加强政治建设，提高凝聚力和战斗力。深入学习贯彻党的十九届五中全会精神和习近平总书记关于国有企业改革发展和党的建设重要论述，持续巩固和拓展党史学习教育成果，引导公司员工在工作实践中守初心、担使命。二是加强思想教育，提高政治定力和站位。按上级要求认真学习各类文件精神，开展教育培训，确保上级精神和指示要求在实际工作中落地生根。坚持不懈用习近平新时代中国特色社会主义思想凝心铸魂，深刻把握这一重要思想的核心要义、科学内涵、理论体系和实践要求，学出政治忠诚、学出使命担当，真正把学习成效转化为改造主客观世界的内在主动，转化为履职尽责、服务大局的实际行动。三是加强廉政建设，提高党性修养和拒腐防变能力。围绕新时代党的建设总要求，进一步夯实工作责任，统筹推进党的思想建设、组织建设、作风建设、反腐倡廉建设和制度建设，持续用力、狠抓落实。提示公司员工必须时刻保持自重、自省、自警、自律，牢固树立共产主义世界观、人生观和价值观，提高遵纪守法的自觉性，增强抗腐拒变的能力。

【业务发展】

一是以深度服务和价值挖掘形成差异化的服务优势。立足本土，发挥区域优势，推出专业品牌，以产业中心为支点，业务覆盖全国，帮助产业企业客户正确利用期货市场功能，使期货真正融入实体经济和资本经济中。产业中心从研发团队的打造、分析师的培养到市场开发人员的拓展，从新品种上市前的调研工作到上市后的市场培育，从多种渠道协助各方，促进交割环节流畅到帮助现货企业套期保值，始终紧紧围绕“打造专业优势、服务产业经济”这一核心，并在产业调研、企业培训、市场培育、市场推广以及服务产品等方面做足做实。二是响应政府服务“三农”的政策，深入走进涉农企业，给予企业在种植收购、风险规避、商贸往来、经营管理等方面的建议指导，将金融市场资讯融入现货经营。扎根于产业，立足于期货市场基本功能发挥，做深做精产业服务，培育成熟的机构投资者，为湖北地区服务“三农”、服务实体经济作出贡献。

【金融创新】

推进湖北地区战略升级，以互联网思维重构新的商业模式，通过互联网、移动互联网等工具服务客户。从单一的经纪业务向以风险管理、财富管理为核心的全方位综合金融服务转型。大力开展资产管理、境外业务等创新类业务。发展高净值个人客户，打造完整的财富管理服务体系，提供交易咨询，推出财富管理计划、多种资管产品，推动创新业务发展。

助力打造“中部区域金融中心”，实施华中地区发展战略，以湖北省武汉市作为中部地区发展重心，全力打造湖北地区的高端期货服务平台。通过定期举办各种精品产业会议，积极为企业搭建交易咨询服务平台。与省内各界媒体加强合作，通过视频连线和专题、评论、热点等节目制作，提升品牌知名度和公众信誉度。为支持湖北金融业务创新发展，中国国际期货将“95162语音中期”立体式服务体系落地武汉，服务覆盖湖北、湖南、安徽三省；成立创新业务中心，大力开展资产管理、境外业务等创新类业务；成立华中互联网金融中心，通过互联网、移动互联网等工具，研发产品、服务客户，推动华中地区金融业务的发展。在华中地区打造多元化、全方位的金融服务和风险管理平台，成为24小时不间断交易的中国期货及金融衍生品交易中心。

【风险管控】

一是进一步提升合规监控水平，强化风险意识。建立高效的风险管理机制，以风险管理为核心，增强公司全员合规意识，严格控制经营风险。防范和及早识别各种风险，避免或减少可能发生的合规风险，在确保公司稳定发展的同时，切实执行内控管理体系。二是严格落实合规管理工作。在日常合规管理方面，以制度健全、流程规范、强化营业网点内部管理为重点，做好日常化期货客户账户规范。在合规规范管理方面，紧紧围绕业务开户、交易风控、客户回访、风险和技术、居间人管理、投资者教育、反洗钱管理等日常操作内容，将合规管理要求融入日常操作流程中，严格落实岗位职责，确保职能岗位操作规范，并且同步审核到位。三是加强营业网点合规培训。对营业网点员工进行全面的业务和合规培训，从法规制度、业务操作流程、实际操作方法和合规管理等内容进行全面培训学习，确保公司重要部门、关键岗位、营业网点员工对内控制度及合规要求熟悉掌握，并贯彻执行。督导全员按照合规管理要求认真履行岗位职责，确保日常工作合规操作。四是严格执行风险管理措施。针对风险进行评估、预测，对可能面临的各种风险进行提前预防、控制和管理，梳理并健全完善业务流程，建立有效的复核机制，发现问题及时采取措施进行整改，并强化内部责任追究机制。完善动态风险监控机制，建立科学的风险监测反馈系统，严格做好风险监测工作。五是进一步加强反洗钱工作。加强反洗钱制度和体系建设，夯实反洗钱工作基础。不断完善反洗钱系统建设，利用金仕达反洗钱系统，严格依法开展客户身份识别及等级划分工作。利用计算机系统加强对客户身份信息的监控和管理，及时更新、补充客户的身份资料和相关信息。认真开展对有关客户的重新识别，加大对重点客户的监控力度。完善可疑交易报送机制，通过反洗钱系统电子流的形式对每一份可疑交易数据或日常发现需进一步甄别的异常情况进行审核流转，强调、突出合理人工分析、审核和判断可疑交易的工作流程。

【投资者权益保护】

积极开展以“选择合法机构，远离非法期货，坚持理性投资，谨防上当受骗”为主题的防范非法证券期货宣传活动，并将防范非法证券期货要求融入日常经营管理中。一方面，积极推进非法集资的普法教育，深入学习《防范和处置非法集资条例》，通过案例学习让投资者了解非法集资的含义，维护自身合法权益，提升投资者风险防范意识。另一方面，结合各类宣传活动，推进防范非法期货宣传，聚焦非法推荐股票基金期货、场外配资、股市“黑嘴”、境外机构违规提供跨境证券期货基金交易服务、仿冒假冒证券期货基金经营机构等重点领域，深入普及“高收益意味着高风险”“承诺保本保收益就是金融诈骗”“只与持牌证券期货经营机构合作”等理念。大力组织各类宣传活动，包括全民国家安全教育日宣传、全国投资者保护宣传、防范非法集资宣传月、反洗钱金融知识宣传、金融消费者权益保护教育宣传、全面注册制投资者教育等各类宣传活动，为投资者获取金融知识、服务提供便利渠道。利用营业场所、交易系统、“两微一端”，开展宣传活动，严格遵守防疫要求，充分利用网络新媒体进行非接触式宣传。帮助中小投资者树立正确投资理念，了解金融知识，远离非法证券期货活动，依法维护自身合法权益。将最新的防非相关资讯、案例上传，大力宣传揭露非法活动的特点和危害，建立防非宣传的常态化长效机制。在日常业务多环节提示客户关注投资风险、理性参与，引导投资者敬畏市场，识别风险，选择与自身承受能力相匹配的产品，坚持理性投资、价值投资和长期投资理念。围绕“提升公众金融素养 促进国民金融健康 共建清朗网络空间 涵养良好金融生态”的理念，面向金融消费者和投资者，从《期货和衍生品法》出发，围绕期货方面的金融基础知识开展宣传工作，针对非法金融领域投资、养老领域金融诈骗、电信网络诈骗和个人信息安全，深入开展金融风险提示，提升金融消费者和投资者的防范技能。

（中国国际期货股份有限公司武汉分公司）

中泰期货股份有限公司武汉分公司

【概况】

2023年，中泰期货武汉分公司（简称）坚持“合规风控至上，客户利益至上，人才价值至上，创新发展至上”的经营理念，持续强化金融中介机构功能定位，将服务实体企业和金融机构作为业务发展的重点，不断提高专业服务能力和水平。

【业务发展】

一是推动业务发展。利用总部专业优势与资源，充分发挥期货市场服务实体经济的功能。依托总部的研发力量、技术支持。积极推进产品创新和业务创新，利用期货及衍生品工具，为广大客户提供专业、优质的期货投资及风险管理服务。二是助力企业开展风险管理。利用专业的风险管理能力为大宗商品市场提供定制化、个性化服务，满足不同客户的多样化风险管理需求，深度服务实体企业，解决客户所面临的价格风险、资产价值管理问题。利用期权进行风险管理，在对冲上涨/下跌风险的同时，保留下跌/上涨时的可能收益，锁定最大亏损，锁定利润。利用期权套保在资金利用和资金管理方面的优势，服务客户，减少资金占用，增强流动性。利用期权合约结构多样、策略灵活度高、有较高容错空间的优点，更好地配合现货贸易及期货交易。

【风险管控】

分公司严格按照监管规定、法律法规、相关业务制度开展各项业务和管理活动。一是强化内部管理。分公司公章交由公司总部统一管理，公章的启用、领用，均经总部严格审核，并办理相应的登记备案手续。二是强化合规管理。分公司设有合规岗，防范、化解和处置经营风险、重大异常情况和突发事件。三是认真贯彻中国人民银行武汉分行反洗钱处有关要求，做好客户风险识别和排查。按照省证监局和省证券期货业协会要求，积极开展投资者保护教育活动，全面落实合规自查工作。

（中泰期货股份有限公司武汉分公司）

瑞达期货股份有限公司武汉市分公司

【概况】

2023年，瑞达期货武汉市分公司（简称）紧密围绕公司总部的发展战略，深入推进业务发展，探索新的业务模式和增长点，不断提升品牌形象，着力为广大个人客户以及企业客户提供更专业、更优质的服务。截至2023年末，分公司实现总收入1009.23万元，全年营业利润727.51万元。

【业务发展】

在业务模式创新上，分公司不断突破传统，力求为客户提供更加多元化的服务。一是开拓创新服务模式。高度重视市场营销工作，利用社交媒体发布行业资讯及公司动态，提高品牌曝光度。通过线上线下相结合的方式，拓宽服务渠道，提升客户体验，稳住服务客户的基本盘。积极探索期货与现货结合，深入了解企业客户的需求，提供定制化的风险管理解决方案，帮助企业应对市场波动，实现稳健经营以满足市场和客户不断变化的需求。主动与各类金融机构进行业务交流与合作，寻求业务互补与跨界发展机会。二是深化客户服务。秉承“客户至上”的服务理念，不断提升客户服务水平。加强客户经理队伍建设，提高客户经理的专业素质和服务能力。通过定期举办交易者培训、讲座和座谈等活动，增强客户的投资知识和风险意识。依托总部的科技支持，进一步优化分公司的服务流程，为客户提供便捷、高效的交易和售后服务。

【风险管控】

一是建立风险管理体系。高度重视风险管理工作，建立完善的风险管理体系，加强对风险点的识别和评估，制定针对性的风险应对措施。定期组织风险管理培训，增强与提升员工的风险防范意识和能力，确保业务稳健运行。二是严格合规经营。全面坚决贯彻落实合规管理、风险管理等内部管理制度。以风险管控为本，合规开展业务，对关键岗位进行充分隔离，对从业人员进行定期合规培训，增强全员合规意识，从根本上确保分公司合规稳健运营。在促进公司业绩增长的同时，做好风险管理工作。三是强化风险管理意识。定期组织风险管理培训和教育活动，促进员工能够更好地理解风险管理的重要性，掌握风险管理的方法和工具，在日常工作中有效控制风险。

（瑞达期货股份有限公司武汉市分公司）

宁证期货有限责任公司湖北分公司

【概况】

2023年，宁证期货湖北分公司（简称）经营指标保持稳定，权益规模保持在10000万元以上，较上年大幅增长，市场份额实现小幅提升。加强与沿海地区合作伙伴合作，共同开拓市场，提升品牌影响力。

【党建工作】

一是定期组织党性教育活动。分公司定期组织部门内部开展党性教育，使每位员工深刻了解中国共产党的历史、了解党在社会主义事业中的地位和作用以及党的纲领和章程、党的优良传统和优良作风。二是积极学习中央金融工作会议精神，做好部门发展新规划。深入领会习近平总书记的重要讲话精神，深刻认识走好中国特色金融发展之路的重大意义，切实增强做好新时代金融工作的责任感使命感，以奋发有为的精神状态、扎实有效的工作举措，全面落实中央金融工作会议部署，加快建设金融强国，更好服务和支撑中国式现代化建设。三是注重员工内在品质的培养，营造良好团队氛围。以马克思列宁主义、毛泽东思想、邓小平理论、“三个代表”重要思想、科学发展观、习近平新时代中国特色社会主义思想作为员工的行动指南，对员工进行党的路线方针政策的教育，通过设立道德讲堂、举办职业操守培训、开展责任教育等活动，引导员工树立正确的价值观，培养良好的道德品质。加强员工之间的沟通与交流，鼓励员工相互学习、相互帮助，形成良好的团队氛围。四是接受群众监督，主动参加社区志愿者活动。认真做好群众来信来访工作，坚持投诉监督制度，强化信访接待责任制，妥善处理各类问题及矛盾。积极应对社会舆论监督，加强舆论信息反馈工作。开展进社区办实事活动，破难题，促发展。

【业务发展】

一是挖掘需求，创新开发。根据市场动态和客户反馈，研发多样化的业务品种，精心设计各种交易方式，以满足不同客户的需求。始终保持与同行的紧密合作，共同营造一个健康、和谐的期货交易生态圈。二是坚持客户至上，探索服务模式。通过电话、邮件、微信等多种方式与客户保持密切联系，及时了解客户需求和反馈，提供个性化、专业化的服务。建立完善的客户服务体系，对客户进行分类管理，提供分级服务，提高服务的质量和效率。三是调配资源，有效利用。确立以经纪业务发展为基础，围绕“自信自强、真抓实干、守正创新、稳中求进”的工作基调，合理调配业务资源，确保资源有效、精准地投放，实现资源利用最大化。四是稳定权益，减少流失。稳定客户资产规模。围绕“以人为本、以心为桥、以诚为基、以德兴业”的经营宗旨，为客户提供专业、优质的期货投资及风险管理服务，充分发挥期货市场服务实体经济功能，减少客户资产规模流失。五是调整结构，多样增长。抓住期货市场转型变革机遇，适应金融行业同质化，全力拓展业务范畴，加强同行业、跨行业相互合作，努力打造一流的业务竞争实力、创收盈利能力以及服务实体能力，推动业务高速发展。

【金融创新】

一是个性化定制期货产品。深入了解客户需求，针对不同投资者群体和行业特点，量身定制专属的期货产品，开发具有高度灵活性和个性化的产品，满足客户特殊投资需求。根据客户类型的不同，为客户提供专业化和定制化服务，稳定客户资源，通过个性化的服务和产品，寻求业务新增长点，推动业务从风险管理、财富管理向综合性金融管理服务方面转变，构建全方位的财富管理服务体系。二是拓展衍生品业务渠道。积极探索衍生品市场，开发新型衍生品，丰富市场工具，为投资者提供更全面的风险管理和投资服务。三是加大期现结合业务开展。探索建立期货与现货市场的信息共享机制，提高市场信息的传递效率，为企业的决策提供有力支持。举办宣传活动和研讨会，向企业普及期货与现货结合的优势和操作方法。邀请专家学者和业内人士分享成功案例和经验教训，激发企业参与期现结合业务的积极性。同步完善业务流程和风险控制机制，确保期现结合业务的稳健发展。四是向综合金融服务转型。提供期货、期权、基金、债券等多种金融产品的交易和投资服务，为客户提供一站式的金融服务解决方案。

【风险管控】

一是健全合规制度建设。配合合规部门进行风险监测和评估，建立健全公司总部合规经营内部运作机制。二是加强合规文化建设。树立合规价值观，强化合规理念，引导员工从“要我合规”向“我要合规”转变，增强员工合规经营意识，落实职业道德规范和价值标准，明确员工的行为准则，运用OA、微信、网站等平台以及线下多种模式，加强最新监管动态、期货法律法规、反洗钱政策及各类违规案例的学习，提升员工的合规操作能力。三是强化部门内部风险排查。认真贯彻落实监管机构要求，做好客户风险识别和排查。积极开展投资者宣传、教育活动，全面落实合规自查工作，全年未发生违法违规事件。四是做好客户适当性管理。在为客户提供投资顾问服务时，根据客户的财务状况、投资经验和风险承受能力等因素，为客户提供适合的投资组合建议。五是做好反洗钱宣传、培训工作。提高反洗钱宣传的有效性和覆盖面，做好相关资料的存留工作，做好客户事后反馈收集，将宣传群体往农村、乡镇延伸，增加宣传的广度。

【投资者权益保护】

一是强化内部风险管理。自觉遵守法律法规，加强内部管理和风险控制，确保金融业务的合规性和安全性。积极履行信息披露义务，向消费者提供真实、准确、完整的金融产品和服务信息，保障消费者的知情权。二是及时处理客户投诉。建立健全金融消费者投诉处理机制，明确投诉的处理流程，在客户投诉时告知投诉的处理时效，及时处理客户投诉。三是做好营业场所信息提示。设置投资者园地，对交易所最新的通知进行宣导，设立从业人员公示牌、公司介绍公示牌、投资者投诉处理流程公示牌等，加强投资者信息公示的全面性。四是提升业务专业性。组织员工开展多项培训，其中包括总部举行的各项专业性产品培训和产品路演培训活动。五是加大宣传力度，提升公众安全意识。开展“反洗钱在身边”的反洗钱宣传活动、全民国家安全教育日宣传活动、“反洗钱 在身边”视频宣传活动、“反诈骗、反洗钱案例学习”宣传活动等投资者宣传教育活动5场。通过采取营业场所播放视频、微信同步转载公司总部发布的相关宣传海报和宣传文章等方式，加大对社会公众的宣传力度。

（宁证期货有限责任公司湖北分公司）

方正中期期货有限公司湖北分公司

【概况】

2023年，方正中期期货湖北分公司（简称）以党建工作为引领，全面加强党的建设和思想政治工作，以传统经纪业务为根基，在巩固市场优势地位的同时，持续推动业务转型升级，打造行业领先的综合金融服务平台。截至2023年末，分公司共有从业人员20人，资产总额44082.5万元，净资产1356.34万元，营业收入1546.11万元，净利润603.89万元，在同业中处于较为领先的水平。分公司坚持合规经营，严格遵守期货市场法律法规，确保了业务发展的合规性和稳健性。

【业务发展】

分公司秉持“客户至上、专业稳

健、开放协同、简单专注、勤奋坚持、追求卓越”的价值观，在开展传统商品期货经纪业务的同时，积极推动金融期货经纪业务和基金销售业务。为响应国家“金融服务实体经济”的号召，积极推动实体企业灵活参与期货交割、仓单业务。促成公司总部与湖北省孝感市大悟县王湾村委会签订乡村振兴战略合作协议，将金融工具融入实体经济，充分发挥期货工具在乡村振兴中的积极作用，为乡村振兴事业持续助力。年内以自有资金认购乡村振兴工作地涉农产品共计 25000 余元，助力消费扶贫。

【风险管控】

分公司严格遵守总公司的合规制度和合规理念，持续强化“主动的意识合规”，贯彻主动合规、全员合规。在服务客户过程中强化证据保留意识，保护客户和公司的合法权益，严控业务风险，确保稳健规范运营。

【投资者权益保护】

2023 年，分公司组织专项投资者教育活动 10 次，以“线上+线下”的方式，在通过营业场所电视机开展投教宣传的同时，还通过微信朋友圈、微信视频号、抖音短视频积极发布或转发分享投教知识，以及联合交易所线上投教会议、乡村振兴培训、外出商圈发放宣传资料等多种形式开展投资者教育活动，切实维护投资者合法权益，自觉维护市场秩序，促进期货市场健康稳定发展。建立客户投诉处理机制和投资者沟通官方网站专栏，确保及时、公正、有效地解决客户投诉。

（方正中期期货有限公司湖北分公司）

紫金天风期货股份有限公司湖北分公司

【概况】

2023 年，紫金天风期货湖北分公司（简称）加强个人客户服务与开拓，运用互联网技术搭建公司个人客户服务体系，打通线上业务流程，建立业务合作平台。以搭建公司新媒体矩阵、建设客户服务移动平台为核心，集合服务内容及资源优势，形成拉新、促活、留存于一体的业务运作模式。通过互联网渠道的建设，将互联网受众需求特性和公司专业内容相融合，拓展客户来源渠道，加强专业品牌建设。

分公司强化合规风险管理，通过多次开展对业务合规与风险情况的自查，不断完善风险防控的薄弱环节，特别是对于交易者的权益保护领域、可能存在的重点风险领域进行特别关注。全年分公司实现合规稳定经营。

（紫金天风期货股份有限公司湖北分公司）

中信建投期货有限公司湖北分公司

【概况】

2023 年，中信建投期货湖北分公司（简称）紧密围绕金融服务实体经济的核心宗旨，不断促进期货产品功能发挥，特别是在价格发现和风险管理方面成效明显。积极投身于湖北省内的有色金属、能源化工、黑色金属及生鲜养殖等关键行业的服务，通过专业化的风险管理服务，有效助力行业企业稳健发展。截至年末，客户权益规模 23660.32 万元，全年成交金额 1539.40 亿元，实现营业收入 705.36 万元，净利润 362.01 万元。

【党建工作】

分公司党支部贯彻落实总公司党委部署安排，坚定不移推进全面从严治党，紧紧围绕“学思想、强党性、重实践、建新功”总要求，扎实推进主题教育有效开展，以高度负责的精神科学谋划并精心组织第二批主题教育活动。组织参观红色教育基地，接受革命传统教育，努力践行乡村振兴战略，与黄冈市蕲春县青石镇望天畈村签订乡村振兴战略合作协议。

【业务发展】

一是持续深化客户服务。借助总部研究院的研发实力，结合在服务产业客户时积累的丰富经验，搜集各产业链上下游的企业，整理客户需求，结合研发部的投研分析，针对企业经营实际需求，为客户量身定制专属的套期保值方案，帮助企业提升了风险管理水平。依托湖北辖区各行业协会支持，通过走进协会的方式，不断拓展业务深度。二是助力企业开展风险管理。针对企业的风险管理需求，结合实际情况，使用多种风险管理工具，帮助现货企业开展风险对冲，规避原材料价格波动风险，锁定利润，优化配置生产要素，减少价格波动带来的冲击，从而促进产业链健康发展。三是期权业务齐头并进。利用期权合约结构多样、策略灵活的特性，更好地配合现货与期货业务的开展，充分运用期权在套保资金管理方面的优势，更好地帮助企业开展生产经营。

【风险管控】

分公司严格遵守期货行业的法律法规与自律规则，构建严密的风险管理框架和内部控制体系。通过持续的风险管理培训，不仅增强员工的合规意识，确保在合规经营的道路上行稳致远。此外，分公司加大反洗钱工作的力度，通过线上线下多渠道宣传，通过短视频推广以及乡村振兴活动的开展，有效扩大反洗钱知识的普及范围，营造健康的金融环境。

（中信建投期货有限公司湖北分公司）

方正中期期货有限公司湖北分公司开展乡村振兴金融知识培训活动

广州期货股份有限公司湖北分公司

【概况】

2023年，广州期货湖北分公司（简称）始终坚守顾客优先的服务理念，坚定不移地推动高质量发展。截至2023年末，分公司实现营业收入128.34万元，期末客户权益达14296.08万元，经营管理效率不断提升。

【党建工作】

分公司始终坚持以党的领导为核心，全面贯彻落实总公司党总支的文件和会议精神。不断加强思想政治教育、廉洁从业教育，确保各项工作的正确方向和高效执行。积极组织党员、积极分子及干部职工参与主题党日活动。

【业务发展】

分公司始终坚守深耕产业链的初心，致力于为企业提供全方位的期货服务。通过深入了解行业的特性和需求，不断挖掘产业链中的潜在价值，为企业的持续发展提供有力支持。注重与企业建立长期稳定的合作关系，为企业提供期货定制化的解决方案。凭借专业的服务团队、丰富的期货行业经验和专业知识，为企业提供针对性的期货培训和指导。培训内容涵盖行业数据、现货管理等多个方面，旨在帮助企业提升整体核心竞争力。

【风险管控】

不断完善全面风险管理体系，优化风险管理架构，确保各项业务在风险可控的范围内稳健运行，全面提升风险合规管理的质效。通过加强风险意识教育，使员工深刻认识到风险防控的重要性，确保业务依法依规开展。不断加强内部审计管理，充分发挥审计监督作用。开展合规反洗钱及内部稽核现场检查，确保在内部治理和风险管控方面均达到要求。安排专人负责合规风险管理工作，坚持每月按照总部统一部署开展合规反洗钱培训学习，不断增强全员合规风险意识，有助于防范和化解员工从业中潜在违规风险。多次开展线上投资者教育活动。通过向投资者普及金融知识，增强其风险防范意识。

（广州期货股份有限公司湖北分公司）

广发期货有限公司武汉分公司

【概况】

2023年，广发期货武汉分公司（简称）秉承“知识图强，求实奉献，客户至上，合作共赢”的核心价值观，贯彻执行“稳健经营，持续创新，绩效导向，协同高效”的经营管理理念，致力于发展与客户的长期合作关系，拥有一批专业的客户服务队伍，为客户提供优质的投资服务。截至年末，分公司资产总额27949.39万元，总成交量284.33万手，成交额2057.63亿元，手续费收入398.48万元，营业收入623.61万元，净利润276.35万元。分公司从业人员10人。

【业务发展】

分公司致力于为客户提供优质专业的金融服务，除基础经纪业务外，为实体产业客户提供优质的仓单贸易、合作套保、“期货+保险”等创新业务服务，以及依托中国香港和英国业务通道，为企业提供“一个平台，联通全球”的专业服务。引导当地养殖农户参与生猪“保险+期货”项目，科学管理猪价波动风险。项目合计覆盖生猪约11785头，保险期限为两个月，提供风险保障金额合计近1875万元。项目最终实现风险赔付金额超189万元，单吨实现赔付约1606元，有效对冲了猪价下跌对养殖户带来的冲击，丰富了地方政府对重要农产品的保供稳价工具箱，提升了助农资金使用能效。

分公司重视信息技术在业务和管理中的应用，把信息技术的有效应用视为核心竞争力之一。目前，已形成国内业务以上期技术综合交易平台（CTP）为主要核心交易系统，飞马、飞创X1、易盛等系统为辅，国际业务则以PATs、Sharppoint、TT、ATP为前台交易系统的整体构架，为客户提供国内和国际主流期货及衍生品交易的一体化交易平台。同时，建立的集规划、运维、开发、技术支持服务（包括境外）为一体的IT团队，能够快速响应客户需求，提供IT咨询、系统优化、定制开发等一系列专业IT服务。

【风险管控】

坚持稳健经营，诚信合规。注重合规管理，秉承“不以风险换业务”的经营理念。坚守合规底线和风险管理生命线，建立全面风险管理体系，推行全面风险管理战略。在分公司日常经营活动中，严格遵循监管部门要求，同时按照公司各项规章制度，随时自查分公司的日常运营情况。

（广发期货有限公司武汉分公司）

国泰君安期货有限公司湖北分公司

【概况】

2023年，国泰君安期货湖北分公司（简称）坚持“金融报国”理念，秉持“创建一流，追求卓越”的精神，恪守“诚信、责任、亲和、专业、创新”的核心价值观，服务国家战略，投身构建新发展格局和推进中国式现代化的期货实践；服务实体经济，支持企业降本增效和管理风险，促进乡村振兴和绿色发展；以客户为中心，为客户创造价值，成为值得信赖的衍生品服务商和风险管理伙伴。全年成交金额1170.54亿元，实现营业收入75.39万元，各项业务稳健发展。

【党建工作】

2023年，国泰君安期货河北分公司、湖北分公司、陕西分公司成立了联合党支部。联合党支部组织召开党员大会2次、支委会议3次，完成联合党支部成立工作。通过主题教育专题组织生活会、学习研讨等主题活动，教育引导支部党员不忘初心、牢记使命，真正做到学史明理、学史增信、学史崇德、学史力行。开展集体学习32次，通过参加党委中心组（扩大）学习会、专题党课、主题党日活动等多种方式认真学习习近平新时代中国特色社会主义思想，从工作实际出发，牢牢把握“学思想、强党性、重实践、建新功”的总体要求，贯彻落实习近平总书记考察上海重要讲话精神和深入推进长三角一体化发展座谈会精神。始终坚持政治方向不动摇，旗帜鲜明讲政治，坚定拥护“两个确立”，坚决做到“两个维护”，在思想上、政治上、行动上同党中央和公司党委保持高度一致，围绕中心不偏离，推动党建工作和经营工作高度融合。

【业务发展】

分公司在钟祥市开展生猪“保险+期货”价格险项目，总保费494.97万元，公司提供自有资金98.99万元，支持总保费的 20%，另外获得县级地方财政补贴部分保费，承保货值规模 8755.41 万元，保障生猪现货规模 5.38 万头，理赔总额 336.78 万元，赔付率约 68%。在助力化解农户面临的市场价格波动风险方面发挥了显著作用，在助力实现全面脱贫、乡村振兴等国家战略中发挥了积极作用。

【金融创新】

分公司结合现有的资源向产业链上下游深挖细作，深耕产业生态圈。抓紧新品种上市契机，收集行业龙头企业业务线索，充分利用公司综合服务优势，精准服务客户需求，致力于打造成熟的产业链客户群体，拓展新品种产业生态圈。充分发挥期货市场功能，深化期货服务实体经济功能，帮助实体企业利用期货和衍生品市场管理风险。做好市场培育工作，年内共组织产业链会议沙龙 6 场，与产业生态圈的企业就宏观经济环境、行业基本面进行分析与交流，对金融衍生品工具如何服务实体经济进行深入探讨，对企业如何利用金融工具进行风险管理进行培训。充分发挥期货及金融衍生品专业优势，为客户提供以风险管理和财富管理为特色的综合金融服务。

【风险管控】

分公司在合规与风险管理战略和制度框架下，将合规与风险管理融入具体的业务与管理活动流程中。设立兼职一线合规风控管理岗，督促落实合规与风险管理工作。开展客户交易风险通知、强行平仓风险提示、客户强行平仓结果告知等风控工作；对客户的异常交易行为进行监控、提醒、通知、教育等工作。认真履行实际控制关系账户管理工作职责，加强客户实际控制关系账户报备、协查等工作。严格按照公司信息报送相关规章制度的要求，认真履行信息报送职责。成立反洗钱工作小组，按照规定履行客户身份识别、客户洗钱风险等级划分、大额交易和可疑交易识别与报告以及反洗钱培训与宣传等各项反洗钱工作，根据监管要求，积极配合落实反洗钱工作。常态化开展执业行为风险提示，不断强化合规风控理念宣导，强化员工信息安全意识。定期或不定期对合规与风险管理情况开展自查自纠，及时发现风险隐患，完善内控管理机制，防范风险于未然。2023 年，公司未发生重大风险事件及客户纠纷事件。

【投资者权益保护】

一是在营业场所显著位置设立投资者教育园地，设有专门的公示栏，采用宣传标语常挂、宣传材料常备、咨询台常设、LED 显示屏播放宣传图片及宣传视频、不定期组织各种专项投教宣传活动、组织线上或线下投资者教育活动等多元化的宣传手段，增强投资者权益保护意识。二是组织产业链上、中、下游企业系列沙龙会议，通过现场拜访客户，开展线上及线下路演活动。开展期货、场外期权基础知识和交割知识培训、套保会计培训、交易所支持政策培训等培训交流。三是组织开展“3·15 投资者保护主题教育”、全民国家安全教育日宣传、“第五届5·15全国投资者保护宣传日”“5·15反洗钱在行动”、防范非法证券期货宣传月、防范非法集资宣传月、中国公平竞争政策宣传周、金融消费者权益保护教育宣传月、全面实行股票注册制、打击涉毒洗钱犯罪、遏制恐怖融资等多项投资者宣传教育活动。

（国泰君安期货有限公司湖北分公司）

国泰君安期货湖北分公司举办玉米淀粉产业大会

兴证期货有限公司湖北分公司

【概况】

2023 年，兴证期货湖北分公司（简称）始终坚持以客户为中心，利用先进的金融服务理念和金融管理技术、雄厚的研发力量和丰富的企业风险管理经验，为广大投资者提供一站式的金融服务；秉承“规范、稳健、服务、专业”的经营理念，提升员工价值，创造客户价值，为广大投资者提供全面、专业的金融服务。

【业务发展】

抓住期货市场深化改革、扩大开放的机遇，加快从传统中介型期货经纪公司向一流的综合金融衍生品服务商转型，打造一流的业务竞争实力、一流的创收盈利能力、一流的服务实体能力、一流的风险管理能力、一流的人才队伍机制，推动公司发展再上新台阶。

【风险管控】

坚持“风险为本”的经营理念，结合当前期货市场规模的扩大及配套风险管理的不断完善，积极响应监管部门及公司总部监督，合规开展业务活动，筑牢风险防线，增强风险防范意识。

（兴证期货有限公司湖北分公司）

福能期货股份有限公司湖北分公司

【概况】

2023 年，福能期货湖北分公司（简称）秉承“以客户为先，与客户共赢”的经营理念，依托公司总部强大技术支持平台、专业研发团队和系统化的客户服务，为客户提供专业化、定制化以及优质高效的服务。

【业务发展】

一是坚持以服务实体经济为根本宗旨，在产业服务方面发挥开创性作用。坚持下沉一线调研企业需求，提供套保方案设计、期货培训等多项点对点服务，帮助企业降本增效、管理风险。为辖区多家黑色、农产品企业提供套保服务,引导个人客户正确认识期货投资风险。二是打造专业的团队。完善用人制度,建立人才引进、培养、选拔机制,强化协同合作意识,推动员工进一步提升业务水平。

【风险管控】

一是优化完善内部管理制度和流程,常态化开展稽核审计检查,强化事前防控、事中管理、事后追责问责。二是定期开展员工教育培训,提高员工风险识别能力,及时防范化解业务风险,不断推进业务高质量发展。三是组织开展丰富多样的投资者教育保护宣传活动,将投教工作融入客户服务的各个环节,常态化做深做实投教工作。

(福能期货股份有限公司湖北分公司)

混沌天成期货股份有限公司湖北分公司

【概况】

2023年,混沌天成期货湖北分公司(简称)探索党建工作与公司业务的深度融合,推动公司各业务的持续健康发展。秉承"以客户为中心"的服务理念,以客户需求为导向,以满足客户需求为目标,为客户提供优质高效的服务。分公司全年稳健开展商品期货经纪业务、金融期货经纪业务。截至年末,实现营业收入75.09万元,同比增长14.95%。

【业务发展】

湖北分公司依托混沌天成研究院的研究分析报告及资讯信息,有效整合产业链和投资机构资源,向交易者提供"稳定、快捷、安全"的交易平台,为交易者的安全交易保驾护航。不定期开展员工培训和投资者教育等活动,增强员工及交易者风险意识,推动金融市场的健康稳定发展。充分发挥期货工具服务企业生产经营的功能,提升产业客户服务体验,引导其深入了解并参与期货市场,帮助其规避现货风险,提升经营稳定性。

【风险管控】

建立完善的合规管理制度和风险控制体系,按照监管要求和制度规定开展定期和不定期的自查自纠和稽核检查,将合规与风险管理融入公司的日常管理和业务流程中,有效预防和规避风险,构建良好的经营环境。协助交易者做好风险控制与防范,同时提高交易者的资金利用率,助力交易者达成投资目标。

【投资者权益保护】

2023年,湖北分公司积极组织开展投资者教育活动,引导交易者理性参与市场投资,增强风险防范意识,保护投资者合法权益。此外,分公司高度重视客户意见,积极改善及提升服务品质,为客户提供优质高效服务,不断增强投资者的获得感和安全感。

(混沌天成期货股份有限公司湖北分公司)

华金期货有限公司湖北分公司

【概况】

2023年,华金期货湖北分公司(简称)以服务实体企业为导向,坚持走"特色化、专业化"道路。以期货赋能实体经济,提高公司支持实体企业发展能力。截至年末,客户权益稳定在1亿元以上;共有从业人员7人。

【业务发展】

依托公司总部雄厚的资金实力,与华发集团各板块、珠海国资系统、珠海市产业资源实现联动发展,利用股东资源与华发商贸实现业务协同、期现结合,探索服务实体经济新模式。以产业客户和私募基金为重点发展客户。联动公司业务,积极拓展与中部地区私募基金的合作,引导资金进入产品专业化投资,与多家机构开展合作;以棉花、碳酸锂和生猪产业为聚焦点,积极开发相关企业和客户,形成专业化产业服务的道路,为产业客户提供全方位的特色化服务。

【风险管控】

公司总部对分公司实行统一管理、统一结算、统一风险控制、统一资金调拨、统一财务管理和会计核算。分公司严格按照公司总部制定的《华金期货有限公司分支机构管理规定》《华金期货有限公司分支机构印章管理办法》《华金期货有限公司投资者适当性管理办法》《华金期货有限公司分支机构反洗钱内部控制办法》等内控管理制度执行,明确分公司的岗位职责和人员管理要求,对分公司开户、委托交易、结算、保证金和客户出入金、风险控制、期货经纪合同、业务印章、业务档案、客户投诉回访等各项业务,以及信息技术、财务、行政事务、市场营销管理和分公司的合规工作、反洗钱工作等进行规范,有效防范业务风险,促进分支机构"四统一"管理有效执行。

(华金期货有限公司湖北分公司)

宏源期货有限公司湖北分公司

【概况】

2023年,宏源期货湖北分公司(简称)积极加入中投系统直管企业省级机构联动工作机制湖北试点小组。为落实"六稳""六保"工作,分公司积极拜访并拓展辖区内的螺纹钢贸易商和报废空调拆解企业,帮助多家企业了解期货工具和国家相关政策,助力多家企业稳健经营。2023年,分公司协助武汉琴台钢贸市场的多家钢贸商实施套期保值策略,从而有效规避了钢材现货价格大幅波动的潜在风险。截至2023年末,分公司实现营业收入761万元,实现利润总额380万元,日均客户权益2亿元,成交量约713万手。

【党建工作】

2023年,分公司党支部积极组织多样化的党建活动和团建活动,充分发挥支部战斗堡垒作用,激发党员干部的工作热情和创造力。坚持把服务大局作为党建工作的出发点和落脚点,组织员工参加中投公司在鄂直管企业小组志愿者活动;组织员工观看红色电影、参观红色遗址,深刻领会传承党史中的红色精神,激发员工爱党、爱国、爱司、爱岗的信念和热情,树立全体干部员工攻坚克难、干事创业的精神。

【金融创新】

分公司结合市场环境和政策,积极优化客户结构、改进开发模式,由线下营销模式逐步转向线上营销模式和市内产业贸易商集中地重点攻坚模式。聚焦开发创收能力强的高净值客户人群,通过整合金融行业资源、重点攻坚产业贸易商、深耕互联网等方式,加快潜在客户的开发和业务的推进。积极与专业投资团队接洽,向其提供优质服务并持续跟进,开发高净值客户。在产业贸易商重点攻坚方面,组织线上交流会,梳理客户需求,解决客户痛点,逐步渗透到客户的产业圈层,完成了较多贸易商个人客户的转化。在互联网深耕方面,细化线上开发模式,通过定制化服务完成客户线索的转化工作。

【风险管控】

分公司高度重视风险管理工作,严格执行内控管理,落实各项监管要求,推进廉洁风险及案件风险防控、反洗钱、员工合规从业管理等工作。坚持践行各项制度和规定,严格控制风险。为应对市场波动、确保客户交易平稳进行,分公司高度重视,积极组织员工夜盘期间值班,防范潜在风险事件,确保客户的利益不受损害。分公司全年未发生风险事件。

【投资者权益保护】

分公司高度重视投资者权益保护工作,在办公场所醒目位置张贴相关横幅和宣传海报,并通过办公现场电子屏滚动播放相关信息。同时,每季度通过互联网平台(微信公众号、微博、抖音等)发布文章、短视频。重点围绕金融产品风险提示、消费者权利和义务、防范金融诈骗等投资者教育相关内容进行宣传,向广大群众积极宣传金融知识,增强广大投资者的安全意识。

(宏源期货有限公司湖北分公司)

前海期货有限公司湖北分公司

【概况】

2023年,前海期货湖北分公司(简称)凭借经验丰富的服务团队,跨界整合产业客户和金融机构资源,立足湖北辐射全国,为客户提供优质、高效的综合金融服务。

【业务发展】

分公司依托总部的研发力量,积极推进产品创新和业务创新,利用期货及衍生品工具,为广大客户提供专业、优质的期货投资及风险管理服务。根据总部方针政策致力于发展产业客户,深化与企业合作,坚持期货为实体经济的创新发展服务,为虚拟经济的风险管理服务,为综合金融的协同发展服务。围绕宏观经济展开研究与行情研判为客户提供信息、综合资讯等标准化线上、线下服务,根据客户需要进行行业分析和产业调研,为客户定制趋势性投资、套期保值、套利等投资策略。通过定期组织周末沙龙、投资者报告会等方式,为客户讲解期货投资策略,对投资者更好地了解期货、把握投资机会起到积极促进作用。

【风险管控】

公司风险构架遵循企业风控管理"一个基础,三个防线"原则,以公司治理为核心,采取三级防控,决策由上至下贯彻实施,意见由下至上反馈上报。加强风险管理的全面性及联动性,合规管理部门对政策有透彻性的了解,将合规政策融入公司内控制度之中,建立内审机制,在各项经营管理活动运作之前先做合规审核,加强事后检查,检测合规政策的落实程度。建立更加有效的风险预警与风险控制机制,形成稳定、持续的风控管理传统,不断探索适应公司业务发展的风控管理新模式。

(前海期货有限公司湖北分公司)

华闻期货有限公司华中分公司

【概况】

2023年,华闻期货华中分公司(简称)持续依托总部专业的投研团队、资产和风险管理能力,推进商品期货经纪、金融期货经纪、期货投资资源等业务发展,不断提升服务水平,为产业机构及高净值个人客户提供大宗商品金融风险管理工具和方案。截至年末,实现公司权益1.7亿元,同比增长29%,全年营业收入和手续费收入均超千万元。

【风险管控】

严格遵守期货行业监管法规和自律公约,认真落实总部的各项风险防范、风险内控制度,严防合规风险。在日常工作中,始终将合规工作、守法合规经营作为各项工作的重中之重。通过网络平台播放投教宣传情景剧等方式开展投教宣传,有效增强投资者权益保护意识。不定期开展合规内部培训,有效提升全员合规意识,并引导客户合法合规交易,配合总部对异常交易客户进行风险提示,转发交易所相关监管信息,将风险管理要求融入每个业务环节,确保合规稳健运营。

(华闻期货有限公司华中分公司)

山东齐盛期货有限公司武汉分公司

【概况】

2023年,山东齐盛期货武汉分公司(简称)大力夯实党建工作基础,用心组织推进党建工作,以党建促进业务发展。以传统期货经纪为主,推进开展商品期货经纪、金融期货经纪业务。依靠强大的股东背景、广泛的营业网络、丰富的客户资源和先进的技术系统,以服务国民经济发展及客户资产增值为己任,为客户提供周到、安全、快捷的服务,帮助投资者把握市场机会和管理经营风险。全年分公司实现营业收入181.29万元。

【业务发展】

坚持期货服务实体经济,践行高质量发展要求。为服务钢铁贸易商充分融入钢铁市场,帮助钢贸商利用期货期权套保规避风险,在上海期货交易所和湖北本土国企的大力支持下,在武汉举办了主题为"大宗商品(钢材)市场研讨会",湖北省内20多家钢贸相关行业企业负责人及代表参会,有效促进期货现货业务交流,进一步提高期货行业服务实体经济的能力和水平。

【风险管控】

秉持合规先行的理念,从内部制度建设、风险摸排、自查自纠等方面着手,全面建设合规管理体系,坚持将合规风控的相关要求贯穿到各项业务环节,为合规经营奠定良好的基础。

【投资者权益保护】

注重投资者教育和权益保护,对客户信息实行严密保护,充分利用"3·15消费者权益保护日"、"4·15全民国家安全教育日"、"5·15全国投资者保护宣传日"、"6·26国际禁毒日"、防范非法集资宣传月、《反垄断法》实施十六周年、反洗钱宣传月以及举办投资者报告会等宣传节点,做好线上和线下宣传,利用阵地优势和互联网新媒体广泛开展丰富多彩的投资者宣传教育活动,向社会公众普及金融知识，强化投资者教育，增强投资者风险防范意识。

（山东齐盛期货有限公司武汉分公司）

中州期货有限公司华中分公司

【概况】

2023年，中州期货华中分公司（简称）紧紧围绕“打造专业优势、服务实体经济”这一核心，在产业调研、企业培训、市场培育、期货及衍生品推广以及专业化服务方面积极打造独特优势。分公司凭借一批精通期货套期保值、期货及衍生品风险管理、期现结合、深入了解现货产业链的专业人士，为客户在套期保值、交割、风险管理业务等方面提供期货及衍生品专业服务。成立以来，已服务期货套期保值企业达90余家，通过自身的专业能力，帮助多家现货企业规避经营风险，提高了企业的经营稳定性。截至年末，客户资产管理规模连续四年保持高速增长，保证金规模达7.34亿元，其中法人户保证金规模4.14亿元。全年实现营业收入达733.34万元，实现净利润192.45万元，累计纳税84.06万元。

【党建工作】

分公司积极开展党建活动，通过组织建设引导金融从业人员树立正确的价值观和职业操守，通过思想建设增强其法律意识和风险防控能力，提升从业人员素质水平，维护金融市场的健康发展。

【业务发展】

充分利用交易所政策支持实体企业，服务客户数同比增加74家。大力推广郑商所产业服务专项计划，现已落地72家产业客户；推进大商所企业风险管理计划，现已落地2家产业客户。协助客户完成棉花、大豆、玉米、淀粉、棕榈油等期货品种的交割工作。由总部研究所和技术中心综合性联合开发，以数据、研究、策略、风控及个性化为一体的大宗商品投研的中州龙泉量化系统为抓手，赋能产业客户在市场决策、动态套保、现货购销、基差点价、库存管理及风险控制等环节精细联动管理，大力提升工作效率，从而实现对产业客户的专业化、个性化和定制化服务。依托母公司德邦证券，大力发展IB业务。其中以机构业务协同为主，落地多个产品户，2023年实现期末权益319万元。

（中州期货有限公司华中分公司）

国金期货有限责任公司湖北分公司

【概况】

2023年，国金期货湖北分公司（简称）坚持“让金融服务更高效、更可靠”的使命，遵循“立于诚信、行于效率、见于价值”的服务理念，聚焦平台风控能力、团队创新能力和专业服务能力，以“成就客户”为宗旨，为广大投资者提供专业的商品期货经纪和金融期货经纪服务。全年分公司实现营业收入64.86万元，营业支出131.97万元，各项业务发展平稳。

【业务发展】

分公司紧紧围绕服务实体经济，发挥期货、期权的套期保值功能，提升期现联动水平，为企业提供精细化方案和高水平服务，助力企业形成相对完整的产业链条风险管理体系，从而有效规避现货市场价格波动风险，解决企业实际问题。通过不断提高期货及衍生品服务实体产业的能力，推动实体经济高质量发展，为服务国家经济战略贡献期货力量。

【金融创新】

分公司在公司总部统一的战略规划下，依靠强大的研究团队和创新能力，建立“高手训练赢”和“天天研究院”两大服务平台，为客户提供“好交易、好投资、好服务”三好系列的差异化服务产品。通过线上线下双轮驱动，为广大客户提供差异化体验服务与专业性增值服务。

【风险管控】

通过提升专业能力、强化系统建设、开拓创新业务、完善风险管理，以专业技能高效务实的态度服务实体企业。重点抓好洗钱和恐怖融资风险管理、投诉处置和合规风险管控工作，制定完备有效的风险管理制度和适用于分公司的专项内控制度，完善相关流程和工作标准。打造投教知识矩阵，利用互联网平台，对外输出专业的投教知识，以帮助更多投资者了解金融知识，树立投资风险和理念。

【投资者权益保护】

分公司高度重视投资者权益保护工作，充分发挥新媒体传播快、触角长、覆盖广的特点，多平台发布原创短视频，将投资者权益保护与洗钱风险防范知识相结合，用浅显易懂、风趣幽默又接地气的形式，多角度向投资者普及金融知识，增强风险防范意识和责任意识，维护自身合法权益。

（国金期货有限责任公司湖北分公司）

大有期货有限公司武汉分公司

【概况】

2023年，大有期货武汉分公司（简称）积极参与由公司总部发起的关于学习党中央的重要讲话和思想，贯彻落实党的方针政策。大力开发产业客户和个人客户，为产业客户提供套期保值服务。截至2023年末，资产总额21586.42万元，净资产-29.83万元，营业收入38.77万元，净利润0.65万元。

【业务发展】

探索“保险+期货”市场，推进开展生猪保险期货项目，为实体养殖户规避市场价格剧烈波动的风险。让养殖户有双保险，锁定利润。着力开发钢材市场客户，向客户介绍期现业务、基差套保。分公司利用公司总部自有资金，寻找优秀的基金产品进行投资。提高资金利用的同时，为金融市场增添活力。探索将金融市场与助农相结合，实现金融服务创新。

【风险管控】

分公司设立兼职合规岗，在公司总部的指导下开展合规管理工作，将合规管理覆盖到各个业务条线、各个环节及每名员工。全面完善和优化现有内部控制制度，实行自上而下的全员、全方位和全过程风险控制流程，建立全员参与的风险管理文化，确保业务发展与风控能力相匹配。分公司严格按照内控制度，明确由开户岗进行投资者适当性评估工作，开户人员不得兼任客户开发类的业务岗位，市场部经理、客户经理等销售人员不得参与投资者适当性评估。在向投资者销售产品或者提供服务过程中，充分揭示产品的风险，全面客观介绍相关法律法规、业务规则和产品特征，根据投资者的经济实力、金融产品认知能力、投资经历等情况，对投资者是否适合参与金融期货交易进行初步的判断评估，推荐与客户风险承受能力相匹配的产品。按照监管要求和内控制度对投资者进行实名审核和信息收集，按照流程进行风险承受能力评级与产品或服务风险等级匹配，向投资者进行风险揭示和告知适当性匹配结果均进行全程录音录像。有效落实《金融机构反洗钱和反恐怖融资监督管理办法》《法人金融机构洗钱和恐怖融资风险管理制度》等相关规定，公司总部及时修订发送分支机构严格执行相关条令，完善风控体系。依据内控制度合规管理，开展反洗钱工作，对于重点领域风险加强管理。定期开展各种投教培训，保证投资者权益等。

【投资者权益保护】

分公司积极开展“3·15消费者权益保护日”“5·15全国投资者保护日”和《股东来了》湖北赛区宣传和投教活动，向客户和群众宣传和普及金融相关权益保护知识，营造良好的金融环境和金融氛围。

（大有期货有限公司武汉分公司）

中天期货有限责任公司湖北分公司

【概况】

2023年，中天期货湖北分公司（简称）深耕棉花、油脂油料、玻璃等产业，在保持传统经纪业务稳定运行的前提下，积极提升各项业务规模，取得较好成果，行业地位得到巩固。分公司整体经营指标保持平稳运行，客户数量、保证金规模稳中有进，各类经营数据好于预期。

【业务发展】

有效发挥期货的市场价格发现功能，帮助棉花企业和粮油企业优化配置生产要素，增加产业竞争力，为棉花企业提供仓单服务业务，有效缓解产业客户资金流动性问题，减轻企业经营压力。

【风险管控】

实行“统一风控、分级管理”，设立风险控制委员会，负责审核公司的风险管理制度，风险控制委员会下设交易风控工作领导小组，主要职责是：负责制订交易风控相关内控制度；负责审议整体交易风险处于风险状态时的风险控制措施；进行总体风险汇总、评估；保证金调整审批，处理强平纠纷或交易风控诉讼以及重大风控事项。交易风控部负责公司日常期货经纪业务交易风险控制工作，实时掌握公司客户整体交易情况，对分支机构实行统一交易风险管理，开展交易风控业务培训。

【投资者权益保护】

一是开展线下宣教工作。深入开展金融知识宣传，在营业厅摆放各种金融资料，公示服务流程；利用电子屏进行主题宣传，紧密结合实际开展多种专题宣传活动，突出重点内容，关注重点对象，全方位扩大宣传覆盖面，增强投资者的风险防范意识。二是开展线上宣教工作。将时事热点和消费者权益保护知识相融合，借助总公司的微信公众号、微博和官网进行线上宣传。2023年，湖北分公司先后开展了“全面注册制改革向未来”主题宣传活动、“3·15消费者权益保护日”活动、“4·15全民国家安全教育日”活动、“5·15全国投资者保护日”宣传活动、《股东来了》活动、“防范非法证券期货宣传月”活动、“防范非法集资宣传教育月”活动、“12·5宪法宣传周”活动等，积极推进投资者保护与教育工作，为投资者普及金融知识，增强权益保护意识。三是加强员工培训。通过制定培训计划、规范培训流程、做好培训记录，提升培训效果。督促员工合规开展业务，严格遵守法律法规并积极践行行业规范，遵守公司内部管理制度和诚信准则。

（中天期货有限责任公司湖北分公司）

上海东证期货有限公司武汉分公司

【概况】

上海东证期货有限公司武汉分公司于2023年12月20日取得经营证券期货业务许可证并正式开业。截至2023年末，公司资产总额313.54万元；共有员工总数10人，平均年龄34岁，硕士及以上学历占比10%。武汉分公司以经纪业务开发为主，响应交易所及公司倡导的以机构、产业为主线的客户开发思路，依托在湖北本地的黑色产业、有色产业、建材玻璃产业和粮棉油产业资源，力求在这四个行业实现产业客户交易、交割，并借助相关产业行业协会如钢材、有色行业协会，定期举办会议、沙龙，深挖产业客户，提高客户黏性，形成良性循环，最终做到以点带线、以线带面，深度打通产业链。围绕产业链，从产业研究到服务抓手上狠下功夫，秉承合规经营作为业务发展的前提，借助公司“繁微”智能投研平台，提供专业、前沿的行业资讯服务，为客户提供差异化的资讯服务，形成自己的服务特色和推广思路，赢得客户信赖。以自然人客户开发为辅，全面发展期货经纪业务。

【风险管控】

建立清晰合理的风险管理组织架构，构筑严密有效的全面风险管理体系，通过建立重要工作双人复核、岗位分离机制等举措形成第一道防线，通过公司风险管理部门对分支机构工作督导形成第二道防线，通过风险监督管理部门对分支机构工作有效实施进行监督形成第三道防线。

武汉分公司人员、岗位、场地、设施等方面均按照外部监管部门及公司总部要求进行配备及管理，遵守公司总部的“四统一”原则，由公司总部对分支机构实行统一结算、统一风险管理、统一资金调拨、统一财务管理和会计核算的管理模式。在日常工作中，严格执行各项风险管理措施，有效监测各项风险指标，确保各项业务风险可测、可控和可承受。

另外，武汉分公司通过各类风险案例及风险提示，健全员工行为准则和道德规范，教育员工遵纪守法、廉洁自律、廉洁从业。持续培育每位员工的合规与风险管理意识，倡导合规与风险管理文化，形成与公司相适应的风险管理理念、价值准则、职业操守，建立健全培训、传达和监督机制。

（上海东证期货有限公司武汉分公司）

国贸期货有限公司武汉分公司

【概况】

2023年，国贸期货武汉分公司（简称），秉承“专业、诚信、进取、共赢”的理念，立足武汉，开拓华中市场，探索多方共赢之路，持续创造新价值，致力打造一流的综合金融衍生品服务商。

【业务发展】

依托厦门国贸供应链背景优势，利用多年在套保、交割、风险管理方面的丰富经验，深化产融合作，为各产业链企业提供个性化的高质量服务。结合湖北当地黑色优势产业，举办"'协同发展 共创共享'——2023'樱花之约'黑色产业研讨会"，就利用期货工具规避风险的市场策略及场外期权在企业风险管理领域的应用等进行深入探讨。致力期货服务实体经济，积极对接当地玻璃、黑色产业客户，为客户提供套期保值方案。

【风险管控】

遵循"风险为本"的工作理念，严格遵守期货行业法律法规，认真落实内控制度要求，严防合规风险，始终将合规经营的理念牢记心中。强化合规管理，进一步增强从业人员合规意识，规范履职行为，将合规理念贯彻落实到履职全过程各环节，组织覆盖全员、全环节的合规培训。

【投资者权益保护】

高度重视投资者保护工作，强化金融机构保护消费者权益的主体责任。通过在营业场所设置投教园地，摆放宣传折页，一体机滚动播放宣传海报、投教视频，放置宣传展架等方式，营造良好的投教宣传氛围。在国贸期货有限公司官网、微信公众号投放海报、推文，利用网络力量扩大宣传影响力。全年武汉分公司共开展投资者教育活动11次、反洗钱主题宣传活动4次，引导投资者形成理性投资的理念，营造良好的社会金融环境。

（国贸期货有限公司武汉分公司）

天富期货有限公司武汉分公司

【概况】

天富期货有限公司武汉分公司成立于2023年4月，公司位于武汉市江岸区江汉路。天富期货武汉分公司（简称）凭借武汉的地理优势和人才优势向中部地区拓展业务，扩大公司在中、西部的市场影响力，建设并完善公司对相关区域的客户服务体系。截至2023年末，分公司共有员工12人，实现客户权益3909万元。

【党建工作】

积极加强党建引领作用，严格落实"三重一大"决策制度，将党建工作与公司经营紧密结合，推动党建工作与业务工作谋划、部署、落实、考核深度融合，为新形势下公司发展提供了强大动力和坚实保障。

【业务发展】

一是提供专业服务，护航实体企业发展。积极组织相关业务部门研究企业需求，对涉农企业进行走访调研，为多家企业提供了套期保值解决方案。通过组织产业交流会议、沙龙、提供研报等方面的支持，参与到融合豆的贸易流程中，并帮助企业利用期货工具进行库存管理、订单管理、基差管理，帮助企业结合自身特点创新建立出一套实用的风险管理体系。加大培训力度，通过多种形式开展期货知识普及宣传活动。为企业讲解期货基础知识和企业如何通过期货市场规避现货市场波动以及期货在企业生产经营活动中的作用等内容。二是履行社会责任，助力乡村振兴发展。充分发挥自身专业优势，在村民中不断开展期货知识介绍及"期货+保险"知识讲座、反洗钱知识培训，帮助村民增强相关金融知识；结合市场行情信息为农户提供农产品行情分析、种植建议、销售策略等，同时为农户提供套保渠道。积极响应"参与三次分配，聚焦乡村振兴目标，扎实推进共同富裕"的要求，充分发挥消费帮扶对乡村振兴的积极作用。

【风险管控】

全面梳理公司各项制度、流程，结合公司发展规划，找出业务风险点，评测公司业务可能面临的风险事项，找漏洞、堵短板，及时调整相关制度、流程，构建由合规管理体系、风险监控体系组成的全面风险运营风控体系，加强对重点业务、重点环节和重点人员的监督管理，做到业务全面覆盖、全面流程监控、全方位监督的动态管理，为业务筑牢发展之基。

【投资者权益保护】

打造"客服+投教+研发"体系，以客户服务为中心、投资者教育为导向、研发策略为内容，由客服部、投教组和投资分析师队伍三方共同协作，打造包含基础服务、投教服务、研发服务三个层次的客服体系，结合分支机构客户经理制，实现客户服务与客户开发的双循环。积极参加大商所举办的投教活动，由公司员工参演的防范非法期货警示教育短剧《诱惑》荣获大商所"大衍和TA的投教朋友们"投教作品评选活动（第一季）"投教大使"称号，排名第一；参与郑商所"投教先锋"评比，成功入选"2023年郑商所投教先锋提名团队"称号，进入到参评"优秀投教团队"的前20名。

（天富期货有限公司武汉分公司）

信达期货有限公司湖北分公司

【概况】

信达期货有限公司湖北分公司于2023年7月4日成立，经营范围为商品期货经纪、金融期货经纪。

2023年，分公司积极开展金融消费者权益保护教育宣传月、"凝聚金融力量，打击洗钱犯罪"为主题的反洗钱宣传月、世界投资者周等投资者权益保护宣传活动。分公司在营业场所设置投资者教育及反洗钱宣传栏、宣传展架，张贴、摆放宣传折页资料，利用分公司大门口的电视LED显示屏滚动播放宣传标语及视频。此外，分公司还充分利用新媒体宣传渠道，确保宣传活动扎实有效开展。

（信达期货有限公司湖北分公司）

五、地方金融组织(选载)

(一)融资担保公司

湖北省融资再担保集团有限公司

【概况】

湖北省融资再担保集团有限公司(简称"省再担保集团")成立于2015年11月4日,位于武汉市武昌区中北路,注册资本为359918万元人民币。公司在宏泰集团的领导下,认真履行政策性金融使命,推广"4321"新型政银担合作机制,与82家市县政府、82家担保机构、29家银行建立合作关系,努力缓解全省小微企业和"三农""双创"等市场主体融资困难。2023年,全省再担保业务新增项目7.8万笔、金额608.2亿元,同比增长24.1%;年底在保项目13.6万笔,在保余额745.8亿元,同比增长29.3%。

【业务发展】

聚焦支小支农主业。省再担保集团主要开展再担保业务,通过为政府性融资担保机构分担业务风险,支持担保机构提升担保能力,撬动更多金融资源注入小微、"三农"等普惠领域。截至2023年底,再担保支小支农项目在保余额739.9亿元、占比99.2%。落实省委省政府为市场主体纾困解难、降费让利的政策要求,再担保在保项目平均担保费率从2018年的1.2%降至2023年的0.63%,2023年再担保体系减免担保费超过8亿元。

发展科技担保业务。服务我省科技强省重大战略,参与全省科技担保体系建设,全省再担保体系内科技型企业在保项目4325户、在保余额185.8亿元,同比增长91%,其中"专精特新"企业在保项目1013户、在保余额67.1亿元,覆盖全省25%的"专精特新"企业。子公司省科技担保公司坚持聚焦科技型小微企业融资担保,成立一年半来实现在保项目360笔、在保余额15.3亿元,其中"科担专精特新贷"在保余额4.9亿元、服务"专精特新"企业145户。

推进担保体系建设。探索担保体系股权纽带,2023年对8家参股市级政府性融资担保机构开展了第一次投后检查,向参股机构致函提出工作建议,促进其提升经营水平。推进担保体系市、县一体化发展改革,支持宜昌市担保集团完成3家县级担保机构的股权重组。就担保体系发展中的重难点问题开展调研,形成研究报告15篇,其中1篇直接转化为省级重要指导性文件、3篇获得国家融资担保基金调研成果奖。开展行业交流,承办第十三届中国·武汉金融博览会"科技担保助力创新驱动发展"融资担保高峰论坛,召开湖北省融资担保行业高质量发展推进会等重要会议。

【金融创新】

创新服务渠道。在省地方金融管理局、省财政厅的指导下推出"荆楚融担码"小程序,实现担保贷款扫码办理,2023年上线负面清单自动筛查、远程签约、短信督办、一键投诉等功能。"荆楚融担码"上线一年来,已有1461户企业通过"荆楚融担码"成功获得担保贷款43.3亿元。

创新产品体系。整合政策资源与市场需求,基于"4321"新型政银担合作机制框架,推出"再担总对总"产品,通过批量业务模式提升担保服务效率。优化"再担创业贷"产品等,突出就业优先服务导向,立足创业担保贷款财政金融工具,2023年新增规模141.4亿元,同比增长3倍。

创新展业方式。升级再担保综合业务系统,实现机构准入、项目备案、保后管理、代偿补偿等全流程的线上化操作。参与国家融资担保基金数字化平台建设,探索数字化转型,建设湖北省再担保体系数据中心,推进"大数据+"应用。

【风险管控】

修订风险管理系列制度,实现系统内再担保业务负面清单前置筛查。建立健全以代偿率为主、相关指标为辅的风险预警监测与处置机制。定期编发代偿案例汇编,以案促治,提高担保机构风险管理水平。实行动态风险防控机制,累计调整机构风险分类70次,对8家机构的业务采取暂停措施、对5家采取终止措施,维护再担保合作体系的整体稳定。2023年向32家合作担保机构代偿补偿1.94亿元,年度代偿率1.3%,风险整体可控。

(湖北省融资再担保集团有限公司)

湖北省农业信贷融资担保有限公司

【概况】

湖北省农业信贷融资担保有限公司(简称"省农担公司")成立于2016年3月,位于武汉市武昌区公正路,注册资本为194662.77万元人民币。公司聚焦"全面迈进全国农担体系第一方阵",充分履行政策性职能,深入实施国企高质量发展行动和国企改革深化提升行动,为全面推进乡村振兴和服务实体经济发展积极贡献农担力量,实现了服务大局稳中增效、经营业务稳中提质、体系排名稳中有进,高质量发展迈上新台阶。省农担公司信用分类评级被湖北省地方金融管理局评定为最高级"A级"。

【业务发展】

一、多项指标迈入"第一方阵"

年末在保项目38688笔、金额172.1亿元,同比分别增长50%、34%,本年新增放款25361笔、金额136.21亿元,同比分别增长29%、27%。年度在保余额增速34%,在全国农担体系排名第3,远高于全国农担体系平均值4.67%。在保项目净资产放大倍数10.5倍,位列全国农担体系第1;服务对象平均综合融资成本降至4.56%,低于政策规定43%,位居全国第4。

二、全力服务重大发展战略

贯彻金融工作政治性、人民性要求,充分发挥"增信、分险、赋能"功能,累计撬动超420亿元金融资本投入全省农业高质量发展,为72442户新农主体解决融资难题,拉动增加社会投资1200余亿元,有效发挥农业担保"放大器"和高质量发展"助推器"作用。牢记粮食安全"国之大者",全力服务保障粮食安全和重要农产品稳产保供,为全省粮食种植及加工、生猪养殖企业累计担保超60亿元,相当于支持近710万亩粮食种植、约310万头生猪养殖。积极与省农业农村厅在大田托管担保服务、数据对接等方面合作。

三、持续深化政银担合作机制

与全省98个县级政府及15家省级

金融机构、87家地方法人银行建立深度合作，获得银行总授信682亿元，实现4：4：2政担银风险分担机制省域全覆盖。大力发展“一主两翼”银担合作关系，强化限率代偿类产品代偿比例和反担保措施。积极融入“强县工程”，支持县域经济发展，建成累计担保“亿元县”7个，其中10个县（市）累计担保额超过10亿元。

四、践行支农惠农使命

着力提高农担业务普惠性，持续加大对“首贷户”的支持力度，实施以信用担保为主的业务模式，纯信用担保业务占总在保规模的91.9%。主动减费让利，执行平均0.2%的优惠担保费率，推动客户平均综合融资成本降至4.56%，累计减少客户融资成本负担超17亿元，其中减免担保费2.7亿元。

【金融创新】

一、积极融入供应链金融

持续加大对省重点农业产业链支持力度，小龙虾、饲料等“供应链贷”产品持续发力，有效支持做强龙头、打造品牌。因地制宜推出淡水鱼等“供应链贷”产品，依托核心龙头企业集聚优质资源，帮助链上2400余户小微农企解决超10亿元融资难题。

二、优化创新担保产品

出台担保产品标准化建设规程，建立“功能精准、架构清晰、权责明确、流程优化”的三级担保产品体系，推动担保产品优化升级，修订完善“楚银贷”等产品，满足各类新农主体融资需求。鼓励指导各分支机构因地制宜开发担保产品，做优做强地方特色产业贷款，有力促进县域特色农业产业壮大和农民创收增收。

三、大力打造“数智农担”

对标行业一流深入实施数字化转型战略，“三端一库五平台”建设取得阶段性成果，数字化“弯道超车”迈入系统前列。积极对接建行省分行开发纯线上化“301”模式产品，实现全程智能化、零人工干预、高效便捷放款。“楚农直通车”正式上线运行，农户足不出户扫码即可获得贷款支持。实现放款5272笔，金额40.95亿元，位居全国前列，工作成效得到农业农村部及省农业农村厅的充分肯定。

【风险管控】

始终坚持稳增长与防风险并重，统筹好发展与安全，全力打好风险防范保卫战，守牢不发生系统性风险底线，风险管理工作连续四年被国担公司评为“A级”。

一、持续健全风险防控制度机制

针对保前调查、保中审查、保后管理、催收追偿、监督问责等方面，出台、修订相关制度，持续加强流程管控，构建“八方出击”风控体系，探索出具有湖北农担特色的风控模式。年度代偿率1%，低于上级下达的2%目标值，年度逾期发生率2.71%，年末逾期率0.3%，主要风险指标保持在较低水平。

二、持续加强风控数字化建设

全面启动大数据风控平台建设，推动全面建成“客户准入、信用评价、额度测算、风险预警”四大风控模型，充分发挥数据分析和风险评估的支撑性作用，不断优化风险阈值和指标的设置。

三、持续加大风险化解力度

健全早发现、早报告、早处置的预警防范机制，督促一线人员做实保后管理，督导逾期项目风险化解。加强风险防控业务培训，落实代偿项目追责问责机制，层层压实风险防范化解责任。开展保后管理专项行动，全面总结经验做法，不断提升全体员工风险意识和管控风险能力，年度化解逾期项目149个、金额1.1亿元，逾期化解率达到40%。

【金融消费者权益保护】

大力开展政策宣贯。积极转发全国农担体系金融支农知识及故事专栏、全国农担体系支农优势产业专栏与政策解读专栏宣传信息，用真实金融支农故事和详细政策解读，向客户普及金融知识，宣传金融消费者权益保护政策与国家相关政策，提高客户知识水平，强化风险意识和自我保护能力。有力提升监督实效。根据体系建设点多面广的特点，将纪律监督、监察监督有效“内嵌”到数字化业务平台，以数字赋能实现智慧监督。全年收到客户反馈作风评议表超2000份，有效发挥了近距离、常态化、多角度的监督作用，全面提升业务办理的全链条廉洁风险防控能力，有力保障客户权益。

（湖北省农业信贷融资担保有限公司）

湖北省科技融资担保有限公司

【概况】

湖北省科技融资担保有限公司（简称“省科担公司”）成立于2022年5月5日，注册地址为武汉市武昌区中北路，注册资本50000万元人民币。公司以习近平新时代中国特色社会主义思想为指导，认真落实省委、省政府的决策部署和省财政厅、省地方金融管理局的工作要求，在湖北宏泰集团、省再担保集团坚强领导下，牢牢把握省级政府性融资担保机构的政策性定位，聚焦科技融资担保主责主业，在服务实体经济高质量发展中奋力展现科技担保新作为，取得显著进展和成效。2023年公司新增科技融资担保业务314笔、金额14.09亿元，同比增长180.12%。截至2023年底，公司在保项目360笔，在保余额15.3亿元，其中，支小支农项目在保余额11.58亿元、占比75.69%，单笔500万元及以下项目在保余额10.72亿元、占比70.08%，平均担保费率0.78%，累计减免担保费506.98万元。

【业务发展】

一、深化银担合作

全面加强与国有大行省分行以及股份制银行武汉分行、地方法人银行总行合作，通过银担双方联合发文、银行内部考核引导、参与宣传培训等方式进一步密切银担合作；与合作银行联合开发“科担园区贷”“科技人才贷”“科创火炬贷”等产品，更好服务科技型中小微企业差异化融资需求。截至2023年底，公司已获工商银行、建设银行、光大银行、省农信联社等22家银行批复授信167亿元，并在其中17家银行实现业务落地。

二、强化担担合作

充分发挥作为全省科技融资担保体系龙头的引领示范带动作用，全力破解市、县担保机构对实物资产抵质押依赖严重和“不敢担、不愿担”问题，创新推出“科担联合贷”产品，通过联保、分保方式，将市、县政府性融资担保公司原本承担的20%分险责任降低至10%，切实提高市、县融资担保公司服务科技型企业积极性。发挥“科担联合贷”产品增信、分险作用，引流国有大行信贷资源，为市县科技企业提供低门槛、低成本、高额度、高效率的科技融资担保服务，有效缓解融资难、融资贵问题。截至2023年底，公司在保“科担联合贷”业务规模6.97亿元，较年初增加178.8%。

三、聚焦重大发展战略和重点领域

坚持服务全省重大战略部署，服务湖北打造全国科技创新高地，聚焦东湖高新区、武汉经开区、临空港开发区等科技创新活力最强的重点区域开展融资担保服务。截至2023年底，服务东湖高新区企业融资规模超6亿元。重点评估

"专精特新"企业研发投入占比、专利技术转化等指标,已累计为"专精特新"企业提供贷款担保超10亿元。积极贯彻落实省委、省政府关于大力支持"51020"现代产业的工作部署,服务"51020"现代产业体系重点企业249家,金额近13亿元。持续助力"人才强省"战略建设,累计为300余户人才企业提供贷款担保,金额合计超16亿元。

四、推进交流合作

组织赴深圳、河南、山东、安徽等地政府性融资担保机构开展调研交流,学习借鉴同行关于科技担保的先进理念、创新思路和经验做法。先后接待山东、福建、安徽、湖南、浙江、四川等十多个省市相关部门和担保公司来访考察,聚焦体系建设、产品开发、风险管理、数字化转型、队伍建设等进行交流。2023年10月17日,第十三届中国·武汉金融博览会召开,公司与深圳担保集团、中关村科技担保公司、安徽科技担保公司、中原再担保集团科技担保公司等签署战略合作协议,确定在科技担保行业研究、科技企业信息研判、科技担保产品研发等方面进行广泛合作,推动行业快速发展。

【金融创新】

一、扎实推进担保体系建设

充分发挥全省科技融资担保体系的龙头引领作用,与再担保合作体系的各市(州)、县(区)签署"4222"科技融资担保新型政银担合作协议,覆盖率达100%;参与推动72家政府性融资担保机构设立了科技担保事业部,在全国率先构建省、市、县三级科技融资担保体系和"4222"新型政银担风险分担机制。截至2023年底,已与全省50家担保机构成功实现合作业务落地,持续扩大科技融资担保业务覆盖面。

二、积极创新产品和服务

聚焦服务科创主责主业,针对科技型企业融资痛点难点持续创新科担产品,开发"科担贷""科担快贷""科担专精特新贷""科担联合贷""科担人才贷""科担园区贷"等6个专项产品,及"科担园区贷""科技人才贷""科创火炬贷""科担专精特新快贷"等子产品,形成有效促进科技型企业发展的创新产品矩阵,更好地服务科技型中小微企业多元化融资需求。

三、大力推广信用担保

着力破解科技企业因抵押物不足导致的融资难题,积极推动以信用为主、知识产权质押等非实物资产抵质押为辅的反担保模式,将商标专用权、专利权等知识产权纳入反担保范围,帮助科技型企业将"知产"及时有效转化为"资产"。截至2023年底,公司信用类担保在保余额达12.96亿元,占比84.7%,在保余额较年初翻番。

四、持续深耕单笔业务

重点发力拓展单笔业务,针对无法直接获取银行贷款或贷款额度不足的科技型中小微企业,通过科技融资担保"直接介入+无代偿率上限"的方式,为企业提供增信支持,降低企业融资成本。截至2023年底,公司在保单笔业务规模超10亿元,同比增长571.1%,占在保业务比重达69.9%,进一步增强了科创企业客户的体验感和获得感。

五、探索投贷担联动

持续探索集团内部横向协调、联动创新,协同创新开发一站式、全生命周期式的综合金融服务产品;充分挖掘省内各类金融资源,探索与湖北科投、武创院等基金公司、投资公司建立交流合作,搭建合作银行、科技型企业、投资机构之间的桥梁纽带,探索股权投资和融资担保贷款的联动模式,为科创企业提供综合性金融服务方案。

【风险管控】

一、构建合规内控管理体系

开展内控制度修订专项行动,新增、修订制度42项,形成覆盖综合管理、财务管理、业务和风控管理等方面的内控合规管理框架,印发公司《2023年制度汇编》,制定《2023年度合规内控提升年活动实施方案》,进一步加强合规内控体系建设,持续做实、做细、做好内控合规各项工作。

二、推进数字化转型

入选国家融资担保基金直担SaaS系统第一批试点单位,公司信息技术人员作为国担SaaS系统第二批试点讲师在全国推广数字化转型经验。充分运用"荆楚融担码"微信小程序,将科技融资担保政策送到企业身边。积极参与大数据风控建设,借助"大数据征信"模型,实现对企业经营能力自动化、数据化分析,数字化建设初见成效。

三、建立风险预警机制

运用企查查风险实时跟踪监测工具,持续跟踪在保客户风险情况。全年排查在保客户失信被执行等高风险信息13条、股权出质等中风险信息8条、行政处罚等警示信息225条、新增知识产权出质等常规提示信息2058条,持续做好风险隐患排查。

(湖北省科技融资担保有限公司)

湖北省融资担保集团有限责任公司

【概况】

湖北省融资担保集团有限责任公司(简称"省融资担保集团")成立于2005年2月,注册地址为武汉市武昌区中南路,注册资本750000万元人民币。公司认真贯彻落实国家及省委、省政府重大决策部署,积极服务省域经济社会发展,以"成为服务湖北省域经济发展重要力量"作为职能定位,深度融入联投资本"投担租保信"业务联动发展战略,发挥金融支撑作用,围绕"做优债券担保结构、做强债券投资能力、做大保函业务规模"的思路,持续完善以债券增信业务为主体,以债券投资等固定收益业务和保函等非融资性担保业务为两翼的"一体两翼"业务架构。全年新增担保规模259.22亿元,同比增长11.26%,再创历史新高,其中债券担保新增规模224.56亿元,同比增长7.80%,位居全国同业第一,"湖北担保"品牌持续擦亮。年末在保余额771.78亿元,同比增长29.11%,其中债券担保在保余额732.34亿元,同比增长29.65%,位列全国同业第三,保持行业领先地位。当年缴纳税金3.12亿元,国有资产保值增值率139.04%。连续6年稳定维持全省担保类企业唯一AAA主体信用评级;在省地方金融管理局年度分类评级中保持A级。

【业务发展】

一、服务地方经济建设,债券担保优势厚植

以债券增信为突破口,不断为市(州)平台和实体企业引入资本市场长期、低息资金,业务基本实现省域全覆盖,并连续创下同期同资质企业债发行之最。"23孝城投债"成为全省首单社会领域产业专项债券,"23荆门城投债""23应城小微债"等产品不断创发行利率新低。探索创新集合票据、ABS、PPN等产业债券担保产品,"23黄石债""23黄石城发债"等产品不仅为地方产业经济发展引入外部资金、实现产融结合,更通过基础设施的建设,带动了相关产业上下游大量中小微企业的发展。全年新增省内债券担保业务规模141.86亿元,同比增长16.46%,位列全国同业省内展业第一。

二、助力债市稳步发展,债券投资质效齐升

制定债券投资倍增计划,通过企业

债、公司债、ABS等信用产品对省内基础设施、绿色产业、惠民工程提供资金支持。统筹把握当期收益及远期目标，构建兼具安全性、收益性、流动性的债券投资组合，探索并实施债券质押回购等业务，盘活债券资产、融入低成本资金，综合运用票息策略、交易策略及杠杆策略，实现债券综合效益最大化。聚合市场优质资金方，通过资金互投、资源互换等引导更多机构投资者和中介机构投向省内关键领域和薄弱环节，弥补企业发债募集资金缺口及提供债券兑付流动性支持，维护省内债券估值稳定，助力全省债券市场平稳发展和信用环境持续优化。全年新增债券投资23.10亿元、同比增长61.65%，年化综合投资收益率5.26%；引导安徽兴泰、重庆三峡、长城证券等8家机构投资省内债券规模13.80亿元。

三、盘活企业流动资金，非融业务规模初具

依托雄厚的资本实力和强大的银行信用，围绕工程、运营、外贸等领域全力开展投标保函、预付款保函、履约保函、农民工工资保函、海关关税保函、房地产预售资金监管保函等非融资性担保业务，提升与银行合作的深度与广度，强化授信额度管理，做好授信需求规划，授信规模突破8家银行76亿元；不断拓宽业务渠道，合作伙伴和代理机构数量达到8家；电子保函业务加速落子布点，持续与各地公共资源交易中心建立合作关系，投标电子保函成功落地全省95%区域；宜昌市农民工工资支付电子保函正式上线，极大地减轻了企业负担，提升了企业资金使用效率。全年新增非融资担保业务28.36亿元，同比增长15.94%，延续较快发展趋势。

【金融创新】

创新金融服务地方经济发展新模式。深挖资源禀赋，在全国首创将客户资源转化成资本金的“稳债增进基金”，实现对联投资本到省融资担保集团两级主体的资本金补充，增资款既可以进一步发挥债券增信作用，助力省内发债企业提高债项评级、降低融资成本、扩大认购倍数、提升发行质量，又可以充分发挥债券投资作用，通过直接债券投资实现缺口资金补足，以及通过引入外部多元化资金方稳定市场估值、压低票面利率等多种方式反哺地方，提升省内债券发行质量，激发地方债券活力，防范系统性金融风险，营造全省健康稳定的债券市场生态环境，服务省内经济高质量发展。“稳债增进基金”以合伙企业形式设立，总规模25亿元、分批募集，首期规模1亿—3亿元，存续期限10年，计划引进省内各市（州）、区（县）平台及国企客户作为有限合伙人，出资额不低于省融资担保集团提供融资增信规模的5%，鼓励多出资。截至年末，枝江市国有资产经营中心3000万元投资款已到账，赤壁、宜都、鄂州、潜江等十余家地方国企客户已确定投资意向。

【风险管控】

一、坚守合规边界

强化合规管理体系建设，全面监控和评估业务合规风险；切实做好项目合规性审查，强化应急转贷、债券质押、稳债增信基金协同业务等创新型项目的法律研究，提升业务产品创新合规保障力度；切实防范业务操作风险，加强合同审查、抵质押手续办理等方面风险管理；切实加强保（投）后管理，定期下发督办清单，全面开展存量项目押品专项检查，防范抵质押物落空风险。

二、强化风险防控

全力优化风险管理机制，提升风险防控科技化水平，推进业务风险全流程防控。严格落实风险策略前置化，针对性制定展业策略与准入指引，优化省外平台白名单，突出精准画像；扎实做好保（投）后管理线上化工作，制定差异化保（投）后管理策略，提升存量项目风险管控质效；全力提升风险防控科技化，优化完善全面风险管理系统，强化风险分析预警，密切关注金融市场政策变化、舆情风险事件、行业发展趋势预判等风险信号，增强风险嗅觉。

三、完善内控管理

优化公司治理体系，配强配齐董事会、监事会人员，明确职权、规则和议事清单，有效履行董事会及监事会职权；持续完善内部管理制度，将风险管理、依法合规要求和内容融合嵌入到内部控制流程和制度中，将法律法规等外部监管要求转化为内部规章制度，建立起覆盖各项经营管理活动、各层级、各部门的完整制度体系，实现管理流程化、标准化。

（湖北省融资担保集团有限责任公司）

（二）小额贷款公司

武汉民商惠小额贷款有限责任公司

【概况】

武汉民商惠小额贷款有限责任公司（简称“民商惠小贷”）成立于2017年12月，注册地址位于武汉市东湖新技术开发区，注册资本50000万元人民币。公司是民生电商控股（深圳）有限公司（以下简称“民生电商”）旗下的互联网小额贷款公司。民生电商由民生加银资产管理有限公司牵头，联合国内知名的民营企业共同发起设立，其主要股东包括新希望集团、复星集团、船东互保协会等知名企业。民生电商定位于立足实体的数字经济科技服务商，专注金融机构以及实体中垂直产业数字化科技服务，以大数据、人工智能、云计算、区块链等新技术为基础，提升实体经济与金融机构服务衔接效率，促进产业数字化转型。

民商惠小贷自成立以来坚持依法合规探索移动金融业务，依托民生电商互联网和数字化服务技术优势，积极开展互联网普惠金融业务，搭建了全流程线上业务体系和风控体系，成为湖北省和武汉市在移动互联网金融领域创新发展的代表和排头兵。

【业务发展】

以普惠金融为出发点，围绕消费场景，结合人工智能和大数据技术，为个人消费者提供丰富、稳健的金融服务。先后开发了“精英贷”“工薪贷”“装修贷”“车主贷”“小微贷”等贷款产品，主要服务包括优质住宅业主、金融机构在职员工、货运车车主、职业教育及学历教育学员等收入稳定的人群。坚持小额、分散原则，件均贷款金额约为1万元。截至2023年末，民商惠小贷累计发放贷款16.3亿元，累计服务客户1.5万余人，累计纳税1200万余元。2023年考虑到宏观环境和普惠金融业务市场环境变化，民商惠小贷主动放缓了新增投放规模，全年发放贷款257万元，年末贷款余额1.7亿元，不良贷款943万元。

公司持续探索供应链小微金融。2023年，民生电商进一步加大业务转型力度，专注金融机构以及实体中垂直产业数字化科技服务，以大数据、人工智能、云计算、区块链、SaaS等新技术为基础，通过参与实现金融、“三农”等多个产业生产、营销等环节数字化，形成数字化资产，推动与实体经济的有效衔接，促进产业数字化转型。依托于民生电商的转型发展，民商惠小贷开始尝试在农业、电商、3C产品等供应链场景开展小微金融，并搭建了线上小微贷产品流程和风控模型，计划在2024年具备征信查询条件后正式启动相关产品的落地实施。

【风险管控】

一是持续优化全流程线上风控体系。民商惠小贷从成立之初就整合大数据及AI工具,搭建了线上化、数据化、自动化、智能化的金融业务系统和流程。贷前严格把控伪冒风险,全面审核客户资信,通过对客户基本属性信息、职业信息、信贷资信信息、生活社交信息等进行数据提取和交叉验证分析,确保授信客户符合目标客群定位。贷中精细化计量信用风险,合理审慎投放授信,充分利用大数据分析、国际通用的评分卡技术全面评估客户信用风险;对不同的申请人和不同行为类型的客群采取差异化、精确化的审核策略;对客户综合授信进行全面评估,避免多头授信。贷后持续开展动态业务监控,有力保障资产质量。加强资金用途监测,通过特定逻辑的比对,侦测及防范异常交易及信贷资金流向;通过客户行为模型及时发现异常,并根据监控结果及时采取相应措施;建立完善的催收体系,对即将逾期和已经逾期客户采用递进式的催收策略。2023年底民商惠小贷正式接入了中国人民银行征信系统,并按照《征信业管理条例》的相关规定报送征信信息,进一步提升民商惠小贷的信贷风险管理水平。二是依托互联网仲裁,依法追偿逾期贷款。民商惠小贷于2019年与武汉仲裁委员会互联网仲裁院建立合作,双方系统有效对接,业务流程和合同文本均得到了仲裁院的认可。在借款人发生逾期时,民商惠小贷可在线上向仲裁委申请仲裁,仲裁委根据仲裁规则经仲裁员审理后快速做出裁决,效率高、流程简便,更好地满足了互联网金融的需求。通过这种方式,民商惠小贷2023年共取得生效仲裁裁决1347件,已追回逾期贷款180多万元,有效地维护了公司合法权益。

【金融消费者权益保护】

民商惠小贷高度重视客户信息安全保护,一方面,制定《客户信息安全管理办法》,严格遵守国家有关规定,按照“授权收集”和“最小收集”的原则,确定客户信息收集的范围和使用方式,并及时在APP上以显著方式告知客户,确保在取得客户明确授权的情况下收集客户信息,并在授权范围内使用客户信息;另一方面,建立完善的信息安全防护措施,包括山石防火墙及Juniper防火墙安全防护、IPS入侵检测系统和WAF应用检测系统等,确保客户信息“万无一失”。

(武汉民商惠小额贷款有限责任公司)

武汉市江岸区华创小额贷款有限公司

【概况】

武汉市江岸区华创小额贷款有限公司(简称“华创小贷”)成立于2008年12月,注册地址位于武汉市江岸区,注册资本15000万元人民币。公司坚持聚焦供应链服务,充分履行国有小贷公司服务实体经济发展、助力中小企业成长的使命,积极服务中小微客户发展。公司荣获“2017年全国优秀小额贷款公司”“2020年度金融支持湖北经济发展突出贡献单位”“2022年度武汉市小额贷款公司专项统计工作先进集体”“2022年度武汉市地方金融组织统计工作先进集体”“2023年武汉市总工会工人先锋号”等多项称号,并被湖北省地方金融管理局评定为最高行业评级“A级”。

【业务发展】

积极发挥党建引领作用,成立华创小贷党支部,推进党建工作与经营发展深度融合。结合工作实际,与体系内企业开展联合党建活动,寻求双方业务合作的契机。自成立以来,华创小贷保持了持续稳健的发展态势,每年保持了一定规模的营业收入和利润,并实现了持续分红。近年在宏观经济持续下行的背景下,华创小贷强化风控标准,夯实资产质量,严控不良率。截至2023年末,华创小贷总资产1.92亿元、净资产1.83亿元,实现营收1127万元、利润总额497万元。一是大力推进供应链金融。围绕商超供应链,开发了“融易贷”“发票贷”“商超通”等产品,每年稳定商超供应链投放规模约2亿—3亿元,扶持了一批中小微供应商的成长,其中部分客户最长的服务年限已达到10年。关注米面粮油等关系民生、参与保供的供应商客户,及时增额授信,主动降低客户融资成本;积极帮扶受疫情影响的供应商客户,灵活设置延期还款方式等,支持中小微企业快速复产复工。二是积极开展产品创新。在传统小贷业务基础上,紧密围绕武汉市特色产业及部分产业园区开展业务,积极布局“专精特新”行业;积极拓展新经济、新媒体领域,持续对直播业务深入研究并积极尝试,拓展直播经纪公司客户资源,寻求公司新的业务增长点;搭建供应链金融平台,协同链主企业为供应链上下游企业提供更高效、便捷的资金服务。

【风险管控】

坚持稳增长与防风险并重,统筹发展和安全,全力打好风险防范保卫战,守牢不发生系统性风险的底线。持续关注监管政策和相关法规的调整,紧跟行业政策变化、保持市场行业敏感性,密切分析行业发展趋势,加大业务与政策的匹配度。强化尽职调查工作,注重客户第一还款来源以及实质性风险判断。加大贷后管理力度,借助信息化技术手段加强对客户经营状况和负面舆情的监测,形成有效反馈机制。对可能发生逾期风险的客户,灵活安排重组方案,帮助客户优化债务结构,保证资金顺利收回。多年来不良贷款率均未超过5%,保障了企业经营的稳健性和持续性。

(武汉市江岸区华创小额贷款有限公司)

武汉市江夏区铁投小额贷款有限责任公司

【概况】

武汉市江夏区铁投小额贷款有限责任公司(简称“铁投小贷”)成立于2013年10月,是经湖北省地方金融管理局批准、由湖北铁路集团有限公司联合民营资本发起设立的专业从事贷款业务的混合所有制地方金融组织,注册资本2.28亿元。公司成立10多年来,资产规模达3亿元,累计缴纳各项税费7000万余元,是湖北省内综合实力最强的小贷公司之一,连续两次获得省地方金融管理局A类评级。

【业务发展】

公司秉持“稳行致远”的发展理念,充分发挥国有企业合法依规和民营企业灵活高效的综合优势,严格遵循所有权与经营权相互制衡的现代公司治理结构,决策权与经营权相分离,建立完善的“三会”议事规则和总经理工作职责,采取逐级授权的经营管理模式。公司在小额贷款行业内率先实施员工持股计划,使员工的利益与公司的利益更加紧密地结合,国有股东、民营股东和员工股东相互制约,共同促进公司更好更快发展。2023年,公司累计发放贷款53笔,放款金额59372万元,实现息费收入3017.72万元,经营业绩在全省小额贷款公司中名列前茅。通过稳定的资金供给(国资背景自有资金)、高效的审批流程(最快一周放款)、透明的收费方式(利息后置无杂费)和灵活的借款期限(最低用款一个月,超过一个月按日计息无违约金)等优势获得了合作伙伴和客户的高度认可。

(武汉市江夏区铁投小额贷款有限责任公司)

(三)区域性股权市场

武汉股权托管交易中心有限公司

【概况】

武汉股权托管交易中心有限公司(简称“武交中心”)是2011年经湖北省人民政府批准,由武汉光谷联合产权交易所有限公司为主发起人,深圳证券交易所深圳证券信息有限公司、湖北省科技投资集团有限公司、长江证券股份有限公司、天风证券股份有限公司等单位共同出资参股的非上市公司股权托管交易平台,是湖北宏泰集团直属成员企业,是中国证券业协会区域性股权市场委员会副主任单位。公司注册地址为武汉市武昌区中北路,注册资本10000万元人民币。

【业务发展】

2023年,武交中心新增托管登记企业247家,新增托管总股本42.86亿股;新增挂牌企业233家;新增交易37.22亿股,新增成交金额50.03亿元;新增融资总金额41.86亿元,其中,股权直接融资17.43亿元,股权质押融资24.43亿元。

截至2023年末,武交中心累计托管登记企业7389家,托管总股本2136.51亿股;累计挂牌企业6603家,成交243.54亿股,成交总额402.92亿元;累计融资总额1733.35亿元,其中,股权直接融资619.76亿元,股权质押融资1113.59亿元。在全国已经设立和运营的35个区域性股权市场运营机构中,武交中心托管企业家数、托管总股本、挂牌企业总数、融资总额等主要指标排名全国前列。

【业务创新】

一、不断拓展深化创新试点

以创新试点获批方案为蓝本,不断深化拓展创新工作路径。印发《关于做好私募基金综合研判会商有关工作的通知》,明确由武交中心建立湖北私募基金会商研判工作系统,开展全省私募投资企业登记管理。与省基金业协会开展交流合作,宣传和引导基金份额转让业务。与银河证券合作,拟共同发起设立“专精特新”产业基金,推动“专精特新”企业固链强链,促进湖北省先进制造业等战略性新兴产业向产业链和价值链高端攀升。

二、创新打造专板服务平台

创新打造的“专精特新”专板服务平台小程序实现了企业零成本、高效率“一键入板”,同时基于大数据和湖北省“专精特新”企业认定的评价逻辑,初步实现“专精特新”企业的整体分析报告和每家企业“专精特新”评价的基础画像,为后续提供精准化、个性化企业服务夯实了基础。

三、推进与“新三板”对接

将近期目标和远期规划紧密结合、通盘推进,保障平台行稳致远。2023年8月,“新三板”发布《全国中小企业股份转让系统公开转让并挂牌审核指引——区域性股权市场创新型企业申报与审核(试行)》,建立“新三板”与“四板”的制度型对接机制;中国证监会发布《关于高质量建设北京证券交易所的意见》,探索“新三板”进入北交所的上市快捷制度。武交中心充分认识到借力政策东风打通多层次资本市场对于湖北“四板”发展的重要意义,着力完善制度规则体系,积极开展各类创新试点,落实落细各项政策措施,畅通中小微企业的“升级”之路。

四、推动数字化转型

武交中心以数字化技术触发市场创新发展引擎,推动数字金融更好地为中小微企业服务。一是持续推进区块链建设。按照证监会区块链试点建设要求,圆满完成区块链上报监管数据格式调整与数据内容补充工作,重新制定并发布了区块链工作清单。二是布局建设数字化平台。打造从申报到入板全套服务的“专精特新”企业数字化服务平台。三是搭建数据资产管理平台。汇集“鄂融通”等多方数据,完善企业基本信息库,在对武交中心服务提速增效的同时为业务赋能。四是优化业务场景。自主研发绘制“企业画像”系统,初步形成实际业务场景的数字化重构方案,为企业适配金融产品和服务。

【风险管控】

一是建立内部授权和审批制度。严格按照《公司法》等法律法规和《公司章程》的要求,建立“三会一层”治理结构、议事规则和决策程序,明确决策、执行、监督等方面的职责权限,形成了科学有效的职责分工和制衡机制。制定《董事会议事规则》《监事会议事规则》等决策制度、《董事会授权管理办法(试行)》及《2022年度授权事项清单》,保证企业经营管理合法合规,保障各决策机构规范运行。二是建立风险评估和监控机制。建立较为完善的风险管理机制,形成了以《全面风险管理办法》为指导性文件的制度体系,以风险事件处理流程、重大事件报告制度、风险预警提示和风险档案管理为支撑的全面风险管理体系,明确了各风险类型的牵头部门,逐步建立健全了自控、互控、监控相结合的风险管理三道防线。三是编制业务和管理职能风险地图。在守住合规运营底线的基础上,结合区域性股权市场新的发展导向,利用法务管理优化经营管理,以风险控制促进业务发展,制定合规管理的具体目标,开展合规自评,编制主营业务和管理职能“3+10”张RCSA(风险与评估控制)风险地图。

(武汉股权托管交易中心有限公司)

(四)典当行

湖北金丰典当有限公司

【概况】

湖北金丰典当有限公司(简称“金丰典当”)成立于2003年8月,注册地址位于荆州市沙市区,注册资金人民币6050万元。公司设有沙市、荆州、开发区三个分支机构。公司自2016年起开始担任湖北省典当行业协会副会长单位,连续多年在典当年审中被评为A类。

【业务发展】

截至2023年末,公司资产规模达到6800万余元。全年实现典当总额1.7亿元,利息和综合费用收入为423万元,实现净利润109万元,缴纳各项税费共42万余元。全年共发生业务笔数932笔

（含续当），其中法人65笔、自然人867笔；动产质押业务675笔、房地产抵押业务245笔、财产权利质押业务12笔。截至2023年末，典当余额为6546万元，其中动产质押典当余额677万元、房地产抵押典当余额5669万元、财产权利质押典当余额200万元。

公司坚持典当本源，积极探索转型升级，大力推进民品业务。2019年以来，为提高典当公司专业性，摆脱过去对房地产抵押典当业务的依赖，公司着力打造集贵金属、腕表、奢侈品、名酒等绝当物品的鉴定交易中心及房地产抵押典当、机动车质押典当、财产权利质押典当业务于一体的典当机构。公司与公证部门和不动产登记部门合作，开创"公证提存+带押过户"模式，将传统的"先解押、再过户、后放款"操作流程调整为"先过户、再放款、后解押"，帮助客户顺利完成交易。通过不断创新和优化服务，有效发挥了典当融资便捷快速、抵押物范围广泛、有效支持小微企业和老百姓资金周转急需的优势。

（湖北金丰典当有限公司）

武汉升泰典当有限公司

【概况】

武汉升泰典当有限公司（简称"升泰典当"）成立于2018年5月，注册资本金4500万元。升泰典当采用扁平式的组织结构，上设总经理一职，下设风控岗、业务岗、综合岗、财务岗、法务岗等。现有员工11名，本科及以上学历占比超过90%，五年以上金融业从业经历的员工占比超过80%，员工平均入职时间超过4年。公司连续多年在典当年审中被评为A类。

【业务发展】

升泰典当业务范围涵盖动产质押典当、财产权利质押典当以及房地产抵押典当等。其中房地产抵押典当业务作为核心板块，凭借专业高效、服务用心获得了市场的较好认同。截至2023年12月31日，资产总额达到4925.35万元，净资产总额为4814.3万元。全年完成业务笔数26笔、典当总额达到4262.8万元，其中房地产抵押金额2572万元、财产权利质押金额1690万元、动产质押金额0.8万元。全年经营收入465.3万元，净利润为50.5万元。年度上缴税金为2.72万元。

升泰典当始终坚持合法合规、诚信为本的经营原则，不忘初心，回归典当业务本源，积极开展业务创新，不断拓展服务边界。在深耕房地产抵押典当业务的同时，探索开展民品典当、名牌箱包鉴定和养护等增值服务项目，以更加全面的业务体系提升企业核心竞争力，为客户提供更加贴心、专业的金融服务。

（武汉升泰典当有限公司）

武汉富本源典当有限公司

【概况】

武汉富本源典当有限公司（简称"富本源典当"）成立于2018年11月，注册地址位于武汉市武昌区，注册资本金为人民币3000万元整。公司自成立以来，秉持专业、诚信、创新、共赢的经营理念，不断优化业务流程，加强风险管理，积极拓展市场，取得了较好的经营业绩和社会效益，为公司持续发展奠定了坚实的基础。

【业务发展】

2023年，公司累计发放典当当金168笔，典当金额5000万余元；全年营业收入再创新高，达到160万余元，全年缴纳各项税款共计25万余元。公司业务范围涵盖房地产、民品、动产等多个领域，服务对象包括个人、各类个体户以及公司客群，为缓解中小微企业融资难发挥了金融"毛细血管"作用。在业务拓展过程中，公司严格遵守相关法律法规和行业规范，对客户进行充分的尽职调查和风险评估，确保每一笔业务的安全性和效益性。2023年8月8日，成功发放两笔典当金额为300万元的房地产典当贷款，为公司年度最大单笔业务；全年发放超过100万元的当金25笔，均正常还款并结清，业务风险控制得当。

【风险管控】

积极推进信息化建设，引入先进的典当业务管理系统，实现业务流程的自动化和信息化。通过大数据分析和人工智能技术，对客户信用风险进行精准评估和预测，提高风险管理水平和业务决策效率。

（武汉富本源典当有限公司）

（五）融资租赁公司

湖北金控融资租赁有限公司

【概况】

湖北金控融资租赁有限公司（简称"宏泰融资租赁"）成立于2014年11月，2020年4月升格为宏泰集团出资并管理的二级公司。公司注册地址为武汉市洪山区欢乐大道，注册资本金10亿元。公司以"打造省内标杆融资租赁公司"为战略目标，积极为全省经济社会发展提供优质高效的金融服务。2021年在湖北省13家A类融资租赁公司中净利润排名第3、纳税额排名第4。荣获2023年"西湖论坛杯"优秀租赁企业奖、租赁企业创新成就奖。

【业务发展】

坚持"小牌照"大作为，围绕服务湖北实体经济、防控金融风险、增收创利三大任务，持续做强做优做大。一是以民生工程为基础，助力城市发展和乡村振兴。二是围绕省内新能源汽车、高端装备制造、光电子信息、医疗健康、文化旅游等重点行业产业链提供综合金融服务。

全年新增投放14.49亿元，较上年增加5.59亿元，同比增长63%。新增投放产业类项目9个，金额4.42亿元，占比31%。资本规模突破20亿元，达到20.17亿元，较上年增长54%。对外投资本金余额18.05亿元，连续三年不良率为零。2023年，实现营业收入首次过亿元，达到1.32亿元，同比增长55%。利润总额6562万元，超额完成全年利润目标任务，同比增长23%。累计上缴利税7000多万元。

【业务创新】

一、推进实施绿色智能船舶试点项目

绿色智能船舶试点项目是湖北宏泰集团、交行湖北省分行、712研究所、丹江口交投、中再保险宏泰集团五方达成的战略合作协议，以船舶融资租赁方式共同加快推进丹江口库区老旧船舶改造的项目。项目实施后，每年减少碳排放3785吨，减少二氧化碳排放13954吨，具有良好的生态效益、社会效益和经济效益。

二、推进实施新能源汽车融资租赁项目

贯彻落实《国家金融监督管理总局关于促进金融租赁公司规范经营和合规管理的通知》要求，积极实施新能源汽车租赁项目，助力推动新能源汽车普及、减少环境污染、缓解能源压力、降低消费者成本、优化城市交通、促进产业发展，促进经济、环境和社会的可持续发展。

【风险管控】

一、强化制度建设

一是持续加强投前、投中、投后过程管理，修订风险合规制度 10 项。二是规范财务指引，修订财务制度 6 项。

二、强化合规管理

完成 RCSA 模块梳理，召开法治合规工作推进会，从增强合规意识、优化制度体系、完善控制手段、健全管理架构四个方面全面展开，保质保量完成了 12 项年度合规管理工作任务。

三、抓实项目管理

一是进一步明确规范投前操作事项。建立国资运营类项目、乘用车业务操作指引，修订尽调模板，严格落实平行调查作业风险审查模式。二是完善项目审核程序。对尽调报告加强审核、出具书面审核意见并监督完善；建立预审和评审会签审核机制，强化意见建议的落实。三是夯实投后管理工作。修订投后报告模板内容和要求，建立投后考核细则，将业务人员绩效与投后质量挂钩，进一步丰富风控工作的监督制衡措施。全年开展四次投后检查工作，实现所有项目现场检查全覆盖。

四、切实防范风险

与随州金控租赁公司共同制定“安心租”专用车产品手册，制定乘用车业务操作指引，新建乘用车售后回租合同、联合租赁合同和船舶项目合同或协议模板。落实事前法律风险防范，促进公司新能源车、专用车、绿色智能船舶等新业务规范发展。

（湖北金控融资租赁有限公司）

武汉融资租赁有限公司

【概况】

武汉融资租赁有限公司（简称“武汉租赁公司”）成立于 2012 年 11 月，注册地址位于武汉东湖新技术开发区，注册资本 32000 万元人民币。公司以实施国企高质量发展行动和国企改革深化提升行动为导向，聚焦服务实体经济，拓宽优化业务布局，落地践行科技金融，为本土融资租赁行业金融创新注入新活力，跑出高质量发展新速度。2022 年、2023 年连续获得武汉市人民政府授予的“金融支持武汉经济社会发展突出贡献单位”荣誉称号，被推荐为武汉市融资租赁和商业保理行业协会（筹）会长单位。

【业务发展】

深入贯彻落实湖北省发展战略和金融改革创新要求，坚守租赁业务本源，充分发挥“融资、融物”功能，撬动超 70 亿元金融资本投入支持湖北省实体企业高质量发展，为一大批科技创新、先进制造企业解决融资难题，赋能产业发展提质增效，助力产业结构优化升级。积极贯彻落实湖北省委、省政府关于全面稳住经济大盘工作部署，在湖北省国有股权营运管理有限公司支持下，坚持“用心高效、纾困解难”的服务宗旨，快速为短期资金融通困难的省内中小微企业提供转贷续贷资金超 23 亿元，缓解企业生产经营资金周转困难，为助企纾困贡献国有金融力量。

贯彻落实中央金融工作会议精神，精准定位科技金融，加大创新服务力度，为本土科创型企业定制融资服务。聚焦专精特新“小巨人”、光谷“瞪羚”、“金种子”、“银种子”等企业，累计拜访企业上百家，设计产品方案、协调对接资源。积极服务制造业融资，成功发行华中四省首单知识产权证券化产品，发行储架规模 5 亿元，首期发行额度 1.05 亿元，产品期限 3 年，获得省、市人民政府，金融监管部门以及市场监督管理部门的高度肯定。

【风险管控】

一是加强风险管理体系建设。坚持“流程化、制度化”防控风险，设立项目立项、尽调审查、方案落实、放款起租、租后管理、项目结清六大业务环节，对项目实施分段管理、集体决策、独立审查、积极监管、主动跟踪等风险控制手段。注重内部控制及操作风险管理，定期开展自查及评价，不断优化完善相关管理制度。年度融资租赁资产占比、风险资产比例等指标均符合行业监管要求。二是严格开展租后管理。通过建立租后管理、风险预警、风险处置等工作制度，以网络查询、现场检查等方式做好资产五级分类、租后管理等事项。对于出现风险预警信号以及突发预警事件和风险项目，及时采取化解对策措施，确保资产安全。

（武汉融资租赁有限公司）

安琪融资租赁（湖北）有限公司

【概况】

安琪融资租赁（湖北）有限公司（简称“安琪融资租赁公司”）成立于 2015 年 9 月，注册地址位于宜昌市夷陵区，注册资本 30000 万元人民币。公司坚持“稳中有进”的总基调，稳步拓展全省优质企业客户，加强存量客户和项目管理，持续完善制度与内控建设，顺利通过省市两级地方金融局组织的“双随机、一公开”抽查现场检查。全年对外业务收入实现较快增长，超额完成集团下达的责任制目标。

【业务发展】

2023 年，新增融资租赁业务合同金额 4.3 亿元，项目预期毛利润 3416.34 万元。业务对象涵盖省内的建筑业、物业管理、建设工程施工等行业的企业。全年实现营业收入 9182 万元，净利润 4137 万元。其中，非关联方业务收入 5500 万元，同比增长 38.6%。年末融资租赁业务合同余额 11.06 亿元，其中非关联方业务合同余额 8.69 亿元，占比 78.57%。

通过编发《政策法规与行业动态月刊》，及时了解和掌握最新政策法规信息和行业动态，紧跟监管政策导向和行业前沿。与招商银行宜昌分行签署《战略合作框架协议》，在货币收付与结算、资金融通、涉外收付款、信息咨询服务等方面深化合作，实现互利共赢。

【风险管控】

坚持把风险防范和管理放在重要位置，严把客户准入关，从源头上把控风险资产质量。根据监管要求和业务实践，持续建立完善风险防控制度体系，2023 年修订补充《融资租赁业务管理办法》《售后回租赁合同》模板和《风险资产质量分类管理办法》，制定《融资租赁业务收益率定价指南》《重大事项报告制度实施办法》《档案管理办法》。制定《项目风险监测月报》，实时掌握项目最新动态与风险点。年内未新增逾期项目，年末逾期率 0.13%，主要风险指标保持在较低水平。持续加强风控信息化建设，引入和应用“企查查”“wind 金融终端”“预警通”等信息化工具，实时搜集最新行业和客户动态信息及风险预警信息。认真做好投后管理和客户沟通，坚持进行客户季度性回访，了解客户最新经营与投融资状况。向客户及相关合作方发送社会满意度问卷调查，有效发挥合作伙伴的监督作用，提升廉洁风险防控能力，有力保障客户和其他合作方权益。

［安琪融资租赁(湖北)有限公司］

(六)商业保理公司

湖北金控商业保理有限公司

【概况】

湖北金控商业保理有限公司(简称“湖北金保”)成立于2017年7月，注册地址位于中国(湖北)自贸区武汉片区光谷三路，注册资本50000万元人民币。公司依托湖北宏泰集团金融类资源，全方位、多层次、宽领域建设金融服务体系。公司积极拓展“服务+金融”的商业模式，全力打造综合性保理服务金融平台，推动工程类、政信类、产业类融资等金融业务，有效服务实体经济，为湖北省近百家知名企业提供了全面的保理服务，业务规模多年位居全省第一。作为湖北省首家商业保理公司，2020年纳入全省监管的商业保理公司名单，并被评为“A类”企业；2019—2022年连续四年被国家税务总局湖北省税务局评为“A级纳税人”；2022年10月纳入湖北省地方金融监督管理局监管“白名单”，成为湖北省7家被纳入“白名单”的商业保理公司之一；荣获“2022年金融支持东湖高新区经济社会发展突出贡献奖”。

【业务发展】

截至2023年12月，公司资产总额18.09亿元，较年初增加4.72亿元；负债总额6.58亿元，较年初减少0.69亿元；净资产总额11.51亿元，较年初增加5.41亿元；资产负债率36%，较年初54%下降18个百分点。全年实现营业收入11365万元，较上年同期增长29%。投资余额17.21亿元，其中2023年新增投资10.88亿元，投资收回5.61亿元，净新增投资5.27亿元。一是持续深耕工程保理业务。实现行业内多元化细分发展和产业链延伸发展的网格化业务布局，实现建筑施工板块正反向保理业务延伸发展，实现工程保理业务的规模化发展。二是积极探索小微企业融资服务。以汽车、文化类企业为核心客户，为10余家4S店建筑企业和多家科技型企业提供短期融资、应收账款融资服务，依托新能源原材料订单，为新能源生产企业提供融资，支持产品升级，助力增强市场竞争力，公司转型途径在项目实践中实现了有效探索。三是推进央企国企融资服务。积极对接AAA评级的大型央企和本地国企，加大与省属国企的合作，2023年对省属投资平台累计投放6.2亿元；为施工企业及时提供融资服务，帮助解决供应商和劳务回款难的问题，履行了公司的社会责任。积极营销省属国企和央企，达成合作意向。四是积极拓展政信业务。积极拓展与以湖北科技型投资企业为核心信用主体的投资平台、在全国具有品牌影响力的湖北旅游企业、AA+评级的地方投资平台的业务合作，在扩大政信业务规模的同时，提高业务质量，确保信贷资产安全。

【风险管控】

始终坚持稳增长与防风险并重，统筹发展和安全，全力打好风险防范保卫战，守牢不发生系统性风险底线。一是健全风险防控制度机制。进一步强化“三道防线”建设，坚持“审、贷”分离原则，筑牢“贷前调查、贷中审查、投后管理”三道防线，确保项目风险可防、可控。全年代偿率为零，各项指标都在监管要求范围内。二是强化内控制度机制。建立分行业准入标准、客户额度等动态风控管理制度，推进风险前端管控及动态管控。进一步实行分行业授信评审，对拟进入行业的核心企业实行反向保理“白名单”准入制，定期动态评估调整，按照产品特性进行分级分类授权；循环保理额度控制在定期框架范围内，单笔交易单据审核满足放款条件，履行资金审批流程后投放。三是加强投后跟踪。建立健全早发现、早报告、早处置的预警防范机制；督促业务人员做实投后跟踪检查，确保风控经理投后参与度。加强风险防控业务培训，落实不良项目追责问责机制，层层压实风险防范化解责任，不断提升全体员工风险意识和管控能力。

【合规建设】

一是强化业务开展合法合规。严格审查基础交易合同真实性，确保交易业务是买卖双方的真实意愿。经营期间资金均为自有资金、股东借款和银行贷款资金。二是强化内控及风控合规。公司根据《章程》规定权限报批，设立投决会，制定《产品手册》规定准入及流程管控，制定并严格执行《尽职调查指引》《业务档案管理办法》《投资管理办法》等22项内控制度，不断完善分行业准入标准、客户额度等动态风控管理制度；基于工程保理、贸易保理、国资企业保理分行业建立准入门槛、客户评价及授信管理，推进风险前端管控及动态管控。审慎开展信用风险管理，风险资产比例均控制在10倍内，无关联交易，无不良资产，已按投资余额的1%计提风险准备金。三是主动接受监管和监管机构的指导，按时准确向监管机构及上级机构报送数据。定期填报投放数据，反馈表单情况；严格按照市、区金融办要求，按月向市金融局报送运营数据、按季向人行报送运营数据，严格按照中国银保监会《关于加强商业保理企业监督管理的通知》(简称“205号文”)要求开展风险倍数、关联交易及集中度的管理，按月进行底层资产集中度监测。四是主动开展业务合规自查，坚守合规经营理念。对在投项目对照“205号文”、人民银行总行《地方金融监管条例(征求意见稿)》等监管文件要求进行存量项目全面自查，所投项目均达到合规性的要求，未触及预警指标。

(湖北金控商业保理有限公司)

湖北工建商业保理有限公司

【概况】

湖北工建商业保理有限公司(简称“工建保理”)成立于2021年5月，注册地址为武汉东湖新技术开发区，注册资本2.7亿元，是湖北联投集团旗下湖北联投资本投资发展有限公司的成员单位。2023年，工建保理抢抓湖北省供应链体系建设政策东风，践行国企使命担当，成为湖北省商贸物流及大宗商品供应链金融试点“联链通”平台的运营管理机构。公司充分发挥商业保理牌照功能和供应链金融服务平台价值，积极破解产业链供应链上中小微企业融资难、融资贵问题，积极为湖北省重点产业链、供应链高质量发展贡献金融力量。公司荣获2023年“年度最佳数字金融创新机构”“年度金融服务实体经济贡献机构”，荣获武汉市人民政府“2023年度金融支持武汉经济社会发展突出贡献单位”。

【业务发展】

一、高效建设运营“联链通”供应链金融平台

“联链通”平台从2022年10月底开

始启动建设，于 2023 年 1 月 9 日正式上线，并实现平台上线即开单超过 1.5 亿元、入驻企业超过 200 家的成绩。在湖北联投的全力支持下，"联链通"积极对标省级试点平台，仅用半年时间列入省委 2023 年度改革要点项目，成为全省两家省级商贸物流及大宗商品供应链金融创新试点之一。

截至 2023 年底，"联链通"平台累计上线资产近 70 亿元、实现融资近 40 亿元，服务企业 1800 多家，覆盖全国 19 个省（自治区、直辖市）和湖北 15 个市（州）、17 个行业。平台优势明显。一是金融产品体系全。围绕供应链全场景，提供保理、担保、租赁、信用评级等综合金融服务，已开发应收账款融资、预付采购融资、动产（存货）质押融资、订单融资等 8 个产品。二是资源聚集能力强。21 家银行及分支机构上线平台，提供供应链授信额度超 40 亿元，带动普惠融资 20 多亿元。三是稳链强链韧性足。为核心企业减少经营性现金流出超 30 亿元，企业融资期限平均缩短 67 天。四是企业融资成本低。最低 2.7%/年、平均 3.1%/年，资金最快"T+0"到账，仅用应收账款质押、100% 无抵押，相较中小企业社融平均成本降低 35%，累计为链上企业节约融资成本 3000 多万元。

二、保理业务实现快速增长

工建保理坚持依托供应链、延伸产业链、提升价值链，充分发挥保理产品在应收账款、应付账款管理和融资方面的功能优势，深度参与供应链上下游，创新供应链金融服务产品，缓解中小企业融资难、融资贵问题。

得益于"联链通"供应链金融平台的较好发展，工建保理业务实现从线下展业向线上展业的转变。截至 2023 年末，累计实现保理业务投放 327 笔、放款金额 13.61 亿元，较 2022 年展业初期增长 10 倍；服务企业数从 6 户发展到 1800 多户，其中直接放款的客户数超 150 户；放款笔均约 416 万元、最小放款金额 0.74 万元，实现了保理客群向产业客户、中小企业客户转变。

2023 年底，省发改委启动供应链体系建设项目奖补申报工作，工建保理依托"联链通"平台，为平台上企业成功争取到省政府 2023 年供应链体系建设项目专项补贴 1740 万元，奖补覆盖链上活跃中小企业 440 家，助力政府产业帮扶政策"点对点"精准滴灌。

工建保理积极布局资本市场发债业务，作为原始权益人和资产服务商，为产业链、供应链客户拓宽资本市场融资渠道，通过发行资产证券化产品，进一步盘活企业应收应付资产。

（湖北工建商业保理有限公司）

湖北自由贸易试验区（襄阳）片区陆港商业保理有限公司

【概况】

湖北自由贸易试验区（襄阳）片区陆港商业保理有限公司（简称"陆港保理公司"）成立于 2021 年 1 月，注册地址位于襄阳市高新技术开发区，注册资本 10000 万元人民币。陆港保理公司在省、市金融监管机构的监管支持指导下，聚焦主责主业，激发内部动能，围绕全年工作目标，早谋划、早投放，加强优质企业调研对接，扩大"朋友圈"迅速抢占目标市场。围绕襄阳外贸企业服务需求开展产品和服务创新，助力外向型企业发展。合理匹配资金与保理款投放节奏，公司经营能力及营收质量均有显著提升。

【业务发展】

一是立足主业稳中有进。2023 年，陆港保理公司签订保理合同总金额约 1.22 亿元，投放项目 49 笔、实际投放金额 1.15 亿元，年度在投余额 1.03 亿元。实现营业收入 400.57 万元，利润总额 316.21 万元。全力开拓外部业务，选取优质的央企、国企开展保理业务，已与央企三江航天开展建设工程应收账款商业保理融资合作，投放保理款 3000 万元。二是国有资产实现保值增值。截至 2023 年末，陆港保理公司资产总额 1.34 亿元，其中：净资产 1.03 亿元，负债总额 0.31 亿元，国有资产保值增值率达 103%。三是业务创新取得积极成效。创新供应链商业保理模式。通过前期市场调研，围绕外贸企业出口贸易结算的"痛点""堵点"，创新供应链商业保理模式，运用出口信用证的强兑付性为企业提供融资服务，为企业提供多元化金融解决方案，提高资金周转率。其成果案例入选《中国（湖北）自由贸易试验区第八批实践案例》。四是保理融资方式实现突破。积极开展再保理业务，以"再保理"的方式融资，提升资金流动性，获得授信审批额度 5000 万元。这是襄阳市商业保理企业开展的首单"再保理"业务，推进了"银行—商业保理公司"合作创新。

【风险管控】

积极适应外部环境变化，切实防范项目风险。一是持续健全风险防控制度。制定《风险管理办法》《风险审查细则》《评审会议事细则》等风险管理制度，通过事前调查、事中审查和事后检查全程规范业务流程，明确各部门责任。二是扎实做好项目风险评审。强化对立项项目的企业主体征信、财务能力等方面的核查分析，形成项目尽调报告。组织外部专家召开项目风险评审会审议，多维度对项目风险情况进行评价。三是持续加强风险资产管理力度。建立业务风险分级管理机制，将保理资产分为正常类、关注类、次级类、可疑类、损失类五大类别。确定经办人员作为项目第一责任人，全周期跟踪项目进展做好管理核查，对风险早发现、早报告、早处置，本年度项目不良率为零。所有业务均风险可控，没有出现逾期和坏账。

【金融消费者权益保护】

一是健全信息披露机制。业务开展过程中，明确告知客户各类产品和服务的操作标准，商业保理合同签订前，主动对主要条款进行提示。二是多措并举加强宣传教育。结合主管部门要求，开展各种金融知识和防范金融诈骗的宣传，引导消费者学金融、懂金融、信金融、用金融，不断提升消费者金融素养和风险防范能力。

［湖北自由贸易试验区（襄阳）片区陆港商业保理有限公司］

（七）地方资产管理公司

湖北省资产管理有限公司

【概况】

湖北省资产管理有限公司（简称"湖北资管"）成立于 2015 年 2 月，位于武汉市洪山区欢乐大道，注册资本 300000 万元人民币。公司认真贯彻落实省委、省政府关于服务实体经济、防范金融风险、推动金融改革的决策部署，在省财政厅、省政府国资委和宏泰集团的领导下，立足不良资产管理主业，以党建引领改革发展，以依法合规经营为前提，着力推动精细化管理、深化改革创新和加强风险防控，发挥了“金融稳定器”“资源优化器”“经济助推器”作用，实现了国有资产保值增值，为我省防范化解重大金融风险和稳增长作出了应有贡献。全年新增投资42亿元，剔除减值后实现全年利润总额2.43亿元。

【业务发展】

一、聚焦主责主业，深度挖掘省内外金融企业不良资产

一是持续加大金融不良资产收购力度。通过强化考核解决资产收购不积极、不主动问题，通过拓展非银行金融机构解决不良资产来源单一的问题。2023年累计参与收购金融机构不良资产包14个，新增收购不良债权30.34亿元，市场占有率居全省前列。二是加快存量资产清理盘活，提高资产流转速度。针对金融不良资产清收项目，紧盯时间节点、细化清收措施，综合运用诉讼追偿、债权转让、破产重组等多种手段，加强与律所、法院及有关机构的联动，依法依规推进清收。累计处置不良资产40余笔，实现回款3.42亿元，创利1.75亿元。三是探索开展资产运营业务，深度挖掘金融不良价值。通过加强内部协同和与业内优秀机构合作，合资设立资产运营公司，深挖存量金融不良资产价值，实现从“简单的批发式获取差价”到“多样的精细式价值修复”转变，提升不良资产业务利润率。

二、助力地方企业风险化解，服务地方经济稳发展

一是参与国企地方平台纾困化险。向省内国企地方平台体系提供阶段性流动性支持10.78亿元。二是全力化解地方金融机构改革风险。为压降天风证券风险指标，对其股票质押式回购风险项目提供重组服务。三是积极参与烂尾楼盘活。投资2亿元参与咸宁市地产纾困项目，全力支持“保交楼”，推动咸宁房地产市场平稳健康发展。四是积极对省内困境上市公司提供金融救助。通过参与*ST企业破产重整，提升企业营运价值，为企业重整再生争取有利时机。

三、对标一流，大力推动业务创新

在严格遵守监管法规前提下，在公司资本可承受和资产合理配置范围内，拓宽以重组、破产重整、股权投资、夹层投资、阶段性持股、结构化基金等投资银行业务为核心的新主业，持续丰富业务种类。全年参与3家*ST困境上市公司重整投资，合计1.8亿元，助力其恢复持续盈利能力；参与产业基金和股权投资10.47亿元，助力省内外科技、电子、医药、新能源等特色优势产业和湖北省“51020”战略性新兴产业转型升级。

【风险管控】

建立合规内控、审计稽核、巡视整改、纪检监督“四位一体”的大风控体系，筑牢国有资产保值增值屏障。一是着力提升内控合规管理能力。根据市场环境、行业动态、公司业务转型进展等具体情况，结合监管要求及集团管理要求，以风险收益匹配程度、单一客户（项目、业务）集中度为重心，严控项目准入标准。对于重大、复杂及创新类项目，建立评审会商机制，业务申报部门、项目审核部门、风控总监集中会商，把握审核要点，完善风控措施。二是做好内部宣传培训。党委专题学法，开展多场次员工入职培训、风控制度宣讲、日常法律宣传活动。举办全体员工2023年风险管理能力提升培训12场次，开展“应知应会”考试，举办“民法典宣传月”专题培训暨合规承诺书签署活动，提升公司全体员工的风险合规意识和风险防范能力。三是严格落实合规内控提升年具体要求。健全合规管理组织体系，完善《RCSA风险地图》。

（湖北省资产管理有限公司）

六、其他机构

中国银联股份有限公司湖北分公司

【概况】

2023年,中国银联湖北分公司(简称)秉承"扎根荆楚、引领产业、成就伙伴、惠及社会"的企业使命,通过拓展银行卡受理领域、促进机构共融共生、加强资源协调运用,推进湖北支付产业高质量发展。

【党建工作】

扎实开展党建工作,推动党建引领业务发展。一是开展学习贯彻习近平新时代中国特色社会主义思想主题教育,组织党员干部开展专题读书班和多项课题调研。二是推进全面从严治党工作,常规性开展警示教育,营造风清气正的良好氛围。三是联合中国银行、浦发银行等金融机构开展系列联学联建活动,加强多方学习与交流,切实推进党建与业务融合发展。

【业务发展】

一、助力消费市场回暖

不断优化全省支付受理环境,为政府部门及商户提供营销解决方案,助力支持恢复和扩大消费市场。一是履行社会责任。全年协助政府部门发放各类消费券近4亿元,带动零售消费场景交易金额超40亿元。依托银联支付平台和商户资源,协助黄石市总工会、随州市总工会发放工会爱心消费券,促进当地消费增长。二是助力商户经营。加强与收单机构、行业协会合作,着力为商户提供综合服务支持,推动解决商户支付受理盲点、堵点,持续提升商户受理率。与辖内重点银行、收单机构、服务商开展铺底营销工作,进一步优化支付服务体验。全年发放超1亿元商家券,在政府消费券发放空档期延续消费热度,有效拓展商户零售消费规模。联合中百集团等重点商户推出"会员一码付"功能,提升"支付+商户"数字化服务水平,增强商户数字化经营能力。

二、支持银行业务发展

发挥云闪付网络支付平台优势,向银行APP输出支付和营销功能。一是加强云网平台建设。与工商银行、邮储银行、浦发银行、民生银行等银行业机构开展云网合作,实现工银"e生活"APP云网绑卡数及交易量在全国工商银行系统内均排名前列、湖北邮储信用卡APP新增绑卡量在全国邮储银行系统内排名第1位。二是加强场景输出合作。立足出行、零售等重点场景,推动多家银行开通地铁乘车码,通过引入银行资金开展地铁出行优惠活动,全年带动银行APP交易超过600万笔、月活用户超5.1万户。联合浦发银行发行低碳主题银行卡,助力浦发银行发卡、活卡。三是加强营销能力输出合作。向手机银行输出"荆楚U惠"商户优惠资源,实现优惠券在线看、领、查、用。为民生银行"楚惠卡"量身定制特色场景权益营销活动,助力扩大发卡规模。拓展优质商户池,赋能银行零售业务经营发展。

三、提升数字化运营服务水平

升级"银联云"服务功能,为湖北省农信联社提供安全、稳定的数字化运营服务。与湖北省农信联社合作建设的互联网业务平台系统有力支持了农商行"收银宝"业务快速增长,在湖北二级地市收单市场占据较大市场份额,打造"金融科技+业务合作"的新模式。

【风险管控】

充分发挥枢纽作用,坚持维护产业秩序、落实监管要求,联合产业各方不断加强风险防控,推动支付产业健康发展。一是加强支付机构管理。排查支付机构违规问题,引导支付机构做好MCC不合规商户整改和特殊价格商户验证试点工作。组织召开业务风险座谈会,督促支付机构做好客户尽职调查工作,夯实反洗钱工作基础。二是做好非标商户入网评估及信息质量提升工作。三是贯彻落实《中国人民银行关于加强支付受理终端及相关业务管理的通知》(银发〔2021〕259号)文件的监管要求,定期更新商户信息,跟进终端改造进度。

(中国银联股份有限公司湖北分公司)

第四部分

金融政策性文件

分册四卷

中文档案汇编全

一、湖北省人民政府规章

湖北省碳排放权交易管理暂行办法

发文机构：湖北省人民政府

文号：湖北省人民政府令第430号　发文日期：2023年12月29日

第一章　总则

第一条　为了规范碳排放权交易活动，推动温室气体减排，实现碳达峰、碳中和目标，推进生态文明建设，根据有关法律、法规等规定，结合本省实际，制定本办法。

第二条　本办法适用于本省行政区域内的碳排放权交易及相关活动，包括碳排放配额分配和缴还，碳排放权登记、交易、结算，温室气体排放报告与核查等活动，以及对前述活动的监督管理。

纳入全国碳排放权交易管理的重点排放单位，其碳排放权交易管理按国家有关规定执行。

第三条　碳排放权交易管理应当坚持市场导向、循序渐进、公平公开和诚实守信的原则，促进温室气体排放控制与经济高质量发展相适应。

第四条　省人民政府统一领导本省行政区域内碳排放权交易管理工作，建立碳市场建设工作联席会议制度，协调解决碳排放权交易管理工作重要问题。设区的市、自治州人民政府负责本行政区域内重点排放单位的碳排放权交易管理相关工作。

省人民政府生态环境主管部门负责全省碳排放权交易管理的组织实施、综合协调和监督管理工作，做好重点排放单位确定、碳排放配额分配和缴还、温室气体排放报告核查等工作。设区的市、自治州人民政府生态环境主管部门负责配合省人民政府生态环境主管部门做好本行政区域内碳排放权交易管理相关具体工作，并根据本办法有关规定实施监督管理。

省人民政府发展和改革、经济和信息化、财政、住房和城乡建设、交通运输、国有资产监督管理、市场监督管理、统计等有关部门在其职权范围内做好碳排放权交易管理相关工作。

第五条　省人民政府生态环境主管部门组织建立碳排放权注册登记系统，用于碳排放配额和符合条件的核证自愿减排量的管理。

省人民政府确定的碳排放权交易机构负责组织开展全省碳排放权集中统一交易，建设碳排放权交易系统，为碳排放权交易提供交易场所、系统设施和服务，确保系统安全、可靠、便捷。

第六条　省人民政府生态环境主管部门按照国家和本省的有关规定，确定本省行政区域内重点排放单位名录，并及时向社会公布。

重点排放单位应当控制温室气体排放，如实报告碳排放数据，及时足额缴还碳排放配额，并接受生态环境主管部门的监督管理。

第七条　从事碳排放权交易管理活动的主管部门、机构和人员，依法对碳排放权交易主体的商业和技术秘密承担保密义务。

第二章　碳排放配额分配和管理

第八条　本省行政区域内年温室气体排放达到1.3万吨二氧化碳当量的工业企业，应当列入本省重点排放单位名录，并实行碳排放配额管理；工业企业的纳入标准根据温室气体排放控制目标和相关行业温室气体排放情况等适时调整。非工业企业的纳入标准由省人民政府生态环境主管部门拟订，报省人民政府批准。

存在下列情形之一的，省人民政府生态环境主管部门应当将相关温室气体排放单位从本省重点排放单位名录中移出：

（一）工业企业连续二年温室气体排放低于1.3万吨二氧化碳当量的；非工业企业连续二年温室气体排放低于纳入标准的；

（二）因停业、关闭或者其他原因不从事生产经营活动而不再排放温室气体的。

温室气体排放单位申请纳入本省重点排放单位名录的，省人民政府生态环境主管部门应当进行核实；经核实符合第一款规定的，应当将其纳入本省重点排放单位名录。

第九条　在碳排放约束性目标范围内，省人民政府生态环境主管部门根据本省经济增长、产业结构优化和碳排放强度下降目标等因素设定本省年度碳排放配额总量、制定本省碳排放配额分配方案，并报省人民政府审定。

碳排放配额总量包括年度碳排放初始配额、新增预留碳排放配额和政府预留碳排放配额：

（一）年度碳排放初始配额主要用于重点排放单位既有边界排放；

（二）新增预留碳排放配额主要用于新增产能和产量变化；

（三）政府预留碳排放配额主要用于市场调控和价格发现，一般不超过碳排放配额总量的10%。价格发现采用公开竞价的方式，竞价收益用于支持碳市场调控、碳市场建设等。

省人民政府生态环境主管部门根据本省碳排放配额分配方案确定碳排放配额后，应当书面通知重点排放单位。

第十条　本省重点排放单位年度碳排放初始配额和新增预留碳排放配额实行无偿分配，根据国家有关要求适时引入有偿分配。

第十一条　省人民政府生态环境主管部门在设定年度碳排放配额总量、起草碳排放配额分配方案过程中，应当广泛听取有关部门、重点排放单位、碳排放权交易机构、专家及社会公众等的意见。听取意见可以采取论证会、听证会等多种形式。

第十二条　每年3月最后一个工作日前，省人民政府生态环境主管部门向重点排放单位预发碳排放配额。

每年9月最后一个工作日前，省人民政府生态环境主管部门核定重点排放单位年度碳排放初始配额，对预发碳排放配额实行多退少补。

第十三条　重点排放单位因增减设施，合并、分立及产量变化等因素导致碳排放量与年度碳排放初始配额相差20%以上或者20万吨二氧化碳当量以上的，应当向省人民政府生态环境主管部门报告。省人民政府生态环境主管部门应当对其碳排放配额进行重新核定。

第十四条　每年11月最后一个工作日前，重点排放单位应当向省人民政府生态环境主管部门缴还与上一年度实际排放量相等数量的碳排放配额。

第十五条　符合条件的核证自愿减排量可用于抵销重点排放单位碳排放量。鼓励开展碳普惠等温室气体自愿减排活动。核证自愿减排量包括国家核证自愿减排量和本省核证自愿减排量。

用于缴还时，一吨核证自愿减排量相当于一吨碳排放配额，抵销比例不超过该重点排放单位年度碳排放初始配额的10%。重点排放单位在其排放边界内产生的核证自愿减排量，不得用于抵销本省重点排放单位的碳排放量。具体办法由省人民政府生态环境主管部门制定。

第十六条　每年12月最后一个工作日前，省人民政府生态环境主管部门组织省碳排放权交易机构在注册登记系统将重点排放单位缴还的碳排放配额、核证自愿减排量、未经交易的剩余碳排放配额以及剩余的预留碳排放配额予以注销。

第十七条　省人民政府生态环境主管部门及省碳排放权交易机构在其职责范围内依法进行信息披露。

第十八条　重点排放单位对碳排放配额分配或者注销、核证自愿减排量抵销或者注销有异议的，可以自接到通知之日起7个工作日内向省人民政府生态环境主管部门申请复核，省人民政府生态环境主管部门应当自接到复核申请之日起10个工作日内作出复核决定。

第三章　碳排放权交易

第十九条　碳排放权交易主体包括纳入碳排放配额管理的重点排放单位以及其他符合国家规定的机构和个人。

第二十条　碳排放权交易市场的交易品种包括碳排放配额、核证自愿减排量。

鼓励探索碳排放权交易相关产品创新。

第二十一条　省碳排放权交易机构应当制定交易规则，明确交易参与方的权利义务、交易程序、交易方式、信息披露及争议处理等事项。

碳排放权交易应当在省碳排放权交易机构，采取协议转让、单向竞价等公开竞价方式或者其他符合规定的交易方式进行。

第二十二条　交易参与方应当向省碳排放权交易机构提交申请，建立交易账户，遵守交易规则。

交易参与方开展交易活动应当缴纳交易服务费，收费标准由省人民政府价格主管部门会同省人民政府财政部门、生态环境主管部门确定。

第二十三条　省碳排放权交易机构应当遵守国家和本省交易监管等相关规定，建立风险管理机制，制定风险管理预案，及时公布碳排放权登记、交易、结算等信息。

省碳排放权交易机构及其工作人员不得利用职务便利谋取不正当利益。

第二十四条　省碳排放权交易机构应当发挥市场引导温室气体减排的作用，并采取有效措施，维护市场健康发展。

禁止通过操纵供需关系和发布虚假信息等方式扰乱碳排放权交易市场秩序。

第四章　碳排放监测、报告与核查

第二十五条　纳入碳排放配额管理的重点排放单位应当制定年度排放数据质量控制计划，明确排放数据监测方式、频次、责任人等，并报送所在地设区的市、自治州或者县级人民政府生态环境主管部门。

重点排放单位应当严格依据排放数据质量控制计划实施监测。排放数据质量控制计划发生变更的，应当及时向所在地设区的市、自治州或者县级人民政府生态环境主管部门报告。

第二十六条　纳入碳排放配额管理的重点排放单位应当在每年3月最后一个工作日前，向所在地设区的市、自治州或者县级人民政府生态环境主管部门提交上一年度的温室气体排放报告，并对报告的真实性、完整性、准确性负责。温室气体排放报告所涉数据的原始记录和管理台账应当至少保存五年。

温室气体排放报告应当包含企业的基本信息、生产工艺、主要产品产能及产量，以及温室气体排放量等信息。

重点排放单位编制的年度温室气体排放报告应当定期公开，接受社会监督，涉及国家秘密和商业秘密的除外。

第二十七条　省人民政府生态环境主管部门应当组织对重点排放单位温室气体排放报告进行核查。

省人民政府生态环境主管部门可以通过政府购买服务的方式，委托第三方核查机构对纳入碳排放配额管理的重点排放单位温室气体排放量进行核查。

第三方核查机构应当独立、客观、公正地对重点排放单位的年度温室气体排放报告以及相关数据进行核查，按照要求向省人民政府生态环境主管部门提交核查报告，并对报告的真实性、完整性、准确性负责。

纳入碳排放配额管理的重点排放单位应当配合第三方核查机构核查，如实提供有关数据和资料。

第二十八条　省人民政府生态环境主管部门应当建立核查报告审核机制，组织对核查报告进行审核，将发现的问题告知重点排放单位和核查机构，并责令限期完成整改。

第二十九条　重点排放单位对核查结果有异议的，可以自收到核查结果后的7个工作日内向省人民政府生态环境主管部门提出复核申请，并提供相关证明材料。

省人民政府生态环境主管部门应当自收到复核申请之日起10个工作日内作出复核决定。

第五章　激励和约束

第三十条　省人民政府统筹安排资金，用于支持企业碳减排、碳市场调控、碳市场建设等。

第三十一条　碳排放权交易管理有关主管部门应当支持能效先进、具备示范效应的重点排放单位申报国家和本省绿色低碳相关项目，给予政策扶持。

第三十二条　鼓励金融机构与纳入碳排放配额管理的重点排放单位建立投融资合作机制，盘活碳排放配额和符合条件的核证自愿减排量等碳资产，鼓励开展碳排放权质押、碳债券、碳保险、碳基金等碳金融产品创新。

支持重点排放单位开展碳减排技术研发和创新。

第三十三条　省人民政府生态环境主管部门应当建立碳排放权交易管理信用制度，记录重点排放单位、第三方核查机构、碳排放权交易机构等的信用状况，依法纳入本省社会信用信息服务平台并向社会公布。

第三十四条　国有资产监督管理部门应当将碳减排及本办法执行情况纳入国有企业绩效考核评价体系。

纳入重点排放单位名录的国有企业存在未履行碳排放配额缴还义务、排放数据造假等行为的，省人民政府生态环境主管部门应当及时通报其所属的国有资产监督管理部门。

第六章　法律责任

第三十五条　违反本办法，法律、法规有规定，从其规定。

第三十六条　生态环境等相关主管部门及其工作人员，在碳排放权交易管理过程中玩忽职守、滥用职权、徇私舞弊的，依法给予处分。

第三十七条　碳排放权交易机构及其工作人员、交易主体违反本办法规定，利用职务便利谋取不正当利益、通过操纵供需关系和发布虚假信息等方式扰乱碳排放权交易市场秩序的，由省人民政府生态环境主管部门予以警告或者通报批评。有违法所得的，处违法所得1倍以上3倍以下但最高不超过15万元的罚款；没有违法所得的，处1万元以上5万元以下的罚款。构成犯罪的，依法追究刑事责任。

碳排放权交易机构及其工作人员、交易主体违反本办法规定，泄露商业秘密、技术秘密或者有构成其他违反交易监管规定行为的，依照其他有关规定处理。

第三十八条　重点排放单位违反本办法第十四条规定，未按时足额缴还碳排放配额的，由省人民政府生态环境主管部门责令限期改正，并处2万元以上3万元以下的罚款；逾期未改正的，对欠缴部分，由省人民政府生态环境主管部门等量核减其下一年度碳排放配额。

第三十九条　重点排放单位违反本办法第二十六条规定，虚报、瞒报温室气体排放报告，或者拒绝履行温室气体排放报告义务的，由省人民政府生态环境主管部门责令限期改正，并处1万元以上3万元以下的罚款。逾期未改正的，由省人民政府生态环境主管部门测算其温室气体实际排放量，并将该排放量作为碳排放配额缴还的依据；对虚报、瞒报部分，等量核减其下一年度碳排放配额。

第四十条　第三方核查机构违反本办法第二十七条第三款规定的，由省人民政府生态环境主管部门予以警告或者通报批评。有违法所得的，处违法所得1倍以上3倍以下，但最高不超过15万元的罚款；没有违法所得的，处1万元以上5万元以下的罚款。

重点排放单位违反本办法第二十七条第四款规定的，由省人民政府生态环境主管部门予以警告或者通报批评，责令限期接受核查。逾期未接受核查的，对其下一年度的碳排放配额按上一年度的碳排放配额减半核定。

第七章　附则

第四十一条　本办法中下列用语的含义：

（一）温室气体：是指大气中吸收和重新放出红外辐射的自然和人为的气态成分，包括二氧化碳（CO_2）、甲烷（CH_4）、氧化亚氮（N_2O）、氢氟碳化物（HFCs）、全氟化碳（PFCs）、六氟化硫（SF_6）和三氟化氮（NF_3）；

（二）碳排放：是指煤炭、石油、天然气等化石能源燃烧活动和工业生产过程以及土地利用变化与林业等活动产生的温室气体排放，也包括因使用外购的电力和热力等所导致的温室气体排放；

（三）碳排放权：是指分配给重点排放单位的规定时期内的碳排放额度；

（四）国家核证自愿减排量：是指对我国境内可再生能源、林业碳汇、甲烷利用等项目的温室气体减排效果进行量化核证，并在国家温室气体自愿减排交易注册登记系统中登记的温室气体减排量；

（五）本省核证自愿减排量：是指对本省行政区域内温室气体减排项目实施效果进行量化核证并登记的温室气体减排量；

（六）价格发现：是指主管部门在特定阶段向市场投放一定数量的碳排放配额，市场通过公开竞争形成权威性价格过程，为市场各方提供价格预期。

第四十二条　本办法自2024年3月1日起施行。湖北省人民政府2014年4月4日公布的《湖北省碳排放权管理和交易暂行办法》（湖北省人民政府令第371号）和湖北省人民政府2016年9月26日公布的《关于修改〈湖北省碳排放权管理和交易暂行办法〉第五条第一款的决定》（湖北省人民政府令第389号）同时废止。

二、湖北省人民政府规范性文件

省人民政府办公厅关于做好中国（湖北）自由贸易试验区第七批改革试点经验复制推广工作的通知（摘录）

发文机构：湖北省人民政府办公厅

文号：鄂政办发〔2023〕1号　发文日期：2023年1月10日

一、复制推广事项

（一）在全省复制推广的改革事项（11项）。

3.“首贷担”助力小微企业信用培植。

二、相关工作要求

（一）提高政治站位。复制推广自贸试验区改革试点经验，是我省大力推进制度型开放、全面提升对外开放水平、加快建设全国构建新发展格局先行区的重要举措。各地各有关部门要全面贯彻党的二十大精神，认真落实省第十二次党代会关于“高质量建设湖北自贸试验区升级版”的部署要求，认真组织做好相关改革试点经验的复制推广工作，确保取得实效。

（二）认真组织实施。各地各有关部门要对照《中国（湖北）自由贸易试验区第七批改革试点经验复制推广工作任务分工表》，制定工作方案，明确具体措施、时间节点、责任人和可检验的成果形式，并于2023年4月15日前报省自贸办（联系人：戴辉；联系电话：027-85570199）。有关复制推广事项详情，可咨询省自贸办或省相关责任部门。

（三）加强督促指导。各地各有关部门要加强宣传解读和跟踪指导，及时协调解决复制推广过程中遇到的困难和问题，确保复制推广工作按时完成，并于2023年9月30日前向省自贸办报送复制推广工作完成情况。省自贸办要加强统筹协调，定期督促检查、总结评估复制推广工作进展情况及其成效，及时向省政府报告。

附件：中国（湖北）自由贸易试验区第七批改革试点经验复制推广工作任务分工表

附件

中国（湖北）自由贸易试验区第七批改革试点经验复制推广工作任务分工表

序号	改革事项	主要内容	责任部门	推广范围	时限
3	“首贷担”助力小微企业信用培植	推出“首贷担”产品，通过信用担保的方式有效帮助企业解决经营过程中的资金困难，为小微企业在银行获取的首笔经营性贷款提供政策性担保，更大程度满足大部分小微企业50万元以下的首次融资诉求，帮助企业建立在银行金融机构的履约记录，做好信用培植。	中国人民银行武汉分行、省地方金融监管局	全省	2023年8月31日前

省人民政府办公厅印发关于更好服务市场主体推动经济稳健发展接续政策的通知（摘录）

发文机构：湖北省人民政府办公厅

文号：鄂政办发〔2023〕6号　发文日期：2023年4月3日

关于更好服务市场主体推动经济稳健发展接续政策

一、精准扩大有效投资

（一）加快技术改造投资升级。进一步发挥技术改造在稳增长、扩投资、促转型等方面的积极作用，加快传统产业转型升级，巩固新兴产业发展势能，聚焦五大突破性发展优势产业等先进制造业、农产品加工、产业数字化转型、重点领域节能降碳改造升级等“稳当前、增后劲”的重点领域产业项目，鼓励政银担联动发力，引导省内金融机构投放不低于200亿元的优惠利率专项贷款，力争撬动直接投资1000亿元以上。统筹省级财政资金，对2023年3月1日至10月1日新增重点领域技术改造贷款贴息2.5个百分点，期限两年，贴息后实际利率原则上不超过2%。（责任单位：省发改委、省经信厅、省财政厅，人民银行武汉分行）

（二）推动工业投资扩产见效。坚持以工业之进支撑全省经济之稳，紧盯65个产值过十亿元、706个产值过亿元的工业重大增长点，健全完善调度督导机制，对当年投产达效的重大制造业项目视效益情况给予项目单位分档奖励。省级制造业高质量发展专项可对投资过亿元项目采取分期安排、提前下达方式，对过十亿元重大项目续建扩建加强连续支持，推动项目尽早投产。建立重大项目金融支持“白名单”，固定资产投资亿元以上项目融资对接率达到100%。（责任单位：省经信厅、省发改委，人民银行武汉分行，各市、州、县人民政府）

（五）发挥投资基金引导作用。制定出台省政府投资引导基金管理办法，加强省与市县联动，联合打造总规模超过2000亿元的湖北省政府投资基金群。按照“政府引导基金+国资母基金”两翼发展模式，发挥引导撬动作用，重点围绕长江经济带、三大都市圈、五大突破性发展优势产业、数字经济等战略发展规划和产业布局，支持设立分母基金或专项基金，带动各类资本参与。省级财政2023年完成100亿元省科创天使母基金首期出资。（责任单位：省财政厅、省政府国资委，长江产业投资集团，各市、州、县人民政府）

二、加快消费恢复提振

（六）创新消费信贷支持方式。支持省内金融机构增加消费信贷规模，降低贷款利率，鼓励消费升级。统筹金融机构现有消费信贷产品，设立湖北消费贷500亿元，首期安排300亿元，鼓励省内居民汽车购置、住房装修、家电家具耐用品等线下信贷消费。对2023年4月1日至12月31日个人新增单笔消费贷达到1万元的，省级财政按照年化利率1.5%、期限两年、最高累计3000元予以贴息，助力激发消费需求。（责任单位：省商务厅、省财政厅，人民银行武汉分行）

三、推动外贸扩容提质

（十一）开展新一轮“楚贸贷”分险补偿。2023年省级设立5000万元“楚贸贷”资金，通过政府风险补偿、出口信用保险等方式，调动银行信贷投放积极性，加大对小微外贸企业的支持力度，单户企业最高可融资1500万元，在银行自主决策、风险可控的基础上，力争全年发放额度达到10亿元。（责任单位：省商务厅、省财政厅）

（十二）推行出口退税“即出即退”。省内符合条件的出口企业，在货物离境后凭出口货物报关单等可向“出口退税速E通”实施主体申请退税项下的融资贷款，可由省级专项资金贴息，融资利率不高于同期贷款市场报价利率。加快搭建“数智通”出口退税综合服务平台，推行数字化单证备案，压缩企业单证准备时间，加快退税业务办理进度。（责任单位：省商务厅、省财政厅、省税务局，中国银行湖北省分行）

四、加大援企稳岗力度

（十九）加大创业担保贷款支持。进一步发挥创业担保贷款政策效能，力争2023年全省新增贷款超过400亿元，年末全省贷款余额超过600亿元，带动新增就业30万人，财政贴息后贷款平均利率控制在2.5%以内。将符合条件的个人创业者（含个体工商户）创业担保贷款额度由20万元提高至30万元，对20万元以内的贷款由中央、省级和市县按规定继续给予贴息支持；对超出20万元的部分，鼓励市县贴息支持。加大小微企业创业担保贷款支持力度，对300万元以内贷款由中央、省级和市县按规定继续给予贴息支持，对超出300万元的部分，省级和市县按照1∶1的比例予以贴息支持。（责任单位：省财政厅、省人社厅，各市、州、县人民政府）

（二十一）实施金融助企稳岗。对成立时间、用工人数达到条件且按时足额发放职工工资、缴纳社会保险的小微企业，可通过当地中国银行分支机构便捷审批通道申请稳岗扩岗专项贷款，单户授信额度最高3000万元，贷款利率原则上不超过4%。鼓励各地与当地银行分支机构协商加大利率优惠力度，提供信用授信、提高授信额度和无还本续贷等差异化支持。（责任单位：省人社厅，中国银行湖北省分行，各市、州、县人民政府）

五、持续深化降本减负

（二十三）减轻企业资金周转成本。加快建设覆盖全省的中小微企业应急转贷纾困服务体系，发挥省级5亿元应急纾困基金牵引作用，引导市州配套安排，扩大政策覆盖面，力争全年发放应急转贷资金400亿元，企业日使用费率不超过市场过桥资金平均水平，切实缓解实体经济资金周转困难。（责任单位：人民银行武汉分行、省财政厅，湖北宏泰集团，各市、州、县人民政府）

（二十四）提供低成本融资支持。支持中小微企业（含个体工商户）利用政府采购合同开展线上融资，鼓励金融机构实行无担保、无抵押贷款并给予20%利率优惠，省级财政按照金融机构2023年新发放“政采贷”额度2‰给予奖励。对道路货物运输企业、物流配送企业、道路普通货物运输个体工商户、个体普通货运车辆车主符合要求的贷款，按贷款本金的100%予以低成本融资支持，执行期限至2023年6月30日。（责任单位：省财政厅、省经信厅，人民银行武汉分行，省交通运输厅、省市场监管局）

六、强化要素功能保障

（二十六）加大金融支持力度。进一步优化信贷结构，支持实体经济发展，2023年全省普惠小微贷款新增1500亿元以上，制造业中长期贷款增速高于全省贷款平均水平。统筹安排不低于100亿元再贷款、再贴现专项额度，为金融机构的供应链融资业务提供资金支持。用好“301”首贷户财政贴息政策，省级财政补贴资金可对市县实行预拨结算。继续统筹资金5亿元，对新型农业经营主体的贷款按不高于年贴息率的2%给予贴息支持，力争撬动社会资本400亿元以上用于农业生产经营。（责任单位：人民银行武汉分行、湖北银保监局，省财政厅、省农业农村厅，各市、州、县人民政府）

以上政策自公布之日起实施，除有明确执行期限的，执行期至2023年12月31日。强化政策落实机制，各责任单位按照部门职能和责任分工，及时制定分项实施细则，推动政策早落地早见效。加大政策宣传力度，充分运用各类媒体，多渠道开展政策宣传解读，不断提高政策知晓度、便利度、执行力。优化资金拨付机制，根据分项实施细则具体规定，可采取提前下达、先预拨再清算等方式加快财政补贴资金支出，保障政策落地。建立跟踪督办机制，各地各部门要知责而担、加快行动，政策落实纳入省政府督查内容。完善政策评估机制，及时了解政策执行情况，加强政策优化调整，确保市场主体应享尽享。

省人民政府办公厅关于印发湖北省促进个体工商户发展若干措施的通知（摘录）

发文机构：湖北省人民政府办公厅

文号：鄂政办发〔2023〕9号　发文日期：2023年4月7日

湖北省促进个体工商户发展若干措施

三、强化金融支持

（十一）降低支付手续费。鼓励银行为个体工商户在同一银行开立的首个或指定一个单位结算账户开户手续费实行不低于5折优惠，免收单位结算账户管理费和年费，现实收费低于上述标准的，鼓励继续执行。鼓励对一定金额以下的对公跨行转账汇款实行优惠，优惠后价格不高于现行公示价格9折。取消支票工本费、挂失费，取消本票和银行汇票手续费、工本费、挂失费。支持银行、非银行支付机构落实支付手续费其他减免政策。其中，票据业务执行期限为长期，其余措施执行期限至2024年9月30日。（责任单位：人行武汉分行、湖北银保监局）

（十二）扩大信贷规模。2023年，安排支小再贷款额度不低于240亿元。完善个体工商户信用评价体系，提升信用贷款支持水平，力争2023年全省新增个体工商户经营性信用贷款200亿元。（责任单位：人行武汉分行、湖北银保监局）

（十三）加大担保增信力度。引导政府性融资担保机构通过创新产品、优化流程等措施,加大对个体工商户的增信服务力度,力争做到"能担尽担"。落实降低费率要求,政府性融资担保机构在可持续经营的前提下,将个体工商户担保费率降至1%以下。各地建立并落实政府性融资担保机构资本金补充、风险补偿、保费补助、业务奖补等"四补"机制,探索建立对个体工商户担保费的差额补贴机制。(责任单位:省地方金融监管局、省财政厅,人行武汉分行、湖北银保监局,各市、州、县人民政府)

(十四)提供专属信贷服务。鼓励银行业金融机构根据个体工商户特点,开发专属信贷产品,推广随借随还贷款模式,扩大信用贷款支持。结合"楚天贷款码"推广,推动首贷拓展行动,对接个体工商户首贷户融资需求,不断扩大首贷覆盖面。(责任单位:人行武汉分行、湖北银保监局)

(十五)创新金融产品模式。持续推进个体工商户登记基本信息、抵押质押等信息归集与共享。支持个体工商户入驻"鄂融通"平台,银行机构加快应用平台信用信息归集共享优势,创新线上金融产品,加大"301"业务模式(3分钟申请、0人工干预、1键式提款)的宣传和推广力度,提升个体工商户融资效率。(责任单位:省地方金融监管局、省市场监管局,人行武汉分行、湖北银保监局)

(十六)优化创业担保贷款及贴息政策。符合条件的个人(含个体工商户),可申请额度不超过30万元、期限不超过3年的创业担保贷款及贴息,贷款超过20万元的部分,各地可根据实际情况安排贴息,省级财政统筹按照各地当年新发放创业担保贷款规模的1%奖补。有条件的地方可加大个人(含个体工商户)创业担保贷款贴息力度。对经营困难的个体工商户在2023年6月底前到期的创业担保贷款,可向经办银行申请贷款展期,展期期限原则上不超过1年。对还款积极、带动就业能力强、创业项目好的个体工商户,可继续申请创业担保贷款及贴息,但累计次数不得超过3次。(责任单位:省财政厅、省人社厅,人行武汉分行,各市、州、县人民政府)

(十七)优化征信管理服务。对个体工商户因疫情影响未能及时还款的逾期信贷业务,经金融机构根据疫情期间相关要求认定后,可不作为逾期记录报送;已经报送的,按征信纠错程序予以调整。(责任单位:人行武汉分行)

四、支持创业创新发展

(二十四)加强知识产权培育和服务。引导金融机构加大注册商标专用权质押贷款等知识产权质押贷款推广力度,鼓励第三方机构为个体工商户知识产权质押融资提供价值评估服务。鼓励支持个体工商户提升知识产权创造运用水平,增强市场竞争力。(责任单位:省市场监管局、省知识产权局,各市、州、县人民政府)

(二十五)支持参与政府采购。深入实施"政采贷",支持个体工商户利用政府采购合同向银行融资,融资利率原则上比同期同类企业流动资金贷款利率低20%以上,不另行收取任何费用和附加其他任何条件。(责任单位:省财政厅、省经信厅、省交易〈采购〉中心,人行武汉分行,各市、州、县人民政府)

以上各项政策措施除明确规定时限外,有效期3年。

省人民政府办公厅印发关于促进专精特新中小企业高质量发展若干措施的通知(摘录)

发文机构:湖北省人民政府办公厅

文号:鄂政办发〔2023〕13号 发文日期:2023年4月27日

关于促进专精特新中小企业高质量发展若干措施

三、提升知识产权创造保护运用水平。深入实施知识产权质押融资入园惠企专项行动,有效组织专精特新专场对接活动,服务企业投融资需求。(责任单位:省知识产权局、省发改委、省科技厅、省司法厅、省商务厅、省地方金融监管局,各市、州、县人民政府)

七、强化上市培育。鼓励各地结合实际出台相关奖励和补贴优惠政策,支持专精特新中小企业进行股份制改造,完善公司治理、规范运营管理。积极推动武汉股权托管交易中心高标准建设"专精特新"专板,优化企业挂牌展示、托管交易、投融资和培训辅导综合服务。建立专精特新中小企业上市后备资源库,完善遴选培育工作机制,优先支持专精特新中小企业进入上市"金种子""银种子"企业库,充分发挥沪深北交易所服务湖北基地功能,做好上市梯次培育和分类指导,全面落实企业上市分阶段奖励政策,推动更多专精特新中小企业到新三板挂牌和境内外资本市场上市融资。(责任单位:省地方金融监管局、湖北证监局、省经信厅)

九、加强财政金融支持。充分利用现有政策资金,加大对专精特新中小企业的支持力度。对国家认定的专精特新"小巨人"企业,省财政给予一次性50万元奖励。鼓励各市州县制订专精特新中小企业奖励政策,对期满三年通过复核的专精特新"小巨人"企业给予一定奖励。专精特新中小企业申请工业技改补助,总投资门槛由2000万元调整为1000万元,取消设备投资下限,省级按照生产性设备购置金额(含必要的数字化软件项目等)的8%给予最高1000万元补贴。积极组织专精特新中小企业参加金融"早春行"活动,建立专精特新中小企业名单推送共享机制,鼓励银行业金融机构量身定制金融服务方案,打造专属信贷产品。鼓励中小企业信用担保机构重点面向专精特新中小企业,扩大融资担保规模,降低担保费率,对绩效显著、工作突出的融资担保机构给予一定的资金奖补。完善社会信用体系,建立健全信用信息归集共享查询机制,缓解银企信息不对称问题,为专精特新中小企业增信。鼓励政府采购向专精特新中小企业倾斜,同等条件下优先采购专精特新中小企业产品或专利密集型产品、服务。专精特新中小企业科技创新产品、服务首次投放市场的,在功能、质量等指标能够满足政府采购需求的条件下,政府采购应当率先购买,不得以商业业绩为由进行限制。各地应当根据实际情况,在本级财政预算中安排中小企业发展专项资金,引导支持中小企业专精特新发展。(责任单位:省财政厅、省经信厅、省发改委、省地方金融监管局,人民银行武汉分行、湖北银保监局,各市、州、县人民政府)

省人民政府办公厅印发关于进一步降低企业成本若干措施的通知(摘录)

发文机构:湖北省人民政府办公厅

文号:鄂政办发〔2023〕20号　发文日期:2023年6月13日

关于进一步降低企业成本的若干措施

二、进一步降低融资成本

(四)加大融资支持力度。各地建立金融支持重点企业"白名单",鼓励金融机构对短期偿付压力较大但符合支持条件的企业或项目,在风险可控、自主协商的基础上,予以贷款展期、延期还本付息等支持;对经营指标有劣变趋势但基本面仍然可控、及时"输血"有望恢复的企业,给予增量贷款。(牵头单位:湖北银保监局;责任单位:人行武汉分行、省地方金融监管局)

(五)提高信用贷款比重。全面推广"三分钟申贷、零人工干预、一秒钟放款"的"301"线上快贷服务模式,加快发展数字金融。加大"鄂融通"平台等涉企信用信息归集共享和开发利用力度,推广"银税贷""信易贷"等系列信用贷款产品,积极探索"亩均英雄贷"金融服务模式。对国家级专精特新"小巨人"企业和省级专精特新中小企业,分别给予1000万元和500万元以内信用贷款。鼓励各地贷款风险补偿和贴息资金等优先支持纯信用贷款产品。(牵头单位:人行武汉分行;责任单位:省地方金融监管局、湖北银保监局、省税务局、省自然资源厅、省经信厅)

(六)积极开展政银担合作。落实省再担保集团、政府性融资担保机构、银行和地方政府的四方风险分担机制。落实政府性融资担保机构尽职免责实施办法,充分发挥融资担保增信功能。落实政府性融资担保机构资本金补充、风险补偿、保费补助和业务奖补等"四补"机制,引导和激励政府性融资担保(再担保)机构做大业务规模,在保障可持续经营的情况下,政策性担保平均担保费率不高于1%。(牵头单位:省地方金融监管局;责任单位:人行武汉分行、省财政厅、湖北银保监局、省经信厅、湖北宏泰集团)

(七)支持开展"政采贷"。推进全省线上"政采贷"全覆盖,支持中小微企业利用政府采购合同开展线上融资,鼓励金融机构实行无担保、无抵押贷款并给予20%利率优惠,省级财政按照金融机构2023年新发放"政采贷"额度2‰给予奖励。(牵头单位:省财政厅;责任单位:人行武汉分行、省经信厅)

(八)减轻企业资金周转压力。加快建设覆盖全省的中小微企业应急转贷纾困服务体系,市(州)和县(市、区)设立应急纾困专项资金,省级应急纾困基金按一定比例予以支持,发挥引导作用,推动各金融机构积极参与,扩大政策覆盖面。规范企业应急转贷业务操作流程,简化办理程序,缩短办理时间,降低使用费率。(牵头单位:省财政厅;责任单位:省地方金融监管局、人行武汉分行、湖北银保监局、省经信厅、湖北宏泰集团)

(九)加强产业基金支持。充分发挥省级政府性股权投资基金作用,推动政府引导基金和国资母基金联动发展。对全省51020现代产业集群项目,实际总投资20亿元以上的,可采取"一事一议"方式给予支持,鼓励省级政府性股权投资基金优先进行股权投资,发挥引导基金招商赋能和产业导入功能。(牵头单位:省财政厅;责任单位:省政府国资委、长江产业投资集团)

(十)创新金融产品。鼓励实施整链授信,引导金融机构开展应收账款、订单仓单等质押贷款业务,加大对重点产业链核心企业和链属中小微企业的供应链金融服务。出台知识产权质押融资实施办法,积极探索开展排污权等环境权益抵押融资业务,支持企业绿色转型发展。(牵头单位:人行武汉分行;责任单位:省地方金融监管局、湖北银保监局、省知识产权局、省生态环境厅)

(十一)优化金融服务。运用"楚天贷款码"对接全省中小企业融资信用等平台,实现中小微企业线上一站式查询,为银企融资搭建"绿色通道"。严格执行信贷业务"七不准"与服务收费"四公开"规定,减免银行账户服务等支付手续费。(牵头单位:湖北银保监局;责任单位:人行武汉分行、省地方金融监管局)

七、进一步降低市场开拓成本

(二十九)完善国际贸易"单一窗口"功能。加快国际贸易"单一窗口"建设,为广大进出口企业搭建公共信息平台,实现口岸各部门间的信息共享和业务协同,提供集约化、一站式服务。拓展"单一窗口"平台"通关+物流""外贸+金融"功能,推动相关物流单证电子化流转及线上办理,为企业办理线上贸易外汇收支业务。(牵头单位:省商务厅;责任单位:武汉海关、人行武汉分行)

八、进一步降低制度性交易成本

(三十二)规范中介服务。坚决整治行政机关指定中介机构垄断服务、干预市场主体选取中介机构等行为,依法查处中介机构借助行政影响力强制或变相强制收费行为。全面实施行政权力中介服务清单管理,规范环境检测、招标代理、政府采购代理、产权交易、融资担保评估等中介服务收费。（牵头单位：省发改委；责任单位：省生态环境厅、省公共资源交易监管局、省财政厅、省住建厅、省政府国资委、省市场监管局、省地方金融监管局）

本措施自印发之日起施行，除有专门规定期限以外，有效期至 2023 年 12 月 31 日。

省人民政府办公厅关于印发促进外资扩增量稳存量提质量若干措施的通知（摘录）

发文机构：湖北省人民政府办公厅

文号：鄂政办发〔2023〕21 号　发文日期：2023 年 7 月 7 日

关于促进外资扩增量稳存量提质量的若干措施

一、强化投资服务，扩大外商投资增量

（三）发挥政府产业基金引导作用。鼓励各级政府产业基金为重大外资项目落地提供资金支持，在投资收益方面加大让利力度。开展合格境外有限合伙人（QFLP）试点，吸引更多境外投资人和境外资金集聚湖北。用好长江产业投资集团等机构国际合作方网络，撬动更多外资优质项目落户。（牵头单位：省政府国资委，各市州人民政府；责任单位：人行武汉分行、省地方金融监管局、省发改委、省商务厅、湖北证监局）

二、优化营商环境，稳定外商投资存量

（七）优化外资企业金融服务。支持符合条件的跨国公司开展跨境资金集中运营业务，提高跨境资金统筹使用效率。简化跨境人民币结算流程，支持外资企业使用人民币进行跨境结算。引导符合条件的外资企业在主板、科创板、创业板、北交所和新三板上市挂牌，在境内外发行债券。鼓励金融机构增加对重大外资项目的贷款金额和投放力度，提供专项贷款利率优惠。扩大外资企业出口信用保险融资和出口退税质押融资规模，增强外资企业融资能力。（牵头单位：人行武汉分行；责任单位：省地方金融监管局、湖北银保监局、湖北证监局、中信保湖北分公司，各市州人民政府）

三、引导投资方向，提升外商投资质量

（十二）加快外资企业绿色低碳升级。支持外资企业加快布局“双碳”发展新赛道，强化节能降碳和资源循环利用，建设绿色低碳工厂，打造绿色供应链。支持外资企业参与湖北省绿色低碳园区建设，加大绿色低碳技术研发和推广应用，加强绿色低碳科技创新，推进湖北绿色低碳发展，助力全国碳金融中心建设。（牵头单位：省发改委；责任单位：省生态环境厅、省经信厅、省科技厅，各市州人民政府）

以上措施自文件印发之日起施行，有效期 3 年。

省人民政府办公厅印发关于优化调整稳就业政策惠企利民促发展若干措施的通知（摘录）

发文机构：湖北省人民政府办公厅

文号：鄂政办发〔2023〕22 号　发文日期：2023 年 7 月 8 日

关于优化调整稳就业政策惠企利民促发展的若干措施

一、激发企业活力推动就业扩容提质

（二）支持金融助企稳岗扩岗。鼓励金融机构面向吸纳就业人数多、稳岗效果好且用工规范的实体经济和小微企业发放贷款，支持其稳岗扩岗。对成立时间、用工人数达到条件且按时足额发放职工工资、缴纳社会保险的小微企业，可通过当地中国银行分支机构便捷审批通道申请稳岗扩岗专项贷款，单户授信额度最高 3000 万元，贷款利率原则上不超过 4%。继续保持小微企业信贷服务增量扩面态势，全面推广“301”线上快贷服务模式，加大小微企业信用贷款支持。发挥全省各级应急转贷服务体系作用，帮助小微企业更好实现资金接续。（责任单位：人行武汉分行、省人社厅、省财政厅、省地方金融监管局、湖北银保监局，各市、州、县人民政府）

（三）发挥创业带动就业倍增效应。实施重点群体创业推进行动，聚焦高校毕业生、农民工、残疾人等群体创业需求，支持其创办投资少、风险小的创业项目，从事创意经济、个性化定制化文化业态等特色经营。落实创业担保贷款及贴息政策，将符合条件的个人创业者创业担保贷款最高额度提高至 30 万元，省级财政统筹按照当年新发放创业担保贷款规模的 1%奖补。加大小微企业创业担保贷款支持力度，对 300 万元以内贷款由中央、省级和市县按规定继续给予贴息支持，对超出 300 万元的部分，省级和市县按照 1∶1 的比例予以贴息支持。创业担保贷款借款人因自然灾害、重特大突发事件影响流动性遇到暂时困难的,可申请展期还款,期限原则上不超过1年,政策实施期限截至2023年12月31日。(责任单位:省财政厅、省人社厅、人行武汉分行、省市场监管局、省残联,各市、州、县人民政府)

省人民政府关于印发加快“世界光谷”建设行动计划的通知(摘录)

发文机构:湖北省人民政府

文号:鄂政发〔2023〕12号　发文日期:2023年9月5日

加快“世界光谷”建设行动计划

一、勇担职责使命,把握“世界光谷”建设总体要求

(三)建设“世界光谷”的奋斗目标。

表1　“世界光谷”建设主要目标

序号	指标名称(单位)	2022年基础	2025年目标
1	地区生产总值(亿元)	2643	5000
2	光电子信息产业规模(亿元)	4000	7000
	带动武鄂黄黄光电子信息产业规模(亿元)	-	>10000
3	研发经费投入年均增长(%)	-	* 14
4	①集聚全球顶尖科学家(人)	78	90
5	每万人口高价值发明专利拥有量(件)	107	115
6	海外发明专利授权量(件)	1313	1500
7	千亿级科技领军企业(家)	0	1
8	高新技术企业(家)	5249	10000
9	上市企业(家)	60	100
10	进出口总额年均增速(%)	-	* 15

注:* 为“十四五”期间年均增长率

①包括诺贝尔奖、图灵奖、菲尔兹奖、国家最高科学技术奖等科学奖项获得者,中国科学院、中国工程院及海外发达国家(地区)院士等。

——世界一流的科研平台。

——世界一流的人才队伍。

——世界一流的领军企业。

——世界一流的科创金融。引领支撑武汉打造全国科创金融改革试验区,科技创业和风险投资活跃度居全球前列,形成支持颠覆性创新的长效投入机制和有利于科技产业蓬勃发展的低成本、全周期资本聚集效应。

——世界一流的体制机制。

四、优化要素资源配置,打造世界级活力生态涵育地

(三)强化科技与金融深度融合。

大力集聚金融服务机构。加快建设光谷科创金融城,引导银行、证券、保险等机构集聚。加快培育法人持牌金融机构,支持设立专注服务科技创新企业的科技银行、保险公司。支持各类金融机构在东湖高新区设立总部直属科创金融专营机构。做大做强本地金融控股集团。支持各金融机构在东湖高新区设立理财子公司。打造中部地区风投创投中心,加大政府引导基金投入,引进集聚一批全国知名创投机构,培育一批全国知名本土创投机构。到2025年,私募基金及基金管理人达到1000家。

深入探索科创金融服务新模式。打好“财政政策+金融工具”组合拳,深化融资租赁资产证券化、中小企业债权融资风险补偿、应急转贷引导基金等模式创新。深入开展合格境外有限合伙人境内投资(QFLP)试点。建设光谷金融数据专区,深化“政策沙盒+光谷金融大脑”建设模式,联合金融机构及核心企业构建产业数字金融应用场景。完善政府、银行、保险、担保等多位一体的科技融资支持体系,打造科创金融协同发展新模式。

提升资本市场运用水平。深入实施上市“金种子”培育工程,壮大上市企业后备库,联合各部门、金融机构、交易所等各方力量夯实上市服务团队,为企业上市提供全方位全过程服务。抢抓资本市场改革红利,紧密围绕后备企业上市过程中的痛点难点问题,推动企业提高知识产权保护意识,创新知识产权证券化产品。加强与上交所联动,探索建立科创板上市“绿色通道”机制,为上市后备企业登陆资本市场提供有力支撑。到2025年,力争上市企业达到100家。

高质量建设东湖科技保险示范区。做强东湖科技保险发展促进中心,鼓励保险机构研发符合科创企业特点的专项保险产品。大力发展贷款保证保险、首台(套)重大技术装备保险、新材料首批次应用保险、产品研发责任保险、知识产权保险和出口信用保证保险产品。加强与保险总部机构战略合作,引导保险资金投向重大基础设施和重大产业项目。

六、加强统筹保障,汇聚“世界光谷”建设强大合力

(二)加强政策支持,完善“世界光谷”建设法律法规体系。

研究出台“世界光谷”建设专项支持政策,加强先行先试,加大对世界级光电子信息产业集群发展支持力度,围绕重大创新平台建设、人才引进培养、关键技术攻关、科技领军企业培育、科创金融服务、开放合作等方面出台突破性、超常规举措。加强各级政策集成应用,形成政策合力。完善各类创新政策跟踪评估及动态调整机制,定期对政策实施情况进行监测评估,根据政策执行效果及时进行修正和完善。推动出台科技创新中心、数字经济发展等相关地方性法规,营造良好的法制环境。

(三)加大资金投入,打造千亿级产业投资基金群。

加大东湖科学城建设财政专项资金投入,加强新增债券、再融资债券支持。引导社会资本与财政资金联合支持重大前沿科研项目,鼓励非政府引导基金出资的社会私募基金投资光谷科技创新项目。按照“一集群一基金”思路，以市场化方式，组建总规模达千亿级的产业基金群。发挥省集成电路基金和国家集成电路产业投资基金协同功能，支持企业对接国家新兴产业创业投资引导基金、制造业转型升级基金、中小企业发展基金进行股权融资。加大省制造业高质量发展专项、省科技创新专项等资金支持力度。

省人民政府办公厅关于印发湖北省数字化赋能中小企业转型行动方案（2023—2025 年）的通知（摘录）

发文机构：湖北省人民政府办公厅

文号：鄂政办发〔2023〕44 号　发文日期：2023 年 12 月 16 日

湖北省数字化赋能中小企业转型行动方案（2023—2025 年）

三、保障措施

13.加大财税金融支持。将支持中小企业数字化改造作为企业培育的重要工作内容，省制造业高质量发展专项资金对符合条件的中小企业数字化改造项目给予支持。鼓励各地按照“企业出一点、服务商让一点、政府补一点”的思路，加大对中小企业数字化转型支持力度。充分发挥总规模 100 亿元的省数字经济产业基金作用，引导社会资本支持中小企业数字化转型。鼓励金融机构推出面向中小企业数字化转型的专项产品服务，设立中小企业数字化转型专项贷款，拓宽中小企业转型融资渠道。（责任单位：省财政厅、省经信厅、省政府国资委、省地方金融监管局，人行湖北省分行，长江产业集团，各市、州、县人民政府）

三、湖北省人民政府其他政策文件

省人民政府办公厅关于印发 2023 年全省“稳预期、扩内需、促消费”工作方案的通知（摘录）

发文机构：湖北省人民政府办公厅

文号：鄂政办函〔2023〕1 号　发文日期：2023 年 1 月 10 日

2023 年全省“稳预期、扩内需、促消费”工作方案

二、重点工作

（一）增强信心稳预期行动。着力解决信心不足、民间投资意愿不强等问题，切实稳定民企、国企、外企预期。（牵头单位：省经信厅）

2.推动国企敢干。深入实施国有企业高质量发展五年行动，完善国有企业现代公司治理。推动 8 家省属文化企业全方位改革，加快组建湖北供销集团，以建立现代金融企业为方向推动省农信联社改革。（责任单位：省政府国资委、省委宣传部、省财政厅、省地方金融监管局、湖北银保监局、人行武汉分行、省供销社、省农信联社等）

（二）降本减负优环境行动。从供需两端发力、细化实化助企纾困政策，做到应延尽延、应免尽免，持续优化营商环境，助力市场主体持续健康发展。（牵头单位：省发改委）

4.持续做好惠企纾困。出台实施更好服务市场主体推动经济稳健发展的政策措施。加强援企稳岗、租金减免、融资担保、贷款贴息、应急转贷纾困等支持。优化税费优惠政策精准推送机制，不折不扣落实中央组合式减税降费政策。再研究推出一批针对中小微工业和服务业企业帮扶政策，常态化开展企业帮扶活动，切实解决企业生产经营中遇到的困难。（责任单位：省财政厅、省税务局、省发改委、省人社厅、省政府国资委、省地方金融监管局等）

5.持续优化营商环境。深入落实以控制成本为核心的优化营商环境“47 条”，切实降低企业用工、用能、物流、融资和制度性交易成本。（责任单位：省发改委、省公安厅、省交通运

输厅、省政务办等）

6.加快帮扶企业成长。实施市场主体壮大工程，大力支持"个转企""小进规""规改股""股上市"，力争全年新增规上工业企业1500家以上。出台支持专精特新企业发展专项措施。帮助企业拓展市场，进一步加大政府采购支持中小企业力度，面向中小企业预留更多份额。（责任单位：省经信厅、省市场监管局、省财政厅、省交易〈采购〉中心等）

（三）消费恢复和扩大行动。尽量压减疫情传播对消费复苏的影响时长，鼓励康复人群出门消费、活跃市场，全年社会消费品零售总额增长10%以上。（牵头单位：省商务厅）

10.提振大宗消费。启动燃油车购车"油"礼、新能源车下单有礼等活动，继续实施二手车经销商贷款贴息政策，开展"车行楚天""智趣生活"等主题活动，促进汽车、家电消费。（责任单位：省商务厅、省财政厅等）

（四）楼市保稳促转型行动。因城施策支持刚性和改善性住房需求，促进房地产市场在全国率先企稳、加快转型。（牵头单位：省住建厅）

13.稳市场。丰富完善政策工具箱，落实财税政策和差别化信贷政策，合理调节贷款首付比例和利率，保持贷款平稳有序增长。鼓励各地采取支持人才购房、购房补贴、展销促销等措施，支持刚性和改善性需求。（责任单位：省住建厅、省财政厅、省自然资源厅、省税务局、人行武汉分行、湖北银保监局等）

14.化风险。落实好保交楼、保民生、保稳定工作，加快项目建设交付，加快推动已售逾期难交付项目建设交付。畅通房企融资渠道，推动行业重组并购，有效防范化解优质房企风险。（责任单位：省住建厅、人行武汉分行、省地方金融监管局、湖北银保监局、湖北证监局等）

15.促转型。坚持"房子是用来住的、不是用来炒的"定位，满足行业合理融资需求，推动房地产行业向高质量发展模式平稳过渡。加快推进解决从事基本公共服务人员住房困难问题，推动试点工作由市州本级向所属市、县延伸，实现全省覆盖，力争为新市民、青年人等筹集保障性租赁住房10万套（间）。实施住房公积金"双千亿"工程，新增缴存1100亿元、支持住房消费1100亿元。（责任单位：省住建厅、省财政厅、省发改委、人行武汉分行、湖北银保监局等）

（五）投资攻坚提质效行动。开展重大项目高质量建设年活动，补齐高品质供给短板，确保全年固定资产投资增长10%以上，力争增长15%。（牵头单位：省发改委）

16.抢抓政策机遇。全年争取中央预算内资金200亿元以上，新增政府专项债额度1500亿元以上，积极争取国家政策性金融工具支持，加快推进7919个亿元以上项目尽快开工，全力推进6727个亿元以上续建项目加快建设。要落实"要素跟着项目走"机制，推动资金、土地、能耗、排放、配套设施等要素资源向重大项目倾斜。（责任单位：省发改委、省财政厅、省经信厅、省自然资源厅、省生态环境厅、省住建厅、省能源局、省地方金融监管局等）

17.加强基建投资。推动流域综合治理、交通、能源、水利、新基建和市政基础设施投资达到7000亿元，加大停车场、充电桩、城乡流通体系、"一老一小"等消费基础设施投资力度。省级安排专项资金对投资运行和项目建设成效显著地方予以奖励。积极稳妥推出一批基础设施领域不动产信托基金（REITs）、政府和社会资本合作（PPP）等项目，对投资额1亿元及以上的当年新入库、落地PPP项目，省级给予一次性奖励。（责任单位：省发改委、省财政厅、省住建厅、省交通运输厅、省水利厅、省地方金融监管局、省能源局等）

（七）金融助企惠融资行动。引导和支持金融机构加大信贷投放力度，力争全年新增贷款8000亿元。（牵头单位：人行武汉分行、湖北银保监局、省地方金融监管局）

23.强化对实体经济支持力度。加强对制造业、科技创新等领域的金融服务，制定出台金融支持武汉科创中心建设"10条"，探索形成"科技—产业—金融"良性循环的路径。在制造业、商贸物流业开展供应链金融试点工作。充分发挥重大项目融资平台作用，做好重大项目授信等综合融资服务。（责任单位：省地方金融监管局、省发改委、省科技厅、省财政厅、人行武汉分行、湖北银保监局、湖北证监局等）

24.强化中小微企业信贷支持。大力推广"301"全线上纯信用快速贷款模式和"楚天贷款码"，安排5000亿元以上专项信贷资金支持中小微企业纾困和发展，力争全年新增普惠小微贷款1500亿元。设立省级应急转贷纾困基金，为中小微企业提供短期资金过桥服务。（责任单位：省地方金融监管局、省财政厅、人行武汉分行、湖北银保监局等）

25.强化支持企业多渠道融资。实施资本市场建设"楚天行动"，提高企业上市奖励额度。落实贴息支持政策，鼓励优质企业在境内外发行公司债、企业债等各类债券。设立省级政府投资引导基金，支持企业创新和突破性发展优势产业。（责任单位：省地方金融监管局、省财政厅、省发改委、省科技厅、省经信厅、湖北银保监局、湖北证监局、长江产业集团等）

（十）外贸保稳促增长行动。全年进出口总额增长10%以上。（牵头单位：省商务厅）

31.支持企业开拓国际市场。研究建立"楚贸贷"新型风险增信机制，探索实行出口退税"即出即退"。（责任单位：省商务厅、省发改委、省财政厅、省税务局、武汉海关等）

省人民政府办公厅关于印发湖北省促进政府投资基金高质量发展若干措施的通知(摘录)

发布机构:湖北省人民政府办公厅

文号:鄂政办函〔2023〕22号　发文日期:2023年12月31日

湖北省促进政府投资基金高质量发展若干措施

一、培育更多股权投资市场主体

(一)大力招引股权投资机构。加大对境内外头部投资机构的招引力度,鼓励其在我省设立各类基金及管理机构。对新设或迁入的投资机构,有实际投资项目的,鼓励所在地政府给予一定奖励。

(二)发挥省级引领示范作用。设立首期规模200亿元的省政府投资引导基金,发挥联动效应,支持市县设立区域投资基金,服务地方优势产业发展。鼓励有条件的地方运用参股基金、投贷联动、融资担保等多种方式,引导社会资本加大投入。

(三)引育高水平职业投资人。引导银行、券商、保险等金融投资机构与我省投资机构合作,开展金融服务模式创新。招引外部产业型基金,培育壮大本土投资人,拓宽我省基金募资渠道。积极推动QFLP(合格境外有限合伙人)试点工作开展。

(四)支持龙头企业进军股权投资行业。在不新增政府隐性债务前提下,鼓励在鄂央企、上市公司、省属企业及民营龙头企业设立产业投资基金,整合上下游产业链。

二、推动投资基金业态集聚发展

(五)打造区域股权投资高地。立足三大都市圈建设,支持武汉依托经济金融发展优势和资源禀赋特点,发挥股权投资功能作用,尽快建成具有全国影响力的科技创新中心。支持襄阳、宜昌建设省内区域创新中心,推动形成全省协同互动的基金高地。

(六)培育股权投资集聚区。强化各类创新创业载体的汇聚能力和融资服务水平,吸引聚集国内外优秀投资机构及其投资企业,以及专业服务机构入驻,按规定给予政府优先参股扶持等优惠政策。

(七)搭建高能级资本对接平台。加大与国家级基金合作互动,争取国家基金资源在湖北设立专项基金或投资产业项目。支持举办全球资本大会、长江资本大会等,链接全球创新要素资源,吸引国内外创新创业主体落户。

三、畅通股权投资“募投管退”环节

(八)提升政府投资基金市场化水平。加强制度设计,优化组织架构,减少管理层级。引入市场竞争机制,综合考虑募(配)资能力、产业投资经验、招引项目能力、运营管理能力等条件,择优选聘基金管理机构。健全基金投资决策机制,投资项目交由专业团队自主决策。

(九)加大优质项目供给。鼓励行业主管部门建立备投项目库,定期向投资机构推送优质项目资源。建立高等院校、科研院所与投资机构合作机制,以及上市后备资源库与投资机构名单双向推送对接机制,引导资本投向科技成果转化项目和上市后备企业。

(十)拓宽股权投资退出渠道。支持武汉股权托管交易中心开展股权投资份额转让试点。鼓励国内优秀投资机构在湖北设立并购基金、股权转受让基金(S基金),支持股权投资基金通过公开上市(IPO)、份额转让、协议买卖、实物分配股票等方式退出。

四、形成投资基金发展政策合力

(十一)构建基金投资矩阵。发挥政府投资基金政策导向作用,重点投向天使投资、科技成果转化、绿色低碳、军民融合等省政府鼓励发展的产业和领域。突出国资母基金招大引强功能,重点支持新兴产业发展和重大项目建设。推动各类基金协同有序发展,以投带引构建覆盖全行业、全周期的基金投资矩阵。

(十二)建立省市县联动机制。鼓励上下级政府按照市场化原则互相参股基金,形成财政出资合力。省、市、县级政府共同出资比例原则上不超过50%,省级引导基金参股设立的基金,省内财政及国资出资比例原则上不超过80%。

(十三)强化政策资源统筹衔接。发挥行业主管部门职能作用,统筹基金、专项、国资预算等资金资源,探索建立奖补、贴息、资本金注入等多元化投入机制。

五、营造更加开放宽松发展环境

(十四)建立政府出资让利和激励机制。对投资于偏早期的基金,在退出时,政府出资可以投资收益为限,对社会出资方和基金管理机构给予适当让利。建立基于业绩表现的激励机制,给予核心团队超额收益分享。

(十五)加大科创天使投资支持力度。省楚天凤鸣科创天使基金出资比例由原来最高30%提高至50%。省政府投资引导基金投资省内天使类基金及种子期、初创期的科技型、创新型项目,在收回实缴出资后,可根据返投、产业带动等情况,将全部收益让渡给基金管理机构和其他出资人。

(十六)建立国有创投机构容错免责机制。对于100%投资天使基金、科技成果转化基金等偏早期的基金,以及按比例投资早期基金的综合型基金,允许设置不同容错率,在允许范围内的正常投资亏损按尽职免责原则处理。

(十七)放宽基金返投认定标准。除直投我省企业、对外地企业投资并迁入我省等现有标准外,进一步放宽基金返投认定标准。鼓励基金管理机构主动引荐企业迁入我省(应获得县级及以上招商部门认定),或将企业总部、区域总部、纳税主体、生产基地、研发基地落户我省,或在我省成立子公司形成的新增实缴资本,纳入返投认定范围。

(十八)育强本土创投人才队伍。发挥我省引入的头部基金管理机构,以及我省高等院校、专业投资机构等优势,大力培育本土创投人才。鼓励省属企业及有条件的地方,探索以基金方式对高端人才实施激励的政策措施。

各地各有关部门要高度重视政府投资基金高质量发展工作,建立健全横向联合、纵向联动的工作机制、政策协调机制和信息共享机制,形成各方共同推动基金支持产业发展的新格局。发挥行业协会在行业自律管理和政府与市场沟通中的积极作用,加强政策对接、信息咨询、人才培养等方面能力建设,营造良好发展环境。发挥绩效考核“指挥棒”作用,将国有投资基金纳入全面绩效管理范围,强化结果运用,压实基金投资运作管理各方责任。

四、金融监管(工作)部门政策文件

关于印发《湖北省科创企业创新积分信用贷款业务实施办法(试行)》的通知(摘录)

发文单位:中国人民银行武汉分行、湖北省科学技术厅、湖北省财政厅、湖北省地方金融监督管理局、中国银行保险监督管理委员会湖北监管局

文号:武银〔2023〕35号　发文日期:2023年5月17日

湖北省科创企业创新积分信用贷款业务实施办法(试行)

第一章　总则

第一条　为认真贯彻落实党中央、国务院关于推进科创企业发展的决策部署,深入推进湖北省企业创新积分制应用,增加科创企业有效信贷供给,建立金融服务科创企业“敢贷、愿贷、能贷、会贷”长效机制,提高金融支持科创企业高质量发展的力度和水平,特制定本实施办法。

第二条　本办法所称科创企业创新积分信用贷款(以下简称“创新积分信用贷款”),是指合作银行以科创企业创新积分评价结果为重要参考,向全省科创企业发放的信用贷款,原则上不包含不动产、准货币等资产抵押、动产质押或第三方担保的贷款。

第三条　本办法所称科创企业创新积分评价指标体系包括款业务“政策导向、创新能力、技术成熟度、发展前景和加分项”等指标、指标权重和积分计算方法(详见附1),由省科技厅会同相关主管部门采集基础数据,依托湖北省科创企业“智慧大脑”进行企业创新积分计算。

本办法所称科创企业,是指已获得省科技厅创新积分的科技型中小企业库入库企业和国家高新技术企业。

第四条　鼓励各地夯实中小微企业贷款风险补偿机制,明确风险补偿资金来源和专项额度,与有意向银行机构签订合作协议,为创新积分信用贷款损失切实提供风险补偿。各地创新积分信用贷款工作实施由人民银行分支机构与科技局牵头负责,财政、地方金融监管、银保监等部门根据责任分工配合开展。

第二章　部门职责

第五条　省科技厅作为省级运营管理机构的主管部门,指导建立健全创新积分信用贷款制度体系,督促加大创新积分信用贷款工作推广落实力度,引导各地建立创新积分信用贷款工作机制,切实加强全省科创金融服务体系建设。

第六条　人民银行武汉分行负责全省创新积分信用贷款业务推广,会同省科技厅向银行机构推荐符合业务要求的科创企业,组织政策宣讲和培训活动,指导银行机构开展创新积分信用贷款业务,加大业务实施效果的宣传引导。

第七条　湖北银保监局引导银行机构合规开展创新积分信用贷款业务,指导银行机构按照风险可控原则,简化业务办理流程,提高贷款发放效率,增强金融支持科创企业力度。

第八条　省地方金融监管局根据职能对银行机构创新积分信用贷款业务进行指导,会同相关部门对开展此项业务并取得积极成效的银行机构给予政策扶持。

第九条　省财政厅负责省级风险补偿奖补资金预算编制、资金下达和绩效监督,对各地未按照有关规定如实上报、未准确对贷款风险分类、弄虚作假或与企业合谋套取财政资金的行为追究相关责任。

第三章　运营管理机构

第十条　省科技厅委托授权湖北省高新技术发展促进中心作为省级运营管理机构,承担全省创新积分信用贷款的服务管理工作,具体职责如下:

(一)建立科创企业创新积分指标体系和评价标准,并搭建全省科创积分服务管理平台;

(二)定期更新科创企业创新积分基础数据和评价结果,做好省科创企业“智慧大脑”平台与“楚天贷款码”后台互联互通,及时向银行提供科创企业创新积分评价数据;

(三)指导全省各地积极对接省科创企业“智慧大脑”平台,将创新积分信用贷款的风险损失纳入本地中小微企业贷款风险补偿范围,做好创新积分信用贷款业务推广;

(四)按照省科技厅要求,会同人民银行武汉分行对全省创新积分信用贷款产生的损失进行确认,核实各地风险补偿发生情况,并制定省级奖补资金方案;

(五)建立全省各地创新积分信用贷款业务进展情况的通报制度和绩效评价制度,适时开展跟踪督导。

第十一条　各地参照省级运营管理机构职责自行确定本

级运营管理机构及其职责。运营管理机构的管理服务平台建设运维支出及聘请第三方机构开展绩效评价等费用应纳入同级部门预算管理。

第四章　贷款额度、利率、期限和还款方式

第十二条　单户创新积分信用贷款纳入风险补偿的金额最高不超过3000万元(含),各地可根据实际情况自行确定纳入补偿的贷款额度。

第十三条　创新积分信用贷款利率参考放款日最近一期相应期限贷款市场报价利率(LPR),对纳入"鄂创融"等专项政策工具名单、创新积分评价结果为"重点支持"和"优先支持"的企业,合作银行可给予一定利率优惠。

第十四条　贷款期限原则上为一年(含)以内。对于小微企业可无还本续贷(最长不超过两年),并同步纳入创新积分信用贷款风险补偿范畴。

第十五条　还款方式由合作银行和贷款企业协商确定,既可按月付息、到期还本,也可分期还本付息。

第五章　贷款申请及审批流程

第十六条　办理流程如下:

(一)贷款申请。贷款企业通过"楚天贷款码"融资服务平台,选择"我要申请融资",在线填写融资申请、是否科创企业,勾选意向合作银行和授权银行查询创新积分评价结果的选项;

(二)匹配积分信息。"楚天贷款码"后台向省科创企业"智慧大脑"平台传送企业融资申请材料,省级运营管理机构对其科技属性进行审核,出具《企业创新积分评价信息表》(附2),并通过"楚天贷款码"返回至意向合作银行;

(三)贷款审批发放。合作银行收到贷款企业的融资申请和创新积分数据后,严格实施"1351"融资服务模式,依据贷款企业创新积分评价数据,合理测算贷款企业信用额度和贷款利率,签订贷款合同并按约定放款。

第六章　合作银行

第十七条　合作银行应具备的条件:

(一)在鄂注册或实施区域内设有分支机构的银行;

(二)认可本实施办法及创新积分评价结果,自愿成为创新积分信用贷款业务合作银行;

(三)针对科创企业构建专属信贷审批和信用评价机制,能够对小微型科技企业放宽不良贷款容忍度,可较各项贷款不良率提高不超过3个百分点,要建立相关尽职免责机制,有正常发放创新积分信用贷款的渠道;

(四)根据科创企业创新积分指标体系设立专门的信用贷款产品,逐步实现"301"模式发放。

第十八条　合作银行应遵守的规定:

(一)能够依据积分评价核心指标,结合信贷模型需求,建立以创新能力、人力资本等为核心的科创企业信贷识别标准体系,单列专项信贷计划;

(二)确定专职团队开展创新积分信用贷款业务,根据牵头部门要求,及时报送业务进展、发生风险及建议等情况;

(三)贷款到期经催收后依然无法全部收回时,应按照风险补偿业合作协议约定,向运营管理机构提交贷款风险补偿申请及所需资料;

(四)对风险补偿基金代偿后的逾期贷款本金尽责追偿,及时向运营管理机构报送依法尽责追偿的工作进展情况。

第七章　贷款企业

第十九条　贷款企业应具备的条件:

(一)注册地在湖北省各实施区域内的科创企业;

(二)贷款企业及其法定代表人、实际控制人和配偶、主要关联企业近一年内没有不良信用记录,包括但不限于人民银行征信系统中的违约记录、被法院列入失信名单等。

第二十条　贷款企业应遵守的规定:

(一)获得的贷款必须用于本企业生产经营,不得以任何形式流入证券、期货市场,不得用于股本权益性投资、房地产项目开发及其他国家禁止、限制的用途;

(二)应当按合同约定按期还本付息,配合合作银行及运营管理机构开展贷后管理,及时向合作银行报备重大事项变更情况;

(三)应严格遵守信用,主动披露风险,将创新积分信用贷款合同履约情况纳入企业科研诚信记录;

(四)确保单笔贷款只能申报获得政府给予的风险补偿一次,不得重复享受政策。

第八章　贷款风险补偿及奖补

第二十一条　根据《湖北省中小微企业贷款风险补偿奖补资金管理暂行办法》(鄂财金〔2022〕37号文印发,简称财金37号文)要求,各地应将创新积分信用贷款风险补偿纳入中小微企业贷款风险补偿范围,并结合本地的基金规模和科创企业实际情况,适当提高创新积分信用贷款风险补偿比例,省级对开展创新积分信用贷款风险补偿的地区实施奖补。

第二十二条　奖补条件比照财金37号文执行,对创新积分信用贷款风险补偿业务奖补应具备以下基本条件:

(一)已建立本地中小微企业贷款风险补偿工作机制(包含创新积分信用贷款风险补偿),出台相关制度办法;

(二)实际发生并予以补偿创新积分信用贷款损失。

第二十三条　各地申报省级财政给予的创新积分信用贷款奖补资金应与本地中小微企业贷款风险补偿奖补资金一并进行,并满足以下要求:

(一)项目备案要求。纳入省级创新积分信用贷款风险补偿项目应为上一年度获得省科技厅创新积分的科技型中小企业入库企业和高新技术企业的贷款项目;

(二)风险控制要求。监测单家合作银行创新积分信用贷款累计不良率,按照创新积分信用贷款累计代偿额度/创新积分信用贷款备案项目额度统计。根据风险补偿合作协议,在一个合作年度内单家银行累计不良率达到3%时,应督导其审慎新增贷款并加强贷后管理;累计不良率达到5%的,暂停受理该银行风险补偿申请,待前述比例降至5%以内时恢复办理。对于已受理业务则继续履行风险补偿责任;

(三)适当提高补偿比例。不良贷款项目本金(下同)单笔1000万元(含)以内,补偿比例不低于50%;单笔超过1000万元但不高于2000万元(含),补偿比例不低于40%;单笔超过2000万元但不高于3000万元(含),补偿比例不低于30%。

第二十四条　风险补偿发生后,合作银行应依法积极开展追偿工作,运营管理机构应当予以协助。追偿所得扣除追偿费用和银行承担风险比例后,按照省级、各地所承担风险比例进行分配,作为风险补偿资金的补充。

第二十五条　省级奖补申报程序比照财金37号文进行。各地科技部门会同同级财政、人民银行分支机构,汇总本地上年度创新积分信用贷款风险补偿及申报奖补资金情况,通过湖北科创企业"智慧大脑"平台报送正式文件至省级运营管

理机构。省级运营管理机构审核汇总全省风险补偿和申报奖补资金情况,经人民银行武汉分行确认后报省财政厅。省财政厅按程序报请省政府批准后拨付资金。

第九章 附则

第二十六条 省级运营管理机构应做好统计监测工作,每月15日前向人民银行武汉分行、省科技厅、省财政厅报送上月创新积分信用贷款业务进展及风险补偿情况。

第二十七条 本办法由人民银行武汉分行、省科技厅、省财政厅、省地方金融监管局、湖北银保监局负责解释。

第二十八条 本办法自发布之日起实施。国家及我省相关法律法规或政策有新规定的,从其规定。

《进一步改善全省民营企业金融服务的十条措施》(摘录)

发文单位:中国人民银行武汉分行、湖北省地方金融监督管理局、中国银行保险监督管理委员会湖北监管局、中国证券监督管理委员会湖北监管局、湖北省发展和改革委员会、湖北省经济和信息化厅、湖北省财政厅、湖北省人民政府国有资产监督管理委员会、湖北省工商业联合会

发文时间:2023年6月

为进一步改善民营企业融资环境,多渠道满足民营企业资金需求,提高金融服务获得感和满意度,提出如下工作措施:

一、保持信贷投放总量较快增长。2023年,全省累计发放民营企业(含个体工商户、下同)贷款总量增长20%以上,贷款余额较年初净增2500亿元以上。到2025年,民营企业贷款余额突破2万亿元。省级金融机构制定民营企业专项信贷计划,分解至各分支机构并抓好落实。

二、提高信用贷款比重。加快发展数字金融,全面推广"301"线上快贷服务模式,2023年累计放款同比增长30%以上。推进全线上政采贷业务的全覆盖,加大"鄂融通"平台涉企信用信息归集共享和开发利用力度,推广"银税贷""信易贷"等系列信用贷款产品。鼓励各地贷款风险补偿和贴息资金等优先支持纯信用贷款产品。2023年民营企业信用贷款增长25%以上,新增贷款中信用贷款占比较上年提升2个百分点以上。

三、建立分层分类对接服务机制。对省工商联入库的近6000家重点民营企业集中开展融资对接,为每家企业确定1家牵头金融机构,建立企业经营状况、融资需求和服务评价等档案,提供个性化金融服务。对未入库民营企业,通过楚天贷款码、金融机构线上服务平台等渠道加强对接,各级工商联、经信等部门日常收集的融资诉求通过金融管理部门及时推送至金融机构。

四、丰富融资产品和服务。推广随借随还、循环贷款模式,2023年累计发放民营企业中长期贷款4500亿元以上。通过无还本续贷等方式更好满足小微民营企业资金接续需求。推动核心企业在中征应收账款融资服务平台确认账款,2023年依托平台融资3000亿元以上。设立政府性金融仓储公司,加强供应链信息共享,推广动产和权利抵质押融资。

五、实施首接负责制和信用培植工程。树立首接负责即负责到底的理念,民营企业线下贷款按照"1日内受理、3日内尽职调查、5日内初步授信审批、1日内反馈"的目标,由首接金融机构负责给予支持。对于暂时无法满足融资需求的企业,由金融机构、行业主管部门推荐纳入信用培植工程,通过"企业+主管部门+银行+监管部门"的四方会商机制开展信用培植辅导。

六、降低综合融资成本。落实首次贷款、应收账款和应收票据融资等财政贴息奖励奖补政策,将平均担保费率保持在1.5%以下,鼓励有条件的担保公司进一步下调费率。金融机构用好内部资金转移定价优惠,落实贷款市场报价利率(LPR)机制。严格执行信贷业务"七不准"与服务收费"四公开"规定,2023年减免银行账户管理费和年费、单笔10万元以下对公转账汇款、部分票据工本费及挂失费等支付手续费10亿元,惠及民营小微企业500万户。

七、发挥货币政策工具支持效能。单列500亿元再贷款、再贴现定向支持额度。对符合条件地方法人银行按普惠小微贷款增量的2%提供激励资金。用好碳减排支持工具、煤炭清洁高效利用专项再贷款、交通物流专项再贷款等结构性货币政策工具,支持金融机构扩大对相关领域信贷投放。

八、积极开展银政担业务合作。推广"荆楚融担码",规范开展"见贷即担、见担即贷"新增批量担保业务,2023年末融资担保行业在保余额突破2500亿元。2023年、2024年省级财政每年安排1亿元,对各地中小微企业风险补偿机制实际发生的补偿金额按最高30%给予奖补。用好5亿元省级应急转贷纾困基金,督促市县建立完善中小微企业应急转贷纾困服务体系。

九、拓宽直接融资渠道。拓展上市后备储备资源,落实沪深北交易所上市和再融资奖励政策,2023年新增上市民营企业10家以上。推动产业引导基金、股权投资基金等重点支持成长型民营企业。联合银行间市场交易商协会、证券交易所等单位开展债券融资专题宣传培训活动,统筹用好中债信用增进公司和地方国有担保机构的增信支持服务。鼓励银行保险机构在工程建设、招投标等领域提供保函和保证保险产品,减少保证金占款。

十、强化工作保障机制。组织开展"全省民营企业金融服务质量提升年"活动。建立部门联席工作制度,开通网上服务评价,接收问题反映、投诉建议,通报曝光违规收费等行为。省级金融机构对照监管评价要求,加大对分支机构民营企业贷款考核权重,认真落实尽职免责制度。加强民营企业融资优惠政策宣传推广,做到应知尽知、应享尽享。

关于做好2023年湖北省金融支持全面推进乡村振兴重点工作的意见(摘录)

发文单位：中国人民银行湖北省分行、国家金融监督管理总局湖北监管局、中国证券监督管理委员会湖北监管局、湖北省财政厅、湖北省农业农村厅、湖北省地方金融监督管理局

文号：鄂银〔2023〕5号　发文日期：2023年8月18日

一、加大粮食和农产品生产金融支持力度。积极满足粮食生产主体扩大产能、设备改造、技术升级等方面合理融资需求，加大粮食订单生产模式的信贷和保险服务供给，促进粮食稳产增产。加强重点种业企业融资对接，强化种业育繁推产业链金融服务。鼓励为油茶扩种或低效林改造提供中长期贷款支持，助力全省油茶产业扩面提质。农业发展银行湖北省分行要继续发挥粮食收购资金供应主渠道作用，统筹做好政策性收储和市场化收购金融服务，鼓励其他金融机构积极参与粮食市场化收购。

二、提高县域富民产业发展金融服务能力。建立健全现代设施农业融资建设协调工作机制，加强现代设施农业建设项目(设施种植业、设施畜牧业、设施渔业、仓储保险冷链物流设施、粮食产地烘干设施)储备管理，共同做好项目融资对接服务。深化优质稻米、特色淡水产品等重点农业产业"金融链长制"，统筹做好核心企业和链上企业金融服务。丰富农产品加工流通领域信贷产品和服务供给，鼓励供应链核心企业通过白名单确认、应收账款确权、设立购销基金等多种方式支持上下游农户或新型农业经营主体提高获贷能力。围绕"一县一业"强县富民工程、"荆楚粮油"区域公共品牌、国家现代农业产业园建设等，"一业一策"提供差异化金融产品和服务，促进产业金融深度融合。

三、强化对农业农村基础设施建设的融资支持。探索推广全域国土综合整治金融支持模式，在承贷主体、还款方式、贷款期限上给予差异化政策倾斜，助力高标准农田新建和改造提升。依托人民银行湖北省分行重大项目融资服务对接平台，积极对接农业农村基础设施建设项目融资需求，逐项完善融资方案，更多投放中长期贷款。鼓励各地将符合条件项目打包打捆，科学选择项目实施主体，在不新增地方政府隐性债务前提下，统筹用好财政金融资源，实现项目整体收益自平衡和经营可持续。

四、进一步做好新型农业经营主体金融服务。建立健全农业产业化龙头企业融资对接机制，合理安排授信额度、期限等，更好匹配企业生产经营周期。发挥农民专业合作社促进合作、带农增收作用，为其代耕代种、代收代销等社会化服务提供信贷支持，鼓励通过支持社办或合作企业、社员农户等助力农民专业合作社健康发展。推广"301"线上快贷服务模式，发挥好农业经营主体信贷直通车作用，支持银行与政府性融资担保公司加强合作，创新适配产品，简化业务流程，进一步提高家庭农场、农户等农业经营主体的获贷能力和信贷服务覆盖面。落实好新型农业经营主体贴息政策。

五、加力支持农民创业就业增收。加大创业担保贷款政策实施力度，将符合条件返乡创业农民工个人的创业担保贷款额度由20万元提高至30万元，并按规定给予贴息支持。鼓励中国银行湖北省分行为符合条件涉农、小微经营主体提供稳岗扩岗专项贷款支持，单户授信额度最高3000万元，贷款利率原则上不超过4%。持续加大对返乡入乡创业园、农村创业孵化实训基地建设信贷资源投入，助力形成产业集中、配套完备、供应链畅通的乡村创业环境。

六、持续巩固拓展脱贫攻坚成果。加大对省级乡村振兴重点帮扶县(37个脱贫县)的信贷资源倾斜，力争实现"全省乡村振兴重点帮扶县各项贷款增速高于同期全省贷款平均增速"。立足脱贫地区资源禀赋和产业特点，创新信贷产品，发展特色农产品保险，支持其更多承接和发展劳动密集型产业。深化定点帮扶工作，发挥金融组织优势，努力把金融定点帮扶"责任田"建设成金融政策落地、普惠金融实现、信用价值彰显、风险防控有效的金融支持乡村振兴"示范田"。

七、丰富信贷产品和服务供给。完善农村产权确权颁证、抵押登记、流转交易、评估处置机制，推广农村承包土地经营权、集体经营性建设用地使用权、林权等抵押贷款业务。加强动产融资统一登记公示系统宣传推广和应用，支持金融机构丰富活体禽畜、农业仓单、应收账款、生产设备等抵质押信贷产品种类。探索开展排污权、用水权、林业碳汇预期收益权等抵质押贷款业务，完善农村地区风力发电、太阳能和光伏等基础设施融资服务模式，支持农业农村绿色发展。

八、拓展多元化金融服务。对已纳入省级上市后备"金种子"企业名单的县域企业及涉农企业，由市州领导干部包保服务，加快推进有关企业上市工作进程。进一步挖掘农业产业化龙头企业、农业科技创新企业等纳入上市后备资源库，做好梯次培育。鼓励符合条件企业发行公司债券、乡村振兴票据等筹集资金，用于乡村振兴。推动农业保险高质量发展，继续扩大稻谷、玉米、小麦完全成本保险实施范围，进一步发展地方特色农产品保险。优化"保险+期货"模式，强化保险保障功能，支持保险机构扩大农村居民意外伤害险、定期寿险、健康保险、养老保险等产品供给，不断提高承保理赔服务质量。

九、提升农村基础金融服务水平。按照"互联网+政务+金融数据"模式，深化涉农信息共享工作，探索建设全省农村信用信息服务平台，进一步完善农村金融服务基础设施，提升农村信用体系建设水平。持续开展"信用户""信用村""信用乡镇"创建，协同推进"整村授信三年全覆盖"。推动移动支付便民工程向县域农村下沉，鼓励银行卡助农取款服务点与农村电商、城乡社会保障等合作共建。深入开展金融科技赋能乡村振兴工作，推广"楚农贷""惠农e贷"等成功模式，引导金融机构运用信息技术因地制宜打造更多惠农利民金融产品与服务。统筹推进"普惠金融工作站"增效扩面；推广"整村授信+金融村官"服务模式，释放"普惠金融工作站"服务优势。

十、加强财政金融政策协调。用好再贷款再贴现、差别化存款准备金率等货币政策工具，引导金融机构进一步加大乡村振兴和农业强国领域信贷投放。落实好适度提高涉农贷款风险容忍度的监管要求，加快推出简便易行涉农贷款尽职免

责制度。推广“荆楚融担码”,规范开展“见贷即担、见担即贷”新增批量担保业务。支持探索支农综合政策体系,更好发挥财政、信贷、保险、期货合力。

十一、强化组织推动和评估宣传。持续做好金融机构服务乡村振兴考核评估工作,将各地涉农贷款增速、融资配套机制建设等情况纳入金融信用市州县创建工作。深入推进金融支持乡村振兴创新示范区建设,鼓励涉农特色产品和服务模式创新,健全农村信用体系,发展乡村数字普惠金融,为乡村振兴提供有力金融支撑。开展金融支农模式创新和典型案例选评工作,加大优秀经验宣传推广力度。

关于印发《湖北省供应链金融体系建设三年行动方案(2023—2025年)》的通知(摘录)

发文单位:中国人民银行湖北省分行、湖北省发展和改革委员会、湖北省经济和信息化厅、湖北省财政厅、湖北省农业农村厅、湖北省商务厅、湖北省人民政府国有资产监督管理委员会、湖北省市场监督管理局、湖北省统计局、湖北省地方金融监督管理局、国家金融监督管理总局湖北监管局、中国证券监督管理委员会湖北监管局

文号:鄂银〔2023〕29号　发文日期:2023年12月29日

湖北省供应链金融体系建设三年行动方案(2023—2025年)

一、工作目标

初步建成现代供应链金融体系。从全省产业链供应链整体出发,运用金融科技手段,整合物流、资金流和信息流,促进产业链供应链中核心企业与上下游企业一体化发展,提供结算、融资、财务管理等系统化金融解决方案。以“场景化、平台化、制度化”为重点,2025年以前基本建立制度体系完善、组织架构完备、产品服务丰富、政策支持有力、风控措施严密的现代供应链金融体系,切实服务实体经济,实现融资低成本、高效率、广服务,打造立足本省、辐射中部、影响全国的金融创新中心和金融交易中心。

降低融资成本。大力推广利用供应链金融产品,将产业链核心企业信用传导至链属中小微企业,降低全链企业融资成本,提升全链条安全性和竞争力,确保应收账款质押融资平均年化融资利率低于同期全省中小企业平均融资利率水平。

提升融资效率。逐步提高供应链金融的数字化水平,实现链上信息可记录、交易可追溯,助力金融机构精准画像融资企业,有效缓解信息不对称,大幅度提升融资操作的便捷性和灵活性,增加支付的时效性。力争2023年底,供应商通过平台申请供应链金融产品融资,最快做到T+0当天收到资金,大幅降低企业融资周期,促进产业链高效运转。

扩大融资规模。针对产业链不同环节金融需求创新产品服务,加强产品个性化、特色化设计,尽快搭建涵盖应收类、预付类、存货类的供应链金融产品体系,为全产业链提供高质量、系统化金融服务,支持产业经济高质量发展。2023年末,全省中征平台实现应收账款融资金额3000亿元,原材料、产成品和生产设备等动产质押融资4400亿元;2025年末,力争中征平台应收账款融资规模达到3500亿元,原材料、产成品和生产设备等动产质押融资5200亿元。

控制融资风险。发展供应链金融创新业务的同时,要坚持底线思维,科学防范风险,强化安全能力建设,加强金融监管,坚决守住不发生区域性和系统性金融风险底线。各监管部门要强化供应链金融平台、核心企业、金融机构三类主体风险监管,重点在资产负债、信息披露、合规经营、货值监控等方面建立系统化、常态化监测和信息共享机制。

二、工作任务

(一)大力推动供应链金融创新试点。

引导金融机构结合全省产业特点,紧紧围绕先进制造业、农产品加工、商贸流通及大宗商品供应链等传统优势产业配置金融资源,因地制宜开展供应链金融产品创新。通过创新试点,以“小切口”推动“大改革”,寻求破解核心企业确权难、存货质押监管难、供应链信息共享难等困扰中小企业融资的路径。(责任单位:人民银行湖北省分行、省政府国资委、省农业农村厅、省经信厅、省地方金融监管局)

1.着力推广先进制造业供应链金融服务模式。

创新发展培育中端供应商为核心企业模式。引导各个银行挖掘业务系统全国大数据,找到匹配大型核心企业的省内关键供应商,并结合当地特色产业选择合适供应商,培育其发展为中端核心企业,充分发挥金融稳链、补链、强链效能,服务制造业提质增效。(责任单位:人民银行湖北省分行、省经信厅)

支持制造业供应链金融“上达电子模式”。一是继续完善“上达电子模式”。提高已有授信的贷款提款率,增加上游供应商贷款覆盖面,确保银企对接覆盖面达到100%、有效贷款需求满足率100%,推动上游小微供应商融资利率稳中有降。二是完善供应链金融配套支持政策。支持黄石市设立光电子信息产业专项基金,进一步完善政府性融资担保体系,充实应急转贷基金和信贷风险补偿基金,落实对核心企业开展供应链金融的专项奖补政策。三是加强产业链信息共享和信息平台建设。继续推动黄石市加快完善“东楚融通”金融信息服务平台功能,构建供应链金融服务子平台,推进产业链上下游信息共享和信用增进,提升线上融资效率。(责任单位:黄石市政府、人民银行湖北省分行、省经信厅)

组织各市州和相关制造业推广复制“上达电子模式”,提

升供应链金融服务规模。以点带面实现供应链融资的扩面增量，在我省其他地区和汽车、化工、医疗、纺织等其他行业，选择合适的关键供应商发展成为中端核心企业，梳理关键供应商白名单，组织银企供应链专项对接，匹配包括产业专项基金、政府性融资担保、专项奖补、产业共享信息平台等在内的政策支持体系，以提升我省金融服务制造业的质量水平。（责任单位：省经信厅、人民银行湖北省分行、国家金融监督管理总局湖北监管局、各市州政府）

2.提升农产品加工业供应链金融服务能力。

支持农产品存货融资业务模式。开展香菇、茶叶、中药材三大特色农产品供应链金融服务试点，探索开展农产品、农资品供销、仓储、仓单、订单融资和物流金融服务。（责任单位：省政府国资委、省农业农村厅、人民银行湖北省分行、省地方金融监管局）

推动湖北宏泰集团开展农产品存货质押创新试点。以宏泰集团为龙头引领，带动全省农产品存货质押业务增量扩面。一是持续推进两大农业供应链金融基础设施建设。宏泰集团加快建设农业信用信息平台（专区）（简称"楚农通"），依托农业产业链和农业核心企业，归集中小农业企业、新型农业经营主体的信用数据，为全省农业经营主体融资创造便利条件。加快宏泰集团供应链仓储业务布局，积极对接我省现有供应链仓储资源，运用大数据、物联网、智能识别等技术对传统农产品仓库进行数字化升级，有效突破动产融资中的货物监管难题，释放全省企业存货的金融潜力，力争未来三年内累计为全省实体企业提供300亿元的动产融资支持。二是持续完善农业产业链综合金融服务体系。充分调动宏泰集团旗下再担保公司、中小金服、宏泰供应链、湖北金控保理公司等企业，形成基础设施协同全金融牌照的"2+N"供应链金融服务体系。针对我省农产品产业链特点，进一步降低产业链上下游企业融资成本，以金融支持农产品产业链新技术、新业态、新模式，实现全省农业产业链量的合理增长与质的有效提升。（责任单位：湖北宏泰集团、人民银行湖北省分行、省政府国资委、省农业农村厅、省地方金融监管局）

推广复制试点成功经验，大力推进农产品加工业运单、仓单等动产质押融资业务。一是打造以全省大型农产品冷链物流基础设施骨干网、农村供销服务网络、农业信用信息平台（专区）、宏泰集团供应链仓储服务等信息平台以及保险、担保、证券等机构为基础的综合性动产融资供应链金融服务生态圈，大力推进动产融资服务。二是持续加大对粮棉油、茶叶、香菇、艾草等有一定储藏期的特色农产品经营市场主体，对接畜禽、高山蔬菜等特色农产品生产基地，水产品生产加工、果蔬等大宗农产品批发基地的融资需求。（责任单位：湖北宏泰集团、人民银行湖北省分行、省政府国资委、省农业农村厅、省地方金融监管局、省供销社）

3.持续推进商贸物流和大宗商品供应链金融创新。

发展多品类供应链金融产品综合融资模式。围绕创新试点产业链供应商、生产商、核心企业、经销商、品牌商等不同环节企业的金融服务需求，建立起为链上企业提供应收类、存货类融资产品的金融服务体系，研究制定应收账款融资、动产仓单融资等金融产品的具体操作模式和实现路径，加强风险防控，保障融资安全。（责任单位：人民银行湖北省分行、省发改委、省政府国资委、省地方金融监管局）

大力支持商贸物流及大宗商品供应链金融试点企业。以湖北交投"楚道云链"平台、湖北联投"联链通"平台和湖北国际贸易数字化平台为试点，重点发展应收账款电子债权凭证和存货质押融资等供应链金融创新业务，以"场景化、平台化、制度化"的方式打造全新的供应链金融解决方案，通过"金融科技+供应链场景"打造核心企业"主体信用"、交易标的"物的信用"、交易信息"数据信用"一体化的信息系统和风控系统。力争到2025年底，湖北交投"楚道云链"平台融资规模超过100亿元，服务企业数超过1000家；湖北联投"联链通"平台融资规模超过90亿元，服务企业数超过1500家。支持湖北国际贸易数字化平台优化产业链供应链金融环节，提供开放服务端口，打造贸易在线支付、融资支持等多元化金融服务。（责任单位：省发改委、省商务厅、省政府国资委、省地方金融监管局、人民银行湖北省分行、湖北交投集团、湖北联投集团）

拓展试点经验复制到其他产业链。对湖北交投"楚道云链"和湖北联投"联链通"试点形成的金融服务模式和经验做法适时进行复制推广。将供应链金融服务从支付结算场景逐步扩展到订单、运输、仓储、交付、生产建设等全场景服务模式，将在商贸物流及大宗商品产业链创新试点形成的标准化场景和实施路径，推广复制到服装、医药、汽车等产业链，进一步提升供应链金融服务平台功能，丰富应用场景，构建全省完善的供应链金融生态体系。（责任单位：省发改委、人民银行湖北省分行、省政府国资委、省地方金融监管局）

（二）充分发挥核心企业的带动作用。

建立核心企业"白名单"制度。以资产负债率适宜、合规经营、主业清晰等为基本原则，经信、国资、商务、市场监督等部门共同确定产业链供应链核心企业"白名单"，并及时向金融机构推送，实行名单动态管理，按照年度更新调整，金融机构按照市场化原则给予优先支持。相关部门加强政策引导，强化激励约束，推动核心企业加强自身信用管理以及上下游企业的信用支持，与银行开展信息共享、债权确认、业务确真、信用传递以及风险管理方面合作。（责任单位：人民银行湖北省分行、省政府国资委、省商务厅、省经信厅、省农业农村厅、省市场监管局、国家税务总局湖北省税务局、武汉海关）

推动核心企业支持供应链融资。一是建立核心企业主办银行制度，各银行"揭榜挂帅"与核心企业对接，实行差异化授信，开辟"绿色通道"，优化业务办理流程，快速响应客户需求，减免平台费用，在合理控制风险的情况下，综合运用信贷、债券等工具，支持核心企业加强流动性管理，畅通和稳定上下游产业链条。二是鼓励试点核心企业在供应链金融中发挥货物回购、担保、差额补足等增信作用，支持上下游企业供应链融资。三是推动核心企业接入中国人民银行征信中心应收账款融资服务平台和供应链票据平台，确保同链属企业贸易真实性、稳定性，以降低操作风险、道德风险和信用风险，为中小微企业应收账款融资提供便利。四是鼓励符合条件的省属供应链平台积极申请接入票交所供应链票据系统。（责任单位：人民银行湖北省分行、省政府国资委）

（三）提升供应链金融服务水平。

打造供应链金融专营服务。支持商业银行供应链金融专业经营、专业服务和专属管理，从全链条、跨区域的核心企业与链属企业的准入标准及贸易真实性审核、授权授信、业务流程、风险控制、系统支撑等方面统筹安排，在内部资金转移定价、绩效考核等方面加强资源引导和配置。（责任单位：国家金融监督管理总局湖北监管局、人民银行湖北省分行）

创新供应链金融产品。鼓励金融机构将供应链信用评价由核心企业信用向"数据信用"和"物的信用"拓展，通过金融科技手段与核心企业及物流环节信息系统互联互通，在订单形成、库存调度、流转分销等环节,积极开展存货仓单融资、保兑仓融资等线上供应链金融产品创新,推动运单、提单、账单、仓单等供应链金融产品的标准化、可交易。(责任单位:人民银行湖北省分行、国家金融监督管理总局湖北监管局)

支持非银行机构开展供应链金融专业服务。一是支持湖北交投财务等财务公司稳步开展供应链金融服务,组建专门业务团队,发挥集团内财务、交易信息对称优势,针对场景布局设计开发特色化金融产品,为产业链上下游企业提供融资便利。二是促进金融租赁公司、融资租赁公司与市场主体对接,解决供应链物流企业大型设备以及飞机、船舶等运输工具的融资难题。支持商业保理公司扩充资本实力,扩大反向保理等业务的市场规模,条件成熟时成立再保理公司。(责任单位:国家金融监督管理总局湖北监管局、省地方金融监管局、人民银行湖北省分行)

完善供应链金融风险分担机制。深化银保、银担合作,创新发展供应链保险和担保业务。鼓励保险机构将服务嵌入供应链环节,增加营业中断险、仓单财产险等供应链保险服务。发挥担保公司对供应链的融资增信作用,将应收账款、存货和仓单资产纳入反担保标的范围,提升供应链金融业务的风险缓释水平。(责任单位:省地方金融监管局、人民银行湖北省分行、国家金融监督管理总局湖北监管局)

(四)逐步完善供应链金融基础设施。

统筹建设供应链金融服务平台。一是建设公共服务平台。充分发挥湖北供应链物流公共信息平台的作用,适时对金融机构开放数据接口,满足银行的实时数据查询诉求,帮助银行实现信息在线共享、产品在线服务、运费质押融资在线交易等功能。进一步完善"鄂融通"功能,加快建设"楚农通"。依托湖北宏泰集团打造全省供应链金融服务中心,突出公共服务属性,在金融机构和供应链企业之间搭建对接平台,提供一站式综合金融服务。二是联通外部平台。推动核心企业、金融机构、第三方机构的供应链金融平台与中征平台、上海票交所供应链票据平台、国家外汇管理局跨境金融区块链服务平台互联互通。针对省内金融机构,须尽快完成与中征平台的对接,并纳入年度考核指标。三是鼓励用好供应链金融商业平台。培育湖北供应链金融服务平台,鼓励第三方商业供应链平台向金融机构和监管部门开放数据,以实现供应链金融业务信息共享,高效防控风险。通过地方公共服务平台、联通人民银行金融系统和第三方商业平台三方信息联动,实现省内供应链金融业务360度立体式监控,同时把湖北打造为全国供应链物流和供应链金融信息的中心节点。(责任单位:人民银行湖北省分行、省市场监管局、省地方金融监管局、省发改委、湖北宏泰集团)

促进供应链仓储平台规范化创新发展。一是总体提升省内供应链仓储企业的资本实力和信用等级,增强供应链仓储节点的行业公信力和市场认可度。政府性供应链仓储公司要突出货物受托监管业务的准公共品属性,在稳健经营的前提下,持续开展金融服务创新,围绕全省重要物流枢纽和大宗商品仓储贸易节点布局设立更多的营业网点,广泛开展供应链仓储业务,为中小微企业融资开辟新通道。二是加强行业协会、主管部门的引导和管理,夯实供应链仓储公司受托监管责任,提高对物联网、区块链、云计算等金融科技应用水平,实现在线运营与三方监管,开展动产估值、价格预警、信息披露查询和资产处置变现等供应链融资延伸服务。(责任单位:人民银行湖北省分行、省地方金融监管局、省政府国资委)

(五)加强供应链金融风险防控,供应链金融生态全链分类监管。

确保持牌合规经营,分类纳入部门监管。一是加强对类金融机构监管,确保商业保理公司、担保公司合规经营。二是对征信公司、评级公司、金融科技公司、信息服务平台等供应链金融服务平台监管。确保供应链金融平台贸易背景真实性。对供应链融资要严格交易真实性审核,确保押品的唯一性、自偿性,警惕虚增、虚构应收账款、存货及重复抵押质押行为。加强金融科技运用,建立全流程线上资金监控模式,积极探索将物联网、区块链等技术嵌入交易环节,切实防范操作风险。三是对供应链核心企业监管,加大供应链金融失信主体惩戒力度。依法依规查处供应链金融业务中内外勾结、弄虚作假、骗取贷款、恶意逃废债等违法违规行为,并记入市场主体及其主要负责人信用档案,失信问题严重的要纳入涉金融失信"黑名单"。四是加强对银行业金融机构供应链金融业务监管。(责任单位:人民银行湖北省分行、国家金融监督管理总局湖北监管局、湖北证监局、省地方金融监督管理局、省市场监管局)

防范信息安全风险。供应链管理平台是核心企业收集、处理和共享产业链信息流、资金流、物流的载体,是大力发展供应链金融的"硬件"支撑。试点企业依托第三方供应链金融科技平台实现数据存储,应尽快制定数据"本地化"工作方案,确保信息安全可控。(责任单位:省政府国资委、人民银行湖北省分行、湖北交投集团、湖北联投集团)

严格防控供应链金融资金池风险。部分第三方金融科技公司参与供应链融资,相关主体要加强信息披露,加强内控机制建设,防范资金挪用、流动性风险和其他风险。(责任单位:省地方金融监管局、国家金融监督管理总局湖北监管局、人民银行湖北省分行)

三、政策保障

(二)用好货币政策工具。

一是人民银行湖北省分行通过信贷政策导向效果评估工作,明确金融机构加强信贷资源向供应链金融倾斜,并综合运用宏观审慎评估(MPA)、再贷款、再贴现等政策工具支持金融机构开展供应链金融业务。二是对先行试点的企业及行业,每年统筹安排不低于100亿元的再贷款专项额度,用于地方法人金融机构对供应链金融试点信贷支持。每年安排不低于30亿元再贴现专项额度,对金融机构贴现的商业承兑汇票、供应链票据给予再贴现支持;对供应链金融成效突出的法人金融机构,优先给予再贷款、再贴现和常备借贷便利等央行资金支持。(责任单位:人民银行湖北省分行)

(四)强化政策监管,规范供应链金融业务发展。

健全供应链金融监管政策。一是银行机构要健全供应链金融业务激励约束机制,对于供应链上下游小微企业贷款,应落实好不良贷款容忍度、尽职免责等政策。二是金融机构应对供应链融资严格交易真实性审核,确保押品的唯一性、自偿性,严防虚假交易和重复融资风险。(责任单位:国家金融监督管理总局湖北监管局、省地方金融监管局、人民银行湖北省分行)

(五)建立供应链金融监测预警机制。

一是建立供应链金融的统计监测评估通报制度,对供应链金融的重大进展予以监测分析,特别是建立周期性行业的供应链风险监测预警体系,完善风险研判处置机制,提升风险识别、精准有效处置能力,推动供应链安全稳定运行。二是推动金融机构出台周期性行业核心企业授信管理动态调整机制,密切监测超额授信和高负债信用风险,确保供应链安全稳定。(责任单位:人民银行湖北省分行、省统计局、省发改委)

国家金融监督管理总局湖北监管局关于印发《湖北省农业保险业务经营情况综合考评办法》的通知(摘录)

发文单位:国家金融监督管理总局湖北监管局
文号:鄂金监规〔2023〕1号　发文日期:2023年12月10日

湖北省农业保险业务经营情况综合考评办法

第一章　总则

第一条　为科学评价湖北保险省级分公司农业保险业务经营管理情况,引导财险公司提升农险服务能力和水平,更好发挥农业保险在保障全省粮食安全、支持地方特色农业产业发展、助力乡村振兴等方面的积极作用,依据《中华人民共和国保险法》《国务院农业保险条例》《农业保险承保理赔管理办法》等法律法规以及《中国银保监会办公厅关于进一步明确农业保险业务经营条件的通知》(银保监办发〔2020〕51号)等文件规定,制定本办法。

第二条　湖北省农业保险业务经营情况综合考评(以下简称"农险综合考评")是指国家金融监督管理总局湖北监管局根据日常监管和其他相关信息,按照本办法,对辖内财产保险省级分公司农险业务内部管控、经营指标、服务能力、科技应用、工作配合、合规情况等方面作出综合评价。

第三条　本办法适用于经国家金融监督管理总局湖北监管局核准,符合湖北农业保险业务经营条件的财产保险省级分公司(以下简称"财险公司")。

第二章　考评要素和等级

第四条　农险综合考评包括内部管控、业务指标、服务能力、科技应用、工作配合、合规情况6项考评要素,总权重为100%。考评要素下设考评指标,由国家金融监督管理总局湖北监管局每年结合当年中央农业农村政策精神、农险监管工作重点以及全省农险业务发展形势确定。

内部管控。主要评价财险公司农险业务内控制度建设及运行等情况,考评指标有内控制度、内部审计、产品管理等,权重为12%。

经营指标。主要评价财险公司农险业务经营持续性等情况,考评指标有退保、综合费用、客户存续率、保费增长率、特色农险保费增长率等,权重为18%。

服务能力。主要评价财险公司农险服务能力与业务规模匹配及满足农户需求的情况,考评指标有业务承办年限、基层服务网点覆盖率、人员配置、理赔结案率、赔付后回访率等,权重为27%。

科技应用。主要评价财险公司应用新技术提升农险承保、理赔、风险减量管理等服务质效,推动行业科技赋能等情况,考评指标有承保科技应用、理赔科技应用、风险减量管理等,权重为12%。

工作配合。主要评价财险公司在农险经营过程中贯彻落实监管要求等情况,考评指标有日常监管资料报送、落实监管意见等,权重为12%。

合规情况。主要评价财险公司在农险经营过程中遵守监管法律法规、维护消费者合法权益等情况,考评指标有行政处罚、其他监管措施、外部检查等,权重为19%。

第五条　被考评对象农险综合考评得分为各考评指标得分加总,总分值为100分。根据综合考评得分,农险综合考评结果分为A、B、C、D四个等级,90分(含)至100分为A级,75分(含)至90分为B级,60分(含)至75分为C级,60分以下为D级。

第三章　考评程序

第六条　农险综合考评周期为一个自然年度,考评期间为上一年度的1月1日至12月31日。考评工作原则上应于每年3月底前完成。

第七条　农险综合考评工作由国家金融监督管理总局湖北监管局组织实施,辖内各监管分局协助配合。

第八条　综合考评工作包括方案制定、信息收集、综合分析、结果确定、结果公布等五个环节。具体内容如下:

(一)方案制定。国家金融监督管理总局湖北监管局每年年初制定上一年度农险综合考评方案,明确考评指标、分值、评分标准和具体时间安排等内容。

(二)材料收集。国家金融监督管理总局湖北监管局根据工作需要,向各监管分局和财险公司收集农险综合考评相关材料。

(三)综合分析。国家金融监督管理总局湖北监管局对收集汇总后的考评指标进行测算,并根据测算结果对被考评公司进行初步考评。

(四)结果确定。国家金融监督管理总局湖北监管局召开专题会议对初步评级结果进行讨论研究,并确定最终考评结果。

(五)结果公布。国家金融监督管理总局湖北监管局将综合考评结果向行业进行公布,并抄送给湖北省财政厅、农业农村厅、林业局等相关部门和各监管分局。

第九条　农险综合考评以非现场评价为主,必要时可通过现场座谈、机构走访等现场方式,提升考评工作的全面性、合理性。

第四章　考评结果运用

第十条　农险综合考评结果是衡量辖内保险省级分公司农险业务经营情况的重要依据。

综合考评结果为A级,表示财险公司农险业务经营水平在行业处于靠前水平,能够严格遵守各项监管规定,具有较强的服务能力,经营管理情况良好。

综合考评结果为B级,表示财险公司农险业务经营水平在行业处于居中水平,能够遵守各项监管规定,具备一定的服务能力,但经营过程中仍存在一些不足,需进一步改进提高。

综合考评结果为C级,表示财险公司农险业务经营水平在行业处于偏下水平,对监管规定执行不到位,服务能力、经营管理等方面存在明显缺陷,需及时进行整改。

综合考评结果为D级,表示财险公司农险业务经营水平在行业内处于落后水平,合规表现较差,服务能力薄弱,必须立即全面检视问题,采取有效措施进行整改。

第十一条 国家金融监督管理总局湖北监管局根据农险综合考评结果依法对财险公司采取差异化监管措施。

对综合考评结果为A级的财险公司,通过窗口指导,督促其根据综合考评结果,持续提升农险服务能力;

对综合考评结果为B级的财险公司,通过监管谈话、下发风险提示函等方式,要求公司补足短板,加强改进;

对综合考评结果为C级的财险公司,除可采取对B级公司的监管措施外,还可视情况采取将综合考评结果抄送总公司、依法下发金融监管意见书、责令限期整改等方式。整改措施不力或到期仍无明显整改效果的机构,可根据有关法律法规,依法在开办新业务、增设分支机构等方面采取相关监管措施。

对综合考评结果为D级的财险公司,除可采取对C级公司的监管措施外,还可组织开展现场检查,对检查过程中发现的违法违规问题,可视情况采取罚款、限制业务范围、责令停止新业务等措施。

针对财险公司的具体经营情况和存在问题,国家金融监督管理总局湖北监管局还可根据监管需要依法采取其他监管措施。

第五章 工作要求

第十二条 财险公司应对综合考评结果严格保密,不得将综合考评结果向无关人员提供,不得出于广告、宣传等商业目的或其他考虑对外披露。

第十三条 各监管分局对辖内经营农险业务的保险中心支公司的日常监管评价,应符合监管实际,确保公平、客观。

第十四条 各财险公司报送的材料应真实、准确、完整,并根据综合考评结果做好整改工作,对在农险综合考评过程中,提供虚假材料、拒不整改或整改不到位的财险公司,国家金融监督管理总局湖北监管局将依法采取相应监管措施。

第六章 附则

第十五条 国家金融监督管理总局湖北监管局可根据日常监管实际,在保持总体框架稳定的前提下,对农险综合考评要素及权重进行动态调整,并及时通知相关财险公司。

第十六条 本办法由国家金融监督管理总局湖北监管局负责解释。

第十七条 本办法自印发之日起施行。

关于印发《湖北省典当行监督管理实施细则(试行)》的通知(摘录)

发文单位:湖北省地方金融监督管理局

文号:鄂金规〔2023〕1号 发文日期:2023年1月18日

湖北省典当行监督管理实施细则(试行)

第一章 总则

第一条 为进一步发挥典当行支持小微企业、个体工商户和"三农"主体普惠金融服务作用,加强典当行监督管理,规范典当行经营行为,推动行业持续、稳定、健康发展,根据《中华人民共和国民法典》《中华人民共和国公司法》《防范和处置非法集资条例》《湖北省地方金融条例》等法律法规和《典当管理办法》(商务部、公安部2005年第8号令)、《中国银保监会办公厅关于加强典当行监督管理的通知》(银保监办发〔2020〕38号)等规定,以及省委、省政府有关地方金融监管工作要求,结合我省实际,制定本细则。

第二条 在本省市场监督管理部门注册登记取得营业执照,并经本省地方金融监督管理局颁发《典当经营许可证》(下称许可证)的典当行及其从事的典当经营业务,适用本细则。

第三条 省地方金融监督管理局是全省典当行监管部门,负责制定全省典当行监管制度及政策,组织、协调、指导全省典当行监督管理、风险防范与处置工作。

市(州)、县(市、区)地方金融工作局(金融办)或承担相应监督管理职责的政府有关部门(以下简称市、县级地方金融监督管理部门),依照相关规定按属地原则负责典当行的设立、变更、退出以及日常监管、风险防范与处置等具体工作。

各级地方金融监督管理部门应加强与人行、银保监、证监、市场监管、公安以及其他相关政府部门的信息共享,强化监管协调,形成监管合力。

第四条 典当行应坚守服务小微企业、个体工商户和居民个人的市场定位,充分发挥决策链短、市场响应快等优势,实现与客户的深度融合、共同发展。典当行业应当支持和鼓励典当行进一步做精做强做专动产质押典当业务,逐步压缩房地产典当业务比重,专注细分领域提升鉴定评估能力,培育差异化、特色化竞争优势。

第五条 省典当行业协会是全省典当行业的自律组织,提供典当行业公共性、基础性支撑服务,依照法律、法规和章程的规定发挥沟通协调和行业自律作用,履行协调、维权、自律、服务职能,配合省地方金融监督管理局开展典当行年审、监管评级、票证管理、理论研究和信息数据报送等工作,开展典当行业文化建设、诚信体系建设、行业标准化建设、从业人员培训、行业纠纷调解和会员权益保护等工作,并接受省地方金融监督管理局指导。

第二章 设立、变更与退出

第六条 经营典当业务,应当经地方金融监督管理部门批准,典当行的名称中应当标明"典当"字样。

未经监管部门批准,任何单位和个人不得经营或变相经营典当业务,不得在名称或经营范围中使用"典当"字样。

第七条 市、县级地方金融监督管理部门应当按照《湖北省典当行设立、变更及退出操作指引(试行)》(鄂金发〔2021〕

24号)有关规定的设立条件、材料清单要求,审慎稳妥市场准入,强化实质性审查,严格把关,做好申请设立典当行(含分支机构)的初审。加强股东背景穿透审核,严格审核新进入行业的法人股东及增资法人股东的投资能力与投资资格,严格审核出资人资金来源合法性,防范不符合条件的市场主体以及违法违规渠道资金进入行业。

新登记注册的典当行(含分支机构)经营典当业务,应当按照我省典当行设立相关规定与地方金融监督管理部门充分沟通后到市场监管部门注册登记,并在领取营业执照后30日内向所在地县级金融监管部门提交申请材料,经县级金融监管部门初步审查提出意见、报市地方金融监督管理部门审核批准并经省地方金融监督管理局备案通过后,颁发许可证。典当行应书面承诺在取得许可证前不从事典当业务活动。

典当行设立初审情况,县级地方金融监督管理部门须报本级地方人民政府分管领导签字同意后上报。

第八条　市、县级地方金融监督管理部门应当协调当地市场监管部门,督促办理登记注册的典当行在规定期限内向地方金融监督管理部门申请许可证。未提交申请或者申请未被批准的典当行,市、县级地方金融监督管理部门应当协调当地市场监管部门劝导其变更名称、业务范围或者注销;对拒不配合的,依法向社会公示。

第九条　各级地方金融监督管理部门应当按照《湖北省典当行设立、变更及退出操作指引(试行)》(鄂金发〔2021〕24号)有关规定的条件、材料要求和程序,严格审核股权变更等重大变更事项。

第十条　各级地方金融监督管理部门要按照"总量统筹、提高质量、合理布局、防控风险"的原则,合理规划辖区内典当行布局,推动当地典当行业规范与发展。

第十一条　持有许可证的典当行及其分公司以下事项发生变更的,应当经县、市级地方金融监管部门审核并报省地方金融监督管理局备案通过。

(一)变更公司名称;

(二)变更注册资本;

(三)导致控股股东变化的股权转让;

(四)变更法定代表人;

(五)变更经营范围;

(六)跨市级行政区域变更注册地。

第十二条　典当行及其分公司以下事项发生变更的,应当报市级地方金融监督管理部门批准:

(一)一般股权转让(不会导致控股股东变化的股权转让);

(二)除法定代表人以外的其他董事、监事及高级管理人员变更;

(三)市级行政区域内变更注册地;

(四)分支机构名称、负责人或住所变更。

市级地方金融监督管理部门应当自批准之日起5个工作日内向省地方金融监督管理局报送变更事项。

第十三条　典当行解散的,应当成立清算组进行清算,依法对相关业务承接和债务清偿作出明确安排,并接受属地地方金融监督管理部门的指导和监督。清算结束后,典当行应当将许可证逐级上交省地方金融监督管理局收回。

第十四条　典当行出现下列情形的,属地地方金融监督管理部门应当积极引导其主动退出行业,拒不退出的,由省地方金融监督管理局依法注销许可:

(一)按照相关规定被认定为"失联""空壳"或发生重大风险隐患无法消除的;

(二)拒不参加年审和现场检查的;

(三)营业执照被吊销、注销或者被法院宣告破产。

属地地方金融监督管理部门应及时应对,逐级报省地方金融监督管理局,经省地方金融监督管理局公告后,注销其典当经营资格,收回许可证。

第十五条　省地方金融监督管理局和市级地方金融监督管理部门建立典当行信息公示制度,在官方门户网站及时公布相关信息。市级地方金融监督管理部门引导县级地方金融监督管理部门建立典当行信息公示制度。

第三章　业务规则

第十六条　典当行可以依法经营下列业务:

(一)动产质押典当业务;

(二)财产权利质押典当业务;

(三)房地产(外省市的房地产或者未取得商品房预售许可证的在建工程除外)抵押典当业务;

(四)绝当物品的变卖;

(五)鉴定评估及咨询服务;

(六)国家有关部门认可的其他业务。

第十七条　典当行不得经营下列业务或有下列行为:

(一)集资、吸收存款或者变相吸收存款;

(二)与其他典当行拆借或变相拆借资金;

(三)抽逃或变相抽逃注册资本;

(四)从商业银行以外单位或个人融资以及超过规定限额从商业银行贷款;

(五)发放或变相发放信用贷款;

(六)对外投资;

(七)非绝当物品销售以及旧物收购、寄售;

(八)动产抵押业务;

(九)在当期内出租、质押、抵押和使用当物;

(十)国家相关规定和省地方金融监督管理局禁止的其他业务或行为。

第十八条　典当行的合法资金来源包括:

(一)经地方金融监督管理部门批准的注册资金;

(二)典当行经营盈余;

(三)从商业银行获得的贷款。

典当行只能用上述资金开展典当及鉴定评估、咨询服务等业务。

第十九条　典当行收当法律、行政法规规定的专营、专卖物品或者其他限制买卖的物品,应当经有关部门批准。

典当行不得收当下列财物:

(一)依法被查封、扣押或者已经被采取其他保全措施的财产;

(二)赃物和来源不明的物品;

(三)易燃、易爆、剧毒、放射性物品及其容器;

(四)管制刀具、枪支、弹药,军、警用标志、制式服装和器械;

(五)国家机关公文、印章及其管理的财物;

(六)国家机关核发的除权利凭证以外证照及有效身份证件;

(七)当户没有所有权或者未能依法取得处分权的财产;

(八)法律、法规及国家有关规定禁止流通的自然资源或者禁止转让、质押、抵押的其他财产。

第二十条　典当行在收当时应当核对当户的有效身份证件。当户为单位的,应当核对单位证明和经办人的有效身份证件;委托典当的,应当核对委托书、被委托人和委托人的有效身份证件。

典当行应当查验当物并予以登记，要求当户提供当物来源的相关证明材料；有正当理由不能提供相关证明材料的，应当作出书面说明，对当物的合法性作出书面承诺。

第二十一条 典当行开展业务应当使用全省统一印制的当票、续当凭证。当票、续当凭证由省地方金融监督管理局统一印制，并实施发放管理工作。省地方金融监督管理局可委托省典当行业协会开展相关协助工作。

市、县级地方金融监督管理部门须将当票和续当凭证的使用管理作为现场检查和年审的重点内容。典当行当票与续当凭证使用数量应与典当业务笔数相符，当票与续当凭证开具的累计金额应与典当总额相符，尚未赎回的当票与续当凭证的金额应与典当余额相符。

典当行应明确专人负责保管和开具当票和续当凭证，加强当票、续当凭证和当物对照检查，做到账物相符，防止有当票、续当凭证无质（抵）押物。当票和续当凭证发生遗失的，典当行应及时在官方纸媒上刊登作废声明，并以书面形式报告属地地方金融监督管理部门。

第二十二条 典当行和当户就当票以外事项进行约定的，应当补充订立书面合同，约定的内容不得违反国家和本省有关规定。

典当行不得以合同代替当票，不得将当票转让、出借或者质押给第三人。

第二十三条 当物估价金额与当金数额由典当行和当户协商确定。典当期限由双方约定，最长不得超过6个月。典当当金利率按贷款市场报价利率（LPR）及浮动范围执行，当金利息不得预扣。

典当综合费用包括各种服务及管理费用，典当行向当户收取的综合费用不得超过国家有关规定的费率上限。

第二十四条 典当期内或典当期限届满后5日内，经双方同意可以续当，续当一次的期限最长为6个月。续当期自典当期限或者前一次续当期限届满日起算。续当时，当户应当结清前期利息和当期费用。

典当期限或者续当期限届满后，当户应当在5日内赎当或者续当。逾期不赎当也不续当的，为绝当。对绝当物，典当行应在典当通和财务报表中做出绝当处理，不得长期挂账应收账款。

第二十五条 典当行应当以符合法律规定的方式处分绝当物，采用协议折价或者协议拍卖、变卖的方式及时处理绝当物，并就所得价款优先受偿。拍卖、变卖收入在扣除拍卖、变卖费用及当金本息后，剩余部分应当退还当户，不足部分向当户追偿。

第二十六条 典当行经营房地产抵押典当业务，应当和当户依法到有关部门先行办理抵押登记，再办理抵押典当手续。典当行经营机动车质押典当业务，应当到车辆管理部门办理质押登记手续。典当行经营其他典当业务，有关法律、法规要求登记的，应当依法办理登记手续。

第二十七条 典当行对同一法人或者自然人的典当余额不得超过上一年度净资产的25%；财产权利质押典当余额不得超过上一年度净资产的50%；房地产抵押典当余额不得超过上一年度净资产，房地产抵押典当单笔当金数额不得超过上一年度净资产的10%。

典当行对股东的典当余额不得超过该股东入股金额，且典当条件不得优于普通当户。

第二十八条 典当行应根据典当业务的性质和特点，制定财务管理、网络数据上报、当物查验保管、网络维护等内部管理制度。

典当行房屋建筑和经营设施应当符合国家有关安全标准和消防管理规定，具备与经营范围相匹配的安全防范设施。

第二十九条 典当行应当建立信息披露制度，按要求向监管部门、公司股东、业务合作方披露年度业务经营情况、重大事项等信息，必要时向社会披露。

典当行应当在经营场所显著位置悬挂营业执照、许可证、行业标识牌、监管评级和自律承诺内容等，并公布属地县级地方金融监督管理部门的监督举报电话。

第三十条 典当行应当制定债务催收制度，按照法律法规和监督管理部门要求，规范债务催收程序和方式。

典当行及关联主体不得涉黑涉恶，不得以暴力或者威胁使用暴力，故意伤害他人身体，侵犯人身自由，非法占有被催收人的财产，侮辱、诽谤、骚扰等方式干扰他人正常生活，违规散布他人隐私等非法手段进行债务催收。

第三十一条 典当行应当按照国家有关规定，真实记录并全面反映其业务活动和财务状况，于每月初5个工作日内通过监管系统报送上月典当经营情况表和财务会计月报表等信息，确保报送信息的真实、准确、完整。

第四章 监督管理

第三十二条 各级地方金融监督管理部门应当加强监管队伍建设，提高监管专业化水平，按照监管要求和职责配备专职监管员，专职监管员的人数、能力应当与监管对象数量、业务规模相匹配。

第三十三条 省地方金融监督管理局根据需要组织对全省范围典当行的现场检查工作。市、县级地方金融监督管理部门根据需要组织对辖区内典当行的现场检查工作。现场检查相关程序和要求根据《湖北省类金融机构现场检查办法》执行。

典当行及相关个人应当配合监管部门进行检查，不得妨害、拒绝和阻碍。

第三十四条 省地方金融监督管理局组织建设全省典当行监管信息系统，市、县级地方金融监督管理部门应当在省地方金融监督管理局指导下统一数据采集标准，使用或对接典当监管信息系统，督促典当行录入经营情况，采集典当行经营数据，开展非现场监管。

市、县级地方金融监督管理部门应当在依法收集并处理典当行相关信息的基础上，分析和评估经营活动及风险状况，及时进行风险预警并采取相应监管措施。市、县级地方金融监督管理部门可以根据监管需要，要求典当行报送日常报表之外的其他文件和资料，全面收集典当行经营情况和风险状况。地方金融监督管理部门在采集相关信息时，对潜在风险或经营管理中可能存在的问题，可以通过询问、要求提供补充材料、监管谈话等方式予以确认和证实。

市级地方金融监督管理部门应当于次月7个工作日内、季后10个工作日内、次年1个月内，将辖内典当行监管月度、季度、年度报告报送省地方金融监督管理局，省地方金融监督管理局汇总形成全省典当行业监管报告。

第三十五条 省地方金融监督管理局建立全省典当行年审和监管评级制度，组织市、县级地方金融监督管理部门对辖区典当行进行年审，根据典当行的经营规模、服务对象、管理水平、信用状况、风险状况、合规经营等情况开展监管评级，并根据评级结果实施分类监管。

典当行年审由省地方金融监督管理局按不低于1/3的覆盖面组织开展，时间一般为次年4月1日至9月30日。

第三十六条　各级地方金融监督管理部门应当对有以下行为的典当行进行重点检查：

（一）业务或者财务出现异常，抽逃出资或挪用资金、账外经营或体外循环；

（二）股东以典当行名义为自己招揽业务或利用典当行违法违规从事金融活动；

（三）不按时提交或者提供虚假的经营报告、财务报告、年度审计报告等文件和资料；

（四）出租、出借、倒卖典当许可证；

（五）涉嫌集资、吸收存款或变相吸收存款、与其他典当行拆借或变相拆借资金、通过网络借贷信息中介机构、私募投资基金等机构或渠道融资；

（六）故意收当本细则第二十条所列财物；

（七）其他重大违法违规行为及法律法规和地方金融监督管理部门禁止的行为。

第三十七条　各级地方金融监督管理部门根据工作需要，可以聘请律师事务所、会计师事务所等第三方机构或外部专业人员参与监督检查，并将相应费用支出纳入年度预算安排。

第三十八条　各级地方金融监督管理部门针对监管发现的问题，对典当行提出明确的整改和监管意见。

各级地方金融监督管理部门应当采取有效监管措施，督促典当行及时整改。

第三十九条　各级地方金融监督管理部门在履行职责过程中，发现典当行有涉嫌违反监管要求的行为或者存在其他风险隐患的，可以与其实际控制人、主要股东、法定代表人、董事、监事、高级管理人员等进行监管谈话，要求其就相关业务活动和风险管理的重大事项作出说明。

第四十条　各级地方金融监督管理部门及其工作人员对工作中知悉的典当行商业秘密，应当依法予以保密。

第四十一条　省典当行业协会依照章程可以开展以下工作：

（一）制定行业自律规则，督促、约束会员及其从业人员行为，实施自律管理；

（二）维护会员合法权益，反映行业建议和诉求，配合地方金融监督管理部门开展行业监管工作；

（三）督促会员开展金融消费者适当性教育，开展纠纷调解，维护金融消费者合法权益；

（四）调查处理针对会员违法违规行为的投诉；

（五）组织开展会员培训与交流；

（六）承办省地方金融监督管理局交办、委托的其他事项。

第五章　风险防范与处置

第四十二条　典当行应当审慎评估自身风险承受能力，建立健全风险管理制度和内部责任追究制度，落实风险处置主体责任，必要时典当行控股股东应当提供流动性支持等保障措施。

第四十三条　发生以下重大事项，典当行应当自知道或者应当知道之时起24小时内，向所在地县级地方金融监督管理部门报告；县级地方金融监督管理部门应当及时处置，并向本级人民政府和上级地方金融监督管理部门报告：

（一）引发群体事件；

（二）重大安全防范突发事件或重大负面舆情；

（三）涉嫌非法集资行为；

（四）法定代表人或主要负责人下落不明或者接受刑事调查；

（五）主要资产被查封、冻结、扣押；

（六）企业或主要法人股东被吊销营业执照；

（七）企业或主要股东涉及重大诉讼案件或仲裁；

（八）其他可能引发重大金融风险的情况。

第四十四条　典当行注册地县（市、区）人民政府应当承担风险处置和维稳处突的第一责任。典当行的业务活动可能引发或者已经形成金融风险的，注册地县（市、区）人民政府应当根据国家和省有关法律法规履行属地风险处置责任，组织、协调有关部门开展风险处置相关工作。

第四十五条　典当行的业务活动可能引发金融风险的，地方金融监督管理部门可以采取下列措施：

（一）向投资者、债权人等利益相关方提示风险；

（二）向股东会提示相关董事、监事、高级管理人员或者经营管理人员的任职风险；

（三）法律、法规规定可以采取的其他措施。

典当行的业务活动已经形成重大金融、社会稳定风险的，经注册地地方金融监督管理部门申请，市级地方金融监督管理部门负责人批准，可以采取限制经营活动、责令停止增设分支机构、暂停登记事项变更等控制风险扩大的措施，并报省地方金融监督管理局备案。

采取前款规定的措施仍不能控制风险扩大、可能严重影响区域金融稳定的，经注册地市级人民政府批准，市级地方金融监督管理部门可以对该典当行依法采取接管、安排其他典当行实施业务托管等措施，并联合有关部门开展风险处置。

典当行的重大风险隐患已经消除并具备正常经营能力、可以继续从事地方金融业务活动的，注册地市级地方金融监督管理部门应报请同级人民政府及时解除相关处置措施。

第六章　法律责任

第四十六条　各级地方金融监督管理部门依法做好本行政区域内典当行及其活动的监督管理和行政处罚。市、县级地方金融监督管理部门依职权管辖本行政区域内发生的案件。

市、县级地方金融监督管理部门可以实施警告、责令限期改正、罚款、没收违法所得、没收非法财物以及法律法规和规章规定的其他行政处罚，并自实施行政处罚10个工作日内将情况报至省地方金融监督管理局。注销典当经营资格由省地方金融监督管理局实施。

第四十七条　典当行违反《湖北省地方金融条例》《典当管理办法》和本细则第六条、第十一条、第十二条、第十六条、第十七条、第十八条、第十九条、第二十三条、第二十五条、第二十七条、第三十一条、第三十三条的规定，存在未经批准擅自设立典当行，或者从事、变相从事典当业务；未按规定办理备案、审批的；超出核准业务范围从事禁止从事的业务；违反相关经营规则；未按要求报送经营数据或风险情况；拒绝、妨碍监管工作等违法违规行为的，由各级地方金融监督管理部门依照监管权限按《湖北省地方金融条例》第四十八至第五十一条规定以及《典当管理办法》相应条款对典当行及其负有直接责任的董事、监事、高级管理人员以及其他直接责任人员予以相应行政处罚。

第四十八条　典当行发生吸收或变相吸收公众存款等严重违法违规行为，由县级以上地方人民政府指定的处置非法集资牵头部门根据《防范和处置非法集资条例》及相关规定进行查处。一经查实，由注册地地方金融监管部门提出申请，逐级上报省地方金融监督管理局注销许可。

第四十九条 各级地方金融管理部门在依法履行职责过程中,发现典当行涉嫌违反法律法规和有关监管规定,可以采取监管谈话、出具警示函、责令改正、通报批评、将其违法违规和不履行公开承诺等情况记入诚信档案并对外公布等监管措施,以及给予警告、罚款和依法可以采取的其他处罚措施;涉嫌犯罪的,移送公安机关查处。

第七章 附则

第五十条 本细则由湖北省地方金融监督管理局负责解释。

第五十一条 本细则自印发之日起施行,法律法规和中央金融监管部门对典当行监督管理另有规定的,从其规定。

省地方金融监督管理局关于完善湖北省融资担保机构公司治理的指导意见(摘录)

发文单位:湖北省地方金融监督管理局

文号:鄂金发〔2023〕18号 发文日期:2023年12月11日

一、总体要求

(一)指导思想

以习近平新时代中国特色社会主义思想为指导,全面贯彻党的二十大精神,认真落实省委、省政府决策部署,从融资担保机构实际情况出发,以建立现代企业制度为方向,完善以股东会(出资人机构)、董事会、监事会、经理层为主体的治理结构,形成权责法定、权责透明、协调运转、有效制衡的公司治理机制。

(二)基本原则

1.坚持深化改革。遵循市场经济规律和企业发展规律,尊重融资担保机构市场主体地位,以规范决策机制和完善制衡机制为重点,坚持激励机制与约束机制相结合,体现效率原则与公平原则,充分调动经营管理层积极性,提升市场化、现代化经营水平。

2.坚持依法治企。依据《中华人民共和国公司法》等法律法规,以公司章程为行为准则,规范权责定位和行权方式;法无授权,任何政府部门、出资人机构和股东不得干预企业正常生产经营活动,实现深化改革与依法治企的有机统一。

3.坚持权责对等。坚持权利义务责任相统一,规范权力运行,强化权责对等,深化监督机制改革,完善履职评价,建立决策、执行和监督环节的责任追究制度。

二、坚持党的领导,依法完善公司治理结构

(一)理顺股东会(出资人机构)职责

1.明确股东会权责边界。股东会是权力机构,职权依据法律、法规和公司章程确定。股东会行使职权应遵循规定条件和程序,依法落实和维护董事会行使重大决策、选人用人、薪酬分配等权利,不得干涉董事会、经理层的自主决策权和日常经营管理。

2.转变出资监管方式。国家出资融资担保机构(含国有独资、全资、控股,下同)履行出资人职责的机构要按照政企分开、事企分开的原则,准确把握职责定位,建立监管权力清单和责任清单,实现以管企业为主向以管资本为主转变,重点管好国有资本布局、规范资本运作、维护资本安全、发挥资本政策效益。

3.规范行使权利。股东(出资人机构)主要依据股权份额通过参加股东会议、审核需由股东决定的事项、与其他股东协商作出决议等方式履行职责,不得利用其股东地位损害融资担保机构及其他利益相关者的合法权益,不得有虚假出资、出资不实、抽逃出资或变相抽逃出资等行为。

(二)加强董事会建设

1.落实董事会职权。董事会是决策机构,依照法定程序和公司章程、股东会(出资人机构)授权决定重大事项,履行决策把关、内部管理、防范风险、深化改革等职责。董事会可以授权董事长在董事会闭会期间行使董事会部分职权,授权原则、期限和具体内容由公司章程或者董事会制定的授权规则规定。

2.科学设置专门委员会。董事会可以根据实际需要设立审计、考核与薪酬、风险管理等专门委员会。专门委员会就业务合规情况、风险状况、内控制度的有效性及执行情况、经营业绩等向董事会提供专业意见,并依据董事会授权对相关情况进行监督和检查。

3.优化董事会组成结构。董事由股东依据公司章程或者股东约定推荐人选,由股东会选举或更换。相关股东推荐的董事名额一般依据其股权份额确定。国家出资融资担保机构董事会成员中应当按规定有一定比例的外部董事,并应当有公司职工代表。董事负有忠实与勤勉义务,应当依照相关法律、法规和公司章程规定认真履行职责,维护融资担保机构和全体股东的利益。

(三)强化监事会监督

1.明确监事会职权。监事会是监督机构,履行对董事会、经理层监督的职责,职权依据法律、法规和公司章程确定。监事可以列席董事会会议和经理层会议,对所议事项提出质询或者建议,但不享有表决权。

2.强化监督问责。监事会(不设监事会的监事)可以要求董事、高级管理人员提交执行职务的报告,董事、高级管理人员应当如实向监事会提供有关情况和资料;发现董事会、经理层有违反法律、法规和公司章程的行为时,应当建议予以纠正并对有关责任人员提出处理意见。融资担保机构应当保障监事会或者监事独立开展工作所需的知情权、调查权和相关经费。

(四)激发经理层活力

1.明确经理层职权。经理层是执行机构,接受董事会管理和监事会监督,职权依据法律、法规和公司章程确定。总经理依照法律、法规、公司章程和董事会授权,开展经营管理活动,组织实施董事会决议。

2.建立经营授权机制。经理层应当按有关规定建立内部规章制度和风险管理措施，完善内部控制体系；应当选任合格人员管理各业务部门和分支机构，并对各项经营活动和业务风险进行严格监控。融资担保机构应当建立经理层向董事会定期报告的制度，真实、准确、完整、及时地报告有关经营业绩、财务状况、风险状况及其他重大事项。

（五）发挥党组织作用

1.发挥党组织领导核心作用。国家出资融资担保机构党组织应发挥把方向、管大局、保落实的领导作用，研究讨论公司重大经营管理事项，支持董事会、监事会、经理层依法行使职权。坚持和完善双向进入、交叉任职的领导体制，符合条件的党组织领导班子成员可以通过法定程序进入董事会、监事会、经理层，党组织书记、董事长一般由一人担任。

2.明确党组织法定地位。国家出资融资担保机构要明确党组织在法人治理结构中的法定地位，在决策、执行、监督各环节的权责和工作方式，制定党组织前置研究讨论清单，清晰界定前置的主要范围和具体标准。

三、坚持制度先行，依法规范公司治理运行机制

（一）完善制度体系

健全以公司章程为核心的制度体系，突出章程在公司治理中的基础作用；依照法律、法规和公司章程，制定各治理主体权责清单和“三重一大”等制度规定，制定股东会、董事会、监事会、经理层和党组织的议事规则、运行规则、管理制度，保障各治理主体有效履职；细化内部管理制度体系，建立健全人事行政、财务会计、业务管理、风险处置、信息披露等基本制度。

（二）规范决策机制

融资担保机构应当在各治理主体职权分配的基础上，建立科学的层级决策机制，用“三重一大”决策清单等方式明确决策权限、决策流程，实现权由法定、权依法使。对具体的担保项目，应当规范项目受理、评审、审批、签约承保、保后监管、代偿、追偿等全部业务环节的工作流程、操作规则和运行机制，按照规范与效率相结合的原则建立项目审批分级授权制度，明确规定项目审批人的权限和审批程序。

（三）规范会议形式

股东会、监事会会议应当按照公司章程的规定召开，董事会、经理层会议的次数应当满足履行职责的需要。其中股东会、董事会年度定期会议应当于上一会计年度结束后的六个月内举行。召开股东会、董事会会议，应当按公司章程、议事规则的规定时间提前发出通知，并将涉及会议审议的议案和所需文件、信息及其他资料同时送达。

四、坚持市场导向，依法建立激励约束机制

（一）优化绩效评价机制

融资担保机构应当根据国家和地方有关规定，建立有利于自身可持续发展的激励与约束机制，完善尽职免责机制，制订与融资担保机构效益（突出政策性目标）和个人业绩相联系的绩效评价标准和程序。

（二）改革薪酬分配制度

融资担保机构应当实行与经营业绩、风险控制挂钩的差异化薪酬分配制度，提升目标考核在薪酬决定机制中的占比；参考其他金融机构标准，适当提高薪酬待遇，切实发挥薪酬激励作用。融资担保机构的薪酬分配制度应当经董事会批准。

（三）完善内部控制体系

融资担保机构应当建立健全内部控制制度，培育良好的内部控制文化。董事会负责保证建立并实施充分而有效的内部控制体系，明确设定可接受的风险程度；经理层负责制定内部控制政策，建立和完善内部组织机构，制定正式、成文的岗位职责说明，对各项业务明确保前调查、保时审查、保后检查的工作标准和尽职要求，保证内部控制各项职责得到有效履行；设立专门的且独立于其他业务部门的风险管理部门，负责具体制定并实施识别、评估、监测和控制风险的程序和方法，保障风险管理目标的实现；聘请具有相应资质的社会中介机构进行年度审计，审计报告应当及时报送董事会和股东会。

（四）加强专业队伍建设

融资担保机构的董事、监事、高级管理人员应当熟悉与融资担保业务相关的法律、法规，具有审慎经营的风险意识、相应的业务技能和管理能力，且不得兼任党政机关、事业单位职务。公务员、事业单位人员调入融资担保机构任职后，应按照市场化改革的要求完成身份转换，实行任期制和契约化管理。探索职业经理人制度，面向社会选聘专业化人才担任融资担保机构管理人员。切实保障员工利益，对员工的聘期、绩效考核、薪酬待遇、解聘事由、权利义务及违约责任等通过聘用协议进行约定。

湖北省财政厅　中国人民银行武汉分行关于进一步推进全省政府采购合同融资工作的通知（摘录）

发文单位：湖北省财政厅、中国人民银行武汉分行

文号：鄂财采发〔2023〕5 号　发文日期：2023 年 7 月 10 日

一、提高政治站位

“政采贷”是支持中小企业融资、保供应链稳市场主体的重要手段，是优化营商环境、支持实体经济发展的重要举措。各地要进一步提高政治站位，树牢大局意识、发展意识，充分认识推进“政采贷”工作对提升中小企业金融服务水平、支持稳增长保就业的重要意义。要建立健全工作机制，强化部门职责分工，积极融入金融助力中小企业发展大局，实现政银企合作支持稳经济保增长的战略目标。

二、完善平台功能

各地要充分运用“预算管理一体化”政府采购管理系统功能，进一步完善湖北“政采贷”平台建设，年底前全省所有县市区实现全流程线上融资，提高融资效率。积极优化“政采贷”平台功能，推进回款账户锁定接口改造，实现回款账户贷前线上系统自动锁定，防范融资风险。湖北辖内各级人民银

行加强与当地财政部门的沟通联系,配合做好属地"政采贷"平台建设工作。

三、提升服务质效

各地要进一步优化服务,为中小企业提供更为高效的"一站式"融资支持。各级预算单位要规范政府采购信息发布,为金融机构及时获取信息提供便利;要按时进行政府采购合同备案,配合做好约定回款账户的变更核准。各有关金融机构要进一步优化贷款审批程序,应贷尽贷,积极运用金融科技赋能"政采贷"产品创新,降低风控成本,提升融资效率,鼓励实现"利率降低20%、1天放款、0抵押、0跑腿"的融资模式,提高中小企业获得感。

四、增强信用认同

各地要加强政府采购领域信用体系建设,加强"大数据+征信"应用,支持金融机构识别、防控融资过程中的中小企业履约风险,充分释放政府采购合同的信用价值。加强"政采贷"平台安全管理,建立健全数据安全管控机制,防范政府采购相关数据违法对外提供。做好应急预案与数据备份,避免融资风险。

五、规范服务机制

有意向开展"政采贷"业务的金融机构,应具备以下条件:一是银行业务系统与中征应收账款融资服务平台无缝对接,实现业务审批流程自动化、数字化、便捷化;二是具有完善的产品制度,纯线上"政采贷"业务可落地实施;三是具有较完备的推进"政采贷"工作内部考核激励机制。人民银行武汉分行将通过面谈、现场查看业务系统等方式了解各金融机构实际业务开展条件,支持符合条件的金融机构开展线上"政采贷"业务。

六、探索开展工程类融资

各有关金融机构要创新"政采贷"产品类型,积极探索将政府采购工程项目纳入"政采贷"支持业务,在风险可控前提下,提高工程项目融资额度。各级预算单位应当落实工程建设领域政府采购支持中小企业发展政策,积极配合金融机构及中小企业完成工程项目融资。

七、加强工作考评

人民银行武汉分行将各地"政采贷"工作纳入全省金融信用市州县创建要求,对开展线上"政采贷"工作不力的金融机构实行末位淘汰。省财政厅将"政采贷"业务开展情况纳入银行机构服务财政工作综合考评,不断提升金融机构服务质量。

八、强化宣传引导

各地要积极推广依托"鄂汇办APP"推出的"政采贷"手机客户端应用,提升企业贷款申请便利度;进一步拓宽宣传渠道,创新宣传形式,积极发挥主流媒体与新媒体的宣传优势,及时准确传递政策意图;做好政策解读与申报指引,提供全流程专业化咨询指导服务,推动惠及更多市场主体。各有关金融机构要主动做好"政采贷"业务宣传推广,促进银企高效对接,提高融资比例,扩大融资规模。

九、完善配套措施

按照积极的财政政策加力增效、稳健的货币政策更加精准的要求,省级财政按照金融机构2023年新发放线上"政采贷"额度2‰给予奖励;人民银行武汉分行通过结构性货币政策工具,对符合条件的"政采贷"业务提供再贷款支持。鼓励各地积极开展"政采贷"支持机制创新,通过贷款贴息等方式切实为中小企业提供低成本融资支持。

第五部分

金融统计

一、金融机构(含地方金融组织)统计

(一)银行业机构统计表

表5-1-1　　2023年12月31日　　单位:家

序号	类型	数量	序号	类型	数量
1	开发性金融机构	1	9	农村商业银行	77
2	政策性银行	2	10	村镇银行	66
3	国有大型商业银行	6	11	信托公司	2
4	股份制商业银行	12	12	金融资产管理公司	4
5	城市商业银行	2	13	金融租赁公司	3
6	民营银行	1	14	企业集团财务公司	11
7	外资银行	11	15	消费金融公司	1
8	农村信用社	1		总计	200

注:银行业机构统计口径为:(1)省级分支机构(36家),(2)地方法人机构(164家)。

(二)保险业机构统计表

表5-1-2　　2023年12月31日　　单位:家

序号	类型	数量	序号	类型	数量
1	财产险机构	39	2	人身险机构	48
(1)	财产险公司	2	(1)	人身险公司	2
(2)	财产险分公司	37	(2)	人身险分公司	46
	总计				87

(三)证券期货业机构统计表

表5-1-3　　2023年12月31日　　单位:家

序号	类型	数量	序号	类型	数量
1	证券业机构	438	2	期货业机构	79
(1)	证券公司	2	(1)	期货公司	2
(2)	证券分公司	67	(2)	期货分公司	31
(3)	证券营业部	369	(3)	期货营业部	46
	总计				517

(四)基金业机构统计表

表5-1-4　　2023年12月31日　　单位:家

序号	类型	数量	序号	类型	数量
1	基金管理分公司	5	2	私募基金管理人(登记备案)	393
	总计				398

(五)地方金融组织统计表

表5-1-5　　2023年12月31日　　单位:家

序号	类型	数量	序号	类型	数量
1	融资担保公司	204	5	融资租赁公司	159
2	小额贷款公司	292	6	商业保理公司	17
3	区域性股权市场	1	7	地方资产管理公司	2
4	典当行	182		总计	857

二、金融从业人员统计

(一)银行业机构人员统计表

表 5-2-1　　　　2023 年 12 月 31 日　　　　单位:人

机构名称	总人数	年龄				学历				职称		
		30 岁以下	31—40 岁	41—50 岁	51 岁以上	博士	硕士及研究生班	本科	大专及以下	高级职称	中级职称	其他
国家开发银行湖北省分行	264	85	83	68	28	14	199	51		33	111	120
中国进出口银行湖北省分行	98	23	57	13	5	1	84	13		4	23	
中国农业发展银行湖北省分行	2104	542	618	474	470	5	404	1391	304	9	328	281
中国工商银行湖北省分行	14627	2844	3032	2498	6253	6	1416	8623	4582	134	68	14425
中国农业银行湖北省分行	17814	4252	2863	3423	7276	4	946	5971	10893	287	2516	4666
中国银行湖北省分行	8985	2267	1997	2100	2621	2	765	5717	2501	114	223	261
中国建设银行湖北省分行	12963	2372	2863	2840	4888	18	1235	7713	3997	295	3366	9302
交通银行湖北省分行	3007	1009	1160	498	340	5	707	2107	188	16	299	444
中国邮政储蓄银行湖北省分行	7778	1423	3314	2389	652	2	469	5461	1846	38	212	2853
中信银行武汉分行	1597	304	879	327	87	6	382	1177	32	25	163	1409
中国光大银行武汉分行	1007	191	527	210	79		230	701	76	7	55	39
招商银行武汉分行	2854	945	1282	466	161	2	936	1782	134	12	139	
上海浦东发展银行武汉分行	951	232	420	210	89	2	232	674	43	10	83	53
中国民生银行武汉分行	1603	393	767	356	87	2	342	1213	46	6	129	1468
华夏银行武汉分行	1074	117	536	311	110	1	152	846	75	7	103	82
平安银行武汉分行	1013	278	572	115	48	2	179	769	63			
兴业银行武汉分行	1442	300	784	265	93	1	302	1067	72	3	63	1376
广发银行武汉分行	666	168	350	101	47		105	538	23	9	53	45
渤海银行武汉分行	461	145	201	96	19	1	59	391	10	3	28	430
浙商银行武汉分行	401	85	242	63	11		118	277	6	6	12	2
恒丰银行武汉分行	189	31	110	38	10	1	50	127	11	2	2	1
汉口银行	5074	1618	2311	818	327	15	859	3905	295	12	358	226
湖北银行	5901	2326	2348	799	428	8	447	4389	1057	35	312	187
武汉众邦银行	484	79	340	61	4	2	144	334	4	3		
东亚银行(中国)有限公司武汉分行	30		19	9	2		9	19	2	1	5	
汇丰银行(中国)有限公司武汉分行	66	15	32	16	3		13	50	3			

续表 5-2-1

机构名称	总人数	年龄				学历				职称		
		30岁以下	31—40岁	41—50岁	51岁以上	博士	硕士及研究生班	本科	大专及以下	高级职称	中级职称	其他
渣打银行(中国)有限公司武汉分行	23	5	15	3			6	17				
企业银行(中国)有限公司武汉分行	26	7	11	7	1		8	15	3			
富邦华一银行有限公司武汉分行	49	8	28	9	4		13	36			3	36
华侨银行有限公司武汉分行	12	3	7	2			4	8			2	10
南洋商业银行(中国)有限公司武汉分行	37	8	22	6	1		13	23	1		2	3
瑞穗银行(中国)有限公司武汉分行	35	2	22	10	1		18	17				
三菱日联银行(中国)有限公司武汉分行	37	8	24	4	1		13	20	4		1	36
台湾土地银行股份有限公司武汉分行	21	2	11	3	5		4	15	2		1	
台湾中小企业银行股份有限公司武汉分行	21		13	2	6		4	16	1		2	19
武汉农村商业银行	5045	1205	2454	985	401	9	369	3685	982	43	1029	3033
湖北省农村信用社联合社	27314	13125	4811	7447	1931	1	467	17637	9209	139	729	26446
交银国际信托有限公司	245	16	151	59	19	1	158	84	2	6	64	
国通信托有限责任公司	302	15	181	86	20	8	154	134	6	11	35	256
中国长城资产管理股份有限公司湖北省分公司	51	7	15	13	16		26	21	4	3	13	7
中国信达资产管理股份有限公司湖北省分公司	62	4	33	9	16	1	33	28		4	19	2
中国中信金融资产管理股份有限公司湖北省分公司	61	10	28	12	11	1	32	28		3	22	36
中国东方资产管理股份有限公司湖北省分公司	43	10	18	6	9		25	16	2			
光大金融租赁股份有限公司	187	24	104	42	17	4	104	71	8	1	27	3
湖北金融租赁股份有限公司	181	29	101	39	12	1	83	95	2	2	20	
航天科工金融租赁有限公司	112	23	69	15	5	1	58	53		5	22	85
有色矿业集团财务有限公司	32	8	13	6	5	2	16	14		5	18	3
湖北宜化集团财务有限责任公司	26	4	11	6	5			22	4	4	11	11
东风汽车财务有限公司	354	120	189	37	8		94	255	5	11	90	253
湖北交投集团财务有限公司	55	21	24	5	5		27	27	1	4	14	
三环集团财务有限公司	24	5	11	6	2		3	18	3	2	5	5
中国石化财务有限责任公司武汉分公司	28	4	14	7	3		11	16	1	7	13	8
中国电力财务有限公司华中分公司	144	18	12	55	59		44	97	3	50	66	28
三峡财务有限责任公司宜昌分公司	44	7	5	21	11		7	33	4	10	18	16
航天科工财务有限责任公司武汉分公司	20	2	1	14	3		5	13	2	1	13	
中国能源建设集团财务有限公司武汉分公司	17		6	5	6		4	9	4	5	8	4
宝武集团财务有限责任公司武汉分公司	38		10	18	10		13	24	1	12	16	2
湖北消费金融股份有限公司	335	90	196	41	8	1	48	197	89			
总计	127434	36834	36317	27544	26739	130	12648	78050	36606	1399	10914	67972

注:本表数据来源于各单位报送数据,未经审计。

（二）保险业机构人员统计表

表 5-2-2　　2023 年 12 月 31 日　　单位：人

机构名称	总人数	年龄				学历				职称		
		30 岁以下	31—40 岁	41—50 岁	51 岁以上	博士	硕士及研究生班	本科	大专及以下	高级职称	中级职称	其他
长江财产保险股份有限公司	970	137	435	292	106		49	497	424	12	41	917
泰康在线财产保险股份有限公司	1042	226	671	134	11	6	255	670	111			
中国人民财产保险股份有限公司湖北省分公司	6146	949	2869	1387	941		277	3444	2425	49	17	485
中国大地财产保险股份有限公司湖北分公司	818	177	324	189	128		23	274	521			
中国出口信用保险公司湖北分公司	38	3	23	7	5		22	15	1	1	3	34
中华联合财产保险股份有限公司湖北分公司	1402	264	636	335	167		12	544	846	9	15	
中国太平洋财产保险股份有限公司湖北分公司	2794	634	1474	495	191		62	1120	1612	7	39	2748
中国平安财产保险股份有限公司湖北分公司	2459	725	1424	242	68		103	1504	852		5	
天安财产保险股份有限公司湖北省分公司	396	26	146	155	69		6	114	276			6
华安财产保险股份有限公司湖北分公司	309	36	134	104	35		4	144	161	3	25	32
永安财产保险股份有限公司湖北分公司	395	40	134	118	103			110	285			35
太平财产保险有限公司湖北分公司	2180	368	904	578	330		21	444	1715	1	14	
亚太财产保险有限公司湖北分公司	87	7	34	36	10		2	79	6			
中银保险有限公司湖北分公司	39	8	21	9	1		14	24	1		5	3
永诚财产保险股份有限公司湖北分公司	98	13	37	38	10		5	56	37		2	
安盛天平财产保险有限公司湖北分公司	56	6	36	14			1	35	20		3	53
阳光财产保险股份有限公司湖北省分公司	262	63	131	47	21		8	195	59	114	57	91
都邦财产保险股份有限公司湖北分公司	37	3	16	15	3			21	16		2	
渤海财产保险股份有限公司湖北分公司	92	4	46	30	12		4	34	54		4	88
中国人寿财产保险股份有限公司湖北省分公司	1680	407	842	306	125	2	58	873	747	8	34	21
现代财产保险（中国）有限公司湖北分公司	13	1	9	3			1	9	3			
长安责任保险股份有限公司湖北省分公司	693	85	201	173	234		2	110	581		1	
国元农业保险股份有限公司湖北分公司	78	11	42	14	11		6	44	28		5	
鼎和财产保险股份有限公司湖北分公司	161	11	80	46	24		5	89	67		4	7
中煤财产保险股份有限公司湖北分公司	31	7	14	10			1	25	5		2	
国泰财产保险有限责任公司湖北分公司	6		3	2	1			5	1			6
英大泰和财产保险股份有限公司湖北分公司	296	44	136	84	32		22	213	61	5	25	5
紫金财产保险股份有限公司湖北分公司	114	15	39	43	17		3	39	72			
浙商财产保险股份有限公司湖北分公司	94	11	36	25	22		1	53	40		7	
国任财产保险股份有限公司湖北分公司	121	12	43	48	18		2	56	63			58
锦泰财产保险股份有限公司湖北分公司	38	5	22	8	3		4	24	10		5	

续表 5-2-2

机构名称	总人数	年龄				学历				职称		
		30岁以下	31—40岁	41—50岁	51岁以上	博士	硕士及研究生班	本科	大专及以下	高级职称	中级职称	其他
众诚汽车保险股份有限公司湖北分公司	35	7	24	4			2	25	8		3	
华泰财产保险有限公司湖北省分公司	31	4	10	12	5		1	21	9			
长江财产保险股份有限公司湖北分公司	336	52	136	97	51		8	149	179	3	11	8
富德财产保险股份有限公司湖北分公司	15	1	5	7	2		3	10	2	1	4	10
新疆前海联合财产保险股份有限公司湖北分公司	31	1	21	8	1			16	15		2	
建信财产保险有限公司湖北分公司	27	4	15	6	2	1	2	22	2	1	2	24
大家财产保险有限责任公司湖北分公司	188	22	93	54	19		5	112	71		3	185
合众人寿保险股份有限公司	4071	765	2042	1016	248	1	205	3328	537	8	20	158
国华人寿保险股份有限公司	4439	675	2261	1187	316	6	220	1822	2391	27	133	56
中国人寿保险股份有限公司湖北省分公司	4021	559	1088	1409	965	1	133	2157	1730	22	131	268
中国太平洋人寿保险股份有限公司湖北分公司	1312	158	578	416	160		25	1108	179			
中国平安人寿保险股份有限公司湖北分公司	1308	184	746	322	56		57	1085	166			
新华人寿保险股份有限公司湖北分公司	1129	139	583	345	62		65	1029	35	1		
泰康人寿保险有限责任公司湖北分公司	1215	251	573	311	80		71	894	250			
太平人寿保险有限公司湖北分公司	986	196	595	172	23		52	828	106	1	6	12
中宏人寿保险有限公司湖北分公司	30	1	12	16	1		3	24	3			
建信人寿保险股份有限公司湖北分公司	173	13	103	32	25		12	156	5	2	12	1
安联人寿保险有限公司湖北分公司	15		9	6			2	11	2			15
工银安盛人寿保险有限公司湖北分公司	187	17	93	66	11		14	116	57			
中信保诚人寿保险有限公司湖北省分公司	131	19	55	50	7		7	107	17		8	
交银人寿保险有限公司湖北省分公司	78	12	38	22	6		6	53	19		2	76
中意人寿保险有限公司湖北省分公司	59	9	27	22	1		1	50	8		1	58
光大永明人寿保险有限公司湖北分公司	31	5	14	9	3		2	26	3	1	1	1
友邦人寿保险有限公司湖北分公司	77	19	42	16			9	68				
北大方正人寿保险有限公司湖北分公司	58	7	31	16	4			44	14			
中英人寿保险有限公司湖北分公司	114	17	59	34	4		6	97	11	1	6	12
同方全球人寿保险有限公司湖北分公司	59	12	36	9	2		4	47	8			
民生人寿保险股份有限公司湖北分公司	98	21	52	24	1		2	83	13	2	2	
招商信诺人寿保险有限公司湖北分公司	67	17	39	11			1	54	12		1	
瑞泰人寿保险有限公司湖北分公司	13		10	3			3	8	2			
富德生命人寿保险股份有限公司湖北分公司	605	87	285	197	36	1	9	456	139		7	32
平安养老保险股份有限公司湖北分公司	224	40	127	47	10		10	165	49			
合众人寿保险股份有限公司湖北分公司	239	44	108	72	15		6	181	52			

续表 5-2-2

机 构 名 称	总人数	年龄				学历				职称		
		30岁以下	31—40岁	41—50岁	51岁以上	博士	硕士及研究生班	本科	大专及以下	高级职称	中级职称	其他
华泰人寿保险股份有限公司湖北分公司	64	5	40	17	2		4	54	6		6	2
太平养老保险股份有限公司湖北分公司	99	16	55	23	5		7	66	26	1	2	2
中美联泰大都会人寿保险有限公司湖北分公司	29	1	20	7	1		2	19	8	1	2	26
平安健康保险股份有限公司湖北分公司	56	11	36	8	1		5	49	2			
中国人民健康保险股份有限公司湖北分公司	116	24	53	26	13		1	76	39	1	5	110
信泰人寿保险股份有限公司湖北分公司	154	32	87	27	8		8	134	12		4	3
农银人寿保险股份有限公司湖北分公司	353	42	172	117	22		5	243	105		9	7
长城人寿保险股份有限公司湖北分公司	141	16	66	47	12		6	109	26		7	2
和谐健康保险股份有限公司湖北分公司	170	52	90	26	2		4	150	16			
中国人民人寿保险股份有限公司湖北省分公司	719	72	326	211	110		20	458	241	3	12	5
国华人寿保险股份有限公司湖北分公司	301	36	160	88	17		3	95	203	2	6	67
英大泰和人寿保险股份有限公司湖北分公司	202	18	122	54	8		7	181	14		4	4
泰康养老保险股份有限公司湖北分公司	469	60	277	119	13		29	280	160			
幸福人寿保险股份有限公司湖北分公司	106	14	50	33	9		2	74	30			
阳光人寿保险股份有限公司湖北分公司	397	85	227	66	19		16	331	50		8	6
百年人寿保险股份有限公司湖北分公司	203	36	93	61	13		2	162	39		1	4
中邮人寿保险股份有限公司湖北分公司	119	7	85	23	4		29	89	1	3	21	21
大家人寿保险股份有限公司湖北分公司	138	33	75	25	5		15	75	48			
前海人寿保险股份有限公司湖北分公司	109	24	72	10	3		7	101	1		5	2
财信吉祥人寿保险股份有限公司湖北分公司	80	12	43	21	4		2	76	2	1	1	2
国联人寿保险股份有限公司湖北分公司	48	8	23	10	7		2	43	3			
海港人寿保险股份有限公司湖北分公司	199	19	147	28	5		13	153	33		11	188
总计	48619	8279	23191	12052	5097	18	2108	28234	18259	291	774	5956

注:本表数据来源于各单位报送数据,未经审计。

（三）证券期货业机构人员统计表

表 5-2-3　　2023 年 12 月 31 日　　单位：人

机构名称	总人数	年龄				学历				职称		
		30 岁以下	31—40 岁	41—50 岁	51 岁以上	博士	硕士及研究生班	本科	大专及以下	高级职称	中级职称	其他
长江证券股份有限公司	2414	705	1103	437	169	10	889	1330	185			
天风证券股份有限公司	2639	692	1395	431	121	41	1020	1264	314			
爱建证券有限责任公司湖北分公司	24	4	14	5	1			22	2		3	
国投证券股份有限公司湖北分公司	67	11	34	18	4		9	52	6		1	
财信证券股份有限公司湖北分公司	14	3	8	3			4	9	1			
第一创业证券股份有限公司武汉分公司	59	9	31	16	3		5	40	14		2	57
东北证券股份有限公司湖北分公司	49	12	25	10	2		3	41	5		3	
东莞证券股份有限公司湖北分公司	145	79	54	10	2		6	126	13			
光大证券股份有限公司武汉分公司	167	16	101	37	13		23	122	22		1	
广发证券股份有限公司湖北分公司	440	112	170	100	58		82	354	4			
国海证券股份有限公司武汉分公司	30	2	18	8	2		4	22	4			
国开证券股份有限公司湖北省分公司	5		2	2	1	1	2	2		2	1	
国联证券股份有限公司湖北分公司	71	42	20	9			13	56	2			
国融证券股份有限公司湖北分公司	59	11	36	9	3		6	47	6			
国盛证券有限责任公司湖北分公司	25	2	19	4			1	24				
国泰君安证券股份有限公司湖北分公司	251	47	112	54	38		37	199	15			
国信证券股份有限公司湖北分公司	247	52	146	38	11		41	179	27			
国元证券股份有限公司湖北分公司	83	9	46	15	13		7	50	26	2		
海通证券股份有限公司湖北分公司	72	9	35	13	15		11	60	1		9	
宏信证券有限责任公司湖北分公司	4		1	3				3	1			
华安证券股份有限公司湖北分公司	39	10	22	7			3	33	3			
华创证券有限责任公司湖北分公司	20	3	16	1		1	3	15	1		2	
华福证券有限责任公司华中分公司	87	24	52	11			18	65	4			
华金证券股份有限公司湖北分公司	20	7	10	2	1		2	15	3			
华林证券股份有限公司湖北分公司	35	5	16	13	1	2	1	24	8			
国新证券股份有限公司湖北分公司	37	8	18	8	3		3	34				1
华泰证券股份有限公司湖北分公司	373	85	140	107	41		290	65	18	1	5	7
华源证券股份有限公司湖北分公司	141	16	81	30	14	1	10	70	60			
粤开证券股份有限公司武汉分公司	13	2	8	3			1	10	2			
民生证券股份有限公司武汉分公司	28	5	15	7	1		6	21	1		1	
平安证券股份有限公司湖北分公司	44	4	27	8	5		10	32	2			

续表 5-2-3

机构名称	总人数	年龄				学历				职称		
		30岁以下	31—40岁	41—50岁	51岁以上	博士	硕士及研究生班	本科	大专及以下	高级职称	中级职称	其他
申港证券股份有限公司湖北分公司	31	6	16	9			6	25			1	
申万宏源证券有限公司湖北分公司	238	58	87	59	34		53	178	7	1	11	13
世纪证券有限责任公司湖北分公司	21	4	11	2	4		3	13	5			
太平洋证券股份有限公司武汉分公司	12	3	5	2	2		2	8	2		1	
万和证券股份有限公司湖北分公司	34	7	16	10	1		3	21	10			1
万联证券股份有限公司湖北分公司	97	19	38	33	7		8	74	15			97
西部证券股份有限公司湖北分公司	23	3	11	7	2		7	16				
东方财富证券股份有限公司湖北分公司	15	4	9	2			4	10	1			
西南证券股份有限公司湖北分公司	22	1	10	7	4		2	15	5			
兴业证券股份有限公司湖北分公司	186	29	123	28	6		36	149	1		4	
长城证券股份有限公司湖北分公司	115	17	51	36	11		9	96	10			1
招商证券股份有限公司湖北分公司	94	14	50	17	13		33	59	2		8	
中国银河证券股份有限公司湖北分公司	376	42	130	105	99	1	40	275	60	4	3	
中国中金财富证券有限公司湖北分公司	154	13	87	45	9		31	116	7			
中航证券有限公司湖北分公司	5		5				1	4				5
中山证券有限责任公司湖北分公司	18	2	10	3	3		1	13	4			1
中泰证券股份有限公司湖北分公司	122	24	75	17	6		35	85	2			
中天国富证券有限公司湖北分公司	8		5	3			2	6				8
中信建投证券股份有限公司湖北分公司	360	91	184	48	37		50	282	28			
中信证券股份有限公司湖北分公司	327	156	143	23	5		118	201	8		6	5
中银国际证券股份有限公司湖北分公司	60	7	26	22	5		8	52				
中邮证券有限责任公司湖北分公司	27	2	12	12	1		9	17	1	1	2	24
中原证券股份有限公司湖北分公司	10	1	8	1			1	7	2			
华英证券有限责任公司华中分公司	46	8	25	9	4		28	14	4	1	2	1
开源证券股份有限公司湖北分公司	18	1	8	9			1	14	3		1	
东亚前海证券有限责任公司湖北分公司	11	1	10				2	8	1			
渤海证券股份有限公司武汉分公司	9	1	8					9				
信达证券股份有限公司湖北分公司	17	2	12	2	1		3	13	1			
首创证券股份有限公司湖北分公司	12	8	3	1			2	10			1	11
财达证券股份有限公司湖北分公司	31	12	18	1				28	3			
长江期货股份有限公司	325	82	164	58	21	3	103	188	31	1	2	322
正信期货有限公司	330	71	153	84	22	1	43	210	76	3	14	313
华融融达期货股份有限公司华东分公司	5		2	2	1			4	1			

续表 5-2-3

机构名称	总人数	年龄				学历				职称		
		30岁以下	31—40岁	41—50岁	51岁以上	博士	硕士及研究生班	本科	大专及以下	高级职称	中级职称	其他
中信期货有限公司中南分公司	21	5	13	2	1		4	17			1	20
海通期货股份有限公司湖北分公司	12	1	5	5	1		1	11				
中国国际期货股份有限公司武汉分公司	11	1		8	2		1	6	4			
中泰期货股份有限公司武汉分公司	7	2	4	1				7				7
瑞达期货股份有限公司武汉市分公司	15	8	2	2	3		2	11	2			15
宁证期货有限责任公司湖北分公司	8	1	7					7	1			
方正中期期货有限公司湖北分公司	20	12	6	2			2	12	6		2	1
紫金天风期货股份有限公司湖北分公司	7	1	5	1				6	1			
中信建投期货有限公司湖北分公司	13	6	5	1	1		3	10			2	
广州期货股份有限公司湖北分公司	3		2	1				2	1		1	
广发期货有限公司武汉分公司	10	1	3	6			1	9				
国泰君安期货有限公司湖北分公司	9	3	6				3	6			1	
兴证期货有限公司湖北分公司	4		3	1			1	3				
福能期货股份有限公司湖北分公司	3	1		2				3				
混沌天成期货股份有限公司湖北分公司	9		8	1			1	5	3		1	
华金期货有限公司湖北分公司	7	1	4	2				7				
宏源期货有限公司湖北分公司	12	4	8					11	1	1		11
前海期货有限公司湖北分公司	2		2					2				
华闻期货有限公司华中分公司	30	14	15	1				18	12			30
山东齐盛期货有限公司武汉分公司	4	2	1	1				3	1			
中州期货有限公司华中分公司	13	3	7	3			1	10	2			13
国金期货有限责任公司湖北分公司	5	2	3				1	4			1	4
大有期货有限公司武汉分公司	4	1	2	1				3	1			
中天期货有限责任公司湖北分公司	6	1	4		1		1	4	1			
上海东证期货有限公司武汉分公司	10	2	6	2			1	6	3			
国贸期货有限公司武汉分公司	3	1	2					3			1	
天富期货有限公司武汉分公司	12	6	4	2				5	7		1	
九州期货有限公司湖北分公司	5	1	2	2			2	3				5
信达期货有限公司湖北分公司	3	1	2					3				3
总计	11129	2756	5421	2123	829	61	3179	6803	1086	17	95	976

注：本表数据来源于各单位报送数据，未经审计。

（四）其他机构人员统计表

表 5-2-4　　2023 年 12 月 31 日　　单位：人

机构名称	总人数	年龄				学历				职称		
		30 岁以下	31—40 岁	41—50 岁	51 岁以上	博士	硕士及研究生班	本科	大专及以下	高级职称	中级职称	其他
中国银联股份有限公司湖北分公司	46	8	19	14	5		20	25	1		4	

注：本表数据来源于各单位报送数据，未经审计。

三、金融业务统计

(一)全省金融业务统计

1.银行业

(1)本外币信贷收支统计

① 湖北省金融机构本外币信贷收支表

表 5-3-1-1-1-1　　2023 年 12 月 31 日　　汇率:7.0827　单位:万元

栏目 来源项目名称	12 月余额	比年初增减数		栏目 运用项目名称	12 月余额	比年初增减数	
		2023 年	2022 年			2023 年	2022 年
一、各项存款	871272151	75635530	70858953	一、各项贷款	813680053	71950116	70339382
(一)境内存款	869898784	75268661	72339583	(一)境内贷款	805603681	73346427	70354194
1.住户存款	529310503	69559117	72751437	1.住户贷款	233100518	10852054	9889547
(1)活期存款	142956328	1309512	15779771	(1)短期贷款	43667068	6045315	6438424
(2)定期及其他存款	386354175	68249605	56971665	消费贷款	15303963	1839898	1734720
2.非金融企业存款	199150253	2464323	2591882	经营贷款	28363105	4205417	4703704
(1)活期存款	80164849	-5573677	-7890220	(2)中长期贷款	189433450	4806739	3451123
(2)定期及其他存款	118985404	8038000	10482102	消费贷款	152564856	-2795188	-2774505
3.机关团体存款	94453180	-634362	-2386900	经营贷款	36868594	7601926	6225628
4.财政性存款	20230701	1717751	-1976637	2.非金融企业及机关团体贷款	572502901	62495334	60583447
5.非银行业金融机构存款	26754146	2161833	1359802	(1)短期贷款	100637014	10480531	6546908
(二)境外存款	1373366	366868	-1480630	(2)中长期贷款	398771053	49706245	43420652
二、金融债券	2919749	368645	-195070	(3)票据融资	52762463	3115114	10268340
其中:境外发行				(4)融资租赁	20108096	-848882	281246
三、卖出回购资产	373995	126995	-17867	(5)各项垫款	224275	42325	66301
四、借款及非银行业金融机构拆入	131866	-240833	-140001	3.非银行业金融机构贷款	262	-961	-118800
五、联行往来(净)				(二)境外贷款	8076372	-1396311	-14812
六、应付及暂收款	22536971	2495471	1127678	二、债券投资	80059772	5443046	9975444
七、各项准备	22446845	1628811	2409295	其中:境外债券			
八、所有者权益	31845753	2434933	2123347	三、股权及其他投资	16155649	-1007296	-331417
其中:实收资本	9340205	320487	157727	四、买入返售资产	334039	-639175	240304
九、其他	-20132534	-7645020	3414886	五、存放非银行业金融机构款项	547421	99206	118474
				六、联行往来(净)	10595302	-1492369	-1237355
				其中:境内存放二级准备金	1652740	9405	24283
				七、金银占款			
				八、中央银行外汇占款			
				九、应收及预付款	5974722	383177	511772
				十、投资性房地产	8423	2104	3878
				十一、固定资产	4039414	65722	-39261
资金来源总计	931394795	74804532	79581221	资金运用总计	931394795	74804532	79581221

注:1.本表机构包括中国人民银行、银行业存款类金融机构、银行业非存款类金融机构。
2.本表数据为合并口径。

② 湖北省存款类金融机构本外币信贷收支表

表 5-3-1-1-1-2　　2023 年 12 月 31 日　　汇率:7.0827　单位:万元

来源项目名称 \ 栏目	12 月余额	比年初增减数 2023 年	比年初增减数 2022 年	运用项目名称 \ 栏目	12 月余额	比年初增减数 2023 年	比年初增减数 2022 年
一、各项存款	871804051	75713940	70788249	一、各项贷款	798555559	71912600	70110083
（一）境内存款	870430684	75347072	72268879	（一）境内贷款	790479186	73308911	70124894
1.住户存款	529310472	69559086	72751437	1.住户贷款	231893811	10751269	9794519
（1）活期存款	142956328	1309512	15779771	（1）短期贷款	42743846	6019105	6246727
（2）定期及其他存款	386354144	68249574	56971665	消费贷款	14380741	1813688	1543023
2.非金融企业存款	199064817	2487015	2628928	经营贷款	28363105	4205417	4703704
（1）活期存款	80155849	−5582677	−7879220	（2）中长期贷款	189149965	4732164	3547792
（2）定期及其他存款	118908968	8069692	10508148	消费贷款	152281371	−2869762	−2677836
3.机关团体存款	94453180	−634362	−2386900	经营贷款	36868594	7601926	6225628
4.财政性存款	20230701	1717751	−1976637	2.非金融企业及机关团体贷款	554365453	62484250	59546879
5.非存款类金融机构存款	27371513	2217582	1252052	（1）短期贷款	100557014	10425531	6521908
（二）境外存款	1373366	366868	−1480630	（2）中长期贷款	398460867	49706157	43333254
二、金融债券	2274928	190005	−19960	（3）票据融资	52762463	3115114	10268340
其中:境外发行				（4）融资租赁	2360835	−804877	−642924
三、卖出回购资产	373995	126995	−71216	（5）各项垫款	224275	42325	66301
四、借款及非银行业金融机构拆入	131866	−165888	−104946	3.非存款类金融机构贷款	4219923	73392	783496
五、联行往来(净)				（二）境外贷款	8076372	−1396311	−14812
六、应付及暂收款	20941205	2458987	1347250	二、债券投资	79764569	5420706	10021194
七、各项准备	21502362	1532360	2317630	其中:境外债券			
八、所有者权益	26667010	2066147	1705548	三、股权及其他投资	14221479	−1263079	−350653
其中:实收资本	6955059	220194	156486	四、买入返售资产	42537	−852778	295354
九、其他	−30606236	−7800576	3417968	五、存放非银行业金融机构款项	548921	100706	118474
				六、联行往来(净)	10595302	−1492369	−1237355
				其中:境内存放二级准备金	1652740	9405	24283
				七、金银占款			
				八、中央银行外汇占款			
				九、应收及预付款	5374368	253164	451646
				十、投资性房地产	7806	1487	3878
				十一、固定资产	3978641	41532	−32098
资金来源总计	913089181	74121970	79380522	资金运用总计	913089181	74121970	79380522

注:1.本表机构包括中国人民银行、银行业存款类金融机构。
2.本表数据为合并口径。

③ 湖北省银行业存款类金融机构本外币信贷收支表

表 5-3-1-1-1-3　　2023 年 12 月 31 日　　单位:万元

栏目 来源项目名称	12 月余额	比年初增减数		栏目 运用项目名称	12 月余额	比年初增减数	
		2023 年	2022 年			2023 年	2022 年
一、各项存款	847528793	70514015	71965815	一、各项贷款	798555559	71912600	70110083
(一)境内存款	846155427	70147146	73446445	(一)境内贷款	790479186	73308911	70124894
1.个人存款	529310472	69559086	72751437	1.短期贷款	147460821	16501055	13658187
其中:活期储蓄存款	142956328	1309512	15779771	(1)个人贷款及透支	42743846	6019105	6246727
定期储蓄存款	269912717	50797390	40506304	其中:个人消费贷款	14380741	1813688	1543023
结构性存款	4617429	181882	-625136	(2)单位贷款及透支	100557014	10425531	6521908
2.单位存款	286696396	-1358796	-1607685	经营贷款及透支	80258197	7145314	4324005
其中:活期存款	115051365	-10936348	-12290974	固定资产贷款	1922004	241458	-286344
定期存款	46612497	778699	1461119	并购贷款	3000	23000	26000
保证金存款	18671191	1510994	2648285	贸易融资	18373813	3061759	2458247
结构性存款	5042611	-382300	704625	(3)非存款类金融机构贷款	4159961	56418	889552
3.国库定期存款	2821673	-241102	1050856	2.中长期贷款	587670792	54455295	46774990
4.非存款类金融机构存款	27326885	2187959	1251837	(1)个人贷款	189149965	4732164	3547792
(二)境外存款	1373366	366868	-1480630	其中:个人消费贷款	152281371	-2869762	-2677836
二、代理财政性存款	1336262	-4667	-266723	(2)单位贷款	398460867	49706157	43333254
三、金融债券	2274928	190005	-19960	经营贷款	90977285	17654637	13236958
其中:境外发行				固定资产贷款	297653855	30791061	29520671
四、卖出回购资产	8230152	386869	577178	并购贷款	5127059	973440	916848
五、向中央银行借款	9990370	477753	870157	贸易融资	4702668	287019	-341223
六、银行业存款类金融机构往来	23043701	1501066	1153364	(3)非存款类金融机构贷款	59961	16974	-106056
七、借款及非存款类金融机构拆入	131866	-165888	-104946	3.票据融资	52762463	3115114	10268340
八、联行往来(净)				4.融资租赁	2360835	-804877	-642924
九、应付及暂收款	20940635	2460982	1347254	5.各项垫款	224275	42325	66301
其中:应付利息	16061113	2709015	1613734	(二)境外贷款	8076372	-1396311	-14812
十、其他负债	5742014	-149954	201690	二、债券投资	79764569	5420706	10021194
十一、所有者权益	27061292	2141153	1770155	三、股权及其他投资	14221479	-1263079	-350653
其中:实收资本	6955059	220194	156486	四、买入返售资产	2179487	-952530	-540379
				五、存放中央银行存款	19399507	1405615	1103179
				六、缴存中央银行财政性存款	702134	257072	-1681246
				七、银行业存款类金融机构往来	23676768	2853749	1014825
				八、存放非存款类金融机构款项	548921	100706	118474
				九、联行往来(净)	10595302	-1492369	-1237355
				其中:境内存放二级准备金	1652740	9405	24283
				十、库存现金	1580627	-226084	-21295
				十一、应收及预付款	5374368	253164	451646
				其中:应收利息	3521815	157531	286646
				十二、投资性房地产	7806	1487	3878
				十三、固定资产	3660178	39337	-30495
				十四、其他资产	7122990	609795	797865
				十五、减:各项准备	21109680	1568838	2265737
				其中:贷款损失准备	19732677	1481712	2081300
资金来源总计	946280014	77351333	77493982	资金运用总计	946280014	77351333	77493982

注:1.本表机构包括银行、信用社和财务公司。

2.本表数据为合并口径。

④ 湖北省银行业非存款类金融机构本外币信贷收支表

表 5-3-1-1-1-4　　　　2023 年 12 月 31 日　　　　汇率:7.0827　单位:万元

来源项目名称＼栏目	12 月余额	比年初增减数		运用项目名称＼栏目	12 月余额	比年初增减数	
		2023 年	2022 年			2023 年	2022 年
一、各项存款	85467	-22661	-37046	一、各项贷款	19344155	111868	1131596
(一)境内存款	85467	-22661	-37046	(一)境内贷款	19344155	111868	1131596
1.个人存款	31	31		1.短期贷款	1003222	81210	216697
其中:保证金存款	31	31		(1)个人贷款及透支	923222	26210	191697
2.单位存款	85436	-22692	-37046	其中:个人消费贷款	923222	26210	191697
其中:活期存款	9000	9000	-11000	(2)单位贷款及透支	80000	55000	25000
定期存款				经营贷款及透支	80000	55000	25000
保证金存款	76436	-31692	-26046	固定资产贷款			
(二)境外存款				并购贷款			
二、代理财政性存款				贸易融资			
三、金融债券	644821	178640	-175110	2.中长期贷款	593671	74663	-9271
其中:境外发行				(1)个人贷款	283485	74575	-96669
四、卖出回购资产	161162	-42138	-40184	其中:个人消费贷款	283485	74575	-96669
五、中长期借款				(2)单位贷款	310186	88	87398
其中:境外借款				经营贷款	62500	12500	
六、向中央银行借款				固定资产贷款	247686	-12412	87398
七、金融机构存放				并购贷款			
八、金融机构拆入	18284909	1547426	1100274	贸易融资			
九、应付及暂收款	1595766	36484	-219571	3.票据融资			
十、其他负债	87835	51201	4104	4.融资租赁	17747262	-44004	924170
十一、所有者权益	5178742	368786	417799	5.各项垫款			
其中:实收资本	2385146	100293	1241	(二)境外贷款			
				二、债券投资	295203	22340	-45749
				三、股权及其他投资	1934170	255784	19236
				四、买入返售资产	490759	412859	-55050
				五、存放中央银行存款	44628	29628	215
				六、存放金融机构	2126622	905536	33914
				七、拆放金融机构	159380	29702	-34442
				八、库存现金	1		0
				九、应收及预付款	600354	130013	60126
				其中:应收利息	239874	-4789	3536
				十、投资性房地产	617	617	
				十一、固定资产	60773	24189	-7163
				十二、其他资产	1926524	291652	39247
				十三、减:各项准备	944483	96451	91665
资金来源总计	26038703	2117738	1050265	资金运用总计	26038703	2117738	1050265

注:1.本表机构包括信托投资公司、金融租赁公司、汽车金融公司和贷款公司等银行业非存款类金融机构。
　2.本表数据为合并口径。

⑤ 湖北省中资大型银行本外币信贷收支表

表 5-3-1-1-1-5　　　　2023 年 12 月 31 日　　　　单位:万元

栏目 来源项目名称	12 月余额	比年初增减数		栏目 运用项目名称	12 月余额	比年初增减数	
		2023 年	2022 年			2023 年	2022 年
一、各项存款	459409821	38843017	35669511	一、各项贷款	418867010	37451137	34480121
(一)境内存款	458394711	38536964	35917771	(一)境内贷款	411265342	38939671	34697445
1.个人存款	317477733	38940793	39969763	1.短期贷款	66480878	12257981	5808237
其中:活期储蓄存款	101787923	943068	10214909	(1)个人贷款及透支	18259670	4298253	2420720
定期储蓄存款	123677184	24269423	18023429	其中:个人消费贷款	6304018	778952	196397
结构性存款	2255188	-232331	-351172	(2)单位贷款及透支	48220248	7960689	3387518
2.单位存款	131338728	-153617	-6442801	经营贷款及透支	35651865	5746717	1522974
其中:活期存款	53124977	-7278514	-8327218	固定资产贷款	1270140	688962	-176525
定期存款	18071394	1457098	-1123309	并购贷款			
保证金存款	2560424	-70336	-207246	贸易融资	11298242	1525011	2041070
结构性存款	2774060	-329935	947359	(3)非存款类金融机构贷款	960	-961	
3.国库定期存款	1448484	53792	482388	2.中长期贷款	325031590	26492952	21840338
4.非存款类金融机构存款	8129767	-304004	1908421	(1)个人贷款	101195289	-875906	-1764053
(二)境外存款	1015109	306053	-248260	其中:个人消费贷款	94452785	-2623274	-3027094
二、代理财政性存款	145552	-47104	-105791	(2)单位贷款	223836047	27378858	23604392
三、金融债券				经营贷款	40711119	8145420	8685940
其中:境外发行				固定资产贷款	178772225	18102554	13816978
四、卖出回购资产				并购贷款	1634483	336004	403161
五、向中央银行借款	2260	-21347	-51833	贸易融资	2718220	794880	698313
六、银行业存款类金融机构往来	7853222	676656	1389735	(3)非存款类金融机构贷款	254	-10000	
七、借款及非存款类金融机构拆入	53039	-5330	-10690	3.票据融资	19724341	167985	7057475
八、联行往来(净)				4.融资租赁			
九、应付及暂收款	10187327	986939	854860	5.各项垫款	28533	20753	-8606
其中:应付利息	7604374	1068808	721985	(二)境外贷款	7601669	-1488534	-217324
十、其他负债	2631290	-67702	189952	二、债券投资	1702043	122608	198147
十一、所有者权益	5362966	889953	721308	三、股权及其他投资	2775	1646	-900099
其中:实收资本				四、买入返售资产			
				五、存放中央银行存款	602	2	2
				六、缴存中央银行财政性存款	531515	220344	-1679605
				七、银行业存款类金融机构往来	1436855	-356679	490186
				八、存放非存款类金融机构款项			
				九、联行往来(净)	65562153	4213208	6795277
				其中:境内存放二级准备金	905889	476	-11076
				十、库存现金	907260	-102377	32463
				十一、应收及预付款	1725626	-38095	122028
				其中:应收利息	904064	-41092	83480
				十二、投资性房地产			
				十三、固定资产	1631810	-8183	-39107
				十四、其他资产	2343282	231558	238715
				十五、减:各项准备	9065453	480087	1081076
				其中:贷款损失准备	8962177	482571	1106691
资金来源总计	485645477	41255082	38657053	资金运用总计	485645477	41255082	38657053

注:本表数据为合并口径。

⑥ 湖北省中资中型银行本外币信贷收支表

表 5-3-1-1-1-6　　2023 年 12 月 31 日　　单位:万元

来源项目名称	12 月余额	比年初增减数 2023 年	比年初增减数 2022 年
一、各项存款	116597940	8323551	7002417
(一)境内存款	116304694	8261270	8262926
1.个人存款	38458432	5899609	8024378
其中:活期储蓄存款	13393983	-231056	2566481
定期储蓄存款	13675685	4887584	3879743
结构性存款	2308970	415005	-275652
2.单位存款	71781602	2320656	1050851
其中:活期存款	25568774	-3082729	-1407228
定期存款	7387634	600832	-355329
保证金存款	10183256	745997	2313367
结构性存款	2010351	104978	-29389
3.国库定期存款	649000	-27000	176000
4.非存款类金融机构存款	5415661	68005	-988303
(二)境外存款	293246	62281	-1260509
二、代理财政性存款	988539	66076	100741
三、金融债券			
其中:境外发行			
四、卖出回购资产			
五、向中央银行借款	812223	190417	198835
六、银行业存款类金融机构往来	1850491	882628	-522324
七、借款及非存款类金融机构拆入			
八、联行往来(净)	52957764	5942763	9493336
九、应付及暂收款	2176441	377356	25358
其中:应付利息	1460571	497359	301244
十、其他负债	948433	-24433	-111229
十一、所有者权益	744474	-475982	-267189
其中:实收资本			
资金来源总计	177076305	15282377	15919946

运用项目名称	12 月余额	比年初增减数 2023 年	比年初增减数 2022 年
一、各项贷款	175676165	15652010	16755987
(一)境内贷款	175420428	15583373	16719279
1.短期贷款	25469551	1486923	2417434
(1)个人贷款及透支	2691591	-3155	-119868
其中:个人消费贷款	1100789	-27554	-182909
(2)单位贷款及透支	22777960	1490078	2537303
经营贷款及透支	18086610	712471	2154588
固定资产贷款	311009	200447	-76864
并购贷款		-23000	23000
贸易融资	4380341	600159	436578
(3)非存款类金融机构贷款			
2.中长期贷款	143011406	14385898	14197614
(1)个人贷款	35482445	1259349	1739989
其中:个人消费贷款	25035264	-77552	-159423
(2)单位贷款	107482712	13080299	12576425
经营贷款	20497772	3796055	1541250
固定资产贷款	82851847	9484152	11486774
并购贷款	2812511	610103	454386
贸易融资	1320581	-810010	-905985
(3)非存款类金融机构贷款	46250	46250	-118800
3.票据融资	6889791	-291186	80477
4.融资租赁			
5.各项垫款	49680	1738	23755
(二)境外贷款	255737	68637	36707
二、债券投资	2311847	-117886	-312320
三、股权及其他投资	6474	-20763	-300483
四、买入返售资产			
五、存放中央银行存款	0	0	0
六、缴存中央银行财政性存款	43909	-3053	1285
七、银行业存款类金融机构往来	297759	24053	38418
八、存放非存款类金融机构款项	170		
九、联行往来(净)			
其中:境内存放二级准备金	531320	8929	35359
十、库存现金	150322	2046	-21515
十一、应收及预付款	735109	24495	82433
其中:应收利息	539050	31010	59104
十二、投资性房地产	4909	-250	3913
十三、固定资产	445715	68013	15832
十四、其他资产	562371	24761	37453
十五、减:各项准备	3158446	371049	381057
其中:贷款损失准备	3111402	368001	382225
资金运用总计	177076305	15282377	15919946

注:本表数据为合并口径。

⑦ 湖北省中资小型银行本外币信贷收支表

表 5-3-1-1-1-7　　2023 年 12 月 31 日　　单位:万元

来源项目名称 \ 栏目	12 月余额	比年初增减数	
		2023 年	2022 年
一、各项存款	246752743	24373232	26796263
(一)境内存款	246709881	24358828	26787601
1.个人存款	173135936	24656656	24748716
其中:活期储蓄存款	27692743	591012	2998357
定期储蓄存款	132477482	21589027	18591059
结构性存款	24917	-11566	1848
2.单位存款	59135217	-2423428	1289024
其中:活期存款	29464316	-2105768	-3561728
定期存款	13542271	321815	3365112
保证金存款	5297994	577015	625216
结构性存款	210000	-166100	-243900
3.国库定期存款	724190	-267894	392469
4.非存款类金融机构存款	13714538	2393494	357393
(二)境外存款	42862	14404	8662
二、代理财政性存款	202171	-23640	-261603
三、金融债券	2274928	190005	-19960
其中:境外发行			
四、卖出回购资产	7941352	333069	539158
五、向中央银行借款	9175887	322258	726791
六、银行业存款类金融机构往来	10085336	-185988	-118740
七、借款及非存款类金融机构拆入	70827	-148558	-99854
八、联行往来(净)			
九、应付及暂收款	7875369	1261848	772941
其中:应付利息	6626250	1250670	610775
十、其他负债	1017983	-69712	50254
十一、所有者权益	17260346	1348233	888674
其中:实收资本	5401059	170194	156486
资金来源总计	302656943	27400747	29273924

运用项目名称 \ 栏目	12 月余额	比年初增减数	
		2023 年	2022 年
一、各项贷款	183165406	20893994	20382546
(一)境内贷款	183072868	20913801	20272994
1.短期贷款	48605160	3133993	4832661
(1)个人贷款及透支	21761232	1849553	3910343
其中:个人消费贷款	6944682	1187486	1494002
(2)单位贷款及透支	22684926	1226440	31317
经营贷款及透支	19961071	299804	231383
固定资产贷款	280295	-62064	-158835
并购贷款	3000		3000
贸易融资	2440561	988700	-44230
(3)非存款类金融机构贷款	4159001	58000	891001
2.中长期贷款	108836557	14234788	12446022
(1)个人贷款	49917026	5271890	5160969
其中:个人消费贷款	30240688	753254	2096788
(2)单位贷款	58919531	8962898	7286553
经营贷款	26076531	5731958	3370556
固定资产贷款	31499820	2901346	3989397
并购贷款	680066	27334	60802
贸易融资	663113	302260	-134202
(3)非存款类金融机构贷款			-1500
3.票据融资	25485778	3499188	2969353
4.融资租赁			
5.各项垫款	145373	45833	24958
(二)境外贷款	92537	-19808	109552
二、债券投资	73758026	5017056	10154189
三、股权及其他投资	12822085	-1278089	665750
四、买入返售资产	2179487	-832530	-660379
五、存放中央银行存款	17798704	1507904	504198
六、缴存中央银行财政性存款	126656	39752	-2953
七、银行业存款类金融机构往来	12872336	1685631	-1300929
八、存放非存款类金融机构款项	114575	-4911	45393
九、联行往来(净)	44981	716733	-476939
其中:境内存放二级准备金	215530		
十、库存现金	522372	-125695	-32210
十一、应收及预付款	2730012	224747	264028
其中:应收利息	1957319	146769	178193
十二、投资性房地产			
十三、固定资产	1404342	-33796	-10023
十四、其他资产	3270735	337322	457366
十五、减:各项准备	8152771	747372	716113
其中:贷款损失准备	7053541	677983	506143
资金运用总计	302656943	27400747	29273924

注:本表数据为合并口径。

⑧ 湖北省中资四家大型银行本外币信贷收支表

表 5-3-1-1-1-8　　2023 年 12 月 31 日　　单位:万元

来源项目名称	12 月余额	比年初增减数 2023 年	比年初增减数 2022 年	运用项目名称	12 月余额	比年初增减数 2023 年	比年初增减数 2022 年
一、各项存款	340372812	29351156	27425481	一、各项贷款	293366228	32763306	25029558
(一)境内存款	339486699	28971911	27586005	(一)境内贷款	293193634	32765121	25004956
1.个人存款	228735311	29543929	30197985	1.短期贷款	54187102	10989821	3228133
其中:活期储蓄存款	81694268	1262182	8757525	(1)个人贷款及透支	14058317	3644977	2119513
定期储蓄存款	115834629	22332165	16275517	其中:个人消费贷款	5561348	700586	166752
结构性存款	1596792	-65385	60262	(2)单位贷款及透支	40127825	7345804	1108621
2.单位存款	102893939	-429832	-4667913	经营贷款及透支	30482814	4945039	1165685
其中:活期存款	40872703	-5573134	-5138853	固定资产贷款	800940	237312	-194025
定期存款	11026341	609336	-1624245	并购贷款			
保证金存款	1989161	-58645	-141929	贸易融资	8844071	2163454	136961
结构性存款	1705350	-46024	264237	(3)非存款类金融机构贷款	960	-961	
3.国库定期存款	1144000	29312	329384	2.中长期贷款	222340072	21356729	15687380
4.非存款类金融机构存款	6713449	-171498	1726549	(1)个人贷款	81951909	-1061936	-1931236
(二)境外存款	886113	379245	-160525	其中:个人消费贷款	77765579	-2216502	-2526552
二、代理财政性存款	137424	-46651	-85272	(2)单位贷款	140387909	22418665	17618616
三、金融债券				经营贷款	31236658	6946470	7582828
其中:境外发行				固定资产贷款	105769124	14571925	9437742
四、卖出回购资产				并购贷款	1121692	285107	133883
五、向中央银行借款	2260	-15998	3736	贸易融资	2260436	615163	464163
六、银行业存款类金融机构往来	6401234	777939	336783	(3)非存款类金融机构贷款	254		
七、借款及非存款类金融机构拆入	53039	-5330	-10690	3.票据融资	16638238	397818	6097268
八、联行往来(净)				4.融资租赁			
九、应付及暂收款	8101080	749536	987420	5.各项垫款	28222	20753	-7826
其中:应付利息	5941300	772717	868057	(二)境外贷款	172594	-1816	24602
十、其他负债	1499218	-75578	160488	二、债券投资	1702043	122608	198147
十一、所有者权益	3249103	507707	302672	三、股权及其他投资	2775	1646	-900099
其中:实收资本				四、买入返售资产			
				五、存放中央银行存款			
				六、缴存中央银行财政性存款	477753	188233	-1307990
				七、银行业存款类金融机构往来	13011	9315	-275
				八、存放非存款类金融机构款项			
				九、联行往来(净)	65291153	-1018065	6691652
				其中:境内存放二级准备金	2914	476	-11076
				十、库存现金	673562	-46709	7054
				十一、应收及预付款	1360652	-38376	107627
				其中:应收利息	603797	-4257	61206
				十二、投资性房地产			
				十三、固定资产	1347029	-10644	-38036
				十四、其他资产	1504764	203584	179102
				十五、减:各项准备	5922800	932119	846122
				其中:贷款损失准备	5827030	935271	870599
资金来源总计	359816169	31242780	29120618	资金运用总计	359816169	31242780	29120618

注:本表数据为合并口径。

⑨ 湖北省城市商业银行本外币信贷收支表

表 5-3-1-1-1-9　　　　2023 年 12 月 31 日　　　　单位:万元

来源项目名称 \ 栏目	12 月余额	比年初增减数 2023 年	比年初增减数 2022 年	运用项目名称 \ 栏目	12 月余额	比年初增减数 2023 年	比年初增减数 2022 年
一、各项存款	76291821	7595857	8573042	一、各项贷款	59641832	7757393	7756205
(一)境内存款	76271527	7593230	8570915	(一)境内贷款	59638667	7761869	7750850
1.个人存款	39756981	7475096	6920644	1.短期贷款	15842620	1562388	1961295
其中:活期储蓄存款	6766121	157255	1208701	(1)个人贷款及透支	4499884	409888	1114720
定期储蓄存款	26294693	6204021	5190816	其中:个人消费贷款	2707938	387380	701473
结构性存款				(2)单位贷款及透支	8262736	992500	346575
2.单位存款	27559336	-1019404	1385472	经营贷款及透支	6757699	440435	255242
其中:活期存款	14197143	260427	-328622	固定资产贷款	138615	-7096	-121334
定期存款	6008240	102964	1791101	并购贷款			
保证金存款	2567845	-402669	630704	贸易融资	1366423	559160	212667
结构性存款				(3)非存款类金融机构贷款	3080000	160000	500000
3.国库定期存款	215190	-139894	139469	2.中长期贷款	34689488	4922311	4451408
4.非存款类金融机构存款	8740020	1277432	125331	(1)个人贷款	11152588	967172	1210250
(二)境外存款	20294	2627	2126	其中:个人消费贷款	8947462	640232	793666
二、代理财政性存款	1776	-475	-343729	(2)单位贷款	23536900	3955139	3241158
三、金融债券	1849928	400005	100040	经营贷款	7532538	1531827	1059091
其中:境外发行				固定资产贷款	15188871	2169648	2375089
四、卖出回购资产	3119435	52381	202887	并购贷款	230423	6384	-45491
五、向中央银行借款	4021408	188725	638104	贸易融资	585069	247280	-147531
六、银行业存款类金融机构往来	4086804	-534132	-753877	(3)非存款类金融机构贷款			
七、借款及非存款类金融机构拆入			-454	3.票据融资	8998362	1220940	1322887
八、联行往来(净)				4.融资租赁			
九、应付及暂收款	2128578	480586	216940	5.各项垫款	108197	56229	15260
其中:应付利息	1796621	502575	146248	(二)境外贷款	3165	-4475	5356
十、其他负债	142392	-26968	32787	二、债券投资	25547887	2419857	2057026
十一、所有者权益	6763985	612761	289436	三、股权及其他投资	7218524	-408889	57807
其中:实收资本	1243950		57	四、买入返售资产	466839	-751393	44816
				五、存放中央银行存款	4658123	-139734	-305712
				六、缴存中央银行财政性存款	69309	44829	7075
				七、银行业存款类金融机构往来	904526	-344461	-490602
				八、存放非存款类金融机构款项	40148	-5830	22069
				九、联行往来(净)	378897	467816	-162220
				其中:境内存放二级准备金			
				十、库存现金	104746	-31392	9092
				十一、应收及预付款	684019	42720	46088
				其中:应收利息	543629	46394	18398
				十二、投资性房地产			
				十三、固定资产	257863	-18087	-12450
				十四、其他资产	1270004	144400	189913
				十五、减:各项准备	2836590	408489	263932
				其中:贷款损失准备	2222390	334179	193411
资金来源总计	98406126	8768739	8955175	**资金运用总计**	98406126	8768739	8955175

注:本表数据为合并口径。

⑩ 湖北省外资银行本外币信贷收支表

表 5-3-1-1-1-10　　　　2023 年 12 月 31 日　　　　单位:万元

来源项目名称	12 月余额	比年初增减数 2023 年	比年初增减数 2022 年	运用项目名称	12 月余额	比年初增减数 2023 年	比年初增减数 2022 年
一、各项存款	1588871	-51871	29085	一、各项贷款	2474318	-105810	25950
(一)境内存款	1566722	-38430	12038	(一)境内贷款	2347893	-149213	-30293
1.个人存款	229920	70275	23220	1.短期贷款	1223246	71720	-38890
其中:活期储蓄存款	81680	6488	24	(1)个人贷款及透支	100	-350	
定期储蓄存款	82366	51356	12072	其中:个人消费贷款			
结构性存款	28355	10774	-159	(2)单位贷款及透支	1223146	72691	-37441
2.单位存款	1321917	-92722	14413	经营贷款及透支	1013167	55952	-60111
其中:活期存款	470764	13394	-46750	固定资产贷款	2082	-11440	13306
定期存款	246801	95768	32093	并购贷款			
保证金存款	116020	70396	11175	贸易融资	207898	28178	9365
结构性存款	48200	8757	30555	(3)非存款类金融机构贷款		-621	-1449
3.国库定期存款				2.中长期贷款	1113909	-207474	24107
4.非存款类金融机构存款	14886	-15984	-25594	(1)个人贷款	158936	-47459	-29159
(二)境外存款	22149	-13441	17047	其中:个人消费贷款	156365	-46480	-28154
二、代理财政性存款			-71	(2)单位贷款	941516	-140739	39022
三、金融债券				经营贷款	76827	-16590	7495
其中:境外发行				固定资产贷款	863935	-124038	30876
四、卖出回购资产				并购贷款			
五、向中央银行借款		-4464	4464	贸易融资	753	-111	651
六、银行业存款类金融机构往来	30759	20144	-32088	(3)非存款类金融机构贷款	13457	-19276	14244
七、借款及非存款类金融机构拆入	8000	-12000	5598	3.票据融资	10738	-13458	-15510
八、联行往来(净)	382071	-66630	-30359	4.融资租赁			
九、应付及暂收款	16141	665	-1935	5.各项垫款			
其中:应付利息	8841	1434	1095	(二)境外贷款	126424	43403	56243
十、其他负债	962406	4632	77224	二、债券投资			
十一、所有者权益	263944	41723	25239	三、股权及其他投资			
其中:实收资本	2000			四、买入返售资产			
				五、存放中央银行存款	5067	511	-3086
				六、缴存中央银行财政性存款	56	29	27
				七、银行业存款类金融机构往来	106261	31136	1330
				八、存放非存款类金融机构款项	2327	416	1021
				九、联行往来(净)			
				其中:境内存放二级准备金			
				十、库存现金	673	-58	-33
				十一、应收及预付款	11797	-1212	393
				其中:应收利息	10794	-920	386
				十二、投资性房地产			
				十三、固定资产	876	-175	-108
				十四、其他资产	674733	3173	61690
				十五、减:各项准备	23916	-4188	10025
				其中:贷款损失准备	21985	-5971	9935
资金来源总计	3252192	-67802	77158	资金运用总计	3252192	-67802	77158

注:本表数据为合并口径。

⑪ 湖北省农村信用社本外币信贷收支表

表 5-3-1-1-1-11　　2023 年 12 月 31 日　　单位：万元

栏目 来源项目名称	12 月余额	比年初增减数		栏目 运用项目名称	12 月余额	比年初增减数	
		2023 年	2022 年			2023 年	2022 年
一、各项存款	69	28	-41	一、各项贷款			
（一）境内存款	69	28	-41	（一）境内贷款			
1.个人存款				1.短期贷款			
其中：活期储蓄存款				（1）个人贷款及透支			
定期储蓄存款				其中：个人消费贷款			
结构性存款				（2）单位贷款及透支			
2.单位存款	69	28	-41	经营贷款及透支			
其中：活期存款	69	28	-41	固定资产贷款			
定期存款				并购贷款			
保证金存款				贸易融资			
结构性存款				（3）非存款类金融机构贷款			
3.国库定期存款				2.中长期贷款			
4.非存款类金融机构存款				（1）个人贷款			
（二）境外存款				其中：个人消费贷款			
二、代理财政性存款				（2）单位贷款			
三、金融债券				经营贷款			
其中：境外发行				固定资产贷款			
四、卖出回购资产	288800	53800	38020	并购贷款			
五、向中央银行借款				贸易融资			
六、银行业存款类金融机构往来	3223893	107626	436780	（3）非存款类金融机构贷款			
七、借款及非存款类金融机构拆入				3.票据融资			
八、联行往来（净）				4.融资租赁			
九、应付及暂收款	73202	19069	4231	5.各项垫款			
其中：应付利息	18751	8965	-494	（二）境外贷款			
十、其他负债				二、债券投资	1768629	249511	-78482
十一、所有者权益	379671	7352	34144	三、股权及其他投资	300		
其中：实收资本	2000			四、买入返售资产			
				五、存放中央银行存款	1002502	-46875	526572
				六、缴存中央银行财政性存款			
				七、银行业存款类金融机构往来	715705	-80635	132854
				八、存放非存款类金融机构款项	369049	65526	67289
				九、联行往来（净）	43296	-12106	-137820
				其中：境内存放二级准备金			
				十、库存现金			
				十一、应收及预付款	42871	13064	1345
				其中：应收利息	25571	115	1618
				十二、投资性房地产			
				十三、固定资产	147406	14505	2670
				十四、其他资产			
				十五、减：各项准备	124123	15115	1294
				其中：贷款损失准备			
资金来源总计	**3965635**	**187875**	**513134**	**资金运用总计**	**3965635**	**187875**	**513134**

注：本表数据为合并口径。

⑫ 湖北省农村商业银行本外币信贷收支表

表 5-3-1-1-1-12　　　　　　　　　　2023 年 12 月 31 日　　　　　　　　　　单位:万元

栏目 来源项目名称	12 月余额	比年初增减数		栏目 运用项目名称	12 月余额	比年初增减数	
		2023 年	2022 年			2023 年	2022 年
一、各项存款	148678716	14142451	15755650	一、各项贷款	105842593	11965518	11602686
(一)境内存款	148674085	14141563	15755049	(一)境内贷款	105842593	11965562	11602643
1.个人存款	121617517	14919807	16207357	1.短期贷款	25895594	1554715	3131375
其中:活期储蓄存款	20112219	339151	1705529	(1)个人贷款及透支	14003118	1452893	2597919
定期储蓄存款	97732849	13685495	13640508	其中:个人消费贷款	2899985	734781	616262
结构性存款				(2)单位贷款及透支	10814476	163823	2456
2.单位存款	21938614	-1976778	-1011172	经营贷款及透支	10528278	76806	33163
其中:活期存款	12803228	-1693072	-2443441	固定资产贷款	141280	-51678	-16202
定期存款	4158406	-209719	-395036	并购贷款	3000		3000
保证金存款	970318	112085	13524	贸易融资	141918	138695	-17505
结构性存款				(3)非存款类金融机构贷款	1078000	-62000	531000
3.国库定期存款	395000	-105000	217000	2.中长期贷款	64119130	7941483	7111720
4.非存款类金融机构存款	4722954	1303533	341864	(1)个人贷款	34911284	4365185	3675403
(二)境外存款	4632	888	601	其中:个人消费贷款	18983063	192655	1144166
二、代理财政性存款	191866	-28473	82216	(2)单位贷款	29207846	3576298	3436317
三、金融债券	425000	-210000	-120000	经营贷款	15764451	3043431	2313402
其中:境外发行				固定资产贷款	13414395	665667	1106115
四、卖出回购资产	3945700	316211	-118642	并购贷款	29000	-132800	16800
五、向中央银行借款	4941894	305758	210859	贸易融资			
六、银行业存款类金融机构往来	4476447	515835	685312	(3)非存款类金融机构贷款			
七、借款及非存款类金融机构拆入				3.票据融资	15799158	2476266	1361809
八、联行往来(净)				4.融资租赁			
九、应付及暂收款	5112551	647786	527582	5.各项垫款	28711	-6903	-2261
其中:应付利息	4393854	656611	412954	(二)境外贷款		-44	44
十、其他负债	770754	-14598	-26643	二、债券投资	47639092	2379410	8267498
十一、所有者权益	9351281	727184	560146	三、股权及其他投资	2147537	-993023	-682342
其中:实收资本	3404461	165112	146030	四、买入返售资产	1712648	-81136	-675204
				五、存放中央银行存款	10320437	1054711	274670
				六、缴存中央银行财政性存款	57296	-978	-10594
				七、银行业存款类金融机构往来	10138828	2250533	-1167400
				八、存放非存款类金融机构款项	57699	-6562	20676
				九、联行往来(净)	21299	-42430	18815
				其中:境内存放二级准备金			
				十、库存现金	393984	-95690	-41011
				十一、应收及预付款	1640070	30693	131560
				其中:应收利息	1210910	36431	99687
				十二、投资性房地产			
				十三、固定资产	976029	36534	-17728
				十四、其他资产	1877914	181508	243894
				十五、减:各项准备	4931216	276934	409041
				其中:贷款损失准备	4466382	291608	270173
资金来源总计	177894209	16402152	17556479	**资金运用总计**	177894209	16402152	17556479

注:本表数据为合并口径。

⑬ 湖北省村镇银行本外币信贷收支表

表 5-3-1-1-1-13　　2023 年 12 月 31 日　　单位:万元

来源项目名称	12 月余额	比年初增减数 2023 年	比年初增减数 2022 年	运用项目名称	12 月余额	比年初增减数 2023 年	比年初增减数 2022 年
一、各项存款	5301490	577961	595578	一、各项贷款	4034349	316901	362017
(一)境内存款	5301380	577870	595563	(一)境内贷款	4034349	316901	362017
1.个人存款	4692678	739904	710253	1.短期贷款	2220086	168998	170142
其中:活期储蓄存款	352438	-9207	8739	(1)个人贷款及透支	1805097	182369	188756
定期储蓄存款	4264042	780041	671887	其中:个人消费贷款	216637	71623	60363
结构性存款				(2)单位贷款及透支	413989	-13371	-18615
2.单位存款	607691	-162036	-106693	经营贷款及透支	413589	-13081	-18605
其中:活期存款	308494	-83922	-117158	固定资产贷款	400	-290	-10
定期存款	201554	-11598	-8442	并购贷款			
保证金存款	40208	-6222	-5965	贸易融资			
结构性存款				(3)非存款类金融机构贷款	1001	0	1
3.国库定期存款			-8000	2.中长期贷款	1814262	147903	191875
4.非存款类金融机构存款	1011	2	3	(1)个人贷款	1589871	121690	156835
(二)境外存款	110	90	15	其中:个人消费贷款	549298	-644	10336
二、代理财政性存款	8530	5309	-91	(2)单位贷款	224391	26213	36539
三、金融债券				经营贷款	215543	28260	35992
其中:境外发行				固定资产贷款	8848	-2046	548
四、卖出回购资产				并购贷款			
五、向中央银行借款	73808	-31590	-59627	贸易融资			
六、银行业存款类金融机构往来	76631	17410	-47893	(3)非存款类金融机构贷款			-1500
七、借款及非存款类金融机构拆入				3.票据融资			
八、联行往来(净)	1275	12872	-7330	4.融资租赁			
九、应付及暂收款	198118	27821	27157	5.各项垫款			
其中:应付利息	160026	25257	26771	(二)境外贷款			
十、其他负债	27361	11141	2237	二、债券投资			
十一、所有者权益	552728	16297	22813	三、股权及其他投资			
其中:实收资本	352648	5082	10399	四、买入返售资产			
				五、存放中央银行存款	919359	220015	60731
				六、缴存中央银行财政性存款		-3219	-364
				七、银行业存款类金融机构往来	1232970	101186	91747
				八、存放非存款类金融机构款项	15852	6622	2630
				九、联行往来(净)			
				其中:境内存放二级准备金			
				十、库存现金	20891	1197	-1385
				十一、应收及预付款	64219	4317	21210
				其中:应收利息	25472	2050	4981
				十二、投资性房地产			
				十三、固定资产	38596	1405	-640
				十四、其他资产	54801	-7632	12521
				十五、减:各项准备	141095	3571	15623
				其中:贷款损失准备	135765	3012	15118
资金来源总计	6239941	637220	532845	资金运用总计	6239941	637220	532845

注:本表数据为合并口径。

⑭ 湖北省信托公司本外币信贷收支表

表 5-3-1-1-1-14　　　　2023 年 12 月 31 日　　　　汇率:7.0827　单位:万元

来源项目名称	12 月余额	比年初增减数		运用项目名称	12 月余额	比年初增减数	
		2023 年	2022 年			2023 年	2022 年
一、各项存款				一、各项贷款	390466	55088	112398
(一)境内存款				(一)境内贷款	390466	55088	112398
1.个人存款				1.短期贷款	80280	55000	25000
其中:保证金存款				(1)个人贷款及透支	280		
2.单位存款				其中:个人消费贷款	280		
其中:活期存款				(2)单位贷款及透支	80000	55000	25000
定期存款				经营贷款及透支	80000	55000	25000
保证金存款				固定资产贷款			
(二)境外存款				并购贷款			
二、代理财政性存款				贸易融资			
三、金融债券				2.中长期贷款	310186	88	87398
其中:境外发行				(1)个人贷款			
四、卖出回购资产			-87684	其中:个人消费贷款			
五、中长期借款				(2)单位贷款	310186	88	87398
其中:境外借款				经营贷款	62500	12500	
六、向中央银行借款				固定资产贷款	247686	-12412	87398
七、金融机构存放				并购贷款			
八、金融机构拆入	110000	44500	-89000	贸易融资			
九、应付及暂收款	176414	42345	-10845	3.票据融资			
十、其他负债	37975	10630	9454	4.融资租赁			
十一、所有者权益	2399823	112461	140015	5.各项垫款			
其中:实收资本	994566	293	1461	(二)境外贷款			
				二、债券投资	17320	-39729	-104327
				三、股权及其他投资	1903947	228008	20022
				四、买入返售资产	74000	-3900	-55050
				五、存放中央银行存款			
				六、存放金融机构	19783	19783	
				七、拆放金融机构		-10000	10000
				八、库存现金	1		0
				九、应收及预付款	204131	76725	10203
				其中:应收利息	7931	1874	-16493
				十、投资性房地产			
				十一、固定资产	16332	-1286	-12980
				十二、其他资产	241449	-88109	-29327
				十三、减:各项准备	143217	26645	-11001
资金来源总计	2724212	209937	-38060	资金运用总计	2724212	209937	-38060

注:本表数据为合并口径。

⑮ 湖北省金融租赁公司本外币信贷收支表

表 5-3-1-1-1-15　　2023 年 12 月 31 日　　汇率:7.0827　单位:万元

来源项目名称	12 月余额	比年初增减数 2023 年	比年初增减数 2022 年	运用项目名称	12 月余额	比年初增减数 2023 年	比年初增减数 2022 年
一、各项存款	76467	-31661	-26046	一、各项贷款	17747262	-44004	924170
(一)境内存款	76467	-31661	-26046	(一)境内贷款	17747262	-44004	924170
1.个人存款	31	31		1.短期贷款			
其中:保证金存款	31	31		(1)个人贷款及透支			
2.单位存款	76436	-31692	-26046	其中:个人消费贷款			
其中:活期存款				(2)单位贷款及透支			
定期存款				经营贷款及透支			
保证金存款	76436	-31692	-26046	固定资产贷款			
(二)境外存款				并购贷款			
二、代理财政性存款				贸易融资			
三、金融债券	644821	199249	-79829	2.中长期贷款			
其中:境外发行				(1)个人贷款			
四、卖出回购资产	161162	-42138	47500	其中:个人消费贷款			
五、中长期借款				(2)单位贷款			
其中:境外借款				经营贷款			
六、向中央银行借款				固定资产贷款			
七、金融机构存放				并购贷款			
八、金融机构拆入	17033999	1367116	972866	贸易融资			
九、应付及暂收款	1336794	-34872	-220658	3.票据融资			
十、其他负债	49859	40570	-5296	4.融资租赁	17747262	-44004	924170
十一、所有者权益	2610271	243693	275335	5.各项垫款			
其中:实收资本	1290000	100000		(二)境外贷款			
				二、债券投资	277883	62069	58578
				三、股权及其他投资	30223	27776	-786
				四、买入返售资产	406758	406758	
				五、存放中央银行存款	44628	29628	215
				六、存放金融机构	2006748	872236	4699
				七、拆放金融机构	129380	9702	-44442
				八、库存现金			
				九、应收及预付款	337985	35190	43155
				其中:应收利息	185623	-22963	12040
				十、投资性房地产			
				十一、固定资产	26721	26191	-176
				十二、其他资产	1632696	373200	71153
				十三、减:各项准备	726910	56790	92694
资金来源总计	21913373	1741956	963872	资金运用总计	21913373	1741956	963872

注:本表数据为合并口径。

⑯湖北省中资财务公司本外币信贷收支表

表 5-3-1-1-1-16　　　　2023 年 12 月 31 日　　　　单位:万元

栏目 来源项目名称	12 月余额	比年初增减数		栏目 运用项目名称	12 月余额	比年初增减数	
		2023 年	2022 年			2023 年	2022 年
一、各项存款	23179350	-973943	2468580	一、各项贷款	18372659	-1978731	-1534521
(一)境内存款	23179349	-971513	2466150	(一)境内贷款	18372654	-1978722	-1534530
1.个人存款	8452	-8248	-14640	1.短期贷款	5681987	-449562	638744
其中:活期储蓄存款				(1)个人贷款及透支	31253	-125196	35533
定期储蓄存款				其中:个人消费贷款	31253	-125196	35533
结构性存款				(2)单位贷款及透支	5650734	-324366	603211
2.单位存款	23118863	-1009713	2480869	经营贷款及透支	5545485	330370	475172
其中:活期存款	6422463	1517241	1051992	固定资产贷款	58478	-574447	112575
定期存款	7364397	-1696814	-457448	并购贷款			
保证金存款	513497	187922	-94227	贸易融资	46772	-80289	15465
结构性存款				(3)非存款类金融机构贷款			
3.国库定期存款				2.中长期贷款	9677330	-450869	-1733091
4.非存款类金融机构存款	52035	46447	-80	(1)个人贷款	2396268	-875711	-1559953
(二)境外存款	0	-2429	2430	其中:个人消费贷款	2396268	-875711	-1559953
二、代理财政性存款				(2)单位贷款	7281061	424842	-173138
三、金融债券				经营贷款	3615035	-2205	-368283
其中:境外发行				固定资产贷款	3666026	427047	196646
四、卖出回购资产				并购贷款			-1500
五、向中央银行借款		-9112	-8101	贸易融资			
六、银行业存款类金融机构往来				(3)非存款类金融机构贷款			
七、借款及非存款类金融机构拆入				3.票据融资	651814	-247415	176546
八、联行往来(净)	1715293	534071	-2045104	4.融资租赁	2360835	-804877	-642924
九、应付及暂收款	612156	-184895	-308201	5.各项垫款	689	-25999	26195
其中:应付利息	342327	-118222	-20871	(二)境外贷款	5	-9	9
十、其他负债	181901	7261	-4241	二、债券投资	224025	149416	59659
十一、所有者权益	3049891	329874	367978	三、股权及其他投资	1389846	34127	184179
其中:实收资本	1550000	50000		四、买入返售资产		-120001	120001
				五、存放中央银行存款	592631	-55927	75493
				六、缴存中央银行财政性存款			
				七、银行业存款类金融机构往来	8247853	1550243	1652966
				八、存放非存款类金融机构款项	62799	39675	4771
				九、联行往来(净)			
				其中:境内存放二级准备金			
				十、库存现金			
				十一、应收及预付款	128953	30166	-18581
				其中:应收利息	85016	21649	-36134
				十二、投资性房地产	2896	1736	-35
				十三、固定资产	30029	-1027	240
				十四、其他资产	271870	12982	2912
				十五、减:各项准备	584970	-40597	76171
				其中:贷款损失准备	583572	-40871	76307
资金来源总计	28738590	-296743	470912	资金运用总计	28738590	-296743	470912

注:本表数据为合并口径。

(2)人民币信贷收支表

① 湖北省金融机构人民币信贷收支表

表 5-3-1-1-2-1　　　　2023 年 12 月 31 日　　　　单位:万元

来源项目名称 \ 栏目	12 月余额	比年初增减数 2023 年	比年初增减数 2022 年	运用项目名称 \ 栏目	12 月余额	比年初增减数 2023 年	比年初增减数 2022 年
一、各项存款	865460038	75720629	73347906	一、各项贷款	802809036	74346034	71914604
(一)境内存款	864873760	75601868	73315357	(一)境内贷款	802512032	74120767	71896868
1.住户存款	527546954	69618003	72668597	1.住户贷款	233091932	10849839	9888039
(1)活期存款	142120147	1458556	15787805	(1)短期贷款	43658650	6043087	6436832
(2)定期及其他存款	385426807	68159447	56880792	消费贷款	15295545	1837670	1733128
2.非金融企业存款	195925548	2706591	3646049	经营贷款	28363105	4205417	4703704
(1)活期存款	78245214	-5368557	-7601750	(2)中长期贷款	189433281	4806752	3451206
(2)定期及其他存款	117680334	8075148	11247799	消费贷款	152564688	-2795174	-2774422
3.机关团体存款	94428100	-611604	-2378885	经营贷款	36868594	7601926	6225628
4.财政性存款	20230701	1717751	-1976637	2.非金融企业及机关团体贷款	569419838	63271889	62127629
5.非银行业金融机构存款	26742458	2171128	1356233	(1)短期贷款	99851583	10794493	8121672
(二)境外存款	586277	118761	32549	(2)中长期贷款	396867133	50187418	43621445
二、金融债券	2919749	368645	-195070	(3)票据融资	52762463	3115114	10268340
其中:境外发行				(4)融资租赁	19714548	-867459	49885
三、卖出回购资产	373995	126995	-17867	(5)各项垫款	224111	42323	66287
四、借款及非银行业金融机构拆入	8000	-86945	-24055	3.非银行业金融机构贷款	262	-961	-118800
五、联行往来(净)				(二)境外贷款	297004	225267	17736
六、应付及暂收款	22311054	2580972	1380028	二、债券投资	80059772	5443046	9975444
七、各项准备	22039654	2641518	2345036	其中:境外债券			
八、所有者权益	30431946	1418501	2095965	三、股权及其他投资	16155649	-1000227	-332015
其中:实收资本	9322639	320194	156266	四、买入返售资产	334039	-639175	240304
九、其他	-20987662	-7915766	3574203	五、存放非银行业金融机构款项	517054	96857	110246
				六、联行往来(净)	12871679	-3758959	160759
				其中:境内存放二级准备金	1652740	9405	24283
				七、金银占款			
				八、中央银行外汇占款			
				九、应收及预付款	5761824	299083	472193
				十、投资性房地产	8423	2104	3878
				十一、固定资产	4039298	65787	-39266
资金来源总计	922556774	74854549	82506147	资金运用总计	922556774	74854549	82506147

注:1.本表机构包括中国人民银行、银行业存款类金融机构、银行业非存款类金融机构。
2.本表数据为合并口径。

② 湖北省存款类金融机构人民币信贷收支表

表 5-3-1-1-2-2　　2023 年 12 月 31 日　　单位：万元

来源项目名称（栏目）	12 月余额	比年初增减数		运用项目名称（栏目）	12 月余额	比年初增减数	
		2023 年	2022 年			2023 年	2022 年
一、各项存款	865984155	75792075	73277135	一、各项贷款	788064632	74346373	71902421
（一）境内存款	865397878	75673315	73244586	（一）境内贷款	787767628	74121106	71884685
1.住户存款	527546923	69617972	72668597	1.住户贷款	231885225	10749055	9793011
（1）活期存款	142120147	1458556	15787805	（1）短期贷款	42735429	6016877	6245135
（2）定期及其他存款	385426776	68159416	56880792	消费贷款	14372323	1811460	1541431
2.非金融企业存款	195840112	2729283	3683095	经营贷款	28363105	4205417	4703704
（1）活期存款	78236214	-5377557	-7590750	（2）中长期贷款	189149796	4732177	3547875
（2）定期及其他存款	117603898	8106840	11273845	消费贷款	152281202	-2869749	-2677753
3.机关团体存款	94428100	-611604	-2378885	经营贷款	36868594	7601926	6225628
4.财政性存款	20230701	1717751	-1976637	2.非金融企业及机关团体贷款	551675938	63279383	61322423
5.非存款类金融机构存款	27352042	2219913	1248417	（1）短期贷款	99771583	10739493	8096672
（二）境外存款	586277	118761	32549	（2）中长期贷款	396556947	50187330	43534047
二、金融债券	2274928	190005	-19960	（3）票据融资	52762463	3115114	10268340
其中：境外发行				（4）融资租赁	2360835	-804877	-642924
三、卖出回购资产	373995	126995	-71216	（5）各项垫款	224111	42323	66287
四、借款及非存款类金融机构拆入	8000	-12000	11000	3.非存款类金融机构贷款	4206465	92668	769252
五、联行往来（净）				（二）境外贷款	297004	225267	17736
六、应付及暂收款	20740543	2545174	1611682	二、债券投资	79764569	5420706	10021194
七、各项准备	21095171	2545067	2253371	其中：境外债券			
八、所有者权益	25328930	1072712	1680900	三、股权及其他投资	14221479	-1263079	-350653
其中：实收资本	6955059	220194	156486	四、买入返售资产	42537	-852778	295354
九、其他	-31055609	-7975476	3777205	五、存放非存款类金融机构款项	518554	98357	110246
				六、联行往来（净）	12871679	-3758959	160759
				其中：境内存放二级准备金	1652740	9405	24283
				七、金银占款			
				八、中央银行外汇占款			
				九、应收及预付款	5280334	250849	409020
				十、投资性房地产	7806	1487	3878
				十一、固定资产	3978525	41598	-32102
资金来源总计	904750114	74284552	82520116	资金运用总计	904750114	74284552	82520116

注：1.本表机构包括中国人民银行、银行业存款类金融机构。
2.本表数据为合并口径。

③ 湖北省银行业存款类金融机构人民币信贷收支表

表 5-3-1-1-2-3　　　　2023 年 12 月 31 日　　　　单位:万元

来源项目名称（栏目）	12 月余额	比年初增减数 2023 年	比年初增减数 2022 年	运用项目名称（栏目）	12 月余额	比年初增减数 2023 年	比年初增减数 2022 年
一、各项存款	841708932	70592184	74454701	一、各项贷款	788064632	74346373	71902421
(一)境内存款	841122655	70473423	74422152	(一)境内贷款	787767628	74121106	71884685
1.个人存款	527546923	69617972	72668597	1.短期贷款	146666973	16812788	15231359
其中:活期储蓄存款	142120147	1458556	15787805	(1)个人贷款及透支	42735429	6016877	6245135
定期储蓄存款	269042959	50660321	40415852	其中:个人消费贷款	14372323	1811460	1541431
结构性存款	4566549	224762	-626974	(2)单位贷款及透支	99771583	10739493	8096672
2.单位存款	283446610	-1093770	-545502	经营贷款及透支	80137734	7186468	4396791
其中:活期存款	113108256	-10708436	-11994352	固定资产贷款	1922004	241458	-286344
定期存款	46021784	691941	1545328	并购贷款	3000	-23000	26000
保证金存款	18020142	1637132	3379845	贸易融资	17708845	3334566	3960225
结构性存款	5042611	-380907	711520	(3)非存款类金融机构贷款	4159961	56418	889552
3.国库定期存款	2821673	-241102	1050856	2.中长期贷款	585753247	54955757	46961622
4.非存款类金融机构存款	27307448	2190324	1248201	(1)个人贷款	189149796	4732177	3547875
(二)境外存款	586277	118761	32549	其中:个人消费贷款	152281202	-2869749	-2677753
二、代理财政性存款	1336262	-4667	-266723	(2)单位贷款	396556947	50187330	43534047
三、金融债券	2274928	190005	-19960	经营贷款	90867295	17697245	13290320
其中:境外发行				固定资产贷款	295877243	31236189	29668908
四、卖出回购资产	8230152	386869	577178	并购贷款	5116435	962816	916848
五、向中央银行借款	9990370	477753	870157	贸易融资	4695973	291079	-342029
六、银行业存款类金融机构往来	22772777	1380737	1330721	(3)非存款类金融机构贷款	46504	36250	-120300
七、借款及非存款类金融机构拆入	8000	-12000	11000	3.票据融资	52762463	3115114	10268340
八、联行往来(净)				4.融资租赁	2360835	-804877	-642924
九、应付及暂收款	20739973	2547169	1611686	5.各项垫款	224111	42323	66287
其中:应付利息	16002826	2678199	1607802	(二)境外贷款	297004	225267	17736
十、其他负债	7347911	262069	299314	二、债券投资	79764569	5420706	10021194
十一、所有者权益	25723212	1147718	1745506	三、股权及其他投资	14221479	-1263079	-350653
其中:实收资本	6955059	220194	156486	四、买入返售资产	2179487	-952530	-540379
				五、存放中央银行存款	19391780	1418571	1111201
				六、缴存中央银行财政性存款	702134	257072	-1681246
				七、银行业存款类金融机构往来	23466075	2859003	1030105
				八、存放非存款类金融机构款项	518554	98357	110246
				九、联行往来(净)	12871679	-3758959	160759
				其中:境内存放二级准备金	1652740	9405	24283
				十、库存现金	1515667	-224539	-37894
				十一、应收及预付款	5280334	250849	409020
				其中:应收利息	3429894	154919	244577
				十二、投资性房地产	7806	1487	3878
				十三、固定资产	3660062	39403	-30500
				十四、其他资产	9204028	1056983	694269
				十五、减:各项准备	20715768	2581859	2188842
				其中:贷款减值准备	19340430	2494069	2003733
资金来源总计	940132517	76967836	80613578	资金运用总计	940132517	76967836	80613578

注:1.本表机构包括银行、信用社和财务公司。
2.本表数据为合并口径。

④ 湖北省银行业非存款类金融机构人民币信贷收支表

表 5-3-1-1-2-4　　　　2023 年 12 月 31 日　　　　单位：万元

栏目 来源项目名称	12 月余额	比年初增减数		栏目 运用项目名称	12 月余额	比年初增减数	
		2023 年	2022 年			2023 年	2022 年
一、各项存款	85467	-22661	-37046	一、各项贷款	18950607	93290	900235
（一）境内存款	85467	-22661	-37046	（一）境内贷款	18950607	93290	900235
1.个人存款	31	31		1.短期贷款	1003222	81210	216697
其中：保证金存款	31	31		（1）个人贷款及透支	923222	26210	191697
2.单位存款	85436	-22692	-37046	其中：个人消费贷款	923222	26210	191697
其中：活期存款	9000	9000	-11000	（2）单位贷款及透支	80000	55000	25000
定期存款				经营贷款及透支	80000	55000	25000
保证金存款	76436	-31692	-26046	固定资产贷款			
（二）境外存款				并购贷款			
二、代理财政性存款				贸易融资			
三、金融债券	644821	178640	-175110	2.中长期贷款	593671	74663	-9271
其中：境外发行				（1）个人贷款	283485	74575	-96669
四、卖出回购资产	104500	-98800	-40184	其中：个人消费贷款	283485	74575	-96669
五、中长期借款				（2）单位贷款	310186	88	87398
其中：境外借款				经营贷款	62500	12500	
六、向中央银行借款				固定资产贷款	247686	-12412	87398
七、金融机构存放				并购贷款			
八、金融机构拆入	16903403	1561548	916074	贸易融资			
九、应付及暂收款	1570511	35798	-231653	3.票据融资			
十、其他负债	87835	51201	4104	4.融资租赁	17353714	-62582	692809
十一、所有者权益	5103016	345789	415066	5.各项垫款			
其中：实收资本	2367580	100000	-220	（二）境外贷款			
				二、债券投资	295203	22340	-45749
				三、股权及其他投资	1934170	262853	18638
				四、买入返售资产	490759	412859	-55050
				五、存放中央银行存款	44594	29594	215
				六、存放金融机构	2052230	916214	109486
				七、拆放金融机构	159380	29702	-34442
				八、库存现金	1		0
				九、应收及预付款	481491	48234	63173
				其中：应收利息	236851	-4463	440
				十、投资性房地产	617	617	
				十一、固定资产	60773	24189	-7163
				十二、其他资产	974211	308074	-6427
				十三、减：各项准备	944483	96451	91665
资金来源总计	24499553	2051515	851250	资金运用总计	24499553	2051515	851250

注：1.本表机构包括信托投资公司、金融租赁公司、汽车金融公司和贷款公司等银行业非存款类金融机构。
2.本表数据为合并口径。

⑤ 中国人民银行湖北省人民币信贷收支表

表 5-3-1-1-2-5　　2023 年 12 月 31 日　　单位:万元

来源项目名称	12 月余额	比年初增减数 2023 年	比年初增减数 2022 年	运用项目名称	12 月余额	比年初增减数 2023 年	比年初增减数 2022 年
一、货币发行				一、金融机构贷款	6887038	551443	115941
二、金融机构存款	19435635	1447708	1118300	中资大型银行			
(一)境内金融机构存款	19435635	1447708	1118300	中资中小型银行	6832241	739177	176268
中资大型银行	602	2	2	农村信用社			
中资中小型银行	17794085	1516454	513282	财务公司			
农村信用社	1002502	-46875	526572	外资金融机构			
财务公司	589297	-51735	81189	其他金融机构	54797	-187734	-60327
外资金融机构	4516	271	-2961	其中:资产管理公司			
其他金融机构	44633	29590	216	二、再贴现	968205	150814	-303267
(二)境外金融机构存款				三、专项贷款			
三、金融机构特种存款				四、金银占款			
四、非金融机构存款	6821602	3211449	1849712	五、外汇占款			
五、财政存款	16072765	1963521	-2760770	六、有价证券及投资			
其中:中央财政存款				七、买入返售证券			
地方财政存款	16072764	1963520	-2760770	八、存放金融机构			
六、商业银行划来财政性存款	702135	257072	-1681254	九、清算资金往来(净)	34783182	6100489	-1351528
七、卖出回购证券				十、其他资产	318463	2195	-1603
八、中央银行债券							
九、清算资金往来(净)							
十、其他负债	319034	199	-1839				
十一、国家资本							
十二、当年结益	-394282	-75006	-64607				
资金来源总计	42956888	6804942	-1540457	资金运用总计	42956888	6804942	-1540457

⑥ 湖北省中资大型银行人民币信贷收支表

表 5-3-1-1-2-6　　2023 年 12 月 31 日　　单位:万元

栏目 来源项目名称	12 月余额	比年初增减数		栏目 运用项目名称	12 月余额	比年初增减数	
		2023 年	2022 年			2023 年	2022 年
一、各项存款	456058523	38943057	36337767	一、各项贷款	409858162	39551123	35262270
(一)境内存款	455752964	38908730	36329758	(一)境内贷款	409796005	39541422	35246741
1.个人存款	316242361	38968731	39933305	1.短期贷款	66325079	12441315	6299248
其中:活期储蓄存款	101186416	1054451	10214652	(1)个人贷款及透支	18251304	4296035	2419133
定期储蓄存款	123068969	24149180	17985369	其中:个人消费贷款	6295652	776734	194811
结构性存款	2232069	-197224	-351995	(2)单位贷款及透支	48072815	8146241	3880115
2.单位存款	129943375	182736	-5992504	经营贷款及透支	35538534	5717428	1488511
其中:活期存款	52114813	-6998848	-8263964	固定资产贷款	1270140	688962	-176525
定期存款	17798409	1385973	-991920	并购贷款			
保证金存款	2506175	96848	62840	贸易融资	11264141	1739851	2568129
结构性存款	2774060	-329935	947359	(3)非存款类金融机构贷款	960	-961	
3.国库定期存款	1448484	53792	482388	2.中长期贷款	323718215	26911370	21898638
4.非存款类金融机构存款	8118744	-296529	1906569	(1)个人贷款	101195120	-875892	-1763970
(二)境外存款	305559	34327	8010	其中:个人消费贷款	94452617	-2623260	-3027011
二、代理财政性存款	145552	-47104	-105791	(2)单位贷款	222522841	27797262	23662608
三、金融债券				经营贷款	40698370	8145904	8672707
其中:境外发行				固定资产贷款	177482392	18531099	13888427
四、卖出回购资产				并购贷款	1623859	325380	403161
五、向中央银行借款	2260	-21347	-51833	贸易融资	2718220	794880	698313
六、银行业存款类金融机构往来	7724010	688189	1455903	(3)非存款类金融机构贷款	254	-10000	
七、借款及非存款类金融机构拆入				3.票据融资	19724341	167985	7057475
八、联行往来(净)				4.融资租赁			
九、应付及暂收款	10028822	1009263	826421	5.各项垫款	28369	20752	-8620
其中:应付利息	7584776	1058917	717775	(二)境外贷款	62158	9700	15529
十、其他负债	1796585	-88656	117907	二、债券投资	1702043	122608	198147
十一、所有者权益	4090709	-104520	749792	三、股权及其他投资	2775	1646	-900099
其中:实收资本				四、买入返售资产			
				五、存放中央银行存款	602	2	2
				六、缴存中央银行财政性存款	531515	220344	-1679605
				七、银行业存款类金融机构往来	1435824	-357376	490176
				八、存放非存款类金融机构款项			
				九、联行往来(净)	69007067	2243602	6851979
				其中:境内存放二级准备金	905889	476	-11076
				十、库存现金	863660	-104091	24067
				十一、应收及预付款	1666122	-26808	88929
				其中:应收利息	845633	-30098	50769
				十二、投资性房地产			
				十三、固定资产	1631810	-8183	-39107
				十四、其他资产	1838273	225889	29101
				十五、减:各项准备	8691391	1489874	995695
				其中:贷款减值准备	8589703	1491852	1020467
资金来源总计	479846461	40378882	39330166	资金运用总计	479846461	40378882	39330166

注:本表数据为合并口径。

⑦ 湖北省中资中型银行人民币信贷收支表

表 5-3-1-1-2-7　　　　2023 年 12 月 31 日　　　　单位:万元

来源项目名称 \ 栏目	12 月余额	比年初增减数		运用项目名称 \ 栏目	12 月余额	比年初增减数	
		2023 年	2022 年			2023 年	2022 年
一、各项存款	115058498	8417296	8456360	一、各项贷款	174939591	15936092	17698306
(一)境内存款	114822914	8333528	8443308	(一)境内贷款	174847783	15859554	17695525
1.个人存款	38029369	5963168	7990693	1.短期贷款	25391829	1697013	3201881
其中:活期储蓄存款	13183318	-198591	2567944	(1)个人贷款及透支	2691591	-3155	-119868
定期储蓄存款	13477817	4903283	3842146	其中:个人消费贷款	1100789	-27554	-182909
结构性存款	2292637	428060	-271866	(2)单位贷款及透支	22700237	1700168	3321749
2.单位存款	70730374	2327541	1267449	经营贷款及透支	18086610	764978	2227519
其中:活期存款	24840399	-3150088	-1404183	固定资产贷款	311009	200447	-76864
定期存款	7115487	599440	380990	并购贷款		23000	23000
保证金存款	10132551	821635	2552579	贸易融资	4302618	757743	1148094
结构性存款	2010351	104978	-29389	(3)非存款类金融机构贷款			
3.国库定期存款	649000	-27000	176000	2.中长期贷款	142516484	14451988	14389413
4.非存款类金融机构存款	5414172	69819	-990834	(1)个人贷款	35482445	1259349	1739989
(二)境外存款	235584	83768	13052	其中:个人消费贷款	25035264	-77552	-159423
二、代理财政性存款	988539	66076	100741	(2)单位贷款	106987789	13146389	12768224
三、金融债券				经营贷款	20487333	3848052	1661706
其中:境外发行				固定资产贷款	82367364	9498244	11558118
四、卖出回购资产				并购贷款	2812511	610103	454386
五、向中央银行借款	812223	190417	198835	贸易融资	1320581	-810010	-905985
六、银行业存款类金融机构往来	1850433	891678	-430242	(3)非存款类金融机构贷款	46250	46250	-118800
七、借款及非存款类金融机构拆入				3.票据融资	6889791	-291186	80477
八、联行往来(净)	53789654	6040397	8550178	4.融资租赁			
九、应付及暂收款	2167000	460758	316834	5.各项垫款	49680	1738	23755
其中:应付利息	1451503	496550	301161	(二)境外贷款	91808	76538	2781
十、其他负债	943955	-16157	-24616	二、债券投资	2311847	-117886	-312320
十一、所有者权益	723177	-472985	-325154	三、股权及其他投资	6474	-20763	-300483
其中:实收资本				四、买入返售资产			
				五、存放中央银行存款	0	0	0
				六、缴存中央银行财政性存款	43909	-3053	1285
				七、银行业存款类金融机构往来	293080	26173	37482
				八、存放非存款类金融机构款项	170		
				九、联行往来(净)			
				其中:境内存放二级准备金	531320	8929	35359
				十、库存现金	130722	4975	-29061
				十一、应收及预付款	725551	25778	78317
				其中:应收利息	529514	32299	54889
				十二、投资性房地产	4909	-250	3913
				十三、固定资产	445715	68013	15832
				十四、其他资产	571926	33084	39545
				十五、减:各项准备	3140418	374682	389882
				其中:贷款减值准备	3093385	371625	391058
资金来源总计	**176333478**	**15577481**	**16842936**	**资金运用总计**	**176333478**	**15577481**	**16842936**

注:本表数据为合并口径。

⑧ 湖北省中资小型银行人民币信贷收支表

表 5-3-1-1-2-8　　2023 年 12 月 31 日　　单位：万元

栏目 来源项目名称	12 月余额	比年初增减数		栏目 运用项目名称	12 月余额	比年初增减数	
		2023 年	2022 年			2023 年	2022 年
一、各项存款	246061843	24269802	27073795	一、各项贷款	182471475	20836954	20517841
（一）境内存款	246033536	24264531	27069635	（一）境内贷款	182435790	20803781	20518123
1.个人存款	173119979	24651011	24743895	1.短期贷款	48060824	3029898	5131807
其中：活期储蓄存款	27691453	591033	2998310	（1）个人贷款及透支	21761181	1849543	3910339
定期储蓄存款	132462815	21583361	18586286	其中：个人消费贷款	6944630	1187475	1493997
结构性存款	24917	−11566	1848	（2）单位贷款及透支	22140642	1122355	330467
2.单位存款	58474829	−2512079	1575131	经营贷款及透支	19961071	310119	270544
其中：活期存款	29396474	−2091136	−3439945	固定资产贷款	280295	−62064	−158835
定期存款	13500869	297824	3349614	并购贷款	3000		3000
保证金存款	4753812	462011	847711	贸易融资	1896276	874300	215759
结构性存款	210000	−166100	−243900	（3）非存款类金融机构贷款	4159001	58000	891001
3.国库定期存款	724190	−267894	392469	2.中长期贷款	108743814	14228863	12392006
4.非存款类金融机构存款	13714538	2393494	358141	（1）个人贷款	49917026	5271890	5160969
（二）境外存款	28307	5271	4160	其中：个人消费贷款	30240688	753254	2096788
二、代理财政性存款	202171	−23640	−261603	（2）单位贷款	58826788	8956973	7232537
三、金融债券	2274928	190005	−19960	经营贷款	25989730	5722084	3316695
其中：境外发行				固定资产贷款	31499820	2901346	3989397
四、卖出回购资产	7941352	333069	539158	并购贷款	680066	27334	60802
五、向中央银行借款	9175887	322258	726791	贸易融资	657172	306209	−134357
六、银行业存款类金融机构往来	9943681	−326900	−99633	（3）非存款类金融机构贷款			−1500
七、借款及非存款类金融机构拆入				3.票据融资	25485778	3499188	2969353
八、联行往来（净）	115298	−642182	166174	4.融资租赁			
九、应付及暂收款	7846038	1241908	771381	5.各项垫款	145373	45833	24958
其中：应付利息	6597338	1230996	609301	（二）境外贷款	35685	33173	−282
十、其他负债	1022910	−30717	49305	二、债券投资	73758026	5017056	10154189
十一、所有者权益	17257802	1349494	888549	三、股权及其他投资	12822085	−1278089	665750
其中：实收资本	5401059	170194	156486	四、买入返售资产	2179487	−832530	−660379
				五、存放中央银行存款	17794312	1516667	506523
				六、缴存中央银行财政性存款	126656	39752	−2953
				七、银行业存款类金融机构往来	12801225	1711560	−1343377
				八、存放非存款类金融机构款项	86536	−6844	38186
				九、联行往来（净）			
				其中：境内存放二级准备金	215530		
				十、库存现金	521117	−125393	−32732
				十一、应收及预付款	2706578	209664	260156
				其中：应收利息	1934902	131683	174584
				十二、投资性房地产			
				十三、固定资产	1404342	−33796	−10023
				十四、其他资产	3322735	375550	457259
				十五、减：各项准备	8152661	747455	716485
				其中：贷款减值准备	7053493	678018	506577
资金来源总计	301841911	26683098	29833955	资金运用总计	301841911	26683098	29833955

注：本表数据为合并口径。

⑨ 湖北省中资四家大型银行人民币信贷收支表

表 5-3-1-1-2-9　　　　2023 年 12 月 31 日　　　　单位：万元

来源项目名称	12 月余额	比年初增减数 2023 年	比年初增减数 2022 年	运用项目名称	12 月余额	比年初增减数 2023 年	比年初增减数 2022 年
一、各项存款	337478226	29183146	27970497	一、各项贷款	292553129	33020187	25342150
（一）境内存款	337204123	29149226	27963932	（一）境内贷款	292494226	33011442	25325329
1.个人存款	227658633	29554742	30156972	1.短期贷款	54051323	11134315	3571829
其中：活期储蓄存款	81146956	1358565	8753659	（1）个人贷款及透支	14049951	3642760	2117926
定期储蓄存款	115330334	22209864	16236899	其中：个人消费贷款	5552982	698369	165165
结构性存款	1573674	-30278	59440	（2）单位贷款及透支	40000412	7492516	1453904
2.单位存款	101696759	-271264	-4246260	经营贷款及透支	30369483	4895552	1151420
其中：活期存款	39984449	-5511733	-5092555	固定资产贷款	800940	237312	-194025
定期存款	10828293	579577	-1505024	并购贷款			
保证金存款	1935451	107638	127863	贸易融资	8829989	2359651	496510
结构性存款	1705350	-46024	264237	（3）非存款类金融机构贷款	960	-961	
3.国库定期存款	1144000	29312	329384	2.中长期贷款	221776607	21458557	15664071
4.非存款类金融机构存款	6704731	-163564	1723837	（1）个人贷款	81951740	-1061922	-1931153
（二）境外存款	274103	33920	6565	其中：个人消费贷款	77765411	-2216489	-2526469
二、代理财政性存款	137424	-46651	-85272	（2）单位贷款	139824613	22520479	17595223
三、金融债券				经营贷款	31236658	6946470	7582828
其中：境外发行				固定资产贷款	105205827	14673740	9414350
四、卖出回购资产				并购贷款	1121692	285107	133883
五、向中央银行借款	2260	-15998	3736	贸易融资	2260436	615163	464163
六、银行业存款类金融机构往来	6290711	804722	389395	（3）非存款类金融机构贷款	254		
七、借款及非存款类金融机构拆入				3.票据融资	16638238	397818	6097268
八、联行往来（净）				4.融资租赁			
九、应付及暂收款	8052142	742785	986548	5.各项垫款	28058	20752	-7839
其中：应付利息	5924726	764975	863615	（二）境外贷款	58903	8745	16821
十、其他负债	1414215	-59849	148862	二、债券投资	1702043	122608	198147
十一、所有者权益	3193124	470180	231827	三、股权及其他投资	2775	1646	-900099
其中：实收资本				四、买入返售资产			
				五、存放中央银行存款			
				六、缴存中央银行财政性存款	477753	188233	-1307990
				七、银行业存款类金融机构往来	11981	8618	-286
				八、存放非存款类金融机构款项			
				九、联行往来（净）	62926119	-1441170	6912582
				其中：境内存放二级准备金	2914	476	-11076
				十、库存现金	637731	-48602	-1263
				十一、应收及预付款	1339412	-36648	100817
				其中：应收利息	583630	-2531	54493
				十二、投资性房地产			
				十三、固定资产	1347029	-10644	-38036
				十四、其他资产	1442484	211879	184392
				十五、减：各项准备	5872354	937772	844824
				其中：贷款减值准备	5778173	940423	868463
资金来源总计	356568101	31078334	29645592	资金运用总计	356568101	31078334	29645592

注：本表数据为合并口径。

⑩ 湖北省城市商业银行人民币信贷收支表

表 5-3-1-1-2-10　　2023 年 12 月 31 日　　单位:万元

来源项目名称　栏目	12 月余额	比年初增减数		运用项目名称　栏目	12 月余额	比年初增减数	
		2023 年	2022 年			2023 年	2022 年
一、各项存款	76216513	7644145	8589137	一、各项贷款	59585119	7805747	7776430
(一)境内存款	76196236	7641505	8587013	(一)境内贷款	59581954	7804651	7776646
1.个人存款	39753484	7475838	6920890	1.短期贷款	15785907	1605171	1987091
其中:活期储蓄存款	6765194	157256	1208773	(1)个人贷款及透支	4499832	409878	1114715
定期储蓄存款	26292124	6204762	5190990	其中:个人消费贷款	2707887	387370	701468
结构性存款				(2)单位贷款及透支	8206075	1035293	372376
2.单位存款	27487542	-971870	1400575	经营贷款及透支	6757699	445868	261732
其中:活期存款	14183453	271829	-324520	固定资产贷款	138615	-7096	-121334
定期存款	6008240	102964	1791101	并购贷款			
保证金存款	2509741	-366538	641704	贸易融资	1309761	596521	231978
结构性存款				(3)非存款类金融机构贷款	3080000	160000	500000
3.国库定期存款	215190	-139894	139469	2.中长期贷款	34689488	4922311	4451408
4.非存款类金融机构存款	8740020	1277432	126079	(1)个人贷款	11152588	967172	1210250
(二)境外存款	20277	2639	2124	其中:个人消费贷款	8947462	640232	793666
二、代理财政性存款	1776	-475	-343729	(2)单位贷款	23536900	3955139	3241158
三、金融债券	1849928	400005	100040	经营贷款	7532538	1531827	1059091
其中:境外发行				固定资产贷款	15188871	2169648	2375089
四、卖出回购资产	3119435	52381	202887	并购贷款	230423	6384	-45491
五、向中央银行借款	4021408	188725	638104	贸易融资	585069	247280	-147531
六、银行业存款类金融机构往来	4086802	-533389	-753897	(3)非存款类金融机构贷款			
七、借款及非存款类金融机构拆入				3.票据融资	8998362	1220940	1322887
八、联行往来(净)				4.融资租赁			
九、应付及暂收款	2127467	480617	216585	5.各项垫款	108197	56229	15260
其中:应付利息	1795512	502607	145893	(二)境外贷款	3165	1096	-216
十、其他负债	174553	23649	33232	二、债券投资	25547887	2419857	2057026
十一、所有者权益	6760278	611868	290328	三、股权及其他投资	7218524	-408889	57807
其中:实收资本	1243950		57	四、买入返售资产	466839	-751393	44816
				五、存放中央银行存款	4655172	-132891	-302178
				六、缴存中央银行财政性存款	69309	44829	7075
				七、银行业存款类金融机构往来	873550	-352618	-489741
				八、存放非存款类金融机构款项	13007	-7629	15283
				九、联行往来(净)	378191	469716	-164117
				其中:境内存放二级准备金			
				十、库存现金	104151	-31342	9175
				十一、应收及预付款	682807	42566	45820
				其中:应收利息	543434	46237	18394
				十二、投资性房地产			
				十三、固定资产	257863	-18087	-12450
				十四、其他资产	1342282	196170	191751
				十五、减:各项准备	2836541	408512	264012
				其中:贷款减值准备	2222342	334200	193495
资金来源总计	**98358160**	**8867524**	**8972685**	**资金运用总计**	**98358160**	**8867524**	**8972685**

注:本表数据为合并口径。

⑪ 湖北省外资银行人民币信贷收支表

表 5-3-1-1-2-11　　2023 年 12 月 31 日　　单位:万元

栏目 来源项目名称	12 月余额	比年初增减数		栏目 运用项目名称	12 月余额	比年初增减数	
		2023 年	2022 年			2023 年	2022 年
一、各项存款	1434995	-74177	56415	一、各项贷款	2422744	934	-41475
(一)境内存款	1418168	-72001	51517	(一)境内贷款	2315396	-104929	-41173
1.个人存款	146763	43310	15344	1.短期贷款	1207254	94124	-40319
其中:活期储蓄存款	58960	11663	6899	(1)个人贷款及透支	100	-350	
定期储蓄存款	33358	24497	2051	其中:个人消费贷款			
结构性存款	16926	5493	-4961	(2)单位贷款及透支	1207154	95095	-38870
2.单位存款	1263446	-92404	61768	经营贷款及透支	1006035	63574	-64955
其中:活期存款	418385	18176	-13965	固定资产贷款	2082	-11440	13306
定期存款	242622	91589	40002	并购贷款			
保证金存款	114108	68717	10941	贸易融资	199038	42961	12779
结构性存款	48200	10150	37450	(3)非存款类金融机构贷款		-621	-1449
3.国库定期存款				2.中长期贷款	1097403	-185595	14656
4.非存款类金融机构存款	7960	-22907	-25594	(1)个人贷款	158936	-47459	-29159
(二)境外存款	16827	-2176	4898	其中:个人消费贷款	156365	-46480	-28154
二、代理财政性存款			-71	(2)单位贷款	938467	-138136	43815
三、金融债券				经营贷款	76827	-16590	7495
其中:境外发行				固定资产贷款	861640	-121546	36320
四、卖出回购资产				并购贷款			
五、向中央银行借款		-4464	4464	贸易融资			
六、银行业存款类金融机构往来	30759	20144	-32088	(3)非存款类金融机构贷款			
七、借款及非存款类金融机构拆入	8000	-12000	11000	3.票据融资	10738	-13458	-15510
八、联行往来(净)	558439	58169	-117847	4.融资租赁			
九、应付及暂收款	12773	942	1144	5.各项垫款			
其中:应付利息	8141	869	1046	(二)境外贷款	107349	105863	-302
十、其他负债	3402571	390337	159826	二、债券投资			
十一、所有者权益	223730	39712	31079	三、股权及其他投资			
其中:实收资本	2000			四、买入返售资产			
				五、存放中央银行存款	5067	511	-3086
				六、缴存中央银行财政性存款	56	29	27
				七、银行业存款类金融机构往来	55053	4294	4665
				八、存放非存款类金融机构款项			
				九、联行往来(净)			
				其中:境内存放二级准备金			
				十、库存现金	168	-30	-169
				十一、应收及预付款	10400	-1120	-913
				其中:应收利息	9399	-835	-916
				十二、投资性房地产			
				十三、固定资产	760	-109	-112
				十四、其他资产	3199224	409479	164306
				十五、减:各项准备	22205	-4675	9321
				其中:贷款减值准备	20277	-6554	9325
资金来源总计	**5671267**	**418663**	**113922**	**资金运用总计**	**5671267**	**418663**	**113922**

注:本表数据为合并口径。

⑫ 湖北省农村信用社人民币信贷收支表

表 5-3-1-1-2-12　　　　2023 年 12 月 31 日　　　　单位:万元

来源项目名称 \ 栏目	12 月余额	比年初增减数		运用项目名称 \ 栏目	12 月余额	比年初增减数	
		2023 年	2022 年			2023 年	2022 年
一、各项存款	69	28	-41	一、各项贷款			
(一)境内存款	69	28	-41	(一)境内贷款			
1.个人存款				1.短期贷款			
其中:活期储蓄存款				(1)个人贷款及透支			
定期储蓄存款				其中:个人消费贷款			
结构性存款				(2)单位贷款及透支			
2.单位存款	69	28	-41	经营贷款及透支			
其中:活期存款	69	28	-41	固定资产贷款			
定期存款				并购贷款			
保证金存款				贸易融资			
结构性存款				(3)非存款类金融机构贷款			
3.国库定期存款				2.中长期贷款			
4.非存款类金融机构存款				(1)个人贷款			
(二)境外存款				其中:个人消费贷款			
二、代理财政性存款				(2)单位贷款			
三、金融债券				经营贷款			
其中:境外发行				固定资产贷款			
四、卖出回购资产	288800	53800	38020	并购贷款			
五、向中央银行借款				贸易融资			
六、银行业存款类金融机构往来	3223893	107626	436780	(3)非存款类金融机构贷款			
七、借款及非存款类金融机构拆入				3.票据融资			
八、联行往来(净)				4.融资租赁			
九、应付及暂收款	73202	19069	4231	5.各项垫款			
其中:应付利息	18751	8965	-494	(二)境外贷款			
十、其他负债				二、债券投资	1768629	249511	-78482
十一、所有者权益	379671	7352	34144	三、股权及其他投资	300		
其中:实收资本	2000			四、买入返售资产			
				五、存放中央银行存款	1002502	-46875	526572
				六、缴存中央银行财政性存款			
				七、银行业存款类金融机构往来	715705	-80635	132854
				八、存放非存款类金融机构款项	369049	65526	67289
				九、联行往来(净)	43296	-12106	-137820
				其中:境内存放二级准备金			
				十、库存现金			
				十一、应收及预付款	42871	13064	1345
				其中:应收利息	25571	115	1618
				十二、投资性房地产			
				十三、固定资产	147406	14505	2670
				十四、其他资产			
				十五、减:各项准备	124123	15115	1294
				其中:贷款减值准备			
资金来源总计	3965635	187875	513134	资金运用总计	3965635	187875	513134

注:本表数据为合并口径。

⑬ 湖北省农村商业银行人民币信贷收支表

表 5-3-1-1-2-13　　　　2023 年 12 月 31 日　　　　单位:万元

来源项目名称 \ 栏目	12 月余额	比年初增减数	
		2023 年	2022 年
一、各项存款	148642932	14176740	15699330
(一)境内存款	148638759	14175959	15698876
1.个人存款	121617487	14919811	16207371
其中:活期储蓄存款	20112200	339154	1705527
定期储蓄存款	97732838	13685495	13640524
结构性存款			
2.单位存款	21903317	-1942385	-1067358
其中:活期存款	12797076	-1690251	-2438985
定期存款	4136223	-214491	412448
保证金存款	970318	112719	12967
结构性存款			
3.国库定期存款	395000	-105000	217000
4.非存款类金融机构存款	4722954	1303533	341864
(二)境外存款	4173	781	454
二、代理财政性存款	191866	-28473	82216
三、金融债券	425000	-210000	-120000
其中:境外发行			
四、卖出回购资产	3945700	316211	-118642
五、向中央银行借款	4941894	305758	210859
六、银行业存款类金融机构往来	4476447	515835	704439
七、借款及非存款类金融机构拆入			
八、联行往来(净)			
九、应付及暂收款	5112273	647650	527443
其中:应付利息	4393576	656475	412816
十、其他负债	768962	-14609	-26587
十一、所有者权益	9351068	727723	558905
其中:实收资本	3404461	165112	146030
资金来源总计	177856142	16436833	17517963

运用项目名称 \ 栏目	12 月余额	比年初增减数	
		2023 年	2022 年
一、各项贷款	105842593	11966315	11610290
(一)境内贷款	105842593	11966359	11610246
1.短期贷款	25895594	1555512	3138979
(1)个人贷款及透支	14003118	1452893	2597919
其中:个人消费贷款	2899985	734781	616262
(2)单位贷款及透支	10814476	164620	10060
经营贷款及透支	10528278	76806	33163
固定资产贷款	141280	-51678	-16202
并购贷款	3000		3000
贸易融资	141918	139492	-9901
(3)非存款类金融机构贷款	1078000	-62000	531000
2.中长期贷款	64119130	7941483	7111720
(1)个人贷款	34911284	4365185	3675403
其中:个人消费贷款	18983063	192655	1144166
(2)单位贷款	29207846	3576298	3436317
经营贷款	15764451	3043431	2313402
固定资产贷款	13414395	665667	1106115
并购贷款	29000	-132800	16800
贸易融资			
(3)非存款类金融机构贷款			
3.票据融资	15799158	2476266	1361809
4.融资租赁			
5.各项垫款	28711	-6903	-2261
(二)境外贷款		-44	44
二、债券投资	47639092	2379410	8267498
三、股权及其他投资	2147537	-993023	-682342
四、买入返售资产	1712648	-81136	-675204
五、存放中央银行存款	10318995	1056631	273461
六、缴存中央银行财政性存款	57296	-978	-10594
七、银行业存款类金融机构往来	10099542	2285441	-1210701
八、存放非存款类金融机构款项	56800	-6696	20255
九、联行往来(净)	21299	-42430	18815
其中:境内存放二级准备金			
十、库存现金	393450	-95886	-41083
十一、应收及预付款	1639654	30309	131550
其中:应收利息	1210494	36048	99677
十二、投资性房地产			
十三、固定资产	976029	36534	-17728
十四、其他资产	1882363	179339	243077
十五、减:各项准备	4931155	276995	409331
其中:贷款减值准备	4466382	291623	270524
资金运用总计	177856142	16436833	17517963

注:本表数据为合并口径。

⑭ 湖北省村镇银行人民币信贷收支表

表 5-3-1-1-2-14　　　　2023 年 12 月 31 日　　　　单位:万元

来源项目名称	12 月余额	比年初增减数		运用项目名称	12 月余额	比年初增减数	
		2023 年	2022 年			2023 年	2022 年
一、各项存款	5301490	577961	595578	一、各项贷款	4034349	316901	362017
(一)境内存款	5301380	577870	595563	(一)境内贷款	4034349	316901	362017
1.个人存款	4692678	739904	710253	1.短期贷款	2220086	168998	170142
其中:活期储蓄存款	352438	-9207	8739	(1)个人贷款及透支	1805097	182369	188756
定期储蓄存款	4264042	780041	671887	其中:个人消费贷款	216637	71623	60363
结构性存款				(2)单位贷款及透支	413989	-13371	-18615
2.单位存款	607691	-162036	-106693	经营贷款及透支	413589	-13081	-18605
其中:活期存款	308494	-83922	-117158	固定资产贷款	400	-290	-10
定期存款	201554	-44598	-8442	并购贷款			
保证金存款	40208	-6222	-5965	贸易融资			
结构性存款				(3)非存款类金融机构贷款	1001	0	1
3.国库定期存款			-8000	2.中长期贷款	1814262	147903	191875
4.非存款类金融机构存款	1011	2	3	(1)个人贷款	1589871	121690	156835
(二)境外存款	110	90	15	其中:个人消费贷款	549298	-644	10336
二、代理财政性存款	8530	5309	-91	(2)单位贷款	224391	26213	36539
三、金融债券				经营贷款	215543	28260	35992
其中:境外发行				固定资产贷款	8848	-2046	548
四、卖出回购资产				并购贷款			
五、向中央银行借款	73808	-31590	-59627	贸易融资			
六、银行业存款类金融机构往来	76631	17410	-47893	(3)非存款类金融机构贷款			-1500
七、借款及非存款类金融机构拆入				3.票据融资			
八、联行往来(净)	1275	12872	-7330	4.融资租赁			
九、应付及暂收款	198118	27821	27157	5.各项垫款			
其中:应付利息	160026	25257	26771	(二)境外贷款			
十、其他负债	27361	11141	2237	二、债券投资			
十一、所有者权益	552728	16297	22813	三、股权及其他投资			
其中:实收资本	352648	5082	10399	四、买入返售资产			
				五、存放中央银行存款	919359	220015	60731
				六、缴存中央银行财政性存款		-3219	-364
				七、银行业存款类金融机构往来	1232970	101186	91747
				八、存放非存款类金融机构款项	15852	6622	2630
				九、联行往来(净)			
				其中:境内存放二级准备金			
				十、库存现金	20891	1197	-1385
				十一、应收及预付款	64219	4317	21210
				其中:应收利息	25472	2050	4981
				十二、投资性房地产			
				十三、固定资产	38596	1405	-640
				十四、其他资产	54801	-7632	12521
				十五、减:各项准备	141095	3571	15623
				其中:贷款减值准备	135765	3012	15118
资金来源总计	6239941	637220	532845	资金运用总计	6239941	637220	532845

注:本表数据为合并口径。

⑮ 湖北省信托公司人民币信贷收支表

表 5-3-1-1-2-15　　　　2023 年 12 月 31 日　　　　单位:万元

来源项目名称 \ 栏目	12 月余额	比年初增减数		运用项目名称 \ 栏目	12 月余额	比年初增减数	
		2023 年	2022 年			2023 年	2022 年
一、各项存款				一、各项贷款	390466	55088	112398
(一)境内存款				(一)境内贷款	390466	55088	112398
1.个人存款				1.短期贷款	80280	55000	25000
其中:保证金存款				(1)个人贷款及透支	280		
2.单位存款				其中:个人消费贷款	280		
其中:活期存款				(2)单位贷款及透支	80000	55000	25000
定期存款				经营贷款及透支	80000	55000	25000
保证金存款				固定资产贷款			
(二)境外存款				并购贷款			
二、代理财政性存款				贸易融资			
三、金融债券				2.中长期贷款	310186	88	87398
其中:境外发行				(1)个人贷款			
四、卖出回购资产			-87684	其中:个人消费贷款			
五、中长期借款				(2)单位贷款	310186	88	87398
其中:境外借款				经营贷款	62500	12500	
六、向中央银行借款				固定资产贷款	247686	-12412	87398
七、金融机构存放				并购贷款			
八、金融机构拆入	110000	44500	-89000	贸易融资			
九、应付及暂收款	176408	42346	-10848	3.票据融资			
十、其他负债	37975	10630	9454	4.融资租赁			
十一、所有者权益	2377050	111241	137761	5.各项垫款			
其中:实收资本	977000			(二)境外贷款			
				二、债券投资	17320	-39729	-104327
				三、股权及其他投资	1903947	235077	19424
				四、买入返售资产	74000	-3900	-55050
				五、存放中央银行存款			
				六、存放金融机构	19783	19783	
				七、拆放金融机构		-10000	10000
				八、库存现金	1		0
				九、应收及预付款	203337	76322	9842
				其中:应收利息	7853	1859	-16557
				十、投资性房地产			
				十一、固定资产	16332	-1286	-12980
				十二、其他资产	219463	-95994	-30627
				十三、减:各项准备	143217	26645	-11001
资金来源总计	2701433	208717	-40318	资金运用总计	2701433	208717	-40318

注:本表数据为合并口径。

⑯ 湖北省金融租赁公司人民币信贷收支表

表 5-3-1-1-2-16　　2023 年 12 月 31 日　　单位:万元

来源项目名称	12 月余额	比年初增减数		运用项目名称	12 月余额	比年初增减数	
		2023 年	2022 年			2023 年	2022 年
一、各项存款	76467	-31661	-26046	一、各项贷款	17353714	-62582	692809
(一)境内存款	76467	-31661	-26046	(一)境内贷款	17353714	-62582	692809
1.个人存款	31	31		1.短期贷款			
其中:保证金存款	31	31		(1)个人贷款及透支			
2.单位存款	76436	-31692	-26046	其中:个人消费贷款			
其中:活期存款				(2)单位贷款及透支			
定期存款				经营贷款及透支			
保证金存款	76436	-31692	-26046	固定资产贷款			
(二)境外存款				并购贷款			
二、代理财政性存款				贸易融资			
三、金融债券	644821	199249	-79829	2.中长期贷款			
其中:境外发行				(1)个人贷款			
四、卖出回购资产	104500	-98800	47500	其中:个人消费贷款			
五、中长期借款				(2)单位贷款			
其中:境外借款				经营贷款			
六、向中央银行借款				固定资产贷款			
七、金融机构存放				并购贷款			
八、金融机构拆入	15652493	1381238	788667	贸易融资			
九、应付及暂收款	1311545	-35559	-232736	3.票据融资			
十、其他负债	49859	40570	-5296	4.融资租赁	17353714	-62582	692809
十一、所有者权益	2557317	221916	274857	5.各项垫款			
其中:实收资本	1290000	100000		(二)境外贷款			
				二、债券投资	277883	62069	58578
				三、股权及其他投资	30223	27776	-786
				四、买入返售资产	406758	406758	
				五、存放中央银行存款	44594	29594	215
				六、存放金融机构	1932356	882913	80270
				七、拆放金融机构	129380	9702	-44442
				八、库存现金			
				九、应收及预付款	219915	-46186	46563
				其中:应收利息	182679	-22623	9009
				十、投资性房地产			
				十一、固定资产	26721	26191	-176
				十二、其他资产	702369	397508	26779
				十三、减:各项准备	726910	56790	92694
资金来源总计	20397003	1676954	767115	资金运用总计	20397003	1676954	767115

注:本表数据为合并口径。

⑰ 湖北省中资财务公司人民币信贷收支表

表 5-3-1-1-2-17　　2023 年 12 月 31 日　　单位:万元

栏目 来源项目名称	12 月余额	比年初增减数		栏目 运用项目名称	12 月余额	比年初增减数	
		2023 年	2022 年			2023 年	2022 年
一、各项存款	23095004	-963822	2530405	一、各项贷款	18372659	-1978731	-1534521
(一)境内存款	23095003	-961393	2527976	(一)境内贷款	18372654	-1978722	-1534530
1.个人存款	8452	-8248	-14640	1.短期贷款	5681987	-449562	638744
其中:活期储蓄存款				(1)个人贷款及透支	31253	-125196	35533
定期储蓄存款				其中:个人消费贷款	31253	-125196	35533
结构性存款				(2)单位贷款及透支	5650734	-324366	603211
2.单位存款	23034517	-999593	2542695	经营贷款及透支	5545485	330370	475172
其中:活期存款	6338117	1513432	1127747	固定资产贷款	58478	-574447	112575
定期存款	7361397	-1682885	-471377	并购贷款			
保证金存款	513497	187922	-94227	贸易融资	46772	-80289	15465
结构性存款				(3)非存款类金融机构贷款			
3.国库定期存款				2.中长期贷款	9677330	-450869	-1733091
4.非存款类金融机构存款	52035	46447	-80	(1)个人贷款	2396268	-875711	-1559953
(二)境外存款	0	-2429	2430	其中:个人消费贷款	2396268	-875711	-1559953
二、代理财政性存款				(2)单位贷款	7281061	424842	-173138
三、金融债券				经营贷款	3615035	-2205	-368283
其中:境外发行				固定资产贷款	3666026	427047	196646
四、卖出回购资产				并购贷款			-1500
五、向中央银行借款		-9112	-8101	贸易融资			
六、银行业存款类金融机构往来				(3)非存款类金融机构贷款			
七、借款及非存款类金融机构拆入				3.票据融资	651814	-247415	176546
八、联行往来(净)	1715293	534071	-2045104	4.融资租赁	2360835	-804877	-642924
九、应付及暂收款	612139	-184771	-308325	5.各项垫款	689	-25999	26195
其中:应付利息	342317	-118098	-20988	(二)境外贷款	5	-9	9
十、其他负债	181890	7261	-4252	二、债券投资	224025	149416	59659
十一、所有者权益	3048123	328665	367096	三、股权及其他投资	1389846	34127	184179
其中:实收资本	1550000	50000		四、买入返售资产		-120001	120001
				五、存放中央银行存款	589297	-51735	81190
				六、缴存中央银行财政性存款			
				七、银行业存款类金融机构往来	8165187	1554987	1708306
				八、存放非存款类金融机构款项	62799	39675	4771
				九、联行往来(净)			
				其中:境内存放二级准备金			
				十、库存现金			
				十一、应收及预付款	128812	30271	-18815
				其中:应收利息	84875	21754	-36368
				十二、投资性房地产	2896	1736	-35
				十三、固定资产	30029	-1027	240
				十四、其他资产	271870	12982	2912
				十五、减:各项准备	584970	-40592	76166
				其中:贷款减值准备	583572	-40871	76307
资金来源总计	28652449	-287708	531720	资金运用总计	28652449	-287708	531720

注:本表数据为合并口径。

⑱ 湖北省消费金融公司人民币信贷收支表

表 5-3-1-1-2-18　　2023 年 12 月 31 日　　单位：万元

来源项目名称	12 月余额	比年初增减数		运用项目名称	12 月余额	比年初增减数	
		2023 年	2022 年			2023 年	2022 年
一、各项存款	9000	9000	-11000	一、各项贷款	1206427	100784	95028
（一）境内存款	9000	9000	-11000	（一）境内贷款	1206427	100784	95028
1.个人存款				1.短期贷款	922942	26210	191697
其中：保证金存款				（1）个人贷款及透支	922942	26210	191697
2.单位存款	9000	9000	-11000	其中：个人消费贷款	922942	26210	191697
其中：活期存款	9000	9000	-11000	（2）单位贷款及透支			
定期存款				经营贷款及透支			
保证金存款				固定资产贷款			
（二）境外存款				并购贷款			
二、代理财政性存款				贸易融资			
三、金融债券		-20608	-95280	2.中长期贷款	283485	74575	-96669
其中：境外发行				（1）个人贷款	283485	74575	-96669
四、卖出回购资产				其中：个人消费贷款	283485	74575	-96669
五、中长期借款				（2）单位贷款			
其中：境外借款				经营贷款			
六、向中央银行借款				固定资产贷款			
七、金融机构存放				并购贷款			
八、金融机构拆入	1140910	135810	216407	贸易融资			
九、应付及暂收款	82558	29011	13011	3.票据融资			
十、其他负债				4.融资租赁			
十一、所有者权益	168649	12632	12054	5.各项垫款			
其中：实收资本	100580		6580	（二）境外贷款			
				二、债券投资			
				三、股权及其他投资			
				四、买入返售资产	10000	10000	
				五、存放中央银行存款			
				六、存放金融机构	100091	13517	39790
				七、拆放金融机构	30000	30000	
				八、库存现金			
				九、应收及预付款	58238	18098	6782
				其中：应收利息	46320	16301	7989
				十、投资性房地产	617	617	
				十一、固定资产	17720	-716	5993
				十二、其他资产	52379	6561	-2428
				十三、减：各项准备	74355	13016	9972
资金来源总计	1401117	165845	135192	资金运用总计	1401117	165845	135192

注：本表数据为合并口径。

(3)外汇综合统计

① 湖北省金融机构外汇信贷收支表

表 5-3-1-1-3-1　　2023 年 12 月 31 日　　单位:万美元

来源项目名称	12 月余额	比年初增减数 2023 年	比年初增减数 2022 年	运用项目名称	12 月余额	比年初增减数 2023 年	比年初增减数 2022 年
一、各项存款	820607	-26134	-468592	一、各项贷款	1534869	-370041	-423016
(一)境内存款	709479	-59874	-224108	(一)境内贷款	436507	-118584	-293233
1.住户存款	248994	-12677	-11177	1.住户贷款	1212	297	152
(1)活期存款	118060	-23402	-14326	(1)短期贷款	1188	300	168
(2)定期及其他存款	130934	10725	3150	消费贷款	1188	300	168
2.非金融企业存款	455293	-42506	-211321	经营贷款			
(1)活期存款	271032	-34048	-73424	(2)中长期贷款	24	-2	-15
(2)定期及其他存款	184262	-8458	-137897	消费贷款	24	-2	-15
3.机关团体存款	3541	-3328	-1892	经营贷款			
4.财政性存款				2.非金融企业及机关团体贷款	435295	-118882	-293385
5.非银行业金融机构存款	1650	-1363	281	(1)短期贷款	110894	-46960	-261575
(二)境外存款	111128	33740	-244483	(2)中长期贷款	268813	-73647	-63125
二、金融债券				(3)票据融资			
其中:境外发行				(4)融资租赁	55565	1725	31315
三、卖出回购资产				(5)各项垫款	23	0	
四、借款及非银行业金融机构拆入	17489	-22392	-21869	3.非银行业金融机构贷款			
五、联行往来(净)	321400	-330894	159521	(二)境外贷款	1098362	-251457	-129783
六、应付及暂收款	31897	-12817	-43710	二、债券投资			
七、各项准备	57491	-146383	-8752	其中:境外债券			
八、所有者权益	199614	142558	-1458	三、股权及其他投资		-1015	
其中:实收资本	2480			四、买入返售资产			
九、其他	120735	36827	-32738	五、存放非银行业金融机构款项	4287	265	919
				六、联行往来(净)			
				其中:境内存放二级准备金			
				七、应收及预付款	30059	11565	4500
				八、投资性房地产			
				九、固定资产	16	-10	-2
资金来源总计	1569232	-359236	-417599	资金运用总计	1569232	-359236	-417599

注:本表数据为合并口径。

② 湖北省跨境收付各季度统计表

表 5-3-1-1-3-2　　2023 年 12 月 31 日　　单位：万美元

交易金额（折美元）	收入金额	支出金额	总金额
2023 年第 1 季度	1305665	1207982	2513646
2023 年第 2 季度	1208546	1163408	2371954
2023 年第 3 季度	1320786	1342536	2663322
2023 年第 4 季度	1475816	1728630	3204446
合计	5310813	5442556	10753369

③ 湖北省银行结售汇各季度统计表

表 5-3-1-1-3-3　　2023 年 12 月 31 日　　单位：万美元

本期金额值	结汇	售汇	结汇售汇
2023 年 1 季度	670527	695921	1366448
2023 年 2 季度	630952	669950	1300902
2023 年 3 季度	638187	680915	1319102
2023 年 4 季度	622097	822354	1444451
合计	2561763	2869140	5430903

④ 湖北省外债期限结构各季度统计表

表 5-3-1-1-3-4　　2023 年 12 月 31 日　　单位：万美元

项目	一季度	二季度	三季度	四季度
中长期余额	686158	666024	667483	628618
短期余额	132663	118879	118927	118968
总外债余额	818821	784903	786410	747586

2.保险业

(1)湖北省保险业经营情况统计表

表 5-3-1-2-1　　2023 年 12 月 31 日　　单位:万元

项目	本年累计数
一、原保险保费收入	21180620
1.财产险	4629676
2.人身险	16550943
(1)寿险	11934662
(2)健康险	4262718
(3)人身意外伤害险	353563
二、原保险赔付支出	7610879
1.财产险	3106028
2.人身险	4504852
(1)寿险	2480221
(2)健康险	1882386
(3)人身意外伤害险	142244

注:1.本表数据是保险业执行《关于印发〈保险合同相关会计处理规定〉的通知》(财会〔2009〕15 号)后,各保险公司按照相关口径要求报送的数据。
2.原保险保费收入为按《企业会计准则(2006)》设置的统计指标,指保险企业确认的原保险合同保费收入。
3.原保险赔付支出为按《企业会计准则(2006)》设置的统计指标,指保险企业支付的原保险合同赔付款项。
4.原保险保费收入、原保险赔付支出、保险金额和保单件数为本年累计数。
5.上述数据来源于各公司报送的保险数据,未经审计。

(2)湖北省财产保险机构经营情况统计表

表 5-3-1-2-2　　2023 年 12 月 31 日　　单位:万元

机构名称	本年累计值					
	原保险保费收入			赔款支出		
	本期金额	上年同期金额	同比	本期金额	上年同期金额	同比
中国人民财产保险股份有限公司湖北省分公司	2289783	2061490	11.07%	1647520	1336828	23.24%
中国大地财产保险股份有限公司湖北分公司	74015	62842	17.78%	49758	42586	16.84%
中国出口信用保险公司湖北分公司	18123	8156	122.20%	17482	6201	181.90%
中华联合财产保险股份有限公司湖北分公司	212292	163908	29.52%	133417	107403	24.22%
中国太平洋财产保险股份有限公司湖北分公司	684996	661384	3.57%	488732	412163	18.58%
中国平安财产保险股份有限公司湖北分公司	1129004	1122228	0.60%	792822	676161	17.25%
史带财产保险股份有限公司湖北分公司	7	64	-88.64%	6	11	-43.97%
华安财产保险股份有限公司湖北分公司	38920	37599	3.51%	25276	19423	30.13%
永安财产保险股份有限公司湖北分公司	30925	33325	-7.20%	21805	18220	19.68%
太平财产保险有限公司湖北分公司	107196	98789	8.51%	69265	60091	15.27%
亚太财产保险有限公司湖北分公司	24865	24120	3.09%	14989	10005	49.81%
中银保险有限公司湖北分公司	13711	14481	-5.32%	10187	6991	45.72%
永诚财产保险股份有限公司湖北分公司	14204	15942	-10.90%	6406	6075	5.46%
安盛天平财产保险有限公司湖北分公司	12181	12485	-2.43%	7598	6208	22.38%
阳光财产保险股份有限公司湖北省分公司	342605	139785	145.10%	213412	84937	151.26%

续表 5-3-1-2-2

机构名称	本年累计值					
	原保险保费收入			赔款支出		
	本期金额	上年同期金额	同比	本期金额	上年同期金额	同比
都邦财产保险股份有限公司湖北分公司	2230	2287	-2.49%	1812	4359	-58.43%
渤海财产保险股份有限公司湖北分公司	14009	9006	55.55%	7851	10970	-28.43%
中国人寿财产保险股份有限公司湖北省分公司	259329	250211	3.64%	188211	175568	7.20%
现代财产保险(中国)有限公司湖北分公司	4059	3312	22.53%	1655	505	227.44%
长安责任保险股份有限公司湖北省分公司	20375	22919	-11.10%	14864	13830	7.48%
国元农业保险股份有限公司湖北分公司	10798	10942	-1.31%	8541	8742	-2.30%
鼎和财产保险股份有限公司湖北分公司	24022	21232	13.14%	13040	8721	49.52%
中煤财产保险股份有限公司湖北分公司	10373	4997	107.57%	5359	5496	-2.49%
国泰财产保险有限责任公司湖北分公司	30165	22847	32.03%	19701	16060	22.67%
英大泰和财产保险股份有限公司湖北分公司	64115	68680	-6.65%	44728	41375	8.10%
紫金财产保险股份有限公司湖北分公司	16498	13826	19.32%	8206	8049	1.94%
浙商财产保险股份有限公司湖北分公司	5369	4938	8.72%	5502	7494	-26.57%
国任财产保险股份有限公司湖北分公司	26785	24781	8.09%	19841	15936	24.50%
锦泰财产保险股份有限公司湖北分公司	8355	8628	-3.16%	7467	5497	35.83%
众诚汽车保险股份有限公司湖北分公司	11230	5925	89.55%	5190	1427	263.84%
华泰财产保险有限公司湖北省分公司	7354	7031	4.59%	1926	1548	24.47%
长江财产保险股份有限公司湖北分公司	53662	45797	17.17%	30367	22350	35.87%
富德财产保险股份有限公司湖北分公司	590	1148	-48.65%	2418	2975	-18.72%
新疆前海联合财产保险股份有限公司湖北分公司	9249	4501	105.49%	2897	2391	21.18%
建信财产保险有限公司湖北分公司	8079	8350	-3.24%	3544	3720	-4.73%
大家财产保险有限责任公司湖北分公司	19064	20101	-5.16%	13736	10666	28.78%
泰康在线财产保险股份有限公司(虚拟)	73574	101312	-27.38%	43192	52954	-18.43%
阳光信用保证保险股份有限公司(虚拟)	1	3	-50.80%	-42	77	-154.79%
易安财产保险股份有限公司(虚拟)				0	0	-600%
中国铁路财产保险自保有限公司(虚拟)	3428	3915	-12.43%	399	1357	-70.61%
众安在线财产保险股份有限公司(虚拟)	118849	98834	20.25%	56260	46293	21.53%
众惠财产相互保险社(虚拟)	81	609	-86.63%	452	946	-52.23%
合计	5794470	5222730	10.95%	4005791	3262607	22.78%

(3)湖北省人身保险机构经营情况统计表

表 5-3-1-2-3　　2023 年 12 月 31 日　　单位:万元

机构名称	本年累计值					
	原保险保费收入			赔款支出		
	本期金额	上年同期金额	同比	本期金额	上年同期金额	同比
中国人寿保险股份有限公司湖北省分公司(国寿股份)	2184518	2076455	5.20%	566494	503706	12.47%
中国人寿保险股份有限公司湖北省分公司(国寿存续)	949	1008	-5.80%	101885	91292	11.60%
中国太平洋人寿保险股份有限公司湖北分公司	901829	951389	-5.21%	258560	249117	3.79%
中国平安人寿保险股份有限公司湖北分公司	1921974	1837266	4.61%	454718	326534	39.26%
新华人寿保险股份有限公司湖北分公司	797257	834978	-4.52%	242578	219641	10.44%
泰康人寿保险有限责任公司湖北分公司	1095093	1061081	3.21%	249741	235884	5.87%

续表 5-3-1-2-3

机构名称	本年累计值					
	原保险保费收入			赔款支出		
	本期金额	上年同期金额	同比	本期金额	上年同期金额	同比
太平人寿保险有限公司湖北分公司	916360	831760	10.17%	189806	131723	44.09%
中宏人寿保险有限公司湖北分公司	62863	26172	140.19%	2332	1914	21.86%
建信人寿保险股份有限公司湖北分公司	275567	349109	-21.07%	19173	13946	37.49%
安联人寿保险有限公司湖北分公司	3189	2647	20.48%	130	119	9.00%
工银安盛人寿保险有限公司湖北分公司	192803	277733	-30.58%	138469	50452	174.46%
中信保诚人寿保险有限公司湖北省分公司	136015	184528	-26.29%	20118	16096	24.99%
交银人寿保险有限公司湖北省分公司	133352	124966	6.71%	15041	2930	413.33%
中意人寿保险有限公司湖北省分公司	66129	40434	63.55%	6592	2145	207.40%
光大永明人寿保险有限公司湖北分公司	47525	38312	24.05%	4404	7095	-37.93%
友邦人寿保险有限公司湖北分公司	30773	9008	241.61%	724	213	240.34%
北大方正人寿保险有限公司湖北分公司	45798	37983	20.58%	25085	3763	566.57%
中英人寿保险有限公司湖北分公司	88631	65992	34.31%	10157	12598	-19.37%
同方全球人寿保险有限公司湖北分公司	67531	60653	11.34%	7766	6688	16.13%
民生人寿保险股份有限公司湖北分公司	18236	16676	9.35%	4266	4789	-10.93%
招商信诺人寿保险有限公司湖北分公司	134652	105406	27.75%	4769	11653	-59.07%
瑞泰人寿保险有限公司湖北分公司	4973	8634	-42.40%	1239	863	43.52%
富德生命人寿保险股份有限公司湖北分公司	848391	686411	23.60%	68628	46024	49.11%
平安养老保险股份有限公司湖北分公司	33737	34699	-2.77%	20328	21742	-6.50%
合众人寿保险股份有限公司湖北分公司	99009	123607	-19.90%	22723	19466	16.73%
华泰人寿保险股份有限公司湖北分公司	11916	10026	18.85%	1296	768	68.84%
太平养老保险股份有限公司湖北分公司	13579	12756	6.45%	6230	6087	2.35%
中美联泰大都会人寿保险有限公司湖北分公司	23991	18912	26.85%	1488	1340	11.04%
平安健康保险股份有限公司湖北分公司	58043	40077	44.83%	15073	8446	78.45%
中国人民健康保险股份有限公司湖北分公司	196083	171149	14.57%	14694	14235	3.23%
信泰人寿保险股份有限公司湖北分公司	292234	258269	13.15%	12183	8274	47.24%
农银人寿保险股份有限公司湖北分公司	132314	154380	-14.29%	8841	64368	-86.27%
长城人寿保险股份有限公司湖北分公司	293937	196835	49.33%	85845	29002	196.00%
和谐健康保险股份有限公司湖北分公司	328391	141498	132.08%	903	79625	-98.87%
中国人民人寿保险股份有限公司湖北省分公司	393020	371391	5.82%	129725	151000	-14.09%
国华人寿保险股份有限公司湖北分公司	240980	204383	17.91%	12722	12757	-0.27%
英大泰和人寿保险股份有限公司湖北分公司	209105	166416	25.65%	10094	6519	54.83%
泰康养老保险股份有限公司湖北分公司	110118	68961	59.68%	46464	16535	181.00%
幸福人寿保险股份有限公司湖北分公司	147124	143481	2.54%	17549	24956	-29.68%
阳光人寿保险股份有限公司湖北分公司	393383	384194	2.39%	237690	49457	380.60%
百年人寿保险股份有限公司湖北分公司	294443	286864	2.64%	67018	24079	178.33%
中邮人寿保险股份有限公司湖北分公司	730218	589565	23.86%	254015	132766	91.33%
大家人寿保险股份有限公司湖北分公司	514477	389584	32.06%	2299	79110	-97.09%
前海人寿保险股份有限公司湖北分公司	311537	394262	-20.98%	87720	6359	1279.45%
财信吉祥人寿保险股份有限公司湖北分公司	61921	41431	49.46%	826	749	10.26%
国联人寿保险股份有限公司湖北分公司	79481	78	102323.92%	31		
海港人寿保险股份有限公司湖北分公司	442699	470510	-5.91%	156652	59814	161.90%
合计	13200682	12224468	7.99%	2936709	2161639	35.86%

3.证券期货业

(1)湖北省证券机构经营情况统计表

表 5-3-1-3-1　　　　2023 年 12 月 31 日

	指标	本年累计新增数(家)		年末数(家)	
基本情况	证券公司			2	
	证券分公司	2		67	
	证券营业部	1		369	
	证券投资咨询公司			1	
	证券投资咨询分公司			6	
	证券投资基金分公司	1		5	
	独立基金销售机构			2	
	指标	总资产(亿元)	同比(%)	净资产(亿元)	同比(%)
	长江证券	1607.85	7.89%	323.84	12.09%
	天风证券	897.85	1.87%	227.79	0.34%
证券公司	指标	本年累计数(亿元)		同比(%)	
	证券交易总额	150567.08		-4.17%	
	营业收入	64.52		16.65%	
	其中:手续费及佣金收入	43.36		-16.58%	
	净利润	10.31		379.86%	
证券分支机构	指标	本年累计数(亿元)		同比(%)	
	证券交易总额	182232.74		11.67%	
	部均交易量	420.00		11.44%	
	营业收入	43.41		6.21%	
	其中:手续费及佣金收入	35.39		4.44%	
	净利润	5.83		-0.77%	

注:本表中百分数正数为同比增长,负数为同比下降。

(2)湖北省期货业机构经营情况统计表

表 5-3-1-3-2　　　　2023 年 12 月 31 日

	指标	本年累计新增数(家)	年末数(家)
基本情况	期货公司	0	2
	期货分公司	3	31
	期货营业部	4	46
	指标	净资产(万元)	净资本(万元)
	长江期货	100855.60	80992.49
	美尔雅期货	59954.62	37283.60
期货公司	指标	本年累计数	同比(%)
	代理交易量(万手)	11832.20	1.96%
	代理交易额(亿元)	76509.50	-7.31%
	手续费收入(万元)	32701.58	-17.41%
	净利润(万元)	11373.27	-7.72%
期货营业部	指标	本年累计数	同比(%)
	代理交易量(万手)	20239.49	20.70%
	代理交易额(亿元)	125949.94	8.81%
	手续费收入(万元)	49471.16	-2.83%
	净利润(万元)	13831.78	-14.59%

注:本表中百分数正数为同比增长,负数为同比下降。

4.上市公司、“新三板”挂牌企业情况统计

(1)湖北省上市公司运行情况统计表

表 5-3-1-4-1　　2023 年 12 月 31 日　　单位:亿股、亿元

序号	证券代码	证券简称	所属地区	总股本	总市值	负债及股东权益总计	营业总收入	净利润
1	600654.SH	ST 中安	武汉市	28.63	69.01	39.35	28.58	0.90
2	000501.SZ	武商集团	武汉市	7.69	65.52	318.12	71.78	2.09
3	600681.SH	百川能源	武汉市	13.41	52.70	78.71	52.23	3.87
4	000520.SZ	凤凰航运	武汉市	10.12	28.03	7.42	10.12	-0.09
5	600879.SH	航天电子	武汉市	32.99	254.38	464.36	187.27	5.91
6	600885.SH	宏发股份	武汉市	10.43	288.20	177.24	129.30	19.18
7	600757.SH	长江传媒	武汉市	12.14	90.42	132.34	67.59	10.16
8	600769.SH	祥龙电业	武汉市	3.75	39.45	2.86	0.67	0.12
9	600774.SH	汉商集团	武汉市	2.95	29.09	36.95	13.90	0.53
10	000665.SZ	湖北广电	武汉市	11.34	54.45	110.04	20.64	-6.42
11	000759.SZ	中百集团	武汉市	6.81	29.76	114.67	116.39	-3.33
12	600079.SH	人福医药	武汉市	16.32	405.81	362.04	245.25	28.15
13	000785.SZ	居然之家	武汉市	62.87	207.48	536.81	135.12	13.40
14	000783.SZ	长江证券	武汉市	55.30	297.51	1707.29	68.96	15.41
15	600133.SH	东湖高新	武汉市	10.66	114.83	190.97	146.73	13.34
16	600136.SH	*ST 明诚	武汉市	20.41	45.92	5.78	4.00	28.36
17	600168.SH	武汉控股	武汉市	7.10	48.04	225.13	31.03	1.45
18	000883.SZ	湖北能源	武汉市	65.21	275.84	912.90	186.69	18.79
19	000852.SZ	石化机械	武汉市	9.56	58.77	100.44	83.98	1.09
20	600006.SH	东风汽车	武汉市	20.00	115.40	191.72	120.70	2.03
21	000966.SZ	长源电力	武汉市	27.49	121.80	376.02	144.57	3.69
22	000988.SZ	华工科技	武汉市	10.06	299.24	174.08	102.08	9.99
23	600345.SH	长江通信	武汉市	3.30	63.85	44.37	6.96	2.07
24	600498.SH	烽火通信	武汉市	11.85	197.27	419.34	311.30	4.89
25	600355.SH	精伦电子	武汉市	4.92	23.82	2.97	1.41	-0.43
26	600462.SH	*ST 九有	武汉市	6.17	16.04	3.96	4.04	-0.73
27	600035.SH	楚天高速	武汉市	16.10	61.51	195.47	31.96	9.61
28	600976.SH	健民集团	武汉市	1.53	100.09	41.68	42.13	5.23
29	600993.SH	马应龙	武汉市	4.31	104.23	48.30	31.37	4.52
30	600421.SH	华嵘控股	武汉市	1.96	21.77	1.44	1.22	-0.07
31	002159.SZ	三特索道	武汉市	1.77	27.06	16.97	7.19	1.41
32	002194.SZ	武汉凡谷	武汉市	6.83	67.37	30.79	15.88	0.84
33	002281.SZ	光迅科技	武汉市	7.94	226.35	120.28	60.61	6.19
34	300018.SZ	中元股份	武汉市	4.81	29.38	14.39	4.48	0.63
35	002305.SZ	南国置业	武汉市	17.34	35.72	282.89	10.59	-17.57
36	300054.SZ	鼎龙股份	武汉市	9.45	228.72	67.08	26.67	2.88
37	002377.SZ	国创高新	武汉市	9.16	23.18	10.18	8.24	-1.48
38	002414.SZ	高德红外	武汉市	42.71	311.76	86.23	24.15	0.69

续表 5-3-1-4-1

序号	证券代码	证券简称	所属地区	总股本	总市值	负债及股东权益总计	营业总收入	净利润
39	600998.SH	九州通	武汉市	39.09	274.01	927.89	1501.40	22.90
40	300161.SZ	华中数控	武汉市	1.99	71.33	44.21	21.15	0.23
41	300184.SZ	力源信息	武汉市	11.54	68.66	55.53	59.44	0.66
42	300205.SZ	ST 天喻	武汉市	4.30	46.70	29.86	17.00	0.20
43	300220.SZ	金运激光	武汉市	1.51	11.78	3.00	2.75	-0.27
44	300323.SZ	华灿光电	武汉市	16.17	118.34	113.72	29.03	-8.46
45	300494.SZ	盛天网络	武汉市	4.90	77.43	19.92	13.29	1.69
46	300516.SZ	久之洋	武汉市	1.80	60.23	17.46	7.70	0.83
47	300517.SZ	海波重科	武汉市	2.00	28.35	16.42	4.15	0.06
48	300527.SZ	中船应急	武汉市	9.63	73.40	39.15	6.03	-2.09
49	300536.SZ	*ST 农尚	武汉市	2.93	66.28	10.01	0.71	-0.36
50	603716.SH	塞力医疗	武汉市	2.02	22.41	33.42	20.06	-1.57
51	300557.SZ	理工光科	武汉市	0.72	25.22	16.82	6.04	0.35
52	300567.SZ	精测电子	武汉市	2.78	243.72	92.21	24.29	0.89
53	300683.SZ	海特生物	武汉市	1.31	47.27	29.71	6.02	-1.28
54	300747.SZ	锐科激光	武汉市	5.67	133.33	58.41	36.80	2.25
55	002932.SZ	明德生物	武汉市	2.33	53.41	73.87	7.50	0.69
56	601869.SH	长飞光纤	武汉市	7.58	138.22	291.42	133.53	11.77
57	601162.SH	天风证券	武汉市	86.66	267.77	995.48	34.27	4.19
58	603220.SH	中贝通信	武汉市	3.35	113.85	61.40	28.62	1.46
59	300776.SZ	帝尔激光	武汉市	2.73	164.56	68.70	16.09	4.61
60	688089.SH	嘉必优	武汉市	1.68	30.13	16.11	4.44	0.86
61	688081.SH	兴图新科	武汉市	1.03	17.73	6.30	1.49	-0.70
62	603719.SH	良品铺子	武汉市	4.01	86.46	55.21	80.46	1.79
63	430198.BJ	微创光电	武汉市	1.61	18.44	7.62	1.33	-1.92
64	300871.SZ	回盛生物	武汉市	1.66	23.99	29.75	10.20	0.17
65	688156.SH	路德环境	武汉市	1.01	24.19	15.89	3.51	0.30
66	688526.SH	科前生物	武汉市	4.66	95.01	46.71	10.64	3.96
67	688665.SH	四方光电	武汉市	0.70	51.63	12.43	6.92	1.35
68	688667.SH	菱电电控	武汉市	0.52	42.51	20.94	10.08	0.49
69	688038.SH	中科通达	武汉市	1.16	16.77	12.64	2.19	-1.03
70	001267.SZ	汇绿生态	武汉市	7.80	40.78	24.91	6.85	0.58
71	301221.SZ	光庭信息	武汉市	0.93	54.00	22.79	6.39	-0.16
72	301127.SZ	天源环保	武汉市	4.20	46.18	57.07	19.47	2.84
73	301235.SZ	华康医疗	武汉市	1.06	27.07	28.90	16.02	1.07
74	301205.SZ	联特科技	武汉市	1.30	135.91	17.41	6.06	0.26
75	688387.SH	信科移动-U	武汉市	34.19	246.49	144.38	78.48	-3.51
76	836942.BJ	恒立钻具	武汉市	0.61	7.98	6.43	1.74	0.44
77	688143.SH	长盈通	武汉市	1.23	43.40	13.73	2.20	0.16
78	830779.BJ	武汉蓝电	武汉市	0.57	20.67	5.77	2.04	1.03
79	688646.SH	逸飞激光	武汉市	0.95	34.87	24.76	6.97	1.01
80	832978.BJ	开特股份	武汉市	1.77	28.20	9.23	6.53	1.13
81	600801.SH	华新水泥	黄石市	20.79	212.04	688.00	337.57	32.18

续表 5-3-1-4-1

序号	证券代码	证券简称	所属地区	总股本	总市值	负债及股东权益总计	营业总收入	净利润
82	600745.SH	闻泰科技	黄石市	12.43	525.83	769.68	612.13	9.67
83	000708.SZ	中信特钢	黄石市	50.47	708.62	1165.07	1140.19	58.98
84	600107.SH	美尔雅	黄石市	3.60	22.03	10.51	4.54	-0.58
85	300276.SZ	三丰智能	黄石市	14.01	56.32	49.48	17.35	0.25
86	603067.SH	振华股份	黄石市	5.09	51.87	42.49	36.99	3.72
87	601956.SH	东贝集团	黄石市	6.22	37.14	67.72	59.04	1.88
88	300278.SZ	华昌达	十堰市	14.22	54.30	32.57	28.60	0.78
89	300391.SZ	长药控股	十堰市	3.50	27.12	34.46	11.98	-7.07
90	839946.BJ	华阳变速	十堰市	1.35	7.90	5.27	3.25	-0.30
91	838670.BJ	恒进感应	十堰市	1.34	20.02	4.89	0.74	0.28
92	301192.SZ	泰祥股份	十堰市	1.00	22.94	8.23	3.12	0.32
93	688275.SH	万润新能	十堰市	1.26	77.78	194.32	121.74	-15.47
94	000422.SZ	湖北宜化	宜昌市	10.58	110.65	214.34	170.42	8.06
95	000826.SZ	启迪环境	宜昌市	14.25	40.77	238.05	54.02	-16.07
96	600141.SH	兴发集团	宜昌市	11.12	202.87	445.61	281.05	13.87
97	600298.SH	安琪酵母	宜昌市	8.69	305.63	192.70	135.81	13.12
98	600293.SH	三峡新材	宜昌市	11.60	42.23	35.24	21.77	0.38
99	002627.SZ	三峡旅游	宜昌市	7.38	39.42	42.49	16.00	1.19
100	002950.SZ	奥美医疗	宜昌市	6.33	60.03	50.84	27.57	1.04
101	002971.SZ	和远气体	宜昌市	1.60	44.35	40.75	16.55	0.84
102	605388.SH	均瑶健康	宜昌市	4.30	53.92	25.03	16.34	0.65
103	688151.SH	华强科技	宜昌市	3.45	63.94	50.52	5.73	0.08
104	301183.SZ	东田微	宜昌市	0.80	34.35	10.93	3.53	-0.33
105	839273.BJ	一致魔芋	宜昌市	0.74	11.65	6.42	4.79	0.53
106	837174.BJ	宏裕包材	宜昌市	0.81	11.57	8.92	6.51	0.33
107	000615.SZ	*ST 美谷	襄阳市	7.63	30.06	33.03	13.64	-4.13
108	000678.SZ	襄阳轴承	襄阳市	4.60	29.74	23.86	13.94	-0.60
109	600184.SH	光电股份	襄阳市	5.09	58.15	40.96	22.01	0.69
110	300041.SZ	回天新材	襄阳市	5.59	56.05	61.95	39.02	2.98
111	300046.SZ	台基股份	襄阳市	2.37	37.73	12.15	3.20	0.30
112	601311.SH	骆驼股份	襄阳市	11.73	93.97	140.16	140.79	5.73
113	603950.SH	长源东谷	襄阳市	3.24	49.92	42.91	14.72	2.18
114	300966.SZ	共同药业	襄阳市	1.15	26.48	24.48	5.66	0.21
115	300971.SZ	博亚精工	襄阳市	0.84	20.92	12.92	4.28	0.66
116	301048.SZ	金鹰重工	襄阳市	5.33	56.21	50.03	30.59	2.96
117	688237.SH	超卓航科	襄阳市	0.90	33.85	16.46	2.70	-0.35
118	002694.SZ	顾地科技	鄂州市	7.63	46.70	13.45	9.33	0.87
119	000627.SZ	天茂集团	荆门市	49.41	140.31	3019.36	496.99	-12.82
120	000821.SZ	京山轻机	荆门市	6.23	98.97	160.60	72.14	3.93
121	000902.SZ	新洋丰	荆门市	12.55	148.59	168.85	151.00	12.02
122	002072.SZ	凯瑞德	荆门市	3.68	22.58	1.17	3.36	0.02
123	002783.SZ	凯龙股份	荆门市	3.91	45.34	74.63	37.79	2.47
124	301211.SZ	亨迪药业	荆门市	2.88	62.64	25.47	6.63	1.76

续表 5-3-1-4-1

序号	证券代码	证券简称	所属地区	总股本	总市值	负债及股东权益总计	营业总收入	净利润
125	000707.SZ	双环科技	孝感市	4.64	37.13	30.13	37.94	6.16
126	000926.SZ	福星股份	孝感市	9.15	38.15	369.14	55.08	1.03
127	300387.SZ	富邦股份	孝感市	2.89	24.11	19.40	10.49	0.67
128	300980.SZ	祥源新材	孝感市	1.08	25.42	16.54	3.84	0.41
129	301150.SZ	中一科技	孝感市	1.31	43.68	54.63	34.15	0.53
130	000553.SZ	安道麦 A	荆州市	23.30	154.29	554.06	327.79	-16.06
131	600703.SH	三安光电	荆州市	49.89	690.98	576.75	140.53	3.67
132	000670.SZ	盈方微	荆州市	8.49	57.58	20.01	34.67	-0.31
133	600566.SH	济川药业	荆州市	9.22	289.72	181.44	96.55	28.27
134	002102.SZ	能特科技	荆州市	26.34	71.38	91.50	111.29	2.69
135	300395.SZ	菲利华	荆州市	5.20	190.05	59.15	20.91	5.74
136	002962.SZ	五方光电	荆州市	2.93	68.75	21.18	8.41	0.68
137	873305.BJ	九菱科技	荆州市	0.45	9.56	3.66	1.41	0.32
138	603281.SH	江瀚新材	荆州市	3.73	98.15	51.63	22.77	6.55
139	688552.SH	航天南湖	荆州市	3.37	79.22	32.70	7.26	1.02
140	000952.SZ	广济药业	黄冈市	3.54	28.28	30.30	7.38	-1.52
141	301246.SZ	宏源药业	黄冈市	4.00	103.92	56.51	20.55	0.87
142	002861.SZ	瀛通通讯	咸宁市	1.56	23.05	16.43	7.54	-0.79
143	603738.SH	泰晶科技	随州市	3.89	63.65	20.42	7.93	1.02
144	000971.SZ	*ST 高升	仙桃市	10.49	18.46	9.26	5.01	-3.01
145	600568.SH	ST 中珠	潜江市	19.93	34.28	30.19	6.39	-3.38
146	002365.SZ	永安药业	潜江市	2.95	28.82	23.47	9.73	-0.28

注：本表“负债及股东权益总计”“营业总收入”“净利润”项目统计口径为合并报表数。

(2)湖北省上市公司分地区经营情况统计表

表 5-3-1-4-2　　2023 年 12 月 31 日　　单位：家、%、亿股、亿元

地区	上市公司数量	占全省比重	总股本	总市值	负债及股东权益总计	营业总收入	净利润
武汉市	80	54.79	879.05	7728.39	11229.17	4815.66	236.18
黄石市	7	4.79	112.61	1613.86	2792.95	2207.81	106.10
十堰市	6	4.11	22.67	210.05	279.72	169.41	-21.47
宜昌市	13	8.90	81.65	1021.38	1361.84	760.09	23.69
襄阳市	11	7.53	48.47	493.08	458.90	290.55	10.63
鄂州市	1	0.68	7.63	46.70	13.45	9.33	0.87
荆门市	6	4.11	78.65	518.43	3450.08	767.91	7.39
孝感市	5	3.42	19.08	168.49	489.84	141.50	8.80
荆州市	10	6.85	132.92	1709.68	1592.07	771.58	32.58
黄冈市	2	1.37	7.54	132.20	86.80	27.93	-0.65
咸宁市	1	0.68	1.56	23.05	16.43	7.54	-0.79
随州市	1	0.68	3.89	63.65	20.42	7.93	1.02
仙桃市	1	0.68	10.49	18.46	9.26	5.01	-3.01
潜江市	2	1.37	22.88	63.10	53.66	16.11	-3.67
总计	**146**	**100**	**1429.08**	**13810.53**	**21854.59**	**9998.35**	**397.68**

注：本表“负债及股东权益总计”“营业总收入”“净利润”项目统计口径为合并报表数。

(3)湖北省“新三板”挂牌企业分地区运行情况统计表

表 5-3-1-4-3

2023 年 12 月 31 日

单位:家、%、万股、万元

地区＼项目	挂牌家数	家数占比	股份总量	可交易股份数量	资产合计	总资产均值	净资产合计	净资产均值	营业收入合计	营业收入均值	净利润合计	净利润均值
武汉市	156	66.95	916643.76	597863.92	4648226.01	29796.32	1852838.71	11877.17	3060525.72	19618.75	76889.56	492.88
黄石市	5	2.15	67577.35	19763.64	264662.65	52932.53	121332.60	24266.52	284440.39	56888.08	29621.13	5924.23
十堰市	8	3.43	42577.38	21142.17	220315.94	27539.49	85024.22	10628.03	123328.16	15416.02	7730.42	966.30
宜昌市	14	6.01	123236.27	76483.33	684978.93	48927.07	306214.20	21872.44	363902.76	25993.05	45063.59	3218.83
襄阳市	4	1.72	15500.00	8070.50	115832.08	28958.02	56201.15	14050.29	85659.66	21414.92	5159.04	1289.76
鄂州市	4	1.72	32183.43	14576.62	176703.87	44175.97	86410.21	21602.55	107456.83	26864.21	8474.38	2118.60
荆门市	11	4.72	37459.51	16711.21	213644.58	19422.23	90006.86	8182.44	139049.82	12640.89	6781.12	616.47
孝感市	2	0.86	15763.00	11336.24	64678.61	32339.30	31470.38	15735.19	28710.46	14355.23	576.01	288.01
荆州市	5	2.15	25875.81	13701.95	96781.21	19356.24	30762.48	6152.50	43784.16	8756.83	−2030.74	−406.15
黄冈市	14	6.01	120092.31	68082.68	1622660.73	115904.34	622831.37	44487.95	1478770.34	105626.45	36711.46	2622.25
咸宁市	2	0.86	6933.00	4909.85	9816.27	4908.13	3835.87	1917.93	8324.93	4162.46	492.81	246.40
随州市	4	1.72	29574.00	16164.62	146846.08	36711.52	90161.46	22540.37	310092.24	77523.06	5679.96	1419.99
仙桃市	2	0.86	9146.89	3608.89	51763.72	25881.86	18812.03	9406.02	18560.14	9280.07	1106.77	553.39
天门市	2	0.86	9000.00	3814.55	27937.66	13968.83	11699.27	5849.64	15989.86	7994.93	−218.02	−109.01
总计	233	100	1451562.71	876230.19	8344848.33	500821.86	3407600.82	218569.04	6068595.48	406534.97	222037.50	19241.94

5.地方金融组织运营情况统计

(1)湖北省融资担保公司运营情况统计表

表 5-3-1-5-1　　2023 年 12 月 31 日　　单位:万元、%

主要指标	年初数	本年度增加(发生额)	本年度减少/解除(发生额)	年末数
融资担保金额	22818964	14926761	11980932	25764793
其中:直接融资担保金额	20465315	11854204	9282842	23036677
其中:个人消费借款担保	1501941	–	–	1547342
住房置业担保	243285	–	–	123530
发行债券担保	7498615	–	–	8654636
关联方担保	298979	–	–	214360
融资再担保金额	2353649	3072557	2698090	2728116
其中:比例风险性融资再担保	158222	–	–	193977
融资担保代偿金额	1082799	180046	44318	1218527
其中:直接融资担保代偿金额	1076263	177405	43756	1209912
融资再担保代偿金额	6536	2641	562	8615
本年融资担保代偿率	–	–	–	1.5028
非融资担保金额	652769	2436049	2402022	686796
其中:直接非融资担保金额	652049	2435249	2401262	686036
其中:诉讼保全担保	14602	–	–	4402
工程履约担保	196490	–	–	260174
其他非融资担保	440957	–	–	421459
非融资再担保金额	720	800	760	760
非融资担保代偿金额	5117	3015	2	8130
担保金额合计	23471733	17362810	14382954	26451589
其中:再担保金额合计	2354369	3073357	2698850	2728876
担保代偿金额合计	1087916	183061	44320	1226657
担保准备金	–	–	–	925160
拨备覆盖率	–	–	–	75.4212
尚未履行代偿责任金额	1058159	–	–	0
其中:逾期 90 天以上尚未履行代偿责任金额	928615	–	–	0
逾期 360 天以上尚未履行代偿责任金额	795794	–	–	0
本年度累计缴纳的增值税金额	–	53373	–	–

(2)湖北省小额贷款公司运营情况统计表

表 5-3-1-5-2　　2023 年 12 月 31 日　　单位:家、人、户、笔、万元

主要指标	2022 年末数	增减数	2023 年末数
机构数量	368	-57	311
其中:法人机构数量	344	-54	290
分支机构数量	24	-3	21
从业人数	1472	-276	1196

续表 5-3-1-5-2

主要指标	2022 年末数	增减数	2023 年末数
资产总额	3310713	-274076	3036637
负债总额	312736	-162895	149841
实收资本	3009243	-585750	2423493
贷款余额	2739331	-406540	2332791
其中:不良贷款余额	1016782	-48378	968404
贷款户数	55166	-7191	47975
贷款笔数	83230	-15806	67424

注:本表统计口径为在湖北省内登记注册的小额贷款公司(含省外小额贷款公司法人机构在本省设立的分支机构,但不含本省小额贷款公司法人机构在省外设立的分支机构)。

(3)湖北省区域性股权市场运营情况统计表

表 5-3-1-5-3　　2023 年 12 月 31 日

主要指标	本年新增数	本年累计数
托管企业数量(家)	247	7389
托管股本(亿股)	42.86	2136.51
挂牌企业数量(家)	233	6603
四板市场成交量(亿股)	37.22	243.54
四板市场成交额(亿元)	50.03	402.92
四板市场股权融资额(亿元)	41.86	1733.35
其中:股权直接融资	17.43	619.76
股权质押融资	24.43	1113.59

(4)湖北省典当行业运营情况统计表

表 5-3-1-5-4　　2023 年 12 月 31 日　　单位:家、人、万元、%

主要指标	2022 年末数	增减数	2023 年末数
典当企业数量	195	-13	182
其中:法人机构数量	188	-13	175
分支机构数量	7	0	7
其中:外省(区、市)典当行在本省(区、市)设立的分支机构数量	1	0	1
从业人员数量	1002	59	1061
注册资本	475700	-20852	454848
实收资本	475700	-20852	454848
资产总额	475329	-9106	466223
负债总额	27268	-940	26328
净资产	448061	-8166	439895
典当余额	297284	-11202	286082
其中:房地产典当余额	166285	-2094	164190
动产典当余额	75479	-5372	70107
财产权利典当余额	55520	-3735	51785
逾期当金余额	95880	3662	99542
当金逾期率	32.25	2.55	34.8

续表 5-3-1-5-4

主要指标	2022 年末数	增减数	2023 年末数
绝当金额	9785	2413	12198
绝当率	0.033	4.23	4.26

注:1.本表统计范围为湖北省登记注册的典当行法人及外省登记注册的典当行在本省的分支机构。
2.典当企业数量=法人机构数量+分支机构数量。
3.注册资本统计口径为湖北省登记注册的典当行法人的注册资本数量。

(5)湖北省融资租赁公司运营情况统计表

表 5-3-1-5-5　　2023 年 12 月 31 日　　单位:家、万元、%

主要指标	2022 年末数	增减数	2023 年末数
法人机构数量	153	6	159
纳入监管名单的公司数量	21	0	21
完成公示非正常经营公司数量	67	0	67
国有控股融资租赁公司数量	17	5	22
其中:中央企业控股融资租赁公司数量	1	-1	0
地方国企控股融资租赁公司数量	16	6	22
实收资本	948303	212784	1161087
总资产	2800688	-362699	2437990
其中:租赁资产	1943641	-282006	1661634
其中:融资租赁资产	1878204	-216362	1661842
其中:直接租赁资产	89291	-64582	24709
售后回租资产	1788913	-169378	1619536
对外融资余额	1405977	-414866	991111
其中:对股东负债	189925	-20065	169860
短期银行贷款	152464	-4464	148000
长期银行贷款	458645	-123249	335396
发行的债券余额	284260	-206996	77264
资产证券化融资余额	180246	-112465	67781
其他融资余额	140437	52374	192811
净资产	1168754	175152	1343907
风险资产	2062226	-53367	2008859
不良资产余额	266188	-79593	186595
不良资产率	13.70%	-2.47%	11.23%
跨省融资租赁资产余额(承租人为省外)	392828	-66986	325842
其中:跨省售后回租资产余额	325073	-2127	322946

注:本表统计范围为在湖北省注册的融资租赁公司法人机构。

(6)湖北省商业保理公司运营情况统计表

表 5-3-1-5-6　　2023 年 12 月 31 日　　单位:家、人、万元

主要指标	2022 年末数	增减数	2023 年末数
法人机构数量	14	3	17
其中:实收资本在 5000 万元(不含)以下的数量	2	-1	1
实收资本在 5000 万元—1 亿元(不含)的数量	4	-1	3

续表 5-3-1-5-6

主要指标	2022年末数	增减数	2023年末数
实收资本在1亿元—5亿元(不含)的数量	8	4	12
实收资本在5亿元—10亿元(不含)的数量	0	1	1
实收资本在10亿元以上的数量	–	–	–
其中:国有控股商业保理公司数量	8	4	12
其中:中央企业控股商业保理公司数量	–	–	–
地方国企控股商业保理公司数量	8	4	12
民营控股商业保理公司数量	5	-1	4
外资控股商业保理公司数量	1	0	1
其中:纳入“监管名单”的公司数量	7	0	7
完成公示的非正常经营公司数量	–	–	–
从业人员数量	93	61	154
注册资本	126100	98400	224500
实收资本	108306	116001	224306
总资产	283290	271346	554636
总负债	121876	135621	257498
净资产	161414	135725	297138
应收保理融资款本金	226172	213635	439807
其中:有追索权保理	167628	85605	253233
无追索权保理	58544	128030	186574
正向保理	184644	111549	296193
反向保理	41528	102086	143614
对省(区、市)内客户	208255	188090	396345
对省(区、市)外客户	17918	25545	43462
风险资产	237861	233942	471803
杠杆倍数(风险资产/净资产)	1.47	0.11	1.59
风险准备金余额	3028	1348	4376
不良保理资产余额	246	-17	230
不良保理资产率(%)	0.11	-0.06	0.05
对外融资余额	105058	135208	240266
其中:股东借款	58358	61641	119999
银行借款	43800	73467	117267
再保理融资余额	0	3000	3000
其他融资余额	2900	-2900	0

注:本表统计范围以在湖北省登记注册的商业保理公司法人机构,本省商业保理公司法人机构在省外设立的分支机构有关情况汇总至法人机构统一填报。

(7)湖北省地方资产管理公司运营情况统计表

表 5-3-1-5-7　　2023年12月31日　　单位:万元

主要指标	2022年末数	增减数	2023年末数		
			合计	金融企业业务	非金融企业业务
法人机构(家)	2	0	2	–	–
其中:接受本省(区、市)地方金融监管机构监管	2	0	2	–	–
从事跨省收购不良资产	–	–	–	–	–

续表 5-3-1-5-7

主要指标	2022 年末数	增减数	2023 年末数		
			合计	金融企业业务	非金融企业业务
民营及外资控股	-	-	-	-	-
本年累计收购不良资产账面值(含本金、利息)	338752	135057	473810	319010	154800
其中:本年累计跨省收购不良资产账面值(含本金、利息)	1300	63170	64470	64470	0
本年累计收购不良资产投资额	187175	82616	269791	115011	154780
其中:本年累计跨省收购不良资产投资额	1300	49900	51200	51200	0
存量不良资产账面值(含本金、利息)	2901359	-192967	2708392	1559609	1148783
存量不良资产投资余额	1629988	48562	1678550	696619	981931
本年累计处置不良资产账面值(含本金、利息)	552078	83384	635462	501937	133525
本年累计处置不良资产收回资金	286637	-110403	176234	62709	113525
资产总额	2081308	255038	2336346	-	-
负债总额	1200722	311970	1512692	-	-
本年累计营业收入	113366	-27752	85614	-	-
本年累计净利润	40923	-21373	19550	-	-

注:1.金融企业业务,是指从金融企业手中收购的不良资产。

2.金融企业的定义依据《金融企业不良资产批量转让管理办法》,是指中华人民共和国境内依法设立的国有及国有控股商业银行、政策性银行、信托投资公司、财务公司、城市信用社、农村信用社以及原中国银行业监督管理委员会依法监督管理的其他国有及国有控股金融企业(金融资产管理公司除外)。

(二)各市(州)金融业务统计

1.各市(州)本外币存贷款情况统计表

表 5-3-2-1　　2023 年 12 月 31 日　　汇率:7.0827　单位:亿元、%

项目 地区	各项存款			各项贷款		
	余额	比年初增减数	增幅(%)	余额	比年初增减数	增幅(%)
武汉市	38484	2730	7.63	47517	3023	7.06
黄石市	2705	240	9.73	2347	289	14.05
十堰市	3614	370	11.39	2525	326	14.83
宜昌市	6127	480	8.50	5928	749	14.46
襄阳市	5760	606	11.77	4029	453	12.66
鄂州市	1194	113	10.46	1085	139	14.75
荆门市	3319	328	10.96	1956	222	12.80
孝感市	3897	391	11.15	2422	332	15.87
荆州市	5065	549	12.15	3177	400	14.40
黄冈市	5488	541	10.94	3409	455	15.39
咸宁市	2338	200	9.36	1893	230	13.83
随州市	2272	210	10.16	1218	125	11.43
恩施州	2217	225	11.30	1805	198	12.33
仙桃市	1245	88	7.61	655	73	12.48
潜江市	1086	125	13.02	606	97	19.11
天门市	1100	147	15.72	513	78	18.02
神农架林区	79	7	10.40	54	7	14.80
省本部	1139	214	23.09	81368	7195	9.70
湖北省	**87127**	**7564**	**9.51**	227	−1	−0.39

注:本表以湖北省行政区划排序。
数据来源:中国人民银行武汉分行。

2.各市(州)保险业经营情况统计表

表 5-3-2-2　　2023 年 12 月 31 日　　单位:万元

项目 地区	保费收入			赔款及给付		
	本期金额	上年同期金额	同比(%)	本期金额	上年同期金额	同比(%)
武汉市	9684391	8649459	11.97	3267092	2468196	32.37
黄石市	653179	639195	2.19	227296	190730	19.17
十堰市	986049	916457	7.59	364024	281460	29.33
宜昌市	1554604	1415127	9.86	521167	443264	17.57
襄阳市	1524157	1388747	9.75	552284	422412	30.75
鄂州市	227557	221943	2.53	83193	66629	24.86
荆门市	915523	865337	5.80	355135	292890	21.25
孝感市	865831	843022	2.71	290776	260475	11.63
荆州市	1902549	1842992	3.23	783743	646774	21.18
黄冈市	1276512	1183901	7.82	501447	390828	28.30
咸宁市	559396	531332	5.28	233260	194790	19.75
随州市	376379	365493	2.98	156885	128904	21.71
恩施州	647157	654506	−1.12	264482	222049	19.11
本级	7334	7149	2.59	10095	9843	2.56
合计	**21180620**	**19524660**	**8.48**	**7610879**	**6019244**	**26.44**

3.各市(州)财产保险机构经营情况统计表

表 5-3-2-3　　2023 年 12 月 31 日　　单位:万元

地区＼项目	保费收入			赔款支出		
	本期金额	上年同期金额	同比(%)	本期金额	上年同期金额	同比(%)
武汉市	2381081	2221580	7.18	1574474	1323984	18.92
黄石市	180996	163460	10.73	125051	106936	16.94
十堰市	256067	238926	7.17	208259	161681	28.81
宜昌市	419821	360619	16.42	252503	211338	19.48
襄阳市	459266	379593	20.99	311439	231740	34.39
鄂州市	52831	47714	10.72	41296	29718	38.96
荆门市	299453	273710	9.41	203423	160673	26.61
孝感市	226249	208658	8.43	158291	142694	10.93
荆州市	584399	520158	12.35	416875	355823	17.16
黄冈市	370759	303038	22.35	297604	206135	44.37
咸宁市	168573	154209	9.31	128762	103163	24.81
随州市	141206	123666	14.18	106896	85398	25.17
恩施州	246437	220252	11.89	170824	133488	27.97
本级	7333	7148	2.59	10095	9836	2.62
合计	5794470	5222730	10.95	4005791	3262607	22.78

4.各市(州)人身保险机构经营情况统计表

表 5-3-2-4　　2023 年 12 月 31 日　　单位:万元

地区＼项目	保费收入			赔款及给付		
	本期金额	上年同期金额	同比(%)	本期金额	上年同期金额	同比(%)
武汉市	7303311	6427879	13.62	1692618	1144211	47.93
黄石市	472184	475735	-0.75	102246	83794	22.02
十堰市	729982	677531	7.74	155765	119779	30.04
宜昌市	1134783	1054508	7.61	268663	231926	15.84
襄阳市	1064892	1009154	5.52	240845	190673	26.31
鄂州市	174726	174229	0.28	41897	36911	13.51
荆门市	616070	591627	4.13	151712	132217	14.75
孝感市	639582	634365	0.82	132485	117780	12.48
荆州市	1318150	1322834	-0.35	366868	290951	26.09
黄冈市	905753	880863	2.83	203843	184693	10.37
咸宁市	390823	377123	3.63	104498	91627	14.05
随州市	235173	241828	-2.75	49989	43506	14.90
恩施州	400720	434253	-7.72	93658	88561	5.76
本级	1	1	-12.61	1	7	-89.83
合计	15386150	14301930	7.58	3605088	2756637	30.78

(三)金融机构业务统计

1.银行业机构

(1)本外币信贷收支统计

① 国家开发银行湖北省分行本外币信贷收支表

表 5-3-3-1-1-1　　2023 年 12 月 31 日　　单位:万元

栏目 来源项目名称	12 月余额	比年初增减数	
		2023 年	2022 年
一、各项存款	5183230	314429	-471436
(一)境内存款	5093406	389476	-384200
1.个人存款			
其中:活期储蓄存款			
定期储蓄存款			
结构性存款			
2.单位存款	5093406	389476	-384200
其中:活期存款	3144424	-353028	-1498806
定期存款	10259	-16575	25096
保证金存款	2	0	-96
结构性存款			
3.国库定期存款			
4.非存款类金融机构存款			0
(二)境外存款	89824	-75047	-87236
二、代理财政性存款			
三、金融债券			
其中:境外发行			
四、卖出回购资产			
五、向中央银行借款			
六、银行业存款类金融机构往来	363632	209128	22253
七、借款及非存款类金融机构拆入			
八、联行往来(净)	62062749	441888	3878992
九、应付及暂收款	195952	-28376	15120
其中:应付利息	23004	-322	7134
十、其他负债	143060	-11631	-27161
十一、所有者权益	1121989	450202	378719
其中:实收资本			
资金来源总计	69070613	1375640	3796489

栏目 运用项目名称	12 月余额	比年初增减数	
		2023 年	2022 年
一、各项贷款	69594468	1302097	3512260
(一)境内贷款	62168648	2789771	3752894
1.短期贷款	685700	266303	139840
(1)个人贷款及透支			
其中:个人消费贷款			
(2)单位贷款及透支	685700	266303	139840
经营贷款及透支	216500	-202897	140197
固定资产贷款	469200	469200	
并购贷款			
贸易融资			-357
(3)非存款类金融机构贷款			
2.中长期贷款	61482948	2523469	3613053
(1)个人贷款	431832	82521	60536
其中:个人消费贷款	431832	82521	60536
(2)单位贷款	61051115	2440948	3552518
经营贷款	4517939	244256	768116
固定资产贷款	56533177	2196692	2784402
并购贷款			
贸易融资			
(3)非存款类金融机构贷款			
3.票据融资			
4.融资租赁			
5.各项垫款			
(二)境外贷款	7425820	-1487674	-240634
二、债券投资			
三、股权及其他投资			
四、买入返售资产			
五、存放中央银行存款	602	2	2
六、缴存中央银行财政性存款			
七、银行业存款类金融机构往来	1417000	-368400	490400
八、存放非存款类金融机构款项			
九、联行往来(净)			
其中:境内存放二级准备金			
十、库存现金			
十一、应收及预付款	190251	-30361	-555
其中:应收利息	179161	-27764	17529
十二、投资性房地产			
十三、固定资产	332	-1252	-1470
十四、其他资产	65066	-1681	-1231
十五、减:各项准备	2197107	-475234	202917
其中:贷款损失准备	2195136	-476805	203017
资金运用总计	69070613	1375640	3796489

② 中国进出口银行湖北省分行本外币信贷收支表

表 5-3-3-1-1-2　　2023 年 12 月 31 日　　单位:万元

来源项目名称＼栏目	12 月余额	比年初增减数 2023 年	比年初增减数 2022 年	运用项目名称＼栏目	12 月余额	比年初增减数 2023 年	比年初增减数 2022 年
一、各项存款	511395	40645	147808	一、各项贷款	15793546	1376391	1657423
(一)境内存款	511395	40645	147808	(一)境内贷款	15731418	1361658	1749933
1.个人存款				1.短期贷款	1635696	-404198	625006
其中:活期储蓄存款				(1)个人贷款及透支			
定期储蓄存款				其中:个人消费贷款			
结构性存款				(2)单位贷款及透支	1635696	-404198	625006
2.单位存款	511395	40662	147808	经营贷款及透支	525600	-357525	538425
其中:活期存款	359596	-35215	139665	固定资产贷款	75000	75000	
定期存款				并购贷款			
保证金存款	55616	15262	-16345	贸易融资	1035096	-121673	86581
结构性存款				(3)非存款类金融机构贷款			
3.国库定期存款				2.中长期贷款	14095722	1765856	1124926
4.非存款类金融机构存款	0	-17	0	(1)个人贷款			
(二)境外存款				其中:个人消费贷款			
二、代理财政性存款				(2)单位贷款	14095722	1765856	1124926
三、金融债券				经营贷款	8020510	2004840	1223455
其中:境外发行				固定资产贷款	5561223	640286	919835
四、卖出回购资产				并购贷款	236415	-121580	-145951
五、向中央银行借款				贸易融资	277574	-757690	-872412
六、银行业存款类金融机构往来	163215	161019	-47829	(3)非存款类金融机构贷款			
七、借款及非存款类金融机构拆入				3.票据融资			
八、联行往来(净)	15081422	1108751	1545395	4.融资租赁			
九、应付及暂收款	88277	3063	25037	5.各项垫款			
其中:应付利息	75610	4212	28509	(二)境外贷款	62128	14732	-92509
十、其他负债	36835	615	-26342	二、债券投资			
十一、所有者权益	78250	78250	103871	三、股权及其他投资			
其中:实收资本				四、买入返售资产			
				五、存放中央银行存款	0	0	0
				六、缴存中央银行财政性存款			
				七、银行业存款类金融机构往来	260000	30000	30000
				八、存放非存款类金融机构款项			
				九、联行往来(净)			
				其中:境内存放二级准备金			
				十、库存现金	0	0	-1
				十一、应收及预付款	67803	-1239	27155
				其中:应收利息	67750	-1014	27147
				十二、投资性房地产	4909	-250	3913
				十三、固定资产	15025	-791	-4959
				十四、其他资产	938	-682	761
				十五、减:各项准备	182827	11085	-33648
				其中:贷款减值准备	182654	11029	-33539
资金来源总计	15959395	1392343	1747940	资金运用总计	15959395	1392343	1747940

③ 中国农业发展银行湖北省分行本外币信贷收支表

表 5-3-3-1-1-3　　2023 年 12 月 31 日　　单位:万元

来源项目名称	12 月余额	比年初增减数		运用项目名称	12 月余额	比年初增减数	
		2023 年	2022 年			2023 年	2022 年
一、各项存款	6651821	-116558	510143	一、各项贷款	58211534	8185594	8752406
(一)境内存款	6651821	-116558	510143	(一)境内贷款	58211534	8185594	8752406
1.个人存款				1.短期贷款	5236150	-373080	109159
其中:活期储蓄存款				(1)个人贷款及透支			
定期储蓄存款				其中:个人消费贷款			
结构性存款				(2)单位贷款及透支	5236150	-373080	109159
2.单位存款	6651821	-116558	510143	经营贷款及透支	5236150	-373080	109159
其中:活期存款	4926419	-336436	-262784	固定资产贷款			
定期存款	422887	162743	106844	并购贷款			
保证金存款	82748	23248	-1605	贸易融资			
结构性存款				(3)非存款类金融机构贷款			
3.国库定期存款				2.中长期贷款	52975384	8558674	8643246
4.非存款类金融机构存款				(1)个人贷款			
(二)境外存款				其中:个人消费贷款			
二、代理财政性存款	965741	84220	133218	(2)单位贷款	52975384	8558674	8643246
三、金融债券				经营贷款	1775925	764251	601579
其中:境外发行				固定资产贷款	51199460	7794424	8041667
四、卖出回购资产				并购贷款			
五、向中央银行借款				贸易融资			
六、银行业存款类金融机构往来	68540	68540		(3)非存款类金融机构贷款			
七、借款及非存款类金融机构拆入				3.票据融资			
八、联行往来(净)	50435330	7654450	7287105	4.融资租赁			
九、应付及暂收款	143497	19354	21990	5.各项垫款			
其中:应付利息	77777	12722	13154	(二)境外贷款			
十、其他负债	66062	509	-31	二、债券投资	1088463	-458836	-617981
十一、所有者权益	139607	-191997	81145	三、股权及其他投资			
其中:实收资本				四、买入返售资产			
				五、存放中央银行存款			
				六、缴存中央银行财政性存款			
				七、银行业存款类金融机构往来	318	-59	-7
				八、存放非存款类金融机构款项	170		
				九、联行往来(净)			
				其中:境内存放二级准备金			
				十、库存现金			
				十一、应收及预付款	92873	3517	-3533
				其中:应收利息	91747	4555	-5250
				十二、投资性房地产			
				十三、固定资产	46460	-644	-2118
				十四、其他资产	8602	-357	38
				十五、减:各项准备	977822	210697	95234
				其中:贷款减值准备	977370	210414	95234
资金来源总计	**58470598**	**7518518**	**8033571**	**资金运用总计**	**58470598**	**7518518**	**8033571**

④ 中国工商银行湖北省分行本外币信收支表

表 5-3-3-1-1-4　　　　2023 年 12 月 31 日　　　　单位:万元

来源项目名称 \ 栏目	12 月余额	比年初增减数		运用项目名称 \ 栏目	12 月余额	比年初增减数	
		2023 年	2022 年			2023 年	2022 年
一、各项存款	90620655	4101795	6561068	一、各项贷款	82116419	7630795	6448159
(一)境内存款	90023421	3690993	6732981	(一)境内贷款	82003957	7638129	6437643
1.个人存款	63464176	8317355	8564615	1.短期贷款	11452770	2908939	227725
其中:活期储蓄存款	23482383	600125	2537724	(1)个人贷款及透支	1489029	220145	98
定期储蓄存款	31815399	6937912	4945250	其中:个人消费贷款	1184876	131794	-83254
结构性存款		-7779	-150027	(2)单位贷款及透支	9963741	2688794	227628
2.单位存款	22901064	-4649184	-2844895	经营贷款及透支	8210889	2038308	118124
其中:活期存款	10893967	-2361347	-2582537	固定资产贷款	180731	74713	-166166
定期存款	2166028	-480160	-845876	并购贷款			
保证金存款	286387	35254	-106020	贸易融资	1572120	575773	275669
结构性存款	525518	-197709	202180	(3)非存款类金融机构贷款			
3.国库定期存款	280900	-48448	86384	2.中长期贷款	66205623	4569251	4447168
4.非存款类金融机构存款	3377281	71270	926877	(1)个人贷款	24525949	221024	-491392
(二)境外存款	597234	410802	-171913	其中:个人消费贷款	22479188	-585893	-981150
二、代理财政性存款	82005	-35753	-48569	(2)单位贷款	41679674	4348228	4938560
三、金融债券				经营贷款	10644667	2330025	3280781
其中:境外发行				固定资产贷款	29966126	1895274	1434770
四、卖出回购资产				并购贷款	300571	42658	-45461
五、向中央银行借款	2260	-15998	18258	贸易融资	768310	80271	268469
六、银行业存款类金融机构往来	1574467	-926154	994526	(3)非存款类金融机构贷款			
七、借款及非存款类金融机构拆入	382	-103	-223	3.票据融资	4341350	159954	1761250
八、联行往来(净)				4.融资租赁			
九、应付及暂收款	2878837	286029	257405	5.各项垫款	4214	-16	1500
其中:应付利息	1709158	243620	294950	(二)境外贷款	112462	-7334	10515
十、其他负债	671731	-10755	37629	二、债券投资	1699902	123893	200080
十一、所有者权益	558010	-126481	150654	三、股权及其他投资			
其中:实收资本				四、买入返售资产			
				五、存放中央银行存款			
				六、缴存中央银行财政性存款	332358	142866	-986961
				七、银行业存款类金融机构往来	8536	7618	-287
				八、存放非存款类金融机构款项			
				九、联行往来(净)	13234941	-4090875	2479847
				其中:境内存放二级准备金			
				十、库存现金	170656	-48093	30871
				十一、应收及预付款	601479	-82384	51764
				其中:应收利息	145928	-20069	14845
				十二、投资性房地产			
				十三、固定资产	324152	18155	-16683
				十四、其他资产	836580	95139	123357
				十五、减:各项准备	2936675	524535	359399
				其中:贷款损失准备	2894678	525113	359853
资金来源总计	96388347	3272579	7970748	资金运用总计	96388347	3272579	7970748

⑤ 中国农业银行湖北省分行本外币信贷收支表

表 5-3-3-1-1-5　　2023 年 12 月 31 日　　单位:万元

来源项目名称 \ 栏目	12 月余额	比年初增减数		运用项目名称 \ 栏目	12 月余额	比年初增减数	
		2023 年	2022 年			2023 年	2022 年
一、各项存款	105900764	12166555	12819811	一、各项贷款	73157158	10053079	6923882
(一)境内存款	105883507	12169496	12817439	(一)境内贷款	73155147	10053371	6923839
1.个人存款	70909263	9019407	9543212	1.短期贷款	15558238	2818488	1163237
其中:活期储蓄存款	24827443	-103889	2698964	(1)个人贷款及透支	5946628	2252902	725041
定期储蓄存款	38724066	7655753	5392672	其中:个人消费贷款	1374717	360802	-47137
结构性存款	1977	-5298	-7282	(2)单位贷款及透支	9611610	565586	438196
2.单位存款	32557676	3051317	2342957	经营贷款及透支	7981496	163380	50746
其中:活期存款	8814671	-1001222	-748226	固定资产贷款	353964	287930	-42386
定期存款	3759418	926732	222392	并购贷款			
保证金存款	368685	-27000	-14140	贸易融资	1276150	114275	429836
结构性存款	171638	171638	-43375	(3)非存款类金融机构贷款			
3.国库定期存款	328100	50760	85000	2.中长期贷款	51835534	6787532	3825626
4.非存款类金融机构存款	2088467	48011	846271	(1)个人贷款	17612450	103620	105316
(二)境外存款	17257	-2941	2372	其中:个人消费贷款	16735543	-68914	23205
二、代理财政性存款	14736	-12827	13872	(2)单位贷款	34223085	6683912	3720310
三、金融债券				经营贷款	4600775	478856	850293
其中:境外发行				固定资产贷款	28730127	5852666	2634153
四、卖出回购资产				并购贷款	462045	41565	146402
五、向中央银行借款				贸易融资	430138	310825	89462
六、银行业存款类金融机构往来	4047626	2230261	-1228821	(3)非存款类金融机构贷款			
七、借款及非存款类金融机构拆入				3.票据融资	5756549	444951	1933250
八、联行往来(净)				4.融资租赁			
九、应付及暂收款	2170977	373161	304271	5.各项垫款	4826	2400	1726
其中:应付利息	1844217	353761	276996	(二)境外贷款	2011	-292	43
十、其他负债	180838	-4183	14554	二、债券投资			
十一、所有者权益	1019234	96899	28449	三、股权及其他投资	2646	1646	-99
其中:实收资本				四、买入返售资产			
				五、存放中央银行存款			
				六、缴存中央银行财政性存款	25398	-13089	-238550
				七、银行业存款类金融机构往来	2033	1697	12
				八、存放非存款类金融机构款项			
				九、联行往来(净)	40468129	5018073	5321524
				其中:境内存放二级准备金			
				十、库存现金	235422	6449	-24920
				十一、应收及预付款	181836	24829	13304
				其中:应收利息	142597	11452	16279
				十二、投资性房地产			
				十三、固定资产	379809	-14253	4617
				十四、其他资产	433275	61104	50120
				十五、减:各项准备	1551531	289669	97755
				其中:贷款减值准备	1538708	292333	94329
资金来源总计	113334174	14849866	11952136	资金运用总计	113334174	14849866	11952136

⑥ 中国银行湖北省分行本外币信贷收支表

表 5-3-3-1-1-6　　2023 年 12 月 31 日　　单位:万元

栏目 来源项目名称	12 月余额	比年初增减数		栏目 运用项目名称	12 月余额	比年初增减数	
		2023 年	2022 年			2023 年	2022 年
一、各项存款	52473769	5056436	2895071	一、各项贷款	57749401	6672247	4093555
(一)境内存款	52358286	5050648	2898896	(一)境内贷款	57712794	6658166	4093794
1.个人存款	30057817	4428652	4013705	1.短期贷款	11982161	2871650	399244
其中:活期储蓄存款	9543870	435051	1231901	(1)个人贷款及透支	1969547	285876	412807
定期储蓄存款	13950908	2837433	2020545	其中:个人消费贷款	775114	-81030	85359
结构性存款	1579663	-58221	213843	(2)单位贷款及透支	10011654	2586735	-13563
2.单位存款	21698455	632925	-1258676	经营贷款及透支	6768695	1721061	673106
其中:活期存款	8564920	-1361903	-293578	固定资产贷款	9235	-34726	-154790
定期存款	3352465	498846	-45782	并购贷款			
保证金存款	837043	-18342	-18086	贸易融资	3233723	900399	-531879
结构性存款	820195	246367	-2388	(3)非存款类金融机构贷款	960	-961	
3.国库定期存款	225000	12000	67000	2.中长期贷款	43601040	4124553	3313008
4.非存款类金融机构存款	377013	-22929	76866	(1)个人贷款	16426212	-561297	-503005
(二)境外存款	115483	5788	-3825	其中:个人消费贷款	15947670	-664688	-444660
二、代理财政性存款	18689	13866	-44044	(2)单位贷款	27174574	4685850	3816012
三、金融债券				经营贷款	5952284	1860167	1705309
其中:境外发行				固定资产贷款	20491566	2745622	2004758
四、卖出回购资产				并购贷款	139734	17177	73057
五、向中央银行借款			-14522	贸易融资	590990	62884	32890
六、银行业存款类金融机构往来	316011	-29424	170640	(3)非存款类金融机构贷款	254		
七、借款及非存款类金融机构拆入				3.票据融资	2129430	-338038	381529
八、联行往来(净)	2608642	1204485	-609957	4.融资租赁			
九、应付及暂收款	923275	-13323	70208	5.各项垫款	164	1	14
其中:应付利息	776436	68501	93747	(二)境外贷款	36607	14081	-240
十、其他负债	205710	-36117	41877	二、债券投资			-33
十一、所有者权益	414949	414274	220752	三、股权及其他投资			-900000
其中:实收资本				四、买入返售资产			
				五、存放中央银行存款			
				六、缴存中央银行财政性存款	71025	62526	-71233
				七、银行业存款类金融机构往来	2442		
				八、存放非存款类金融机构款项			
				九、联行往来(净)			
				其中:境内存放二级准备金			
				十、库存现金	92752	-4002	2772
				十一、应收及预付款	134947	-6429	4165
				其中:应收利息	112360	-8265	1350
				十二、投资性房地产			
				十三、固定资产	235483	-5280	-5981
				十四、其他资产	85481	9089	-3540
				十五、减:各项准备	1410487	117955	389679
				其中:贷款损失准备	1392882	118559	415762
资金来源总计	56961043	6610196	2730026	资金运用总计	56961043	6610196	2730026

⑦ 中国建设银行湖北省分行本外币信贷收支表

表 5-3-3-1-1-7　　2023 年 12 月 31 日　　单位：万元

来源项目名称（栏目）	12 月余额	比年初增减数		运用项目名称（栏目）	12 月余额	比年初增减数	
		2023 年	2022 年			2023 年	2022 年
一、各项存款	91377624	8026370	5149530	一、各项贷款	80343249	8407185	7563963
（一）境内存款	91221486	8060774	5136690	（一）境内贷款	80321735	8415455	7549680
1.个人存款	64304055	7778515	8076454	1.短期贷款	15193933	2390744	1437927
其中：活期储蓄存款	23840572	330895	2288937	（1）个人贷款及透支	4653113	886054	981567
定期储蓄存款	31344256	4901067	3917049	其中：个人消费贷款	2226641	289021	211784
结构性存款	15153	5913	3728	（2）单位贷款及透支	10540820	1504690	456360
2.单位存款	25736744	535109	−2907299	经营贷款及透支	7521733	1022289	323709
其中：活期存款	12599145	−848662	−1514512	固定资产贷款	257010	−90606	169316
定期存款	1748430	−336082	−954979	并购贷款			
保证金存款	497046	−48557	−3683	贸易融资	2762077	573007	−36665
结构性存款	188000	−266320	107820	（3）非存款类金融机构贷款			
3.国库定期存款	310000	15000	91000	2.中长期贷款	60697875	5875393	4101579
4.非存款类金融机构存款	870687	−267850	−123465	（1）个人贷款	23387298	−825283	−1042155
（二）境外存款	156138	−34404	12841	其中：个人消费贷款	22603178	−897007	−1123948
二、代理财政性存款	21994	−11936	−6532	（2）单位贷款	37310577	6700676	5143734
三、金融债券				经营贷款	10038932	2277421	1746444
其中：境外发行				固定资产贷款	26581304	4078364	3364062
四、卖出回购资产				并购贷款	219343	183707	−40114
五、向中央银行借款				贸易融资	470999	161184	73342
六、银行业存款类金融机构往来	463130	−496745	400438	（3）非存款类金融机构贷款			
七、借款及非存款类金融机构拆入	52657	−5227	−10466	3.票据融资	4410908	130951	2021240
八、联行往来（净）				4.融资租赁			
九、应付及暂收款	2127992	103670	355537	5.各项垫款	19018	18367	−11065
其中：应付利息	1611490	106836	202364	（二）境外贷款	21515	−8271	14283
十、其他负债	440940	−24523	66428	二、债券投资	2140	−1285	−1900
十一、所有者权益	1256910	123015	−97182	三、股权及其他投资	129		
其中：实收资本				四、买入返售资产			
				五、存放中央银行存款			
				六、缴存中央银行财政性存款	48972	−4070	−11246
				七、银行业存款类金融机构往来			
				八、存放非存款类金融机构款项			
				九、联行往来（净）	14196725	−740778	−1719676
				其中：境内存放二级准备金	2914	476	−11076
				十、库存现金	174733	−1063	−1670
				十一、应收及预付款	442391	25608	38394
				其中：应收利息	202912	12624	28732
				十二、投资性房地产			
				十三、固定资产	407586	−9266	−19989
				十四、其他资产	149428	38252	9164
				十五、减：各项准备	24107	−41	−711
				其中：贷款损失准备	762	−734	655
资金来源总计	**95741247**	**7714623**	**5857752**	**资金运用总计**	**95741247**	**7714623**	**5857752**

注：本表数据为合并口径。

⑧ 交通银行湖北省分行本外币信贷收支表

表 5-3-3-1-1-8　　2023 年 12 月 31 日　　单位:万元

栏目 来源项目名称	12 月余额	比年初增减数		栏目 运用项目名称	12 月余额	比年初增减数	
		2023 年	2022 年			2023 年	2022 年
一、各项存款	31619059	1959410	936102	一、各项贷款	27977480	66069	3031469
(一)境内存款	31583364	1959254	935004	(一)境内贷款	27974286	65173	3032761
1.个人存款	13269358	2116388	1971879	1.短期贷款	5730408	−707546	2140667
其中:活期储蓄存款	3580443	49252	229669	(1)个人贷款及透支	1180167	184256	173337
定期储蓄存款	7232781	1990317	1635687	其中:个人消费贷款	308330	116460	51690
结构性存款	658395	−166946	−411434	(2)单位贷款及透支	4550241	−891802	1967331
2.单位存款	16752690	−66875	−1323168	经营贷款及透支	3166828	403582	80560
其中:活期存款	4583034	−968310	−1359992	固定资产贷款		−2500	2500
定期存款	6162146	661528	644545	并购贷款			
保证金存款	471531	−22278	−74155	贸易融资	1383413	−1292884	1884270
结构性存款	1068710	−283910	683122	(3)非存款类金融机构贷款			
3.国库定期存款	170000	14000	29000	2.中长期贷款	20585424	651009	42163
4.非存款类金融机构存款	1391316	−104260	257293	(1)个人贷款	7578222	−653947	−595691
(二)境外存款	35695	156	1098	其中:个人消费贷款	7394255	−645655	−532310
二、代理财政性存款		−4	−1297	(2)单位贷款	13007202	1314956	637854
三、金融债券				经营贷款	2507715	1037861	−30106
其中:境外发行				固定资产贷款	9829247	196135	287298
四、卖出回购资产				并购贷款	450247	−11646	269278
五、向中央银行借款			−25724	贸易融资	219993	92606	111385
六、银行业存款类金融机构往来	1084874	20073	747880	(3)非存款类金融机构贷款		−10000	
七、借款及非存款类金融机构拆入				3.票据融资	1658142	121710	850711
八、联行往来(净)				4.融资租赁			
九、应付及暂收款	765960	192463	−14657	5.各项垫款	311		−781
其中:应付利息	659567	203181	−6920	(二)境外贷款	3195	895	−1292
十、其他负债	246084	13290	528	二、债券投资			
十一、所有者权益	451689	−195695	−20339	三、股权及其他投资			
其中:实收资本				四、买入返售资产			
				五、存放中央银行存款			
				六、缴存中央银行财政性存款	954	−371	−361336
				七、银行业存款类金融机构往来	6844	2406	62
				八、存放非存款类金融机构款项			
				九、联行往来(净)	6457635	2046201	−1002628
				其中:境内存放二级准备金	902975		
				十、库存现金	38926	−2215	−8
				十一、应收及预付款	49502	−4428	−320
				其中:应收利息	39881	−10252	−1020
				十二、投资性房地产			
				十三、固定资产	125601	−8946	−5757
				十四、其他资产	13832	−385	−4050
				十五、减:各项准备	503109	108794	34939
				其中:贷款减值准备	501059	109386	34954
资金来源总计	34167666	1989538	1622493	资金运用总计	34167666	1989538	1622493

⑨ 中国邮政储蓄银行湖北省分行本外币信贷收支表

表 5-3-3-1-1-9　　2023 年 12 月 31 日　　单位:万元

栏目 来源项目名称	12 月余额	比年初增减数		栏目 运用项目名称	12 月余额	比年初增减数	
		2023 年	2022 年			2023 年	2022 年
一、各项存款	82234720	7218022	7779364	一、各项贷款	27928834	3319665	2906834
(一)境内存款	82231243	7216323	7780961	(一)境内贷款	27928774	3319605	2906834
1.个人存款	75473064	7280476	7799898	1.短期贷款	5877668	1709404	299597
其中:活期储蓄存款	16513211	-368366	1227714	(1)个人贷款及透支	3021186	469020	127870
定期储蓄存款	609774	-53059	112226	其中:个人消费贷款	434340	-38095	-22044
结构性存款				(2)单位贷款及透支	2856482	1240384	171726
2.单位存款	6598694	-46387	-67520	经营贷款及透支	1785724	600994	136531
其中:活期存款	4524817	-384042	-329568	固定资产贷款		-15050	15000
定期存款	872649	202810	-168705	并购贷款			
保证金存款	99730	10587	8935	贸易融资	1070758	654441	20195
结构性存款				(3)非存款类金融机构贷款			
3.国库定期存款	134484	10480	124004	2.中长期贷款	20623145	1961745	2497741
4.非存款类金融机构存款	25001	-28247	-75421	(1)个人贷款	11233325	757456	702338
(二)境外存款	3477	1699	-1597	其中:个人消费贷款	8861119	156363	-28768
二、代理财政性存款	8128	-448	-19221	(2)单位贷款	9389820	1204289	1795404
三、金融债券				经营贷款	2448808	-83166	365103
其中:境外发行				固定资产贷款	6640678	1137801	1307536
四、卖出回购资产				并购贷款	62544	62544	
五、向中央银行借款		-5348	-29846	贸易融资	237790	87110	122765
六、银行业存款类金融机构往来	3482	-330484	282819	(3)非存款类金融机构贷款			
七、借款及非存款类金融机构拆入				3.票据融资	1427961	-351544	109496
八、联行往来(净)				4.融资租赁			
九、应付及暂收款	1124335	73316	-133023	5.各项垫款			
其中:应付利息	980503	93232	-146287	(二)境外贷款	60	60	
十、其他负债	742927	6216	56097	二、债券投资			
十一、所有者权益	540186	127739	60256	三、股权及其他投资			
其中:实收资本				四、买入返售资产			
				五、存放中央银行存款			
				六、缴存中央银行财政性存款	52808	32482	-10280
				七、银行业存款类金融机构往来			
				八、存放非存款类金融机构款项			
				九、联行往来(净)	55876114	3626960	4985245
				其中:境内存放二级准备金			
				十、库存现金	194772	-53454	25418
				十一、应收及预付款	125220	35069	15277
				其中:应收利息	81226	1182	5764
				十二、投资性房地产			
				十三、固定资产	158848	12659	6156
				十四、其他资产	759620	30040	64894
				十五、减:各项准备	442439	-85591	-2903
				其中:贷款减值准备	438951	-85281	-1878
资金来源总计	84653778	7089012	7996446	资金运用总计	84653778	7089012	7996446

⑩ 中信银行武汉分行本外币信贷收支表

表 5-3-3-1-1-10　　　　2023 年 12 月 31 日　　　　单位:万元

栏目 来源项目名称	12 月余额	比年初增减数		栏目 运用项目名称	12 月余额	比年初增减数	
		2023 年	2022 年			2023 年	2022 年
一、各项存款	17621297	961621	1593520	一、各项贷款	18084887	1396776	1823906
(一)境内存款	17541017	934366	1640150	(一)境内贷款	17952002	1392516	1697387
1.个人存款	4330127	399633	1123329	1.短期贷款	2440369	54042	361177
其中:活期储蓄存款	1087041	-51340	255966	(1)个人贷款及透支	163806	-35235	-20058
定期储蓄存款	1940131	685461	469326	其中:个人消费贷款	145356	-28763	-21263
结构性存款	281914	-128455	20282	(2)单位贷款及透支	2276563	89277	381235
2.单位存款	12747609	611371	350230	经营贷款及透支	1901161	-128054	396097
其中:活期存款	2589234	-289677	233191	固定资产贷款	133000	133000	
定期存款	791379	-50278	-52852	并购贷款			
保证金存款	3730467	149367	730809	贸易融资	242402	84331	-14861
结构性存款	345613	-27142	95441	(3)非存款类金融机构贷款			
3.国库定期存款	100000	-15000	41000	2.中长期贷款	14403176	1034810	1289698
4.非存款类金融机构存款	363281	-61638	125592	(1)个人贷款	7263075	709077	574546
(二)境外存款	80280	27255	-46630	其中:个人消费贷款	5481009	509264	230624
二、代理财政性存款	14430	-17274	-29223	(2)单位贷款	7140101	325733	715152
三、金融债券				经营贷款	964328	212790	-473104
其中:境外发行				固定资产贷款	5571897	-35166	1094604
四、卖出回购资产				并购贷款	487377	135958	97151
五、向中央银行借款	181409	34839	80353	贸易融资	116500	12152	-3500
六、银行业存款类金融机构往来	33316	-18689	-119436	(3)非存款类金融机构贷款			
七、借款及非存款类金融机构拆入				3.票据融资	1101812	305020	41315
八、联行往来(净)				4.融资租赁			
九、应付及暂收款	285648	62630	62506	5.各项垫款	6646	-1356	5196
其中:应付利息	158599	60445	19442	(二)境外贷款	132885	4260	126519
十、其他负债	147715	-6825	25947	二、债券投资			
十一、所有者权益	56237	-69888	25341	三、股权及其他投资	2466	-20380	20144
其中:实收资本				四、买入返售资产			
				五、存放中央银行存款			
				六、缴存中央银行财政性存款	4511	-1344	-36
				七、银行业存款类金融机构往来	6582	724	631
				八、存放非存款类金融机构款项			
				九、联行往来(净)	264409	-448464	-227935
				其中:境内存放二级准备金			
				十、库存现金	9169	-1166	-3193
				十一、应收及预付款	113567	14113	17539
				其中:应收利息	93078	11779	21358
				十二、投资性房地产			
				十三、固定资产	25238	-956	-912
				十四、其他资产	243533	50108	53094
				十五、减:各项准备	414310	42997	44230
				其中:贷款减值准备	394328	38971	43139
资金来源总计	18340052	946414	1639008	资金运用总计	18340052	946414	1639008

注:本表数据为合并口径。

⑪ 中国光大银行武汉分行本外币信贷收支表

表 5-3-3-1-1-11　　　　2023 年 12 月 31 日　　　　单位:万元

栏目 来源项目名称	12 月余额	比年初增减数		栏目 运用项目名称	12 月余额	比年初增减数	
		2023 年	2022 年			2023 年	2022 年
一、各项存款	10448530	210140	838065	一、各项贷款	10726246	840952	529455
(一)境内存款	10423749	218794	852162	(一)境内贷款	10725032	840842	528776
1.个人存款	3343372	378742	605704	1.短期贷款	2375078	475714	200011
其中:活期储蓄存款	650304	28144	17651	(1)个人贷款及透支	138897	-28065	-128280
定期储蓄存款	1283312	360060	453561	其中:个人消费贷款	131500	-25884	-128474
结构性存款	312361	16910	-154566	(2)单位贷款及透支	2236181	503779	328291
2.单位存款	6752545	-244795	237281	经营贷款及透支	1734433	446584	375213
其中:活期存款	1393015	-27533	-271442	固定资产贷款			
定期存款	552951	-389060	-608745	并购贷款			
保证金存款	2237439	530351	731854	贸易融资	501749	57195	-46922
结构性存款	332500	137150	-221050	(3)非存款类金融机构贷款			
3.国库定期存款	91000	17000	9000	2.中长期贷款	7574046	278770	295125
4.非存款类金融机构存款	236832	67848	176	(1)个人贷款	4147901	161995	132914
(二)境外存款	24781	-8655	-14097	其中:个人消费贷款	3226352	28624	11246
二、代理财政性存款	6	2	-20	(2)单位贷款	3426146	116776	162210
三、金融债券				经营贷款	1393264	294896	77777
其中:境外发行				固定资产贷款	1686548	-117218	50310
四、卖出回购资产				并购贷款	136046	-4003	58049
五、向中央银行借款	53059	53059	-20136	贸易融资	210288	-56900	-23926
六、银行业存款类金融机构往来	9894	-7013	-184368	(3)非存款类金融机构贷款			
七、借款及非存款类金融机构拆入				3.票据融资	775908	86358	33641
八、联行往来(净)				4.融资租赁			
九、应付及暂收款	180390	30978	23957	5.各项垫款			
其中:应付利息	135518	33432	37481	(二)境外贷款	1214	110	679
十、其他负债	98491	1646	-616	二、债券投资	31	11	-69
十一、所有者权益	195249	27877	-54339	三、股权及其他投资			-6085
其中:实收资本				四、买入返售资产			
				五、存放中央银行存款			
				六、缴存中央银行财政性存款	82	-290	291
				七、银行业存款类金融机构往来	2548	370	455
				八、存放非存款类金融机构款项			
				九、联行往来(净)	370696	-587934	110554
				其中:境内存放二级准备金			
				十、库存现金	10668	-2881	2926
				十一、应收及预付款	39845	-2190	9004
				其中:应收利息	34043	1038	7085
				十二、投资性房地产			
				十三、固定资产	8170	-513	-637
				十四、其他资产	30884	826	-853
				十五、减:各项准备	203553	-68338	42498
				其中:贷款减值准备	200480	-68317	42371
资金来源总计	10985618	316689	602543	资金运用总计	10985618	316689	602543

⑫ 招商银行武汉分行本外币信贷收支表

表 5-3-3-1-1-12　　2023 年 12 月 31 日　　单位:万元

来源项目名称 \ 栏目	12 月余额	比年初增减数	
		2023 年	2022 年
一、各项存款	31793890	2934954	4758186
(一)境内存款	31685390	2914967	4745219
1.个人存款	14445010	2167148	3024011
其中:活期储蓄存款	7290948	-137893	1644592
定期储蓄存款	4519234	1473367	1177701
结构性存款	562436	161988	-131540
2.单位存款	16378055	786806	1955492
其中:活期存款	6823260	-1778363	816669
定期存款	1926798	487126	318642
保证金存款	1717875	-134690	807371
结构性存款	583890	130540	71779
3.国库定期存款	123000	10000	31000
4.非存款类金融机构存款	739326	-48987	-265284
(二)境外存款	108499	19987	12967
二、代理财政性存款	29	-1033	70
三、金融债券			
其中:境外发行			
四、卖出回购资产			
五、向中央银行借款	260314	91639	65031
六、银行业存款类金融机构往来	24702	-41665	-369970
七、借款及非存款类金融机构拆入			
八、联行往来(净)			
九、应付及暂收款	487959	95492	63391
其中:应付利息	329235	138332	72882
十、其他负债	189023	-1268	-73126
十一、所有者权益	236653	-84472	59113
其中:实收资本			
资金来源总计	32992570	2993647	4502696

运用项目名称 \ 栏目	12 月余额	比年初增减数	
		2023 年	2022 年
一、各项贷款	21145080	1451434	2403972
(一)境内贷款	21143636	1451552	2404759
1.短期贷款	3793381	858582	683734
(1)个人贷款及透支	447481	57815	-45518
其中:个人消费贷款	339823	46261	-16693
(2)单位贷款及透支	3345900	800767	729252
经营贷款及透支	2296780	544866	612200
固定资产贷款	24990	6153	-22839
并购贷款		-23000	23000
贸易融资	1024130	272748	116891
(3)非存款类金融机构贷款			
2.中长期贷款	14520071	803350	914423
(1)个人贷款	10372309	798964	215251
其中:个人消费贷款	7186163	124812	-108609
(2)单位贷款	4147762	4386	817972
经营贷款	1026511	126854	224559
固定资产贷款	2897996	-70332	550825
并购贷款	187038	-5145	10607
贸易融资	36217	-46991	31981
(3)非存款类金融机构贷款			-118800
3.票据融资	2808323	-210401	792845
4.融资租赁			
5.各项垫款	21861	21	13757
(二)境外贷款	1444	-118	-787
二、债券投资			
三、股权及其他投资			-317070
四、买入返售资产			
五、存放中央银行存款			
六、缴存中央银行财政性存款	1524	1134	-14177
七、银行业存款类金融机构往来	5776	345	1828
八、存放非存款类金融机构款项			
九、联行往来(净)	11905427	1608691	2500157
其中:境内存放二级准备金			
十、库存现金	70178	6392	-22262
十一、应收及预付款	54438	2457	1240
其中:应收利息	35721	-1209	-847
十二、投资性房地产			
十三、固定资产	55606	-5700	-6596
十四、其他资产	56786	-18368	-4697
十五、减:各项准备	302246	52737	39699
其中:贷款减值准备	299049	52645	41847
资金运用总计	32992570	2993647	4502696

⑬ 上海浦东发展银行武汉分行本外币信贷收支表

表 5-3-3-1-1-13　　　　2023 年 12 月 31 日　　　　单位:万元

栏目 来源项目名称	12 月余额	比年初增减数		栏目 运用项目名称	12 月余额	比年初增减数	
		2023 年	2022 年			2023 年	2022 年
一、各项存款	8112958	545640	676309	一、各项贷款	8293337	627533	-308772
(一)境内存款	8094200	532303	675365	(一)境内贷款	8291731	626888	-309354
1.个人存款	2248903	268740	557355	1.短期贷款	2701156	266610	338343
其中:活期储蓄存款	663944	-53090	137057	(1)个人贷款及透支	374492	50209	-44079
定期储蓄存款	857473	221620	301232	其中:个人消费贷款	265162	27869	-44884
结构性存款	288046	90912	-7626	(2)单位贷款及透支	2326664	216401	382422
2.单位存款	4980039	213798	-321923	经营贷款及透支	1578002	155871	-59414
其中:活期存款	1537508	42172	-518159	固定资产贷款	46440	-60	-6745
定期存款	413017	-244230	159685	并购贷款			
保证金存款	474774	223454	36397	贸易融资	702222	60590	448581
结构性存款	182938	-14123	87781	(3)非存款类金融机构贷款			
3.国库定期存款	40000	-14000	1000	2.中长期贷款	5480443	381154	38412
4.非存款类金融机构存款	825259	63765	438933	(1)个人贷款	1924966	28503	-168824
(二)境外存款	18758	13337	943	其中:个人消费贷款	1583929	108154	-98727
二、代理财政性存款	793	-603	1029	(2)单位贷款	3555477	352651	207236
三、金融债券				经营贷款	858972	-37782	-60826
其中:境外发行				固定资产贷款	2536754	363904	263937
四、卖出回购资产				并购贷款	9900	-1500	4125
五、向中央银行借款	69900	11061	-120	贸易融资	149851	28029	
六、银行业存款类金融机构往来	812110	727083	-22852	(3)非存款类金融机构贷款			
七、借款及非存款类金融机构拆入				3.票据融资	110132	-20874	-686109
八、联行往来(净)				4.融资租赁			
九、应付及暂收款	128543	23261	34082	5.各项垫款		-2	
其中:应付利息	109710	18139	35618	(二)境外贷款	1606	645	582
十、其他负债	34150	-4955	-2433	二、债券投资			
十一、所有者权益	90040	22052	-52744	三、股权及其他投资	234	-3	
其中:实收资本				四、买入返售资产			
				五、存放中央银行存款			
				六、缴存中央银行财政性存款	983	-311	-12317
				七、银行业存款类金融机构往来	1435	-448	-705
				八、存放非存款类金融机构款项			
				九、联行往来(净)	953692	657518	934718
				其中:境内存放二级准备金			
				十、库存现金	10764	1077	2930
				十一、应收及预付款	47924	5731	3220
				其中:应收利息	44892	6125	5670
				十二、投资性房地产			
				十三、固定资产	18029	42	-1252
				十四、其他资产	17723	-3177	-1878
				十五、减:各项准备	95627	-35577	-17326
				其中:贷款减值准备	93121	-35280	-17393
资金来源总计	9248495	1323539	633270	资金运用总计	9248495	1323539	633270

⑭ 中国民生银行武汉分行本外币信贷收支表

表 5-3-3-1-1-14　　2023 年 12 月 31 日　　单位:万元

栏目 来源项目名称	12 月余额	比年初增减数		栏目 运用项目名称	12 月余额	比年初增减数	
		2023 年	2022 年			2023 年	2022 年
一、各项存款	9144576	587149	785644	一、各项贷款	9406873	402442	166066
(一)境内存款	9135557	588920	785983	(一)境内贷款	9404320	402994	166438
1.个人存款	3137836	434237	534634	1.短期贷款	2272756	253362	173699
其中:活期储蓄存款	935227	6611	113401	(1)个人贷款及透支	1118894	73991	19214
定期储蓄存款	1306689	514411	318532	其中:个人消费贷款	54486	4103	1375
结构性存款	59910	4612	19957	(2)单位贷款及透支	1153862	179370	154484
2.单位存款	5812879	171578	244176	经营贷款及透支	874657	-21627	166941
其中:活期存款	1826333	-294243	-229413	固定资产贷款			
定期存款	997057	68274	185285	并购贷款			
保证金存款	383172	101638	-7161	贸易融资	279205	200997	-12456
结构性存款	57500	56350	-9650	(3)非存款类金融机构贷款			
3.国库定期存款	43000	-14000	18000	2.中长期贷款	5802209	54835	-183297
4.非存款类金融机构存款	141842	-2895	-10827	(1)个人贷款	1169448	-161973	-77601
(二)境外存款	9019	-1771	-339	其中:个人消费贷款	1042941	-153976	-55739
二、代理财政性存款	121	121	-88	(2)单位贷款	4586512	170558	-105696
三、金融债券				经营贷款	1298118	93154	133196
其中:境外发行				固定资产贷款	2675538	71007	-220942
四、卖出回购资产				并购贷款	176229	-15003	-13803
五、向中央银行借款	241541	15058	170259	贸易融资	436627	21401	-4147
六、银行业存款类金融机构往来	17374	-16217	-86617	(3)非存款类金融机构贷款	46250	46250	
七、借款及非存款类金融机构拆入				3.票据融资	1329355	94797	176036
八、联行往来(净)				4.融资租赁			
九、应付及暂收款	197203	54352	6059	5.各项垫款			
其中:应付利息	122662	45893	12935	(二)境外贷款	2553	-552	-372
十、其他负债	142460	-1503	171	二、债券投资			
十一、所有者权益	39205	-75971	22795	三、股权及其他投资			
其中:实收资本				四、买入返售资产			
				五、存放中央银行存款			
				六、缴存中央银行财政性存款	2433	-29595	31675
				七、银行业存款类金融机构往来	2821	152	1137
				八、存放非存款类金融机构款项			
				九、联行往来(净)	373430	215911	668222
				其中:境内存放二级准备金			
				十、库存现金	16337	2134	1478
				十一、应收及预付款	88646	16850	14954
				其中:应收利息	66392	22341	16737
				十二、投资性房地产			
				十三、固定资产	32598	-765	-375
				十四、其他资产	34777	-1443	3485
				十五、减:各项准备	175436	42696	-11581
				其中:贷款减值准备	172127	45929	-11197
资金来源总计	9782479	562990	898224	资金运用总计	9782479	562990	898224

⑮ 华夏银行武汉分行本外币信贷收支表

表 5-3-3-1-1-15　　　　2023 年 12 月 31 日　　　　单位:万元

栏目 来源项目名称	12 月余额	比年初增减数		栏目 运用项目名称	12 月余额	比年初增减数	
		2023 年	2022 年			2023 年	2022 年
一、各项存款	8061146	87233	308817	一、各项贷款	7148137	−295851	20900
(一)境内存款	8055117	94566	308210	(一)境内贷款	7146841	−295856	19955
1.个人存款	2571154	257403	413002	1.短期贷款	1394720	282160	−115261
其中:活期储蓄存款	783540	7545	59892	(1)个人贷款及透支	93702	−15054	10579
定期储蓄存款	746147	151077	320003	其中:个人消费贷款	37137	1105	20664
结构性存款	131910	−35527	−28528	(2)单位贷款及透支	1301017	297215	−125840
2.单位存款	4313891	19491	−484483	经营贷款及透支	1022333	130452	−88253
其中:活期存款	1653026	−67768	−462826	固定资产贷款		−755	755
定期存款	1132260	467015	141674	并购贷款			
保证金存款	114967	−348160	151535	贸易融资	278685	167517	−38343
结构性存款	11000	11000	−5000	(3)非存款类金融机构贷款			
3.国库定期存款	42000	−21000	16000	2.中长期贷款	5428872	−453162	−308559
4.非存款类金融机构存款	1128072	−161328	363690	(1)个人贷款	1064293	−123168	−113486
(二)境外存款	6029	−7333	607	其中:个人消费贷款	884085	−86799	−43533
二、代理财政性存款	5	−27	31	(2)单位贷款	4364579	−329994	−195073
三、金融债券				经营贷款	1945863	79708	−73937
其中:境外发行				固定资产贷款	2240392	−392528	−86531
四、卖出回购资产				并购贷款	93100	−1000	−700
五、向中央银行借款				贸易融资	85224	−16174	−33904
六、银行业存款类金融机构往来	50095	49905	27	(3)非存款类金融机构贷款			
七、借款及非存款类金融机构拆入				3.票据融资	302317	−130789	432775
八、联行往来(净)	61401	−172049	223231	4.融资租赁			
九、应付及暂收款	298278	67172	61630	5.各项垫款	20932	5935	11000
其中:应付利息	178542	70321	43630	(二)境外贷款	1296	5	946
十、其他负债	65759	−8337	15374	二、债券投资	1223263	341001	305891
十一、所有者权益	−135950	53388	−328812	三、股权及其他投资	1510	−214	97
其中:实收资本				四、买入返售资产			
				五、存放中央银行存款			
				六、缴存中央银行财政性存款	72	−220	−2280
				七、银行业存款类金融机构往来	1605	−852	493
				八、存放非存款类金融机构款项			
				九、联行往来(净)			
				其中:境内存放二级准备金	531320	8929	35359
				十、库存现金	12441	2539	−1164
				十一、应收及预付款	160458	−14894	13703
				其中:应收利息	47685	−13031	−13483
				十二、投资性房地产			
				十三、固定资产	47508	2817	35780
				十四、其他资产	22998	−1904	4998
				十五、减:各项准备	217258	−44863	98120
				其中:贷款减值准备	211691	−45777	97818
资金来源总计	8400734	77285	280299	资金运用总计	8400734	77285	280299

⑯ 平安银行武汉分行本外币信贷收支表

表 5-3-3-1-1-16　　　　2023 年 12 月 31 日　　　　单位:万元

栏目 来源项目名称	12 月余额	比年初增减数		栏目 运用项目名称	12 月余额	比年初增减数	
		2023 年	2022 年			2023 年	2022 年
一、各项存款	6457881	1635618	-718047	一、各项贷款	9827120	260217	1159762
(一)境内存款	6427626	1618832	493673	(一)境内贷款	9826909	260278	1159560
1.个人存款	3564246	1026065	805600	1.短期贷款	666357	-104764	-287824
其中:活期储蓄存款	721980	23935	134049	(1)个人贷款及透支	146680	-147491	-7036
定期储蓄存款	851788	411050	254658	其中:个人消费贷款	38504	-72441	-32134
结构性存款	504027	342762	73012	(2)单位贷款及透支	519677	42727	-280788
2.单位存款	2766813	554819	-225964	经营贷款及透支	376484	91433	-24955
其中:活期存款	705266	-99403	-65384	固定资产贷款			-11590
定期存款	631136	276554	78032	并购贷款			
保证金存款	504766	90532	-99712	贸易融资	143194	-48706	-244244
结构性存款	93840	-59160	-123600	(3)非存款类金融机构贷款			
3.国库定期存款	95000	37000	19000	2.中长期贷款	8958029	283244	1444766
4.非存款类金融机构存款	1567	947	-104962	(1)个人贷款	5360045	-112644	1031617
(二)境外存款	30255	16786	-1211720	其中:个人消费贷款	2170209	-490933	-59489
二、代理财政性存款	6498	-213	-4306	(2)单位贷款	3597984	395888	413150
三、金融债券				经营贷款	856938	-36431	-261705
其中:境外发行				固定资产贷款	2331754	442403	396260
四、卖出回购资产				并购贷款	409291	-10084	278595
五、向中央银行借款				贸易融资			
六、银行业存款类金融机构往来		-90000	90000	(3)非存款类金融机构贷款			
七、借款及非存款类金融机构拆入				3.票据融资	202282	81798	2377
八、联行往来(净)	3221222	-1109780	2057193	4.融资租赁			
九、应付及暂收款	123528	-55226	-290031	5.各项垫款	241		241
其中:应付利息	84589	29156	10559	(二)境外贷款	211	-61	202
十、其他负债	77334	3862	75	二、债券投资			
十一、所有者权益	-27650	-104286	-29526	三、股权及其他投资			
其中:实收资本				四、买入返售资产			
				五、存放中央银行存款			
				六、缴存中央银行财政性存款	902	-5821	-1830
				七、银行业存款类金融机构往来	1736	-14086	4717
				八、存放非存款类金融机构款项			
				九、联行往来(净)			
				其中:境内存放二级准备金			
				十、库存现金	7919	-2328	-2971
				十一、应收及预付款	32413	-3615	1046
				其中:应收利息	26605	-1785	2004
				十二、投资性房地产			
				十三、固定资产	155184	78678	-3136
				十四、其他资产	82939	-4239	18237
				十五、减:各项准备	249400	28830	70467
				其中:贷款减值准备	248480	28289	70426
资金来源总计	**9858813**	**279976**	**1105359**	**资金运用总计**	**9858813**	**279976**	**1105359**

注:本表数据为合并口径。

⑰ 兴业银行武汉分行本外币信贷收支表

表 5-3-3-1-1-17　　　　2023 年 12 月 31 日　　　　单位：万元

栏目 来源项目名称	12 月余额	比年初增减数	
		2023 年	2022 年
一、各项存款	14198569	1162086	-1367935
(一)境内存款	14189247	1159416	-1365622
1.个人存款	3789127	888589	830892
其中：活期储蓄存款	1053972	-8511	126492
定期储蓄存款	1722387	859003	492640
结构性存款	87408	5827	40608
2.单位存款	8441702	61861	-703461
其中：活期存款	2667772	-204301	-942112
定期存款	364327	13679	41760
保证金存款	805909	85427	-3450
结构性存款	336430	-151657	52625
3.国库定期存款	78000	-11000	32000
4.非存款类金融机构存款	1880418	219966	-1525052
(二)境外存款	9322	2669	-2313
二、代理财政性存款	917	883	32
三、金融债券			
其中：境外发行			
四、卖出回购资产			
五、向中央银行借款			-104552
六、银行业存款类金融机构往来	671156	49662	218789
七、借款及非存款类金融机构拆入			
八、联行往来(净)			
九、应付及暂收款	199015	67304	8304
其中：应付利息	153161	77611	16991
十、其他负债	65763	1674	-47131
十一、所有者权益	78104	-111734	-117741
其中：实收资本			
资金来源总计	15213523	1169875	-1410234

栏目 运用项目名称	12 月余额	比年初增减数	
		2023 年	2022 年
一、各项贷款	13498140	1253478	230064
(一)境内贷款	13445739	1203856	228615
1.短期贷款	2148520	59875	190866
(1)个人贷款及透支	134201	41203	72559
其中：个人消费贷款	56519	30286	24888
(2)单位贷款及透支	2014319	18672	118308
经营贷款及透支	1940077	63417	96716
固定资产贷款	31579	-12891	-34720
并购贷款			
贸易融资	42662	-31854	56312
(3)非存款类金融机构贷款			
2.中长期贷款	11096257	1545346	805200
(1)个人贷款	3474664	-16994	132316
其中：个人消费贷款	2878897	-94061	-43247
(2)单位贷款	7621593	1562340	672884
经营贷款	702595	47002	88582
固定资产贷款	5836423	879555	418066
并购贷款	1077114	632459	166313
贸易融资	5461	3324	-77
(3)非存款类金融机构贷款			
3.票据融资	200963	-398505	-761013
4.融资租赁			
5.各项垫款		-2861	-6439
(二)境外贷款	52401	49622	1449
二、债券投资	44	-39	-93
三、股权及其他投资	2265	-166	2431
四、买入返售资产	0		
五、存放中央银行存款	0		
六、缴存中央银行财政性存款	33401	33393	-40
七、银行业存款类金融机构往来	11839	7918	506
八、存放非存款类金融机构款项			
九、联行往来(净)	1854971	6626	-1558736
其中：境内存放二级准备金			
十、库存现金	9396	-2197	846
十一、应收及预付款	31681	3884	-2288
其中：应收利息	26575	2447	-1685
十二、投资性房地产			
十三、固定资产	21874	-3266	955
十四、其他资产	38592	5150	-33361
十五、减：各项准备	288680	134905	50517
其中：贷款减值准备	286580	134627	51103
资金运用总计	15213523	1169875	-1410234

⑱ 广发银行武汉分行本外币信贷收支表

表 5-3-3-1-1-18　　　　2023 年 12 月 31 日　　　　单位:万元

来源项目名称 \ 栏目	12 月余额	比年初增减数		运用项目名称 \ 栏目	12 月余额	比年初增减数	
		2023 年	2022 年			2023 年	2022 年
一、各项存款	3595878	275024	-530092	一、各项贷款	3541264	153044	320804
(一)境内存款	3589574	275019	-530165	(一)境内贷款	3541264	153051	320805
1.个人存款	1028657	79053	129851	1.短期贷款	805369	118620	138524
其中:活期储蓄存款	207027	-46457	77380	(1)个人贷款及透支	73439	-527	22751
定期储蓄存款	448523	211536	92090	其中:个人消费贷款	32302	-10090	13611
结构性存款	80958	-44024	-107250	(2)单位贷款及透支	731930	119147	115773
2.单位存款	2424854	221622	-658448	经营贷款及透支	600934	160134	32459
其中:活期存款	1087346	8038	155366	固定资产贷款			-1725
定期存款	155822	-190991	-725655	并购贷款			
保证金存款	75524	9569	-16327	贸易融资	130996	-40987	85039
结构性存款	66640	22020	22285	(3)非存款类金融机构贷款			
3.国库定期存款	37000	-16000	9000	2.中长期贷款	2677196	133020	133673
4.非存款类金融机构存款	99063	-9656	-10568	(1)个人贷款	705745	-24411	13256
(二)境外存款	6304	5	73	其中:个人消费贷款	581679	-22637	8053
二、代理财政性存款			-1	(2)单位贷款	1971451	157431	120417
三、金融债券				经营贷款	1654749	246774	61675
其中:境外发行				固定资产贷款	313863	-92183	58742
四、卖出回购资产				并购贷款			
五、向中央银行借款	6000	-15238	8000	贸易融资	2840	2840	
六、银行业存款类金融机构往来	89	3	-69	(3)非存款类金融机构贷款			
七、借款及非存款类金融机构拆入				3.票据融资	58699	-98589	48609
八、联行往来(净)				4.融资租赁			
九、应付及暂收款	44103	8975	8432	5.各项垫款			
其中:应付利息	35168	7095	10044	(二)境外贷款		-7	-1
十、其他负债	24841	-9851	-3119	二、债券投资	46	-23	-69
十一、所有者权益	-5270	-19203	23706	三、股权及其他投资			
其中:实收资本				四、买入返售资产			
				五、存放中央银行存款			
				六、缴存中央银行财政性存款	0	0	
				七、银行业存款类金融机构往来	3098	-10	-636
				八、存放非存款类金融机构款项			
				九、联行往来(净)	118986	86262	-807393
				其中:境内存放二级准备金			
				十、库存现金	3450	-1524	-104
				十一、应收及预付款	5461	-118	392
				其中:应收利息	4563	-235	369
				十二、投资性房地产			
				十三、固定资产	20023	-890	-918
				十四、其他资产	24600	-1152	-2370
				十五、减:各项准备	51288	-4120	2848
				其中:贷款减值准备	45522	-4529	2416
资金来源总计	3665641	239710	-493142	资金运用总计	3665641	239710	-493142

⑲ 渤海银行武汉分行本外币信贷收支表

表 5-3-3-1-1-19　　　　2023 年 12 月 31 日　　　　单位:万元

栏目 来源项目名称	12 月余额	比年初增减数		栏目 运用项目名称	12 月余额	比年初增减数	
		2023 年	2022 年			2023 年	2022 年
一、各项存款	2927972	199494	48625	一、各项贷款	3827722	-157234	-226218
(一)境内存款	2924798	198163	47164	(一)境内贷款	3827502	-157055	-226108
1.个人存款	692624	232953	122456	1.短期贷款	1022574	162942	2187
其中:活期储蓄存款	121287	33221	-21165	(1)个人贷款及透支	8201	-563	-2667
定期储蓄存款	379598	159930	103052	其中:个人消费贷款	3726	1922	1211
结构性存款	23517	-11625	507	(2)单位贷款及透支	1014374	163505	4854
2.单位存款	2203411	-12185	-81940	经营贷款及透支	531150	4135	224394
其中:活期存款	377802	-352983	65564	固定资产贷款			
定期存款	358264	61411	179043	并购贷款			
保证金存款	926851	383489	-65336	贸易融资	483224	159370	-219540
结构性存款	186000	-139000	-295000	(3)非存款类金融机构贷款			
3.国库定期存款	25000	-25000	11000	2.中长期贷款	2793243	-139832	-337543
4.非存款类金融机构存款	3763	2396	-4353	(1)个人贷款	1068825	-266264	-163428
(二)境外存款	3175	1331	1461	其中:个人消费贷款	937596	-244974	-192264
二、代理财政性存款		0	0	(2)单位贷款	1724418	126432	-174115
三、金融债券				经营贷款	599733	-9188	-313011
其中:境外发行				固定资产贷款	710810	-111755	62395
四、卖出回购资产				并购贷款	367000	200500	76500
五、向中央银行借款				贸易融资	46875	46875	
六、银行业存款类金融机构往来	141654	131654	10000	(3)非存款类金融机构贷款			
七、借款及非存款类金融机构拆入	70827	-148558	-99400	3.票据融资	11685	-180165	109248
八、联行往来(净)	596287	-330818	-154407	4.融资租赁			
九、应付及暂收款	77529	16402	-19777	5.各项垫款			
其中:应付利息	68705	20370	4126	(二)境外贷款	219	-179	-110
十、其他负债	52338	-4981	11237	二、债券投资			
十一、所有者权益	39753	-9615	-237	三、股权及其他投资			
其中:实收资本				四、买入返售资产			
				五、存放中央银行存款			
				六、缴存中央银行财政性存款	51	-868	919
				七、银行业存款类金融机构往来	2931	250	-399
				八、存放非存款类金融机构款项			
				九、联行往来(净)			
				其中:境内存放二级准备金			
				十、库存现金	999	281	105
				十一、应收及预付款	38619	14191	-1536
				其中:应收利息	37825	14390	-1927
				十二、投资性房地产			
				十三、固定资产	21490	285	20239
				十四、其他资产	14549	-3327	2930
				十五、减:各项准备			
				其中:贷款损失准备			
资金来源总计	3906360	-146423	-203960	**资金运用总计**	3906360	-146423	-203960

注:本表数据为合并口径。

⑳ 浙商银行武汉分行本外币信贷收支表

表 5-3-3-1-1-20　　　　2023 年 12 月 31 日　　　　单位:万元

来源项目名称 \ 栏目	12 月余额	比年初增减数		运用项目名称 \ 栏目	12 月余额	比年初增减数	
		2023 年	2022 年			2023 年	2022 年
一、各项存款	3417873	413762	179693	一、各项贷款	3072192	304920	570814
(一)境内存款	3403279	404306	175256	(一)境内贷款	2983039	320030	466551
1.个人存款	346588	62637	118272	1.短期贷款	817397	136400	142621
其中:活期储蓄存款	65050	-21249	25937	(1)个人贷款及透支	30426	-10262	409
定期储蓄存款	169946	79032	37038	其中:个人消费贷款	3682	-4647	-1412
结构性存款	1400	59	1341	(2)单位贷款及透支	786971	146662	142212
2.单位存款	3002091	339581	36976	经营贷款及透支	437137	59959	177456
其中:活期存款	796834	-62848	-473966	固定资产贷款		-3000	-21290
定期存款	1099052	363921	445871	并购贷款			
保证金存款	95349	-12930	-14414	贸易融资	349834	89703	-13954
结构性存款	24000	-27100	51100	(3)非存款类金融机构贷款			
3.国库定期存款	46000	-5000	20000	2.中长期贷款	2029614	102487	270037
4.非存款类金融机构存款	8600	7088	7	(1)个人贷款	588387	91878	38231
(二)境外存款	14594	9456	4437	其中:个人消费贷款	414823	126248	53988
二、代理财政性存款		-1	1	(2)单位贷款	1441228	10609	231805
三、金融债券				经营贷款	327997	160113	60409
其中:境外发行				固定资产贷款	1059030	-180641	158067
四、卖出回购资产				并购贷款	41050	41050	
五、向中央银行借款	82980	64602	17393	贸易融资	13151	-9913	13329
六、银行业存款类金融机构往来		-66	0	(3)非存款类金融机构贷款			
七、借款及非存款类金融机构拆入				3.票据融资	136028	86143	48894
八、联行往来(净)				4.融资租赁			
九、应付及暂收款	33972	11753	-15667	5.各项垫款		-5000	5000
其中:应付利息	12344	7120	3102	(二)境外贷款	89153	-15110	104262
十、其他负债	21025	-1147	354	二、债券投资			
十一、所有者权益	-5789	-50751	-13154	三、股权及其他投资			
其中:实收资本				四、买入返售资产			
				五、存放中央银行存款			
				六、缴存中央银行财政性存款			
				七、银行业存款类金融机构往来	1394	1122	80
				八、存放非存款类金融机构款项			
				九、联行往来(净)	388717	116365	-426008
				其中:境内存放二级准备金			
				十、库存现金	1202	232	446
				十一、应收及预付款	30902	-22176	21397
				其中:应收利息	26816	7740	12720
				十二、投资性房地产			
				十三、固定资产	44975	37720	907
				十四、其他资产	10680	-31	983
				十五、减:各项准备			
				其中:贷款减值准备			
资金来源总计	3550062	438153	168620	资金运用总计	3550062	438153	168620

㉑ 恒丰银行武汉分行本外币信贷收支表

表 5-3-3-1-1-21　　　　2023 年 12 月 31 日　　　　单位:万元

栏目 来源项目名称	12 月余额	比年初增减数		栏目 运用项目名称	12 月余额	比年初增减数	
		2023 年	2022 年			2023 年	2022 年
一、各项存款	1742809	221998	108511	一、各项贷款	2002345	458855	119499
(一)境内存款	1742752	221985	108491	(一)境内贷款	2002345	458855	119499
1.个人存款	138580	11610	49991	1.短期贷款	211726	-26424	-37810
其中:活期储蓄存款	45487	-22510	37023	(1)个人贷款及透支	2328	-589	-3974
定期储蓄存款	57134	16751	4665	其中:个人消费贷款	230	-748	-694
结构性存款				(2)单位贷款及透支	209398	-25836	-33837
2.单位存款	1372084	406241	32032	经营贷款及透支	194564	-29369	-41697
其中:活期存款	375660	-110186	22334	固定资产贷款			
定期存款	25400	13200	-23810	并购贷款			
保证金存款	547619	475652	50181	贸易融资	14834	3534	7860
结构性存款				(3)非存款类金融机构贷款			
3.国库定期存款	43000	7000	13000	2.中长期贷款	1790619	493570	382235
4.非存款类金融机构存款	189088	-202865	13468	(1)个人贷款	313868	94945	134452
(二)境外存款	57	12	21	其中:个人消费贷款	234793	89633	102194
二、代理财政性存款				(2)单位贷款	1476751	398625	247782
三、金融债券				经营贷款	484673	124532	47407
其中:境外发行				固定资产贷款	961467	343874	187383
四、卖出回购资产				并购贷款	12593	-87800	12993
五、向中央银行借款				贸易融资	18019	18019	
六、银行业存款类金融机构往来	65965	65964	-34531	(3)非存款类金融机构贷款			
七、借款及非存款类金融机构拆入				3.票据融资		-8290	-224926
八、联行往来(净)	124191	124191	0	4.融资租赁			
九、应付及暂收款	13330	5169	-1212	5.各项垫款			
其中:应付利息	7616	4499	-1322	(二)境外贷款			
十、其他负债	17208	-3897	779	二、债券投资			
十一、所有者权益	15668	15624	-5060	三、股权及其他投资			
其中:实收资本				四、买入返售资产			
				五、存放中央银行存款			
				六、缴存中央银行财政性存款		-11	11
				七、银行业存款类金融机构往来	2661	2277	-384
				八、存放非存款类金融机构款项			
				九、联行往来(净)		-19530	-39567
				其中:境内存放二级准备金	215530		
				十、库存现金	451	-302	528
				十一、应收及预付款	4634	2043	-486
				其中:应收利息	3364	1267	-78
				十二、投资性房地产			
				十三、固定资产	677	-18	368
				十四、其他资产	8844	-2117	2252
				十五、减:各项准备	40442	12148	13733
				其中:贷款减值准备	40371	12085	13739
资金来源总计	1979171	429049	68488	资金运用总计	1979171	429049	68488

㉒汉口银行本外币信贷收支表

表 5-3-3-1-1-22　　2023 年 12 月 31 日　　单位:万元

来源项目名称	12 月余额	比年初增减数 2023 年	比年初增减数 2022 年	运用项目名称	12 月余额	比年初增减数 2023 年	比年初增减数 2022 年
一、各项存款	38748934	2624576	3627339	一、各项贷款	31275238	2756113	3624542
(一)境内存款	38728640	2621949	3625213	(一)境内贷款	31272073	2755017	3624758
1.个人存款	20542506	3825773	3600011	1.短期贷款	8098844	285236	1050604
其中:活期储蓄存款	3374965	9613	473167	(1)个人贷款及透支	2987042	266020	902624
定期储蓄存款	13282353	3310722	2750289	其中:个人消费贷款	2458817	320415	609352
结构性存款				(2)单位贷款及透支	4411802	519216	147979
2.单位存款	13305755	-1477266	-124148	经营贷款及透支	3102629	-4827	-75287
其中:活期存款	5914768	280878	-1154186	固定资产贷款	3232	371	-5049
定期存款	2981071	-484665	1528130	并购贷款			
保证金存款	1127082	-654184	475796	贸易融资	1305940	523671	228315
结构性存款				(3)非存款类金融机构贷款	700000	-500000	
3.国库定期存款	208000	59000	56000	2.中长期贷款	18093993	2019636	2002896
4.非存款类金融机构存款	4672379	214442	93350	(1)个人贷款	7391278	447024	1099728
(二)境外存款	20294	2627	2126	其中:个人消费贷款	5997651	319421	691599
二、代理财政性存款	1275	-856	-397	(2)单位贷款	10702714	1572612	903168
三、金融债券	1399945	399990	100060	经营贷款	4057869	897568	286530
其中:境外发行				固定资产贷款	5884339	469024	697820
四、卖出回购资产	2572345	644951	-779073	并购贷款	230423	6384	-45491
五、向中央银行借款	3263144	-145999	939670	贸易融资	530084	199636	-35691
六、银行业存款类金融机构往来	1917548	-867157	-371335	(3)非存款类金融机构贷款			
七、借款及非存款类金融机构拆入			-454	3.票据融资	5076922	448326	572997
八、联行往来(净)				4.融资租赁			
九、应付及暂收款	1082296	202320	92357	5.各项垫款	2314	1820	-1739
其中:应付利息	902146	219275	45809	(二)境外贷款	3165	1096	-216
十、其他负债	52059	-7696	-4934	二、债券投资	14709197	677388	990008
十一、所有者权益	3347044	139507	144462	三、股权及其他投资	2993375	-246490	-374316
其中:实收资本	482785		57	四、买入返售资产	103403	-571480	169522
				五、存放中央银行存款	2599857	-36598	-560672
				六、缴存中央银行财政性存款	24421	6686	9536
				七、银行业存款类金融机构往来	296260	35606	7536
				八、存放非存款类金融机构款项	39376	-5229	20696
				九、联行往来(净)	382454	452134	-155920
				其中:境内存放二级准备金			
				十、库存现金	65314	-30673	11312
				十一、应收及预付款	344779	3905	24061
				其中:应收利息	231889	1923	-3227
				十二、投资性房地产			
				十三、固定资产	136811	-6567	-4562
				十四、其他资产	759971	111969	111182
				十五、减:各项准备	1345865	157133	125231
				其中:贷款减值准备	1131079	122722	94672
资金来源总计	52384590	2989634	3747694	资金运用总计	52384590	2989634	3747694

㉓ 湖北银行本外币信贷收支表

表 5-3-3-1-1-23　　2023 年 12 月 31 日　　单位:万元

来源项目名称 \ 栏目	12 月余额	比年初增减数		运用项目名称 \ 栏目	12 月余额	比年初增减数	
		2023 年	2022 年			2023 年	2022 年
一、各项存款	37542886	4971281	4945702	一、各项贷款	28366594	5001280	4131663
(一)境内存款	37542886	4971281	4945702	(一)境内贷款	28366594	5006852	4126091
1.个人存款	19214474	3649322	3320633	1.短期贷款	7743776	1277153	910691
其中:活期储蓄存款	3391157	147642	735534	(1)个人贷款及透支	1512842	143869	212095
定期储蓄存款	13012340	2893299	2440526	其中:个人消费贷款	249121	66966	92121
结构性存款				(2)单位贷款及透支	3850934	473284	198596
2.单位存款	14253581	457862	1509620	经营贷款及透支	3655069	445262	330528
其中:活期存款	8282375	-20451	825564	固定资产贷款	135383	-7467	-116284
定期存款	3027169	587629	262971	并购贷款			
保证金存款	1440764	251514	154908	贸易融资	60482	35489	-15648
结构性存款				(3)非存款类金融机构贷款	2380000	660000	500000
3.国库定期存款	7190	-198894	83469	2.中长期贷款	16595495	2902675	2448511
4.非存款类金融机构存款	4067641	1062990	31980	(1)个人贷款	3761310	520149	110522
(二)境外存款				其中:个人消费贷款	2949811	320810	102067
二、代理财政性存款	500	381	-343332	(2)单位贷款	12834185	2382527	2337990
三、金融债券	449983	15	-20	经营贷款	3474669	634259	772561
其中:境外发行				固定资产贷款	9304532	1700624	1677269
四、卖出回购资产	547090	-592570	981960	并购贷款			
五、向中央银行借款	758264	334724	-301567	贸易融资	54984	47644	-111840
六、银行业存款类金融机构往来	2169255	333026	-382542	(3)非存款类金融机构贷款			
七、借款及非存款类金融机构拆入				3.票据融资	3921440	772615	749889
八、联行往来(净)	3558	-15682	6300	4.融资租赁			
九、应付及暂收款	1046283	278266	124584	5.各项垫款	105884	54409	16999
其中:应付利息	894475	283300	100439	(二)境外贷款		-5572	5572
十、其他负债	91762	-18812	38690	二、债券投资	10838690	1742468	1067018
十一、所有者权益	3416941	473254	144975	三、股权及其他投资	4225149	-162399	432124
其中:实收资本	761165			四、买入返售资产	363436	-179914	-124706
				五、存放中央银行存款	2058266	-103137	254960
				六、缴存中央银行财政性存款	44888	38143	-2461
				七、银行业存款类金融机构往来	608266	-380067	-498137
				八、存放非存款类金融机构款项	772	-601	1373
				九、联行往来(净)			
				其中:境内存放二级准备金			
				十、库存现金	39432	-719	-2220
				十一、应收及预付款	339239	38815	22027
				其中:应收利息	311741	44471	21625
				十二、投资性房地产			
				十三、固定资产	121052	-11520	-7889
				十四、其他资产	511462	32889	79700
				十五、减:各项准备	1490725	251356	138701
				其中:贷款减值准备	1091310	211457	98739
资金来源总计	46026522	5763882	5214751	资金运用总计	46026522	5763882	5214751

注:本表数据为合并口径。

㉔ 武汉众邦银行本外币信贷收支表

表 5-3-3-1-1-24　　　　2023 年 12 月 31 日　　　　单位:万元

来源项目名称 \ 栏目	12 月余额	比年初增减数		运用项目名称 \ 栏目	12 月余额	比年初增减数	
		2023 年	2022 年			2023 年	2022 年
一、各项存款	8392061	1221711	1535164	一、各项贷款	4744374	247640	197542
(一)境内存款	8392061	1221711	1535164	(一)境内贷款	4744374	247640	197542
1.个人存款	5890968	1214649	619743	1.短期贷款	2595163	-425026	-537148
其中:活期储蓄存款	230142	114352	33592	(1)个人贷款及透支	1412179	-184183	15180
定期储蓄存款	3579220	663758	-1056907	其中:个人消费贷款	1112484	-2825	116798
结构性存款				(2)单位贷款及透支	1182984	-200843	-412329
2.单位存款	2451991	1153	1034349	经营贷款及透支	1098655	-239082	-398569
其中:活期存款	605157	-63184	-286439	固定资产贷款			
定期存款	1691355	34637	1376387	并购贷款			
保证金存款	149803	27609	16522	贸易融资	84329	38239	-13759
结构性存款				(3)非存款类金融机构贷款		-40000	-140000
3.国库定期存款				2.中长期贷款	1600200	766867	376291
4.非存款类金融机构存款	49101	5908	-118928	(1)个人贷款	292203	-102716	109224
(二)境外存款	0	0	0	其中:个人消费贷款	173654	-49895	184703
二、代理财政性存款				(2)单位贷款	1307997	869582	267067
三、金融债券				经营贷款	1151597	852982	167267
其中:境外发行				固定资产贷款	156400	16600	99800
四、卖出回购资产	876217	-35522	454913	并购贷款			
五、向中央银行借款	55797	-205236	-79938	贸易融资			
六、银行业存款类金融机构往来	1237836	-382655	22249	(3)非存款类金融机构贷款			
七、借款及非存款类金融机构拆入				3.票据融资	540545	-95707	351441
八、联行往来(净)	22180	-756	29695	4.融资租赁			
九、应付及暂收款	311291	72331	37919	5.各项垫款	8465	1507	6959
其中:应付利息	187083	34240	18896	(二)境外贷款			
十、其他负债	11300	-29484	29552	二、债券投资	571046	217789	-170335
十一、所有者权益	542720	36734	34730	三、股权及其他投资	3456023	123823	1290285
其中:实收资本	400000			四、买入返售资产			-29991
				五、存放中央银行存款	1900786	372912	474509
				六、缴存中央银行财政性存款			
				七、银行业存款类金融机构往来	589026	-325275	266028
				八、存放非存款类金融机构款项	877	860	17
				九、联行往来(净)			
				其中:境内存放二级准备金			
				十、库存现金	99	-20	15
				十一、应收及预付款	267549	152959	45795
				其中:应收利息	109303	38498	44412
				十二、投资性房地产			
				十三、固定资产	64712	-91634	-718
				十四、其他资产	58337	24298	4921
				十五、减:各项准备	203428	46229	13785
				其中:贷款损失准备	188633	37098	13702
资金来源总计	**11449401**	**677123**	**2064284**	**资金运用总计**	**11449401**	**677123**	**2064284**

㉕ 东亚银行(中国)有限公司武汉分行本外币信贷收支表

表 5-3-3-1-1-25　　2023 年 12 月 31 日　　单位:万元

来源项目名称 \ 栏目	12 月余额	比年初增减数		运用项目名称 \ 栏目	12 月余额	比年初增减数	
		2023 年	2022 年			2023 年	2022 年
一、各项存款	126051	39006	-847	一、各项贷款	250022	60487	-8075
(一)境内存款	125340	40280	-1960	(一)境内贷款	249128	60661	-7790
1.个人存款	8009	4038	197	1.短期贷款	89603	56975	-2351
其中:活期储蓄存款	1814	-379	-403	(1)个人贷款及透支			
定期储蓄存款	4479	2724	600	其中:个人消费贷款			
结构性存款				(2)单位贷款及透支	89603	56975	-2351
2.单位存款	104249	24163	21759	经营贷款及透支	79962	62469	-10554
其中:活期存款	20654	-1984	-9663	固定资产贷款		-13306	13306
定期存款	2467	-1453	259	并购贷款			
保证金存款	48004	40815	6558	贸易融资	9641	7811	-5103
结构性存款	800	-30250	31050	(3)非存款类金融机构贷款			
3.国库定期存款				2.中长期贷款	159525	3686	-5439
4.非存款类金融机构存款	13083	12079	-23916	(1)个人贷款	19800	-6107	-3497
(二)境外存款	710	-1273	1113	其中:个人消费贷款	17277	-5207	-2541
二、代理财政性存款				(2)单位贷款	139725	9794	-1942
三、金融债券				经营贷款			
其中:境外发行				固定资产贷款	139725	9794	-1942
四、卖出回购资产				并购贷款			
五、向中央银行借款				贸易融资			
六、银行业存款类金融机构往来				(3)非存款类金融机构贷款			
七、借款及非存款类金融机构拆入				3.票据融资			
八、联行往来(净)	61781	19479	-8957	4.融资租赁			
九、应付及暂收款	950	298	293	5.各项垫款			
其中:应付利息	353	168	102	(二)境外贷款	895	-174	-285
十、其他负债	11081	192	676	二、债券投资			
十一、所有者权益	55834	2667	2163	三、股权及其他投资			
其中:实收资本				四、买入返售资产			
				五、存放中央银行存款	274	230	0
				六、缴存中央银行财政性存款			
				七、银行业存款类金融机构往来	929	126	187
				八、存放非存款类金融机构款项	1169	364	296
				九、联行往来(净)			
				其中:境内存放二级准备金			
				十、库存现金	119	13	-74
				十一、应收及预付款	1349	35	287
				其中:应收利息	1295	319	25
				十二、投资性房地产			
				十三、固定资产	106	35	-29
				十四、其他资产	2680	208	204
				十五、减:各项准备	952	-143	-531
				其中:贷款减值准备	948	-141	-531
资金来源总计	**255696**	**61642**	**-6672**	**资金运用总计**	**255696**	**61642**	**-6672**

㉖ 汇丰银行(中国)有限公司武汉分行本外币信贷收支表

表 5-3-3-1-1-26　　　　2023 年 12 月 31 日　　　　单位:万元

来源项目名称	12 月余额	比年初增减数		运用项目名称	12 月余额	比年初增减数	
		2023 年	2022 年			2023 年	2022 年
一、各项存款	332766	-51016	37364	一、各项贷款	474742	-123382	4906
(一)境内存款	325377	-41960	26081	(一)境内贷款	473827	-115900	2268
1.个人存款	216604	64524	24339	1.短期贷款	165486	9523	25999
其中:活期储蓄存款	78305	6734	1759	(1)个人贷款及透支			
定期储蓄存款	75438	47395	11929	其中:个人消费贷款			
结构性存款	28308	10793	-109	(2)单位贷款及透支	165486	9523	25999
2.单位存款	108773	-106484	1742	经营贷款及透支	111399	14158	31599
其中:活期存款	57222	9276	-30420	固定资产贷款			
定期存款	0	-500	500	并购贷款			
保证金存款	26372	731	-1958	贸易融资	54087	-4635	-5600
结构性存款		-1393	-6895	(3)非存款类金融机构贷款			
3.国库定期存款				2.中长期贷款	308041	-124199	-23696
4.非存款类金融机构存款				(1)个人贷款	98768	-32429	-24656
(二)境外存款	7389	-9056	11283	其中:个人消费贷款	98768	-32429	-24656
二、代理财政性存款			-71	(2)单位贷款	209273	-91770	960
三、金融债券				经营贷款	32000	7050	13550
其中:境外发行				固定资产贷款	177273	-98696	-12500
四、卖出回购资产				并购贷款			
五、向中央银行借款				贸易融资		-124	-90
六、银行业存款类金融机构往来	8959	-1656	-8088	(3)非存款类金融机构贷款			
七、借款及非存款类金融机构拆入			-5402	3.票据融资	300	-1224	-35
八、联行往来(净)	21238	-85238	-34943	4.融资租赁			
九、应付及暂收款	4583	1134	153	5.各项垫款			
其中:应付利息	2853	1257	338	(二)境外贷款	914	-7482	2638
十、其他负债	675038	11285	48823	二、债券投资			
十一、所有者权益	100733	13551	14577	三、股权及其他投资			
其中:实收资本				四、买入返售资产			
				五、存放中央银行存款	4096	-6	-3013
				六、缴存中央银行财政性存款	47	20	27
				七、银行业存款类金融机构往来	1072	52	-34
				八、存放非存款类金融机构款项			
				九、联行往来(净)			
				其中:境内存放二级准备金			
				十、库存现金	555	-71	41
				十一、应收及预付款	1560	-1777	-53
				其中:应收利息	1461	-1687	-26
				十二、投资性房地产			
				十三、固定资产	84	-45	20
				十四、其他资产	664861	11567	54224
				十五、减:各项准备	3699	-1704	3705
				其中:贷款损失准备	3698	-1705	3705
资金来源总计	1143316	-111939	52414	资金运用总计	1143316	-111939	52414

㉗ 渣打银行(中国)有限公司武汉分行本外币信贷收支表

表 5-3-3-1-1-27　　2023 年 12 月 31 日　　单位:万元

来源项目名称 \ 栏目	12 月余额	比年初增减数 2023 年	比年初增减数 2022 年	运用项目名称 \ 栏目	12 月余额	比年初增减数 2023 年	比年初增减数 2022 年
一、各项存款	92641	24699	-6018	一、各项贷款	279320	-40270	20350
(一)境内存款	91860	26443	-6583	(一)境内贷款	279320	-40270	22140
1.个人存款	414	30	-531	1.短期贷款	235364	71520	39336
其中:活期储蓄存款	151	-62	-522	(1)个人贷款及透支			
定期储蓄存款	213	87	-24	其中:个人消费贷款			
结构性存款				(2)单位贷款及透支	235364	71520	39336
2.单位存款	91446	36517	-6110	经营贷款及透支	93047	37486	28048
其中:活期存款	45704	15444	-7523	固定资产贷款			
定期存款	1408	-342	-6575	并购贷款			
保证金存款				贸易融资	142317	34034	11288
结构性存款				(3)非存款类金融机构贷款			
3.国库定期存款				2.中长期贷款	43955	-111791	-17196
4.非存款类金融机构存款		-10105	58	(1)个人贷款			
(二)境外存款	781	-1744	566	其中:个人消费贷款			
二、代理财政性存款				(2)单位贷款	43955	-111791	-17196
三、金融债券				经营贷款	5973	-5325	-8044
其中:境外发行				固定资产贷款	37229	-106479	-9893
四、卖出回购资产				并购贷款			
五、向中央银行借款				贸易融资	753	13	741
六、银行业存款类金融机构往来				(3)非存款类金融机构贷款			
七、借款及非存款类金融机构拆入				3.票据融资			
八、联行往来(净)	128797	-63668	13757	4.融资租赁			
九、应付及暂收款	714	-205	24	5.各项垫款			
其中:应付利息	244	1	29	(二)境外贷款			-1790
十、其他负债	10145	-6135	5996	二、债券投资			
十一、所有者权益	40384	3289	1219	三、股权及其他投资			
其中:实收资本				四、买入返售资产			
				五、存放中央银行存款		0	0
				六、缴存中央银行财政性存款			
				七、银行业存款类金融机构往来			
				八、存放非存款类金融机构款项			
				九、联行往来(净)			
				其中:境内存放二级准备金			
				十、库存现金			
				十一、应收及预付款	2308	901	-534
				其中:应收利息	2173	884	-495
				十二、投资性房地产			
				十三、固定资产	75	-52	-69
				十四、其他资产	477	-249	-15
				十五、减:各项准备	9497	2349	4753
				其中:贷款损失准备	7595	449	4773
资金来源总计	272681	-42020	14979	资金运用总计	272681	-42020	14979

㉘ 企业银行(中国)有限公司武汉分行本外币信贷收支表

表 5-3-3-1-1-28　　　　2023 年 12 月 31 日　　　　单位:万元

来源项目名称	12 月余额	比年初增减数		运用项目名称	12 月余额	比年初增减数	
		2023 年	2022 年			2023 年	2022 年
一、各项存款	44798	-3019	-23119	一、各项贷款	91620	-8737	23797
(一)境内存款	42638	-3270	-23213	(一)境内贷款	91620	8789	6859
1.个人存款	1423	1103	-360	1.短期贷款	73058	24697	1575
其中:活期储蓄存款	147	-57	-376	(1)个人贷款及透支		-450	
定期储蓄存款	520	433	-14	其中:个人消费贷款			
结构性存款		-8	8	(2)单位贷款及透支	73058	25147	1575
2.单位存款	41215	-4373	-22852	经营贷款及透支	73058	25362	1576
其中:活期存款	11394	-3069	2325	固定资产贷款		-215	-1
定期存款	6400	400	196	并购贷款			
保证金存款	3224	-3323	1631	贸易融资			
结构性存款	500	500		(3)非存款类金融机构贷款 1			
3.国库定期存款				2.中长期贷款	16116	-5070	-409
4.非存款类金融机构存款				(1)个人贷款	7412	-2647	-547
(二)境外存款	2161	251	94	其中:个人消费贷款	7408	-2621	-569
二、代理财政性存款				(2)单位贷款	8704	-2423	138
三、金融债券				经营贷款	7275	2703	1584
其中:境外发行				固定资产贷款	1429	-5126	-1446
四、卖出回购资产				并购贷款			
五、向中央银行借款				贸易融资			
六、银行业存款类金融机构往来				(3)非存款类金融机构贷款			
七、借款及非存款类金融机构拆入				3.票据融资	2446	-10838	5692
八、联行往来(净)	34834	-6030	46746	4.融资租赁			
九、应付及暂收款	641	31	382	5.各项垫款			
其中:应付利息	564	232	230	(二)境外贷款		-17526	16938
十、其他负债	10248	-258	58	二、债券投资			
十一、所有者权益	1079	246	-219	三、股权及其他投资			
其中:实收资本				四、买入返售资产			
				五、存放中央银行存款	136	46	50
				六、缴存中央银行财政性存款	9	9	
				七、银行业存款类金融机构往来	25	-153	135
				八、存放非存款类金融机构款项			
				九、联行往来(净)			
				其中:境内存放二级准备金			
				十、库存现金			
				十一、应收及预付款	185	-109	21
				其中:应收利息	173	-106	21
				十二、投资性房地产			
				十三、固定资产	66	-21	66
				十四、其他资产	472	-89	341
				十五、减:各项准备	913	-24	561
				其中:贷款损失准备	912	74	466
资金来源总计	91600	-9030	23848	资金运用总计	91600	-9030	23848

㉙ 富邦华一银行有限公司武汉分行本外币信贷收支表

表 5-3-3-1-1-29　　　　2023 年 12 月 31 日　　　　单位:万元

栏目 来源项目名称	12 月余额	比年初增减数		栏目 运用项目名称	12 月余额	比年初增减数	
		2023 年	2022 年			2023 年	2022 年
一、各项存款	283014	41680	-6397	一、各项贷款	513410	110385	-18819
(一)境内存款	273080	43347	-10365	(一)境内贷款	388795	41801	-57561
1.个人存款	3471	581	-424	1.短期贷款	273914	54336	-38810
其中:活期储蓄存款	1263	252	-433	(1)个人贷款及透支	100	100	
定期储蓄存款	1716	716	-418	其中:个人消费贷款			
结构性存款	47	-11	-58	(2)单位贷款及透支	273814	54236	-38810
2.单位存款	269609	42766	-9941	经营贷款及透支	271733	52154	-38810
其中:活期存款	34623	-33183	-14593	固定资产贷款	2082	2082	
定期存款	127156	57208	11780	并购贷款			
保证金存款	3772	990	2558	贸易融资			
结构性存款	37000	35000	1400	(3)非存款类金融机构贷款			
3.国库定期存款				2.中长期贷款	114881	-8235	-3459
4.非存款类金融机构存款	0	0		(1)个人贷款	32956	-6276	-459
(二)境外存款	9934	-1667	3968	其中:个人消费贷款	32912	-6223	-388
二、代理财政性存款				(2)单位贷款	81924	-1960	-3000
三、金融债券				经营贷款	24730	11630	-5267
其中:境外发行				固定资产贷款	57194	-13590	2266
四、卖出回购资产				并购贷款			
五、向中央银行借款		-4464	4464	贸易融资			
六、银行业存款类金融机构往来				(3)非存款类金融机构贷款			
七、借款及非存款类金融机构拆入				3.票据融资		-4300	-15291
八、联行往来(净)	216538	64016	-24808	4.融资租赁			
九、应付及暂收款	2443	382	392	5.各项垫款			
其中:应付利息	1967	419	306	(二)境外贷款	124616	68584	38742
十、其他负债	1715	-362	1874	二、债券投资			
十一、所有者权益	11459	9421	7687	三、股权及其他投资			
其中:实收资本	2000			四、买入返售资产			
				五、存放中央银行存款	0	0	0
				六、缴存中央银行财政性存款			
				七、银行业存款类金融机构往来	97	33	14
				八、存放非存款类金融机构款项			
				九、联行往来(净)			
				其中:境内存放二级准备金			
				十、库存现金			
				十一、应收及预付款	1143	-500	777
				其中:应收利息	954	-504	793
				十二、投资性房地产			
				十三、固定资产	28	19	-46
				十四、其他资产	1674	-369	1900
				十五、减:各项准备	1182	-1107	614
				其中:贷款减值准备	1180	-1102	609
资金来源总计	515170	110674	-16788	资金运用总计	515170	110674	-16788

㉚ 华侨银行有限公司武汉分行本外币信贷收支表

表 5-3-3-1-1-30　　　　2023 年 12 月 31 日　　　　单位:万元

来源项目名称	12 月余额	比年初增减数 2023 年	比年初增减数 2022 年	运用项目名称	12 月余额	比年初增减数 2023 年	比年初增减数 2022 年
一、各项存款	1671	1671		一、各项贷款			
(一)境内存款	1671	1671		(一)境内贷款			
1.个人存款				1.短期贷款			
其中:活期储蓄存款				(1)个人贷款及透支			
定期储蓄存款				其中:个人消费贷款			
结构性存款				(2)单位贷款及透支			
2.单位存款	1671	1671		经营贷款及透支			
其中:活期存款	1671	1671		固定资产贷款			
定期存款				并购贷款			
保证金存款				贸易融资			
结构性存款				(3)非存款类金融机构贷款			
3.国库定期存款				2.中长期贷款			
4.非存款类金融机构存款				(1)个人贷款			
(二)境外存款				其中:个人消费贷款			
二、代理财政性存款				(2)单位贷款			
三、金融债券				经营贷款			
其中:境外发行				固定资产贷款			
四、卖出回购资产				并购贷款			
五、向中央银行借款				贸易融资			
六、银行业存款类金融机构往来				(3)非存款类金融机构贷款			
七、借款及非存款类金融机构拆入				3.票据融资			
八、联行往来(净)				4.融资租赁			
九、应付及暂收款	95	-26	121	5.各项垫款			
其中:应付利息	0	0		(二)境外贷款			
十、其他负债	10213	-55	10268	二、债券投资			
十一、所有者权益	-1343	-840	-503	三、股权及其他投资			
其中:实收资本				四、买入返售资产			
				五、存放中央银行存款			
				六、缴存中央银行财政性存款			
				七、银行业存款类金融机构往来			
				八、存放非存款类金融机构款项			
				九、联行往来(净)	10061	489	9572
				其中:境内存放二级准备金			
				十、库存现金			
				十一、应收及预付款	39	5	34
				其中:应收利息			
				十二、投资性房地产			
				十三、固定资产	42	21	21
				十四、其他资产	494	235	259
				十五、减:各项准备			
				其中:贷款减值准备			
资金来源总计	10636	750	9886	资金运用总计	10636	750	9886

㉛ 南洋商业银行(中国)有限公司武汉分行本外币信贷收支表

表 5-3-3-1-1-31　　2023 年 12 月 31 日　　单位:万元

栏目 来源项目名称	12 月余额	比年初增减数		栏目 运用项目名称	12 月余额	比年初增减数	
		2023 年	2022 年			2023 年	2022 年
一、各项存款	287910	1711	-5678	一、各项贷款	401434	126748	81476
(一)境内存款	287910	1711	-5678	(一)境内贷款	401434	126748	81476
1.个人存款				1.短期贷款	119447	28364	-12337
其中:活期储蓄存款				(1)个人贷款及透支			
定期储蓄存款				其中:个人消费贷款			
结构性存款				(2)单位贷款及透支	119447	28364	-12337
2.单位存款	286107	19669	-3941	经营贷款及透支	118810	37030	-21640
其中:活期存款	179666	-1187	22886	固定资产贷款			
定期存款	28050	28050		并购贷款			
保证金存款	34649	31183	2386	贸易融资	637	-8666	9303
结构性存款	9900	4900	5000	(3)非存款类金融机构贷款			
3.国库定期存款				2.中长期贷款	277897	99382	95725
4.非存款类金融机构存款	1803	-17958	-1737	(1)个人贷款			
(二)境外存款				其中:个人消费贷款			
二、代理财政性存款				(2)单位贷款	277897	99382	95725
三、金融债券				经营贷款			
其中:境外发行				固定资产贷款	277897	99382	95725
四、卖出回购资产				并购贷款			
五、向中央银行借款				贸易融资			
六、银行业存款类金融机构往来				(3)非存款类金融机构贷款			
七、借款及非存款类金融机构拆入				3.票据融资	4090	-998	-1912
八、联行往来(净)	88194	88194		4.融资租赁			
九、应付及暂收款	809	-566	593	5.各项垫款			
其中:应付利息	353	175	99	(二)境外贷款			
十、其他负债	20224	-323	-270	二、债券投资			
十一、所有者权益	5756	5756	5888	三、股权及其他投资			
其中:实收资本				四、买入返售资产			
				五、存放中央银行存款			
				六、缴存中央银行财政性存款			
				七、银行业存款类金融机构往来	53	18	-33
				八、存放非存款类金融机构款项			
				九、联行往来(净)		-31702	-80743
				其中:境内存放二级准备金			
				十、库存现金			
				十一、应收及预付款	737	234	-53
				其中:应收利息	577	188	77
				十二、投资性房地产			
				十三、固定资产	127	-8	5
				十四、其他资产	543	-517	-118
				十五、减:各项准备			
				其中:贷款减值准备			
资金来源总计	402893	94772	532	资金运用总计	402893	94772	532

㉜ 瑞穗银行(中国)有限公司武汉分行本外币信贷收支表

表 5-3-3-1-1-32　　　　2023 年 12 月 31 日　　　　单位:万元

栏目 来源项目名称	12 月余额	比年初增减数		栏目 运用项目名称	12 月余额	比年初增减数	
		2023 年	2022 年			2023 年	2022 年
一、各项存款	225922	-138217	52605	一、各项贷款	145684	-112293	-24980
(一)境内存款	225922	-138217	52605	(一)境内贷款	145684	-112293	-24980
1.个人存款				1.短期贷款	113904	-99941	-7449
其中:活期储蓄存款				(1)个人贷款及透支			
定期储蓄存款				其中:个人消费贷款			
结构性存款				(2)单位贷款及透支	113904	-99941	-7449
2.单位存款	225922	-138217	52605	经营贷款及透支	113904	-99941	-7449
其中:活期存款	44935	-7308	-1193	固定资产贷款			
定期存款	48590	22018	8831	并购贷款			
保证金存款				贸易融资			
结构性存款				(3)非存款类金融机构贷款			
3.国库定期存款				2.中长期贷款	27878	-16253	-13568
4.非存款类金融机构存款				(1)个人贷款			
(二)境外存款				其中:个人消费贷款			
二、代理财政性存款				(2)单位贷款	27878	-16253	-13568
三、金融债券				经营贷款			
其中:境外发行				固定资产贷款	27878	-16253	-13568
四、卖出回购资产				并购贷款			
五、向中央银行借款				贸易融资			
六、银行业存款类金融机构往来				(3)非存款类金融机构贷款			
七、借款及非存款类金融机构拆入				3.票据融资	3902	3902	-3963
八、联行往来(净)				4.融资租赁			
九、应付及暂收款	2427	426	-215	5.各项垫款			
其中:应付利息	1284	-266	-136	(二)境外贷款			
十、其他负债	12304	-459	1405	二、债券投资			
十一、所有者权益	17773	2919	2023	三、股权及其他投资			
其中:实收资本				四、买入返售资产			
				五、存放中央银行存款	9		9
				六、缴存中央银行财政性存款			
				七、银行业存款类金融机构往来			-5
				八、存放非存款类金融机构款项	605	414	-37
				九、联行往来(净)	109517	-23592	79592
				其中:境内存放二级准备金			
				十、库存现金			
				十一、应收及预付款	1427	-116	-109
				其中:应收利息	1370	-110	-115
				十二、投资性房地产			
				十三、固定资产	81	-15	20
				十四、其他资产	2759	-618	1331
				十五、减:各项准备	1655	-889	1
				其中:贷款减值准备	1652	-889	-1
资金来源总计	258426	-135331	55819	资金运用总计	258426	-135331	55819

㉝ 三菱日联银行(中国)有限公司武汉分行本外币信贷收支表

表 5-3-3-1-1-33　　2023 年 12 月 31 日　　单位:万元

栏目 来源项目名称	12 月余额	比年初增减数		栏目 运用项目名称	12 月余额	比年初增减数	
		2023 年	2022 年			2023 年	2022 年
一、各项存款	181358	28221	-15645	一、各项贷款	127570	-89290	-35794
(一)境内存款	181358	28221	-15645	(一)境内贷款	127570	-89290	-35794
1.个人存款				1.短期贷款	82863	-82627	-40159
其中:活期储蓄存款				(1)个人贷款及透支			
定期储蓄存款				其中:个人消费贷款			
结构性存款				(2)单位贷款及透支	82863	-82627	-40159
2.单位存款	181358	28221	-15645	经营贷款及透支	82863	-82627	-40159
其中:活期存款	66529	31390	-6735	固定资产贷款			
定期存款	32729	-9612	18141	并购贷款			
保证金存款				贸易融资			
结构性存款				(3)非存款类金融机构贷款			
3.国库定期存款				2.中长期贷款	44707	-6663	4365
4.非存款类金融机构存款				(1)个人贷款			
(二)境外存款				其中:个人消费贷款			
二、代理财政性存款				(2)单位贷款	44707	-6663	4365
三、金融债券				经营贷款			
其中:境外发行				固定资产贷款	44707	-6663	4365
四、卖出回购资产				并购贷款			
五、向中央银行借款				贸易融资			
六、银行业存款类金融机构往来				(3)非存款类金融机构贷款			
七、借款及非存款类金融机构拆入				3.票据融资			
八、联行往来(净)				4.融资租赁			
九、应付及暂收款	2410	-1219	-2545	5.各项垫款			
其中:应付利息	817	-666	326	(二)境外贷款			
十、其他负债	10881	-3162	1860	二、债券投资			
十一、所有者权益	5013	3511	-1567	三、股权及其他投资			
其中:实收资本				四、买入返售资产			
				五、存放中央银行存款			-8
				六、缴存中央银行财政性存款			
				七、银行业存款类金融机构往来			
				八、存放非存款类金融机构款项			
				九、联行往来(净)	73924	118130	16330
				其中:境内存放二级准备金			
				十、库存现金			
				十一、应收及预付款	991	-738	225
				其中:应收利息	883	-747	228
				十二、投资性房地产			
				十三、固定资产	168	-34	-30
				十四、其他资产	415	-3309	1831
				十五、减:各项准备	3406	-2592	450
				其中:贷款损失准备	3388	-2580	442
资金来源总计	199662	27350	-17896	资金运用总计	199662	27350	-17896

㉞ 台湾土地银行股份有限公司武汉分行本外币信贷收支表

表 5-3-3-1-1-34　　2023 年 12 月 31 日　　单位:万元

来源项目名称 \ 栏目	12 月余额	比年初增减数 2023 年	比年初增减数 2022 年	运用项目名称 \ 栏目	12 月余额	比年初增减数 2023 年	比年初增减数 2022 年
一、各项存款	6379	1275	-2195	一、各项贷款	146702	-27935	-10248
(一)境内存款	5785	1239	-2206	(一)境内贷款	146702	-27935	-10248
1.个人存款				1.短期贷款	33985	8164	-9279
其中:活期储蓄存款				(1)个人贷款及透支			
定期储蓄存款				其中:个人消费贷款			
结构性存款				(2)单位普通贷款及透支	33985	8785	-7830
2.单位存款	5785	1239	-2206	经营贷款及透支	33985	8785	-7830
其中:活期存款	4585	1239	-1168	固定资产贷款			
定期存款			-1038	并购贷款			
保证金存款				贸易融资			
结构性存款				(3)非存款类金融机构贷款		-621	-1449
3.国库定期存款				2.中长期贷款	112716	-36099	-969
4.非存款类金融机构存款				(1)个人贷款			
(二)境外存款	594	36	12	其中:个人消费贷款			
二、代理财政性存款				(2)单位贷款	99259	-16823	-15213
三、金融债券				经营贷款	2368	-27504	3337
其中:境外发行				固定资产贷款	96891	10681	-18550
四、卖出回购资产				并购贷款			
五、向中央银行借款				贸易融资			
六、银行业存款类金融机构往来	21800	21800	-24000	(3)非存款类金融机构贷款	13457	-19276	14244
七、借款及非存款类金融机构拆入	8000	-12000	13000	3.票据融资			
八、联行往来(净)	25000	-20000	-10000	4.融资租赁			
九、应付及暂收款	880	370	-859	5.各项垫款			
其中:应付利息	372	92	-202	(二)境外贷款			
十、其他负债	112993	2053	10552	二、债券投资			
十一、所有者权益	18139	2462	-1672	三、股权及其他投资			
其中:实收资本				四、买入返售资产			
				五、存放中央银行存款	551	240	-125
				六、缴存中央银行财政性存款			
				七、银行业存款类金融机构往来	46399	24337	-5740
				八、存放非存款类金融机构款项	304	112	153
				九、联行往来(净)			
				其中:境内存放二级准备金			
				十、库存现金			
				十一、应收及预付款	972	284	-81
				其中:应收利息	887	269	-4
				十二、投资性房地产			
				十三、固定资产	69	-54	-55
				十四、其他资产	222	-1156	896
				十五、减:各项准备	2027	-134	-27
				其中:贷款减值准备	2027	-134	-27
资金来源总计	193191	-4039	-15174	资金运用总计	193191	-4039	-15174

㉟ 台湾中小企业银行股份有限公司武汉分行本外币信贷收支表

表 5-3-3-1-1-35　　　　2023 年 12 月 31 日　　　　单位:万元

来源项目名称＼栏目	12 月余额	比年初增减数 2023 年	比年初增减数 2022 年	运用项目名称＼栏目	12 月余额	比年初增减数 2023 年	比年初增减数 2022 年
一、各项存款	6360	2118	-987	一、各项贷款	43815	-1522	-6663
(一)境内存款	5780	2106	-998	(一)境内贷款	43815	-1522	-6663
1.个人存款				1.短期贷款	35621	709	4584
其中:活期储蓄存款				(1)个人贷款及透支			
定期储蓄存款				其中:个人消费贷款			
结构性存款				(2)单位贷款及透支	35621	709	4584
2.单位存款	5780	2106	-998	经营贷款及透支	34406	1076	5108
其中:活期存款	3780	1106	-666	固定资产贷款			
定期存款				并购贷款			
保证金存款				贸易融资	1215	-367	-523
结构性存款				(3)非存款类金融机构贷款			
3.国库定期存款				2.中长期贷款	8194	-2232	-11247
4.非存款类金融机构存款				(1)个人贷款			
(二)境外存款	580	12	12	其中:个人消费贷款			
二、代理财政性存款				(2)单位贷款	8194	-2232	-11247
三、金融债券				经营贷款	4481	-5144	2335
其中:境外发行				固定资产贷款	3713	2913	-13582
四、卖出回购资产				并购贷款			
五、向中央银行借款				贸易融资			
六、银行业存款类金融机构往来				(3)非存款类金融机构贷款			
七、借款及非存款类金融机构拆入			-2000	3.票据融资			
八、联行往来(净)				4.融资租赁			
九、应付及暂收款	190	39	-275	5.各项垫款			
其中:应付利息	34	23	4	(二)境外贷款			
十、其他负债	87565	1857	5981	二、债券投资			
十一、所有者权益	9116	-1260	-1758	三、股权及其他投资			
其中:实收资本				四、买入返售资产			
				五、存放中央银行存款			
				六、缴存中央银行财政性存款			
				七、银行业存款类金融机构往来	57687	6724	6806
				八、存放非存款类金融机构款项	250	-473	610
				九、联行往来(净)	810	60	
				其中:境内存放二级准备金			
				十、库存现金			
				十一、应收及预付款	1086	571	-121
				其中:应收利息	1021	574	-119
				十二、投资性房地产			
				十三、固定资产	33	-20	-9
				十四、其他资产	137	-2530	838
				十五、减:各项准备	586	57	499
				其中:贷款减值准备	586	57	499
资金来源总计	103231	2754	962	资金运用总计	103231	2754	962

㊱ 湖北省农村信用社联合社本外币信贷收支表

表 5-3-3-1-1-36　　2023 年 12 月 31 日　　单位:万元

来源项目名称	12 月余额	比年初增减数		运用项目名称	12 月余额	比年初增减数	
		2023 年	2022 年			2023 年	2022 年
一、各项存款	69	28	-41	一、各项贷款			
(一)境内存款	69	28	-41	(一)境内贷款			
1.个人存款				1.短期贷款			
其中:活期储蓄存款				(1)个人贷款及透支			
定期储蓄存款				其中:个人消费贷款			
结构性存款				(2)单位贷款及透支			
2.单位存款	69	28	-41	经营贷款及透支			
其中:活期存款	69	28	-41	固定资产贷款			
定期存款				并购贷款			
保证金存款				贸易融资			
结构性存款				(3)非存款类金融机构贷款			
3.国库定期存款				2.中长期贷款			
4.非存款类金融机构存款				(1)个人贷款			
(二)境外存款				其中:个人消费贷款			
二、代理财政性存款				(2)单位贷款			
三、金融债券				经营贷款			
其中:境外发行				固定资产贷款			
四、卖出回购资产	288800	53800	38020	并购贷款			
五、向中央银行借款				贸易融资			
六、银行业存款类金融机构往来	3223893	107626	436780	(3)非存款类金融机构贷款			
七、借款及非存款类金融机构拆入				3.票据融资			
八、联行往来(净)				4.融资租赁			
九、应付及暂收款	73202	19069	4231	5.各项垫款			
其中:应付利息	18751	8965	-494	(二)境外贷款			
十、其他负债				二、债券投资	1768629	249511	-78482
十一、所有者权益	379671	7352	34144	三、股权及其他投资	300		
其中:实收资本	2000			四、买入返售资产			
				五、存放中央银行存款	1002502	-46875	526572
				六、缴存中央银行财政性存款			
				七、银行业存款类金融机构往来	715705	-80635	132854
				八、存放非存款类金融机构款项	369049	65526	67289
				九、联行往来(净)	43296	-12106	-137820
				其中:境内存放二级准备金			
				十、库存现金			
				十一、应收及预付款	42871	13064	1345
				其中:应收利息	25571	115	1618
				十二、投资性房地产			
				十三、固定资产	147406	14505	2670
				十四、其他资产			
				十五、减:各项准备	124123	15115	1294
				其中:贷款损失准备			
资金来源总计	3965635	187875	513134	资金运用总计	3965635	187875	513134

注:本表数据为合并口径。

㊲ 武汉农村商业银行本外币信贷收支表

表 5-3-3-1-1-37　　　　2023 年 12 月 31 日　　　　单位:万元

来源项目名称 \ 栏目	12 月余额	比年初增减数		运用项目名称 \ 栏目	12 月余额	比年初增减数	
		2023 年	2022 年			2023 年	2022 年
一、各项存款	31514961	2754874	2977912	一、各项贷款	23607351	2166197	2709918
(一)境内存款	31510568	2753983	2977400	(一)境内贷款	23607351	2166241	2709874
1.个人存款	17066885	2616012	2337778	1.短期贷款	6375559	736870	784816
其中:活期储蓄存款	3102334	6307	237237	(1)个人贷款及透支	1914021	614707	466533
定期储蓄存款	10793924	1739255	1357321	其中:个人消费贷款	1360998	575825	325222
结构性存款				(2)单位贷款及透支	3383538	184164	-232718
2.单位存款	9625728	-1081563	213192	经营贷款及透支	3165720	101378	-217791
其中:活期存款	5137367	-728438	-1168874	固定资产贷款	82900	-47706	1375
定期存款	1371116	-147850	-433933	并购贷款	3000		3000
保证金存款	101173	-45535	80008	贸易融资	131918	130492	-19302
结构性存款				(3)非存款类金融机构贷款	1078000	-62000	551000
3.国库定期存款	95000	-84000	82000	2.中长期贷款	14213934	1009244	2007960
4.非存款类金融机构存款	4722954	1303533	344431	(1)个人贷款	3022395	-11329	-159711
(二)境外存款	4393	891	512	其中:个人消费贷款	2522782	-58457	-128668
二、代理财政性存款	14871	-30638	-14556	(2)单位贷款	11191539	1020573	2167671
三、金融债券	150000	-200000	-150000	经营贷款	3873867	910555	1093619
其中:境外发行				固定资产贷款	7288672	238818	1048752
四、卖出回购资产	1969337	-442331	-3199	并购贷款	29000	-128800	25300
五、向中央银行借款	573044	125303	131933	贸易融资			
六、银行业存款类金融机构往来	2801469	584900	242226	(3)非存款类金融机构贷款			
七、借款及非存款类金融机构拆入				3.票据融资	3014038	420126	-82875
八、联行往来(净)				4.融资租赁			
九、应付及暂收款	712504	110472	168862	5.各项垫款	3820		-27
其中:应付利息	621019	135372	98256	(二)境外贷款		-44	44
十、其他负债	42266	1828	-22207	二、债券投资	8239667	313557	1234021
十一、所有者权益	2522953	119770	12806	三、股权及其他投资	1497513	-1080971	-705218
其中:实收资本	599775	54525	49568	四、买入返售资产	1409438	-119070	-196274
				五、存放中央银行存款	3552258	1052960	-347598
				六、缴存中央银行财政性存款	53981	-1065	-4701
				七、银行业存款类金融机构往来	1950998	974753	930703
				八、存放非存款类金融机构款项	57699	-6562	20676
				九、联行往来(净)	77563	-167539	-152510
				其中:境内存放二级准备金			
				十、库存现金	68277	-83023	-26120
				十一、应收及预付款	433410	-31220	45282
				其中:应收利息	256603	-27505	36334
				十二、投资性房地产			
				十三、固定资产	140035	-3707	-4787
				十四、其他资产	441010	19418	74367
				十五、减:各项准备	1227794	9551	233981
				其中:贷款减值准备	1080365	-35383	177632
资金来源总计	40301405	3024176	3343776	**资金运用总计**	40301405	3024176	3343776

㊳ 国通信托有限责任公司本外币信贷收支表

表 5-3-3-1-1-38　　2023 年 12 月 31 日　　单位:万元

来源项目名称	12 月余额	比年初增减数 2023 年	比年初增减数 2022 年	运用项目名称	12 月余额	比年初增减数 2023 年	比年初增减数 2022 年
一、各项存款				一、各项贷款	80280	55000	25000
(一)境内存款				(一)境内贷款	80280	55000	25000
1.个人存款				1.短期贷款	80280	55000	25000
其中:活期储蓄存款				(1)个人贷款及透支	280		
定期储蓄存款				其中:个人消费贷款			
结构性存款				(2)单位贷款及透支	80000	55000	25000
2.单位存款				经营贷款及透支	80000	55000	25000
其中:活期存款				固定资产贷款			
定期存款				并购贷款			
保证金存款				贸易融资			
结构性存款				(3)非存款类金融机构贷款			
3.国库定期存款				2.中长期贷款			
4.非存款类金融机构存款				(1)个人贷款			
(二)境外存款				其中:个人消费贷款			
二、代理财政性存款				(2)单位贷款			
三、金融债券				经营贷款			
其中:境外发行				固定资产贷款			
四、卖出回购资产			-89808	并购贷款			
五、向中央银行借款				贸易融资			
六、银行业存款类金融机构往来				(3)非存款类金融机构贷款			
七、借款及非存款类金融机构拆入	110000	44314	25686	3.票据融资			
八、联行往来(净)				4.融资租赁			
九、应付及暂收款	158238	85765	-110340	5.各项垫款			
其中:应付利息				(二)境外贷款			
十、其他负债				二、债券投资	11899	-35208	-92266
十一、所有者权益	832615	54529	58745	三、股权及其他投资	750426	190039	-34268
其中:实收资本	415837			四、买入返售资产	10005	-67938	-55040
				五、存放中央银行存款			
				六、缴存中央银行财政性存款			
				七、银行业存款类金融机构往来	28651	-18748	18465
				八、存放非存款类金融机构款项			
				九、联行往来(净)			
				其中:境内存放二级准备金			
				十、库存现金	1		
				十一、应收及预付款	160787	77215	-2283
				其中:应收利息	6997	1668	-16276
				十二、投资性房地产			
				十三、固定资产	14490	-1094	-1138
				十四、其他资产	127009	-7272	1298
				十五、减:各项准备	82696	7385	-24514
				其中:贷款减值准备	1082	551	251
资金来源总计	1100852	184608	-115718	资金运用总计	1100852	184608	-115718

㊴ 中国信达资产管理股份有限公司湖北省分公司本外币信贷收支表

表 5-3-3-1-1-39　　2023 年 12 月 31 日　　单位:万元

来源项目名称	12 月余额	比年初增减数 2023 年	比年初增减数 2022 年	运用项目名称	12 月余额	比年初增减数 2023 年	比年初增减数 2022 年
一、各项存款				一、各项贷款			
(一)境内存款				(一)境内贷款			
1.个人存款				1.短期贷款			
其中:活期储蓄存款				(1)个人贷款及透支			
定期储蓄存款				其中:个人消费贷款			
结构性存款				(2)单位贷款及透支			
2.单位存款				经营贷款及透支			
其中:活期存款				固定资产贷款			
定期存款				并购贷款			
保证金存款				贸易融资			
结构性存款				(3)非存款类金融机构贷款			
3.国库定期存款				2.中长期贷款			
4.非存款类金融机构存款				(1)个人贷款			
(二)境外存款				其中:个人消费贷款			
二、代理财政性存款				(2)单位贷款			
三、金融债券				经营贷款			
其中:境外发行				固定资产贷款			
四、卖出回购资产				并购贷款			
五、向中央银行借款				贸易融资			
六、银行业存款类金融机构往来				(3)非存款类金融机构贷款			
七、借款及非存款类金融机构拆入				3.票据融资			
八、联行往来(净)				4.融资租赁			
九、应付及暂收款	8357	-2158	-5368	5.各项垫款			
其中:应付利息				(二)境外贷款			
十、其他负债	214375	-299050	78458	二、债券投资			
十一、所有者权益	1583468	114794	30551	三、股权及其他投资	1803095	-184525	104702
其中:实收资本				四、买入返售资产			
				五、存放中央银行存款	2128	-844	-2506
				六、缴存中央银行财政性存款			
				七、银行业存款类金融机构往来			
				八、存放非存款类金融机构款项			
				九、联行往来(净)			
				其中:境内存放二级准备金			
				十、库存现金			
				十一、应收及预付款	210	-32	219
				其中:应收利息			
				十二、投资性房地产			
				十三、固定资产	164	26	-25
				十四、其他资产	602	-1039	1251
				十五、减:各项准备			
				其中:贷款减值准备			
资金来源总计	1806199	-186414	103641	**资金运用总计**	1806199	-186414	103641

㊵ 光大金融租赁股份有限公司本外币信贷收支表

表 5-3-3-1-1-40　　　　2023 年 12 月 31 日　　　　单位：万元

来源项目名称（栏目）	12 月余额	比年初增减数 2023 年	比年初增减数 2022 年
一、各项存款			
（一）境内存款			
1.个人存款			
其中：活期储蓄存款			
定期储蓄存款			
结构性存款			
2.单位存款			
其中：活期存款			
定期存款			
保证金存款			
结构性存款			
3.国库定期存款			
4.非存款类金融机构存款			
（二）境外存款			
二、代理财政性存款			
三、金融债券	459116	299475	-79949
其中：境外发行			
四、卖出回购资产	161162	-42138	47500
五、向中央银行借款			
六、银行业存款类金融机构往来			
七、借款及非存款类金融机构拆入	10726461	384388	254489
八、联行往来（净）			
九、应付及暂收款	892641	-144144	-322834
其中：应付利息	55905	608	-12488
十、其他负债	388	358	-113
十一、所有者权益	1498848	177673	158670
其中：实收资本	590000		
资金来源总计	13738614	675611	57764

运用项目名称（栏目）	12 月余额	比年初增减数 2023 年	比年初增减数 2022 年
一、各项贷款	10339558	-833934	-47503
（一）境内贷款	10339558	-833934	-47503
1.短期贷款			
（1）个人贷款及透支			
其中：个人消费贷款			
（2）单位贷款及透支			
经营贷款及透支			
固定资产贷款			
并购贷款			
贸易融资			
（3）非存款类金融机构贷款			
2.中长期贷款			
（1）个人贷款			
其中：个人消费贷款			
（2）单位贷款			
经营贷款			
固定资产贷款			
并购贷款			
贸易融资			
（3）非存款类金融机构贷款			
3.票据融资			
4.融资租赁	10339558	-833934	-47503
5.各项垫款			
（二）境外贷款			
二、债券投资	272931	57117	58578
三、股权及其他投资	274333	194434	79899
四、买入返售资产	396758	396758	
五、存放中央银行存款	32443	32442	
六、缴存中央银行财政性存款			
七、银行业存款类金融机构往来	1560805	799713	-12241
八、存放非存款类金融机构款项	29914		
九、联行往来（净）			
其中：境内存放二级准备金			
十、库存现金			
十一、应收及预付款	208718	47498	-15471
其中：应收利息	93267	-21595	-9287
十二、投资性房地产			
十三、固定资产	291	156	-53
十四、其他资产	1095570	-11774	55105
十五、减：各项准备	472706	6801	60550
其中：贷款减值准备	451438	12208	62165
资金运用总计	13738614	675611	57764

㊶ 湖北金融租赁股份有限公司本外币信贷收支表

表 5-3-3-1-1-41　　2023 年 12 月 31 日　　单位:万元

来源项目名称 \ 栏目	12 月余额	比年初增减数 2023 年	比年初增减数 2022 年
一、各项存款			
(一)境内存款			
1.个人存款			
其中:活期储蓄存款			
定期储蓄存款			
结构性存款			
2.单位存款			
其中:活期存款			
定期存款			
保证金存款			
结构性存款			
3.国库定期存款			
4.非存款类金融机构存款			
(二)境外存款			
二、代理财政性存款			
三、金融债券	180000	-100000	
其中:境外发行			
四、卖出回购资产			
五、向中央银行借款			
六、银行业存款类金融机构往来			
七、借款及非存款类金融机构拆入	5092884	982473	683327
八、联行往来(净)			
九、应付及暂收款	97989	-99133	8022
其中:应付利息	60496	17289	2118
十、其他负债	192977	192977	
十一、所有者权益	694387	42783	95612
其中:实收资本	400000		100000
资金来源总计	6258237	1019100	786961

运用项目名称 \ 栏目	12 月余额	比年初增减数 2023 年	比年初增减数 2022 年
一、各项贷款	5596817	744625	867383
(一)境内贷款	5596817	744625	867383
1.短期贷款			
(1)个人贷款及透支			
其中:个人消费贷款			
(2)单位贷款及透支			
经营贷款及透支			
固定资产贷款			
并购贷款			
贸易融资			
(3)非存款类金融机构贷款			
2.中长期贷款			
(1)个人贷款			
其中:个人消费贷款			
(2)单位贷款			
经营贷款			
固定资产贷款			
并购贷款			
贸易融资			
(3)非存款类金融机构贷款			
3.票据融资			
4.融资租赁	5596817	744625	867383
5.各项垫款			
(二)境外贷款			
二、债券投资	4946	4946	
三、股权及其他投资	10023	10023	
四、买入返售资产	10014	10014	
五、存放中央银行存款	7003	102	101
六、缴存中央银行财政性存款			
七、银行业存款类金融机构往来	246088	-22776	-84066
八、存放非存款类金融机构款项	69764	10000	-69377
九、联行往来(净)			
其中:境内存放二级准备金			
十、库存现金			
十一、应收及预付款	69908	-29299	44649
其中:应收利息	67641	-1825	16281
十二、投资性房地产			
十三、固定资产	312670	312414	-74
十四、其他资产	104426	21164	51562
十五、减:各项准备	173423	42114	23217
其中:贷款减值准备	173175	44027	23664
资金运用总计	6258237	1019100	786961

㊷航天科工金融租赁有限公司本外币信贷收支表

表 5-3-3-1-1-42　　　　2023 年 12 月 31 日　　　　单位:万元

来源项目名称	12 月余额	比年初增减数 2023 年	比年初增减数 2022 年	运用项目名称	12 月余额	比年初增减数 2023 年	比年初增减数 2022 年
一、各项存款	76467	-31661	-57707	一、各项贷款	1810886	45304	149594
(一)境内存款	76467	-31661	-57707	(一)境内贷款	1810886	45304	149594
1.个人存款	31	31	31	1.短期贷款			
其中:保证金存款	31	31	31	(1)个人贷款及透支			
2.单位存款	76436	-31692	-57738	其中:个人消费贷款			
其中:活期存款				(2)单位贷款及透支			
定期存款				经营贷款及透支			
保证金存款	76436	-31692	-57738	固定资产贷款			
(二)境外存款				并购贷款			
二、代理财政性存款				贸易融资			
三、金融债券				2.中长期贷款			
其中:境外发行				(1)个人贷款			
四、卖出回购资产				其中:个人消费贷款			
五、中长期借款				(2)单位贷款			
其中:境外借款				经营贷款			
六、向中央银行借款				固定资产贷款			
七、金融机构存放				并购贷款			
八、金融机构拆入	1214655	255	35305	贸易融资			
九、应付及暂收款	204487	55836	151870	3.票据融资			
十、其他负债	3239	-5912	-10961	4.融资租赁	1810886	45304	149594
十一、所有者权益	415267	22270	41827	5.各项垫款			
其中:实收资本	300000			(二)境外贷款			
				二、债券投资			
				三、股权及其他投资			
				四、买入返售资产			
				五、存放中央银行存款	5183	-2917	-2803
				六、存放金融机构	30595	-24062	-32547
				七、拆放金融机构			-5065
				八、库存现金			
				九、应收及预付款	48078	6524	20035
				其中:应收利息	24712	245	5505
				十、投资性房地产			
				十一、固定资产	369	230	181
				十二、其他资产	99785	23584	47817
				十三、减:各项准备	80781	7875	16878
资金来源总计	1914115	40788	160334	资金运用总计	1914115	40788	160334

㊸ 有色矿业集团财务有限公司本外币信贷收支表

表 5-3-3-1-1-43　　　　2023 年 12 月 31 日　　　　单位：万元

栏目 来源项目名称	12 月余额	比年初增减数		栏目 运用项目名称	12 月余额	比年初增减数	
		2023 年	2022 年			2023 年	2022 年
一、各项存款	784489	75438	-59661	一、各项贷款	771120	6525	54078
（一）境内存款	784489	75438	-59661	（一）境内贷款	771120	6525	54078
1.个人存款				1.短期贷款	362120	-103280	147356
其中：活期储蓄存款				（1）个人贷款及透支			
定期储蓄存款				其中：个人消费贷款			
结构性存款				（2）单位贷款及透支	362120	-103280	147356
2.单位存款	778375	74912	-59582	经营贷款及透支	362120	-103280	147356
其中：活期存款	96688	-5796	-71427	固定资产贷款			
定期存款	147710	25871	25789	并购贷款			
保证金存款	1267	-1133	2331	贸易融资			
结构性存款				（3）非存款类金融机构贷款			
3.国库定期存款				2.中长期贷款	409000	113000	-88500
4.非存款类金融机构存款	6114	526	-80	（1）个人贷款			
（二）境外存款				其中：个人消费贷款			
二、代理财政性存款				（2）单位贷款	409000	113000	-88500
三、金融债券				经营贷款	409000	113000	-88500
其中：境外发行				固定资产贷款			
四、卖出回购资产				并购贷款			
五、向中央银行借款				贸易融资			
六、银行业存款类金融机构往来				（3）非存款类金融机构贷款			
七、借款及非存款类金融机构拆入				3.票据融资		-3195	-4779
八、联行往来（净）				4.融资租赁			
九、应付及暂收款	6427	1670	-3306	5.各项垫款			
其中：应付利息	2263	406	-1630	（二）境外贷款			
十、其他负债	862	-606	1467	二、债券投资	31878	16922	6
十一、所有者权益	333567	9066	4863	三、股权及其他投资			
其中：实收资本	300000			四、买入返售资产			
				五、存放中央银行存款	34421	-4887	-1871
				六、缴存中央银行财政性存款			
				七、银行业存款类金融机构往来	299325	68372	-108950
				八、存放非存款类金融机构款项	104	103	0
				九、联行往来（净）			
				其中：境内存放二级准备金			
				十、库存现金			
				十一、应收及预付款	1385	7	141
				其中：应收利息	1159	-85	171
				十二、投资性房地产	1125	-35	-35
				十三、固定资产	5099	32	-91
				十四、其他资产	4381	291	-329
				十五、减：各项准备	23493	1761	-414
				其中：贷款减值准备	23493	1769	-422
资金来源总计	1125345	85568	-56636	资金运用总计	1125345	85568	-56636

㊹ 湖北宜化集团财务有限责任公司本外币信贷收支表

表 5-3-3-1-1-44　　　　2023 年 12 月 31 日　　　　单位:万元

来源项目名称	12 月余额	比年初增减数 2023 年	比年初增减数 2022 年	运用项目名称	12 月余额	比年初增减数 2023 年	比年初增减数 2022 年
一、各项存款	297814	−42505	69901	一、各项贷款	300821	49506	13741
(一)境内存款	297814	−42505	69901	(一)境内贷款	300821	58621	44400
1.个人存款				1.短期贷款	262400	46200	18400
其中:活期储蓄存款				(1)个人贷款及透支			
定期储蓄存款				其中:个人消费贷款			
结构性存款				(2)单位贷款及透支	262400	46200	18400
2.单位存款	297814	−42505	69901	经营贷款及透支	262400	46200	18400
其中:活期存款	267814	−27505	24943	固定资产贷款			
定期存款	30000	−15000	44958	并购贷款			
保证金存款				贸易融资			
结构性存款				(3)非存款类金融机构贷款			
3.国库定期存款				2.中长期贷款	38421	12421	26000
4.非存款类金融机构存款				(1)个人贷款			
(二)境外存款				其中:个人消费贷款			
二、代理财政性存款				(2)单位贷款	38421	12421	26000
三、金融债券				经营贷款	38421	12421	26000
其中:境外发行				固定资产贷款			
四、卖出回购资产				并购贷款			
五、向中央银行借款		−9112	126	贸易融资			
六、银行业存款类金融机构往来				(3)非存款类金融机构贷款			
七、借款及非存款类金融机构拆入				3.票据融资		−9115	−30659
八、联行往来(净)				4.融资租赁			
九、应付及暂收款	922	−127	721	5.各项垫款			
其中:应付利息	401	−280	458	(二)境外贷款			
十、其他负债	354	−166	−224	二、债券投资			
十一、所有者权益	119860	53854	1717	三、股权及其他投资			
其中:实收资本	100000	50000		四、买入返售资产			
				五、存放中央银行存款	19876	−2142	5607
				六、缴存中央银行财政性存款			
				七、银行业存款类金融机构往来	101152	−45277	53569
				八、存放非存款类金融机构款项			
				九、联行往来(净)			
				其中:境内存放二级准备金			
				十、库存现金			
				十一、应收及预付款	385	61	43
				其中:应收利息	385	61	43
				十二、投资性房地产			
				十三、固定资产	1220	294	397
				十四、其他资产	199	−244	−258
				十五、减:各项准备	4703	254	858
				其中:贷款减值准备	4637	763	283
资金来源总计	**418950**	**1944**	**72241**	**资金运用总计**	**418950**	**1944**	**72241**

㊺ 东风汽车财务有限公司本外币信贷收支表

表 5-3-3-1-1-45　　　　2023 年 12 月 31 日　　　　单位：万元

来源项目名称 \ 栏目	12 月余额	比年初增减数		运用项目名称 \ 栏目	12 月余额	比年初增减数	
		2023 年	2022 年			2023 年	2022 年
一、各项存款	9939523	-1356748	304575	一、各项贷款	5536560	-2262376	-1676884
(一)境内存款	9939522	-1354319	302146	(一)境内贷款	5536555	-2262367	-1676893
1.个人存款	8452	-8248	-14640	1.短期贷款	247687	-443522	254241
其中:活期储蓄存款				(1)个人贷款及透支	31253	-125196	35533
定期储蓄存款				其中:个人消费贷款	31253	-125196	35533
结构性存款				(2)单位贷款及透支	216434	-318327	218709
2.单位存款	9885149	-1391993	316786	经营贷款及透支	174654	-233046	203187
其中:活期存款	565305	70639	65455	固定资产贷款			
定期存款	5619384	-1062120	-118290	并购贷款			
保证金存款	504794	198001	-84791	贸易融资	41780	-85281	15522
结构性存款				(3)非存款类金融机构贷款			
3.国库定期存款				2.中长期贷款	2414483	-882079	-1607642
4.非存款类金融机构存款	45921	45921		(1)个人贷款	2396268	-875711	-1559953
(二)境外存款	0	-2429	2430	其中:个人消费贷款	2396268	-875711	-1559953
二、代理财政性存款				(2)单位贷款	18214	-6368	-47688
三、金融债券				经营贷款	18214	-6368	-47688
其中:境外发行				固定资产贷款			
四、卖出回购资产				并购贷款			
五、向中央银行借款			-8227	贸易融资			
六、银行业存款类金融机构往来				(3)非存款类金融机构贷款			
七、借款及非存款类金融机构拆入				3.票据融资	512862	-105889	293236
八、联行往来(净)				4.融资租赁	2360835	-804877	-642924
九、应付及暂收款	484128	-109945	-214053	5.各项垫款	689	-25999	26195
其中:应付利息	231402	-131327	6467	(二)境外贷款	5	-9	9
十、其他负债	18725	5842	-6461	二、债券投资			
十一、所有者权益	2044308	92809	119495	三、股权及其他投资	1389846	34127	186392
其中:实收资本	900000			四、买入返售资产			
				五、存放中央银行存款	438435	-60490	48676
				六、缴存中央银行财政性存款			
				七、银行业存款类金融机构往来	4945864	783226	1694242
				八、存放非存款类金融机构款项	62596	39483	4761
				九、联行往来(净)			
				其中:境内存放二级准备金			
				十、库存现金			
				十一、应收及预付款	80390	20788	-37881
				其中:应收利息	77393	22210	-35286
				十二、投资性房地产	1771	1771	
				十三、固定资产	17385	-1678	361
				十四、其他资产	255714	12037	1942
				十五、减:各项准备	241877	-65070	26280
				其中:贷款减值准备	240606	-65412	26465
资金来源总计	12486684	-1368042	195330	资金运用总计	12486684	-1368042	195330

㊻ 湖北交投集团财务有限公司本外币信贷收支表

表 5-3-3-1-1-46　　2023 年 12 月 31 日　　单位：万元

来源项目名称	12 月余额	比年初增减数 2023 年	比年初增减数 2022 年	运用项目名称	12 月余额	比年初增减数 2023 年	比年初增减数 2022 年
一、各项存款	2915808	465953	155608	一、各项贷款	1080226	15187	74782
（一）境内存款	2915808	465953	155608	（一）境内贷款	1080226	15187	74782
1.个人存款				1.短期贷款	171551	-594007	-50405
其中：活期储蓄存款				（1）个人贷款及透支			
定期储蓄存款				其中：个人消费贷款			
结构性存款				（2）单位贷款及透支	171551	-594007	-50405
2.单位存款	2915808	465953	155608	经营贷款及透支	162857	-332200	-320905
其中：活期存款	1000508	384056	-1039406	固定资产贷款	8694	-261806	270500
定期存款	370000	-3000	-77000	并购贷款			
保证金存款	45	-16	-45	贸易融资			
结构性存款				（3）非存款类金融机构贷款			
3.国库定期存款				2.中长期贷款	908675	609193	151961
4.非存款类金融机构存款				（1）个人贷款			
（二）境外存款				其中：个人消费贷款			
二、代理财政性存款				（2）单位贷款	908675	609193	151961
三、金融债券				经营贷款	247950	190450	57500
其中：境外发行				固定资产贷款	660725	418743	95961
四、卖出回购资产				并购贷款			-1500
五、向中央银行借款				贸易融资			
六、银行业存款类金融机构往来				（3）非存款类金融机构贷款			
七、借款及非存款类金融机构拆入				3.票据融资			-26774
八、联行往来（净）				4.融资租赁			
九、应付及暂收款	23871	11094	-29308	5.各项垫款			
其中：应付利息	21869	11672	-28923	（二）境外贷款			
十、其他负债	1990	-478	644	二、债券投资	192147	132494	59653
十一、所有者权	223506	4702	6183	三、股权及其他投资			-2214
其中：实收资本	150000			四、买入返售资产		-120001	120001
				五、存放中央银行存款	91075	10673	21276
				六、缴存中央银行财政性存款			
				七、银行业存款类金融机构往来	1820621	441038	-138120
				八、存放非存款类金融机构款项			
				九、联行往来（净）			
				其中：境内存放二级准备金			
				十、库存现金			
				十一、应收及预付款	1115	705	-931
				其中：应收利息	829	829	-1096
				十二、投资性房地产			
				十三、固定资产	579	354	-44
				十四、其他资产	6446	1158	633
				十五、减：各项准备	27033	339	1907
				其中：贷款减值准备	27006	380	1870
资金来源总计	3165175	481270	133127	资金运用总计	3165175	481270	133127

㊼ 三环集团财务有限公司本外币信贷收支表

表 5-3-3-1-1-47　　2023 年 12 月 31 日　　单位：万元

栏目 来源项目名称	12 月余额	比年初增减数		栏目 运用项目名称	12 月余额	比年初增减数	
		2023 年	2022 年			2023 年	2022 年
一、各项存款	161070	18184	10412	一、各项贷款	196600	7718	-23878
(一)境内存款	161070	18184	10412	(一)境内贷款	196600	7718	-23878
1.个人存款				1.短期贷款	179325	12988	88303
其中:活期储蓄存款				(1)个人贷款及透支			
定期储蓄存款				其中:个人消费贷款			
结构性存款				(2)单位贷款及透支	179325	12988	88303
2.单位存款	161070	18184	10412	经营贷款及透支	179325	12988	88303
其中:活期存款	58112	-3992	29508	固定资产贷款			
定期存款	32714	814	-11782	并购贷款			
保证金存款	7390	-8930	-11680	贸易融资			
结构性存款				(3)非存款类金融机构贷款			
3.国库定期存款				2.中长期贷款			-96603
4.非存款类金融机构存款				(1)个人贷款			
(二)境外存款				其中:个人消费贷款			
二、代理财政性存款				(2)单位贷款			-96603
三、金融债券				经营贷款			-96603
其中:境外发行				固定资产贷款			
四、卖出回购资产				并购贷款			
五、向中央银行借款				贸易融资			
六、银行业存款类金融机构往来				(3)非存款类金融机构贷款			
七、借款及非存款类金融机构拆入				3.票据融资	17275	-5270	-15578
八、联行往来(净)				4.融资租赁			
九、应付及暂收款	1785	198	41	5.各项垫款			
其中:应付利息	337	-416	-135	(二)境外贷款			
十、其他负债				二、债券投资			
十一、所有者权益	114440	635	1851	三、股权及其他投资			
其中:实收资本	100000			四、买入返售资产			
				五、存放中央银行存款	8825	919	1805
				六、缴存中央银行财政性存款			
				七、银行业存款类金融机构往来	36452	-148	13893
				八、存放非存款类金融机构款项	99	88	10
				九、联行往来(净)			
				其中:境内存放二级准备金			
				十、库存现金			
				十一、应收及预付款	40097	10011	19999
				其中:应收利息	92	92	0
				十二、投资性房地产			
				十三、固定资产	610	356	94
				十四、其他资产	-69	73	382
				十五、减:各项准备	5319		
				其中:贷款减值准备	5319		
资金来源总计	277295	19017	12304	资金运用总计	277295	19017	12304

㊽ 中国能源建设集团财务有限公司武汉分公司本外币信贷收支表

表 5-3-3-1-1-48　　　　2023 年 12 月 31 日　　　　单位：万元

来源项目名称	12 月余额	比年初增减数 2023 年	比年初增减数 2022 年	运用项目名称	12 月余额	比年初增减数 2023 年	比年初增减数 2022 年
一、各项存款				一、各项贷款	1199910	32	3210
（一）境内存款				（一）境内贷款	1199910	32	3210
1.个人存款				1.短期贷款	556600	7180	-178450
其中：活期储蓄存款				（1）个人贷款及透支			
定期储蓄存款				其中：个人消费贷款			
结构性存款				（2）单位贷款及透支	556600	7180	-178450
2.单位存款				经营贷款及透支	556600	7180	-178450
其中：活期存款				固定资产贷款			
定期存款				并购贷款			
保证金存款				贸易融资			
结构性存款				（3）非存款类金融机构贷款			
3.国库定期存款				2.中长期贷款	643310	-7148	181660
4.非存款类金融机构存款				（1）个人贷款			
（二）境外存款				其中：个人消费贷款			
二、代理财政性存款				（2）单位贷款	643310	-7148	181660
三、金融债券				经营贷款	643310	-7148	181660
其中：境外发行				固定资产贷款			
四、卖出回购资产				并购贷款			
五、向中央银行借款				贸易融资			
六、银行业存款类金融机构往来				（3）非存款类金融机构贷款			
七、借款及非存款类金融机构拆入				3.票据融资			
八、联行往来（净）	1165487	10018	-20315	4.融资租赁			
九、应付及暂收款	684	5	354	5.各项垫款			
其中：应付利息				（二）境外贷款			
十、其他负债	5352	352	160	二、债券投资			
十一、所有者权益		-9709	23808	三、股权及其他投资			
其中：实收资本				四、买入返售资产			
				五、存放中央银行存款			
				六、缴存中央银行财政性存款			
				七、银行业存款类金融机构往来	360	331	343
				八、存放非存款类金融机构款项			
				九、联行往来（净）			
				其中：境内存放二级准备金			
				十、库存现金			
				十一、应收及预付款	897	-42	369
				其中：应收利息	897	-42	369
				十二、投资性房地产			
				十三、固定资产	8		4
				十四、其他资产	345	345	161
				十五、减：各项准备	29997		80
				其中：贷款减值准备	29997		80
资金来源总计	1171523	666	4007	资金运用总计	1171523	666	4007

㊾ 宝武集团财务有限责任公司武汉分公司本外币信贷收支表

表 5-3-3-1-1-49　　2023 年 12 月 31 日　　单位：万元

栏目 来源项目名称	12 月余额	比年初增减数		栏目 运用项目名称	12 月余额	比年初增减数	
		2023 年	2022 年			2023 年	2022 年
一、各项存款	913152	-61154	100849	一、各项贷款	384577	125842	68240
（一）境内存款	913152	-61154	100849	（一）境内贷款	384577	125842	68240
1.个人存款				1.短期贷款	292860	59860	45000
其中：活期储蓄存款				（1）个人贷款及透支			
定期储蓄存款				其中：个人消费贷款			
结构性存款				（2）单位贷款及透支	292860	59860	45000
2.单位存款	913152	-61154	100849	经营贷款及透支	290868	57868	45000
其中：活期存款	16440	-23761	4105	固定资产贷款			
定期存款				并购贷款			
保证金存款				贸易融资	1992	1992	
结构性存款				（3）非存款类金融机构贷款			
3.国库定期存款				2.中长期贷款	91717	65982	23240
4.非存款类金融机构存款				（1）个人贷款			
（二）境外存款				其中：个人消费贷款			
二、代理财政性存款				（2）单位贷款	91717	65982	23240
三、金融债券				经营贷款	69000	69000	
其中：境外发行				固定资产贷款	22717	-3018	23240
四、卖出回购资产				并购贷款			
五、向中央银行借款				贸易融资			
六、银行业存款类金融机构往来				（3）非存款类金融机构贷款			
七、借款及非存款类金融机构拆入				3.票据融资			
八、联行往来（净）	41184	41184		4.融资租赁			
九、应付及暂收款	9093	5188	-2318	5.各项垫款			
其中：应付利息	8290	4693	-1340	（二）境外贷款			
十、其他负债	5296	-304	-177	二、债券投资			
十一、所有者权益	14769	5357	4657	三、股权及其他投资			
其中：实收资本				四、买入返售资产			
				五、存放中央银行存款			
				六、缴存中央银行财政性存款			
				七、银行业存款类金融机构往来	597773	364849	63792
				八、存放非存款类金融机构款项			
				九、联行往来（净）		-500409	-28981
				其中：境内存放二级准备金			
				十、库存现金			
				十一、应收及预付款	720	233	185
				其中：应收利息	698	217	179
				十二、投资性房地产			
				十三、固定资产	65	-34	-24
				十四、其他资产	360	-208	-200
				十五、减：各项准备			
				其中：贷款损失准备			
资金来源总计	983494	-9729	103011	资金运用总计	983494	-9729	103011

(2)人民币信贷收支统计

① 国家开发银行湖北省分行人民币信贷收支表

表 5-3-3-1-2-1　　　　2023 年 12 月 31 日　　　　单位:万元

来源项目名称 \ 栏目	12 月余额	比年初增减数		运用项目名称 \ 栏目	12 月余额	比年初增减数	
		2023 年	2022 年			2023 年	2022 年
一、各项存款	5057181	484069	-318750	一、各项贷款	61429363	3137183	3814306
(一)境内存款	5057181	484069	-318750	(一)境内贷款	61429363	3137183	3814306
1.个人存款				1.短期贷款	685700	286500	119643
其中:活期储蓄存款				(1)个人贷款及透支			
定期储蓄存款				其中:个人消费贷款			
结构性存款				(2)单位贷款及透支	685700	286500	119643
2.单位存款	5057181	484069	-318750	经营贷款及透支	216500	-182700	120000
其中:活期存款	3108199	-258435	-1433356	固定资产贷款	469200	469200	
定期存款	10259	-16575	25096	并购贷款			
保证金存款	2	0	-96	贸易融资			-357
结构性存款				(3)非存款类金融机构贷款			
3.国库定期存款				2.中长期贷款	60743663	2850683	3694663
4.非存款类金融机构存款			0	(1)个人贷款	431832	82521	60536
(二)境外存款				其中:个人消费贷款	431832	82521	60536
二、代理财政性存款				(2)单位贷款	60311830	2768162	3634127
三、金融债券				经营贷款	4505190	244740	754883
其中:境外发行				固定资产贷款	55806640	2523422	2879244
四、卖出回购资产				并购贷款			
五、向中央银行借款				贸易融资			
六、银行业存款类金融机构往来	363632	209128	22253	(3)非存款类金融机构贷款			
七、借款及非存款类金融机构拆入				3.票据融资			
八、联行往来(净)	55905173	2097116	4039743	4.融资租赁			
九、应付及暂收款	99237	-6250	-3828	5.各项垫款			
其中:应付利息	23004	-322	7134	(二)境外贷款			
十、其他负债	112402	-15713	-31443	二、债券投资			
十一、所有者权益	-93995	-506667	478209	三、股权及其他投资			
其中:实收资本				四、买入返售资产			
				五、存放中央银行存款	602	2	2
				六、缴存中央银行财政性存款			
				七、银行业存款类金融机构往来	1417000	-368400	490400
				八、存放非存款类金融机构款项			
				九、联行往来(净)			
				其中:境内存放二级准备金			
				十、库存现金			
				十一、应收及预付款	152127	-21404	-27299
				其中:应收利息	141036	-18808	-9215
				十二、投资性房地产			
				十三、固定资产	332	-1252	-1470
				十四、其他资产	318061	44324	27463
				十五、减:各项准备	1873855	528770	117218
				其中:贷款减值准备	1871885	527199	117317
资金来源总计	61443630	2261683	4186184	资金运用总计	61443630	2261683	4186184

② 中国进出口银行湖北省分行人民币信贷收支表

表 5-3-3-1-2-2　　2023 年 12 月 31 日　　单位:万元

来源项目名称 \ 栏目	12 月余额	比年初增减数		运用项目名称 \ 栏目	12 月余额	比年初增减数	
		2023 年	2022 年			2023 年	2022 年
一、各项存款	503342	55967	155223	一、各项贷款	15590667	1470135	1770121
(一)境内存款	503342	55967	155223	(一)境内贷款	15567508	1448977	1770121
1.个人存款				1.短期贷款	1602511	-350099	558005
其中:活期储蓄存款				(1)个人贷款及透支			
定期储蓄存款				其中:个人消费贷款			
结构性存款				(2)单位贷款及透支	1602511	-350099	558005
2.单位存款	503342	55984	155223	经营贷款及透支	525600	-357525	538425
其中:活期存款	351543	-28250	137867	固定资产贷款	75000	75000	
定期存款				并购贷款			
保证金存款	55616	23619	-7131	贸易融资	1001911	-67574	19580
结构性存款				(3)非存款类金融机构贷款			
3.国库定期存款				2.中长期贷款	13964998	1799076	1212116
4.非存款类金融机构存款	0	-17	0	(1)个人贷款			
(二)境外存款				其中:个人消费贷款			
二、代理财政性存款				(2)单位贷款	13964998	1799076	1212116
三、金融债券				经营贷款	8020510	2018260	1210034
其中:境外发行				固定资产贷款	5430498	660085	1020445
四、卖出回购资产				并购贷款	236415	-121580	-145951
五、向中央银行借款				贸易融资	277574	-757690	-872412
六、银行业存款类金融机构往来	163207	161019	-47830	(3)非存款类金融机构贷款			
七、借款及非存款类金融机构拆入				3.票据融资			
八、联行往来(净)	14913900	1189870	1658838	4.融资租赁			
九、应付及暂收款	85937	3682	22851	5.各项垫款			
其中:应付利息	73410	4107	27136	(二)境外贷款	23159	21159	
十、其他负债	31533	1016	-13070	二、债券投资			
十一、所有者权益	72122	72122	81664	三、股权及其他投资			
其中:实收资本				四、买入返售资产			
				五、存放中央银行存款	0	0	0
				六、缴存中央银行财政性存款			
				七、银行业存款类金融机构往来	260000	30000	30000
				八、存放非存款类金融机构款项			
				九、联行往来(净)			
				其中:境内存放二级准备金			
				十、库存现金	0	0	-1
				十一、应收及预付款	64722	-1235	25309
				其中:应收利息	64668	-1010	25301
				十二、投资性房地产	4909	-250	3913
				十三、固定资产	15025	-791	-4959
				十四、其他资产	938	-196	274
				十五、减:各项准备	166221	13988	-33019
				其中:贷款减值准备	166048	13932	-32910
资金来源总计	15770041	1483676	1857677	资金运用总计	15770041	1483676	1857677

③ 中国农业发展银行湖北省分行人民币信贷收支表

表 5-3-3-1-2-3　　　　2023 年 12 月 31 日　　　　单位:万元

来源项目名称（栏目）	12 月余额	比年初增减数		运用项目名称（栏目）	12 月余额	比年初增减数	
		2023 年	2022 年			2023 年	2022 年
一、各项存款	6643287	−120669	515664	一、各项贷款	58211534	8185594	8752406
(一)境内存款	6643287	−120669	515664	(一)境内贷款	58211534	8185594	8752406
1.个人存款				1.短期贷款	5236150	−373080	109159
其中:活期储蓄存款				(1)个人贷款及透支			
定期储蓄存款				其中:个人消费贷款			
结构性存款				(2)单位贷款及透支	5236150	−373080	109159
2.单位存款	6643287	−120669	515664	经营贷款及透支	5236150	−373080	109159
其中:活期存款	4917889	−340547	−257263	固定资产贷款			
定期存款	422887	162743	106844	并购贷款			
保证金存款	82743	23248	−1605	贸易融资			
结构性存款				(3)非存款类金融机构贷款			
3.国库定期存款				2.中长期贷款	52975384	8558674	8643246
4.非存款类金融机构存款				(1)个人贷款			
(二)境外存款				其中:个人消费贷款			
二、代理财政性存款	965741	84220	133218	(2)单位贷款	52975384	8558674	8643246
三、金融债券				经营贷款	1775925	764251	601579
其中:境外发行				固定资产贷款	51199460	7794424	8041667
四、卖出回购资产				并购贷款			
五、向中央银行借款				贸易融资			
六、银行业存款类金融机构往来	68540	68540		(3)非存款类金融机构贷款			
七、借款及非存款类金融机构拆入				3.票据融资			
八、联行往来(净)	50443911	7658601	7281580	4.融资租赁			
九、应付及暂收款	143495	19353	21990	5.各项垫款			
其中:应付利息	77776	12722	13154	(二)境外贷款			
十、其他负债	66027	474	−31	二、债券投资	1088463	−458836	−617981
十一、所有者权益	139596	−192001	81149	三、股权及其他投资			
其中:实收资本				四、买入返售资产			
				五、存放中央银行存款			
				六、缴存中央银行财政性存款			
				七、银行业存款类金融机构往来	318	−59	−7
				八、存放非存款类金融机构款项	170		
				九、联行往来(净)			
				其中:境内存放二级准备金			
				十、库存现金			
				十一、应收及预付款	92873	3517	−3533
				其中:应收利息	91746	4555	−5251
				十二、投资性房地产			
				十三、固定资产	46460	−644	−2118
				十四、其他资产	8602	−357	38
				十五、减:各项准备	977822	210697	95234
				其中:贷款减值准备	977370	210414	95234
资金来源总计	58470598	7518518	8033571	资金运用总计	58470598	7518518	8033571

④ 中国工商银行湖北省分行人民币信贷收支表

表 5-3-3-1-2-4　　2023 年 12 月 31 日　　单位:万元

栏目 来源项目名称	12 月余额	比年初增减数		栏目 运用项目名称	12 月余额	比年初增减数	
		2023 年	2022 年			2023 年	2022 年
一、各项存款	89684634	3829071	6864587	一、各项贷款	81714332	7692165	6482404
(一)境内存款	89589466	3823158	6858057	(一)境内贷款	81702210	7692129	6481172
1.个人存款	63259594	8337294	8559824	1.短期贷款	11401416	2912930	304936
其中:活期储蓄存款	23343373	619384	2540795	(1)个人贷款及透支	1485385	219149	-528
定期储蓄存款	31750310	6930592	4934745	其中:个人消费贷款	1181232	130798	-83880
结构性存款			-147577	(2)单位贷款及透支	9916031	2693780	305464
2.单位存款	22671750	-4536925	-2715049	经营贷款及透支	8164844	2038228	85776
其中:活期存款	10702197	-2239195	-2585526	固定资产贷款	180731	74713	-166166
定期存款	2141643	-481740	-832838	并购贷款			
保证金存款	273229	26941	13777	贸易融资	1570456	580839	385854
结构性存款	525518	-197709	202180	(3)非存款类金融机构贷款			
3.国库定期存款	280900	-48448	86384	2.中长期贷款	65955230	4619261	4413486
4.非存款类金融机构存款	3377223	71237	926898	(1)个人贷款	24525916	221044	-491396
(二)境外存款	95168	5912	6530	其中:个人消费贷款	22479155	-585873	-981154
二、代理财政性存款	82005	-35753	-48569	(2)单位贷款	41429314	4398217	4904882
三、金融债券				经营贷款	10644667	2330025	3280781
其中:境外发行				固定资产贷款	29715766	1945263	1401092
四、卖出回购资产				并购贷款	300571	42658	-45461
五、向中央银行借款	2260	-15998	18258	贸易融资	768310	80271	268469
六、银行业存款类金融机构往来	1534936	-887348	1002615	(3)非存款类金融机构贷款			
七、借款及非存款类金融机构拆入				3.票据融资	4341350	159954	1761250
八、联行往来(净)				4.融资租赁			
九、应付及暂收款	2845985	268713	252783	5.各项垫款	4214	-16	1500
其中:应付利息	1705674	241419	295783	(二)境外贷款	12122	36	1232
十、其他负债	595520	1053	29136	二、债券投资	1699902	123893	200080
十一、所有者权益	545917	-128521	100899	三、股权及其他投资			
其中:实收资本				四、买入返售资产			
				五、存放中央银行存款			
				六、缴存中央银行财政性存款	332358	142866	-986961
				七、银行业存款类金融机构往来	8535	7618	-287
				八、存放非存款类金融机构款项			
				九、联行往来(净)	12578778	-4401508	2691776
				其中:境内存放二级准备金			
				十、库存现金	158217	-48437	28413
				十一、应收及预付款	592231	-83315	50884
				其中:应收利息	136680	-21000	13965
				十二、投资性房地产			
				十三、固定资产	324152	18155	-16683
				十四、其他资产	772329	104731	130090
				十五、减:各项准备	2889577	524952	360007
				其中:贷款减值准备	2848806	525069	359587
资金来源总计	95291257	3031216	8219709	资金运用总计	95291257	3031216	8219709

⑤ 中国农业银行湖北省分行人民币信贷收支表

表 5-3-3-1-2-5　　2023 年 12 月 31 日　　单位：万元

来源项目名称	12 月余额	比年初增减数 2023 年	比年初增减数 2022 年	运用项目名称	12 月余额	比年初增减数 2023 年	比年初增减数 2022 年
一、各项存款	105729806	12126775	12858968	一、各项贷款	73154848	10059819	6964901
（一）境内存款	105712608	12129726	12856377	（一）境内贷款	73152837	10060111	6964858
1.个人存款	70886960	9019883	9543140	1.短期贷款	15555981	2825243	1204245
其中：活期储蓄存款	24813545	-104172	2698465	（1）个人贷款及透支	5945773	2252775	724936
定期储蓄存款	38715700	7656512	5393114	其中：个人消费贷款	1373863	360674	-47242
结构性存款	1977	-5298	-7282	（2）单位贷款及透支	9610208	572468	479309
2.单位存款	32409080	3011066	2381968	经营贷款及透支	7981496	163380	50746
其中：活期存款	8683754	-1034136	-754485	固定资产贷款	353964	287930	-42386
定期存款	3742835	918129	265394	并购贷款			
保证金存款	367589	-25734	-11872	贸易融资	1274748	121158	470949
结构性存款	171638	171638	-43375	（3）非存款类金融机构贷款			
3.国库定期存款	328100	50760	85000	2.中长期贷款	51835481	6787517	3825637
4.非存款类金融机构存款	2088467	48016	846269	（1）个人贷款	17612397	103606	105312
（二）境外存款	17198	-2951	2592	其中：个人消费贷款	16735490	-68929	23201
二、代理财政性存款	14736	-12827	13872	（2）单位贷款	34223085	6683912	3720325
三、金融债券				经营贷款	4600775	478856	850293
其中：境外发行				固定资产贷款	28730127	5852666	2634168
四、卖出回购资产				并购贷款	462045	41565	146402
五、向中央银行借款				贸易融资	430138	310825	89462
六、银行业存款类金融机构往来	4042768	2227498	-1217769	（3）非存款类金融机构贷款			
七、借款及非存款类金融机构拆入				3.票据融资	5756549	444951	1933250
八、联行往来（净）				4.融资租赁			
九、应付及暂收款	2169519	372253	305224	5.各项垫款	4826	2400	1726
其中：应付利息	1843829	353483	276945	（二）境外贷款	2011	-292	43
十、其他负债	176737	-4522	12554	二、债券投资			
十一、所有者权益	1015831	91726	31424	三、股权及其他投资	2646	1646	-99
其中：实收资本				四、买入返售资产			
				五、存放中央银行存款			
				六、缴存中央银行财政性存款	25398	-13089	-238550
				七、银行业存款类金融机构往来	1003	1000	0
				八、存放非存款类金融机构款项			
				九、联行往来（净）	40272883	4967294	5329267
				其中：境内存放二级准备金			
				十、库存现金	232914	5264	-24861
				十一、应收及预付款	181719	24931	13318
				其中：应收利息	142594	11505	16296
				十二、投资性房地产			
				十三、固定资产	379809	-14253	4617
				十四、其他资产	449573	61104	50989
				十五、减：各项准备	1551396	292813	95310
				其中：贷款减值准备	1538573	295477	91883
资金来源总计	113149397	14800902	12004273	资金运用总计	113149397	14800902	12004273

⑥ 中国银行湖北省分行人民币信贷收支表

表 5-3-3-1-2-6　　2023 年 12 月 31 日　　单位:万元

栏目 来源项目名称	12 月余额	比年初增减数		栏目 运用项目名称	12 月余额	比年初增减数	
		2023 年	2022 年			2023 年	2022 年
一、各项存款	51130079	5144011	3085768	一、各项贷款	57535437	6816424	4258772
(一)境内存款	51031401	5125907	3089368	(一)境内贷款	57512181	6799153	4257509
1.个人存款	29334711	4422598	3980200	1.短期贷款	11900994	3005871	579051
其中:活期储蓄存款	9213443	503807	1229624	(1)个人贷款及透支	1966365	284949	411947
定期储蓄存款	13582006	2735232	1993376	其中:个人消费贷款	771933	-81957	84500
结构性存款	1556545	-30893	209465	(2)单位贷款及透支	9933669	2721883	167104
2.单位存款	21103205	706261	-1031886	经营贷款及透支	6701410	1671645	681583
其中:活期存款	8097828	-1438595	-252161	固定资产贷款	9235	-34726	-154790
定期存款	3258188	482902	24767	并购贷款			
保证金存款	803162	147629	96738	贸易融资	3223025	1084963	-359689
结构性存款	820195	246367	-2388	(3)非存款类金融机构贷款	960	-961	
3.国库定期存款	225000	12000	67000	2.中长期贷款	43481756	4131320	3296929
4.非存款类金融机构存款	368486	-14952	74054	(1)个人贷款	16426129	-561289	-502913
(二)境外存款	98678	18104	-3600	其中:个人消费贷款	15947587	-664679	-444569
二、代理财政性存款	18689	13866	-44044	(2)单位贷款	27055373	4692608	3799842
三、金融债券				经营贷款	5952284	1860167	1705309
其中:境外发行				固定资产贷款	20372366	2752380	1988587
四、卖出回购资产				并购贷款	139734	17177	73057
五、向中央银行借款			-14522	贸易融资	590990	62884	32890
六、银行业存款类金融机构往来	266472	-26002	184510	(3)非存款类金融机构贷款	254		
七、借款及非存款类金融机构拆入				3.票据融资	2129430	-338038	381529
八、联行往来(净)	3804756	1272985	-648553	4.融资租赁			
九、应付及暂收款	916654	654	76054	5.各项垫款			
其中:应付利息	769978	65692	91593	(二)境外贷款	23256	17271	1263
十、其他负债	201802	-35260	41872	二、债券投资			-33
十一、所有者权益	380822	380148	206083	三、股权及其他投资			-900000
其中:实收资本				四、买入返售资产			
				五、存放中央银行存款			
				六、缴存中央银行财政性存款	71025	62526	-71233
				七、银行业存款类金融机构往来	2442		
				八、存放非存款类金融机构款项			
				九、联行往来(净)			
				其中:境内存放二级准备金			
				十、库存现金	78390	-2957	-2110
				十一、应收及预付款	132515	-5041	2232
				其中:应收利息	110321	-6894	-573
				十二、投资性房地产			
				十三、固定资产	235483	-5280	-5981
				十四、其他资产	71256	4776	-4260
				十五、减:各项准备	1407275	120048	390219
				其中:贷款减值准备	1390032	120612	416339
资金来源总计	56719273	6750401	2887168	资金运用总计	56719273	6750401	2887168

⑦ 中国建设银行湖北省分行人民币信贷收支表

表 5-3-3-1-2-7　　　　2023 年 12 月 31 日　　　　单位:万元

栏目 来源项目名称	12 月余额	比年初增减数		栏目 运用项目名称	12 月余额	比年初增减数	
		2023 年	2022 年			2023 年	2022 年
一、各项存款	90933706	8083290	5161173	一、各项贷款	80148512	8451778	7636073
(一)境内存款	90870647	8070435	5160130	(一)境内贷款	80126998	8460049	7621791
1.个人存款	64177368	7774966	8073808	1.短期贷款	15192932	2390271	1483597
其中:活期储蓄存款	23776595	339546	2284775	(1)个人贷款及透支	4652428	885887	981571
定期储蓄存款	31282318	4887528	3915664	其中:个人消费贷款	2225955	288854	211787
结构性存款	15153	5913	4834	(2)单位贷款及透支	10540504	1504384	502026
2.单位存款	25512724	548334	-2881294	经营贷款及透支	7521733	1022299	333314
其中:活期存款	12500670	-799807	-1500382	固定资产贷款	257010	-90606	169316
定期存款	1685626	-339714	-962347	并购贷款			
保证金存款	491472	-41198	29220	贸易融资	2761762	572691	-604
结构性存款	188000	-266320	107820	(3)非存款类金融机构贷款			
3.国库定期存款	310000	15000	91000	2.中长期贷款	60504139	5920459	4128019
4.非存款类金融机构存款	870556	-267865	-123384	(1)个人贷款	23387298	-825283	-1042155
(二)境外存款	63059	12855	1043	其中:个人消费贷款	22603178	-897007	-1123948
二、代理财政性存款	21994	-11936	-6532	(2)单位贷款	37116841	6745742	5170174
三、金融债券				经营贷款	10038932	2277421	1746444
其中:境外发行				固定资产贷款	26387568	4123431	3390502
四、卖出回购资产				并购贷款	219343	183707	-40114
五、向中央银行借款				贸易融资	470999	161184	73342
六、银行业存款类金融机构往来	446536	-509426	420040	(3)非存款类金融机构贷款			
七、借款及非存款类金融机构拆入				3.票据融资	4410908	130951	2021240
八、联行往来(净)				4.融资租赁			
九、应付及暂收款	2119984	101165	352486	5.各项垫款	19018	18367	-11065
其中:应付利息	1605245	104380	199294	(二)境外贷款	21515	-8271	14283
十、其他负债	440156	-24234	66954	二、债券投资	2140	-1285	-1900
十一、所有者权益	1250554	126828	-106578	三、股权及其他投资	129		
其中:实收资本				四、买入返售资产			
				五、存放中央银行存款			
				六、缴存中央银行财政性存款	48972	-4070	-11246
				七、银行业存款类金融机构往来			
				八、存放非存款类金融机构款项			
				九、联行往来(净)	13879213	-733971	-1757014
				其中:境内存放二级准备金	2914	476	-11076
				十、库存现金	168211	-2473	-2704
				十一、应收及预付款	432947	26778	34383
				其中:应收利息	194035	13858	24805
				十二、投资性房地产			
				十三、固定资产	407586	-9266	-19989
				十四、其他资产	149326	38155	9227
				十五、减:各项准备	24107	-40	-711
				其中:贷款减值准备	762	-734	655
资金来源总计	95212930	7765687	5887543	资金运用总计	95212930	7765687	5887543

注:本表数据为合并口径。

⑧ 交通银行湖北省分行人民币信贷收支表

表 5-3-3-1-2-8　　2023 年 12 月 31 日　　单位：万元

来源项目名称　栏目	12 月余额	比年初增减数 2023 年	比年初增减数 2022 年
一、各项存款	31290719	2058357	866443
（一）境内存款	31262739	2059650	863401
1.个人存款	13112125	2133644	1976469
其中：活期储蓄存款	3527526	64432	233335
定期储蓄存款	7129044	1992328	1636222
结构性存款	658395	-166946	-411434
2.单位存款	16591603	16724	-1400221
其中：活期存款	4497918	-844523	-1448734
定期存款	6087210	620161	656713
保证金存款	471283	-21087	-73861
结构性存款	1068710	-283910	683122
3.国库定期存款	170000	14000	29000
4.非存款类金融机构存款	1389012	-104719	258153
（二）境外存款	27979	-1292	3042
二、代理财政性存款		-4	-1297
三、金融债券			
其中：境外发行			
四、卖出回购资产			
五、向中央银行借款			-25724
六、银行业存款类金融机构往来	1066185	4823	761436
七、借款及非存款类金融机构拆入			
八、联行往来（净）			
九、应付及暂收款	753114	199121	-22993
其中：应付利息	656545	201031	-6697
十、其他负债	245330	12926	555
十一、所有者权益	451689	-195695	-20339
其中：实收资本			
资金来源总计	33807036	2079530	1558080

运用项目名称　栏目	12 月余额	比年初增减数 2023 年	比年初增减数 2022 年
一、各项贷款	27946836	74088	3198980
（一）境内贷款	27943642	73192	3200272
1.短期贷款	5710388	-688904	2308179
（1）个人贷款及透支	1180167	184256	173337
其中：个人消费贷款	308330	116460	51690
（2）单位贷款及透支	4530221	-873159	2134842
经营贷款及透支	3166828	403582	80560
固定资产贷款		-2500	2500
并购贷款			
贸易融资	1363393	-1274241	2051781
（3）非存款类金融机构贷款			
2.中长期贷款	20574800	640385	42163
（1）个人贷款	7578222	-653947	-595691
其中：个人消费贷款	7394255	-645655	-532310
（2）单位贷款	12996578	1304332	637854
经营贷款	2507715	1037861	-30106
固定资产贷款	9829247	196135	287298
并购贷款	439623	-22271	269278
贸易融资	219993	92606	111385
（3）非存款类金融机构贷款		-10000	
3.票据融资	1658142	121710	850711
4.融资租赁			
5.各项垫款	311		-781
（二）境外贷款	3195	895	-1292
二、债券投资			
三、股权及其他投资			
四、买入返售资产			
五、存放中央银行存款			
六、缴存中央银行财政性存款	954	-371	-361336
七、银行业存款类金融机构往来	6844	2406	62
八、存放非存款类金融机构款项			
九、联行往来（净）	6112511	2155499	-1046221
其中：境内存放二级准备金	902975		
十、库存现金	31350	-1932	-31
十一、应收及预付款	49363	-4117	427
其中：应收利息	39741	-9941	-273
十二、投资性房地产			
十三、固定资产	125601	-8946	-5757
十四、其他资产	36321	-28175	-191488
十五、减：各项准备	502743	108923	36557
其中：贷款减值准备	500694	109510	36564
资金运用总计	33807036	2079530	1558080

⑨ 中国邮政储蓄银行湖北省分行人民币信贷收支表

表 5-3-3-1-2-9　　2023 年 12 月 31 日　　单位:万元

来源项目名称（栏目）	12 月余额	比年初增减数 2023 年	比年初增减数 2022 年	运用项目名称（栏目）	12 月余额	比年初增减数 2023 年	比年初增减数 2022 年
一、各项存款	82232398	7217484	7819578	一、各项贷款	27928834	3319665	2906834
(一)境内存款	82228921	7215785	7821175	(一)境内贷款	27928774	3319605	2906834
1.个人存款	75471603	7280345	7799864	1.短期贷款	5877668	1709404	299597
其中:活期储蓄存款	16511935	-368546	1227658	(1)个人贷款及透支	3021186	469020	127870
定期储蓄存款	609590	-53012	112248	其中:个人消费贷款	434340	-38095	-22044
结构性存款				(2)单位贷款及透支	2856482	1240384	171726
2.单位存款	6597833	-46794	-27272	经营贷款及透支	1785724	600994	136531
其中:活期存款	4524247	-384157	-289320	固定资产贷款		-15050	15000
定期存款	872649	202810	-168705	并购贷款			
保证金存款	99439	10296	8935	贸易融资	1070758	654441	20195
结构性存款				(3)非存款类金融机构贷款			
3.国库定期存款	134484	10480	124004	2.中长期贷款	20623145	1961745	2497741
4.非存款类金融机构存款	25001	-28247	-75421	(1)个人贷款	11233325	757456	702338
(二)境外存款	3477	1699	-1597	其中:个人消费贷款	8861119	156363	-28768
二、代理财政性存款	8128	-448	-19221	(2)单位贷款	9389820	1204289	1795404
三、金融债券				经营贷款	2448808	-83166	365103
其中:境外发行				固定资产贷款	6640678	1137801	1307536
四、卖出回购资产				并购贷款	62544	62544	
五、向中央银行借款		-5348	-29846	贸易融资	237790	87110	122765
六、银行业存款类金融机构往来	3482	-330484	282819	(3)非存款类金融机构贷款			
七、借款及非存款类金融机构拆入				3.票据融资	1427961	-351544	109496
八、联行往来(净)				4.融资租赁			
九、应付及暂收款	1124330	73607	-133306	5.各项垫款			
其中:应付利息	980502	93232	-146278	(二)境外贷款	60	60	
十、其他负债	64405	-5094	-325	二、债券投资			
十一、所有者权益	539891	127662	60096	三、股权及其他投资			
其中:实收资本				四、买入返售资产			
				五、存放中央银行存款			
				六、缴存中央银行财政性存款	52808	32482	-10280
				七、银行业存款类金融机构往来			
				八、存放非存款类金融机构款项			
				九、联行往来(净)	55873609	3626389	5025361
				其中:境内存放二级准备金			
				十、库存现金	194580	-53556	25361
				十一、应收及预付款	125220	35361	14984
				其中:应收利息	81226	1182	5764
				十二、投资性房地产			
				十三、固定资产	158848	12659	6156
				十四、其他资产	81173	18787	8476
				十五、减:各项准备	442439	-85591	-2903
				其中:贷款减值准备	438951	-85281	-1878
资金来源总计	83972634	7077377	7979795	资金运用总计	83972634	7077377	7979795

⑩ 中信银行武汉分行人民币信贷收支表

表 5-3-3-1-2-10　　　　2023 年 12 月 31 日　　　　单位:万元

来源项目名称	12 月余额	比年初增减数 2023 年	比年初增减数 2022 年	运用项目名称	12 月余额	比年初增减数 2023 年	比年初增减数 2022 年
一、各项存款	17313699	987558	1557846	一、各项贷款	17955204	1455883	1872666
(一)境内存款	17274201	965356	1555111	(一)境内贷款	17947280	1450147	1872582
1.个人存款	4254850	403516	1116992	1.短期贷款	2435646	76990	397701
其中:活期储蓄存款	1064734	-48985	259001	(1)个人贷款及透支	163806	-35235	-20058
定期储蓄存款	1890067	685453	462206	其中:个人消费贷款	145356	-28763	-21263
结构性存款	281914	-128455	20282	(2)单位贷款及透支	2271840	112225	417759
2.单位存款	12556390	636721	273228	经营贷款及透支	1901161	-112363	430877
其中:活期存款	2466902	-260752	216241	固定资产贷款	133000	133000	
定期存款	738534	-52289	-101768	并购贷款			
保证金存款	3714425	147803	719674	贸易融资	237680	91588	-13118
结构性存款	345613	-27142	95441	(3)非存款类金融机构贷款			
3.国库定期存款	100000	-15000	41000	2.中长期贷款	14403176	1069494	1428370
4.非存款类金融机构存款	362961	-59881	123891	(1)个人贷款	7263075	709077	574546
(二)境外存款	39498	22202	2735	其中:个人消费贷款	5481009	509264	230624
二、代理财政性存款	14430	-17274	-29223	(2)单位贷款	7140101	360417	853823
三、金融债券				经营贷款	964328	247474	-334433
其中:境外发行				固定资产贷款	5571897	-35166	1094604
四、卖出回购资产				并购贷款	487377	135958	97151
五、向中央银行借款	181409	34839	80353	贸易融资	116500	12152	-3500
六、银行业存款类金融机构往来	33316	-18689	-119436	(3)非存款类金融机构贷款			
七、借款及非存款类金融机构拆入				3.票据融资	1101812	305020	41315
八、联行往来(净)				4.融资租赁			
九、应付及暂收款	284090	62283	61511	5.各项垫款	6646	-1356	5196
其中:应付利息	157061	60098	18449	(二)境外贷款	7924	5736	84
十、其他负债	143921	-6817	25773	二、债券投资			
十一、所有者权益	49296	-72239	25233	三、股权及其他投资	2466	-20380	20144
其中:实收资本				四、买入返售资产			
				五、存放中央银行存款			
				六、缴存中央银行财政性存款	4511	-1344	-36
				七、银行业存款类金融机构往来	5640	636	796
				八、存放非存款类金融机构款项			
				九、联行往来(净)	76375	-483409	-314061
				其中:境内存放二级准备金			
				十、库存现金	8098	-1781	-3007
				十一、应收及预付款	113366	14259	17729
				其中:应收利息	92889	11924	21546
				十二、投资性房地产			
				十三、固定资产	25238	-956	-912
				十四、其他资产	243566	50141	53094
				十五、减:各项准备	414302	43387	44355
				其中:贷款减值准备	394320	39360	43264
资金来源总计	18020162	969663	1602056	资金运用总计	18020162	969663	1602056

⑪ 中国光大银行武汉分行人民币信贷收支表

表 5-3-3-1-2-11　　2023 年 12 月 31 日　　单位:万元

栏目 来源项目名称	12 月余额	比年初增减数		栏目 运用项目名称	12 月余额	比年初增减数	
		2023 年	2022 年			2023 年	2022 年
一、各项存款	10302881	205334	929371	一、各项贷款	10725496	866346	740301
(一)境内存款	10278326	196611	929043	(一)境内贷款	10724282	866237	739621
1.个人存款	3320079	387756	607342	1.短期贷款	2374327	501109	410856
其中:活期储蓄存款	638180	30700	19305	(1)个人贷款及透支	138897	-28065	-128280
定期储蓄存款	1272599	359835	448674	其中:个人消费贷款	131500	-25884	-128474
结构性存款	311908	23594	-149694	(2)单位贷款及透支	2235431	529174	539136
2.单位存款	6630415	-275993	312525	经营贷款及透支	1734433	446584	377343
其中:活期存款	1323293	-69008	-278033	固定资产贷款			
定期存款	503221	-380020	-525902	并购贷款			
保证金存款	2234761	531589	730846	贸易融资	500998	82590	161793
结构性存款	332500	137150	-221050	(3)非存款类金融机构贷款			
3.国库定期存款	91000	17000	9000	2.中长期贷款	7574046	278770	295125
4.非存款类金融机构存款	236832	67848	176	(1)个人贷款	4147901	161995	132914
(二)境外存款	24555	8723	328	其中:个人消费贷款	3226352	28624	11246
二、代理财政性存款	6	2	-20	(2)单位贷款	3426146	116776	162210
三、金融债券				经营贷款	1393264	294896	77777
其中:境外发行				固定资产贷款	1686548	-117218	50310
四、卖出回购资产				并购贷款	136046	-4003	58049
五、向中央银行借款	53059	53059	-20136	贸易融资	210288	-56900	-23926
六、银行业存款类金融机构往来	9894	2059	-92283	(3)非存款类金融机构贷款			
七、借款及非存款类金融机构拆入				3.票据融资	775908	86358	33641
八、联行往来(净)				4.融资租赁			
九、应付及暂收款	179436	30484	23904	5.各项垫款			
其中:应付利息	134564	32939	37427	(二)境外贷款	1214	110	679
十、其他负债	93906	810	1145	二、债券投资	31	11	-69
十一、所有者权益	200715	34714	-56596	三、股权及其他投资			-6085
其中:实收资本				四、买入返售资产			
				五、存放中央银行存款			
				六、缴存中央银行财政性存款	82	-290	291
				七、银行业存款类金融机构往来	1516	161	233
				八、存放非存款类金融机构款项			
				九、联行往来(净)	228065	-603002	82428
				其中:境内存放二级准备金			
				十、库存现金	9364	-3285	3113
				十一、应收及预付款	39838	-1970	9586
				其中:应收利息	34036	1257	7667
				十二、投资性房地产			
				十三、固定资产	8170	-513	-637
				十四、其他资产	30884	822	-877
				十五、减:各项准备	203548	-68182	42900
				其中:贷款减值准备	200475	-68161	42773
资金来源总计	10839898	326462	785384	资金运用总计	10839898	326462	785384

⑫ 招商银行武汉分行人民币信贷收支表

表 5-3-3-1-2-12　　2023 年 12 月 31 日　　单位:万元

栏目 来源项目名称	12 月余额	比年初增减数	
		2023 年	2022 年
一、各项存款	31346695	2995750	4748195
(一)境内存款	31253544	2975016	4736353
1.个人存款	14250370	2197827	3019368
其中:活期储蓄存款	7152262	-115230	1637529
定期储蓄存款	4463514	1481206	1179270
结构性存款	562436	161988	-131540
2.单位存款	16142017	816119	1952099
其中:活期存款	6648473	-1709751	800443
定期存款	1886944	466389	323847
保证金存款	1696478	-153252	814999
结构性存款	583890	130540	71779
3.国库定期存款	123000	10000	31000
4.非存款类金融机构存款	738157	-48930	-266114
(二)境外存款	93151	20734	11842
二、代理财政性存款	29	-1033	70
三、金融债券			
其中:境外发行			
四、卖出回购资产			
五、向中央银行借款	260314	91639	65031
六、银行业存款类金融机构往来	24681	-41658	-369972
七、借款及非存款类金融机构拆入			
八、联行往来(净)			
九、应付及暂收款	486776	94734	63502
其中:应付利息	328052	137511	73055
十、其他负债	189243	-1195	-3306
十一、所有者权益	223677	-83323	44829
其中:实收资本			
资金来源总计	**32531415**	**3054914**	**4548349**

栏目 运用项目名称	12 月余额	比年初增减数	
		2023 年	2022 年
一、各项贷款	21071498	1462130	2671313
(一)境内贷款	21070054	1462248	2672100
1.短期贷款	3790548	870416	956929
(1)个人贷款及透支	447481	57815	-45518
其中:个人消费贷款	339823	46261	-16693
(2)单位贷款及透支	3343067	812601	1002447
经营贷款及透支	2296780	544866	643951
固定资产贷款	24990	6153	-22839
并购贷款		-23000	23000
贸易融资	1021297	284582	358335
(3)非存款类金融机构贷款			
2.中长期贷款	14449322	802212	908569
(1)个人贷款	10372309	798964	215251
其中:个人消费贷款	7186163	124812	-108609
(2)单位贷款	4077013	3248	812118
经营贷款	1026511	126854	224559
固定资产贷款	2827247	-71470	544971
并购贷款	187038	-5145	10607
贸易融资	36217	-46991	31981
(3)非存款类金融机构贷款			-118800
3.票据融资	2808323	-210401	792845
4.融资租赁			
5.各项垫款	21861	21	13757
(二)境外贷款	1444	-118	-787
二、债券投资			
三、股权及其他投资			-317070
四、买入返售资产			
五、存放中央银行存款			
六、缴存中央银行财政性存款	1524	1134	-14177
七、银行业存款类金融机构往来	5415	464	1813
八、存放非存款类金融机构款项			
九、联行往来(净)	11533203	1655617	2288166
其中:境内存放二级准备金			
十、库存现金	56161	9982	-28960
十一、应收及预付款	53213	2464	1741
其中:应收利息	34496	-1202	-346
十二、投资性房地产			
十三、固定资产	55606	-5700	-6596
十四、其他资产	56786	-18368	-4697
十五、减:各项准备	301991	52809	43184
其中:贷款减值准备	298794	52717	45332
资金运用总计	**32531415**	**3054914**	**4548349**

⑬ 上海浦东发展银行武汉分行人民币信贷收支表

表 5-3-3-1-2-13　　2023 年 12 月 31 日　　单位:万元

来源项目名称＼栏目	12 月余额	比年初增减数		运用项目名称＼栏目	12 月余额	比年初增减数	
		2023 年	2022 年			2023 年	2022 年
一、各项存款	8025048	539055	685945	一、各项贷款	8151832	626295	-315710
(一)境内存款	8006382	525761	685006	(一)境内贷款	8150226	625650	-316292
1.个人存款	2227272	269751	550270	1.短期贷款	2701156	267655	343113
其中:活期储蓄存款	657414	-52245	137957	(1)个人贷款及透支	374492	50209	-44079
定期储蓄存款	842373	221786	293247	其中:个人消费贷款	265162	27869	-44884
结构性存款	288046	90912	-7626	(2)单位贷款及透支	2326664	217446	387192
2.单位存款	4913851	206245	-305197	经营贷款及透支	1578002	156916	-54644
其中:活期存款	1480761	17678	-484851	固定资产贷款	46440	-60	-6745
定期存款	410184	-228259	143635	并购贷款			
保证金存款	468166	224423	35865	贸易融资	702222	60590	448581
结构性存款	182938	-14123	87781	(3)非存款类金融机构贷款			
3.国库定期存款	40000	-14000	1000	2.中长期贷款	5338938	378871	26704
4.非存款类金融机构存款	825259	63765	438933	(1)个人贷款	1924966	28503	-168824
(二)境外存款	18666	13294	939	其中:个人消费贷款	1583929	108154	-98727
二、代理财政性存款	793	-603	1029	(2)单位贷款	3413972	350368	195528
三、金融债券				经营贷款	858972	-37782	-60826
其中:境外发行				固定资产贷款	2395249	361621	252229
四、卖出回购资产				并购贷款	9900	-1500	4125
五、向中央银行借款	69900	11061	-120	贸易融资	149851	28029	
六、银行业存款类金融机构往来	812082	727055	-22852	(3)非存款类金融机构贷款			
七、借款及非存款类金融机构拆入				3.票据融资	110132	-20874	-686109
八、联行往来(净)				4.融资租赁			
九、应付及暂收款	128260	23284	33807	5.各项垫款		-2	
其中:应付利息	109427	18162	35343	(二)境外贷款	1606	645	582
十、其他负债	34171	-4913	-2339	二、债券投资			
十一、所有者权益	87830	20741	-53011	三、股权及其他投资	234	-3	
其中:实收资本				四、买入返售资产			
				五、存放中央银行存款			
				六、缴存中央银行财政性存款	983	-311	-12317
				七、银行业存款类金融机构往来	1166	-661	-697
				八、存放非存款类金融机构款项			
				九、联行往来(净)	1008016	651619	952498
				其中:境内存放二级准备金			
				十、库存现金	10318	1404	2578
				十一、应收及预付款	45155	5413	1610
				其中:应收利息	42130	5814	4060
				十二、投资性房地产			
				十三、固定资产	18029	42	-1252
				十四、其他资产	17723	-3177	-1878
				十五、减:各项准备	95372	-35059	-17627
				其中:贷款减值准备	92873	-34769	-17687
资金来源总计	9158084	1315680	642459	资金运用总计	9158084	1315680	642459

⑭ 中国民生银行武汉分行人民币信贷收支表

表 5-3-3-1-2-14　　2023 年 12 月 31 日　　单位:万元

栏目 来源项目名称	12 月余额	比年初增减数		栏目 运用项目名称	12 月余额	比年初增减数	
		2023 年	2022 年			2023 年	2022 年
一、各项存款	9031940	585785	801661	一、各项贷款	9406873	416372	156887
(一)境内存款	9023180	587127	802181	(一)境内贷款	9404320	416923	157259
1.个人存款	3106029	437446	535723	1.短期贷款	2272756	267291	164519
其中:活期储蓄存款	923141	7870	115916	(1)个人贷款及透支	1118894	73991	19214
定期储蓄存款	1301027	516185	320376	其中:个人消费贷款	54486	4103	1375
结构性存款	46886	4319	16451	(2)单位贷款及透支	1153862	193300	145305
2.单位存款	5732308	166576	259284	经营贷款及透支	874657	-7698	157761
其中:活期存款	1754453	-295410	-212080	固定资产贷款			
定期存款	989029	60246	185285	并购贷款			
保证金存款	382509	105831	-9386	贸易融资	279205	200997	-12456
结构性存款	57500	56350	-9650	(3)非存款类金融机构贷款			
3.国库定期存款	43000	-14000	18000	2.中长期贷款	5802209	54835	-183297
4.非存款类金融机构存款	141842	-2895	-10827	(1)个人贷款	1169448	-161973	-77601
(二)境外存款	8760	-1342	-520	其中:个人消费贷款	1042941	-153976	-55739
二、代理财政性存款	121	121	-88	(2)单位贷款	4586512	170558	-105696
三、金融债券				经营贷款	1298118	93154	133196
其中:境外发行				固定资产贷款	2675538	71007	-220942
四、卖出回购资产				并购贷款	176229	-15003	-13803
五、向中央银行借款	241541	15058	170259	贸易融资	436627	21401	-4147
六、银行业存款类金融机构往来	17374	-16217	-86617	(3)非存款类金融机构贷款	46250	46250	
七、借款及非存款类金融机构拆入				3.票据融资	1329355	94797	176036
八、联行往来(净)				4.融资租赁			
九、应付及暂收款	196606	53914	5990	5.各项垫款			
其中:应付利息	122097	45486	12865	(二)境外贷款	2553	-552	-372
十、其他负债	142308	-1430	63	二、债券投资			
十一、所有者权益	40329	-73989	23276	三、股权及其他投资			
其中:实收资本				四、买入返售资产			
				五、存放中央银行存款			
				六、缴存中央银行财政性存款	2433	-29595	31675
				七、银行业存款类金融机构往来	2755	568	1019
				八、存放非存款类金融机构款项			
				九、联行往来(净)	262944	202625	693195
				其中:境内存放二级准备金			
				十、库存现金	15398	1934	1396
				十一、应收及预付款	88643	16856	14980
				其中:应收利息	66392	22347	16762
				十二、投资性房地产			
				十三、固定资产	32598	-765	-375
				十四、其他资产	34010	-2047	4180
				十五、减:各项准备	175436	42706	-11587
				其中:贷款减值准备	172127	45939	-11204
资金来源总计	9670217	563242	914545	**资金运用总计**	9670217	563242	914545

⑮ 华夏银行武汉分行人民币信贷收支表

表 5-3-3-1-2-15　　2023 年 12 月 31 日　　单位：万元

来源项目名称	12 月余额	比年初增减数 2023 年	比年初增减数 2022 年	运用项目名称	12 月余额	比年初增减数 2023 年	比年初增减数 2022 年
一、各项存款	7934884	112690	280057	一、各项贷款	7076530	-271630	10128
(一)境内存款	7929228	111713	281128	(一)境内贷款	7075234	-271635	9182
1.个人存款	2565193	259225	414390	1.短期贷款	1393864	303554	-116212
其中:活期储蓄存款	780214	8301	60410	(1)个人贷款及透支	93702	-15054	10579
定期储蓄存款	743512	152144	320873	其中:个人消费贷款	37137	1105	20664
结构性存款	131910	-35527	-28528	(2)单位贷款及透支	1300162	318609	-126791
2.单位存款	4193963	34816	-512952	经营贷款及透支	1022333	152293	-92261
其中:活期存款	1592354	-70338	-467935	固定资产贷款		-755	755
定期存款	1073296	484592	116139	并购贷款			
保证金存款	114675	-347843	153710	贸易融资	277830	167070	-35285
结构性存款	11000	11000	-5000	(3)非存款类金融机构贷款			
3.国库定期存款	42000	-21000	16000	2.中长期贷款	5358120	-450335	-318381
4.非存款类金融机构存款	1128072	-161328	363690	(1)个人贷款	1064293	-123168	-113486
(二)境外存款	5656	977	-1071	其中:个人消费贷款	884085	-86799	-43533
二、代理财政性存款	5	-27	31	(2)单位贷款	4293827	-327167	-204895
三、金融债券				经营贷款	1945863	83678	-77907
其中:境外发行				固定资产贷款	2169640	-393670	-92384
四、卖出回购资产				并购贷款	93100	-1000	-700
五、向中央银行借款				贸易融资	85224	-16174	-33904
六、银行业存款类金融机构往来	50095	49905	27	(3)非存款类金融机构贷款			
七、借款及非存款类金融机构拆入				3.票据融资	302317	-130789	432775
八、联行往来(净)	116477	-175683	242182	4.融资租赁			
九、应付及暂收款	297737	66871	61429	5.各项垫款	20932	5935	11000
其中:应付利息	178001	70020	43426	(二)境外贷款	1296	5	946
十、其他负债	65387	-8229	15809	二、债券投资	1223263	341001	305891
十一、所有者权益	-135639	57976	-332275	三、股权及其他投资	1510	-214	97
其中:实收资本				四、买入返售资产			
				五、存放中央银行存款			
				六、缴存中央银行财政性存款	72	-220	-2280
				七、银行业存款类金融机构往来	1366	-826	429
				八、存放非存款类金融机构款项			
				九、联行往来(净)			
				其中:境内存放二级准备金	531320	8929	35359
				十、库存现金	12234	2556	-1221
				十一、应收及预付款	159993	-13180	11972
				其中:应收利息	47220	-11317	-15214
				十二、投资性房地产			
				十三、固定资产	47508	2817	35780
				十四、其他资产	23317	-1899	5119
				十五、减:各项准备	216846	-45096	98656
				其中:贷款减值准备	211282	-46009	98357
资金来源总计	8328946	103502	267259	资金运用总计	8328946	103502	267259

⑯ 平安银行武汉分行人民币信贷收支表

表 5-3-3-1-2-16　　2023 年 12 月 31 日　　单位：万元

来源项目名称	12 月余额	比年初增减数 2023 年	比年初增减数 2022 年	运用项目名称	12 月余额	比年初增减数 2023 年	比年初增减数 2022 年
一、各项存款	6379960	1662095	733074	一、各项贷款	9827120	343792	1471970
（一）境内存款	6349739	1645125	732028	（一）境内贷款	9826909	343853	1471769
1.个人存款	3551233	1032861	802386	1.短期贷款	666357	-21189	24385
其中：活期储蓄存款	716889	24472	132014	（1）个人贷款及透支	146680	-147491	-7036
定期储蓄存款	843887	417150	253652	其中：个人消费贷款	38504	-72441	-32134
结构性存款	504027	342762	73012	（2）单位贷款及透支	519677	126303	31420
2.单位存款	2701939	574317	15604	经营贷款及透支	376484	91433	-24955
其中：活期存款	640392	-163480	-59025	固定资产贷款			-11590
定期存款	631136	276554	78032	并购贷款			
保证金存款	504766	174107	135498	贸易融资	143194	34870	67965
结构性存款	93840	-59160	-123600	（3）非存款类金融机构贷款			
3.国库定期存款	95000	37000	19000	2.中长期贷款	8958029	283244	1444766
4.非存款类金融机构存款	1567	947	-104962	（1）个人贷款	5360045	-112644	1031617
（二）境外存款	30221	16971	1046	其中：个人消费贷款	2170209	-490933	-59489
二、代理财政性存款	6498	-213	-4306	（2）单位贷款	3597984	395888	413150
三、金融债券				经营贷款	856938	-36431	-261705
其中：境外发行				固定资产贷款	2331754	442403	396260
四、卖出回购资产				并购贷款	409291	-10084	278595
五、向中央银行借款				贸易融资			
六、银行业存款类金融机构往来		-90000	90000	（3）非存款类金融机构贷款			
七、借款及非存款类金融机构拆入				3.票据融资	202282	81798	2377
八、联行往来（净）	3297064	-1132436	631350	4.融资租赁			
九、应付及暂收款	123355	30826	5747	5.各项垫款	241		241
其中：应付利息	84415	31625	13867	（二）境外贷款	211	-61	202
十、其他负债	77334	4242	-126	二、债券投资			
十一、所有者权益	-25989	-108233	-40854	三、股权及其他投资			
其中：实收资本				四、买入返售资产			
				五、存放中央银行存款			
				六、缴存中央银行财政性存款	902	-5821	-1830
				七、银行业存款类金融机构往来	1530	-12619	4766
				八、存放非存款类金融机构款项			
				九、联行往来（净）			
				其中：境内存放二级准备金			
				十、库存现金	7534	-2193	-3227
				十一、应收及预付款	32413	-2411	821
				其中：应收利息	26605	-581	1682
				十二、投资性房地产			
				十三、固定资产	155184	78678	-3136
				十四、其他资产	82939	-4239	18237
				十五、减：各项准备	249400	28905	72717
				其中：贷款减值准备	248480	28363	72674
资金来源总计	9858222	366283	1414885	资金运用总计	9858222	366283	1414885

注：本表数据为合并口径。

⑰ 兴业银行武汉分行人民币信贷收支表

表 5-3-3-1-2-17　　2023 年 12 月 31 日　　单位:万元

来源项目名称（栏目）	12 月余额	比年初增减数		运用项目名称（栏目）	12 月余额	比年初增减数	
		2023 年	2022 年			2023 年	2022 年
一、各项存款	14018453	1108248	-1403847	一、各项贷款	13398713	1234023	243147
(一)境内存款	14009678	1106060	-1401525	(一)境内贷款	13346312	1184401	241699
1.个人存款	3731572	897522	814796	1.短期贷款	2130284	41639	210627
其中:活期储蓄存款	1044422	-7540	128248	(1)个人贷款及透支	134201	41203	72559
定期储蓄存款	1677237	860301	472368	其中:个人消费贷款	56519	30286	24888
结构性存款	84553	12491	43027	(2)单位贷款及透支	1996083	436	138069
2.单位存款	8319687	-428	-723269	经营贷款及透支	1940077	63417	109403
其中:活期存款	2581052	-252044	-941193	固定资产贷款	31579	-12891	-34720
定期存款	332053	2019	21146	并购贷款			
保证金存款	802889	82541	-3562	贸易融资	24426	-50090	63385
结构性存款	336430	-151657	52625	(3)非存款类金融机构贷款			
3.国库定期存款	78000	-11000	32000	2.中长期贷款	11015065	1544127	798523
4.非存款类金融机构存款	1880418	219966	-1525052	(1)个人贷款	3474664	-16994	132316
(二)境外存款	8776	2188	-2322	其中:个人消费贷款	2878897	-94061	-43247
二、代理财政性存款	917	883	32	(2)单位贷款	7540401	1561120	666207
三、金融债券				经营贷款	692155	46925	87757
其中:境外发行				固定资产贷款	5765671	878412	412214
四、卖出回购资产				并购贷款	1077114	632459	166313
五、向中央银行借款			-104552	贸易融资	5461	3324	-77
六、银行业存款类金融机构往来	671156	49662	218789	(3)非存款类金融机构贷款			
七、借款及非存款类金融机构拆入				3.票据融资	200963	-398505	-761013
八、联行往来(净)				4.融资租赁			
九、应付及暂收款	197809	66785	7795	5.各项垫款		-2861	-6439
其中:应付利息	152001	77091	16520	(二)境外贷款	52401	49622	1449
十、其他负债	65700	1653	-47141	二、债券投资	44	-39	-93
十一、所有者权益	77236	-109196	-121831	三、股权及其他投资	2265	-166	2431
其中:实收资本				四、买入返售资产			
				五、存放中央银行存款			
				六、缴存中央银行财政性存款	33401	33393	-40
				七、银行业存款类金融机构往来	11738	8534	-146
				八、存放非存款类金融机构款项			
				九、联行往来(净)	1774164	-25232	-1609723
				其中:境内存放二级准备金			
				十、库存现金	8560	-2063	434
				十一、应收及预付款	30135	2365	-2236
				其中:应收利息	25029	928	-1633
				十二、投资性房地产			
				十三、固定资产	21874	-3266	955
				十四、其他资产	38592	5150	-33361
				十五、减:各项准备	288217	134663	52125
				其中:贷款减值准备	286117	134384	52711
资金来源总计	15031270	1118035	-1450756	**资金运用总计**	15031270	1118035	-1450756

⑱ 广发银行武汉分行人民币信贷收支表

表 5-3-3-1-2-18　　　　2023 年 12 月 31 日　　　　单位：万元

来源项目名称	12 月余额	比年初增减数 2023 年	比年初增减数 2022 年	运用项目名称	12 月余额	比年初增减数 2023 年	比年初增减数 2022 年
一、各项存款	3558308	285483	-546828	一、各项贷款	3524124	147151	325078
（一）境内存款	3552006	285461	-546904	（一）境内贷款	3524124	147158	325079
1.个人存款	1022769	77264	129425	1.短期贷款	788229	112727	142798
其中：活期储蓄存款	206061	-45934	77563	（1）个人贷款及透支	73439	-527	22751
定期储蓄存款	443601	209223	91481	其中：个人消费贷款	32302	-10090	13611
结构性存款	80958	-44024	-107250	（2）单位贷款及透支	714790	113254	120047
2.单位存款	2393174	233853	-674761	经营贷款及透支	600934	160134	32459
其中：活期存款	1083286	21815	141647	固定资产贷款			-1725
定期存款	128204	-192536	-728248	并购贷款			
保证金存款	75521	9569	-16327	贸易融资	113856	-46881	89313
结构性存款	66640	22020	22285	（3）非存款类金融机构贷款			
3.国库定期存款	37000	-16000	9000	2.中长期贷款	2677196	133020	133673
4.非存款类金融机构存款	99063	-9656	-10568	（1）个人贷款	705745	-24411	13256
（二）境外存款	6302	22	76	其中：个人消费贷款	581679	-22637	8053
二、代理财政性存款			-1	（2）单位贷款	1971451	157431	120417
三、金融债券				经营贷款	1654749	246774	61675
其中：境外发行				固定资产贷款	313863	-92183	58742
四、卖出回购资产				并购贷款			
五、向中央银行借款	6000	-15238	8000	贸易融资	2840	2840	
六、银行业存款类金融机构往来	89	3	-69	（3）非存款类金融机构贷款			
七、借款及非存款类金融机构拆入				3.票据融资	58699	-98589	48609
八、联行往来（净）				4.融资租赁			
九、应付及暂收款	43498	8541	8308	5.各项垫款			
其中：应付利息	34699	6788	9920	（二）境外贷款		-7	-1
十、其他负债	37078	-895	164	二、债券投资	46	-23	-69
十一、所有者权益	-5997	-19558	23262	三、股权及其他投资			
其中：实收资本				四、买入返售资产			
				五、存放中央银行存款			
				六、缴存中央银行财政性存款	0	0	
				七、银行业存款类金融机构往来	1636	-25	-723
				八、存放非存款类金融机构款项			
				九、联行往来（净）	98931	101737	-828732
				其中：境内存放二级准备金			
				十、库存现金	3055	-1578	-167
				十一、应收及预付款	5201	-301	339
				其中：应收利息	4303	-418	315
				十二、投资性房地产			
				十三、固定资产	20023	-890	-918
				十四、其他资产	37223	8128	973
				十五、减：各项准备	51264	-4137	2945
				其中：贷款减值准备	45499	-4546	2513
资金来源总计	**3638976**	**258336**	**-507164**	**资金运用总计**	**3638976**	**258336**	**-507164**

⑲ 渤海银行武汉分行人民币信贷收支表

表 5-3-3-1-2-19　　　　2023 年 12 月 31 日　　　　单位：万元

栏目 来源项目名称	12 月余额	比年初增减数		栏目 运用项目名称	12 月余额	比年初增减数	
		2023 年	2022 年			2023 年	2022 年
一、各项存款	2417192	17578	324556	一、各项贷款	3267867	-316308	-61998
（一）境内存款	2415081	17310	323095	（一）境内贷款	3267647	-316129	-61888
1.个人存款	690171	230583	122373	1.短期贷款	540951	5172	220267
其中：活期储蓄存款	121271	33205	-21165	（1）个人贷款及透支	8201	-563	-2667
定期储蓄存款	377160	157575	102969	其中：个人消费贷款	3726	1922	1211
结构性存款	23517	-11625	507	（2）单位贷款及透支	532750	5735	222935
2.单位存款	1696147	-190669	194074	经营贷款及透支	531150	4135	224394
其中：活期存款	355065	-370793	123497	固定资产贷款			
定期存款	355360	58507	179043	并购贷款			
保证金存款	445228	225719	152745	贸易融资	1600	1600	-1459
结构性存款	186000	-139000	-295000	（3）非存款类金融机构贷款			
3.国库定期存款	25000	-25000	11000	2.中长期贷款	2715012	-141136	-391404
4.非存款类金融机构存款	3763	2396	-4353	（1）个人贷款	1068825	-266264	-163428
（二）境外存款	2112	268	1461	其中：个人消费贷款	937596	-244974	-192264
二、代理财政性存款		0	0	（2）单位贷款	1646187	125128	-227976
三、金融债券				经营贷款	521502	-10492	-366871
其中：境外发行				固定资产贷款	710810	-111755	62395
四、卖出回购资产				并购贷款	367000	200500	76500
五、向中央银行借款				贸易融资	46875	46875	
六、银行业存款类金融机构往来		-10000	10000	（3）非存款类金融机构贷款			
七、借款及非存款类金融机构拆入				3.票据融资	11685	-180165	109248
八、联行往来（净）	765525	-309838	-368375	4.融资租赁			
九、应付及暂收款	49633	-3404	-20845	5.各项垫款			
其中：应付利息	41215	826	3136	（二）境外贷款	219	-179	-110
十、其他负债	52338	-4981	11237	二、债券投资			
十一、所有者权益	42829	-8438	1352	三、股权及其他投资			
其中：实收资本				四、买入返售资产			
				五、存放中央银行存款			
				六、缴存中央银行财政性存款	51	-868	919
				七、银行业存款类金融机构往来	2931	250	-399
				八、存放非存款类金融机构款项			
				九、联行往来（净）			
				其中：境内存放二级准备金			
				十、库存现金	999	281	105
				十一、应收及预付款	19630	605	-3870
				其中：应收利息	18836	803	-4261
				十二、投资性房地产			
				十三、固定资产	21490	285	20239
				十四、其他资产	14549	-3327	2930
				十五、减：各项准备			
				其中：贷款减值准备			
资金来源总计	3327516	-319083	-42075	资金运用总计	3327516	-319083	-42075

⑳ 浙商银行武汉分行人民币信贷收支表

表 5-3-3-1-2-20　　　　2023 年 12 月 31 日　　　　单位:万元

栏目 来源项目名称	12 月余额	比年初增减数		栏目 运用项目名称	12 月余额	比年初增减数	
		2023 年	2022 年			2023 年	2022 年
一、各项存款	3351280	411652	221361	一、各项贷款	2994829	357804	514061
(一)境内存款	3349702	410172	221276	(一)境内贷款	2962529	325504	514061
1.个人存款	339044	60598	113116	1.短期贷款	811397	146495	190285
其中:活期储蓄存款	64822	-21204	25885	(1)个人贷款及透支	30426	-10262	409
定期储蓄存款	162629	76948	31935	其中:个人消费贷款	3682	-4647	-1412
结构性存款	1400	59	1341	(2)单位贷款及透支	780971	156757	189876
2.单位存款	2956058	347486	88152	经营贷款及透支	437137	64842	210126
其中:活期存款	771569	-44629	-418674	固定资产贷款		-3000	-21290
定期存款	1082737	347606	447783	并购贷款			
保证金存款	90895	-6929	-20442	贸易融资	343834	94915	1040
结构性存款	24000	-27100	51100	(3)非存款类金融机构贷款			
3.国库定期存款	46000	-5000	20000	2.中长期贷款	2015103	97866	269882
4.非存款类金融机构存款	8600	7088	7	(1)个人贷款	588387	91878	38231
(二)境外存款	1578	1480	85	其中:个人消费贷款	414823	126248	53988
二、代理财政性存款		-1	1	(2)单位贷款	1426716	5988	231650
三、金融债券				经营贷款	319427	151543	60409
其中:境外发行				固定资产贷款	1059030	-180641	158067
四、卖出回购资产				并购贷款	41050	41050	
五、向中央银行借款	82980	64602	17393	贸易融资	7210	-5964	13174
六、银行业存款类金融机构往来	0	-66	0	(3)非存款类金融机构贷款			
七、借款及非存款类金融机构拆入				3.票据融资	136028	86143	48894
八、联行往来(净)				4.融资租赁			
九、应付及暂收款	33961	11751	-15677	5.各项垫款		-5000	5000
其中:应付利息	12344	7120	3102	(二)境外贷款	32300	32300	
十、其他负债	20462	-1387	188	二、债券投资			
十一、所有者权益	-7515	-50340	-14565	三、股权及其他投资			
其中:实收资本				四、买入返售资产			
				五、存放中央银行存款			
				六、缴存中央银行财政性存款			
				七、银行业存款类金融机构往来	608	342	74
				八、存放非存款类金融机构款项			
				九、联行往来(净)	400807	62770	-327390
				其中:境内存放二级准备金			
				十、库存现金	1184	741	-72
				十一、应收及预付款	28084	-23135	20136
				其中:应收利息	23999	6781	11458
				十二、投资性房地产			
				十三、固定资产	44975	37720	907
				十四、其他资产	10680	-31	983
				十五、减:各项准备			
				其中:贷款减值准备			
资金来源总计	3481167	436211	208701	资金运用总计	3481167	436211	208701

㉑ 恒丰银行武汉分行人民币信贷收支表

表 5-3-3-1-2-21　　　　2023 年 12 月 31 日　　　　单位:万元

栏目 来源项目名称	12 月余额	比年初增减数		栏目 运用项目名称	12 月余额	比年初增减数	
		2023 年	2022 年			2023 年	2022 年
一、各项存款	1740375	220016	108669	一、各项贷款	2002345	458855	119499
(一)境内存款	1740318	220004	108648	(一)境内贷款	2002345	458855	119499
1.个人存款	136146	9628	50148	1.短期贷款	211726	-26424	-37810
其中:活期储蓄存款	45385	-22523	36959	(1)个人贷款及透支	2328	-589	-3974
定期储蓄存款	54802	14782	4887	其中:个人消费贷款	230	-748	-694
结构性存款				(2)单位贷款及透支	209398	-25836	-33837
2.单位存款	1372084	406241	32031	经营贷款及透支	194564	-29369	-41697
其中:活期存款	375660	-110186	22334	固定资产贷款			
定期存款	25400	13200	-23810	并购贷款			
保证金存款	547619	475652	50181	贸易融资	14834	3534	7860
结构性存款				(3)非存款类金融机构贷款			
3.国库定期存款	43000	7000	13000	2.中长期贷款	1790619	493570	382235
4.非存款类金融机构存款	189088	-202865	13468	(1)个人贷款	313868	94945	134452
(二)境外存款	57	12	21	其中:个人消费贷款	234793	89633	102194
二、代理财政性存款				(2)单位贷款	1476751	398625	247782
三、金融债券				经营贷款	484673	124532	47407
其中:境外发行				固定资产贷款	961467	343874	187383
四、卖出回购资产				并购贷款	12593	-87800	12993
五、向中央银行借款				贸易融资	18019	18019	
六、银行业存款类金融机构往来	65965	65964	-34531	(3)非存款类金融机构贷款			
七、借款及非存款类金融机构拆入				3.票据融资		-8290	-224926
八、联行往来(净)	126615	126615		4.融资租赁			
九、应付及暂收款	13295	5142	-1201	5.各项垫款			
其中:应付利息	7582	4472	-1312	(二)境外贷款			
十、其他负债	17055	-3895	624	二、债券投资			
十一、所有者权益	15695	15651	-5014	三、股权及其他投资			
其中:实收资本				四、买入返售资产			
				五、存放中央银行存款			
				六、缴存中央银行财政性存款		-11	11
				七、银行业存款类金融机构往来	2598	2234	-385
				八、存放非存款类金融机构款项			
				九、联行往来(净)		-18981	-39492
				其中:境内存放二级准备金	215530		
				十、库存现金	343	-364	513
				十一、应收及预付款	4634	2043	-486
				其中:应收利息	3364	1267	-78
				十二、投资性房地产			
				十三、固定资产	677	-18	368
				十四、其他资产	8844	-2117	2252
				十五、减:各项准备	40441	12147	13733
				其中:贷款减值准备	40371	12085	13739
资金来源总计	1979000	429494	68547	资金运用总计	1979000	429494	68547

㉒汉口银行人民币信贷收支表

表 5-3-3-1-2-22　　2023 年 12 月 31 日　　单位:万元

来源项目名称 \ 栏目	12 月余额	比年初增减数	
		2023 年	2022 年
一、各项存款	38676390	2672933	3643863
(一)境内存款	38656112	2670293	3641739
1.个人存款	20539009	3826516	3600257
其中:活期储蓄存款	3374037	9613	473239
定期储蓄存款	13279784	3311463	2750464
结构性存款			
2.单位存款	13236724	-1429664	-108617
其中:活期存款	5903841	292349	-1149655
定期存款	2981071	-484665	1528130
保证金存款	1068978	-618053	486796
结构性存款			
3.国库定期存款	208000	59000	56000
4.非存款类金融机构存款	4672379	214442	94099
(二)境外存款	20277	2639	2124
二、代理财政性存款	1275	-856	-397
三、金融债券	1399945	399990	100060
其中:境外发行			
四、卖出回购资产	2572345	644951	-779073
五、向中央银行借款	3263144	-145999	939670
六、银行业存款类金融机构往来	1917547	-866415	-371356
七、借款及非存款类金融机构拆入			
八、联行往来(净)			
九、应付及暂收款	1081185	202351	92001
其中:应付利息	901036	219307	45454
十、其他负债	84614	35070	-5962
十一、所有者权益	3344455	139491	145563
其中:实收资本	482785		57
资金来源总计	52340900	3081514	3764370

运用项目名称 \ 栏目	12 月余额	比年初增减数	
		2023 年	2022 年
一、各项贷款	31218525	2798896	3643348
(一)境内贷款	31215360	2797799	3643563
1.短期贷款	8042131	328018	1069409
(1)个人贷款及透支	2986991	266009	902620
其中:个人消费贷款	2458766	320404	609347
(2)单位贷款及透支	4355140	562009	166789
经营贷款及透支	3102629	606	-68796
固定资产贷款	3232	371	-5049
并购贷款			
贸易融资	1249279	561032	240635
(3)非存款类金融机构贷款	700000	-500000	
2.中长期贷款	18093993	2019636	2002896
(1)个人贷款	7391278	447024	1099728
其中:个人消费贷款	5997651	319421	691599
(2)单位贷款	10702714	1572612	903168
经营贷款	4057869	897568	286530
固定资产贷款	5884339	469024	697820
并购贷款	230423	6384	-45491
贸易融资	530084	199636	-35691
(3)非存款类金融机构贷款			
3.票据融资	5076922	448326	572997
4.融资租赁			
5.各项垫款	2314	1820	-1739
(二)境外贷款	3165	1096	-216
二、债券投资	14709197	677388	990008
三、股权及其他投资	2993375	-246490	-374316
四、买入返售资产	103403	-571480	169522
五、存放中央银行存款	2597009	-30052	-557960
六、缴存中央银行财政性存款	24421	6686	9536
七、银行业存款类金融机构往来	293215	38256	9529
八、存放非存款类金融机构款项	13007	-7629	15283
九、联行往来(净)	381748	454034	-157816
其中:境内存放二级准备金			
十、库存现金	64719	-30622	11396
十一、应收及预付款	343763	3908	23798
其中:应收利息	231889	1923	-3226
十二、投资性房地产			
十三、固定资产	136811	-6567	-4562
十四、其他资产	807523	152339	111920
十五、减:各项准备	1345817	157153	125314
其中:贷款减值准备	1131032	122743	94755
资金运用总计	52340900	3081514	3764370

㉓ 湖北银行人民币信贷收支表

表 5-3-3-1-2-23　　2023 年 12 月 31 日　　单位：万元

来源项目名称 \ 栏目	12 月余额	比年初增减数	
		2023 年	2022 年
一、各项存款	37540124	4971212	4945274
（一）境内存款	37540124	4971212	4945274
1.个人存款	19214474	3649322	3320633
其中：活期储蓄存款	3391157	147642	735534
定期储蓄存款	13012340	2893299	2440526
结构性存款			
2.单位存款	14250818	457794	1509192
其中：活期存款	8279612	-20520	825135
定期存款	3027169	587629	262971
保证金存款	1440764	251514	154908
结构性存款			
3.国库定期存款	7190	-198894	83469
4.非存款类金融机构存款	4067641	1062990	31980
（二）境外存款			
二、代理财政性存款	500	381	-343332
三、金融债券	449983	15	-20
其中：境外发行			
四、卖出回购资产	547090	-592570	981960
五、向中央银行借款	758264	334724	-301567
六、银行业存款类金融机构往来	2169255	333026	-382542
七、借款及非存款类金融机构拆入			
八、联行往来（净）	3558	-15682	6301
九、应付及暂收款	1046283	278266	124584
其中：应付利息	894475	283300	100439
十、其他负债	89938	-11421	39194
十一、所有者权益	3415823	472378	144765
其中：实收资本	761165		
资金来源总计	46020818	5770328	5214616

运用项目名称 \ 栏目	12 月余额	比年初增减数	
		2023 年	2022 年
一、各项贷款	28366594	5006852	4133083
（一）境内贷款	28366594	5006852	4133083
1.短期贷款	7743776	1277153	917682
（1）个人贷款及透支	1512842	143869	212095
其中：个人消费贷款	249121	66966	92121
（2）单位贷款及透支	3850934	473284	205587
经营贷款及透支	3655069	445262	330528
固定资产贷款	135383	-7467	-116284
并购贷款			
贸易融资	60482	35489	-8657
（3）非存款类金融机构贷款	2380000	660000	500000
2.中长期贷款	16595495	2902675	2448511
（1）个人贷款	3761310	520149	110522
其中：个人消费贷款	2949811	320810	102067
（2）单位贷款	12834185	2382527	2337990
经营贷款	3474669	634259	772561
固定资产贷款	9304532	1700624	1677269
并购贷款			
贸易融资	54984	47644	-111840
（3）非存款类金融机构贷款			
3.票据融资	3921440	772615	749889
4.融资租赁			
5.各项垫款	105884	54409	16999
（二）境外贷款			
二、债券投资	10838690	1742468	1067018
三、股权及其他投资	4225149	-162399	432124
四、买入返售资产	363436	-179914	-124706
五、存放中央银行存款	2058163	-102839	255782
六、缴存中央银行财政性存款	44888	38143	-2461
七、银行业存款类金融机构往来	580335	-390874	-499271
八、存放非存款类金融机构款项			
九、联行往来（净）			
其中：境内存放二级准备金			
十、库存现金	39432	-719	-2220
十一、应收及预付款	339044	38658	22022
其中：应收利息	311545	44314	21621
十二、投资性房地产			
十三、固定资产	121052	-11520	-7889
十四、其他资产	534759	43831	79832
十五、减：各项准备	1490724	251358	138698
其中：贷款减值准备	1091310	211457	98739
资金运用总计	46020818	5770328	5214616

㉔ 武汉众邦银行人民币信贷收支表

表 5-3-3-1-2-24　　　　2023 年 12 月 31 日　　　　单位:万元

来源项目名称（栏目）	12 月余额	比年初增减数		运用项目名称（栏目）	12 月余额	比年初增减数	
		2023 年	2022 年			2023 年	2022 年
一、各项存款	8392061	1221711	1535164	一、各项贷款	4744374	247640	197542
(一)境内存款	8392061	1221711	1535164	(一)境内贷款	4744374	247640	197542
1.个人存款	5890968	1214649	619743	1.短期贷款	2595163	-425026	-537148
其中:活期储蓄存款	230142	114352	33592	(1)个人贷款及透支	1412179	-184183	15180
定期储蓄存款	3579220	663758	-1056907	其中:个人消费贷款	1112484	-2825	116798
结构性存款				(2)单位贷款及透支	1182984	-200843	-412329
2.单位存款	2451991	1153	1034349	经营贷款及透支	1098655	-239082	-398569
其中:活期存款	605157	-63184	-286439	固定资产贷款			
定期存款	1691355	34637	1376387	并购贷款			
保证金存款	149803	27609	16522	贸易融资	84329	38239	-13759
结构性存款				(3)非存款类金融机构贷款		-40000	-140000
3.国库定期存款				2.中长期贷款	1600200	766867	376291
4.非存款类金融机构存款	49101	5908	-118928	(1)个人贷款	292203	-102716	109224
(二)境外存款	0	0	0	其中:个人消费贷款	173654	-49895	184703
二、代理财政性存款				(2)单位贷款	1307997	869582	267067
三、金融债券				经营贷款	1151597	852982	167267
其中:境外发行				固定资产贷款	156400	16600	99800
四、卖出回购资产	876217	-35522	454913	并购贷款			
五、向中央银行借款	55797	-205236	-79938	贸易融资			
六、银行业存款类金融机构往来	1237836	-382655	22249	(3)非存款类金融机构贷款			
七、借款及非存款类金融机构拆入				3.票据融资	540545	-95707	351441
八、联行往来(净)	22180	-756	29695	4.融资租赁			
九、应付及暂收款	311291	72331	37919	5.各项垫款	8465	1507	6959
其中:应付利息	187083	34240	18896	(二)境外贷款			
十、其他负债	11300	-29484	29552	二、债券投资	571046	217789	-170335
十一、所有者权益	542720	36734	34730	三、股权及其他投资	3456023	123823	1290285
其中:实收资本	400000			四、买入返售资产			-29991
				五、存放中央银行存款	1900786	372912	474509
				六、缴存中央银行财政性存款			
				七、银行业存款类金融机构往来	589026	-325275	266028
				八、存放非存款类金融机构款项	877	860	17
				九、联行往来(净)			
				其中:境内存放二级准备金			
				十、库存现金	99	-20	15
				十一、应收及预付款	267549	152959	45795
				其中:应收利息	109303	38498	44412
				十二、投资性房地产			
				十三、固定资产	64712	-91634	-718
				十四、其他资产	58337	24298	4921
				十五、减:各项准备	203428	46229	13785
				其中:贷款减值准备	188633	37098	13702
资金来源总计	11449401	677123	2064284	资金运用总计	11449401	677123	2064284

㉕ 东亚银行(中国)有限公司武汉分行人民币信贷收支表

表 5-3-3-1-2-25　　2023 年 12 月 31 日　　单位:万元

来源项目名称 \ 栏目	12 月余额	比年初增减数 2023 年	比年初增减数 2022 年	运用项目名称 \ 栏目	12 月余额	比年初增减数 2023 年	比年初增减数 2022 年
一、各项存款	112695	27580	-1188	一、各项贷款	249141	60675	-8197
(一)境内存款	112045	28842	-2264	(一)境内贷款	249128	60661	-7790
1.个人存款	3598	1399	-662	1.短期贷款	89603	56975	-2351
其中:活期储蓄存款	1633	-261	-561	(1)个人贷款及透支			
定期储蓄存款	250	-32	-101	其中:个人消费贷款			
结构性存款				(2)单位贷款及透支	89603	56975	-2351
2.单位存款	102290	22288	22314	经营贷款及透支	79962	62469	-10554
其中:活期存款	19162	-3393	-9108	固定资产贷款		-13306	13306
定期存款	2000	-1920	259	并购贷款			
保证金存款	48004	40815	6558	贸易融资	9641	7811	-5103
结构性存款	800	-30250	31050	(3)非存款类金融机构贷款			
3.国库定期存款				2.中长期贷款	159525	3686	-5439
4.非存款类金融机构存款	6157	5156	-23916	(1)个人贷款	19800	-6107	-3497
(二)境外存款	650	-1263	1077	其中:个人消费贷款	17277	-5207	-2541
二、代理财政性存款				(2)单位贷款	139725	9794	-1942
三、金融债券				经营贷款			
其中:境外发行				固定资产贷款	139725	9794	-1942
四、卖出回购资产				并购贷款			
五、向中央银行借款				贸易融资			
六、银行业存款类金融机构往来				(3)非存款类金融机构贷款			
七、借款及非存款类金融机构拆入				3.票据融资			
八、联行往来(净)	69890	30353	-9266	4.融资租赁			
九、应付及暂收款	823	233	265	5.各项垫款			
其中:应付利息	287	118	90	(二)境外贷款	14	14	-408
十、其他负债	11080	191	676	二、债券投资			
十一、所有者权益	55665	2701	2415	三、股权及其他投资			
其中:实收资本				四、买入返售资产			
				五、存放中央银行存款	274	230	0
				六、缴存中央银行财政性存款			
				七、银行业存款类金融机构往来	266	-157	175
				八、存放非存款类金融机构款项			
				九、联行往来(净)			
				其中:境内存放二级准备金			
				十、库存现金	65	13	-99
				十一、应收及预付款	1347	40	283
				其中:应收利息	1294	319	25
				十二、投资性房地产			
				十三、固定资产	106	35	-29
				十四、其他资产	-95	80	246
				十五、减:各项准备	951	-142	-524
				其中:贷款减值准备	948	-139	-524
资金来源总计	250154	61058	-7098	资金运用总计	250154	61058	-7098

㉖ 汇丰银行(中国)有限公司武汉分行人民币信贷收支表

表 5-3-3-1-2-26　　2023 年 12 月 31 日　　单位:万元

来源项目名称	12 月余额	比年初增减数 2023 年	比年初增减数 2022 年	运用项目名称	12 月余额	比年初增减数 2023 年	比年初增减数 2022 年
一、各项存款	225383	-63398	54218	一、各项贷款	470738	-108052	14089
(一)境内存款	221525	-63790	53821	(一)境内贷款	469958	-108012	14286
1.个人存款	139155	40877	17237	1.短期贷款	161616	17287	37927
其中:活期储蓄存款	55865	11686	8596	(1)个人贷款及透支			
定期储蓄存款	31859	24077	2720	其中:个人消费贷款			
结构性存款	16879	5512	-4911	(2)单位贷款及透支	161616	17287	37927
2.单位存款	82369	-104666	36585	经营贷款及透支	111399	14158	31599
其中:活期存款	32731	11379	-2240	固定资产贷款			
定期存款		-500	500	并购贷款			
保证金存款	24460	-948	-2192	贸易融资	50218	3130	6328
结构性存款				(3)非存款类金融机构贷款			
3.国库定期存款				2.中长期贷款	308041	-124075	-23606
4.非存款类金融机构存款				(1)个人贷款	98768	-32429	-24656
(二)境外存款	3858	391	396	其中:个人消费贷款	98768	-32429	-24656
二、代理财政性存款			-71	(2)单位贷款	209273	-91646	1050
三、金融债券				经营贷款	32000	7050	13550
其中:境外发行				固定资产贷款	177273	-98696	-12500
四、卖出回购资产				并购贷款			
五、向中央银行借款				贸易融资			
六、银行业存款类金融机构往来	8959	-1656	-8088	(3)非存款类金融机构贷款			
七、借款及非存款类金融机构拆入				3.票据融资	300	-1224	-35
八、联行往来(净)	162184	-53191	-45586	4.融资租赁			
九、应付及暂收款	2668	679	243	5.各项垫款			
其中:应付利息	2303	807	261	(二)境外贷款	780	-40	-197
十、其他负债	1420900	238886	69778	二、债券投资			
十一、所有者权益	69936	10738	10524	三、股权及其他投资			
其中:实收资本				四、买入返售资产			
				五、存放中央银行存款	4096	-6	-3013
				六、缴存中央银行财政性存款	47	20	27
				七、银行业存款类金融机构往来	146	-97	-75
				八、存放非存款类金融机构款项			
				九、联行往来(净)			
				其中:境内存放二级准备金			
				十、库存现金	103	-43	-70
				十一、应收及预付款	1559	-1712	-62
				其中:应收利息	1460	-1621	-35
				十二、投资性房地产			
				十三、固定资产			
				十四、其他资产	1415835	239054	73844
				十五、减:各项准备	2496	-2893	3722
				其中:贷款减值准备	2495	-2894	3723
资金来源总计	1890029	132057	81017	资金运用总计	1890029	132057	81017

㉗渣打银行(中国)有限公司武汉分行人民币信贷收支表

表 5-3-3-1-2-27　　2023 年 12 月 31 日　　单位:万元

栏目 来源项目名称	12 月余额	比年初增减数		栏目 运用项目名称	12 月余额	比年初增减数	
		2023 年	2022 年			2023 年	2022 年
一、各项存款	88499	25388	-6009	一、各项贷款	275428	-32995	12362
(一)境内存款	88498	25387	-6009	(一)境内贷款	275428	-32995	12362
1.个人存款	197	19	-481	1.短期贷款	232226	78808	30299
其中:活期储蓄存款	115	13	-497	(1)个人贷款及透支			
定期储蓄存款	32	0	1	其中:个人消费贷款			
结构性存款				(2)单位贷款及透支	232226	78808	30299
2.单位存款	88300	35473	-5586	经营贷款及透支	93047	37486	28048
其中:活期存款	43607	15447	-6999	固定资产贷款			
定期存款	360	-1390	-6575	并购贷款			
保证金存款				贸易融资	139179	41322	2251
结构性存款				(3)非存款类金融机构贷款			
3.国库定期存款				2.中长期贷款	43202	-111803	-17937
4.非存款类金融机构存款		-10105	58	(1)个人贷款			
(二)境外存款	1	1	0	其中:个人消费贷款			
二、代理财政性存款				(2)单位贷款	43202	-111803	-17937
三、金融债券				经营贷款	5973	-5325	-8044
其中:境外发行				固定资产贷款	37229	-106479	-9893
四、卖出回购资产				并购贷款			
五、向中央银行借款				贸易融资			
六、银行业存款类金融机构往来				(3)非存款类金融机构贷款			
七、借款及非存款类金融机构拆入				3.票据融资			
八、联行往来(净)	129417	-65953	14535	4.融资租赁			
九、应付及暂收款	669	-61	-124	5.各项垫款			
其中:应付利息	227	-16	29	(二)境外贷款			
十、其他负债	10156	-163	35	二、债券投资			
十一、所有者权益	39463	3338	907	三、股权及其他投资			
其中:实收资本				四、买入返售资产			
				五、存放中央银行存款		0	0
				六、缴存中央银行财政性存款			
				七、银行业存款类金融机构往来			
				八、存放非存款类金融机构款项			
				九、联行往来(净)			
				其中:境内存放二级准备金			
				十、库存现金			
				十一、应收及预付款	2227	860	-569
				其中:应收利息	2095	842	-530
				十二、投资性房地产			
				十三、固定资产	75	-52	-69
				十四、其他资产	-27	-2909	2366
				十五、减:各项准备	9497	2356	4746
				其中:贷款减值准备	7595	456	4766
资金来源总计	268205	-37451	9345	资金运用总计	268205	-37451	9345

㉘ 企业银行(中国)有限公司武汉分行人民币信贷收支表

表 5-3-3-1-2-28　　2023 年 12 月 31 日　　单位:万元

来源项目名称 \ 栏目	12 月余额	比年初增减数		运用项目名称 \ 栏目	12 月余额	比年初增减数	
		2023 年	2022 年			2023 年	2022 年
一、各项存款	43195	-2535	-19403	一、各项贷款	90203	9462	4769
(一)境内存款	41264	-2761	-19528	(一)境内贷款	90203	9462	4769
1.个人存款	1414	1094	-361	1.短期贷款	71641	25370	-514
其中:活期储蓄存款	145	-58	-376	(1)个人贷款及透支		-450	
定期储蓄存款	513	426	-14	其中:个人消费贷款			
结构性存款		-8	8	(2)单位贷款及透支	71641	25820	-514
2.单位存款	39850	-3856	-19168	经营贷款及透支	71641	26035	-513
其中:活期存款	10028	-2552	5850	固定资产贷款		-215	-1
定期存款	6400	400	355	并购贷款			
保证金存款	3224	-3323	1631	贸易融资			
结构性存款	500	500		(3)非存款类金融机构贷款			
3.国库定期存款				2.中长期贷款	16116	-5070	-409
4.非存款类金融机构存款				(1)个人贷款	7412	-2647	-547
(二)境外存款	1931	226	126	其中:个人消费贷款	7408	-2621	-569
二、代理财政性存款				(2)单位贷款	8704	-2423	138
三、金融债券				经营贷款	7275	2703	1584
其中:境外发行				固定资产贷款	1429	-5126	-1446
四、卖出回购资产				并购贷款			
五、向中央银行借款				贸易融资			
六、银行业存款类金融机构往来				(3)非存款类金融机构贷款			
七、借款及非存款类金融机构拆入				3.票据融资	2446	-10838	5692
八、联行往来(净)	35302	11317	24710	4.融资租赁			
九、应付及暂收款	638	162	251	5.各项垫款			
其中:应付利息	564	231	231	(二)境外贷款			
十、其他负债	10248	-258	58	二、债券投资			
十一、所有者权益	709	425	-736	三、股权及其他投资			
其中:实收资本				四、买入返售资产			
				五、存放中央银行存款	136	46	50
				六、缴存中央银行财政性存款	9	9	
				七、银行业存款类金融机构往来	25	-153	135
				八、存放非存款类金融机构款项			
				九、联行往来			
				其中:境内存放二级准备金			
				十、库存现金			
				十一、应收及预付款	181	-68	-22
				其中:应收利息	170	-65	-22
				十二、投资性房地产			
				十三、固定资产	66	-21	71
				十四、其他资产	373	-91	332
				十五、减:各项准备	903	74	456
				其中:贷款损失准备	902	80	450
资金来源总计	90091	9110	4880	资金运用总计	90091	9110	4880

㉙ 富邦华一银行有限公司武汉分行人民币信贷收支表

表 5-3-3-1-2-29　　　　2023 年 12 月 31 日　　　　单位:万元

来源项目名称 \ 栏目	12 月余额	比年初增减数		运用项目名称 \ 栏目	12 月余额	比年初增减数	
		2023 年	2022 年			2023 年	2022 年
一、各项存款	280869	42775	-881	一、各项贷款	489825	148656	-63013
(一)境内存款	271656	44354	-4157	(一)境内贷款	383270	42767	-63316
1.个人存款	2398	-79	-389	1.短期贷款	268390	55302	-44566
其中:活期储蓄存款	1202	283	-264	(1)个人贷款及透支	100	100	
定期储蓄存款	704	26	-554	其中:个人消费贷款			
结构性存款	47	-11	-58	(2)单位贷款及透支	268290	55202	-44566
2.单位存款	269259	44433	-3768	经营贷款及透支	266208	53120	-44566
其中:活期存款	34273	-31516	-15531	固定资产贷款	2082	2082	
定期存款	127156	57208	18891	并购贷款			
保证金存款	3772	990	2558	贸易融资			
结构性存款	37000	35000	1400	(3)非存款类金融机构贷款			
3.国库定期存款				2.中长期贷款	114881	-8235	-3459
4.非存款类金融机构存款	0	0		(1)个人贷款	32956	-6276	-459
(二)境外存款	9213	-1579	3276	其中:个人消费贷款	32912	-6223	-388
二、代理财政性存款				(2)单位贷款	81924	-1960	-3000
三、金融债券				经营贷款	24730	11630	-5267
其中:境外发行				固定资产贷款	57194	-13590	2266
四、卖出回购资产				并购贷款			
五、向中央银行借款		-4464	4464	贸易融资			
六、银行业存款类金融机构往来				(3)非存款类金融机构贷款			
七、借款及非存款类金融机构拆入				3.票据融资		-4300	-15291
八、联行往来(净)	196043	102299	-75330	4.融资租赁			
九、应付及暂收款	2382	339	432	5.各项垫款			
其中:应付利息	1906	375	345	(二)境外贷款	106555	105889	303
十、其他负债	1715	-362	1888	二、债券投资			
十一、所有者权益	10540	8501	8101	三、股权及其他投资			
其中:实收资本	2000			四、买入返售资产			
				五、存放中央银行存款	0	0	0
				六、缴存中央银行财政性存款			
				七、银行业存款类金融机构往来	97	33	14
				八、存放非存款类金融机构款项			
				九、联行往来(净)			
				其中:境内存放二级准备金			
				十、库存现金			
				十一、应收及预付款	943	107	-1
				其中:应收利息	754	103	16
				十二、投资性房地产			
				十三、固定资产	28	19	-46
				十四、其他资产	1674	-369	1900
				十五、减:各项准备	1016	-641	179
				其中:贷款减值准备	1016	-640	179
资金来源总计	491550	149088	-61325	资金运用总计	491550	149088	-61325

㉚ 华侨银行有限公司武汉分行人民币信贷收支表

表 5-3-3-1-2-30　　2023 年 12 月 31 日　　单位:万元

来源项目名称	12 月余额	比年初增减数		运用项目名称	12 月余额	比年初增减数	
		2023 年	2022 年			2023 年	2022 年
一、各项存款	1671	1671		一、各项贷款			
(一)境内存款	1671	1671		(一)境内贷款			
1.个人存款				1.短期贷款			
其中:活期储蓄存款				(1)个人贷款及透支			
定期储蓄存款				其中:个人消费贷款			
结构性存款				(2)单位贷款及透支			
2.单位存款	1671	1671		经营贷款及透支			
其中:活期存款	1671	1671		固定资产贷款			
定期存款				并购贷款			
保证金存款				贸易融资			
结构性存款				(3)非存款类金融机构贷款			
3.国库定期存款				2.中长期贷款			
4.非存款类金融机构存款				(1)个人贷款			
(二)境外存款				其中:个人消费贷款			
二、代理财政性存款				(2)单位贷款			
三、金融债券				经营贷款			
其中:境外发行				固定资产贷款			
四、卖出回购资产				并购贷款			
五、向中央银行借款				贸易融资			
六、银行业存款类金融机构往来				(3)非存款类金融机构贷款			
七、借款及非存款类金融机构拆入				3.票据融资			
八、联行往来(净)	13421	13421		4.融资租赁			
九、应付及暂收款	95	-26	121	5.各项垫款			
其中:应付利息	0	0		(二)境外贷款			
十、其他负债	-13710	-23719	10009	二、债券投资			
十一、所有者权益	-962	-717	-244	三、股权及其他投资			
其中:实收资本				四、买入返售资产			
				五、存放中央银行存款			
				六、缴存中央银行财政性存款			
				七、银行业存款类金融机构往来			
				八、存放非存款类金融机构款项			
				九、联行往来(净)		-9572	9572
				其中:境内存放二级准备金			
				十、库存现金			
				十一、应收及预付款	39	5	34
				其中:应收利息			
				十二、投资性房地产			
				十三、固定资产	42	21	21
				十四、其他资产	435	176	259
				十五、减:各项准备			
				其中:贷款减值准备			
资金来源总计	515	-9371	9886	资金运用总计	515	-9371	9886

㉛ 南洋商业银行(中国)有限公司武汉分行人民币信贷收支表

表 5-3-3-1-2-31　　2023 年 12 月 31 日　　单位:万元

栏目 来源项目名称	12 月余额	比年初增减数		栏目 运用项目名称	12 月余额	比年初增减数	
		2023 年	2022 年			2023 年	2022 年
一、各项存款	287910	1713	-5548	一、各项贷款	400797	126111	81476
(一)境内存款	287910	1713	-5548	(一)境内贷款	400797	126111	81476
1.个人存款				1.短期贷款	118810	27727	-12337
其中:活期储蓄存款				(1)个人贷款及透支			
定期储蓄存款				其中:个人消费贷款			
结构性存款				(2)单位贷款及透支	118810	27727	-12337
2.单位存款	286107	19671	-3811	经营贷款及透支	118810	37030	-21640
其中:活期存款	179666	-1185	23017	固定资产贷款			
定期存款	28050	28050		并购贷款			
保证金存款	34649	31183	2386	贸易融资		-9303	9303
结构性存款	9900	4900	5000	(3)非存款类金融机构贷款			
3.国库定期存款				2.中长期贷款	277897	99382	95725
4.非存款类金融机构存款	1803	-17958	-1737	(1)个人贷款			
(二)境外存款				其中:个人消费贷款			
二、代理财政性存款				(2)单位贷款	277897	99382	95725
三、金融债券				经营贷款			
其中:境外发行				固定资产贷款	277897	99382	95725
四、卖出回购资产				并购贷款			
五、向中央银行借款				贸易融资			
六、银行业存款类金融机构往来				(3)非存款类金融机构贷款			
七、借款及非存款类金融机构拆入				3.票据融资	4090	-998	-1912
八、联行往来(净)	87553	87553		4.融资租赁			
九、应付及暂收款	809	-566	593	5.各项垫款			
其中:应付利息	353	175	99	(二)境外贷款			
十、其他负债	20224	-323	-270	二、债券投资			
十一、所有者权益	5745	5745	5888	三、股权及其他投资			
其中:实收资本				四、买入返售资产			
				五、存放中央银行存款			
				六、缴存中央银行财政性存款			
				七、银行业存款类金融机构往来	53	18	-33
				八、存放非存款类金融机构款项			
				九、联行往来(净)		-31698	-80613
				其中:境内存放二级准备金			
				十、库存现金			
				十一、应收及预付款	731	228	-53
				其中:应收利息	571	182	77
				十二、投资性房地产			
				十三、固定资产	127	-8	5
				十四、其他资产	534	-528	-118
				十五、减:各项准备			
				其中:贷款减值准备			
资金来源总计	402242	94123	663	资金运用总计	402242	94123	663

㉜ 瑞穗银行(中国)有限公司武汉分行人民币信贷收支表

表 5-3-3-1-2-32　　2023 年 12 月 31 日　　单位:万元

栏目 来源项目名称	12 月余额	比年初增减数		栏目 运用项目名称	12 月余额	比年初增减数	
		2023 年	2022 年			2023 年	2022 年
一、各项存款	210441	-142409	57325	一、各项贷款	143197	-109793	-22118
(一)境内存款	210441	-142409	57325	(一)境内贷款	143197	-109793	-22118
1.个人存款				1.短期贷款	113713	-99933	-7437
其中:活期储蓄存款				(1)个人贷款及透支			
定期储蓄存款				其中:个人消费贷款			
结构性存款				(2)单位贷款及透支	113713	-99933	-7437
2.单位存款	210441	-142409	57325	经营贷款及透支	113713	-99933	-7437
其中:活期存款	32117	-8836	2889	固定资产贷款			
定期存款	45927	19354	9469	并购贷款			
保证金存款				贸易融资			
结构性存款				(3)非存款类金融机构贷款			
3.国库定期存款				2.中长期贷款	25583	-13762	-10717
4.非存款类金融机构存款				(1)个人贷款			
(二)境外存款				其中:个人消费贷款			
二、代理财政性存款				(2)单位贷款	25583	-13762	-10717
三、金融债券				经营贷款			
其中:境外发行				固定资产贷款	25583	-13762	-10717
四、卖出回购资产				并购贷款			
五、向中央银行借款				贸易融资			
六、银行业存款类金融机构往来				(3)非存款类金融机构贷款			
七、借款及非存款类金融机构拆入				3.票据融资	3902	3902	-3963
八、联行往来(净)				4.融资租赁			
九、应付及暂收款	2420	421	-215	5.各项垫款			
其中:应付利息	1278	-271	-137	(二)境外贷款			
十、其他负债	27734	1782	5909	二、债券投资			
十一、所有者权益	-90	1433	753	三、股权及其他投资			
其中:实收资本				四、买入返售资产			
				五、存放中央银行存款	9	0	9
				六、缴存中央银行财政性存款			
				七、银行业存款类金融机构往来			-5
				八、存放非存款类金融机构款项			
				九、联行往来(净)	96920	-29814	86275
				其中:境内存放二级准备金			
				十、库存现金			
				十一、应收及预付款	1416	-124	-110
				其中:应收利息	1358	-118	-117
				十二、投资性房地产			
				十三、固定资产	81	-15	20
				十四、其他资产	529	93	-305
				十五、减:各项准备	1647	-882	-6
				其中:贷款减值准备	1646	-882	-8
资金来源总计	240505	-138772	63772	资金运用总计	240505	-138772	63772

㉝ 三菱日联银行(中国)有限公司武汉分行人民币信贷收支表

表 5-3-3-1-2-33　　2023 年 12 月 31 日　　单位:万元

来源项目名称　栏目	12 月余额	比年初增减数		运用项目名称　栏目	12 月余额	比年初增减数	
		2023 年	2022 年			2023 年	2022 年
一、各项存款	171594	31647	-18919	一、各项贷款	127570	-87146	-35422
(一)境内存款	171594	31647	-18919	(一)境内贷款	127570	-87146	-35422
1.个人存款				1.短期贷款	82863	-80483	-40034
其中:活期储蓄存款				(1)个人贷款及透支			
定期储蓄存款				其中:个人消费贷款			
结构性存款				(2)单位贷款及透支	82863	-80483	-40034
2.单位存款	171594	31647	-18919	经营贷款及透支	82863	-80483	-40034
其中:活期存款	56764	34816	-10009	固定资产贷款			
定期存款	32729	-9612	18141	并购贷款			
保证金存款				贸易融资			
结构性存款				(3)非存款类金融机构贷款			
3.国库定期存款				2.中长期贷款	44707	-6663	4612
4.非存款类金融机构存款				(1)个人贷款			
(二)境外存款				其中:个人消费贷款			
二、代理财政性存款				(2)单位贷款	44707	-6663	4612
三、金融债券				经营贷款			
其中:境外发行				固定资产贷款	44707	-6663	4612
四、卖出回购资产				并购贷款			
五、向中央银行借款				贸易融资			
六、银行业存款类金融机构往来				(3)非存款类金融机构贷款			
七、借款及非存款类金融机构拆入				3.票据融资			
八、联行往来(净)				4.融资租赁			
九、应付及暂收款	1198	-741	126	5.各项垫款			
其中:应付利息	816	-665	326	(二)境外贷款			
十、其他负债	1784034	174488	132226	二、债券投资			
十一、所有者权益	2744	2737	-1795	三、股权及其他投资			
其中:实收资本				四、买入返售资产			
				五、存放中央银行存款			-8
				六、缴存中央银行财政性存款			
				七、银行业存款类金融机构往来			
				八、存放非存款类金融机构款项			
				九、联行往来(净)	62641	118654	16321
				其中:境内存放二级准备金			
				十、库存现金			
				十一、应收及预付款	991	-733	223
				其中:应收利息	883	-742	227
				十二、投资性房地产			
				十三、固定资产	168	-34	-30
				十四、其他资产	1771606	174825	131042
				十五、减:各项准备	3406	-2563	490
				其中:贷款减值准备	3388	-2552	482
资金来源总计	1959569	208129	111638	资金运用总计	1959569	208129	111638

㉞ 台湾土地银行股份有限公司武汉分行人民币信贷收支表

表 5-3-3-1-2-34　　　　2023 年 12 月 31 日　　　　单位:万元

来源项目名称	12 月余额	比年初增减数 2023 年	比年初增减数 2022 年	运用项目名称	12 月余额	比年初增减数 2023 年	比年初增减数 2022 年
一、各项存款	6379	1275	-2195	一、各项贷款	133244	-8659	-22809
(一)境内存款	5785	1239	-2206	(一)境内贷款	133244	-8659	-22809
1.个人存款				1.短期贷款	33985	8164	-9279
其中:活期储蓄存款				(1)个人贷款及透支			
定期储蓄存款				其中:个人消费贷款			
结构性存款				(2)单位贷款及透支	33985	8785	-7830
2.单位存款	5785	1239	-2206	经营贷款及透支	33985	8785	-7830
其中:活期存款	4585	1239	-1168	固定资产贷款			
定期存款			-1038	并购贷款			
保证金存款				贸易融资			
结构性存款				(3)非存款类金融机构贷款		-621	-1449
3.国库定期存款				2.中长期贷款	99259	-16823	-13530
4.非存款类金融机构存款				(1)个人贷款			
(二)境外存款	594	36	12	其中:个人消费贷款			
二、代理财政性存款				(2)单位贷款	99259	-16823	-13530
三、金融债券				经营贷款	2368	-27504	3337
其中:境外发行				固定资产贷款	96891	10681	-16867
四、卖出回购资产				并购贷款			
五、向中央银行借款				贸易融资			
六、银行业存款类金融机构往来	21800	21800	-24000	(3)非存款类金融机构贷款			
七、借款及非存款类金融机构拆入	8000	-12000	13000	3.票据融资			
八、联行往来(净)	25000	-20000	-10000	4.融资租赁			
九、应付及暂收款	880	371	-539	5.各项垫款			
其中:应付利息	372	92	-202	(二)境外贷款			
十、其他负债	70169	-141	-157	二、债券投资			
十一、所有者权益	22098	3604	3895	三、股权及其他投资			
其中:实收资本				四、买入返售资产			
				五、存放中央银行存款	551	240	-125
				六、缴存中央银行财政性存款			
				七、银行业存款类金融机构往来	21596	3099	3649
				八、存放非存款类金融机构款项			
				九、联行往来(净)			
				其中:境内存放二级准备金			
				十、库存现金			
				十一、应收及预付款	446	57	-347
				其中:应收利息	361	42	-270
				十二、投资性房地产			
				十三、固定资产	69	-54	-55
				十四、其他资产	134	143	-497
				十五、减:各项准备	1715	-83	-188
				其中:贷款减值准备	1715	-83	-188
资金来源总计	154326	-5092	-19996	资金运用总计	154326	-5092	-19996

㉟ 台湾中小企业银行股份有限公司武汉分行人民币信贷收支表

表 5-3-3-1-2-35　　2023 年 12 月 31 日　　单位:万元

来源项目名称 栏目	12 月余额	比年初增减数		运用项目名称 栏目	12 月余额	比年初增减数	
		2023 年	2022 年			2023 年	2022 年
一、各项存款	6360	2118	-987	一、各项贷款	42600	2675	-2613
(一)境内存款	5780	2106	-998	(一)境内贷款	42600	2675	-2613
1.个人存款				1.短期贷款	34406	4907	7972
其中:活期储蓄存款				(1)个人贷款及透支			
定期储蓄存款				其中:个人消费贷款			
结构性存款				(2)单位贷款及透支	34406	4907	7972
2.单位存款	5780	2106	-998	经营贷款及透支	34406	4907	7972
其中:活期存款	3780	1106	-666	固定资产贷款			
定期存款				并购贷款			
保证金存款				贸易融资			
结构性存款				(3)非存款类金融机构贷款			
3.国库定期存款				2.中长期贷款	8194	-2232	-10585
4.非存款类金融机构存款				(1)个人贷款			
(二)境外存款	580	12	12	其中:个人消费贷款			
二、代理财政性存款				(2)单位贷款	8194	-2232	-10585
三、金融债券				经营贷款	4481	-5144	2335
其中:境外发行				固定资产贷款	3713	2913	-12919
四、卖出回购资产				并购贷款			
五、向中央银行借款				贸易融资			
六、银行业存款类金融机构往来				(3)非存款类金融机构贷款			
七、借款及非存款类金融机构拆入			-2000	3.票据融资			
八、联行往来(净)				4.融资租赁			
九、应付及暂收款	190	132	-8	5.各项垫款			
其中:应付利息	34	23	4	(二)境外贷款			
十、其他负债	60046	-19	38	二、债券投资			
十一、所有者权益	17881	1208	2061	三、股权及其他投资			
其中:实收资本				四、买入返售资产			
				五、存放中央银行存款			
				六、缴存中央银行财政性存款			
				七、银行业存款类金融机构往来	32870	1552	805
				八、存放非存款类金融机构款项			
				九、联行往来(净)	810	60	
				其中:境内存放二级准备金			
				十、库存现金			
				十一、应收及预付款	519	221	-288
				其中:应收利息	454	223	-286
				十二、投资性房地产			
				十三、固定资产			
				十四、其他资产	8252	-972	1646
				十五、减:各项准备	573	99	445
				其中:贷款减值准备	573	99	445
资金来源总计	84478	3438	-895	资金运用总计	84478	3438	-895

㊱ 湖北省农村信用社联合社人民币信贷收支表

表 5-3-3-1-2-36　　2023 年 12 月 31 日　　单位:万元

来源项目名称　栏目	12 月余额	比年初增减数	
		2023 年	2022 年
一、各项存款	114670825	11070568	12369177
(一)境内存款	114670793	11070536	12369156
1.个人存款	103084680	11908674	13559237
其中:活期储蓄存款	16889012	311285	1456292
定期储蓄存款	86094563	11742879	12138305
结构性存款			
2.单位存款	11286113	-817138	-1325081
其中:活期存款	7222401	-919291	-1302628
定期存款	2569252	-72603	21370
保证金存款	817835	164824	-68668
结构性存款			
3.国库定期存款	300000	-21000	135000
4.非存款类金融机构存款			
(二)境外存款	32	32	21
二、代理财政性存款	176995	2165	96772
三、金融债券	275000	-10000	30000
其中:境外发行			
四、卖出回购资产	2265163	812342	-77423
五、向中央银行借款	4368850	180455	78926
六、银行业存款类金融机构往来	4898871	38561	879866
七、借款及非存款类金融机构拆入			
八、联行往来(净)			
九、应付及暂收款	4398044	535174	342675
其中:应付利息	3728548	508928	297099
十、其他负债	722933	56654	-4949
十一、所有者权益	7154946	561759	536761
其中:实收资本	2806686	110587	96462
资金来源总计	138931627	13247678	14251805

运用项目名称　栏目	12 月余额	比年初增减数	
		2023 年	2022 年
一、各项贷款	79451869	9537211	8611585
(一)境内贷款	79451869	9537211	8611585
1.短期贷款	18894283	662160	2347902
(1)个人贷款及透支	12059659	803579	2125336
其中:个人消费贷款	1537766	537087	291757
(2)单位贷款及透支	6834624	-141419	222566
经营贷款及透支	6779838	-137253	237259
固定资产贷款	54786	-4166	-14693
并购贷款			
贸易融资			
(3)非存款类金融机构贷款			
2.中长期贷款	47753955	6830535	4820234
(1)个人贷款	31458725	4451481	3842660
其中:个人消费贷款	16073340	770046	1284379
(2)单位贷款	16295230	2379054	977574
经营贷款	11561132	2112997	1076848
固定资产贷款	4734098	266057	-99274
并购贷款			
贸易融资			
(3)非存款类金融机构贷款			
3.票据融资	12778740	2051319	1445783
4.融资租赁			
5.各项垫款	24891	-6803	-2334
(二)境外贷款			
二、债券投资	41168054	2315364	6954995
三、股权及其他投资	650324	-2828296	22876
四、买入返售资产	303210	37934	-478930
五、存放中央银行存款	7770679	-45124	1148840
六、缴存中央银行财政性存款	3223		-5863
七、银行业存款类金融机构往来	8900448	3807632	-1965010
八、存放非存款类金融机构款项	369049	369049	47289
九、联行往来(净)	34012	-18367	-150894
其中:境内存放二级准备金			
十、库存现金	320906	-12929	-15287
十一、应收及预付款	1243503	74834	86184
其中:应收利息	974157	63634	63821
十二、投资性房地产			
十三、固定资产	971280	338542	-10496
十四、其他资产	1493924	-121106	170141
十五、减:各项准备	3748854	207066	163625
其中:贷款减值准备	3307370	322447	79815
资金运用总计	138931627	13247678	14251805

注:本表数据不含武汉农村商业银行。

㊲ 武汉农村商业银行人民币信贷收支表（武汉地区）

表 5-3-3-1-2-37　　2023 年 12 月 31 日　　单位：万元

栏目 来源项目名称	12 月余额	比年初增减数		栏目 运用项目名称	12 月余额	比年初增减数	
		2023 年	2022 年			2023 年	2022 年
一、各项存款	31482186	2786683	2925149	一、各项贷款	23607351	2166197	2718318
（一）境内存款	31478206	2785948	2924698	（一）境内贷款	23607351	2166241	2718275
1.个人存款	17066855	2616016	2337791	1.短期贷款	6375559	736870	793217
其中：活期储蓄存款	3102316	6311	237235	（1）个人贷款及透支	1914021	614707	466533
定期储蓄存款	10793912	1739255	1357336	其中：个人消费贷款	1360998	575825	325222
结构性存款				（2）单位贷款及透支	3383538	184164	−224317
2.单位存款	9593397	−1049601	160476	经营贷款及透支	3165720	101378	−217791
其中：活期存款	5134180	−727551	−1161446	固定资产贷款	82900	−47706	1375
定期存款	1348933	−152622	−451345	并购贷款	3000		3000
保证金存款	101173	−45400	79948	贸易融资	131918	130492	−10901
结构性存款				（3）非存款类金融机构贷款	1078000	−62000	551000
3.国库定期存款	95000	−84000	82000	2.中长期贷款	14213934	1009244	2007960
4.非存款类金融机构存款	4722954	1303533	344431	（1）个人贷款	3022395	−11329	−159711
（二）境外存款	3979	735	452	其中：个人消费贷款	2522782	−58457	−128668
二、代理财政性存款	14871	−30638	−14556	（2）单位贷款	11191539	1020573	2167671
三、金融债券	150000	−200000	−150000	经营贷款	3873867	910555	1093619
其中：境外发行				固定资产贷款	7288672	238818	1048752
四、卖出回购资产	1969337	−442331	−3199	并购贷款	29000	−128800	25300
五、向中央银行借款	573044	125303	131933	贸易融资			
六、银行业存款类金融机构往来	2801469	584900	261353	（3）非存款类金融机构贷款			
七、借款及非存款类金融机构拆入				3.票据融资	3014038	420126	−82875
八、联行往来（净）				4.融资租赁			
九、应付及暂收款	712226	110335	168723	5.各项垫款	3820		−27
其中：应付利息	620741	135235	98118	（二）境外贷款		−44	44
十、其他负债	40474	1817	−22150	二、债券投资	8239667	313557	1234021
十一、所有者权益	2522755	120324	11553	三、股权及其他投资	1497513	−1080971	−705218
其中：实收资本	599775	54525	49568	四、买入返售资产	1409438	−119070	−196274
				五、存放中央银行存款	3550817	1054880	−348807
				六、缴存中央银行财政性存款	53981	−1065	−4701
				七、银行业存款类金融机构往来	1911751	1009659	887389
				八、存放非存款类金融机构款项	56800	−6696	20255
				九、联行往来（净）	80685	−169221	−149719
				其中：境内存放二级准备金			
				十、库存现金	67746	−83218	−26192
				十一、应收及预付款	432994	−31604	45272
				其中：应收利息	256187	−27889	36324
				十二、投资性房地产			
				十三、固定资产	140035	−3707	−4787
				十四、其他资产	445317	17251	73534
				十五、减：各项准备	1227734	9597	234287
				其中：贷款减值准备	1080365	−35383	177997
资金来源总计	40266361	3056392	3308806	资金运用总计	40266361	3056392	3308806

㊳ 国通信托有限责任公司人民币信贷收支表

表 5-3-3-1-2-38　　2023 年 12 月 31 日　　单位:万元

来源项目名称	12 月余额	比年初增减数 2023 年	比年初增减数 2022 年	运用项目名称	12 月余额	比年初增减数 2023 年	比年初增减数 2022 年
一、各项存款				一、各项贷款	80280	55000	25000
(一)境内存款				(一)境内贷款	80280	55000	25000
1.个人存款				1.短期贷款	80280	55000	25000
其中:活期储蓄存款				(1)个人贷款及透支	280		
定期储蓄存款				其中:个人消费贷款			
结构性存款				(2)单位贷款及透支	80000	55000	25000
2.单位存款				经营贷款及透支	80000	55000	25000
其中:活期存款				固定资产贷款			
定期存款				并购贷款			
保证金存款				贸易融资			
结构性存款				(3)非存款类金融机构贷款			
3.国库定期存款				2.中长期贷款			
4.非存款类金融机构存款				(1)个人贷款			
(二)境外存款				其中:个人消费贷款			
二、代理财政性存款				(2)单位贷款			
三、金融债券				经营贷款			
其中:境外发行				固定资产贷款			
四、卖出回购资产			-89808	并购贷款			
五、向中央银行借款				贸易融资			
六、银行业存款类金融机构往来				(3)非存款类金融机构贷款			
七、借款及非存款类金融机构拆入	110000	44314	25686	3.票据融资			
八、联行往来(净)				4.融资租赁			
九、应付及暂收款	158238	85765	-110340	5.各项垫款			
其中:应付利息				(二)境外贷款			
十、其他负债				二、债券投资	11899	-35208	-92266
十一、所有者权益	824864	53730	58645	三、股权及其他投资	750426	196171	-34301
其中:实收资本	409677			四、买入返售资产	10005	-67938	-55040
				五、存放中央银行存款			
				六、缴存中央银行财政性存款			
				七、银行业存款类金融机构往来	20901	-25679	18398
				八、存放非存款类金融机构款项			
				九、联行往来(净)			
				其中:境内存放二级准备金			
				十、库存现金	1		
				十一、应收及预付款	160787	77215	-2283
				其中:应收利息	6997	1668	-16276
				十二、投资性房地产			
				十三、固定资产	14490	-1094	-1138
				十四、其他资产	127009	-7272	1298
				十五、减:各项准备	82696	7385	-24514
				其中:贷款减值准备	1082	551	251
资金来源总计	1093102	183809	-115818	资金运用总计	1093102	183809	-115818

㊴ 中国信达资产管理股份有限公司湖北省分公司人民币信贷收支表

表 5-3-3-1-2-39　　2023 年 12 月 31 日　　单位：万元

栏目 来源项目名称	12 月余额	比年初增减数		栏目 运用项目名称	12 月余额	比年初增减数	
		2023 年	2022 年			2023 年	2022 年
一、各项存款				一、各项贷款			
（一）境内存款				（一）境内贷款			
1.个人存款				1.短期贷款			
其中：活期储蓄存款				（1）个人贷款及透支			
定期储蓄存款				其中：个人消费贷款			
结构性存款				（2）单位贷款及透支			
2.单位存款				经营贷款及透支			
其中：活期存款				固定资产贷款			
定期存款				并购贷款			
保证金存款				贸易融资			
结构性存款				（3）非存款类金融机构贷款			
3.国库定期存款				2.中长期贷款			
4.非存款类金融机构存款				（1）个人贷款			
（二）境外存款				其中：个人消费贷款			
二、代理财政性存款				（2）单位贷款			
三、金融债券				经营贷款			
其中：境外发行				固定资产贷款			
四、卖出回购资产				并购贷款			
五、向中央银行借款				贸易融资			
六、银行业存款类金融机构往来				（3）非存款类金融机构贷款			
七、借款及非存款类金融机构拆入				3.票据融资			
八、联行往来（净）				4.融资租赁			
九、应付及暂收款	8357	−2158	−5368	5.各项垫款			
其中：应付利息				（二）境外贷款			
十、其他负债	214375	−299050	78458	二、债券投资			
十一、所有者权益	1583468	114794	30551	三、股权及其他投资	1803095	−184525	104702
其中：实收资本				四、买入返售资产			
				五、存放中央银行存款	2128	−844	−2506
				六、缴存中央银行财政性存款			
				七、银行业存款类金融机构往来			
				八、存放非存款类金融机构款项			
				九、联行往来（净）			
				其中：境内存放二级准备金			
				十、库存现金			
				十一、应收及预付款	210	−32	219
				其中：应收利息			
				十二、投资性房地产			
				十三、固定资产	164	26	−25
				十四、其他资产	602	−1039	1251
				十五、减：各项准备			
				其中：贷款减值准备			
资金来源总计	1806199	−186414	103641	资金运用总计	1806199	−186414	103641

㊵ 光大金融租赁股份有限公司人民币信贷收支表

表 5-3-3-1-2-40　　2023 年 12 月 31 日　　单位：万元

来源项目名称	12 月余额	比年初增减数 2023 年	比年初增减数 2022 年	运用项目名称	12 月余额	比年初增减数 2023 年	比年初增减数 2022 年
一、各项存款				一、各项贷款	9946011	-852511	-278864
（一）境内存款				（一）境内贷款	9946011	-852511	-278864
1.个人存款				1.短期贷款			
其中：活期储蓄存款				（1）个人贷款及透支			
定期储蓄存款				其中：个人消费贷款			
结构性存款				（2）单位贷款及透支			
2.单位存款				经营贷款及透支			
其中：活期存款				固定资产贷款			
定期存款				并购贷款			
保证金存款				贸易融资			
结构性存款				（3）非存款类金融机构贷款			
3.国库定期存款				2.中长期贷款			
4.非存款类金融机构存款				（1）个人贷款			
（二）境外存款				其中：个人消费贷款			
二、代理财政性存款				（2）单位贷款			
三、金融债券	459116	299475	-79949	经营贷款			
其中：境外发行				固定资产贷款			
四、卖出回购资产	104500	-98800	47500	并购贷款			
五、向中央银行借款				贸易融资			
六、银行业存款类金融机构往来				（3）非存款类金融机构贷款			
七、借款及非存款类金融机构拆入	9344954	398511	70290	3.票据融资			
八、联行往来（净）				4.融资租赁	9946011	-852511	-278864
九、应付及暂收款	867392	-144831	-334912	5.各项垫款			
其中：应付利息	45519	-3330	-16897	（二）境外贷款			
十、其他负债	388	358	-113	二、债券投资	272931	57117	58578
十一、所有者权益	1446634	155612	159896	三、股权及其他投资	274333	194434	79899
其中：实收资本	590000			四、买入返售资产	396758	396758	
				五、存放中央银行存款	32409	32408	0
				六、缴存中央银行财政性存款			
				七、银行业存款类金融机构往来	1486413	810390	63330
				八、存放非存款类金融机构款项	29914		
				九、联行往来（净）			
				其中：境内存放二级准备金			
				十、库存现金			
				十一、应收及预付款	91388	-34162	-11383
				其中：应收利息	90323	-21255	-12318
				十二、投资性房地产			
				十三、固定资产	291	-14090	14194
				十四、其他资产	165244	26781	-2492
				十五、减：各项准备	472706	6801	60550
				其中：贷款减值准备	451438	12208	62165
资金来源总计	12222983	610324	-137289	**资金运用总计**	12222983	610324	-137289

㊶ 航天科工金融租赁有限公司人民币信贷收支表

表 5-3-3-1-2-41　　2023 年 12 月 31 日　　单位:万元

来源项目名称 \ 栏目	12 月余额	比年初增减数		运用项目名称 \ 栏目	12 月余额	比年初增减数	
		2023 年	2022 年			2023 年	2022 年
一、各项存款	76467	-31661	-57707	一、各项贷款	1810886	45304	149594
(一)境内存款	76467	-31661	-57707	(一)境内贷款	1810886	45304	149594
1.个人存款	31	31	31	1.短期贷款			
其中:保证金存款	31	31	31	(1)个人贷款及透支			
2.单位存款	76436	-31692	-57738	其中:个人消费贷款			
其中:活期存款				(2)单位贷款及透支			
定期存款				经营贷款及透支			
保证金存款	76436	-31692	-57738	固定资产贷款			
(二)境外存款				并购贷款			
二、代理财政性存款				贸易融资			
三、金融债券				2.中长期贷款			
其中:境外发行				(1)个人贷款			
四、卖出回购资产				其中:个人消费贷款			
五、中长期借款				(2)单位贷款			
其中:境外借款				经营贷款			
六、向中央银行借款				固定资产贷款			
七、金融机构存放				并购贷款			
八、金融机构拆入	1214655	255	35305	贸易融资			
九、应付及暂收款	204487	55836	151870	3.票据融资			
十、其他负债	3239	-5912	-10961	4.融资租赁	1810886	45304	149594
十一、所有者权益	415267	22270	41827	5.各项垫款			
其中:实收资本	300000			(二)境外贷款			
				二、债券投资			
				三、股权及其他投资			
				四、买入返售资产			
				五、存放中央银行存款	5183	-2917	-2803
				六、存放金融机构	30595	-24062	-32547
				七、拆放金融机构			-5065
				八、库存现金			
				九、应收及预付款	48078	6524	20035
				其中:应收利息	24712	245	5505
				十、投资性房地产			
				十一、固定资产	369	230	181
				十二、其他资产	99785	23584	47817
				十三、减:各项准备	80781	7875	16878
资金来源总计	**1914115**	**40788**	**160334**	**资金运用总计**	**1914115**	**40788**	**160334**

㊷ 有色矿业集团财务有限公司人民币信贷收支表

表 5-3-3-1-2-42　　2023 年 12 月 31 日　　单位:万元

来源项目名称	12 月余额	比年初增减数 2023 年	比年初增减数 2022 年	运用项目名称	12 月余额	比年初增减数 2023 年	比年初增减数 2022 年
一、各项存款	706762	75401	-226	一、各项贷款	771120	6525	54078
(一)境内存款	706762	75401	-226	(一)境内贷款	771120	6525	54078
1.个人存款				1.短期贷款	362120	-103280	147356
其中:活期储蓄存款				(1)个人贷款及透支			
定期储蓄存款				其中:个人消费贷款			
结构性存款				(2)单位贷款及透支	362120	-103280	147356
2.单位存款	700649	74875	-147	经营贷款及透支	362120	-103280	147356
其中:活期存款	18962	-19762	1937	固定资产贷款			
定期存款	147710	39800	11860	并购贷款			
保证金存款	1267	-1133	2331	贸易融资			
结构性存款				(3)非存款类金融机构贷款			
3.国库定期存款				2.中长期贷款	409000	113000	-88500
4.非存款类金融机构存款	6114	526	-80	(1)个人贷款			
(二)境外存款				其中:个人消费贷款			
二、代理财政性存款				(2)单位贷款	409000	113000	-88500
三、金融债券				经营贷款	409000	113000	-88500
其中:境外发行				固定资产贷款			
四、卖出回购资产				并购贷款			
五、向中央银行借款				贸易融资			
六、银行业存款类金融机构往来				(3)非存款类金融机构贷款			
七、借款及非存款类金融机构拆入				3.票据融资		-3195	-4779
八、联行往来(净)				4.融资租赁			
九、应付及暂收款	6417	1793	-3422	5.各项垫款			
其中:应付利息	2260	529	-1740	(二)境外贷款			
十、其他负债	851	-605	1456	二、债券投资	31878	16922	6
十一、所有者权益	332075	7914	4192	三、股权及其他投资			
其中:实收资本	300000			四、买入返售资产			
				五、存放中央银行存款	31348	-1271	2939
				六、缴存中央银行财政性存款			
				七、银行业存款类金融机构往来	223292	63593	-54904
				八、存放非存款类金融机构款项	104	103	0
				九、联行往来(净)			
				其中:境内存放二级准备金			
				十、库存现金			
				十一、应收及预付款	1251	110	-85
				其中:应收利息	1025	18	-55
				十二、投资性房地产	1125	-35	-35
				十三、固定资产	5099	32	-91
				十四、其他资产	4381	291	-329
				十五、减:各项准备	23493	1767	-420
				其中:贷款减值准备	23493	1769	-422
资金来源总计	1046105	84503	1999	资金运用总计	1046105	84503	1999

㊸ 湖北宜化集团财务有限责任公司人民币信贷收支表

表 5-3-3-1-2-43　　2023 年 12 月 31 日　　单位:万元

来源项目名称	12 月余额	比年初增减数 2023 年	比年初增减数 2022 年	运用项目名称	12 月余额	比年初增减数 2023 年	比年初增减数 2022 年
一、各项存款	297814	−42505	69901	一、各项贷款	300821	49506	13741
(一)境内存款	297814	−42505	69901	(一)境内贷款	300821	58621	44400
1.个人存款				1.短期贷款	262400	46200	18400
其中:活期储蓄存款				(1)个人贷款及透支			
定期储蓄存款				其中:个人消费贷款			
结构性存款				(2)单位贷款及透支	262400	46200	18400
2.单位存款	297814	−42505	69901	经营贷款及透支	262400	46200	18400
其中:活期存款	267814	−27505	24943	固定资产贷款			
定期存款	30000	−15000	44958	并购贷款			
保证金存款				贸易融资			
结构性存款				(3)非存款类金融机构贷款			
3.国库定期存款				2.中长期贷款	38421	12421	26000
4.非存款类金融机构存款				(1)个人贷款			
(二)境外存款				其中:个人消费贷款			
二、代理财政性存款				(2)单位贷款	38421	12421	26000
三、金融债券				经营贷款	38421	12421	26000
其中:境外发行				固定资产贷款			
四、卖出回购资产				并购贷款			
五、向中央银行借款		−9112	126	贸易融资			
六、银行业存款类金融机构往来				(3)非存款类金融机构贷款			
七、借款及非存款类金融机构拆入				3.票据融资		−9115	−30659
八、联行往来(净)				4.融资租赁			
九、应付及暂收款	922	−127	721	5.各项垫款			
其中:应付利息	401	−280	458	(二)境外贷款			
十、其他负债	354	−166	−224	二、债券投资			
十一、所有者权益	119860	53854	1717	三、股权及其他投资			
其中:实收资本	100000	50000		四、买入返售资产			
				五、存放中央银行存款	19876	−2142	5607
				六、缴存中央银行财政性存款			
				七、银行业存款类金融机构往来	101152	−45277	53569
				八、存放非存款类金融机构款项			
				九、联行往来(净)			
				其中:境内存放二级准备金			
				十、库存现金			
				十一、应收及预付款	385	61	43
				其中:应收利息	385	61	43
				十二、投资性房地产			
				十三、固定资产	1220	294	397
				十四、其他资产	199	−244	−258
				十五、减:各项准备	4703	254	858
				其中:贷款减值准备	4637	763	283
资金来源总计	418950	1944	72241	资金运用总计	418950	1944	72241

㊹ 东风汽车财务有限公司人民币信贷收支表

表 5-3-3-1-2-44　　2023 年 12 月 31 日　　单位：万元

栏目 来源项目名称	12 月余额	比年初增减数		栏目 运用项目名称	12 月余额	比年初增减数	
		2023 年	2022 年			2023 年	2022 年
一、各项存款	9932903	−1346591	306967	一、各项贷款	5536560	−2262376	−1676884
（一）境内存款	9932903	−1344162	304537	（一）境内贷款	5536555	−2262367	−1676893
1.个人存款	8452	−8248	−14640	1.短期贷款	247687	−443522	254241
其中：活期储蓄存款				（1）个人贷款及透支	31253	−125196	35533
定期储蓄存款				其中：个人消费贷款	31253	−125196	35533
结构性存款				（2）单位贷款及透支	216434	−318327	218709
2.单位存款	9878530	−1381835	319177	经营贷款及透支	174654	−233046	203187
其中：活期存款	558686	80796	67846	固定资产贷款			
定期存款	5619384	−1062120	−118290	并购贷款			
保证金存款	504794	198001	−84791	贸易融资	41780	−85281	15522
结构性存款				（3）非存款类金融机构贷款			
3.国库定期存款				2.中长期贷款	2414483	−882079	−1607642
4.非存款类金融机构存款	45921	45921		（1）个人贷款	2396268	−875711	−1559953
（二）境外存款	0	−2429	2430	其中：个人消费贷款	2396268	−875711	−1559953
二、代理财政性存款				（2）单位贷款	18214	−6368	−47688
三、金融债券				经营贷款	18214	−6368	−47688
其中：境外发行				固定资产贷款			
四、卖出回购资产				并购贷款			
五、向中央银行借款			−8227	贸易融资			
六、银行业存款类金融机构往来				（3）非存款类金融机构贷款			
七、借款及非存款类金融机构拆入				3.票据融资	512862	−105889	293236
八、联行往来（净）				4.融资租赁	2360835	−804877	−642924
九、应付及暂收款	484121	−109944	−214060	5.各项垫款	689	−25999	26195
其中：应付利息	231395	−131327	6460	（二）境外贷款	5	−9	9
十、其他负债	18725	5842	−6461	二、债券投资			
十一、所有者权益	2044033	92751	119283	三、股权及其他投资	1389846	34127	186392
其中：实收资本	900000			四、买入返售资产			
				五、存放中央银行存款	438173	−59915	49563
				六、缴存中央银行财政性存款			
				七、银行业存款类金融机构往来	4939232	792749	1695536
				八、存放非存款类金融机构款项	62596	39483	4761
				九、联行往来（净）			
				其中：境内存放二级准备金			
				十、库存现金			
				十一、应收及预付款	80383	20789	−37889
				其中：应收利息	77386	22211	−35294
				十二、投资性房地产	1771	1771	
				十三、固定资产	17385	−1678	361
				十四、其他资产	255714	12037	1942
				十五、减：各项准备	241877	−65070	26280
				其中：贷款减值准备	240606	−65412	26465
资金来源总计	12479782	−1357942	197502	资金运用总计	12479782	−1357942	197502

㊺ 湖北交投集团财务有限公司人民币信贷收支表

表 5-3-3-1-2-45　　2023 年 12 月 31 日　　单位:万元

栏目 来源项目名称	12 月余额	比年初增减数		栏目 运用项目名称	12 月余额	比年初增减数	
		2023 年	2022 年			2023 年	2022 年
一、各项存款	2915808	465953	155608	一、各项贷款	1080226	15187	74782
(一)境内存款	2915808	465953	155608	(一)境内贷款	1080226	15187	74782
1.个人存款				1.短期贷款	171551	-594007	-50405
其中:活期储蓄存款				(1)个人贷款及透支			
定期储蓄存款				其中:个人消费贷款			
结构性存款				(2)单位贷款及透支	171551	-594007	-50405
2.单位存款	2915808	465953	155608	经营贷款及透支	162857	-332200	-320905
其中:活期存款	1000508	384056	-1039406	固定资产贷款	8694	-261806	270500
定期存款	370000	-3000	-77000	并购贷款			
保证金存款	45	-16	-45	贸易融资			
结构性存款				(3)非存款类金融机构贷款			
3.国库定期存款				2.中长期贷款	908675	609193	151961
4.非存款类金融机构存款				(1)个人贷款			
(二)境外存款				其中:个人消费贷款			
二、代理财政性存款				(2)单位贷款	908675	609193	151961
三、金融债券				经营贷款	247950	190450	57500
其中:境外发行				固定资产贷款	660725	418743	95961
四、卖出回购资产				并购贷款			-1500
五、向中央银行借款				贸易融资			
六、银行业存款类金融机构往来				(3)非存款类金融机构贷款			
七、借款及非存款类金融机构拆入				3.票据融资			-26774
八、联行往来(净)				4.融资租赁			
九、应付及暂收款	23871	11094	-29308	5.各项垫款			
其中:应付利息	21869	11672	-28923	(二)境外贷款			
十、其他负债	1990	-478	644	二、债券投资	192147	132494	59653
十一、所有者权	223506	4702	6183	三、股权及其他投资			-2214
其中:实收资本	150000			四、买入返售资产		-120001	120001
				五、存放中央银行存款	91075	10673	21276
				六、缴存中央银行财政性存款			
				七、银行业存款类金融机构往来	1820621	441038	-138120
				八、存放非存款类金融机构款项			
				九、联行往来(净)			
				其中:境内存放二级准备金			
				十、库存现金			
				十一、应收及预付款	1115	705	-931
				其中:应收利息	829	829	-1096
				十二、投资性房地产			
				十三、固定资产	579	354	-44
				十四、其他资产	6446	1158	633
				十五、减:各项准备	27033	339	1907
				其中:贷款减值准备	27006	380	1870
资金来源总计	3165175	481270	133127	资金运用总计	3165175	481270	133127

㊻ 三环集团财务有限公司人民币信贷收支表

表 5-3-3-1-2-46　　2023 年 12 月 31 日　　单位:万元

来源项目名称＼栏目	12 月余额	比年初增减数 2023 年	比年初增减数 2022 年	运用项目名称＼栏目	12 月余额	比年初增减数 2023 年	比年初增减数 2022 年
一、各项存款	161070	18184	10412	一、各项贷款	196600	7718	-23878
(一)境内存款	161070	18184	10412	(一)境内贷款	196600	7718	-23878
1.个人存款				1.短期贷款	179325	12988	88303
其中:活期储蓄存款				(1)个人贷款及透支			
定期储蓄存款				其中:个人消费贷款			
结构性存款				(2)单位贷款及透支	179325	12988	88303
2.单位存款	161070	18184	10412	经营贷款及透支	179325	12988	88303
其中:活期存款	58112	-3992	29508	固定资产贷款			
定期存款	32714	814	-11782	并购贷款			
保证金存款	7390	-8930	-11680	贸易融资			
结构性存款				(3)非存款类金融机构贷款			
3.国库定期存款				2.中长期贷款			-96603
4.非存款类金融机构存款				(1)个人贷款			
(二)境外存款				其中:个人消费贷款			
二、代理财政性存款				(2)单位贷款			-96603
三、金融债券				经营贷款			-96603
其中:境外发行				固定资产贷款			
四、卖出回购资产				并购贷款			
五、向中央银行借款				贸易融资			
六、银行业存款类金融机构往来				(3)非存款类金融机构贷款			
七、借款及非存款类金融机构拆入				3.票据融资	17275	-5270	-15578
八、联行往来(净)				4.融资租赁			
九、应付及暂收款	1785	198	41	5.各项垫款			
其中:应付利息	337	-416	-135	(二)境外贷款			
十、其他负债				二、债券投资			
十一、所有者权益	114440	635	1851	三、股权及其他投资			
其中:实收资本	100000			四、买入返售资产			
				五、存放中央银行存款	8825	919	1805
				六、缴存中央银行财政性存款			
				七、银行业存款类金融机构往来	36452	-148	13893
				八、存放非存款类金融机构款项	99	88	10
				九、联行往来(净)			
				其中:境内存放二级准备金			
				十、库存现金			
				十一、应收及预付款	40097	10011	19999
				其中:应收利息	92	92	0
				十二、投资性房地产			
				十三、固定资产	610	356	94
				十四、其他资产	-69	73	382
				十五、减:各项准备	5319		
				其中:贷款减值准备	5319		
资金来源总计	**277295**	**19017**	**12304**	**资金运用总计**	**277295**	**19017**	**12304**

㊼ 中国能源建设集团财务有限公司武汉分公司人民币信贷收支表

表 5-3-3-1-2-47　　2023 年 12 月 31 日　　单位：万元

栏目 来源项目名称	12 月余额	比年初增减数		栏目 运用项目名称	12 月余额	比年初增减数	
		2023 年	2022 年			2023 年	2022 年
一、各项存款				一、各项贷款	1199910	32	3210
（一）境内存款				（一）境内贷款	1199910	32	3210
1.个人存款				1.短期贷款	556600	7180	-178450
其中：活期储蓄存款				（1）个人贷款及透支			
定期储蓄存款				其中：个人消费贷款			
结构性存款				（2）单位贷款及透支	556600	7180	-178450
2.单位存款				经营贷款及透支	556600	7180	-178450
其中：活期存款				固定资产贷款			
定期存款				并购贷款			
保证金存款				贸易融资			
结构性存款				（3）非存款类金融机构贷款			
3.国库定期存款				2.中长期贷款	643310	-7148	181660
4.非存款类金融机构存款				（1）个人贷款			
（二）境外存款				其中：个人消费贷款			
二、代理财政性存款				（2）单位贷款	643310	-7148	181660
三、金融债券				经营贷款	643310	-7148	181660
其中：境外发行				固定资产贷款			
四、卖出回购资产				并购贷款			
五、向中央银行借款				贸易融资			
六、银行业存款类金融机构往来				（3）非存款类金融机构贷款			
七、借款及非存款类金融机构拆入				3.票据融资			
八、联行往来（净）	1165487	10018	-20315	4.融资租赁			
九、应付及暂收款	684	5	354	5.各项垫款			
其中：应付利息				（二）境外贷款			
十、其他负债	5352	352	160	二、债券投资			
十一、所有者权益		-9709	23808	三、股权及其他投资			
其中：实收资本				四、买入返售资产			
				五、存放中央银行存款			
				六、缴存中央银行财政性存款			
				七、银行业存款类金融机构往来	360	331	343
				八、存放非存款类金融机构款项			
				九、联行往来（净）			
				其中：境内存放二级准备金			
				十、库存现金			
				十一、应收及预付款	897	-42	369
				其中：应收利息	897	-42	369
				十二、投资性房地产			
				十三、固定资产	8		4
				十四、其他资产	345	345	161
				十五、减：各项准备	29997		80
				其中：贷款减值准备	29997		80
资金来源总计	1171523	666	4007	资金运用总计	1171523	666	4007

㊽ 宝武集团财务有限责任公司武汉分公司人民币信贷收支表

表 5-3-3-1-2-48　　2023 年 12 月 31 日　　单位:万元

来源项目名称＼栏目	12 月余额	比年初增减数		运用项目名称＼栏目	12 月余额	比年初增减数	
		2023 年	2022 年			2023 年	2022 年
一、各项存款	913152	-61154	100849	一、各项贷款	384577	125842	68240
(一)境内存款	913152	-61154	100849	(一)境内贷款	384577	125842	68240
1.个人存款				1.短期贷款	292860	59860	45000
其中:活期储蓄存款				(1)个人贷款及透支			
定期储蓄存款				其中:个人消费贷款			
结构性存款				(2)单位贷款及透支	292860	59860	45000
2.单位存款	913152	-61154	100849	经营贷款及透支	290868	57868	45000
其中:活期存款	16440	-23761	4105	固定资产贷款			
定期存款				并购贷款			
保证金存款				贸易融资	1992	1992	
结构性存款				(3)非存款类金融机构贷款			
3.国库定期存款				2.中长期贷款	91717	65982	23240
4.非存款类金融机构存款				(1)个人贷款			
(二)境外存款				其中:个人消费贷款			
二、代理财政性存款				(2)单位贷款	91717	65982	23240
三、金融债券				经营贷款	69000	69000	
其中:境外发行				固定资产贷款	22717	-3018	23240
四、卖出回购资产				并购贷款			
五、向中央银行借款				贸易融资			
六、银行业存款类金融机构往来				(3)非存款类金融机构贷款			
七、借款及非存款类金融机构拆入				3.票据融资			
八、联行往来(净)	41184	41184		4.融资租赁			
九、外汇买卖(净)				5.各项垫款			
十、应付及暂收款		5188	-2318	(二)境外贷款			
其中:应付利息	8290	4693	-1340	二、债券投资			
十一、其他负债	5296	-304	-177	三、股权及其他投资			
十二、所有者权益	14769	5357	4657	四、买入返售资产			
其中:实收资本				五、存放中央银行存款			
				六、缴存中央银行财政性存款			
				七、银行业存款类金融机构往来	597773	364849	63792
				八、存放非存款类金融机构款项			
				九、联行往来(净)		-500409	-28981
				其中:境内存放二级准备金			
				十、外汇买卖(净)			
				十一、库存现金			
				十二、应收及预付款	720	233	185
				其中:应收利息	698	217	179
				十三、投资性房地产			
				十四、固定资产	65	-34	-24
				十五、其他资产	360	-208	-200
				十六、减:各项准备			
				其中:贷款损失准备			
资金来源总计	983494	-9729	103011	资金运用总计	983494	-9729	103011

(3)资产负债项目统计

① 国家开发银行湖北省分行资产负债表

表 5-3-3-1-3-1　　2023 年 12 月 31 日　　单位:万元

资产	年末数	年初数	负债和所有者权益(或股东权益)	年末数	年初数
资产			负债		
现金及存放中央银行款项	602	600	向中央银行借款		
存放同业款项	1056	2004	同业及其他金融机构存放款项	363654	154636
贵金属			拆入资金		
拆出资金	1422966	1797864	交易性金融负债		
交易性金融资产			衍生金融负债		
衍生金融资产			卖出回购金融资产款		
买入返售金融资产			吸收存款	5184676	4870316
应收利息			应付职工薪酬	3496	3128
发放贷款和垫款	67561600	65806272	应交税费	59746	60655
可供出售金融资产			应付利息		
持有至到期投资			预计负债		
应收款项投资			应付债券		
长期股权投资			递延所得税负债		
投资性房地产			其他负债	62268179	61868320
固定资产	332	1584	负债合计	67879751	66957055
在建工程			所有者权益(或股东权益)		
无形资产	13	18	实收资本(或股本)		
递延所得税资产			资本公积		
其他资产	15170	20500	减:库存股		
			盈余公积		
			一般风险准备		
			未分配利润	1121989	671787
			外币报表折算差额		
			所有者权益(或股东权益)合计	1121989	671787
资产总计	**69001740**	**67628842**	**负债和所有者权益(或股东权益)总计**	**69001740**	**67628842**

② 中国进出口银行湖北省分行资产负债表

表 5-3-3-1-3-2　　2023 年 12 月 31 日　　单位:万元

资产	年末数	年初数	负债和所有者权益(或股东权益)	年末数	年初数
资产			负债		
现金及存放中央银行款项	1	0	向中央银行借款		
存放同业款项	642	963	同业及其他金融机构存放款项	163242	2214
贵金属			拆入资金		
拆出资金	262076	231253	交易性金融负债		
交易性金融资产			衍生金融负债		
衍生金融资产	116	486	卖出回购金融资产款		
买入返售金融资产			吸收存款	512052	471124

续表 5-3-3-1-3-2

资产	年末数	年初数	负债和所有者权益(或股东权益)	年末数	年初数
应收利息			应付职工薪酬	490	461
发放贷款和垫款	15637813	14276603	应交税费	9174	9219
可供出售金融资产			应付利息		
持有至到期投资			预计负债	6175	5595
应收款项投资			应付债券		
长期股权投资			递延所得税负债		
投资性房地产	4909	5159	其他负债	15151511	13938583
固定资产	15025	15816	负债合计	15842643	14427196
在建工程			所有者权益(或股东权益)		
无形资产	18	43	实收资本(或股本)		
递延所得税资产			资本公积		
其他资产	292	744	减:库存股		
			盈余公积		
			一般风险准备		
			未分配利润	78250	103871
			外币报表折算差额		
			所有者权益(或股东权益)合计	78250	103871
资产总计	15920893	14531067	负债和所有者权益(或股东权益)总计	15920893	14531067

③ 中国农业发展银行湖北省分行资产负债表

表 5-3-3-1-3-3　　2023 年 12 月 31 日　　单位:万元

资产	年末数	年初数	负债和所有者权益(或股东权益)	年末数	年初数
资产			负债		
现金及存放中央银行款项	0	0	向中央银行借款		
存放同业款项	197	391	同业及其他金融机构存放款项	50567614	42833380
贵金属			拆入资金		
拆出资金			交易性金融负债		
交易性金融资产			衍生金融负债		
衍生金融资产			卖出回购金融资产款		
买入返售金融资产			吸收存款	7631592	7661021
应收利息			应付职工薪酬	38531	35291
发放贷款和垫款	57311786	49328006	应交税费	21990	19434
可供出售金融资产			应付利息		
持有至到期投资	1096845	1562738	预计负债		
应收款项投资			应付债券		
长期股权投资			递延所得税负债		
投资性房地产			其他负债	71261	71344
固定资产	45934	46990	负债合计	58330989	50620470
在建工程	580	168	所有者权益(或股东权益)		
无形资产	7877	8153	实收资本(或股本)		
递延所得税资产			资本公积	258	258
其他资产	7377	5629	减:库存股		
			盈余公积		

续表 5-3-3-1-3-3

资产	年末数	年初数	负债和所有者权益(或股东权益)	年末数	年初数
			一般风险准备		
			未分配利润	139350	331347
			外币报表折算差额		
			所有者权益(或股东权益)合计	139607	331604
资产总计	58470596	50952074	负债和所有者权益(或股东权益)总计	58470596	50952074

④ 中国工商银行湖北省分行资产负债表

表 5-3-3-1-3-4　　2023 年 12 月 31 日　　单位:万元

资产	本期余额	比年初增减数		负债和所有者权益	本期余额	比年初增减数	
		2023 年	2022 年			2023 年	2022 年
资产				负债			
现金	170700	-48020	30864	单位存款	25271817	-4528818	-1982444
贵金属	56266	-9316	-6728	储蓄存款	63554154	8348486	8584931
存放中央银行款项				向中央银行借款			
存放同业款项	8536	7618	-287	同业存放款项	3073733	-653775	1072925
存放系统款项	13237285	-4087717	2480297	系统内存放款项			
应收利息	145961	-20016	14843	同业拆入			
贷款	75436068	6817303	4142557	卖出回购款项	2260	-15998	18258
贸易融资	2340436	656065	544388	汇出汇款	733	480	89
贴现及买断式转贴现	4341350	159954	1761250	应解汇款	3876	2900	-709
其他贷款				存入保证金	293647	11667	-118558
拆放同业				其他存款			
其他应收款	183460	-12184	-2699	应付利息	1709170	243635	294952
投资	1707838	123692	199109	应交税费	380984	-29146	41248
买入返售资产				应付职工薪酬	51645	1155	8204
待摊费用	10593	2128	1356	应付利润(股利)			
固定资产原价	823045	12766	18889	其他应付款	457118	119075	-117528
累计折旧(减)	483583	19477	16677	递延收益	20954	-7785	4458
固定资产净值	339462	-6710	2212	预计负债	8820	-47	-4551
固定资产清理	-574	7776	9189	应付债券			
在建工程	28023	-5680	-12802	其他负债	83129	-12044	14746
无形资产	57797	-2061	-127	递延税项(递延税款贷项)	138673	8760	8811
抵债资产	34211			负债合计	95050711	3488543	7824834
递延税项(递延税款借项)	513849	109933	73542	所有者权益			
其他资产	346907	195295	-898101	实收资本	412563	1115	4094
各项资产减值损失准备(减)	2936844	524815	359396	资本和盈余公积			
				其他综合收益	3941	-3737	-242
				一般风险准备			
				未分配利润	554112	-122677	150782
				其中:本年利润	554112	554112	676789
				所有者权益合计	970616	-125300	154634
资产总计	96021327	3363244	7979468	负债和所有者权益总计	96021327	3363244	7979468

注:1.本表根据《中国工商银行综合统计制度》风险监管报表系列 GF01 表有关规定编制。
2.本表数据为本外币合并口径。

⑤ 中国农业银行湖北省分行资产负债表

表 5-3-3-1-3-5　　2023 年 12 月 31 日　　单位:万元

资产	年末数	年初数	负债和所有者权益(或股东权益)	年末数	年初数
资产			负债		
现金及存放中央银行款项	235422	228973	向中央银行借款		
存放同业款项	2033	336	同业及其他金融机构存放款项	5275446	2937401
贵金属			拆入资金		
拆出资金			交易性金融负债		
交易性金融资产			衍生金融负债	0	-9
衍生金融资产	68	387	卖出回购金融资产款		
买入返售金融资产			吸收存款	104672944	92614173
应收利息	144058	131145	应付职工薪酬	178712	169759
发放贷款和垫款	73157158	63104079	应交税费	22418	15423
可供出售金融资产			应付利息	1844185	1490423
持有至到期投资			预计负债	34276	42508
应收款项投资			应付债券		
长期股权投资	1000	1000	递延所得税负债		
投资性房地产	0	0	其他负债	101699	119772
固定资产	372189	383182	负债合计	112129679	97389450
在建工程	5752	11356	所有者权益(或股东权益)		
无形资产	117666	109219	实收资本(或股本)	126434	126434
递延所得税资产	267129	225215	资本公积		
其他资产	38934051	34209238	减:库存股		
			盈余公积		
			一般风险准备		
			其他综合收益	27456	18476
			未分配利润	952958	869770
			外币报表折算差额		
			所有者权益(或股东权益)合计	1106848	1014680
资产总计	**113236527**	**98404130**	**负债和所有者权益(或股东权益)总计**	**113236527**	**98404130**

⑥ 中国银行湖北省分行资产负债表

表 5-3-3-1-3-6　　2023 年 12 月 31 日　　单位:万元

资产	年末数	年初数	负债和所有者权益(或股东权益)	年末数	年初数
资产			负债		
现金及存放中央银行款项	169785	126369	向中央银行借款		
存放同业款项			同业及其他金融机构存放款项	3317150	1913732
贵金属	15371	11278	拆入资金		
拆出资金	183	559	交易性金融负债		
交易性金融资产			衍生金融负债		
衍生金融资产			卖出回购金融资产款		
买入返售金融资产			吸收存款	52120479	47038510
应收利息	838	707	应付职工薪酬	97476	98873
发放贷款和垫款	56505894	49913436	应交税费	29105	31982

续表 5-3-3-1-3-6

资产	年末数	年初数	负债和所有者权益(或股东权益)	年末数	年初数
可供出售金融资产			应付利息	775394	707629
持有至到期投资			预计负债	67878	102225
应收款项投资			应付债券		
长期股权投资			递延所得税负债		
投资性房地产			其他负债	101384	128930
固定资产	225729	227410	租赁负债	28364	26690
在建工程	4638	5595	负债合计	56537231	50048571
无形资产	17689	17612	所有者权益(或股东权益)		
递延所得税资产			实收资本(或股本)	106961	106961
其他资产	87379	49943	资本公积		
使用权资产	31447	28013	减:库存股		
			盈余公积		
			一般风险准备		
			未分配利润	413084	224717
			其他综合收益	1677	674
			外币报表折算差额		
			所有者权益(或股东权益)合计	521722	332351
资产总计	57058953	50380922	**负债和所有者权益(或股东权益)总计**	57058953	50380922

⑦ 中国建设银行湖北省分行资产负债表

表 5-3-3-1-3-7　　2023 年 12 月 31 日　　单位:万元

资产	期末余额	年初余额	负债和股东权益	期末余额	年初余额
资产			负债		
现金及存放中央银行款项	223729	228790	向中央银行借款		
存放同业款项			同业及其他金融机构存放款项	1148621	1598452
贵金属	-473	86	拆入资金		
拆出资金			交易性金融负债	203943	466268
衍生金融资产	11951	10524	衍生金融负债	13992	5469
买入返售金融资产			卖出回购金融资产		
发放贷款和垫款	77426219	69404391	吸收存款	92501578	84169395
金融投资			应付职工薪酬	85474	73172
交易性金融资产	26	26	应交税费	45510	43684
债权投资	2378	3882	预计负债	46751	48270
其他债权投资			应付债券		
其他权益工具投资			递延所得税负债	167	143
长期股权投资			租赁负债	27589	27534
投资性房地产			其他负债	469833	663904
固定资产	378812	395413	负债合计	94543458	87096292
在建工程	24955	16924	股东权益		
无形资产	26248	25998	股本		
商誉			其他权益工具		
递延所得税资产	75	448	资本公积		
使用权资产	31857	31587	减:库存股		

续表 5-3-3-1-3-7

资产	期末余额	年初余额	负债和股东权益	期末余额	年初余额
其他资产	17674613	18112024	其他综合收益	273	-914
			盈余公积		
			一般风险准备		
			未分配利润	1256661	1134716
			股东权益合计	1256934	1133801
资产总计	**95800392**	**88230093**	**负债和股东权益总计**	**95800392**	**88230093**

注：本表数据口径为本外币。

⑧ 交通银行湖北省分行资产负债表

表 5-3-3-1-3-8　　2023 年 12 月 31 日　　单位：万元

资产	期末余额	负债和股东权益	期末余额
资产		负债	
现金及存放中央银行款项	39881	向中央银行借款	
存放同业款项	6824	同业及其他金融机构存放款项	1476393
拆出资金		拆入资金	
衍生金融资产	2410	交易性金融负债	7735
买入返售金融资产		衍生金融负债	1813
发放贷款和垫款	27514247	卖出回购金融资产款	
以公允价值计量且其变动计入当期损益的金融投资		客户存款	31886725
以摊余成本计量的金融投资		发行存款证	
以公允价值计量且其变动计入其他综合收益的金融投资		应付职工薪酬	35943
长期股权投资		应交税费	18107
纳入合并范围的结构化主体		预计负债	20177
投资性房地产		应付债券	
固定资产	111197	递延所得税负债	
在建工程	97	其他负债	53791
无形资产	8231	联行往来	
递延所得税资产		负债合计	33500685
其他资产	70676	股东权益	
联行往来	6198811	股本	
		其他权益工具	
		资本公积	
		盈余公积	
		库存股	
		一般风险准备	
		未分配利润	450218
		其他综合收益/(损失)	1471
		归属于母公司股东权益合计	451689
		少数股东权益	
		股东权益合计	451689
资产总计	**33952373**	**负债和股东权益总计**	**33952373**

注：本表数据口径为本外币。

⑨ 中国邮政储蓄银行湖北省分行资产负债表

表 5-3-3-1-3-9　　2023 年 12 月 31 日　　单位：万元

资产	年末数	年初数	负债和所有者权益（或股东权益）	年末数	年初数
资产			负债		
现金及银行存款	194772	248226	向中央银行借款		
存放中央银行款项	52808	20324	同业及其他金融机构存放款项	28496	380068
存放同业款项			拆入资金		
贵金属			交易性金融负债		
拆出资金			衍生金融负债	0	1559
交易性金融资产			卖出回购金融资产款		5353
衍生金融资产	0	1559	吸收存款	83185468	75851265
买入返售金融资产			应付职工薪酬	61351	62153
应收利息	22893	22281	应交税费	-8105	9834
其他应收款	7514	6525	应付利息		
发放贷款和垫款	27535040	24128420	其他应付款	38439	41994
可供出售金融资产			预计负债	1151	2449
持有至到期投资			应付债券		
应收款项投资			租赁负债	35037	36893
长期股权投资			递延所得税负债		
投资性房地产			其他负债	4229361	3637968
固定资产	126764	129572	负债合计	87571198	80029536
在建工程	32084	16617	所有者权益（或股东权益）		
使用权资产	37553	39628	实收资本（或股本）		
无形资产	2801	2572	资本公积		
递延所得税资产			减：库存股		
其他资产	60099414	55413087	其他综合收益	2293	-725
			盈余公积		
			一般风险准备		
			未分配利润	538151	
			外币报表折算差额		
			所有者权益（或股东权益）合计	540444	-725
资产总计	88111643	80028810	负债和所有者权益（或股东权益）总计	88111643	80028810

⑩ 中信银行武汉分行资产负债表

表 5-3-3-1-3-10　　2023 年 12 月 31 日　　单位：万元

资产	年末数	年初数	负债和所有者权益（或股东权益）	年末数	年初数
资产			负债		
现金及存放中央银行款项	13681	16186	向中央银行借款		
存放同业款项	6581	5847	同业及其他金融机构存放款项	349418	468463
贵金属			拆入资金		
拆出资金			交易性金融负债		
交易性金融资产	2466	2846	衍生金融负债	16	133
衍生金融资产	3645	2727	卖出回购金融资产款	180861	146468

续表 5-3-3-1-3-10

资产	年末数	年初数	负债和所有者权益(或股东权益)	年末数	年初数
买入返售金融资产			吸收存款	17314798	16271580
应收利息	76907	68207	应付职工薪酬	62312	40776
发放贷款和垫款	17683868	16321688	应交税费	48481	71870
可供出售金融资产			应付利息	158601	98144
持有至到期投资		19952	预计负债	49921	51587
应收款项投资			应付债券		
长期股权投资			递延所得税负债		
投资性房地产			联行存放	894277	397696
固定资产	25175	26118	其他负债	69071	64046
在建工程			负债合计	19127755	17610764
无形资产	1464	1115	所有者权益(或股东权益)		
递延所得税资产	150394	123571	实收资本(或股本)		
其他资产	103526	80851	资本公积		
存放联行	1158922	1109278	减:库存股		
			盈余公积		
			一般风险准备		
			拨入营运资金	42629	41537
			其他综合收益	517	-134
			未分配利润	55728	126220
			外币报表折算差额		
			所有者权益(或股东权益)合计	98875	167622
资产总计	19226629	17778386	负债和所有者权益(或股东权益)总计	19226629	17778386

⑪ 中国光大银行武汉分行资产负债表

表 5-3-3-1-3-11　　2023 年 12 月 31 日　　单位:万元

资产	年末数	年初数	负债和所有者权益(或股东权益)	年末数	年初数
资产			负债		
现金及存放中央银行款项	10752	13920	向中央银行借款		
存放同业款项	2549	2175	同业及其他金融机构存放款项	29520	28596
贵金属	55	55	拆入资金	5000	14054
拆出资金			交易性金融负债		
交易性金融资产			衍生金融负债		
衍生金融资产			卖出回购金融资产款	52644	
买入返售金融资产			吸收存款	10448719	10212355
应收利息	34043	33005	应付职工薪酬	29413	33576
发放贷款和垫款	10718387	9878324	应交税费	6688	6871
可供出售金融资产			应付利息	135519	102084
持有至到期投资			预计负债	9898	7792
应收款项投资	3718	7421	应付债券		
长期股权投资			递延所得税负债		
投资性房地产			其他负债	20121	53723
固定资产	7237	7750	负债合计	10737522	10459053

续表 5-3-3-1-3-11

资产	年末数	年初数	负债和所有者权益(或股东权益)	年末数	年初数
在建工程			所有者权益(或股东权益)		
无形资产	62	109	实收资本(或股本)		
递延所得税资产			资本公积		
其他资产	155960	683661	减:库存股		
			盈余公积		
			一般风险准备		
			未分配利润	195242	167369
			外币报表折算差额		
			所有者权益(或股东权益)合计	195242	167369
资产总计	10932764	10626422	**负债和所有者权益(或股东权益)总计**	10932764	10626422

⑫ 招商银行武汉分行资产负债表

表 5-3-3-1-3-12　　2023 年 12 月 31 日　　单位:万元

资产	年末数	年初数	负债和所有者权益(或股东权益)	年末数	年初数
资产			负债		
现金及存放中央银行款项	70427	73377	向中央银行借款	260056	168452
存放同业款项	5774	5432	同业及其他金融机构存放款项	748913	832940
贵金属	2029	2577	拆入资金		
拆出资金			交易性金融负债		
交易性金融资产			衍生金融负债		
衍生金融资产			卖出回购金融资产款		
买入返售金融资产			吸收存款	31070295	28092461
应收利息	35218	36525	应付职工薪酬	72987	59784
发放贷款和垫款	20829466	19425565	应交税费	26519	38188
可供出售金融资产			应付利息	329238	190901
持有至到期投资			预计负债	20688	19850
应收款项投资			应付债券		
长期股权投资			递延所得税负债		
投资性房地产			其他负债	211812	249234
固定资产	55595	61294	负债合计	32740507	29651809
在建工程			所有者权益(或股东权益)		
无形资产	155	103	实收资本(或股本)		
递延所得税资产			资本公积		
其他资产	11975181	10368036	减:库存股		
			盈余公积		
			一般风险准备	3339	12342
			未分配利润	229999	308756
			外币报表折算差额		
			所有者权益(或股东权益)合计	233338	321099
资产总计	32973845	29972907	**负债和所有者权益(或股东权益)总计**	32973845	29972907

⑬ 上海浦东发展银行武汉分行资产负债表

表 5-3-3-1-3-13　　2023 年 12 月 31 日　　单位:万元

资产	年末数	年初数	负债和所有者权益(或股东权益)	年末数	年初数
资产			负债		
现金及存放中央银行款项	11753	10985	向中央银行借款		
存放同业款项	1432	1881	同业及其他金融机构存放款项	1273068	530457
贵金属			拆入资金	790	
拆出资金			交易性金融负债		
交易性金融资产			衍生金融负债		
衍生金融资产			卖出回购金融资产款	69755	58657
买入返售金融资产			吸收存款	7651314	7121748
应收利息	44174	37895	应付职工薪酬	33	67
发放贷款和垫款	8194297	7532718	应交税费	5420	5544
可供出售金融资产			应付利息	109722	91572
持有至到期投资			预计负债	1372	3041
应收款项投资			应付债券		
长期股权投资			递延所得税负债		
投资性房地产			其他负债	22608	22658
固定资产	18029	17987	负债合计	9134083	7833745
在建工程	2079	1232	所有者权益(或股东权益)		
无形资产	142	55	实收资本(或股本)		
递延所得税资产			资本公积		
其他资产	952222	298978	减:库存股		
			盈余公积		
			一般风险准备		
			未分配利润	90443	67303
			外币报表折算差额	-398	682
			所有者权益(或股东权益)合计	90046	67985
资产总计	**9224128**	**7901730**	**负债和所有者权益(或股东权益)总计**	**9224128**	**7901730**

⑭ 中国民生银行武汉分行资产负债表

表 5-3-3-1-3-14　　2023 年 12 月 31 日　　单位:万元

资产	年末数	年初数	负债和所有者权益(或股东权益)	年末数	年初数
资产			负债		
现金及存放中央银行款项	18770	46231	向中央银行借款		
存放同业款项	2822	2670	同业及其他金融机构存放款项	138172	168342
贵金属	770	233	拆入资金		
拆出资金			交易性金融负债		
交易性金融资产			衍生金融负债		
衍生金融资产			卖出回购金融资产款	242007	227208
买入返售金融资产			吸收存款	9141254	8493237
应收利息			应付职工薪酬	25532	29580
发放贷款和垫款	9289385	8910393	应交税费	4904	5035
可供出售金融资产			应付利息		

续表 5-3-3-1-3-14

资产	年末数	年初数	负债和所有者权益(或股东权益)	年末数	年初数
持有至到期投资			预计负债	3068	3703
应收款项投资			应付债券		
长期股权投资			租赁负债	24355	23860
投资性房地产			递延所得税负债		
固定资产	32598	33362	其他负债	40105	29236
在建工程			负债合计	9619397	8980201
无形资产	503	191	所有者权益(或股东权益)		
使用权资产	26142	25476	实收资本(或股本)	110000	110000
递延所得税资产			资本公积		
其他资产	397612	186820	减:库存股		
			其他综合收益	220	82
			盈余公积		
			一般风险准备		
			未分配利润	38984	115093
			外币报表折算差额		
			所有者权益(或股东权益)合计	149205	225175
资产总计	9768602	9205376	**负债和所有者权益(或股东权益)总计**	9768602	9205376

⑮ 华夏银行武汉分行资产负债表

表 5-3-3-1-3-15　　2023 年 12 月 31 日　　单位:万元

资产	年末数	年初数	负债和股东权益	年末数	年初数
资产			负债		
现金及存放中央银行款项	12513	9900	向中央银行借款		
存放同业款项	1581	2425	同业及其他金融机构存放款项	139875	152219
贵金属			拆入资金		
拆出资金			交易性金融负债		
以公允价值计量且其变动计入当期损益的金融资产			衍生金融负债		
衍生金融资产			卖出回购金融资产款		
买入返售金融资产			吸收存款	8149912	7820445
应收利息		60695	应付职工薪酬	7972	8429
发放贷款和垫款	6967956	7185614	应交税费	4336	5450
金融投资:			租赁负债	20638	18858
交易性金融资产			应付利息		108219
债权投资	1238479		预计负债	1727	11658
其他债权投资			应付债务凭证		
其他权益工具投资	1510		递延所得税负债		
以公允价值计量且其变动计入其他综合收益的金融资产		1723	其他负债	110753	281215
以摊余成本计量的金融资产		882090	负债合计	8435213	8406495
应收款项类投资			股东权益		
长期股权投资			股本		
投资性房地产			其他权益工具		
固定资产	47508	44691	其中:优先股		
在建工程			永续债		

续表 5-3-3-1-3-15

资产	年末数	年初数	负债和股东权益	年末数	年初数
使用权资产	21880	20121	资本公积		
无形资产			减:库存股		
商誉			其他综合收益	-1173	-209
递延所得税资产			一般风险准备		
其他资产	7837	9856	未分配利润	-134777	-189169
			股东权益合计	-135950	-189378
资产总计	8299264	8217117	负债和股东权益总计	8299264	8217117

⑯ 平安银行武汉分行资产负债表

表 5-3-3-1-3-16　　2023 年 12 月 31 日　　单位:万元

资产	年末数	年初数	负债和所有者权益(或股东权益)	年末数	年初数
资产			负债		
现金及存放中央银行款项	16969	8821	向中央银行借款		
存放同业款项	15764	1733	同业及其他金融机构存放款项		
贵金属			拆入资金	90297	
拆出资金			交易性金融负债		
交易性金融资产			衍生金融负债		
衍生金融资产			卖出回购金融资产款		
买入返售金融资产			吸收存款	4837723	6498931
应收利息			应付职工薪酬	23660	22994
发放贷款和垫款	9387928	9613081	应交税费	8202	7683
可供出售金融资产			应付利息		
持有至到期投资			预计负债	16182	24805
应收款项投资			应付债券		
长期股权投资			递延所得税负债		
投资性房地产			其他负债	4479397	3279791
固定资产	74126	70360	负债合计	9455461	9834204
在建工程			所有者权益(或股东权益)		
无形资产			实收资本(或股本)		
递延所得税资产			资本公积		
其他资产	37321	112556	减:库存股		
			盈余公积		
			一般风险准备		
			未分配利润	76646	-27653
			外币报表折算差额		
			所有者权益(或股东权益)合计	76646	-27653
资产总计	9532108	9806551	负债和所有者权益(或股东权益)总计	9532108	9806551

⑰ 兴业银行武汉分行资产负债表

表 5-3-3-1-3-17　　2023 年 12 月 31 日　　单位:万元

资产	年末数	年初数	负债和所有者权益(或股东权益)	年末数	年初数
资产			负债		
现金及存放中央银行款项	42797	11600	向中央银行借款		
存放同业款项	11954	4013	同业及其他金融机构存放款项	1804296	1662955
贵金属			拆入资金	131305	
拆出资金			交易性金融负债		
交易性金融资产	2265	2431	衍生金融负债		
衍生金融资产			卖出回购金融资产款		
买入返售金融资产			吸收存款	13088201	12070605
应收利息	26575	24128	应付职工薪酬	33664	46017
发放贷款和垫款	13236301	12112238	应交税费	7264	6731
可供出售金融资产			应付利息		
持有至到期投资	44	82	预计负债	11704	7501
应收款项投资			应付债券		
长期股权投资			递延所得税负债		
投资性房地产			其他负债	67486	64592
固定资产	52299	21831	负债合计	15143921	13858401
在建工程	1039	636	所有者权益(或股东权益)		
无形资产	2528	2479	实收资本(或股本)		
递延所得税资产			资本公积	211	
其他资产	1846223	1868800	减:库存股		
			盈余公积		
			一般风险准备		
			未分配利润	77893	189838
			外币报表折算差额		
			所有者权益(或股东权益)合计	78104	189838
资产总计	**15222025**	**14048238**	**负债和所有者权益(或股东权益)总计**	**15222025**	**14048238**

⑱ 广发银行武汉分行资产负债表

表 5-3-3-1-3-18　　2023 年 12 月 31 日　　单位:万元

资产	期末数	期初数	负债和所有者权益(或股东权益)	期末数	期初数
资产			负债		
现金及存放中央银行款项	3451	4974	向中央银行借款		
存放同业款项	3098	3109	同业及其他金融机构存放款项	10064	11028
贵金属			拆入资金		
拆出资金			交易性金融负债	255	215
衍生金融资产	498	216	衍生金融负债	390	207
买入返售金融资产			卖出回购金融资产款	5949	21172
发放贷款和垫款	3498096	3340998	吸收存款	3620357	3337353
金融投资	46	78	应付职工薪酬	4873	3590
交易性金融资产			应交税费	2368	2412
债权投资	46	78	租赁负债	8877	10948

续表 5-3-3-1-3-18

资产	期末数	期初数	负债和所有者权益(或股东权益)	期末数	期初数
其他债权投资			预计负债	6521	5855
其他权益工具投资			应付债券		
长期股权投资			递延所得税负债		
固定资产	20022	20912	其他负债	2695	2045
在建工程			负债合计	3662347	3394825
使用权资产	9145	11128	所有者权益(或股东权益)		
无形资产	1416	965	实收资本(或股本)	18400	18400
递延所得税资产			其他权益工具		
其他资产	139704	44778	其中:优先股		
			永续债		
			资本公积		
			减:库存股		
			其他综合收益	219	-120
			盈余公积		
			一般风险准备		
			未分配利润	-5489	14053
			所有者权益(或股东权益)合计	13130	32332
资产总计	3675477	3427157	负债和所有者权益(或股东权益)总计	3675477	3427157

⑲ 渤海银行武汉分行资产负债表

表 5-3-3-1-3-19　　2023 年 12 月 31 日　　单位:万元

资产	期末余额	年初余额	负债和股东权益	期末余额	年初余额
资产			负债		
现金及银行存款	999	718	向中央银行借款		
存放中央银行款项	51	919	同业及其他金融机构存放款项	2461	11364
存放同业款项	2931	2681	拆入资金	213363	218749
减:存放同业减值准备			以公允价值计量且其变动计入当期损益的金融负债		
存放同业款项净值	2931	2681	衍生金融负债		
贵金属			卖出回购金融资产款		
拆出资金			客户存款	2927571	2726141
减:拆出资金减值准备			应解及汇出款	60	20
拆出资金净值			应付职工薪酬	5810	9231
买入返售金融资产			应交税费	1486	1250
减:买入返售金融资产减值准备			应付利息	66465	43515
买入返售金融资产净值			预计负债		
应收利息	35550	18623	应付债券		
发放贷款和垫款	3829882	3981592	租赁负债	13896	17261
减:贷款损失准备			递延所得税负债		
发放贷款和垫款净值	3829882	3981592	其他负债	635386	967691
以公允价值计量且其变动计入当期损益的金融投资			负债合计	3866499	3995221
衍生金融资产			股东权益		
以公允价值计量且其变动计入其他综合收益的金融投资			股本		
以摊余成本计量的金融投资			其他权益工具		

续表 5-3-3-1-3-19

资产	期末余额	年初余额	负债和股东权益	期末余额	年初余额
长期股权投资			其中:永续债		
投资性房产			资本公积		
固定资产	21490	21205	其他综合收益		
使用权资产	12915	16686	盈余公积		
无形资产			一般风险准备		
递延所得税资产			未分配利润		
其他资产	2427	2181	本年利润	39746	49383
			股东权益合计	39746	49383
资产总计	3906245	4044604	负债和股东权益总计	3906245	4044604

⑳ 浙商银行武汉分行资产负债表

表 5-3-3-1-3-20　　2023 年 12 月 31 日　　单位:万元

资产	年末数	年初数	负债和所有者权益(或股东权益)	年末数	年初数
资产			负债		
现金及存放中央银行款项	1202	969	向中央银行借款	82980	
存放同业款项	416289	345873	同业及其他金融机构存放款项	2816	4311
贵金属			拆入资金	24301	68870
拆出资金			交易性金融负债		
交易性金融资产			衍生金融负债		
衍生金融资产			卖出回购金融资产款		18378
买入返售金融资产			吸收存款	3429549	3009181
应收利息			应付职工薪酬	11783	14032
发放贷款和垫款	3098429	2782056	应交税费	1563	2269
可供出售金融资产			应付利息		
持有至到期投资			预计负债		
应收款项投资			应付债券		
长期股权投资			递延所得税负债		
投资性房地产			其他负债	24741	21009
固定资产	44975	7255	负债合计	3577732	3138050
在建工程			所有者权益(或股东权益)		
无形资产			实收资本(或股本)		
递延所得税资产			资本公积		
其他资产	11053	46853	减:库存股		
			其他综合收益	4566	1188
			盈余公积		
			一般风险准备		
			未分配利润	-10349	43769
			外币报表折算差额		
			所有者权益(或股东权益)合计	-5783	44957
资产总计	3571949	3183007	负债和所有者权益(或股东权益)总计	3571949	3183007

㉑ 恒丰银行武汉分行资产负债表

表 5-3-3-1-3-21

2023 年 12 月 31 日

单位:万元

资产	年末数	年初数	负债和所有者权益(或股东权益)	年末数	年初数
资产			负债		
现金及存放中央银行款项	451	764	向中央银行借款		
存放同业款项	2648	382	同业及其他金融机构存放款项	79221	19550
贵金属			拆入资金		
拆出资金			交易性金融负债		
交易性金融资产			衍生金融负债		
衍生金融资产			卖出回购金融资产款		
买入返售金融资产			吸收存款	1737169	1504379
应收利息			应付职工薪酬	2876	1479
发放贷款和垫款	1964976	1517214	应交税费	1585	1452
可供出售金融资产			租赁负债	6498	8064
持有至到期投资			应付利息		
应收款项投资			预计负债	558	2254
长期股权投资			应付债券		
投资性房地产			递延所得税负债		
固定资产	624	643	其他负债	135595	62832
在建工程	53	53	负债合计	1963502	1600010
使用权资产	7295	8957	所有者权益(或股东权益)		
无形资产	198	48	实收资本(或股本)		
递延所得税资产			其他综合收益	13	44
其他资产	2926	71993	资本公积		
			减:库存股		
			盈余公积		
			一般风险准备		
			未分配利润	15655	
			外币报表折算差额		
			所有者权益(或股东权益)合计	15668	44
资产总计	**1979171**	**1600054**	**负债和所有者权益(或股东权益)总计**	**1979171**	**1600054**

㉒ 汉口银行资产负债表

表 5-3-3-1-3-22

2023 年 12 月 31 日

单位:万元

资产	年末数	年初数	负债和股东权益	年末数	年初数
资产			负债		
现金及存放中央银行款项	2694055	2754381	向中央银行借款	3286361	3453861
存放同业及其他金融机构款项	261413	278429	同业及其他金融机构存放款项	259676	707192
拆出资金	703447	1207062	拆入资金	10174	743
买入返售金融资产	103422	674985	卖出回购金融资产款	2573503	1928477
发放贷款及垫款	30789708	27442534	吸收存款	37480073	35061780
金融投资	17691471	17244281	应付职工薪酬	65946	52737
交易性金融资产	2719046	2764184	应交税费	18030	24095
债权投资	12130700	11803584	预计负债	17015	18923

续表 5-3-3-1-3-22

资产	年末数	年初数	负债和股东权益	年末数	年初数
其他债权投资	2825289	2672350	应付债券	5873514	5400917
其他权益工具投资	16436	4162	租赁负债	35491	33025
长期股权投资	113478	107388	其他负债	562744	866002
固定资产	148405	155913	负债合计	50182527	47547751
在建工程	1894	2470	股东权益		
使用权资产	39290	36300	股本	482785	482785
无形资产	8886	9422	其他权益工具	500000	500000
递延所得税资产	552953	477746	其中:永续债	500000	500000
其他资产	253983	242088	资本公积	609306	609306
			其他综合收益	22019	-4255
			盈余公积	227751	213688
			一般风险准备	692084	655039
			未分配利润	645934	628687
			股东权益合计	3179879	3085249
资产总计	53362406	50633000	负债和股东权益总计	53362406	50633000

㉓ 湖北银行资产负债表

表 5-3-3-1-3-23　　2023 年 12 月 31 日　　单位:万元

资产	年末数	年初数	负债和所有者权益(或股东权益)	年末数	年初数
资产			负债		
现金及存放中央银行款项	2143467	2209154	向中央银行借款	758675	423762
存放同业款项	37312	61888	同业及其他金融机构存放款项	646725	634851
贵金属			拆入资金	635520	633926
拆出资金	2402138	1737758	交易性金融负债		
交易性金融资产	3508413	3476947	衍生金融负债		
衍生金融资产			卖出回购金融资产款	547222	1139808
买入返售金融资产	363378	543332	吸收存款	34349336	30156217
应收利息			应付职工薪酬	65631	57382
发放贷款和垫款	25024829	20932831	应交税费	40809	48203
债权投资	9343042	8905119	应付利息		
其他债权投资	2503404	1724210	预计负债	18166	37952
其他权益工具投资	2334	1915	应付债券	5422299	4038125
长期股权投资	53809	49532	递延所得税负债		
投资性房地产			租赁负债	59315	56367
固定资产	118729	130314	其他负债	75615	94887
在建工程	1716	1651	负债合计	42619313	37321478
无形资产	6567	5330	所有者权益(或股东权益)		
递延所得税资产	397423	351780	实收资本(或股本)	761165	761165
使用权资产	59463	56678	其他权益工具	300000	
其他资产	69678	71409	其中:永续债	300000	
			资本公积	1061612	1061616
			其他综合收益	23011	23265

续表 5-3-3-1-3-23

资产	年末数	年初数	负债和所有者权益(或股东权益)	年末数	年初数
			盈余公积	193954	169275
			一般风险准备	665600	585800
			未分配利润	411049	337248
			外币报表折算差额		
			所有者权益(或股东权益)合计	3416392	2938369
资产总计	46035705	40259848	**负债和所有者权益(或股东权益)总计**	46035705	40259848

㉔ 武汉众邦银行资产负债表

表 5-3-3-1-3-24　　2023 年 12 月 31 日　　单位:万元

资产	年末数	年初数	负债和所有者权益(或股东权益)	年末数	年初数
资产			负债		
现金及存放中央银行款项	1901288	1528343	向中央银行借款	55820	260503
存放同业款项	137212	112763	同业及其他金融机构存放款项	581067	458898
贵金属			拆入资金	368438	342449
拆出资金		72078	以公允价值计量且其变动计入当期损益的金融负债		
买入返售金融资产			衍生金融负债		
金融投资			卖出回购金融资产款	877617	912619
交易性金融资产	3356743	3185312	吸收存款	8522329	7310180
债权投资	444748	406152	应付职工薪酬	23389	17751
其他债权投资	752294	883216	应交税费	14520	26480
其他权益工具投资			应付利息		
以公允价值计量且其变动计入当期损益的金融资产			预计负债	3590	30636
可供出售金融资产			租赁负债	5403	4364
持有至到期投资			应付债券	343724	608587
应收款项类投资			递延所得税负债	1500	887
应收利息			其他负债	110086	304398
发放贷款和垫款	4555007	4320602	负债合计	10907483	10277752
长期股权投资			所有者权益(或股东权益)		
投资性房地产			实收资本(或股本)	400000	400000
固定资产	4438	5065	其他综合收益	-1832	-1067
使用权资产	5996	3542	减:库存股		
在建工程	60274	421	盈余公积	14275	10225
无形资产	3519	4080	一般风险准备	128470	92023
商誉			未分配利润		
递延所得税资产	63162	60955	外币报表折算差额		
其他资产	163715	196404	所有者权益(或股东权益)合计	540913	501181
资产总计	11448396	10778933	**负债和所有者权益(或股东权益)总计**	11448396	10778933

㉕ 东亚银行(中国)有限公司武汉分行资产负债表

表 5-3-3-1-3-25　　2023 年 12 月 31 日　　单位:万元

资产	年末数	年初数	负债和所有者权益(或股东权益)	年末数	年初数
资产			负债		
现金及存放中央银行款项	393	150	向中央银行借款		
存放同业款项	2098	1608	同业及其他金融机构存放款项	13083	1004
贵金属			拆入资金		
拆出资金			交易性金融负债		
交易性金融资产			衍生金融负债	0	
衍生金融资产	0		卖出回购金融资产款		
买入返售金融资产			吸收存款	112968	86040
应收利息	1295	977	应付职工薪酬		
发放贷款和垫款	250022	189535	应交税费	323	165
可供出售金融资产			应付利息	353	184
持有至到期投资			预计负债	332	40
应收款项投资			应付债券		
长期股权投资			递延所得税负债	106	9
投资性房地产			其他负债	12808	8119
固定资产	396	164	负债合计	139972	95561
在建工程			所有者权益(或股东权益)		
无形资产			实收资本(或股本)	10000	10000
递延所得税资产	1704	1571	资本公积		
其他资产	-50103	-35276	减:库存股		
			盈余公积		
			一般风险准备		
			未分配利润	55834	53168
			外币报表折算差额		
			所有者权益(或股东权益)合计	65834	63168
资产总计	**205807**	**158728**	**负债和所有者权益(或股东权益)总计**	**205807**	**158728**

㉖ 汇丰银行(中国)有限公司武汉分行资产负债表

表 5-3-3-1-3-26　　2023 年 12 月 31 日　　单位:万元

资产	年末数	年初数	负债和所有者权益(或股东权益)	年末数	年初数
资产			负债		
现金及存放中央银行款项	4651	4728	向中央银行借款		
存放同业款项	1071	1020	同业及其他金融机构存放款项	8959	10614
贵金属			拆入资金		
拆出资金			交易性金融负债		
交易性金融资产			衍生金融负债		
衍生金融资产			卖出回购金融资产款		
买入返售金融资产			吸收存款	332766	383781
应收利息	1461	3148	应付职工薪酬	535	480
发放贷款和垫款	471044	592721	应交税费	324	440
可供出售金融资产			应付利息	2853	1596
持有至到期投资			预计负债	325	259
应收款项投资			应付债券		

续表 5-3-3-1-3-26

资产	年末数	年初数	负债和所有者权益(或股东权益)	年末数	年初数
长期股权投资			递延所得税负债	14	16
投资性房地产			其他负债	696807	770888
固定资产	83	68	负债合计	1042583	1168074
在建工程	1	61	所有者权益(或股东权益)		
无形资产			实收资本(或股本)		
递延所得税资产	3	3	资本公积	51	51
其他资产	665003	653507	减:库存股		
			盈余公积		
			一般风险准备		
			未分配利润	100682	87131
			外币报表折算差额		
			所有者权益(或股东权益)合计	100733	87182
资产总计	1143316	1255256	**负债和所有者权益(或股东权益)总计**	1143316	1255256

㉗ 渣打银行(中国)有限公司武汉分行资产负债表

表 5-3-3-1-3-27　　2023 年 12 月 31 日　　单位:万元

资产	年末数	年初数	负债和所有者权益(或股东权益)	年末数	年初数
资产			负债		
现金及存放中央银行款项			向中央银行借款		
存放同业款项	351	482	同业及其他金融机构存放款项		10105
贵金属			拆入资金		
拆出资金			交易性金融负债		
交易性金融资产			衍生金融负债	77	
衍生金融资产			卖出回购金融资产款		
买入返售金融资产			吸收存款	92641	57838
应收利息	2173	1289	应付职工薪酬		
发放贷款和垫款	279320	319590	应交税费	145	157
可供出售金融资产			应付利息	244	243
持有至到期投资			预计负债	5	5
应收款项投资			应付债券		
长期股权投资			递延所得税负债		
投资性房地产			其他负债	129193	199228
固定资产	75	127	负债合计	222305	267576
在建工程			所有者权益(或股东权益)		
无形资产			实收资本(或股本)	10000	10000
递延所得税资产			资本公积		
其他资产	-10309	-6749	减:库存股		
			盈余公积		
			一般风险准备		
			未分配利润	39304	37163
			外币报表折算差额		
			所有者权益(或股东权益)合计	49304	47163
资产总计	271609	314739	**负债和所有者权益(或股东权益)总计**	271609	314739

㉘ 企业银行(中国)有限公司武汉分行资产负债表

表 5-3-3-1-3-28　　2023 年 12 月 31 日　　单位:万元

资产	年末数	年初数	负债和所有者权益(或股东权益)	年末数	年初数
资产			负债		
现金及存放中央银行款项	136	90	向中央银行借款		
存放同业款项	25	178	同业及其他金融机构存放款项	34834	40864
贵金属			拆入资金		
拆出资金	0	17526	交易性金融负债		
交易性金融资产			衍生金融负债		
衍生金融资产			卖出回购金融资产款		
买入返售金融资产			吸收存款	44798	47817
应收利息	173	279	应付职工薪酬	8	5
发放贷款和垫款	91620	82831	应缴税费	58	55
可供出售金融资产			应付利息	564	333
持有至到期投资			预计负债	27	213
应收款项投资			应付债券		
长期股权投资			递延所得税负债	9	204
投资性房地产			其他负债	223	306
固定资产	66	87	负债合计	80522	89797
在建工程			所有者权益(或股东权益)		
无形资产			实收资本(或股本)	10000	10000
递延所得税资产			资本公积		
其他资产	-426	-361	减:库存股		
			盈余公积		
			一般风险准备		
			未分配利润	1072	832
			外币报表折算差额		
			所有者权益(或股东权益)合计	11072	10832
资产总计	**91594**	**100629**	**负债和所有者权益(或股东权益)总计**	**91594**	**100629**

㉙ 富邦华一银行有限公司武汉分行资产负债表

表 5-3-3-1-3-29　　2023 年 12 月 31 日　　单位:万元

资产	年末数	年初数	负债和所有者权益(或股东权益)	年末数	年初数
资产			负债		
现金及存放中央银行款项	0	0	向中央银行借款		
存放同业款项	97	64	同业及其他金融机构存放款项		
贵金属			拆入资金		
拆出资金			交易性金融负债		
交易性金融资产			衍生金融负债		
衍生金融资产			卖出回购金融资产款		4464
买入返售金融资产			吸收存款	283014	241334
应收利息	954	1459	应付职工薪酬		
发放贷款和垫款	513410	403026	应交税费	391	375
可供出售金融资产			应付利息	1967	1548
持有至到期投资			预计负债	79	87

续表 5-3-3-1-3-29

资产	年末数	年初数	负债和所有者权益(或股东权益)	年末数	年初数
应收款项投资			应付债券		
长期股权投资			递延所得税负债		
投资性房地产			其他负债	218260	146802
固定资产	28	8	负债合计	503711	394610
在建工程			所有者权益(或股东权益)		
无形资产		0	实收资本(或股本)	2000	2000
递延所得税资产			资本公积		
其他资产	681	-61	减:库存股		
			盈余公积		
			一般风险准备		
			未分配利润	9459	7848
			外币报表折算差额		
			所有者权益(或股东权益)合计	11459	9886
资产总计	515170	404496	负债和所有者权益(或股东权益)总计	515170	404496

㉚ 华侨银行有限公司武汉分行资产负债表

表 5-3-3-1-3-30　　2023 年 12 月 31 日　　单位:万元

资产	年末数	年初数	负债和所有者权益(或股东权益)	年末数	年初数
资产			负债		
现金及存放中央银行款项			向中央银行借款		
存放同业款项	41		同业及其他金融机构存放款项		
贵金属			拆入资金		
拆出资金			交易性金融负债		
交易性金融资产			衍生金融负债		
衍生金融资产	59		卖出回购金融资产款		
买入返售金融资产			吸收存款	1671	
应收利息			应付职工薪酬	79	36
发放贷款和垫款			应交税费	-7	1
可供出售金融资产			应付利息	0	
持有至到期投资			预计负债		
应收款项投资			应付债券		
长期股权投资			递延所得税负债		
投资性房地产			其他负债	235	352
固定资产	42	21	负债合计	1979	389
在建工程			所有者权益(或股东权益)		
无形资产			实收资本(或股本)	10000	10000
递延所得税资产			资本公积		
其他资产	10493	9865	减:库存股		
			盈余公积		
			一般风险准备		
			未分配利润	-1343	-503
			外币报表折算差额		
			所有者权益(或股东权益)合计	8657	9497
资产总计	10636	9886	负债和所有者权益(或股东权益)总计	10636	9886

㉛ 南洋商业银行(中国)有限公司武汉分行资产负债表

表 5-3-3-1-3-31　　2023 年 12 月 31 日　　单位:万元

资产	年末数	年初数	负债和所有者权益(或股东权益)	年末数	年初数
资产			负债		
现金及存放中央银行款项			向中央银行借款		
存放同业款项	53	35	同业及其他金融机构存放款项	1803	19761
贵金属			拆入资金		
拆出资金			交易性金融负债		
交易性金融资产			衍生金融负债		
衍生金融资产			卖出回购金融资产款		
买入返售金融资产			吸收存款	286107	266438
应收利息	577	388	应付职工薪酬	104	132
发放贷款和垫款	401434	274686	应交税费	262	179
可供出售金融资产			应付利息	353	178
持有至到期投资			预计负债		
应收款项投资			应付债券		
长期股权投资			递延所得税负债		
投资性房地产			其他负债	202453	67979
固定资产	119	135	负债合计	491082	354667
在建工程			所有者权益(或股东权益)		
无形资产	4	6	实收资本(或股本)		
递延所得税资产			资本公积		
其他资产	94652	85305	减:库存股		
			盈余公积		
			一般风险准备		
			未分配利润	5756	5888
			外币报表折算差额		
			所有者权益(或股东权益)合计	5756	5888
资产总计	**496838**	**360555**	**负债和所有者权益(或股东权益)总计**	**496838**	**360555**

㉜ 瑞穗银行(中国)有限公司武汉分行资产负债表

表 5-3-3-1-3-32　　2023 年 12 月 31 日　　单位:万元

资产	年末数	负债和所有者权益	年末数
资产		负债	
现金		单位存款	225922
贵金属		储蓄存款	
存放中央银行款项	9	向中央银行借款	
存放同业款项	893	同业存放款项	
存放系统内款项	109517	系统内存放款项	
拨付营运资金		同业拆入	
应收利息	1370	卖出回购款项	
贷款	141782	汇出汇款	
贸易融资		应解汇款	
贴现及买断式转贴现	3902	存入保证金	
其他贷款		其他存款	

续表 5-3-3-1-3-32

资产	年末数	负债和所有者权益	年末数
拆放同业		应付利息	1284
其他应收款	58	应交税费	109
投资		应付职工薪酬	193
买入返售资产		应付福利费	
长期待摊费用	35	应付股利	
固定资产原价	425	其他应付款	805
减:累计折旧	345	预提费用	
固定资产净值	81	递延收益	36
固定资产清理		预计负债	52
在建工程		转贷款资金	
无形资产	4	应付债券	
抵债资产		其他负债	2252
递延所得税资产		衍生金融负债	2088
其他资产	2432	递延所得税负债	
投资性房地产		负债合计	230653
衍生金融资产	2237	所有者权益	
商誉		少数股东权益	
减:各项资产减值损失准备	1655	实收资本	10000
		资本公积	
		其他权益工具	
		其他综合收益	
		盈余公积	
		一般风险准备	
		信托赔偿准备	
		未分配利润	17773
		其中:本年利润	2919
		所有者权益合计	27773
资产总计	258426	负债和所有者权益总计	258426

㉝ 三菱日联银行(中国)有限公司武汉分行资产负债表

表 5-3-3-1-3-33　　2023 年 12 月 31 日　　单位:万元

资产	年末数	年初数	负债和所有者权益(或股东权益)	年末数	年初数
资产			负债		
现金及存放中央银行款项			向中央银行借款		
存放同业款项	70	16	同业及其他金融机构存放款项		
贵金属			拆入资金	127995	222926
拆出资金	200524	176926	交易性金融负债		
交易性金融资产			衍生金融负债	545	3786
衍生金融资产	124	3638	卖出回购金融资产款		
买入返售金融资产			吸收存款	181358	153137
应收利息	684	1131	应付职工薪酬	215	242
发放贷款和垫款	124163	210892	应交税费	140	175
可供出售金融资产			应付利息	434	619
持有至到期投资			预计负债	173	241

续表 5-3-3-1-3-33

资产	年末数	年初数	负债和所有者权益(或股东权益)	年末数	年初数
应收款项投资			应付债券		
长期股权投资			递延所得税负债		
投资性房地产			其他负债	189	345
固定资产	168	202	负债合计	311049	381471
在建工程			所有者权益(或股东权益)		
无形资产	5	9	实收资本(或股本)	10000	10000
递延所得税资产			资本公积	31	-7
其他资产	324	159	减:库存股		
			盈余公积		
			一般风险准备		
			未分配利润	4982	1509
			外币报表折算差额		
			所有者权益(或股东权益)合计	15013	11502
资产总计	326062	392973	负债和所有者权益(或股东权益)总计	326062	392973

㉞ 台湾土地银行股份有限公司武汉分行资产负债表

表 5-3-3-1-3-34　　2023 年 12 月 31 日　　单位:万元

资产	期末数	期初数	负债和所有者权益(或股东权益)	期末数	期初数
资产			负债		
现金及存放中央银行款项	551	311	向中央银行借款		
存放同业款项	21996	13703	同业及其他金融机构存放款项	10800	
贵金属			拆入资金	11000	
拆出资金	38164	41907	交易性金融负债		
交易性金融资产			衍生金融负债		
衍生金融资产			卖出回购金融资产款		
买入返售金融资产			吸收存款	6379	5104
应收利息	887	618	应付职工薪酬		
发放贷款和垫款	133244	141282	应交税费	489	221
可供出售金融资产			应付利息	372	280
持有至到期投资			预计负债		
应收款项投资			应付债券		
长期股权投资			递延所得税负债		
投资性房地产			其他负债	133187	165374
固定资产	69	123	负债合计	162227	170979
在建工程			所有者权益(或股东权益)		
无形资产	3	19	实收资本(或股本)		
递延所得税资产	88	1072	资本公积		
其他资产	-1786	-1749	减:库存股		
			盈余公积		
			一般风险准备		
			未分配利润	15115	17535
			外币报表折算差额	11192	13454
			所有者权益(或股东权益)合计	26307	30989
资产总计	193216	197286	负债和所有者权益(或股东权益)总计	193216	197286

㉟ 台湾中小企业银行股份有限公司武汉分行资产负债表

表 5-3-3-1-3-35　　2023 年 12 月 31 日　　单位：万元

资产	年末数	年初数	负债和所有者权益（或股东权益）	年末数	年初数
资产			负债		
现金及存放中央银行款项	810	750	向中央银行借款		
存放同业款项	45436	44185	同业及其他金融机构存放款项		
贵金属			拆入资金		
拆出资金	12500	7425	交易性金融负债		
交易性金融资产			衍生金融负债		
衍生金融资产			卖出回购金融资产款		
买入返售金融资产			吸收存款	6360	4243
应收利息	1021	447	应付职工薪酬	91	93
发放贷款和垫款	43815	45338	应交税费	34	34
可供出售金融资产			应付利息	34	11
持有至到期投资			预计负债	23	31
应收款项投资			应付债券		
长期股权投资			递延所得税负债		
投资性房地产			其他负债	87573	85690
固定资产	33	53	负债合计	94116	90102
在建工程			所有者权益（或股东权益）		
无形资产	44	68	实收资本（或股本）		
递延所得税资产			资本公积		
其他资产	158	2211	减：库存股		
减：各项准备	586		盈余公积		
			一般风险准备		
			未分配利润	9116	10376
			外币报表折算差额		
			所有者权益（或股东权益）合计		
资产总计	103231	100478	**负债和所有者权益（或股东权益）总计**	103231	100478

㊱ 湖北省农村信用社联合社资产负债表

表 5-3-3-1-3-36　　2023 年 12 月 31 日　　单位：万元

资产	年末数	年初数	负债和所有者权益	年末数	年初数
资产			负债		
现金及存放中央银行款项	8094811	8152859	向中央银行借款	4358999	4170262
贵金属			联行存放款项		
存放联行款项	43905	55041	同业及其他金融机构存放款	4921774	4910241
存放同业款项	5159544	5048320	拆入资金	252136	235236
拆出资金	13048	13593	交易性金融负债		
交易性金融资产	103592	31901	衍生金融负债		
衍生金融资产			卖出回购金融资产款	2265163	1452821
买入返售金融资产	302625	261240	吸收存款	114670348	103547443
应收利息	964041	900278	应付利息	3728545	3219617
应收股利	3388	2922	应付职工薪酬	212467	216226

续表 5-3-3-1-3-36

资产	年末数	年初数	负债和所有者权益	年末数	年初数
其他应收款	247158	237157	应交税费	114670	135644
发放贷款和垫款	76144209	66929740	应付股利	15612	16397
其他债权投资	18685	38657	其他应付款	331313	274776
债权投资	44876423	41352727	预计负债		
其他权益工具投资	495284	484568	应付债券		
长期股权投资	36376	31818	租赁负债		
投资性房地产			预计负债表外项目减值准备	57012	70850
固定资产	655865	625456	递延所得税负债	4053	4136
在建工程	307687	283008	其他负债	200206	251597
固定资产清理			负债总计	131132300	118505246
无形资产	199585	193521	所有者权益		
使用权资产			实收资本(股本)	2821139	2696100
长期待摊费用	40408	43907	其中:法人股股本	1716191	1637564
抵债资产	568487	408599	自然人股股本	848037	818176
递延所得税资产	4133	3196	资本公积	288657	292754
待处理财产损溢			减:库存股		
其他资产			其他综合收益	252891	252389
			盈余公积	780466	652018
			一般风险准备	1789897	1655762
			未分配利润	1213904	1044238
			所有者权益合计	7146955	6593261
资产总计	138279255	125098507	负债和所有者权益总计	138279255	125098507

㊲ 武汉农村商业银行资产负债表

表 5-3-3-1-3-37　　2023 年 12 月 31 日　　单位:万元

资产	年末数	年初数	负债和股东权益(或股东权益)	年末数	年初数
资产			负债		
现金及存放中央银行款项	3680240	2711006	向中央银行借款	573379	447993
存放同业款项	268171	166487	同业及其他金融机构存放款项	1953762	1458406
拆出资金	1103389	1173416	拆入资金	525536	579589
买入返售金融资产	1406751	1525154	交易性金融负债		
金融投资			卖出回购金融资产款	1969615	2412116
交易性金融资产	160877	358930	吸收存款	30497817	28027789
债权投资	3324765	3758824	应付职工薪酬	48390	46974
其他债权投资	7714761	7027898	应交税费	39109	64983
其他权益工具投资	22317	22317	租赁负债	22224	28604
发放贷款和垫款	24196350	21645692	预计负债	4061	9516
长期股权投资	391831	375801	应付债券	4634610	3929668
投资性房地产			递延所得税负债	25896	16077
固定资产	140717	138091	其他负债	31741	60781
在建工程	10833	15981	负债合计	40326141	37082494
使用权资产	25128	31812	所有者权益(或股东权益)		
无形资产	9781	10960	实收资本(或股本)	599775	545250

续表 5-3-3-1-3-37

资产	年末数	年初数	负债和股东权益(或股东权益)	年末数	年初数
递延所得税资产	335268	320238	资本公积	144197	198599
其他资产	110086	202243	其他综合收益	59923	29857
			盈余公积	481801	454305
			一般风险准备	984951	945235
			未分配利润	304475	229111
			外币报表折算差额		
			所有者权益(或股东权益)合计	2575123	2402357
资产总计	**42901264**	**39484850**	**负债和所有者权益(或股东权益)总计**	**42901264**	**39484850**

㊳ 交银国际信托有限公司资产负债表

表 5-3-3-1-3-38　　2023 年 12 月 31 日　　单位:万元

资产	年末数	年初数	负债和所有者权益(或股东权益)	年末数	年初数
资产			负债		
现金及存放中央银行款项			向中央银行借款		
存放同业款项	55920	125922	同业及其他金融机构存放款项		
贵金属			拆入资金		
拆出资金			交易性金融负债		
交易性金融资产			衍生金融负债		
衍生金融资产			卖出回购金融资产款		
买入返售金融资产	63833		吸收存款		
应收利息			应付职工薪酬	13509	14638
发放贷款和垫款	303166	303295	应交税费	21333	31818
可供出售金融资产	779167	599967	应付利息		
持有至到期投资	166701	283065	预计负债	22789	12751
应收款项投资			应付债券		
长期股权投资	210000	210000	递延所得税负债		
投资性房地产			其他负债	27588	25934
固定资产	9442	9926	负债合计	85219	85141
在建工程			所有者权益(或股东权益)		
无形资产	2891	1631	实收资本(或股本)	576471	576471
递延所得税资产	15675	9079	资本公积		
其他资产	47638	50812	减:库存股		
			盈余公积	102138	95634
			一般风险准备	119201	119201
			未分配利润	771406	717251
			外币报表折算差额		
			所有者权益(或股东权益)合计	1569216	1508556
资产总计	**1654434**	**1593698**	**负债和所有者权益(或股东权益)总计**	**1654434**	**1593698**

㊴ 国通信托有限责任公司资产负债表

表 5-3-3-1-3-39

2023 年 12 月 31 日

单位:万元

资产	年末数	年初数	负债和所有者权益(或股东权益)	年末数	年初数
资产			负债		
现金及存放中央银行款项	28652	47400	向中央银行借款		
存放同业款项			同业及其他金融机构存放款项		
贵金属			拆入资金	110000	65686
拆出资金		10001	交易性金融负债		
交易性金融资产	534398	385237	衍生金融负债		
衍生金融资产			卖出回购金融资产款		
买入返售金融资产	10005	77943	吸收存款		
应收利息			应付职工薪酬	7001	4187
发放贷款和垫款	79372	24824	应交税费	28566	23239
可供出售金融资产			应付利息		
持有至到期投资			预计负债	17923	17266
应收款项投资			应付债券		
长期股权投资			递延所得税负债		
投资性房地产			其他负债	104748	27780
固定资产	14490	15584	负债合计	268238	138158
在建工程			所有者权益(或股东权益)		
无形资产	1908	1968	实收资本(或股本)	415837	415837
递延所得税资产	90640	97112	资本公积	146762	146762
其他资产	341388	256175	减:库存股		
			盈余公积	71990	66537
			一般风险准备	94184	91458
			未分配利润	103840	57491
			外币报表折算差额		
			所有者权益(或股东权益)合计	832615	778086
资产总计	**1100852**	**916244**	**负债和所有者权益(或股东权益)总计**	**1100852**	**916244**

㊵ 中国长城资产管理股份有限公司湖北省分公司资产负债表

表 5-3-3-1-3-40

2023 年 12 月 31 日

单位:万元

资产	年末数	年初数	负债和所有者权益(或股东权益)	年末数	年初数
资产			负债		
现金及存放中央银行款项	104	251	向中央银行借款		
存放同业款项			同业及其他金融机构存放款项		
贵金属			拆入资金	810053	911776
拆出资金	4845	3523	交易性金融负债		
交易性金融资产	239167	343231	衍生金融负债		
衍生金融资产			卖出回购金融资产款		
买入返售金融资产			吸收存款		
应收利息			应付职工薪酬	869	1077
发放贷款和垫款			应交税费	577	383
可供出售金融资产			应付利息		
持有至到期投资			预计负债		

续表 5-3-3-1-3-40

资产	年末数	年初数	负债和所有者权益(或股东权益)	年末数	年初数
应收款项投资	371162	499778	应付债券		
长期股权投资			递延所得税负债		
投资性房地产	1046	1158	其他负债	6247	39261
固定资产	1108	1184	负债合计	817746	952498
在建工程			所有者权益(或股东权益)		
无形资产			实收资本(或股本)		
递延所得税资产			资本公积		
其他资产	5566	5092	减:库存股		
			盈余公积		
			一般风险准备		
			未分配利润	-194749	-98280
			外币报表折算差额		
			所有者权益(或股东权益)合计	-194749	-98280
资产总计	**622997**	**854218**	**负债和所有者权益(或股东权益)总计**	**622997**	**854218**

㊶ 中国信达资产管理股份有限公司湖北省分公司资产负债表

表 5-3-3-1-3-41　　2023 年 12 月 31 日　　单位:万元

资产	年末数	年初数	负债和所有者权益(或股东权益)	年末数	年初数
资产			负债		
现金及存放中央银行款项	2128	2971	向中央银行借款		
存放同业款项			同业及其他金融机构存放款项		
贵金属			拆入资金		
拆出资金			交易性金融负债		
交易性金融资产	1312056	1363175	衍生金融负债		
衍生金融资产			卖出回购金融资产款		
买入返售金融资产			吸收存款		
应收利息			应付职工薪酬	5548	6324
发放贷款和垫款			应交税费	197	478
可供出售金融资产			应付利息		
持有至到期投资			预计负债		
应收款项投资	392711	492141	应付债券		
长期股权投资	98328	132282	递延所得税负债		
投资性房地产			其他负债	216987	517138
固定资产	164	138	负债合计	222731	523940
在建工程			所有者权益(或股东权益)		
无形资产			实收资本(或股本)		
递延所得税资产			资本公积	-4870	926
其他资产	812	1906	减:库存股		
			盈余公积		
			一般风险准备		
			未分配利润	1588338	1467747
			外币报表折算差额		
			所有者权益(或股东权益)合计	1583468	1468673
资产总计	**1806199**	**1992613**	**负债和所有者权益(或股东权益)总计**	**1806199**	**1992613**

㊷中国中信金融资产管理股份有限公司湖北省分公司资产负债表

表 5-3-3-1-3-42　　2023 年 12 月 31 日　　单位:万元

资产	期末金额	年初金额	负债和所有者权益(或股东权益)	期末金额	年初金额
资产			负债		
货币资金	250	280	短期借款		
其中:客户资金存款			其中:质押借款		
存放中央银行款项			向中央银行借款		
贵金属			联行存放款项		
存放联行款项			同业及其他金融机构存放款项		
存放同业款项			拆入资金		
拆出资金			融入资金		
结算备付金			以公允价值计量且其变动计入当期损益的金融负债		
其中:客户备付金			衍生金融负债		
金融投资	2294813	2080660	卖出回购金融资产款		
以公允价值计量且其变动计入损益的金融资产	866668	836503	代理买卖证券款		
以摊余成本计量的金融资产	1428145	1244156	代理承销证券款		
以公允价值计量且其变动计入其他综合收益的金融资产			吸收存款		
以公允价值计量且其变动计入其他综合收益的权益类投资			应付职工薪酬	4467	2806
融出资金			应交税费	2427	2150
融出证券			应付利息		
衍生金融资产			责任准备金		
应收款项			存入保证金	7162	2521
合同资产			应付款项		
预付账款	87	785	合同负债		
应收利息	932		持有待售负债		
买入返售金融资产			预收账款	18995	12521
代理兑付证券			其他应付款	5102	5081
存出保证金			代理兑付证券款		
其他应收款	5329	3653	预计负债		
发放贷款和垫款			应付债券		
以摊余成本计量的发放贷款和垫款			其中:优先股		
分类为以公允价值计量且其变动计入当期损益的贷款和垫款			永续债		
分类为以公允价值计量且其变动计入其他综合收益的贷款和垫款			长期借款		
持有待售资产			递延所得税负债		
长期应收款			系统内往来	745504	622001
其中:应收融资租赁款			其他负债	72	72
长期股权投资			负债合计	783729	647152
投资性房地产			所有者权益(或股东权益)		
固定资产账面价值	640	921	实收资本(或股本)		
其中:固定资产原值	4603	4610	国家资本		
其中:累计折旧	3964	3689	集体资本		
其中:固定资产减值准备			法人资本		
在建工程			其中:国有法人资本		
固定资产清理			个人资本		
无形资产净值			外商资本		
其中:无形资产原值			其他权益工具		
其中:累计摊销			其中:优先股		

续表 5-3-3-1-3-42

资产	期末金额	年初金额	负债和所有者权益(或股东权益)	期末金额	年初金额
其中:交易席位费			永续债		
商誉			资本公积	-147	-147
长期待摊费用	613		减:库存股		
抵债资产	3777	3777	其他综合收益		
递延所得税资产			其中:外币折算差额		
系统内往来			盈余公积		
其他资产	0	0	一般风险准备		
			未分配利润	1522858	1443070
			归属于母公司所有者权益合计	1522711	1442923
			少数股东权益		
			永续债持有者权益		
			所有者权益(或股东权益)合计	1522711	1442923
资产总计	2306440	2090075	负债和所有者权益(或股东权益)总计	2306440	2090075

㊸ 中国东方资产管理股份有限公司湖北省分公司资产负债表

表 5-3-3-1-3-43　　2023 年 12 月 31 日　　单位:万元

资产	年末数	年初数	负债和所有者权益(或股东权益)	年末数	年初数
资产			负债		
现金及存放中央银行款项			向中央银行借款		
存放同业款项	258	132	同业及其他金融机构存放款项		
贵金属			拆入资金		
拆出资金			交易性金融负债		
交易性金融资产	1755781	1833272	衍生金融负债		
衍生金融资产			卖出回购金融资产款		
买入返售金融资产			吸收存款		
应收利息			应付职工薪酬	6075	3390
发放贷款和垫款			应交税费	3474	3459
可供出售金融资产			应付利息		
持有至到期投资			预计负债		
应收款项投资	1020158	1061151	应付债券		
长期股权投资	3258	3280	递延所得税负债		
投资性房地产			其他负债	2780956	2894968
固定资产	831	1184	负债合计	2790504	2901817
在建工程			所有者权益(或股东权益)		
无形资产			实收资本(或股本)		
递延所得税资产			资本公积		
其他资产	10218	2798	减:库存股		
			盈余公积		
			一般风险准备		
			未分配利润		
			外币报表折算差额		
			所有者权益(或股东权益)合计		
资产总计	2790504	2901817	负债和所有者权益(或股东权益)总计	2790504	2901817

㊹ 光大金融租赁股份有限公司资产负债表

表 5-3-3-1-3-44　　2023 年 12 月 31 日　　单位：万元

资产	年末数	年初数	负债和所有者权益（或股东权益）	年末数	年初数
资产			负债		
现金及存放中央银行款项	32443	0	向中央银行借款		
存放同业款项	1559833	760956	同业及其他金融机构存放款项		
贵金属			拆入资金	10726461	10342073
拆出资金	10414	13414	交易性金融负债		
交易性金融资产	317924	220536	衍生金融负债		
衍生金融资产			卖出回购金融资产款	161162	203300
买入返售金融资产	396722		吸收存款		
应收利息	93267	114862	应付职工薪酬	21594	17357
发放贷款和垫款	9832073	10688978	应交税费	57669	97833
可供出售金融资产	211328	75137	应付利息	55905	55297
持有至到期投资			预计负债		
应收款项投资			应付债券	459116	159640
长期股权投资			递延所得税负债		
投资性房地产			其他负债	775086	891003
固定资产	970559	969016	负债合计	12256992	11766503
在建工程			所有者权益（或股东权益）		
无形资产	1796	1638	实收资本（或股本）	590000	590000
递延所得税资产	122832	136727	资本公积		
其他资产	206648	106414	减：库存股		
			盈余公积	96239	82367
			一般风险准备	180611	178268
			未分配利润	630933	470098
			外币报表折算差额	1064	443
			所有者权益（或股东权益）合计	1498848	1321175
资产总计	**13755840**	**13087678**	**负债和所有者权益（或股东权益）总计**	**13755840**	**13087678**

㊺ 湖北金融租赁股份有限公司资产负债表

表 5-3-3-1-3-45　　2023 年 12 月 31 日　　单位：万元

资产	年末数	年初数	负债和所有者权益（或股东权益）	年末数	年初数
资产			负债		
现金及存放中央银行款项	7003	6901	向中央银行借款		
存放同业款项	215930	287773	同业及其他金融机构存放款项		
贵金属			拆入资金	5147278	4153618
拆出资金	70043	94784	交易性金融负债		
交易性金融资产	12337	2447	衍生金融负债		
衍生金融资产			卖出回购金融资产款		
买入返售金融资产	10014		吸收存款		
应收利息	148		应付职工薪酬	6282	6300
发放贷款和垫款	5520602	4785570	应交税费	20310	12869
可供出售金融资产			应付利息		

续表 5-3-3-1-3-45

资产	年末数	年初数	负债和所有者权益(或股东权益)	年末数	年初数
持有至到期投资			预计负债		
应收款项投资			应付债券	185706	185467
长期股权投资			递延所得税负债		
投资性房地产			其他负债	204273	229279
固定资产	312670	256	负债合计	5563849	4587533
在建工程			所有者权益(或股东权益)		
无形资产	723	506	实收资本(或股本)	400000	400000
递延所得税资产	44532	26101	资本公积		
其他资产	64234	34798	减:库存股		
			盈余公积	41378	37099
			一般风险准备	87291	77968
			未分配利润	165725	136537
			外币报表折算差额		
			其他综合收益	-6	
			所有者权益(或股东权益)合计	694387	651604
资产总计	6258237	5239137	负债和所有者权益(或股东权益)总计	6258237	5239137

㊻ 航天科工金融租赁有限公司资产负债表

表 5-3-3-1-3-46　　2023 年 12 月 31 日　　单位:万元

资产	年末数	年初数	负债和所有者权益(或股东权益)	年末数	年初数
资产			负债		
现金及存放中央银行款项	5183	8100	向中央银行借款		
存放同业款项	30595	54657	同业及其他金融机构存放款项		
贵金属			拆入资金	1214655	1214400
拆出资金			交易性金融负债		
交易性金融资产			衍生金融负债		
衍生金融资产			卖出回购金融资产款		
买入返售金融资产			吸收存款		
应收利息	24712	24467	应付职工薪酬	4734	3586
发放贷款和垫款	1730034	1692676	应交税费	4415	9753
可供出售金融资产			应付利息	6827	10109
持有至到期投资			预计负债		
应收款项投资			应付债券		
长期股权投资			递延所得税负债		
投资性房地产			其他负债	270289	242481
固定资产	369	139	负债合计	1500920	1480328
在建工程			所有者权益(或股东权益)		
无形资产	1099	608	实收资本(或股本)	300000	300000
递延所得税资产	17193	16481	资本公积		
其他资产	107116	76198	减:库存股		
			盈余公积	14938	11500
			一般风险准备	27208	26955
			未分配利润	73235	54543

续表 5-3-3-1-3-46

资产	年末数	年初数	负债和所有者权益(或股东权益)	年末数	年初数
			外币报表折算差额		
			所有者权益(或股东权益)合计	415381	392998
资产总计	1916301	1873326	负债和所有者权益(或股东权益)总计	1916301	1873326

注:发放贷款和垫款已剔除贷款损失准备。

㊼ 有色矿业集团财务有限公司资产负债表

表 5-3-3-1-3-47　　2023 年 12 月 31 日　　单位:万元

资产	年末数	年初数	负债和所有者权益(或股东权益)	年末数	年初数
资产			负债		
现金及存放中央银行款项	34421	39308	向中央银行借款		
存放同业款项	299576	231124	同业及其他金融机构存放款项	6114	5587
贵金属			拆入资金		
拆出资金			交易性金融负债		
交易性金融资产			衍生金融负债		
衍生金融资产			卖出回购金融资产款		
买入返售金融资产			吸收存款	778375	703463
应收利息	1159	1244	应付职工薪酬	642	418
发放贷款和垫款	747627	742871	应交税费	1373	872
可供出售金融资产			应付利息	2263	1858
持有至到期投资	31878	14954	预计负债	862	1467
应收款项投资			应付债券		
长期股权投资			递延所得税负债		
投资性房地产	1125	1160	其他负债	2149	1609
固定资产	4644	4879	负债合计	791777	715275
在建工程			所有者权益(或股东权益)		
无形资产	338	479	实收资本(或股本)	300000	300000
递延所得税资产	3895	3435	资本公积		
其他资产	681	322	减:库存股		
			盈余公积	6235	4870
			一般风险准备	13286	13077
			未分配利润	14046	6554
			外币报表折算差额		
			所有者权益(或股东权益)合计	333567	324501
资产总计	1125345	1039776	负债和所有者权益(或股东权益)总计	1125345	1039776

㊽ 湖北宜化集团财务有限责任公司资产负债表

表 5-3-3-1-3-48　　2023 年 12 月 31 日　　单位:万元

资产	年末数	年初数	负债和所有者权益(或股东权益)	年末数	年初数
资产			负债		
现金及存放中央银行款项	19876	22018	向中央银行借款		9112
存放同业款项	101152	146429	同业及其他金融机构存放款项		

续表 5-3-3-1-3-48

资产	年末数	年初数	负债和所有者权益(或股东权益)	年末数	年初数
贵金属			拆入资金		
拆出资金			交易性金融负债		
交易性金融资产			衍生金融负债		
衍生金融资产			卖出回购金融资产款		
买入返售金融资产			吸收存款	297814	340319
应收利息	385	324	应付职工薪酬	32	24
发放贷款和垫款	296118	246866	应交税费	428	267
可供出售金融资产			应付利息	401	681
持有至到期投资			预计负债	61	77
应收款项投资			应付债券		
长期股权投资			递延所得税负债	129	34
投资性房地产			其他负债	225	486
固定资产	340	181	负债合计	299090	351000
在建工程			所有者权益(或股东权益)		
无形资产	401	262	实收资本(或股本)	100000	50000
递延所得税资产	479	483	资本公积		
其他资产	199	443	减:库存股		
			盈余公积	2241	1856
			一般风险准备	4516	3911
			未分配利润	13103	10239
			外币报表折算差额		
			所有者权益(或股东权益)合计	119860	66006
资产总计	**418950**	**417006**	**负债和所有者权益(或股东权益)总计**	**418950**	**417006**

㊾ 东风汽车财务有限公司资产负债表

表 5-3-3-1-3-49　　2023 年 12 月 31 日　　单位:万元

资产	年末数	年初数	负债和所有者权益(或股东权益)	年末数	年初数
资产			负债		
现金及存放中央银行款项	438598	499104	向中央银行借款		
存放同业款项	5014596	4186882	同业及其他金融机构存放款项	45128	
贵金属			拆入资金		
拆出资金			交易性金融负债		
交易性金融资产	1389846	1355719	衍生金融负债		
衍生金融资产			卖出回购金融资产款		
买入返售金融资产			吸收存款	9612439	11335411
应收利息	53111	28330	应付职工薪酬	7964	9653
发放贷款和垫款	3040666	4404552	应交税费	13805	12501
可供出售金融资产			应付利息		
持有至到期投资			预计负债	18239	12373
应收款项投资			应付债券		
长期股权投资			递延所得税负债		
投资性房地产	1771		其他负债	744801	533287
固定资产	16436	19063	负债合计	10442376	11903227

续表 5-3-3-1-3-49

资产	年末数	年初数	负债和所有者权益(或股东权益)	年末数	年初数
在建工程	3058		所有者权益(或股东权益)		
无形资产	11289	9393	实收资本(或股本)	900000	900000
递延所得税资产	168218	146986	资本公积	55	55
其他资产	2349095	3204696	减:库存股		
			盈余公积	290830	272268
			一般风险准备	220507	220507
			未分配利润	632916	558669
			外币报表折算差额		
			所有者权益(或股东权益)合计	2044308	1951500
资产总计	**12486684**	**13854726**	**负债和所有者权益(或股东权益)总计**	**12486684**	**13854726**

㊿ 湖北交投集团财务有限公司资产负债表

表 5-3-3-1-3-50　　2023 年 12 月 31 日　　单位:万元

资产	年末数	年初数	负债和所有者权益(或股东权益)	年末数	年初数
资产			负债		
现金及存放中央银行款项	91075	80401	向中央银行借款		
存放同业款项	1821718	1379817	同业及其他金融机构存放款项		
贵金属			拆入资金		
拆出资金			交易性金融负债		
交易性金融资产			衍生金融负债		
衍生金融资产			卖出回购金融资产款		
买入返售金融资产		119970	吸收存款	2937677	2460052
应收利息			应付职工薪酬	113	112
发放贷款和垫款	1053220	1038413	应交税费	1518	2454
可供出售金融资产			应付利息		
持有至到期投资			预计负债	1886	2165
应收款项投资			应付债券		
长期股权投资			递延所得税负债		
投资性房地产			其他负债	268	317
固定资产	579	224	负债合计	2941462	2465101
在建工程			所有者权益(或股东权益)		
无形资产	697	115	实收资本(或股本)	150000	150000
递延所得税资产	4529	4552	资本公积	1200	1200
其他资产	192529	60413	减:库存股		
			盈余公积	10843	9570
			一般风险准备	19090	16877
			未分配利润	41752	41158
			外币报表折算差额		
			所有者权益(或股东权益)合计	222885	218804
资产总计	**3164347**	**2683905**	**负债和所有者权益(或股东权益)总计**	**3164347**	**2683905**

㊿1 三环集团财务有限公司资产负债表

表 5-3-3-1-3-51　　2023 年 12 月 31 日　　单位:万元

资产	年末数	年初数	负债和所有者权益(或股东权益)	年末数	年初数
资产			负债		
现金及存放中央银行款项	8825	7906	向中央银行借款		
存放同业款项	76552	66678	同业及其他金融机构存放款项		
贵金属			拆入资金		
拆出资金			交易性金融负债		
交易性金融资产			衍生金融负债		
衍生金融资产			卖出回购金融资产款		
买入返售金融资产			吸收存款	161070	142886
应收利息	92	0	应付职工薪酬	245	148
发放贷款和垫款	191086	183305	应交税费	372	353
可供出售金融资产			应付利息	337	753
持有至到期投资			预计负债		
应收款项投资			应付债券		
长期股权投资			递延所得税负债		
投资性房地产			其他负债	830	333
固定资产	311	254	负债合计	162855	144473
在建工程	299	0	所有者权益(或股东权益)		
无形资产	126	116	实收资本(或股本)	100000	100000
递延所得税资产			资本公积		
其他资产	5	20	减:库存股		
			盈余公积	1912	1579
			一般风险准备	1912	1579
			未分配利润	10616	10648
			外币报表折算差额		
			所有者权益(或股东权益)合计	114440	113805
资产总计	277295	258278	**负债和所有者权益(或股东权益)总计**	277295	258278

㊿2 中国石化财务有限责任公司武汉分公司资产负债表

表 5-3-3-1-3-52　　2023 年 12 月 31 日　　单位:万元

资产	本期数	上年同期数	负债和所有者权益	本期数	上年同期数
资产			负债		
现金			拆入资金		
存放中央银行款项			系统内拆入资金	212518	271304
存放同业	132314	214103	分支机构存款		
减:存放同业款项减值准备			交易性金融负债		
存放总部款项		2800	卖出回购金融资产款		
存出保证金			其中:票据融资		
拆出资金			卖出回购信贷资产		
减:拆出资金减值准备			卖出回购证券		
系统内拆出资金			同业存放		
公允价值进损益投资			吸收存款	250986	141572
买入返售金融资产			其中:活期存款	226456	105422

续表 5-3-3-1-3-52

资产	本期数	上年同期数	负债和所有者权益	本期数	上年同期数
减:买入返售金融资产减值准备			定期存款	24530	36150
应收股利			应付职工薪酬		
应收利息	575	511	应交税费	-460	-59
其他应收款	23	15	应付利息	774	692
减:应收款项坏账准备			应付股利		
贴现资产	116713	110776	其他应付款	1890	8228
发放贷款	239826	117210	代理业务负债		104267
其中:短期贷款	140000	47000	其中:受托存款		104267
中长期贷款	99826	70210	受托理财资金		
银团贷款			存入保证金		
并购贷款			预计负债	6288	3636
逾期贷款			应付债券		
非应计贷款			内部拨入款	10000	10000
减:贷款损失准备	4651	2316	递延所得税负债	36	
代理业务资产		104267	租赁负债	143	39
其中:受托贷款		104267	其他负债	13	8
受托理财			负债合计	482188	539688
抵债资产			所有者权益		
减:抵债资产减值准备			实收资本		
债权投资			资本公积		
减:债权投资减值准备			盈余公积		
其他债权投资			其他综合收益	366	1079
长期股权投资			一般风险准备		
减:长期股权投资减值准备			未分配利润	2459	6656
使用权资产	344	146	所有者权益合计	2825	7735
减:使用权资产累计折旧	191	109			
使用权资产净值	153	36			
减:使用权资产减值准备					
使用权资产净额	153	36			
融资租赁资产					
长期应收款					
减:未实现融资收益					
减:长期应收款减值准备					
内部拨出款					
固定资产原值	222	221			
减:累计折旧	196	199			
固定资产净值	25	22			
减:固定资产减值准备					
固定资产净额	25	22			
固定资产清理					
无形资产					
减:累计摊销					
无形资产净值					
递延所得税资产	36				
长期待摊费用					
其他资产	1				
资产总计	485014	547422	负债和所有者权益(或股东权益)总计	485014	547422

㉝ 三峡财务有限责任公司宜昌分公司资产负债表

表 5-3-3-1-3-53　　2023 年 12 月 31 日　　单位：万元

资产	年末数	年初数	负债和所有者权益（或股东权益）	年末数	年初数
资产			负债		
现金及存放中央银行款项			向中央银行借款		
存放同业款项	2798	3118	同业及其他金融机构存放款项		
贵金属			拆入资金		
拆出资金			交易性金融负债		
交易性金融资产			衍生金融负债		
衍生金融资产			卖出回购金融资产款		
买入返售金融资产			吸收存款	4632939	4240798
应收利息	2574	4264	应付职工薪酬		
发放贷款和垫款	2809012	3955354	应交税费	1943	2573
可供出售金融资产			应付利息	4999	2099
持有至到期投资			预计负债	1711	1609
应收款项投资			应付债券		
长期股权投资			递延所得税负债		
投资性房地产			其他负债	50077	50073
固定资产	89	90	负债合计	4691669	4297153
在建工程			所有者权益（或股东权益）		
无形资产			实收资本（或股本）		
递延所得税资产			资本公积		
其他资产	1877197	334328	减：库存股		
			盈余公积		
			一般风险准备		
			未分配利润		
			外币报表折算差额		
			所有者权益（或股东权益）合计		
资产总计	**4691669**	**4297153**	**负债和所有者权益（或股东权益）总计**	**4691669**	**4297153**

㉞ 航天科工财务有限责任公司武汉分公司资产负债表

表 5-3-3-1-3-54　　2023 年 12 月 31 日　　单位：万元

资产	年末数	年初数	负债和所有者权益	年末数	年初数
资产			负债		
现金及存放中央银行款项			向中央银行借款		
存放同业款项	886087	1107699	同业及其他金融机构存放款项		
贵金属			拆入资金		
拆出资金			交易性金融负债		
交易性金融资产			衍生金融负债		
衍生金融资产			卖出回购金融资产款		
买入返售金融资产			吸收存款	1150280	1406166
应收利息	334	380	应付职工薪酬	260	261
发放贷款和垫款	345548	371041	应交税费	217	182
可供出售金融资产			应付利息	6877	7896

续表 5-3-3-1-3-54

资产	年末数	年初数	负债和所有者权益	年末数	年初数
持有至到期投资			预计负债	203	627
应收款项投资			应付债券		
长期股权投资			递延所得税负债		
投资性房地产			其他负债	50292	50079
固定资产	3006	3135	负债合计	1208129	1465211
在建工程			所有者权益		
无形资产			实收资本		
递延所得税资产			资本公积		
其他资产	1292	1501	减:库存股		
			盈余公积		
			一般风险准备		
			未分配利润	28138	18545
			外币报表折算差额		
			所有者权益合计	28138	18545
资产总计	1236267	1483756	负债和所有者权益总计	1236267	1483756

㊺ 中国能源建设集团财务有限公司武汉分公司资产负债表

表 5-3-3-1-3-55　　2023 年 12 月 31 日　　单位:万元

资产	年末数	年初数	负债和所有者权益(或股东权益)	年末数	年初数
资产			负债		
现金及存放中央银行款项	360	30	向中央银行借款		
存放同业款项			同业及其他金融机构存放款项		
贵金属			拆入资金		
拆出资金			交易性金融负债		
交易性金融资产			衍生金融负债		
衍生金融资产			卖出回购金融资产款		
买入返售金融资产			吸收存款		
应收利息	897	939	应付职工薪酬	73	48
发放贷款和垫款	1169912	1169881	应交税费	612	631
可供出售金融资产			应付利息		
持有至到期投资			预计负债		
应收款项投资			应付债券		
长期股权投资			递延所得税负债		
投资性房地产			其他负债	1170838	3002826
固定资产	8	8	负债合计	1171523	3003506
在建工程			所有者权益(或股东权益)		
无形资产			实收资本(或股本)		
递延所得税资产			资本公积		
其他资产	346	1842358	减:库存股		
			盈余公积		
			一般风险准备		
			未分配利润		9709

续表 5-3-3-1-3-55

资产	年末数	年初数	负债和所有者权益(或股东权益)	年末数	年初数
			外币报表折算差额		
			所有者权益(或股东权益)合计		9709
资产总计	1171523	3013215	负债和所有者权益(或股东权益)总计	1171523	3013215

㊱ 宝武集团财务有限责任公司武汉分公司资产负债表

表 5-3-3-1-3-56　　2023 年 12 月 31 日　　单位:万元

资产	年末数	年初数	负债和所有者权益(或股东权益)	年末数	年初数
资产			负债		
现金及存放中央银行款项			向中央银行借款		
存放同业款项	597773	232924	同业及其他金融机构存放款项		
贵金属			拆入资金		
拆出资金			交易性金融负债		
交易性金融资产			衍生金融负债		
衍生金融资产			卖出回购金融资产款		
买入返售金融资产			吸收存款	913152	974306
应收利息	698	481	应付职工薪酬	72	46
发放贷款和垫款	384579	258735	应交税费	708	247
可供出售金融资产			应付利息	8290	3597
持有至到期投资			预计负债		
应收款项投资			应付债券		
长期股权投资			递延所得税负债		
投资性房地产			其他负债	41503	615
固定资产	65	99	负债合计	963725	978811
在建工程			所有者权益(或股东权益)		
无形资产			实收资本(或股本)	5000	5000
递延所得税资产			资本公积		
其他资产	380	500983	减:库存股		
			盈余公积		
			一般风险准备		
			未分配利润	14769	9412
			外币报表折算差额		
			所有者权益(或股东权益)合计	19769	14412
资产总计	983494	993223	负债和所有者权益(或股东权益)总计	983494	993223

㊲ 湖北消费金融股份有限公司资产负债表

表 5-3-3-1-3-57　　2023 年 12 月 31 日　　单位:万元

资产	年末数	年初数	负债和所有者权益(或股东权益)	年末数	年初数
资产			负债		
现金及存放中央银行款项			向中央银行借款		
存放同业款项	105357	89260	同业及其他金融机构存放款项		

续表 5-3-3-1-3-57

资产	年末数	年初数	负债和所有者权益(或股东权益)	年末数	年初数
贵金属			拆入资金	1154123	1014826
拆出资金	29972		交易性金融负债		
交易性金融资产			衍生金融负债		
衍生金融资产			卖出回购金融资产款		
买入返售金融资产	10000		吸收存款	9006	
应收利息			应付职工薪酬	5227	5069
发放贷款和垫款	1182871	1074759	应交税费	7344	9140
可供出售金融资产			应付利息		
持有至到期投资			预计负债		
应收款项投资			应付债券		20608
长期股权投资			递延所得税负债		
投资性房地产	617	310	其他负债	54725	25942
固定资产	17720	18432	负债合计	1230426	1075585
在建工程		4	所有者权益(或股东权益)		
无形资产	8026	10257	实收资本(或股本)	100580	100580
递延所得税资产	36946	30241	资本公积	23700	23700
其他资产	7533	8403	减:库存股		
			盈余公积	6066	4812
			一般风险准备	18310	16373
			未分配利润	19962	10615
			外币报表折算差额		
			所有者权益(或股东权益)合计	168617	156080
资产总计	**1399043**	**1231666**	**负债和所有者权益(或股东权益)总计**	**1399043**	**1231666**

2.保险业机构

(1)业务统计

① 长江财产保险股份有限公司业务统计表

表 5-3-3-2-1-1　　2023 年 12 月 31 日　　单位:万元、件

保险机构	保费收入											保户储金及投资款	赔付支出											已决赔案件数	未决赔款	保险金额(亿元)
	合计	企业财产保险	机动车辆保险	货物运输保险	责任保险	工程保险	信用及保证保险	农业保险	短期健康保险	意外伤害保险	其他		合计	企业财产保险	机动车辆保险	货物运输保险	责任保险	工程保险	信用及保证保险	农业保险	短期健康保险	意外伤害保险	其他			
武汉市	26118	6627	5197	392	5242	2921	115	9	4589	871	156		10498	3686	2337	207	966	301	10	70	2300	618	3	38063	11563	24725.45
黄石市	475	107	145	17	81			8		117	0		251	60	70	4	26	2		0		89		480	372	89.09
十堰市	10096	18	166		303	6	9	747	8631	165	50		7737		155		10	46		600	6858	13	55	244260	1150	183.91
宜昌市	1823	4	992	38	344	27		291		127	0		698		529		84			26		60	0	1560	524	186.20
襄阳市	1783	68	981		128	2	2	178	331	93	0		1806	5	474		6			1092	214	15		1954	375	155.48
鄂州市	560	1	434		71					15	40		205		201		0			1		1	2	436	128	29.71
荆门市	2164	1	895		164				1090	14	0		1190		410		2			4	775	0		3530	312	56.48
孝感市	559	1	307		98	93				38	22		239		218		4			4		13		554	122	55.72
荆州市	3355	6	325		184	3			2813	24	0		2084		44		105				1922	13		4116	165	565.08
黄冈市	3179	37	1046		274	6		119	1299	368	29		2291		843		7	25		41	1101	273		9850	428	399.16
咸宁市	2541	31	1157		153	11	2	787	255	135	10		1400	2	745		11	0		262	359	20	1	4110	427	225.63
随州市	872		426		37			346		63	0		698		444		24			220		10		817	240	37.03
恩施州	1030	13	728		100	4		119		66	0		514		484		9	0		17		4		1161	164	114.46
潜江市	1643		274		217				1125	27	0		1152		149		5			1	933	64		4003	85	198.34
全省总计	56198	6913	13072	447	7397	3073	128	2605	20134	2123	307		30764	3753	7103	211	1260	373	10	2338	14462	1192	62	314894	16055	27021.74

② 泰康在线财产保险股份有限公司业务统计表

表 5-3-3-2-1-2　　　　2023 年 12 月 31 日　　　　单位：万元、件

保险机构	保费收入											保户储金及投资款	赔付支出											已决赔案件数	未决赔款	保险金额(亿元)
	合计	企业财产保险	机动车辆保险	货物运输保险	责任保险	工程保险	信用及保证保险	农业保险	短期健康保险	意外伤害保险	其他		合计	企业财产保险	机动车辆保险	货物运输保险	责任保险	工程保险	信用及保证保险	农业保险	短期健康保险	意外伤害保险	其他			
武汉市	73575	2185	8014		4200		5246		41268	2133	10529		43183	87	5223		11106		1017		18296	813	6641	5493278	10087	85280.90
全省总计	73575	2185	8014		4200		5246		41268	2133	10529		43183	87	5223		11106		1017		18296	813	6641	5493278	10087	85280.90

③ 中国人民财产保险股份有限公司湖北省分公司业务统计表

表 5-3-3-2-1-3　　　　2023 年 12 月 31 日　　　　单位：万元、件

保险机构	保费收入											保户储金及投资款	赔付支出											已决赔案件数	未决赔款	保险金额(亿元)
	合计	企业财产保险	机动车辆保险	货物运输保险	责任保险	工程保险	信用及保证保险	农业保险	短期健康保险	意外伤害保险	其他		合计	企业财产保险	机动车辆保险	货物运输保险	责任保险	工程保险	信用及保证保险	农业保险	短期健康保险	意外伤害保险	其他			
武汉市	739040	23039	470351	4632	53201	21279	6516	38112	95606	18485	7819	1083	473843	6897	303262	2823	34750	5384	3956	30666	75321	8279	2504	1585985	343019	3262574
黄石市	74062	2444	36478	342	8680	382	72	4340	17370	2246	1708	78	50456	900	25940	15	3761	127	−63	2543	16006	1132	95	369291	39466	11007
十堰市	118196	1898	51405	173	5791	164	27	5477	49767	1888	1605	439	115222	1534	37142	27	2472	4	−47	6630	66033	1075	352	886817	39339	20480
宜昌市	200320	3971	92117	995	15428	15979	6528	10104	45230	3754	6213	163	116645	2509	51691	207	7282	4122	62	9567	36734	2655	1817	668016	61067	34238
襄阳市	157977	1735	78990	325	7132	114	148	28826	35356	2626	2727	485	107961	575	52750	75	3702	308	−196	19069	30047	775	857	544967	45109	21851
鄂州市	18623	324	8768	473	2354	143	10	738	4732	511	570	6	17975	148	7487	5	1321		−9	326	8081	432	182	58517	7901	3118
荆门市	103462	767	54086	422	5320	504	41	25313	12611	1869	2529	197	69242	340	37424	62	2551	65	75	16831	10463	892	540	351049	32208	13860
孝感市	126638	1743	45602	88	7514	1045	13	28001	37833	3255	1545	245	89965	928	33030	6	4794	176	−4	18850	30246	1685	254	370352	34665	20584
荆州市	262600	1732	79936	440	11617	378	151	49076	109606	3624	6040	988	196116	712	51191	234	6433	24	−64	33752	100061	1723	2051	1421685	45070	45218
黄冈市	105357	793	45815	19	7137	239	−38	8949	40483	1895	66	110	105303	204	39484	2	4717	174	−35	6529	53285	679	266	714759	28457	30042
咸宁市	101446	1257	34684	45	5285	360	27	12309	44651	1891	938	38	80872	312	24473	6	4174	5	18	9713	40807	1158	206	630168	18789	31644
随州市	66476	420	26738	8	2063	12	7	9696	26297	800	435	14	58068	115	20763	58	1846	62	−105	4856	30105	285	83	457625	20512	12711
恩施州	125203	1239	56320	22	7778	506	12	8471	44395	3501	2958	250	93035	781	34994	1	3578	130	−257	6261	43813	2198	1536	620994	23943	23415
仙桃市	30783	795	15984	79	2067	415	25	5408	5325	451	233	12	23846	142	12680	57	1434	25	71	4236	4884	91	224			
潜江市	32592	280	12571	213	1269	6	−3	9261	7911	613	471	22	22498	147	7393	193	676		−4	6869	7030	97	97	51900	5389	5215
天门市	21778	43	7465	4	412	18	1	6800	6714	240	82	268	18692	3	5608		179	7		4775	8063	50	7			
神农架林区	5228	215	2299	0	407	12	6	895	1120	194	80	7	3055	18	1068		144			603	1058	143	21			
全省总计	2289783	42697	1119610	8281	143455	41556	13541	251775	585007	47842	36019	4404	1642793	16265	746381	3772	83814	10611	3397	182076	562036	23348	11093	8732125	744935	3535957

④ 中国大地财产保险股份有限公司湖北分公司业务统计表

表 5-3-3-2-1-4　　2023 年 12 月 31 日　　单位：万元、件

保险机构	保费收入											保户储金及投资款	赔付支出											已决赔案件数	未决赔款	保险金额（亿元）
	合计	企业财产保险	机动车辆保险	货物运输保险	责任保险	工程保险	信用及保证保险	农业保险	短期健康保险	意外伤害保险	其他		合计	企业财产保险	机动车辆保险	货物运输保险	责任保险	工程保险	信用及保证保险	农业保险	短期健康保险	意外伤害保险	其他			
武汉市	22304	4266	8100	434	2206	1796	3032		208	1549	712		12558	1489	5943	306	1079	845	1009	2	107	1055	722	12611	10635	3896.10
黄石市	1795	35	890	6	226	50	268		27	241	52		1089	25	629	2	112	24	35		5	259	0	1352	545	273.91
十堰市	9531	56	6800	6	663	59	437	275	218	1015	2		6913	4	5798	0	377	6	254	54	57	363	0	8813	2013	1933.47
宜昌市	4371	20	2694	7	598	9	−5		718	322	9		3111	574	1859	3	356	23	30		131	133	3	4762	1107	1491.83
襄阳市	3180	17	2630	5	248	0	−13		67	227	0		3084	0	2942	0	59		0		26	36	21	3170	1340	861.56
鄂州市	1177	16	929	2	92	0			22	115	0		951	4	929		6				1	11		1341	305	315.49
荆门市	1980	17	1262	18	170	8	310		38	156	0		1661	1	1234	3	96		303		10	14		1698	896	384.05
孝感市	1561	5	1077	1	146	1	−8		52	289	0		1300	22	1055	1	25	5	47		6	139		2473	700	378.43
荆州市	3057	49	1083	31	338		18	275	1092	171	0		1677	6	699	0	156	0	20	139	529	118	11	2363	563	365.94
黄冈市	9347	48	2213	2	448	67	61	42	6055	362	49		7062	1	1817	10	271		21		4743	184	16	22898	842	3020.01
咸宁市	2256	7	1543	2	115			226	138	225	0		1592	1	1286	3	131				89	82	0	4500	607	908.87
随州市	1695	23	1304	0	224				16	127	0		1187	4	793		244	0			1	145		1243	288	193.01
恩施州	8565	25	6466	10	728	7		227	130	960	11		6169	3	4694	0	544	19		394	30	483	2	9461	1609	2313.37
仙桃市	781	13	567	0	69				7	125	0		411		366		22				5	18		635	0	193.71
潜江市	2069	0	1476	0	501				21	71	0		777	0	757		15				1	4	0	882	656	449.94
天门市	348		285	0	1				3	24	34		217		216		0				0			256	89	63.82
全省总计	74015	4598	39318	526	6770	1996	4100	1045	8812	5979	871		49758	2133	31018	330	3492	921	1718	589	5740	3043	775	78458	22195	17043.51

⑤ 中国出口信用保险公司湖北分公司业务统计表

表 5-3-3-2-1-5　　2023 年 12 月 31 日　　单位：万元、件

保险机构	保费收入											保户储金及投资款	赔付支出											已决赔案件数	未决赔款	保险金额（亿元）
	合计	企业财产保险	机动车辆保险	货物运输保险	责任保险	工程保险	信用及保证保险	农业保险	短期健康保险	意外伤害保险	其他		合计	企业财产保险	机动车辆保险	货物运输保险	责任保险	工程保险	信用及保证保险	农业保险	短期健康保险	意外伤害保险	其他			
武汉市	18123						18123						17482						17482					72	294526	695.31
全省总计	18123						18123						17482						17482					72	294526	695.31

注：1.赔付支出指标=赔付支出−追偿收入

2.未决赔款和保险金额按美元折人民币汇率 6.5 计算。

⑥ 中华联合财产保险股份有限公司湖北分公司业务统计表

表 5-3-3-2-1-6 　　2023 年 12 月 31 日 　　单位：万元、件

保险机构	保费收入											保户储金及投资款	赔付支出											已决赔案件数	未决赔款	保险金额（亿元）
	合计	企业财产保险	机动车辆保险	货物运输保险	责任保险	工程保险	信用及保证保险	农业保险	短期健康保险	意外伤害保险	其他		合计	企业财产保险	机动车辆保险	货物运输保险	责任保险	工程保险	信用及保证保险	农业保险	短期健康保险	意外伤害保险	其他			
武汉市	46198	5916	24537	100	3850	2019		5191	589	3469	528		28778	1790	17065	66	2777	852		3071	689	1396	1071	41655	12210	6684.44
黄石市	5202	1084	2374	144	892	36		50	166	450	6		2492	146	1438	4	474	0		155	72	124	79	4564	7359	824.00
十堰市	7307	54	5202	8	503	30		625	202	650	33		4706	22	3455		544	1		200	269	91	123	8860	1617	1628.66
宜昌市	16564	44	7645	1043	1404	898		1512	1006	1446	1566		9140	2	4482	66	393	4		2271	928	417	577	26607	2595	3526.26
襄阳市	32045	92	12622	14	771	60		12857	5108	514	7		21294		9608	4	199	8		7787	3184	209	294	18777	4163	1667.57
鄂州市	3676	8	1345	3	332	20		1567	64	334	3		2777		1160		62			1247	95	175	38	2698	702	378.64
荆门市	12908	19	6448	15	708	48		4609	216	836	8		8397	4	4055	3	105	33		3203	322	468	203	11646	1402	1389.80
孝感市	12914	70	4328	0	695	72		1257	5661	829	2		8746	242	3196		268	7		595	4145	176	118	32143	1876	1470.72
荆州市	14752	34	3736	11	1042	208		4876	4196	641	8		9246		2825	2	285	39		3157	2491	306	141	16417	1192	1515.59
黄冈市	32694	44	8052	3	1285	197		21024	661	1403	25		21793	43	6895	3	836	0		13072	295	470	178	27262	3440	3466.58
咸宁市	5287	16	2837	35	751	30		660	308	644	6		2884		1639	8	173	27		563	264	131	79	9836	1475	1332.65
随州市	3461	100	2102	78	288	7		121	178	583	3		2585	4	1736	8	114	0		174	323	162	64	7029	1404	562.56
恩施州	8355	19	5910	1	601	23		529	68	1177	26		4628	0	3604		204	55		171	37	416	140	9094	1542	1723.89
仙桃市	1612		441	1	12	6		1093	17	41	1		1306		632		13			658	3	0				
潜江市	3775	11	2074	5	229	1		1187	69	198	1		2286	1	1120		72			874	71	109	40	3094	661	358.61
天门市	5542	0	1202	1	144	4		3767	219	206	1		2391		553		6			1778	10	43	1			
全省总计	212292	7510	90855	1461	13509	3659		60926	18728	13421	2223		133446	2254	63464	164	6524	1027		38975	13197	4695	3147	219682	41638	26530.00

⑦ 中国太平洋财产保险股份有限公司湖北分公司业务统计表

表 5-3-3-2-1-7

2023 年 12 月 31 日

单位:万元、件

保险机构	保费收入											保户储金及投资款	赔付支出											已决赔案件数	未决赔款	保险金额（亿元）
	合计	企业财产保险	机动车辆保险	货物运输保险	责任保险	工程保险	信用及保证保险	农业保险	短期健康保险	意外伤害保险	其他		合计	企业财产保险	机动车辆保险	货物运输保险	责任保险	工程保险	信用及保证保险	农业保险	短期健康保险	意外伤害保险	其他			
武汉市	203622	9097	124882	2355	13522	7771	3192	12931	17894	3842	8136		123712	2781	85617	832	6026	1507	4536	9461	10255	2438	257	288741	36444	61931.14
黄石市	36433	315	13035	112	1085	5	1081	1215	18406	245	935		26992	17	10018	19	463	0	1740	731	13635	231	137	119193	3666	20092.39
十堰市	19799	30	10187	8	430	30	247	1695	6437	199	536		14896	349	9173	3	325	2	1481	1142	2302	110	9	16908	3294	8776.65
宜昌市	52225	109	28076	90	2069	579	1979	2365	14725	597	1635		36812	65	19092	18	939	170	1902	963	13188	379	96	166309	6261	11503.61
襄阳市	52382	119	30652	26	1717	103	−624	4841	13085	560	1902		44967	28	24525	13	291	44	2376	2980	14355	345	9	237306	8203	16939.53
鄂州市	9372	1	3767		165	1	−2	1200	4013	83	143		6846		2886	0	18		20	708	3156	55	4	9629	1170	8660.57
荆门市	54150	101	21624	54	1629	3	820	12393	15548	664	1313		38769	5	17191	16	719	51	7	7135	13306	327	12	104247	6574	28217.13
孝感市	26060	137	12754	10	445	37	595	4330	6629	237	886		19633	2	10040	0	257	1	662	2281	5110	274	6	44282	4167	12553.92
荆州市	59021	130	23416	62	863	22	1152	13716	17823	398	1441		44093	6	18836	14	156	0	2385	7623	14586	472	17	115524	5814	25351.08
黄冈市	64033	237	22681	29	2613	331	187	7019	28913	570	1454		55496	147	18735	1	751	11	494	3944	29890	509	15	335675	6763	14499.32
咸宁市	17587	24	9529	6	594	19	363	3456	2724	228	645		14433	4	9535	0	235	30	801	1787	1803	175	62	17574	3140	4904.12
随州市	15503	82	9778	1	571	61	−50	859	3347	250	604		11138	143	8039		225	0	10	416	2182	123	1	23084	3508	4166.84
恩施州	35998	69	27020	2	1397	17	−17	1323	4231	392	1565		24854	0	17742	0	310	4	105	1114	5086	463	31	52905	5230	11307.23
仙桃市	9673	49	3764		140	19	16	1783	3586	86	229		6615	13	4247		114	5	18	1113	1064	37	3	6133	1222	2718.91
潜江市	13867	43	4865	8	350	16	−13	3431	4712	115	339		10199	0	3731	2	69	0	92	2098	4079	58	70	23781	1613	4167.23
天门市	13792	15	6754	70	281	128	1	5181	663	200	498		8662	2	4836		332	101	58	2853	384	95	0	9142	1694	3034.60
神农架林区	1479	0	1040		120	10		214	26	17	52		616		549		4	0		59	5			905	387	307.30
全省总计	684996	10557	353825	2833	27992	9152	8927	77950	162764	8684	22312		488732	3563	264793	916	11234	1927	13686	46406	134387	6091	728	1571338	99150	239131.56

⑧ 中国平安财产保险股份有限公司湖北分公司业务统计表

表 5-3-3-2-1-8

2023 年 12 月 31 日

单位:万元、件

保险机构	保费收入											保户储金及投资款	赔付支出											已决赔案件数	未决赔款	保险金额（亿元）
	合计	企业财产保险	机动车辆保险	货物运输保险	责任保险	工程保险	信用及保证保险	农业保险	短期健康保险	意外伤害保险	其他		合计	企业财产保险	机动车辆保险	货物运输保险	责任保险	工程保险	信用及保证保险	农业保险	短期健康保险	意外伤害保险	其他			
武汉市	550568	17800	395887	2448	35029	29065	−3504	9105	16097	24239	24403		648355	11528	355073	1689	29130	22363	183242	6842	3987	33326	1175	451628	192227	249565.58
黄石市	33356	234	26152	112	2048	78	4	1489	878	1019	1342		28753	378	25574	59	1277	18		754	145	473	75	25827	10469	10253.06
十堰市	47136	478	35259	156	2150	94	10	1996	3767	1345	1881		45760	1056	36566	109	3345	149		788	2408	1298	42	41551	18188	13695.40

续表 5-3-3-2-1-8

保险机构	保费收入											保户储金及投资款	赔付支出											已决赔案件数	未决赔款	保险金额（亿元）
	合计	企业财产保险	机动车辆保险	货物运输保险	责任保险	工程保险	信用及保证保险	农业保险	短期健康保险	意外伤害保险	其他		合计	企业财产保险	机动车辆保险	货物运输保险	责任保险	工程保险	信用及保证保险	农业保险	短期健康保险	意外伤害保险	其他			
宜昌市	81801	788	64958	268	3508	-503	17	3169	2707	2950	3940		72151	1583	53972	260	3125	9009		1451	464	2197	89	60379	27840	30821.14
襄阳市	111490	319	83712	918	3073	95	11	12907	3492	3005	3957		98946	84	85609	915	2026	2		7453	1024	1744	89	73542	34763	32427.25
鄂州市	10916	102	7484	15	522	232	0	1418	399	397	346		9474	5	7863	7	432	79		790	33	262	3	6064	3944	2912.96
荆门市	38594	288	31095	105	1431	32	60	932	1288	1576	1788		33234	29	30636	19	1123	2		438	276	671	39	27705	11687	14097.90
孝感市	37830	140	28793	33	1258	15	22	3371	1390	1271	1536		34009	22	29474	0	1009			1950	401	1101	52	27997	12843	12639.56
荆州市	88090	402	63970	176	2762	9	18	11453	2902	2770	3628		74841	242	63329	39	2495	10		6618	651	1332	124	53280	24154	28372.93
黄冈市	52973	69	35045	23	1700	62	19	4302	8130	1575	2048		49555	17	40015	0	990	8	0	2693	4922	874	35	46546	18112	19461.91
咸宁市	20969	59	16124	26	816	2	5	1688	737	647	865		19808	17	17227	2	986	0		855	234	470	16	18893	7185	7428.82
随州市	29418	56	24312	23	877	1	1	2124	640	623	761		27130	9	24556	11	487	11		1308	123	597	28	19229	9987	6707.53
恩施州	25862	102	21439	63	862	9	8	860	644	836	1039		18626	102	16849	16	384	36		497	90	602	49	21444	5151	7312.47
全省总计	1129004	20837	834231	4366	56036	29192	-3329	54815	43071	42253	47532		1160643	15072	786743	3127	46809	31688	183242	32439	14759	44948	1815	874085	376551	435696.51

⑨ 天安财产保险股份有限公司湖北省分公司业务统计表

表 5-3-3-2-1-9

2023 年 12 月 31 日

单位：万元、件

保险机构	保费收入											保户储金及投资款	赔付支出											已决赔案件数	未决赔款	保险金额（亿元）
	合计	企业财产保险	机动车辆保险	货物运输保险	责任保险	工程保险	信用及保证保险	农业保险	短期健康保险	意外伤害保险	其他		合计	企业财产保险	机动车辆保险	货物运输保险	责任保险	工程保险	信用及保证保险	农业保险	短期健康保险	意外伤害保险	其他			
武汉市	11249	218	5945	37	2222	130			499	622	1577		5693	127	3563	0	617	8			298	753	327	13590	2609	35004.63
黄石市	1036	11	761	9	168				36	44	6		845		825		5				0	15		942	213	135.10
十堰市	1916	125	1436	20	258	1			24	49	3		1458	4	1074	2	281	8			3	83	3	1819	481	215.24
宜昌市	3504	24	2286	19	337				41	66	731		3495	8	2643	60	263				13	48	459	2726	1351	288.55
襄阳市	1391	5	1128	8	133	5			71	41	2		1419		1263		34				92	29	1	1745	591	154.33
鄂州市	340		224		44				43	23	5		247	2	192		23					30		394	148	54.54
荆门市	715	11	511	0	106				30	41	15		662		533		117					12	0	569	236	97.38
孝感市	941	15	504	1	238	27			22	23	112		594	4	481		53				7	24	24	829	281	113.19
荆州市	2578	71	1086	40	548	0			277	158	399		1083	0	613	25	57				2	249	138	3192	866	1744.51
黄冈市	1359	15	951	0	169				113	62	49		1348		1253		16				5	65	8	1307	305	354.42
咸宁市	1245	0	1095	0	67	7			45	26	5		920	0	872		44				2	2		1297	626	240.50
随州市	2924	48	1915	0	167	1			641	150	3		1576	25	1132		154				30	235	0	3927	531	1145.44

续表 5-3-3-2-1-9

保险机构	保费收入											保户储金及投资款	赔付支出											已决赔案件数	未决赔款	保险金额（亿元）
	合计	企业财产保险	机动车辆保险	货物运输保险	责任保险	工程保险	信用及保证保险	农业保险	短期健康保险	意外伤害保险	其他		合计	企业财产保险	机动车辆保险	货物运输保险	责任保险	工程保险	信用及保证保险	农业保险	短期健康保险	意外伤害保险	其他			
恩施州	2110	2	1545	0	279	24			145	92	23		1139	0	934		33				29	140	2	2488	473	441.19
仙桃市	325	2	272	-3	48				3	2	2		233		218		14						1	274	50	34.27
潜江市	284	0	190		79	8			3	3	0		108		102		5	1						179	42	22.22
天门市	212	8	175		24				2	1	1		180		180		0					0		236	150	43.91
全省总计	32129	556	20024	131	4887	203			1993	1403	2932		21001	170	15878	87	1718	17			482	1685	964	35514	8952	40089.42

⑩华安财产保险股份有限公司湖北分公司业务统计表

表 5-3-3-2-1-10

2023 年 12 月 31 日

单位：万元、件

保险机构	保费收入											保户储金及投资款	赔付支出											已决赔案件数	未决赔款	保险金额（亿元）
	合计	企业财产保险	机动车辆保险	货物运输保险	责任保险	工程保险	信用及保证保险	农业保险	短期健康保险	意外伤害保险	其他		合计	企业财产保险	机动车辆保险	货物运输保险	责任保险	工程保险	信用及保证保险	农业保险	短期健康保险	意外伤害保险	其他			
武汉市	14351	4904	5170	628	1716	467	7		353	934	170		8048	21	3942	1046	1874	17	-74		232	981	9	16472	2357	1564.80
十堰市	2910	6	1674	585	69				4	572	0		1783	8	1383	232	73					87		4173	832	852.77
宜昌市	2075	80	1440		284	6	2		9	252	0		1381	5	1085	190	0	3				98		3440	595	224.25
襄阳市	5605	20	5101	5	239	7			7	225	0		4167		3859	99	141	0				68		13050	1770	487.51
荆门市	1861	2	1483		52	0			7	316	0		1171		1089		56					25		2819	445	215.90
孝感市	364	38	199	6	78	5			3	33	0		189		105		77				6	2		406	57	39.44
荆州市	2246	51	1503	0	320	110	10		10	241	0		1498	8	1185	1	208					96		2457	537	544.21
黄冈市	4283	106	3222	204	243	19	3		40	413	33		3624	89	3403	1	52				8	71	0	5619	1101	664.25
随州市	2264	9	2090	8	87		0		16	53	0		1497		1194	3	87				189	24		3253	279	82.11
恩施州	1474	1	1034		385	1	2		5	47	0		914		609		202	0				103	1	2647	131	188.60
仙桃市	295		253		21	0			0	21			383		348		4					30	0	515	78	36.19
潜江市	366	3	119	1	211	2			2	28	0		148		34		109					6		275	31	150.67
天门市	828		803		5				1	19	0		472		470						2	1		1426	230	122.38
全省总计	38920	5222	24092	1437	3711	618	23		457	3155	204		25276	131	18705	1572	2883	20	-74		435	1592	10	56552	8442	5173.07

⑪ 永安财产保险股份有限公司湖北分公司业务统计表

表 5-3-3-2-1-11　　2023 年 12 月 31 日　　单位:万元、件

保险机构	保费收入											保户储金及投资款	赔付支出											已决赔案件数	未决赔款	保险金额(亿元)
	合计	企业财产保险	机动车辆保险	货物运输保险	责任保险	工程保险	信用及保证保险	农业保险	短期健康保险	意外伤害保险	其他		合计	企业财产保险	机动车辆保险	货物运输保险	责任保险	工程保险	信用及保证保险	农业保险	短期健康保险	意外伤害保险	其他			
武汉市	7886	381	4423	13	849	669	-322	11	28	1822	11		7651	62	5522	1	542	169	1010	6	27	311	0	6035	2910	12672.36
黄石市	1551	87	1085	1	73	176			33	96	0		951	51	863		16		0	0	18	3		1255	347	269.29
十堰市	2356	44	1790		165	0		8	113	237	0		1308	0	1206		12			3	55	33		2186	1003	722.65
宜昌市	1667	26	1387		136		7		14	97			478		374		100				2	2		851	248	286.09
襄阳市	9248	59	7783	4	570	2	14	314	69	434	0		5697	136	4674	28	120	3		209	478	49		8955	3399	1200.34
鄂州市	1031	1	691		149				48	142			845		791		32				5	17		1351	360	1576.73
荆门市	552		419		38		2	10	10	72	0		521		449		64				0	8		735	89	118.53
孝感市	465	0	324		73		2		5	57	5		320		245		72				4	0		461	98	89.83
荆州市	799	2	642	4	40				29	82	0		429		382	3	30				5	8		593	215	197.10
黄冈市	699		474		92		1		21	111			581		574		1				6	0		384	331	89.72
咸宁市	358		247	18	44	0	3		9	36			233		225		0				8	0		369	127	78.17
随州市	1158	8	1100		14		0		0	35			900		897							3		882	763	98.94
恩施州	2787	4	2027	1	210	12	12	7	31	256	227		1577		1448		48	0	-27	22	3	66	16	3192	1086	644.63
仙桃市	261		224		20				0	17	0		142		142									165	35	60.50
潜江市	69		62	1	0				0	5			81		81									83	1	18.40
天门市	40		37							3			92		92						0			71	0	
全省总计	30925	612	22714	43	2471	858	-280	350	411	3503	243		21805	249	17965	32	1037	172	983	239	612	499	17	27568	11015	18123.27

⑫ 太平财产保险有限公司湖北分公司业务统计表

表 5-3-3-2-1-12　　2023 年 12 月 31 日　　单位:万元、件

保险机构	保费收入											保户储金及投资款	赔付支出											已决赔案件数	未决赔款	保险金额(亿元)
	合计	企业财产保险	机动车辆保险	货物运输保险	责任保险	工程保险	信用及保证保险	农业保险	短期健康保险	意外伤害保险	其他		合计	企业财产保险	机动车辆保险	货物运输保险	责任保险	工程保险	信用及保证保险	农业保险	短期健康保险	意外伤害保险	其他			
武汉市	31174	2946	16887	1983	3269	1633	141	0	593	1710	2013		20410	822	11803	974	4476	265	1		265	1293	510	37838	8115	7162.52
黄石市	8567	90	4312	183	1273	20	60	1359	277	770	222		5686	45	3287	1	741	0		862	7	705	38	11635	1787	2252.24
十堰市	6950	268	4750	5	642	154	56	516	31	406	122		4785	79	3608		668	0	1	65	19	334	10	10704	2749	1149.08

续表 5-3-3-2-1-12

保险机构	保费收入											保户储金及投资款	赔付支出											已决赔案件数	未决赔款	保险金额（亿元）
	合计	企业财产保险	机动车辆保险	货物运输保险	责任保险	工程保险	信用及保证保险	农业保险	短期健康保险	意外伤害保险	其他		合计	企业财产保险	机动车辆保险	货物运输保险	责任保险	工程保险	信用及保证保险	农业保险	短期健康保险	意外伤害保险	其他			
宜昌市	8281	139	5172	180	897	154	42	729	159	407	400		4558	20	3281	29	448	155		143	107	309	66	10902	2047	1428.87
襄阳市	5525	92	4313	5	416	18	15		140	463	63		4411	142	3888		153	3			11	206	7	8356	2017	665.09
鄂州市	3146	41	1894	1	187	393	17		130	450	32		1540	12	1311		49	1			10	157	1	4018	754	445.16
荆门市	8606	84	2725	131	400	62	0	4696	93	321	92		4791		1417	5	56	33		2796	70	386	28	9067	895	742.98
孝感市	4350	36	3345	21	309	4	1	240	28	312	55		3450	482	2267	2	240			238	12	208	3	6279	964	621.99
荆州市	12545	200	5837	189	663	4	36	2140	2178	704	594		6756	−62	3772	163	143			1175	1093	411	62	13396	1813	2010.21
黄冈市	2449	4	2017	7	188	23	4		30	133	44		1645		1420	0	79	2		0	13	126	5	3996	814	436.34
咸宁市	2414	17	1794	0	151	5	1	97	160	158	31		1815		1386	1	55			202	94	75	1	7415	1171	659.56
恩施州	6246	41	4104	1	405	22	22	652	106	832	62		3955	24	2891		158			330	11	538	3	11762	1308	933.39
仙桃市	1000	5	734	4	89		29		19	103	17		646		402		219				1	24	0	1191	580	188.75
潜江市	1757	11	966	3	145	20		419	51	106	37		1030	0	682		20		−4	206	5	121	2	1708	609	255.41
天门市	4277	0	3850	0	42			120	16	213	35		2985		2656		1	131		66	2	122	7	4761	1044	576.04
全省总计	107286	3975	62701	2714	9074	2512	423	10969	4011	7088	3819		68464	1563	44071	1176	7506	591	−2	6082	1719	5015	743	143028	26668	19527.63

⑬ 亚太财产保险有限公司湖北分公司业务统计表

表 5-3-3-2-1-13

2023 年 12 月 31 日

单位：万元、件

保险机构	保费收入											保户储金及投资款	赔付支出											已决赔案件数	未决赔款	保险金额（亿元）
	合计	企业财产保险	机动车辆保险	货物运输保险	责任保险	工程保险	信用及保证保险	农业保险	短期健康保险	意外伤害保险	其他		合计	企业财产保险	机动车辆保险	货物运输保险	责任保险	工程保险	信用及保证保险	农业保险	短期健康保险	意外伤害保险	其他			
武汉市	14431	534	9002	0	1956	460	504		2	890	1084		10041	75	7582	1384	584	51			10	328	28	16189	3115	4318.93
黄石市	603	81	198	0	136	28			6	153	0		513	324	90	0	45					55		741	84	92.09
宜昌市	666	297	103		169	50			0	44	2		230		109		46	0				75		179	95	49.25
襄阳市	9165	2	8783		35	12			11	288	34		4204		4125		10	8			0	61	0	9664	1752	1111.95
荆门市																									2	
全省总计	24865	914	18086	0	2296	551	504		19	1375	1121		14989	398	11905	1384	686	59			10	518	28	26773	5048	5572.22

⑭ 中银保险有限公司湖北分公司业务统计表

表 5-3-3-2-1-14　　2023 年 12 月 31 日　　单位：万元、件

保险机构	保费收入											保户储金及投资款	赔付支出											已决赔案件数	未决赔款	保险金额（亿元）
	合计	企业财产保险	机动车辆保险	货物运输保险	责任保险	工程保险	信用及保证保险	农业保险	短期健康保险	意外伤害保险	其他		合计	企业财产保险	机动车辆保险	货物运输保险	责任保险	工程保险	信用及保证保险	农业保险	短期健康保险	意外伤害保险	其他			
武汉市	13711	1026	1466	17	2533	562	1155		6478	470	4		10183	1014	1199		29	265	659		6491	388	138	118311	1300	1418.57
全省总计	13711	1026	1466	17	2533	562	1155		6478	470	4		10183	1014	1199		29	265	659		6491	388	138	118311	1300	1418.57

⑮ 永诚财产保险股份有限公司湖北分公司业务统计表

表 5-3-3-2-1-15　　2023 年 12 月 31 日　　单位：万元、件

保险机构	保费收入											保户储金及投资款	赔付支出											已决赔案件数	未决赔款	保险金额（亿元）
	合计	企业财产保险	机动车辆保险	货物运输保险	责任保险	工程保险	信用及保证保险	农业保险	短期健康保险	意外伤害保险	其他		合计	企业财产保险	机动车辆保险	货物运输保险	责任保险	工程保险	信用及保证保险	农业保险	短期健康保险	意外伤害保险	其他			
武汉市	11813	3190	2508	127	1221	1059	55		2245	360	1049		5711	1130	909	20	338	435			2211	576	93	28272	4353	6964.15
黄石市	362	143	83	82	22	6			2	23	1		102	15	48	5	13					22		174	186	90.87
十堰市	805	23			49				3	31	700		48		1		1				6	36	5	58	42	2274.85
宜昌市	559	38	480		13		13		2	13	0		182	13	96		48				0	26		509	120	94.13
襄阳市	0		0							0			20		8							12		28	66	0.00
荆门市	600	12	476		24	64	7		0	17			183		129		5	49				0		455	65	74.98
荆州市	65	0	16		9		5			34			21		4		12	0				5		43	37	10.20
全省总计	14204	3406	3563	209	1337	1128	81		2252	478	1750		6268	1157	1194	25	415	485			2218	676	98	29539	4869	9509.18

⑯ 安盛天平财产保险有限公司湖北分公司业务统计表

表 5-3-3-2-1-16　　2023 年 12 月 31 日　　单位：万元、件

保险机构	保费收入											保户储金及投资款	赔付支出											已决赔案件数	未决赔款	保险金额（亿元）
	合计	企业财产保险	机动车辆保险	货物运输保险	责任保险	工程保险	信用及保证保险	农业保险	短期健康保险	意外伤害保险	其他		合计	企业财产保险	机动车辆保险	货物运输保险	责任保险	工程保险	信用及保证保险	农业保险	短期健康保险	意外伤害保险	其他			
武汉市	9631	0	5401	568	1514				1746	392	10		5793	3	4311	462	228				631	157	2	14578	3051	1935.94

续表 5-3-3-2-1-16

保险机构	保费收入											保户储金及投资款	赔付支出											已决赔案件数	未决赔款	保险金额（亿元）
	合计	企业财产保险	机动车辆保险	货物运输保险	责任保险	工程保险	信用及保证保险	农业保险	短期健康保险	意外伤害保险	其他		合计	企业财产保险	机动车辆保险	货物运输保险	责任保险	工程保险	信用及保证保险	农业保险	短期健康保险	意外伤害保险	其他			
黄石市	563		489		6				42	26	0		499		478						19	2		1347	171	103.99
宜昌市	908	4	742		36	1			106	18	0		573		555		2				15	1	0	1425	144	156.58
襄阳市	477		346		77				27	26	0		246		238		5				1	2		432	19	68.06
荆门市	235	0	207		8				14	6	0		152		119						8	25		659	96	43.30
荆州市	368	0	223		7				132	5	0		335		291						39	5		529	81	96.67
全省总计	12181	5	7408	568	1649	1			2067	473	11		7598	3	5991	462	235				713	193	2	18970	3561	2404.55

⑰ 阳光财产保险股份有限公司湖北省分公司业务统计表

表 5-3-3-2-1-17

2023 年 12 月 31 日

单位：万元、件

保险机构	保费收入											保户储金及投资款	赔付支出											已决赔案件数	未决赔款	保险金额（亿元）
	合计	企业财产保险	机动车辆保险	货物运输保险	责任保险	工程保险	信用及保证保险	农业保险	短期健康保险	意外伤害保险	其他		合计	企业财产保险	机动车辆保险	货物运输保险	责任保险	工程保险	信用及保证保险	农业保险	短期健康保险	意外伤害保险	其他			
武汉市	220797	1968	8138	139016	20910	751	40782	584	4120	436	4093		131013	833	5763	104916	2701	219	13249	241	1758	74	1258	68826206	5007	20595.11
黄石市	1762	18	984		154	33	267	47	186	37	35		2116	8	670	0	33	0	1327	1	52	8	6	1013	259	88.66
十堰市	3182	31	2150		284	20	375		242	59	21		2894	13	1619		38	0	1113		94	16	0	1641	663	152.93
宜昌市	6864	128	3734	180	394	36	747	154	649	401	441		3858	17	2070	39	250	0	471	13	384	485	128	3173	1485	268.57
襄阳市	21923	2	8066	6387	3498	11	1054		1066	1320	520		17780	2	2939	2191	6506	21	1981		230	991	2919	12170631	5443	3084.93
荆门市	4447	189	2939	22	353		-2	227	502	153	64		2571	55	1749	2	115		331	109	112	47	1	6507740	955	453.44
孝感市	1878	0	1527		95		163		70	22	1		1001	0	769		62	0	150		9	0	0	962	160	57.44
荆州市	3297	31	1835	20	326	11	-171	28	1075	115	27		3508	13	1422	2	16	0	1220	32	789	15	0	14460557	826	866.70
黄冈市	66467	25	8269	38191	16973	67	0	942	1678	282	39		42965	11	6042	34213	1135	-2	140	597	694	108	28	48425682	2972	3932.13
咸宁市	1340	68	673		171	72	-8	226	103	34	1		1203	18	579	0	44	2	499	25	44	-7	0	2093	193	72.46
随州市	4936	26	4469	5	165	8	4	3	195	52	9		2418	2	2324	4	6	0	0	0	73	7	0	1629	900	188.97
恩施州	3581	379	2331	34	436	12	-142	132	269	119	10		2536	83	1447	2	231	-6	-36	60	47	235	1	1693	837	173.67
潜江市	2130	3	1788		186	0			124	24	5		1024	0	964		-4	0			29	36	0	789	438	74.94
全省总计	342605	2868	46903	183855	43946	1021	43070	2343	10279	3052	5267		214885	1054	28356	141369	11134	233	20989	1079	4317	2015	4340	150403809	20138	30009.95

⑱ 都邦财产保险股份有限公司湖北分公司业务统计表

表 5-3-3-2-1-18　　2023 年 12 月 31 日　　单位：万元、件

保险机构	保费收入											保户储金及投资款	赔付支出											已决赔案件数	未决赔款	保险金额（亿元）
	合计	企业财产保险	机动车辆保险	货物运输保险	责任保险	工程保险	信用及保证保险	农业保险	短期健康保险	意外伤害保险	其他		合计	企业财产保险	机动车辆保险	货物运输保险	责任保险	工程保险	信用及保证保险	农业保险	短期健康保险	意外伤害保险	其他			
武汉市	1577	14	1340		62	1			1	158	0		668		588		58					21		1758	863	98.92
襄阳市	195	1	190		1					3			565		544		16	4				0		263	583	73.25
荆门市	1									1																0.17
荆州市	458	54	249		142		8		0	4	0		191	1	186		4					0		82	88	64.38
全省总计	2230	69	1779		205	1	8		2	166	1		1424	1	1318	0	79	4				21		2103	1534	236.72

⑲ 渤海财产保险股份有限公司湖北分公司业务统计表

表 5-3-3-2-1-19　　2023 年 12 月 31 日　　单位：万元、件

保险机构	保费收入											保户储金及投资款	赔付支出											已决赔案件数	未决赔款	保险金额（亿元）
	合计	企业财产保险	机动车辆保险	货物运输保险	责任保险	工程保险	信用及保证保险	农业保险	短期健康保险	意外伤害保险	其他		合计	企业财产保险	机动车辆保险	货物运输保险	责任保险	工程保险	信用及保证保险	农业保险	短期健康保险	意外伤害保险	其他			
武汉市	2050	168	580	329	877	3			16	77			1306	116	1007	27	137	8			10	1		811	703	319.62
黄石市																								21	56	0.00
十堰市	1161	3	1066		45				5	42			721		692		21				5	3		1072	806	62.14
宜昌市																								9		
襄阳市	6477	33	6166		52				4	223			2923		2694		17				87	125		5438	2182	250.30
荆门市	1396	10	1331		16				8	30			839	0	781		56				1	0		1183	582	81.31
荆州市	318	15	248	15	8				7	26			349		294		2				11	42		372	250	29.37
黄冈市	1300	2	655		322	109	15		48	149			411		266		53	38			25	29		444	289	92.77
咸宁市	1308	5	1013	2	105				6	177			1302		1210		38				9	45		1481	615	138.52
恩施州																								33	27	
全省总计	14009	236	11059	345	1424	112	15		93	725			7851	116	6946	27	324	45			146	246		10864	5510	974.02

⑳ 中国人寿财产保险股份有限公司湖北省分公司业务统计表

表 5-3-3-2-1-20　　2023 年 12 月 31 日　　单位：万元、件

保险机构	保费收入											保户储金及投资款	赔付支出											已决赔案件数	未决赔款	保险金额（亿元）
	合计	企业财产保险	机动车辆保险	货物运输保险	责任保险	工程保险	信用及保证保险	农业保险	短期健康保险	意外伤害保险	其他		合计	企业财产保险	机动车辆保险	货物运输保险	责任保险	工程保险	信用及保证保险	农业保险	短期健康保险	意外伤害保险	其他			
武汉市	65338	2473	41215	792	10100	2048	88	2820	1110	4408	284		55303	884	38215	1369	7173	667	4	2659	573	3641	117	84975	31180	9161.07
黄石市	10591	46	7781	182	1408	89	4	346	58	659	19		8425	4	7318	13	612	42	1	15	8	409	4	12170	4435	1625.85
十堰市	12556	30	10313	0	1240	7	41	0	37	699	188		9212	4	7995	0	652	37	0	111	16	392	5	13998	4804	1790.46
宜昌市	27218	675	17272	22	2441	355	40	4355	119	1631	309		16519	441	11756	2	1004	576	1	1917	48	725	49	36930	8441	4248.51
襄阳市	24066	72	15421	4	1473	-18	48	1462	4718	849	37		16606	62	11299	0	1207	18	0	1331	2410	276	3	22978	9217	2548.06
鄂州市	2989	1	2042	1	248	1	0	464	16	214	3		2281	0	1378	0	553	0	0	174	7	169	1	2853	1394	299.08
荆门市	14574	96	11020	197	790	123	81	1215	33	1012	5		9002	217	7327	16	216	11	4	932	12	266	0	12740	4372	1742.43
孝感市	11299	115	7336	13	1386	128	51	1203	91	645	330		7412	24	5722	1	747	56	0	615	24	197	26	21453	3293	2030.88
荆州市	18125	480	8721	35	1805	232	134	5640	150	919	8		12487	96	7417	2	851	21	5	3648	42	402	2	15636	4554	2000.85
黄冈市	20153	315	15125	93	2656	114	5	50	611	1166	17		15003	53	13034	78	954	125	0	167	282	304	6	30988	8173	3906.22
咸宁市	12140	125	8358	1	1211	4	58	1429	262	680	10		8517	100	6450	0	495	0	1	1128	146	194	3	17128	3473	2173.91
随州市	11420	526	8106	0	481	3	5	2043	40	203	13		8091	86	6642	0	113	1	0	1210	5	31	4	9466	4367	1118.59
恩施州	19414	184	15667	44	1855	140	6	422	29	1014	53		12802	74	11190	26	630	70	0	273	4	500	35	28859	4944	2483.20
仙桃市	4728	221	3378	10	594	15	4	216	17	271	3		2988	5	2462	4	198	2	0	169	0	143	5	4922	1386	692.33
潜江市	2441	85	877		222	7	1	1099	5	114	30		1663	10	730	0	115	29	0	694	0	30	54	911	541	227.76
天门市	2273	232	1099		588	23	1	240	4	65	22		1900	424	1182		69	29	0	145	13	37	1	2052	809	503.35
全省总计	259329	5676	173731	1394	28499	3274	567	23006	7302	14548	1330		188211	2484	140117	1511	15589	1683	17	15189	3591	7714	315	318059	95382	36552.55

㉑ 现代财产保险（中国）有限公司湖北分公司业务统计表

表 5-3-3-2-1-21　　2023 年 12 月 31 日　　单位：万元、件

保险机构	保费收入											保户储金及投资款	赔付支出											已决赔案件数	未决赔款	保险金额（亿元）
	合计	企业财产保险	机动车辆保险	货物运输保险	责任保险	工程保险	信用及保证保险	农业保险	短期健康保险	意外伤害保险	其他		合计	企业财产保险	机动车辆保险	货物运输保险	责任保险	工程保险	信用及保证保险	农业保险	短期健康保险	意外伤害保险	其他			
武汉市	4059	41	2300	166	1239	27	1			286			1655	9	1080	71	267	0				228		2693	449	427.78
全省总计	4059	41	2300	166	1239	27	1			286			1655	9	1080	71	267	0				228		2693	449	427.78

㉒ 长安责任保险股份有限公司湖北省分公司业务统计表

表 5-3-3-2-1-22　　2023 年 12 月 31 日　　单位:万元、件

保险机构	保费收入											保户储金及投资款	赔付支出											已决赔案件数	未决赔款	保险金额(亿元)
	合计	企业财产保险	机动车辆保险	货物运输保险	责任保险	工程保险	信用及保证保险	农业保险	短期健康保险	意外伤害保险	其他		合计	企业财产保险	机动车辆保险	货物运输保险	责任保险	工程保险	信用及保证保险	农业保险	短期健康保险	意外伤害保险	其他			
武汉市	8393	97	7550	0	572	12	3		49	109			5582	7	4348	5	1013	0	67		59	81		3442	4217	836.60
黄石市	1570	0	956		173	63	1		70	306			1449	1	1119		193				11	124		591	558	224.41
十堰市	1123	8	608		448		0		24	35			675	1	407		197				16	54		350	438	126.81
宜昌市	1680	5	1197		260	36	6		30	147			1078	26	729		239	9			9	65		585	793	156.61
襄阳市	3042	3	2519		350				36	134			2811	0	2426	0	315	0			26	43		1356	1388	351.97
荆门市	953	3	878		36				8	28			858	0	747	0	46	0			7	58		518	869	87.74
荆州市	1273	9	1073	0	82				60	50			1105	0	771	0	235	0			9	89		475	588	132.95
恩施州	2342	0	1908		194	2	1		51	186			1307		1218		13	0			23	53		1393	750	558.67
全省总计	20375	125	16688	1	2115	113	12		327	995			14864	36	11764	5	2252	10	67		162	568		8710	9601	2475.76

㉓ 国元农业保险股份有限公司湖北分公司业务统计表

表 5-3-3-2-1-23　　2023 年 12 月 31 日　　单位:万元、件

保险机构	保费收入											保户储金及投资款	赔付支出											已决赔案件数	未决赔款	保险金额(亿元)
	合计	企业财产保险	机动车辆保险	货物运输保险	责任保险	工程保险	信用及保证保险	农业保险	短期健康保险	意外伤害保险	其他		合计	企业财产保险	机动车辆保险	货物运输保险	责任保险	工程保险	信用及保证保险	农业保险	短期健康保险	意外伤害保险	其他			
武汉市	2873	100	373		461	7		1926	1	3			1187	2	758		389		36	1091		2	0	1979	53	83.56
十堰市	16		11							5			25		23							2		52	2	1.54
襄阳市	724		716		8					0			697		646							51		732	284	23.27
荆门市	2164	1	200		19			1941		3			448		441		0			1034		7		801	56	25.89
荆州市	3679	67	778		106	2	24	2697		6			796	17	651		101			1523		27		1347	220	38.35
黄冈市	890		278		38			463		112			344		318		21			224		6		763	222	50.77
天门市	456		80					376		0			112		102		0			372		10		1381	6	2.48
全省总计	10802	168	2435		631	9	24	7404	1	130			7853	19	2939		511		36	4244		104	0	7055	844	225.86

㉔ 鼎和财产保险股份有限公司湖北分公司业务统计表

表 5-3-3-2-1-24　　2023 年 12 月 31 日　　单位：万元、件

保险机构	保费收入											保户储金及投资款	赔付支出											已决赔案件数	未决赔款	保险金额（亿元）
	合计	企业财产保险	机动车辆保险	货物运输保险	责任保险	工程保险	信用及保证保险	农业保险	短期健康保险	意外伤害保险	其他		合计	企业财产保险	机动车辆保险	货物运输保险	责任保险	工程保险	信用及保证保险	农业保险	短期健康保险	意外伤害保险	其他			
武汉市	10573	724	7766		891	374			8	800	11		5519	159	4832		183	30			6	305	4	15215	2601	815.20
黄石市	1152	44	812		132	59			0	105			703	5	583		13	1				101		1258	354	122.51
十堰市	2159	5	1595		404	64			2	89	0		1584	0	1323		98				0	162		2233	363	152.67
宜昌市	3672	628	1981	3	167	682	31		0	179			1533	187	975		17	252				102		2555	397	551.26
襄阳市	2770		2157	2	454	13			0	144			2137		1812		275	0			0	50		2247	693	229.77
荆门市	491	0	368		70					53			279		259		2				0	18		216	114	23.04
荆州市	1030	15	810		176					28	0		649		507		4	43			0	94		1314	145	129.06
随州市	1882	39	1720		52	26	0			45			496		494		2				0			840	237	47.37
潜江市	294		244	0	15	5			0	30			141		140							0		160	23	20.66
全省总计	24022	1456	17454	6	2360	1222	31		10	1473	11		13040	351	10926		595	325			7	832	4	26038	4927	2091.53

㉕ 中煤财产保险股份有限公司湖北分公司业务统计表

表 5-3-3-2-1-25　　2023 年 12 月 31 日　　单位：万元、件

保险机构	保费收入											保户储金及投资款	赔付支出											已决赔案件数	未决赔款	保险金额（亿元）
	合计	企业财产保险	机动车辆保险	货物运输保险	责任保险	工程保险	信用及保证保险	农业保险	短期健康保险	意外伤害保险	其他		合计	企业财产保险	机动车辆保险	货物运输保险	责任保险	工程保险	信用及保证保险	农业保险	短期健康保险	意外伤害保险	其他			
武汉市	10373	92	9172	45	979	21			3	61			5329	200	3730	29	1017	0	0		0	353		6216	1415	733.53
全省总计	10373	92	9172	45	979	21			3	61			5329	200	3730	29	1017	0	0		0	353		6216	1415	733.53

㉖ 国泰财产保险有限责任公司湖北分公司业务统计表

表 5-3-3-2-1-26　　2023 年 12 月 31 日　　单位：万元、件

保险机构	保费收入											保户储金及投资款	赔付支出											已决赔案件数	未决赔款	保险金额（亿元）
	合计	企业财产保险	机动车辆保险	货物运输保险	责任保险	工程保险	信用及保证保险	农业保险	短期健康保险	意外伤害保险	其他		合计	企业财产保险	机动车辆保险	货物运输保险	责任保险	工程保险	信用及保证保险	农业保险	短期健康保险	意外伤害保险	其他			
武汉市	1492	81	939		292	12	2		2	164	0		333	3	80	3	193	0	0		10	44	0	472	250	108.00
全省总计	1492	81	939		292	12	2		2	164	0		333	3	80	3	193	0	0		10	44	0	472	250	108.00

㉗ 英大泰和财产保险股份有限公司湖北分公司业务统计表

表 5-3-3-2-1-27　　2023 年 12 月 31 日　　单位：万元、件

保险机构	保费收入											保户储金及投资款	赔付支出											已决赔案件数	未决赔款	保险金额（亿元）
	合计	企业财产保险	机动车辆保险	货物运输保险	责任保险	工程保险	信用及保证保险	农业保险	短期健康保险	意外伤害保险	其他		合计	企业财产保险	机动车辆保险	货物运输保险	责任保险	工程保险	信用及保证保险	农业保险	短期健康保险	意外伤害保险	其他			
武汉市	42189	26514	3609	2	9520	710	1615		15	201	1		27514	5720	8269		12778	367			1	376	4	25540	1400	6424.20
黄石市	1275	62	773		394	8	3		1	32	2		1010	92	501		408					4	6	976	225	226.98
十堰市																								444	3	
宜昌市	2928	506	1730	9	368	112			5	197	0		1665	327	887	1	151	108			0	189	1	2382	887	449.56
襄阳市	2318	20	1433		844		1		2	18			1414	52	992		362					7		1671	315	634.94
鄂州市	1159	0	408		677	61			1	12	0		1333	25	317		925	43				22		958	1067	1301.98
荆门市	1878	141	993		391	13			4	335	0		1021	35	788		17					182		1148	96	123.49
孝感市	1380	45	852		181	84	0		9	209	0		837	14	550		48	4				222		1000	354	70.34
荆州市	2601	89	1500	5	879	25			4	93	7		2369	48	1277		947	10				87		1750	1858	694.65
黄冈市	4987	265	3070	1	1421	27	7		5	191	0		5129	111	3510		1307	47				155		4756	1719	566.29
咸宁市																								114	-30	0.00
随州市																								68	51	0.00
恩施州	1972	4	1164		384	68	9		2	341	0		1225	18	888		190	10				118	0	1634	614	142.58
仙桃市																								646	7	
潜江市	1429	9	541		776				8	95			1212	18	716		443				2	34	0	6596	76	235.39
全省总计	64115	27655	16073	17	15837	1108	1636		56	1724	10		44728	6459	18694	1	17576	589			3	1396	11	49683	8642	10870.40

㉘ 紫金财产保险股份有限公司湖北分公司业务统计表

表 5-3-3-2-1-28

2023 年 12 月 31 日

单位:万元、件

保险机构	保费收入											保户储金及投资款	赔付支出											已决赔案件数	未决赔款	保险金额(亿元)
	合计	企业财产保险	机动车辆保险	货物运输保险	责任保险	工程保险	信用及保证保险	农业保险	短期健康保险	意外伤害保险	其他		合计	企业财产保险	机动车辆保险	货物运输保险	责任保险	工程保险	信用及保证保险	农业保险	短期健康保险	意外伤害保险	其他			
武汉市	1826	36	976	29	283	118	9		85	182	108		2320	31	2036	6	64	29	0	3	31	112	9	0	9	218.93
十堰市	2130	29	1206	492	78	14	2	58	68	178	6		763	11	622	2	6	30	0	38	26	20	9	0	3	553.17
宜昌市	676	41	372	6	76	0	2		52	71	55		254	0	47	0	35	12	0		79	44	36	0	2	94.26
襄阳市	2642	44	1768	221	232	62	0	215	22	77	0		992	0	820	1	66	0	0	80	15	9	0	0	5	172.44
荆门市	3800		3626		39		5		15	116	0		2033		1935		20		0	11	11	56	0	0	17	316.04
孝感市	0		0										65	2	59						1	3		0		
荆州市	334	9	244	21	19		7		5	11	18		247	0	223	1	2		0		2	19	1	0	1	33.31
恩施州	1115		866		105			120	18	6			525		475		6				1	43	0	0	1	213.22
仙桃市	1		1		0																					0.08
潜江市	831	3	763		33				23	9			558	1	553		1				1	2	0	0	3	130.18
天门市	3143	1	2987		33	18			68	35	0		450		440						10	0		0	4	309.67
全省总计	16498	163	12809	769	898	212	24	394	354	687	188		8206	45	7210	10	199	71	1	132	176	309	54	1	45	2041.29

㉙ 浙商财产保险股份有限公司湖北分公司业务统计表

表 5-3-3-2-1-29

2023 年 12 月 31 日

单位:万元、件

保险机构	保费收入											保户储金及投资款	赔付支出											已决赔案件数	未决赔款	保险金额(亿元)
	合计	企业财产保险	机动车辆保险	货物运输保险	责任保险	工程保险	信用及保证保险	农业保险	短期健康保险	意外伤害保险	其他		合计	企业财产保险	机动车辆保险	货物运输保险	责任保险	工程保险	信用及保证保险	农业保险	短期健康保险	意外伤害保险	其他			
武汉市	1911	312	355	33	874	48	60		52	105	72		1943	47	961	1	615	9			34	276	1	1286	940	469.22
十堰市	33	2	6		24				0	0			172	0	97		65					10		114	176	5.81
宜昌市	148		57		56	34	0		0	1			436		327		9				6	93		228	11	42.22
襄阳市	727		450		238	0	4		9	26			199		169		28					1		296	90	98.81
荆州市	1097	7	378		703				3	5			556		485		71				1	0		546	155	1879.15
黄冈市	170	2	98		57	0	1		3	8	0		260		230		23				2	5		173	189	26.83
恩施州	598		439		153		0		1	4			261		228		33	0						313	242	184.12
仙桃市	241		212		23				3	3			207		187		20				0	0		185	50	37.82
潜江市	378	5	328		30				8	8			194		127		15				0	51		345	67	70.33

续表 5-3-3-2-1-29

保险机构	保费收入											保户储金及投资款	赔付支出											已决赔案件数	未决赔款	保险金额（亿元）
	合计	企业财产保险	机动车辆保险	货物运输保险	责任保险	工程保险	信用及保证保险	农业保险	短期健康保险	意外伤害保险	其他		合计	企业财产保险	机动车辆保险	货物运输保险	责任保险	工程保险	信用及保证保险	农业保险	短期健康保险	意外伤害保险	其他			
天门市	66		64		0				0	1			1274		1274									401	232	8.09
全省总计	5369	328	2387	33	2159	82	65		81	161	72		5502	47	4085	1	880	10			43	437	1	3887	2151	2822.42

㉚ 国任财产保险股份有限公司湖北分公司业务统计表

表 5-3-3-2-1-30　　2023 年 12 月 31 日　　单位：万元、件

保险机构	保费收入											保户储金及投资款	赔付支出											已决赔案件数	未决赔款	保险金额（亿元）
	合计	企业财产保险	机动车辆保险	货物运输保险	责任保险	工程保险	信用及保证保险	农业保险	短期健康保险	意外伤害保险	其他		合计	企业财产保险	机动车辆保险	货物运输保险	责任保险	工程保险	信用及保证保险	农业保险	短期健康保险	意外伤害保险	其他			
武汉市	17994	210	15724	20	1028	316			21	672	2		13166	53	12181	0	400	96			75	355	4	24703	6958	3873.80
黄石市	1486		1252	3	91				2	138			549		336		105					108		905	395	286.20
宜昌市	2018		1689	1	141	3	34		0	151	0		1391	0	697	12	214					469		1785	926	191.84
荆门市	978	0	870		28		9	10	1	59			832		750		10			4		68		949	275	117.87
荆州市	1626	4	1353		81				0	187	0		1997	4	1910		73					10		2060	629	1660.25
黄冈市	1234	1	972	5	82	4			1	170	0		644	100	429		92				1	22		817	437	212.75
恩施州	1449	456	659	0	45	3	1		1	285			911	266	527		58	0				60		1639	404	251.07
全省总计	26785	673	22519	29	1496	325	45	10	26	1660	2		19489	424	16830	12	953	96		4	75	1091	4	32858	10023	6593.78

㉛ 锦泰财产保险股份有限公司湖北分公司业务统计表

表 5-3-3-2-1-31　　2023 年 12 月 31 日　　单位：万元、件

保险机构	保费收入											保户储金及投资款	赔付支出											已决赔案件数	未决赔款	保险金额（亿元）
	合计	企业财产保险	机动车辆保险	货物运输保险	责任保险	工程保险	信用及保证保险	农业保险	短期健康保险	意外伤害保险	其他		合计	企业财产保险	机动车辆保险	货物运输保险	责任保险	工程保险	信用及保证保险	农业保险	短期健康保险	意外伤害保险	其他			
武汉市	8355	12	8071		130	2			65	75	0		7467	0	7403		37	0			25	2	0	2995	3849	544.35
全省总计	8355	12	8071		130	2			65	75	0		7467	0	7403		37	0			25	2	0	2995	3849	544.35

㉜ 众诚汽车保险股份有限公司湖北分公司业务统计表

表 5-3-3-2-1-32　　2023 年 12 月 31 日　　单位：万元、件

保险机构	保费收入											保户储金及投资款	赔付支出											已决赔案件数	未决赔款	保险金额（亿元）
	合计	企业财产保险	机动车辆保险	货物运输保险	责任保险	工程保险	信用及保证保险	农业保险	短期健康保险	意外伤害保险	其他		合计	企业财产保险	机动车辆保险	货物运输保险	责任保险	工程保险	信用及保证保险	农业保险	短期健康保险	意外伤害保险	其他			
武汉市	11230	44	10230	28	81				95	327	425		5190	22	4881	1	1				113	6	166	19548	2295	664.00
全省总计	11230	44	10230	28	81				95	327	425		5190	22	4881	1	1				113	6	166	19548	2295	664.00

㉝ 华泰财产保险有限公司湖北省分公司业务统计表

表 5-3-3-2-1-33　　2023 年 12 月 31 日　　单位：万元、件

保险机构	保费收入											保户储金及投资款	赔付支出											已决赔案件数	未决赔款	保险金额（亿元）
	合计	企业财产保险	机动车辆保险	货物运输保险	责任保险	工程保险	信用及保证保险	农业保险	短期健康保险	意外伤害保险	其他		合计	企业财产保险	机动车辆保险	货物运输保险	责任保险	工程保险	信用及保证保险	农业保险	短期健康保险	意外伤害保险	其他			
武汉市	4374	839	1131	44	104	-46			26	212	2065		981	6	837	13	54				11	38	36	0	300	343.35
襄阳市	2537	232	979		17				6	14	1290		854	1	801							0	53	0	300	72.65
黄冈市	442	8	125		1				0	8	300		78		66		7					1	4	0	100	90.28
全省总计	7354	1079	2235	44	122	-46			31	233	3655		1926	6	1703	13	60				11	39	93	0	700	506.28

㉞ 长江财产保险股份有限公司湖北分公司业务统计表

表 5-3-3-2-1-34　　2023 年 12 月 31 日　　单位：万元、件

保险机构	保费收入											保户储金及投资款	赔付支出											已决赔案件数	未决赔款	保险金额（亿元）
	合计	企业财产保险	机动车辆保险	货物运输保险	责任保险	工程保险	信用及保证保险	农业保险	短期健康保险	意外伤害保险	其他		合计	企业财产保险	机动车辆保险	货物运输保险	责任保险	工程保险	信用及保证保险	农业保险	短期健康保险	意外伤害保险	其他			
武汉市	9235	432	5197	356	2091	591	7		80	415	64		3462	80	2334	203	396	74	3	12	155	204	1	6308	2219	21991.06
黄石市	475	107	145	17	81			8		117	0		251	60	70	4	26	2		0		89		443	364	82.38
十堰市	10096	18	166		303	6	9	747	8631	165	50		7724		155		10	46		587	6858	13	55	217843	1443	180.68
宜昌市	1783	68	981		128	2	2	178	331	93	0		698		529		84			26		60	0	1413	487	175.46
襄阳市	3355	6	325		184	3			2813	24			1797	5	474		6			1084	214	15		1897	374	152.46

续表 5-3-3-2-1-34

保险机构	保费收入											保户储金及投资款	赔付支出											已决赔案件数	未决赔款	保险金额（亿元）
	合计	企业财产保险	机动车辆保险	货物运输保险	责任保险	工程保险	信用及保证保险	农业保险	短期健康保险	意外伤害保险	其他		合计	企业财产保险	机动车辆保险	货物运输保险	责任保险	工程保险	信用及保证保险	农业保险	短期健康保险	意外伤害保险	其他			
鄂州市	1823	4	992	38	344	27		291		127	0		205		201		0			1		1	2	396	127	27.11
荆门市	560	1	434		71					15	40		1189		410		2			2	775	0		3489	311	52.70
孝感市	2164	1	895		164				1090	14	0		237		218		4			2		13		452	100	47.79
荆州市	559	1	307		98	93				38	22		2084		44		105			0	1922	13		4071	163	553.51
黄冈市	3179	37	1046		274	6		119	1299	368	29		2289		843		7	25		40	1101	273		9313	399	358.05
咸宁市	2541	31	1157		153	11	2	787	255	135	10		1398	2	745		11	0		260	359	20	1	3889	423	208.30
随州市	1030	13	728		100	4		119		66	0		698		444		24			220		10		753	238	34.53
恩施州	872		426		37			346		63			512		484		9	0		15		4		1016	164	108.53
潜江市	1643		274		217				1125	27			1152		149		5			1	933	64		3985	83	196.46
全省总计	39315	719	13072	411	4246	743	20	2596	15625	1668	215		23696	147	7100	207	690	147	3	2248	12317	779	59	255268	6894	24169.03

㉟ 富德财产保险股份有限公司湖北分公司业务统计表

表 5-3-3-2-1-35

2023 年 12 月 31 日

单位:万元、件

保险机构	保费收入											保户储金及投资款	赔付支出											已决赔案件数	未决赔款	保险金额（亿元）
	合计	企业财产保险	机动车辆保险	货物运输保险	责任保险	工程保险	信用及保证保险	农业保险	短期健康保险	意外伤害保险	其他		合计	企业财产保险	机动车辆保险	货物运输保险	责任保险	工程保险	信用及保证保险	农业保险	短期健康保险	意外伤害保险	其他			
武汉市	590	1	261		280	3			9	36	0		656		77		537	0	0		9	32		620	977	30.55
全省总计	590	1	261		280	3			9	36	0		656		77		537	0	0		9	32		620	977	30.55

㊱ 新疆前海联合财产保险股份有限公司湖北分公司业务统计表

表 5-3-3-2-1-36

2023 年 12 月 31 日

单位:万元、件

保险机构	保费收入											保户储金及投资款	赔付支出											已决赔案件数	未决赔款	保险金额（亿元）
	合计	企业财产保险	机动车辆保险	货物运输保险	责任保险	工程保险	信用及保证保险	农业保险	短期健康保险	意外伤害保险	其他		合计	企业财产保险	机动车辆保险	货物运输保险	责任保险	工程保险	信用及保证保险	农业保险	短期健康保险	意外伤害保险	其他			
武汉市	9249	783	5459	1	2663	0				180	163		2897	23	2664		199					12		5822	2700	1931.94

续表 5-3-3-2-1-36

保险机构	保费收入											保户储金及投资款	赔付支出											已决赔案件数	未决赔款	保险金额(亿元)
	合计	企业财产保险	机动车辆保险	货物运输保险	责任保险	工程保险	信用及保证保险	农业保险	短期健康保险	意外伤害保险	其他		合计	企业财产保险	机动车辆保险	货物运输保险	责任保险	工程保险	信用及保证保险	农业保险	短期健康保险	意外伤害保险	其他			
全省总计	9249	783	5459	1	2663	0				180	163		2897	23	2664		199					12		5822	2700	1931.94

㊲ 建信财产保险有限公司湖北分公司业务统计表

表 5-3-3-2-1-37

2023 年 12 月 31 日

单位：万元、件

保险机构	保费收入												保户储金及投资款	赔付支出												已决赔案件数	未决赔款	保险金额(亿元)
	合计	企业财产保险	家财险	机动车辆保险	货物运输保险	责任保险	工程保险	信用及保证保险	农业保险	短期健康保险	意外伤害保险	其他		合计	企业财产保险	家财险	机动车辆保险	货物运输保险	责任保险	工程保险	信用及保证保险	农业保险	短期健康保险	意外伤害保险	其他			
武汉市	8079	1434	35	794		402	86			3262	1225	841		3544	18	1	595		1	0			2860	48	22	38340	759	867.93
全省总计	8079	1434	35	794		402	86			3262	1225	841		3544	18	1	595		1	0			2860	48	22	38340	759	867.93

㊳ 大家财产保险有限责任公司湖北分公司业务统计表

表 5-3-3-2-1-38

2023 年 12 月 31 日

单位：万元、件

保险机构	保费收入											保户储金及投资款	赔付支出											已决赔案件数	未决赔款	保险金额(亿元)
	合计	企业财产保险	机动车辆保险	货物运输保险	责任保险	工程保险	信用及保证保险	农业保险	短期健康保险	意外伤害保险	其他		合计	企业财产保险	机动车辆保险	货物运输保险	责任保险	工程保险	信用及保证保险	农业保险	短期健康保险	意外伤害保险	其他			
武汉市	3827	382	2122	98	748	83	11	0	11	352	20		2010	36	1270	0	518	1			9	110	66	3273	972	521.43
黄石市	192	1	47		119		0	0	12	13	0		56		17		35				3	1		149	72	35.55
十堰市	1916		1144		456	58	1	198	3	55	1		1055		889		118		0	22	0	27	0	2239	378	138.48
宜昌市	3358	67	1998		706	92	14	360	4	116	1		1512	19	985	0	354		0	40	9	103	0	2593	532	327.15
襄阳市	2965	20	2247	5	223	12	2	−40	2	494	0		4311	2	4030	−13	66			0		226		7948	1291	463.35
鄂州市	182		135		38				0	9	0		291		228		54					9	0	316	76	31.94
荆门市	1211	2	1012		133		1		4	59	0		1770	0	1687		29				0	54	0	2582	322	209.34
孝感市	951	9	783		69	17	2	4	4	62	0		764	0	738		9		0	10	0	7	0	1350	285	145.26
荆州市	416	3	145		18	242	3			6	0		273		24		248					1		168	118	40.88
黄冈市	101	2	39		37	1	3			19			55	0	31		9	0	0		1	14	0	100	79	11.64

续表 5-3-3-2-1-38

保险机构	保费收入											保户储金及投资款	赔付支出											已决赔案件数	未决赔款	保险金额（亿元）
	合计	企业财产保险	机动车辆保险	货物运输保险	责任保险	工程保险	信用及保证保险	农业保险	短期健康保险	意外伤害保险	其他		合计	企业财产保险	机动车辆保险	货物运输保险	责任保险	工程保险	信用及保证保险	农业保险	短期健康保险	意外伤害保险	其他			
咸宁市	929	16	820		51	15		0	1	25	1		412		336		46	0		0	0	30	0	1402	196	101.24
随州市	2121	12	1724		125	5	2	207	3	44	0		1031	0	909		27	0		55	0	39	0	1990	426	115.01
恩施州	446	1	133		180	68	0	0	1	36	27		195		108		57	0		0	0	30	0	337	84	124.46
仙桃市	−2				−2																					
潜江市	125		54		64				0	8	0															
天门市	327	7	268		37				1	13	0															
全省总计	19064	521	12670	103	3002	592	38	728	47	1310	51		13736	58	11254	−13	1571	1	0	126	23	650	67	24447	4831	2265.73

㊴ 合众人寿保险股份有限公司业务统计表

表 5-3-3-2-1-39

2023 年 12 月 31 日

单位：万元、件

保险机构	保费收入																有效保单件数	赔付支出									退保金
	合计	个人业务							团体业务							其中：新单保费		合计	个人业务				团体业务				
		人寿保险					意外伤害险	健康险	人寿保险					意外伤害险	健康险												
		小计	普通寿险	分红寿险	投资连结保险	万能保险			小计	普通寿险	分红寿险	投资连结保险	万能保险						赔款支出	死伤医疗给付	满期给付	年金给付	赔款支出	死伤医疗给付	满期给付	年金给付	
武汉市	25555	15540	13759	1732		49	22	1349	567	567				410	7666	12758	35482	6582	41	569	355	888	4469	260			3723
黄石市	3526	2674	1914	744		16	2	846						2	2	696	21620	777	93	225	18	440	1				331
十堰市	16349	12427	8611	3794		22	16	3853	6	6				11	36	2298	85260	3051	335	939	48	1713	17				3201
宜昌市	13817	11083	7879	3162		43	10	2699						14	11	2330	67371	2865	132	729	489	1500	15				1512
襄阳市	2409	2076	1445	619		13	1	331						0	0	107	17452	588	9	192	202	185	0				547
鄂州市	451	376	225	145		6	0	75						0	0	137	2971	124	0	46	3	74					84
荆门市	5207	4544	3693	838		13	3	659						1	1	1283	23327	740	27	305	58	349	0				1008
孝感市	5136	4335	3422	893		20	3	796						1	1	1458	24046	1426	34	244	757	390	1				2950
荆州市	14373	11818	8713	3068		36	14	2500						16	25	3052	72601	3670	154	738	1446	1279	54				2225
黄冈市	9052	7180	3612	3518		50	18	1826						12	15	948	56316	2156	132	597	350	1065	12				1328
咸宁市	1120	645	415	226		4	1	473						1	1	106	8811	185	31	38		117	0				139
随州市	1292	947	586	349		12	1	338						3	3	229	8228	452	41	205	21	183	2				164
恩施州	721	522	398	121		3	1	196						1	1	99	5397	107	8	14		83	3				96

续表 5-3-3-2-1-39

保险机构	保费收入																有效保单件数	赔付支出									退保金
	合计	个人业务							团体业务							其中：新单保费		合计	个人业务				团体业务				
		人寿保险					意外伤害险	健康险	人寿保险					意外伤害险	健康险				赔款支出	死伤医疗给付	满期给付	年金给付	赔款支出	死伤医疗给付	满期给付	年金给付	
		小计	普通寿险	分红寿险	投资连结保险	万能保险			小计	普通寿险	分红寿险	投资连结保险	万能保险														
全省总计	99009	74168	54672	19209		287	92	15941	573	573				473	7763	25501	428882	22723	1038	4841	3746	8266	4572	260			17310

⑩ 国华人寿保险股份有限公司业务统计表

表 5-3-3-2-1-40

2023 年 12 月 31 日

单位：万元、件

保险机构	保费收入																有效保单件数	赔付支出											退保金
	合计	个人业务							团体业务							其中：新单保费		合计	个人业务					团体业务					
		人寿保险					意外伤害险	健康险	人寿保险					意外伤害险	健康险				赔款支出	死伤医疗给付	满期给付	年金给付	分保赔付支出(损益)	赔款支出	死伤医疗给付	满期给付	年金给付	分保赔付支出(损益)	
		小计	普通寿险	分红寿险	投资连结保险	万能保险			小计	普通寿险	分红寿险	投资连结保险	万能保险																
全国总计	4002618	3917327	3020512	891416	28	5371	228	84357	35	35				318	354	2028957	4149910	302731	231	89031	143068	69815	585	1			2060059		

⑪ 中国人寿保险股份有限公司湖北省分公司业务统计表

表 5-3-3-2-1-41

2023 年 12 月 31 日

单位：万元、件

保险机构	保费收入																有效保单件数	赔付支出									退保金
	合计	个人业务							团体业务							其中：新单保费		合计	个人业务				团体业务				
		人寿保险					意外伤害险	健康险	人寿保险					意外伤害险	健康险				赔款支出	死伤医疗给付	满期给付	年金给付	赔款支出	死伤医疗给付	满期给付	年金给付	
		小计	普通寿险	分红寿险	投资连结保险	万能保险			小计	普通寿险	分红寿险	投资连结保险	万能保险														
武汉市	503900	389209	338836	50197		176	3649	56020	453	453				3733	50837	189470	4570068	130375	11480	16743	22029	30965	48208	950			35929
黄石市	98767	74713	63129	11569		15	2650	9076	84	84				958	11286	37721	442057	30227	2402	3202	5476	5945	12655	546			6607
十堰市	126776	96871	84493	12359		19	3207	16232	75	75				649	9744	41392	538818	36183	4297	5562	9178	7579	9428	138		1	6462
宜昌市	253189	217283	184623	32628		32	2460	26170	172	172				3741	3363	78233	1182924	64361	5653	8447	27193	18175	4379	514			16159
襄阳市	147345	124118	106755	17337		25	2689	15775	39	39				423	4302	45528	635936	30435	3489	6199	6870	9525	4226	126			9411

续表 5-3-3-2-1-41

保险机构	保费收入																	赔付支出									
	合计	个人业务							团体业务							其中：新单保费	有效保单件数	合计	个人业务				团体业务				退保金
		人寿保险					意外伤害险	健康险	人寿保险					意外伤害险	健康险												
		小计	普通寿险	分红寿险	投资连结保险	万能保险			小计	普通寿险	分红寿险	投资连结保险	万能保险						赔款支出	死伤医疗给付	满期给付	年金给付	赔款支出	死伤医疗给付	满期给付	年金给付	
鄂州市	54678	45507	39031	6470		6	740	6362	21	21				707	1340	14339	300216	16162	1843	2904	2546	4092	4375	401			5598
荆门市	131187	110910	94346	16541		23	1578	12743	218	218				1804	3934	43371	485875	25892	2847	4090	6535	9557	2450	413			9891
孝感市	129684	98739	82240	16486		14	1085	15022	37	37				1519	13282	46748	466183	35345	3214	5041	7284	7998	11792	16			9290
荆州市	169785	135388	111378	23983		27	2225	18186	258	258				1108	12620	60678	651578	40228	4460	5130	10672	9102	10535	328			10611
黄冈市	222742	169400	143755	25623		21	2314	32416	33	33				1072	17507	78525	927005	57416	8264	9144	13037	14081	12721	169			15303
咸宁市	72125	58986	48689	10285		12	1163	10641	61	61				535	739	22075	374898	16398	2578	3148	5439	4384	799	50			5393
随州市	65240	49553	41727	7816		9	1386	6166	20	20				532	7583	24679	276047	19160	2113	3209	3832	4229	5748	30			3824
恩施州	126676	97159	83250	13901		8	3177	11294	49	49				449	14550	48874	575271	34952	3626	4723	5570	8227	12613	192			8236
仙桃市	46893	33722	30306	3416			1010	2893	4	4				86	9178	19999	179958	15294	887	1024	1482	1919	9980	2			2047
潜江市	13188	10286	7628	2658			208	2553	4	4				24	114	3229	50612	4888	1069	1109	1479	1072	141	17			2061
天门市	22238	17238	15697	1541			512	1971	29	29				168	2320	10348	82361	9157	1050	634	3125	1321	2987	40			1356
神农架林区	105	30	29	1			37	12	0	0				3	24	68	446	20	14				6				1
全省总计	2184518	1729110	1475914	252808		387	30089	243531	1557	1557				17510	162722	765277	11740254	566494	59286	80310	131748	138172	153044	3934		1	148179

㊷ 中国太平洋人寿保险股份有限公司湖北分公司业务统计表

表 5-3-3-2-1-42

2023 年 12 月 31 日

单位：万元、件

保险机构	保费收入																	赔付支出									
	合计	个人业务							团体业务							其中：新单保费	有效保单件数	合计	个人业务				团体业务				退保金
		人寿保险					意外伤害险	健康险	人寿保险					意外伤害险	健康险												
		小计	普通寿险	分红寿险	投资连结保险	万能保险			小计	普通寿险	分红寿险	投资连结保险	万能保险						赔款支出	死伤医疗给付	满期给付	年金给付	赔款支出	死伤医疗给付	满期给付	年金给付	
武汉市	179688	63443	41984	21400		58	255	22968	79290	38818	40428		44	294	13437	81442	731380	40794	1142	7611	464	7924	17017	218	5226	1193	12139
黄石市	13686	9387	5600	3783		3	25	3069	1000	547	447		5	79	127	766	152464	2811	72	907	87	1482	152	1	70	40	1840
十堰市	42672	30863	18530	12322		11	66	10996	394	328	52		14	80	273	537	351605	8164	582	3724	226	3398	114	26	79	14	4625
宜昌市	100348	62751	42194	20537		20	126	16946	19490	9559	9901		30	131	903	18775	524640	34023	304	6189	492	7137	18797	21	936	146	13453
襄阳市	109270	58847	35218	23602		27	192	23407	4090	2625	1403		62	715	22019	25637	1087869	36070	811	6587	231	4943	23022	100	297	79	11113
鄂州市	12336	8382	4467	3908		8	24	3835	47	46	1		1	13	35	55	106547	2348	68	1553	22	655	27	11	9	3	1426

续表 5-3-3-2-1-42

保险机构	保费收入																有效保单件数	赔付支出									退保金
	合计	个人业务							团体业务							其中：新单保费		合计	个人业务				团体业务				
		人寿保险					意外伤害险	健康险	人寿保险					意外伤害险	健康险												
		小计	普通寿险	分红寿险	投资连结保险	万能保险			小计	普通寿险	分红寿险	投资连结保险	万能保险						赔款支出	死伤医疗给付	满期给付	年金给付	赔款支出	死伤医疗给付	满期给付	年金给付	
荆门市	14132	10416	6796	3615		5	31	3430	102	89	2		11	45	108	213	145920	2583	82	953	37	1281	15	5	176	34	2073
孝感市	44034	30628	17528	13097		3	100	11876	925	683	232		9	212	292	1204	379978	8284	350	3403	72	2484	310	90	1414	161	6258
荆州市	94896	67166	41185	25961		20	278	23686	3149	2475	641		33	291	325	3221	726448	17717	710	6697	248	6700	234	119	2644	365	14853
黄冈市	109905	66792	39884	26862		46	141	20574	4959	1597	3346		17	449	16989	21460	1281643	42143	441	8830	655	10398	19484	81	1604	650	15137
咸宁市	57257	25468	15520	9944		3	65	11838	609	580	3		26	202	19075	19573	281991	23984	489	3338	24	1354	18600	29	135	15	4462
随州市	25777	18015	11180	6831		4	48	6176	1254	1232	14		8	137	147	1152	229580	4645	132	2164	105	1514	262	5	421	41	3494
恩施州	36009	25414	15426	9977		11	101	7948	810	721	56		33	85	1651	2062	336838	19853	191	3518	587	4179	10283	90	833	172	6054
仙桃市	21815	16718	10333	6374		10	54	4863	69	33	35		1	51	60	110	160353	5223	116	1551	22	1758	34	2	1590	151	3053
潜江市	17317	11660	7794	3854		12	37	4490	340	290	44		6	74	717	896	182360	5224	74	1134	71	1205	768	17	1765	190	2729
天门市	20539	15465	9275	6173		16	46	4982	35	17	15		3	3	8	7	133758	4575	120	1725	40	1438	14	13	1105	120	2962
神农架林区	1255	950	453	497		0	2	302	1	0	0		1		0		6552	119	6	82		31		0			111
全省总计	900937	522364	323368	198738		258	1591	181390	116566	59640	56621		305	2863	76163	177109	6819926	258560	5689	59967	3384	57882	109134	827	18304	3373	105782

㊸ 中国平安人寿保险股份有限公司湖北分公司业务统计表

2023 年 12 月 31 日

表 5-3-3-2-1-43　　　　单位：万元、件

保险机构	保费收入																有效保单件数	赔付支出									退保金
	合计	个人业务							团体业务							其中：新单保费		合计	个人业务				团体业务				
		人寿保险					意外伤害险	健康险	人寿保险					意外伤害险	健康险												
		小计	普通寿险	分红寿险	投资连结保险	万能保险			小计	普通寿险	分红寿险	投资连结保险	万能保险						赔款支出	死伤医疗给付	满期给付	年金给付	赔款支出	死伤医疗给付	满期给付	年金给付	
武汉市	1048324	692674	561678	115803	82	15111	30286	325317	47	47						270186	2427635	249173	6286	124493	48182	65312		176		4724	122362
黄石市	49382	33726	27841	4731	2	1152	1356	14298	1	1						13092	156356	13860	273	5297	3609	4679				2	6792
十堰市	82161	54357	46543	6333	1	1481	2672	25131								19453	227816	21361	605	9506	5384	5865					8294
宜昌市	127773	89038	72945	12919	4	3170	3303	35431	1	1						35314	395677	32278	762	12853	11298	7305				60	15713
襄阳市	157202	105750	85286	17208	2	3254	4763	46689								44475	452989	36687	990	17287	8651	9749				11	22046
鄂州市	14914	9633	8031	1353		248	518	4763								3398	35824	2778	90	1598	333	757					1856
荆门市	79367	52062	43476	6648	1	1938	2663	24641								21449	218851	17758	403	9045	3273	5036					7314
孝感市	57571	41257	36047	4569	0	641	1416	14898								15216	113205	14499	385	4649	5985	3479					7230

续表 5-3-3-2-1-43

保险机构	保费收入																	赔付支出									退保金
	合计	个人业务							团体业务							其中：新单保费	有效保单件数	合计	个人业务				团体业务				
		人寿保险					意外伤害险	健康险	人寿保险					意外伤害险	健康险												
		小计	普通寿险	分红寿险	投资连结保险	万能保险			小计	普通寿险	分红寿险	投资连结保险	万能保险						赔款支出	死伤医疗给付	满期给付	年金给付	赔款支出	死伤医疗给付	满期给付	年金给付	
荆州市	187839	129827	108968	17660	5	3195	5121	52891								47535	500520	43833	1084	17167	13064	12502				16	24077
黄冈市	53592	34802	31123	3198		481	1774	17017								14127	118871	9699	439	5340	692	3228					6163
咸宁市	33507	21596	18316	2651	5	624	1126	10785								8798	85903	6901	254	3751	621	2275					3819
随州市	21822	14017	12236	1534	0	247	797	7008								5322	53308	4391	237	2564	322	1268					3152
恩施州	8521	5423	4840	543		40	290	2809								1803	18638	1498	71	882	71	474					1581
全省总计	1921974	1284163	1057328	195151	102	31582	56085	581677	49	49						500167	4805593	454718	11882	214433	101484	121931		176		4813	230400

㊹ 新华人寿保险股份有限公司湖北分公司业务统计表

表 5-3-3-2-1-44

2023 年 12 月 31 日

单位：万元、件

保险机构	保费收入																	赔付支出									退保金
	合计	个人业务							团体业务							其中：新单保费	有效保单件数	合计	个人业务				团体业务				
		人寿保险					意外伤害险	健康险	人寿保险					意外伤害险	健康险												
		小计	普通寿险	分红寿险	投资连结保险	万能保险			小计	普通寿险	分红寿险	投资连结保险	万能保险						赔款支出	死伤医疗给付	满期给付	年金给付	赔款支出	死伤医疗给付	满期给付	年金给付	
武汉市	225048	162184	123414	38749		21	207	58597	153	153				843	3064	53955	459800	75557	702	15151	36771	20076	2723	130		5	46365
黄石市	39776	23877	14994	8882		1	104	15609						107	79	6998	115755	9186	188	3266	2830	2723	179				7538
十堰市	67815	42229	29076	13149		5	97	25231						144	113	15811	162079	11873	149	5347	2254	4033	91				7383
宜昌市	56368	38115	28348	9765		2	64	17762						134	293	19501	141586	15935	121	3441	10031	2142	199				4269
襄阳市	74838	40468	21368	19096		5	166	33885						173	146	8656	259216	24219	392	6973	12693	4038	123				9051
鄂州市	10688	5579	1953	3626		0	25	5048						20	16	639	48572	3395	43	1603	1082	660	7				2117
荆门市	27215	20662	11849	8812		1	20	6441						51	41	8866	68252	7433	55	2078	3603	1648	49				3096
孝感市	74081	45856	24501	21352		2	180	27704						172	170	12155	219669	22008	258	6472	10299	4790	188				12477
荆州市	66365	45222	28931	16285		5	101	20599						244	199	10914	191781	32262	204	4316	22749	4646	347				13336
黄冈市	38755	27378	15125	12252		1	65	11214						54	44	8559	112808	9192	78	3497	3513	2020	84				5156
咸宁市	26817	16472	8223	8248		1	62	9856	2	2				108	318	4609	88360	8298	99	2164	4505	1428	103				4157
随州市	24677	17051	10550	6501		1	43	7472						64	48	6901	71267	5679	77	2588	1781	1142	91				2693
恩施州	25843	17202	9246	7955		1	38	8462						83	58	3806	87665	6896	32	2230	3473	1069	91				4218

续表 5-3-3-2-1-44

保险机构	保费收入															保费收入	有效保单件数	赔付支出									退保金
	合计	个人业务							团体业务							其中：新单保费		合计	个人业务				团体业务				
		人寿保险					意外伤害险	健康险	人寿保险					意外伤害险	健康险												
		小计	普通寿险	分红寿险	投资连结保险	万能保险			小计	普通寿险	分红寿险	投资连结保险	万能保险						赔款支出	死伤医疗给付	满期给付	年金给付	赔款支出	死伤医疗给付	满期给付	年金给付	
仙桃市	7862	4680	3188	1492		0	19	3111						29	22	739	26235	1366	29	488	275	563	12				1005
潜江市	29693	20420	14592	5822		5	40	9032	0	0				117	85	6659	59703	8922	39	1997	4793	1994	98				3746
天门市	1416	1022	809	212		0	2	391						1	1	290	9922	357	1	143	123	87	2				149
全省总计	797257	528417	346167	182197		53	1233	260412	155	155				2344	4696	169058	2122670	242578	2467	31754	120774	53060	4388	130		5	126757

㊺ 泰康人寿保险有限责任公司湖北分公司业务统计表

表 5-3-3-2-1-45

2023 年 12 月 31 日

单位：万元、件

保险机构	保费收入															保费收入	有效保单件数	赔付支出									退保金
	合计	个人业务							团体业务							其中：新单保费		合计	个人业务				团体业务				
		人寿保险					意外伤害险	健康险	人寿保险					意外伤害险	健康险												
		小计	普通寿险	分红寿险	投资连结保险	万能保险			小计	普通寿险	分红寿险	投资连结保险	万能保险						赔款支出	死伤医疗给付	满期给付	年金给付	赔款支出	死伤医疗给付	满期给付	年金给付	
武汉市	617160	516275	286516	227109	77	2572	1085	98225	93	51			42	146	1337	134897	3873965	80095	2551	24574	10763	37816	252	44		4095	61371
黄石市	47168	34512	9828	24313	4	368	72	12538	4				4	24	18	8764	456882	13908	165	3121	1688	8930	4				4091
十堰市	34546	22953	9524	13211	0	217	71	11474	7				7	25	16	7467	380759	8005	285	3134	883	3692	10				1712
宜昌市	91642	70746	19914	50042	8	783	125	20609	9				9	92	60	23582	710361	21907	470	5272	4310	11823	27			6	4187
襄阳市	37785	26263	8650	17227	3	383	148	11332	2				2	25	15	7273	430822	10019	403	2940	1222	5441	12				3252
鄂州市	14686	9722	4408	5141	0	173	36	4911	1				1	9	6	2902	165195	3576	55	1428	353	1740	1				1022
荆门市	39671	27860	11844	15712	0	303	74	13269	6				6	8	-1545	5917	459440	25004	177	3478	915	6384	14051				2442
孝感市	35439	25920	8810	16814	0	296	65	9418	4				4	18	14	10465	371717	9758	133	2277	2900	4446	3				2264
荆州市	25128	17670	6278	11246	1	145	99	7180	1				1	10	169	5410	263858	18333	156	1882	3053	4354	8889				1880
黄冈市	37337	26655	11160	15151	1	343	39	10678	1				1	0	-36	7852	395171	16642	260	3241	2636	6098	4406				2197
咸宁市	46853	29010	13152	15552		306	79	17701	5				5	33	25	7482	618994	12918	342	4810	1821	5913	32				3194
随州市	4734	3153	1309	1805		39	12	1568	1				1	0	0	671	57701	1475	14	639	240	582	0				369
恩施州	31182	22470	9655	12638	0	177	49	8650	1				1	7	5	4968	328298	7841	97	2452	1204	4027	61				2661
仙桃市	3102	2758	432	2319		7	1	343						0	0	1708	13350	1220	7	131	797	285	1				220
潜江市	1880	1402	677	714		11	1	476	1				1			103	23186	1439	9	177	750	503					232

续表 5-3-3-2-1-45

保险机构	保费收入																	有效保单件数	赔付支出									退保金
	合计	个人业务							团体业务							其中：新单保费		合计	个人业务				团体业务				
		人寿保险					意外伤害险	健康险	人寿保险					意外伤害险	健康险												
		小计	普通寿险	分红寿险	投资连结保险	万能保险			小计	普通寿险	分红寿险	投资连结保险	万能保险						赔款支出	死伤医疗给付	满期给付	年金给付	赔款支出	死伤医疗给付	满期给付	年金给付	
天门市	26779	14557	5024	9358		175	79	5368	3				3	2	6770	9943	185648	17601	44	1626	1943	3359	10629				1855
全省总计	1095093	851925	407180	438353	94	6298	2036	233740	138	51			88	400	6852	239404	8735347	249741	5167	61180	35477	105393	38378	44		4102	92949

㊻ 太平人寿保险有限公司湖北分公司业务统计表

表 5-3-3-2-1-46

2023 年 12 月 31 日

单位：万元、件

保险机构	保费收入																	有效保单件数	赔付支出									退保金
	合计	个人业务							团体业务							其中：新单保费		合计	个人业务				团体业务				
		人寿保险					意外伤害险	健康险	人寿保险					意外伤害险	健康险												
		小计	普通寿险	分红寿险	投资连结保险	万能保险			小计	普通寿险	分红寿险	投资连结保险	万能保险						赔款支出	死伤医疗给付	满期给付	年金给付	赔款支出	死伤医疗给付	满期给付	年金给付	
武汉市	352930	234148	175198	58942	4	4	4058	114724								106511	936243	75758	17911	14671	19176	23966		34			38629
黄石市	33587	22481	16026	6455	0	0	448	10658								8082	116187	5583	1278	1406	140	2758					5535
十堰市	114687	66513	53040	13470	1	2	2025	46149								34103	420222	23581	8115	4706	4166	6595					7937
宜昌市	60857	40432	30249	10181	0	1	1074	19352								17566	194777	14311	2652	2500	4628	4532					4900
襄阳市	64500	34703	25842	8860	0	1	1369	28428								16226	275152	13401	4018	3433	1499	4451					7667
鄂州市	17287	11633	10378	1255		0	212	5442								5138	52145	2376	860	767	9	740					1517
荆门市	8604	5648	3790	2493	0	0	96	2860								1995	80942	4820	565	474	2719	1061					1122
孝感市	18825	13566	11565	2001		0	232	5027								5314	58370	2511	744	830	3	934					1791
荆州市	122825	74941	56979	18010	0	1	2229	45654								31544	443441	24125	6962	4786	3695	8682					14018
黄冈市	40602	24127	18668	5459	0	0	786	15689								11159	152134	9611	2706	1933	2388	2584					4852
咸宁市	20259	13062	10259	2803	0	0	323	6875								5685	69943	2904	1017	678	153	1056					2386
随州市	21425	12596	9784	2811		1	390	8439								6256	83389	4835	1652	1078	845	1260					2777
恩施州	23365	12997	10744	2253		0	665	9703								6358	98979	4027	1559	1321		1148					2901
仙桃市	2441	1861	1659	153		0	31	549								369		166	28	31		107					178
潜江市	12640	8121	6081	1461		1	255	4264								3762		1672	525	495	21	631					1101
天门市	1526	757	584	114			33	736								300		125	54	26		45					228
全省总计	916360	577586	440847	136721	6	12	14226	324549								260367	2981924	189806	50644	39134	39444	60550		34			97540

㊼ 中宏人寿保险有限公司湖北分公司业务统计表

表 5-3-3-2-1-47

2023 年 12 月 31 日

单位：万元、件

保险机构	保费收入															有效保单件数	赔付支出									退保金
	合计	个人业务							团体业务							其中：新单保费		合计	个人业务				团体业务			
		人寿保险					意外伤害险	健康险	人寿保险					意外伤害险	健康险											
		小计	普通寿险	分红寿险	投资连结保险	万能保险			小计	普通寿险	分红寿险	投资连结保险	万能保险						赔款支出	死伤医疗给付	满期给付	年金给付	赔款支出	死伤医疗给付	满期给付	年金给付	
武汉市	62863	55955	8159	47796		0	164	5938	45	45				199	562	40289	19379	2332	206	1006		761	88	271			1060
全省总计	62863	55955	8159	47796		0	164	5938	45	45				199	562	40289	19379	2332	206	1006		761	88	271			1060

㊽ 建信人寿保险股份有限公司湖北分公司业务统计表

表 5-3-3-2-1-48

2023 年 12 月 31 日

单位：万元、件

保险机构	保费收入															有效保单件数	赔付支出									退保金
	合计	个人业务							团体业务							其中：新单保费		合计	个人业务				团体业务			
		人寿保险					意外伤害险	健康险	人寿保险					意外伤害险	健康险											
		小计	普通寿险	分红寿险	投资连结保险	万能保险			小计	普通寿险	分红寿险	投资连结保险	万能保险						赔款支出	死伤医疗给付	满期给付	年金给付	赔款支出	死伤医疗给付	满期给付	年金给付	
武汉市	88109	78203	72593	5589		20	168	1069	609	609				711	7350	39326	45311	11823	19	617	3821	806	6560				11809
黄石市	7299	7080	6744	333		4	0	143						48	27	3320	3708	160	1	24	89	20	27				717
十堰市	10847	10565	9789	767		9	103	93						29	57	4217	6409	719	0	70	384	192	72				1880
宜昌市	22799	22274	16150	6111		13	30	298	20	20				120	57	11503	12662	514		225	178	106	4				2552
襄阳市	23045	22761	20033	2720		7	2	245	2	2				25	12	7122	12434	625	0	74	429	115	7				3147
鄂州市	3104	3030	3018	11		1	0	37	2	2				19	16	1133		56		24	21	7	5				405
荆门市	24481	24052	17684	6355		13	2	201	2	2				128	96	12411	13129	1922	10	92	1559	127	135				1298
孝感市	6995	6789	6714	70		6	16	71						15	103	2172	5291	389	2	45	196	82	65				1341
荆州市	13162	12737	11644	1068		25	120	283						17	5	3580	14805	1026	12	296	545	117	56				1909
黄冈市	24982	24447	19522	4904		20	22	415	6	6				65	28	11614	19062	561	10	274	113	105	59				2276
咸宁市	9721	9535	8944	588		3	8	117						42	19	3531	7278	137	0	85	25	26	0				711
随州市	19306	18941	12823	6113		5	31	288						10	36	11552	14172	473	7	374	0	45	46				1375
恩施州	8617	8210	7984	225		2	1	159	41	41				29	177	3164	5457	546		86	405	53	0				1948
仙桃市	2618	2600	2397	202		1		18						0	0	1237		82		39	35	8					725

续表 5-3-3-2-1-48

保险机构	保费收入																	有效保单件数	赔付支出									退保金
	合计	个人业务							团体业务							其中：新单保费		合计	个人业务				团体业务				
		人寿保险					意外伤害险	健康险	人寿保险					意外伤害险	健康险												
		小计	普通寿险	分红寿险	投资连结保险	万能保险			小计	普通寿险	分红寿险	投资连结保险	万能保险						赔款支出	死伤医疗给付	满期给付	年金给付	赔款支出	死伤医疗给付	满期给付	年金给付	
潜江市	8796	8638	8119	516		2	9	107						8	35	3769	6493	86	2	11	24	12	37				336
天门市	1686	1671	1564	105		2		15								573		55		1	49	5					136
全省总计	275567	261533	225722	35677		134	510	3559	682	682				1266	8018	120224	166211	19173	63	2338	7872	1826	7075				32564

㊾ 安联人寿保险有限公司湖北分公司业务统计表

表 5-3-3-2-1-49

2023 年 12 月 31 日

单位：万元、件

保险机构	保费收入																	有效保单件数	赔付支出									退保金
	合计	个人业务							团体业务							其中：新单保费		合计	个人业务				团体业务				
		人寿保险					意外伤害险	健康险	人寿保险					意外伤害险	健康险												
		小计	普通寿险	分红寿险	投资连结保险	万能保险			小计	普通寿险	分红寿险	投资连结保险	万能保险						赔款支出	死伤医疗给付	满期给付	年金给付	赔款支出	死伤医疗给付	满期给付	年金给付	
武汉市	3189	2776	19	2757		0	1	399	0	0				6	6	1215	1115	130	2	125			3				34
全省总计	3189	2776	19	2757		0	1	399	0	0				6	6	1215	1115	130	2	125			3				34

㊿ 工银安盛人寿保险有限公司湖北分公司业务统计表

表 5-3-3-2-1-50

2023 年 12 月 31 日

单位：万元、件

保险机构	保费收入																	有效保单件数	赔付支出									退保金
	合计	个人业务							团体业务							其中：新单保费		合计	个人业务				团体业务				
		人寿保险					意外伤害险	健康险	人寿保险					意外伤害险	健康险												
		小计	普通寿险	分红寿险	投资连结保险	万能保险			小计	普通寿险	分红寿险	投资连结保险	万能保险						赔款支出	死伤医疗给付	满期给付	年金给付	赔款支出	死伤医疗给付	满期给付	年金给付	
武汉市	133791	118895	101588	17307			3	10537	106	106				321	3929	55824	68155	106127	208	4749	96889	735	3256	290			24336
宜昌市	12145	11747	9059	2689			0	398								6375	6087	9938	3	309	9591	35					1843

续表 5-3-3-2-1-50

保险机构	保费收入																	有效保单件数	赔付支出									退保金
	合计	个人业务							团体业务							其中：新单保费		合计	个人业务				团体业务				
		人寿保险					意外伤害险	健康险	人寿保险					意外伤害险	健康险												
		小计	普通寿险	分红寿险	投资连结保险	万能保险			小计	普通寿险	分红寿险	投资连结保险	万能保险						赔款支出	死伤医疗给付	满期给付	年金给付	赔款支出	死伤医疗给付	满期给付	年金给付	
襄阳市	12798	12584	9591	2993			0	213								6395	6342	7938	8	67	7802	59					542
孝感市	6956	6864	5853	1011			0	92								2733	3969	91	4	12	75						369
荆州市	15840	15392	13238	2154			0	448								6853	8808	7499	30	97	7274	97					1834
黄冈市	11273	10977	8581	2397			0	295								7102	5973	6877	1	257	6595	24					917
全省总计	192803	176459	147909	28550			4	11984	106	106				321	3929	85283	99334	138469	254	5492	128227	951	3256	290			29841

㉛ 中信保诚人寿保险有限公司湖北省分公司业务统计表

表 5-3-3-2-1-51

2023 年 12 月 31 日

单位：万元、件

保险机构	保费收入																	有效保单件数	赔付支出									退保金
	合计	个人业务							团体业务							其中：新单保费		合计	个人业务				团体业务				
		人寿保险					意外伤害险	健康险	人寿保险					意外伤害险	健康险												
		小计	普通寿险	分红寿险	投资连结保险	万能保险			小计	普通寿险	分红寿险	投资连结保险	万能保险						赔款支出	死伤医疗给付	满期给付	年金给付	赔款支出	死伤医疗给付	满期给付	年金给付	
武汉市	92310	56968	44982	10998	856	132	259	29360	246	246				539	4938	22256	46398	15031	972	5348	4657	519	3232	303			4356
黄石市	4865	3709	3529	125	47	9	8	1126	2	2				9	12	1234	2530	375	22	105	226		22				349
宜昌市	8225	5361	4775	492	79	15	34	2794	5	5				12	20	1975	6142	1175	84	567	486	16	22				377
襄阳市	21925	15828	14796	777	163	93	76	5894	16	16				46	66	12166	15748	1995	255	957	652	10	122				1164
荆门市	3545	2146	1909	200	24	12	10	1358	1	1				15	14	601	2656	328	43	54	215	4	12				375
荆州市	5145	3872	2865	958	31	18	18	1230	2	2				11	11	523	2516	1214	55	293	821	4	42				871
全省总计	136015	87885	72855	13550	1201	279	404	41761	272	272				632	5061	38754	75990	20118	1429	7324	7058	554	3450	303			7492

⑫ 交银人寿保险有限公司湖北省分公司业务统计表

表 5-3-3-2-1-52　　2023 年 12 月 31 日　　单位：万元、件

保险机构	保费收入 合计	个人业务 人寿保险 小计	个人业务 人寿保险 普通寿险	个人业务 人寿保险 分红寿险	个人业务 人寿保险 投资连结保险	个人业务 人寿保险 万能保险	个人业务 意外伤害险	个人业务 健康险	团体业务 人寿保险 小计	团体业务 人寿保险 普通寿险	团体业务 人寿保险 分红寿险	团体业务 人寿保险 投资连结保险	团体业务 人寿保险 万能保险	团体业务 意外伤害险	团体业务 健康险	其中：新单保费	有效保单件数	赔付支出 合计	个人业务 赔款支出	个人业务 死伤医疗给付	个人业务 满期给付	个人业务 年金给付	个人业务 通融给付	团体业务 赔款支出	团体业务 死伤医疗给付	团体业务 满期给付	团体业务 年金给付	团体业务 通融给付	退保金
武汉市	122061	118954	81093	37861			32	2979	2	2				4	90	53651	5362	13715	34	1417	11673	361	112	109	9				10856
宜昌市	11290	11015	5642	5373			3	268						0	4	5817	644	1325	9	298	1015		2	2					1218
全省总计	133352	129969	86735	43234			35	3248	2	2				4	94	59467	6006	15041	43	1715	12688	361	113	111	9				12074

⑬ 中意人寿保险有限公司湖北省分公司业务统计表

表 5-3-3-2-1-53　　2023 年 12 月 31 日　　单位：万元、件

保险机构	保费收入 合计	个人业务 人寿保险 小计	个人业务 人寿保险 普通寿险	个人业务 人寿保险 分红寿险	个人业务 人寿保险 投资连结保险	个人业务 人寿保险 万能保险	个人业务 意外伤害险	个人业务 健康险	团体业务 人寿保险 小计	团体业务 人寿保险 普通寿险	团体业务 人寿保险 分红寿险	团体业务 人寿保险 投资连结保险	团体业务 人寿保险 万能保险	团体业务 意外伤害险	团体业务 健康险	其中：新单保费	有效保单件数	赔付支出 合计	个人业务 赔款支出	个人业务 死伤医疗给付	个人业务 满期给付	个人业务 年金给付	团体业务 赔款支出	团体业务 死伤医疗给付	团体业务 满期给付	团体业务 年金给付	退保金
武汉市	56509	49183	29183	19994		6	453	5727	67	67				61	1017	34964	72074	5343	508	953	2695	269	892	25			3309
襄阳市	2404	2369	1355	1013		1	1	34						0	0	2074	609	1	1								33
荆门市	7216	7145	3248	3897		0	1	70								4659	2457	1248	6	0	1217	25					367
全省总计	66129	58697	33786	24904		8	455	5831	67	67				61	1017	41697	75140	6592	515	954	3912	295	892	25			3710

⑭ 光大永明人寿保险有限公司湖北分公司业务统计表

表 5-3-3-2-1-54　　2023 年 12 月 31 日　　单位:万元、件

保险机构	保费收入																	有效保单件数	赔付支出									退保金
	合计	个人业务							团体业务							其中:新单保费		合计	个人业务				团体业务				
		人寿保险					意外伤害险	健康险	人寿保险					意外伤害险	健康险				赔款支出	死伤医疗给付	满期给付	年金给付	赔款支出	死伤医疗给付	满期给付	年金给付	
		小计	普通寿险	分红寿险	投资连结保险	万能保险			小计	普通寿险	分红寿险	投资连结保险	万能保险														
武汉市	47525	43157	42842	315			25	3124	280	279	1			145	795	17582	24166	4404	96	389	2828	951	139	2		0	1075
全省总计	47525	43157	42842	315			25	3124	280	279	1			145	795	17582	24166	4404	96	389	2828	951	139	2		0	1075

⑮ 友邦人寿保险有限公司湖北分公司业务统计表

表 5-3-3-2-1-55　　2023 年 12 月 31 日　　单位:万元、件

保险机构	保费收入																	有效保单件数	赔付支出									退保金
	合计	个人业务							团体业务							其中:新单保费		合计	个人业务				团体业务				
		人寿保险					意外伤害险	健康险	人寿保险					意外伤害险	健康险				赔款支出	死伤医疗给付	满期给付	年金给付	赔款支出	死伤医疗给付	满期给付	年金给付	
		小计	普通寿险	分红寿险	投资连结保险	万能保险			小计	普通寿险	分红寿险	投资连结保险	万能保险														
武汉市	30773	30478	22876	2729	0	0	238	4634	296	14				66	216	23830	34431	724	555	123			47				138
全省总计	30773	30478	22876	2729	0	0	238	4634	296	14				66	216	23830	34431	724	555	123			47				138

㊿ 北大方正人寿保险有限公司湖北分公司业务统计表

表 5-3-3-2-1-56　　2023 年 12 月 31 日　　单位:万元、件

保险机构	保费收入																有效保单件数	赔付支出									退保金
	合计	个人业务							团体业务							其中:新单保费		合计	个人业务				团体业务				
		人寿保险					意外伤害险	健康险	人寿保险					意外伤害险	健康险												
		小计	普通寿险	分红寿险	投资连结保险	万能保险			小计	普通寿险	分红寿险	投资连结保险	万能保险						赔款支出	死伤医疗给付	满期给付	年金给付	赔款支出	死伤医疗给付	满期给付	年金给付	
武汉市	41127	32552	31040	1503		10	594	7717	7	7				57	199	13089	145922	24633	269	1784	21670	776	133				3960
宜昌市	829	590	589	1		0	4	235								372	3443	76	1	45		29					62
襄阳市	843	653	653			0	1	187						1	1	406	2232	40	5	26		9	0				40
荆门市	3000	2468	2004	462		2	6	584						-9	-49	1549	10390	336	29	219		88					204
全省总计	45798	36263	34285	1966		12	606	8723	7	7				48	151	15416	161987	25085	304	2075	21670	903	133				4267

㊼ 中英人寿保险有限公司湖北分公司业务统计表

表 5-3-3-2-1-57　　2023 年 12 月 31 日　　单位:万元、件

保险机构	保费收入																有效保单件数	赔付支出									退保金
	合计	个人业务							团体业务							其中:新单保费		合计	个人业务				团体业务				
		人寿保险					意外伤害险	健康险	人寿保险					意外伤害险	健康险												
		小计	普通寿险	分红寿险	投资连结保险	万能保险			小计	普通寿险	分红寿险	投资连结保险	万能保险						赔款支出	死伤医疗给付	满期给付	年金给付	赔款支出	死伤医疗给付	满期给付	年金给付	
武汉市	67448	47054	45040	1869		145	388	19855	9	9				45	98	25853	86066	6977	543	2745	987	2495	206	2			7247
黄石市	5075	3890	3796	93		1	24	1158						1	1	2192	6984	571	57	175	91	248	1				404
襄阳市	1153	1027	1027				0	126								719	589	3	3	0							6
孝感市	6969	4659	4467	188		4	47	2254						5	4	3087	15252	921	235	151	187	348	1				312
荆州市	5869	3852	3439	411		3	32	1982						2	1	1828	14288	1615	318	275	656	365	2				510
黄冈市	2117	1888	1862	27			1	228						0	0	1404	1416	50	22	17		12	0				209
全省总计	88631	62370	59630	2587		154	492	25602	9	9				53	104	35084	124595	10137	1177	3362	1920	3468	209	2			8687

⑤⑧ 同方全球人寿保险有限公司湖北分公司业务统计表

表 5-3-3-2-1-58

2023 年 12 月 31 日

单位:万元、件

保险机构	保费收入																有效保单件数	赔付支出									退保金
	合计	个人业务							团体业务							其中:新单保费		合计	个人业务				团体业务				
		人寿保险					意外伤害险	健康险	人寿保险					意外伤害险	健康险				赔款支出	死伤医疗给付	满期给付	年金给付	赔款支出	死伤医疗给付	满期给付	年金给付	
		小计	普通寿险	分红寿险	投资连结保险	万能保险			小计	普通寿险	分红寿险	投资连结保险	万能保险														
武汉市	55451	23196	21254	1943			180	32058	3	3				6	9	13727	94580	6283	422	5367	210	255	29				2396
宜昌市	2155	2049	1973	76			2	104								1738	994	12	2	9							0
襄阳市	9925	3227	3226	1			23	6675								2539	23877	1472	508	963		0					523
全省总计	67531	28472	26453	2019			205	38837	3	3				6	9	18004	119451	7766	933	6339	210	255	29				2919

注:个人业务为除团险外所有渠道业务。

⑤⑨ 民生人寿保险股份有限公司湖北分公司业务统计表

表 5-3-3-2-1-59

2023 年 12 月 31 日

单位:万元、件

保险机构	保费收入																有效保单件数	赔付支出									退保金
	合计	个人业务							团体业务							其中:新单保费		合计	个人业务				团体业务				
		人寿保险					意外伤害险	健康险	人寿保险					意外伤害险	健康险				赔款支出	死伤医疗给付	满期给付	年金给付	赔款支出	死伤医疗给付	满期给付	年金给付	
		小计	普通寿险	分红寿险	投资连结保险	万能保险			小计	普通寿险	分红寿险	投资连结保险	万能保险														
武汉市	3731	3084	2305	779		0	9	638									1	788	56	212	241	279					333
黄石市	785	602	408	194			3	181									0	177	7	26	47	97					52
十堰市	3672	2860	2281	579		0	12	800									1	770	80	243	16	431					267
宜昌市	212	142	44	98			1	69									0	92	1	10	36	45					45
襄阳市	2083	1613	836	777		0	8	463									1	573	38	178	114	244					226
鄂州市																	0										
荆门市	1390	1076	516	559		0	6	309									0	408	30	145	107	126					191
孝感市	3036	2225	1877	348		0	12	799									1	416	59	99	10	249					210
荆州市	685	501	217	284			3	180									0	560	13	55	389	104					124
黄冈市	1795	1515	1108	407		0	5	275									0	292	11	72	55	154					123
咸宁市	393	281	244	38		0	4	107									0	82	39	31		12					45
恩施州	453	241	189	53			4	208									0	107	21	43	10	33					57
全省总计	18236	14141	10026	4115		0	66	4029									4	4266	355	1112	1024	1774					1672

⑩ 招商信诺人寿保险有限公司湖北分公司业务统计表

表 5-3-3-2-1-60

2023 年 12 月 31 日

单位:万元、件

保险机构	保费收入																有效保单件数	赔付支出									退保金
	合计	个人业务							团体业务							其中:新单保费		合计	个人业务				团体业务				
		人寿保险					意外伤害险	健康险	人寿保险					意外伤害险	健康险												
		小计	普通寿险	分红寿险	投资连结保险	万能保险			小计	普通寿险	分红寿险	投资连结保险	万能保险						赔款支出	死伤医疗给付	满期给付	年金给付	赔款支出	死伤医疗给付	满期给付	年金给付	
武汉市	134652	121461	82849	38570	2	40	1204	11087	9	9				65	826	47938	199114	4769	703	2249	130	1288	399				5733
全省总计	134652	121461	82849	38570	2	40	1204	11087	9	9				65	826	47938	199114	4769	703	2249	130	1288	399				5733

⑪ 瑞泰人寿保险有限公司湖北分公司业务统计表

表 5-3-3-2-1-61

2023 年 12 月 31 日

单位:万元、件

保险机构	保费收入																有效保单件数	赔付支出									退保金
	合计	个人业务							团体业务							其中:新单保费		合计	个人业务				团体业务				
		人寿保险					意外伤害险	健康险	人寿保险					意外伤害险	健康险												
		小计	普通寿险	分红寿险	投资连结保险	万能保险			小计	普通寿险	分红寿险	投资连结保险	万能保险						赔款支出	死伤医疗给付	满期给付	年金给付	赔款支出	死伤医疗给付	满期给付	年金给付	
武汉市	4973	1404	1402	1	0	0		614	72	72				150	2733	1282	2710	1239		116			250		874		53
全省总计	4973	1404	1402	1	0	0		614	72	72				150	2733	1282	2710	1239		116			250		874		53

⑫ 富德生命人寿保险股份有限公司湖北分公司业务统计表

表 5-3-3-2-1-62

2023 年 12 月 31 日

单位:万元、件

保险机构	保费收入																有效保单件数	赔付支出									退保金
	合计	个人业务							团体业务							其中:新单保费		合计	个人业务				团体业务				
		人寿保险					意外伤害险	健康险	人寿保险					意外伤害险	健康险												
		小计	普通寿险	分红寿险	投资连结保险	万能保险			小计	普通寿险	分红寿险	投资连结保险	万能保险						赔款支出	死伤医疗给付	满期给付	年金给付	赔款支出	死伤医疗给付	满期给付	年金给付	
武汉市	190601	157031	122731	34197		104	161	32900	206	206				59	243	78463	178669	21984	31	9088	12452	52	361				49003

续表 5-3-3-2-1-62

保险机构	保费收入																有效保单件数	赔付支出									退保金
	合计	个人业务							团体业务							其中：新单保费		合计	个人业务				团体业务				
		人寿保险					意外伤害险	健康险	人寿保险					意外伤害险	健康险												
		小计	普通寿险	分红寿险	投资连结保险	万能保险			小计	普通寿险	分红寿险	投资连结保险	万能保险						赔款支出	死伤医疗给付	满期给付	年金给付	赔款支出	死伤医疗给付	满期给付	年金给付	
黄石市	34067	30496	17532	12937		28	7	3563						1		17466	33981	2261	1	1257	997	6					13300
十堰市	82137	64458	37054	27339		65	50	17608						15	6	37769	101987	7689	17	4056	3608	6	2				12954
宜昌市	67991	64717	38048	26596		73	4	3130	127	127				4	9	35841	52002	7348	1	1101	6239	7					29177
襄阳市	35921	33598	15868	17683		46	5	2152	156	156				1	10	22847	32204	2815	13	650	2151	1					12567
鄂州市	62032	54749	28971	25748		31	11	7218	50	50				1	4	34185	47104	3446	1	1798	1646	1					12416
荆门市	57551	51577	28741	22762		74	19	5889	48	48				4	15	30096	51067	3001	6	1360	1635	0					11462
孝感市	64787	56554	34352	22104		99	20	8177	21	21				2	13	30830	69323	3622	5	2000	1596	21					27050
荆州市	32014	29680	19390	10255		35	3	2328						2		16854	28441	1733	0	537	1196						12092
黄冈市	83045	72096	40974	31033		88	29	10904	0				0	7	9	43911	85523	4720	15	3071	1632	1	0				13880
咸宁市	47106	43652	22100	21519		32	9	3446						0		27781	34418	4741	1	806	3933						16328
随州市	28780	24854	14632	10196		27	7	3919								15030	31783	2469	1	1109	1359	0					7866
恩施州	62359	57566	34167	23328		71	9	4748	27	27				5	3	29994	53605	2800	0	1422	1365		12				16582
全省总计	848391	741028	454559	285696		773	333	105982	635	635			0	99	313	421065	800107	68628	93	28256	39808	96	375				234679

⑥③ 平安养老保险股份有限公司湖北分公司业务统计表

2023 年 12 月 31 日

表 5-3-3-2-1-63　　单位：万元、件

保险机构	保费收入																有效保单件数	赔付支出									退保金
	合计	个人业务							团体业务							其中：新单保费		合计	个人业务				团体业务				
		人寿保险					意外伤害险	健康险	人寿保险					意外伤害险	健康险												
		小计	普通寿险	分红寿险	投资连结保险	万能保险			小计	普通寿险	分红寿险	投资连结保险	万能保险						赔款支出	死伤医疗给付	满期给付	年金给付	赔款支出	死伤医疗给付	满期给付	年金给付	
武汉市	25256	195	183	12			2841	3811	651	651				5954	11804	24817	276963	15450	4082			22	10580	766			15
十堰市	966	6	6				152	258	2	2				202	344	951	20221	486	219				262	5			0
宜昌市	2770	92	92				297	468	5	5				882	1026	2623	32945	1633	504				1129				3
襄阳市	2697	17	17				303	416	223	223				569	1169	2644	28864	1661	425				1132	104			
荆州市	2049	10	10				281	445	5	5				621	687	2010	26844	1098	416				670	12			1
全省总计	33737	319	308	12			3875	5399	886	886				8228	15031	33045	385837	20328	5646			22	13773	887			19

㉔ 合众人寿保险股份有限公司湖北分公司业务统计表

表 5-3-3-2-1-64

2023 年 12 月 31 日

单位:万元、件

保险机构	保费收入																有效保单件数	赔付支出									退保金
	合计	个人业务							团体业务							其中:新单保费		合计	个人业务				团体业务				
		人寿保险					意外伤害险	健康险	人寿保险					意外伤害险	健康险												
		小计	普通寿险	分红寿险	投资连结保险	万能保险			小计	普通寿险	分红寿险	投资连结保险	万能保险						赔款支出	死伤医疗给付	满期给付	年金给付	赔款支出	死伤医疗给付	满期给付	年金给付	
武汉市	25555	15540	13759	1732		49	22	1349	567	567				410	7666	12776	35482	6582	41	569	355	888	4469	260			3723
黄石市	3526	2674	1914	744		16	2	846						2	2	696	21620	777	93	225	18	440	1				331
十堰市	16349	12427	8611	3794		22	16	3853	6	6				11	36	2298	85260	3051	335	939	48	1713	17				3201
宜昌市	13817	11083	7879	3162		43	10	2699						14	11	2330	67371	2865	132	729	489	1500	15				1512
襄阳市	2409	2076	1445	619		13	1	331						0	0	107	17452	588	9	192	202	185					547
鄂州市	451	376	225	145		6	0	75						0	0	137	2971	124	0	46	3	74					84
荆门市	5207	4544	3693	838		13	3	659						1	1	1283	23327	740	27	305	58	349	0				1008
孝感市	5136	4335	3422	893		20	3	796						1	1	1458	24046	1426	34	244	757	390	1				2950
荆州市	14373	11818	8713	3068		36	14	2500						16	25	3052	72601	3670	154	738	1446	1279	54				2225
黄冈市	9052	7180	3612	3518		50	18	1826						12	15	948	56316	2156	132	597	350	1065	12				1328
咸宁市	1120	645	415	226		4	1	473						1	1	106	8811	185	31	38		117	0				139
随州市	1292	947	586	349		12	1	338						3	3	229	8228	452	41	205	21	183	2				164
恩施州	721	522	398	121		3	1	196						1	1	99	5397	107	8	14		83	3				96
全省总计	99009	74168	54672	19209		287	92	15941	573	573				473	7763	25519	428882	22723	1038	4841	3746	8266	4572	260			17310

㉕ 华泰人寿保险股份有限公司湖北分公司业务统计表

表 5-3-3-2-1-65

2023 年 12 月 31 日

单位:万元、件

保险机构	保费收入																有效保单件数	赔付支出									退保金
	合计	个人业务							团体业务							其中:新单保费		合计	个人业务				团体业务				
		人寿保险					意外伤害险	健康险	人寿保险					意外伤害险	健康险												
		小计	普通寿险	分红寿险	投资连结保险	万能保险			小计	普通寿险	分红寿险	投资连结保险	万能保险						赔款支出	死伤医疗给付	满期给付	年金给付	赔款支出	死伤医疗给付	满期给付	年金给付	
武汉市	1401	999	506	493		0	6	381	2	2				2	12	383	5533	289	11	25	123	111	19				57
宜昌市	5482	4572	2840	1731		2	18	892								2228	12128	445	44	42		360	0				101

续表 5-3-3-2-1-65

保险机构	保费收入																	有效保单件数	赔付支出									退保金
	合计	个人业务							团体业务							其中：新单保费			合计	个人业务				团体业务				
		人寿保险					意外伤害险	健康险	人寿保险					意外伤害险	健康险					赔款支出	死伤医疗给付	满期给付	年金给付	赔款支出	死伤医疗给付	满期给付	年金给付	
		小计	普通寿险	分红寿险	投资连结保险	万能保险			小计	普通寿险	分红寿险	投资连结保险	万能保险															
黄冈市	1096	807	493	313		1	8	281								139	5775	161	20	52		89					77
随州市	2246	1611	1064	546		0	9	626								384	9797	341	25	71	78	166					172
恩施州	1691	1386	865	520		1	7	299								717	3987	60	15	45							80
全省总计	11916	9374	5768	3602		4	47	2479	2	2				2	12	3850	37220	1296	115	236	201	725	19				487

㊻ 太平养老保险股份有限公司湖北分公司业务统计表

表 5-3-3-2-1-66

2023 年 12 月 31 日

单位：万元、件

保险机构	保费收入																	有效保单件数	赔付支出									退保金
	合计	个人业务							团体业务							其中：新单保费			合计	个人业务				团体业务				
		人寿保险					意外伤害险	健康险	人寿保险					意外伤害险	健康险					赔款支出	死伤医疗给付	满期给付	年金给付	赔款支出	死伤医疗给付	满期给付	年金给付	
		小计	普通寿险	分红寿险	投资连结保险	万能保险			小计	普通寿险	分红寿险	投资连结保险	万能保险															
武汉市	13579								1202	1202				3811	8565	9859	25	6230					5462	758		10	128
全省总计	13579								1202	1202				3811	8565	9859	25	6230					5462	758		10	128

㊼ 中美联泰大都会人寿保险有限公司湖北分公司业务统计表

表 5-3-3-2-1-67

2023 年 12 月 31 日

单位：万元、件

保险机构	保费收入																	有效保单件数	赔付支出									退保金
	合计	个人业务							团体业务							其中：新单保费			合计	个人业务				团体业务				
		人寿保险					意外伤害险	健康险	人寿保险					意外伤害险	健康险					赔款支出	死伤医疗给付	满期给付	年金给付	赔款支出	死伤医疗给付	满期给付	年金给付	
		小计	普通寿险	分红寿险	投资连结保险	万能保险			小计	普通寿险	分红寿险	投资连结保险	万能保险															
武汉市	23991	21042	5934	15109			623	2320	1	1					5	10454	849610	1488	403	539	196	348	3				2130
全省总计	23991	21042	5934	15109			623	2320	1	1					5	10454	849610	1488	403	539	196	348	3				2130

⑥⑧ 平安健康保险股份有限公司湖北分公司业务统计表

表 5-3-3-2-1-68　　2023 年 12 月 31 日　　单位：万元、件

保险机构	保费收入																有效保单件数	赔付支出									退保金
	合计	个人业务							团体业务							其中：新单保费		合计	个人业务				团体业务				
		人寿保险					意外伤害险	健康险	人寿保险					意外伤害险	健康险												
		小计	普通寿险	分红寿险	投资连结保险	万能保险			小计	普通寿险	分红寿险	投资连结保险	万能保险						赔款支出	死伤医疗给付	满期给付	年金给付	赔款支出	死伤医疗给付	满期给付	年金给付	
武汉市	52159						260	47654						354	3892	27953	915273	14037	3092	8663			2283				220
襄阳市	5883							5815							68	3158	108660	1036	409	560			66				33
全省总计	58043						260	53470						354	3959	31111	1023933	15073	3501	9223			2349				253

⑥⑨ 中国人民健康保险股份有限公司湖北分公司业务统计表

表 5-3-3-2-1-69　　2023 年 12 月 31 日　　单位：万元、件

保险机构	保费收入																有效保单件数	赔付支出									退保金
	合计	个人业务							团体业务							其中：新单保费		合计	个人业务				团体业务				
		人寿保险					意外伤害险	健康险	人寿保险					意外伤害险	健康险												
		小计	普通寿险	分红寿险	投资连结保险	万能保险			小计	普通寿险	分红寿险	投资连结保险	万能保险						赔款支出	死伤医疗给付	满期给付	年金给付	赔款支出	死伤医疗给付	满期给付	年金给付	
武汉市	102865						34	95337						509	6985	508		8663	6	277	2971		5407	2			3994
宜昌市	37814						26	37575						53	160	53		1402		63	1202		137				266
襄阳市	12159						11	11637						80	432	80		544		40	84		420				464
孝感市	26428						2	25996						10	419	10		490		22	60		408				786
荆州市	16817						9	11607						21	5180	21		3178		54	252		2873				391
全省总计	196083						82	182152						672	13176	672		14277	6	455	4569		9245	2			5901

⑦⓪ 信泰人寿保险股份有限公司湖北分公司业务统计表

表 5-3-3-2-1-70

2023 年 12 月 31 日

单位：万元、件

保险机构	保费收入																有效保单件数	赔付支出									退保金
	合计	个人业务							团体业务							其中：新单保费		合计	个人业务				团体业务				
		人寿保险					意外伤害险	健康险	人寿保险					意外伤害险	健康险				赔款支出	死伤医疗给付	满期给付	年金给付	赔款支出	死伤医疗给付	满期给付	年金给付	
		小计	普通寿险	分红寿险	投资连结保险	万能保险			小计	普通寿险	分红寿险	投资连结保险	万能保险														
武汉市	218660	190736	190622	85	0	29	38	27867	1	1				2	16	62824		8669	96	7624	260	626	64				26026
宜昌市	16886	16312	16411	−110		11	1	574								4202		598		512		85					4829
襄阳市	26192	25598	25594	−19	0	23	2	591								5378		1006	0	899	12	94					6397
孝感市	5263	4902	4872	19		12	3	357								1329		771	5	525	163	77					3800
黄冈市	17867	16524	16390	119		15	20	1323								4055		999	53	802	7	136					8575
恩施州	7367	7260	7260				0	106								2151		141	1	140							1174
全省总计	292234	261332	261148	94	0	89	64	30819	1	1				2	16	79938		12183	156	10502	442	1019	64				50801

⑦① 农银人寿保险股份有限公司湖北分公司业务统计表

表 5-3-3-2-1-71

2023 年 12 月 31 日

单位：万元、件

保险机构	保费收入																有效保单件数	赔付支出									退保金
	合计	个人业务							团体业务							其中：新单保费		合计	个人业务				团体业务				
		人寿保险					意外伤害险	健康险	人寿保险					意外伤害险	健康险				赔款支出	死伤医疗给付	满期给付	年金给付	赔款支出	死伤医疗给付	满期给付	年金给付	
		小计	普通寿险	分红寿险	投资连结保险	万能保险			小计	普通寿险	分红寿险	投资连结保险	万能保险														
武汉市	12348	10390	8628	1739		22	5	1823	5	5				76	49	4624	28000	2089	48	523	621	580	317				2855
十堰市	6896	6363	5135	1226		2	28	481						18	6	3042	14900	548	6	390	0	139	12				1014
宜昌市	23684	21440	14548	6844		49	33	2098	32	32				32	49	12863	37600	1401	47	493	303	523	35				1918
襄阳市	15517	14079	10883	3112		84	51	1369						11	7	7044	32400	1047	40	465	199	339	5				2001
荆门市	10597	9256	7632	1602		21	16	1285						22	18	4578	22400	819	12	296	65	419	27				1669
孝感市	7230	6998	6257	741		1	19	210						3	0	3208	11300	194	1	73	6	114					953
荆州市	12007	11629	10277	1350		1	19	343						12	4	5017	15700	512	14	155	50	282	11				1967
黄冈市	18488	17665	15031	2632		1	4	656						87	77	8519	27500	998	6	316	−8	651	34				3005
咸宁市	7560	7101	6484	617		0	24	374	4	4				30	25	2855	11600	391	15	127		235	14				1190
恩施州	4605	4320	3936	384			6	229	6	6				30	15	1857	6300	119		32		79	8				651
天门市	13382	12967	11532	1433		2	7	369						17	22	4857	18300	723	5	239	1	476	3				2428
全省总计	132314	122208	100344	21680		183	211	9237	47	47				339	272	58464	226000	8841	193	3109	1236	3836	466				19651

⑫ 长城人寿保险股份有限公司湖北分公司业务统计表

表 5-3-3-2-1-72

2023 年 12 月 31 日

单位:万元、件

保险机构	保费收入															其中:新单保费	有效保单件数	赔付支出									退保金
	合计	个人业务							团体业务									合计	个人业务				团体业务				
		人寿保险					意外伤害险	健康险	人寿保险					意外伤害险	健康险												
		小计	普通寿险	分红寿险	投资连结保险	万能保险			小计	普通寿险	分红寿险	投资连结保险	万能保险						赔款支出	死伤医疗给付	满期给付	年金给付	赔款支出	死伤医疗给付	满期给付	年金给付	
武汉市	118002	107619	103515	4055		49	17	10318	6	6				5	37	48474	90717	24521	20	3158	18756	2516	67			3	5905
十堰市	19184	18922	16022	2899		1	1	261								9341	7405	9920		126	9781	13					654
宜昌市	44468	43855	38501	5353		2	2	611								17913	18895	16199	0	192	15067	940					1992
襄阳市	28961	28148	25123	3017		8	4	809								11469	22388	15429		263	14190	976					2255
荆门市	32201	31564	21886	9671		8	2	635								15465	15766	8511		260	7729	523					2144
孝感市	681	538	538			0	1	141								132	1184	11	0	11		0					31
荆州市	30164	29096	26042	3050		4	6	1061								12180	19711	6355	1	325	5237	792					1743
黄冈市	18541	17693	14136	3555		3	6	842								7998	16549	4658	2	242	3960	454					1743
潜江市	1737	1315	1017	298		0	6	417								230	4268	242		75		167					185
全省总计	293937	278750	246780	31896		75	45	15094	6	6				5	37	123202	196883	85845	23	4652	74720	6380	67			3	16651

⑬ 和谐健康保险股份有限公司湖北分公司业务统计表

表 5-3-3-2-1-73

2023 年 12 月 31 日

单位:万元、件

保险机构	保费收入															其中:新单保费	有效保单件数	赔付支出									退保金
	合计	个人业务							团体业务									合计	个人业务				团体业务				
		人寿保险					意外伤害险	健康险	人寿保险					意外伤害险	健康险												
		小计	普通寿险	分红寿险	投资连结保险	万能保险			小计	普通寿险	分红寿险	投资连结保险	万能保险						赔款支出	死伤医疗给付	满期给付	年金给付	赔款支出	死伤医疗给付	满期给付	年金给付	
武汉市	215140						2	215034						66	38	125947	161668	605	7	593			5				1256
十堰市	31261						0	31259						1	1	18807	25985	126	1	120			6				98
襄阳市	26987						0	26987						0	0	15768	29743	64		64			0				138
孝感市	24837						0	24837							0	13609	22729	40		40							128
荆州市	30165						0	30165						0	1	20107	26074	69		68			0				124
全省总计	328391						2	328281						67	40	194238	266199	903	8	884			11				1745

⑭ 中国人民人寿保险股份有限公司湖北省分公司业务统计表

表 5-3-3-2-1-74　　2023 年 12 月 31 日　　单位：万元、件

保险机构	保费收入																有效保单件数	赔付支出									退保金
	合计	个人业务							团体业务							其中：新单保费		合计	个人业务				团体业务				
		人寿保险					意外伤害险	健康险	人寿保险					意外伤害险	健康险												
		小计	普通寿险	分红寿险	投资连结保险	万能保险			小计	普通寿险	分红寿险	投资连结保险	万能保险						赔款支出	死伤医疗给付	满期给付	年金给付	赔款支出	死伤医疗给付	满期给付	年金给付	
武汉市	95325	86134	31863	54246		24	72	6037	42	42				1837	1202	75319	66267	23621	339	1373	16224	1247	2364	230		1846	13052
黄石市	10593	6928	3749	3171		8	102	2113	91	91				276	1083	5172	32019	4757	203	271	2812	507	949	15			3830
十堰市	36848	26527	16480	10029		18	291	9050	27	27				362	592	11472	112703	12342	421	1794	8546	1159	380	42			12631
宜昌市	33459	26469	14907	11521		41	173	5170	2	2				188	1457	16975	82650	9785	333	1133	6432	952	803	131			7414
襄阳市	29795	21957	15674	6247		36	153	6540	16	16				396	732	12356	83065	7792	291	1137	5013	872	437	44			6758
鄂州市	14326	11408	4934	6472		2	85	2366	3	3				218	246	5343	41089	7902	316	460	6557	346	170	53			7813
荆门市	15521	11927	8930	2972		25	140	2977	1	1				223	253	7088	46616	6978	145	719	5376	512	226				5328
孝感市	30902	21782	15546	6222		14	476	7340	11	11				355	938	10683	138326	12404	450	1332	8717	890	965	44		6	8750
荆州市	31615	24714	14211	10473		30	109	5429	28	28				473	862	11350	69162	12072	114	855	9197	886	986	35			12596
黄冈市	47077	38544	20331	18158		55	281	7451	6	6				360	435	18130	163640	13933	856	1135	10287	1255	397	3			13572
咸宁市	12006	7690	5945	1734		12	75	3891	1	1				93	257	3442	40205	6606	118	672	5253	401	163				5519
随州市	5882	4199	2550	1646		3	33	1536	1	1				30	84	1956	15321	2591	31	169	2245	139	8				4209
恩施州	23368	18742	11544	7168		31	588	3424	5	5				339	270	8827	130425	8242	630	852	5985	567	208				13430
仙桃市	1384	1229	1177	50		2	1	145							10	640	1291	59	0	20	5	25	0	10			385
潜江市	3721	1980	1835	143		3	18	1680						0	43	771	10795	536	47	305	42	137		5			446
天门市	1198	922	877	43		2	3	263							11	348	2184	104	3	53	6	40	0	2			129
全省总计	393020	311152	170551	140295		306	2598	65411	236	236				5150	8473	189874	1035758	129725	4295	12277	92698	9935	8055	613		1852	115863

⑮ 国华人寿保险股份有限公司湖北分公司业务统计表

表 5-3-3-2-1-75

2023 年 12 月 31 日

单位：万元、件

保险机构	保费收入															有效保单件数	赔付支出											退保金
	合计	个人业务							团体业务						其中：新单保费		合计	个人业务					团体业务					
		人寿保险					意外伤害险	健康险	人寿保险					意外伤害险	健康险														
		小计	普通寿险	分红寿险	投资连结保险	万能保险			小计	普通寿险	分红寿险	投资连结保险	万能保险						赔款支出	死伤医疗给付	满期给付	年金给付	分保赔付支出（损益）	赔款支出	死伤医疗给付	满期给付	年金给付	分保赔付支出（损益）	
武汉市	40552	39769	33800	5824	8	136	0	578	0	0				153	51	204	47558	39222	33100	596	4103	1402	20				25770		
黄石市	35790	35540	20349	15178		13	0	250									18525	609		150	326	133					5324		
宜昌市	34728	34694	15027	19632		34		34									15035	1032		302	610	120					8979		
襄阳市	23232	23225	10027	13174		25		7									16509	489		173	176	140					24951		
荆门市	32913	32891	14141	18722		28		23									23309	887		297	443	147					20314		
孝感市	17300	17281	10324	6938		19		19									14646	785		267	413	105					13436		
荆州市	16122	16115	10252	5846		18		6									14075	1425		176	1043	206					26488		
黄冈市	26203	25923	10015	15871		37	0	281									21278	683		290	179	214					12155		
咸宁市	14140	13842	7754	6069		18	0	298									14133	653		220	144	289					12412		
全省总计	240980	239280	131689	107255	8	328	0	1496	0	0				153	51	204	185068	45784	33100	2471	7437	2757	20				149827		

⑯ 英大泰和人寿保险股份有限公司湖北分公司业务统计表

表 5-3-3-2-1-76

2023 年 12 月 31 日

单位：万元、件

保险机构	保费收入															有效保单件数	赔付支出									退保金
	合计	个人业务							团体业务						其中：新单保费		合计	个人业务				团体业务				
		人寿保险					意外伤害险	健康险	人寿保险					意外伤害险	健康险												
		小计	普通寿险	分红寿险	投资连结保险	万能保险			小计	普通寿险	分红寿险	投资连结保险	万能保险						赔款支出	死伤医疗给付	满期给付	年金给付	赔款支出	死伤医疗给付	满期给付	年金给付	
武汉市	124270	115812	78139	37672		1	1	2421	1217	1217				4616	204	52179	6419	6305	56	1054	1074	371	3750				4208
黄石市	8583	7898	6014	1881		3	0	574						92	19	3769	910	245	8	108	44	41	44				1533
十堰市	12425	10642	9722	919		1	2	1545	2	2				151	83	6259	2292	524	32	320		8	163				111
宜昌市	21546	19068	15347	3720		1	2	2236						193	47	9979	2611	596	12	313	10	135	126				1999
襄阳市	10026	8447	6109	2337		1	3	1431	12	12				104	30	3885	1806	567	11	372	1	97	86				2809
鄂州市	946	732	650	82		0	0	214								618	187	20	0	12		8					13

续表 5-3-3-2-1-76

保险机构	保费收入																	有效保单件数	赔付支出									退保金
	合计	个人业务							团体业务								其中：新单保费		合计	个人业务				团体业务				
		人寿保险					意外伤害险	健康险	人寿保险					意外伤害险	健康险													
		小计	普通寿险	分红寿险	投资连结保险	万能保险			小计	普通寿险	分红寿险	投资连结保险	万能保险						赔款支出	死伤医疗给付	满期给付	年金给付	赔款支出	死伤医疗给付	满期给付	年金给付	
荆门市	4365	3842	3538	300		4	4	491						23	6	2651	1499	120	3	99	1	13	3				1434
孝感市	7141	6839	6185	654		0		302								4581	743	64	0	64							23
荆州市	8605	7249	6028	1217		4	1	1205	3	3				109	39	3788	1695	1000	3	336	545	91	25				2934
黄冈市	8298	6907	5151	1664		92	3	1388								3071	1164	587	2	428	43	113	0				4451
恩施州	1770	1389	1377	13		0	1	379								1000	789	60	1	59							8
潜江市	1131	1013	941	72		0	0	118								704	234	7	1	1		4					11
全省总计	209105	189837	139201	50529	0	107	18	12302	1233	1233				5289	427	92485	20349	10094	130	3166	1718	881	4198				19534

⑦⑦ 泰康养老保险股份有限公司湖北分公司业务统计表

2023 年 12 月 31 日

表 5-3-3-2-1-77

单位：万元、件

保险机构	保费收入																	有效保单件数	赔付支出									退保金
	合计	个人业务							团体业务								其中：新单保费		合计	个人业务				团体业务				
		人寿保险					意外伤害险	健康险	人寿保险					意外伤害险	健康险													
		小计	普通寿险	分红寿险	投资连结保险	万能保险			小计	普通寿险	分红寿险	投资连结保险	万能保险						赔款支出	死伤医疗给付	满期给付	年金给付	赔款支出	死伤医疗给付	满期给付	年金给付	
武汉市	92863								13561	872	12688		2	1540	77761	44128	564964	32155					22824	8395		936	1284
宜昌市	225								18	7	11			12	195	225	11276	6					6	0			0
荆州市	17030								19	3	16			6	17005	16918	10550	14303					14277	26			0
全省总计	110118								13598	882	12714		2	1558	94962	61271	586790	46464					37106	8421		936	1285

⑱ 幸福人寿保险股份有限公司湖北分公司业务统计表

表 5-3-3-2-1-78

2023 年 12 月 31 日

单位:万元、件

保险机构	保费收入																有效保单件数	赔付支出									退保金
	合计	个人业务							团体业务							其中:新单保费		合计	个人业务				团体业务				
		人寿保险					意外伤害险	健康险	人寿保险					意外伤害险	健康险												
		小计	普通寿险	分红寿险	投资连结保险	万能保险			小计	普通寿险	分红寿险	投资连结保险	万能保险						赔款支出	死伤医疗给付	满期给付	年金给付	赔款支出	死伤医疗给付	满期给付	年金给付	
武汉市	78335	76221	71076	5111		35	22	1057	94	94				268	673	29829	32696	9664	6	334	5973	2891	413	47			25650
黄石市	6023	5641	3811	1815		15	0	382								2251	8459	462	3	102	101	256					2293
宜昌市	11701	11092	7747	3325		20	1	609								5472	11809	1602	6	220	904	471	0				2602
襄阳市	17755	16112	13117	2961		34	1	1478	19	19				79	65	6714	22169	2337	42	281	722	1179	111	2			6326
鄂州市	823	585	547	38				238								134	1653	52	3	9		40					124
荆州市	16951	15766	13749	1988		29	1	990	37	37				45	113	6663	14807	1708	14	115	518	896	160	6			6168
黄冈市	15535	14337	12669	1626		42	1	791	56	56				71	280	6173	18307	1725	3	186	397	962	165	12			7716
全省总计	147124	139755	122716	16865		174	25	5545	206	206				462	1131	57237	109900	17549	77	1248	8614	6695	848	67			50878

⑲ 阳光人寿保险股份有限公司湖北分公司业务统计表

表 5-3-3-2-1-79

2023 年 12 月 31 日

单位:万元、件

保险机构	保费收入																有效保单件数	赔付支出									退保金
	合计	个人业务							团体业务							其中:新单保费		合计	个人业务				团体业务				
		人寿保险					意外伤害险	健康险	人寿保险					意外伤害险	健康险												
		小计	普通寿险	分红寿险	投资连结保险	万能保险			小计	普通寿险	分红寿险	投资连结保险	万能保险						赔款支出	死伤医疗给付	满期给付	年金给付	赔款支出	死伤医疗给付	满期给付	年金给付	
武汉市	77660	63076	54252	8778		47	1009	8201	221	48	173			0	5154	23705	152833	135272	286	3604	127625		3731	25			45340
黄石市	23034	18710	12023	6602		85	165	4141							19	8846	104621	3649	124	1258	2263		4				5414
十堰市	28532	21985	14669	7183		133	213	5743						0	591	10315	94903	3502	101	1600	1092		710				2565
宜昌市	38349	28904	21086	7641		177	236	9146						0	63	15358	149706	14547	231	2638	11659		18				3758
襄阳市	34799	15867	9133	6681		53	86	3022	1	1				0	15824	11250	54463	23313	69	727	414		22003	100			3195
鄂州市	1565	836	758	50		27	19	705							5	232	10057	230	36	139	55						222
荆门市	12507	7169	6579	471		119	217	5103						0	18	2489	86087	2029	68	1327	631		3				1214
孝感市	21394	19525	10826	8633		66	60	1809							0	12387	41474	1099	66	641	392						3057
荆州市	76366	73785	44408	29322		55	75	2483							23	42197	84457	33711	59	1370	32282						13397
黄冈市	33229	28525	15082	13234		210	147	4498						0	59	17794	70560	1728	199	943	560		25				2039

续表 5-3-3-2-1-79

保险机构	保费收入：合计	个人业务：人寿保险：小计	个人业务：人寿保险：普通寿险	个人业务：人寿保险：分红寿险	个人业务：人寿保险：投资连结保险	个人业务：人寿保险：万能保险	个人业务：意外伤害险	个人业务：健康险	团体业务：人寿保险：小计	团体业务：人寿保险：普通寿险	团体业务：人寿保险：分红寿险	团体业务：人寿保险：投资连结保险	团体业务：人寿保险：万能保险	团体业务：意外伤害险	团体业务：健康险	其中：新单保费	有效保单件数	赔付支出：合计	个人业务：赔款支出	个人业务：死伤医疗给付	个人业务：满期给付	个人业务：年金给付	团体业务：赔款支出	团体业务：死伤医疗给付	团体业务：满期给付	团体业务：年金给付	退保金
咸宁市	15199	12749	8043	4638		68	75	2375								7339	50003	15535	123	935	14477						3291
随州市	13963	12638	5776	6832		31	32	1292							0	7749	22256	639	28	331	280						1866
恩施州	16787	11235	6566	4546		122	183	5355	0	0				0	13	6682	99463	2435	91	1560	771		4	10			2909
全省总计	393383	315004	209201	104610		1193	2516	53872	221	48	173			1	21769	166343	1020883	237690	1480	17075	192501		26499	135			88265

⑻⓪ 百年人寿保险股份有限公司湖北分公司业务统计表

2023 年 12 月 31 日

表 5-3-3-2-1-80　　单位：万元、件

保险机构	保费收入：合计	个人业务：人寿保险：小计	个人业务：人寿保险：普通寿险	个人业务：人寿保险：分红寿险	个人业务：人寿保险：投资连结保险	个人业务：人寿保险：万能保险	个人业务：意外伤害险	个人业务：健康险	团体业务：人寿保险：小计	团体业务：人寿保险：普通寿险	团体业务：人寿保险：分红寿险	团体业务：人寿保险：投资连结保险	团体业务：人寿保险：万能保险	团体业务：意外伤害险	团体业务：健康险	其中：新单保费	有效保单件数	赔付支出：合计	个人业务：赔款支出	个人业务：死伤医疗给付	个人业务：满期给付	个人业务：年金给付	团体业务：赔款支出	团体业务：死伤医疗给付	团体业务：满期给付	团体业务：年金给付	退保金
武汉市	100008	73783	69183	4594		7	112	24630	791	791				55	637	26709	107064	18087	106	6712	8066	3122	38	42		2	23645
黄石市	11876	10229	10010	217		1	25	1614	0	0				4	4	2902	14395	1328	14	347	603	364	0				1146
十堰市	32029	28781	23732	5048		2	16	3120	38	38				20	54	11033	32536	6939	29	916	4578	1384	32				4933
宜昌市	24241	22357	20311	2045		1	10	1858	0	0				10	7	7844	23303	7767	12	462	6445	846	1				4034
襄阳市	31856	31487	26094	5393		0	5	363	0	0				1	1	13201	22293	8915	3	230	8446	237					3307
孝感市	21779	19946	15647	4298		1	35	1794	0	0				2	2	7889	23452	3044	14	568	1547	909	5				2980
荆州市	17479	17017	13756	3260		0	5	450	0	0				5	3	6681	19396	14669	3	334	13996	336	0				4777
黄冈市	16421	16072	12505	3566		0	1	344	0	0				3	1	6431	15355	360	2	294	9	55					2596
咸宁市	17402	12990	11749	1240		1	82	4292	0	0				21	16	4493	28623	3230	34	980	1367	847	2				3126
恩施州	21351	20111	16713	3397		0	9	1214	0	0				5	12	6856	20535	2680	10	532	1754	359	25				2028
全省总计	294443	252774	219701	33059		14	300	39678	829	829				125	738	94040	306952	67018	226	11375	46810	8459	104	42		2	52572

⑧1 中邮人寿保险股份有限公司湖北分公司业务统计表

表 5-3-3-2-1-81　　　　2023 年 12 月 31 日　　　　单位：万元、件

保险机构	保费收入															其中：新单保费	有效保单件数	赔付支出									退保金
	合计	个人业务							团体业务									合计	个人业务				团体业务				
		人寿保险					意外伤害险	健康险	人寿保险					意外伤害险	健康险												
		小计	普通寿险	分红寿险	投资连结保险	万能保险			小计	普通寿险	分红寿险	投资连结保险	万能保险						赔款支出	死伤医疗给付	满期给付	年金给付	赔款支出	死伤医疗给付	满期给付	年金给付	
武汉市	109842	105081	90599	14482			432	1766	99	99				276	2187	58717	33156	42441	198	598	39395	1025	1225				10899
黄石市	26431	26230	24703	1527				201								10275	12301	8396		228	7944	224					2156
十堰市	58304	57885	53572	4313				419								23096	19152	23945	1	507	22653	785					4397
宜昌市	46749	46284	43511	2773				465								20094	17345	14833	1	410	13991	431					3562
襄阳市	65749	65207	63024	2183				542								25981	17661	19178	9	493	18177	499					4426
鄂州市	16837	16694	15969	725				143								7522	7041	6388		116	6124	148					1143
荆门市	36040	35733	34552	1181				306								14018	12311	11180	4	233	10583	360					2065
孝感市	67946	67419	59326	8093				527								30106	19631	26229	2	493	25410	323					6808
荆州市	74155	73698	66108	7590				457								30976	14257	27484	0	358	26535	591					5053
黄冈市	68511	68038	61499	6540				473								29801	17888	23074	5	517	21870	683					5817
咸宁市	29226	28959	27155	1805				266								11750	8308	9268	2	174	8790	303					2171
随州市	30125	29938	23810	6127				188								15602	11825	9876		275	9266	335					1885
恩施州	49817	49358	44844	4513				459								21133	12643	16869	0	376	16045	448					4586
仙桃市	18613	18520	17550	970				93								6984	3574	4172		111	3957	105					1540
潜江市	14889	14763	13842	921				127								5763	3010	5656	0	53	5491	113					916
天门市	16044	15956	15573	383				88								6880	3649	4936		71	4714	151					1154
神农架林区	941	932	854	78				9								405	246	89		14	73	2					64
全省总计	730218	720694	656491	64203			432	6529	99	99				276	2187	319101	213998	254015	221	5025	241017	6526	1225				58641

⑧② 大家人寿保险股份有限公司湖北分公司业务统计表

表 5-3-3-2-1-82　　2023 年 12 月 31 日　　单位:万元、件

保险机构	保费收入																有效保单件数	赔付支出									退保金
	合计	个人业务							团体业务							其中:新单保费		合计	个人业务				团体业务				
		人寿保险					意外伤害险	健康险	人寿保险					意外伤害险	健康险												
		小计	普通寿险	分红寿险	投资连结保险	万能保险			小计	普通寿险	分红寿险	投资连结保险	万能保险						赔款支出	死伤医疗给付	满期给付	年金给付	赔款支出	死伤医疗给付	满期给付	年金给付	
武汉市	379055	377782	322473	54139		1170	1	1272										1892	21	1753	41	77					31079
宜昌市	34992	34958	26391	8487		80	0	34										46		44		3					959
襄阳市	31514	31492	22817	8602		73	0	22										61	3	50		8					1184
荆门市	12166	12152	4813	7329		10	0	13										12		12							29
荆州市	26597	26572	23382	3096		95	0	24										141	1	137		3					9879
黄冈市	20819	20802	14209	6542		51	0	17										108		82		26					3099
咸宁市	9334	9293	7405	1861		26	0	41										39	2	48	−12	2					726
全省总计	514477	513052	421490	90057		1505	2	1423										2299	27	2126	29	118					46956

⑧③ 前海人寿保险股份有限公司湖北分公司业务统计表

表 5-3-3-2-1-83　　2023 年 12 月 31 日　　单位:万元、件

保险机构	保费收入																有效保单件数	赔付支出									退保金
	合计	个人业务							团体业务							其中:新单保费		合计	个人业务				团体业务				
		人寿保险					意外伤害险	健康险	人寿保险					意外伤害险	健康险												
		小计	普通寿险	分红寿险	投资连结保险	万能保险			小计	普通寿险	分红寿险	投资连结保险	万能保险						赔款支出	死伤医疗给付	满期给付	年金给付	赔款支出	死伤医疗给付	满期给付	年金给付	
武汉市	311537	306465	102895	203570			58	4333	45	45				354	282	236386	324390	87720	191	8070	78452	549	459				337384
全省总计	311537	306465	102895	203570			58	4333	45	45				354	282	236386	324390	87720	191	8070	78452	549	459				337384

⑧④ 财信吉祥人寿保险股份有限公司湖北分公司业务统计表

表 5-3-3-2-1-84　　2023 年 12 月 31 日　　单位：万元、件

保险机构	保费收入 合计	个人业务 人寿保险 小计	个人业务 人寿保险 普通寿险	个人业务 人寿保险 分红寿险	个人业务 人寿保险 投资连结保险	个人业务 人寿保险 万能保险	个人业务 意外伤害险	个人业务 健康险	团体业务 人寿保险 小计	团体业务 人寿保险 普通寿险	团体业务 人寿保险 分红寿险	团体业务 人寿保险 投资连结保险	团体业务 人寿保险 万能保险	团体业务 意外伤害险	团体业务 健康险	其中：新单保费	有效保单件数	赔付支出 合计	个人业务 赔款支出	个人业务 死伤医疗给付	个人业务 满期给付	个人业务 年金给付	团体业务 赔款支出	团体业务 死伤医疗给付	团体业务 满期给付	团体业务 年金给付	退保金
武汉市	20562	19615	15492	4068		55	135	663	4	4				85	60	12585	22433	486	71	111	1	279	24				2992
宜昌市	5420	5081	4159	880		42	7	332						0	0	3407	8546	139	21	47	1	70					589
襄阳市	17801	17652	6549	11077		25	1	146						1	0	15474	7122	33	1	27	0	5					223
黄冈市	18138	17928	7716	10188		24	26	184								14922	22839	167	16	134	0	17					1772
全省总计	61921	60275	33916	26213		146	169	1326	4	4				87	61	46387	60940	826	110	319	3	370	24				5576

⑧⑤ 国联人寿保险股份有限公司湖北分公司业务统计表

表 5-3-3-2-1-85　　2023 年 12 月 31 日　　单位：万元、件

保险机构	保费收入 合计	个人业务 人寿保险 小计	个人业务 人寿保险 普通寿险	个人业务 人寿保险 分红寿险	个人业务 人寿保险 投资连结保险	个人业务 人寿保险 万能保险	个人业务 意外伤害险	个人业务 健康险	团体业务 人寿保险 小计	团体业务 人寿保险 普通寿险	团体业务 人寿保险 分红寿险	团体业务 人寿保险 投资连结保险	团体业务 人寿保险 万能保险	团体业务 意外伤害险	团体业务 健康险	其中：新单保费	有效保单件数	赔付支出 合计	个人业务 赔款支出	个人业务 死伤医疗给付	个人业务 满期给付	个人业务 年金给付	团体业务 赔款支出	团体业务 死伤医疗给付	团体业务 满期给付	团体业务 年金给付	退保金
武汉市	79481	79252	53056	26191		6	0	223	2	2				3	0			31									
全省总计	79481	79252	53056	26191		6	0	223	2	2				3	0			31									

㉞ 海港人寿保险股份有限公司湖北分公司业务统计表

表 5-3-3-2-1-86　　2023 年 12 月 31 日　　单位：万元、件

保险机构	保费收入																有效保单件数	赔付支出									退保金
	合计	个人业务							团体业务							其中：新单保费		合计	个人业务				团体业务				
		人寿保险					意外伤害险	健康险	人寿保险					意外伤害险	健康险												
		小计	普通寿险	分红寿险	投资连结保险	万能保险			小计	普通寿险	分红寿险	投资连结保险	万能保险						赔款支出	死伤医疗给付	满期给付	年金给付	赔款支出	死伤医疗给付	满期给付	年金给付	
武汉市	274099	252152	196901	55183	61	7	26	21479	20	20				48	373	122908	17770	97108	5	6736	84862	5271	188	47			64400
黄石市	38277	36222	27397	8820	5	1	18	2037								19447	2979	8470	7	593	7236	634	0				6335
孝感市	30324	30164	14449	15714	1	0	0	159								20809	2228	10627		511	9776	340					12140
荆州市	45956	44336	29522	14802	11	1	16	1604								27649	4693	19856	0	715	18400	740	0				17246
黄冈市	22009	21644	9833	11809	1	0	2	364								17365	3210	8036		354	7272	410					7328
仙桃市	15141	13957	5785	8172	0		7	1177								10130	769	4683	0	304	3990	388					3475
潜江市	8172	7469	3943	3526	0		6	698								4692	691	4200		98	3909	193					1601
天门市	8722	8399	4520	3879			2	321								5811	714	3673		132	3472	69					2155
全省总计	442699	414342	292350	121905	78	9	76	27839	20	20				48	373	228811	33054	156652	13	9443	138916	8045	188	47			114680

(2)资产负债项目统计

①湖北省财产保险机构资产负债项目统计表

表 5-3-3-2-2-1　　　　2023 年 12 月 31 日　　　　单位:万元

项目 机构名称	资产总计	负债和所有者权益(或股东权益)总计	
		负债合计	所有者权益(或股东权益)合计
长江财产保险股份有限公司	367814	309900	57914
泰康在线财产保险股份有限公司	1866994	1470378	396616
中国人民财产保险股份有限公司湖北省分公司	572958	498094	74863
中国大地财产保险股份有限公司湖北分公司	30328	30328	
中国出口信用保险公司湖北分公司	15705	15705	
中华联合财产保险股份有限公司湖北分公司	148519	183828	-35308
中国太平洋财产保险股份有限公司湖北分公司	198729	198729	
中国平安财产保险股份有限公司湖北分公司	1625439	1273538	351901
天安财产保险股份有限公司湖北省分公司	30192	29174	1018
华安财产保险股份有限公司湖北分公司	32973	32828	146
永安财产保险股份有限公司湖北分公司	4543	8069	-3526
太平财产保险有限公司湖北分公司	25796	-10575	36371
亚太财产保险有限公司湖北分公司	3493	2666	827
中银保险有限公司湖北分公司	4339	-10598	14937
永诚财产保险股份有限公司湖北分公司	6295	9249	-2954
安盛天平财产保险有限公司湖北分公司	12494	12465	29
阳光财产保险股份有限公司湖北省分公司	72757	18039	54718
都邦财产保险股份有限公司湖北分公司	477	1099	-622
渤海财产保险股份有限公司湖北分公司	15040	16729	-1689
中国人寿财产保险股份有限公司湖北省分公司	215261	221260	-5999
现代财产保险(中国)有限公司湖北分公司	1739	3224	-1485
长安责任保险股份有限公司湖北省分公司	16640	24068	-7428
国元农业保险股份有限公司湖北分公司	1300	8487	-7187
鼎和财产保险股份有限公司湖北分公司	8024	22196	-14172
中煤财产保险股份有限公司湖北分公司	3923	10536	-6614
国泰财产保险有限责任公司湖北分公司	779	2854	-2075
英大泰和财产保险股份有限公司湖北分公司	21646	2515	19131
紫金财产保险股份有限公司湖北分公司	7799	13303	-5504
浙商财产保险股份有限公司湖北分公司	-3910	7635	-11545
国任财产保险股份有限公司湖北分公司	2525	17353	-14828
锦泰财产保险股份有限公司湖北分公司	270	7142	-6872
众诚汽车保险股份有限公司湖北分公司	7080	8567	-1487
华泰财产保险有限公司湖北省分公司	1916	109	1807
长江财产保险股份有限公司湖北分公司	21586	51960	-30374
富德财产保险股份有限公司湖北分公司	-6170	2771	-8941.08
新疆前海联合财产保险股份有限公司湖北分公司	23489	25973	-2484
建信财产保险有限公司湖北分公司	5381	5455	-74
大家财产保险有限责任公司湖北分公司	10810	17607	-6797

注:本表数据来源于各单位报送数据,未经审计。

② 湖北省人身保险机构资产负债项目统计表

表 5-3-3-2-2-2　　2023 年 12 月 31 日　　单位:万元

机构名称＼项目	资产总计	负债和所有者权益(或股东权益)总计	
		负债合计	所有者权益(或股东权益)合计
合众人寿保险股份有限公司	19390716	19104858	285858
国华人寿保险股份有限公司	28947187	26461280	2485906
中国人寿保险股份有限公司湖北省分公司	11107410	14569421	-3462011
中国太平洋人寿保险股份有限公司湖北分公司	304522	304522	
中国平安人寿保险股份有限公司湖北分公司	13435563	13886733	-451170
新华人寿保险股份有限公司湖北分公司	6033014	6033014	
泰康人寿保险有限责任公司湖北分公司	474283	962942	-488659
太平人寿保险有限公司湖北分公司	418347	838601	-420254
中宏人寿保险有限公司湖北分公司	109039	124989	-15950
建信人寿保险股份有限公司湖北分公司	1338726	1665175	-326449
安联人寿保险有限公司湖北分公司	3765	5945	-2180
工银安盛人寿保险有限公司湖北分公司	1420847	1681392	-260545
中信保诚人寿保险有限公司湖北省分公司	1205945	1312820	-106876
交银人寿保险有限公司湖北省分公司	670021	771270	-101249
中意人寿保险有限公司湖北省分公司	135328	165492	-30164
光大永明人寿保险有限公司湖北分公司	4752	27540	-22788
友邦人寿保险有限公司湖北分公司	35490	46570	-11080
北大方正人寿保险有限公司湖北分公司	128506	172273	-43767
中英人寿保险有限公司湖北分公司	44742	119191	-74450
同方全球人寿保险有限公司湖北分公司	222004	216486	5518
民生人寿保险股份有限公司湖北分公司	7530	63062	-55531
招商信诺人寿保险有限公司湖北分公司	580813	687266	-106452
瑞泰人寿保险有限公司湖北分公司	23526	10589	12936
富德生命人寿保险股份有限公司湖北分公司	2417107	3686030	-1268923
平安养老保险股份有限公司湖北分公司	137132	102392	34740
合众人寿保险股份有限公司湖北分公司	686819	885294	-198475
华泰人寿保险股份有限公司湖北分公司	1951	7902	-5951
太平养老保险股份有限公司湖北分公司	9779149	-6933345	16712494
中美联泰大都会人寿保险有限公司湖北分公司	82757	110488	-27731
平安健康保险股份有限公司湖北分公司	58540	55511	3029
中国人民健康保险股份有限公司湖北分公司	3946	101930	-97984
信泰人寿保险股份有限公司湖北分公司	1298164	1485000	-186835
农银人寿保险股份有限公司湖北分公司	512954	755335	-242381
长城人寿保险股份有限公司湖北分公司	125201	326478	-201277
和谐健康保险股份有限公司湖北分公司	2272682	2818867	-546185
中国人民人寿保险股份有限公司湖北省分公司	1082272	1947837	-865565
国华人寿保险股份有限公司湖北分公司	981614	1386174	-404560
英大泰和人寿保险股份有限公司湖北分公司	638533	726125	-87592
泰康养老保险股份有限公司湖北分公司	15366	37769	-22403
幸福人寿保险股份有限公司湖北分公司	339848	552710	-212863
阳光人寿保险股份有限公司湖北分公司	84487	582552	-498065
百年人寿保险股份有限公司湖北分公司	27689	354917	-327228

续表 5-3-3-2-2-2

机构名称 \ 项目	资产总计	负债和所有者权益(或股东权益)总计	
		负债合计	所有者权益(或股东权益)合计
中邮人寿保险股份有限公司湖北分公司	2163529	2655663	-492133
大家人寿保险股份有限公司湖北分公司	2794887	3942392	-1147505
前海人寿保险股份有限公司湖北分公司	2389930	2919868	-529938
财信吉祥人寿保险股份有限公司湖北分公司	212112	274679	-62567
国联人寿保险股份有限公司湖北分公司	56694	60294	-3600
海港人寿保险股份有限公司湖北分公司	1661376	2465483	-804107

注:1.本表内中国人寿保险股份有限公司湖北省分公司统计数据为湖北省国寿股份口径,不含存续数据。
　2.本表数据来源于各单位报送数据,未经审计。

3.证券期货业机构

(1)湖北省证券经营机构资产负债项目统计表

表 5-3-3-3-1　　2023 年 12 月 31 日　　单位:万元

机构名称 \ 项目	资产总计	负债和所有者权益(或股东权益)总计	
		负债合计	所有者权益(或股东权益)合计
长江证券股份有限公司	16077985	12840430	3237555
天风证券股份有限公司	9954802	7496202	2458600
爱建证券有限责任公司湖北分公司	1596	2582	-985
国投证券股份有限公司湖北分公司	26261	26261	
财信证券股份有限公司湖北分公司	4974	3974	1000
东北证券股份有限公司湖北分公司	19971	19471	500
东莞证券股份有限公司湖北分公司	898	898	
光大证券股份有限公司武汉分公司	80558	76339	4219
广发证券股份有限公司湖北分公司	475666	455146	20520
国海证券股份有限公司武汉分公司	1871	1871	
国开证券股份有限公司湖北省分公司	118	118	
国联证券股份有限公司湖北分公司	5817	4447	1369
国融证券股份有限公司湖北分公司	11582	9782	1800
国盛证券有限责任公司湖北分公司	10691	8791	1900
国元证券股份有限公司湖北分公司	17414	16614	800
海通证券股份有限公司湖北分公司	91324	90485	839
宏信证券有限责任公司湖北分公司	1186	1186	
华安证券股份有限公司湖北分公司	8043	8110	-68
华创证券有限责任公司湖北分公司	4701	4201	500
华福证券有限责任公司华中分公司	18490	18490	
华金证券股份有限公司湖北分公司	3071	5657	-2586
华林证券股份有限公司湖北分公司	9264	10373	-1110
国新证券股份有限公司湖北分公司	-227	323	-550
华泰证券股份有限公司湖北分公司	342213	331406	10807
华源证券股份有限公司湖北分公司	5392	7084	-1692

续表 5-3-3-3-1

机构名称 \ 项目	资产总计	负债和所有者权益(或股东权益)总计	
		负债合计	所有者权益(或股东权益)合计
粤开证券股份有限公司武汉分公司	1472	972	500
民生证券股份有限公司武汉分公司	18903	19169	-266
平安证券股份有限公司湖北分公司	101749	80957	20792
申港证券股份有限公司湖北分公司	7918	13736	-5817
太平洋证券股份有限公司武汉分公司	2947	2647	300
万和证券股份有限公司湖北分公司	2271	3433	-1163
万联证券股份有限公司湖北分公司	93938	77920	16018
西部证券股份有限公司湖北分公司	5288	4788	500
东方财富证券股份有限公司湖北分公司	14941	14085	857
西南证券股份有限公司湖北分公司	9113	8613	500
兴业证券股份有限公司湖北分公司	78761	83785	-5025
长城证券股份有限公司湖北分公司	113056	105756	7300
中国银河证券股份有限公司湖北分公司	1565	1065	500
中国中金财富证券有限公司湖北分公司	100243	99743	500
中航证券有限公司湖北分公司	1997		1997
中山证券有限责任公司湖北分公司	10798	10798	
中泰证券股份有限公司湖北分公司	47870	51237	-3367
中天国富证券有限公司湖北分公司	99	2012	-1913
中信建投证券股份有限公司湖北分公司	-1022	175	-1197
中信证券股份有限公司湖北分公司	232506	234375	-1870
中银国际证券股份有限公司湖北分公司	114284	109584	4700
中邮证券有限责任公司湖北分公司	3798	3174	624
中原证券股份有限公司湖北分公司	2573	2573	
华英证券有限责任公司华中分公司	1015	1015	
开源证券股份有限公司湖北分公司	2678	2678	
东亚前海证券有限责任公司湖北分公司	2307	2086	221
渤海证券股份有限公司武汉分公司	1247	1187	60
信达证券股份有限公司湖北分公司	1440	1798	-358
首创证券股份有限公司湖北分公司	1843	1143	701
财达证券股份有限公司湖北分公司	915	915	

注:本表数据来源于各单位报送数据,未经审计。

(2)湖北省期货经营机构资产负债项目统计表

表 5-3-3-3-2 　　2023 年 12 月 31 日 　　单位:万元

机构名称 \ 项目	资产总计	负债和所有者权益(或股东权益)总计	
		负债合计	所有者权益(或股东权益)合计
长江期货股份有限公司	689544	585286	104258
正信期货有限公司	444699	384763	59935
华融融达期货股份有限公司华东分公司	22	-1038	1060
中信期货有限公司中南分公司	26740	29771	-3032
海通期货股份有限公司湖北分公司	18325	19681	-1356

续表 5-3-3-3-2

机构名称＼项目	资产总计	负债和所有者权益（或股东权益）总计	
		负债合计	所有者权益（或股东权益）合计
中国国际期货股份有限公司武汉分公司	15090	15148	-59
中泰期货股份有限公司武汉分公司	2742	2481	262
瑞达期货股份有限公司武汉市分公司	14862	12138	2724
宁证期货有限责任公司湖北分公司	-109	201	-311
方正中期期货有限公司湖北分公司	44082	42726	1356
紫金天风期货股份有限公司湖北分公司	4286	3795	491
中信建投期货有限公司湖北分公司	24786	23873	913
广州期货股份有限公司湖北分公司	14529	14451	78
广发期货有限公司武汉分公司	27949	24906	3043
国泰君安期货有限公司湖北分公司	26134	26034	100
兴证期货有限公司湖北分公司	35	142	-107
福能期货股份有限公司湖北分公司	5115	5524	-408
混沌天成期货股份有限公司湖北分公司	7321	7321	
华金期货有限公司湖北分公司	12751	11503	1248
宏源期货有限公司湖北分公司	21344	21344	
前海期货有限公司湖北分公司	-204	2	-206
华闻期货有限公司华中分公司	17025	17506	-482
中州期货有限公司华中分公司	74077	73595	482
国金期货有限责任公司湖北分公司	107	99	8
大有期货有限公司武汉分公司	21586	21616	-30
中天期货有限责任公司湖北分公司	2285	2285	
上海东证期货有限公司武汉分公司	314	322	-8
国贸期货有限公司武汉分公司	315	396	-81
天富期货有限公司武汉分公司	4304	4053	251
九州期货有限公司湖北分公司	-19	5	-24
信达期货有限公司湖北分公司	324	324	

注：本表数据来源于各单位报送数据，未经审计。

第六部分

机构名录

一、金融监管(工作)部门

(一)全省地方金融管理(工作)部门

表 6-1-1

名称	地址	负责人	电话	邮编
中共湖北省委金融委员会办公室 湖北省地方金融管理局	**武汉市武昌区洪山路 7 号**	**严　宓**	**027-87235507**	**430071**
中共武汉市委金融委员会办公室 武汉市地方金融管理局	武汉市江岸区胜利街 261 号	叶晓飞	027-82826705	430014
黄石市人民政府办公室	黄石市杭州东路 1 号	马健弘	0714-6359204	435000
十堰市人民政府办公室	十堰市茅箭区北京中路 8 号	王亚凌	0719-8601677	442000
宜昌市人民政府办公室	宜昌市西陵区沿江大道 102 号	刘明兴	0717-6256003	443000
襄阳市人民政府办公室	襄阳市襄城区檀溪路 219 号	钟　颉	0710-3603089	441000
鄂州市人民政府办公室	鄂州市滨湖北路特 1 号	何金胜	027-60830018	436000
荆门市人民政府办公室	荆门市东宝区象山大道 53 号	陈　旭	0724-2376007	448000
孝感市人民政府办公室	孝感市复兴大道 1 号	肖波清	0712-2280058	432000
荆州市人民政府办公室	荆州市沙市区江津西路 262 号	杨　莉	0716-8252765	434000
黄冈市人民政府办公室	黄冈市黄州区七一路 8 号	范　琴	0713-8618811	438000
咸宁市人民政府办公室	咸宁市咸安区双鹤路 16 号	石书林	0715-8126973	437000
随州市人民政府办公室	随州市城南新区迎宾大道 9 号	曾　浩	0722-3596917	441300
恩施州人民政府办公室	恩施市舞阳大道 1 巷 21 号	侯晓荟	0718-8429200	445000
仙桃市人民政府办公室	仙桃市沔州大道特一号	李雄飞	0728-3229489	433000
潜江市人民政府办公室	潜江市章华南路 18 号	彭　波	0728-6491197	433100
天门市人民政府办公室	天门市竟陵街道办事处陆羽大道中 31 号	董波胜	0728-5243225	431700
神农架林区人民政府办公室	神农架林区松柏镇常青路 18 号	王　强	0719-3336588	442400

(二)中国人民银行湖北辖内分支机构

表 6-1-2

名称	地址	负责人	电话	邮编
中国人民银行湖北省分行	**武汉市武昌区中南路 69 号**	**林建华**	**027-87312335**	**430071**
中国人民银行黄石市分行	黄石市桂林南路 5 号	王　芳	0714-6353315	435003
中国人民银行十堰市分行	十堰市朝阳中路 53 号	鲍明星	0719-8660588	442000

续表 6-1-2

名　　称	地　　址	负责人	电　话	邮　编
中国人民银行宜昌市分行	宜昌市发展大道 33 号	张　朋	0717-6323412	443000
中国人民银行襄阳市分行	襄阳市襄城区胜利街 9 号	吴安斌	0710-3627305	441021
中国人民银行鄂州市分行	鄂州市鄂城区滨湖东路 52 号	尹　峰	0711-3708085	436005
中国人民银行荆门市分行	荆门市掇刀区深圳大道(东)16 号	蒋　难	0724-6088333	448124
中国人民银行孝感市分行	孝感市长征路 15 号	朱迪星	0712-2846073	432000
中国人民银行荆州市分行	荆州市沙市区江津西路 258 号	胡赵华	0716-8513454	434000
中国人民银行黄冈市分行	黄冈市黄州大道 52 号	许　波	0713-8352532	438000
中国人民银行咸宁市分行	咸宁市咸安区温泉街道双鹤路 9 号	郑　艺	0715-8158053	437100
中国人民银行随州市分行	随州市明珠路 18 号	吴楚平	0722-3318178	441300
中国人民银行恩施州分行	恩施市施州大道 26 号	常　新	0718-8232203	445000
中国人民银行仙桃市支行	仙桃市桃源大道东段 1 号	李兵峰	0728-3222454	433300
中国人民银行潜江市支行	潜江市湖滨路 4 号	孙小红	0728-6243286	433199
中国人民银行天门市支行	天门市竟陵西寺路 17 号	吴　狄	0728-5223332	431700
中国人民银行神农架林区支行	神农架松柏镇常青路 11 号	李　锋	0719-3332912	442400

(三)国家金融监督管理总局湖北监管局及分支机构

表 6-1-3

名　　称	地　　址	负责人	电　话	邮　编
国家金融监督管理总局湖北监管局	**武汉市武昌东湖南路 7 号**	**庞雪峰**	**027-85565046**	**430072**
国家金融监督管理总局黄石监管分局	黄石市团城山经济开发区桂林南路 3 号	李佐钦	0714-6368397	435003
国家金融监督管理总局十堰监管分局	十堰市茅箭区北京北路 95 号	黎新林	0719-8128936	442000
国家金融监督管理总局宜昌监管分局	宜昌市西陵区西陵一路 7 号勤业大厦	王国强	0717-6772856	443000
国家金融监督管理总局襄阳监管分局	襄阳市襄城区新街 44 号	李良槐	0710-3611361	441000
国家金融监督管理总局鄂州监管分局	鄂州市凤凰路 63 号	翁　翔	027-60229960	436000
国家金融监督管理总局荆门监管分局	荆门市东宝区金虾路 41 号	郑中发	0724-2381932	448000
国家金融监督管理总局孝感监管分局	孝感市长征路 283 号	彭劲进	0712-2883332	432000
国家金融监督管理总局荆州监管分局	荆州市荆州区荆中路 12 号	叶启斌	0716-8445975	434020

续表 6-1-3

名　　称	地　　址	负责人	电　话	邮　编
国家金融监督管理总局黄冈监管分局	黄冈市黄州区赤壁一路 1 号	徐　中	0713-8629289	438000
国家金融监督管理总局咸宁监管分局	咸宁市咸安区淦河大道 31 号	黄茂斌	0715-8270306	437100
国家金融监督管理总局随州监管分局	随州市曾都区烈山大道 58 号	李德平	0722-3223699	441300
国家金融监督管理总局恩施监管分局	恩施市施州大道 155 号金安大厦 B 座	王兴华	0718-8463364	445000
国家金融监督管理总局蔡甸监管支局	武汉市蔡甸区蔡甸大街 225 号	彭齐洁	027-69811555	430100
国家金融监督管理总局江夏监管支局	武汉市江夏区熊廷弼路 47 号	江志杰	027-87952052	430200
国家金融监督管理总局黄陂监管支局	武汉市黄陂区前川街黄陂大道 99 号	杨文学	027-61001595	430300
国家金融监督管理总局新洲监管支局	武汉市新洲区邾城街龙腾大街 47 号	何　翔	027-89361070	430400
国家金融监督管理总局仙桃监管支局	仙桃市沙嘴街道沔州大道特 1 号	罗继康	0728-3235911	433000
国家金融监督管理总局潜江监管支局	潜江市湖滨路 4 号	杨　尚	0728-6233916	433100
国家金融监督管理总局天门监管支局	天门市陆羽大道(中)3 号	罗军林	0728-5221098	431700
国家金融监督管理总局神农架监管支局	神农架林区松柏镇连峰街 21 号	海　柱	0719-3335398	442400

(四)中国证券监督管理委员会湖北监管局

表 6-1-4

名　　称	地　　址	负责人	电　话	邮　编
中国证券监督管理委员会湖北监管局	武汉市珞喻路 540 号	殷志诚	027-87460020	430079

(五)国家外汇管理局湖北辖内分支机构

表 6-1-5

名　　称	地　　址	负责人	电　话	邮　编
国家外汇管理局湖北省分局	武汉市武昌区中南路 69 号	林建华	027-87327168	430071

续表 6-1-5

名　称	地　址	负责人	电　话	邮　编
国家外汇管理局黄石市分局	黄石市下陆区桂林南路 5 号	王　芳	0714-6368566	435000
国家外汇管理局十堰市分局	十堰市茅箭区朝阳中路 53 号	鲍明星	0719-8661142	442000
国家外汇管理局宜昌市分局	宜昌市发展大道 33 号	张　朋	0717-6300366	443000
国家外汇管理局襄阳市分局	襄阳市胜利街 9 号	吴安斌	0710-3627226	441021
国家外汇管理局鄂州市分局	鄂州市鄂城区滨湖东路 52 号	尹　峰	0711-3708188	436000
国家外汇管理局荆门市分局	荆门市掇刀区深圳大道(东)16 号	蒋　难	0724-6088301	448124
国家外汇管理局孝感市分局	孝感市长征路 15 号	朱迪星	0712-2831609	432000
国家外汇管理局荆州市分局	荆州市江津西路 258 号	胡赵华	0716-8514320	434000
国家外汇管理局黄冈市分局	黄冈市黄州区黄州大道 52 号	许　波	0713-8353450	438000
国家外汇管理局咸宁市分局	咸宁市双鹤路 9 号	郑　艺	0715-8158166	437100
国家外汇管理局随州市分局	随州市曾都区明珠路 18 号	吴楚平	0722-3323088	441300
国家外汇管理局恩施土家族苗族自治州分局	恩施市施州大道 26 号	常　新	0718-8255095	445000

二、银行业机构

(一)开发性金融机构

表 6-2-1

名　　称	地　　址	负责人	电　话	邮　编
国家开发银行湖北省分行	武汉市武昌区友谊大道 308 号	李少民	027-86759129	430061

(二)政策性银行

表 6-2-2

名　　称	地　　址	负责人	电　话	邮　编
中国进出口银行湖北省分行	武汉市武昌区中北路 108 号附 2 号	陈婉青	027-87112396	430077
中国农业发展银行湖北省分行	武汉市武昌区中北路 229 号	陈志猛	027-87252036	430077
中国农业发展银行湖北省分行营业部	**武汉市武昌区徐东大街 128 号联发九都国际项目 8 栋**	**金　雷**	**027-86600862**	**430070**
中国农业发展银行汉口支行	武汉市江岸区解放公园路 50 号永成大厦 3 层	梁红亮	027-82618371	430064
中国农业发展银行东西湖区支行	武汉市东西湖区二雅路海景南区 B 栋	熊乐耕	027-83256309	430040
中国农业发展银行汉南支行	武汉市武汉经济技术开发区东风三路 9 号	崔　宇	027-84211395	430056
中国农业发展银行蔡甸区支行	武汉市蔡甸区汉阳大街 106 号	王瑾华	027-69814066	430100
中国农业发展银行东湖支行	武汉市江夏区光谷大道 77 号光谷金融港 B5 栋	袁正勇	027-65521982	430073
中国农业发展银行江夏区支行	武汉市江夏区纸坊街江夏大道兴苑街 2 号	曾浩发	027-81822880	430200
中国农业发展银行黄陂区支行	武汉市黄陂区前川街西寺大道 128 号	俞　斌	027-85955618	430300
中国农业发展银行新洲区支行	武汉市新洲区邾城街齐安大道 159 号	张　文	027-89354720	430400
中国农业发展银行仙桃市支行	仙桃市仙桃大道中段 62A	刘奇峰	0728-8238916	433000
中国农业发展银行潜江市支行	潜江市园林办事处章华南路 24 号	邵　笛	0728-6293600	433199
中国农业发展银行天门市支行	天门市竟陵钟惺大道特 55 号	何　亮	0728-5337865	431700
中国农业发展银行黄石市分行	**黄石市湖滨大道 111-1 号**	**柳　琴**	**0714-6253778**	**435000**
中国农业发展银行十堰市分行	**十堰市茅箭区东岳路 13 号**	**张　炜**	**0719-8117899**	**442000**
中国农业发展银行郧阳区支行	十堰市郧阳区城关镇师范路 10 号	孟晓晖	0719-7238028	442500
中国农业发展银行宜昌市分行	**宜昌市体育场路 6 号**	**郭永红**	**0717-6435968**	**443000**
中国农业发展银行宜昌市夷陵区支行	宜昌市夷陵区小溪塔街办黄金路 49 号	王洪涛	0717-7832178	443100
中国农业发展银行襄阳市分行	**襄阳市襄城区檀溪路 48 号**	**赵国庆**	**0710-3536688**	**441000**
中国农业发展银行襄州区支行	襄阳市樊城区松鹤路特 9 号	赵　璇	0710-3159828	441002

续表 6-2-2

名　　称	地　　址	负责人	电　话	邮　编
中国农业发展银行鄂州市分行	**鄂州市鄂城区滨湖北路 21 号**	**朱玲丽**	**027-60661588**	**436099**
中国农业发展银行荆门市分行	**荆门市东宝区象山大道 83 号**	**熊　健**	**0724-2371223**	**448000**
中国农业发展银行孝感市分行	**孝感市孝南区槐荫大道 191 号**	**周治刚**	**0712-2826487**	**432100**
中国农业发展银行荆州市分行	**荆州市荆州区江津西路 428 号**	**王和新**	**0716-8421286**	**434021**
中国农业发展银行黄冈市分行	**黄冈市赤壁大道 79 号**	**王良勇**	**0713-8367686**	**438000**
中国农业发展银行咸宁市分行	**咸宁市咸宁大道 21 号**	**唐芳语**	**0715-8208010**	**437000**
中国农业发展银行咸安区支行	咸宁市咸安区长安大道 95 号	黄　兴	0715-8903388	437000
中国农业发展银行随州市分行	**随州市曾都区青年路 78 号**	**周志华**	**0722-3230288**	**441300**
中国农业发展银行恩施州分行	**恩施市清江东路 5 号**	**熊　华**	**0718-8249189**	**445000**
中国农业发展银行恩施市支行	恩施市清江东路 5 号	覃　磊	0718-8235888	445000

（三）国有大型商业银行

表 6-2-3

名　　称	地　　址	负责人	电　话	邮　编
中国工商银行湖北省分行	**武汉市武昌区中北路 31 号**	**毛卫东**	**027-69908676**	**430071**
中国工商银行武汉分行	**武汉市武昌区中南路 2 号**	**–**	**027-82218346**	**430071**
中国工商银行武汉江岸支行	武汉市江岸区中山大道 988 号	周　涛	027-82219399	430014
中国工商银行武汉黄浦支行	武汉市江岸区解放大道 2613 号百步亭商业广场企业中心现代城六区 1 层 5 号	李晓睿	027-82219613	430012
中国工商银行武汉江汉支行	武汉市江汉区青年路 558 号武汉天街 1 号	屈　炜	027-82217799	430022
中国工商银行武汉汉口支行	武汉市江汉路 60 号	孙曼琳	027-82217908	430014
中国工商银行武汉硚口支行	武汉市硚口区中山大道 3 号	罗　强	027-82217038	430033
中国工商银行武汉汉阳支行	武汉市汉阳区鹦鹉大道 35 号	蔡一凡	027-82216729	430050
中国工商银行武汉武昌支行	武汉市武昌区彭刘杨路体育街口	邹国华	027-82215527	430060
中国工商银行武汉水果湖支行	武汉市武昌区东湖路 65 号	陈　静	027-82215899	430071
中国工商银行武汉青山支行	武汉市青山区和平大道 1538 号	张俊峰	027-82215006	430080
中国工商银行武汉洪山支行	武汉市洪山区珞狮路 33 附 1 号	钱　新	027-82216192	430072
中国工商银行武汉白沙洲支行	武汉市洪山区白沙洲大道 212 号	刘　翼	027-82219108	430064
中国工商银行武汉东西湖支行	武汉市东西湖区东吴大道 1246 号	涂继春	027-82216999	430040
中国工商银行武汉经济技术开发区支行	武汉市武汉经济技术开发区创业路 26 号	贾大勇	027-82216500	430056
中国工商银行武汉蔡甸支行	武汉市蔡甸区蔡甸街汉阳大街 80 号	李　旋	027-82216618	430100
中国工商银行武汉江夏支行	武汉市江夏区文化路 37 号附 2 号	周　田	027-82219006	430200
中国工商银行武汉黄陂支行	武汉市黄陂区板桥大道 234 号	王润雄	027-82219208	430300
中国工商银行武汉空港支行	武汉市黄陂区盘龙城经济开发区盘龙大道 50 号	虢　畅	027-82219268	430300

续表 6-2-3

名　　称	地　　址	负责人	电　话	邮　编
中国工商银行武汉新洲支行	武汉市新洲区新洲大街 124 号	张德胜	027-82219900	430400
中国工商银行湖北自贸试验区武汉片区分行	**武汉市东湖新技术开发区高新大道 780 号附 1105**	**熊建东**	**027-82216068**	**430205**
中国工商银行黄石分行	**黄石市黄石港区南京路 18 号**	**秦　森**	**0714-6224507**	**435000**
中国工商银行十堰分行	**十堰市公园路 7 号**	**李述伟**	**0719-8666052**	**442000**
中国工商银行十堰分行营业部	十堰市张湾区公园路 7 号	刘永东	0719-8661073	442000
中国工商银行十堰茅箭支行	十堰市茅箭区武当路 78 号	陈　妍	0719-8784410	442012
中国工商银行十堰白浪开发区支行	十堰市白浪中路 138 号	苏清平	0719-8313850	442013
中国工商银行十堰红卫支行	十堰市张湾区车城西路 189 号	付　勇	0719-8528556	442000
中国工商银行十堰郧阳支行	十堰市郧阳城关镇解放路 40 号	徐雁冰	0719-7233646	442500
中国工商银行武当山经济开发区支行	十堰市武当山特区太和路 14 号	孙剑云	0719-5661689	442714
中国工商银行神农架林区支行	神农架林区松柏镇常青路 29 号	张　伟	0719-3332872	442400
中国工商银行三峡分行	**宜昌市夷陵大道特 169 号**	**杨开泰**	**0717-6484471**	**443000**
中国工商银行三峡铁路坝支行	宜昌市西陵一路 73 号	姚全胜	0717-6853074	443000
中国工商银行三峡伍家岗支行	宜昌市沿江大道 218-6-1 号	彭韶军	0717-6561073	443001
中国工商银行三峡夷陵支行	宜昌市夷陵区东湖大道 10 号	邓媛媛	0717-7822260	443100
中国工商银行三峡宜昌自贸区支行	宜昌市发展大道 15 号	高筱倩	0717-6331321	443000
中国工商银行襄阳分行	**襄阳市前进路 69 号**	**徐云峰**	**0710-3811264**	**441003**
中国工商银行襄阳襄城支行	襄阳市襄城区西街 39 号	徐　燕	0710-3511277	441021
中国工商银行襄阳樊西支行	襄阳市樊城区长虹路 25 号	黄　盼	0710-3221850	441002
中国工商银行襄阳长征路支行	襄阳市丹江路 18 号	王晨曦	0710-3461728	441000
中国工商银行襄阳襄州支行	襄阳市襄州区航空路 169 号	罗　霖	0710-2823140	441104
中国工商银行襄阳高新技术产业支行	襄阳市高新区东风汽车大道 30B 座	邵　军	0710-3311285	441004
中国工商银行鄂州分行	**鄂州市凤凰路 50 号**	**黄晓群**	**027-60662386**	**436000**
中国工商银行荆门分行	**荆门市象山一路 1 号**	**高幡历**	**0724-6083366**	**448000**
中国工商银行荆门分行营业部	荆门市东宝区象山一路 1 号	成　科	0724-6083157	448000
中国工商银行荆门东宝支行	荆门市金虾路 25 号	刘滢霖	0724-6083387	448000
中国工商银行荆门掇刀支行	荆门市掇刀区白云大道 219 号(中央华府)3-4-5a 幢 123 号	汪恩鹤	0724-6083006	448000
中国工商银行孝感分行	**孝感市园林二路**	**陈祥麟**	**0712-2821526**	**432100**
中国工商银行荆州分行	**荆州市沙市区北京中路 352 号**	**何志宝**	**0716-8213066**	**434000**
中国工商银行荆州分行营业部	荆州市沙市区北京中路 352 号	汪　平	0716-8211960	434000
中国工商银行荆州沙市支行	荆州市沙市区北京东路 151 号	马新涛	0716-8233625	434000
中国工商银行荆州古城支行	荆州市荆州区屈原路 4 号	柳小林	0716-8466243	434100
中国工商银行黄冈分行	**黄冈市新港二路 1 号**	**刘正运**	**0713-8822464**	**438000**
中国工商银行咸宁分行	**咸宁市咸安区淦河大道 66 号**	**秦　强**	**0715-8215866**	**437100**
中国工商银行随州分行	**随州市烈山大道 493 号**	**李建良**	**0722-3319579**	**441300**
中国工商银行恩施分行	**恩施市恩施市施州大道 30 号**	**宋　炜**	**0718-8222826**	**445000**

续表 6-2-3

名　称	地　址	负责人	电　话	邮　编
中国工商银行仙桃支行	仙桃市仙桃大道中段45号	田　波	0728-3319768	433000
中国工商银行潜江支行	潜江市园林办事处章华中路41号	张益博	0728-6255268	433199
中国工商银行天门支行	天门市竟陵办陆羽大道22号	潘　攀	0728-5241338	431700
中国农业银行湖北省分行	**武汉市武昌区津津花园A座**	**厉文世**	**027-68875830**	**430071**
中国农业银行武汉分行	**武汉市江岸区建设大道646号**	**邹卫兵**	**027-68856626**	**430015**
中国农业银行武汉分行营业部	武汉市江岸区建设大道644-648号	陈晓梅	027-85551863	430021
中国农业银行武汉江岸支行	武汉市江岸区香港路86号	欧海燕	027-82868895	430010
中国农业银行武汉金穗支行	武汉市江岸区云林街25号	阮　霞	027-85776409	430015
中国农业银行武汉江汉支行	武汉市江汉区前进一路181-1号	张　华	027-85853992	430020
中国农业银行武汉汉口支行	武汉市江汉区新华路149号	钟　倩	027-85710229	430015
中国农业银行武汉硚口支行	武汉市硚口区建设大道399号附28-29号	袁　炜	027-83649922	430030
中国农业银行武汉江北支行	武汉市硚口区多福路2号汉正街中心商城A座	潘汤思	027-85376048	430030
中国农业银行武汉汉阳支行	武汉市汉阳区汉阳大道184-184号	程斐斌	027-84762128	430050
中国农业银行武汉武昌支行	武汉市武昌区友谊大道2号	李丽娟	027-88779275	430061
中国农业银行武汉东湖支行	武汉市武昌区中北路津津花园A座	宋　杰	027-68875465	430060
中国农业银行武汉青山支行	武汉市青山区和平大道1530号	陈晓春	027-86313277	430080
中国农业银行武汉洪山支行	武汉市洪山区珞狮路6号	刘　冰	027-87863603	430070
中国农业银行武汉东西湖支行	武汉市东西湖区二雅路79号	柯红梅	027-83891378	430040
中国农业银行武汉开发区支行	武汉市武汉经济技术开发区创业路50号	左　佳	027-84891991	430056
中国农业银行武汉蔡甸支行	武汉市蔡甸区汉阳大街110号	林　峰	027-84943450	430100
中国农业银行武汉江夏支行	武汉市东湖新技术开发区大学园路12号中国农业银行武汉市江夏支行办公楼1—2层	余　巍	027-87952326	430073
中国农业银行武汉黄陂支行	武汉市黄陂区前川街黄陂大道140号	邓黄鹏	027-85931634	430300
中国农业银行武汉长江新区支行	武汉市黄陂区武湖街汉口北大道与黄武公路交叉口西南仓储用房项目仓库E-2栋/单元1层5号、6号,2层5号、6号、7-01号	贾　刚	027-85762608	430300
中国农业银行武汉新洲支行	武汉市新洲区邾城街邾城新区衡州大街95号	蔡　婕	027-89354276	431400
中国农业银行湖北自贸试验区武汉片区分行	**武汉市洪山区关山大道111号光谷时代广场A座**	**程顺琴**	**027-87668560**	**430070**
中国农业业银行武汉光谷金融中心支行	武汉市东湖新技术开发区高新大道668号光谷金融中心1层4号商铺	刘向阳	027-87453047	430070
中国农业银行黄石分行	**黄石市环湖路19号**	**王汉生**	**0714-5313288**	**435000**
中国农业银行黄石黄石港支行	黄石市黄石大道1030号	何紫平	0714-5313020	435000
中国农业银行黄石胜阳港支行	黄石市广场路37号	於良誉	0714-5313297	435000
中国农业银行黄石石灰窑支行	黄石市西塞山区沿湖路638号	肖国栋	0714-5313171	435000
中国农业银行黄石团城山支行	黄石市杭州路4号	阮　琪	0714-5313116	435000
中国农业银行十堰分行	**十堰市茅箭区人民南路20号**	**欧阳堰**	**0719-8898528**	**442000**
中国农业银行十堰分行营业部	十堰市茅箭区人民南路20号	胡　凯	0719-8898581	442000

续表 6-2-3

名　称	地　址	负责人	电　话	邮　编
中国农业银行十堰茅箭支行	十堰市茅箭区武当路 41 号	徐　凌	0719-8762968	442000
中国农业银行十堰经济开发区支行	十堰市白浪中路 126 号	姚　璐	0719-8318388	442000
中国农业银行十堰张湾支行	十堰市张湾区公园路 71 号	吴向生	0719-8683988	442000
中国农业银行十堰郧阳支行	十堰市郧阳区城关镇金沙路 8 号	韩美敬	0719-7232831	442500
中国农业银行武当山旅游经济特区支行	十堰市武当山特区玉虚路 25 号	朱华兵	0719-5667368	442700
中国农业银行神农架林区支行	神农架林区松柏镇中心街 5 号	黄腾飞	0719-3335099	442400
中国农业银行宜昌分行	**宜昌市云集路 17 号**	**黄学军**	**0717-6251208**	**443000**
中国农业银行西陵支行	宜昌市西陵区珍珠路 80 号	刘俊华	0717-6913388	443000
中国农业银行伍家支行	宜昌市伍家岗区沿江大道 218 72 号	李　敏	0717-6566952	443000
中国农业银行城中支行	宜昌市胜利四路 26 号	钟　华	0717-6492788	443000
中国农业银行东山支行	宜昌市胜利四路 26 号(农行大厦)	李卫星	0717-6909861	443000
中国农业银行点军支行	宜昌市点军区江南路 128 号	胡征成	0717-6672668	443000
中国农业银行猇亭支行	宜昌市猇亭区金猇路 109 号	王倍贝	0717-6514258	443000
中国农业银行夷陵支行	宜昌市云集路 17 号	陈　军	0717-6253086	443000
中国农业银行宜昌支行	宜昌市夷陵区明珠路 1 号	胡小龙	07177711818	443000
中国农业银行江北支行	宜昌市夷陵大道 89 号	沈　民	0717-6920231	443000
中国农业银行葛洲坝支行	宜昌市夷陵大道 2 号	向　飞	0717-6792608	443000
中国农业银行襄阳分行	**襄阳市襄城区檀溪路 166-1 号**	**方　华**	**0710-3638777**	**441022**
中国农业银行襄阳襄城支行	襄阳市襄城区南街 8 号	焦　杨	0710-3511923	441021
中国农业银行襄阳樊城支行	襄阳市樊城区建设路 12 号	刘西华	0710-3638566	441002
中国农业银行襄阳襄州支行	襄阳市襄州区张湾镇航空路 132 号	杨　进	0710-2819509	441104
中国农业银行襄阳高新区支行	襄阳市高新区春园路 9 号	赵　炜	0710-3638609	441000
中国农业银行襄阳经开区支行	襄阳市高新技术产业开发区东风汽车大道 60 号	叶俊伟	0710-3317256	441000
中国农业银行襄阳东津新区支行	襄阳市东津新区(经开区)内环路东津世纪城 3-2 号地块 2 幢	陈昆鹏	0710-3638671	441138
中国农业银行鄂州分行	**鄂州市鄂城区文星大道 36-1 号国贸大厦**	**欧海燕**	**0711-3835865**	**436000**
中国农业银行鄂州梁子湖支行	鄂州市梁子湖区区府路 29 号	丁剑锋	0711-2411887	436060
中国农业银行鄂州华容支行	鄂州市华容区华容镇楚藩大道 230 号(华容区政府旁)	李　金	0711-3581240	436030
中国农业银行鄂州鄂城支行	鄂州市鄂城区文星大道 110 号(鄂州市妇幼医院对面)	罗　嵬	0711-3871837	436000
中国农业银行鄂州国贸支行	鄂州市鄂城区文星大道 36-1 号国贸大厦	吴　炜	0711-3211990	436000
中国农业银行鄂州文星支行	鄂州市鄂城区文星大道 60 号	张　洲	0711-3227790	436000
中国农业银行鄂州葛店开发区支行	鄂州市葛店开发区康源路 45 号	王　燕	0711-3812229	436032
中国农业银行银行荆门分行	**荆门市掇刀区深圳大道东 10 号**	**解顺林**	**0724-2359666**	**448000**
中国农业银行银行东宝支行	荆门市象山大道 37 号	向　花	0724-2638168	448000
中国农业银行银行向阳支行	荆门市东宝区象山一路 28 号	王　峰	0724-2638380	448000

续表 6-2-3

名　　称	地　　址	负责人	电　话	邮　编
中国农业银行银行掇刀支行	荆门市掇刀区深圳大道 9 号	桂　霞	0724-2638218	448000
中国农业银行银行五三农场支行	荆门市屈家岭管理区五三大道 259 号	杨　凯	0724-7411889	431821
中国农业银行孝感分行	**孝感市长征路 137 号**	**柴小华**	**0712-2869588**	**432100**
中国农业银行市直支行	孝感市城站路 133 号	喻　磊	0712-2869386	432100
中国农业银行孝南支行	孝感市槐荫大道 482 号	汪克庆	0712-2822286	432100
中国农业银行荆州分行	**荆州市荆州区东环路 60 号**	**胡汉军**	**0716-8426267**	**434000**
中国农业银行荆州直属支行	荆州市荆州区荆东路 53 号	王　俊	0716-8466712	434020
中国农业银行荆州沙市支行	荆州市沙市区北京中路 318 号	余　谦	0716-8225922	434000
中国农业银行荆州江津支行	荆州市沙市区塔桥路 50 号	姚　乙	0716-8523312	434000
中国农业银行荆州楚都支行	荆州市江津西路 417 号	阮　成	0716-8266194	434100
中国农业银行荆州经济开发区支行	荆州市沙市区江津东路 173 号	杨　华	0716-8128073	434000
中国农业银行黄冈分行	**黄冈市黄州区新港大道 2 号**	**毛晓鹏**	**0713-8990128**	**438000**
中国农业银行黄冈黄州支行	黄冈市黄州区宝塔大道 70 号	张　瑶	0713-8351788	438000
中国农业银行咸宁分行	**咸宁市温泉淦河大道 37 号**	**梁宏刚**	**0715-8283000**	**437100**
中国农业银行咸安支行	咸宁市咸安区长安大道 69 号	贾　婷	0715-8283130	437000
中国农业银行温泉支行	咸宁市温泉淦河大道 37 号	龚　民	0715-8283152	437100
中国农业银行随州分行	**随州市曾都区青年路 81 号**	**林永传**	**0722-3313611**	**441300**
中国农业银行曾都支行	随州市曾都区解放路 43 号	李显华	0722-3223409	441300
中国农业银行开发区支行	随州市经济开发区交通大道 K38 号	杜　元	0722-3581399	441300
中国农业银行恩施分行	**恩施市施州大道 24 号**	**何　辉**	**0718-8244114**	**445000**
中国农业银行恩施市支行	恩施市航空大道 115 号	王　帅	0718-8214808	445000
中国农业银行仙桃分行	**仙桃市仙桃大道中段 37 号**	**刘义汉**	**0728-3226179**	**433000**
中国农业银行潜江分行	**潜江市章华中路 39 号**	**詹　伟**	**0728-8680163**	**433199**
中国农业银行天门分行	**天门市竟陵人民大道中 118 号**	**王　瑾**	**0728-5814042**	**431700**
中国银行湖北省分行	**武汉市江汉区新华路 219 号**	**俞　群**	**027-85562959**	**430013**
中国银行武汉省直支行	武汉市武昌区徐东大街 137 号	胡　忠	027-86611117	430063
中国银行武汉市直支行	武汉市解放大道 1320 号	李从和	027-82738961	430000
中国银行武汉江岸支行	武汉市江岸区澳门路 232 号	刘　波	027-82411221	430019
中国银行武汉江汉支行	武汉市江汉区建设大道 677 号	陈辉忠	027-85777033	430022
中国银行武汉硚口支行	武汉市江岸区黄石路 65 号	黄　丹	027-82859109	430015
中国银行武汉汉阳支行	武汉市汉阳区汉阳大道 182 号	洪　欣	027-84836753	430050
中国银行武汉武昌支行	武汉市武昌区中山路 45 号	杨永兵	027-88235509	430061
中国银行武汉青山支行	武汉市青山区和平大道 1284 号	金　飚	027-68866559	430080
中国银行武汉经济技术开发区支行	武汉市武汉经济技术开发区神龙大道 109 号	辛　勤	027-84955898	430056
中国银行武汉东湖开发区分行	**武汉市洪山区卓刀泉路 35 号**	**高均平**	**027-87521915**	**430079**
中国银行湖北自贸试验区武汉片区分行	**武汉市东湖新技术开发区高新大道 668 号 A 座 105 号**	**刘　建**	**027-87509713**	**430070**

续表 6-2-3

名　称	地　址	负责人	电　话	邮　编
中国银行黄石分行	**黄石市桂林路 1 号**	**王　勇**	**0714-6357380**	**435003**
中国银行十堰分行	**十堰市人民中路 30 号**	**陈　戎**	**0719-8689705**	**442000**
中国银行三峡分行	**宜昌市胜利四路 10 号**	**王　政**	**0717-6227536**	**443000**
中国银行襄阳分行	**襄阳市樊城区长虹北路 6 号**	**喻　玮**	**0710-3243503**	**441002**
中国银行鄂州分行	**鄂州市文星大道 88 号**	**李进军**	**0711-3226163**	**436000**
中国银行荆门分行	**荆门市掇刀区象山大道 188 号**	**汪　洋**	**0724-2333534**	**448000**
中国银行孝感分行	**孝感市长征路 76 号**	**黄　健**	**0712-2319018**	**432000**
中国银行荆州分行	**荆州市荆州区黄金堂路 26 号**	**汪海峰**	**0716-8466413**	**434100**
中国银行黄冈分行	**黄冈市黄州区西湖二路 29 号**	**方国森**	**0713-8364380**	**438000**
中国银行咸宁分行	**咸宁市温泉淦河大道 68 号**	**李俊敏**	**0715-8255712**	**437100**
中国银行随州分行	**随州市烈山大道 182 号**	**叶　谦**	**0722-3239363**	**441300**
中国银行恩施分行	**恩施市航空路 35 号**	**周建峰**	**0718-8234979**	**445000**
中国银行仙桃分行	**仙桃市复州大道 264 号**	**朱　鸿**	**0728-3223410**	**433000**
中国银行潜江分行	**潜江市园林办事处章华中路 29 号**	**陈家健**	**0728-6244535**	**433100**
中国银行天门分行	**天门市竟陵船闸北路 18 号**	**周　进**	**0728-5241929**	**431700**
中国建设银行湖北省分行	**武汉市江汉区建设大道 709 号**	**江文波**	**027-65775688**	**430015**
中国建设银行湖北省分行营业部	武汉市江汉区建设大道 709 号	何泽兵	027-65776328	430015
中国建设银行武汉省直支行	武汉市武昌区中南路 1 号	黄自强	027-87813699	430071
中国建设银行武汉江岸支行	武汉市解放大道 1328 号	陈渊博	027-82280958	430010
中国建设银行武汉硚口支行	武汉市硚口区建设大道 318 号	郭广海	027-83995081	430032
中国建设银行武汉钢城支行	武汉市洪山区友谊大道 534 附 3 号	冯　进	027-86860368	430063
中国建设银行武汉东西湖支行	武汉市东西湖区东吴大道 1043 号	张　铮	027-83216839	430040
中国建设银行武汉开发区支行	武汉市武汉经济技术开发区创业道 10 号	吴　迅	027-84898583	430056
中国建设银行武汉蔡甸支行	武汉市蔡甸区蔡甸街独山村金家上城-新都汇	陈荣学	027-69110999	430100
中国建设银行武汉江夏支行	武汉市江夏区纸坊街兴新街 357 号	杨中华	027-87959969	430200
中国建设银行武汉黄陂支行	武汉市黄陂区前川百秀街 30 号	李炳云	027-61002382	430300
中国建设银行武汉新洲支行	武汉市新洲区新洲大街 134 号	刘　超	027-86923357	430400
中国建设银行武汉光谷自贸区分行	**武汉市东湖新技术开发区光谷大道 70 号**	**丁小龙**	**027-65525088**	**430079**
中国建设银行黄石分行	**黄石市西塞山区颐阳路 560 号**	**段琼玺**	**0714-6242205**	**435000**
中国建设银行十堰分行	**十堰市张湾区朝阳北路 2 号**	**刘　晖**	**0719-8657066**	**442000**
中国建设银行三峡分行	**宜昌市西陵一路 1 号**	**杨　浩**	**0717-6758815**	**443000**
中国建设银行襄阳分行	**襄阳市樊城区长征路 117 号**	**袁　泉**	**0710-3468888**	**441000**
中国建设银行鄂州分行	**鄂州市鄂城区滨湖北路 1 号**	**崔　淳**	**0711-3835388**	**436000**
中国建设银行荆门分行	**荆门市东宝区象山一路 19 号**	**周朝晖**	**0724-2378598**	**448000**
中国建设银行孝感分行	**孝感市城站路 38 号**	**王　兵**	**0712-2836188**	**432000**
中国建设银行荆州分行	**荆州市荆州区荆州北路 18 号**	**向　黔**	**0716-8460028**	**434020**

续表 6-2-3

名　　称	地　址	负责人	电　话	邮　编
中国建设银行黄冈分行	**黄冈市黄州区新港大道 118 号**	**谢　伟**	**0713-8826266**	**438000**
中国建设银行咸宁分行	**咸宁市温泉潜山路 32 号**	**杨　兵**	**0715-8261779**	**437100**
中国建设银行随州分行	**随州市沿河大道 68 号**	**杨　杰**	**0722-3263138**	**441300**
中国建设银行恩施分行	**恩施市东风大道 571 号**	**薛实高**	**0718-8294209**	**445000**
中国建设银行仙桃分行	**仙桃市仙桃大道中段 64 号**	**黄亚武**	**0728-3317383**	**433000**
中国建设银行潜江分行	**潜江市园林办事处章华南路 1 号**	**徐　平**	**0728-6290166**	**433100**
中国建设银行天门分行	**天门市西湖路西银座帝景湾(中央商务区)02 幢**	**郑又强**	**0728-3909966**	**431700**
交通银行湖北省分行	**武汉市江汉区建设大道 847 号**	**陈　忠**	**027-85487102**	**430015**
交通银行武汉市直支行	武汉市江岸区三阳路 43 号	肖纪芳	027-85487873	430015
交通银行武汉江岸支行	武汉市江岸区解放大道 1501 号	贺国庆	027-85711837	430016
交通银行武汉花桥支行	武汉市江岸区建设大道 1057 号	范　琪	027-82309636	430019
交通银行武汉香港路支行	武汉市江岸区建设大道 702 号	余阿莉	027-85583196	430015
交通银行武汉江汉支行	武汉市江汉区青年路 488 号	陈　曼	027-85616906	430015
交通银行武汉硚口支行	武汉市江汉区建设大道 611 号	朱　璐	027-83619961	430030
交通银行武汉武胜支行	武汉市硚口区武胜路 103 号 4 栋	陈红炬	027-83635910	430030
交通银行武汉太平洋支行	武汉市硚口区解放大道 509 号	姜冀恺	027-83886506	430030
交通银行武汉汉阳支行	武汉市汉阳区汉阳大道 140 号闽东国际城西区 1—3 层 01 号	杨小帆	027-84618183	430050
交通银行武汉武昌支行	武汉市武昌区中南路 80 号	何　川	027-87321078	430071
交通银行武汉水果湖支行	武汉市武昌区中北路 106 附 2 号	张学芳	027-87822288	430077
交通银行武汉青山支行	武汉市青山区沿港路 1 号	於斯露	027-86302362	430080
交通银行武汉洪山支行	武汉市洪山区雄楚大街 268 号	庞　敏	027-87788853	430070
交通银行武汉东湖新技术开发区支行	武汉市洪山区民族大道 38 号附 101	盛凯旋	027-87885566	430074
交通银行武汉东西湖支行	武汉市东西湖区临空港大道 158 号附 3	陈　静	027-83291900	430040
交通银行武汉经济技术开发区支行	武汉市武汉经济技术开发区创业道 16 号	刘　波	027-84895778	430056
交通银行武汉江夏支行	武汉市江夏区纸坊街文化路 26 号	张碧琨	027-81779527	430022
交通银行湖北自贸试验区武汉片区分行	**武汉市东湖新技术开发区软件园路 1 号**	**秦　菁**	**027-87789270**	**430074**
交通银行黄石分行	**黄石市下陆区桂林北路 36 号**	**潘　翼**	**0714-6367799**	**435000**
交通银行十堰分行	**十堰市茅箭区北京北路 88 号百强世纪城 1 期 6 号楼 1—5 层**	**谢小林**	**0719-8616967**	**442000**
交通银行宜昌分行	**宜昌市伍家岗区胜利四路 22 号**	**黄　骏**	**0717-6485826**	**443000**
交通银行襄阳分行	**襄阳市樊城区沿江大道特 8 号**	**陈前华**	**0710-3595559**	**441000**
交通银行鄂州分行	**鄂州市鄂城区滨湖西路财政局南侧锦湖籁宝丽嘉园 1 号楼 1 层 08—09 号、2 层 01 号,2 号楼 1 层 01—07 号**	**刘　玮**	**027-60265966**	**436000**
交通银行荆门分行	**荆门市东宝区白云大道 35 号**	**尹纪华**	**0724-6071699**	**448000**
交通银行孝感分行	**孝感市孝南区乾坤大道 13-1 号**	**袁智明**	**0712-2516518**	**432000**

续表 6-2-3

名　称	地　址	负责人	电　话	邮　编
交通银行荆州分行	**荆州市沙市区北京中路334号**	**张　剑**	**0716-4087999**	**434000**
交通银行黄冈分行	**黄冈市黄州区赤壁大道86号**	**刘　浩**	**0713-8889797**	**438000**
交通银行咸宁分行	**咸宁市咸安区银泉大道506号咸宁时代广场5幢**	**田　展**	**0715-8066799**	**437100**
交通银行随州分行	**随州市曾都区交通大道100号(文峰塔居委会七组)世纪外滩小区29号楼1—2层商铺**	**韩振彪**	**0722-3989166**	**441300**
中国邮政储蓄银行湖北省分行	武汉市江汉区云霞路183号	张雪松	027-65778454	430022
中国邮政储蓄银行武汉市分行	**武汉市江汉区金家墩特1号**	**李晓刚**	**027-85889906**	**430023**
中国邮政储蓄银行武汉市江汉区支行	武汉市江岸区香港路151附1号	程　实	027-85559058	430015
中国邮政储蓄银行武汉市洪山区支行	武汉市洪山区文治街55号附4号	赵　锋	027-87775089	430070
中国邮政储蓄银行湖北自贸试验区武汉片区支行	武汉市东湖新技术开发区东信路光谷创业街10栋1单元1层	李　芳	027-87492818	430074
中国邮政储蓄银行武汉市东西湖区支行	武汉市东西湖区吴中街280附1号	吴　刚	027-83239981	430040
中国邮政储蓄银行武汉市开发区支行	武汉市汉阳区墨水湖北路452附2号	李凌翔	027-84777298	430051
中国邮政储蓄银行武汉市蔡甸区支行	武汉市蔡甸区蔡甸街苏李路1附1号富强、都市乾元	牟海英	027-69849099	430100
中国邮政储蓄银行武汉市江夏区支行	武汉市江夏区纸坊街兴新街176号	蒋昊君	027-87916884	430200
中国邮政储蓄银行武汉市黄陂区支行	武汉市黄陂区前川民安街123号	赵　伟	027-85938626	430300
中国邮政储蓄银行武汉市新洲区支行	武汉市新洲区永安大道13-21号	刘　军	027-89357289	430400
中国邮政储蓄银行黄石分行	**黄石市下陆区白马路天域名流3-109号、3-202号、3-302号**	**刘　波**	**0714-6309920**	**435000**
中国邮政储蓄银行十堰分行	**十堰市茅箭区朝阳中路51号**	**吴天武**	**0719-8685519**	**442000**
中国邮政储蓄银行十堰市郧阳区支行	十堰市郧阳区城关镇解放路117号	刘　燕	0719-7108807	442500
中国邮政储蓄银行宜昌分行	**宜昌市福绥路47号**	**徐　玲**	**0717-6914772**	**443000**
中国邮政储蓄银行宜昌市夷陵区支行	宜昌市夷陵区夷兴大道32号	马旭红	0717-7839409	443100
中国邮政储蓄银行襄阳分行	**襄阳市前进路111号**	**陈　英**	**0710-3223457**	**441100**
中国邮政储蓄银行襄阳市襄州区支行	襄阳市襄州区城关镇交通路2号	何　丽	0710-2810005	441100
中国邮政储蓄银行鄂州分行	**鄂州市鄂城区凤凰路25号**	**刘　欢**	**0711-3869030**	**436000**
中国邮政储蓄银行荆门分行	**荆门市金龙泉大道2号**	**侯　军**	**0724-2388965**	**420801**
中国邮政储蓄银行孝感分行	**孝感市孝南经济开发区新华路188号**	**贺　海**	**0712-2596012**	**432000**
中国邮政储蓄银行荆州分行	**荆州市荆州区江津西路401号**	**李　然**	**0716-8461018**	**434000**
中国邮政储蓄银行荆州市荆楚支行	荆州市沙市区江津中路212号-附1号	沈真莉	0716-8350650	434000
中国邮政储蓄银行黄冈分行	**黄冈市黄州区新港大道19号**	**熊乃乙**	**0713-8624519**	**438000**
中国邮政储蓄银行黄冈市黄州区支行	黄冈市黄州区胜利街26号	刘明芳	0713-8350316	438000
中国邮政储蓄银行咸宁分行	**咸宁市咸安区温泉街道办事处温泉路92号**	**张　诺**	**0715-8261570**	**437100**
中国邮政储蓄银行咸宁市咸安区支行	咸宁市咸安区长安大道66号	姚　琪	0715-8876960	437100
中国邮政储蓄银行随州分行	**随州市曾都区白云大道南侧白鹤山银苑商业大楼A座1-8层**	**李秀安**	**0722-3322961**	**441300**

续表 6-2-3

名　　称	地　　址	负责人	电　话	邮　编
中国邮政储蓄银行恩施分行	**恩施市金子坝街道办事处耿家坪社区1幢(综合业务用房)101—901**	**付艳林**	**0718-8229547**	**445000**
中国邮政储蓄银行恩施市支行	恩施市航空大道218号	刘亚军	0718-8231218	445000
中国邮政储蓄银行仙桃市支行	仙桃市黄金大道与钱沟路交叉路口福星城2号楼	刘年加	0728-3239992	433000
中国邮政储蓄银行潜江市支行	潜江市章华南路35号	梁俊启	0728-6955385	433199
中国邮政储蓄银行天门市支行	天门市竟陵钟惺大道南西湖路东	赵　毅	0728-5359653	431700
中国邮政储蓄银行神农架林区支行	神农架林区松柏镇常青路28号	赵　莹	0719-3335927	442400

(四)股份制商业银行

表 6-2-4

名　　称	地　　址	负责人	电　话	邮　编
中信银行武汉分行	**武汉市江岸区建设大道747号中信大厦**	**盛　飚**	**027-85355211**	**430015**
中信银行武汉竹叶山支行	武汉市江岸区黄孝河路特1号	任　杰	027-82638888	430010
中信银行武汉三阳路支行	武汉市江岸区解放大道1208号附102号	罗　莉	027-82203511	430010
中信银行武汉后湖支行	武汉市江岸区兴业路180号	石　磊	027-82269178	430013
中信银行武汉滨江支行	武汉市江岸区南京路2号	张　欣	027-82755921	430014
中信银行武汉汉口支行	武汉市江汉区发展大道222号华南国际大厦1—2层	李奕瑾	027-65681045	430023
中信银行武汉青年路支行	武汉市江汉区青年路369号财富中心1层7、8号商铺	周　伟	027-83735066	430030
中信银行武汉新华路支行	武汉市江汉区新华街精武路14号越秀国际金融汇二期9栋7、8、9、10商号	吴　凌	027-83625550	430034
中信银行武汉江汉路支行	武汉市江汉区黄陂街18号武汉长江航运中心7栋/单元1—2层商号	许　竞	027-82781666	430014
中信银行武汉王家墩支行	武汉市硚口区解放大道588号	王　玮	027-83606888	430071
中信银行武汉汉正街支行	武汉市硚口区多福路8号汉正街中心商城1—2层	张　可	027-85386888	430031
中信银行武汉汉阳支行	武汉市汉阳区建桥街鹦鹉大道137号附17、18、19号	贺　昊	027-84840466	430050
中信银行武汉王家湾支行	武汉市汉阳区龙阳大道76号九州通大厦1层1商102、103物业	余　洋	027-84959888	430051
中信银行武汉武昌支行	武汉市武昌区解放路168号附50—55号	陈　炜	027-88325311	430080
中信银行武汉水果湖支行	武汉市武昌区水果湖横路11号	张　凯	027-87122288	430030
中信银行武汉中南支行	武汉市武昌区中北路1号洪山宾馆1层	周进洲	027-87838785	430071
中信银行武汉积玉桥支行	武汉市武昌区和平大道219号	李文竹	027-86778006	430060
中信银行武汉青山支行	武汉市青山区和平大道青扬十街商业门面1—2层	王　昊	027-86866910	430080

续表 6-2-4

名　　称	地　　址	负责人	电　话	邮　编
中信银行武汉东湖支行	武汉市洪山区珞喻路724附4号	黄超群	027-87806166	430074
中信银行武汉梨园支行	武汉市洪山区欢乐大道9号正堂时代1号楼	刘　丽	027-88127188	430077
中信银行武汉徐东支行	武汉市洪山区友谊大道508号万利广场1—2层	陈明霞	027-86615668	430070
中信银行武汉南湖支行	武汉市洪山区文治街30号武昌府1号商业栋	董文超	027-88159666	430070
中信银行武汉街道口支行	武汉市洪山区武珞路718号智能大厦1层	陈启强	027-87873205	430070
中信银行武汉自贸区支行	武汉市东湖新技术开发区关山大道473号光谷新发展国际中心B座裙楼B1-12、B1-13、B2-05、B2-06号物业和B2-08号物业的部分区域	孟　伟	027-87510886	430074
中信银行武汉光谷科创支行	武汉市东湖新技术开发区高新大道789号国采中心5、6、7栋7—8单元1—2层05号商铺	孟　伟	027-65525302	430074
中信银行武汉光谷高新支行	武汉市东湖新技术开发区关山大道111号光谷国际商务中心C栋1层04、05、06号	翟　洲	027-87806886	430074
中信银行武汉东西湖支行	武汉市东西湖区东吴大道1018号西湖广场1、2栋1—2层	万叶慧	027-83080699	430040
中信银行武汉经济技术开发区支行	武汉市武汉经济技术开发区神龙街122号	叶　幸	027-82411111	430056
中信银行武汉东风支行	武汉市武汉经济技术开发区东风三路1号东合中心B座1—2层	程晓航	027-84282900	430056
中信银行武汉江夏支行	武汉市江夏区与北华街3附19	宋　峻	027-81786730	430200
中信银行黄石分行	**黄石市下陆区杭州西路71号**	**王胜林**	**0714-6226555**	**435000**
中信银行黄石天津路支行	黄石市黄石港区天津路9号	汪琪荃	0714-6366037	435000
中信银行十堰分行	**十堰市茅箭区北京北路111号汇城大厦东山路侧1—3层**	**叶天翔**	**0719-8106678**	**442000**
中信银行十堰三堰支行	十堰市茅箭区人民南路40号1—2层	桂超群	0719-8883057	442005
中信银行十堰江苏路支行	十堰市茅箭区五堰街办江苏路8号2幢-2-12	江丽君	0719-8680925	442005
中信银行十堰张湾支行	十堰市张湾区车城街办公园路103号2幢2-1	章　豪	0719-8680519	442000
中信银行宜昌分行	**宜昌市西陵区西陵一路15号金安东诚109商铺**	**史彦靖**	**0717-6495558**	**443000**
中信银行宜昌新区支行	宜昌市伍家岗区沿江大道218号江山多娇一期6号楼2号街铺1—2层	贺　傲	0717-6595558	443000
中信银行宜昌夷陵支行	宜昌市夷陵区锦江大道55-2号家旺国际广场1—2层	黄林林	0717-7595558	443100
中信银行襄阳分行	**襄阳市樊城区长虹路56号**	**罗　瑾**	**0710-3467555**	**441000**
中信银行襄阳襄城支行	襄阳市襄城区檀溪路檀溪商务中心1—2层	李亚菲	0710-3086555	441021
中信银行襄阳襄州支行	襄阳市襄州区永安南路民发世界城一期汇景园7栋101—102号	张　辉	0710-3105551	441004

续表 6-2-4

名　　称	地　　址	负责人	电　话	邮　编
中信银行襄阳高新支行	襄阳市高新技术产业开发区二汽基地金融服务区 1—3 层	陈　磊	0710-3380345	441004
中信银行鄂州支行	鄂州市鄂城区古城路 91 号	洪　蕾	0711-3835787	436000
中信银行荆州分行	**荆州市沙市区北京中路 241 号 1—2 层**	**万　旌**	**0716-8811186**	**434000**
中信银行荆州古城支行	荆州市荆州区荆中路 80 号	赵大连	0716-8811123	434000
中信银行黄冈分行	**黄冈市黄州区八一路森泰公寓一号楼 1 幢 1—3 层**	**严艳芳**	**0713-8588185**	**438000**
中国光大银行武汉分行	**武汉市汉口沿江大道 143-144 暨青岛路 2 号**	**谭梦湘**	**027-82796281**	**430014**
中国光大银行武汉分行营业部	武汉市汉口沿江大道 143-144 号暨青岛路 2 号	汪腊春	027-82796399	430014
中国光大银行武汉江岸支行	武汉市江岸区解放大道 1155 号	陈　科	027-85413707	430014
中国光大银行武汉花桥支行	武汉市江岸区黄孝河路 48 号颐和丽晶大厦 B2-8 号 1、2 层	王向成	027-82796282	430014
中国光大银行武汉金桥支行	武汉市江岸区金桥大道 20 号(金岛·金桥壹号商业街 3 号楼 1、2 层部分)	胡　胜	027-85873897	430014
中国光大银行武汉汉口支行	武汉市江汉区姑嫂树路 15 号	夏　莉	027-83903078	430024
中国光大银行武汉新华支行	武汉市新华路 186 号福星城市花园裙楼北侧 1、2 层	陈　薇	027-85830622	430022
中国光大银行武汉硚口支行	武汉市硚口区解放大道 233 号“武汉联发九都府”2 号楼商业门面 1、2 层	胡　雨	027-83885198	430030
中国光大银行武汉汉阳支行	武汉市汉阳区芳草路 18 号“十里景秀”10 号楼 1 层门面	周　进	027-84456508	430050
中国光大银行武汉钟家村支行	武汉市汉阳区拦江路 219 号江涛大厦 1、2 层	钟　伟	027-84805866	430050
中国光大银行武汉武昌支行	武汉市洪山区鲁磨路 118 号	袁广宇	027-87785181	430070
中国光大银行武汉中南支行	武汉市武昌区中南路 19 号中南建筑设计院大楼 1 层	陈晓琴	027-87891651	430070
中国光大银行武汉中北支行	武汉市武昌区中北路 148 号-1 号东沙大厦南侧裙楼 1、2 层	宋　园	027-87818836	430060
中国光大银行武汉徐东支行	武汉市武昌区徐东大街 301 号电力公司团结小区三期 1 层	佘志琴	027-86615966	430070
中国光大银行武汉积玉桥支行	武汉市武昌区和平大道 508 号欧林湾 2 栋第八、九号商铺	姚　刚	027-88771208	430060
中国光大银行武汉汉街支行	武汉市武昌区公正路 216 号安顺月光广场 16 栋平安国际金融大厦 1 层 C 区	王丽梅	027-87316720	430060
中国光大银行武汉黄鹤楼支行	武汉市武昌区解放路 466-472 号	高　华	027-88720602	430060
中国光大银行武汉青山支行	武汉市青山区和平大道 1258 号“武汉青城国际”10—13 号、14 号商铺	白　帆	027-86862676	430080
中国光大银行武汉洪山支行	武汉市洪山区武珞路 745 号	易　刚	027-87869155	430070
中国光大银行武汉书城路支行	武汉市洪山区书城路 18 号创意大楼 1、2 层	冯曼琼	027-87598908	430070
中国光大银行武汉金融港支行	武汉市东湖新技术开发区金融港四路 18 号普天物联网创新研发基地(二期)12 栋 1—5 层 2、3、4 门面	刘　冲	027-83887225	430200

续表 6-2-4

名　　称	地　　址	负责人	电　话	邮　编
中国光大银行武汉东湖支行	武汉市东湖新技术开发区关山大道465号光谷创意大厦C座1层	毛　翀	027-87055728	430070
中国光大银行武汉东西湖支行	武汉市东西湖区一清路168号竹叶海嘉园	周　龙	027-83265016	430040
中国光大银行武汉经济技术开发区支行	武汉市武汉经济技术开发区万达广场A区第S3栋1—3层	陈力炜	027-84898869	430050
中国光大银行武汉盘龙城支行	武汉市黄陂区盘龙城经济开发区叶店村珩生领袖城丁7号栋1—2层商12、13号	张　彦	027-85035919	432200
中国光大银行黄石分行	**黄石市团城山桂林南路33号**	**王　胜**	**0714-6219001**	**435000**
中国光大银行宜昌分行	**宜昌市西陵区献福路1号美岸观邸·滨江商务大厦1—3层**	**庞　杰**	**0717-6577755**	**443000**
中国光大银行襄阳分行	**襄阳市高新技术开发区长虹北路中润大厦一栋1、2层**	**张　帆**	**0710-3616111**	**441100**
中国光大银行荆州分行	**荆州市沙市区北京东路155号**	**徐　静**	**0716-8812880**	**434000**
中国光大银行黄冈分行	**黄冈市黄州大道60号(山河晶座1层)**	**李　曦**	**0713-8887510**	**438000**
招商银行武汉分行	武汉市江汉区云霞路188号	刘　波	027-85495855	430023
招商银行武汉分行营业部	武汉市江汉区云霞路188号	幸　路	027-81801619	430023
招商银行武汉江岸支行	武汉市汉口解放大道1338号	陈　濛	027-83324042	430010
招商银行武汉硚口支行	武汉市汉口解放大道612号武汉体育馆南侧	刘浩川	027-85502996	430030
招商银行武汉汉阳支行	武汉市汉阳区汉阳大道128号武汉铜锣湾广场1层	张　胜	027-83082800	430040
招商银行武汉武昌支行	武汉市武昌区中南路14号	肖　磊	027-87587027	430071
招商银行武汉青山支行	武汉市青山区和平大道1540钰龙时代中心101、102号部分商铺	郭婷婷	027-82803139	430080
招商银行武汉洪山支行	武汉市洪山区雄楚大道268号(湖北出版文化城1层东北角)	程　进	027-85495568	430070
招商银行武汉光谷支行	武汉市东湖新技术开发区光谷街1号光谷广场	段　冶	027-85495612	430074
招商银行武汉新城支行	武汉市东湖新技术开发区光谷大道120号	朱　亮	027-87737889	430206
招商银行武汉东西湖支行	武汉市东西湖区吴家山田园街1138号兆丰花园4号商住楼1—2层	金世发	027-83324933	430040
招商银行黄石分行	**黄石市团城山开发区杭州西路76号**	**罗启立**	**027-86307590**	**435000**
招商银行十堰分行	**十堰市茅箭区上海路12号金座广场**	**周红军**	**0719-8601789**	**442000**
招商银行宜昌分行	**宜昌市西陵一路18号-3**	**汪　冰**	**0717-6251288**	**430070**
招商银行襄阳分行	**襄阳市长虹路20号**	**王　凯**	**0710-3818388**	**441000**
招商银行孝感分行	**孝感市北京路特1号**	**张志勇**	**0712-2628636**	**432000**
招商银行荆州分行	**荆州市沙市区北京路354号**	**王劲松**	**0716-8867688**	**434000**
招商银行黄冈分行	**黄冈市黄州区赤壁大道83-1号**	**李　可**	**0713-8620718**	**438000**
上海浦东发展银行武汉分行	武汉市江汉区新华路218号浦发银行大厦	李　征	027-85566895	430020

续表 6-2-4

名　　称	地　　址	负责人	电　话	邮　编
上海浦东发展银行武汉江岸支行	武汉市江岸区建设大道 976 号新光大厦 1、2 层	袁观东	027-82655072	430010
上海浦东发展银行武汉沿江支行	武汉市江岸区沿江大道 133 号广源大厦 1、2 层	龙迎宾	027-82761407	430010
上海浦东发展银行武汉后湖支行	武汉市江岸区后湖大道 111 号汉口城市广场 6 期 E 区	陈　禾	027-82420100	430010
上海浦东发展银行武汉江汉支行	武汉市江汉区新华路 471 号附号新世纪都市花园三期 2、3 栋/单元 1—2 层商 1 号	杭　海	027-85837997	430020
上海浦东发展银行武汉常青支行	武汉市江汉区常青三路 66 号金色雅园地铁站综合楼(移动生活馆 B 馆)1、2 层	董　君	027-50759598	430020
上海浦东发展银行武汉硚口支行	武汉市硚口区解放大道 1045 号宝丰时代 1、2 层	祝　娟	027-83612716	430030
上海浦东发展银行武汉汉阳支行	武汉市汉阳区汉阳大道、鹦鹉大道、拦江路及北城路、南城路围合区域 C 地块(汉阳旧城风貌区)第一幢 1 层商 05 号房、06 号房	黄富定	027-84212289	430050
上海浦东发展银行武汉马沧湖支行	武汉市汉阳区马沧湖路 59 号统建水岸人家 2 栋 1 层商 6 室	李银银	027-84701099	430050
上海浦东发展银行武汉武昌支行	武汉市武昌区紫阳路 268 号武汉七〇一所科技开发楼	吴　聆	027-88058087	430060
上海浦东发展银行武汉水果湖支行	武汉市武昌区洪山路 1 号	秦　武	027-67810833	430060
上海浦东发展银行武汉沙湖支行	武汉市武昌区中北路 233 号(老 151 号)世纪彩城 E 区世纪大厦 1 层 1—10 室、14 室、25—30 室、33—34 室	张　玮	027-86616456	430060
上海浦东发展银行武汉中南支行	武汉市武昌区武珞路 442 号中南国际城 C 座 1 层	方德敏	027-87850128	430060
上海浦东发展银行武汉滨江商务区支行	武汉市武昌区和平大道三角路福星惠誉水岸国际 K4-1 号楼 9、10、11、12 号商铺	赵　欢	027-88125008	430060
上海浦东发展银行武汉青山支行	武汉市青山区红卫路 38 街坊(建设四路 9 附 6 号、建设四路 9 附 7 号)	徐　涛	027-86501230	430080
上海浦东发展银行武汉洪山支行	武汉市洪山区书城路 7 号名士 1 号 S2 栋 1 层 2 商室、2 层 1 商室、2 层 2 商室部分商铺	喻　明	027-87850128	430070
上海浦东发展银行武汉南湖支行	武汉市洪山区南湖汽校一村特 1 号	蔡　洵	027-88023005	430070
上海浦东发展银行武汉徐东支行	武汉市洪山区铁机路 163 附 7 号	肖　芳	027-88939300	430070
上海浦东发展银行武汉光谷支行	武汉市东湖新技术开发区关山大道 332 号保利时代 K18 地块 A 栋 1 层 1 号	胡　琳	027-87538165	430079
上海浦东发展银行武汉东湖高新支行	武汉市东湖新技术开发区龙城路 8 号	冯　欢	027-87421368	430079
上海浦东发展银行武汉雄楚金地支行	武汉市东湖新技术开发区金地・雄楚 1 号四期综 4 栋 1 层(5)商室	王安可	027-866591791	430079
上海浦东发展银行湖北自贸试验区武汉片区支行	武汉市东湖新技术开发区高新大道 797 号 G-1 栋 1 层 11 号、12 号、13 号商铺;2 层 GC 栋办公单元 4 号办公部分区域	张若虚	027-87900186	430079
上海浦东发展银行武汉光谷科创支行	武汉市东湖新技术开发区光谷大道 41 号现代・国际设计城二期 B-1 栋 1 层部分商铺	伍晓力	027-86651599	430079
上海浦东发展银行武汉光谷科技支行	武汉市洪山区关山大道 29 附 17 号 17 栋 1 单元 1 层 29—36 室	赵　喆	027-87225799	430079

续表 6-2-4

名　　称	地　　址	负责人	电　话	邮　编
上海浦东发展银行武汉东西湖支行	武汉市东西湖区东吴大道 1018 号西湖广场 14 号、15 号、7 号商业门面	蔡　迪	027-83892522	430040
上海浦东发展银行武汉沌口支行	武汉市武汉经济技术开发区东风三路特一号	雷　昆	027-84297615	430056
上海浦东发展银行武汉经济技术开发区支行	武汉市武汉经济技术开发区 204M 地块华中．中交城项目（B 区）商业裙楼 1 层 4、5、6、7、8、9、30 号铺	黄秋月	027-84396015	430056
上海浦东发展银行武汉江夏支行	武汉市江夏区纸坊街熊廷弼路以北鸿发世纪城三期 14 栋 1—2 层 16、17、18、19 商室	段晓刚	027-81651689	430200
上海浦东发展银行宜昌分行	**宜昌市西陵一路 18 号**	**陈　涛**	**0717-6786699**	**443000**
上海浦东发展银行宜昌伍家岗支行	宜昌市伍家岗区桔城路 6 号香山福久源国贸新天地商场 B 区 03－0108－0570－000102 号商业门面 1 层	吴　然	0717-6122739	443000
上海浦东发展银行宜昌夷陵支行	宜昌市夷陵区平云三路 28 号宏信公园里（00009）栋	万建鹏	0717-7550185	443000
上海浦东发展银行襄阳分行	**襄阳市高新区长虹北路 22 号万家同乐小区（长虹路-紫贞路路口）裙楼 1—4 层**	**徐诗豪**	**0710-3766299**	**441000**
上海浦东发展银行湖北自贸试验区襄阳片区支行	襄阳市高新区东风汽车大道（车城 · 连山鼎府）1 幢 1 层 1 室	孙　曼	0710-2392386	441000
上海浦东发展银行孝感分行	**孝感市孝南区乾坤大道 19 号安国大厦 1 栋 1—3 层**	**张利甫**	**0712-2898899**	**432000**
上海浦东发展银行孝感高新支行	孝感市孝南区董永路宇济滨湖天地梅苑商场 1 层 0101 室	李　敏	0712-2899896	432000
上海浦东发展银行荆州分行	**荆州市沙市区塔桥北路 61 号**	**周　卓**	**0716-8325999**	**434000**
上海浦东发展银行荆州江津支行	荆州市沙市区江津中路 249 号	汪于平	0716-8816000	434000
上海浦东发展银行荆州沙市支行	荆州市沙市区北京东路 159 号浅水湾 1 栋 1 层	肖　丹	0716-8265203	434000
中国民生银行武汉分行	**武汉市江汉区新华路 396 号中国民生银行大厦**	**王恭敬**	**027-85735530**	**430022**
中国民生银行武汉分行营业部	武汉市江汉区新华路 396 号中国民生银行大厦 1 层	陈丽萍	027-85735733	430022
中国民生银行武汉江岸支行	武汉市江汉区沿河大道 1 号沿江一号	韩　娟	027-82782279	430015
中国民生银行武汉三阳支行	武汉市江岸区三阳路 130 号三阳广场	徐建刚	027-82701006	430000
中国民生银行武汉花桥支行	武汉市江岸区江大路 32-34 号江大路科技苑小区 1 栋 1 层 1 室	付　哲	027-82608757	430019
中国民生银行武汉发展支行	武汉市江岸区发展大道 395-399 号百姓家想时代商住楼 1、2 层	袁　钢	027-82629880	430014
中国民生银行武汉黄浦支行	武汉市江岸区二七街赵家条 144 号科技村公务员住宅小区（一期）1、2、3 栋 1 层	沈国斌	027-82862721	430022
中国民生银行武汉滨江支行	武汉市江岸区百步亭花园路 16 号	郭　嘉	027-82735909	430012
中国民生银行武汉新华支行	武汉市江汉区新华路 139 号凯盟大厦 1、2 层	刘建宏	027-85499120	430022
中国民生银行武汉京汉支行	武汉市江汉区万科金色家园 2 期商网 1 层 13—16 号（营业用房）、2 层 10—16 号（办公用房）	叶徐华	027-82795272	430022
中国民生银行武汉青年支行	武汉市江汉区青年路 82 号元辰国际大厦裙楼 1、2 层	李　亮	027-85480330	430015

续表 6-2-4

名　称	地　址	负责人	电　话	邮　编
中国民生银行武汉硚口支行	武汉市硚口区解放大道 586 号(同馨花园二期一组团)27 栋 1—3 层部分房屋	周晓博	027-83661685	430030
中国民生银行武汉汉正街支行	武汉市硚口区利济南路 11-67 号汉正大厦 1、2 层	鄢　琦	027-85327717	430019
中国民生银行武汉汉西支行	武汉市硚口区长青国际 5 号楼临街 1、2 层商铺	高　丹	027-83536916	430034
中国民生银行武汉汉阳支行	武汉市汉阳区汉阳大道 591 号朝阳星苑 1 号楼 1、2 层 1 室	党永丽	027-84876487	430050
中国民生银行武汉龙阳支行	武汉市汉阳区龙阳大道 19 号(玫瑰园路)苹果甸公寓 1、2 层	侯　敏	027-84221160	430050
中国民生银行武汉武昌支行	武汉市武昌区中山路 312 号凤凰大厦 A 座 1、2 层	吴　霞	027-88917199	430060
中国民生银行武汉东湖支行	武汉市武昌区武珞路 442 号中南国际城 AB 座 1 层 1 号	唐　丹	027-87273007	430064
中国民生银行武汉中南支行	武汉市武昌区中北路特 1 号(楚天都市花园裙楼 1、4 层)	蒋晓锋	027-87890006	430064
中国民生银行武汉水果湖支行	武汉市武昌区洪山路 28 号	骆新伟	027-87319791	430061
中国民生银行武汉青山支行	武汉市青山区青和平大道 1258 号青城国际 1 栋 1 层商网 6、7、8 商铺	许伟杰	027-86303127	430080
中国民生银行武汉洪山支行	武汉市洪山区雄楚大道 260 号和成中心裙楼 1、2 层及写字楼 30 层部分房屋	金雪红	027-85735772	430070
中国民生银行武汉徐东支行	武汉市洪山区徐东大街 31 号(凯旋门广场东侧 1、2 层)	王　靖	027-88612803	430063
中国民生银行武汉东湖开发区支行	武汉市洪山区关山街雄楚大街 938 号(洪福添美城市广场 8 号楼 1 层)	罗　萍	027-8782516	430070
中国民生银行武汉华侨城支行	武汉市洪山区欢乐大道 301 号东湖庭园 9 栋东南角 1 层门面	戴炫星	027-82992281	430060
中国民生银行武汉光谷支行	武汉市东湖新技术开发区佳园路 2 号高科大厦 1、2 层	杭　标	027-87617378	430074
中国民生银行武汉光谷高科技支行	武汉市东湖新技术开发区软件园路光谷软件园 A13 栋	杜新颖	027-87770738	430073
中国民生银行武汉自贸区支行	武汉市洪山区高新大道与光谷六路交会处项目国采中心 5、6、7、8 栋 7—8 单元 1 层 07、08 号	解云峰	027-85807875	430021
中国民生银行武汉东西湖支行	武汉市东西湖区二雅路 198 号天合新界 6 号楼	王　瑛	027-83265108	430040
中国民生银行武汉吴家山开发区支行	武汉市东西湖区 107 国道 7110 号东建金鼎湾 02 栋 1—3 层 14—18 号	张乃心	027-83381671	430040
中国民生银行武汉沌口支行	武汉市武汉经济技术开发区创业道 2 号	张　振	027-84210223	430056
中国民生银行武汉汉口北支行	武汉市黄陂区盘龙城经济开发区叶店村 157 号 F、空港中心城 3 号商业楼 1 层 5—10 号室	熊　婷	027-61102599	430312
中国民生银行黄石支行	黄石市下陆区杭州西路 101 号 1 号楼	康　炅	0714-6389598	435003
中国民生银行宜昌分行	**宜昌市云集路 22 号**	**刘　波**	**0717-6295568**	**443000**
中国民生银行襄阳分行	**襄阳市高新区长虹北路 6 号广景碧云天 A 座 1、2 层商铺**	**尹华军**	**0710-3269998**	**441000**
中国民生银行孝感支行	孝感市交通大道 387 号亚飞广场	李　杰	0712-2288366	432100

续表 6-2-4

名　称	地　址	负责人	电　话	邮　编
中国民生银行咸宁支行	咸宁市双鹤路 10 号	叶　鹏	0715-8892896	437000
华夏银行武汉分行	**武汉市武昌区中北路 217 号(华夏银行大厦)**	**周永华**	**027-87266666**	**430062**
华夏银行武汉江岸支行	武汉市江岸区前进四路 227 号花样年华大厦 1、2 层	何健波	027-82833375	430014
华夏银行武汉花桥支行	武汉市江岸区京汉大道与公安路交会处世纪城(中城国际)1 号楼裙楼房栋 1 层 9 室、2 层 3 室	张　乐	027-82784318	430014
华夏银行武汉江汉支行	武汉市江汉区常青路常宁路里特 1 号武汉台银大厦	汤民庆	027-83363043	430021
华夏银行武汉汉口支行	武汉市江汉区建设大道 558 号	邓小玉	027-87266646	430021
华夏银行武汉解放支行	武汉市江汉区香港路 267 号鹏飞湖庭 1、2 层	杨　鸣	027-82755201	430021
华夏银行武汉汉正街支行	武汉市江汉区友谊南路 19 号双龙服装城 B 座	李　莹	027-85530561	430021
华夏银行武汉新华支行	武汉市江汉区新华西路大武汉 1911 商品房 C 栋 110—116、204 号	彭　珍	027-85876003	430021
华夏银行武汉中央商务区支行	武汉市江汉区王家墩中央商务区泛海国际 SOHO 城 3、4、6 栋 1 层商 36、37 商铺	徐　俊	027-83622971	430021
华夏银行武汉硚口支行	武汉市硚口区建设大道 316 号(硚口区营房南村城发大厦)	陈　钢	027-83655395	430033
华夏银行武汉汉西支行	武汉市硚口区汉西三路 79 号长青国际 7、9 号楼 A9、A10、A11、A12 商铺	杨　琦	027-83635831	430033
华夏银行武汉汉阳支行	武汉市汉阳区十里铺芳草路 58 号十里景秀小区 10 号楼商铺 1、2 层	刘　奇	027-84456315	430050
华夏银行武汉武昌支行	武汉市武昌区中北路 24 号龙源大厦	皮　蕾	027-87277630	430061
华夏银行武汉青山支行	武汉市青山区和平大道 1258 号青城国际 1 栋 1 层商网 5 号、6 号,1 栋 2 层商网 1(部分)	钱　欣	027-86372936	430070
华夏银行武汉徐东支行	武汉市青山区友谊大道 508 号时尚欧洲 9 号楼	孙幕妮	027-86537679	430080
华夏银行武汉洪山支行	武汉市洪山区珞狮路 112 号街道口站配套中航还建楼 A 区单元 2 层(1)办公号	冯　林	027-87211226	430070
华夏银行武汉东湖支行	武汉市洪山区珞喻路吴家湾邮科院特 1 号	汪　卉	027-87514672	430070
华夏银行武汉雄楚支行	武汉市洪山区珞狮路 441 号	林　晨	027-87386011	430070
华夏银行武汉岳家嘴支行	武汉市洪山区欢乐大道 1 号岳家嘴东湖国贸中心 B 东 1 层商铺	王　刚	027-88711659	430070
华夏银行武汉光谷科技支行	武汉市东湖新技术开发区珞喻路光谷世界城项目 E 地块米兰印象 6 号楼底商铺	史　静	027-87666058	430070
华夏银行武汉光谷金融港科技支行	武汉市东湖新技术开发区金融港四路 18 号莆田物联网创新研发基地(一期)1 栋 1 层 4、5、6 室商铺	肖迅武	027-65523153	430200
华夏银行武汉东湖高新科创支行	武汉市东湖新技术开发区九峰一路 88 号全球公共采购交易服务总部基地办公部分一期 5、6、7、8 栋 6 号楼单元 1—2 层 03 商号	胡　凌	027-87001681	430081

续表 6-2-4

名　　称	地　　址	负责人	电　话	邮　编
华夏银行武汉东西湖支行	武汉市东西湖区吴家山东吴大道 81 号	王　佶	027-83245028	430040
华夏银行武汉临空港支行	武汉市东西湖区径河街三店中路以西、啤砖路以南御龙湾 2-1、2-2、2-3、2-4 商铺	罗艳君	027-83262639	430040
华夏银行武汉经济技术开发区支行	武汉市武汉经济技术开发区绿岛大厦 1、2 层	严　赞	027-84212276	430100
华夏银行武汉江夏支行	武汉市江夏区文化大道 3 号联投广场商业门面	余　舰	027-81369100	430200
华夏银行武汉盘龙城支行	武汉市黄陂区盘龙城经济开发区叶店村 F.空港中心 2 号楼 1 层商铺	伍　强	027-61867793	432200
华夏银行宜昌分行	**宜昌市沿江大道 182 号**	**周宝泉**	**0717-6577707**	**443001**
华夏银行宜昌西陵支行	宜昌市西陵区东山大道 96 号华海大厦 1 层商铺	李茂华	0717-6577259	443000
华夏银行襄阳分行	**襄阳市高新区春园路 8 号现代城二期 1 幢 1—4 层 1 号**	**刘　毅**	**0710-3269897**	**441002**
华夏银行襄阳襄城支行	襄阳市襄城区檀溪路山水檀溪秀园一号楼 1—3 层	崔振翼	0710-3563336	441021
华夏银行襄阳高新支行	襄阳市高新区新城路 3 号东风佳园二期 12 幢 1 单元 4—5 号商铺	卓亚军	0710-3397717	441100
华夏银行荆门分行	**荆门市东宝区金虾路 46 号荆楚文化广场**	**鲁卫红**	**0724-2397366**	**448004**
华夏银行黄冈分行	**黄冈市黄州区东门路 91-88 号东方名都一号楼**	**周华伟**	**0713-8699883**	**438000**
平安银行武汉分行	**武汉市武昌区中北路 54 号宏城金都 1—3 层**	**石先建**	**18627922517**	**430071**
平安银行武汉江岸支行	武汉市江岸区江大路 20 号凌宵苑	王英丽	18086538830	430014
平安银行武汉百步亭支行	武汉市江岸区兴业路 179 附 11 号	葛晶星	15872800864	430014
平安银行武汉后湖支行	武汉市江岸区健美街 1 号附 7、8、9、10、11	陈玲玲	13808662521	430014
平安银行武汉江汉支行	武汉市江汉区友谊路 130 号崇安鑫城 C 栋 1、2 层	熊　敏	18607199556	430020
平安银行武汉汉口支行	武汉市江汉区精武路 25 号附 1	孙　洁	13517218935	430020
平安银行武汉发展支行	武汉市江汉区发展大道 222 号华南国际大厦 C 区	刘　玲	18995568722	430020
平安银行武汉硚口支行	武汉市硚口区解放大道 1087 号	郑明康	13720110693	430030
平安银行武汉古田支行	武汉市硚口区解放大道 235 号附 103 号、104 号以及 201 号	王　星	15927230932	430030
平安银行武汉汉阳支行	武汉市汉阳区鹦鹉大道 137 号附 7、8、9、10、11、12、13	熊　铁	13871094025	430050
平安银行武汉王家湾支行	武汉市汉阳区琴断口街龙阳社区龙兴东街 1 号 1 层附 23	蔡甜甜	15972046154	430050
平安银行武汉武昌支行	武汉市武昌区和平大道 508 号欧林湾大公馆 3 栋 1 层 4—5 室	张丽唯	13995695200	430060
平安银行武汉首义支行	武汉市武昌区首义路 118 号	石胜杰	15072374975	430060
平安银行武汉南湖支行	武汉市武昌区南湖平安路风华天城琵琶湾商业楼	熊　玥	18627077447	430070
平安银行武汉青山支行	武汉市青山区和平大道建设三路(江南春城)	王　静	15927456516	430080

续表 6-2-4

名　称	地　址	负责人	电　话	邮　编
平安银行武汉洪山支行	武汉市洪山区武珞路 382 号	张　双	18971314124	430070
平安银行武汉东湖支行	武汉市洪山区徐东大街 111 号附 2	何幸禧	15002742167	430070
平安银行武汉书城路支行	武汉市洪山区书城路 18 号附 6	蔡　娟	18162638231	430070
平安银行武汉光谷支行	武汉市洪山区珞喻路 727 号星光无限小区 4 号楼 1 层 1 室、2 层 1 室	周　纯	18627791223	430070
平安银行武汉光谷科技支行	武汉市东湖新技术开发区关山大道 473 号光谷新发展国际中心裙房配套 B1-16、B2-10 号房屋	吴　笛	18995555121	430070
平安银行武汉东西湖支行	武汉市东西湖区吴家山街四明路 205 号	冯亚婷	15007123929	430079
平安银行武汉经济技术开发区支行	武汉市武汉经济技术开发区三角湖路 4 附 9 号	黄　洁	13995561535	430056
平安银行武汉江夏支行	武汉市江夏区纸坊街北华街 3 号附 7、8 和 9	王　平	13720207788	430200
平安银行宜昌分行	**宜昌市伍家岗区夷陵大道 179 号中兴广场**	**刘志东**	**0717-6777001**	**443000**
平安银行宜昌金融街支行	宜昌市西陵区西陵一路 9 号 1—2 层	李　夷	18602748235	443099
平安银行宜昌夷陵支行	宜昌市夷陵区东湖路 20-1-15	李迎迎	0717-7828510	443000
平安银行襄阳分行	**襄阳市樊城区春园西路 10 号**	**钱　智**	**0710-3107178**	**441002**
平安银行襄阳襄城支行	襄阳市襄城区檀溪路山水家园商业楼 1 号	勇亚飞	0710-3107590	441000
平安银行襄阳樊城支行	襄阳市樊城区大庆东路 31 号春天大道小区 6 号楼 6 号	万芳琳	0710-3012509	441000
平安银行湖北自贸试验区襄阳片区支行	襄阳市高新区东风汽车大道 42 号	富旭东	0710-3107313	441000
平安银行荆州分行	**荆州市沙市区北京路凤台大厦 1—2 层**	**陶茂峰**	**0716-8505513**	**434000**
平安银行荆州新天地支行	荆州市沙市区塔桥路新天地上街 B 区 4 号楼	周莉莉	0716-8501079	434000
平安银行荆州古城支行	荆州市荆州区屈原路 4 号	胡晓明	0716-8505512	434000
平安银行黄冈分行	**黄冈市黄州区中环路 17 号亚坤·帝景豪庭一期 1 幢 101 和 106 商铺**	**柳传林**	**0713-8393818**	**438099**
兴业银行武汉分行	**武汉市武昌区水果湖街中北路 106 号兴业银行大厦**	**陈志伟**	**027-88108639**	**430061**
兴业银行武汉分行营业部	武汉市武昌区水果湖街中北路 106 号兴业银行大厦	齐　凯	027-87828008	430061
兴业银行武汉江岸支行	武汉市江岸区解放公园路 83 号金色华府 1 栋 1 单元 1、2 层	乔　娇	027-82659039	430014
兴业银行武汉长江支行	武汉市江岸区三阳路 8 号(沿江大道与三阳路交会处)武汉外滩金融中心 1、2 层商铺	詹　青	027-82734700	430014
兴业银行武汉长江新城支行	武汉市江岸区解放大道与张公堤路交叉口统建·新干线项目商 4 号楼 1 层 12-15 号商铺	阮雄华	027-62315855	430014
兴业银行武汉武昌支行	武汉市武昌区和平大道 219 号白云边集团总部大楼 1、2 层	周　斌	027-87710116	430061
兴业银行武汉江汉支行	武汉市江汉区珠江路 66 号中央商务区 SOHO 城 7 栋 1 层 4 号	蔡　俊	027-83351107	430021

续表 6-2-4

名　　称	地　址	负责人	电　话	邮　编
兴业银行武汉循礼门支行	武汉市江汉区江汉北路 5 号泛悦南国中心 T2 写字楼裙楼 1、2 层	刘　咏	027-85319818	430021
兴业银行武汉硚口支行	武汉市硚口区解放大道 586 号同馨花园 1、2 层	熊　燕	027-83763510	430030
兴业银行武汉汉西支行	武汉市硚口区解放大道 148 号汉水熙园小区 35、36、37 号 1 层	吴　清	027-83696035	430030
兴业银行武汉汉正街支行	武汉市硚口区中山大道 392 号云尚武汉国际时尚中心 4 栋 1 层商铺	孙良峰	027-85372351	430030
兴业银行武汉汉阳支行	武汉市汉阳区龙阳大道隆祥东街世纪龙城 5 号商铺 1、2 层	梅诗雪	027-84876725	430050
兴业银行武汉水果湖支行	武汉市武昌区东湖路 80-8 号(水果湖欧式街)	李羽佳	027-87301220	430061
兴业银行武汉友谊支行	武汉市武昌区友谊大道特 2 号 2008 新长江广场裙楼	杨　进	027-88845697	430061
兴业银行武汉中北支行	武汉市武昌区水果湖街徐东路 50 号普提金国际金融中心(山河大厦)1 层	徐　立	027-86798911	430061
兴业银行武汉青山支行	武汉市洪山区友谊大道 996 号华城广场 24 号	汪青锋	027-86501725	430070
兴业银行武汉洪山支行	武汉市洪山区珞喻路 56-60 号	余启超	027-87168570	430070
兴业银行武汉白沙洲科技支行	武汉市洪山区白沙洲大道 207 号长利大厦 1、2 层临街商业部分	胡　广	027-86603722	430065
兴业银行武汉光谷支行	武汉市东湖新技术开发区关山大道 21 号泛悦城 T2 写字楼 1 层 1—5 号商铺(自贸区武汉片区)	石琳琳	027-87420070	430074
兴业银行武汉东湖高新科技支行	武汉市东湖新技术开发区光谷大道光谷金融港一期 A4 号 1 层	牟晓旭	027-81772079	430074
兴业银行武汉自贸区支行	武汉市东湖新技术开发区高新大道 768 号慧谷大厦 1 层(自贸区武汉片区)	张小兵	027-65520503	430074
兴业银行武汉临空港支行	武汉市东西湖区五环路 8 号亿达华庭第 1 号楼 1 单元 1—3 层 7 号房	甘　露	027-83291699	430040
兴业银行武汉沌口支行	武汉市武汉经济技术开发区 202M 地块碧桂园泰富国际一期 12 号楼 1 层 22—24 号铺及 2 层 21—24 号铺	刘　军	027-84410005	430050
兴业银行武汉经济技术开发区支行	武汉市武汉经济技术开发区沌阳大道 409 号武汉建工科技中心 1—2 层商铺	袁　飞	027-84897006	430058
兴业银行武汉江夏支行	武汉市江夏区北华街 3 附 10 号浩汉公园仕家 7、8、9 号商铺	王恩赐	027-81930700	430200
兴业银行武汉黄陂支行	武汉市黄陂区前川街油岗村、定远村万象城 S1 栋 1—2 层(1)商室、(2)商室、1—3 层(3)商室、(4)商室、(5)商室	王鲁宁	027-85958016	430300
兴业银行武汉长江新区支行	武汉市新洲区阳逻街柴泊大道 12 号新港财富广场 1 栋/单元 1—2 层 1、2、3、4 号商铺	高　卉	027-86917568	431400
兴业银行黄石分行	**黄石市天津路 28 号江天金色华邸**	**朱华勇**	**0714-6319598**	**435000**
兴业银行黄石分行营业部	黄石市天津路 28 号江天金色华邸	王文天	0714-6319598	435000
兴业银行十堰分行	**十堰市朝阳中路 15 号武当国际广场**	**李　波**	**0719-8695561**	**442000**
兴业银行十堰分行营业部	十堰市朝阳中路 15 号武当国际广场	张媛媛	0719-8695561	442000

续表 6-2-4

名　　称	地　　址	负责人	电　话	邮　编
兴业银行十堰东风支行	十堰市张湾区公园路 86 号	张　龙	0719-8218922	442000
兴业银行十堰茅箭支行	十堰市北京南路 11 号	张　毅	0719-8871011	442000
兴业银行宜昌分行	**宜昌市西陵区西陵一路 15 号金安东诚 1 号楼 1—3 层商铺**	**张沛文**	**0717-6385588**	**443000**
兴业银行宜昌分行营业部	宜昌市西陵区西陵一路 15 号金安东诚 1 号楼 1—3 层商铺	胡　靓	0717-6385588	443000
兴业银行宜昌夷陵支行	宜昌市夷陵区夷兴大道 207-2 号	吴风庆	0717-7106918	443100
兴业银行襄阳分行	**襄阳市高新区长虹北路 22 号**	**戴　恬**	**0710-3590299**	**441100**
兴业银行襄阳分行营业部	襄阳市高新区长虹北路 22 号	褚　俊	0710-3590299	441100
兴业银行襄阳襄城支行	襄阳市襄城区檀溪路山水檀溪 F 区檀园 1 幢 1 层 001—004 室、2 层 001 室	郭　凯	0710-3598605	441000
广发银行武汉分行	**武汉市江汉区建设大道 737 号广发银行大厦**	**祁一飞**	**027-85353619**	**430020**
广发银行江岸支行	武汉市江岸区三阳路与解放大道交会处融创・融汇广场 1 层 01 号商铺、2 层 01 号商铺	刘晓莉	027-82430409	430010
广发银行汉口支行	武汉市江岸区二七街赵家条 144 号科技村公务员住宅小区(一期)1、2、3 栋 1 层 3 室	魏　芳	027-82893607	430010
广发银行后湖支行	武汉市江岸区兴业路 167 号鼎盛华城 3 号楼 1 层 6—7 室	刘　嵩	027-82750617	430010
广发银行江汉支行	武汉市江汉区中山大道 307 号	张　迎	027-85515831	430020
广发银行硚口支行	武汉市硚口区解放大道 558 号	叶　静	027-83787135	430030
广发银行古田支行	武汉市硚口区解放大道 235 号联发九都府 6 号楼	李　飞	027-83626259	430030
广发银行汉阳支行	武汉市汉阳区滨江大道 188 号世贸锦绣长江四期 10、10A 栋 1—3 层 10A 号	汤　葵	027-84791078	430050
广发银行武昌支行	武汉市武昌区水果湖横路 11-13 号	徐　桢	027-87308539	430060
广发银行武珞支行	武汉市武昌区武珞路 568 号	聂　超	027-87259961	430060
广发银行徐东支行	武汉市武昌区友谊大道 371 号 V+合伙人大厦裙楼 1 层 C1-06、C1-07、C1-14	吴新锐	027-88608260	430060
广发银行青山支行	武汉市青山区和平大道 1540 号红钢城 19 街坊钰龙时代中心	李　浩	027-86858063	430080
广发银行洪山支行	武汉市洪山区雄楚大街 357 号	王浩波	027-87751033	430070
广发银行东湖支行	武汉市东湖新技术开发区雄楚大道 958 号海星大厦 1 层	宋　帛	027-87776778	430070
广发银行光谷支行	武汉市东湖新技术开发区关山大道 471 号融科天域 TC1 栋 1 层 16 号、17 号商铺	袁　隽	027-81650851	430070
广发银行东西湖支行	武汉市东西湖区吴中路 393 号怡华逸天地 1 栋 19 号、20 号、21 号、22 号、23 号、24 号	艾　洪	027-83890905	430040
广发银行沌口支行	武汉市武汉经济技术开发区神龙路金凯购物中心 1、2 层	邓　丽	027-84297339	430056
广发银行江夏支行	武汉市江夏区大桥新区办事处渔牧村(文化大道 111 号)通达广场 1、2 层部分房屋	柯国斌	027-87915298	430200
广发银行黄石支行	黄石市黄石港区武汉路 277 号	阮　浩	0714-6283536	435000

续表 6-2-4

名　称	地　址	负责人	电　话	邮　编
广发银行襄阳分行	**襄阳市樊城区春园西路民发盛特区 5 栋 1、2 层**	**翟　哲**	**0710-3281859**	**441000**
广发银行宜昌分行	**宜昌市五家岗区沿江大道 185 号九州方圆大厦 1、2 层**	**胡立武**	**0717-6577077**	**443000**
广发银行西陵支行	宜昌市西陵区西陵二路 51 号金缔华城 3 号楼商业建筑 1 层 101 号北侧	张　娴	0717-6577453	443000
渤海银行武汉分行	**武汉市江汉区云霞路 187 号泛海国际中心 1 层商 5 号、2 层商 1-3 号、办公 A 单元 33—44、44—45 层**	**刘丛中**	**027-85563800**	**430023**
渤海银行武汉分行营业部	武汉市江汉区云霞路 188 号泛海国际中心 1 层商 5 号	王颖博	027-85563877	430023
渤海银行武汉江岸支行	武汉市江岸区解放大道 2111 号聚龙大厦	向　晶	027-82705778	430012
渤海银行武汉汉口花园支行	武汉市江岸区后湖乡跃进村、石桥村、江汉区姑嫂树汉口花园二期 F 地块商场 F105 号商铺	潘兵铭	027-83923299	430012
渤海银行武汉硚口支行	武汉市硚口区解放大道 278 号 3 栋 1 层 101 室	赵梅红	027-83565300	430030
渤海银行武汉汉阳支行	武汉市汉阳区鹦鹉大道 137 号 1 幢 1—2 层 20 号、21 号、22 号、23 号	余宏伟	027-84213121	430050
渤海银行武汉武昌支行	武汉市武昌区水果湖街中北路 31 号知音广场大楼 1—2 层	王　乔	027-85563500	430071
渤海银行武汉东湖复地支行	武汉市武昌区中北路 118 号复地东湖国际七期 13 幢 12、13、14 号商铺 1—2 层	张国庆	027-86657210	430074
渤海银行武汉青山支行	武汉市青山区友谊大道 999 号中楷大厦 1—2层局部	叶德军	027-86396186	430080
渤海银行武汉洪山支行	武汉市洪山区梨园街徐东大街 175 号中冶南方大厦 1 栋 1—4 层办公 1 号 1 层	辜家理	027-88991500	430070
渤海银行武汉卓刀泉支行	武汉市洪山区雄楚大道 355 号卓刀泉城中村改造 K1 地块 3 栋一单元 1—2 层 1 号 21、33、34 号商铺	徐　凌	027-86659139	430070
渤海银行武汉关山支行	武汉市关山大道光谷软件园广场 w2—w4 商铺	金苏青	027-87871557	430073
渤海银行武汉光谷支行	武汉市东湖新技术开发区关山大道 111 号武汉光谷国际商务中心 C 栋 1 层	黄　雷	027-85500315	430073
渤海银行武汉曙光支行	武汉市东湖新技术开发区珞新路 9 号居住项目 1 号商铺 1—2 层(1)—(4)商号	鲁　杨	027-87053025	430075
渤海银行武汉常青支行	武汉市东西湖区常青花园 8 号地块 B 区 Z1 栋 1,2 层商 7、商 8、商 9	舒　骅	027-85360021	430048
渤海银行武汉经济技术开发区支行	武汉市武汉经济技术开发区 1R1 地块华夏风情园商业 1 栋 1—2 层 1 室局部	王　琦	027-84396005	430056
渤海银行宜昌分行	**宜昌市伍家岗区沿江大道特 162 号福江铭座**	**黄　义**	**0717-6063900**	**443001**
渤海银行宜昌西陵支行	宜昌市西陵区珍珠路 69 号盈嘉大厦 1 层	蒋　珩	0717-6770001	443001
渤海银行荆州分行	**荆州市北京西路 638 号东升片区安置点(商业部分)1—2 层**	**李见明**	**0716-8816116**	**434020**
渤海银行荆州沙市支行	荆州市沙市区北京路 235 号(原 97 号)1 栋 2、3、4 号	何琼艳	0716-8816077	434000

续表 6-2-4

名　　称	地　　址	负责人	电　话	邮　编
浙商银行武汉分行	**武汉市江汉区建设大道 548、550、552、556 号浙商银行大厦(太平洋金融广场)**	**冉　旭**	**027-85331999**	**430022**
浙商银行武汉分行营业部	武汉市江汉区建设大道 548、550、552、556 号浙商银行大厦(太平洋金融广场)	邹　莹	027-85331539	430022
浙商银行武汉江岸支行	武汉市江岸区二七沿江商务区 C 地块二期华发·外滩首府 16 号楼 16103—16107、16204—16206、16208 号商铺	王丹妮	027-82822661	430012
浙商银行武汉江汉支行	武汉市江汉区新华路 296 号 IFC 国际金融中心	邱　宁	027-85331900	430022
浙商银行武汉光谷科技支行	武汉市东湖新技术开发区凌家山南路 1 号"武汉·光谷企业天地"5 号楼	车　婕	027-86951315	430070
浙商银行武汉临空港支行	武汉市东西湖区吴家山街东吴大道以南、三秀路以西海林阳光城 1 层	闫　倩	027-83890611	430040
浙商银行武汉经济技术开发区支行	武汉市武汉经济技术开发区 17C1 地块武汉东合中心三期办公楼(H 栋)南侧 1、2 层	李　铭	027-85331552	430056
浙商银行武汉江夏支行	武汉市江夏区大桥新村文化路 111 号通达广场(商业、办公、物业、地下)1—3 层 1 商铺号	杨思怡	027-87999960	430212
恒丰银行武汉分行	**武汉市武昌区徐家棚街道三角路村澜桥公馆 6 号楼**	**刘　鑫**	**027-88608035**	**430060**
恒丰银行武汉分行营业部	武汉市武昌区徐家棚街道三角路村澜桥公馆 6 号楼	陈虎平	027-88608111	430060
恒丰银行武汉硚口支行	武汉市硚口区解放大道 586 号同馨商务大厦 1 层东侧	朱格林	027-83666008	430030
恒丰银行武汉汉正街支行	武汉市硚口区多福路多福商贸城北厅 121—127 号	周　璇	027-85770020	430030
恒丰银行武汉光谷科技支行	武汉市东湖新技术开发区高新大道 818 号武汉高科医疗器械园 B1 栋 1 层西侧(自贸区武汉片区)	刘艳军	027-65524200	430070

(五)城市商业银行

表 6-2-5

名　　称	地　　址	负责人	电　话	邮　编
汉口银行	**武汉市江汉区建设大道 933 号**	**刘　波**	**027-82656263**	**430015**
汉口银行总行营业部	武汉市江汉区建设大道 933 号	谭爱民	027-82656905	430015
汉口银行江岸支行	**武汉市江岸区中山大道 1541 号 B 栋 1—2 层 1 号**	**张祝民**	**027-82792404**	**430010**
汉口银行二七支行	武汉市江岸区二七路 89 号东立国际一期 5—6 栋 1 层 55 室	陈　雁	027-82877065	430010
汉口银行永清支行	武汉市江岸区解放大道 1338 号汉飞青年城 1 层 7—8 室商铺	胡　露	027-67803802	430010
汉口银行发展大道支行	武汉市发展大道 363 号	任　杰	027-82846210	430010

续表 6-2-5

名 称	地 址	负责人	电 话	邮 编
汉口银行兴业路支行	武汉市江岸区兴业路167号鼎盛华城小区一期7-1、7-2、7-3室	张 琦	027-82439916	430010
汉口银行百步亭支行	武汉市江岸区百步亭花园温馨苑D区401栋1层三室商铺	艾 琼	027-62301221	430010
汉口银行后湖大道支行	武汉市江岸区新益街135号幸福时代三期16栋1层1、2室	徐 静	027-82816983	430010
汉口银行胜利街支行	武汉市江岸区胜利街123号	陈莹冰	027-82805538	430010
汉口银行黄浦支行	武汉市江岸区兴业路147号	谭媛媛	027-65695126	430010
汉口银行循礼门支行	武汉市江岸区大智路与京汉大道交会处京汉城市广场1号楼S1-5、S1-6、S1-7、S1-8、S1-9商铺	杨 喆	027-82782235	430010
汉口银行解放公园路支行	武汉市江岸区解放公园路53号	尹 哲	027-82401266	430010
汉口银行融科天城支行	武汉市江岸区解放大道融科天城二期T12商26号	胡 珀	027-82213802	430010
汉口银行江汉支行	**武汉市江汉区新华下路特8号1—2层**	**程 征**	**027-85481745**	**430020**
汉口银行万达商业广场支行	武汉市江汉区花楼街198号保利金国际广场二期1层	李 曦	027-67803385	430020
汉口银行中央商务区支行	武汉市江汉区王家墩中央商务区泛海国际SOHO城3、4、6栋1层商30、商31	胡 翼	027-67803299	430020
汉口银行长江日报路支行	武汉市汉口长江日报路47号	戚志兵	027-67803381	430020
汉口银行长港路支行	武汉市江汉区姑嫂树路9号绿色家园会所	邹 琳	027-67803662	430020
汉口银行友谊支行	武汉市江汉区友谊路崇安鑫城	方 玲	027-85860360	430020
汉口银行台北路支行	武汉市汉口台北路149号	陈 康	027-85771032	430020
汉口银行江汉路支行	武汉市江汉区江汉四路4-6号华顺公寓1层商铺	游 莹	027-82814068	430020
汉口银行红旗渠路支行	武汉市江汉区红旗渠路95号1层	朱 虹	027-67803678	430020
汉口银行复兴村支行	武汉市江汉区复兴村常杨里65号1层	涂志宏	027-83520929	430020
汉口银行唐家墩支行	武汉市江汉区新华下路192号国资大厦A座1层	葛天扬	027-67803375	430020
汉口银行常青花园支行	武汉市东西湖区常青花园八号地块B区Z2栋1—2层商4、商5号	曹 乐	027-67803657	430040
汉口银行硚口支行	**武汉市硚口区硚口路160号**	**张利阳**	**027-83638279**	**430030**
汉口银行古田支行	武汉市汉口解放大道135号	郝晓艳	027-67803916	430030
汉口银行汉口里支行	武汉市园博会汉口里商业区1-3-1	李梦洁	027-67803260	430030
汉口银行汉西支行	武汉市硚口区南泥湾大道115号中民幸福里三号楼1层5、6、7号商铺	查俊楠	027-67803916	430030
汉口银行宝丰路支行	武汉市硚口区中山大道46号	吴 凯	027-83772226	430030
汉口银行京汉大道支行	武汉市汉口京汉大道168号中侨大厦	彭丽丽	027-67803833	430030
汉口银行宗关支行	武汉市硚口区解放大道387号西汇城市广场	严 菁	027-83836231	430030
汉口银行建设大道支行	武汉市汉口建设大道418号	尹 青	027-83643157	430030
汉口银行航空路支行	武汉市硚口区航空路1-5号	陈 菁	027-67803650	430030

续表 6-2-5

名　　称	地　　址	负责人	电　话	邮　编
汉口银行汉正街支行	**武汉市汉口利济南路 107—109 号**	**宋　涛**	**027-85375422**	**430030**
汉口银行中山大道支行	武汉市硚口区中山大道 265 号	潘小嫚	027-85850830	430030
汉口银行民族路支行	武汉市汉口大兴路 21 号	左宇平	027-85320561	430020
汉口银行沿江支行	武汉市江汉区沿江大道与民生路口交会处长江航运中心两江汇商业街 8 号楼 1 层商(3)室	王　星	027-85660946	430020
汉口银行顺道街支行	武汉市硚口区利济北路 80-4、80-5	何　星	027-85823921	430030
汉口银行集家嘴支行	武汉市硚口区友谊南路 5 附 101	尚学锋	027-85641745	430060
汉口银行汉阳支行	**武汉市汉阳翠微路特 1 号**	**巴　军**	**027-84639995**	**430050**
汉口银行汉阳大道支行	武汉市汉阳区汉阳大道 626 号七里香苑经济适用房 2 栋 1 层 3—4 室	雷　磊	027-67803358	430050
汉口银行龙阳大道支行	武汉市汉阳区龙阳大道特 8 号九州通大厦	王　苗	027-67803982	430050
汉口银行四新支行	武汉市汉阳区四新南路 618 号海格公馆小区 2 栋 2-商 1、2-商 2、2-商 3	杨　欢	027-84959893	430056
汉口银行江汉二桥支行	武汉市汉阳区汉阳大道 582 号	彭　涛	027-84235082	430050
汉口银行动物园路支行	武汉市汉阳区动物园路 72 号附 107 号	张　薇	027-67803448	430050
汉口银行芳草路支行	武汉市汉阳区芳草路 88 号龙阳 1 号一期 1、2 楼栋 1 层商铺	白　静	027-84235080	430050
汉口银行鹦鹉大道支行	武汉市汉阳区鹦鹉大道 498 号附 46 号	李　玮	027-67803352	430050
汉口银行武昌支行	**武汉市武昌中山路 440 号**	**刘　斌**	**027-88045558**	**430060**
汉口银行中山路支行	武汉市武昌区中山路 307 号	吴　直	027-88213215	430060
汉口银行友谊大道支行	武汉市武昌区友谊大道 371 号 V+合伙人大厦裙楼 1 层 1-F03 号商铺	翟冠男	027-67803798	430070
汉口银行白沙洲支行	武汉市洪山区烽火路 266 号合富金生家居建材生态城 V2 馆 1 层 V2-113/V2-113A、V2-115/V2-115A 商铺	蒋　惠	027-67803973	430070
汉口银行武珞路支行	武汉市武昌区中南街武珞路 442 号中南国际城 AB 座 1 层 1 室	王腾龙	027-87121762	430064
汉口银行首义支行	武汉市武昌区张之洞路 243 号	袁蔓蔓	027-88067283	430060
汉口银行南湖花园支行	武汉市洪山区洪山街北港村丁字桥南路三元时代广场	易　雷	027-87734635	430070
汉口银行保安街支行	武汉市武昌解放路 251 号	陆　琼	027-88076052	430060
汉口银行积玉桥支行	武汉市武昌区和平大道金都汉宫商业 B1 层	刘珍芳	027-88233652	430060
汉口银行绿地支行	武汉市武昌区和平大道 750 号武汉绿地国际金融城 A03 地块 A4 栋 1 层 5 号商铺	罗　静	027-67803608	430060
汉口银行梅苑支行	武汉市武昌区梅苑小区紫阳东路 77 号伟鹏大厦	胡志芬	027-87136207	430060
汉口银行黄鹤楼支行	武汉市武昌民主路 455 号	闻　岚	027-88845856	430060
汉口银行解放路支行	武汉市武昌解放路 429 号	韦红伟	027-88842118	430060
汉口银行水果湖支行	**武汉市武昌区洪山路 33 号**	**金怡年**	**027-87711090**	**430060**
汉口银行中南路支行	武汉市武昌区民主路 782 号洪广·宝座 1 层 A 号	李　霞	027-87327220	430060

续表 6-2-5

名　　称	地　　址	负责人	电　话	邮　编
汉口银行长城嘉苑支行	武汉市武昌区徐东路 40 号长城嘉苑小区门口 12 号楼 4—5 号商铺	周　娴	027-88016500	430060
汉口银行东湖景园支行	武汉市武昌区欢乐大道 86 号东湖景园 A 区 4 号楼东端 1 层商铺	王卉一	027-67803216	430060
汉口银行华电支行	武汉市武昌区徐东大街 344 附 6 号	高　明	027-86770906	430060
汉口银行杨园支行	武汉市武昌区和平大道 980 号馨都雅园 1 栋 1 层 7—8 号	许淑娟	027-67803896	430060
汉口银行复地东湖国际支行	武汉市武昌区中北路复地东湖国际一期 1 号商铺 1—2 层	姚　璇	027-67803255	430060
汉口银行徐东支行	武汉市武昌区徐东小区 21 栋	郭　慧	027-86819081	430060
汉口银行青山支行	**武汉市青山区沿港路 5 号**	**庞　斌**	**027-67803281**	**430080**
汉口银行仁和路支行	武汉市洪山区仁和路 99 号附 89-91 号	戴　进	027-86382396	430070
汉口银行园林路支行	武汉市洪山区港东名居 B 区 1-31 号、1-32 号商铺	马　丽	027-67803936	430060
汉口银行余家头支行	武汉市武昌区和平大道余家头德平路 793 号	代建军	027-67803266	430060
汉口银行和平大道支行	武汉市青山区和平大道八大家红坊里 42 街 12 栋 108—109、208—209 商铺	翁彦丽	027-86860503	430080
汉口银行临江大道支行	武汉市青山区大华·铂金瑞府抚顺街 61 号、抚顺街 61 号附 1-2 号、抚顺街 63 号商铺	张　琳	027-86381391	430081
汉口银行钢花支行	武汉市青山区建设二路 70 号	胡莹婧	027-86327895	430080
汉口银行洪山支行	**武汉市洪山区珞喻路 95 号**	**张　叙**	**027-67803318**	**430070**
汉口银行八一路支行	武汉市武昌区八一路 463 号城市地质工程院办公楼副楼 3、4 号	张　叙	027-67803242	430060
汉口银行华中农业大学支行	武汉市华中农业大学校门外梧桐路 5 号	张　坦	027-87281961	430070
汉口银行百瑞景支行	武汉市武昌区宝通寺路 19 号百瑞景中央生活服务区五期(东区)7 栋 1 层 11—14 号	王　琼	027-67803835	430060
汉口银行红霞支行	武汉市洪山区白沙洲大道 2 号武汉华中江南木材综合大市场 14(28)号楼栋 1 层 9 室	向　霆	027-67803618	430070
汉口银行武汉大学支行	武汉市珞珈山东中区珞南二路八栋西边	朱莞丽	027-67803278	430060
汉口银行虎泉支行	武汉市卓刀泉路 126 号	汪园园	027-67803408	430060
汉口银行烽胜路支行	武汉市洪山区烽胜路 58 号毛坦港湾 B 区 1、2 栋 1—2 层(1)商号(室)	田　甜	027-86602598	430072
汉口银行街道口支行	武汉市洪山区珞喻路 26 号(狮城广场)	成　林	027-67803942	430070
汉口银行雄楚大道支行	武汉市洪山区书城路 7 号名士 1 号 S10、S11 商铺	张翰勋	027-87386399	430070
汉口银行光谷分行	**武汉市东湖新技术开发区民族大道 1 号**	**夏云宝**	**027-87575592**	**430079**
汉口银行华中科技大学支行	武汉市洪山区珞喻路 1037 号华中科技大学西四路西区综合服务区 1 层	彭　璐	027-87546769	430073
汉口银行光谷大道支行	武汉市东湖新技术开发区光谷大道自主街 1 号中国特种飞行器研发中心商业街 A 区 A101、A102、A106、A107	王　曦	027-86951780	430205

续表 6-2-5

名　　称	地　　址	负责人	电　话	邮　编
汉口银行光谷中心城支行	武汉市东湖新技术开发区高新大道 768 号慧谷大厦 A101、A102、A112、A113、A114 号	胡　恒	027-65523575	430040
汉口银行光谷生物城支行	武汉市东湖新技术开发区高新大道 668 号光谷金融中心裙楼栋东广场侧 C-101 号	夏云宝	027-87001813	430079
汉口银行高新大道支行	武汉市东湖新技术开发区高新大道 801 号中建·光谷之星项目 F、I 地块 I-1 号楼 1 层(8)商、(10)商	程　珺	027-65522012	430075
汉口银行曙光星城支行	武汉市东湖新技术开发区关山大道雄庄路 6 号曙光星城 C 区 2 号 106—107 号	詹添添	027-67803933	430079
汉口银行湖北自贸试验区武汉片区分行	**武汉市东湖新技术开发区关山大道 1 号光谷软件园 A5 栋**	**李梦甜**	**027-87056930**	**430079**
汉口银行科技金融服务中心	**武汉市东湖新技术开发区高新大道 668 号光谷金融中心办公塔楼 22 层西南侧**	**李凌志**	**027-65318306**	**430073**
汉口银行东西湖支行	**武汉市东西湖区吴家山吴中路 288 号**	**赵　颖**	**027-83238240**	**430040**
汉口银行吴家山开发区支行	武汉市东西湖区七雄南路 8 号	刘　俊	027-83255011	430040
汉口银行金银潭支行	武汉市东西湖区轨道交通 2 号线金银潭地铁站 B 出口金银潭广场 103 商铺	王　闪	027-67803580	430040
汉口银行临空港大道支行	武汉市东西湖区吴家山临空港大道田园街 112 号	李洋洋	027-83082079	430040
汉口银行舵落口支行	武汉市东西湖区东西湖大道北、一清路东和颐园 1 栋 1—2 层 3—4 室	国晓敏	027-83226691	430040
汉口银行武汉经济技术开发区支行	**武汉市武汉经济技术开发区创业路 12 号嘉昱建银商务公馆**	**汪　辛**	**027-67803511**	**430056**
汉口银行太子湖支行	武汉市武汉经济技术开发区 51R2 地块 11-01-06 和 11-01-07 号商铺	颜　妍	027-67803902	430056
汉口银行江汉大学支行	武汉市武汉经济技术开发区博学路 6 号联投金色港湾 A—E 栋配套商业楼 B 栋 1 层 10 号铺	杨　柳	027-67803893	430056
汉口银行蔡甸支行	**武汉市蔡甸区蔡甸大街 208 号**	**程　云**	**027-69112152**	**430100**
汉口银行常福新城支行	武汉市蔡甸区奓山街道奓山新社区 22 栋 11—12 号商铺	刘　钟	027-69110198	430104
汉口银行江夏支行	**武汉市江夏区文华路中百江夏购物中心**	**秦　凡**	**027-67803879**	**430200**
汉口银行江夏大道支行	武汉市江夏区江夏大道保利海上五月花二期 4 栋 1—3 层 2—5 商室	刘　静	027-67803912	430299
汉口银行藏龙岛支行	武汉市江夏区梁山头路与东园西路中海光谷锦城第 8、S2 单元 1 层 4—6 号商铺室	张　慧	027-87001729	430205
汉口银行黄陂支行	**武汉市黄陂区黄陂大道 387 号**	**李　玲**	**027-61106325**	**430300**
汉口银行汉口北支行	武汉市黄陂区汉口北大道 88 号	刘　骏	027-61907212	430300
汉口银行盘龙城支行	武汉市黄陂区盘龙城经济开发区巨龙大道 157 号 F、空港中心城 2 号商业楼 1 层 3、4、5 室	张理澳	027-67803423	430300
汉口银行新洲支行	**武汉市新洲区邾城街红旗街 27 号**	**周清泉**	**027-86922926**	**430400**
汉口银行长江新区支行	**武汉市黄陂区武湖街梅教街以东、创新路以北住宅楼(南德长江城)商业及公共配套栋 1—2 层 1—10 商号**	**杨　华**	**027-62309780**	**430399**

续表 6-2-5

名　　称	地　　址	负责人	电　话	邮　编
汉口银行阳逻开发区支行	武汉市阳逻经济开发区汉施路特 1 号	陈　程	027-89620500	430050
汉口银行阳逻港支行	武汉市新洲区阳逻街阳光大道 220 号	吴　菲	027-67803270	430400
汉口银行九通(香港路)支行	**武汉市江岸区前三眼桥 160 号-1-12 层 1 层**	**杨德蓉**	**027-82656638**	**430010**
汉口银行楚河汉街支行	武汉市武昌区汉街 210 附 33 号	胡　苏	027-87718190	430060
汉口银行小微企业金融服务中心	**武汉市江汉区建设大道 933 号汉口银行大厦 B 区 3 层**	**董国庆**	**027-82656528**	**430015**
汉口银行小微企业金融服务中心光谷分中心	武汉市东湖新技术开发区高新大道 668 号光谷金融中心 22 层东北侧	-	027-65562258	430073
汉口银行黄石分行	**黄石市黄石港区黄石大道 861 号**	**罗　瀚**	**0714-6307516**	**435000**
汉口银行黄石花湖支行	黄石市黄石港区花湖大道 13 号商务宾馆 123、124、125、127、128、129 室	赵旭东	0174-3260675	435000
汉口银行黄石开发区支行	黄石市下陆区杭州西路 71 号	罗　瀚	0714-3052926	435000
汉口银行十堰分行	**十堰市茅箭区朝阳中路 9 号万隆广场**	**余晓莲**	**0719-8632075**	**442011**
汉口银行十堰茅箭支行	十堰市茅箭区人民北路 99 号	沈垒娟	0719-8632101	442000
汉口银行十堰上海路支行	十堰市茅箭区上海路 53 号	刘明敏	0719-8632201	442099
汉口银行十堰万得福支行	十堰市张湾区大岭路 10 号	谈文文	0719-8632318	442000
汉口银行十堰张湾支行	十堰市张湾区公园路 109 号	董功威	0719-8632501	442002
汉口银行宜昌分行	**宜昌市西陵区云集路 25 号旅游广场**	**魏　来**	**0717-6433909**	**443000**
汉口银行宜昌西陵支行	宜昌市西陵区珍珠路 56-1 号-101	叶旦丹	0717-6696186	443000
汉口银行宜昌伍家岗支行	宜昌市伍家岗区桔城路 15-1 号	黄晓萍	0717-6539811	443000
汉口银行宜昌夷陵支行	宜昌市夷陵区夷兴大道 57 号	孙　莹	0717-7202233	443100
汉口银行湖北自贸试验区宜昌片区支行	宜昌市高新区城东大道 21 号泰富广场	宋　岑	0717-6385318	443000
汉口银行襄阳分行	**襄阳市高新区春园路 8 号**	**万　炜**	**0710-3626558**	**441000**
汉口银行襄阳襄城支行	襄阳市襄城区檀溪路 161-7 号	卢建欣	0710-3566823	441021
汉口银行襄阳樊城支行	襄阳市樊城区人民路 62 号尚城名门 2 幢 1 层	黑红莉	0710-3269296	441011
汉口银行鄂州分行	**鄂州市鄂城区文星大道 59 号 1 层**	**范春辉**	**0711-5913390**	**436000**
汉口银行鄂州凤凰城支行	鄂州市鄂城区文苑路 32 号宏洋凤凰城 3 号楼 1 层商铺 28—30 号	沈　庆	0711-5913177	436000
汉口银行鄂州临空支行	鄂州市鄂城区滨湖东路驰恒之城 G27 号 1 层 06 号、08 号、09 号、10 号商铺	吕　浩	0711-5908006	436000
汉口银行鄂州葛店开发区支行	鄂州市葛店经济开发区葛店镇 316 国道北侧张铁村中央城 1、2 号楼商业部分 1 层 1 号至 4 号商铺	熊　巍	0711-5913699	436000
汉口银行荆门分行	**荆门市东宝区长宁大道 26 号**	**张海东**	**0724-8707961**	**448000**
汉口银行荆门掇刀支行	荆门市掇刀区虎牙关大道西侧 52 号	潘　龙	0724-6811966	431800
汉口银行孝感分行	**孝感市孝南区北京路 51 号**	**汪　沛**	**0712-2721562**	**432000**
汉口银行孝感孝南支行	孝感市孝南区城站路 43 号	杨安心	0712-2862810	432000
汉口银行孝感城东支行	孝感市孝南区黄香路湾流汇时代中心区 S4、S5 号楼 113 号、114 号、115 号商铺	刘　琦	0712-2688819	432000
汉口银行荆州分行	**荆州市江津西路 280 号(恒源大酒店)**	**李雏凤**	**0716-8118583**	**434000**

续表 6-2-5

名　称	地　址	负责人	电　话	邮　编
汉口银行荆州北京路支行	荆州市沙市区北京中路 320 号	杨　琼	0716-8882325	434300
汉口银行荆州沙市支行	荆州市沙市区江汉北路华锦大厦 1 层 1 号	彭　晨	0716-8816269	434000
汉口银行荆州沙北新区支行	荆州市沙市区明珠大道 28 号东岳怡景佳园 14 号楼	潘　娜	0716-8022966	434000
汉口银行荆州古城支行	荆州市荆州区荆中路 79 号	王　涛	0716-8017598	434000
汉口银行黄冈分行	**黄冈市黄州区赤壁大道 76 号翡翠一品 55 号楼**	**刘　坤**	**0713-8888663**	**438000**
汉口银行黄冈黄州支行	黄冈市黄州区黄州大道 53 号宇济一号 2 幢一层 101、102、103 商铺	彭胜华	0713-8888519	438000
汉口银行咸宁分行	**咸宁市淦河大道 25 号阳光威娜国际名仕广场**	**杨　洋**	**0715-8911371**	**437000**
汉口银行咸宁咸安支行	咸宁市咸安区长安大道 68 号	魏　俊	0715-8903233	437000
汉口银行咸宁高新支行	咸宁市咸宁大道与银泉大道交叉路口(宏伟大厦)1 幢 1 层 102	黎　洪	0715-8058910	437000
汉口银行随州分行	**随州市曾都区交通大道与迎宾大道交叉口西北角**	**胡　欣**	**0722-3996512**	**441300**
汉口银行随州曾都支行	随州市曾都区青年路 66 号(齐星花园 14 号楼 1 单元 108 号)	叶　伟	0722-3999525	441399
汉口银行恩施分行	**恩施市施州大道 67 号(金鳞大厦)**	**李　燕**	**0718-8209787**	**445099**
汉口银行恩施经济开发区支行	恩施市金桂大道伍家槽时代家居 8 号楼红星美凯龙 1 层	张兆华	0718-8989032	445099
汉口银行仙桃支行	**仙桃市仙桃大道 11-6 号**	**徐　军**	**0728-3251868**	**433099**
汉口银行潜江支行	**潜江市潜阳中路 32 号**	**水　峻**	**0728-3500363**	**433199**
汉口银行天门支行	**天门市天门新城阳光丽景湾 25 号楼**	**谭徐洋**	**0728-5333533**	**431701**
湖北银行	**武汉市武昌区水果湖街中北路 86 号汉街总部国际 8 栋**	**刘战明**	**027-87139010**	**430077**
湖北银行总行营业部	武汉市武昌区水果湖街中北路 86 号汉街总部国际 8 栋	张　华	027-87139000	430077
湖北银行武汉江岸支行	武汉市江岸区解放大道交会处融科天城二期 T11 栋 1—2 层商 19、20、21、22、23	万　丹	027-82220391	430010
湖北银行武汉长江新区支行	武汉市江岸区后湖大道 328 号附 1101-1103	黄　婷	027-82336990	430010
湖北银行武汉江汉支行	武汉市江汉区万松园路特 1 号创世纪大厦 1—2 层	胡念东	027-85771800	430020
湖北银行武汉汉口支行	武汉市江汉区发展大道 222 号华南大厦 C 座	周　进	027-83959729	430020
湖北银行武汉硚口支行	武汉市硚口区古田四路 197 号	邓　霞	027-83633268	430030
湖北银行武汉汉阳支行	武汉市汉阳区芳草路 18 号十里景秀还建小区 15 号楼 1—2 层	余会玲	027-84762672	430050
湖北银行武汉武昌支行	武汉市武昌区徐东大道 20 号	张永刚	027-88518518	430060
湖北银行武汉青山支行	武汉市青山区和平大道 1248 号智绘城(吾行里)1、4 幢 1 层 1、2、3、4、5、6 号以及 1、4 幢 2 层 5、6、7 号物业	张　可	027-86691106	430080
湖北银行武汉洪山支行	武汉市洪山区珞狮路 59 号	邓怒修	027-87770651	430070

续表 6-2-5

名　　称	地　　址	负责人	电　话	邮　编
湖北银行武汉临空港开发区支行	武汉市东西湖区径河街五环路以东、黄狮海以南五环时尚广场(超平地块)6 栋 1 层 01—02 号、2 层 01—02 号、3 层 01—02 号,东西湖区径河办事处五环大道 420 号五环时尚广场(实事达地块)1、2 栋 1—3 层 1 号	韩　沛	027-85817613	430040
湖北银行武汉经济技术开发区支行	武汉市武汉经济技术开发区沌阳大道 409 号武汉建工科技中心 1 层(7、8、9、10、11 商号)、3 层(4)商号	陈　斌	027-84252395	430056
湖北银行武汉蔡甸支行	武汉市蔡甸区蔡甸街独山村金家上城(新都汇 1—2 栋)2 栋 1 层 05 号、2 栋 1 层 06 号、2 栋 1 层 07 号、2 栋 1 层 12 号、2 栋 2 层 01 号、2 栋 2 层 02 号商铺	胡园园	027-69567126	430100
湖北银行武汉江夏支行	武汉市江夏开发区大桥新区大桥村江郡华府 3 栋 1—2 层 1 室	高　湘	027-81807572	430200
湖北银行武汉黄陂支行	武汉市黄陂区前川民安街 36 号	李　钢	027-61915238	430300
湖北银行武汉新洲支行	武汉市新洲区文昌大道 83 号	高　婧	027-86980213	430400
湖北银行湖北自贸试验区武汉片区分行	**武汉市东湖新技术开发区高新大道 797 号 GB 栋 1 层 10 号、14 号商铺,2 层 3 号办公,GC 栋办公单元 4 层 30、34、35、36、37 号房**	**姚　戈**	**027-87522528**	**430070**
湖北银行黄石分行	**黄石市下陆区桂林南路 22 号**	**刘运汉**	**0714-6516651**	**435000**
湖北银行十堰分行	**十堰市茅箭区北京北路 109 号**	**代新胜**	**0719-8616111**	**442000**
湖北银行宜昌分行	**宜昌市西陵区珍珠路 109 号**	**钟育红**	**0717-6268666**	**443000**
湖北银行襄阳分行	**襄阳市樊城区长虹北路 5 号**	**陈双林**	**0710-3271938**	**441000**
湖北银行鄂州分行	**鄂州市鄂城区武昌大道与凤凰路交叉处东南角综合楼**	**王　军**	**0711-3835936**	**436000**
湖北银行荆门分行	**荆门市东宝区长宁大道 28 号**	**曹　霞**	**0724-2295151**	**448000**
湖北银行孝感分行	**孝感市槐荫大道 175 号**	**刘本伟**	**0712-2846661**	**432100**
湖北银行荆州分行	**荆州市荆州区江津西路 468 号**	**鲁　平**	**0716-8450578**	**434000**
湖北银行黄冈分行	**黄冈市黄州区东门路 143 号**	**李振坤**	**0713-8876127**	**438000**
湖北银行咸宁分行	**咸宁市咸宁大道 39 号**	**蔡　峰**	**0715-8219077**	**437000**
湖北银行随州分行	**随州市曾都区汉东路 189 号**	**蒋军旭**	**0722-7023069**	**441300**
湖北银行恩施分行	**恩施市施州大道 157 号**	**肖文忠**	**0718-8254012**	**445000**
湖北银行仙桃支行	仙桃市仙桃大道中段 40 号	陈先军	0728-3253368	433000
湖北银行潜江支行	潜江市章华南路 29 号	徐四平	0728-8514239	433100
湖北银行天门支行	天门市竟陵办事处公旺大街特 5 号	吴家庆	0728-8211102	431700
湖北银行神农架支行	神农架林区神农大道 155 号	丁红刚	0719-3335888	442400

(六)民营银行

表 6-2-6

名　　称	地　　址	负责人	电　话	邮　编
武汉众邦银行	武汉市黄陂区盘龙城经济开发区汉口北大道 88 号汉口北国际商品交易中心 D2 区 1-2 层、22-23 层	程　峰	027-85386666	430300

（七）外资银行

表 6-2-7

名　　称	地　　址	负责人	电　话	邮　编
东亚银行（中国）有限公司武汉分行	武汉市江岸区中山大道 1628 号武汉天地-企业中心 5 号 2 层	李颖新	027-82261668	430014
东亚银行（中国）有限公司武汉光谷支行	武汉市东湖新技术开发区关山大道 332 号保利国际中心 19 层 06 号房	王　路	027-82453158	430074
汇丰银行（中国）有限公司武汉分行	武汉市江汉区建设大道 568 号新世界国贸大厦 18 层 01－07 室、15－16 室	李　宁	027-65779866	430022
汇丰银行（中国）有限公司武汉解放大道支行	武汉市硚口区解放大道 626 号、628 号新世界中心三期 21 层（1）（2）办号	戴　毅	027-65779780	430030
渣打银行（中国）有限公司武汉分行	武汉市江岸区中山大道 1627 号 11 层 11-7、11-8、11-9 单元	丁旭敏	027-59353811	430015
渣打银行（中国）有限公司武汉外滩支行	武汉市江岸区三阳路 8 号天悦星晨 A 栋写字楼第 22 层 2206、2207-A 单元	陈　曦	027-59353882	430015
企业银行（中国）有限公司武汉分行	武汉市武昌区中北路 108 号附 2 号楼中国进出口银行大厦 13 层	吴正焕	027-87258885	430077
富邦华一银行有限公司武汉分行	武汉市武昌区中北路 9 号长城汇 T1-1-1563、1564，T1-8	喻振健	027-59007588	430071
华侨银行有限公司武汉分行	武汉市江岸区中山大道 1505 号企业天地 1 号 3004A、3004B1、3005A、3005B 单元	叶　菁	027-59977800	430010
南洋商业银行（中国）有限公司武汉分行	武汉市武昌区中南路 99 号武汉保利广场 41 层	姜　涛	027-87306789	430071
瑞穗银行（中国）有限公司武汉分行	武汉市汉口解放大道 634 号新世界中心写字楼 A 座 5 层	高林慎治	027-83425000	430032
三菱日联银行（中国）有限公司武汉分行	武汉市江岸区中山大道 1628 号企业中心 5 号 2008 室	寺冈裕之郎	027-82200888	430010
台湾土地银行股份有限公司武汉分行	武汉市武昌区积玉桥临江大道 96 号万达中心 41 层 01—03、09—12 室	姚秉勋	027-59606939-101	430060
台湾中小企业银行股份有限公司武汉分行	武汉市武昌区中北路 108 号附 2 号楼 17 层	林惠娘	027-59817171-111	430077

（八）农村信用社

表 6-2-8

名　　称	地　　址	负责人	电　话	邮　编
湖北省农村信用社联合社	武汉市水果湖街中北路 86 号 7 栋（汉街国际总部 G 栋）	冯　春	027-87119609	430077

（九）农村商业银行

表 6-2-9

名　　称	地　　址	负责人	电　话	邮　编
武汉农村商业银行	**武汉市江岸区建设大道 618 号**	**白俊伟**	**027-85497286**	**430015**
武汉农村商业银行江岸支行	武汉市江岸区建设大道 1001 号新苑商务中心 1 层(3—7)商号	张　毅	027-82421562	430014
武汉农村商业银行汉口支行	武汉市江岸区台北路 100 号 3—4 层	郑　伟	027-85722533	430015
武汉农村商业银行市民之家支行	武汉市江岸区金桥大道与三环线交会处三金潭	黄　芳	027-65771589	430013
武汉农村商业银行江汉支行	武汉市江汉区新华下路 198-200 号	张　杰	027-85607123	430024
武汉农村商业银行硚口支行	武汉市解放大道 1009 号（兴隆大厦 1—4 层）	朱炜贤	027-83609272	430030
武汉农村商业银行汉阳支行	武汉市汉阳区鹦鹉大道 275 号	朱红芳	027-84522079	430050
武汉农村商业银行武昌支行	武汉市武昌区中山路 268 号	万国庆	027-88859344	430060
武汉农村商业银行青山支行	武汉市青山区罗家路特 3 号	张治青	027-86540890	430080
武汉农村商业银行洪山支行	武汉市洪山区武珞路 378 号未来公馆 1 栋 1—4 层	叶　飞	027-87647172	430070
武汉农村商业银行东湖风景区支行	武汉市洪山区欢乐大道 75 号骏业财富中心 A 座 1—3 层	刘　俊	027-86653363	430077
武汉农村商业银行化工新城支行	武汉市东湖新技术开发区花城大道 8 号武汉软件新城 B2 号	吴　涛	027-87634556	430076
武汉农村商业银行东西湖支行	武汉市东西湖区东吴大道 1301 号	徐　凯	027-83254363	430048
武汉农村商业银行经济技术开发区支行	武汉市武汉经济技术开发区 2C1 地块	周　阳	027-84891260	430056
武汉农村商业银行汉南支行	武汉市汉南区纱帽镇汉南大道 321 号	肖亚平	027-84851088	430090
武汉农村商业银行蔡甸支行	武汉市蔡甸区蔡甸大街 230 号	陈江峰	027-69813232	430100
武汉农村商业银行江夏支行	武汉市江夏区纸坊街文化路 33 号	骆　晖	027-81826600	430200
武汉农村商业银行黄陂支行	武汉市黄陂区前川街黄陂大道 205 号	许智勇	027-61003087	430300
武汉农村商业银行盘龙城经济开发区支行	武汉市盘龙城经济开发区巨龙大道 155 号	徐联帮	027-61871010	430311
武汉农村商业银行新洲支行	武汉市新洲区龙腾大街 50 号	陈常谦	027-89355902	431400
武汉农村商业银行长江新区支行	武汉市新洲区阳逻街柴泊大街 12 附 8 号财富广场 1 栋 1 单元 1 楼 1 号	王　伟	027-86962978	430415
武汉农村商业银行小微企业信贷服务中心	武汉市东湖新技术开发区软件园东路 1 号软件产业 4.1 期 B5 栋 6 层 01 室、7 层 01 室	宣映辉	027-83622599	430074
武汉农村商业银行光谷分行	**武汉市东湖新技术开发区软件园东路 1 号软件产业 4.1 期 B5 栋**	**余俊华**	**027-87420510**	**430074**
武汉农村商业银行宜昌分行	**宜昌市伍家岗区城东大道 93 号**	**冷文君**	**0717-6577351**	**443003**
武汉农村商业银行黄冈分行	**黄冈市黄州区东门路 74 号**	**柴亚炜**	**0713-8360506**	**438000**
武汉农村商业银行咸宁分行	**咸宁市咸安区银泉大道 611 号元信花园**	**杨云昊**	**0715-8260909**	**437000**
黄石农村商业银行	**黄石市黄石港区磁湖路 55 号时代·仁智山水 S06 号、S07 号楼**	**左江蓉**	**0714-6231266**	**435000**

续表 6-2-9

名　　称	地　　址	负责人	电　话	邮　编
湖北阳新农村商业银行	阳新县兴国镇红星大道 62 号	严　华	0714-7323939	435200
湖北大冶农村商业银行	大冶市观山路 28 号	童长虹	0714-8766673	435100
湖北十堰农村商业银行	十堰市朝阳中路 25 号武当国际园 A 座	陈江波	0719-8659129	442000
湖北郧县农村商业银行	十堰市郧阳区城关镇金沙路 23 号	江文波	0719-7232052	442500
湖北武当山农村商业银行	十堰市武当山特区太极湖西路 2727 幢	柯尊操	0719-5665794	442714
湖北郧西农村商业银行	郧西县郧西大道 74 号	何选傲	0719-6234588	442600
湖北竹山农村商业银行	竹山县城关镇人民路 15 号	翁　涛	0719-4225208	442200
湖北竹溪农村商业银行	竹溪县城关镇鄂陕大道 1884 号	雷　飞	0719-2728716	442300
湖北房县农村商业银行	房县城关镇南大街 47 号	王绍军	0719-3230489	442100
湖北丹江口农村商业银行	丹江口市均州二路 19 号	金　慧	0719-5210449	442700
湖北三峡农村商业银行	宜昌市夷陵区平云一路 64 号	梅素益	0717-6915900	443100
湖北远安农村商业银行	远安县鸣凤大道 73 号	黄雪芹	0717-3813881	444299
湖北兴山农村商业银行	兴山县古夫镇昭君路 20 号	尚绪宝	0717-2585400	443700
湖北秭归农村商业银行	秭归县茅坪镇平湖大道 15 号	万海燕	0717-2882332	443600
湖北长阳农村商业银行	长阳土家族自治县龙舟坪镇龙舟大道 52 号	李传雄	0717-5328006	443500
湖北五峰农村商业银行	五峰土家族自治县渔洋关镇长乐大道 194 号	董　鑫	0717-5758226	443413
湖北宜都农村商业银行	宜都市陆城街办清江大道 39 号	黄　琛	0717-4821754	443300
湖北当阳农村商业银行	当阳市长坂路 146 号	周正国	0717-3223052	444100
湖北枝江农村商业银行	枝江市友谊大道 59 号	杨国祥	0717-4289966	443200
湖北襄阳农村商业银行	襄阳市襄城区檀溪路 116 号	汪全洲	0710-3691102	441022
湖北南漳农村商业银行	南漳县城关镇水镜大道 299 号	曹　辉	0710-5231082	441500
湖北谷城农村商业银行	谷城县城关镇粉阳路 70 号	晋　锐	0710-7335961	441700
湖北保康农村商业银行	保康县城关镇光千路 5 号	李志勇	0710-5812335	441600
湖北老河口农村商业银行	老河口市中山路 21 号	何云锋	0710-8220930	441800
湖北枣阳农村商业银行	枣阳市中兴大道 189 号	刘　亚	0710-6806868	441200
湖北宜城农村商业银行	宜城市振兴大道 262 号	刘　锋	0710-4212839	441400
湖北鄂州农村商业银行	鄂州市古城路 75 号	王　纲	0711-3224323	436000
湖北荆门农村商业银行	荆门市象山大道 188 号红星时代广场写字楼 B 座	曹　哲	0724-8600388	448124
湖北沙洋农村商业银行	沙洋县沙洋镇荷花大道 40 号	陈仁波	0724-8596403	448200
湖北钟祥农村商业银行	钟祥市莫愁大道 55 号	丁风云	0724-4263152	431900
湖北京山农村商业银行	京山市新市镇新市大道 261 号	张　伟	0724-7328549	431899
湖北孝感农村商业银行	孝感市高新区复兴大道 5 号	秦　斌	0712-2853255	432100

续表 6-2-9

名　　称	地　　址	负责人	电　话	邮　编
湖北孝昌农村商业银行	孝昌县花园大道 120 号	张鸿祥	0712-4768036	432900
湖北大悟农村商业银行	大悟县城关镇发展大道 2 号	龚家锋	0712-7232287	432800
湖北云梦农村商业银行	云梦县楚王城大道 187 号	余洪波	0712-4221434	432500
湖北应城农村商业银行	应城市广场大道 2 号	汪立志	0712-3223904	432400
湖北安陆农村商业银行	安陆市碧涢路 78 号	付严冬	0712-5253622	432600
湖北汉川农村商业银行	汉川市人民大道 228 号	丁红赛	0712-8288150	431600
湖北荆州农村商业银行	荆州市江津中路 255 号	王黎宾	0716-8515901	434000
湖北公安农村商业银行	公安县斗湖堤镇荆江大道 152 号	张志平	0716-5200968	434300
湖北江陵农村商业银行	江陵县郝穴镇荆江路 182 号	王　静	0716-4738006	434100
湖北石首农村商业银行	石首市中山街 59 号	严建国	0716-7288445	434400
湖北洪湖农村商业银行	洪湖市宏伟北路 8 号	谢　之	0716-2211260	433200
湖北松滋农村商业银行	松滋市新江口街道民主路 213 号	肖国斌	0716-6222926	434200
湖北监利农村商业银行	监利市容城镇江城路 57 号	王中华	0716-3328931	433300
湖北黄冈农村商业银行	黄冈市黄州区赤壁大道 70 号	周　源	0713-8621048	438000
湖北团风农村商业银行	团风县团风大道 14 号	詹志勇	0713-6150806	438800
湖北红安农村商业银行	红安县城关镇将军大道 53 号	李　峤	0713-5243537	438400
湖北罗田农村商业银行	罗田县凤山镇义水北路	毛　瑞	0713-5059708	438600
湖北英山农村商业银行	英山县温泉镇金石路(大桥北端)	骆　琼	0713-7010172	438700
湖北浠水农村商业银行	浠水县清泉镇车站大道 302 号	张易名	0713-4236390	438200
湖北蕲春农村商业银行	蕲春县漕河镇蕲春大道 211 号	徐胜宏	0713-7263582	435300
湖北黄梅农村商业银行	黄梅县黄梅镇黄梅大道 498 号	朱卫中	0713-3353301	435500
湖北麻城农村商业银行	麻城市金桥大道 17 号	孙红平	0713-2910521	438300
湖北武穴农村商业银行	武穴市广济大道东 10 号	杨晓谋	0713-6225041	435400
湖北咸宁农村商业银行	咸宁市咸宁大道 51 号	何　涛	0715-8233885	437100
湖北嘉鱼农村商业银行	嘉鱼县发展大道 167 号	程　雯	0715-6310606	437200
湖北通城农村商业银行	通城县隽水镇隽水大道 262 号	夏广韬	0715-4866666	437400
湖北崇阳农村商业银行	崇阳县天城镇沿河大道 345 号	李　敏	0715-3325406	437500
湖北通山农村商业银行	通山县通羊镇九宫大道 406 号	孙　琦	0715-2362128	437600
湖北赤壁农村商业银行	赤壁市河北大道 267 号	熊勇军	0715-5353196	437300
湖北随州农村商业银行	随州市舜井大道 89 号	杨　凌	0722-3246663	441300
湖北广水农村商业银行	广水市永阳大道 46 号	杜建军	0722-6261020	432700
湖北恩施农村商业银行	恩施市施州大道 52 号	冯木林	0718-8411741	445000
湖北利川农村商业银行	利川市清江大道 177 号	熊朝杰	0718-7286015	445400
湖北建始农村商业银行	建始县邺州镇广润路 17 号	李佳盛	0718-3223523	445300
湖北巴东农村商业银行	巴东县信陵镇巫峡路 29 号	王　勇	0718-4226197	444300

续表 6-2-9

名　称	地　址	负责人	电　话	邮　编
湖北宣恩农村商业银行	宣恩县珠山镇兴隆大道 155 号	屠　明	0718-5831905	445500
湖北咸丰农村商业银行	咸丰县高乐山镇营屏寨路 43 号	刘志会	0718-6822464	445600
湖北来凤农村商业银行	来凤县翔凤镇解放大道 211 号	李言位	0718-6283935	445700
湖北鹤峰农村商业银行	鹤峰县容美镇溇水大道 806 号	魏斌武	0718-5282798	445800
湖北仙桃农村商业银行	仙桃市仙桃大道 2A 号	许帮成	0728-3221469	433000
湖北潜江农村商业银行	潜江市江汉路 36 号	谭晓彬	0728-6232660	433199
湖北天门农村商业银行	天门市竟陵人民大道(中)126 号	周岩松	0728-5883188	431700
湖北神农架农村商业银行	神农架林区松柏镇中心街 7 号	杜　刚	0719-3333830	442400

(十)村镇银行

表 6-2-10

名　称	地　址	负责人	电　话	邮　编
武汉东西湖扬子村镇银行	武汉市东西湖区东吴大道 1256 附 157 号	杨　平	027-83296288	430048
武汉江夏民生村镇银行	武汉市江夏区纸坊街文华路水务局亲水大厦副楼	尹　达	027-81811021	430200
阳新汉银村镇银行	阳新县城东新区环湖西路尚湖湾 29 号楼 101 号铺	胡仕林	0714-7395848	435200
大冶中银富登村镇银行	大冶市大冶大道 104 号	汤明中	0714-8635320	435100
湖北大冶泰隆村镇银行	大冶市观山路 27 号云顶花园 27-5 号商业门面	刘振峰	0714-8868796	435100
郧县楚农商村镇银行	十堰市郧阳区城关镇解放南路 9 号	宋　波	0719-7209188	442500
郧西楚农商村镇银行	郧西县城关镇学苑路 18 号	徐蔚林	0719-6221699	442600
竹山楚农商村镇银行	竹山县城关镇纵横大道 18 号	石思辉	0719-4221866	442200
竹溪楚农商村镇银行	竹溪县城关镇光明西路 48 号	胡秀涛	0719-2720006	442300
房县楚农商村镇银行	房县城关镇房陵大道 331 号	彭海波	0719-3105001	442100
丹江口楚农商村镇银行	丹江口市丹江大道 52 号	熊强武	0719-5230788	442700
宜昌夷陵兴福村镇银行	宜昌市夷陵区夷兴大道 209 号	徐保东	0717-7531953	443100
远安金谷村镇银行	远安县鸣凤镇解放路 68 号	李年松	13872650360	444200
兴山本富村镇银行	兴山县古夫镇香溪大道 38 号	宋海宁	0717-2582666	443700
秭归兴福村镇银行	秭归县茅坪镇金缸城新区南郡大道 8 号	顾国宏	0717-2820002	443600
长阳兴福村镇银行	长阳土家族自治县向王街 28 号	朱坤明	18906234370	443500
五峰金谷村镇银行	五峰土家族自治县渔洋关镇长乐大道 198 号 22 栋	马文媛	13487226111	443413
宜都民生村镇银行	宜都市陆城长江大道 159 号	谭汉祥	0717-4819595	443300

续表 6-2-10

名　称	地　址	负责人	电　话	邮　编
当阳兴福村镇银行	当阳市玉阳办事处长坂路 197 号	殷志芳	0717-3231198	444100
枝江汉银村镇银行	枝江市团结路 34 号	魏　来	18086611466	443200
南漳中银富登村镇银行	南漳县水镜大道 566 号(原行政服务中心)	裴美武	0710-5665666	441500
谷城中银富登村镇银行	谷城县城关镇银城大道 34 号	何本辉	0710-7566666	441700
保康楚农商村镇银行	保康县城关镇清溪路 17 号	王华祥	0710-5103225	441600
老河口中银富登村镇银行	老河口市胜利路 77 号	王晓林	0710-8233290	441800
枣阳中银富登村镇银行	枣阳市中兴大道御景豪庭 186 号	刘双喜	0710-6222123	441200
宜城中银富登村镇银行	宜城市紫阳观路一阳精品街 11 栋 140 至 148 号	肖　静	0710-4221000	441400
湖北荆门掇刀楚农商村镇银行	荆门市龙井大道 98 号	李旭华	0724-8688299	448000
荆门东宝惠民村镇银行	荆门市东宝区象山大道 82 号	杨　荣	0724-6903796	448000
沙洋中银富登村镇银行	沙洋县开源大道 2-2 号	刘双喜	0724-6109099-600	448200
钟祥民生村镇银行	钟祥市郢中镇莫愁大道 1 号	周　硕	0724-4331688	431900
京山中银富登村镇银行	京山市新市大道 183 号	王晓林	0724-7599555-600	431899
孝昌本富村镇银行	孝昌县中天大道祥瑞景城 G5 栋	訾晓杰	13339432007	432900
大悟楚农商村镇银行	大悟县城关镇兴华路 160 号	黎　鹏	13508696723	432800
云梦楚农商村镇银行	云梦县城关镇楚王城大道京都名城 2 号楼	汪少儒	13507291288	432500
应城融兴村镇银行	应城市古城大道世纪名居 A 栋	吴东辉	0712-3318999	432400
安陆楚农商村镇银行	安陆市解放大道东路 1 号	张江涛	13872895459	432600
湖北汉川农银村镇银行	汉川市新河工业园路 70 号	张华年	0712-8412338	431600
公安中银富登村镇银行	公安县斗湖堤镇梅园大道 10 号鑫泰国际第 2 栋 1 层 104 号、105 号、106 号,2 层 204 号、205 号、206 号	肖　静	0716-5109888-600	434300
江陵楚农商村镇银行	江陵县江陵大道 195 号	文礼毓	13972112111	434100
石首楚农商村镇银行	石首市解放西路 12 号	李纯波	18062997222	434400
洪湖融兴村镇银行	洪湖市文泉大道 23 号中央花园	田益民	18641199977	433200
松滋中银富登村镇银行	松滋市新江口镇金松大道西段 40 号	陈春平	0716-6235599-601	434200
监利中银富登村镇银行	监利市容城大道东 28 号	马　哲	18986954484	433300
团风楚农商村镇银行	团风县团风大道世纪华府 1 楼	黄文龙	13872436006	438000
湖北红安长江村镇银行	红安县城关镇红坪大道 15 号华府名城	郑恢涛	18971915008	438400
罗田楚农商村镇银行	罗田县凤山镇万密斋大道广源商城	黄应城	13872400443	438600
湖北英山长江村镇银行	英山县温泉镇温泉北路天壹国际小区 28 号楼 107、108	曾　猛	18971615008	438700

续表 6-2-10

名　　称	地　　址	负责人	电　话	邮　编
浠水楚农商村镇银行	浠水县丽文大道与学堂口 418-1 号商住楼 1 层	张华杰	13797335758	438000
蕲春中银富登村镇银行	蕲春县漕河镇齐昌大道 272 号	刘双喜	0713-7230918	435300
黄梅中银富登村镇银行	黄梅县黄梅府新南街 8-101	汤明中	13872006186	435500
湖北麻城汇丰村镇银行	麻城市玉融街 56 号	秦丽娅	0713-2938388	438300
武穴中银富登村镇银行	武穴市永宁大道西 69 号	何本辉	15807118800	435400
湖北咸安长江村镇银行	咸宁市银泉大道 542-6 号	魏正斌	13809723916	437100
湖北嘉鱼吴江村镇银行	嘉鱼县鱼岳镇人民大道 42 号	袁秀娟	0715-6317999	437200
通城惠民村镇银行	通城县隽水镇解放东路 59 号	吴　纲	13807244039	437400
崇阳楚农商村镇银行	崇阳县天城镇城北新区金三角花城大厦	何小红	13707206777	437500
通山楚农商村镇银行	通山县通羊镇九宫大道 460 号	陈启银	13872569971	437600
湖北赤壁长江村镇银行	赤壁市陆水湖大道 245 号	魏正斌	13809723916	437300
湖北随州曾都汇丰村镇银行	随州市曾都区烈山大道 205 号	詹关楠	0722-3068058	441300
随县楚农商村镇银行	随县神农社区华源盛世商住中心 7 号楼	李　宇	13733595866	431500
广水楚农商村镇银行	广水市应十大道翡翠山湖 888 号 A1 栋	王自钰	0722-6282999	432700
恩施兴福村镇银行	恩施市金桂大道 31 号	徐　燕	0718-8205080	445000
仙桃楚农商村镇银行	仙桃市沙嘴办事处黄金大道北侧皇宫商务办公楼 201 室	邹承君	0728-3319221	433000
潜江中银富登村镇银行	潜江市园林潜阳中路 15 号	严俊敏	13797988791	433100
湖北天门汇丰村镇银行	天门市天门新城银座帝景湾三号楼	李　胜	0728-5299002	431700
神农架楚农商村镇银行	神农架林区木鱼镇木鱼路 71 号偏桥湾神农御景	张　靖	0719-3333660	442421

(十一)信托公司

表 6-2-11

名　　称	地　　址	负责人	电　话	邮　编
交银国际信托有限公司	武汉市建设大道 847 号(瑞通广场 B 座 16、17 层)	童学卫	027-85487833	430015
国通信托有限责任公司	武汉市江汉区新华路 296 号 IFC 国际金融中心 32-38 层	陈建新	027-85565779	430021

（十二）金融资产管理公司

表 6-2-12

名　　称	地　　址	负责人	电　话	邮　编
中国长城资产管理股份有限公司湖北省分公司	武汉市武昌区东湖路 155 号	杨宝宏	027-86772788	430077
中国信达资产管理股份有限公司湖北省分公司	武汉市武昌区中南路 99 号保利广场 A 座 50、51 层	李作胜	027-87832741	430071
中国中信金融资产管理股份有限公司湖北省分公司	武汉市武昌区体育街特 1 号	闵乙铎	027-88061709	430060
中国东方资产管理股份有限公司湖北省分公司	武汉市江岸区建设大道 718 号浙商大厦 37 层 3701—3703 号和 38 层	毕立宁	027-85713020	430015

（十三）金融租赁公司

表 6-2-13

名　　称	地　　址	负责人	电　话	邮　编
光大金融租赁股份有限公司	武汉市江岸区三阳路 8 号天悦星晨 A 栋写字楼第 10 层 02—04 单元 北京市西城区复兴门外大街 6 号光大大厦第 6—8 层	姚仲友	027-82798915 010-68098647	430010 100045
湖北金融租赁股份有限公司	武汉市建设大道 668 号华润万象城 B 座塔楼 25、26、28、29、36、37 层	梅　林	027-85559795	430015
航天科工金融租赁有限公司	武汉市东西湖区金银湖路 8 号金银湖大厦 26、27 层	胡建军	027-59392699	430040

（十四）企业集团财务公司

表 6-2-14

名　　称	地　　址	负责人	电　话	邮　编
有色矿业集团财务有限公司	武汉市武昌区徐东大街汇通新长江中心 A 座 14 层	毛　宏	027-58908050	430062
湖北宜化集团财务有限责任公司	宜昌市沿江大道 52 号	刘宏光	0717-8868039	443100
东风汽车财务有限公司	武汉市武汉经济技术开发区东风二路东合中心南区办公楼 H 栋 15—18 层	黄生贵	027-84305233	430056
湖北交投集团财务有限公司	武汉市汉阳区四新大道 26 号湖北国展中心广场东塔 7 层	王徐鹏	027-87576505	430050
三环集团财务有限公司	武汉市洪山区佳园路 33 号	肖慧丽	027-87702625	430070
中国石化财务有限责任公司武汉分公司	武汉市江汉区常青路 7 号恒融商务中心 3 号楼 15 层	刘亚平	027-85495937	430024
中国电力财务有限公司华中分公司	武汉市洪山区徐东大街 69 号华中电力金融大厦	朱智恒	027-88308407	430077

续表 6-2-14

名　　称	地　　址	负责人	电　话	邮　编
三峡财务有限责任公司宜昌分公司	宜昌市西陵区建设路1号长江电力办公楼20层	阮奕舟	0717-6767259	443000
航天科工财务有限责任公司武汉分公司	武汉市江汉区建设大道737号广发银行大厦41层	黄国锴	027-85357689	430015
中国能源建设集团财务有限公司武汉分公司	武汉市硚口区解放大道558号	徐　娟	027-59270919	430030
宝武集团财务有限责任公司武汉分公司	武汉市友谊大道999号武钢办公大楼B座11层	姚文中	027-86219182	430081

(十五)消费金融公司

表 6-2-15

名　　称	地　　址	负责人	电　话	邮　编
湖北消费金融股份有限公司	武汉市武昌区水果湖街道水果湖街松竹路28号万达尊B座第37层	蔡　碧	027-88313592	430062

三、保险业机构

(一)财产险公司

表 6-3-1

名　　称	地　　址	负责人	电　话	邮　编
长江财产保险股份有限公司	武汉市东湖新技术开发区鲁巷光谷街1号光谷资本大厦层401室	赵红兵	027-83766666	430077
泰康在线财产保险股份有限公司	武汉市江岸区建设大道718号浙商大厦36层	李朝晖	027-59812885	430014
中国人民财产保险股份有限公司湖北省分公司	武汉市江汉区万松街街道建设大道426号	夏学东	027-83643790	430020
中国人民财产保险股份有限公司武汉市分公司	武汉市汉阳区五里墩街道汉阳大道408号万科未来中心T2写字楼第34层、38—41层、42层01—07室	刘　洋	027-84779888	430050
中国人民财产保险股份有限公司黄石市分公司	黄石市黄石港区沈家营街道湖滨大道117号	张小兵	0714-6288087	435000
中国人民财产保险股份有限公司十堰市分公司	十堰市茅箭区五堰街道朝阳中路77号	李　青	0719-8666160	442000
中国人民财产保险股份有限公司宜昌市分公司	宜昌市西陵区学院街道沿江大道80-A号	战胜昌	0717-6736841	443000
中国人民财产保险股份有限公司襄阳市分公司	襄阳市襄城区真武山街道环城南路128号	曲华忠	0710-3522148	441000
中国人民财产保险股份有限公司鄂州市分公司	鄂州市鄂城区古楼街道武昌大道308号	钟　秋	027-53116768	436000
中国人民财产保险股份有限公司荆门市分公司	荆门市东宝区泉口街道象山大道45号	程　斌	0724-2338892	448000
中国人民财产保险股份有限公司孝感市分公司	孝感市孝南区广场街道文化路123号	陈　武	0712-2077660	432000
中国人民财产保险股份有限公司荆州市分公司	荆州市荆州区荆州东路8号	文　雷	0716-8467840	434000
中国人民财产保险股份有限公司黄冈市分公司	黄冈市黄州区赤壁街道黄州大道33号	阮　技	0713-8352059	438000
中国人民财产保险股份有限公司咸宁市分公司	咸宁市咸安区温泉街道温泉路43号	李海波	0715-8256117	437100
中国人民财产保险股份有限公司随州市分公司	随州市曾都区东城街道汉东路142号	张义成	0722-3243379	421300
中国人民财产保险股份有限公司恩施州分公司	恩施市施州大道50号1—9层	幸保峰	0718-8222639	445000
中国人民财产保险股份有限公司潜江市分公司	潜江市园林办事处章华南路17号	胡　圻	0728-6248200	433100
中国大地财产保险股份有限公司湖北分公司	武汉市武汉市江汉区新华路468号CFD时代财富中心21层	戈晓凯	027-59807296	430021
中国大地财产保险股份有限公司武汉中心支公司	武汉市武汉市江汉区新华路468号CFD时代财富中心5层20层	吴红梅	027-59327068	430021

续表 6-3-1

名　　称	地　　址	负责人	电　话	邮　编
中国大地财产保险股份有限公司黄石中心支公司	黄石市黄石港区四季花城 25-188 号	丁　黎	13647116613	435000
中国大地财产保险股份有限公司十堰中心支公司	十堰市茅箭区北京中路 3 号华府名邸大厦 6 号楼 4 层	郭莉莉	0719-8677709	442000
中国大地财产保险股份有限公司宜昌中心支公司	宜昌市伍家岗区沿江大道 188 号新外滩座写字楼 17-01	阮平安	0717-6451808	443000
中国大地财产保险股份有限公司襄阳中心支公司	襄阳市高新区春园路 4 号火炬大厦 14 层 CD 座、15 层	杜敬一	0710-3279111	441003
中国大地财产保险股份有限公司荆门中心支公司	荆门市漳河新区天山路 1 号国华汇金中心 4 幢 1120—1124	杨　鹏	0724-2381091	448000
中国大地财产保险股份有限公司孝感中心支公司	孝感市孝南经济开发区孝武大道华耀天城 4 号 301	李春雷	0712-2322952	432000
中国大地财产保险股份有限公司荆州中心支公司	荆州市沙市区江津西路 287 号	罗远波	0716-8268310	434000
中国大地财产保险股份有限公司黄冈中心支公司	黄冈市黄州区西湖三路 11 号临街 1 层两间及 2 层三间房屋(7、8 号—S102、S103、S201、S202、S203)	王开胜	0713-8884099	438000
中国大地财产保险股份有限公司咸宁中心支公司	咸宁市银泉大道(元信花园)3 幢 9 层	黄振龙	0715-8129766	437100
中国大地财产保险股份有限公司恩施中心支公司	恩施市施州大道 327 号	黄　卓	0718-8412656	445000
中国出口信用保险公司湖北分公司	**武汉市江岸区江汉北路 8 号金茂大楼 19、20 层**	**林　峰**	**027-85566066**	**430015**
中华联合财产保险股份有限公司湖北分公司	**武汉市硚口区解放大道 278 号华汉广场 3 栋 23—25 层**	**胡劲峰**	**027-59711005**	**430030**
中华联合财产保险股份有限公司武汉中心支公司	武汉市硚口区汉水桥街解放大道 278 号华汉广场 3 号楼(21—22 层)	徐　伟	027-59711819	430030
中华联合财产保险股份有限公司黄石中心支公司	黄石市黄石港区公园路 47 号	郭　强	0714-6371666	435000
中华联合财产保险股份有限公司十堰中心支公司	十堰市张湾区汉江街办北京北路 57 号栖谷天街 A 区 2 层	詹敦辉	0719-8873256	442000
中华联合财产保险股份有限公司宜昌中心支公司	宜昌市西陵区〔中国(湖北)自贸区宜昌片区〕发展大道 57-6 号三峡云计算大厦裙楼 5 层 B2、C1 号和 4 层 D16 号	田雨生	0717-6756808	443000
中华联合财产保险股份有限公司襄阳中心支公司	襄阳市襄州区航空路襄州客运东站襄州国投大楼 10—11 层	金祖涛	0710-3490028	441000
中华联合财产保险股份有限公司鄂州中心支公司	鄂州市滨湖西路 122 号 1 层、4 层	皮育平	027-60265396	436000
中华联合财产保险股份有限公司荆门中心支公司	荆门市高新区・掇刀区象山大道 142 号东方国际广场 1 幢 19 层	姜海波	0724-2446646	448000
中华联合财产保险股份有限公司孝感中心支公司	孝感市玉泉南路 40 号	章　庆	0712-2587750	432000
中华联合财产保险股份有限公司荆州中心支公司	荆州市沙市区塔桥路荆州义乌小商品城二期 2-1 栋 2 层楼商铺	宋燕华	0716-8527897	434000
中华联合财产保险股份有限公司黄冈中心支公司	黄冈市黄州区沙街 17 号	罗　斌	0713-8393006	438000
中华联合财产保险股份有限公司咸宁中心支公司	咸宁市咸安区书胜路 6 号(书香门第一栋)	窦天翼	0715-8134977	437000

续表 6-3-1

名　　称	地　　址	负责人	电　话	邮　编
中华联合财产保险股份有限公司随州中心支公司	随州市曾都区东城文峰塔居委会七组(世纪外滩)26 幢 1—2 层	詹海峰	0722-3585188	441300
中华联合财产保险股份有限公司恩施中心支公司	恩施市六角亭街道办事处松树坪村熙苑小区(民族西路特 1 号)1 号楼 2 层 1—6 室、5 号楼 102 室	覃启来	0718-8222379	445000
中华联合财产保险股份有限公司潜江中心支公司	潜江市园林街道办事处潜阳西路 43 号(潜江市嘉业农机汽配有限公司 3 号楼 109、202)	刘启洪	0728-6250266	433199
中国太平洋财产保险股份有限公司湖北分公司	**武汉市江岸区建设大道 718 号浙商国际大厦 1 层(1 号、5 号单元)、4—6 层、47 层**	**周厚钦**	**027-85487562**	**430015**
中国太平洋财产保险股份有限公司武汉中心支公司	武汉市江岸区建设大道 718 号浙商国际大厦 3 层	陶旭松	027-85487669	430015
中国太平洋财产保险股份有限公司黄石中心支公司	黄石市下陆区苏州路 37 号佳木公园 198A 区 2 层	陈子彦	0714-6204003	435000
中国太平洋财产保险股份有限公司十堰中心支公司	十堰市朝阳中路 81 号	凌　毅	0719-8681388	442000
中国太平洋财产保险股份有限公司宜昌中心支公司	宜昌市伍家岗区中南路 39 号	罗　涛	0717-6242485	443000
中国太平洋财产保险股份有限公司襄阳中心支公司	襄阳市樊城区前进路 6 号	董尚斌	0710-3481992	441000
中国太平洋财产保险股份有限公司鄂州中心支公司	鄂州市滨湖南路 13-1 号	汪　洋	0711-3851700	436000
中国太平洋财产保险股份有限公司荆门中心支公司	荆门市东宝区白云大道 78 号	代中菊	0724-2366303	448000
中国太平洋财产保险股份有限公司孝感中心支公司	孝感市孝南区体育东路与天仙北路交会处西南角松达丽水湾 1 栋 1 层 0104 室、0105 室、2 层 0203、0204 室、0205 室、3 层 0301 室、0302 室;3 栋 1 层 0102 室、3 层 0301 室	王明刚	0712-2463806	432000
中国太平洋财产保险股份有限公司荆州中心支公司	荆州市江津西路 419 号	王锡陵	0716-8420050	434020
中国太平洋财产保险股份有限公司黄冈中心支公司	黄冈市黄州区东门路 95 号	陈银桥	0713-8350266	438000
中国太平洋财产保险股份有限公司咸宁中心支公司	咸宁市银泉大道 567 号劲风大厦第 7 层、第 20 层	宫贵平	0715-8111805	437000
中国太平洋财产保险股份有限公司随州中心支公司	随州市曾都区交通大道 209 号	侯建锋	0722-3246988	441300
中国太平洋财产保险股份有限公司恩施中心支公司	恩施市舞阳坝街道办事处枫香坪村金桂大道 188 号副楼 2 层	钟　宇	0718-8233744	445000
中国平安财产保险股份有限公司湖北分公司	**武汉市江汉区北湖西路 2 号双玺中心 A 栋群楼 1 层 5 号和 6 号部分区域,B 栋 18—19 层 8—14 号房**	**王文进**	**18128871566**	**430014**
中国平安财产保险股份有限公司武汉中心支公司	武汉市江汉区北湖西路 2 号双玺中心 A 栋群楼 1 层 5 号和 6 号部分区域,B 栋 18—19 层 8—14 号房	冯少文	18672388815	430014
中国平安财产保险股份有限公司黄石中心支公司	黄石市黄石港区华新路 2 号 10-10、10-11、10-12、10-13、10-15、10-16、10-17 室	董少伟	13113264674	435000
中国平安财产保险股份有限公司十堰中心支公司	十堰市茅箭区北京北路 82 号京华新天地	潘　昊	18672308725	442000

续表 6-3-1

名　　称	地　　址	负责人	电　话	邮　编
中国平安财产保险股份有限公司宜昌中心支公司	宜昌市西陵区西陵一路10号墨池苑3号楼14号商铺1层、2层	潘亚军	13476187893	443000
中国平安财产保险股份有限公司襄阳中心支公司	襄阳市高新区追日路汉北科技孵化园1层、2层及附楼2层	蒋治文	13508682230	441000
中国平安财产保险股份有限公司鄂州中心支公司	鄂州市鄂城区鄂东大道一号昌盛小区1号楼至2号楼2层	王　吉	18995512021	436000
中国平安财产保险股份有限公司荆门中心支公司	荆门市白云大道88号	邓　洵	15926377595	448000
中国平安财产保险股份有限公司孝感中心支公司	孝感市孝南区董永路8号民邦槐荫东岸一期D栋201—202商铺	刘　勇	18671960599	432000
中国平安财产保险股份有限公司荆州中心支公司	荆州市沙市区塔桥路63号荆州新天地A2栋401—402、404—408号	戢运忠	18671900916	434000
中国平安财产保险股份有限公司黄冈中心支公司	黄冈市黄州区西湖三路11号7、8号楼1层、2层部分位置	薛　俊	18671672211	438000
中国平安财产保险股份有限公司咸宁中心支公司	咸宁市银泉大道548号银泉名座一号楼房屋(房间号102的其中建筑面积40平米)2层房屋(房间号201—205)	邹天才	13986108682	437000
中国平安财产保险股份有限公司随州中心支公司	随州市曾都区城南新区白鹤山银苑A座写字楼11层	李　曦	18627020033	441300
中国平安财产保险股份有限公司恩施中心支公司	恩施市舞阳坝街道枫香坪村金桂大道102号汇通广场1号楼3层301—310	王　毅	13554238811	445000
中国平安财产保险股份有限公司仙桃中心支公司	仙桃市玉沙大道8号元泰未来城A3-11层	汪　强	18672798929	433000
中国平安财产保险股份有限公司潜江中心支公司	潜江市园林办事处袁杨路3栋301铺	刘　博	18627069555	433100
天安财产保险股份有限公司湖北省分公司	**武汉市江汉区青年路161号环贸中心(一期)/B塔单元25层5号—8号**	**周建军**	**18995505111**	**430022**
天安财产保险股份有限公司武汉中心支公司	武汉市江汉区青年路161号环贸中心(一期)/B塔单元25层3号—4号	赵　涛	18995505011	430022
天安财产保险股份有限公司黄石中心支公司	黄石市黄石港区公园路47号1号楼105、205商铺	方良洲	13707237015	435000
天安财产保险股份有限公司十堰中心支公司	十堰市茅箭区二堰街办上海路3号2幢3-1、3-2号	吴海明	13997510666	442000
天安财产保险股份有限公司宜昌中心支公司	宜昌市西陵区〔中国(湖北)自贸区宜昌片区〕发展大道57-6号(三峡云计算大厦产业大楼16层02、03、04、05、06、12号房)	易仁锋	13477165888	443000
天安财产保险股份有限公司襄阳中心支公司	襄阳市襄州区汉津路1号1层、2层、3层304—308室	黄理武	13971793785	441000
天安财产保险股份有限公司鄂州中心支公司	鄂州市鄂城区滨湖南路市园林局综合楼底层80-17、80-19	崔　晓	13971654456	436000
天安财产保险股份有限公司荆门中心支公司	荆门市掇刀区深圳大道东1号101、202、203三居室	向　峰	13477553366	448000
天安财产保险股份有限公司孝感中心支公司	孝感市长征路218号	潘俊安	18995505818	432000
天安财产保险股份有限公司荆州中心支公司	荆州市江津西路422号	杨　涛	13872349672	434000
天安财产保险股份有限公司黄冈中心支公司	黄冈市黄州区西湖三路16号1层、2层	张　耀	18571899119	438000

续表 6-3-1

名　称	地　址	负责人	电　话	邮　编
天安财产保险股份有限公司咸宁中心支公司	咸宁市咸安区锦龙路6号3层	马　超	15997218186	437000
天安财产保险股份有限公司随州中心支公司	随州市曾都区文帝大道1号蒋岗市场5层5-3号商铺	李珍强	18995505025	441300
天安财产保险股份有限公司恩施中心支公司	恩施市航空大道55号蓝天新居C栋2层	李明锦	13872706449	445000
史带财产保险股份有限公司湖北分公司	**武汉市武昌区公正路216号安顺月光广场16栋第11层C1区**	**桑文彬**	**027-59515905**	**430060**
华安财产保险股份有限公司湖北分公司	**武汉市江汉区唐家墩路32号国资大厦A座9、10层**	**佘江国**	**027-65778060**	**430024**
华安财产保险股份有限公司汉口中心支公司	武汉市东西湖区二雅路西农业科学研究所办公楼	罗学春	027-59411837	430040
华安财产保险股份有限公司汉阳中心支公司	武汉市汉阳区龙阳大道98号武汉惠誉大厦17层(1)办公号1701	杨　波	027-87739035	430050
华安财产保险股份有限公司武昌中心支公司	武汉市青山区任家路58街坊园林星城3栋1层7、8号商铺	江　辉	027-59411818	430080
华安财产保险股份有限公司十堰中心支公司	十堰市茅箭区重庆路520号2幢7层	钟晓起	0719-8769228	442000
华安财产保险股份有限公司宜昌中心支公司	宜昌市西陵区东山大道95号清江大厦第24层03、06、07、08、08-1号	常亚斌	0717-6370628	443000
华安财产保险股份有限公司襄阳中心支公司	襄阳市襄州区航空路10号(安达运输有限责任公号字楼第1、2层)	余　伟	0710-3807098	441100
华安财产保险股份有限公司荆门中心支公司	荆门市漳河新区国华汇金中心3幢第1层123号北侧和第10层1018号	苏　荣	0724-6802070	448000
华安财产保险股份有限公司孝感中心支公司	孝感市体育大道8号1、2层	曾小波	0712-2825782	432000
华安财产保险股份有限公司荆州中心支公司	荆州市荆州区江津西路417-1号、417-2号商铺	方文全	0716-8858892	434000
华安财产保险股份有限公司黄冈中心支公司	黄冈市黄州区黄州大道87号B幢7-10号门面1、2层	段元凤	0713-8670549	438000
华安财产保险股份有限公司随州中心支公司	随州市曾都区东城舜井大道19号隆宇楼8-10号	陈　静	0722-3333929	441300
华安财产保险股份有限公司恩施中心支公司	恩施市航空大道173号广城国际大厦1409	谭永巍	0718-8277232	445000
永安财产保险股份有限公司湖北分公司	**武汉市江岸区绿地汉口中心2期S11栋20层2001—2010号**	**叶园军**	**027-59527868**	**430010**
永安财产保险股份有限公司武汉中心支公司	武汉市江岸区绿地汉口中心2期S11栋20层2008—2009号	韩学峰	027-59527877	430010
永安财产保险股份有限公司黄石中心支公司	黄石市黄石港区黄石大道897号	夏祖余	0714-6211700	435000
永安财产保险股份有限公司十堰中心支公司	十堰市茅箭区重庆路88号丽景湾花园三期25号楼1层C03	汪传发	0719-8620133	442000
永安财产保险股份有限公司宜昌中心支公司	宜昌市夷陵大道72号九州大厦A座1218号	付清泉	0717-6093066	443000
永安财产保险股份有限公司襄阳中心支公司	襄阳市中原路39号	鲁福成	0710-3273155	441000

续表 6-3-1

名　　称	地　　址	负责人	电　话	邮　编
永安财产保险股份有限公司鄂州中心支公司	鄂州市滨湖西路 157 号 18 层 1801、1805 室和 A 区 1 层东侧门面	熊江兵	027-60205506	436000
永安财产保险股份有限公司荆门中心支公司	荆门市东宝区老莱子路 12 号 3 幢	马玉泉	0724-2320560	448000
永安财产保险股份有限公司孝感中心支公司	孝感市东城区董永路民邦槐荫东岸 1 期 B2 区 301—302	钱　伟	0712-2320001	432000
永安财产保险股份有限公司荆州中心支公司	荆州市荆州区北京西路(万达广场)写字楼 B 第 1 单元 21 层 2—5 号	杜建春	0716-8513789	434000
永安财产保险股份有限公司黄冈中心支公司	黄冈市黄州大道 88 号	刘凤鸣	0713-8383936	438000
永安财产保险股份有限公司咸宁中心支公司	咸宁市咸安区温泉十六谭路北侧 5 层及右侧大厅	何　流	0715-8125966	437000
永安财产保险股份有限公司随州中心支公司	随州市曾都经济开发区星光工业园神农车检办公楼	刘　歆	0722-7053208	441300
永安财产保险股份有限公司恩施中心支公司	恩施市金桂大道国际服装商贸城 10 号楼 1—3 层	李晓兰	0718-8467225	445000
太平财产保险有限公司湖北分公司	**武汉市江岸区建设大道 718 号浙商国际大厦 17 层**	**原廷会**	**027-82200898**	**430015**
太平财产保险有限公司武汉分公司	**武汉市江岸区香港路 145 号远洋大厦 23 层**	**孙立新**	**027-82448826**	**430019**
太平财产保险有限公司黄石中心支公司	黄石市西塞山区湖滨大道 733-1-3A、733-2-3、733-2-4A、733-2-4	曾凡胜	0714-6217568	435000
太平财产保险有限公司十堰中心支公司	十堰市茅箭区浙江路 2 号和昌国际城一期 C12 号楼	韩东庆	027-82440601	442000
太平财产保险有限公司宜昌中心支公司	宜昌市西陵区西陵二路 18 号宜昌双创中心第 13 层 1301 室	王新国	0717-6460128	443000
太平财产保险有限公司襄阳中心支公司	襄阳市高新区大李沟路 3 号汉江创投 8 层	黄　敏	0710-3818552	441000
太平财产保险有限公司鄂州中心支公司	鄂州市鄂城区文星大道 106 号 2 层	黄　刚	0711-3851333	436000
太平财产保险有限公司荆门中心支公司	荆门市白云大道 88 号	杜　刚	0724-6806228	448000
太平财产保险有限公司孝感中心支公司	孝感市董永路宇济滨湖天地梅苑(宇济大酒店)写字楼 13 层	张万胜	0712-2465715	432000
太平财产保险有限公司荆州中心支公司	荆州市塔桥路 63 号荆州新天地商业区 A 区 A2 幢 20 层 2001—2004、2008 号房	刘滔滔	0716-8271377	434000
太平财产保险有限公司黄冈中心支公司	黄冈市黄州区黄州大道 98 号 1 层及 6 层	吴光辉	0713-8360778	438000
太平财产保险有限公司咸宁中心支公司	咸宁市银泉大道 109 号	郑俊斌	0715-8913378	437100
太平财产保险有限公司随州中心支公司	随州市曾都区交通大道开发区段 28 号	黄　海	0722-3599589	441300
太平财产保险有限公司恩施中心支公司	恩施市金桂大道 15 号金谷大厦 2 单元 904 室—907 室	赵群良	0718-8228818	445000
亚太财产保险有限公司湖北分公司	**武汉市江汉区云霞路 187 号泛海国际中心 A 单元(武汉民生金融中心)6 层 03—05 室**	**邓　彬**	**027-59833291**	**430023**

续表 6-3-1

名　　称	地　　址	负责人	电　话	邮　编
亚太财产保险有限公司武汉中心支公司	武汉市东西湖区梨花路 399 号 2 层	肖红梅	027-59833266	430040
亚太财产保险有限公司黄石中心支公司	黄石市黄石港区师院路 8 号 1 层	李　彪	0714-6553260	435000
亚太财产保险有限公司宜昌中心支公司	宜昌市夷陵区小溪塔街办平云一路 19 号 4 层	陈雪娥	0717-7836378	443000
亚太财产保险有限公司襄阳中心支公司	襄阳市樊城区汉江北路 117 号华康瑞城 1 栋 25 层 1 室	蒋世祖	0710-3233668	441000
中银保险有限公司湖北分公司	**武汉市江汉区新华路 219 号 9 层**	**牛俊伟**	**027-85569990**	**430022**
永诚财产保险股份有限公司湖北分公司	**武汉市洪山区徐东大街 175 号中冶南方大厦 A 座 11 层**	**安鹏鹏**	**027-68850370**	**430070**
永诚财产保险股份有限公司湖北分公司汉口中心支公司	武汉市东西湖区革新大道 1998 号综保区大厦 415 室	余　愿	027-68850303	430040
永诚财产保险股份有限公司湖北分公司洪山中心支公司	武汉市洪山区徐东大街 175 号中冶南方大厦 A 座 11 层	田青华	027-68850303	430070
永诚财产保险股份有限公司湖北分公司东西湖中心支公司	武汉市东西湖区田园大道祥泰综合楼 515 号	邓宋君	027-68850303	430040
永诚财产保险股份有限公司湖北分公司黄石中心支公司	黄石市黄石港区交通路特一号 8 层	李　艳	0714-6206069	435099
永诚财产保险股份有限公司湖北分公司十堰中心支公司	十堰市茅箭区北京路 8 号华夏公馆城邦商业广场 5-2-1	李汉斌	0719-8106633	442000
永诚财产保险股份有限公司湖北分公司宜昌中心支公司	宜昌市伍家岗区沿江大道 189-1 号 4 层	刘蔚苗	0717-6466768	443003
永诚财产保险股份有限公司湖北分公司荆门中心支公司	荆门市东宝区象山一路 6 号 B2 幢 2107 号	田　野	0724-2370742	448001
永诚财产保险股份有限公司湖北分公司荆州中心支公司	荆州市沙市区塔桥路荆州义乌小商品城二期 2-2 栋 3 层	杨书江	0716-8255283	434006
安盛天平财产保险有限公司湖北分公司	**武汉市江岸区建设大道 700 号武汉香格里拉大酒店办公楼扩建工程项目 15 层(1—3、11—12)办公号**	**姜　宇**	**027-87719770**	**430015**
安盛天平财产保险有限公司武汉中心支公司	武汉市东西湖区将军路街金银潭大道以北、银潭路以南“武汉客厅小型会展中心建设项目”展贸中心 J 号楼单元 20 层 01 号	朱　海	027-59302306	430040
安盛天平财产保险有限公司黄石中心支公司	黄石市下陆区大泉路 98 号湖北龙翔科技创业园内 4 号楼 9 层 901、902 室	马　坤	0714-6505769	435002
安盛天平财产保险有限公司宜昌中心支公司	宜昌市发展大道 57-6 号三峡云计算大厦 B 座 1002A	王　波	0717-6452319	443000
安盛天平财产保险有限公司襄阳中心支公司	襄阳市襄州区百盟光彩写字楼 A 幢 16 层 1608 室	杨　畅	0710-3608199	441000
安盛天平财产保险有限公司荆门中心支公司	荆门市掇刀区虎牙关大道 22 号(飞扬·新天城)A1 幢-918、919、920	冯　洋	0724-2320619	448000
安盛天平财产保险有限公司荆州中心支公司	荆州市沙市区塔桥路 63 号荆州新天地 B10 栋 6 层 19 号、20 号	田　冲	0716-8876313	434000
阳光财产保险股份有限公司湖北省分公司	**武汉市江汉区沿江大道 69 号长航大厦 4 层**	**彭松林**	**027-85653287**	**430022**
阳光财产保险股份有限公司武汉中心支公司	武汉市江汉区民权路 1 号长江大厦 2 层	焦观微	027-85653197	430020

续表 6-3-1

名　　称	地　　址	负责人	电　话	邮　编
阳光财产保险股份有限公司黄石中心支公司	黄石市黄石大道 954 号黄石港总部经济大厦 407-1 室	华　坚	0714-6259198	435000
阳光财产保险股份有限公司十堰中心支公司	十堰市茅箭区二堰街办上海路金座三单元 3 层	鲜应龙	0719-8691238	442000
阳光财产保险股份有限公司宜昌中心支公司	宜昌市西陵区西陵二路 18 号三峡双创中心第 8 层 801	吴争志	0717-6098958	443000
阳光财产保险股份有限公司襄阳中心支公司	襄阳市襄州区航空路 10 号民发世界城都会山写字楼 28 号楼 A1618-1623 室	冷政明	0710-3251800	441000
阳光财产保险股份有限公司荆门中心支公司	荆门市掇刀区象山大道 142 号东方广场 A 座 9 层	李仁丹	0724-6077184	448000
阳光财产保险股份有限公司孝感中心支公司	孝感市孝南区董永路 8 号民邦槐荫东岸一期 2 栋 3 层	蔡剑锋	0712-2499880	432000
阳光财产保险股份有限公司荆州中心支公司	荆州市荆州区科创园公共服务基地一期 B 座大楼 6 层东区	冯　意	0716-4129033	434000
阳光财产保险股份有限公司黄冈中心支公司	黄冈市黄州大道 140 号教育小区商住楼 2 层	苏玉火	0713-8200766	438000
阳光财产保险股份有限公司咸宁中心支公司	咸宁市咸安区温泉岔路口财富广场 15 层	余　红	0715-8897390	437000
阳光财产保险股份有限公司随州中心支公司	随州市曾都区城南新区白云大道 16 号宜尚大厦 3 层 301 室	王　锐	0722-3316278	441300
阳光财产保险股份有限公司恩施中心支公司	恩施市机场路汉口银行 12 层	王伍祎	0718-8411549	445000
阳光财产保险股份有限公司潜江中心支公司	潜江市园林办事处袁杨路 6 号鑫园汽贸城 2 号楼 105—107 号	吕　鹏	0728-6483181	433100
都邦财产保险股份有限公司湖北分公司	**武汉市江汉区青年路 277 号 6 层**	**姜守臣**	**027-59591963**	**430022**
都邦财产保险股份有限公司汉口中心支公司	武汉市江汉区青年路 277 号 6 层 605 室	陈远耀	027-59591952	430022
都邦财产保险股份有限公司襄阳中心支公司	襄阳市樊城区新华路 6 号金鹰大厦 3 层	陈　鹏	0710-3455669	441000
都邦财产保险股份有限公司荆州中心支公司	荆州市荆州区庄王大道 6 号绿地铭创写字楼 C 区 6 层 613—614 号	赵　军	0716-8391115	434020
渤海财产保险股份有限公司湖北分公司	**武汉市武昌区中北路 66 号金穗大厦 B 座 7 层**	**李妙艳**	**027-87715658**	**430070**
渤海财产保险股份有限公司武汉分公司	**武汉市东西湖区梨花路 399 号**	**李　平**	**027-87715666**	**430040**
渤海财产保险股份有限公司十堰中心支公司	十堰市人民中路 93 号万秀城 1 号写字楼 11 层 1106 号房	黄红凡	0719-8653658	442000
渤海财产保险股份有限公司襄阳中心支公司	襄阳市高新区长虹北路中润大厦 16 层 2、3、4、5、6 号	王艳红	0710-3275656	441000
渤海财产保险股份有限公司荆门中心支公司	荆门市漳河新区国华汇金中心 1 幢 1206 房	陈学梅	0724-2382318	448000
渤海财产保险股份有限公司荆州中心支公司	荆州市沙市区 318 国道南、塔桥北路延伸段义乌小商品城 2 号楼 3 层	左　莉	0716-8250619	434000
渤海财产保险股份有限公司黄冈中心支公司	黄冈市黄州区桐梓岗村一组 1 幢 1 单元 1-101、1-201 号	施振雄	0713-8887638	438000
渤海财产保险股份有限公司咸宁中心支公司	咸宁市咸安区银桂路 209 号（宜园小区 1 幢 1 层 101 室）	刘明辉	0715-8138701	437100

续表 6-3-1

名　　称	地　　址	负责人	电　话	邮　编
中国人寿财产保险股份有限公司湖北省分公司	**武汉市武昌区徐东大街 120 号福星惠誉国际城三期 K3 办公楼第 30、31 层**	**李文峰**	**027-88061059**	**430062**
中国人寿财产保险股份有限公司武汉市中心支公司	武汉市武昌区徐东大街 120 号福星惠誉国际城三期 K3 办公楼第 11 层	赵从善	027-86743813	430062
中国人寿财产保险股份有限公司黄石市中心支公司	黄石市经济技术开发区·铁山区金山大道 188-1 号 402 室	文治华	0714-6283918	435000
中国人寿财产保险股份有限公司十堰市中心支公司	十堰市茅箭区朝阳中路黄冈巷 3 号华府天地 2 层	曹俊峰	0719-8843979	442000
中国人寿财产保险股份有限公司宜昌市中心支公司	宜昌市沿江大道 185 号九州方园大厦 17 层	张小虎	0717-6220472	443000
中国人寿财产保险股份有限公司襄阳市中心支公司	襄阳市襄州区肖湾街道航空路襄州客运东站襄州国投大楼第 5 层	刘　萍	0710-3271238	441000
中国人寿财产保险股份有限公司鄂州市中心支公司	鄂州市鄂城区江贤路 28 号吴都阳光 8 号楼 1 层东 9 号铺、10 号铺，2 层东 8—14 号铺	方贤军	027-60265282	436000
中国人寿财产保险股份有限公司荆门市中心支公司	荆门市漳河新区天山路 1 号国华汇金中心 4 幢	陈祖军	0724-2300625	448000
中国人寿财产保险股份有限公司孝感市中心支公司	孝感市孝南区董永路御景水岸 C1 幢 2 层 0211 室—0217 室	付忠明	0712-2725322	432000
中国人寿财产保险股份有限公司荆州市中心支公司	荆州市沙市区塔桥路 63 号荆州新天地 A 区 2 栋 11 层 1-8 号、13 层 4 号	余致权	0710-8855984	434000
中国人寿财产保险股份有限公司黄冈市中心支公司	黄冈市黄州区东门路 168 号（黄冈文化中心斜对面）	魏业彪	0713-8672219	438000
中国人寿财产保险股份有限公司咸宁市中心支公司	咸宁市温泉银泉大道 611 号元信花园 3 号楼第 11 层 1—11 号及 19、20 号	唐小平	0715-8893675	437000
中国人寿财产保险股份有限公司随州市中心支公司	随州市北郊明珠路 22 号（楚天明珠花园一幢 3 层）	唐财胜	0722-3268679	441300
中国人寿财产保险股份有限公司恩施州中心支公司	恩施市金子坝街道金龙大道 2 号寰宇大厦 14 层 1402、1404 号、15 层整层	江　涛	0718-8277946	445000
中国人寿财产保险股份有限公司天门市中心支公司	天门市天门新城银座帝景湾 3 号楼 1 层 65 号、67 号，2 层 265 号、267 号、269 号	靳宏波	0728-5233438	431700
中国人寿财产保险股份有限公司仙桃市中心支公司	仙桃市仙桃大道西段 19 号 4 层	朱　彪	0728-3200350	433000
现代财产保险（中国）有限公司湖北分公司	**武汉市武昌区中北路 9 号长城汇 T1 号写字楼第 25 层 R6 单元**	**刘薇蔚**	**027-59535226**	**430060**
长安责任保险股份有限公司湖北省分公司	**武汉市硚口区硚口路 160 号武汉城市广场 A 座 24 层**	**肖　栋**	**027-59303456**	**430030**
长安责任保险股份有限公司武汉中心支公司	武汉市洪山区欢乐大道 75 号骏业财富中心 A 座 10 层 5-8	陈　磊	027-59708657	430070
长安责任保险股份有限公司黄石中心支公司	黄石市经济技术开发区杭州西路 159 号百事威小区（东楚传媒斜对面）	黄开先	0714-6583958	435000
长安责任保险股份有限公司十堰中心支公司	十堰市北京北路 57 号（栖谷天街 2 期商铺 314C、314D 商铺）	余朝阳	0719-8033887	442000
长安责任保险股份有限公司宜昌中心支公司	宜昌市西陵一路 7 号勤业商务大厦 4 层	高　峰	0717-6736988	443000
长安责任保险股份有限公司襄阳中心支公司	襄阳市襄州区航空路民发世界城都会山写字楼 28-A 座 1802—1807 室	洪向阳	0710-3084006	441000

续表 6-3-1

名　　称	地　　址	负责人	电　话	邮　编
长安责任保险股份有限公司荆门中心支公司	荆门市漳河大道国华汇金中心C座6层	蒋　进	0724-2498768	448002
长安责任保险股份有限公司荆州中心支公司	荆州市沙市区塔桥北路义乌小商品城二期2号楼3层	张　宏	0716-8260598	434000
长安责任保险股份有限公司恩施中心支公司	恩施市航空路173号广城国际大厦1609	向明俊	0718-8208077	445000
国元农业保险股份有限公司湖北分公司	**武汉市洪山区徐东大街137号湖北能源大厦27层**	**闫德龙**	**027-88856729**	**430067**
国元农业保险股份有限公司武汉中心支公司	武汉市东西湖区宏图路8号武汉客厅E幢11层18号房、19号房、20号房、01号房	张　立	027-83958896	430040
国元农业保险股份有限公司荆门中心支公司	荆门市漳河新区天山路1号国华汇金中心3幢第7层715号房	余茂宏	0724-2498128	448000
国元农业保险股份有限公司荆州中心支公司	荆州市沙市区塔桥路荆州新天地A2号楼1单元9层905室和906室	熊　欣	0716-8816619	434000
国元农业保险股份有限公司黄冈中心支公司	黄冈市黄州区八一路46号黄冈市自来水公司客服中心大楼第8层	李　朝	0713-8391968	438000
鼎和财产保险股份有限公司湖北分公司	**武汉市武昌区公正路216号平安国际金融大厦17层**	**王存美**	**027-88518688**	**430071**
鼎和财产保险股份有限公司武汉中心支公司	武汉市武昌区公正路216号平安金融科技大厦17层A区	魏燕萍	027-88518109	430071
鼎和财产保险股份有限公司黄石中心支公司	黄石市黄石港区公园路47号(1017、2017及2018铺)	任银河	0714-6573703	435000
鼎和财产保险股份有限公司十堰中心支公司	十堰市茅箭区二堰街办上海路12号1幢1-3-101室	李满林	0719-8618281	442000
鼎和财产保险股份有限公司宜昌中心支公司	宜昌市西陵区西陵一路9号3层	栾　俊	0717-6271386	443000
鼎和财产保险股份有限公司襄阳中心支公司	襄阳市高新区大李沟路3号(春园东路中段)汉江创业创新产业园综合楼1幢6层1室A601号	叶正新	0710-2918800	441000
鼎和财产保险股份有限公司荆门中心支公司	荆门市掇刀区虎牙关大道22号飞扬·新天城A1栋-1004、1005、1006、1007房	田拥军	0724-8885191	448000
鼎和财产保险股份有限公司荆州中心支公司	荆州市沙市区太岳路郁金花园2栋1门1层3号-1	张　杰	0716-8085700	434000
鼎和财产保险股份有限公司随州中心支公司	随州市曾都区交通大道100号世纪外滩29号楼1单元1层1-109、1-110号	叶联群	0722-3009008	441300
中煤财产保险股份有限公司湖北分公司	**武汉市武昌区友谊大道特1号(广达大厦)第8层801至816**	**张振平**	**027-88779662**	**430061**
中煤财产保险股份有限公司武汉中心支公司	武汉市武昌区友谊大道特1号(广达大厦)第8层801、816号	刘志强	027-87689993	430061
国泰财产保险有限责任公司湖北分公司	**武汉市江汉区沿江大道69号长航大厦13层1305—1307室**	**王昌洪**	**027-83537945-6000**	**430021**
英大泰和财产保险股份有限公司湖北分公司	**武汉市洪山区徐东大街133号华中电力金融大厦12、13层**	**丁淮清**	**027-88618675**	**430062**
英大泰和财产保险股份有限公司武汉中心支公司	武汉市东西湖区吴家山街临空港大道156号鸿达中央广场4栋1单元15层04、05号	汪浩波	027-88618667	430040

续表 6-3-1

名　　称	地　　址	负责人	电　话	邮　编
英大泰和财产保险股份有限公司黄石中心支公司	黄石市下陆区杭州西路 71-1-1-附 3	叶俊舟	0714-6330788	435000
英大泰和财产保险股份有限公司宜昌中心支公司	宜昌市西陵区樵湖二路 17 号	张　刚	0717-6332096	443000
英大泰和财产保险股份有限公司襄阳中心支公司	襄阳市建设路 12 号长源大厦 1 层	张永维	0710-3706803	441100
英大泰和财产保险股份有限公司荆门中心支公司	荆门市象山三路 1 号	雷　钧	0724-2327669	448000
英大泰和财产保险股份有限公司孝感中心支公司	孝感市孝南区长征路 221 号	沈　松	0712-2776728	432000
英大泰和财产保险股份有限公司荆州中心支公司	荆州市沙市区江津中路 5 号	张代伟	0716-4312506	434000
英大泰和财产保险股份有限公司黄冈中心支公司	黄冈市赤壁大道 16 号	余志刚	0713-8827901	438000
英大泰和财产保险股份有限公司恩施中心支公司	恩施市民族西路瑞都香榭 A 栋 2 层	别　海	0718-8270689	445000
英大泰和财产保险股份有限公司汉江中心支公司	潜江市章华中路 18 号	李慧明	0728-6984888	433100
紫金财产保险股份有限公司湖北分公司	**武汉市东湖新技术开发区高新二路 25 号(喜鹊巢科创园)3 号楼 8 层 801A**	**刘军荣**	**027-88869112**	**430070**
紫金财产保险股份有限公司武汉分公司	**武汉市东西湖区金潭路 2 号汉钢科技产业园 2 栋 4 单元 6 层 4 号-1**	**龚　广**	**027-88860620**	**430040**
紫金财产保险股份有限公司十堰中心支公司	十堰市茅箭区朝阳中路 19 号	许　琳	0719-8031888	442000
紫金财产保险股份有限公司宜昌中心支公司	宜昌市西陵区〔中国(湖北)自贸区宜昌片区〕发展大道 57-6 号三峡云计算大厦产业大楼 18 层 1802 号房	袁华丽	0717-6448773	443000
紫金财产保险股份有限公司襄阳中心支公司	襄阳市樊城区汉江北路 117 号华康瑞城 1 幢 27 层 2701 号	陶　锋	0710-3220096	441002
紫金财产保险股份有限公司荆门中心支公司	荆门市东宝区金虾路 46 号荆楚文化广场 1—2 幢 7 层	黄　勇	0724-8707886	448000
紫金财产保险股份有限公司孝感中心支公司	孝感市孝南区长征路 241 号	肖俊林	0712-2318350	432100
紫金财产保险股份有限公司荆州中心支公司	荆州市沙市区塔桥路新天地 A2-801	肖俊伟	0716-8255319	434000
紫金财产保险股份有限公司恩施中心支公司	恩施市航空大道 16 号 1 幢 803 号	叶　辉	0718-7288068	445000
紫金财产保险股份有限公司汉江中心支公司	潜江市天池汽车城 C209、226、210、227	沈　飞	0728-6256808	433199
浙商财产保险股份有限公司湖北分公司	**武汉市江汉区商务区泛海 SOHO 城 4 栋 22 层 2203—2205 号**	**谢洪阁**	**027-85857286**	**430020**
浙商财产保险股份有限公司武汉中心支公司	武汉市江汉区商务区泛海 SOHO 城 4 栋 22 层 2202 号	雷　芳	027-85861833	430020
浙商财产保险股份有限公司十堰中心支公司	十堰市东岳路 13 号农发银行大厦 16 层	王卫朝	0719-8871598	434000
浙商财产保险股份有限公司宜昌中心支公司	宜昌市西陵区沿江大道 52 号湖北宜化双子楼 A 座 11 层 1101、1102、1103、1104 室	陈志刚	0717-6516090	443000

续表 6-3-1

名　　称	地　　址	负责人	电　话	邮　编
浙商财产保险股份有限公司襄阳中心支公司	襄阳市樊城区长虹路汉水华城1号地块1幢16层1—2室	李进飞	0710-3113092	441003
浙商财产保险股份有限公司荆州中心支公司	荆州市塔桥路13栋27-34轴,R-T轴1、2层	陈晟曦	18971293338	442000
浙商财产保险股份有限公司黄冈中心支公司	黄冈市黄州区沿江大道49号3层301室	何　雄	0713-8877605	438000
浙商财产保险股份有限公司恩施中心支公司	恩施市小渡船街道办事处施州大道177号2层	余　璇	18602752522	445000
浙商财产保险股份有限公司天门中心支公司	天门市杨林街道办事处杨林大道108号	余　波	13006139013	431700
国任财产保险股份有限公司湖北分公司	**武汉市友谊大道999号武钢集团有限公司办公楼A座5层**	**肖　峰**	**027-50106799**	**430080**
国任财产保险股份有限公司武汉中心支公司	武汉市友谊大道999号武钢集团有限公司办公楼A座5层	吴　涛	027-50106766	430080
国任财产保险股份有限公司黄石中心支公司	黄石市下陆区杭州西路159号附9号	顿鹏程	0714-6379222	435000
国任财产保险股份有限公司宜昌中心支公司	宜昌市西陵区发展大道57-6号三峡云计算大楼4层A9楼	先　波	0717-6081608	443000
国任财产保险股份有限公司荆门中心支公司	荆门市掇刀区虎牙关大道22号飞扬·新天城A1-1801、1802、1803、1804、1805、1806	郑军泽	0724-6085168	448000
国任财产保险股份有限公司荆州中心支公司	荆州市沙市区太岳路与南湖路交会处荆州长江尚品住宅小区12栋112门面	胡合明	0716-8527858	434000
国任财产保险股份有限公司黄冈中心支公司	黄冈市黄州区黄州大道140号教育小区临街铺1层	何　剑	0713-8111029	438000
国任财产保险股份有限公司恩施中心支公司	恩施市恩施经济开发区农产品加工园金子路鑫源产业园A栋(综合楼)第1层西侧	徐　良	0718-3104080	445000
锦泰财产保险股份有限公司湖北分公司	**武汉市洪山区梨园街欢乐大道75号骏业财富中心A座19层06-10号**	**周国伟**	**027-88412166**	**430070**
众诚汽车保险股份有限公司湖北分公司	**武汉市武昌区友谊大道特1号广达大厦9层**	**史玉峰**	**027-59813120**	**430061**
华泰财产保险有限公司湖北省分公司	**武汉市江汉区沿江大道69号长航大厦606室**	**孙　鉴**	**027-85725759**	**430020**
华泰财产保险有限公司襄阳中心支公司	襄阳市襄城区檀溪路山水家园10-203	王向阳	0710-3516096	441021
华泰财产保险有限公司黄冈中心支公司	黄冈市黄州区明珠大道108号汇金大厦1幢2201—2203室	邵学谦	0713-8356599	438000
长江财产保险股份有限公司湖北分公司	**武汉市武昌区中北路166号长江产业经营场所大厦23—25层**	**张东敏**	**027-83766666-9597**	**430077**
长江财产保险股份有限公司武汉分公司	**武汉市东湖新技术开发区鲁巷光谷街1号资本大厦4层401室**	**王　强**	**027-87575402**	**430070**
长江财产保险股份有限公司武汉分公司江汉中心支公司	武汉市江汉区北湖西路2号双玺中心A栋808室	宋鸾鸾	027-85687865	430020
长江财产保险股份有限公司武汉分公司江夏中心支公司	武汉市江夏区杨桥湖大道8号湖北经济学院创意产业教研与实训大楼塔楼5层504室	吴永福	027-85687865	430200

续表 6-3-1

名　　称	地　址	负责人	电　话	邮　编
长江财产保险股份有限公司湖北分公司黄石中心支公司	黄石市黄石港区延安路 28 号湖北西有新经济产业园 3 层	张文达	027-83766666-9128	435000
长江财产保险股份有限公司湖北分公司十堰中心支公司	十堰市郧阳区城关镇解放南路 19 号鑫洋房地产开发公司 4 号楼 1 层和 5 层	范　薇	0719-8655105	442000
长江财产保险股份有限公司湖北分公司宜昌中心支公司	宜昌市西陵区东山大道 95 号清江大厦 23 层 2305－1、2306、2306－1、2307、2309、2310、2311、2311-1 号	吴福星	027-83766666-9518	443000
长江财产保险股份有限公司湖北分公司襄阳中心支公司	襄阳市襄州区航空路 192 号城市广场写字楼 5 幢 901 至 904 室	谢林涛	0710-3231115	441199
长江财产保险股份有限公司湖北分公司鄂州中心支公司	鄂州市学府北路、滨湖东路西侧天然气网络管理中心 3 号楼 6 层	龚　冲	13871118866	436000
长江财产保险股份有限公司湖北分公司荆门中心支公司	荆门市象山大道 75 号中国工商银行文峰支行 2 层	张学龙	027-83766666-9234	448000
长江财产保险股份有限公司湖北分公司孝感中心支公司	孝感市孝南区城站路 82 号湖北银行三里棚支行	吴　振	13397271717	432100
长江财产保险股份有限公司湖北分公司荆州中心支公司	荆州市沙市区江津中路 235 号金屹资信大楼 1 栋 6 层西	汤　军	0716-8266919	434000
长江财产保险股份有限公司湖北分公司黄冈中心支公司	黄冈市黄州区赤壁大道 68 号保徕国际 1 幢 4 层 401 铺	王　翔	0713-8672367	438000
长江财产保险股份有限公司湖北分公司咸宁中心支公司	咸宁市咸安区贺胜路 168 号咸宁市农业科技实验楼 9 层	姚　兰	13971809261	437000
长江财产保险股份有限公司湖北分公司随州中心支公司	随州市曾都区沿河大道 147-11 号	路　昉	027-83766666-9560	441300
长江财产保险股份有限公司湖北分公司恩施中心支公司	恩施市金桂大道武陵国际装饰城 B02 栋 505 号	曾　勋	027-83766666-9722	445000
长江财产保险股份有限公司湖北分公司汉江中心支公司	仙桃市仙桃大道 36 号 3 号楼 306 室	贺小军	13607228808	433000
富德财产保险股份有限公司湖北分公司	**武汉市洪山区徐东大街 85 号中冶南方大厦 A 单元第 7 层 03、04 号**	**刘　耀**	**027-88709488**	**430070**
富德财产保险股份有限公司武汉中心支公司	武汉市东西湖区二雅路农业科学研究所办公楼 3 层	韦云波	027-88709484	430040
新疆前海联合财产保险股份有限公司湖北分公司	**武汉市江汉区青年路金家墩特 1 号天街 2 号楼 5 层(8—13)号**	**艾伟华**	**027-58905773**	**430021**
建信财产保险有限公司湖北分公司	**武汉市江汉区建设大道 623 号福星科技大厦第 1、2 层**	**何世彦**	**027-83561016**	**430021**
大家财产保险有限责任公司湖北分公司	**武汉市江汉区建设大道 847 号瑞通广场 B 座 20 层 C 区**	**王华亮**	**13807178889**	**430020**
大家财产保险有限责任公司江汉中心支公司	武汉市江汉区建设大道 847 号瑞通广场 B 座 20 层 C 区	黄　亮	13871366012	430020
大家财产保险有限责任公司汉阳中心支公司	武汉市汉阳区汉阳大道 140 号闽东国际城 3 栋 B 单元 21 层 1 室、2 室	廖碧清	13911336848	430050
大家财产保险有限责任公司武昌中心支公司	武汉市武昌区友谊大道 316 号舒苑大厦 19 层 2 号	曾　毅	18162667773	430060
大家财产保险有限责任公司黄石中心支公司	黄石市下陆区团城山街道桂林北路 38 号玉龙湾写字楼 3010 室	杨建军	18162907666	435000
大家财产保险有限责任公司十堰中心支公司	十堰市茅箭区二堰街办上海路 12 号 1 幢-1-2 室	苏　强	15971900958	442000

续表 6-3-1

名　称	地　址	负责人	电　话	邮　编
大家财产保险有限责任公司宜昌中心支公司	宜昌市西陵区夷陵大道 65 号 3E 商务大厦 1201 室 A 区	陈　博	18671710808	443000
大家财产保险有限责任公司襄阳中心支公司	襄阳市樊城区汉江北路襄阳华康瑞城 1 幢 15 层 1 室 01 号	吴丽雅	13317273877	441000
大家财产保险有限责任公司荆门中心支公司	荆门市白云大道 101 号现代花园 5 层	陈子龙	13774022688	448000
大家财产保险有限责任公司孝感中心支公司	孝感市高新区新桥路宇济滨湖天地梅苑商场 2 层 D7 室	刘红波	15871298688	432000
大家财产保险有限责任公司荆州中心支公司	荆州市沙市区太岳东路锦华园 5-101	徐　佳	13972118555	434000
大家财产保险有限责任公司黄冈中心支公司	黄冈市黄州区新桥街 68 号 15 幢 201 室	闫　威	18071403391	438000
大家财产保险有限责任公司咸宁中心支公司	咸宁市咸安区温泉马柏大道 47 号	朱和清	18671589158	437000
大家财产保险有限责任公司随州中心支公司	随州市曾都区烈山大道 205 号(香港街九龙楼 1 单元 101A—101C)	周宗华	13908666636	441300
大家财产保险有限责任公司恩施中心支公司	恩施市硒谷大道徕福硒业大楼 7 层 701、706、707	胡　韬	15927257399	445000
大家财产保险有限责任公司汉江中心支公司	潜江市育才路育才花苑 1 栋 1—8 号	尹志鹏	13307221966	433100

(二)人身险公司

表 6-3-2

名　称	地　址	负责人	电　话	邮　编
合众人寿保险股份有限公司	武汉市江汉区青年路 556 号青洲盛汇办公楼 34-36 层 北京市海淀区杏石口路 9 号合众大厦	戴　浩	027-85481688 010-59949999	430024 100195
国华人寿保险股份有限公司	上海市虹口区新建路 200 号国华金融中心 A 栋第 31、32、33、35 层(上海总部) 武汉市江岸区中山大道 1627 号中信泰富大厦 12 层 1210—1211 室(武汉总部)	付永进	021-61058666 027-85566661	200080 430010
中国人寿保险股份有限公司湖北省分公司	武汉市武昌区丁字桥路 37 号	王者元	027-68871336	430070
中国人寿保险股份有限公司武汉市分公司	武汉市江岸区建设大道 718 号浙商大厦 45 层、46 层	韩　英	027-82755130	430010
中国人寿保险股份有限公司黄石分公司	黄石市黄石港区武汉路 2 号	吴思涛	0714-6286019	435000
中国人寿保险股份有限公司十堰分公司	十堰市茅箭区东岳路 17 号	黄佳玲	0719-8677902	442000
中国人寿保险股份有限公司宜昌分公司	宜昌市伍家岗区隆康路 35 号 1、3、4 层	孙力军	0717-6734617	443000
中国人寿保险股份有限公司襄阳分公司	襄阳市樊城区松鹤路 16 号	乐　蓉	0710-3278499	441000

续表 6-3-2

名　　称	地　　址	负责人	电　话	邮　编
中国人寿保险股份有限公司鄂州分公司	**鄂州市鄂城区武昌大道308号**	**熊雪松**	**0711-3872182**	**463000**
中国人寿保险股份有限公司荆门分公司	**荆门市东宝区象山大道118号**	**熊学锋**	**0724-6082972**	**448000**
中国人寿保险股份有限公司孝感分公司	**孝感市孝南区北京路73号**	**孙武军**	**0712-2590771**	**432000**
中国人寿保险股份有限公司荆州分公司	**荆州市沙市区北京中路366号**	**张　林**	**0716-8119239**	**434000**
中国人寿保险股份有限公司黄冈分公司	**黄冈市黄州东门路127号**	**何　斌**	**0713-8811953**	**438000**
中国人寿保险股份有限公司咸宁分公司	**咸宁市咸安区温泉滨河东路5号**	**杨学美**	**0715-8255847**	**437100**
中国人寿保险股份有限公司随州分公司	**随州市曾都区烈山大道99号**	**周　超**	**0722-3239228**	**441300**
中国人寿保险股份有限公司恩施分公司	**恩施市施州大道37号**	**顾恪辉**	**0718-8221575**	**445000**
中国太平洋人寿保险股份有限公司湖北分公司	武汉市汉口建设大道847号瑞通广场B座6楼	孔　强	027-59209500	430015
中国太平洋人寿保险股份有限公司武汉中心支公司	武汉市江汉区青年路518号新建商务、商业设施项目(葛洲坝国际广场南区)1号办公单元28层(5)办号、(6)办号、(7)办号、(8)办号	周志祥	027-59209592	430021
中国太平洋人寿保险股份有限公司黄石中心支公司	黄石市西塞山区大智路1号	舒　杰	0714-6210570	435000
中国太平洋人寿保险股份有限公司十堰中心支公司	十堰市茅箭区北京南路16号全兴广场2号楼16—17层	曾　昊	0719-8690995	442000
中国太平洋人寿保险股份有限公司宜昌中心支公司	宜昌市伍家岗区沿江大道185号3层、4层402—410室、10层	鲍　英	0717-6052640	443000
中国太平洋人寿保险股份有限公司襄阳中心支公司	襄阳市樊城区解放路特52号	昌　建	0710-3483442	441000
中国太平洋人寿保险股份有限公司鄂州中心支公司	鄂州市鄂城区文苑路32号宏洋凤凰城5号楼2层207—212	陈　军	0711-3259999	436000
中国太平洋人寿保险股份有限公司荆门中心支公司	荆门市漳河新区象山大道247号楚荣华府2号楼门面商铺103号、106号、201号	刘萍丽	0724-2370374	448000
中国太平洋人寿保险股份有限公司孝感中心支公司	孝感市高新区董永路210-9号金东华府1—3层	余　强	0712-2327869	432100
中国太平洋人寿保险股份有限公司荆州中心支公司	荆州市沙市区明珠大道8号楚天都市朗园22栋111、112、201、301铺	彭淞华	0716-8270183	434000
中国太平洋人寿保险股份有限公司黄冈中心支公司	黄冈市黄州区赤壁大道76号	肖　勇	0713-8392766	438000
中国太平洋人寿保险股份有限公司咸宁中心支公司	咸宁市银泉大道529号	杨　潇	0715-8053357	437100
中国太平洋人寿保险股份有限公司随州中心支公司	随州市曾都区汉东路528号文峰名居1号楼1-105、1-106、1-201、1-202、1-203、1-204、1-205	王远安	0722-3322050	441300
中国太平洋人寿保险股份有限公司恩施中心支公司	恩施市金桂大道15号电子电器城A栋2单元5、6层	杨　妮	0718-8252587	445000

续表 6-3-2

名　　称	地　　址	负责人	电　话	邮　编
中国太平洋人寿保险股份有限公司潜江中心支公司	潜江市园林办事处紫月路北四季友 1 栋 6 层	徐晔中	0728-3507388	433100
中国平安人寿保险股份有限公司湖北分公司	**武汉市江岸区中山大道 1628 号武汉天地企业中心 5 号 17 层 1701A、1705B—1710B、18 层**	**杨　建**	**027-82922766**	**430015**
中国平安人寿保险股份有限公司黄石中心支公司	黄石市黄石港区黄石大道 962 号 3 层	陈宜钊	0714-6251886	435000
中国平安人寿保险股份有限公司十堰中心支公司	十堰市茅箭区五堰街办北京北路 111 号	郑　刚	0719-8698255	442000
中国平安人寿保险股份有限公司宜昌中心支公司	宜昌市西陵区献福路 1 号美岸长堤三期 1 号楼 8—10 层整层、11 层 1102—1103 室	王文锋	0717-6749668	443000
中国平安人寿保险股份有限公司襄阳中心支公司	襄阳市樊城区南国城市广场 9 号楼 14—15 层整层	张　磊	0710-3542572	441000
中国平安人寿保险股份有限公司鄂州中心支公司	鄂州市鄂城区滨湖南路 78 号南方商务大厦 7 层 3 至 7 号、10 至 13 号	王　晨	0711-3892728	436000
中国平安人寿保险股份有限公司荆门中心支公司	荆门市象山大道与深圳大道交会处奥林雅苑第二期 10 号楼	李志华	0724-2378377	448000
中国平安人寿保险股份有限公司孝感中心支公司	孝感市高新技术产业开发区文化东路 43 号汇金国际大厦 4 层	杜海军	0712-2318015	432000
中国平安人寿保险股份有限公司荆州中心支公司	荆州市沙市区北京路美佳华商业广场 4 层 1 号部分	张少君	0716-8116196	434000
中国平安人寿保险股份有限公司黄冈中心支公司	黄冈市黄州区西湖三路与黄州大道交界处黄冈教育优秀人才安居小区 1—3 幢 1—3 层	何正宇	0713-8887995	438000
中国平安人寿保险股份有限公司咸宁中 0 心支公司	咸宁市咸安区温泉淦河大道 25 号阳光威娜国际名仕广场 4—6 层、8 层	周红星	0715-8262819	437100
中国平安人寿保险股份有限公司随州中心支公司	随州市曾都区南郊播鼓墩大道中段东侧(新天地花园)2 层 S7-204-206、S8-201-202 号	曹汉城	0722-3325039	441300
中国平安人寿保险股份有限公司恩施中心支公司	恩施市航空大道 37 号银河大厦第 7 层整层、8 层 809 号至 821 号	徐　铁	0718-8208117	445000
中国平安人寿保险股份有限公司仙桃中心支公司	仙桃市干河办事处锦瑞路西侧大洪社区服务中心综合办公楼 1 层部分房屋、3 层部分房屋	姜家曦	0728-3227433	433000
中国平安人寿保险股份有限公司潜江中心支公司	潜江市园林街道办事处建设街 81 号城市一号写字楼 2115 铺—2124 铺	雷　舰	0728-6237523	433100
中国平安人寿保险股份有限公司天门中心支公司	天门市钟惺大道西湖路 1 号天门新城银座帝景湾 2 号楼 4 层部分房屋	肖　云	0728-5363822	431700
新华人寿保险股份有限公司湖北分公司	**武汉市武昌区中北路 86 号汉街总部国际 F 座 36—40 层**	**袁　峰**	**027-59609688**	**430061**
新华人寿保险股份有限公司武汉中心支公司	武汉市武昌区中南路 2 号中建广场 B 座 19—21 层	鲁登山	027-59887386	430061
新华人寿保险股份有限公司黄石中心支公司	黄石市黄石港区杭州路 6 号恒大·锦绣磁湖 4 号楼 1—4 层	吴　星	0714-3808708	435000
新华人寿保险股份有限公司十堰中心支公司	十堰市茅箭区重庆路 99 号汉成天地 1 号楼裙楼	夏　坤	0719-8010252	442000
新华人寿保险股份有限公司宜昌中心支公司	宜昌市伍家岗区城东大道 93 号新华广场 A01 号 A02 号楼 6 层 000602-1 号房、7 层 000702-1 号房	柯浪平	0717-6905578	443000

续表 6-3-2

名称	地址	负责人	电话	邮编
新华人寿保险股份有限公司襄阳中心支公司	襄阳市樊城区长虹路(襄阳南国城市广场)8幢2单元8、9层1—12室及8幢1层1—4室	柴炜	0710-3087086	441000
新华人寿保险股份有限公司荆门中心支公司	荆门市掇刀区虎牙关大道22号飞扬·新天城A1幢1层103、3层301、4层401	宁艳	0724-8707069	448000
新华人寿保险股份有限公司孝感中心支公司	孝感市孝感高新技术产业开发区长征路271号锦绣豪庭1层(部分房屋)、4层、5层	陈岚	0712-2324555	432000
新华人寿保险股份有限公司荆州中心支公司	荆州市沙市区红门南路申博商贸城2栋1-101(部分房屋)、1-201、1-301	徐斌	0716-4316885	434000
新华人寿保险股份有限公司黄冈中心支公司	黄冈市黄州区中环路26号三清国际华城(西区)商业楼1层131—134铺、4层401—406铺	张海洲	0713-8200111	438000
新华人寿保险股份有限公司咸宁中心支公司	咸宁市咸安区长安大道147号1层至3层	宋海升	0715-8902918	437000
新华人寿保险股份有限公司随州中心支公司	随州市曾都区神农大道49号	段志玲	0722-7026657	441300
新华人寿保险股份有限公司恩施中心支公司	恩施市六角亭街道办事处松树坪村户民路硒都综合楼一区3层301号、4层401号	张小斌	0718-8020688	445000
新华人寿保险股份有限公司潜江中心支公司	潜江市泰丰办事处泰丰路56号镇声一品1—2层	高群	0728-6299368	433100
泰康人寿保险有限责任公司湖北分公司	**武汉市武昌区中南路99号武汉保利广场22层2203号、23层2302-A、2303号**	**李勇**	**027-50758181**	**430061**
泰康人寿保险有限责任公司湖北黄石中心支公司	黄石市黄石港区颐阳路41号101-1室、101-2室、201室、301室	张彤	0714-6309913	435099
泰康人寿保险有限责任公司湖北十堰中心支公司	十堰市茅箭区朝阳中路1号A栋写字楼28层、29层	陈蒙	0719-8654666	442011
泰康人寿保险有限责任公司湖北宜昌中心支公司	宜昌市伍家岗区沿江大道185号8层	陈威	0717-6456563	443003
泰康人寿保险有限责任公司湖北襄阳中心支公司	襄阳市樊城区大庆西路24号天元四季城1-1号写字楼11层、12层	方晓锐	0710-3278707	441057
泰康人寿保险有限责任公司湖北鄂州中心支公司	鄂州市鄂城区古城路48号古城明珠A栋4层1-1、1-2、1-3号	易轩	0711-3893876	436099
泰康人寿保险有限责任公司湖北荆门中心支公司	荆门市高新区·掇刀区东方广场大厦A栋20—21层	马小飞	0724-6032001	448002
泰康人寿保险有限责任公司湖北孝感中心支公司	孝感市高新区新桥路宇济滨湖天地梅苑商场5层A1室	高泉香	0712-2315188	432000
泰康人寿保险有限责任公司湖北荆州中心支公司	荆州市沙市区塔桥路63号荆州新天地B区4栋4层401号	喻新程	0716-8218366	434099
泰康人寿保险有限责任公司湖北黄冈中心支公司	黄冈市黄州区黄州大道112号升华·翡翠公馆6、10幢1—3层101	邢志文	0713-8388033	438000
泰康人寿保险有限责任公司湖北咸宁中心支公司	咸宁市咸安区淦河大道85号第9、10层	李泉	-	437100
泰康人寿保险有限责任公司湖北随州中心支公司	随州市曾都区解放路260号香格里拉大厦5层半层、6层整层	苏捷	0722-3302799	441300
泰康人寿保险有限责任公司湖北恩施中心支公司	恩施市施州大道67号金麟大厦15—16层	朱鹏	0718-8233877	445000

续表 6-3-2

名　称	地　址	负责人	电　话	邮　编
泰康人寿保险有限责任公司湖北仙桃中心支公司	仙桃市沙嘴办事处玉沙大道 8 号元泰未来城 A3 幢 13 层 1302—1305、1306 号部分房屋	石义霞	0728-3313913	433000
泰康人寿保险有限责任公司湖北潜江中心支公司	潜江市园林办事处建设街 81 号城市一号写字楼 20 层 2002—2008 号	刘　聪	0728-6496200	433100
泰康人寿保险有限责任公司湖北天门中心支公司	天门市竟陵办事处陆羽大道西 5 号(红盾公寓)	赵文锋	0728-5883300	431700
太平人寿保险有限公司湖北分公司	**武汉市江岸区建设大道 718 号浙商国际大厦 13 层、14 层、18 层**	**梁学文**	**027-59317555**	**430015**
太平人寿保险有限公司武汉中心支公司	武汉市江岸区建设大道 718 号浙商国际大厦 16 层、19 层	韩　赛	027-82266372	430015
太平人寿保险有限公司黄石中心支公司	黄石市西塞山区湖滨大道 733-1-3A 号、733-1-4 号、733-1-4A 号、733-3-3 号、733-3-4 号、733-3-4A 号、733-3-5 号	阳思海	0714-6242909	435000
太平人寿保险有限公司十堰中心支公司	十堰市茅箭区北京北路 111 号汇城大厦 5 层、6 层 603 及 8 层	朱灵鉴	0719-8042678	442000
太平人寿保险有限公司宜昌中心支公司	宜昌市西陵区[中国(湖北)自贸区宜昌片区]发展大道 13 号水悦城写字楼 23 层 101 室—106 室、24 层	夏艳朋	0717-6737810	443000
太平人寿保险有限公司襄阳中心支公司	襄阳市樊城区卧龙大道 86 号环城金融城 1 号楼 17—19 层	陈青山	0710-2359890	441000
太平人寿保险有限公司鄂州中心支公司	鄂州市鄂城区滨湖南路 82 号 3、4 号楼 2 层 2-1 号、2-2 号、3-1 号	李　兵	0711-5077866	436000
太平人寿保险有限公司荆门中心支公司	荆门市东宝区象山一路 6 号华铭广场 B 座 13 层及 14 层 1407、1408 号房	蔡　炜	0724-6800128	448000
太平人寿保险有限公司孝感中心支公司	孝感市董永路宇济滨湖天地梅苑写字楼 12 层、13 层	宋旭堂	0712-2462111	432100
太平人寿保险有限公司荆州中心支公司	荆州市沙市区塔桥北路新天地 A2 幢 21 层 2101—2108 号、22 层 2201—2208 号	茅　雨	0716-8193890	434000
太平人寿保险有限公司黄冈中心支公司	黄冈市黄州区黄州大道 140 号黄冈市教育优秀人才安居小区 2 号楼 3 层	熊　锴	0713-8833899	438000
太平人寿保险有限公司咸宁中心支公司	咸宁市淦河大道与温泉路相交处万顺达写字楼 15 层	杜　飞	0715-8908999	437100
太平人寿保险有限公司随州中心支公司	随州市曾都区明珠路 22 号 1 幢 3 层 0301 号、0302 号	卫　华	0722-7508207	441300
太平人寿保险有限公司恩施中心支公司	恩施市舞阳坝街道办事处耿家坪村金龙大厦 4 层、8 层	宋方红	0718-8308181	445000
中宏人寿保险有限公司湖北分公司	**武汉市江岸区中山大道 1627 号中信泰富大厦 9 层 903—910 单元**	**黄治国**	**027-59705715**	**430010**
建信人寿保险股份有限公司湖北分公司	**武汉市硚口区硚口路 160 号武汉城市广场 20—21 层**	**徐光宇**	**027-59886386**	**430030**
建信人寿保险股份有限公司黄石中心支公司	黄石市亚光新村 5 号	蒋向东	0714-3824200	435000
建信人寿保险股份有限公司十堰中心支公司	十堰市朝阳北路 2 号金城大厦 20 层	俞银晖	0719-8042618	442000
建信人寿保险股份有限公司宜昌中心支公司	宜昌市西陵区西陵一路 1 号附楼 4 层	汪瑞雪	0717-6911761	443000
建信人寿保险股份有限公司襄阳中心支公司	襄阳市樊城区长征路 34 号建行襄阳分行 21 层	刘　彬	0710-3762859	441000

续表 6-3-2

名称	地址	负责人	电话	邮编
建信人寿保险股份有限公司荆门中心支公司	荆门市东宝区沿河大道1号	高绪凡	0724-6909601	448000
建信人寿保险股份有限公司孝感中心支公司	孝感市孝南区长征路中段80号2层	刘全军	0712-2115337	432000
建信人寿保险股份有限公司荆州中心支公司	荆州市沙市区北京中路265号建行沙市支行13层、14层	饶超人	0716-4081880	434000
建信人寿保险股份有限公司黄冈中心支公司	黄冈市东门路76号建行城东支行2层	刘 斌	0713-8209905	438000
建信人寿保险股份有限公司咸宁中心支公司	咸宁市金桂路151号房产大厦4层	王 谦	0715-8910610	437000
建信人寿保险股份有限公司随州中心支公司	随州市东城舜井大道青年路口	胡 飞	0722-7503929	441300
建信人寿保险股份有限公司恩施中心支公司	恩施市东风大道571号	石 凯	0718-8029626	445000
安联人寿保险有限公司湖北分公司	**武汉市武昌区临江大道96号武汉万达中心写字楼24层01、10—12号**	**宋文煜**	**027-88118267**	**430061**
工银安盛人寿保险有限公司湖北分公司	**武汉市武昌区中北路31号知音广场第2层0201、0202号，第23层**	**李 波**	**027-87896716**	**430071**
工银安盛人寿保险有限公司宜昌中心支公司	宜昌市西陵区云集路38-5号第1层、2层北区	周家明	0717-6285968	443000
工银安盛人寿保险有限公司襄阳中心支公司	襄阳市樊城区解放路52号	廖晓光	0710-3359228	441000
工银安盛人寿保险有限公司孝感中心支公司	孝感市孝南区文化东路43号汇金国际大厦1幢1层0101室	王 骏	0712-2860266	432000
工银安盛人寿保险有限公司荆州中心支公司	荆州市沙市区江津中路香榭丽都小区2栋1—2层9号	明峰森	0716-8330501	434001
工银安盛人寿保险有限公司黄冈中心支公司	黄冈市黄州区新港大道29号嘉豪·金时代2、3、4幢2层202铺	杜 威	0713-8843300	438000
中信保诚人寿保险有限公司湖北省分公司	**武汉市江汉区淮海路299号泛海国际SOHO城7号楼2501—2504**	**张 力**	**027-68850580**	**430023**
中信保诚人寿保险有限公司黄石中心支公司	黄石市黄石港区花湖大道30号万达广场2号写字楼1201号、1217—1224号	谢先国	0714-3860708	435000
中信保诚人寿保险有限公司宜昌中心支公司	宜昌市云集路45-1号滨江一号3层	杨 周	0717-6900999	443000
中信保诚人寿保险有限公司襄阳中心支公司	襄阳市樊城区大庆西路与人民路交会处的天元四季城1-1号办公楼22层01—09号	韦 凌	0710-3558066	441000
中信保诚人寿保险有限公司荆门中心支公司	荆门市东宝区象山一路华铭广场写字楼A栋15层1501—1505号	余国华	0724-6903720	448000
中信保诚人寿保险有限公司荆州中心支公司	荆州市沙市区塔桥路61号新天地商业区4号楼2201—2207	彭 娟	0716-8270599	434000
交银人寿保险有限公司湖北省分公司	**武汉市江汉区建设大道847号瑞通广场B座8层、9层、24层**	**杨 娟**	**027-85488600**	**430015**
交银人寿保险有限公司宜昌市中心支公司	宜昌市西陵区二马路1号(交通银行2层)	何 立	0717-6930268	443000
中意人寿保险有限公司湖北省分公司	**武汉市江汉区建设大道广发银行大厦31层**	**张奇峰**	**027-59258888-1818**	**430022**

续表 6-3-2

名　　称	地　　址	负责人	电　话	邮　编
中意人寿保险有限公司湖北省分公司襄阳中心支公司	襄阳市樊城区大庆西路天元四季城一期1幢1单元17层6室、7室、8室	许瑞波	027-59258888-1003	441002
中意人寿保险有限公司湖北省分公司荆门中心支公司	荆门市象山一路6号华铭广场A座11层1101、1104、1105室	甘　平	0724-6811898	448000
光大永明人寿保险有限公司湖北分公司	**武汉市江汉区精武路17号(越秀·国际金融汇三期)T2-P3栋T2号楼单元21层**	**马东彦**	**027-51222166**	**430021**
友邦人寿保险有限公司湖北分公司	**武汉市武昌区中北路9号长城汇T1号写字楼第33层整层**	**邹锦贤**	**027-86611388**	**430060**
北大方正人寿保险有限公司湖北分公司	**武汉市武昌区积玉桥街临江大道96号武汉积玉桥万达广场(一期)写字楼酒店栋2号房(写字楼)10层07至11单元**	**陈　旺**	**027-85448558**	**430060**
北大方正人寿保险有限公司宜昌中心支公司	宜昌市伍家岗区城东大道93号宜昌新华广场A区A01栋28层2801室	熊仕力	0717-6986555	443000
北大方正人寿保险有限公司襄阳中心支公司	襄阳市高新区长虹北路中润云邦1幢22层001房、010房1室、011房1室	毕兆银	0710-2382700	441000
北大方正人寿保险有限公司荆门中心支公司	荆门市掇刀区虎牙关大道22号飞扬·新天城三期A区一栋1202至1203号房	李万梅	0724-6909000	448000
中英人寿保险有限公司湖北分公司	**武汉市硚口区中山大道1号越秀·财务中心写字楼2603—2604、2701—2704和2709**	**赵海波**	**027-59220088**	**430030**
中英人寿保险有限公司湖北分公司黄石中心支公司	黄石市黄石港区颐阳路39号301铺	祝　桔	0714-3861163	435000
中英人寿保险有限公司湖北分公司襄阳中心支公司	襄阳市樊城区华城百汇4002号汉水华城13层03—09单元	张鹏飞	0710-3707385	441000
中英人寿保险有限公司湖北分公司孝感中心支公司	孝感市孝南区乾坤大道13-3号安业假日酒店10层	刘文明	0712-2110339	432100
中英人寿保险有限公司湖北分公司荆州中心支公司	荆州市沙市区塔桥路与荆沙大道交会处新天地上街商铺B9栋302号、303号和305号	陈　伟	0716-4309905	434000
中英人寿保险有限公司湖北分公司黄冈中心支公司	黄冈市黄州区西湖三路15号西湖上城1幢2层201号	李　莹	0713-8205756	438000
同方全球人寿保险有限公司湖北分公司	**武汉市武昌区中北路9号长城汇T2号楼第19层全层、第21层局部**	**黄劲松**	**027-87270077**	**430071**
同方全球人寿保险有限公司湖北分公司宜昌中心支公司	宜昌市中国(湖北)自贸区宜昌片区发展大道13号水悦城写字楼29层2901室	杨　华	0717-6265998	443005
民生人寿保险股份有限公司湖北分公司	**武汉市江汉区云彩路198号泛海城市广场一期写字楼14层**	**黄意达**	**027-59888588**	**430022**
民生人寿保险股份有限公司黄石中心支公司	黄石市黄石港区黄石大道796-802号康家知本大厦802室	肖　岚	0714-6246088	435000
民生人寿保险股份有限公司十堰中心支公司	十堰市茅箭区朝阳中路1号十堰国际金融中心写字楼17层3-7号	李　平	0719-8022683	442000
民生人寿保险股份有限公司宜昌中心支公司	宜昌市伍家岗区沿江大道124号宜昌盐业大厦第7层701室	赵永亮	0717-6920396	443000
民生人寿保险股份有限公司襄阳中心支公司	襄阳市樊城区中原一景1幢5层1室1、2、5、6号	杨　敏	0710-2302685	441000

续表 6-3-2

名　　称	地　　址	负责人	电　话	邮　编
民生人寿保险股份有限公司荆门中心支公司	荆门市东宝区象山一路华铭广场 B 栋写字楼 22 层 07—08(部分)号	杨　莉	0724-6089330	448000
民生人寿保险股份有限公司孝感中心支公司	孝感市孝南区乾坤大道 19 号安国大厦安国广厦幢第 9 层部分	程探宝	0712-2860487	432000
民生人寿保险股份有限公司荆州中心支公司	荆州市沙市区塔桥路 61 号新天地商业区 4 号楼 1706—1707 房	李　艳	0716-4088800	434000
民生人寿保险股份有限公司黄冈中心支公司	黄冈市黄州区明珠大道 108 号黄冈汇金大厦 1 幢 2010—2014 号	王顺轩	0713-8209109	438000
民生人寿保险股份有限公司咸宁中心支公司	咸宁市温泉白茶村四组月团巷滨河大厦 1 幢 3 层 302-B 号、303 号、304 号	董　舒	0715-8897970	437100
民生人寿保险股份有限公司恩施中心支公司	恩施市航空大道 55 号银河大厦第 10 层 1009—1012 号房	李新宇	0718-8023451	445000
招商信诺人寿保险有限公司湖北分公司	**武汉市江岸区京汉大道 1398 号企业天地 2 号 8 层 8-4、8-5、8-6、8-7 室**	**高　飞**	**027-68838708-807**	**430010**
瑞泰人寿保险有限公司湖北分公司	**武汉市洪山区徐东大街 191 号金禾中心 501 室**	**蔡　涛**	**027-59810189**	**430061**
富德生命人寿保险股份有限公司湖北分公司	**武汉市武昌区武珞路 456 号新时代商务中心主楼 25 层 1 号部分、2—4 号、26—27 层**	**桂衍胜**	**027-87260188**	**430064**
富德生命人寿保险股份有限公司黄石中心支公司	黄石市黄石港区黄石大道 954 号黄石港区总部经济大厦	赵红刚	0714-6225200	435000
富德生命人寿保险股份有限公司十堰中心支公司	十堰市茅箭区林荫大道二号线南侧丽景湾花园 25 号楼-1 层	鲁得胜	0719-8681000	442000
富德生命人寿保险股份有限公司宜昌中心支公司	宜昌市西陵区东山大道 109 号卓悦广场 4 层(425—436、450—460 号商铺)	王　洪	0717-6588796	443000
富德生命人寿保险股份有限公司襄阳中心支公司	襄阳市樊城区内环路(环球金融城)2 幢 2 单元 3 层、4 层 9—12 室	许全林	0710-3454589	441000
富德生命人寿保险股份有限公司鄂州中心支公司	鄂州市滨湖东路 6 号驰恒之城 17 栋裙楼 182 号	陈　文	0711-3862079	438000
富德生命人寿保险股份有限公司荆门中心支公司	荆门市掇刀区象山大道(东方国际广场)1 幢 5 层北侧	陈　皓	0724-6903553	448000
富德生命人寿保险股份有限公司孝感中心支公司	孝感市槐荫大道西段路北 52 号	吴振宇	0712-2858497	432000
富德生命人寿保险股份有限公司荆州中心支公司	荆州市沙市区北京西路 192 号(天然气大厦 2、3 层)	张　军	0716-8110061	434000
富德生命人寿保险股份有限公司黄冈中心支公司	黄冈市黄州区西湖三路与黄州大道交界处教育优秀人才小区 1、2、3 号楼商业部分第 3 层、第 1 层 S103 号房	何　杰	0713-8384939	438000
富德生命人寿保险股份有限公司咸宁中心支公司	咸宁市淦河大道与温泉路相交处(中商购物广场)1 幢 16 层 1601—1607 号	张　芳	0715-8278887	437000
富德生命人寿保险股份有限公司随州中心支公司	随州市曾都区乌龙巷 3 号市民中心 5、6 层	杨　文	0722-3225659	441000
富德生命人寿保险股份有限公司恩施中心支公司	恩施市施州大道 206 号金典大厦 301	曹　兵	0718-8262028	445000
平安养老保险股份有限公司湖北分公司	**武汉市江岸区建设大道 718 号浙商大厦第 9 层 1—8 号**	**陈　飞**	**027-85743237**	**430015**

续表 6-3-2

名　　称	地　　址	负责人	电　话	邮　编
平安养老保险股份有限公司武汉自贸区中心支公司	武汉市东湖新技术开发区关山大道355号铭丰大厦33层08、09单元	陈　飞	027-85743237	430073
平安养老保险股份有限公司十堰中心支公司	十堰市茅箭区五堰街办北京北路111号1幢9层901-2A	周　松	0719-8645889	442000
平安养老保险股份有限公司宜昌中心支公司	宜昌市西陵区西陵一路18号中环广场16层1606室	刘　莉	0717-6759660	443000
平安养老保险股份有限公司襄阳中心支公司	襄阳市樊城区卧龙大道环球金融城2栋1单元1209—1210	秦春柳	0710-3535035	441000
平安养老保险股份有限公司荆州中心支公司	荆州市沙市区塔桥路东侧新天地A3号楼1811—1814室	沈　亮	0716-8116020	434000
合众人寿保险股份有限公司湖北分公司	**武汉市江汉区青年路556号青洲盛汇办公楼28层**	**唐群林**	**027-85481698**	**430024**
合众人寿保险股份有限公司黄石中心支公司	黄石市黄石港区红旗桥华新路6号109、208—212号	黄劲松	0714-6281968	435000
合众人寿保险股份有限公司十堰中心支公司	十堰市茅箭区人民南路63号	杨　涛	0719-8887979	442000
合众人寿保险股份有限公司宜昌中心支公司	宜昌市西陵区[中国(湖北)自贸区宜昌片区]发展大道13号水悦城写字楼29层2903室	杨国威	0717-6851666	443000
合众人寿保险股份有限公司襄阳中心支公司	襄阳市樊城区大庆东路东城怡景19层	付同清	0710-3455000	441000
合众人寿保险股份有限公司鄂州中心支公司	鄂州市鄂城区古城路153号洋澜经联社办公楼2层	周　玲	0711-5904515	436000
合众人寿保险股份有限公司荆门中心支公司	荆门市东宝区象山一路6号华铭广场B座1057、1508房	李中发	0724-6088984	448000
合众人寿保险股份有限公司孝感中心支公司	孝感市开发区长征路241号	孙志刚	0712-2311265	432000
合众人寿保险股份有限公司荆州中心支公司	荆州市沙市区江津中路261号御湖一品18栋6层601号	朱　萍	0716-4131296	434100
合众人寿保险股份有限公司黄冈中心支公司	黄冈市黄州区黄州大道140号教育人才安居小区5栋1层S101铺	王明波	0713-8367515	438000
合众人寿保险股份有限公司咸宁中心支公司	咸宁市银泉大道567号劲风大厦A座908—913	胡厚卿	0715-8271515	437100
合众人寿保险股份有限公司恩施中心支公司	恩施市叶挺路16号7幢20层2005—2007号	庞银海	0718-8986536	445000
华泰人寿保险股份有限公司湖北分公司	**武汉市江汉区香港路193号中华城A写字楼17层1701-01、02、03、04、05号**	**张应虎**	**027-59502142**	**430015**
华泰人寿保险股份有限公司宜昌中心支公司	宜昌市中国(湖北)自贸区宜昌片区发展大道13号11层a-02	王大洲	0717-6987310	443000
华泰人寿保险股份有限公司黄冈中心支公司	黄冈市黄州区西湖三路15号西湖上城2栋1层101、102室	魏晓蕾	0713-8209991	438000
华泰人寿保险股份有限公司随州中心支公司	随州市曾都区烈山大道205号香港街4层	覃文军	0722-3267900	441300
华泰人寿保险股份有限公司恩施中心支公司	恩施市小渡船区航空路173号广城国际大厦1003、1004、1005室	马德祥	0718-8256907	445000

续表 6-3-2

名　　称	地　　址	负责人	电　话	邮　编
太平养老保险股份有限公司湖北分公司	**武汉市江岸区建设大道 718 号(建设大道与澳门路交会处)浙商国际大厦第 15 层 1、2、5、6、7、8 室**	**黄文龙**	**027-59530600**	**430010**
中美联泰大都会人寿保险有限公司湖北分公司	**武汉市武昌区昙华林 202 号泛悦中心 A 座 25 层 01—05、08 单元**	**陈京燕**	**027-82743393**	**430061**
平安健康保险股份有限公司湖北分公司	**武汉市江岸区中山大道 1628 号武汉天地-企业中心 5 号大厦 1 栋 12 层 12-1B、12-2、12-3、12-4、12-5**	**林宏宇**	**027-83903068**	**430010**
平安健康保险股份有限公司襄阳中心支公司	襄阳市樊城区内环路环球金融城 1 幢 1 单元 25 层 4 室—5 室	吴　刚	0710-3121219	441002
中国人民健康保险股份有限公司湖北分公司	**武汉市武昌区中山路 339 号华宇旭辉大厦 10 层**	**吴　剑**	**027-88328798**	**430061**
中国人民健康保险股份有限公司宜昌中心支公司	宜昌市西陵区发展大道 13 号水悦城写字楼 20 层	刘　珍	0717-6921926	443000
中国人民健康保险股份有限公司襄阳中心支公司	襄阳市襄城区环城南路 128 号保险大厦 7 层	陈雯秋	0710-3287998	441025
中国人民健康保险股份有限公司孝感中心支公司	孝感市孝南区长征二路 6 号院内办公室 1 层	周随阳	15971000088	432100
中国人民健康保险股份有限公司荆州中心支公司	荆州市沙市区塔桥路东 61 号新天地 B4 栋 20 层	杨　清	13972038877	434000
信泰人寿保险股份有限公司湖北分公司	**武汉市武昌区中山路 338 号华宇旭辉大厦 16 层 1—11 室**	**罗　晖**	**027-59756850**	**430060**
信泰人寿保险股份有限公司汉口中心支公司	武汉市江汉区青年路与牯牛洲街交会处房开大厦 17 层 4 号、5 号、6 号、7 号房	李　丹	027-59721145	430021
信泰人寿保险股份有限公司宜昌中心支公司	宜昌市西陵区西陵一路 2-1 号(美岸长堤 19 层 0084—0086 房)	王小波	0717-6980759	443000
信泰人寿保险股份有限公司襄阳中心支公司	襄阳市樊城区汉江路 42 号汉江悦府 H 栋写字楼 7 层 4、5、6 室	杨先琼	0710-3721163	441000
信泰人寿保险股份有限公司孝感中心支公司	孝感市乾坤大道 16 号馨都上层 1 幢 1 单元 2 层 201 号房(东侧)	隗建波	0712-2108990	432100
信泰人寿保险股份有限公司黄冈中心支公司	黄冈市黄州区青砖湖路 59 号西湖华庭 2 幢 103 铺 1—2 层、104 商铺 1—2 层及 102 商铺 1 层东	徐　辉	0713-8695552	436100
信泰人寿保险股份有限公司恩施中心支公司	恩施市小渡船街道办事处大桥路 151 号天成大厦 3 层 301 室	朱春来	0718-8303455	445000
农银人寿保险股份有限公司湖北分公司	**武汉市江汉区唐家墩路 32 号国创大厦 A 座 8、14 层**	**孟　巍**	**027-82737666**	**430024**
农银人寿保险股份有限公司十堰中心支公司	十堰市茅箭区人民南路 20 号农银大厦 4 层	章红艳	0719-8887388	442000
农银人寿保险股份有限公司宜昌中心支公司	宜昌市东山大道 119 号三峡日报社新闻大厦第 6 层、第 7 层局部	孙成刚	0717-6444799	443000
农银人寿保险股份有限公司襄阳中心支公司	襄阳市樊城区前进路 65 号风神大厦 6 层	涂勇军	0710-3449599	441000
农银人寿保险股份有限公司荆门中心支公司	荆门市东宝区白云大道 52 号	曹　印	0724-6065988	448000
农银人寿保险股份有限公司孝感中心支公司	孝感市孝南区广场街城站路 133 号农行孝感市直支行综合楼第 4 层	孙广军	0712-2320599	432000

续表 6-3-2

名　　称	地　址	负责人	电　话	邮　编
农银人寿保险股份有限公司荆州中心支公司	荆州市沙市区白云路金江宝邸 29 栋 1 层 1 号	葛　强	0716-8710136	434000
农银人寿保险股份有限公司黄冈中心支公司	黄冈市黄州区新港大道 29 号嘉豪金时代 2 幢 3 层 301 室	刘蒲军	0713-8838529	438000
农银人寿保险股份有限公司咸宁中心支公司	咸宁市银泉大道(元信花园)3 幢 12 层号	张　泓	0715-8066678	437000
农银人寿保险股份有限公司恩施中心支公司	恩施市叶挺路 16 号 7 幢写字楼 21 层	陈禹志	0718-8211202	445000
农银人寿保险股份有限公司天门中心支公司	天门市天门新城银座帝景湾二号楼 4 层 01 室	汪　虎	0728-5819586	431700
长城人寿保险股份有限公司湖北分公司	**武汉市江汉区唐家墩路 7、9、11 号武汉菱角湖万达广场 A 栋 A2 单元 25 层**	**魏　强**	**027-85799979**	**430015**
长城人寿保险股份有限公司十堰中心支公司	十堰市茅箭区朝阳中路 29 号寿康华悦城写字楼第 21 层	秦明化	0719-8119998	442000
长城人寿保险股份有限公司湖北宜昌中心支公司	宜昌市西陵区东山大道 95 号清江大厦第 23 层 2301、2302、2303、2303－1、2305、2305-1	唐传斌	0717-6481809	443000
长城人寿保险股份有限公司湖北襄阳中心支公司	襄阳市樊城区前进路 65 号风神大厦第 9 层	钟　怡	0710-3486663	441000
长城人寿保险股份有限公司荆门中心支公司	荆门市虎牙关大道西侧新天城大厦 13 层南侧	王　勇	0724-2294600	448220
长城人寿保险股份有限公司孝感中心支公司	孝感市孝南区北京路 69 号	郑庆军	0712-2369588	432000
长城人寿保险股份有限公司荆州中心支公司	荆州市沙市区北京中路 334 号时尚百汇购物广场 7 层	许池俊	0716-8219128	434000
长城人寿保险股份有限公司黄冈中心支公司	黄冈市黄州区东坡大道 55 号 A1-2-201-1、A1-2-201-2	关建国	0713-8626588	438000
和谐健康保险股份有限公司湖北分公司	**武汉市江汉区建设大道 518 号招银大厦 2 层**	**黄　金**	**027-85258880**	**430014**
和谐健康保险股份有限公司十堰中心支公司	十堰市茅箭区朝阳中路 1 号国际金融中心 A 座 12 层	宋文达	0719-8623886	442000
和谐健康保险股份有限公司襄阳中心支公司	襄阳市樊城区前进路 65 号风神大厦 4 层	孙　伟	0710-3755900	441000
和谐健康保险股份有限公司孝感中心支公司	孝感市高新区董永路 88 号宇济滨湖天地梅苑写字楼 19 层	李　倩	0712-2325710	432000
和谐健康保险股份有限公司荆州中心支公司	荆州市沙市区便河东路神华大厦 4 栋 2 层	尹志刚	0716-8338599	434000
中国人民人寿保险股份有限公司湖北省分公司	**武汉市武昌区中北路 166 号普提金商务中心 A 座 1、17、19、20 层**	**任丹琪**	**027-86797286**	**430060**
中国人民人寿保险股份有限公司武汉中心支公司	武汉市武昌区水果湖街道中北路 166 号普提金商务中心 A 座 16、18 层	曹远锋	027-86796603	430060
中国人民人寿保险股份有限公司黄石中心支公司	黄石市黄石港区黄石大道 515 号东方商务楼 4 层	杨永庆	0714-6236918	435000
中国人民人寿保险股份有限公司十堰中心支公司	十堰市茅箭区人民南路 3 号东明广场 A 座 12、16 层	王　芳	0719-8268030	442000
中国人民人寿保险股份有限公司宜昌中心支公司	宜昌市西陵区西陵二路 18 号三峡双创中心 11 层 A 区 1105—1115 室	杨清明	0717-6736926	443000

续表 6-3-2

名　　称	地　　址	负责人	电　话	邮　编
中国人民人寿保险股份有限公司襄阳中心支公司	襄阳市樊城区汉江北路众晶华尔街 1 号楼 6—7 层	饶　丽	0710-3279188	441000
中国人民人寿保险股份有限公司鄂州中心支公司	鄂州市鄂城区滨湖东路 46 号银海龙城南门十号楼 1 层 S107 和 2 层左侧全部	蒋　涛	0711-3866109	436000
中国人民人寿保险股份有限公司荆门中心支公司	荆门市漳河新区天山路 1 号国华汇金中心 C 座 15 层	张　敏	0724-2380345	448000
中国人民人寿保险股份有限公司孝感中心支公司	孝感市长征二路 6 号	周　凯	0712-2821756	432100
中国人民人寿保险股份有限公司荆州中心支公司	沙市区塔桥路 61 号荆州新天地商业区 B 区 4 栋 7—8 层	陈　华	0716-8565719	434000
中国人民人寿保险股份有限公司黄冈中心支公司	黄冈市黄州区新港二路 8 号昆仑·东湖 1 号 2 期 27 号楼 11、12 层	张公庆	0713-8386088	438000
中国人民人寿保险股份有限公司咸宁中心支公司	咸宁市咸安区银泉大道 567 号劲风大厦 A 座 25 层	贾庚全	0715-8266620	437100
中国人民人寿保险股份有限公司随州中心支公司	随州市曾都区东城汉东路 20 号 1—2 幢 2 层	艾学文	0722-3585667	441300
中国人民人寿保险股份有限公司恩施中心支公司	恩施市施州大道 50 号 15 层	金　俊	0718-8463588	445000
国华人寿保险股份有限公司湖北分公司	**武汉市江岸区三阳路 8 号天悦星辰 A 栋写字楼第 23 层 2301、2302、2303-A 单元**	**卢　俊**	**027-85566620**	**430010**
国华人寿保险股份有限公司黄石中心支公司	黄石市黄石港区黄石大道 954 号总部经济大厦 6 层 602、603、605、606、607 号办公室	闵文斌	0714-3860590	435000
国华人寿保险股份有限公司宜昌中心支公司	宜昌市西陵区东山大道 95 号清江大厦 21 层 2101、2105 室	张洪利	0717-6921913	443000
国华人寿保险股份有限公司襄阳中心支公司	襄阳市东津新区六两河街道金源社区五一路 8 号湖北交投襄阳发展中心 1 栋 1 单元 21 层 004、005 号局部	陈建军	0710-3327718	441000
国华人寿保险股份有限公司荆门中心支公司	荆门市漳河新区天山路 1 号国华汇金中心 1 幢 12 层 1204、1205 室	王连辉	0724-2496089	448000
国华人寿保险股份有限公司孝感中心支公司	孝感市孝南区光荣路特 1 号	胡梦琪	0712-2116111	432000
国华人寿保险股份有限公司荆州中心支公司	荆州市沙市区碧波路 7 号碧波海天大厦 401 室	吴　菅	0716-8118693	434000
国华人寿保险股份有限公司黄冈中心支公司	黄冈市黄州区明珠大道 108 号汇金大厦 1 幢 13 层 1301—1306 室	王　林	0713-8205668	438000
国华人寿保险股份有限公司咸宁中心支公司	咸宁市淦河大道与温泉路相交处(中商购物广场)万顺达写字楼 12 层 1205 室	朱丽娜	0715-8913552	437100
恒大人寿保险有限公司湖北分公司	**武汉市江汉区武汉市江汉区常青路 47 号 4 号楼 5 层、6 层、7 层、8 层**	**范海波**	**027-59279799**	**430021**
英大泰和人寿保险股份有限公司湖北分公司	**武汉市洪山区徐东大街 69 号华中电力金融大厦 7 层、11 层**	**邓海燕**	**027-88608359**	**430070**
英大泰和人寿保险股份有限公司武汉中心支公司	武汉市洪山区徐东大街 69 号华中电力金融大厦 7 层 701、702、704、706 室	李　伟	027-88608361	430070
英大泰和人寿保险股份有限公司黄石中心支公司	黄石市下陆区杭州西路 71 号 3 层	朱　涛	0714-6205707	435000

续表 6-3-2

名称	地址	负责人	电话	邮编
英大泰和人寿保险股份有限公司十堰中心支公司	十堰市茅箭区人民中路 81 号	胡浩	0719-8807999	442000
英大泰和人寿保险股份有限公司宜昌中心支公司	宜昌市西陵区东山大道 134 号的 1 层门面房及 2 层 201 室—206 室	陈国庆	0717-6577878	443000
英大泰和人寿保险股份有限公司襄阳中心支公司	襄阳市樊城区炮铺街 1 号中欧大厦 1 幢 A2 区 2 至 4 层	鲁辉	0710-3823802	441000
英大泰和人寿保险股份有限公司荆门中心支公司	荆门市东宝区金虾路 46 号荆楚文化广场商业体 5 层 502 室	李严伟	0724-2346199	448000
英大泰和人寿保险股份有限公司孝感中心支公司	孝感市孝南区城镇路 96 号 1 层、2 层、3 层东第一间	刘磊	0712-2283076	432000
英大泰和人寿保险股份有限公司荆州中心支公司	荆州市荆州区屈原路 13 号(1 层门面,2 层、3 层办公)	张黎明	0716-8505309	434000
英大泰和人寿保险股份有限公司黄冈中心支公司	黄冈市黄州区东门路 80 号 1 幢	付庆安	0713-8114522	438000
英大泰和人寿保险股份有限公司恩施中心支公司	恩施市六角亭街道办事处叶挺路 1 号	李翔	0718-8266680	445000
泰康养老保险股份有限公司湖北分公司	**武汉市武昌区中南路 99 号武汉保利广场 B 座 23 层**	**段绍华**	**027-50758222**	**430071**
泰康养老保险股份有限公司湖北分公司宜昌中心支公司	宜昌市西陵区西陵一路 18 号中环广场 10 层	朱永杰	13997694888	443099
泰康养老保险股份有限公司湖北分公司荆州中心支公司	荆州市沙市区红门路益生佳园小区 A 栋 1—2 层 8 号	汪伟	0716-4172614	434000
幸福人寿保险股份有限公司湖北分公司	**武汉市江岸区建设大道 648 号雷王金融中心 18—21 层**	**胡皞**	**027-65778688**	**430015**
幸福人寿保险股份有限公司黄石中心支公司	黄石市黄石港区花湖大道 30 号万达双塔 B 座 2005—2010 号	王斌	0714-3862057	435000
幸福人寿保险股份有限公司宜昌中心支公司	宜昌市伍家岗区沿江大道 129 号金江银座 21 层 012103 至 012107 号	张涛	0717-6921556	443000
幸福人寿保险股份有限公司襄阳中心支公司	襄阳市樊城区汉江北路 117 号华康瑞城国际第 17 层 1701 至 1703 号	符一卓	0710-3723188	441000
幸福人寿保险股份有限公司荆州中心支公司	荆州市沙市区北京西路 408 号(文湖花园旁工商银行 3 层)	李瑞	0716-4171899	434000
幸福人寿保险股份有限公司黄冈中心支公司	黄冈市黄州区青砖湖路君湖现代城 4 幢 201 号	陈纳新	0713-8209085	438000
阳光人寿保险股份有限公司湖北分公司	**武汉市武昌区公正路 216 号平安金融科技大厦 9 层、16 层**	**金建忠**	**027-87158283**	**430061**
阳光人寿保险股份有限公司武汉中心支公司	武汉市江岸区建设大道 700 号武汉香格里拉中心项目 03 层 01—05 号	鲁黎	027-63370580	430012
阳光人寿保险股份有限公司黄石中心支公司	黄石市黄石港区广场路 2 号	燕飞	0714-6582898	435000
阳光人寿保险股份有限公司十堰中心支公司	十堰市茅箭区朝阳中路 29 号寿康华悦城 11 层 1—11	向松	0719-8011760	442000
阳光人寿保险股份有限公司宜昌中心支公司	宜昌市伍家岗区沿江大道 129 号 2501、2601	彭阳	0717-6098227	443000
阳光人寿保险股份有限公司襄阳中心支公司	襄阳市樊城区汉江路 42 号汉江悦府 8 幢 15 层 1 室 01 间、4—6 室	张支农	0710-3424150	441100

续表 6-3-2

名　　称	地　址	负责人	电　话	邮　编
阳光人寿保险股份有限公司荆门中心支公司	荆门市掇刀区象山大道 142 号东方广场 A13	晏　飞	0724-2360019	448000
阳光人寿保险股份有限公司孝感中心支公司	孝感市孝南区董永路宇济滨湖天地梅苑宇济写字楼 9 层	吴学明	0712-2101179	432000
阳光人寿保险股份有限公司荆州中心支公司	荆州市沙市区塔桥路 61 号新天地商业区 4 号楼第 19 层	林国良	0716-8123849	434000
阳光人寿保险股份有限公司黄冈中心支公司	黄冈市黄州区黄州大道 96 号	王　岩	0713-8623710	438000
阳光人寿保险股份有限公司咸宁中心支公司	咸宁市银泉大道 567 号劲风财智领域大厦 A 座 21 层、24 层	黄爱民	0715-8208200	437000
阳光人寿保险股份有限公司随州中心支公司	随州市曾都区交通大道锦绣香江建材城 1898 号	罗庆璋	0722-7088938	441300
阳光人寿保险股份有限公司恩施中心支公司	恩施市航空大道 60 号中大御城 8 层	张保军	0718-8253962	445000
百年人寿保险股份有限公司湖北分公司	**武汉市江汉区青年路 278 号中海中心 11 层 01—12 单元、09 层 01、12 单元**	**王黎明**	**027-85553188**	**430023**
百年人寿保险股份有限公司黄石中心支公司	黄石市下陆区杭州西路 206 号 B-1-601 室	雷卫平	0714-6319625	435000
百年人寿保险股份有限公司十堰中心支公司	十堰市茅箭区二堰街办上海路 12 号 1 幢 3-3、3-4	孟　锐	0719-8889158	442000
百年人寿保险股份有限公司宜昌中心支公司	宜昌市西陵区学院街道西陵一路 18 号中环广场 17 层	汪　洋	0717-6553979	443000
百年人寿保险股份有限公司襄阳中心支公司	襄阳市襄州区航空路民发世界城都会山 28 号楼 A601、A616—621 室	李文杰	0710-3445399	441000
百年人寿保险股份有限公司孝感中心支公司	孝感市高新区宇济滨湖天地梅苑商场 4 层 C03 室	成　星	0712-2823925	432000
百年人寿保险股份有限公司荆州中心支公司	荆州市沙市区塔桥路东 63 号荆州新天地 A 区 3 栋 2 层 16—19 号	周友红	0716-8115799	434000
百年人寿保险股份有限公司黄冈中心支公司	黄冈市黄州区黄州大道 63 号润连今典 1 幢北侧 1—2 层	饶　刚	0713-8819345	438000
百年人寿保险股份有限公司咸宁中心支公司	咸宁市温泉中商购物广场万顺达写字楼 19 层	付军祥	0715-8828106	437100
百年人寿保险股份有限公司恩施中心支公司	恩施市小渡船街道办事处航空大道 173 号(广城国际大厦)1308、1309 室	董　福	0718-8446060	445000
中邮人寿保险股份有限公司湖北分公司	**武汉市江汉区江旺路 22 号湖北邮政专业生产指挥中心大楼 17、18 层**	**张成豪**	**027-83567888**	**430023**
大家人寿保险股份有限公司湖北分公司	**武汉市江汉区青年路 169 号 ICC 环贸中心 A 塔 901—905、907、908、1006—1007**	**王学群**	**027-59439835**	**430022**
大家人寿保险股份有限公司宜昌中心支公司	宜昌市西陵区夷陵大道 65 号 3E 商务大厦 6 层	赵　波	0717-6219309	443000
大家人寿保险股份有限公司襄阳中心支公司	襄阳市樊城区前进路 65 号风神大厦 7 层	晏　翔	0710-3251569	441000
大家人寿保险股份有限公司荆门中心支公司	荆门市掇刀区象山大道 166 号丹桂广场三期 1 幢 106—110、404 号室	张金灵	0724-8660980	431800
大家人寿保险股份有限公司荆州中心支公司	荆州市北京中路凤台大厦 3 层 1 号	张　鹏	0716-8495569	434000

续表 6-3-2

名　　称	地　　址	负责人	电　话	邮　编
大家人寿保险股份有限公司黄冈中心支公司	黄冈市黄州区新港大道 29 号嘉豪金时代 2 幢 3 层 302 室	陈凤林	0713-8616569	438000
大家人寿保险股份有限公司咸宁中心支公司	咸宁市咸安区淦河大道与温泉路相交处（中商购物广场）1 幢 23 层 2301—2306、2313、2314	薛　霞	0715-8266880	437000
前海人寿保险股份有限公司湖北分公司	**武汉市武昌区中南路 99 号武汉保利文化广场 49 层 1—3 室**	**钟小洪**	**027-87115962**	**430060**
前海人寿保险股份有限公司武汉中心支公司	武汉市江汉区建设大道 588 号卓尔国际中心 14 层 03—04 单元	熊　伟	027-82883023	430060
财信吉祥人寿保险股份有限公司湖北分公司	**武汉市武昌区中北路 31 号知音广场 8 层 801-810-815-822**	**王　林**	**027-86657098**	**430060**
财信吉祥人寿保险股份有限公司宜昌中心支公司	宜昌市西陵区东山大道 95 号清江大厦附楼裙楼 1—3 层	胡　博	0717-6947773	443002
财信吉祥人寿保险股份有限公司襄阳中心支公司	襄阳市樊城区长虹路汉水华城写字楼 1 幢 23 层 2308—2314 号	张祥华	0710-3795378	410000
财信吉祥人寿保险股份有限公司黄冈中心支公司	黄冈市黄州区黄州大道 63 号润连·今典 1 栋 101、201 铺南侧	孙　震	0713-8208739	438000
国联人寿保险股份有限公司湖北分公司	**武汉市武昌区中北路 217 号天风大厦 2 号楼 8 层 1、2、3、4 号**	**彭小华**	**027-87710706**	**430061**
海港人寿保险股份有限公司湖北分公司	**武汉市江汉区常青路 47 号 4 号楼 5、6、7、8 层**	**范海波**	**027-59829347**	**430021**
海港人寿保险股份有限公司黄石中心支公司	黄石市黄石港区武汉路 193 号 3、4 号楼 2701、2702	王铁军	0714-3821055	435000
海港人寿保险股份有限公司黄冈中心支公司	黄冈市黄州区黄州大道 146 号江岸名都小区 4 号楼 125 号—129 号商铺 1 层	张利捷	0713-8359802	438000
海港人寿保险股份有限公司荆州中心支公司	荆州市沙市区塔桥路新天地上街 A2 栋 17 层 1701—1702、1705—1708	张方明	0716-8133550	434000
海港人寿保险股份有限公司孝感中心支公司	孝感市孝南区董永路 88 号宇济滨湖天地梅苑写字楼 10 层	方　可	0712-2895713	432000

四、证券期货基金业机构

（一）证券业机构

表 6-4-1

名　称	地　址	负责人	电　话	邮　编
长江证券股份有限公司	**武汉市江汉区淮海路 88 号长江证券大厦**	**金才玖**	**027-65796930**	**430020**
长江证券股份有限公司武汉分公司	**武汉市江汉区新华下路特 8 号 1 层**	**刘　歆**	**027-65799681**	**430079**
长江证券股份有限公司武汉胜利街证券营业部	武汉市江岸区胜利街 315 号	余文龙	027-83860128	430010
长江证券股份有限公司武汉建设大道证券营业部	武汉市江岸区统建大江园北苑 10 栋 2 层 4-1、4-2、4-3 号商铺	黄　静	027-82289669	430010
长江证券股份有限公司武汉百步亭安居西路证券营业部	武汉市江岸区新江岸五村 328 号银泰御华园一区二期 A15 栋 1 层 12、13 室	程　皓	027-82282070	430010
长江证券股份有限公司武汉京汉大道证券营业部	武汉市江岸区京汉大道 1268 号铂仕汇国际广场 2906-07 室	宋　薇	027-83905391	430010
长江证券股份有限公司武汉淮海路证券营业部	武汉市江汉区淮海路 888 号长江证券大厦 1 层 1 室、11 层 1 室	倪　伶	027-83862761	430020
长江证券股份有限公司武汉沿江大道证券营业部	武汉市江汉区沿江大道 69 号长航大厦 12 层 1 室、12 室	陈　倩	027-85711338	430020
长江证券股份有限公司武汉新华路证券营业部	武汉市江汉区常青一路 218 号新唐万科广场 2 层 2-35、2-36 号商铺	王　丹	027-61889909	430020
长江证券股份有限公司武汉友谊路证券营业部	武汉市江汉区友谊路 126 号崇安鑫城 D 座 2 层	李丽屏	027-85867616	430022
长江证券股份有限公司武汉汉西一路证券营业部	武汉市硚口区汉西二路保利香槟国际 6 栋 1 单元 1—2 层 13 号	黄亦妍	027-83330339	430030
长江证券股份有限公司武汉鹦鹉大道证券营业部	武汉市汉阳区翠微路特 1 号宏阳大厦 3 层	王　渭	027-87800029	430050
长江证券股份有限公司武汉汉阳大道证券营业部	武汉市汉阳区汉阳大道 658 号十里华府 1 栋 1—2 层 8B 号商铺	龚　浩	027-84465020	430050
长江证券股份有限公司武汉创业路证券营业部	武汉市武汉经济技术开发区创业路 2 号绿岛大厦 A 座 2 层	黄　群	027-84892968	430079
长江证券股份有限公司武汉莲花湖大道证券营业部	武汉市蔡甸区蔡甸大街莲花湖大道 232 号附 12	杜洪伟	027-69840005	430100
长江证券股份有限公司武汉巨龙大道证券营业部	武汉市黄陂区盘龙城经济开发区巨龙大道 178 号珩生广场丙 5-1903 号	蔡文燕	027-61108111	430300
长江证券股份有限公司武汉齐安大道证券营业部	武汉市新洲区邾城街衡州大街 95 号	王　健	027-89997189	430400
长江证券股份有限公司黄石颐阳路证券营业部	黄石市颐阳路 39 号	金海波	0714-6227366	435000
长江证券股份有限公司十堰人民北路证券营业部	十堰市茅箭区人民北路 1 号武汉武商集团十堰人民商场有限公司 11 层	石　偲	0719-8665355	442000
长江证券股份有限公司宜昌沿江大道证券营业部	宜昌市伍家岗区沿江大道 188 号 401、402 室	陈　浩	0717-6484366	443000

续表 6-4-1

名　　称	地　　址	负责人	电　话	邮　编
长江证券股份有限公司襄阳航空路证券营业部	襄阳市襄州区航空路 73 号(中铁十一局集团第一工程有限公司办公楼 1 层左三、左四门面房)	褚志强	0710-3615579	441000
长江证券股份有限公司襄阳建华路证券营业部	襄阳市樊城区建华路 12 号	张　敏	0710-3246558	441000
长江证券股份有限公司荆门天山路证券营业部	荆门市漳河新区天山路 1 号(国华汇金中心)1 幢 7 层	石艳梅	0724-2295579	448000
长江证券股份有限公司孝感天仙路证券营业部	孝感市开发区天仙北路 26 号全洲盛世城综合体写字楼 10 层 1006、1007、1008、1009、1009-1 号	胡德贵	0712-2108918	432000
长江证券股份有限公司荆州北京西路证券营业部	荆州市荆州区北京西路荆州万达广场商务写字楼 1 单元 7 层 704、705 号	叶　红	0716-8859546	434000
长江证券股份有限公司黄冈赤壁大道证券营业部	黄冈市黄州区赤壁大道 68 号	田　伟	0713-8611949	438000
长江证券股份有限公司随州迎宾大道证券营业部	随州市曾都区迎宾大道 41 号汉东名居广场 2 层	晏治国	0722-3222380	441300
长江证券股份有限公司恩施施州大道证券营业部	恩施市施州大道 161 号	李艳华	0718-8028867	445000
长江证券股份有限公司仙桃仙桃大道证券营业部	仙桃市仙桃大道 47 号	刘　龙	0728-3317390	433000
长江证券股份有限公司潜江殷台路证券营业部	潜江市园林办事处殷台路 67 号水岸尚品金街 54—55 号	赵　诠	0728-6281169	433199
长江证券股份有限公司天门接官路证券营业部	天门市竟陵接官路 16 号	陈　亮	0728-5338472	431700
长江证券股份有限公司湖北自贸区分公司	**武汉市东湖新技术开发区光谷大道 77 号金融后台服务中心基地建设项目 A7 栋 7 层 A 区(湖北自贸区武汉片区)**	**高颖岚**	**027-87279750**	**430070**
长江证券股份有限公司武汉武珞路证券营业部	武汉市武昌区武珞路 558 号	吴　麟	027-87712127	430070
长江证券股份有限公司武汉彭刘杨路证券营业部	武汉市武昌区彭刘杨路 239 号	赵　东	027-88060688	430061
长江证券股份有限公司武汉中北路证券营业部	武汉市武昌区中北路与东沙大道交会处武汉中央文化区 K1 地块一期一区第 K1-1 幢 10 层 2、3 号	王文泰	027-86602001	430060
长江证券股份有限公司武汉恒安路证券营业部	武汉市武昌区南湖中央花园购物中心 B 区 1 层 38 号商铺、B 区 2 层 3 号商铺	高峻霄	027-88227617	430060
长江证券股份有限公司武汉和平大道证券营业部	武汉市武昌区积玉桥街和平大道 666 号融侨华府 5 栋 1—2 层商 14	施　晶	027-88087186	430062
长江证券股份有限公司武汉友谊大道证券营业部	武汉市武昌区杨园街纺机路 29 号万科·金域华府 1 栋 2 单元 1 层 04、05 室	吴雄彬	027-86575618	430063
长江证券股份有限公司武汉徐东大街证券营业部	武汉市武昌区团结村福星国际城 K4 地块第 1 幢 1—2 层 3 号	龚　骏	027-88732696	430062
长江证券股份有限公司武汉珞狮路证券营业部	武汉市洪山区文荟街 76 号南湖星光时代广场 106、107 号	尹章程	027-87276490	430070
长江证券股份有限公司武汉珞瑜路证券营业部	武汉市洪山区珞喻路 218 号鲁巷数码港 8 层	赵　锐	027-87808180	430079
长江证券股份有限公司武汉街道口证券营业部	武汉市洪山区珞喻路 10 号群光中心写字楼 7 层 01—03 号	赵　鹤	027-68888018	430072

续表 6-4-1

名　　称	地　　址	负责人	电　话	邮　编
长江证券股份有限公司武汉欢乐大道证券营业部	武汉市洪山区欢乐大道 75 号骏业财富中心项 B 座 8 层 3—4 号写字楼	钱　江	027-65796585	430070
长江证券股份有限公司武汉金融港证券营业部	武汉市东湖新技术开发区金融港四路 18 号普天物联网创新研发基地(一期)1 栋 1 层 3 室	石海燕	027-63499688	430070
长江证券股份有限公司武汉光谷大道证券营业部	武汉市东湖新技术开发区光谷大道 77 号金融后台服务中心基地建设项目 A7 栋 7 层 B 区(湖北自贸区武汉片区)	李　卓	027-65796222	430078
长江证券股份有限公司武汉文化大道证券营业部	武汉市江夏区文化大道 3 号联投广场 32 栋 1 层 1029—1030	赵　俊	027-86674123	430200
长江证券股份有限公司鄂州滨湖南路证券营业部	鄂州市鄂城区滨湖南路 91 号学府上城临街商铺	袁韦华	0711-3246016	436000
长江证券股份有限公司咸宁淦河大道证券营业部	咸宁市咸安区淦河大道 25 号阳光威娜 B 座 15 层	毛伊琳	0715-8264293	437100
天风证券股份有限公司	**武汉市武昌区中北路 217 号天风大厦 2 号楼**	**庞介民**	**027-87618881**	**430062**
天风证券股份有限公司武汉分公司	**武汉市武昌区中北路 217 号天风大厦 2 栋 2 层 1 号、7 层 2 号、3 号**	**胡伟政**	**027-87827580**	**430062**
天风证券股份有限公司武汉天地证券营业部	武汉市江岸区中山大道 1627 号企业天地 3 号 1001 室	刘汪虎	027-82900199	430030
天风证券股份有限公司武汉徐东大街证券营业部	武汉市武昌区武汉轨道交通 8 号线徐家棚站 K9 地块匠心城徐家棚楼层 K9-15 层(04)(即 13 层 04 号)	任琪琦	027-88019919	430062
天风证券股份有限公司武汉楚河汉街证券营业部	武汉市武昌区公正路 216 号安顺月光广场 16 栋 11 层 1 室 C 区-3	闫路斌	027-87263570	430060
天风证券股份有限公司武汉和平大道证券营业部	武汉市青山区 38 街坊八大家花园 45 号楼 5 层 502—504 室	周响军	027-86580298	430080
天风证券股份有限公司武汉关山大道证券营业部	武汉市东湖新技术开发区关山大道 21 号泛悦城 T2 号楼 15 层 07 号写字间(湖北自贸区武汉片区)	谢　艳	027-87610079	430074
天风证券股份有限公司黄石湖滨大道证券营业部	黄石市黄石港区华新路 10 号 10—17 室	胡　涛	0714-6289010	435099
天风证券股份有限公司十堰江苏路证券营业部	十堰市茅箭区江苏路 8 号 1 幢	查卫峰	0719-8676736	442011
天风证券股份有限公司宜昌隆康路证券营业部	宜昌市西陵区隆康路 10 号	胡舰文	0717-6526199	443099
天风证券股份有限公司襄阳分公司	**襄阳市樊城区解放路 33-14 号人防写字楼 1 层、5 层**	**叶继华**	**0710-3084568**	**441002**
天风证券股份有限公司荆门分公司	**荆门市高新区·掇刀区军马场一路 2 号多辉·怡景新城二期 35 号楼 204 号**	**龙　涛**	**0724-6810646**	**448124**
天风证券股份有限公司荆门军马场一路证券营业部	荆门市掇刀区军马场一路 2 号北 112 号多辉·怡景新城 35 号楼	黄　勇	0724-6810656	448000
天风证券股份有限公司孝感北京路证券营业部	孝感市北京路东苑小区 1 栋 1 层 104 室	张　伟	13117064988	432009
天风证券股份有限公司荆州红门路证券营业部	荆州市沙市区红门路益生佳园小区 B 栋 1 层 4 号	刘　洲	0724-6810669	434099
天风证券股份有限公司天门钟惺大道证券营业部	天门市钟惺大道 36 号天下都市港湾 1 号楼	周　勇	0728-5330896	431701

续表 6-4-1

名　　称	地　　址	负责人	电　话	邮　编
爱建证券有限责任公司湖北分公司	**武汉市武昌区公正路 216 号安顺月光广场 16 号楼(平安国际金融大厦)4 层 C 区**	**余　毅**	**027-87256251**	**430060**
国投证券股份有限公司湖北分公司*	**武汉市江岸区三阳路 8 号天悦外滩金融中心 10 层 05—07 室**	**石　朋**	**027-82779865**	**430010**
国投证券股份有限公司武汉青年路证券营业部	武汉市江汉区青年路 278 号中海中心 2 层 07—08 室	赵　伟	027-82791889	430020
国投证券股份有限公司武汉中北路证券营业部	武汉市武昌区中北路知音广场 15 层	赵　鹏	027-87845838	430060
国投证券股份有限公司武汉关山大道证券营业部	武汉市洪山区关山大道泛悦城 T2 座 3 层 04B	彭志凯	027-87780735	430070
国投证券股份有限公司黄冈黄州大道证券营业部	黄冈市黄州区黄州大道 140 号黄冈市优秀人才安居小区 S104、S105 商铺	卢柯吉	0713-8827603	438000
财信证券股份有限公司湖北分公司	**武汉市武昌区沙湖路 11 号桃源国际商业中心 1 号楼 10-101、102、103**	**易华兵**	**027-59736605**	**430060**
第一创业证券股份有限公司武汉分公司	**武汉市江汉区恒融商务中心 3 号楼 13 层 1301—1307**	**张　剑**	**027-59415578**	**430021**
第一创业证券股份有限公司武汉光谷营业部	武汉市东湖新技术开发区高新大道 815 号光谷国际人才港 B 栋 807 室	杨　夏	027-59703053	430205
第一创业证券股份有限公司武汉科技分公司	**武汉市东湖新技术开发区关山大道 21 号泛悦城 T2 写字楼 26 层 04—05 号**	**刘耀东**	**027-87057828**	**430074**
东北证券股份有限公司湖北分公司	**武汉市江汉区香港路 257 号**	**邢思磊**	**027-85517277**	**430015**
东北证券股份有限公司武汉百步亭花园证券营业部	武汉市江岸区百步亭温馨苑 AB 区 210 栋 1 层 23 室(210-1-8)	林　升	027-62300005	430013
东北证券股份有限公司武汉香港路证券营业部	武汉市江汉区香港路 257 号	邢思磊	027-85517277	430015
东北证券股份有限公司武汉中北路证券营业部	武汉市武昌区中北路 109 号武汉 1818 中心(二期)23 层	金琼璟	027-87325859	430060
东北证券股份有限公司襄阳春园路证券营业部	襄阳市春园路铁威公寓 1 幢 1 层 8—9 室	赵翔飞	0710-3355148	441003
东莞证券股份有限公司湖北分公司	**武汉市武昌区中北路 126 号尚城国际(德成中心)裙楼 3 层 B 区**	**汪　文**	**027-87268228**	**430061**
东莞证券股份有限公司武汉营业部	武汉市江汉区青年路 556 号青洲盛汇房开大厦写字楼 24 层 07 单元	郑　璇	027-85881330	430021
东莞证券股份有限公司武汉硚口路证券营业部	武汉市硚口区中山大道 1 号越秀·财富中心写字楼 6 层 605 单元	陈先权	027-83668369	430030
东莞证券股份有限公司宜昌沿江大道证券营业部	宜昌市西陵区沿江大道 98 号	钟　平	0717-6296996	443000
东莞证券股份有限公司襄阳樊城人民路证券营业部	襄阳市樊城区人民路 62 号尚城名门 1 幢 2 层 201 室	王凌菲	0710-3085858	441000
光大证券股份有限公司武汉分公司	**武汉市武昌区中北路 9 号长城汇 T2 写字楼 20 层**	**张有福**	**027-87839666**	**430071**

* 2023 年 12 月,"安信证券股份有限公司"的名称变更为"国投证券股份有限公司"。

续表 6-4-1

名　　称	地　　址	负责人	电　话	邮　编
光大证券股份有限公司武汉青年路证券营业部	武汉市江汉区西北湖路 55 号 1 栋 3 层(13)号	万奇云	027-85760288	430014
光大证券股份有限公司武汉京汉大道证券营业部	武汉市硚口区京汉大道 688 号武汉恒隆广场办公楼 4901—4906 单元	白　帆	027-88075366	430030
光大证券股份有限公司武汉中北路证券营业部	武汉市武昌区中北路 9 号长城汇 T2 写字楼 20 层	刘　丹	027-87833035	430071
光大证券股份有限公司武汉关山大道证券营业部	武汉市东湖新技术开发区关山大道 21 号泛悦城 T2 写字楼 7 层 02—03 号写字间(湖北自贸区武汉片区)	庄园园	027-63499266	430070
光大证券股份有限公司十堰北京北路证券营业部	十堰市张湾区汉江街办北京北路 99 号万达广场 A 座 11 层 35—40 号	刘　婧	0719-8681908	442010
光大证券股份有限公司襄阳汉江北路证券营业部	襄阳市樊城区汉江北路 117 号襄阳华康瑞城写字楼 1 层北大厅和 11 层东面	李　响	0710-3796819	441057
光大证券股份有限公司荆门象山大道证券营业部	荆门市掇刀区象山大道南端 38 号(万达广场)C 地块幢 1049—1056 号房	季　成	0724-4267130	448000
广发证券股份有限公司湖北分公司	**武汉市江岸区三阳路 8 号天悦星晨 A 座写字楼单元 27 层 4、5、6、7 号**	**彭　涛**	**027-82800767**	**430010**
广发证券股份有限公司武汉沿江大道证券营业部	武汉市江岸区沿江大道 133 号广源大厦 2 层	江　珊	027-82763248	430014
广发证券股份有限公司武汉京汉大道证券营业部	武汉市江岸区京汉大道与公安路交会处世纪城(中城国际)1 号楼裙房栋 3 层 2 室	孙海英	027-82851541	430014
广发证券股份有限公司武汉建设大道证券营业部	武汉市建设大道 718 号浙商国际大厦 40 层	万　里	027-82600861	430015
广发证券股份有限公司武汉建设大道广发银行大厦证券营业部	武汉市江汉区北湖街建设大道 737 号广发银行大厦 1 栋 2 层 2 室	张　健	027-85725970	430022
广发证券股份有限公司武汉鹦鹉大道证券营业部	武汉市汉阳区鹦鹉大道 271 号武汉世贸锦绣长江三期 9 号楼商铺栋 1 层 5 室、1 层 35 室	吴　涛	027-84770730	430050
广发证券股份有限公司武汉武珞路证券营业部	武汉市武昌区武珞路 330 号	罗　宏	027-87311349	430060
广发证券股份有限公司武汉中北路证券营业部	武汉市武昌区中北路 227 号愿景广场二期 1 栋 5 层 2 室、3 室、4 室	陈巍东	027-87863675	430062
广发证券股份有限公司武汉和平大道证券营业部	武汉市青山区和平大道 1278 号深国投中心 1—2 层 78—79 号	唐　炜	027-86856323	430080
广发证券股份有限公司武汉纺织路证券营业部	武汉市东湖新技术开发区纺织路 10 号金地·格林东郡一期商业 1 栋 2 层商 01 室	彭鹏举	027-59700291	430074
广发证券股份有限公司黄石颐阳路证券营业部	黄石市颐阳路 163 号	樊　毅	0714-6233001	435000
广发证券股份有限公司宜昌东山大道证券营业部	宜昌市东山大道 119 号	李志会	0717-6450011	443000
广发证券股份有限公司襄阳檀溪路证券营业部	襄阳市襄城区檀溪路山水檀溪 A 区明园 2 幢 2 层 4 室	张　保	0710-3795998	441022
广发证券股份有限公司荆州江津路证券营业部	荆州市沙市区肉联居江津路(农业局综合楼)1—2 层	胡　波	0716-8236177	434000
广发证券股份有限公司随州烈山大道证券营业部	随州市烈山大道 205 号香港街金钟幢 3 层	蒋　骏	0722-3240201	441300
国海证券股份有限公司武汉分公司	**武汉市武昌区徐东大街西侧联发九都国际 7 栋 30 层 10、11、12 号**	**瞿　冉**	**027-88733588**	**430060**

续表 6-4-1

名　称	地　址	负责人	电　话	邮　编
国海证券股份有限公司武汉三眼桥路证券营业部	武汉市江岸区三眼桥路四村 260 号海虹锦都 1 栋 4—5 室 1 层商网	罗　华	027-87313578	430010
国开证券股份有限公司湖北省分公司	**武汉市东湖生态旅游风景区团山桥村特 1 号 5 号楼 2 层**	**周　松**	**027-86759826**	**430074**
国联证券股份有限公司湖北分公司	**武汉市武昌区水果湖街道中北路 9 号长城汇 T2 号写字楼第 23 层（实际楼层 21 层）R1、R2、R3a 单元**	**郭冠军**	**027-87319678**	**430060**
国联证券股份有限公司武汉新华路证券营业部	武汉市江汉区新华路 468 号时代财富中心 34 层(5)、(6)办号	郭　奎	027-85587606	430020
国融证券股份有限公司湖北分公司	**武汉市江汉区建设大道 737 号广发银行大厦 1 栋 15 层 1 室**	**华文俊**	**027-87177578**	**430020**
国融证券股份有限公司武汉分公司	**武汉市洪山区德成国贸中心 b 栋 25 层 E 室**	**周　俭**	**027-86602088**	**430070**
国融证券股份有限公司武汉解放大道证券营业部	武汉市硚口区解放大道 626 号 K11ATELIER 办公楼 13 层 11 号	杜　耕	027-83755877	430030
国融证券股份有限公司武汉中北路证券营业部	武汉市武昌区中北路与东沙大道交会处武汉中央文化区 K1 地块一期一区 K1-1 幢 13 层 7 号	刘　震	027-87222205	430060
国融证券股份有限公司武汉和平大道证券营业部	武汉市武昌区徐家棚街和平大道 750 号绿地国际金融城 A01-1 地块一期 2、3、4 栋 3 号楼单元 13 层 7 号、8 号房	褚　惠	027-88779976	430060
国融证券股份有限公司襄阳中原路证券营业部	襄阳市樊城区中原路 11 号万商市场 1 层南侧	宋　勇	0710-3603997	441000
国盛证券有限责任公司湖北分公司	**武汉市武昌区徐家棚街和平大道 998 号福星惠誉悦江中心 9 层 907、908、909**	**陈小明**	**027-85411022**	**430060**
国盛证券有限责任公司武汉京汉大道证券营业部	武汉市江汉区京汉大道 701 号万科金色家园 1 号楼	金　涛	027-85411017	430022
国盛证券有限责任公司武汉光谷大道证券营业部	武汉市东湖新技术开发区光谷大道 77 号金融港后台服务中心一期 A2 栋 1 层 A 区	吴晓明	027-86697526	430223
国盛证券有限责任公司宜昌夷陵大道证券营业部	宜昌市西陵区夷陵大道 2-6 号锦绣天下 6-311	邓小舟	0717-6791001	443000
国盛证券有限责任公司荆州江汉南路证券营业部	荆州市沙市区江汉南路胜利街 1 栋 2 层 01 号	刘凯伦	0716-8187899	434000
国泰君安证券股份有限公司湖北分公司	**武汉市洪山区徐东大街 73 号湖北能源大厦 7 层**	**侯霄鹏**	**027-87267558**	**430077**
国泰君安证券股份有限公司武汉建设大道证券营业部	武汉市江岸区花桥街建设大道 1001 号新苑商务中心 1 层 8、9 商号	华　梅	027-82805616	430019
国泰君安证券股份有限公司武汉京汉大道证券营业部	武汉市硚口区京汉大道 528 号中心嘉园（1、4 层）	郭典典	027-83768585	430032
国泰君安证券股份有限公司武汉马鹦路证券营业部	武汉市汉阳区马鹦路 9 号塑机片危旧房改造项目一期 7 栋 1 层 3、4 商室，2 层 4、5 商室	朱　亮	0715-8893658	430050
国泰君安证券股份有限公司武汉紫阳东路证券营业部	武汉市武昌区紫阳东路 77 号伟鹏大厦 1—2 层	王　梓	027-88779881	430064
国泰君安证券股份有限公司武汉徐东大街证券营业部	武汉市洪山区徐东大街 73 号湖北能源大厦 1、7 层	陈　莹	027-86628883	430077
国泰君安证券股份有限公司武汉关山大道证券营业部	武汉市东湖新技术开发区关山大道 473 号光谷新发展国际中心 A1-19	李　果	027-87780761	430070

续表 6-4-1

名 称	地 址	负责人	电 话	邮 编
国泰君安证券股份有限公司黄石武汉路证券营业部	黄石市武汉路 193 号摩尔城 5 号楼 1 层 5122 号	曹 荃	0714-3865626	435000
国泰君安证券股份有限公司十堰北京北路证券营业部	十堰市茅箭区北京北路 76 号 1 幢 1—4	杨 波	0719-8611776	442011
国泰君安证券股份有限公司宜昌珍珠路证券营业部	宜昌市珍珠路 78 号	喻 伟	0717-6768317	443000
国泰君安证券股份有限公司宜昌西陵一路证券营业部	宜昌市西陵区西陵一路 56 号新国贸写字楼 16 层 16-1 室，16-7 室至 16-12 室	高迎春	0717-6752978	443099
国泰君安证券股份有限公司襄阳檀溪路证券营业部	襄阳市襄城区檀溪路山水檀溪 C 区 1 幢	吕 强	0710-3515118	441022
国泰君安证券股份有限公司襄阳长虹路证券营业部	襄阳市樊城区长虹路 56 号海润名都 2 栋 2 单元 2 层	赵 青	0710-3313256	441002
国泰君安证券股份有限公司孝感北京路证券营业部	孝感市北京路特一号熙公馆民邦家私 1 层	曾雅昕	0712-2628936	432499
国泰君安证券股份有限公司荆州江汉北路证券营业部	荆州市沙市区江汉北路华锦大厦 2 层 1 号和 1 层 2 号	陆家军	0716-8228739	434000
国泰君安证券股份有限公司咸宁咸宁大道证券营业部	咸宁市咸安区咸宁大道 39 号国际大厦 A 座 1 层、B 座 5 层	刘 飞	0715-8893655	437199
国信证券股份有限公司湖北分公司	**武汉市江岸区沿江大道 159 号时代广场 1 座 16—17 层**	**文德军**	**027-85851286**	**430017**
国信证券股份有限公司武汉中北路证券营业部	武汉市武昌区中北路 9 号长城汇 T1 号写字楼第 9 层 R3、R5 单元	段金龙	027-87898108	430060
国信证券股份有限公司武汉光谷大道证券营业部	武汉市东湖新技术开发区光谷大道 41 号现代·国际设计城二期 B-1 栋 1 层研发 1-5 号、7 号一半、8 号（湖北自贸区武汉片区）	王 静	027-86759097	430070
国信证券股份有限公司宜昌沿江大道证券营业部	宜昌市伍家岗区沿江大道 182 号 1、11 层	向 嫚	0717-6592703	443000
国信证券股份有限公司襄阳汉江路证券营业部	襄阳市樊城区汉江路 42 号汉江悦府写字楼 8 幢 16 层 1 室	叶 围	0710-3620968	441000
国元证券股份有限公司湖北分公司	**武汉市洪山区徐东大街 137 号湖北能源大厦 27 层**	**杜 庆**	**027-87501810**	**430077**
国元证券股份有限公司武汉公园环路证券营业部	武汉市东西湖区常青花园街公园环路 2 附 1201 号	吴鹏宇	027-85308818	430040
国元证券股份有限公司宜昌中南路证券营业部	宜昌市伍家岗区中南路 35 号兴发广场 15A 号楼 203—205 号	喻德刚	0717-6577008	443003
海通证券股份有限公司湖北分公司	**武汉市江岸区二七街赵家条 144 号**	**刘士汉**	**027-82433526**	**430019**
海通证券股份有限公司武汉赵家条证券营业部	武汉市江岸区二七街赵家条 144 号	聂 丽	027-82435889	430019
海通证券股份有限公司武汉中北路证券营业部	武汉市武昌区中北路 166 号长江产业大厦 13 层 1 室、2 室	余宗贵	027-86770268	430060
海通证券股份有限公司武汉光谷证券营业部	武汉市东湖新技术开发区光谷大道 41 号现代世贸中心 B1 栋 1 层	张媛媛	027-84648515	430074
海通证券股份有限公司咸宁潜山路证券营业部	咸宁市潜山路 6 号	韩 健	0715-8890038	437100
海通证券股份有限公司天门西湖路证券营业部	天门市竟陵办事处西湖路新城 CBD2 号楼 306	付国鹏	0728-5357758	431700

续表 6-4-1

名　　称	地　　址	负责人	电　话	邮　编
宏信证券有限责任公司湖北分公司	**武汉市江岸区江汉路 250 号武汉船舶国际广场 1 层**	**罗　祎**	**13437199826**	**430014**
华安证券股份有限公司湖北分公司	**武汉市江岸区沿江大道 229 号外滩棕榈泉 8.9 栋群楼商网 2 层 2-1、2-5 室**	**陈红生**	**027-82221008**	**430010**
华安证券股份有限公司武汉百步亭花园路证券营业部	武汉市江岸区解放大道 2613 号百步亭商业广场企业中心现代城 6 区单元 8 层(1)—(4)、(21)、(22)	宋安华	027-82221578	430010
华安证券股份有限公司武汉星海路证券营业部	武汉市武昌区星海路特 1 号星海虹城三期鸿玺公馆 1 栋 3 层 1 号	熊　佩	027-87369909	430060
华创证券有限责任公司湖北分公司	**武汉市洪山区徐东大街 67 号广泽大厦 1001 室**	**彭　巍**	**027-87710627**	**430070**
华创证券有限责任公司武汉徐东大街证券营业部	武汉市洪山区徐东大街 67 号广泽大厦 1001 室	张　凯	027-88319766	430070
华福证券有限责任公司华中分公司	**武汉市武昌区中北路 106 号兴业银行大厦 10 层**	**谢海宁**	**027-87335728**	**430061**
华福证券有限责任公司武汉三阳路证券营业部	武汉市江岸区三阳路 8 号天悦星晨 1 层商 4 号	李　倩	027-82886177	430014
华福证券有限责任公司武汉建设大道证券营业部	武汉市江汉区建设大道 737 号广发银行大厦 1 栋 30 层 7、8、9 室	曹志彪	027-85895079	430021
华福证券有限责任公司武汉滨江大道证券营业部	武汉市汉阳区滨江大道 192 号世茂锦绣长江 C3 地块二期 7B 商业栋 2 层	张　林	027-84261351	430050
华福证券有限责任公司武汉珞瑜路证券营业部	武汉市东湖新技术开发区关山大道 21 号泛悦城 T2 写字楼 3 层 3 号写字间	杨　莉	027-65521800	430074
华福证券有限责任公司宜昌西陵一路证券营业部	宜昌市西陵区西陵一路 15 号金安东诚大楼兴业银行 1 层、4 层	付彬弟	0717-6973858	443000
华金证券股份有限公司湖北分公司	**武汉市江汉区中央商务区淮海路 6 号华发·中城国际中心 29 层 02 号**	**黄欢杰**	**027-82359605**	**430020**
华林证券股份有限公司湖北分公司	**武汉市武昌区中北路 86 号汉街武汉中央文化旅游区 K3 地块 K3-1 栋 10 层 1 室、10 室**	**颜　飞**	**027-87896885**	**430060**
华林证券股份有限公司武汉光谷大道证券营业部	武汉市东湖新技术开发区珞喻路光谷世界城 B 地块 1 幢 1 单元 11 层 19 号	先婷婷	027-87888369	430070
国新证券股份有限公司湖北分公司	**武汉市武昌区中北路 31 号 10 层**	**夏　勇**	**027-87830067**	**430071**
国新证券股份有限公司武汉解放大道证券营业部	武汉市硚口区解放大道 586 号同馨花园二期四组团 21 号楼 12 层(5、6、7、8)号	严彬心	027-83760442	430030
国新证券股份有限公司武汉中北路证券营业部	武汉市武昌区中北路 31 号 9 层	李佩玲	027-87819360	430071
国新证券股份有限公司襄阳长虹北路证券营业部	襄阳市高新区长虹北路 6 号广景碧云天 B 座 503 室	张国洪	0710-3500088	441000
华泰证券股份有限公司湖北分公司	**武汉市武昌区中北路 109 号中国铁建 1818 中心 24 层**	**闵　捷**	**027-87739318**	**430060**
华泰证券股份有限公司武汉江汉路证券营业部	武汉市江岸区江汉路 250 号船舶国际广场 1 层	李　攀	027-83632286	430010
华泰证券股份有限公司武汉新华路证券营业部	武汉市江汉区新华路 314 号登月大厦 1 层	张　锋	027-85558889	430020

续表 6-4-1

名　称	地　址	负责人	电　话	邮　编
华泰证券股份有限公司武汉武珞路证券营业部	武汉市武昌区武珞路 421 号帝斯曼国际中心 3 栋第 1 层 1F-21、第 15 层 5-13 号	刘红燕	027-87816068	430060
华泰证券股份有限公司武汉友谊大道证券营业部	武汉市武昌区杨园街纺机路 29 号万科金域华府	王　凯	027-86880966	430060
华泰证券股份有限公司武汉民族大道证券营业部	武汉市洪山区民族大道 1 号光谷资本大厦	徐　慧	027-87575660	430070
华泰证券股份有限公司武汉高新大道证券营业部	武汉市东湖新技术开发区高新大道 768 号慧谷大厦 A 座 1 层	李巧妮	027-88133377	430075
华泰证券股份有限公司十堰朝阳中路证券营业部	十堰市茅箭区朝阳中路 29 号	张星新	0719-8688188	442000
华泰证券股份有限公司宜昌西陵一路证券营业部	宜昌市西陵区西陵一路 10 号	王　琳	0717-6229898	443000
华泰证券股份有限公司襄阳长虹北路证券营业部	襄阳市长虹北路 19 号万紫千红商住楼 1 层	张随翠	0710-3278298	441000
华泰证券股份有限公司孝感长征路证券营业部	孝感市孝南区长征路 29 号	张洪恺	0712-2326727	432000
华泰证券股份有限公司荆州江津中路证券营业部	荆州市沙市区江津中路香榭丽都 2 栋 1—2 层 14 号	周文婷	0716-8249551	434000
华泰证券股份有限公司黄冈东门路证券营业部	黄冈市黄州区东门路 91-36 号	宁　义	0713-8613915	438000
华泰证券股份有限公司恩施金桂大道证券营业部	恩施市金桂大道 15 号金谷大厦 7 层	冯　波	0718-8237528	445000
华源证券股份有限公司湖北分公司*	**武汉市江汉区青年路 278 号新建居住、商业服务业设施项目（中海·青年路）办公楼 A 栋 30 层 30 号-9**	**曹倩茹**	**13343466707**	**430024**
华源证券股份有限公司武汉分公司	**武汉市东湖新技术开发区高新大道 776 号商务项目（创谷育成特区）华翔中心 A2 写字楼 15 层 1505—1506**	**罗曼茹**	**18971098188**	**430070**
粤开证券股份有限公司武汉分公司	**武汉市武昌区中北路 31 号办公大楼 24 层（西北区）**	**孟　语**	**027-87318918**	**430071**
民生证券股份有限公司武汉分公司	**武汉市东湖新技术开发区高新大道 797 号中建·光谷之星 GC 栋办公单元 2 层 1 号（湖北自贸区武汉片区）**	**柳建芳**	**027-83633516**	**430075**
民生证券股份有限公司武汉武大园路证券营业部	武汉市东湖新技术开发区武大园路 2 号写字楼 A 栋 1 层 103 号	马晓旭	027-87571678	430223
民生证券股份有限公司宜昌四新路证券营业部	宜昌市西陵区四新路 19-101 号	任海峰	0717-6386630	443000
平安证券股份有限公司湖北分公司	**武汉市江岸区中山大道 1628 号武汉天地企业中心 5 号 6 层 603—605 室**	**籍红宇**	**027-85743799**	**430010**
平安证券股份有限公司武汉和平大道证券营业部	武汉市武昌区和平大道 508 号欧林湾大公馆 3 栋 1 层 2 室	王　翔	027-88108199	430060
平安证券股份有限公司襄阳大庆东路证券营业部	襄阳市樊城区大庆东路 31 号春天大道小区 6 号楼 1 层 C 区 6-1-4 号	彭红云	0710-3236005	441099

* 2023 年 9 月 18 日，"九州证券股份有限公司"的名称变更为"华源证券股份有限公司"。

续表 6-4-1

名　　称	地　　址	负责人	电　话	邮　编
平安证券股份有限公司荆州北京中路证券营业部	荆州市沙市区北京中路凤台大厦1层6号	朱　培	0716-4167052	434002
申港证券股份有限公司湖北分公司	**武汉市江岸区中山大道1627号企业天地3号36-1、36-2A、36-9A、36-10、36-11**	**杨　敏**	**027-82960610**	**430010**
申万宏源证券有限公司湖北分公司	**武汉市武昌区武珞路五巷46号凯乐花园7栋**	**赵杰俊**	**027-88850926**	**430060**
申万宏源证券有限公司武汉光谷分公司	**武汉市东湖新技术开发区高新大道818号武汉高科医疗器械园B区1号口1层103号(湖北自贸区武汉片区)**	**李媛媛**	**027-87739163**	**430206**
申万宏源证券有限公司武汉三阳路证券营业部	武汉市江岸区四唯街三阳路8号天悦外滩金融中心2202—2203	杨晓文	027-83220956	430010
申万宏源证券有限公司武汉新华路证券营业部	武汉市江汉区新华路468号901—903室	余世谋	027-83618977	430020
申万宏源证券有限公司武汉精武路证券营业部	武汉市江汉区精武路2号越秀国际金融汇二期15栋1—2层(3)和(4)商号	刘件生	027-85551195	430020
申万宏源证券有限公司武汉中山路证券营业部	武汉市武昌区中山路272号旭辉大厦5层(原凤凰国际大厦)	赵前程	027-88855433	430060
申万宏源证券有限公司武汉中北路证券营业部	武汉市武昌区中北路233号(老151号)世纪彩城E区世纪大厦4层1室	刘　超	027-88231137	430062
申万宏源证券有限公司武汉静安路证券营业部	武汉市武昌区静安路8号尚文·静安上城(人和家园)1栋1单元1层商7,2层商6、商7	洪　钧	027-88660058	430064
申万宏源证券有限公司武汉武珞路营业部	武汉市武昌区武珞路五巷46号凯乐花园7栋1层	熊　雯	027-87739130	430060
申万宏源证券有限公司武汉东风三路证券营业部	武汉市武汉经济技术开发区东合中心二期第D幢6层608号房	余泽文	027-84525099	430056
申万宏源证券有限公司武汉光谷证券营业部	武汉市东湖新技术开发区高新大道818号武汉高科医疗器械园B区1号楼1层102号(湖北自贸区武汉片区)	黄伟明	027-87981127	430206
申万宏源证券有限公司黄石湖滨大道证券营业部	黄石市湖滨大道97号1栋附7、8、9、10、16室	洪伟国	0714-6233087	435000
申万宏源证券有限公司宜昌发展大道证券营业部	宜昌市夷陵区东城试验区发展大道105号山水国际4号楼	张　立	0717-7200266	443100
申万宏源证券有限公司宜昌西陵一路证券营业部	宜昌市西陵一路51号均瑶国际酒店12层	蔡　伟	0717-6747898	443000
申万宏源证券有限公司襄阳沿江大道证券营业部	襄阳市樊城区沿江大道36号	江　伟	0710-3480967	441000
申万宏源证券有限公司襄阳檀溪路证券营业部	襄阳市襄城区檀溪路182号山水檀溪佳苑	韩　滢	0710-2818255	441000
世纪证券有限责任公司湖北分公司	**武汉市武昌区中北路118号复地东湖国际六期第8幢1层2、3号房**	**黄　毅**	**027-87897787**	**430063**
太平洋证券股份有限公司武汉分公司	**武汉市武昌区武汉中央文化区K1地块一期一区第K1-S2、S3幢1—3层28号2层、3层**	**彭　兵**	**027-87639508**	**430061**
太平洋证券股份有限公司武汉京汉大道证券营业部	武汉市江汉区江城华庭(翠景阁、翠逸阁)1—2层8-2号	林勇吉	027-84392429	430022
太平洋证券股份有限公司襄阳朝阳路证券营业部	襄阳市樊城区朝阳路10号泰跃朝阳2幢1层103室	余　雷	0710-3801266	441099

续表 6-4-1

名　　称	地　　址	负责人	电　话	邮　编
万和证券股份有限公司湖北分公司	**武汉市武昌区积玉桥街临江大道96号武汉积玉桥万达广场(一期)写字楼酒店栋2号房(写字楼)武汉万达中心写字楼9层04单元**	**周　敏**	**027-88776993**	**430060**
万联证券股份有限公司湖北分公司	**武汉市江岸区建设大道700号香格里拉中心6层601、602、603、612**	**李　鸣**	**027-59627800**	**430015**
万联证券股份有限公司黄石天津路证券营业部	黄石市天津路17号	陈金水	0714-6267072	435000
万联证券股份有限公司鄂州滨湖南路证券营业部	鄂州市滨湖南路40-8号福源小区2号楼2层	杨　刚	027-60265166	436000
万联证券股份有限公司荆门长宁大道证券营业部	荆门市长宁大道10号银河大厦2层	周　俊	0724-2360245	448000
西部证券股份有限公司湖北分公司	**武汉市江汉区建设大道737号广发银行大厦1栋20层7—9室**	**程芃乔**	**027-87866683**	**430022**
西部证券股份有限公司武汉友谊大道证券营业部	武汉市武昌区友谊大道371号V+合伙人大厦19层1911、1912室	何小俊	027-88991696	430060
西部证券股份有限公司宜昌发展大道证券营业部	宜昌市中国(湖北)自贸区宜昌片区发展大道13号	梁建功	0717-6986339	443000
东方财富证券股份有限公司湖北分公司	**武汉市武昌区徐东大街西侧联发九都国际7幢20层2、3、4、5号**	**袁立华**	**027-88109373**	**430061**
东方财富证券股份有限公司武汉中山大道证券营业部	武汉市江岸区中山大道1627号中信泰富大厦1105室	何　川	027-85316301	430021
东方财富证券股份有限公司武汉雄楚大道证券营业部	武汉市洪山区雄楚大道1008号光谷万科中心11层1103—1104	朱奕婧	027-87101983	430070
东方财富证券股份有限公司襄阳长虹路证券营业部	襄阳市樊城区长虹路南国城市广场泛悦中心写字楼11层003室	钱伟庚	0710-3233385	441000
东方财富证券股份有限公司仙桃仙桃大道证券营业部	仙桃市仙桃大道50号广电五居1层2—3号门栋	何信科	0728-3237995	433000
西南证券股份有限公司湖北分公司	**武汉市武昌区中北路31号知音广场18层**	**万少智**	**027-59713631**	**430071**
西南证券股份有限公司荆州北京路证券营业部	荆州市沙市区明珠大道8号楚天都市朗园19栋1层3号	方书文	0716-8406088	434000
兴业证券股份有限公司湖北分公司	**武汉市武昌区公正路216号平安国际金融大厦5层**	**程永锋**	**027-87316488**	**430060**
兴业证券股份有限公司武汉建设大道证券营业部	武汉市江岸区解放公园路83号金色华府1栋1单元1—2层2室	荣　艳	027-82308632	430015
兴业证券股份有限公司武汉三阳路证券营业部	武汉市江岸区京汉大道1268号汇金广场(铂仕汇国际广场)办公写字楼9层18、19、20、21室	赵　单	027-82882616	430014
兴业证券股份有限公司武汉新华路证券营业部	武汉市江汉区建设大道737号广发银行大厦1栋10层1室	牛若莉	027-85730491	430022
兴业证券股份有限公司武汉解放大道证券营业部	武汉市硚口区解放大道148号-37号1—2层3号(原1栋)1层1号	许　强	027-87886626	430034
兴业证券股份有限公司武汉芳草路证券营业部	武汉市汉阳区隆祥东街龙阳新村社区世纪龙城3栋15—16号	田雪竹	027-84959937	430050
兴业证券股份有限公司武汉徐东大街证券营业部	武汉市武昌区团结村福星惠誉国际城K-3地块2单元7层4室	方　芳	027-86818689	430062

续表 6-4-1

名　　称	地　　址	负责人	电　话	邮　编
兴业证券股份有限公司武汉街道口证券营业部	武汉市洪山区珞喻路 10 号群光中心 20 层 01—06 号	张　艳	027-87303018	430070
兴业证券股份有限公司武汉民族大道证券营业部	武汉市东湖新技术开发区雄楚大街 938 号洪福家园 2 栋 1 层 05 室	王　晶	027-87857159	430074
兴业证券股份有限公司宜昌分公司	**宜昌市伍家岗区沿江大道特 162 号福江铭座 1404 号**	**龚安华**	**0717-6777118**	**443000**
兴业证券股份有限公司襄阳分公司	**襄阳市樊城区长虹路汉水华城写字楼 1901—1903 室**	**胡　聪**	**0710-3111028**	**441000**
长城证券股份有限公司湖北分公司	**武汉市江岸区云林街 61 号**	**夏俊伟**	**027-85802978**	**430015**
长城证券股份有限公司武汉云林街证券营业部	武汉市江岸区云林街 61 号	王　莹	027-85777208	430015
长城证券股份有限公司武汉杨园南路证券营业部	武汉市洪山区杨园南路 41 号长航·蓝晶绿洲 3 栋 1 层 1 室—2 室	罗旭东	027-87228806	430077
长城证券股份有限公司黄石华新路证券营业部	黄石市黄石港区华新路 2-8 号	张　丹	0714-6331819	435000
长城证券股份有限公司襄阳汉江北路证券营业部	襄阳市樊城区汉江北路瑞城国际 1 层、22 层南	裴学艳	0710-3280900	441000
长城证券股份有限公司仙桃钱沟路证券营业部	仙桃市钱沟路 55 号	汤　俊	0728-3229288	433000
招商证券股份有限公司湖北分公司	**武汉市武昌区帅府商通大厦 3 层**	**邓吉昌**	**027-88856753**	**430077**
招商证券股份有限公司武汉青年路证券营业部	武汉市江汉区青年路 59 号环球贸易中心 B 塔 201 室	童西平	027-83630063	430020
招商证券股份有限公司武汉中北路证券营业部	武汉市武昌区帅府商通大厦 3 层	张　银	027-86770878	430077
招商证券股份有限公司武汉关山大道证券营业部	武汉市东湖新技术开发区关山大道泛悦城项目 T2 座 14 层 01、09 号	熊文婷	027-87153395	430074
招商证券股份有限公司黄石南京路证券营业部	黄石市黄石港区南京路 22 号	谢　伟	0714-6208277	435000
招商证券股份有限公司十堰公园路证券营业部	十堰市张湾区公园路 71 号农行大厦 8 层	黄丽娅	0719-8650838	442000
招商证券股份有限公司宜昌献福路证券营业部	宜昌市西陵区献福路 1 号美岸观邸滨江金融大厦 17 层	肖　钦	0717-6493088	443000
招商证券股份有限公司襄阳前进路证券营业部	襄阳市樊城区前进路 31 号世纪金源广场 1 幢 7 层 707	徐　磊	0710-3355358	441000
招商证券股份有限公司荆州荆中路证券营业部	荆州市荆州区荆中路 23 号	欧阳俊	0716-8437948	434000
招商证券股份有限公司武汉科技分公司	**武汉市东湖新技术开发区花城大道 9 号武汉软件新城 1.1 期 A1 栋 301-302 室**	**李建新**	**027-65529399**	**430076**
中国银河证券股份有限公司湖北分公司	**武汉市武昌区洪山路特 1 号电信商务会议中心 3 层**	**张志强**	**027-87841701**	**430070**
中国银河证券股份有限公司武汉澳门路证券营业部	武汉市江岸区澳门路 123 号	张保和	027-82429980	430014
中国银河证券股份有限公司武汉新华路证券营业部	武汉市江汉区发展大道 222 号华南大厦 C 栋	袁飞林	027-82611072	430020
中国银河证券股份有限公司武汉汉阳证券营业部	武汉市汉阳区鹦鹉大道 103 号	黄明海	027-84846586	430050

续表 6-4-1

名　　称	地　　址	负责人	电　话	邮　编
中国银河证券股份有限公司武汉龙阳大道证券营业部	武汉市汉阳区龙阳大道 56 号汉阳人信汇 9 号楼(人信大厦)13 层	董林涛	027-84875180	430050
中国银河证券股份有限公司武汉中南路证券营业部	武汉市武昌区洪山路特 2 号电信商务会议中心 3 层	曹　鑫	027-87812271	430070
中国银河证券股份有限公司武汉积玉桥证券营业部	武汉市武昌区积玉桥万达广场(二期)12—13 栋 2 层	叶　俊	027-88857778	430060
中国银河证券股份有限公司武汉武珞路证券营业部	武汉市洪山区武珞路 668 号未来公馆 1 层 105 号 4 层 2—3 号	王　轩	027-87876658	430070
中国银河证券股份有限公司武汉光谷证券营业部	武汉市东湖新技术开发区东信路光谷创业街 10 栋 1 单元 2 层	张任飞	027-87672171	430073
中国银河证券股份有限公司武汉沌口宁康路证券营业部	武汉市武汉经济技术开发区宁康路 69 号神龙商业街 3 期 262 号	戴东晨	027-84854606	430056
中国银河证券股份有限公司宜昌新世纪证券营业部	宜昌市西陵区夷陵大道 121 号星光天地写字楼 6 层	谷雄飞	0717-6251666	443000
中国银河证券股份有限公司襄阳证券营业部	襄阳市樊城区长虹路民发世纪新城 5 幢 3 层	熊　峰	0710-3462025	441000
中国银河证券股份有限公司荆门证券营业部	荆门市象山大道 118 号	王　威	0724-2301819	448000
中国银河证券股份有限公司荆州证券营业部	荆州市沙市区江津西路 192 号恒信春秋府 S5 商业街 101B	陈　晨	0716-8195551	434000
中国中金财富证券有限公司湖北分公司	**武汉市武昌区中北路 9 号长城汇 T1 写字楼 3605 室**	**李　慧**	**027-86815558**	**430062**
中国中金财富证券有限公司武汉香港路证券营业部	武汉市江岸区万科·香港路 8 号(门牌号 6 号)1 层 9 室	代　钦	027-59509966	430010
中国中金财富证券有限公司武汉中山大道证券营业部	武汉市江岸区中山大道 1627 号中信泰富大厦 2606—2610 室	刘　云	18627960333	430010
中国中金财富证券有限公司武汉中北路证券营业部	武汉市武昌区中北路 9 号长城汇 T1 号写字楼 2506 室	游道户	027-86837077	430060
中国中金财富证券有限公司武汉关山大道证券营业部	武汉市东湖新技术开发区关山大道 355 号光谷新世界中心 A 地块写字楼 A 栋 603A、605 号	何建胜	027-83904678	430070
中国中金财富证券有限公司武汉东风大道证券营业部	武汉市武汉经济技术开发区经开万达广场二期第 6 幢 8 层 6 号房	钱　龙	027-84659381	430056
中国中金财富证券有限公司荆州公园路证券营业部	荆州市沙市区公园路(中山公园西侧)1 号楼 1 层	李华军	0716-8108302	434000
中国中金财富证券有限公司潜江江汉路证券营业部	潜江市江汉路 21 号	王　艺	0728-6244754	433100
中国中金财富证券有限公司潜江五七大道证券营业部	潜江市广华办事处五七大道 20 号	程　昊	0728-6519273	433100
中航证券有限公司湖北分公司	**武汉市江岸区中山大道 1505 号企业天地 1 号 36 层 3605A、3605B、3606A1、3606B 单元**	**张　帆**	**027-59266689**	**430010**
中航证券有限公司武汉香港路证券营业部	武汉市江汉区香港路 193 号中华城 A 写字楼 13 层 1301 号	夏　慧	027-85773011	430020
中航证券有限公司宜昌夷陵大道证券营业部	宜昌市伍家岗区夷陵大道 266 号	曹　军	0717-6742616	443000
中航证券有限公司襄阳新华路证券营业部	襄阳市高新区新华路 29 号 2 层	郭喜庆	0710-3628868	441000

续表 6-4-1

名称	地址	负责人	电话	邮编
中山证券有限责任公司湖北分公司	**武汉市江汉区新华路385号南达大楼2层201室**	**徐 寅**	**027-85608181**	**430015**
中泰证券股份有限公司湖北分公司	**武汉市江岸区三阳路8号天悦星晨A栋写字楼第6层中的601、602、603、604、605单元**	**朱立新**	**027-83776088**	**430010**
中泰证券股份有限公司武汉京汉大道证券营业部	武汉市江岸区三阳路与解放大道交会处融科天城二期T13栋1—2层商31	汪 薇	027-82288567	430010
中泰证券股份有限公司武汉解放大道证券营业部	武汉市硚口区解放大道558号A区1层，B区9层901、902室	赵 淼	027-83796700	430033
中泰证券股份有限公司武汉汉阳大道证券营业部	武汉市汉阳区二桥路28号2层2室2F022号	胡江波	027-84233325	430051
中泰证券股份有限公司武汉武珞路证券营业部	武汉市武昌区中南路街武珞路442号中南国际城AB座1层1室	李 爽	027-87265352	430064
中泰证券股份有限公司武汉珞狮路证券营业部	武汉市洪山区珞狮路59号学府鑫苑2层11号-2	施金花	027-86615898	430070
中泰证券股份有限公司武汉欢乐大道证券营业部	武汉市洪山区徐东大街191号金禾中心写字楼1203室	刘昌知	027-88155889	430077
中泰证券股份有限公司襄阳大庆西路证券营业部	襄阳市樊城区大庆西路119号清和园1幢1-1(101-2)	杨晓默	0710-2195538	441000
中泰证券股份有限公司鄂州高新大道证券营业部	鄂州市葛店开发区发展大道以东双创之星产业园项目04地块一组团K6栋第3层	黄 波	0711-5921987	436032
中泰证券股份有限公司仙桃钱沟南路证券营业部	仙桃市钱沟南路88号沔街国际大酒店11层	罗 毅	0728-3222262	433099
中天国富证券有限公司湖北分公司	**武汉市武昌区中南路18号中勘大厦14层1402B**	**卢 笙**	**027-88660600**	**430062**
中信建投证券股份有限公司湖北分公司	**武汉市武昌区中北路24号龙源大厦A座3层**	**闻富民**	**027-87890238**	**430060**
中信建投证券股份有限公司武汉京汉大道证券营业部	武汉市江汉区单洞三路东侧万科金色家园三期第1幢1—2层25号	刘 琳	027-85552091	430020
中信建投证券股份有限公司武汉香港路证券营业部	武汉市江汉区香港路247号	徐 浩	027-85658366	430020
中信建投证券股份有限公司武汉中北路证券营业部	武汉市武昌区中北路24号龙源大厦A座3层	毛小虎	027-87890268	430060
中信建投证券股份有限公司武汉建设八路证券营业部	武汉市青山区建设八路8号附1号	高 峰	027-86348216	430080
中信建投股份有限公司武汉珞喻东路证券营业部	武汉市东湖新技术开发区珞喻东路4号慧谷时空1栋1层2C号-04	张 冠	027-59723097	430070
中信建投证券股份有限公司武汉关山大道证券营业部	武汉市东湖新技术开发区关山大道以西、南湖南路以南软件产业4.1期B区B4幢3层1号	胡志文	027-87517056	430070
中信建投证券股份有限公司武汉创业路证券营业部	武汉市武汉经济技术开发区建银商务公馆A座2-2号商业号房	常瀛滔	027-59304007	430056
中信建投证券股份有限公司黄石广场路证券营业部	黄石市黄石港区广场路2号丽都大厦3层	王斓馨	0714-6255282	435000
中信建投证券股份有限公司十堰北京北路证券营业部	十堰市茅箭区北京北路88号百强世纪城1号楼2层	汤 磊	0719-8673407	442000

续表 6-4-1

名　　称	地　　址	负责人	电　话	邮　编
中信建投证券股份有限公司宜昌云集路证券营业部	宜昌市西陵区云集路 45-1 号	张　苗	0717-6238555	443000
中信建投证券股份有限公司襄阳檀溪路证券营业部	襄阳市襄城区檀溪路 10 号	庄　哲	0710-3611801	441000
中信建投证券股份有限公司襄阳长虹路证券营业部	襄阳市樊城区长虹路与大庆西路交会处临江花园 1 号楼 B 区 1 层、4 层 01—20 号	王洪洋	0710-3816266	441000
中信建投证券股份有限公司荆门白云大道证券营业部	荆门市东宝区白云大道 93 号(锦绣江南 7 号楼 1 单元 102 号门面)	胡章刚	0724-2359922	448000
中信建投证券股份有限公司孝感乾坤大道证券营业部	孝感市乾坤大道宇济槐荫天地 3—4 栋 1 层 102 号	昝小静	0712-2119555	432000
中信建投证券股份有限公司荆州北京西路证券营业部	荆州市沙市区北京西路 408 号	向华伟	0716-8510373	434000
中信证券股份有限公司湖北分公司	**武汉市江汉区建设大道 737 号广发银行大厦 1 栋 42 层第 1—4 号部分房屋、51 层**	**孙洪涛**	**027-85355362**	**430015**
中信证券股份有限公司武汉天地证券营业部	武汉市江岸区永清街永清片综合发展项目 A3(企业天地 3 号)22 层 1 号房(中信泰富大厦 25 层(系名义楼层)01、02、11 单元写字间)	黄　颖	027-84855665	430010
中信证券股份有限公司武汉建设大道证券营业部	武汉市江汉区建设大道 747 号	汪　海	027-85355370	430015
中信证券股份有限公司武昌证券营业部	武汉市武昌区水果湖街道中北路 9 号长城汇 T1 写字楼第 38 层 R3、R5 单元(38 层为名义楼层,实际楼层为 33 层)	余　燕	027-68781880	430061
中信证券股份有限公司武汉中北路证券营业部	武汉市武昌区中北路 31 号办公大楼(2009-093)知音广场 1 层 102、103 号,2 层 208、209 号	何兆鸿	027-87369899	430062
中信证券股份有限公司武汉徐东大街证券营业部	武汉市洪山区徐东大街 85 号中冶南方大厦 B 座 1 层 02 号房	韩　娜	027-88108308	430070
中信证券股份有限公司武汉关山大道证券营业部	武汉市洪山区关山大道 21 号泛悦城二期 T2 栋 24 层 01、02 号	李　婷	027-83387338	430074
中信证券股份有限公司武汉光谷证券营业部	武汉市东湖新技术开发区民族大道 1 号光谷资本大厦 2 层 2085	李　震	027-87555310	430074
中信证券股份有限公司武汉东风大道证券营业部	武汉市武汉经济技术开发区东风三路 17C1 地块东合中心二期 E 栋 2 层 101 室	白济涛	027-84586883	430056
中信证券股份有限公司宜昌西陵一路证券营业部	宜昌市西陵区西陵一路 15 号 0/000113 号商铺	韩文武	0717-6690095	443000
中信证券股份有限公司襄阳长虹路证券营业部	襄阳市樊城区长虹路 56 号谷山大厦 1 层 6—7 室、2 层 6—11 室	周　童	0710-3333966	441002
中银国际证券股份有限公司湖北分公司	**武汉市江岸区黄孝河路 148 号 2 层**	**叶　逢**	**027-52302581**	**430019**
中银国际证券股份有限公司武汉黄孝河路证券营业部	武汉市江岸区黄孝河路 148 号	任定胜	027-52302588	430019
中银国际证券股份有限公司武汉武珞路证券营业部	武汉市武昌区武珞路 442 号中南国际城 B2 座 20 层	张　军	027-87890916	430070
中银国际证券股份有限公司武汉光谷大道证券营业部	武汉市东湖新技术开发区光谷大道 16 号光谷 8 号一期(K25 地块)8 栋 2 层 11、12、13、14 室	鲍云海	027-87756018	430074

续表 6-4-1

名　　称	地　　址	负责人	电　话	邮　编
中银国际证券股份有限公司十堰上海路证券营业部	十堰市茅箭区二堰街办上海路 79 号 2 幢(1-3)-1	张大智	0719-8875175	442000
中银国际证券股份有限公司宜昌城东大道证券营业部	宜昌市高新区城东大道 39 号鹏顺城市之光 23 层	朱宜东	0717-6869178	443000
中银国际证券股份有限公司鄂州滨湖东路证券营业部	鄂州市滨湖东路 61 号天然气网络管理中心泰富广场 3 号楼 1305、1306、1307 号	薛　晶	0711-3250998	436000
中银国际证券股份有限公司荆州北京西路证券营业部	荆州市荆州区北京西路万达广场写字楼 B 栋 1 单元 13 层 1316、1317、1318 号	林建国	0716-8618038	434020
中邮证券有限责任公司湖北分公司	**武汉市江汉区江汉经济开发区江旺路 22 号湖北邮政专业生产指挥中心大楼 1 楼部分、16 楼部分**	**王秋明**	**027-83883888**	**430024**
中邮证券有限责任公司武汉新华路证券营业部	武汉市江汉区精武路 17 号(越秀国际金融汇三期)T2-P3 栋 T2 号楼单元 15 层办公 2 号	简宇立	027-82712388	430022
中邮证券有限责任公司武汉中北路证券营业部	武汉市武昌区水果湖街道中北路 219 号襄阳大厦写字楼第 20 层(租赁楼层为 20 层,电梯编号为 23 层)07—09 号写字间	李　毅	027-88728168	430060
中原证券股份有限公司湖北分公司	**武汉市洪山区珞狮南路和文荟路交叉口南湖星光时代 7 层 12、13、14 号房**	**段瑞星**	**027-87737136**	**430070**
华英证券有限责任公司华中分公司	**武汉市武昌区中北路 9 号长城汇 T1 号写字楼第 39 层 R5、R6 室**	**邓　毅**	**13907137797**	**430061**
开源证券股份有限公司湖北分公司	**武汉市江岸区三阳路 8 号天悦星晨 A 栋写字楼第 32 层(系名义楼层,实际楼层为 28 层)中的 01、02、03、04 号**	**王　涛**	**027-82285368**	**430014**
开源证券股份有限公司十堰朝阳中路证券营业部	十堰市茅箭区朝阳中路 8 号 1 幢 13-1	谭　辉	0719-8697707	442000
东亚前海证券有限责任公司湖北分公司	**武汉市武昌区民主二路 75 号华中小龟山金融文化公园 9-1 层 01、02 单元**	**薛晶晶**	**027-87719802**	**430060**
渤海证券股份有限公司武汉分公司	**武汉市江汉区建设大道 737 号广发银行大厦 1 栋 23 层 6 号**	**尹业艳**	**027-59518929**	**430022**
信达证券股份有限公司湖北分公司	**武汉市江岸区中山大道 1627 号企业天地 3 号 35 层 3501、3502 室**	**梁　翔**	**027-82889997**	**430010**
首创证券股份有限公司湖北分公司	**武汉市洪山区欢乐大道 3 号德成国贸中心 B 座 27 层 F 室**	**刘　臻**	**027-88317767**	**430070**
财达证券股份有限公司湖北分公司	**武汉市江汉区精武路 1 号越秀国际金融汇 T3 写字楼 1404—1406**	**张　恒**	**027-85600906**	**430020**
大通证券股份有限公司武汉中北路证券营业部	武汉市武昌区武汉中央文化区 K1 地块一期一区第 K1-2 幢 8 层 2 号	–	027-87899728	430060
东方证券股份有限公司武汉三阳路证券营业部	武汉市江岸区四唯街道三阳路 118 号金阳新城 A 栋 1 层 2 室、5 层 1 室南区	–	027-82893005	430010
东方证券股份有限公司宜昌西陵一路证券营业部	宜昌市西陵区西陵一路 15 号金安东诚 117 铺	–	0717-6910237	443000
东方证券股份有限公司武汉青年路证券营业部	武汉市江汉区青年路 278 号中海中心 16 层 09—11 单元	–	027-59332189	430020
东海证券股份有限公司武汉云彩路证券营业部	武汉市江汉区王家墩地区原空军汉口机场内泛海城市广场一期 15 层 1、2 室	–	027-83668232	430020

续表 6-4-1

名　　称	地　　址	负责人	电　话	邮　编
东吴证券股份有限公司武汉新华路证券营业部	武汉市江汉区新华街 296 号汉江国际 1 栋 1 单元 30 层 4 室	–	027-85615072	430020
东兴证券股份有限公司武汉台北一路证券营业部	武汉市江岸区台北一路 17—19 号环亚大厦 B 座 2—3 层	–	027-85740156	430010
国都证券股份有限公司武汉江汉北路证券营业部	武汉市江岸区江汉北路 8 号金茂大楼附楼 3 层	–	027-85791171	430010
国都证券股份有限公司襄阳长虹路证券营业部	襄阳市樊城区长虹路 4 号 1 幢 2 层(汉江街道办事处旁)	–	0710-3601820	441000
国都证券股份有限公司荆门象山大道证券营业部	荆门市东宝区象山大道 119 号(天鹅广场西)11 号门面	–	0724-6502118	448000
国金证券股份有限公司武汉积玉桥证券营业部	武汉市武昌区积玉桥街和平大道 336 号金宁国际商厦 3 层 1 号-1	–	027-87839978	430060
恒泰证券股份有限公司武汉新华路证券营业部	武汉市江汉区新华路 218 号(浦发银行大厦)13 层 2 室	–	027-83932880	430020
华宝证券股份有限公司武汉建设大道证券营业部	武汉市江汉区建设大道 737 号广发银行大厦 1 栋 21 层 2—4 室	–	027-82756699	430020
华龙证券股份有限公司武汉建设大道证券营业部	武汉市江汉区建设大道 588 号卓尔国际中心 14 层 01 单元	–	027-85802986	430020
华西证券股份有限公司武汉青年路证券营业部	武汉市江汉区青年路 59 号环球贸易中心(一期)B 塔单元 8 层 1 室	–	027-83698776	430020
华西证券股份有限公司武汉友谊大道证券营业部	武汉市武昌区三角路村水岸国际 K2 地块 6 栋 23 层 6—8 号	–	027-51319869	430060
金元证券股份有限公司武汉洪山路证券营业部	武汉市武昌区洪山路 2 号省科教大厦 E 座	–	027-87838714	430070
金元证券股份有限公司武汉关山大道证券营业部	武汉市东湖新技术开发区关山大道 473 号光谷新发展国际中心 A 座 12 层 1210(湖北自贸区武汉片区)	–	027-63374660	430070
联储证券股份有限公司武汉香港路证券营业部	武汉市江汉区香港路 193 号中华城 A 写字楼 20 层 2001 室—2008 室	–	027-85266720	430020
南京证券股份有限公司武汉新华路证券营业部	武汉市江汉区新华路 139 号凯盟大厦 3 层 310 室	–	027-85569689	430020
山西证券股份有限公司武汉建设大道证券营业部	武汉市江岸区建设大道 648 号联合大厦 A 座雷王金融中心 17 层	–	027-85767218	430010
麦高证券有限责任公司武汉精武路证券营业部	武汉市江汉区解放大道与新华路交会处越秀·国际金融汇二期第 15 幢 1—2 层(9)商号房	–	027-85782888	430020
五矿证券有限公司武汉中北路证券营业部	武汉市武昌区中北路 95-101 号海山金谷天城 1 栋 18 层 2 号	–	027-87818211	430060
湘财证券股份有限公司武汉友谊大道证券营业部	武汉市武昌区三角路村水岸国际 K12 号地块 V+合伙人大厦裙楼 2 层商铺 C2-11	–	027-86552855	430060
诚通证券股份有限公司武汉球场路证券营业部	武汉市江岸区球场路 44-7 号	–	027-82410983	430010
诚通证券股份有限公司宜昌东山大道证券营业部	宜昌市西陵区东山大道 95 号	–	0717-6903561	443000
银泰证券有限责任公司武汉徐东大街证券营业部	武汉市洪山区徐东大街 67 号广泽大厦 9 层 901 室	–	027-86418950	430070
英大证券有限责任公司武汉汉阳大道证券营业部	武汉市汉阳区二桥路 28 号 2 层 2 室 2F022 号	–	027-84778437	430050

续表 6-4-1

名　称	地　址	负责人	电　话	邮　编
浙商证券股份有限公司武汉中南路证券营业部	武汉市武昌区中南路 7-9 号 26-B1、B2、B3、B4、B5、B6、B11 号	–	027-87367528	430070
川财证券有限责任公司武汉沿江大道证券营业部	武汉市江汉区花楼街片世纪江尚中心办公楼 19 层 1 号-4	–	027-82807789	430020
华鑫证券有限责任公司武汉前进四路证券营业部	武汉市江汉区前进四路 86 号 1 层	–	027-58908087	430020
德邦证券股份有限公司武汉新华路证券营业部	武汉市江汉区新华路 468 号 CFD 时代财富中心 25 层(1)办号-1	–	027-85358182	430020
德邦证券股份有限公司宜昌沿江大道证券营业部	宜昌市伍家岗区沿江大道 188 号新外滩商业楼 000301-02	–	0717-6488128	443000

(二)期货业机构

表 6-4-2

名　称	地　址	负责人	电　话	邮　编
长江期货股份有限公司	**武汉市江汉区淮海路 88 号 13、14 层**	**潘　山**	**027-65777299**	**430071**
长江期货股份有限公司武汉分公司	**武汉市江汉区花楼街道世纪江尚中心 4、5 栋 1—2 层商 24 号**	**钟　娜**	**027-85840749**	**430014**
长江期货股份有限公司武汉市江汉营业部	武汉市江汉区北湖西路 2 号双玺中心 A 栋 18 层 18 号房	高　真	027-85860140	430014
长江期货股份有限公司武汉市硚口营业部	武汉市汉口宝丰路 1 号湖北商务大楼 2813-16 室	张心君	027-83310019	430030
长江期货股份有限公司武汉市武昌营业部	武汉市武昌区洪山路 81 号洪山礼堂综合楼 2 层 201	周志刚	027-85499305	430064
长江期货股份有限公司武汉市洪山营业部	武汉市洪山区珞喻路 218 号鲁巷数码港 8 层 B 区	黄啸远	027-82798910	430079
长江期货股份有限公司黄石营业部	黄石市下陆区杭州西路 176 号磁湖汇众创空间综合楼 8 层	张　磊	0714-6351518	435003
正信期货有限公司	**武汉市江汉区青年路 169 号 ICC 武汉环贸中心 A 塔 16 层**	**王　衍**	**027-68851562**	**430022**
正信期货有限公司武汉分公司	**武汉市江汉区青年路 169 号 ICC 武汉环贸中心 A 塔 10 层 05 室**	**裴　智**	**027-68851567**	**430022**
正信期货有限公司武汉市汉口营业部	武汉市江岸区江汉北路 8 号金茂大楼展厅 4 层	陆志敏	027-85807917	430015
美尔雅期货有限公司黄石营业部	黄石市湖滨大道 176 号 3、4 号楼(摩尔城写字楼)12 层 1216—1219	刘真云	0714-6309775	435000
正信期货有限公司十堰营业部	十堰市茅箭区五堰街办北京北路 82 号 8 幢 13-4	韩　琦	0719-8662689	442000
正信期货有限公司宜昌营业部	宜昌市伍家岗区沿江大道 130 号御峰写字楼 1-1-2202、2203、2204 室	吴　墅	0717-6451518	443000
正信期货有限公司襄阳营业部	襄阳市樊城区长征东路奔泰阳光城一幢 6 层 611 室	付艳华	0710-3472066	441000
正信期货有限公司荆州营业部	荆州市荆州区荆沙路万达广场写字楼 B 座 1 单元 8 层 815 号房	徐　辉	0716-8220835	434000

续表 6-4-2

名　　称	地　　址	负责人	电　话	邮　编
华融融达期货股份有限公司华东分公司	武汉市硚口区解放大道 586 号同馨商务大厦 21 层 2105A	高　莹	027-85740699	430030
中信期货有限公司中南分公司	武汉市江汉区建设大道 737 号广发银行大厦第 18 层第 2—5 号房屋	苏仲博	027-87115299	430022
海通期货股份有限公司湖北分公司	武汉市武昌区积玉桥街临江大道 96 号武汉积玉桥万达广场（一期）写字楼酒店栋 2 号房（写字楼）22 层 08、09 单元	李国良	027-87115713	430060
中国国际期货股份有限公司武汉分公司	武汉市江岸区中山大道 1627 号中信泰富大厦 1011 室	余　莉	027-85267776	430010
中国国际期货股份有限公司武昌营业部	武汉市武昌区武珞路 421 号帝斯曼国际中心 3 号楼 15A12 室	杨　帆	027-87310777	430060
中泰期货股份有限公司武汉分公司	武汉市江岸区三阳路 8 号天悦星晨 A 栋写字楼第 17 层（系名义楼层，实际楼层为 15 层）中的 1707A 单元	邱宽宏	027-86681065	430010
瑞达期货股份有限公司武汉市分公司	武汉市江汉区青年路与范湖路交会处财富中心项目（1）栋 7 层 3 单元	刘晓平	027-85898682	430020
宁证期货有限责任公司湖北分公司	武汉市武昌区华中小龟山文化金融公园 2 栋 103、203	胡　康	027-59329152	430060
宁证期货有限责任公司汉口营业部	武汉市解放大道单洞路国际大厦 B 栋 11 层 A、B、C 室	陈　晶	027-85825755	430020
方正中期期货有限公司湖北分公司	武汉市武昌区水果湖街中北路与东沙大道交会处的武汉中央文化区 K1 地块一期一区 K1-2 栋 23 层 9 室、10 室-2	徐胜科	027-87267756	430060
紫金天风期货股份有限公司湖北分公司	武汉市江汉区香港路 193 号中华城 A 写字楼 37 层 3701 号-09 室	梅雪芬	027-85410466	430020
紫金天风期货股份有限公司武汉营业部	武汉市江汉区香港路 193 号中华城 A 写字楼 37 层 3701-01 号	刘　磊	027-87362503	430020
中信建投期货有限公司湖北分公司	武汉市江汉区香港路 193 号中华城 A 写字楼 36 层 3601 号 02—03 室	钱　玲	027-59909530	430020
广州期货股份有限公司湖北分公司	武汉市江汉区香港路 193 号中华城 A 写字楼 14 层 1401-9 号	王正华	027-59219121	430020
广发期货有限公司武汉分公司	武汉市江岸区三阳路 8 号天悦星晨 A 栋写字楼第 31 层（系名义楼层，实际楼层为 27 层）中的 3101 单元	张　鹏	027-88228208	430010
国泰君安期货有限公司湖北分公司	武汉市江岸区建设大道 718 号浙商国际大厦 40 层办公（5）	邱　夏	027-82881255	430015
兴证期货有限公司湖北分公司	武汉市武昌区公正路 216 号安顺月光广场 16 栋 10 层 1 室 A1 区	张　涛	027-87256057	430060
福能期货股份有限公司湖北分公司	武汉市洪山区徐东大街 67 号广泽大厦 9 层 D 户	周方兵	027-88773007	430077
混沌天成期货股份有限公司湖北分公司	武汉市武昌区水果湖街中北路与东沙大道交会处武汉中央文化区 K1 地块一期一区 K1-2 栋 13 层 2 室	杨德威	027-85610809	430077
华金期货有限公司湖北分公司	武汉市中央商务区淮海路 6 号华发中城·国际中心 29 层 6 号	邵永健	027-82885818	430020

续表 6-4-2

名　称	地　址	负责人	电　话	邮　编
宏源期货有限公司湖北分公司	武汉市江岸区三阳路 8 号天悦星辰 A 座 25 层 2501 号	覃　伟	027-82289089	430014
前海期货有限公司湖北分公司	武汉市江岸区中山大道 1628 号武汉天地企业中心 5 号楼 1 栋 21-10B	徐文文	15871434461	430010
华闻期货有限公司华中分公司	武汉市轨道交通 8 号线徐家棚站匠心城徐家棚 21 层(03-1)	徐梦露	027-82213008	430062
华闻期货有限公司武汉营业部	武汉市硚口区六角亭街道京汉大道 688 号武汉恒隆广场办公楼 2114 号	熊正烜	027-85872188	430030
山东齐盛期货有限公司武汉分公司	武汉市江汉区中央商务区云霞路 185 号、187 号、淮海路 249 号泛海国际中心办公 A 单元 21 层 3 号 2106 单元	刘静文	027-59320924	430020
中州期货有限公司华中分公司	武汉市江汉区精武路 17 号(越秀·国际金融汇三期)T2-P3 栋 T2 号楼单元 28 层办公 1 号	易张亮	027-83555585	430020
中州期货有限公司宜昌分公司	宜昌市伍家岗区沿江大道 188 号新外滩商业楼 000301-01 号	黄玉皇	0717-6229585	443000
国金期货有限责任公司湖北分公司	武汉市武昌区水果湖街道中北路 219 号襄阳大厦写字楼第 13 层(租赁楼层为 13 层,电梯编号为 16 层)11 号写字间	郑丽丽	027-87713675	430060
大有期货有限公司武汉分公司	武汉市东西湖区金山大道欧亚广场写字楼 3701	孙华云	027-59220179	430040
中天期货有限责任公司湖北分公司	武汉市江汉区花楼街片世纪江尚中心办公楼 27 层 9 号房 09B 号	吴　俊	027-82822199	430014
上海东证期货有限公司武汉分公司	武汉市江岸区中山大道 1628 号武汉天地企业中心 5 号 1 栋 2609B-10	况勇华	027-59266858	430010
上海东证期货有限公司武汉营业部	武汉市江汉区精武路 17 号(越秀·国际金融汇)T2-P3 栋 T2 号楼单元 14 层办公 6 号	陈文涛	027-59305836	430020
上海东证期货有限公司武汉解放大道营业部	武汉市硚口区解放大道 586 号同馨商务大厦 1702 室	王　刚	027-59265053	430030
国贸期货有限公司武汉分公司	武汉市江汉区新华路 468 号时代财富中心高区 40 层 4008 室	朱　惠	027-85380868	430020
天富期货有限公司武汉分公司	武汉市江岸区江汉路 26 号正信大厦 1703 室	薛　峰	027-82883880	430014
九州期货有限公司湖北分公司*	武汉市江汉区青年路 278 号新建居住、商业服务业设施项目(中海青年路)办公楼 A 栋 30 层(6)办公号	蔡　正	027-51663399	430021
九州期货有限公司武汉营业部	武汉市东湖新技术开发区高新大道 221 号泷悦国际大厦 08 层 0805 室	徐　超	027-59238488	430074
信达期货有限公司湖北分公司	武汉市江岸区中山大道企业天地 1 号 12-116 室	廖行博	027-59311633	430010
光大期货有限公司武汉营业部	武汉市武昌区水果湖街道中北路 86 号汉街武汉中央文化旅游区 K3 地块 2 栋 9 层 8 室	-	027-88312075	430060

* 九州期货有限公司湖北分公司、九州期货有限公司武汉营业部于 2024 年 6 月 12 日完成工商变更并取得营业执照,更名为华源期货(北京)有限公司湖北分公司、华源期货(北京)有限公司武汉营业部。

续表 6-4-2

名　　称	地　址	负责人	电　话	邮　编
银河期货有限公司武汉营业部	武汉市江汉区唐家墩路 7、9、11 号武汉菱角湖万达广场 A 栋 A3 单元 25 层 5、6、16、18 室	–	027-83990911	430020
申银万国期货有限公司武汉营业部	武汉市武昌区武珞路五巷 46 号凯乐花园 2 期 7 栋 2 层	–	027-85511678	430060
浙商期货有限公司武汉营业部	武汉市江岸区中山大道 1627 号企业天地 3 号 10 层 07 室	–	027-85849210	430010
中财期货有限公司武汉营业部	武汉市硚口区沿河大道 236-237 号 A 栋 10 层	–	027-85669011-0	430030
宝城期货有限责任公司武汉营业部	武汉市武昌区昙华林路 202 号泛悦中心写字楼 7 层 07 单元	–	027-88923272	430060
格林大华期货有限公司武汉营业部	武汉市建设大道 648 号联合大厦 A 座雷王金融中心 17 层	–	027-85553152	430010
新湖期货股份有限公司武汉营业部	武汉市江汉区中央商务区商务东路 88 号、云霞路 189 号宗地 10 南泛海财富中心 12 层 2 号	–	027-88310966	430020
华泰期货有限公司武汉营业部	武汉市武昌区武珞路 421 号帝斯曼国际中心 3 栋 17 层 2、3、4、5 号	–	027-85487365	430060
浙江新世纪期货有限公司武汉营业部	武汉市江汉区王家墩中央商务区泛海国际 SOHO 城 3、4、6 栋 3 号楼单元 14 层 6 号	–	027-83888050	430020
徽商期货有限责任公司武汉营业部	武汉市江岸区江汉路 26 号正信大厦 2301 室	–	027-82966102	430010
锦泰期货有限公司武汉营业部	武汉市江汉区解放大道 358 号武汉广场写字楼 11 层 4 室	–	027-85893600	430020
永安期货股份有限公司武汉营业部	武汉市江汉区建设大道 737 号广发银行大厦 1 栋 27 层 7—9 室	–	027-85565601	430020
冠通期货股份有限公司武汉营业部	武汉市江岸区江汉路 206 号 1 栋 8 层 E 室	–	027-87647989	430010
国联期货股份有限公司武汉营业部	武汉市武昌区中北路 9 号长城汇 T2 号写字楼第 21 层 R3b、R5a 单元	–	027-88220309	430060
中航期货有限公司武汉营业部	武汉市武昌区紫阳东路 77 号伟鹏大厦 13 层 1303 号	–	027-87250645	430060
中钢期货有限公司武汉营业部	武汉市青山区友谊大道 999 号武钢大厦 B 座 5 层 502 室	–	027-85499365	430080
国信期货有限责任公司武汉营业部	武汉市江汉区中央商务区泛海国际 SOHO 城第 3、4、6 栋 4 号楼 9 层 9 号房	–	027-82201155	430020
中金财富期货有限公司武汉营业部	武汉市武昌区中北路 9 号长城汇 T1 号写字楼 25 层(实际 21 层)R3 单元	–	027-88185315	430060
北京首创期货有限责任公司武汉营业部	武汉市江汉区唐家墩街道香港路 193 号中华城 A 写字楼 25 层 2501 号-3	–	027-87222253	430020
东海期货有限责任公司武汉营业部	武汉市武昌区三角路村水岸国际 K2 地块 6 栋 16 层 1603 室	–	027-88860170	430060
和合期货有限公司武汉营业部	武汉市东湖新技术开发区软件园中路 4 号光谷软件园六期 2 栋 8 层 01 室 812	–	027-82708816	430070
中粮期货有限公司武汉营业部	武汉市江汉区青年路 278 号中海中心 15 层 07 单元	–	027-88167377	430020
江西瑞奇期货有限公司武汉营业部	武汉市武昌区水果湖街汉街武汉中央文化旅游区 K3 地块第 1 幢 31 层 8 号房	–	027-87116661	430060

续表 6-4-2

名　　称	地　　址	负责人	电　话	邮　编
五矿期货有限公司武汉营业部	武汉市江岸区三阳路 8 号天悦星晨 A 栋写字楼第 26 层(系名义楼层,实际楼层为 22 层)中的 2602 单元	–	0755-23375007	430010
中辉期货有限公司武汉营业部	武汉市江岸区建设大道 700 号武汉香格里拉中心 13 层 10B 室	–	027-85580261	430010
恒银期货有限公司武汉营业部	武汉市江汉区中央商务区泛海国际 SOHO 城(一期)7 栋 23 层 4 室	–	027-63609877	430020

(三)公募基金及销售机构

表 6-4-3

名　　称	地　　址	负责人	电　话	邮　编
大成基金管理有限公司武汉分公司	武汉市江汉区新华路 218 号浦发银行大厦 15 层	–	027-85267015	430020
鹏华基金管理有限公司武汉分公司	武汉市江汉区建设大道 566 号新世界国贸大厦 2 座 709 室	–	027-85557881	430020
长信基金管理有限责任公司武汉分公司	武汉市江汉区淮海路 88 号长江证券大厦 13 层 1307	–	027-81886898	430020
嘉实基金管理有限公司武汉分公司	武汉市江汉区建设大道 568 号新世界国贸大厦 I 座 10 层 1003 号	–	027-59523252	430020
华夏基金管理有限公司武汉分公司	武汉市江岸区中山大道 1627 号中信泰富大厦 3504 单元	–	027-88201225	430010
武汉市伯嘉基金销售有限公司	武汉市江汉区台北一路 17-19 号环亚大厦 B 座 601 室	–	027-87006009	430020
诺亚正行基金销售有限公司武汉分公司	武汉市武昌区临江大道 96 号武汉万达广场(一期)写字楼 33 层 03 单元	–	027-59217190	430060

五、地方金融组织

（一）融资担保公司

表 6-5-1

名　　称	地　　址	负责人	电　话	邮　编
湖北省融资再担保集团有限公司	武汉市洪山区欢乐大道 1 号东湖国贸中心 A 栋宏泰大厦 26—27 层	何建春	027-87321033	430070
湖北省农业信贷融资担保有限公司	武汉市武昌区水果湖街道公正路 29 号“沙湖九号”写字楼 31、32 层	董志发	027-87814866	430060
湖北省科技融资担保有限公司	武汉市东湖新技术开发区高新大道 770 号光谷科技大厦 A 座 14 层 1 室	程　斌	027-87321857	430070
湖北省融资担保集团有限责任公司	武汉市武昌区中南路街道民主二路 75 号华中小龟山金融文化公园 13 栋 1 层	黄　露	027-87319165	430060
湖北力邦融资担保有限责任公司	武汉市江岸区洞庭街 139 号 5 层	王建新	027-82779913	430010
湖北科教兴华融资担保有限公司	武汉市东湖新技术开发区高新大道 999 号	项益明	13397167045	430070
湖北合作银信投资担保有限公司	武汉市江汉区台北路 220 号 2 幢 3 层	兰　斌	027-82289796	430020
湖北省农业产业化信用担保股份有限公司	武汉市武昌区都府堤 129 号	张文浩	027-88845077	430060
湖北省中小微企业融资担保有限公司	武汉市江汉区经济开发区江旺路 8 号 6 栋 6 层	姚奇林	13545288868	430020
武汉佳易捷融资担保有限公司	武汉市江岸区金宝大厦 11 层 G 室	吴　英	027-85559167	430010
武汉市银安融资担保有限公司	武汉市江岸区二七街中胜村 K2 地块综合楼 7 层 6 办号房	陈小川	027-82295796	430010
武汉江畅融资担保有限公司	武汉市江岸区黄孝河路 182 号华中国际广场一期 B 单元 14 层 15 室	刘新伟	027-82882766	430010
湖北国大融资担保有限公司	武汉市江岸区台北一路环亚大厦 B 座 13 层 2 室	李　敏	027-85797927	430010
武汉同城惠寓融资担保有限公司	武汉市江岸区香港路 145 号科技综合楼 B 栋 16 层 4 室	石国兴	027-87810996	430010
武汉融汇融资担保有限公司	武汉市江岸区泰兴里 3 号	陈福国	027-85551511	430010
武汉钢联融资担保股份有限公司	武汉市江岸区花桥三期天梨阁北苑 1 单元 6 层 3 室	鲁新学	027-82918366	430010
武汉中利融资担保有限公司	武汉市江岸区云林街 31 号中环大厦 A 座 2704 室	王红林	027-85765256	430010
湖北诚信服企融资担保有限公司	武汉市江岸区高雄小区 3 栋 3 单元 6 层 2 号	吴　庸	-	430010
湖北鑫泰融资担保有限公司	武汉市江岸区二七路航天星都 C1 栋 1 单元 22 层 1—10 号	景　虹	027-82633330	430010
湖北国众融资担保有限公司	武汉市江岸区建设大道 702 号武汉市房地产交易大厦 24 层	卢祖芳	-	430010

续表 6-5-1

名　　称	地　　址	负责人	电　话	邮　编
武汉久联鑫融资担保股份有限公司	武汉市江岸区后湖街佳海华苑会所1—3层	夏　锋	027-82710266	430010
武汉市创业融资担保有限公司	武汉市江岸区建设大道692号(惠西小区公建楼)1栋3层	李　剑	027-85766696	430010
武汉世纪源融资担保有限公司	武汉市江岸区越秀·星汇君泊A单元1009号	陈　凌	027-85552227	430010
武汉金汇和融资担保有限公司	武汉市江岸区塔子湖组团Ⅰ地块第S3幢办公A单元10层9号房	陈汉英	027-85552227	430010
湖北金久投资担保股份有限公司	武汉市江岸区解放大道航天星都C1B座1512室	罗　刚	027-82201191	430010
湖北鑫浩景融资担保有限公司	武汉市江岸区云林街31号中环大厦B座1002室	郑　闽	027-85550466	430010
湖北省供合农业融资担保有限公司	武汉市江岸区西马街香港路151号青莲大厦9层	李洪军	17371848888	430010
武汉中喆融资担保有限公司	武汉市江岸区金桥大道西侧长江传媒大厦28层	牛利芳	027-83902034	430010
武汉科技融资担保有限公司	武汉市江汉区发展大道164号科技大厦8层2室	张应秋	027-65691606	430020
武汉焱鑫融资担保有限公司	武汉市江汉区新华西路三金·大武汉1911二单元7层16号	李　银	027-65609959	430020
武汉泰来融资担保有限公司	武汉市江汉区香港路265号101室	肖筱珍	13339990996	430020
湖北宏洋融资担保有限公司	武汉市江汉区唐家墩路7、9、11号武汉菱角湖万达广场A栋A3单元15层13室	唐　莹	027-63379703	430020
武汉盛唐融资担保有限公司	武汉市江汉区江汉路181号俊华大厦B座29、30层2905、2906、2908室	段松涛	15391559959	430020
湖北德容汇谷融资担保有限公司	武汉市江汉区泛海国际SOHO城1栋1210室	李　皓	027-83531226	430020
瀚华融资担保股份有限公司湖北分公司	武汉市江汉区花楼片世纪江尚中心办公楼38层1—3,9—10	程晓勤	027-59351743	430020
武汉市农业融资担保有限公司	武汉市江汉区建设大道715号	张　蓉	027-85310890-8005	430020
武汉金正合融资担保有限公司	武汉市江汉区中央商务区泛海线国际SOHO城(一期)第2幢15层8号	胡向伟	027-83557266	430020
武汉源兴融资担保有限公司	武汉市江汉区建设大道538号(同成广场A座4单元2903室)	江国军	027-85490808	430020
武汉联众世纪融资担保有限公司	武汉市江汉区唐家墩路7、9、11号武汉菱角湖万达广场A.栋A3单元23A层17室	何海洋	0571-88071367	430020
武汉市融资担保有限公司	武汉市江汉区唐家墩路32号国创大厦A座6—7层	徐　浩	027-85610058	430020
武汉昱昌融资担保有限公司	武汉市汉南区纱帽镇汉南大道358号	殷　欢	18872208346	430090

续表 6-5-1

名　　称	地　　址	负责人	电　话	邮　编
平安普惠融资担保有限公司湖北分公司	武汉市江汉区双玺中心 B 座 16 层	万志强	027-85611905	430020
湖北省宏泰融资担保有限责任公司	武汉市硚口区解放大道 278 号华汉广场 3 栋 12 层 12 室	鄢　侠	-	430030
武汉仁信融资担保有限公司	武汉市硚口区发展大道 33 号 3 栋第 2 层 9 号场地	吴咏思	027-83532888	430030
湖北佳亿德融资担保有限公司	武汉市硚口区硚口路 160 号武汉城市广场(北)1 栋 13 层 1 号、7 号	殷新桥	027-83561266	430030
武汉承诚投资担保有限公司	武汉市汉阳区王家湾十升路特 1 号顶琇广场 14 层	杨　鹏	027-85762229	430050
湖北省林业融资担保有限公司	武汉市武昌区中北路 86 号楚河汉街 A 栋 3301	陈世琳	027-87810558	430060
湖北省汉源融资担保有限公司	武汉市武昌区八一路 9 号星星大厦 13 层	袁良敏	027-87738209	430060
湖北中盈恒昌融资担保有限公司	武汉市武昌区水果湖洪山路 64 号湖光大厦第 2 层	冯俊嘉	027-81810577	430060
重庆三峡融资担保集团股份有限公司武汉分公司	武汉市武昌区公正路 216 号安顺家园 16 号楼(平安国际金融大厦)6 层	张世平	027-87268038	430060
湖北中农批融资担保有限公司	武汉市武昌区中南路 7 号 18 层 B07 号(中商广场)	徐觉荣	027-86887337	430060
湖北宇鑫融资担保有限公司	武汉市武昌区中北路与东沙大道交会处武汉中央文化区 K1 地块一期一区 K1-1 幢 18 层 10 号	肖　红	027-87898389	430060
武汉融生融资担保有限公司	武汉市武昌区水果湖街汉街武汉中央文化旅游区 K3 地块第 2 幢 26 层 9 号-1	王海龙	027-87273727	430060
湖北富宸融资担保有限责任公司	武汉市青山区建设一路 31 号武汉宝业中心 A 栋 6 层 11 室(-1)	许卫斌	027-86887779	430080
武汉信用融资担保(集团)股份有限公司	武汉市洪山区书城路 35 号维佳创意大厦 9 层 915 室	李　剑	027-65692237	430070
武汉信用风险管理融资担保有限公司	武汉市洪山区书城路 35 号维佳创意大厦 9 层 916 室	唐　武	027-85766670	430070
湖北定邦融资担保有限公司	武汉市洪山区徐东路汪家墩 18 号龙潭 SOMO1 栋 12F 层 B12F15 室	周一新	027-68897095	430070
湖北融鸿达融资担保有限公司	武汉市江岸区花桥三期天梨阁北苑一单元 10 层 2 室	定　伟	027-88611127	430010
武汉友芝友融资担保有限公司	武汉市东湖新技术开发区高新二路 388 号武汉光谷国际生物医药企业加速器 1.2 期 23 栋 1 单元 4 层 410 室(湖北自贸区武汉片区)	袁　谦	027-85740045	430070
湖北国创融资担保有限公司	武汉市东湖新技术开发区武大园三路 8 号道路材料工程纤维技术中心办公楼、研发中心及企业文化中心 6400—6410	郝立群	027-87617347	430070

续表 6-5-1

名　　称	地　　址	负责人	电　话	邮　编
武汉光谷投资担保有限公司	武汉市东湖新技术开发区关东科技工业园华光大道 18 号高科大厦 6 层	蒋　明	–	430070
湖北中创融资担保有限公司	武汉市东湖新技术开发区光谷大道 77 号金融港 A2 栋 14 层 B1 区	罗仁清	027-83808010	430070
湖北东金融资担保有限责任公司	武汉市东湖新技术开发区珞喻路 889 号	皮长群	027-87806668	430070
湖北光谷高新技术融资担保有限公司	武汉市东湖新技术开发区华光大道 18 号高科技大厦 11 层	张建平	027-87115716	430070
湖北港渝融资担保有限公司	武汉市东湖新技术开发区光谷创业街 66 附 6 号海达创新广场 1502	MICHAEL CHARLES LUETHKE	027-87587339	430070
武汉光谷科技融资担保有限公司	武汉市东湖新技术开发区关山大道 1 号光谷软件园 A1 栋 6 层 02 号(湖北自贸区武汉片区)	王　巍	18164216636	430070
武汉银港投资担保有限公司	武汉市东西湖区新城七路西、革新大道北武汉海峡科技创业基地创业大厦及多功能厅栋 15 层(8)	胡　妍	027-85838818	430040
湖北瑞丰源融资担保有限公司	武汉市东西湖区革新大道 1998 号综保区大厦 5-001	刘　超	027-85580061	430040
湖北信发融资担保有限公司	武汉市汉南区东荆街太白路西侧汉南新城欧洲风情小镇一期(三区 A)8 栋 3 层 701 号	黄九陵	13971227190	430090
武汉天恒信融资担保有限公司	武汉市蔡甸区蔡甸街树藩大街 1560 号雄达商住楼 1 号楼 1 单元 5 层 1 室	刘国胜	027-69904418	430100
武汉市夏创融资担保有限公司	武汉市江夏区文化大道 10 号科创广场 A 栋 20 层 2006 室	韩　伟	027-81810117	430200
武汉华明达融资担保有限公司	武汉市黄陂区盘龙城经济开发区巨龙大道 18 号卓尔优势企业总部基地三期 C7 栋 3 层	申小海	027-61907776	430300
武汉汉口北融资担保有限公司	武汉市黄陂区盘龙城经济开发区汉口北大道 88 号汉口北国际商品交易中心 D1 区 7 层 705 室	罗　淼	027-65383443	430300
武汉建业融资担保有限公司	武汉市新洲区阳逻经济开发区汉施路 108 号阳逻山庄 2 号别墅	陈仁科	027-89620298	431400
武汉信泰投资担保有限公司	武汉市新洲区邾城街城北村金凤西路 5 号	朱乃华	–	431400
黄石市融资担保集团有限公司	黄石市下陆区桂林南路 22 号	马克和	0714-6368126	435000
阳新县中小企业融资担保有限公司	阳新县国际写字楼 9 层	郭国庆	0714-7339801	435000
大冶市中小企业融资担保有限责任公司	大冶市长乐大道 9 号国际金融中心裙楼 3 层	郑正盛	0714-8018917	435000
大冶市益创科技融资担保有限责任公司	大冶市长乐大道 9 号国际金融中心裙楼 3 层	吴军华	0714-8018911	435000
十堰融资担保集团有限公司	十堰市张湾区朝阳北路 9 号 1 幢 4-1	何啟民	0719-8695797	442000

续表 6-5-1

名　　称	地　　址	负责人	电　话	邮　编
十堰市郧阳区信达融资担保有限公司	十堰市郧阳区城关镇解放南路 19 号(希尔顿酒店 5 层)	王贤星	0719-7228058	442000
郧西县金信融资担保有限责任公司	郧西县城关镇郧西大道 2 号	张玉明	0719-6236199	442000
郧西县盈信融资担保有限责任公司	郧西县城关镇郧西县大道 11 号	赵坤一	0719-6231018	442000
竹山县海川特色产业担保有限公司	竹山县城关镇千福广场 3 号楼 2 层	郑大斌	0719-8455899	442000
竹山县兴竹国有融资担保有限公司	竹山县城关镇人民路 20 号	周　翔	13907286265	442000
竹溪县政合融资担保有限公司	竹溪县城关镇人民路 67 号	吴新军	0719-2105615	442000
房县鼎立信融资担保有限公司	房县财政局院内	张立华	0719-3230052	442000
丹江口鑫诚融资担保有限公司	丹江口市沙陀营路 99 号	郜建华	0719-5227365	442000
湖北汉大农业融资担保有限公司	丹江口市丹江大道 37 号	汪　涛	-	442000
宜昌市融资担保集团有限公司	宜昌市西陵区珍珠路 38 号 3 层	李　根	-	443000
湖北亿昌融资担保有限公司	宜昌市西陵区东山大道 113 号	陈　华	0717-6788777	443000
宜昌夷陵华瑞融资担保有限公司	宜昌市夷陵区发展大道 111 号夷陵商会 19 层	杜红播	0717-7835621	443000
湖北银科融资担保有限公司	宜昌市发展大道 57-6 号	田贞验	0717-6971689	443000
宜昌市科技融资担保有限公司	宜昌市高新区发展大道 55 号	王　芸	0717-6981160	443000
远安县弘信融资担保有限公司	远安县鸣凤镇鸣凤大道 83 号	岳鹏杰	0717-3758998	443000
湖北金泰融资担保有限公司	兴山县古夫镇高阳大道 58 号	余　强	0717-2581198	443000
秭归县金桥融资担保有限责任公司	秭归县茅坪镇平湖大道	张　晖	0717-2882398	443000
长阳汇丰和融资担保有限公司	长阳土家族自治县龙舟坪镇四冲湾路 25 号(清江商务大厦)7 层	程家祥	0717-5321308	443000
五峰长信融资担保有限公司	五峰土家族自治县渔洋关镇后河大道 27-1 号 A 座 1 单元 301 室	唐直华	0717-5759088	443000
宜都市丰源融资担保有限公司	宜都市陆城五宜大道 99 号(科技孵化中心)	鲜于珊珊	0717-4829477	443000
当阳市义诚融资担保有限责任公司	当阳市玉阳办事处新玉阳路 123 号(盛泰华庭)4 栋 2 层	卢　波	-	443000
枝江市金桥融资担保有限责任公司	枝江市马家店友谊大道 19 号	李学东	0717-4215798	443000
枝江市天雨农业融资担保有限公司	枝江市马家店街道胜利路 19 号	李国强	0717-4206111	443000
襄阳市融资担保集团有限公司	襄阳市东津新区(经开区)东津商务大楼 D 座(2 号楼)附楼	段国军	0710-3800106	441000
湖北长远融资担保有限公司	襄阳市樊城区前进东路前锦公寓 18 层	郑文孝	0710-3808588	441000

续表 6-5-1

名　　称	地　　址	负责人	电　话	邮　编
襄阳市襄州区融资担保有限公司	襄阳市襄州区张湾街道办事处航空路 109 号	石　勇	0710-3800611	441000
襄阳海任投资担保有限公司	襄阳市襄州区荣华路 5 号	谢　俊	-	441000
湖北融博投资担保有限公司	襄阳市高新区邓城大道 49 号襄阳科技城	张德财	0710-3156666	441000
襄阳佰汇融资担保有限公司	襄阳市高新区长虹北路 32 号(清夫新城国际)	王　辉	-	441000
湖北省华凯融资担保有限公司	襄阳市高新区春园路 15 号火炬大厦 3 层	闫有福	0710-3231262	441000
湖北融誉担保有限责任公司	南漳县城关镇苗圃路 14-1 号	陈洪勇	0710-5311399	441000
湖北融汇投资担保集团有限公司	谷城县经济开发区过山口街 27 号	付学斌	0710-7332977	441000
谷城县融资担保有限公司	谷城县城关镇后湖社区(谷城汉江国家湿地公园管理处办公楼)	雷　瑾	0710-3800611	441000
保康九鼎融资担保有限公司	保康县城关镇迎宾路 69 号	柴耀武	0710-5817190	441000
老河口鑫孚融资担保有限公司	老河口市胜利路 81 号建行大厦 12 层	喻　梁	0710-82291128	441000
枣阳市金盆融资担保有限公司	枣阳市人民路 17 号	王明刚	0710-6335316	441000
宜城市金博信用担保有限公司	宜城市振兴大道 262 号	李承屏	0710-4223968	441000
鄂州市中小企业融资担保有限公司	鄂州市滨湖南路 62 号	洪志雄	027-60896586	436000
荆门市融资担保集团有限公司	荆门市漳河新区天山路 1 号国华汇金中心 1 幢 6 层	熊双舫	0724-8602288	448000
荆门星球投资担保有限公司	荆门市掇刀区星球路 18 号	艾星球	0724-6800801	448000
沙洋县宏盛融资担保有限公司	沙洋县启林大道 6 号	苏海阔	0724-8568100	448000
钟祥中小企业融资担保有限公司	钟祥市郢中镇新美香大道铂金汉宫 2 幢 4 层	邵光文	13908694839	448000
京山诚信融资担保有限公司	京山市新市街道云杜路 8 号	邵俊祥	13986992552	448000
京山金点融资担保有限公司	京山市新市镇轻机大道 323 号	曾德军	13607262125	448000
孝感银泰中小企业融资担保投资有限公司	孝感市长征路 225 号	高建乐	0712-2311388	432000
孝感融汇丰融资担保有限公司	孝感市长兴路新宏基工业园 4 层	严俊丽	0712-2351111	432000
孝感市政和中小企业融资担保有限公司	孝感市崇文路 7 号	刘功新	0712-2750900	432000
孝感市嘉元融资担保有限公司	孝感市孝南经济开发区管委会办公楼 206 室	朱　飞	0712-2328733	432000
湖北新信悟中小企业融资担保有限公司	大悟县城关双河京珠连线	徐献国	0712-7228898	432000
云梦县泽源融资担保有限责任公司	云梦县城关镇曲阳东路	郑　重	0712-4330976	432000
应城市金财投融资担保有限公司	应城市蒲阳大道 34 号	刘俊伟	0712-3222939	432000
安陆市信达融资担保有限责任公司	安陆市汉丹路 265 号	黄长军	0712-5264857	432000

续表 6-5-1

名　　称	地　　址	负责人	电　话	邮　编
汉川市鑫财中小企业信用融资担保有限公司	汉川市仙女山街道办事处西正街25号	胡新运	0712-8283190	432000
汉川市天宏融资担保有限公司	汉川市水厂路特1号	刘旺姣	0712-8806339	432000
荆州市创业融资担保有限责任公司	荆州市太岳东路8号	田新华	0716-8526588	434000
荆州市融资担保集团有限公司	荆州市沙市区东岳路7号附属楼3层	金　浩	0716-4104666	434000
湖北金嘉融资担保投资有限公司	荆州市沙市区江津中路235号	王正友	0716-8356680	434000
湖北大正投资融资担保有限公司	荆州市沙市区塔桥路63号荆州新天地A区3栋17层11号	郭劲松	0716-8889826	434000
荆州市天盛融资担保有限公司	荆州市荆州区人民路27号	黄发超	0716-8853916	434000
湖北湘金融资担保有限公司	荆州市江津东路附155号1栋	陈　诚	0716-4307196	434000
公安县民生融资担保有限公司	公安县青年路2号	邓德华	0716-5228114	434000
湖北鼎力融资担保有限公司	江陵县江陵大道89号	黄永发	0716-4721341	434000
石首市兴业融资担保有限公司	石首市绣林办事处解放路188号	孙建新	13317215868	434000
洪湖市开源融资担保有限公司	洪湖市新堤宏伟南路柏枝一巷特1号	熊　敏	0716-2425196	434000
松滋市三农融资担保有限公司	松滋市金马路45号	黄年平	13907213741	434000
松滋市金财融资担保有限公司	松滋市新江口镇白云路74号	王先红	0716-6269268	434000
监利县丰利融资担保有限公司	监利市新民政局办公大楼5层	李爱国	0716-3322569	434000
黄冈市融资担保集团有限公司	黄冈市黄州区赤壁大道70号	王　琳	13907255076	438000
团风县中小企业融资担保有限责任公司	团风县团风镇团方公路南侧一幢建筑大厦12层	王　娟	0713-6152388	438000
团风县鑫财融资担保有限责任公司	团风县迎宾大道2号	谌田生	0713-6019123	438000
湖北国银融资担保有限公司	红安县城关镇将军大道11号	徐久高	17771324248	438000
湖北红城融资担保有限公司	红安县城关镇沿河西路城投·时代广场	秦松林	0713-5252768	438000
罗田县经发融资担保有限公司	罗田县凤山镇万密斋大道7号	郭艳明	0713-5057995	438000
英山县兴源中小企业融资担保有限公司	英山县温泉镇金石路36号	段　刚	0713-7113422	438000
浠水县正睛中小企业融资担保有限公司	浠水县清镇车站大道305号	熊旺林	0713-4234199	438000
浠水县金投融资担保有限公司	浠水县双桥路267号	尹昕侠	0713-4507001	438000
湖北正道融资担保有限公司	蕲春县漕河镇李时珍大道118号(东郡壹号)	周建华	0713-7231653	438000
蕲春城投融资担保有限公司	蕲春县漕河镇付畈大道57号	田姝丽	0713-8678268	438000
黄梅县中小企业融资担保有限责任公司	黄梅县黄梅镇二环路(财政局内)	陈劲松	18972758228	438000
麻城市中小企业融资担保有限责任公司	麻城市龙池桥办事处金桥大道48号会展中心西侧	冯　建	0713-2774588	438000

续表 6-5-1

名　　称	地　　址	负责人	电　话	邮　编
武穴市中小企业融资担保有限责任公司	武穴市民主路 201 号	熊政德	0713-6264919	438000
武穴市农业融资担保有限公司	武穴市天宝路 60 号	刘佐民	0713-6756888	438000
咸宁市融资担保集团有限责任公司	咸宁市咸宁传媒大厦	刘会恒	0715-8066717	437000
湖北时泉投资担保有限公司	咸宁市咸宁大道 246 号	刘会恒	0715-8066717	437000
湖北咸宁金桥信用担保有限公司	咸宁市咸安区永安大道 175 号	程　刚	0715-8342806	437000
咸宁市咸安区经开融资担保有限责任公司	咸宁市咸安区经济开发区管理委员会(宝山加油站旁)	夏亚芳	0715-8818990	437000
嘉鱼县中小企业融资担保有限公司	嘉鱼县鱼岳镇发展大道 124 号	张文泽	0715-6355038	437000
湖北汇能融资担保有限公司	通城县隽水镇白沙社区银山金城 1 号楼 7 层	何　芳	0715-4519666	437000
湖北隽兴融资担保有限公司	通城县隽水镇解放东路 63 号(金融总部传媒中心)	吴仲谋	0715-4325023	437000
崇阳金思特融资担保有限公司	崇阳县天城镇星斗路 162 号	彭德祥	0715-3391088	437000
崇阳县金信融资担保有限公司	崇阳县天城镇金城大道 9 号	艾新民	0715-3379582	437000
湖北鼎裕融资担保有限公司	通山县犀港工业园	朱三九	0715-2889608	437000
通山县政金融资担保有限公司	通山县财政局办公大楼内	程　光	0715-2381390	437000
赤壁市中小微企业融资担保有限公司	赤壁市创新聚集区 B 区 2 层	应　辉	0715-5335608	437000
随州市中兴投资担保有限公司	随州市神农大道滨湖湾一号楼	颜春莉	0722-3941213	441300
随州市中小企业融资担保有限公司	随州市编钟大道一号(传媒中心大楼 12 层)	何开涛	0722-3598388	441300
随州市银桥中小企业担保有限公司	随州市神农大道 39 号	李成耀	0722-3250218	441300
湖北维诺融资担保有限公司	随州市迎宾大道香山怡景 22 号	赵伟东	0722-3330968	441300
随州市聚盛投资担保有限公司	随州市汉东路 169 号	钟先勇	0722-3257999	441300
银华融行投资担保有限公司	随州市交通大道 265 号	肖洪兵	0722-3320281	441300
随州融盛中小企业投资担保有限公司	随州市文帝大道 38—228	魏儒虎	-	441300
湖北银润融资担保有限公司	随县神龙大道 320 号经信局 4 层	蒋红艳	0722-3282789	441300
广水市泰成融资担保投资有限公司	广水市应山街道办事处三里河社区学府尚城 6 号楼 1 层	付正桥	0722-6398555	441300
恩施州农发信用担保股份有限公司	恩施市金桂大道共赢国际大厦 3 层	谭必朝	0718-8428333	445000
恩施州政信融资担保有限责任公司	恩施市金龙大道企业服务中心综合服务楼	何　鹏	0718-8158978	445000
恩施金源融资担保有限公司	恩施市施州大道 41 号	秦　亢	0718-8251877	445000
湖北鼎恒融资担保有限公司	恩施市舞阳大道 225 号	于祥飞	0718-8215999	445000
恩施市信泰融资担保有限责任公司	恩施市航空大道 115 号	张孝龙	0718-8110876	445000
利川市宏财信用担保有限公司	利川市南环大道 68 号	余廷海	13477885005	445000

续表 6-5-1

名　　称	地　　址	负责人	电　话	邮　编
建始县聚信融资担保有限责任公司	建始县业州镇业州大道 198 号	黄在胜	0718-3229076	445000
巴东恒信融资担保有限公司	巴东县信陵镇巫峡路 20 号天涯大厦 6 层	向　平	13986847669	445000
巴东县弘毅融资担保有限责任公司	巴东县信陵镇楚天路 25 号	杨祖西	0718-4220868	445000
宣恩贡水融资担保有限公司	宣恩县珠山镇民族路 26 号	成　涛	0718-5825668	445000
咸丰县中小企业融资担保有限责任公司	咸丰县高乐山镇南门商城 I 栋	邱　恩	0718-6837888	445000
咸丰县卓信融资担保有限公司	咸丰县高乐山镇楚蜀大道 190 号	夏卓勋	13339943128	445000
来凤县瑞祥融资担保有限公司	来凤县喳西泰水城营销中心旁	谭建华	0718-6263377	445000
鹤峰县金财融资担保有限责任公司	鹤峰县容美镇胜利路 1 号	黄明波	0718-5294019	445000
湖北博四通融资担保有限公司	仙桃市何李路 50 号	邹从文	–	433000
仙桃市金凌融资担保有限公司	仙桃市仙源大道 60 号浅水湾中央公园 1-2,1-3	马　超	0728-3338883	433000
仙桃市财源融资担保有限责任公司	仙桃市仙桃大道 88 号	刘　赫	0728-3232666	433000
潜江市汇桥融资担保有限公司	潜江市园林街道办事处章华北路 5 号	张　劲	13807225186	433100
湖北金匙投资担保有限公司	潜江市园林办事处章华南路 22B 号	郑　伟	0728-6288886	433100
天门市兴天投资担保有限公司	天门市钟惺大道特 53 号	李建中	0728-5298339	431700
神农架林区中小企业融资担保有限公司	神农架林区松柏镇常青路 3 号	谷正斌	0719-3319555	442422

（二）小额贷款公司

表 6-5-2

名　　称	地　　址	负责人	电　话	邮　编
武汉市农业小额贷款有限公司	武汉市江岸区解放大道 2020 号中储大楼 2106 室	陈珊珊	–	430010
武汉光谷科信小额贷款股份有限公司	武汉市江岸区中山大道 1627 号 A3 号中信泰富大厦 22 层	徐　辉	–	430010
武汉市江岸区华创小额贷款有限公司	武汉市江岸区渣家小区 6 号楼 1 层	周　昕	–	430010
武汉市江岸区长发诚信小额贷款有限公司	武汉市江岸区建设大道 718 号浙商国际大厦第 32 层 3 号房	孟　安	–	430010
武汉浙商小额贷款有限公司	武汉市江岸区建设大道 718 号	陈汉丰	–	430010
武汉市江岸区青莲小额贷款有限责任公司	武汉市江岸区西马街香港路 151 号青莲大厦 16 层	耿开明	–	430010
武汉市江岸区金龙小额贷款有限责任公司	武汉市江岸区黄浦大街 27 号中原国际酒店 12 层	杨金刚	–	430010

续表 6-5-2

名　　称	地　　址	负责人	电　话	邮　编
武汉承融小额贷款有限公司	武汉市江岸区西马街渣家左路 88 号	江　鹏	–	430010
武汉市江岸区新东亚小额贷款有限公司	武汉市江岸区长青广场裕和园 D 栋 3 层 17、18、19 室	陈春林		430010
武汉市建投科技小额贷款有限公司	武汉市江汉区新华路 25 号伟业大厦 10 层	冯　进	–	430020
富登小额贷款(湖北)有限公司	武汉市江汉区建设大道 568 号新世界国贸大厦 I 座 4312 室	LEE MENG TECK VICTOR	–	430020
武汉市友芝友小额贷款有限公司	武汉市江汉区前进四路 72 号 3 层	鲍　恒	–	430020
武汉市江汉区中鑫邦富小额贷款有限公司	武汉市江汉区前进四路 74 号	赵玉群	–	430020
湖北省供销小额贷款股份有限公司	武汉市江汉区前进四路 74 号武汉汉剧院综合楼 1 期(8 号门面)	明平安	–	430020
武汉市江汉区合力鑫小额贷款股份有限公司	武汉市江汉区前进四路 87 号	张培根	–	430020
武汉信用小额贷款股份有限公司	武汉市江汉区新华路 396 号 7 层 9 号	邓　玮	–	430020
武汉市江汉区万福源小额贷款有限公司	武汉市江汉区新华西路三金大武汉 1911 二单元 10 层 3 室	刘燕鑫		430020
武汉市江汉区富邦小额贷款股份有限公司	武汉市青年路 324 号元辰国际	龚申候	–	430020
武汉市江汉区融商小额贷款有限公司	武汉市江汉区前进四路 74 号(武汉汉剧院一期综合楼)	陈华珍	–	430020
武汉市江汉区力源汇通小额贷款有限公司	武汉市江汉区前进四路 123 号武汉一中门面 2 层	邓　涛	–	430020
武汉硚口天华小额贷款有限公司	武汉市硚口区解放大道 1127 号	郭庆有	–	430030
武汉市硚口区恒信达小额贷款有限公司	武汉市硚口区硚口路 160 号武汉城市广场(北)1 栋 10 层 2、3、4 室	梁　娟	–	430030
武汉市汉阳区汇智源小额贷款有限公司	武汉市汉阳区翠微路特 1 号宏阳大厦 16 层 6、8、10 室	赵　亮	–	430050
武汉市汉阳区天一小额贷款股份有限公司	武汉市汉阳区汉阳大道 140 号闽东国际城第 3 栋 A 座 7 层 702 室	简靖峰	–	430050
武汉市国正小额贷款有限公司	武汉市汉阳区知音大道 257 号中海琴台华府办公楼栋 16 层(2)—(10)办号	卜延川	–	430050
武汉市汉阳区华安小额贷款有限责任公司	武汉市汉阳区琴断口街十里铺 369 号 1 层	俞晶晶	–	430050
武汉市汉阳区鑫业小额贷款有限公司	武汉市汉阳区二桥东村玫瑰街 37 号 7 层	刘爱国	–	430050
湖北永泰小额贷款股份有限公司	武汉市武昌区临江大道绿地楚峰大厦 38 层	王建新	–	430060
湖北中经小额贷款有限公司	武汉市武昌区汉街总部国际 B 座 39 层	唐西艾	–	430060
武汉市武昌区普提金小额贷款有限责任公司	武汉市武昌区民主二路星海虹城	陈邦雄	–	430060

续表 6-5-2

名　　称	地　　址	负责人	电　话	邮　编
武汉市武昌区融科小额贷款股份有限公司	武汉市东西湖区吴中路与三秀路交会处怡华逸天地 4 栋 19 层	王小屏	–	430040
湖北楚天小额贷款股份有限公司	武汉市武昌区东湖路 181 号创意大厦第 6 层	韦奇志	–	430060
武汉市武昌区启蕴小额贷款有限公司	武汉市武昌区中北路东亭世纪大厦 702 室	陈乐乐	–	430060
武汉市武昌区汉信小额贷款股份有限公司	武汉市武昌区八一路 9 号星星大厦 10 层	刘金成	–	430060
湖北省楚源小额贷款有限公司	武汉市武昌区民主路 786 号华银大厦 6 层	杨志成	–	430060
武汉市高农小额贷款有限责任公司	武汉市武昌区积玉桥街和平大道 219 号白云边大厦 19 层	刘洪波	–	430060
湖北长江小额贷款有限公司	武汉市武昌区中北路 31 号知音广场 21 层	杜三湖	–	430060
武汉市武昌城际小额贷款有限责任公司	武汉市武昌区武珞路 231 号	胡玮弘	–	430060
武汉市联丰小额贷款股份有限公司	武汉市青山区丝茅墩 42 栋	张建捷	–	430080
武汉市青山区利和小额贷款有限公司	武汉市青山区 40/41 街坊江南春城 11 栋 1—2 层 12 室	郑慧玲	–	430080
武汉市青山区翰亿源小额贷款有限公司	武汉市青山区 114 街 7 门 1 号	付汉桥	–	430080
武汉市青山区大中小额贷款有限公司	武汉市青山区 121 街 154 门 3 号	旷远平	–	430080
武汉市青山区贯隆小额贷款有限公司	武汉市青山区建设八路 11 号	林先力	–	430080
武汉市洪山区华夏金汇通小额贷款有限责任公司	武汉市洪山区珞喻路 78 号长江传媒大厦 5 层 M15 房	唐又喜	–	430070
武汉市洪山区乾通小额贷款股份有限公司	武汉市洪山区八一路 340 号东湖楚天府 8 号楼 35 层	李　鹏	–	430070
武汉市洪山区鑫德莱小额贷款股份有限公司	武汉市洪山区雄楚大道 436 号文泉书苑 1 栋 1 单元 1、2 层 1-102 房	肖　方	–	430070
武汉市洪山区融通小额贷款有限责任公司	武汉市光谷理想城 10 栋商铺	田小兰	–	430070
武汉市洪山区融川小额贷款有限公司	武汉市洪山区珞珈山路附 7 号 9 层 905 室	金云燕	–	430070
武汉市洪山区九坤小额贷款有限责任公司	武汉市武昌区秦园路 179 号九坤大厦 22 层	许记坤	–	430060
武汉亚联财小额贷款有限公司	武汉市东湖新技术开发区珞喻路 889 号光谷国际广场 B 座 11 层	长原彰弘	–	430070
武汉市益明科技小额贷款有限公司	武汉市珞喻路 889 号光谷国际广场 B 座 28 层	许　成	–	430070

续表 6-5-2

名　　称	地　　址	负责人	电　话	邮　编
武汉市宏润小额贷款有限公司	武汉市东湖新技术开发区华工科技园创新基地 B 座 10 层	刘燕红	–	430070
武汉民商惠小额贷款有限责任公司	武汉市东湖新技术开发区光谷三路 777 号 A 塔楼 6 层	陶静远	–	430070
武汉市东湖风景区火炬小额贷款股份有限公司	武汉市东湖生态旅游风景区中北东路 301 号东湖庭园 25 栋门面	何国沛	–	430070
武汉市金山小额贷款有限责任公司	武汉市东湖新技术开发区光谷金融港 B24 栋	刘　伟	–	430070
武汉东湖高新区互生小额贷款有限公司	武汉市华侨城天屿二期 T36 栋 3402 室	胡电铃	–	430070
瀚曦小额贷款(湖北)有限公司	武汉市光谷大道 3 号未来之光 7 栋 508 室	Slighton Eric Mclean	–	430070
武汉中企小额贷款有限公司	武汉市东湖新技术开发区关东园路 2–2 号光谷国际商会大厦 1 幢 A–1215 室	张明洪	–	430070
武汉市合众创展科技小额贷款有限公司	武汉市东湖新技术开发区珞喻路 540 号	黄　赛	–	430070
武汉市亚飞小额贷款有限公司	武汉市东湖新技术开发区民院路以西龙安·港汇城 A 单元 21 层	纪方俊	–	430070
融众小额贷款(湖北)有限公司	武汉市东湖新技术开发区珞喻路 889 号光谷国际广场 B 座 18 层	谢小青	–	430070
武汉市沪商小额贷款有限责任公司	武汉市东湖新技术开发区东信路光谷创业街特 1 栋 2 单元 912 室	金海永	–	430070
武汉市东西湖区九通小额贷款有限公司	武汉市东西湖区七雄路立方城 7 号楼 2204 室	江中建	–	430040
武汉市东西湖区五一小额贷款有限责任公司	武汉市东西湖区七雄路立方城 4 栋 1122 室	万五一	–	430040
武汉市东西湖区九升小额贷款股份有限公司	武汉市东西湖区张柏路 2 号	王　桦	–	430040
武汉市东西湖区东光小额贷款有限公司	武汉市东西湖区祥泰综合楼(16)	张　伟	–	430040
武汉市东西湖区融誉小额贷款有限责任公司	武汉市东西湖区东西湖大道特 1 号综合服务楼 D 栋 2 层 1 室	马建斌	–	430040
武汉市东西湖区新泰小额贷款股份有限公司	武汉市东西湖区辛安渡工业园 9 号	詹　斌	–	430040
武汉经济技术开发区大诚致信小额贷款有限公司	武汉市江汉经济开发区江兴路 25 号新世界首饰工业园 C 栋 3 层	朱　妍	–	430020
武汉经济技术开发区工投致正小额贷款有限公司	武汉市汉口唐家墩轻轨站发展大厦 608 室	管志武	–	430010
武汉经济技术开发区金信小额贷款有限责任公司	武汉市武汉经济技术开发区创业路 16 号华源商务广场 A8507 室	李　阳	–	430056
武汉经济技术开发区德润小额贷款股份有限公司	武汉市武汉经济技术开发区东合中心二期第 D 栋 3 层 311 号房	田燕子	–	430056

续表 6-5-2

名　　称	地　　址	负责人	电　话	邮　编
武汉经济技术开发区嘉鸿小额贷款有限公司	武汉市武汉经济技术开发区经开万达广场 C6 座 2108 室	乐道清	–	430056
武汉经济技术开发区百信小额贷款股份有限公司	武汉市武汉经济技术开发区车城大道 198 号依翎集团 9 层	魏　佳	–	430056
武汉市汉南区百胜小额贷款有限公司	武汉市汉南区纱帽街纱帽正街 326 号	张　俊	–	430090
武汉市汉南区江城小额贷款有限公司	武汉市汉南区纱帽街汉南大道 233 号	张言兵	–	430090
武汉市汉南区启银小额贷款股份有限公司	武汉市汉南区纱帽街纱帽正街	顾启国	–	430090
武汉市蔡甸区润园小额贷款有限责任公司	武汉市蔡甸区奓山街双丰村路特 8 号	吴朝阳	–	430100
武汉市蔡甸区亿得利小额贷款有限公司	武汉市蔡甸区蔡甸街工农路 51 号温馨家园 1 号楼 1 层商铺	汪立俊	–	430100
武汉市蔡甸区银盈小额贷款股份有限公司	武汉市蔡甸区知音人家桂园 3 栋 3-401	杨　燕	–	430100
武汉市蔡甸区中济元小额贷款有限责任公司	武汉市蔡甸区蔡正街 5 号二栋二单元 301 室	吕洪斌	–	430100
武汉市蔡甸区嘉禾小额贷款有限公司	武汉市蔡甸区凤凰山工业园凤凰路 5 号	刘绍山	–	430100
武汉市蔡甸区中孚小额贷款有限责任公司	武汉市蔡甸区新天大道黄陵村中际天元大厦 1—2 层	陈文斌	–	430100
武汉市蔡甸区恒胜小额贷款有限公司	武汉市蔡甸区蔡甸街蔡姚路建新花园 10 栋 24 号门面	杨　溢	–	430100
武汉市江夏区尚泽小额贷款有限公司	武汉市江夏经济开发区办事处阳光大道 16 号 3 层东办公区	郝立群	–	430200
武汉市江夏区富利通小额贷款有限公司	武汉市江夏区庙山经济开发区邬树村 1—2 层北 1-05 室	闻卫武	–	430200
武汉市江夏区铁投小额贷款有限责任公司	武汉市武昌区中北路武汉控股大厦 5 层	谭克勋	–	430060
武汉市江夏区融源通小额贷款有限责任公司	武汉市江夏区江郡华府 8 楼 1 单元 403 室	周　维	–	430200
武汉市江夏区亿永祥小额贷款有限公司	武汉市江夏区大桥新区大桥村江郡华府 14 栋商 16 号	周爱平	–	430200
武汉市江夏区汇民科技小额贷款有限公司	武汉市江夏区纸坊街江夏大道富丽大酒店 2 栋 1 层	王清华	–	430200
武汉市黄陂区瑞鼎小额贷款有限责任公司	武汉市黄陂区盘龙城经济开发区刘店村卓尔优势企业总部基地三期第 C7 座 1—5 层	丁建国	–	430300
武汉市黄陂区博锐小额贷款有限责任公司	武汉市黄陂区盘龙城经济开发区露甲山路特 8 号鼎鑫 · 摩卡小镇(一期)2 栋 1 层 4 室	张德浩	–	430300
武汉市黄陂融基小额贷款股份有限公司	武汉市黄陂区三里桥银湖大道 95 号	詹　俊	–	430300

续表 6-5-2

名　　称	地　　址	负责人	电　话	邮　编
武汉市黄陂区顺昌小额贷款有限责任公司	武汉市黄陂区横店街建华村顺昌科技产业园	叶家寨	–	430300
武汉市黄陂区国瑞小额贷款有限责任公司	武汉市黄陂区盘龙城经济开发区日月山水西区 18 幢 2 单元 2 层 1 室	黄建国	–	430300
武汉市黄陂区中邦小额贷款有限责任公司	武汉市黄陂区盘龙城经济开发区佳海都市工业城 D40 号	王友强	–	430300
黄石市诚发小额贷款有限公司	黄石市团城山开发区桂林南路 22 号	赵　强	–	435000
黄石市瑞银小额贷款有限责任公司	黄石市团城山桂林南路 6 号 2 单元 804 号	李　萍	–	435000
黄石市黄石港区永诚小额贷款有限责任公司	黄石市黄石港区广场路 28 号	殷婷茹	–	435000
黄石市黄石港区兴源小额贷款有限公司	黄石市黄石港区黄石大道 795 号	余　兵	–	435000
黄石市信德小额贷款有限责任公司	黄石市黄石港区黄石大道 78 号	胡浩云	–	435000
黄石市西塞山区钜源小额贷款有限公司	黄石市西塞山区新建路 100 号	王　胜	–	435000
黄石市下陆区宏元小额贷款有限责任公司	黄石市下陆区杭州西路 60 号	黄田毅	–	435000
黄石市经济开发区金鑫小额贷款有限责任公司	黄石市下陆区杭州西路 91 号	马作文	–	435000
黄石市下陆区阳光小额贷款有限公司	黄石市下陆区下陆大道 33 号	袁明卿	–	435000
黄石市铁山区丰源小额贷款有限责任公司	黄石市铁山区广友路 1 号	吴育华	–	435000
黄石市铁山区中炫典藏小额贷款有限责任公司	黄石市仿古街 118 号	柯昌维	–	435000
阳新县佳合兴小额贷款有限责任公司	阳新县兴国无码坊正街 29 号	唐嘉宇	–	435000
阳新县天兴小额贷款有限公司	阳新县经济开发区太垴村泰鑫大楼 1 层 103 号	倪书文	–	435000
大冶市惠泽小额贷款有限责任公司	大冶市东风东路两湖天下 1–18 号	孙术乔	–	435000
大冶市益商小额贷款有限责任公司	大冶市金湖大道 69 号地税公寓 1 层 1 号(滨湖康城)	胡予奎	–	435000
十堰市茅箭区融利丰小额贷款股份有限公司	十堰市北京中路 42 栋 10 号	刘　艺	–	442000
十堰市商汇小额贷款股份有限公司	十堰市北京南路 8 号	刘青云	–	442000
十堰市茅箭区兆丰小额贷款有限公司	十堰市茅箭区北京南路 7 号	周学勤	–	442000
十堰市张湾区汇成小额贷款有限责任公司	十堰市公园路 109 号工商银行东汽支行 3 层	任传成	–	442000

续表 6-5-2

名　　称	地　　址	负责人	电　话	邮　编
十堰市张湾区锦桂融通小额贷款股份有限公司	十堰市张湾区公园路 112 号	张永清	–	442000
十堰市张湾区三和小额贷款股份有限公司	十堰市张湾区金城大厦 22 层	瞿义芬	–	442000
十堰市经济开发区辰泰小额贷款有限责任公司	十堰市白浪区白浪街办龙门大道 6 号 1 幢	夏精良	–	442000
十堰市经济开发区加能小额贷款股份有限公司	十堰市经济开发区白浪中路 39 号	匡翠平	–	442000
郧县诚鑫小额贷款股份有限公司	郧县子胥湖堰河村	周　伟	–	442000
郧县政信小额贷款有限责任公司	十堰市茅箭区江苏路铂金广场 608 室	胡庆方	–	442000
郧西县京华小额贷款有限责任公司	郧西县环城北路(郧西宾馆 1 层)	黄　杰	–	442000
十堰市竹山县佳裕小额贷款有限责任公司	竹山县城关镇纵横大道 19 号	郑敬东	–	442000
十堰市竹山县郧商小额贷款有限责任公司	竹山县城关镇纵横大道 3 号 8 幢(盘龙上河城 8 号楼 9 号门)	梁晓军	–	442000
十堰市竹溪县汇金小额贷款有限责任公司	竹溪县城关镇观音阁村绿谷中央城 3 号楼一单元 301、302 室	胡家明	–	442000
十堰市房县诚和小额贷款股份有限责任公司	房县城尖镇房陵大道 142 号(恒通商务七道)	喻秀珍	–	442000
十堰市丹江口市民信小额贷款有限责任公司	丹江口市渡口路滨江小区一区五单元 6 层	李丹晶	–	442000
十堰市武当山旅游经济特区众信小额贷款有限责任公司	武当特区剑河一路 87 号 2 单元 102 号	刘　靓	–	442000
十堰市武当山旅游经济特区奥斯小额贷款股份有限公司	十堰市武当山旅游经济特区永乐路 23 号	陈　鹏	–	442000
十堰市武当山旅游经济特区金昌源小额贷款有限公司	十堰市武当山旅游经济特区武当路 6-1 号	魏天华	–	442000
宜昌市财源小额贷款有限责任公司	宜昌市西陵区黄河路 19 号	叶　勇	–	443000
宜昌市西陵区万维小额贷款有限公司	宜昌市西陵区云集路 1 号国贸大酒店 8 层	韩志凌	–	443000
宜昌市点军区万合小额贷款有限公司	宜昌市点军区江南大道 130 号	杨兴权	–	443000
宜昌市猇亭区福银小额贷款有限公司	宜昌市猇亭区金猇路 88-1 号	王天喜	–	443000
宜昌市猇亭区鼎和小额贷款有限责任公司	宜昌市猇亭区金猇路 148-A 号	王　阳	–	443000
宜昌市夷陵区平湖小额贷款有限责任公司	宜昌市夷陵区发展大道 111 号	高卫国	–	443000
宜昌市夷陵区三峡小额贷款股份有限公司	宜昌市夷陵区夷兴大道金凤朝阳小区 1-103 号	蔡宏柱	–	443000

续表 6-5-2

名　　称	地　　址	负责人	电　话	邮　编
宜昌市夷陵区中磷小额贷款有限责任公司	宜昌市夷陵区樟村坪镇明珠路 26 号	李光明	–	443000
宜昌市大众小额贷款有限公司	宜昌市高新区发展大道 11 号	肖　玉	–	443000
宜昌市国信小额贷款股份有限公司	宜昌市高新区城东大道 10 号	伍启月	–	443000
宜昌市九合小额贷款有限责任公司	宜昌市高新区大连路 33 号（展示中心内）	王林宝	–	443000
宜昌市九顺小额贷款有限公司	宜昌市开发区大连路 33 号（清华科技园宜昌分园展示中心内）	文　成	–	443000
远安县万丰小额贷款有限责任公司	远安县鸣凤镇鸣凤大道 16 号	方　胜	–	443000
兴山县鑫祥小额贷款有限公司	兴山县古夫镇高阳大道 58 号 1 层	刘亚林	–	443000
宜都市乾元久通小额贷款有限责任公司	宜都市陆城长江大道 85 号	曹凤鸣	–	443000
宜都市万汇小额贷款有限公司	宜都市陆城清江大道（雅思国际广场 9–1703 室）	李　勇	–	443000
当阳市恒升小额贷款有限责任公司	当阳市玉阳办事处子龙路 36 号	季勇军	–	443000
当阳市金润达小额贷款有限责任公司	当阳市环城南路 51 号	李颜军	–	443000
枝江市玖安鑫小额贷款有限公司	枝江市马家店迎宾大道 102 号	蒋红星	–	443000
枝江市步步升小额贷款有限公司	枝江市马家店迎宾大道 95 号	李厚春	–	443000
襄阳市襄城区高源小额贷款有限公司	襄阳市襄城区檀溪路佳园小区门面	高志军	–	441000
襄阳市襄城区华凯小额贷款有限公司	襄阳市襄城区建锦路 10 号	闫有海	–	441000
襄阳市樊城区日兴隆小额贷款有限公司	襄阳市樊城区解放路炮铺街 1 号开放广场	姜付军	–	441000
襄阳市襄州区康融小额贷款有限公司	襄阳市襄州区航空路 172 号	郭　海	–	441000
襄阳市襄州区百洋小额贷款有限公司	襄阳市襄州区航空路 11 号	王光辉	–	441000
襄阳市襄州区汇兴小额贷款有限责任公司	襄阳市襄州区航空路 27 号	刘和林	–	441000
襄阳市赛银科技小额贷款有限责任公司	襄阳市高新区汉江北路与邓曼路交会处东康汽缸垫公司办公楼	蔡群英	–	441000
襄阳市高新区万如亿小额贷款有限公司	襄阳市高新区长虹路 9 号万达广场写字楼 23 层 A–2303A 室	蔡成伟	–	441000
襄阳市高新区丰银小额贷款有限公司	襄阳市高新区春园路火炬大厦 7 层	孙　成	–	441000
襄阳市经济技术开发区融景小额贷款有限公司	襄阳市经济技术开发区东津镇鹿门路 37 号	李　萍	–	441000

续表 6-5-2

名　　称	地　　址	负责人	电　话	邮　编
襄阳市融兴小额贷款有限公司	襄阳市鱼梁洲经济开发区绿洲大道1号	吴新民	–	441000
襄阳市程通小额贷款股份有限公司	襄阳市鱼梁洲经济开发区二号路(市政工程总公司内)	王前道	–	441000
襄阳市鱼梁洲经济开发区金添彩小额贷款有限公司	襄阳市鱼梁洲经济开发区绿洲大道8号	张生平	–	441000
南漳县鼎力小额贷款有限责任公司	南漳县城关水镜路49号	谢　品	–	441000
南漳县融腾小额贷款有限责任公司	南漳县九集镇涌泉木林村三组	陈洪勇	–	441000
谷城县银信小额贷款有限责任公司	谷城县城关镇粉阳路100号	陈泽伟	–	441000
老河口市万盟小额贷款股份有限公司	老河口市胜利街路22号(建行办公楼)	王　建	–	441000
枣阳市丰茂小额贷款有限公司	枣阳市人民路新天地9号	叶建兵	–	441000
枣阳市万盛和小额贷款有限公司	枣阳市东环路	张新华	–	441000
宜城市兑斗小额贷款有限责任公司	宜城市振兴大道290号	李红梅	–	441000
鄂州市瑞鑫小额贷款有限责任公司	鄂州市文星大道106号大楼3层西	王　枭	–	436000
鄂州市中金国投小额贷款有限责任公司	鄂州市古城路48号	谈桂银	–	436000
鄂州市华容区东银小额贷款有限责任公司	鄂州市华容区楚藩大道127号	高爱武	–	436000
鄂州市新南方小额贷款有限责任公司	鄂州市凡川大道12号	严浩轩	–	436000
荆门市天城小额贷款有限公司	荆门市东宝区雨霖路6号房产大厦8层	刘兵法	–	448000
荆门市东宝区劝业小额贷款股份有限公司	荆门市东宝区白云大道62号	邓德生	–	448000
荆门市东宝区汇泉小额贷款股份有限公司	荆门市东宝区象山大道27号	吴笑飞	–	448000
荆门市掇刀区佳和小额贷款股份有限公司	荆门市掇刀区城南新区南国佳苑3号楼	全正斌	–	448000
荆门市掇刀区五福源通小额贷款有限责任公司	荆门市高新区·掇刀区深圳大道东8号	孟传华	–	448000
荆门市漳河新区泓盛小额贷款股份有限公司	荆门市掇刀区深圳大道1幢(白云大道南国佳苑6层)	吴艳林	–	448000
荆门市洋丰小额贷款股份有限公司	荆门市高新区创业南路康惠小区32号	杨才学	–	448000
荆门市高新区汇通小额贷款股份有限公司	荆门市高新区创业南路康惠小区13—15号门面	陈　霞	–	448000

续表 6-5-2

名　称	地　址	负责人	电　话	邮　编
荆门市中荆小额贷款有限责任公司	荆门市漳河新区天山路 1 号	李　军	–	448000
荆门市屈家岭管理区银源小额贷款股份有限公司	荆门市屈家岭管理区五三大道万佳华府门面 112 号	叶　锋	–	448000
沙洋县惠业小额贷款有限责任公司	沙洋县荷花路宝丽景・国际城	张昌荣	–	448000
钟祥市新洋小额贷款有限公司	钟祥市长寿镇长寿大道 69 号	刘全亮	–	448000
钟祥市盛世小额贷款有限责任公司	钟祥市郢中镇阳春大街 17 号	陈永全	–	448000
钟祥市龙锦德小额贷款有限公司	钟祥市胡集镇襄沙大道 147 号	邵光文	–	448000
钟祥市润德小额贷款股份有限公司	钟祥市郢中镇新美香大道铂金汉宫 2 幢 3 层	李　卫	–	448000
京山县宏源小额贷款有限公司	京山市新市镇轻机大道 335 号	孙友元	–	448000
京山县金源小额贷款有限公司	京山市新市镇轻机大道 323 号	宋敦胜	–	448000
京山县金鼎小额贷款有限公司	京山市新市镇轻机大道 403 号	田桂兵	–	448000
孝感市孝南区金淦小额贷款有限公司	孝感市孝南经济开发区周楼社区新华路 10 号商铺	夏华林	–	432000
孝感市孝南区华云小额贷款有限责任公司	孝感市孝南区文化路 12 号	朱小丽	–	432000
孝感市梦圆小额贷款有限公司	孝感市临空区集贸市场 92 号	罗凤鸣	–	432000
孝感市天紫小额贷款有限公司	孝感市临空经济区长湖路 11 号	李云志	–	432000
孝感市政和小额贷款有限公司	孝感市城站路 63 号	刘功新	–	432000
孝感市开发区天圆小额贷款有限责任公司	孝感市文化东路 41 号	孙　刚	–	432000
孝感市均大小额贷款有限公司	孝感市北京路东苑小区临街综合楼 1 层 107 号	胡双凯	–	432000
孝感市金港小额贷款有限公司	孝感市文化路 127 号	夏群林	–	432000
孝感市互利小额贷款有限公司	孝感市乾坤大道 19 号安国大厦 0407 号	程　泽	–	432000
孝昌县汇农小额贷款有限责任公司	孝昌县汇通大道 8 号	丁海涛	–	432000
孝昌县嘉成小额贷款有限责任公司	孝昌县建行办公楼	张　华	–	432000
孝昌县一帆小额贷款有限责任公司	孝昌县祥瑞景城 158 号	张小明	–	432000
大悟县银鑫小额贷款有限公司	大悟县城关镇兴华路 67 号	杨向东	–	432000
云梦县盈泰小额贷款有限公司	云梦县城关梦泽大道 20 号	张　平	–	432000
应城市鑫龙小额贷款有限责任公司	应城市城南大道 40 号	杨金刚	–	432000
应城市宏凯小额贷款有限公司	应城市蒲阳大道 35 号	程根才	–	432000

续表 6-5-2

名　　称	地　　址	负责人	电　话	邮　编
应城市凯华小额贷款有限公司	应城市粮贸街南路 98 号	范国华	–	432000
应城市合玉峰小额贷款有限责任公司	应城市城北私营开发区(七星桥社区 11 号)	刘火元	–	432000
应城市信泰小额贷款有限公司	应城市蒲阳大道奥林花园	李志山	–	432000
应城市银泰小额贷款有限责任公司	应城市长荆大道 19 号海山创业楼 1805	高建乐	–	432000
安陆市才华小额贷款有限公司	安陆市金秋大道水岸星城	周建华	–	432000
汉川市福星小额贷款股份有限公司	汉川市福星街特 1 号	谭少伟	–	432000
汉川市百盈小额贷款有限责任公司	汉川市滨湖大道帝景豪庭 1–106、1–107	侯福来	–	432000
汉川市华诚小额贷款有限责任公司	汉川市经济开发区新亚大道 36 号	向德华	–	432000
汉川市火红小额贷款有限责任公司	汉川市仙女街道办事处体育馆西路	李新国	–	432000
汉川市祥泰小额贷款有限责任公司	汉川市霍城大道 99 号	王煜龙	–	432000
荆州市沙市区金汇小额贷款有限公司责任公司	荆州市沙市区北京中路 159 号	黄正昕	–	434000
荆州市沙市区富鑫小额贷款有限公司	荆州市沙市区关沮镇白水村二组	刘燕鑫	–	434000
荆州市沙市区明丰小额贷款有限责任公司	荆州市沙市区碧波路 7 号	崔绍新	–	434000
荆州市荆州区兴盛小额贷款有限公司	荆州市荆州区荆州花园广场北 22B 座	程　飞	–	434000
荆州市荆州区融通小额贷款有限公司	荆州市荆南路 24 号市传输局大楼	王　平	–	434000
荆州市荆州区鑫楚小额贷款股份有限公司	荆州市城南开发区南环路南侧城南春天 C13C14 栋 00206	张兴农	–	434000
荆州市荆州开发区天信小额贷款有限责任公司	荆州市北京东路 125 号	祝叶青	–	434000
荆州市荆州经济技术开发区汇丰小额贷款有限公司	荆州市荆州开发区三湾路 18 号	李晓玲	–	434000
荆州市荆州开发区大运通小额贷款有限公司	荆州市沙市区锣场镇东方大道东侧	樊孝宇	–	434000
荆州市公安县宏泰小额贷款股份有限公司	公安县斗湖堤镇潺陵大道 11–69 号	朱丽平	–	434000
公安县万祥小额贷款有限责任公司	公安县斗湖堤镇潺陵大道 37 号通运副楼第 7 层	饶　云	–	434000
公安县众和小额贷款有限责任公司	公安县斗湖堤镇潺陵新区潺陵大道(富丽雅花园)第 5 幢 1 单元第 4 层 401 号房	龚　华	–	434000

续表 6-5-2

名　称	地　址	负责人	电　话	邮　编
江陵县信利小额贷款有限公司	江陵县荆洪路 118 号	倪功大	–	434000
江陵县久安小额贷款有限公司	江陵县沿江产业园楚江大道西侧 01 幢	周洪洋	–	434000
石首市信邦小额贷款有限公司	石首市绣林办事处绣林大道 254 号	郑　明	–	434000
石首市龙盛小额贷款有限公司	石首市笔架办事处界山口街 106 号	杨成鹏	–	434000
石首市众诚小额贷款有限公司	石首市笔架办事处建设路奔马商业街 5 号	徐永富	–	434000
洪湖市融信小额贷款有限公司	洪湖市新堤办事处玉沙路	刘小莉	–	434000
洪湖市汇银小额贷款有限公司	洪湖市文泉大道中央花园门面	陈　兵	–	434000
松滋市金诚小额贷款有限责任公司	松滋市新江口镇金马路 45 号	黄年平	–	434000
松滋市惠民小额贷款有限责任公司	松滋市新江口镇玉岭南路中央天城 12 幢 331 室	冉永权	–	434000
荆州市监利县玉沙小额贷款有限责任公司	监利市红城乡章华大道银湖城 2 号楼	唐想林	–	434000
黄冈市黄州区弘创小额贷款有限责任公司	黄冈市黄州区西湖一路 20-1 号	徐　蓓	–	438000
黄冈市经济开发区缔凡小额贷款股份有限公司	黄冈市黄州区私营经济园赤壁二路 26 号	吴佳堂	–	438000
黄冈市龙感湖管理区鑫荣小额贷款有限公司	黄冈市龙感湖工业园区 28 号	王正国	–	438000
黄冈市龙感湖管理区宏威小额贷款有限公司	黄冈市龙感湖沙湖办事处宁波爱斯商住城	洪　芳	–	438000
团风县钢之毅小额贷款有限责任公司	团风县城北工业园	刘恒珍	–	438000
黄冈市大别山小额贷款股份有限公司	红安县城关镇金沙河水库西侧鑫龙酒店内	成立楙	–	438000
罗田县和贵小额贷款有限责任公司	罗田县凤山镇道观冲巷 1 幢 4 楼 401 号	张国和	–	438000
英山县楚丰小额贷款有限责任公司	英山县温泉镇朝阳路（莲花小区 A2 商铺）	许　哲	–	438000
浠水县汇晟小额贷款有限责任公司	浠水县清泉镇车站大道 146 号	王　敏	–	438000
蕲春县昌泰小额贷款有限责任公司	蕲春县漕河镇蕲春大道 375 号	郑璋贵	–	438000
麻城市长信小额贷款有限责任公司	麻城市金桥大道一品天下 2 幢 1 层 S2-201—203、205—206 号	桂正祥	–	438000
麻城市城发小额贷款有限责任公司	麻城市开发区金桥大道创融大厦 11 层 1101 室	王　领	–	438000
咸宁市咸安区中金鼎小额贷款有限责任公司	咸宁市金色海湾一期 9 层	林端辉	–	437000

续表 6-5-2

名　　称	地　　址	负责人	电　话	邮　编
咸宁市咸安区金源小额贷款有限责任公司	咸宁市咸安区官埠桥镇甘鲁村一组	肖心少	–	437000
咸宁经济开发区博仁小额贷款有限责任公司	咸宁市温泉滨河东路丹桂大厦 1 层	陈　华	–	437000
嘉鱼县尚帮小额贷款有限责任公司	嘉鱼县鱼岳镇发展大道	杨　贝	–	437000
通城县鼎盛小额贷款有限责任公司	通城县隽水镇解放西路 26 号	章艳甫	–	437000
通城县财升小额贷款有限责任公司	通城县隽水镇秀水大道 90 号	陈　勇	–	437000
崇阳县拓丰小额贷款有限责任公司	崇阳县天城镇店里大道 E6 楼 7 层	黎　琼	–	437000
崇阳县嘉信小额贷款有限责任公司	崇阳县天城镇中津村	刘水怒	–	437000
通山兴业小额贷款有限责任公司	通山县通羊镇古塔社区兴工小区 396 号	候紫英	–	437000
赤壁市国强伟业小额贷款有限责任公司	赤壁市赤马港办事处河北大道	龚呈伟	–	437000
赤壁市华泰小额贷款有限公司	赤壁市赤马港办事处河北大道	张志强	–	437000
随州市曾都区裕丰小额贷款有限公司	随州碧桂园商业街 8 街商铺 102 号	雷于国	–	441300
随州市曾都区银丰小额贷款有限公司	随州市沿河大道特 3 号北端	朱大才	–	441300
随州市金鹿小额贷款有限公司	随州市经济开发区吴家老湾二组	钟先军	–	441300
随州经济开发区程力小额贷款有限公司	随州市迎宾大道 48 号	程阿罗	–	441300
随州市经济开发区及时雨小额贷款有限公司	随州市东城文峰塔居委会七组汉东名居二期(水郡世家 3 号楼)	周武昌	–	441300
随州市鑫融小额贷款有限公司	随州市高新技术产业园区编钟大道 8 号高新区管委会办公大楼 9 层	吴坤洲	–	441300
随州市山川小额贷款有限公司	随州市大洪山风景名胜区	丁国华	–	441300
随县金惠小额贷款有限公司	随县万福店农场襄汉大道 25 号	袁修勇	–	441300
随县天星小额贷款有限公司	随县经济开发区 1989 号	姚　凯	–	441300
随县汇利小额贷款有限公司	随县厉山东镇	杨环成	–	441300
随县百利汇小额贷款有限公司	随县神农大道	张　凯	–	441300
随县华夏小额贷款有限公司	随县洪山镇洪山路 78 号	邱　兰	–	441300
广水市楚北小额贷款有限责任公司	广水市供销社 3 层	唐国清	–	441300
广水市民行信业小额贷款有限公司	广水市十里办事处翡翠山湖 A-4 幢 1 层 105 铺室	周　勇	–	441300

续表 6-5-2

名　　称	地　　址	负责人	电　话	邮　编
恩施市民丰小额贷款股份有限公司	恩施市经济开发区五指湖	陈可忠	–	445000
恩施市金恩小额贷款股份有限公司	恩施市金桂大道花果山小区（1—5层）	王章银	–	445000
仙桃市麦肯特小额贷款有限公司	仙桃市仙桃大道 2-56 号	代立卿	–	433000
仙桃市金信盛小额贷款有限责任公司	仙桃市仙桃大道中段 12 号	凡　晓	–	433000
仙桃市元亨小额贷款有限公司	仙桃市何李路 20 号	杨德新	–	433000
仙桃市国城小额贷款有限责任公司	仙桃市钱沟路特 1 号	胡治云	–	433000
仙桃市民丰小额贷款有限责任公司	仙桃市黄金大道中段 88 号	姚金海	–	433000
潜江市兴民小额贷款有限责任公司	潜江市园林办事处东风路 39 号	郑玉林	–	433100
潜江市泰民小额贷款有限责任公司	潜江市园林办事处章华南路 22B	沈黎明	–	433100
潜江市华山小额贷款有限责任公司	潜江市园林办事处章华中路 82 号	漆雕良仁	–	433100
天门市金鹏小额贷款有限公司	天门市竟陵人民大道中 116 号	李　鹏	–	431700
天门市金都小额贷款有限公司	天门市汇侨大道 128 号京都一号	张志红	–	431700
天门市金楚小额贷款有限公司	天门市西湖路 150 号	李　卫	–	431700
天门市玖融小额贷款有限公司	天门市人民大道与西寺路交会处	张新平	–	431700
神农架林区世明小额贷款有限责任公司	神农架林区松柏镇中心街 5 号	张绍兵	–	442422

（三）区域性股权市场

表 6-5-3

名　　称	地　　址	负责人	电　话	邮　编
武汉股权托管交易中心有限公司	武汉市东湖新技术开发区鲁巷广场绿化带东南侧光谷广场 3 层 C	张选强	027-87575656	430070

（四）典当行

表 6-5-4

名　　称	地　　址	负责人	电　话	邮　编
武汉恒信典当有限公司	武汉市江岸区兰陵路 2-6 号武汉时代广场 A（8）栋 13A01、A（8）栋 13A02 室	罗　畅	027-82214966	430010
武汉鑫汉融典当有限公司	武汉市江岸区建设大道新光大厦 1 栋 10 层 6 室	沈　兰	027-85661116	430010

续表 6-5-4

名　　称	地　　址	负责人	电　话	邮　编
武汉泓鼎典当有限公司	武汉市江岸区胜利街 168 号	刘　洪	13307151390	430010
湖北零壹典当有限公司	武汉市江岸区延长线新江岸特 1 号锦苑公寓第 3-19、3-20 号商铺	陈　艳	15827130483	430010
武汉一和典当有限公司	武汉市江岸区金桥大道 16 号后湖新都(A 地块)1 层 09 室	梅江野	027-85656090	430010
武汉聚义典当有限责任公司	武汉市江岸区沿江大道江滩 129 号	何艾萍	13092761666	430010
武汉森泰典当有限公司	武汉市江岸区金桥大道 107 号凯信后湖生活广场 1 栋 13 层 13—14 室	胡　涛	13807158298	430010
湖北聚鑫典当有限公司	武汉市江岸区京汉大道特 1 号	胡有武	027-82725722	430010
武汉市裕发典当行有限责任公司	武汉市江岸区黄浦大街 68 号上东汇广场裙楼 5 层	孟　安	027-82849453	430010
湖北银丰典当有限责任公司	武汉市江岸区青岛路 7 号银丰大厦 13 层 1301、1303、1305 室	宗汉龙	13307135948	430010
武汉市汉口典当有限责任公司	武汉市江岸区解放大道 1976 号	李明龙	027-82831609	430010
武汉中盛典当有限公司	武汉市江岸区球场街融科天城 6 栋 1 层 41 号	梁　伟	027-82213088	430010
湖北鑫融典当有限责任公司	武汉市江岸区京汉大道大智嘉园 C 栋 1 层 16 号	屈　文	13901082379	430010
湖北华中银泰典当有限公司	武汉市中山大道 352 号 1 层 6 号	陈丽华	027-85680205	430010
武汉诚盛典当有限公司	武汉市江岸区苗栗路 5 号	高志朝	027-82910241	430010
武汉鑫旺广源典当有限公司	武汉市江岸区江大路 36 号	柯海霞	18986289541	430010
武汉玖发盛祥典当有限公司	武汉市江岸区永清路 21 号枫丹白露 B 单元 6 层 1 室	赵　宁	13397129393	430010
湖北兴诺远典当有限公司	武汉市江岸区二七街解放大道 2159 号航天星都汉口东部购物公园 C1 栋 1 单元 18 层 1、2、3、4 号房	叶　娟	15387109688	430010
武汉鼎邦众通典当有限公司	武汉市江岸区金桥大道 1 号 H11—H12	贺朝辉	13871352272	430010
湖北金信典当有限公司	武汉市江岸区建设大道 618 号信合大厦 14 层 2 室	王倩南	13659838650	430010
湖北鼎通典当有限公司	武汉市汉口沿江大道 141 号	谭　晨	13307155397	430010
武汉市联丰银楼典当有限公司	武汉市江汉区建设大道 518 号招银大厦 308 室	张建捷	027-85743982	430020
湖北恒利源典当有限公司	武汉市江汉区江汉经济开发区江旺路 8 号红 T 时尚创意街区项目 5 号楼 4 层 03B 单元	周国钢	02785503576	430020
武汉融众典当有限公司	武汉市江汉区前进四路 121 号	谢小青	027-83798989	430020
湖北三合典当有限公司	武汉市江汉区泛海国际 SOHO 城(一期)1 栋 9 层 10 室	韩大运	18672950033	430020
湖北众信泰安典当有限公司	武汉市江汉区新华下楼下牯牛村新华西美林公馆 9 栋 1—2 层 03 室	黄莉萍	13329715222	430020
湖北楚丰典当有限责任公司	武汉市江汉区解放大道 1409 号	赵　钢	13908656261	430020

续表 6-5-4

名　称	地　址	负责人	电　话	邮　编
武汉中鑫佳泰典当有限公司	武汉市江汉区中央商务区泛海国际SOHO城(一期)1栋8层4室	李美意	18963959988	430020
武汉荣欣众鼎典当有限公司	武汉市江汉区唐家墩村K7地块顶绣国际城C区第10幢39层商4号房	杜喜英	15337277777	430020
湖北中融汇通典当有限公司	武汉市江汉区新华西路武汉菱角湖万达广场A区第A幢A2单元22层19号	徐志辉	13983717819	430020
武汉众海富邦典当有限公司	武汉市江汉区常青一路1号福星惠誉·福星城(一期)1栋1单元10层14室	郭　婷	18502769890	430020
湖北信众利典当有限公司	武汉市江汉区新华路296号汉江国际1栋1单元18层2、3室	易晓洲	15342282011	430020
武汉乾元金通典当有限公司	武汉市江汉区阳光花园三期北苑11栋1层6室商铺	曾俊柯	13707115763	430020
湖北瑞恒典当有限公司古田分公司	武汉市硚口区汉口春天12栋1单元1/2层7号	任小旭	027-88219588	430030
湖北中财典当有限责任公司	武汉市硚口区沿河大道236-237号A栋1层	边锡明	13986053136	430030
武汉民众典当有限公司	武汉市硚口区上铁路大厂107号4栋1层	吴小云	13207198888	430030
湖北富禧典当有限公司	武汉市硚口区中山大道49号裕亚俊园(硚口公园4号楼)1层2室	吴洪斌	17386030482	430030
武汉市永泰典当有限责任公司	武汉市汉阳区二桥头汉江·世纪星城第1栋1—3层	刘卫武	13797072590	430050
武汉谦和典当有限公司	武汉市汉阳区龙阳大道特8号	陈　强	18802762656	430050
武汉诺宇典当有限公司	武汉市汉阳区江城大道6附2号	李　斐	13908644238	430050
武汉君友典当有限责任公司	武汉市汉阳区汉阳大道139号第1栋	程红芳	13006151076	430050
武汉市汉正典当行有限责任公司	武汉市汉阳区北城路17号—19号	白江平	027-85700178	430050
湖北瑞银典当有限公司	武汉市汉阳区汉阳大道10号莲花湖公园内	夏春林	027-84836888	430050
武汉大融合典当有限公司	武汉市武昌区沙湖特1号友谊国际二期6栋1-1、1-2号	贺建谊	13018089711	430060
湖北金旺典当有限责任公司	武汉市武昌区金地国际花园HR-1栋1层2号	郭元生	13995812796	430060
武汉鑫鼎典当行有限公司	武汉市武昌区友谊大道三角花园陈家河小区C4号楼A1号	欧阳秀	027-59829588	430060
武汉市江瀚典当有限责任公司	武汉市武昌区新民主路730号	李茂超	027-87139739	430060
武汉永利典当有限责任公司	武汉市武昌区水果湖街同成富苑裙房4层3-1	陈永付	13707104328	430060
湖北中泰创展典当有限责任公司	武汉市武昌区秦园东路水岸星城G11-1-1-5商铺	陈　罡	13971150090	430060

续表 6-5-4

名　　称	地　　址	负责人	电　话	邮　编
武汉东方宝库典当有限公司	武汉市武昌区水果湖街汉街武汉中央文化旅游区 K3 地块第 1 幢 33 层 2 号-2	严彩云	17740663226	430060
湖北瑞恒典当有限公司	武汉市和平大道 108 号玉桥新都 6 号商铺	任小旭	027-88219588	430060
湖北环球典当有限公司	武汉市武昌区中南路"鹏程时代"广场 1 层	洪　灵	13720331057	430060
湖北金字塔典当有限公司	武汉市武昌区和平大道 666 号 1-商 8 号	卢　娟	027-88398756	430060
湖北盛裕衡典当有限公司	武汉市武昌区三角路村水岸国际 K2 地块 6 栋 17 层 6 号	程　明	18672986111	430060
湖北邦发典当有限公司	武汉市武昌区水果湖街中央文化旅游区 K9-1 地块武汉中央文化旅游区一期 K9-1 地块 2 栋 1—2 层商 14 号	孙　龙	18607119316	430060
武汉升泰典当有限公司	武汉市武昌区中北路车家岭尚城国际 6 层 19、20 号房	简　勇	13545734860	430060
武汉富本源典当有限公司	武汉市武昌区徐家棚街徐东大街西侧联发九都国际 7 栋 17 层 3 号	陈　飞	13018089898	430060
苏州市吴中典当有限责任公司武汉分公司	武汉市武昌区徐家棚街和平大道 750 号绿地国际金融城 A03 地块二期 C1 栋 19 层 6 室	吴　敏	027-86786568	430060
武汉乐鑫典当有限公司	武汉市洪山区仁和路 136 号附 117	罗志威	13797040566	430070
武汉老管典当有限公司	武汉市洪山区欢乐大道 9 号正堂 IBO 时代第 1 号楼 9 层 4 号房	秦书敏	027-83807229	430070
湖北嘉邦典当有限公司	武汉市洪山区珞南街卓刀泉 185 号	熊　伟	15927376135	430070
湖北省宏嘉典当有限公司	武汉市东湖新技术开发区关山一路 552 号中建康城 16 栋 6 房	龚新金	13627252863	430070
武汉元贞阁典当有限公司	武汉市东湖新技术开发区关山村万科锦程三期第 1 号楼 11 层办公 8 号房	孙建勋	18771966802	430070
武汉启盈义旺典当有限公司	武汉市东湖新技术开发区关山大道以东、创业街以北武汉光谷国际商务中心第 A 幢 8 层 808 号房	曾令杰	13808680333	430070
武汉源隆同丰典当有限公司	武汉市东湖新技术开发区关山村保利·时代 K18 地块第 A、B、C 幢 B 栋 17 层 22 号	张文杰	13797178396	430070
武汉立轩鑫典当有限公司	武汉市东湖新技术开发区关山大道 355 号光谷新世界中心 A 地块写字楼 A 栋 12 层办公 9 号	王　猛	13296592998	430070
湖北同祥典当有限公司	武汉市东湖新技术开发区关山村保利时代 K17 地块四区第 17 幢 1 单元 1、3 层(3)商号房	郭占琴	027-87050588	430070
武汉东方易合典当有限公司	武汉市东西湖区常青花园 1 区 50 栋 1 层 6 号商网	汪子扬	18071077771	430040

续表 6-5-4

名　　称	地　　址	负责人	电　话	邮　编
武汉众合力拓典当有限公司	武汉市东西湖区辛安渡办事处徐家台 1 号	万国峰	13995617320	430040
武汉盈时星典当有限公司	武汉市东西湖区水产养殖场(9 号武汉中油金银潭石油化工生产研发项目)B7 栋 13 层 2 室 B1	殷　芸	13986060058	430100
武汉恒晟祥典当有限公司	武汉市蔡甸区蔡甸街孙家畈村 1 栋 1—4 层(武汉市蔡甸区莲花湖大道林业局副楼)	孔　俊	027-69904418	430100
武汉纵海泰典当有限公司	武汉市蔡甸区大集街塔尔山村湖墅观止二组团 C1 栋 1 层 32 室、1 室	陈金武	18971600550	430100
武汉乾通典当有限公司	武汉市江夏经济开发区大桥新区大桥村江郡华府 3 栋 1 层 7 室	欧　攀	13387501235	430200
湖北富起来典当有限公司	武汉市黄陂区祁家湾街李桥村	胡中堂	18502730799	430300
湖北聚恒达典当有限公司	武汉市新洲区阳逻街平江东路 333 号东城明珠一期 12 栋 2 单元 1 层 1 室、2 室	罗先强	13871576388	431400
黄石市嘉旺典当有限公司	黄石市武汉路 20 号	阮宏喜	0714-6229998	435000
黄石市嘉旺典当有限公司黄石港分公司	黄石市黄石港区港城大厦 1 号	阮宏喜	0714-6229998	435000
黄石市海鑫典当有限公司	黄石市颐阳路 60 号	黄学湖	0714-6267276	435000
黄石市顺捷典当有限责任公司	黄石市黄石大道 396 号	陆宏应	0714-6361033	435000
湖北融禄典当有限公司	黄石市黄石港区花湖大道 51 号博雅怡景花城 8 栋 64 号	张国华	15327178386	435000
黄石市聚德典当有限责任公司	黄石市天津路 129 号	李国华	0714-3285188	435000
黄石市金润典当有限责任公司	黄石市西塞山区大上海 18 幢 105 号	徐金梁	13817866258	435000
湖北名发典当有限公司	阳新县兴国镇环城路现代城 13-2-3 号	黄　波	13886183397	435000
湖北鑫兴典当有限公司阳新分公司	阳新县兴国镇竹林塘锦湖豪苑牡丹苑 6 号楼 128 号铺	王文霞	0714-8513098	435000
湖北瑞旗典当有限公司	十堰市茅箭区人民中路 99 号万秀城一号写字楼 26-1-3	孙　霞	0719-8316822	442000
十堰宝汇典当有限公司	十堰市张湾区车城路 98 号 1 幢(4-9)-1	许章金	13508685138	442000
十堰市宝利盛典当有限责任公司	十堰市上海路 51 号	崔正学	0719-8884313	442000
十堰市嘉泰典当有限责任公司	十堰市人民北路 41 号	翁天玉	0719-8674201	442000
十堰市奥达典当有限公司	十堰市老虎沟路 8 号	王国华	0719-8651616	442000
湖北万华典当有限公司	十堰市北京中路 3 号 1 层中信银行左侧	邓宗平	18372638888	442000
十堰武当珍品汇典当有限公司	十堰市北京北路 57 号	杨旭日	13872829798	442000
十堰市融通典当有限公司	十堰市公园路 60 号	何　伟	13907282856	442000

续表 6-5-4

名　　称	地　　址	负责人	电　话	邮　编
十堰市祥银典当有限公司	郧西县城关镇七夕大道 7 号 1 单元 1-4 号	郝虹声	18772761731	442000
丹江口鑫诚典当有限公司	丹江口市沿江路 72 号	张　平	13508670863	442000
宜昌鑫泰典当有限公司	宜昌市西陵区云集路 27 号	王　仟	15572906661	443000
湖北贝合典当有限公司	宜昌市西陵区东山大道 109-012404 号	金　燕	13628600923	443000
宜昌华鑫典当有限公司	宜昌市伍家岗区白沙路 8-28-93 号	余　严	18771796980	443000
宜昌福林典当有限责任公司	宜昌市伍家岗区沿江大道 120-1 号	陈　静	0717-6251688	443000
宜昌首信典当有限公司	宜昌市伍家岗区沿江大道 148-1 号	李丽雪	0717-6567055	443000
宜昌华中典当有限责任公司	宜昌市伍家岗区武临路 33 号 6 栋	曹文生	13886697387	443000
湖北融易典当有限公司	宜昌市伍家岗区沿江大道特 162 号福江铭座大厦 16 层 1601 号房	刘　东	13971119937	443000
湖北宝典典当有限公司	宜昌市夷陵区小溪塔街道冯家湾社区峡州路 30 号	王卫伦	15872450030	443000
湖北宜昌信立典当有限公司	宜昌市高新区城东大道 60 号鸿华 SOHO 时代 1 楼商铺 107 号	汪　洋	15997635088	443000
湖北坤鼎典当有限公司	中国(湖北)自贸区宜昌片区港城路 16 号科研楼 1 层 112 室	付莹莹	15801221222	443000
湖北禾一典当有限公司	中国(湖北)自贸区宜昌片区港城路 16 号	徐　建	13387275111	443000
秭归县名隆典当有限公司	秭归县茅坪镇屈原路 16 号	谭　建	13997693866	443000
湖北衡通典当有限公司	宜都市陆城杨守敬大道名都花园山水苑 37 栋 111 铺	臧文清	18972047888	443000
湖北斗金典当有限公司	襄阳市襄城区檀溪路	龚建波	0710-3628888	441000
湖北宜旺典当有限公司	襄阳市樊城区人民西路 58 号恒大翡翠华庭 9 幢 1 层 27 号	汪海涛	13487159999	441000
襄阳百洋典当有限公司	襄阳市襄州区航空路 11 号	闫　伟	13972052518	441000
襄阳贵仁典当有限公司	襄阳市高新区春园路 19 号新春园大厦 1 幢 1 层	任慧芳	13972263788	441000
湖北鑫漳典当有限公司	襄阳市高新区新城路 8 号	裴双红	13908670533	441000
湖北和记典当有限公司	襄阳市高新区长虹北路长虹首府 1-8 号门面房	孙吉君	18372268222	441000
鄂州市民生典当有限责任公司	鄂州市南浦北路 23 号	杨美桂	0711-3222656	436000
湖北金叶典当有限公司	鄂州市花湖开发区鄂州恒升数控机械有限公司办公楼	毛　骁	0711-6405888	436000
湖北邦利典当有限公司	鄂州市鄂城区葛山大道 70 号	胡晓麟	13607239516	436000
湖北汇通典当有限公司	鄂州市古城路 115 号	鄂桂萍	0711-3879598	436000
湖北宝通典当有限公司	鄂州市明塘后路 11 号综合楼	龚德胜	13669018320	436000

续表 6-5-4

名　　称	地　　址	负责人	电　话	邮　编
湖北一房通典当有限公司	鄂州市鄂城区古城路、滨湖北路交会处中源滨湖大厦商住楼5层4号房	夏利萍	18827417787	436000
荆门市百信典当行有限公司	荆门市金宁路1号市民政局大楼	张　磊	13986996788	448000
湖北华铭典当有限公司	荆门市长宁大道23号	罗　华	13581349988	448000
湖北星球典当有限公司	荆门市虎牙关大道星球路18号	陈丽华	13707266064	448000
湖北荆门五福源丰典当有限责任公司	荆门市掇刀区深圳大道8号	孟传华	13985323012	448000
湖北润德典当有限责任公司	钟祥市郢中镇承天大道20号	李　卫	13797940699	448000
湖北王府典当有限责任公司	钟祥市郢中镇安陆府西路55号	黄冬梅	15907112232	448000
京山金桥典当有限公司	京山市新市镇轻机大道东段403号	田桂兵	0724-7244088	448000
湖北农腾典当有限公司	孝感市长征一路11-26号	刘华桥	13907157373	432000
湖北永利典当有限公司	大悟县城关镇长征路51号	钟生洪	15555557395	432000
大悟鸿瑞典当有限责任公司	大悟县宣化店镇迎宾大道城东小区	郑东志	15926826666	432000
湖北九鼎典当有限公司	应城市月圆路99号(长荆大道以北海山应置城22栋107、207商铺)	李林松	0712-3716999	432000
湖北中益典当有限公司	安陆市德安北路195号	资春明	13807296666	432000
湖北中广典当有限公司	汉川市仙女山街道办事处人民大道世纪新城A-1幢商铺单元1层1-08室	赵平方	18995692436	432000
湖北金屹典当有限公司	荆州市沙市区江津中路235号	张桂芬	18972116656	434000
湖北乾富典当有限公司	荆州市沙市区南湖路22号	任长坤	13807215206	434000
湖北金丰典当有限公司	荆州市沙市区三岔路1栋	黄正翔	0716-8511929	434000
湖北金丰典当有限公司荆州开发区分公司	荆州市开发区豉湖路(中豪明珠城)3栋104S、204S号	梅　冬	0716-8420388	434000
湖北金丰典当有限公司荆州分公司	荆州市荆州区江津西路1号(世纪观邸)	梅　冬	0716-8420388	434000
荆州市金池典当有限公司	荆州市荆州区景明观路80号	程　杰	0716-8426286	434000
湖北金丰典当有限公司沙市分公司	荆州市荆州开发区豉湖路(中豪明珠城)3栋104S、204S号	黄正翔	0716-8511929	434000
荆州市燕鑫典当有限公司	荆州市荆州开发区三湾路特1号	刘立贵	0716-3262913	434000
荆州市利民典当有限公司	石首市笔架山街道东方大道	吴国豪	15671373666	434000
湖北金洋泰典当有限公司	松滋市新江口镇高成大道9-11号	曾凡华	13908617241	434000
湖北隆吉典当有限公司	松滋市新江口镇金松大道西段130号	黄元林	13807217928	434000
荆州金鑫典当有限公司	松滋市新江口镇乐乡大道(金松驾校旁)	陈启东	18608616555	434000
湖北嘉大典当有限公司	黄冈市黄州区赤壁大道10号	熊卫东	13409954322	438000
湖北鼎记典当有限公司	黄冈市黄州大道安居小区5幢1层	杨丛发	13986556311	438000

续表 6-5-4

名　　称	地　　址	负责人	电　话	邮　编
湖北久泰典当有限责任公司	黄冈市黄州新港大道 101 号	徐久平	0713-8387716	438000
湖北九浩典当有限公司	黄冈市黄州区八一路 11 号	杜　吉	0713-8882938	438000
湖北玖洲典当有限公司	黄冈市龙感湖管理区交通东路	阎　雯	13597581555	438000
湖北义水典当有限公司	罗田县凤山镇城南新区富强家园 2 号楼	瞿建共	13707251996	438000
英山县丰泰典当行有限公司	英山县宏达新天地 1 号楼 102 商铺	柯　红	13995917008	438000
湖北聚圆典当有限公司	浠水县清泉镇十字横街 88 号	姜兰春	0713-4282568	438000
湖北鑫兴典当有限公司	黄梅县城关镇五祖大道 36 号	王文霞	0713-8513098	438000
湖北国润典当有限公司	黄梅县黄梅镇黄梅大道西 168 号	蒋国舟	0713-8516999	438000
湖北福海薪帝典当有限公司	麻城市南正街滨江御景三期 A 幢 101 号	熊　涛	18771646666	438000
湖北家鑫典当有限公司	咸宁市温泉路 88 号	王文娟	18972817789	437000
湖北鸿运典当有限公司	咸宁市咸安区永安大道 175 号	胡振亚	15607246666	437000
湖北昊元典当有限公司	咸宁市咸安区长安大道 43 号	郑良生	13971809999	437000
湖北君创典当有限公司	咸宁市咸安区浮山长江产业园内天洁国际城・雅典城 1 号商铺 1 层 106、107 号	黄　俊	18986620082	437000
湖北众鑫典当有限责任公司	咸宁市银泉大道尚城国际 1 号楼-1-S105	叶　翔	13477788369	437000
湖北元通典当有限公司	崇阳县天城镇仪表路 286 号	金标雄	18007243888	437000
湖北赤诚典当有限公司	赤壁市赤马港办事处赤马港村二组赵聪私房 101 铺	肖　静	13476954432	437000
随州市炎帝典当有限公司	随州市沿河大道中段	黄能军	0722-3828666	441300
湖北善建典当有限公司	随州市迎宾大道 48 号	袁昌才	13872881809	441300
湖北宏信典当有限公司	随州市交通大道 368 号	肖雷进	13308666558	441300
湖北星满楼典当有限公司	随州市舜井大道 21 号	鲁　力	0722-7098999	441300
随州市联丰典当有限责任公司	随州市交通大道 K211 号	艾浩宇	13308669990	441300
湖北永金典当有限公司	随州市曾都区金色港湾 16 栋单元 75 号	吴大会	17386589197	441300
湖北金顺典当有限责任公司	随州市曾都区迎宾大道恒大御府 7 号楼 1 层 101 号	马有敏	13257222752	441300
广水市金成典当有限责任公司	广水市应山大道	肖光明	18086267777	441300
湖北宇轩典当有限公司	广水市应山办事处三里河应十大道 50-54 号	马小豹	15334112777	441300
湖北铂丰典当有限公司	广水市应山街道办事处碧桂园・凤凰湾 31 号楼 1 层 101—102 铺	熊　毅	13797098168	432700
恩施九鼎典当有限责任公司	恩施市六角亭街道办事处松树坪村恩施国际汽车城摩根空间 C 栋 111—112 号	黄中华	0718-6226968	445000
湖北瑞通典当有限公司	仙桃市何李路 61 号	贾海洋	18086086010	433000

续表 6-5-4

名　　称	地　　址	负责人	电　话	邮　编
仙桃市玖鼎典当有限公司	仙桃市沙咀办事处玉沙大道北侧（钱沟南路 88 号）	付学武	15972299999	433000
潜江市融通典当有限公司	潜江市园林街道办事处东方路 35 号	陈　红	0728-6681111	433100
潜江市汇通典当有限公司	潜江市园林街道办事处育才路 31、32 号	李　骥	13907228858	433100
天门市佳盛典当有限责任公司	天门市竟陵元春路 1 号	陈伟小	0728-5245533	431700
天门市祥生典当有限公司	天门市人民大道西 51 号	夏　俊	18972625699	431700
天门市天宇典当有限公司	天门市竟陵街道状元路 82 号	董婵文	13807220089	431700
湖北汇融典当有限责任公司	天门市竟陵钟惺大道 8 号	吴冬艳	15027261126	431700
湖北睿丰典当有限责任公司	天门市天门新城秀水江景湾（一号楼）101 商铺	王法堂	18672875086	431700

（五）融资租赁公司

表 6-5-5

名　　称	地　　址	负责人	电　话	邮　编
国中融资租赁有限公司	武汉市江岸区三阳路 8 号天悦星晨 A 栋写字楼第 22 层 2205 室	马德龙	027-82609907	430010
武汉藏茗融资租赁有限公司	武汉市江岸区中山大道 1241 号都市产业大厦 17 层 R7 单元	王　伟	18642563215	430010
武汉鹏派融资租赁有限公司	武汉市江岸区后湖大道 111 号汉口城市广场二期商业 B-1、C 区、2 号楼单元 19 层 20 室	刘维海	13797299600	430010
中联和合融资租赁有限公司	武汉市江岸区新村街长湖地五村 52 号 2 栋 1—6 层 6013 室	和向宏	15392842838	430010
中祥安信（武汉）融资租赁有限公司	武汉市江岸区东方恒星园 1 栋 1 层 6 室	周建凯	13132152155	430010
国盛天启（武汉）融资租赁有限公司	武汉市江岸区后湖大道 111 号汉口城市广场二期商业 B-1、C 区、2 号、3 号楼栋 2 号楼单元 14 层 4 室	孟伟帅	13132512155	430010
惠泽恒泰（武汉）融资租赁有限公司	武汉市江岸区百步亭花园路 205 号百步亭花园华庭商业 1 单元 4 层 6 室	李会芹	15522210521	430010
中宏正浩（武汉）融资租赁有限公司	武汉市江岸区二七路 154 号第 2 栋 1 层	王凤芩	13132152155	430010
惠泽旷世（武汉）融资租赁有限公司	武汉市江岸区沿江大道 159 号时代广场 1 栋 13 层 6 室	李鹏宇	15502210521	430010
旷世寰茂（武汉）融资租赁有限公司	武汉市江岸区江汉北路九运大厦 16 楼 D-1603 室	张　朋	13132152155	430010
鼎香银纪（武汉）融资租赁有限公司	武汉市江岸区黄孝河路 95 号德盛大厦 1 层	陈　诚	15871828684	430010

续表 6-5-5

名　　称	地　　址	负责人	电　话	邮　编
湖北港口融资租赁有限公司	武汉市江岸区四唯街道五福路 78 号-19	阮春玲	027-85316218	430010
武汉市农泽融资租赁有限公司	武汉市江汉区天门墩路 5 号附楼 6 层	蔡玉娟	13387522345	430020
湖北万民融资租赁有限公司	武汉市江汉区经济开发区江兴路 6 号汉口创业中心 1 号楼 3 层	陈俊英	15997431818	430020
武汉市臻誉融资租赁有限公司	武汉市江汉区建设大道 562 号(国贸新都)22 层西 B 室	薛　磊	15827565351	430020
武汉乐美康融资租赁有限公司	武汉市江汉区中央商务区泛海国际 SOHO 城第 3、4、6 幢 4 号楼 7 层 1 号	黄自俊	0728-85771202	430020
武汉中天财智融资租赁有限公司	武汉市江汉区单洞路亚洲广场 B 栋 10 层 A1013 室	袁汉明	17354484467	430020
湖北铁路集团融资租赁有限公司	武汉市江汉区江汉经济开发区江旺路 8 号红 T 时尚创意街区 4 栋 7 层 H7091	罗明华	15972210896	430020
湖北通鄂融资租赁有限公司	武汉市江汉区北湖西路 2 号双玺中心 A 栋 2109 号	周颖琦	0510-85187753	430020
永翔融资租赁(武汉)有限公司	武汉市硚口区解放大道与古田二路交会处凯德广场古田项目公寓式办公 5 层(10)办号	吴咏思	027-83532888	430030
武汉力时融资租赁有限公司	武汉市硚口区建荣村广电・兰亭荣荟 18 栋 11 层 3 号	王　锋	027-66666518	430030
湖北泓誉融资租赁有限公司	武汉市汉阳区芳草路 88 号龙阳 1 号一期 1、2 号楼栋 1—2 层(1)商-1	邹红波	027-84870006	430050
国联(湖北)融资租赁有限公司	武汉市汉阳区龟山北路 1 号 59-12 号	丁志康	18054648478	430050
湖北省长投融资租赁有限责任公司	武汉市武昌区水果湖街中北路 9 号办公楼、商业裙房(长城汇二期)1、2 栋 1 单元 24 层 1 号 R5	陈圣玉	027-87898606	430060
厚益融资租赁(武汉)有限公司	武汉市武昌区中北路与东沙大道交会处武汉中央文化区 K1 地块一期一区第 K1-1 幢 22 层 2 号	闫　广	027-85748868	430060
武汉星光伟创融资租赁有限公司	武汉市武昌区水果湖街汉街武汉中央文化旅游区 K3 地块第 1 幢 33 层 3 号房	李诗沫	13607196735	430060
湖北长江国际融资租赁有限公司	武汉市武昌区徐东大街 120 号福星惠誉国际城 K3-2 栋 1306 室	苏阿平	027-87896027	430060
美融国际融资租赁有限公司	武汉市武昌区武汉中央文化区 K6K7 地块二期第 K7-2 幢 21 层 8 号	罗　平	027-86651848	430060
大方(武汉)融资租赁有限公司	武汉市武昌区水果湖街中北路 107-2 号广厦中北领寓二期 1 栋 4 层 2 室	章少华	18071403717	430060
中鸿融资租赁(武汉)有限公司	武汉市武昌区徐家棚街三角路福星惠誉水岸国际 6 号地块第 1 幢 11 层 22 号	袁　俊	13720182255	430060

续表 6-5-5

名　　称	地　　址	负责人	电　话	邮　编
财富天下融资租赁（湖北）有限公司	武汉市武昌区积玉桥万达中心 701、712 室	王杰克	13073048084	430060
武汉楚华融科融资租赁有限公司	武汉市武昌区徐家棚街徐东大街西侧联发九都国际 7 栋 17 层 4 号-1	向汉辉	18107276293	430060
武汉市铭信百融资租赁有限公司	武汉市武昌区烟霞路以东、沙湖大道以西、公正路以北、松竹路以南武汉中央文化区 K6K7 地块二期(万达尊)第 K7-1，K7-S1 幢 K7-1 单元 11 层 11 号	林运霞	15926189866	430060
武汉中事铭融资租赁有限公司	武汉市武昌区中山路与紫阳东路交叉口天伦万金国际广场塔楼 1 单元 25 层办公 10 号	赵红霞	17701050365	430060
华夏汇鑫融资租赁有限公司	武汉市洪山区洪山街马湖村武汉创意天地(一期)10 号楼 8 层 6 号	廖美玲	15071282880	430070
湖北美融融资租赁有限公司	武汉市洪山区书城路名士 1 号 4 号办公楼 19 层 16 号	罗　军	027-86651848	430070
武汉鄂润融资租赁有限公司	武汉市洪山区卓刀泉路 108 号凯乐桂园 1 栋 1、2 层 10 室	李青山	027-8342598	430070
武汉晋信融资租赁有限公司	武汉市洪山区南湖大道 53 号南湖创业园 4010 室	许宏岩	15835136660	430070
中融恒泰（武汉）融资租赁有限公司	武汉市洪山区书城路 26 号洪山创业中心 A 座 4 层 426 室	郝晨阳	13132152155	430070
中和信泰（武汉）融资租赁有限公司	武汉市洪山区友谊大道 508 号万利生活广场 9 栋 4 层 401 室 5 号	程　颖	15522210521	430070
锦安盛华（武汉）融资租赁有限公司	武汉市洪山区关山村下马庄永利国际大厦 1 幢 24 层 2402 号	韦建雄	15326784510	430070
中元鼎盛（武汉）融资租赁有限公司	武汉市洪山区书城路 15 号武汉亿胜科技大楼 4 层 29 室	郝晨阳	13132152155	430070
国元鼎融（武汉）融资租赁有限公司	武汉市洪山区徐东大街 45 号中铁科技大厦 5 层 26 号	黄金强	13132152155	430070
嘉阳融资租赁(湖北)有限公司	武汉市洪山区珞喻路 609 号吴家湾联合国际大厦 14 层 13、14 单元	叶天伟	13696910820	430070
中佰汇荣（湖北）融资租赁有限公司	武汉市洪山区珞喻路 426 号昊宇大厦 8033 房	王攀峰	010-52901725	430070
中恒盛泰（武汉）融资租赁有限公司	武汉市洪山区珞狮南路 517 号明泽大厦 13 层 1318 室	王　双	13132152155	430070
国融恒泰（武汉）融资租赁有限公司	武汉市洪山区卓刀泉路 108 号凯乐桂园 S-1 幢 A 单元 15 层 7 号	孟伟帅	15522210521	430070
中盈汇泰（武汉）融资租赁有限公司	武汉市洪山区珞喻路 78 号长江传媒大厦 6 层 18 号	孙美艳	13132152155	430070
湖北中辰融资租赁有限公司	武汉市洪山区野芷湖西路 16 号创意天地 OVU 创客星南站 5 层 C8-74	匡　恋	13777900131	430070
联尚通鼎（武汉）融资租赁有限公司	武汉市洪山区珞狮南路 147 号未来城 B、C 栋裙楼栋 3 层 2 室 46 号	周建凯	13132512155	430070

续表 6-5-5

名　　称	地　　址	负责人	电　话	邮　编
联财国和(武汉)融资租赁有限公司	武汉市洪山区民族大道 158 号 1 栋 4 层 17 号	吴胜伟	13132152155	430070
湖北省融资租赁有限责任公司	中国(湖北)自贸区武汉片区高新二路 388 号武汉光谷国际生物医药企业加速器 1 号楼 258 号	姚奇林	027-59728792	430070
湖北金控融资租赁有限公司	武汉市东湖新技术开发区关东科技工业园华光大道 18 号高科大厦 3 层	肖忠云	027-86758368	430070
武汉光谷融资租赁有限公司	中国(湖北)自贸区武汉片区关山大道 1 号光谷软件园 1.1 期产业楼 A1 栋 2 层	周　昕	027-85817737	430070
湖北省工建国际融资租赁有限公司	武汉市东湖新技术开发区光谷三路 777 号	文　刚	027-65384805	430070
湖北合作银通融资租赁有限公司	武汉市东湖新技术开发区光谷三路 777 号武汉光谷保税国际交流中心(光谷三路以东、东园南路以北)307	万定利	027-82289738	430070
武汉融资租赁有限公司	武汉市东湖新技术开发区高新大道 999 号未来科技城海外人才大楼 A 座 18 层 1835 室	田　丰	027-86743150	430070
湖北农谷融资租赁有限公司	武汉市东湖新技术开发区高新大道 668 号光谷金融中心栋办公塔楼单元 15 层 01 室	杨真好	027-87813218	430070
途虎(湖北)融资租赁有限公司	武汉市东湖新技术开发区金融港一路 7 号神州数码武汉科技园 26 栋 7 层(湖北自贸区武汉片区)	朱　炎	18602174110	430070
芯鑫融资租赁(湖北)有限责任公司	武汉市东湖新技术开发区光谷三路 777 号 A 办公楼 4 层 402-190 号工位	马光杰	027-59201682	430070
逸百年融资租赁有限公司	武汉市东湖新技术开发区光谷大道 77 号金融港后台服务中心基地建设项目一期 1.1 期展示中心 1—2 层 OVU 创客星金融港站 221-13/14/17 区域	曹　杨	027-87278008	430070
武汉中泰和融资租赁有限公司	武汉市东湖新技术开发区光谷大道 77 号金融港后台服务中心一期 A4 栋 3 层 01 号	曾　涛	027-87519151	430070
湖北信哲融资租赁有限公司	武汉市东湖新技术开发区光谷三路 777 号 A 办公楼 4 层 402-227 号	黄　亮	027-87320482	430070
融众国际融资租赁有限公司	武汉市东湖新技术开发区珞喻路 889 附 1 号商业写字楼 3001、3005、3006、3007、3008 号	谢小青	027-85558185	430070
恒立金通融资租赁有限公司	武汉市东湖新技术开发区光谷三路 777 号	高庆寿	027-87715020	430070
湖北金弘泰融资租赁有限公司	武汉市东湖新技术开发区关东街道光谷三路 777 号创星汇自贸金融大厦 5 层 541	倪阿欣	15387078847	430070

续表 6-5-5

名　　称	地　　址	负责人	电　话	邮　编
湖北旷谷融资租赁有限公司	武汉市东湖新技术开发区关南科技工业园现代·国际设计城一期3幢27层8号	杨卓卓	13986241611	430070
湖北圆融融资租赁有限公司	武汉市东湖新技术开发区光谷大道77号金融港A4栋6层	刘　虎	027-51118111	430070
湖北吉鑫融资租赁有限公司	武汉市东湖新技术开发区华师园北路18号光谷科技港1栋B座6层6165室	吴胜平	18062669938	430070
武汉奥创融资租赁有限公司	武汉市东湖新技术开发区光谷创业街创业楼7号楼10层1号E区	刘　卫	027-87530666	430070
湖北元玺融资租赁有限公司	武汉市东湖新技术开发区光谷三路777A办公楼4层4014-359号工位	陈　威	027-65389697	430070
湖北忱信融资租赁有限公司	武汉市东湖新技术开发区光谷世界城广场B地块11011室	纪　幸	027-87265113	430070
武汉东财融资租赁有限公司	武汉市东湖新技术开发区光谷三路777号A办公楼7层402-108号	马　麟	13995602388	430070
湖北融陛融资租赁有限公司	武汉市东湖新技术开发区高新四路40号葛洲坝太阳城	张祥洲	027-65389593	430070
丰逸融资租赁有限公司	武汉市东湖新技术开发区光谷科技港1栋B座6层6074室	李海葵	18621992370	430070
湖北中拓彩融资租赁有限公司	武汉市东湖新技术开发区光谷大道58号关南福星医药园二期9栋9层02室-H	余　辉	13777900131	430070
长江创新融资租赁（湖北）有限公司	中国（湖北）自贸区武汉片区光谷三路777号A办公楼4层401-390号	任鲁海	027-87580811	430070
振乾融资租赁（湖北）有限公司	武汉市东湖新技术开发区光谷大道108号久阳科技工业园3层315室（湖北自贸区武汉片区）	汤　湛	027-86899162	430070
坤善融资租赁有限公司	武汉市东湖新技术开发区华师园北路18号光谷科技港1栋B座6层6073室	李海凤	18607179157	430070
晟泰华辉（湖北）融资租赁有限公司	武汉市东湖新技术开发区光谷大道77号金融后台服务中心基地建设项目二期B4栋1-2F03室302号	谭剑峰	027-84467728	430070
鸿安世耀融资租赁（武汉）有限公司	武汉市东湖新技术开发区高新二路388号武汉光谷国际生物医药企业加速器1号楼3519号房（湖北自贸区武汉片区）	王勇勇	13957693528	430070
武汉博瑞通融资租赁有限公司	武汉市东湖新技术开发区光谷三路777号A办公楼4层401-124号工位（湖北自贸区武汉片区）	陈　莉	027-84730009	430070
武汉卓锐融资租赁有限公司	武汉市东湖新技术开发区高新大道999号海外人才大楼A座18层197室	徐向红	13387518752	430070
湖北有道融资租赁有限公司	武汉市东湖新技术开发区光谷三路777号A办公楼4层401-425号	朱心梅	13797293188	430070

续表 6-5-5

名　　称	地　　址	负责人	电　话	邮　编
汉芯(湖北)融资租赁有限公司	武汉市东湖新技术开发区东信路 SBI 创业街创业楼 8 幢 12 层 1201 室 06 号	杜峥嵘	18186662666	430070
武汉科润融资租赁有限公司	武汉市东湖新技术开发区九峰乡王家店特 1 号 18 幢 2 层	何昌禄	18963944434	430070
湖北中诺天下融资租赁有限公司	武汉市东湖新技术开发区高新二路 388 号武汉光谷国际生物医药企业加速器 1 号楼 3510 号房(湖北自贸区武汉片区)	张　伟	15202167152	430070
湖北融友通达融资租赁有限公司	武汉市东湖新技术开发区光谷大道 77 号金融后台服务中心基地建设项目二期 B4 栋 1—2 层 03 室 231 号(湖北自贸区武汉片区)	余思远	027-87126255	430070
湖北瑞熠融资租赁有限公司	武汉市东湖新技术开发区光谷科技港 1 栋 B 座 6 层 6183 室	汪永东	13995522222	430070
湖北崇沣融资租赁有限公司	武汉市东湖新技术开发区光谷三路 777 号武汉光谷保税国际交流中心(光谷三路以东、东园南路以北)320	李　润	18971339914	430070
武汉融壹融资租赁有限公司	武汉市东湖新技术开发区高新二路 388 号武汉光谷国际生物医药企业加速器一期工程一号厂房 1 单元 3370 室	刘荣荣	18971566599	430070
武汉润达昌融资租赁有限公司	武汉市东湖新技术开发区华师园北路 18 号光谷科技港 1 栋 B 座 6 层 6158 室	杨鸿生	027-81566637	430070
湖北恒捷通融资租赁有限公司	武汉市东湖新技术开发区东园西路以东、高新四路以北普天物联网创新研发基地(二期)9 幢 1 单元 1—5 层 3 号房	董　博	13636117333	430070
华振齐富(武汉)融资租赁有限公司	武汉市东湖新技术开发区东信路 SBI 创业街 2 幢 1402 号-7(湖北自贸区武汉片区)	陈晓亮	18613887620	430070
武汉佳乡融资租赁有限公司	武汉市东湖新技术开发区关东园路 2-2 号光谷国际商会大厦 1 幢 B-1511	杨　妮	15171501106	430070
瀚时融资租赁(武汉)有限公司	武汉市东湖新技术开发区软件园东路 1 号软件产业 4.1 期 F1 栋 3 层 A301 室 014 号	吴元晖	027-82626362	430070
武汉慢牛融资租赁有限公司	武汉市东湖新技术开发区雄楚大道 888 号金地·雄楚 1 号三期 D2 栋 25 层 25 室	左　腾	18138408111	430070
武汉融鑫汇融资租赁有限公司	武汉市东湖新技术开发区华师园北路 18 号光谷科技港 1 栋 B 座 6 层 6121 室	王　丹	18186210283	430070
武汉和聚行融资租赁有限公司	武汉市东湖新技术开发区华师园北路 18 号光谷科技港 1 栋 B 座 6 层 6111 室	胡　兵	15549459567	430070
武汉市中创国投融资租赁有限公司	武汉市东湖新技术开发区光谷创业街 10 栋 1 单元 1 层 01 室 163 号	徐梦华	13387592698	430070

续表 6-5-5

名　　称	地　　址	负责人	电　话	邮　编
武汉道易行融资租赁有限公司	武汉市东湖新技术开发区高新二路37号鼎泰关南大厦4层406号	胡颖波	18396865265	430070
锦实繁华(湖北)融资租赁有限公司	武汉市东湖新技术开发区光谷创业街10栋1单元1层01室407号	陆　懿	13818402561	430070
湖北义聚财来融资租赁有限公司	武汉市东湖新技术开发区光谷大道120号现代·森林小镇公建区A栋6层21室A3号	陶　帅	17371372222	430070
中乾壹金(湖北)融资租赁有限公司	武汉市东湖新技术开发区光谷三路777号A办公楼及配套等设施4层401-41号	张　理	15375377759	430070
湖北横贯融资租赁有限公司	武汉市东湖新技术开发区华师园北路18号光谷科技港1栋B座6层6020室	陈建国	13797488250	430070
恒誉环星融资租赁(湖北)有限公司	武汉市东湖新技术开发区光谷大道3号激光工程设计总部二期研发楼6栋6单元13层06室201840	王　军	18327097436	430070
武汉融恒融资租赁有限公司	武汉市东湖新技术开发区关东园路2-2号光谷国际商会大厦B-2115号	孙凌岚	13307112493	430070
武汉华盈谱鑫融资租赁有限公司	武汉市东湖新技术开发区武大园四路3号国家地球空间信息产业基地Ⅱ区(6期)A-3栋5层01室-5号	李小飞	15089285062	430070
湖北荣基融资租赁有限公司	武汉市东湖新技术开发区华师园北路18号光谷科技港1栋B座6层6215室	江光英	027-51476867	430070
湖北鼎益信融资租赁有限公司	武汉市东湖新技术开发区华师园北路18号光谷科技港9栋3层3116	王邑群	15549435092	430070
湖北富宸祥融资租赁有限公司	武汉市东湖新技术开发区高新大道780号光谷新汇1号地块14层(1)办公	张　畋	027-85527918	430070
中利盛(武汉)融资租赁有限公司	中国(湖北)自贸区武汉片区光谷三路777号A办公楼4层401-439号	严　翔	13308636272	430070
湖北易云通融资租赁有限公司	武汉市东湖新技术开发区光谷三路777号A办公楼4层402-014号(湖北自贸区武汉片区)	曹克强	027-86810257	430070
武汉楚汉众信融资租赁有限公司	武汉市东湖新技术开发区雄楚大道888号金地·雄楚1号三期D2栋25层08号	石　川	18171278350	430070
中弘启泰融资租赁(武汉)有限公司	武汉市东湖新技术开发区高新二路388号武汉光谷国际生物医药企业加速器一期工程一号厂房1单元3330室	李启超	18140694139	430070
湖北自贸区(武汉)片区伟泰融资租赁有限公司	中国(湖北)自贸区武汉片区光谷三路777号A办公楼4层401-486号	董必文	13638617556	430070
湖北楚道融资租赁有限公司	武汉市东湖新技术开发区光谷三路777号移动终端产业园1号楼4层410号、411号、412号410-001	曹　扬	027-69576666	430070

续表 6-5-5

名　　称	地　　址	负责人	电　话	邮　编
湖北银鑫融资租赁有限公司	武汉市东西湖区中百集团吴家山综合楼第 16 层南 1、2 两间(6)	胡　洲	13307150471	430040
金迪融资租赁有限公司	武汉市东西湖区将军路街道办事处金潭路 9 号 305 室(11)	庄　竞	027-85308400	430040
荟经(武汉)融资租赁有限公司	武汉市东西湖区走马岭农场集镇十一支沟东	李立玲	18607195765	430040
湖北省恒太融资租赁有限公司	武汉市东西湖区革新大道 388-1 号	曹增峰	15377623497	430040
武汉光大畅行融资租赁有限公司	武汉市东西湖区吴家山台商投资区高桥产业园台中大道特 1 号	史静宾	010-68098377	430040
湖北宇驰融资租赁有限公司	武汉市东西湖区径河农场永丰大队控制微电机生产项目 6 栋 3 层 2 室-A083	杨　杰	15807152640	430040
东风标致雪铁龙融资租赁有限公司	武汉市武汉经济技术开发区东风二路东合中心南区办公楼 H 栋 21 层 12 号	Freddy Marie	18519631709	430056
武汉车都融资租赁有限公司	武汉市武汉经济技术开发区东风大道 199 号车都大厦 1308 室	李　燕	027-84687861	430056
武汉融迈融资租赁有限公司	武汉市汉南区纱帽街兴四路 152 号楼	黄　林	18048833000	430090
中盈融资租赁(武汉)有限公司	武汉市黄陂区滠口街滠口村湖北汉口四季美农贸城东区 2 层 E4-228 号(尔顺商务秘书-035)	赵　明	18971331711	430300
湖北省慧盛融资租赁有限公司	武汉市黄陂区前川街向阳大道黄陂春天 1 栋 1-2 层-04	吴子恢	18970828835	430300
国诚融资租赁(武汉)有限公司	武汉市黄陂区盘龙城经济开发区露甲山路特 9 号哥特帝景 20 栋 1 层 3D 室	陈　义	13533313669	430300
湖北弘融融资租赁有限公司	武汉市黄陂区盘龙城经济开发区叶店村天汇龙城三期(0 地块)3 栋 2 单元 21 层 2 号-2	钟　建	19925278027	430300
湖北乾有融资租赁有限公司	武汉市黄陂区盘龙城经济开发区露甲山路特 9 号哥特帝景 24 栋 9 层 3D 室	王铁全	13535290951	430300
武汉众诚融资租赁有限公司	武汉市黄陂区盘龙城经济开发区卓尔优势企业总部基地(高层创意空间)社区 1 栋 5 层 1 室 508-2 号房	曲砚彬	13907122840	430300
湖北丰汇融资租赁有限责任公司	黄石市杭州西路 176-3 号 7048 室	陈建国	13807238663	435000
黄石市城发融资租赁有限责任公司	黄石市黄石港区黄石大道 78 号	张　阳	15107233440	435000
湖北富创融资租赁有限公司	十堰市茅箭区北京北路 82 号	孙云鹏	15549959595	442000
龙杰(湖北)融资租赁有限公司	宜昌市西陵区胜利四路 25-1-105 号	甘　伟	18086235121	443000
宜昌建投融资租赁有限公司	中国(湖北)自贸区宜昌片区发展大道 57-5 号-7005 号	胡智勇	0717-6560481	443000
安琪融资租赁(湖北)有限公司	中国(湖北)自贸区宜昌片区峡州大道 488 号宜昌综合保税区综保大楼 A 座 506-37 室	刘　涛	0717-6306019	443000

续表 6-5-5

名　　称	地　　址	负责人	电　话	邮　编
湖北蚂蚁融资租赁有限公司	中国(湖北)自贸区宜昌片区发展大道 44 号	江栋梁	18871700651	443000
经发融资租赁(湖北)有限公司	中国(湖北)自贸区宜昌片区发展大道 57-6 号	刘正强	0717-7105827	443000
泓博融资租赁(湖北)有限公司	中国(湖北)自贸区宜昌片区发展大道 57 号 6 栋 2 单元 1102 室	田贞验	0717-6971553	443000
湖北省懂亲融资租赁有限公司	中国(湖北)自贸区宜昌片区大连路 33 号	金财坤	15090850007	443000
湖北襄信融资租赁有限公司	襄阳市樊城区卧龙大道环球金融城 5 幢 10 层 1 室	许　坤	0710-3358060	441000
湖北祥斌融资租赁有限公司	襄阳市高新区长虹北路 6 号广景碧云天 1 幢 A 单元 13 层 5 号	汪昊文	15875693249	441000
湖北汉江融资租赁有限公司	中国(湖北)自贸区襄阳片区米芾路陆港保税物流中心综合大楼	杜　薇	0710-3567419	441000
襄阳国益融资租赁有限公司	中国(湖北)自贸区襄阳片区米芾路襄阳保税物流中心综合大楼 902 室 A115 卡	郑　飞	0710-3231616	441000
湖北骆驼融资租赁有限公司	中国(湖北)自贸区襄阳片区襄阳市新星路 2 幢	唐　乾	19171215356	441000
湖北鄂车融资租赁有限公司	鄂州市鄂州经济开发区吴楚大道 12 号泰智汇	胡　渊	13564249665	436000
荆门亿鑫和融资租赁有限公司	荆门市高新区 · 掇刀区月亮湖北路 32 号	周　兵	13597978342	448000
京山弘建融资租赁有限公司	京山市新市镇新市大道 78 号	曾金堂	0724-7322615	448000
湖北荣建融资租赁有限公司	荆州市城南开发区西环路 99 号	黄保忠	15027052631	434000
湖北永盛融资租赁有限公司	咸宁市银泉大道与金桂大道交会处传媒大厦 17 层	王　强	0715-8101020	437000
湖北兴展融资租赁有限公司	咸宁市咸安区咸宝路 167-1 号	李　帮	0715-8900227	437000
湖北善建融资租赁有限公司	随州市南郊平原岗村、2 幢 1—8 层号、3 幢 1—4 层号、5 幢 1—7 层号	袁昌才	0722-3289888	441300
随州市鑫诚融资租赁有限公司	随州市高新技术产业开发区产业园区吴家老湾村 1 幢高新区管委会北附楼 3 层 301 室	陈　新	18989497289	441300
湖北中和融资租赁有限公司	随州市玉柴大道玉柴东特专用汽车有限公司内	夏　盛	13774110000	441300
湖北同鑫中亿融资租赁有限公司	随州市曾都经济开发区格林小镇 1 层	郑小铃	0722-3565066	441300
随州一步购车融资租赁有限公司	随州市西城大北街 1 号 11 幢单元 6 层 602 号	蒋竟波	15897653688	441300
天门市兴茂融资租赁有限公司	天门市竟陵办事处陆羽大道西 40 号(市民中心综合楼 D 栋 4 层)	魏明波	13035366662	431700

（六）商业保理公司

表 6-5-6

名　称	地　址	负责人	电　话	邮　编
湖北文旅商业保理有限公司	武汉市江岸区球东小区 8 号楼底层部分	邱玉新	027-87818712	430010
武汉城建商业保理有限公司	武汉市江汉区常青街道常青路 9 号恒融商务中心 2 号楼 2411 室	黄光明	027-83519066	430020
湖北楚道商业保理有限公司	武汉市武昌区中南路民主二路 75 号华中小龟山金融文化公园 10 栋 101-10	李家慧	027-69576666	430060
湖北金控商业保理有限公司	中国（湖北）自贸区武汉片区光谷三路 777 号 A 办公楼 4 层 401-396 号	黄骏飞	027-88513730	430070
武汉国通商业保理有限公司	中国（湖北）自贸区武汉片区光谷三路 777 号 A 办公楼 4 层 401-410 号	钟　俊	027-63370790	430070
长江汇谷商业保理（湖北）有限公司	中国（湖北）自贸区武汉片区光谷三路 777 号 A 办公楼 4 层 401-415 号	任鲁海	027-87580811	430070
长江新丝路商业保理（武汉）有限公司	武汉市东湖新技术开发区光谷三路 777 号 A 办公楼 4 层 401-108 号（湖北自贸区武汉片区）	陈光雄	13607111526	430070
湖北凯顺商业保理有限公司	武汉市东湖新技术开发区光谷三路 777 号 A 办公楼 4 层 402-194 号（湖北自贸区武汉片区）	陈立基	027-87002591	430070
湖北酷敦商业保理有限公司	武汉市东湖新技术开发区综合保税区 A 塔楼 4 层 402-152 号	孙　琪	027-88381001	430070
湖北九陌商业保理有限公司	武汉市东湖新技术开发区光谷大道凌家山南路 1 号武汉光谷企业天地科研楼 1 号楼 24 层 1 号（028）	王　祥	027-85883066	430070
湖北工建商业保理有限公司	武汉市东湖新技术开发区光谷三路 777 号 A 办公楼 4 层 405-005 号（湖北自贸区武汉片区）	吴冬亮	027-87315868	430070
武汉地铁商业保理有限公司	武汉市东湖新技术开发区光谷三路 777 号 A 塔楼 405 室 405-054（湖北自贸区武汉片区）	黄光明	027-83481455	430070
湖北盈信商业保理有限公司	中国（湖北）自贸区宜昌片区发展大道 57-6 号三峡云计算大厦 C 座 4-B9 号	张镰缤	0717-6622209	443000
宜昌国投商业保理有限公司	中国（湖北）自贸区宜昌片区发展大道 57-5 号	张　耘	0717-6330381	443000
宜昌市三峡商业保理有限公司	宜昌市西陵区西陵一路 16 号	胡智勇	0717-6558199	443000
襄阳市鸿禾商业保理有限公司	襄阳市樊城区汉江路汉江悦府 H 栋 4 层 402、403、404、405 室	司伟伟	0710-3313835	441000
湖北自由贸易试验区（襄阳）片区陆港商业保理有限公司	襄阳市高新技术开发区米芾路襄阳保税物流中心综合大楼 8 层	陈　楠	15807270651	441000

（七）地方资产管理公司

表 6-5-7

名　　称	地　　址	负责人	电　话	邮　编
湖北省资产管理有限公司	武汉市洪山区欢乐大道 1 号东湖国贸中心 A 栋宏泰大厦 30 层	尹　俊	027-87815595	430070
湖北天乾资产管理有限公司	武汉市东湖新技术开发区光谷三路 777 号 A 栋办公楼 4 层 401-20 号	胡　英	027-87115978	430200

六、其他机构

表 6-6

名　　称	地　　址	负责人	电　话	邮　编
中国银联股份有限公司湖北分公司	武汉市江岸区建设大道 618 号武银大厦 16、17 层	汪　博	027-85260605	430015

第七部分

行业协会、学会

一、行业协会

湖北省银行业协会

2023年，湖北省银行业协会认真履行“自律、维权、协调、服务”职能，不断强化党建引领，在高质量开展党建工作、着力提升服务会员质效、充分发挥辅助监管作用等方面取得显著成效，较好地完成了各项工作任务。2023年获得中国银行业协会颁发的“银行业好新闻奖”和《中国银行保险报》颁发的“新闻宣传杰出贡献奖”。

【党建工作】

一是开展主题学习。组织干部职工学习领会中央金融工作会议精神，深刻领悟金融强国的重大意义，把贯彻落实中央金融工作会议精神作为重大政治任务，把学习贯彻中央金融工作会议精神与做好自身工作紧密结合起来，围绕助力推动湖北银行业科技金融、绿色金融、普惠金融、养老金融、数字金融发展安排部署协会各项工作，不断提升服务银行业高质量发展的能力和水平。二是开展调查研究。认真组织，周密部署，科学精准做好调查研究方案设计、过程实施、监督问效等工作，明确时间表、路线图。结合协会工作实际，确定加强行业维权和提升协会“两个服务能力”两个重点课题，调研课题组集中汇总相关调研单位的意见和建议，形成2篇调研报告。三是加强党风廉政建设。认真学习习近平总书记关于党风廉政建设重要论述和党风廉政建设法律法规，将警示教育纳入干部教育整顿，教育引导党员、干部知敬畏、存戒惧、守底线。

【会员服务】

一、开展不良资产处置案例征集，促进风险管理交流

组织开展湖北银行业金融机构2020年1月疫情以来不良资产处置优秀案例征集活动，总结银行业处置不良资产工作经验。共收到典型案例投稿72篇，经专家评审优选出65篇优秀案例汇编成册，发送至各会员单位学习借鉴。

二、做好日常维权工作，夯实维权工作基础

做好债委会、联合授信、函证业务公示、诉讼费申退情况统计、受处分人员信息统计等日常工作，不断夯实维权工作基础。全年完成辖内146家法人银行函证业务集中公示，持续推进辖内法人银行金融机构接入第三方函证平台风险评估相关工作。按季统计银行业金融机构诉讼费申退情况和受处分人员信息，积极为会员单位提供银行业受处分人员信息查询服务。

三、丰富培训形式，提升行业培训质效

一是发挥教育培训委员会作用，建立协会内训师师资库。召开教育培训委员会二届三次会议，印发《湖北省银行业协会特聘内训师师资库管理办法（试行）》，明确教育培训重点项目，建立特聘内训师师资信息库，第一批入库“特聘内训师”共47人。二是完善行业职业教育学习平台，举办多场培训课程。完善线上与线下培训相结合的培训模式，与武汉市主力培训直播平台合作，建立协会直播培训平台。全年举办2023年宏观经济形势展望与湖北经济运行分析、银行保险机构消费者权益保护管理办法解读、短视频创意设计与编辑制作技巧等培训活动5期，线下参训人数400余人，线上短视频系列培训参培人数超5600人次。三是创新培训方式，开展职业技能等级认证培训。联合湖北长江互联网教育研究院为会员单位管理人员提供风险管理师职业技能等级证书等系列培训。推动“中融考培·融e过”平台为湖北银行业从业人员提供线上培训课程，鼓励银行人员积极参加专业人员职业资格考试，提升考试通过率。四是精心组织，顺利完成银行业专业人员职业资格考试服务工作。认真做好两期专业人员职业资格考试湖北考区的各项准备工作，组建多个巡考小组，到全省各考点巡考，巡考覆盖率达100%。五是争取政府支持，拓宽培训渠道。采取“请进来”的方式，邀请湖北省人力资源和社会保障厅职业能力建设处和湖北省公共就业创业指导与信息服务中心相关同志进行职业教育政府费用补助相关政策、就业服务政策等内容培训。六是开发数字化转型课程，助力数字金融发展。到华为总部考察学习，与华为技术有限公司共同研究完善协会培训平台，引入培训工作新渠道、新思路和新方向，开发高质量数字金融课程，进一步满足会员单位数字化转型培训需求。

【行业管理】

一、配合监管部门开展涉企收费专项整治行动

开展涉企违规收费专项整治行动，联合市州协会对辖内147家法人机构落实九项重点降费措施情况开展全面调查督导，向中银协上报《湖北法人银行机构落实执行服务价格收费调查督导情况专项工作报告》。全年法人银行累计降低ATM跨行手续费664.31万笔，让利金额1639.96万元；降低小微企业和个体工商户支付手续费579.37万笔，让利金额4888.33万元。

二、推动湖北银行业清廉金融文化建设

配合湖北监管局纪委办筹备成立湖北省银行业协会清廉金融文化专业委员会，制定《湖北省银行业清廉金融文化自律公约》《湖北省银行业清廉金融文化专业委员会工作规则》。

三、配合做好联合授信扩大试点工作

组织召开联合授信工作推进会，提出辖内96家试点企业牵头行建议名单，明确联合授信工作推进时间节点及要求；组织召开湖北银行业金融机构联合授信工作座谈会，及时总结工作成效，研究面临的困难和问题。截至年末，加入联合授信委员会的金融机构有40家，完成两个协议签署的有11家、部分银银协议签署的有13家。

四、促进行业规范发展

一是开展法人银行理财业务自查督查。组织汉口银行、湖北银行、武汉农村商业银行三家法人银行开展理财业务自查，指导相关行完善理财业务工作机制。开展理财业务《自律规范》《行为准则》政策解析直播培训，帮助银行从业人员理解和掌握两项自律文件的核心要义，有序规范银行理财产品设计、销售及售后等环节的自律管理。二是推动文明规范服务示范单位创建工作。召开湖北省银行业自律工作委员会常委会四届二次会议。协助中银协开展全国百佳示范单位巡检对接工作。对湖北地区获评2021年“千佳示范单位”的33家网点进行全面核查，及时掌握示范单位迁址、更名、依法合规经营等方面情况。组织专家并结合行际分布等因素，抽取7家“千佳示范单位”开展复查，采取现场检查和非现场检查的方式科学评价示范单位文明规范服务工作水平。三是推动“专精特新”金融服务。加大“专精特新”特色金融产品推广力度，引导辖内银行业金融机构精准对接“专精特新”企业，为“专精特新”企业提供有针对性的金融服务。刊印《湖北省银行业专精特新中小企业特色金融产品手册》，共收录23家金融机构共40种特色金融产品。

五、做好维权工作

一是加强维权工作调研，提升维权工作质效。围绕“非法代理投诉”整治工作展开深入调研，在武汉、宜昌组织召开湖北银行业金融机构非法代理投诉座谈会，围绕“非法代理投诉”整治及负面舆情管理、金融消费者权益保护等问题与消保条线管理人员进行充分交流，有效应对和及时处置非法代理投诉问题。二是开展金融消费维权知识宣传，强化金融消费者权益保护工作。开展2023湖北银行业“3·15”消费者权益保护教育宣传周、普及金融知识万里行、防范非法集资宣传月、金融消费者权益保护教育宣传月活动，采用多种形式向社会公众普及宣讲消费者权益保护维权知识，《共筑诚信消费环境 提振金融消费信心——湖北省银行业协会启动“3·15”消费者权益保护教育宣传周活动》在《湖北日报》专版刊登专版。完善湖北银行保险消费者投诉维权热线工作银行派员轮值工作制度，进一步明确轮值工作职责，严肃工作纪律。举办《银行保险机构消费者权益保护管理办法》解读培训班。

【协会建设】

一、开展问题排查，筑牢内控管理篱笆

坚持查已病与防未病相结合，开展大排查、大整改。对照监管部门党委巡察通报指出的6个方面、38个典型问题认真排查，逐项对标对表，通过查找共性问题、起底存量问题、消除苗头问题，切实筑牢内控管理篱笆。

二、完善内控制度，提升内控管理水平

以巡察整改为契机，通过健全制度体系、堵塞管理漏洞、用制度管人、用规矩管事，进一步提升内控管理水平。秘书处修订完善《湖北省银行业协会聘用制员工劳动合同续签考核办法》《自律工作专业委员会工作规则》《法律工作专业委员会工作规则》等内部管理制度，建立和完善了规范发展的长效机制

三、强化劳动纪律，认真执行规章制度

督促各部门认真落实《财务管理制度》《费用管理制度》《请休假制度》等内控制度，工作纪律、劳动纪律得到明显加强；严格执行差旅费、会议费、培训费、讲课费、评审费标准，完善公车使用登记制度和出差审批制度，杜绝超标准报销费用、超标准发放津补贴等违规行为。

四、强化宣传引领，营造良好舆论氛围

一是围绕党建工作重点，开展专项主题宣传。结合学习贯彻习近平新时代中国特色社会主义思想主题教育和大兴调查研究活动，联合《湖北日报》开展了大兴调查研究系列宣传报道。二是围绕社会关注热点，向社会讲好银行故事。组织会员单位在《湖北日报》《楚天都市报》等主流媒体开展金融消费者权益保护活动专题宣传，充分利用微信公众号、客户端、网站等渠道及时发布活动动态，传递银行声音。组织撰写的新闻作品《湖北银行业：做好五篇大文章 注入金融新动能》被中国银行业协会评选为2023年银行业金融机构组“创新发展”类好新闻。三是围绕银行业务重点，展示行业发展亮点。不断改进社会责任报告编撰工作，创新编写方式，增加报告单位。完成《2022年度湖北银行业社会责任报告》编印工作。四是发挥网站主渠道作用，宣传银行业发展成就。利用协会网站及时刊发会员单位发展成就和工作动态。截至年底，共收到各会员单位及市州协会报送稿件343篇，在协会网站择优刊发212篇，发稿量较上年同期增长26.2%。五是开展银行业好新闻评选，引领行业宣传导向。联合湖北省新闻工作者协会开展“2023年度湖北银行业十大好新闻”评选活动，共收到269件参选作品。经过资格初审、专家复审、监管审核、秘书长办公会终审等严格评审，30份作品获评好新闻奖。

（湖北省银行业协会）

湖北省保险行业协会

2023年，湖北省保险行业协会坚持以习近平新时代中国特色社会主义思想为指导，深入学习贯彻党的二十大精神，全面加强党的领导，坚持聚焦主责主业，不断强化自律和服务职能，提升专业能力，在服务行业高质量发展、引导行业服务新发展格局、助力先行区建设等方面取得新进展、新成效。

【党建工作】

以党建为统领，夯实协会自身建设。坚持以理论学习为根本、以调研实践为推动、以助力行业发展为目标，将理论学习、调查研究、推动发展、检视整改紧密结合。通过“访、谈、看、问”等方式，推动3个调研课题落地。通过集中学、自主学、参观学、分享学、网络学的“五学”模式，提高学习效果。全年组织集体学习14次，召开组织生活会2次。开展党支部“三会一课”、主题党日及民主评议党员活动，推进党支部标准化规范化建设。

【行业管理】

一、以协调交流为抓手，打造互动共进局面

一是深化与业外沟通协作。加大与政府相关部门、其他行业组织的沟通协调力度，争取有利于行业发展的外部环境。深入推进与市州保险协会联动，召开联席会议交流工作，联合出台行业宣传、反欺诈、诚信管理、清廉金融文化建设等制度。积极与东湖科技保险中心进行对接，研究推动会员单位参与东湖科技保险创新示范区建设途径、交流车船税额缴纳不一致等问题。二是加大业内交流深度。发挥专委会行业智库作用，定期组织会员单位召开讨论会、分析会。创新开展“保险知识大篷车荆楚行”培训宣教活动，到6个地市开展8场培训宣教活动，受众1000余人次。围绕理赔、风险减量、消保、舆情等方面开展专题培训6次，受众2000余人次。三是围绕热点难点问题开展研究。就普惠保险更好地服务乡村振兴、风险减量管理等工作开展调研。参与《保险行业协会自律管理研究》课题组相关研究工作。撰写的《湖北保协引导行业为新市民精准提供保险服务》在《中国银行保险报》刊发。四是推进清廉金融文化建设。印发省市协会清廉金融文化建设联动办法，共同打造全省保险行业协会清廉金融文化建设框架。协助监管部门纪委做好清廉金融文化建设主题竞赛、清廉金融文化教育基地建设工作。五是开展行业发展分析。常态化开展产险、寿险月度数据交流，整合优化行业各类数据报表，提升数据服务行业发展的精准度。深挖统计数据价值，全年共收集产险报表1560份、按月统计发布业务经营发展报表20余份、按季度编发2022年度、2023年《湖北人身险行业发展报告》《湖北产险公司自律情况报告》，为行业经营发展提供参考。

二、以行业自律为核心，引导行业合规经营

一是推动保险行业诚信体系建设。

联合省保险中介协会发布《对湖北省违法失信保险从业人员建立黑灰负面清单实施联合惩戒的合作备忘录》。加强与市州保协诚信建设联动，实现全省诚信管理自律“一盘棋”格局。切实发挥诚信建设委员会作用，组织开展3次诚信记录审议，将31件严重违规行为及24件一般违规行为进行行业通报并录入湖北省保险从业人员诚信记录平台。连续三年举办湖北保险业诚信建设大会，发布《湖北保险业诚信建设白皮书》《湖北保险业诚信服务倡议》，表彰180名“诚信服务明星”和55个“诚信服务管理团队”。二是推动行业自律体系建设。结合新形势新要求，修订完善产险、寿险等重点业务的行业自律公约。推进湖北省农险地方特色农产品示范条款的拟定工作。三是加强财产保险机构自律。完善自律组织架构，组织召开车险专业委员会会议，完成专委会换届。对市场反映突出、经营数据异常的公司开展自律督查。结合车险新规要求，制定《车险销售费用飞行督查暂行办法)》，完成4次车险销售费用飞行督查。结合经营数据异常及市场反馈，对2家公司进行自律预警约谈。召开自律专题沟通会，引导相关保险机构合规经营。加强市场监测，安排专人每日收集市场情况。组织财产保险公司开展营业网点服务质量评价自评。继续按季度开展车险理赔服务与管控质量评价，及时公布评价结果。四是加强人身保险机构自律。组织行业学习“报行合一”相关监管政策，督促行业做好银邮代理业务行业自律工作。组织寿险公司开展“客户大走访”活动，各公司共走访客户21975人，排查问题保单484件。

三、以行业维权为关键，优化行业发展环境

一是深入推进反保险欺诈工作。制定全省统一的疑似保险欺诈线索、风险信息报送标准。加强与监管部门、公安机关等协作，推动信息共享。截至年末，共享风险信息17889条。与省交管局建立信息交互机制，收集8846条交通事故死亡保险理赔信息。组织行业开展大数据反欺诈工作，组织核查103笔疑似欺诈线索。积极配合武汉市汉阳法院、河南省虞城公安局调查多起案件，组织行业开展排查并提供有力证据，及时向行业发布风险提示，为会员单位挽损31万余元。持续做好武汉市反欺诈办案中心工作，全年累计受理车险嫌疑案件2405笔，成功拒赔案件175笔，为保险公司挽损404.87万元。二是加强消费者权益保护工作。针对保险消费热点持续开展7次消费者风险提示。加强与省消委及其他行业组织联系，及时化解涉及保险行业的投诉风险。协办集中宣传活动，协调16家保险机构开展“五进入”活动。配合监管部门加强对12378维权热线的管理及扩容等相关工作，办好投诉热线，全力回应消费者诉求。三是加大信访投诉处置力度。全年消保中心7个渠道共受理各类投诉25691件，均在规定时限办结。定期向行业通报投诉数据，提示风险，指导责任主体妥善应对投诉带来的影响。四是整治“代理退保”黑产乱象。组织公司排查可疑机构和人员线索，对行业排查出的线索进行梳理和指导，筛选25条重大线索及时移送全省公安机关，配合做好案件侦查。严厉打击和惩戒涉及“代理退保”的黑产人员，将28名违规参与“代理退保”黑产人员纳入行业“灰黑名单”。五是积极参与法律政策修订，反映行业合理诉求。积极参加《保险法》部分章节修订工作，加强与武汉中级法院沟通，组织相关公司参加交通事故座谈会，研讨交通事故审判案件中难点问题。

四、以提升服务为主题，助推行业转型升级

一是积极参与社会治理。上线“武汉市交通事故快处快赔”小程序，提升保险客户满意度。联合交管部门全面推行交通事故线上保险理赔引导工作，减少保险客户等待时间，引导率提升至55%。加强警保联动队伍日常管理和集中培训学习，促进队员提技能、强本领。全年警保联动处理事故总量12.54万笔，占武汉市主城区交通事故接警总量的42%。举办2次工作交流会议，搭建医保双方沟通交流平台。引导行业积极响应参与和服务乡村振兴，筹措15万元帮扶资金，支持通城县尖山村抛荒田整治和示范水稻田产业发展。二是持续开展行业宣传教育。多举措推动落实“3·15”宣传周和防范非法集资宣传月活动。组织全省保险业开展“7·8”全国保险公众宣传日”活动，编发“7·8”活动简报25期。系统总结“7·8”活动开展情况，对优秀组织单位进行表彰通报。充分运用协会微信公众号平台作用，推送保险相关文章、信息200余篇，总阅读量达5万余次。组织行业宣传骨干，开展声誉风险与舆情管理培训，提升声誉风险管理和应对能力。全年共向上级单位及媒体报送信息稿71篇。联合中国交通广播、楚天交通广播开设保险专题广播节目，截至年末，播出19期，解答市民咨询100余次。三是科技赋能提升服务质效。积极与中国银保信联系和沟通，推动车险平台服务项目落地，重点对理赔数据拓展服务及车险维修机构标准化服务开展可行性调研。依托中国银保信“全国道路风险地图系统”，推出湖北地区道路风险信息及分析报告，预防和减少道路交通事故，降低行业赔付成本。

【协会建设】

组织召开理事会会议及相关专业委员会会议，落实重大事项报告机制，提升民主办会水平。开展制度后评价，制订出台协会财务管理办法等制度。牢固树立“过紧日子”的意识，继续为会员公司减免会费。组织开展工会活动，凝聚共识。

（湖北省保险行业协会）

湖北省保险中介行业协会

【党建工作】

湖北省保险中介行业协会党支部在局党委的领导下，紧紧围绕局党委部署的中心工作，全面学习贯彻党的二十大精神，以主题教育和大兴调查研究为抓手，积极巩固“党支部建设提升年”成果。在业务处室的指导下，坚持理论学习与调研走访相结合、自身建设与行业宣传引领相结合，有效推动党建与业务的融合与促进。进一步加强与各保险中介专业机构的互动协作，探索建立会员、协会、上级单位党建协作机制，全面摸底会员单位党建、党员基本情况，建立保险专业中介机构党支部书记群和保险专业中介机构党建工作群，发挥协会协调沟通职能，为中介行业高质量发展聚动能、添活力。

【会员服务】

一是开展专项合规培训。联合上海保交所召开保险中介数字化发展交流会，结合会员单位开展数字化人身险交易的发展需求，解决会员单位在信息化数字化建设中的现实问题。二是组织开展会员交流。发挥协会平台组织优势，针对会员单位共同关心的课题开展座谈交流，组织开展保险中介销售从业人员涉刑犯罪情况调研座谈会、独立代理人交流座谈会、走进科保中心座谈交流会。三是开展行业数据分析。根据2022年湖北中介机构监管数据，从专业代理中介市场、兼业代理中介市场和个人营销市场三个维度，梳理中介机构近三年来数量、区域分布、业务结构、业务规模、经营效益、经营特点等重点数据，向会员单位发布《湖北保险中介 2022 年经营情况报告》，帮助会员单位全面了解全省保险中介市场整体情况和主要经营特点。四是发布处罚风险提示。全年向会员单位发布《保险中介行业处罚风险预警提示》12 次，业务风险提示 2 次，提示会员单位违规风险和经营风险、业务共性个性问题，传递行及行业最新动态，督促会员单位增强合规意识，提升自律水平。五是加强行业资质管理。收集各公估会员单位符合条件的医疗查勘证申报人员名单及资料，为 12 家机构共 124 名申请人办理医疗查勘证，为各会员单位在定点医院依法开展查勘调查工作提供支持。六是做好《湖北保险中介行业应知应会读本》更新工作。在原读本的基础上新增 9 项内容，向会员单位发放整理好的最新版本，助力会员单位提升员工专业素养。七是针对会员单位信息化建设落实难的问题开展行业调研。

【行业管理】

一、推陈出新，开创工作新局面

一是搭建行业联盟，提升中介机构创新服务能力。引导参与东湖科技保险创新示范区建设，与东湖科保中心联合召开“走进科保中心，共话高质量发展，参与东湖科技保险创新示范区建设”座谈会，讨论并通过《东湖科技保险创新示范区保险中介服务联盟管理办法》。与武汉东湖科技保险发展促进中心联合成立中介合作组织“东湖科技保险创新示范区保险中介服务联盟”，是促进示范区建设的重要创新举措，中国银行保险报以《发挥科技保险的中介示范效应》一文报道了东湖高新区保险中介服务科技保险的新模式。二是创新工作形式，引领会员单位为民办实事。以金融消费者权益保护教育宣传月活动为契机，倡议会员聚焦人民群众反映强烈的热点、难点问题，加大保险中介支持实体经济力度，主动为民办实事。选树“湖北省保险中介行业为民办实事十大案例”，通过新媒体扩大宣传范围，树立行业新形象。三是坚持问题导向，支持头部机构形成示范效应。针对中介机构发展不足的根本问题，开展高质量发展专项调研，汲取会员公司的智慧和经验，倾听会员公司的愿望和心声，了解会员公司的困难和诉求，通过宣传引领，推举一批治理水平高、合规意识强、创新路径广、经营效益好的头部机构形成品牌效应、示范效应。四是为会员提供行政许可咨询服务。根据会员单位对行政许可事项申请工作不熟悉的情形，指派专人对接监管处室，向会员单位普及相关行政许可法规、政策。

二、履行好自律职能，推进行业自律

（一）完善自律公约

牵头草拟《对湖北省违法失信保险从业人员建立黑灰负面清单实施联合惩戒的合作备忘录》，通过多方征求意见，与省保协联合印发《合作备忘录》，督促双方会员单位加强组织领导，积极履行责任，落实行业自律，加快推进行业诚信体系建设。

（二）开展现场检查

组织辖内保险专业中介机构按照自律检查工作方案和自查情况工作表，从许可证公示、从业人员诚信管理、消费者权益保护、中介信息化建设、反洗钱制度、监管要求落实等六大方面进行全面自查。

（三）加强行业黑灰名单管理

一是全面推进黑灰名单信息化管理。推出“湖北省保险中介行业从业人员诚信信息平台（单机版）1.0 版”，收录全省违法失信保险从业人员的基本情况、行政处罚记录、执业失信行为、违规记录期等信息，为落实保险从业人员黑灰名单制度提供信息支持。二是加强对行业负面信息报送指导。发布《湖北省保险中介协会负面信息报送实施细则》，对负面信息报送的主体、时限及质量提出具体要求，规范从业人员承诺，加强负面信息运用，推进自律检查落实，指导签约单位积极报送从业人员负面信息。

三、开展专委会活动，全面推进行业发展

一是召开专委工作会议。总结 2023 年各专委会工作情况、自律检查工作情况，讨论通过《关于湖北省保险中介行业协会中介诚信建设委员会主任委员、常务副主任委员、副主任委员、成员提名人选的提案》《2023 年中介协会自律检查工作情况汇报》。二是建言献策。根据武汉市中级人民法院司法鉴定处有关鉴定违规问题的处理情况通报精神，征求公估专委会主任、副主任、头部单位意见，经公估专委会商讨后，发布《湖北省保险中介行业协会公估委员会关于保险公估机构出具相关评估报告的风险提示函》，提升了辖内保险公估机构评估类报告的执业质量，降低执业风险。

四、强化维权协调，防范化解行业潜在风险

建立完善协会年度信访投诉工作档案，全年受理投诉咨询 345 起，处理有效投诉 310 件。建立《客户投诉登记处理表》，第一时间协调相关中介机构和会员单位，做好相关投诉记录，规范处理流程。

【协会建设】

一、加强宣传引导，提升行业整体形象

一是组织开展“3·15”消费者权益保护教育宣传周活动。组织辖内中介机构落实《中国银保监会消保局关于开展 2023 年银行业保险业“3·15”消费者权益保护教育宣传周活动的通知》要求，通过多种创新形式，积极开展消费者权益保护教育宣传工作。二是组织开展“7·8”全国保险公众宣传日活动。协会组织全省保险中介机构开展“健康生活每一天”保险公益活动以及“唱响新征程，绿色环保跑”、金融大家谈直播访谈及“保险五进入”等宣传活动，为社会公众解读金融保险政策、普及金融保险知识、宣传保险功能作用，传递保险好声音和正能量。三是开展会员月度动态收集和编辑工作。全面记录辖内行业发展的重大事件、重要成果，系统展示会员发展历程和成长轨迹，定期汇总收到的会员单位报送材料，择优编入《会员月度动态》，向会员单位发布。

二、开展行业调研，推动成果转化

一是聚焦热点问题，推动工作落实。研究制定湖北省保险中介法人机构信息化建设情况调研方案。针对共性问题进行分析研究，帮助会员单位了解市场上最新的信息化建设动态。二是聚焦难点问题，向先进地方协会取经。到四川省保险中介行业协会学习考察，着重从中介信息化建设、从业人员管理、黑白灰名单机制、开展行业培训等方面开展交流，形成《湖北省保险中介行业协会赴四川学习考察报告》，向主管处室进行专题汇报。

（湖北省保险中介行业协会）

湖北省证券期货业协会

2023 年，湖北省证券期货业协会深刻把握金融工作的政治性、人民性，坚守主责主业，紧密围绕加强党建引领、助推行业发展、防范化解风险、助力乡村振兴四项工作重点，充分发挥协会桥梁和纽带作用，增强行业内部协同效应。

【党建工作】

一是推进党建和业务融合发展。将

贯彻党的二十大精神与从业人员培训、投教投保活动、调查研究活动等相结合，将党的科学理论主张融入协会具体业务工作中，探索党建与业务融合新形式。二是履行社会责任。深入开展“我为群众办实事”实践活动，到武汉市百步亭景兰苑社区向居民普及金融知识；联合湖北证监局向利川市教育局捐赠教学设施，帮助偏远地区改善办学条件。

【会员服务】

一、加强期现联动，服务实体经济

将会员服务工作与“助推行业发展、助力乡村振兴”紧密结合，发挥多层次资本市场支农作用。一是组织开展“保险+期货”下基层系列培训，引导和服务省内养殖企业运用期货工具加强风险管理，保障企业生产收入。推动辖区开展15个“保险+期货”项目，全年保障货值达7.06亿元、保费3319.48万余元；赔付2318.32万余元、整体赔付率达69.84%。二是组织开展“期货市场助力湖北专精特新企业发展”课题调研，到20余家“专精特新”企业调研，形成研究报告。三是面向国资企业相关人员，举办风险管理培训班，推动国资企业积极参与期货市场。

二、强化政治引领，提升培训实效

开展学习贯彻习近平新时代中国特色社会主义思想主题教育活动，组织开展“贯彻二十大，合规促发展”“学思践悟新思想，廉洁自律守底线”“私募大讲堂”等合规、自律培训，引导会员单位坚持诚实守信、稳健审慎、守正创新、依法合规，推动形成“合规、诚信、专业、稳健”的行业文化；开展服务“三农”、服务市县经济高质量发展、服务实体经济等系列业务培训，与会员单位共同探究在新形势下金融服务的发展路径。全年共开展9场培训，覆盖从业人员、企业代表、机构投资者近3000人。

三、拓展交流平台，增强行业凝聚力

组织会员单位到大连、广州等地，与当地期货交易所、兄弟协会、头部期货公司开展调研交流，为行业发展启迪新思路。

【行业管理】

一、构建多元解纷机制，促进形成协调联动格局

加强与监管机构、人民法院等解纷主体协作，推动构建辖区协调联动的多元解纷机制。深化与武汉市中级人民法院、洪山区人民法院、江岸区人民法院及武汉仲裁委员会的沟通协作，不断完善诉调、仲调对接的多元化纠纷解决机制，与武汉市中级人民法院、武汉市洪山区人民法院正式成立诉调对接工作室，聘请13名律师为调解员。全年共办理法院委派案件319件，同比增长4.5倍；已结案290件，其中调解成功53件，金额568万余元。

二、聚焦调解工作核心，不断提升纠纷化解成效

协会调解中心全年自主受理案件40件，调解结案43件。其中调解成功27件，调解成功率63%，涉及金额36万余元，荣获中证资本市场法律服务中心颁发的“投资者最满意工作站”称号，入选中共武汉市委平安武汉建设领导小组办公室100个“品牌调解室”。

三、广泛开展调解宣传，加强纠纷调解理念培育

一是将调解宣传与投保活动相结合，在资本市场服务荆楚行投资者保护大讲堂中，介绍协会调解中心、宣传调解渠道。二是与湖北电视台合作，将协会调解中心基本情况、工作成效等方面拍摄视频短片，通过湖北电视台生活频道、搜狐网、优酷网播出。三是编写调解案例，其中2篇调解案例被中证资本市场法律服务中心官微相关栏目刊载，1篇纠纷化解案例研究文章被中证中小投资者服务中心《纠纷调解案例评析》专刊刊载。

【协会建设】

一、完善内部治理，规范运作夯实发展基石

一是完善组织架构。增设投资者保护部，提升协会投保工作质效，加强对会员单位投保工作的组织和引导，联合辖区各界力量共建全方位投教生态圈。二是健全管理制度。新增《湖北省证券期货业协会采购管理制度》，修订财务管理制度、考务工作制度、培训（会议）费制度、公务接待制度等5个制度。三是加强队伍培养。选派新员工驻守机构一线，在机构各部门进行轮岗实习，提升员工职业素养和履职能力。

二、凝聚投教合力，打造湖北投教新品牌

一是更“出圈”。建立辖区投教基地联络机制，充分发挥辖区投资者教育基地专业力量和辖区资源优势，组织开展一批“创新性强、影响力大、极具特色”的投教活动，在“3·15”“5·15”活动期间，通过“围炉煮茶”直播、投教主题集装箱、投教知识问答、编写武汉话版投教说唱歌曲等特色投教活动形式，吸引大批投资者参与。全年共开展投教宣传活动82场，参与投资者近1474万余人次。二是更“大流量”，首次尝试在投教活动中运用抖音等新媒体，设立抖音话题挑战赛，实现投教活动移动互联，线上受众近700万人次。依托主流媒体力量形成投教活动宣传矩阵，与《湖北日报》开展深度合作，推出《新财知》“全面注册制 改革向未来”系列特别节目，向公众普及全面注册制改革的相关知识，播放量达75万余人次。三是更“聚合力”。与武汉大学将共同签署《投资者教育纳入国民教育体系四方合作备忘录》，在学分课程、教材编制、教学实践、投保投教、人才培养等方面通力合作，打造高质量金融人才培养新模式。四是更“贴民心”。联合6家会员单位，组织志愿者走进湖北麻城得胜寨村、房县窑场村、仙桃合丰村、监利姜吴村、红安田店村、浠水县清安寺村等脱贫地区、偏远乡村，开展针对乡村地区养老、涉农领域的防范非法集资主题宣讲，帮助老年人等重点人群提高风险防范意识，助力乡村振兴。联合襄阳市政府开展资本市场服务荆楚行投资者保护大讲堂，线上线下观看人次达35.3万。

湖北省证券期货业协会举办“贯彻二十大，合规促发展”专题培训班

（湖北省证券期货业协会）

湖北省上市公司协会

2023 年，湖北省上市公司协会坚持“服务、自律、规范、提高”的工作宗旨，扎实推进会员服务、自律督导、政策传导、业务培训、投教投保，各项工作取得新成效。

【党建工作】

一是开展党建联建，共创良好氛围。支部在日常开展“三会一课”、举办主题教育读书班、开展政治理论学习和主题党日活动基础上，与会员单位开展党建联建，不断加强行业引领，在会员中营造爱党爱国、积极向上的行业氛围。二是推进党建业务融合，提升宣传效果。将贯彻党的二十大精神与投教投保活动，以及宣传全面注册制改革结合起来，开展“全面注册制 投教新‘汉’潮”大型活动，将党的科学理论主张融入协会具体业务工作中来，探索党建与业务融合新形式。三是开展调查研究，夯实工作作风。围绕期货市场如何助力湖北专精特新企业发展，深入实体企业调研，汇总实体企业在创新和发展中遇到的困难问题，形成调研报告。四是发挥宣传优势，促进统一思想。常态化开展学习和宣传，弘扬主旋律、传播正能量。引导 3 家协会运用期刊、公众号等传播工具，宣传党中央和会党委关于党的二十大与习近平新时代中国特色社会主义思想主题教育的相关精神，宣传展示会员单位学习热潮，营造浓厚学习氛围。

【会员服务】

一是宣传全面注册制改革精神。举办注册制改革要点解读专题培训，累计约两千余人参训，帮助会员单位更好理解了改革要义。举办全面注册制时代投关管理业务交流暨走进上市公司新洋丰活动，促进会员单位适应全面注册制，做好新形势下投资者关系管理工作。在北京举办“走进北交所 拥抱注册制”学习交流活动，组织会员单位到北京证券交易所、相关科创企业参观、学习交流，增强了会员单位对全面注册制改革及北交所上市相关政策的认识，助力企业把握改革机遇，借力资本市场实现高质量发展。二是常态化开展业务培训。向董监高及董秘群体开展涵盖定期报告编制实务、上市公司财务信息披露关注提示等内容培训。开展金税四期时代的税务监管与合规运作专题培训，帮助会员单位更加全面了解金税四期对企业税务合规、公司财务管理、会员单位高管个人税务的新定义，提高各会员单位合规运作水平。

【行业管理】

一是开展监管政策解读培训与测试。联合中国上市公司协会举办监管政策解读培训暨 2023 年监管工作会，湖北辖区上市公司共 400 余名高管参加培训与考试。通过专题培训，传达最新监管精神、解读监管政策，提高上市公司董监高法律意识、合规意识、诚信意识和自律意识，夯实湖北上市公司规范运作基础。二是开展湖北辖区上市公司独立董事制度改革专题培训会，辖区 128 家上市公司逾 800 位董监高参与培训。三是开展投资者关系管理及注册制时代中国特色估值体系主题培训。解读中国特色估值体系，介绍上市公司举办业绩说明会相关注意事项，为上市公司规范开展业绩说明会、高质量开展投资者关系管理工作提供相应操作建议。四是开展“提高发展质量，切实回报股东”湖北上市公司 2023 年投资者网上集体接待日活动。组织省内上市公司与全国各地投资者线上交流。就 2022 年年报、经营状况、公司治理、现金分红、发展战略、重大事项、投资者保护、可持续发展等广大投资者所关心的问题，与投资者进行“一对多”沟通与交流。本次活动中来自全国多个省、市地区的投资者共向辖区上市公司提出 2606 个问题，答复率 80.08%，实现上市公司与投资者良性互动。

湖北省上市公司协会在北京举办“走进北交所 拥抱注册制”学习交流活动，组织会员单位到北京证券交易所、全国股转公司学习交流

【协会建设】

一是成立投资并购专业委员会。2023 年 2 月 18 日举办“成立大会暨第一次工作会议”，专委会的成立将在服务上市公司投资战略、并购实务、产业转型、经营管理、风险防范以及提高发展质量等方面发挥积极作用。二是编写期刊与研究报告。与兄弟协会联合编印《湖北资本市场》，通过监管之窗、监管动态、协会动态、党建引领、社会责任、业务交流、会员风采、投教投保等板块，宣传党的二十大精神与主题教育开展情况。组织编写《湖北上市公司发展状况报告》，汇总分析湖北上市公司发展成果与现状，提出通过发挥上市公司牵引作用服务实体经济高质量发展的对策建议。三是联合多家单位组织开展“全面注册制，投教新汉潮”活动，宣传全面推行股票注册制改革，倡导理性投资文化，切实维护广大投资者合法权益。采用“游园会+集章打卡”的形式，吸引众多投资者参与。

（湖北省上市公司协会）

湖北省证券投资基金业协会

【行业管理】

一、以“资源”为基石，优化行业投融生态

以优化湖北投融生态为着力点和出发点，充分发挥桥梁作用，推动信息与资源的高度共享，技术与资本的无缝对接，资金与需求的高效撮合，形成各方“敢担当、有作为、求实效”的进步格局，全年以现场路演、实地走访和座谈交流等多种形式共组织 14 场投融对接活动。通过打造“资源共享、要素互动、服务有效”的服务平台，鼓励私募机构培植引导省内企业发展壮大。一是系列活动保质保量。承办“资本市场服务荆楚行”东湖高新区活动中私募投融资路演和私募机构走进东湖高新区两个子活动。举办生物医疗主题私募投融资路演活动。协办“科创点金汇投融资对接暨2023武汉股权投资政策推介会”，以政策推介、主题演讲、产融对接等形式促进金融产业赋能实体经济。二是精准对接高频高效。围绕“精准需求”，以“拥抱注册制 共享高质量”为主题开展精准投融对接活动。通过精准匹配资企双方需求，组织投资机构走进中金超算、长飞光坊、北立传感和喻芯半导体4家具有特色的湖北企业，建立常态化深度对接机制，更好地实现资源整合和创新创业要素汇聚。围绕“细分领域”，连续三年支持“光谷创投汇”系列投融资对接活动，聚焦智能制造、新能源与新材料、生物医药等热门赛道开展5场细分领域的专题路演活动。

二、以“座谈”为契机，畅通行业沟通渠道

一是促进同业交流合作。发挥协会桥梁纽带作用，组织开展“湖北省证券类私募机构‘三人行’”系列活动（第二期）和“湖北省私募机构交流座谈会”，打通机构交流渠道，实现共同进步、抱团发展、合作共赢，两场活动共有50位私募机构及私募服务机构代表参与。二是推动政企沟通。面向省内外私募机构、私募服务机构和上市后备企业开展“私募助力企业紧抓北交所战略机遇期”座谈会，帮助私募机构及时了解北交所改革内容，提高对北交所认识，引导优质企业把握好北交所高质量建设机遇。联合湖北省上市公司协会举办“资本市场服务实体经济”调研系列活动之走进经开区调研座谈会，由银行、证券公司、基金公司代表组成的金融机构方对4家武汉经开区“新三板”企业从上市规划、产业扩张、融资支持等方面提出相关建议，切实推动区域金融服务和经济发展。

三、以“投保”为根本，营造行业良好氛围

联合湖北省证券期货业协会等单位开展“‘樱’你而来‘3·15’湖北投保在行动”“全面注册制 投教新‘汉’潮”活动。通过各种新颖的科普方式，向投资者们宣传全面注册制、防非防诈、反洗钱等金融知识。联合湖北省证券期货业协会举办湖北辖区证券期货基金经营机构“私募大讲堂”专题培训，帮助广大从业人员掌握私募基金专业知识，进一步强化辖区基金销售人员合规展业及投资者保护意识。联合湖北省上市公司协会和长江证券投教基地开展“金融消费者权益保护宣传月”之走进回盛生物活动，深入践行资本市场“人民性”要求，切实提升社会公众金融素养，增进投资者对上市企业与资本市场的认识。

四、以“学习”为抓手，提升行业专业水平

一是筑牢专业素养，提升履职能力。开展“私募合规发展与税务实务”“优化监管背景下的私募股权投资基金备案指引解读及实务”“《私募投资基金监督管理条例》解读”“国有私募基金合规风险防范策略”等主题培训，提升机构合规运作水平。开展“商业及财务尽调与基金二手份额交易法律实务”主题培训和“聚焦科技行业 解析实物分配”主题沙龙，强化从业人员专业知识储备，为行业发展提供有力支撑。二是链接全国师资，紧扣热点时事。作为北京基金业协会BPEA私募学院线上培训的联合主办单位，依托PE/VC机构从业者、实业企业高管等诸多讲师资源，系统性地开展行业培训，通过理论和实操相结合的经验分享，促进行业健康发展。联合武汉基金产业基地和圆点智汇开展《私募投资基金登记备案办法》解读培训，帮助私募机构及时理解适应新规、提高依规展业能力、增强合规展业意识。

五、以“调研”为切入，拓展行业学习广度

举办“走进北交所 拥抱注册制”“走进上海证券交易所暨通信半导体行业上海行”活动，帮助机构深刻理解全面注册制改革理念。组织20多位私募机构代表到苏州开展“数字经济行业苏州行”活动，学习先进地区构建优质数字经济产业发展生态的经验做法，引导私募机构加大重点领域和战略性产业投资。

【协会建设】

一、以“交流”为核心，凝聚行业共建合力

一是拓展对外交流。坚持实地走访，加强与中国证券投资基金业协会等同业协会联系。到北京与中基协会员服务部、私募管理部、私募服务部和资格与培训部交流业务合作、登记备案基础工作等事项。到上海市国际股权投资基金协会开展调研，学习先进地区优秀经验。参加中国证券投资基金业协会开展的“区域地方协会调研座谈会”“地方协会特别会员联席座谈会”，围绕区域行业机构及地方协会的工作开展情况、各地区域经济发展和资管行业发展情况、行业热点和难点问题深入探讨交流。参加由广东基金业协会开展的政府引导基金专题座谈会，分享交流各地政府引导基金发展情况及经验做法。二是深化内部交流。全年调研7家会员单位、武汉股权托管交易中心以及监管部门，通过多方交流，及时了解湖北资本市场动态及行业切实需求。

二、以“规范”为保障，完善协会自身建设

一是着力提升工作人员专业素养。通过开展内部培训，营造“全员学习、不断进步”的良好氛围。组织员工集中学习“基金从业人员管理相关自律规则和《私募投资基金监督管理条例》及相关规则，整理学习各类基金备案的关注要点，深入了解行业相关规则和制度内容，为更好地开展服务工作强化知识储备。二是着力保障工作机制平稳运行。召开换届大会，审议通过第一届理事会工作报告和财务报告、章程、会费标准，选举产生了协会第二届理事会、监事会成员以及会长、副会长和监事长。召开会长办公会和理事会，审议通过聘任秘书长决议、2023年工作计划、2023年度财务预算报告以及10家单位入会及7家单位退会相关事宜。

三、以“刊物”为媒介，展现会员积极风貌

编写发布《湖北私募基金行业发展报告（2023）》，出版3期《湖北资本市场》，展现湖北基金行业风采，宣传湖北资本市场建设发展成果。

（湖北省证券投资基金业协会）

湖北省证券投资基金业协会开展国有私募基金合规风险防范策略培训

二、学会

湖北省金融学会

【党建工作】

坚持正确的政治方向、学术舆论导向，落实意识形态工作责任制，做到把党建工作融入学会学术研究工作，形成党建与学会发展共进双赢的局面。一是抓实主题教育。与武汉大学经济与管理学院教师第三党支部围绕“学习习近平新时代中国特色社会主义思想，以金融之力助推中国式现代化”开展联学联建主题党日活动。二是组织全体党员干部分5批次参加业务主管单位举办的学习贯彻党的二十大精神集中轮训班。通过聆听专家现场授课、学习中央党校名师讲课视频、参加专题研讨会及赴红色教育基地实践教学等方式，深刻领会党的二十大精神内涵和学习贯彻习近平新时代中国特色社会主义思想。

【课题研究与学术交流】

为进一步贯彻落实“在全党大兴调查研究”要求，学会在组织2023年科研课题研究的基础上，还推出2023年快速课题研究工作。制定2023年学会金融科研课题指南，重点围绕绿色金融、碳金融、金融科技、普惠金融、乡村振兴等方面组织开展调查研究。全年重点开展近80项课题研究，其中，签署协议的38项、快速研究课题24项、合作研究课题13项。组织会员、学会秘书处研究人员申报中国金融学会重点课题24项、提交结题报告20项。开展上年度研究课题评审工作，评选出33项获奖课题。一是打造核心期刊《武汉金融》。全年共审理稿件2000余篇，编辑出版月刊12期，期刊复合影响因子较上年提升14.7%；综合影响因子较上年提升36.9%。被北京大学《中文核心期刊要目总览》收录，荣膺北大核心期刊；连续11次获得“湖北省优秀期刊”称号。二是开展“黄鹤金融”系列学术活动。联合武汉大学开展“黄鹤金融讲堂”“黄鹤金融沙龙”活动，秘书处研究人员、武汉大学经济与管理学院金融系教授分别作“全面贯彻习近平新时代中国特色社会主义思想，提升金融服务实体经济质效”“防范化解地方政府债务风险，提振地方高质量发展信心”研究成果分享交流，探讨交流金融助力实体经济发展、有效化解金融风险、整合现有科技创新企业认定标准、破解科技创新支持障碍、构建新型科技创新体制等问题。邀请交通银行湖北省分行领导、科技处同志作“金融科技赋能绿色金融发展”主题研究，并就金融科技创新监管工具“绿色金融”主题工具实施、基于人工智能技术的碳排放权质押融资服务以及数字人民币未来发展方向作学术演讲。统计专委会举办《Python编程技术与大数据应用》专题讲座，为大数据时代背景下统计分析工作的新变化及调查统计分析工作提供较高的借鉴价值。邀请鄂州市金融学会、襄阳市金融学会研究骨干围绕“国际政策、热点追踪及绿色金融编译工作交流”主题分享绿色金融编译要点、国际热点追踪和信息编译经验、编译工作心得体会。统计专委会牵头组织2023年三季度经济金融形势分析例会，秘书处研究骨干围绕“近期国际经济金融形势分析与展望”作交流分享。和中国人民大学财政金融学院、四川省金融学会开展联合调研，组织金融监管部门、金融服务部门、商业银行代表、企业围绕武汉市在科技金融、绿色金融及金融支持实体经济高质量发展等方面开展学术交流。三是出版“黄鹤金融论丛”系列专著。连续10年出版“黄鹤金融论丛”系列丛书之《中国前沿问题研究》，以及《湖北省优秀研究课题文集2023》，有效促进优秀科研成果转化。四是协助政府机构举办重大金融学术活动。协助举办“第十三届中国·武汉金融博览会”，做好“中国碳金融高峰论坛”专题论坛会务工作。五是协助完成《湖北年鉴》《湖北发展改革年鉴》湖北省金融部分的编撰组稿工作。

【建言献策】

一是开展长江航运绿色低碳转型快速调研。组织部分会员单位协助调研金融支持长江航运绿色低碳发展情况，完成《金融支持长江航运转型研究报告》《关于提供长江经济带有关材料的报告》《关于贯彻落实习总书记重要指示批示精神 推动长江经济带绿色低碳高质量发展的报告》《金融支持湖北长江经济带绿色低碳发展》等调研报告。二是开展科技金融改革创新专题调查研究、红色金融研究。成立试验区专题研究小组，围绕科创企业认定标准、知识产权金融、金融中介等主题开展研究，形成多篇研究报告。其中《知识产权金融实践、难点与政策建议——以湖北省为例》《ChatGPT助力金融数字化加速转型》被《研究局专报》采用。做好红色金融1949—1956口述史料的挖掘收集整理工作，红色金融宣传工作被编入《红色金融史研究工作简报》。三是开展养老金融发展情况专题研究。组织会员单位和地市分行围绕国家养老金融改革试点、针对老年人开发的金融产品和服务情况、金融支持养老服务体系建设和产业发展情况及发展养老金融面临的问题和对策建议等方面开展专题研究。四是开展机构改革专题研究。开展金融监管机构改革专题调研，针对机构改革过渡阶段遇到的问题和困难提出建议。

【学会建设】

一、提升学会评估等级

精心组织谋划，协调各方力量，准备相关等级评估申报资料，在湖北省民政厅2022年度省级社会组织等级评估授牌仪式上荣获全省4A级授牌和证书，实现等级跃升。

二、完善内部管理

一是成立分支机构。成立湖北省金融学会法学专业委员会，促进湖北省金融法治建设，推动法治央行建设高质量发展。二是规范业务工作。召开2023年理事(秘书长)工作会议，传达2023年中国金融学会学术年会暨中国金融论坛年会和地方金融学会工作座谈会的会议精神，通报学会上年度工作情况，表彰学会上年度获奖课题及先进和优秀会员单位，审议表决申请加入湖北省金融学会团体会员、个人会员事宜。40余家会员单位代表在会上交流经验，研究学会发展新思路。三是抓实各项机制建设。聘请第三方审计机构上年度财务进行审计，真实、准确、完整地填报《年检报告书》，顺利通过年度检查。开展年度金融科研课题专项审计，持续规范课题资助经费发放工作。配合业务主管单位完成论坛活动专项清理整治工作，并形成相关报告。

三、坚持整体联动

加强与中国金融学会联系，争取业务指导，全年报送14期《学会工作专报》，及时全面反映工作动态和学术活动。参与中国金融学会各类学术会议及培训，学习充实最前沿、最权威的金融理论知识。参加中国金融学会学术年会暨中国金融论坛年会、"绿色赋能中国式现代化"高级培训班、2023金融街论坛年会中国人民银行主场论坛等学术研讨活动。参加中国金融论坛青年论坛沙龙及博士后论坛活动近20次。加强与各省级金融学会、市州金融学会、会员及多方机构的横向联系。主动关心、指导、帮助地市金融学会做好各项工作，努力提高学会整体研究水平。做好会员服务工作，增强学会凝聚力。

四、制定金融行业团体标准

一是发布首部团体标准《湖北省绿色票据认定指南》。该标准提供了绿色票据识别认定应遵循的标准与流程，适用于湖北省内金融机构对商业票据开展绿色认定工作，在湖北省绿色票据的开发与管理等方面，能更好发挥供应链带动作用。二是研究科创金融产品团体标准。绿色（科创）专业委员会组织推荐具有创新性的特色科创金融产品，遴选出的《知识产权质押贷款工作规范》《活体抵押信贷服务规范》标准已完成评审意见的修改。

五、开展"金融为民""征信科普"等志愿公益服务

一是将会刊《武汉金融》"金融为民"宣传工作栏目化、固定化，向社会大众读者以杂志封面宣传的形式展示红色金融知识、宣传基层央行工作等。刊发两期以"最美央行人"为主题的优秀摄影作品；刊发3期以"鄂东南工农兵银行历史沿革""传承红色金融基因，担当现代金融使命""开展红色金融宣传活动"为主题的红色金融旧址系列宣传，积极宣传金融文化、普及金融知识。二是学会联合汉口银行实地开展"征信大科普"宣传活动。深入社区金融网点，向金融知识普及重点群体发放"征信知识大科普"宣传册约200余份，普及征信查询、信用报告使用、征信诈骗、个人信息泄露等方面金融知识。组织会员单位开展"普及征信知识 共建诚信社会"志愿宣传活动。三是组织申报2023年湖北新时代文明实践志愿服务项目大赛。申报项目"萤火微光"志愿服务，该志愿服务队相关工作被《金融时报》推介。

（湖北省金融学会）

湖北省保险学会

【课题研究与学术交流】

一是践行调研之风。坚持问题导向，依托湖北高校资源优势，联合湖北经济学院赴蔡甸就农业保险、养老保险发展情况及存在问题进行实地调研，为学会研究服务工作提供思路建议；联合武汉大学开展荆门长期护理保险试点工作调研，深入基层，细化调研方案，运用座谈、访谈等方式，了解荆门长护险目前的实施现状、试点效果及参保人的政策期许等，形成近万字的调研报告。二是做实课题研究质效。开展课题管理改革，增加研究课题种类及项目，鼓励、引导保险机构参与课题研究。围绕普惠保险、科技保险、多支柱养老保险体系、新市民金融服务等重大战略，确立《普惠保险助推共同富裕的理论逻辑与有效机制研究》《个人养老金制度发展与税优政策的激励效应研究——以武汉为例》《构建保险业服务新市民长效机制——以湖北省为例》等研究课题。三是助力普惠保险高质量发展。根据中央金融工作会议精神及《关于推进普惠金融高质量发展的实施意见》，结合近两年课题研究主题方向，举办"2023年度湖北普惠保险高质量发展"研讨会，邀请专家学者、行业精英及会员代表，研究普惠保险高质量发展的前沿趋势。四是发挥"智囊"作用。向省内外广泛吸纳业界权威专家，扩充智库力量，进一步优化队伍结构，为行业发展、改革创新等重大问题发布权威声音和提供高质量研究成果。组织专家在《湖北保险》发表理论性、针对性较强的文章，为行业发展提供智力支持。

【建言献策】

一是做优《湖北保险》质量。坚持服务行业、服务会员、服务监管、服务大局，主动向省内外专家及会员公司征稿约稿，确保稿件渠道和质量，通过发表业内专家观点、大力推介行业经验、展示行业风采、促进行业交流，助力湖北保险业高质量发展。二是做强主题征文成效。聚焦保险业推动长江经济带发展、助力加快建设全国构建新发展格局先行区等热点问题和行业难点堵点问题，开展"深入贯彻落实党的二十大精神，走好中国式保险发展之路"主题征文活动，经初审、复审、终审和查重，评出优秀稿件和优秀组织奖，起到了交流行业经验、探讨发展困惑、促进行业发展的作用。

【学会建设】

一是强化制度机制。严格执行民主议事决策制度、会议制度、财务制度等系列内部制度，制定完善微信公众号管理规定、研究课题管理办法等，着力构建制度管人管事、运转科学规范的机制。二是加强内部管理。强化实事求是、求真务实的工作作风，开展作风建设排查纠治、廉政警示教育，筑牢拒腐防变思想防线。加强对党员八小时内外的提醒监督。严格执行各项财经纪律，厉行节约，保证资金安全。强化网络信息安全和保密管理，全年未出现安全隐患和事故。三是提升履职能力。强化队伍建设，注重以老带新，加大横向学习交流力度，借鉴先进经验和做法；坚持"从行业中来，到行业中去"，组织专班人员多次到会员公司就研究服务工作进行深入调研，充分吸纳会员的意见和建议。四是做精"保险大讲堂"活动。联合业务主管部门、高校、公司会员等，围绕学习宣传贯

湖北省保险学会举办"保险进乡村"保险大讲堂

彻党的二十大精神、清廉金融文化建设、科技自立自强、保险法疑难问题解析及纠纷化解实务等主题，通过线上线下和“进校园”“进乡村”“进企业”等方式走进基层，为群众普及金融知识，助力消费者权益保护。五是做好典型赔案宣传。组织开展2022年度湖北保险业典型赔案征集及宣传工作。“3·15”期间及时向社会发布“2022年度湖北保险业十大典型赔案”，围绕服务“三农”、服务制造业和小微企业、服务医养等方面，展现湖北省保险业在支持地方实体经济发展、助力乡村振兴、保障民生福祉等方面发挥的重要作用。

湖北省钱币学会

2023年，湖北省钱币学会以习近平新时代中国特色社会主义思想为指导，全面学习贯彻党的二十大精神，认真开展主题教育活动，围绕落实人民银行总、分行党委重要决策部署，努力探索钱币文化建设新思路，较好地完成了全年工作目标。

【党建工作】

深入开展学习贯彻习近平新时代中国特色社会主义思想主题教育，在个人自学的基础上组织8次专题理论集中学习研讨。结合工作实际，运用习近平新时代中国特色社会主义思想的世界观、方法论，找准工作短板，制定调研计划，切实解决实际问题，促进党建和业务工作深度融合。

【课题研究与学术交流】

开展北宋时期钱监机构、翻砂铸钱工艺、铜质母钱鉴别要点等课题研究，向中国钱币学会上报《北宋翻砂铸钱工艺研究——兼论铜质母钱鉴别要点》。以湖北地方货币为研究重点，开展湖北省博物馆馆藏黄石西塞山宋代银锭研究，在中国钱币学会完成立项。组织钱币专家完成《清初湖广省郧阳钱局和襄阳钱局——湖广郧襄钱局考》，在中国钱币学会货币史专业委员会2023年学术年会上作现场交流。编辑出版《湖北钱币通讯》季刊，报道钱币研究最新学术动态和钱币学界的新发现、新材料，普及传播钱币基础知识。

【学会建设】

一、加大钱币文化普及与推广力度

一是依托钱币博物馆资源加强钱币文化宣传。通过加快社会公众预约参观频次、提高参观人数限额等措施，满足公众参观钱币需求。截至2023年11月，接待社会人员和行内职工来馆参观人数近3千余人。二是开展钱币文化宣传活动。开展红色金融历史展、中国历代钱币史等宣传活动，以展板展示、专家讲解的方式向公众展示中国货币起源、发展的历史脉络。

二、构筑人民币反假宣传阵地

“3·15”国际消费者权益宣传日期间，与人民币反假专家开办钱币反假课堂，讲解新版人民币票面防伪知识，运用真、假币对比方式，展示货币防伪特征。与汉口银行联合在营业网点开展反假货币和不宜流通人民币知识宣传活动，现场讲解人民币知识、演示鉴别方法、解答疑难问题、发放资料宣传，获得较好的宣传效果。

三、做好学会管理工作

一是加强组织建设。认真做好湖北省钱币学会第七届会员代表大会准备工作，到省民政厅就选举、换届中的问题进行沟通和协商。二是完成社会组织年检工作。按照《民间非营利组织会计制度》，如实反映财务状况，聘请有资质的会计师事务所对年度会计财务报表进行审计；向民政部门上报财务管理、组织建设、学术研究及社科普及等各项工作的开展情况，顺利通过年检。三是召开理事会会议，与常务理事及专家会员沟通学会发展方向，确保学会工作规范有序进行。四是加强学会制度建设。进一步梳理完善学会内部管理制度，组织工作人员集中学习学会各类制度办法及行为准则；修改和完善藏品捐赠等制度，强化岗位职责意识。

（湖北省钱币学会）

第八部分

金融大事记

2023 年湖北省金融大事记

1　月

6 日

湖北省发布《绿色建筑产业贷款实施规程》,全国首个省级绿色金融地方标准在湖北实施。

10 日

宜昌市举行 2023 年金融支持宜昌高质量发展“早春行”融资首轮对接活动,现场集中签约 40 家优质企业,签约金额 92 亿元。

11 日

△ 2023 年中国人民银行武汉分行工作会议暨湖北省外汇管理工作会议召开。

△ 湖北银保监局召开全省新市民金融服务工作推进(电视电话)会议。

18 日

△ 人民银行武汉分行召开湖北省地方法人金融机构货币信贷工作会议

△ 人民银行武汉分行、湖北银保监局联合召开湖北省全国性银行分支机构货币信贷工作座谈会。

29 日

△ 省委副书记、省长王忠林在武汉与泰康保险集团董事长兼首席执行官陈东升座谈交流。

△ 神农架林区召开全区一季度金融工作调度暨金融“早春行”政银企对接会议,金融机构与 35 家企业签订贷款协议 8.47 亿元。

31 日

湖北江瀚新材料股份有限公司(简称“江瀚新材”)在上海证券交易所主板上市。

2　月

1 日

武汉东湖高新区正式发布进一步推动科创金融高质量发展的若干措施,即“光谷科创金融新十条”,并发布了金融产业发展规划(2023—2035 年)以及金融工作三年行动方案(2023—2025 年)。

2 日

△ 十堰市举行 2023 年金融“早春行”政银企对接活动,13 家银行为 139 家企业投放贷款 51.58 亿元。

△ 随州市召开金融“早春行”暨金融助力乡村振兴和企业高质量发展工作会议。

3 日

金融“早春行”助力湖北建设全国构建新发展格局先行区武汉新城现场推进会在葛店经济开发区举行,场内外共签订 1591.16 亿元融资合作协议。副省长陈平率省金融监管部门和 20 余家省级金融机构出席并到容百锂电、瑞华光电等企业调研。

7 日—9 日

副省长陈平赴京拜访中国人民银行、中国银保监会、中国证监会有关领导,以及中国工商银行、北京证券交易所、泰康保险集团、小米集团主要负责人,就湖北省经济金融发展的重大政策、重点项目、重要事项进行深入沟通交流,积极争取支持,强化对接合作。

9 日

武汉市 2023 科技金融“早春行”活动在硚口区汉江湾创新街区举行,现场授牌第三批科技金融工作站及线下首贷服务站。

13 日

恩施州召开全州金融工作会暨金融“早春行”政银企对接会议,银行机构向 30 家企业授信 54.8 亿元,20 家企业获得现场放款 11.4 亿元。

15 日

△ 省委副书记、省长王忠林在武汉与中国农业发展银行党委书记、董事长钱文挥座谈交流,并共同见证农发行与湖北省政府签署《共建农业政策性金融服务乡村振兴实验示范区合作协议》。

△ 咸宁市举行金融服务实体经济“早春行”活动,13 家银行机构与 13 家企业现场签约授信,金额 25.47 亿元。

16 日

△ 金融“早春行”助力湖北建设全国构建新发展格局先行区襄阳现场推进会举行,副省长陈平率省有关部门及 20 余家省级金融机构出席。5 家省级银行与襄阳市政府签订 3400 亿元政银合作协议,金融机构与 249 家市场主体签订 865 亿元授信协议。

△ 黄石市举行金融“早春行 · 园区行 · 全年行”活动暨开发区 · 铁山区政银企对接会。

21 日

湖北一致魔芋生物科技股份有限公司(简称“一致魔芋”)在北京证券交易所上市。

22 日

荆州市举行“助力经济高质量发展”金融“早春行”政银企对接会。

24 日

副省长陈平赴农发行湖北省分行调研并召开座谈会,强调聚焦服务“三农”主责主业,提升金融服务质效。

25 日

湖北证监局联合深圳证券交易所及辖区行业协会、长江证券投教基地共同举办“全面注册制 改革向未来”主题投教活动。

28 日

黄冈市举行金融支持黄冈高质量发展“早春行”融资对接活动。

3　月

8 日

荆门市举行金融服务乡村振兴共建创新示范区暨金融“早春行”助力荆门打造产业转型升级示范区(京山)现场推进会。

9 日

湖北证监局召开辖区私募合规监管及行业发展培训会。

16 日

湖北银保监局召开全省保险监管工

作(电视电话)会议。

20日

△ 省委副书记、省长王忠林在武汉会见华侨银行集团首席执行官黄碧娟。

△ 湖北省宏源药业科技股份有限公司(简称"宏源药业")在深交所主板上市。

21日

华侨永亨银行(中国)有限公司武汉分行举行开业活动,副省长陈平出席活动并致辞。

22日

深圳证券交易所湖北基地襄阳都市圈培育中心揭牌。

24日

2023年湖北保险业诚信建设大会在武汉召开,会议聚焦"胸怀家国保险为民,诚信服务以人为本"主题。

28日

省委副书记、省长王忠林在北京拜会国家铁路集团、国家开发银行、航天科工集团、国药集团,洽谈合作、争取支持。

31日

湖北省楚天凤鸣科创天使基金发布暨签约仪式在武汉隆重举行,会上宣布总规模100亿元的湖北省楚天凤鸣科创天使基金正式落地。省委副书记、省长王忠林与来汉出席活动的嘉宾代表座谈。副省长邵新宇参加座谈。

3月

△ 湖北银保监局组织全省银行业保险业开展"3·15"消费者权益保护教育宣传周活动。

△ 湖北银保监局、湖北省高级人民法院联合召开全省"法院+金融"纠纷多元化解机制建设推进会。

△ 湖北银保监局召开金融租赁公司监管数据质量提升和信息平台建设(线上)会议。

△ 湖北省首笔跨境金融服务平台"出口信保保单融资"业务落地。

△ 湖北银行成功落地湖北省地方法人银行首笔碳减排贷款。

4　月

13日

湖北银保监局、中南财经政法大学联合主办清廉金融文化"进校园"暨湖北金融系统清廉金融文化建设主题竞赛活动。

14日

省地方金融监管局组织举办全省北交所上市和"新三板"挂牌培训会。

26日

长江汽车产业供应链有限公司和湖北长江车百产业基金在汉成立。省委副书记、省长王忠林分别与厦门建发集团董事长黄文洲,中国电动汽车百人会副理事长、秘书长张永伟为企业揭牌。

5　月

5日

省委副书记、省长王忠林在武汉与兴业银行董事长吕家进座谈交流。副省长陈平参加座谈,并代表省政府与兴业银行签署《培育发展新动能构建现代产业体系战略合作框架协议》。

6日

全省资本市场发展暨推动企业上市工作电视电话会议召开。副省长陈平出席会议并讲话,要求多措并举提高直接融资比重,推动全省资本市场发展实现新突破。

10日

蕲春中银富登村镇银行发布《2021—2022年碳核算信息披露报告》,湖北省首份金融机构碳核算报告发布。

11日

省委副书记、省长王忠林在汉调研金融服务中小微企业发展并出席全省金融工作座谈会。

17日

中国人民银行武汉分行联合省科技厅等五部门印发《湖北省科创企业创新积分信用贷款业务实施办法(试行)》,推动银行机构创新运用企业创新积分向科创企业更多发放信用贷款。

18日

航天南湖电子信息技术股份有限公司(简称"航天南湖")在上海证券交易所科创板上市。

19日

湖北证监局召开2023年辖区上市公司监管工作会议。

21日

副省长陈平在武汉会见洪泰基金董事长盛希泰及参加"洪泰Family武汉行"的行业领军企业家代表,就进一步扩大和深化合作进行了会谈。

24日

△ 湖北省企业创新积分制工作推进会暨金融助力科创企业发展路演对接活动在武汉举行。

△ 恩施州举办2023年企业上市培训暨资本市场建设工作推进会。

25日

湖北证监局、湖北上市公司协会联合举办湖北上市公司2023年度投资者网上集体接待日活动。

6　月

1日

武汉市蓝电电子股份有限公司(简称"武汉蓝电")在北京证券交易所上市。

7日

副省长陈平赴湖北银行调研。

8日—9日

湖北证监局、湖北省地方金融管理局、武汉东湖高新区管委会联合举办"资本市场服务荆楚行"武汉光谷站活动。

13日

省政府召开银行机构支持实体经济发展座谈会,副省长陈平出席会议并强调全力以赴冲刺金融"双过半",提升金融服务实体经济质效。

15日

2023年度湖北省暨咸宁市防范非法集资宣传月启动仪式在咸宁市咸安区张公庙村举行。

20日

△ 省政府召开非银行金融机构信贷支持实体经济发展座谈会,副省长陈平出席会议并强调突出非银机构特色,形成金融与实体经济良性循环。

△ 副省长陈平赴武汉金控集团调研国际贸易数字化平台建设并召开座谈会,强调要加大资源协同、业务联动,打造具有全国影响力的金融控股公司。

△ 湖北证监局联合蕲春县人民政府、湖北省证券期货业协会、大连商品交易所、长江期货举办2023年“保险+期货”下基层培训(蕲春站)活动。

25日

省政府召开“全省民营企业金融服务质量提升年”活动动员大会，发布中国人民银行武汉分行联合省地方金融监管局等九部门印发的《进一步改善全省民营企业金融服务的十条措施》。副省长陈平出席会议并要求加强金融精准滴灌，全力推动民营经济高质量发展。

26日

省地方金融监督管理局组织召开金融领域突出问题专项整治工作推进会议。

6月末

△ 全省各项贷款余额7.94万亿元，同比多增949亿元。累计投放制造业中长期贷款453.6亿元，同比增长42.7%，投放规模居全国第二、中部第一。

△ 全省普惠型小微企业贷款余额8827.56亿元，较年初增长20.7%，高于各项贷款增速13.6个百分点；贷款户数137.07万户，同比增加32.35万户。实现小微和民营企业融资“量增、面扩、价降”。

△ 全省“整村授信”累计授信2897.31亿元、439.35万户，累计用信1337.07亿元、116.03万户。“整村授信”作为湖北创新实施的普惠金融项目，实现从脱贫攻坚到乡村振兴的有效衔接，已实现全覆盖。

△ 全省科技担保业务7778笔，在保余额229.3亿元，同比增长156.7%。

7 月

20日

国家金融监督管理总局湖北监管局及辖内12个金融监管分局统一挂牌。

21日

2023“开放 携手 共赢”全球建行助力湖北双循环发展政银企对接会在武汉召开，副省长陈平出席活动并致辞。

25日

副省长陈平到湖北宏泰集团、省再担保集团调研全省融资担保体系建设情况，强调要提升融资担保服务水平，推动业务扩面增量，推动全省融资担保体系高质量发展。

26日

湖北省政府投资引导基金发布会在武汉举行，基金由省级财政出资设立，定位为支持产业发展的政策性引导基金，首期规模200亿元，力争2至3年在全省形成超过2000亿元的政府投资基金群。省委常委、常务副省长董卫民出席并讲话。

27日

2023年湖北省防范化解金融风险工作现场会暨风险预警监测业务培训会在荆州召开。

28日

武汉逸飞激光股份有限公司(简称“逸飞激光”)在上海证券交易所科创板上市。

31日

湖北省农业农村厅、湖北省地方金融监督管理局联合举办湖北省新型农业经营主体信贷直通车平台与湖北省中小企业融资信用平台“鄂融通”合作签约仪式，打造为农服务的便捷融资渠道。

8 月

2日

省委副书记、省长王忠林在汉调研全国碳排放权注册登记系统(中碳登)建设工作，强调抢抓能耗双控转向碳排放双控的重大机遇，加快中碳登建设发展，为服务全国“双碳”战略实施作出更大贡献。

4日

副省长陈平出席湖北区域性股权市场“专精特新”专板开板暨首批568家企业集体入板培育仪式，强调全面加强服务能力建设，打通中小企业梯次培育“快车道”，推动“专精特新”企业高质量发展。

16日

省委副书记、省长王忠林在武汉与中国人民保险集团党委副书记赵鹏座谈交流。

18日

△ 中国人民银行湖北省分行正式挂牌。

△ 湖北宏裕新型包材股份有限公司(简称“宏裕包材”)在北京证券交易所上市。

21日

国寿集团投资资金湖北运用会在武汉召开，副省长陈平出席活动并致辞。

24日

△ 副省长陈平在武汉会见世界可持续发展工商理事会副会长约翰·雷维斯一行，就推动双方深度合作进行务实会谈。

△ 副省长陈平在武汉会见摩根士丹利董事总经理、摩根士丹利亚太投资银行部主管、摩根士丹利证券(中国)有限公司董事长张欣一行。

25日

湖北证监局联合郑州商品交易所、中国上市公司协会在武汉举办湖北上市公司风险管理培训班。

9 月

3日

2023年服贸会专题论坛“2023全球碳市场发展论坛”在北京举行。中碳质量(北京)标准技术有限公司、中碳教育科技(武汉)有限公司揭牌，同时发布了金融机构碳核算报告平台、建筑碳排放监测平台、中碳教育“极光”平台，将助力湖北加快试点碳市场转型，推动从碳交易延伸到全产业链碳服务。

4日

副省长盛阅春调研中碳登建设、碳市场发展情况并召开座谈会。

12日

中共湖北省委召开2023年第四次政党协商会，就防范化解系统性金融风险，问计于各民主党派、工商联和无党派人士代表，副省长陈平主持会议并讲话。

15日

△ 省委副书记、省长王忠林在武汉会见新开发银行行长迪尔玛·罗塞夫。

△ 省政府召开金融机构座谈会，副省长陈平出席会议并强调要抢抓政策机遇，克难攻坚，提供更高质量更有效率的金融服务，推动经济持续回升向好。

△ 2023年湖北“金融消费者权益保护教育宣传月”活动在汉启动，主题为“汇聚金融力量 共创美好生活”。

△ 人民银行湖北省分行举办2023

年“银商杯”网络安全大赛暨网络安全主题论坛。

18 日—21 日

省地方金融监督管理局举办融资担保暨资产管理业务培训。

19 日

湖北省首家专业化硬币服务中心在荆州市成立。

21 日

湖北省金融学会正式发布首个团体标准《湖北省绿色票据认定指南》,自 2023 年 10 月 21 日起实施,为绿色票据提供判断依据。

21 日—22 日

湖北证监局、湖北省地方金融监督管理局、襄阳市人民政府联合举办“资本市场服务荆楚行·襄阳站”活动。

28 日

△ 湖北开特汽车电子电器系统股份有限公司(简称“开特股份”)在北京证券交易所上市。

△ 2023 年湖北省“人才服务月”金融服务人才培训会在武汉召开。

9 月

△ 国家金融监督管理总局湖北监管局会同省经信厅、省商务厅组织开展“走万企 提信心 优服务”活动,助力中小微企业发展。

△ 国家金融监督管理总局湖北监管局印发关于加强普惠金融工作站建设的通知,并组织实施“百家示范、千家精品”普惠金融工作站提效工程。

△ 湖北证监局组织开展 2023 年中国公平竞争政策宣传周活动,面向辖区证券期货行业机构、上市公司和挂牌公司广泛宣传反垄断和公平竞争政策,引导培育公平竞争的企业文化。

10 月

10 日

由中国建设银行主办、建设银行湖北省分行牵头承办的“2023 建行全球撮合节”首场活动——“荆品出海”湖北农产品及优势产业主题活动在武汉举行。

12 日

国家金融监督管理总局湖北监管局在襄阳市召开全省金融服务乡村振兴创新示范区建设现场推进会。

16 日

省委副书记、省长王忠林与来汉出席第十三届中国·武汉金融博览会的中国农业银行董事长谷澍以及国家金融监管总局、中国证监会、中国银行、申万宏源证券有限公司、中国太平洋保险(集团)股份有限公司、中国国际金融股份有限公司、厦门象屿集团、山东省投融资担保集团负责人座谈。

17 日

△ 以“提升科创金融新动能,助力湖北建设全国构建新发展格局先行区”为主题的第十三届中国·武汉金融博览会开幕式暨主论坛在武汉东湖国际会议中心举行。省委副书记、省长王忠林讲话并宣布大会开幕。中国人民银行副行长张青松,中国农业银行董事长谷澍致辞。副省长陈平主持开幕式。来自中国人民银行、国家金融监督管理总局、中国证监会以及国内重点投资机构、银行、证券、保险、企业界的嘉宾共约 2000 人参加大会。

△ 第十三届中国·武汉金融博览会暨长江资本论坛在汉举行。

△ 第十三届中国·武汉金融博览会暨科创金融赋能“专精特新”平行论坛在汉举行,主题为“数字经济下金融助力专精特新发展”。

△ 以“金融赋能‘双碳’战略”为主题的中国碳金融高峰论坛在汉举行,副省长张文彤出席论坛并致辞。

△ 第十三届中国·武汉金融博览会暨长江·基金投资高峰论坛在汉举行,主题为“国资母基金赋能先行区建设”。

△ 第十三届中国·武汉金融博览会融资担保高峰论坛在汉举行,主题为“科技担保助力创新驱动发展”。

△ 东湖科创金融暨东湖保险高峰论坛在汉举行,主题为“科创金融赋能高质量发展”。

△ 湖北省政府与中国农业银行签署《金融助力加快建设全国构建新发展格局先行区战略合作协议》。

△ 北京证券交易所全国股转系统华中服务基地(简称“北交所华中基地”)揭牌。

△ “湖北母基金联盟”正式成立。联盟由长江产业集团发起成立,通过联盟内金融机构的资源整合,助力湖北五大优势产业突破性发展。

△ 东湖科技风险管理和保险创新实验室揭牌。

△ 湖北省启动棉花收入“保险+期货”试点。

18 日

10 家科技金融保险机构落户武汉东湖高新区,包含 7 家科创银行和 3 家科技保险专营机构,将在科技金融和科创保险方面先行先试。

20 日

湖北省新一批金融科技创新监管工具创新应用(“绿色金融”主题)对外公示。

9 月—10 月

湖北证监局联合辖区行业协会、投教基地走进湖北经济学院、三峡大学等 6 所省属高校开展“金融消费者权益保护教育宣传月”暨“校园反诈我当先,孤注一掷不可行”校园反诈系列投教活动。

11 月

3 日

省委常委会召开会议,传达学习习近平总书记在中央金融工作会议上的重要讲话精神和在中央政治局第九次集体学习时的重要讲话精神,研究部署湖北省贯彻落实措施。省委书记王蒙徽主持会议。

4 日

招商银行武汉长江绿色支行正式挂牌,活动现场,招商银行武汉分行与长江产业投资集团现场签署战略合作协议。副省长陈平、招商银行副行长钟德胜出席活动。

6 日

省委副书记、省长王忠林在上海参观考察上海证券交易所,与上交所理事长邱勇举行了工作会谈。

8 日

由上海市人民政府、湖北省人民政府、生态环境部共同主办的 2023 中国碳市场大会在上海举行。省委副书记、省长王忠林应邀出席致辞并启动大会。

9 日—10 日

四类地方金融组织监管培训在汉举办,进一步推动小额贷款公司、典当行、融资租赁公司和商业保理公司四类地方金融组织规范经营行为、防控经营风险、提升业务水平。

13 日

省委副书记、省长王忠林主持召开省政府常务会议，传达学习习近平总书记在中央金融工作会议上的重要讲话精神，部署贯彻落实措施。

14 日

省政府举行重点建议提案办理座谈会，督办省人大代表关于加大中小微企业金融纾困力度的建议，副省长陈平出席座谈会并讲话。

15 日

省政府召开推进重点在审企业上市工作专题会，听取上市工作进展情况，研究加快推进上市工作措施。副省长陈平出席会议并讲话。

29 日

省委常委、统战部部长宁咏到襄阳调研网络统战、金融统战和“同心聚力·共同缔造”工作。

11 月

△ 根据中国人民银行、国家金融监督管理总局有关安排，湖北省降低存量首套房贷利率工作已基本完成，超过 8600 亿元存量首套房贷利率下调，平均降幅 0.91 个百分点，超 223 万户家庭受益，户均每年减少利息支出 3500 元左右。

△ 湖北证监局组织辖区市场主体开展“2023 年世界投资者周”宣教活动。

12 月

10 日

国家金融监督管理总局湖北监管局印发《湖北省农业保险业务经营情况综合考评办法》，规范农业保险业务经营。

11 日

省地方金融监督管理局印发《关于完善湖北省融资担保机构公司治理的指导意见》，促进全省融资担保行业规范健康发展。

13 日

省委副书记、省长王忠林主持召开省政府常务会议。会议审议了《湖北省碳排放权交易管理暂行办法（草案）》，强调围绕打造全国碳市场中心、全国碳金融中心，以高质量立法推动湖北碳市场高质量发展。

18 日

省委副书记、省长王忠林主持召开省政府常务会议，研究推进绿色低碳高质量发展、促进政府投资基金发展等工作。会议强调，要构建多层次、全周期、多元化股权投资基金体系；要充分发挥政府投资基金杠杆作用，推动创新链、产业链、资金链、人才链深度融合，更好服务现代化产业体系建设和实体经济发展。

26 日

湖北首笔科技型中小企业跨境融资便利化试点业务落地。

12 月

湖北省首笔超亿元碳排放权质押贷款落地。中国进出口银行湖北省分行为宜昌市属某大型企业提供一笔 6 亿元碳排放权质押贷款，入选武汉市首批绿色金融创新实践案例。

12 月末

△ 湖北省金融机构人民币各项贷款余额 80281 亿元，同比增长 10.2%，全年净新增 7435 亿元，同比多增 243 亿元；各项存款余额 86546 亿元，同比增长 9.6%，全年净新增 7572 亿元，同比多增 237 亿元。

△ 湖北省企事业单位贷款余额 57250 亿元，全年净新增 6250 亿元，同比多增 191 亿元，增量创历史新高；其中，制造业中长期贷款新增 1220 亿元，余额同比增长 32.2%；民营市场主体贷款新增 2194 亿元，余额同比增长 15.5%；普惠小微贷款新增 1905 亿元，余额同比增长 25.5%；县域贷款新增 2770 亿元，余额同比增长 16.9%；绿色贷款新增 2987 亿元，余额同比增长 30.0%。

△ 湖北省跨境人民币收付总额 2772.7 亿元，居中部六省第一位，同比增长 34%，较全国增幅高 10.2 个百分点。

△ 全省普惠型涉农贷款余额较年初增长 27.6%。

△ 12 家银行机构推出“创新积分贷”等专属信贷产品，累计发放贷款近 250 亿元，覆盖 3000 余家高新技术企业和科技型中小企业。

第九部分

附录

一、表彰

省人民政府关于2023年度金融支持湖北经济发展突出贡献单位的通报

湖北省人民政府

鄂政函〔2024〕21号　2024年3月26日

各市、州、县人民政府，省政府各部门：

2023年，全省各地、各金融机构坚持以习近平新时代中国特色社会主义思想为指导，全面贯彻落实党的二十大、二十届二中全会和中央经济工作会议、中央金融工作会议精神，深入贯彻习近平总书记关于湖北工作的重要讲话和指示批示精神，认真落实省委、省政府工作部署，坚持把金融服务实体经济作为根本宗旨，主动担当、积极作为，在助力金融宏观调控、提供高质量金融服务、深化金融改革创新、防范化解金融风险等方面持续发力、亮点纷呈。2023年，全省金融运行呈现总量增长、结构优化、质效提升、成本下降的良好态势，为湖北经济高质量发展提供有力金融支撑。为激励先进，省人民政府决定，对2023年度支持湖北经济发展贡献突出的中国农业银行湖北省分行等14家金融机构及宜昌市等3个市州予以通报表扬。

2024年，是新中国成立75周年，是实施“十四五”规划目标任务的关键一年，全省各地、各金融机构要深入学习贯彻落实习近平总书记关于金融工作的重要论述和中央金融工作会议精神，坚持和加强党的全面领导，锚定金融服务实体方向，聚焦做好“五篇大文章”，优化金融资源配置效率，加大信贷投放力度，发挥资本市场枢纽功能，有效防范化解金融风险，为加快建设全国构建新发展格局先行区，加快建成中部地区崛起重要战略支点，奋力推进中国式现代化湖北实践贡献金融力量！

附件：2023年度金融支持湖北经济发展突出贡献单位名单

附件

2023年度金融支持湖北经济发展突出贡献单位名单

一、突出贡献金融机构

中国农业银行湖北省分行、湖北省农村信用社联合社、中国建设银行湖北省分行、中国农业发展银行湖北省分行、中国工商银行湖北省分行、中国银行湖北省分行、湖北银行、兴业银行武汉分行、恒丰银行武汉分行；

中国电力财务华中分公司、湖北金融租赁公司；

中信证券湖北分公司；

中国人民财产保险湖北省分公司、中国人寿保险湖北省分公司。

二、突出贡献市州

宜昌市、荆州市、黄冈市。

湖北省金融生态建设领导小组关于2023年度湖北省金融信用市州县创建完成情况的通报

湖北省金融生态建设领导小组

鄂金生〔2024〕1号　2024年2月18日

各市、州、县人民政府，省政府各部门：

2023年，在湖北省委、省政府的坚强领导下，全省各地进一步发挥金融生态建设工作机制作用，切实加强政府部门与金融部门联动配合，不断完善配套支持措施，为金融部门全力贯彻落实中央和省委、省政府各项政策，支持湖北经济高质量发展提供了良好金融生态环境。

为鼓励先进，推动工作，经省人民政府同意，省金融生态建设领导小组决定，对2023年度金融信用创建完成情况予以通报（名单见附件）。其中，工作成效突出的宜昌市等4地为金融信用示范市（州），孝感市等13地为金融信用市（州），谷城县等20地为金融信用示范县（市、区），孝昌县等54地为金融信用县（市、区）。

各地、各部门要继续深化金融生态建设，进一步加强对金融工作的配套支持，持续完善企业信用培育、信用信息共享、融资风险分担等机制，引导金融机构加大对优质信用区域的资源投入，为加快建设全国构建新发展格局先行区做出更大贡献。

附件：2023年度湖北省金融信用市州县创建完成情况

附件

2023年度湖北省金融信用市州县创建完成情况

一、湖北省金融信用示范市（州）（4个）（含直管市区）

宜昌市、襄阳市、武汉市、仙桃市。

二、湖北省金融信用市（州）（13个）（含直管市区）

孝感市、黄冈市、黄石市、鄂州市、荆州市、十堰市、咸宁市、随州市、荆门市、恩施州、潜江市、天门市、神农架林区。

三、湖北省金融信用示范县（市、区）（20个）

谷城县、通城县、应城市、枝江市、孝南区、云梦县、宜都市、浠水县、郧西县、枣阳市、黄陂区、黄梅县、汉川市、鄂城区、夷陵区、武穴市、当阳市、保康县、蔡甸区、丹江口市。

四、湖北省金融信用县（市、区）（54个）

孝昌县、崇阳县、郧阳区、安陆市、罗田县、公安县、竹溪县、房县、襄州区、赤壁市、梁子湖区、嘉鱼县、宣恩县、华容区、咸安区、通山县、竹山县、黄州区、麻城市、咸丰县、老河口市、江夏区、南漳县、蕲春县、掇刀区、江陵县、远安县、长阳县、团风县、东宝区、曾都区、建始县、大悟县、利川市、鹤峰县、沙洋县、监利市、英山县、恩施市、阳新县、宜城市、钟祥市、荆州区、松滋市、秭归县、洪湖市、来凤县、大冶市、京山市、新洲区、红安县、五峰县、巴东县、广水市。

二、中部六省金融业增加值、存贷款、社会融资规模增量统计

1. 中部六省金融业增加值及占 GDP 比重情况统计表

表 9-2-1

2023 年 12 月 31 日

地区＼项目	金融业增加值（亿元）	地区生产总值（亿元）	金融业增加值占 GDP 比重（%）
湖北省	**3645.18**	**55803.6**	**6.53**
安徽省	3035.6	47050.6	6.45
湖南省	2598.2	50012.9	5.20
江西省	2170.2	32200.1	6.74
山西省	1390.2	25698.2	5.41
河南省	（暂未公布）	59132.4	-

注：1. 本表以金融业增加值的降序排序。
2. 本表数据来源于国家统计局和各省 2023 年国民经济和社会发展统计公报。

2. 中部六省金融机构（含外资）人民币存款增长情况统计表

表 9-2-2

2023 年 12 月 31 日

单位：亿元、%、位

地区＼项目	各项存款						
	余额	余额位次	比年初增减数		同比增速	增速位次	新增存款位次
			2023 年	2022 年			
河南省	100206.75	1	7658.38	10118.15	8.28	5	2
湖北省	**86546.00**	**2**	**7572.06**	**7335.89**	**9.59**	**3**	**4**
安徽省	82561.37	3	8068.70	8220.77	10.83	2	1
湖南省	77353.95	4	7583.88	7430.23	10.87	1	3
江西省	57700.15	5	4836.08	5408.33	9.15	4	5
山西省	57571.06	6	4291.47	6926.61	8.05	6	6
中部六省	461939.29	-	40010.58	45439.97	9.48	-	-

注：1. 本表以各项存款余额的降序排序。
2. 本表数据来源于中国人民银行武汉分行。

3. 中部六省金融机构（含外资）人民币贷款增长情况统计表

表 9-2-3

2023 年 12 月 31 日　　单位：亿元、%、位

地区＼项目	各项贷款						
	余额	余额位次	比年初增减数		同比增速	增速位次	新增贷款位次
			2023 年	2022 年			
河南省	83140.94	1	7327.76	6083.91	9.67	6	3
湖北省	**80280.90**	**2**	**7434.60**	**7191.46**	**10.21**	**4**	**2**
安徽省	77706.69	3	10586.47	8897.38	15.77	1	1
湖南省	69191.47	4	6901.24	6563.38	11.08	3	4
江西省	57885.02	5	5255.88	5708.45	9.99	5	5
山西省	41795.75	6	4306.42	3488.78	11.49	2	6
中部六省	410000.78	–	41812.38	37933.37	11.59	–	–

注：1. 本表以各项贷款余额的降序排序。
　　2. 本表数据来源于中国人民银行武汉分行。

4. 中部六省社会融资规模增量统计表

表 9-2-4

2023 年 12 月 31 日　　单位：亿元

地区＼项目	地区社会融资规模增量	其中：							
		人民币贷款	外币贷款（折合人民币）	委托贷款	信托贷款	未贴现银行承兑汇票	企业债券	政府债券	非金融企业境内股票融资
安徽省	13887	10568	–115	–68	–318	–638	1181	2341	300
湖北省	**12321**	**7412**	**–84**	**700**	**115**	**167**	**1329**	**1723**	**196**
湖南省	11309	6796	–43	86	–28	–134	851	2799	215
河南省	11041	7302	–26	–28	–424	–1202	1814	2477	75
江西省	9354	5223	23	28	–73	338	1192	1844	165
山西省	5547	4270	–69	–136	2	153	150	795	47

注：1. 地区社会融资规模增量是指一定时期内、一定区域内实体经济从金融体系获得的资金总额。
　　2. 表中数据为初步统计数。
　　3. 数据来源于人民银行、国家金融监督管理总局（原银保监会）、证监会、中央国债登记结算有限责任公司和银行间市场交易商协会等。
　　4. 由金融机构总行（或总部）提供的社会融资规模为 4.59 万亿元。
　　5. 自 2023 年 1 月起，人民银行将消费金融公司、理财公司和金融资产投资公司等三类银行业非存款类金融机构纳入金融统计范围。由此，对社会融资规模中"对实体经济发放的人民币贷款"和"贷款核销"数据进行调整。2023 年 1 月末，上述三类机构对实体经济发放的人民币贷款余额 8410 亿元，当月增加 57 亿元；贷款核销余额 1706 亿元，当月增加 30 亿元。表内数据均按可比口径计算。
　　6. 本表按照中部六省地区社会融资规模增量的降序排序。